上海市知识青年历史文化研究会　上海通志馆　编

中国新方志

知识青年上山下乡史料辑录

金光耀　金大陆　主编

2

上海人民出版社　上海书店出版社

东 北 卷 目 录

辽宁省

吉林省

黑龙江省

辽宁省

《辽宁省志·大事记》

辽宁省地方志编纂委员会办公室主编,辽海出版社 2006 年

(1965 年)3 月 15—21 日,中共辽宁省委、省人民委员会召开动员知识青年参加农村社会主义建设工作会议。至 9 月 26 日,全省下乡知识青年已达 8 万余人。

(《现代(1949 年 10 月—1985 年)》,第 433 页)

(1968 年)8 月 14—31 日,辽宁省革命委员会召开省活学活用毛泽东思想讲用会第一次(上山下乡知识青年)会议。会议学习、宣传毛泽东主席关于"知识青年到农村去"的号召,并号召知识青年上山下乡。
(《现代(1949 年 10 月—1985 年)》,第 455 页)

9 月,辽宁省革命委员会根据 7 月中共中央发出的关于知识青年上山下乡,接受贫下中农再教育的文件精神,确定沈阳市第三十九中学为毕业生上山下乡教育的试点学校。从 9 月起,全省城镇初高中毕业生(包括 1966、1967、1968 年三届毕业生)开始了大规模的上山下乡运动。9 月 14 日,沈阳市首批 20 万知识青年上山下乡。至 1975 年 12 月,辽宁省已有 124 万城镇知识青年上山下乡。

(《现代(1949 年 10 月—1985 年)》,第 455 页)

(1969 年)4 月 24 日,辽宁省革命委员会生产指挥组发布《关于劳动补助粮食的通知》。规定凡属于到农村安家落户或者到农村长期参加生产劳动的城镇居民、知识青年、"五七"干校学员、回乡转业复员军人,各单位技术人员、职员和干部下放农村劳动锻炼,大中院校师生到农村接受贫下中农再教育等人员,除知识青年每人每月粮食定量由国家补助到 22.5 公斤以外,其他人员原每月定量不足 21 公斤的,由国家补到 21 公斤,但参加生产队口粮分配的,补到 9 月末为止。

(《现代(1949 年 10 月—1985 年)》,第 459 页)

7 月 18 日—8 月 2 日,中共辽宁省委召开上山下乡知识青年讲用会。出席会议代表 1 020 人。会议通过了与会知青代表给全省上山下乡知识青年的倡议书。大会闭幕时,全省各市、地(盟)、县、区(旗)、社、队共 1 140 万人收听大会实况。

(《现代(1949 年 10 月—1985 年)》,第 460 页)

(1972 年)12 月 19 日,辽宁省革命委员会决定成立知识青年上山下乡工作办公室。

(《现代(1949 年 10 月—1985 年)》,第 476 页)

(1973 年)6 月 4 日,中共辽宁省委四届四次全体(扩大)会议在沈阳召开。会议分两段

进行。……第二段(17 日至 28 日)出席 495 人,传达中央工作会议精神;选举了出席全国党的"十大"代表 62 名;学习、讨论毛泽东给李庆霖的复信(1972 年 12 月 20 日福建省蒲田县小学教员李庆霖致信毛泽东,反映了下乡知识青年的实际困难。1973 年 4 月 25 日,毛泽东复信,寄支 300 元钱,并指出此事要统筹解决),研究省内下乡知识青年工作问题;讨论批林整风工作及国民经济计划问题。　　　　　　　　　(《现代(1949 年 10 月—1985 年)》,第 479 页)

　　6 月 30 日,锦州兴城县白塔公社下乡知识青年、生产队长张铁生,在兴城县参加辽宁省高等学校入学文化考试。在考试成绩极差的情况下,张铁生在考卷背面写了一封信。信中说,为了实现上大学的"自幼理想","希望各级领导在这次入学考试中"能对他"这个小队长加以照顾"。中共辽宁省委书记毛远新将原信做了修改,指令《辽宁日报》加按语发表。7 月19 日,《辽宁日报》以《一份发人深省的答卷》为标题,发表张铁生的信,并加《编者按》:"这里刊载的是张铁生同志在今年大学招生考试卷背面写的一封信。他对物理化学这门课的考试,似乎交了个'白卷',然而对整个大学招生的路线问题,却交了一份颇有见解,发人深省的答案。"8 月 10 日《人民日报》转载了《辽宁日报》的《按语》和《张铁生的信》,并再加《按语》:"张铁生的信提出了教育战线两条路线、两种思想斗争的一个重要问题,确实发人深省。"随后,《文汇报》、《红旗》、《教育革命通讯》以及各地报刊相继加以转载,"白卷先生"张铁生轰动全国。9 月 14 日,张铁生被破格录取到辽宁省铁岭农学院畜牧系,并在很短的时间内被提拔为农学院党委副书记,成为第四届全国人民代表大会常务委员会委员。张铁生的行为在全国造成了极坏的影响。1974 年 3 月 18 日,国务院科教组发出通知:将毛主席给李庆霖的复信、李庆霖的信,张铁生的答卷及《辽宁日报》、《人民日报》发表张铁生信时所加的"编者按语"编入中学课本。1976 年 11 月 30 日,《人民日报》发表《辽宁日报》记者与《人民日报》记者合写的文章《一个反革命政治骗局——揭发"四人帮"利用张铁生的答卷制造政治骗局的真相》。1977 年 3 月 14 日,辽宁省召开大会宣布依法逮捕反革命分子张铁生。1983 年 3 月23—25 日,锦州市中级人民法院依法审理张铁生反革命案,判处有期徒刑 15 年,剥夺政治权力 3 年。　　　　　　　　　　　　　(《现代(1949 年 10 月—1985 年)》,第 480 页)

　　8 月 13—27 日,中共辽宁省委召开全省知识青年上山下乡工作会议。参加会议的有各市(地、盟)县委书记、知识青年上山下乡工作办公室负责人、下乡知识青年代表,共 232 人。会议传达了全国知识青年上山下乡工作会议精神,进一步学习中央〔1973〕21、30 号文件,分析全省知识青年上山下乡工作形势,交流经验,检查了存在的问题,研究了统筹解决的办法。并根据中央〔1973〕30 号文件和中央会议精神,结合辽宁省实际情况,讨论起草了《关于知识青年上山下乡若干问题的试行规定(草案)》和《1973 年到 1980 年知识青年上山下乡初步规划草案》。　　　　　　　　　　　　(《现代(1949 年 10 月—1985 年)》,第 481 页)

12月20日,《辽宁日报》在头版头条以《小将的挑战》为标题,全文发表了赤峰市翁牛特旗玉田皋公社书记兼大队书记、下乡青年柴春泽给他父亲的复信(柴春泽在复信中拒绝了父亲让他招工回城的建议,发誓"要在农村扎根60年"),同时配发了评论员文章。1974年1月5日,《人民日报》在头版头条以《敢于同旧传统观念决裂的好青年》为题,刊登了柴春泽的复信,并加编者按。随后全国各报争相转载,在全国掀起了一个学习"彻底决裂旧观念,扎根农村60年"的热潮。柴春泽成了知识青年学习的楷模。1975年9月,柴春泽和朱克家一起执笔代表参加全国农业学大寨的12名知识青年致信党中央、毛主席,并经《人民日报》发表,在全国轰动一时。在"四人帮"及其在辽宁的代理人安排下,被树为"反潮流"英雄的柴春泽,四处煽动参与"层层揪党内走资派"的活动。粉碎"四人帮"后,1976年12月柴春泽被审查,1978年4月被捕入狱。中共十一届三中全会后,各地对历史遗留积案进行清理。国务院知青办提出,对"文化大革命"中犯错误的知识青年典型予以解脱,使他们重新工作。1979年12月13日柴春泽被释放。1985年,柴春泽在内蒙古电大赤峰分校大专毕业后留校任教。

(《现代(1949年10月—1985年)》,第482页)

(1976年)6月24—30日,中共辽宁省委召开知识青年上山下乡工作会议,传达国务院知识青年工作领导小组召开各省、市、自治区知识青年工作办公室负责人会议精神,研究讨论知识青年"扎根农村干革命"的问题。会议期间,开原县委、沈阳市125中学、大连钢厂等21个单位介绍做好知识青年上山下乡工作的"经验"。会议要求各级党委要"立场坚定"、"旗帜鲜明"地站在社会主义新生事物一边,把知识青年上山下乡工作真正作为全党的一件大事列入日程。

(《现代(1949年10月—1985年)》,第495页)

(1977年)4月22日,桓仁浑江水库林场一艘运送森林管理所职工和下乡知识青年的木制拖轮,行至桓仁发电厂大坝上游时,由于轮船超载和舵工操作不当,被风浪打翻,除15人脱险外,其余93人全部遇难。　　　　　　(《现代(1949年10月—1985年)》,第499页)

6月10—12日,中共辽宁省委召开各市委书记(或常委)、知青办主任座谈会,讨论研究粉碎"四人帮"后如何做好应届中学毕业生上山下乡动员安置工作。7月13日,省委召开电话会议,要求各级党委加强对上山下乡动员安置工作的领导。1978年10月27日,中共辽宁省委针对30多万名下乡青年(占下乡青年1/3)回流城市的情况,向全省各级党委发出电话通知,要求各级党委采取措施加以劝阻,并把已回城的下乡青年动员回农村去。

(《现代(1949年10月—1985年)》,第499页)

(1979年)4月4—11日,辽宁省劳动局、知青办联合召开统筹安排城镇待业青年和上山下乡知识青年工作会议。从1979—1985年底,全省共安置城镇待业人员364.4万人,同时还安置农村非农户子女 16.5 万人。全省城镇待业率由 1978 年的 17.3％下降到 1985 年的 1.9％。 　　　　　　　　　　　　　　　　　（《现代(1949 年 10 月—1985 年)》,第 513 页）

《辽宁省志・人口志》

辽宁省地方志编纂委员会办公室主编,辽宁民族出版社 2005 年

　　1963—1965 年是国民经济调整时期,城市的一些工厂职工精简下放到农村,一批学生上山下乡落户到农村,因此造成了市人口净迁出,县人口净迁入。这期间市人口除 1964 年为数量很小的净迁入外,其余年份均为迁出,其中 1962 年市人口竟迁出 45.3 万人。县人口除 1964 年和 1965 年为数量很小的净迁出外,其余年份均为净迁入,其中 1962 年县人口净迁入 28 万多人。 　　　　　　　　　　　　　（第一篇第四章《人口迁移》,第 73 页）

　　1968 年全省动员市、镇的初中、高中在校学生携带户口下乡,绝大多数初、高中学生被分配到各地农村的生产大队插队落户,其年龄在 15—20 岁之间,共有 82 万多人。1970—1978 年全省继续开展市镇中学毕业生上山下乡运动。据统计,1966—1976 年辽宁省有 204.4 万市、镇知识青年上山下乡,到农村生产大队落户,从事农业生产,其中 1968 年、1974 年的中学毕业生上山下乡规模都比较大。 　　　　　　（第一篇第四章《人口迁移》,第 73 页）

　　1970—1972 年,市人口均为净迁入,县人口均为净迁出。从 1969 年起,辽宁省每年都有一部分农村知识青年以"工农兵学员"的身份进入城市的大学和中等专业学校学习。1971 年、1972 年、1973 年各市从下乡知识青年中大批招工。其中 1972 年市人口净迁入 12.5 万人,县人口净迁出 15.1 万人。1976 年市人口净迁出 68 426 人,县人口净迁入 62 676 人,这两个数字大致相等,也就是说,该年辽宁省县迁入人口几乎都是由本省的市迁出的。 　　　　　　　　　　　　　（第一篇第四章《人口迁移》,第 74 页）

　　1977 年以后下乡知识青年大批回城。1979 年知识青年上山下乡运动正式停止,同时,对"文化大革命"中城镇下乡人员大量安置回城。1978 年市人口净迁入 29.9 万人,县人口净迁出 26.0 万人,1979 年市人口净迁入达 618 340 人,其中沈阳市最多,为 128 022 人,其次为旅大市,为 78 243 人,两市之和占全省市人口迁入总数的 33.36％;同年,县人口净迁出 53.7 万人。 　　　　　　　　　　　　　（第一篇第四章《人口迁移》,第 74 页）

　　(1968 年)8—9 月,全省开展市镇初中、高中在校学生上山下乡运动。82 万多市镇初中和高中学生到农村插队落户,从事农业生产。据统计,1966—1976 年辽宁省共有 204.4 万市

镇知识青年到农村生产大队落户,从事农业生产。 (《附录》,第 364 页)

《辽宁省志·中国共产党地方组织志》

辽宁省地方志编纂委员会办公室主编,辽宁民族出版社 2005 年

"白卷事件"的宣传　1973 年 7 月,兴城县青年张铁生在高考中交了"白卷"。自知无望,便独出心裁发泄不满,在考卷的背面写下了反对把考试分数作为高校录取的主要标准的意见。省委书记毛远新支持这种极为荒唐的意见。《辽宁日报》于 7 月 19 日冠以"一份发人深省的答卷"公开发表了张铁生的意见。同时,发表了经毛远新修改的"按语",提倡这种"反潮流"的精神。全国各省、市、自治区的 32 家报纸转载了这组报道。一时,张铁生成为"反对旧教育制度的先锋"。由于这一宣传的恶果,加之批孔中批判了"学而优则仕"的影响,社会上产生了厌学风,普遍忽视基础课程,轻视智育,干扰和破坏了学校教育工作和教育事业的发展。

(第四篇第一章《社会宣传》,第 310 页)

1974 年辽宁省革委会办公厅信访处受理人民群众来信情况统计表①　　单位:件

类　别		总计	沈阳市	旅大市	锦州市	阜新市	抚顺市	本溪市	丹东市	营口市	鞍山市	辽阳市	铁岭地区	朝阳地区	昭乌达盟	盘锦地区	沈阳铁路局	锦州铁路局	省直	外省市
总　计		44 418	5 758	5 426	5 138	1 268	2 608	2 241	3 209	1 604	2 332	1 449	2 673	2 390	2 065	797	121	138	214	4 987
下乡安置	知识青年	1 348	336	110	110	35	119	89	139	24	44	30	105	44	49	45	4	4	8	53

(第九篇第三章《办理来信》,第 688 页)

1976 年辽宁省革委会办公厅信访处受理人民群众来信情况统计表②　　单位:件

类　别		总计	沈阳市	旅大市	锦州市	鞍山市	抚顺市	本溪市	丹东市	营口市	阜新市	辽阳市	铁岭地区	朝阳地区	昭乌达盟	沈阳铁路局	锦州铁路局	省直	外省市
总　计		22 776	3 355	3 086	2 645	1 180	1 172	1 016	1 348	1 224	781	869	1 235	1 487	871	60	89	287	2 071
下乡安置	知识青年	768	96	149	102	24	63	30	28	43	25	18	40	25	23	2	8	2	90

(第九篇第三章《办理来信》,第 688、689 页)

---

①② 本表内容为节选。——编者注

1977 年辽宁省革委会办公厅信访处受理人民群众来信情况统计表①　　　　单位:件

类别		总计	沈阳市	旅大市	锦州市	鞍山市	抚顺市	本溪市	丹东市	营口市	阜新市	辽阳市	铁岭地区	朝阳地区	昭乌达盟	沈阳铁路局	锦州铁路局	省直	外省市
总 计		36 929	6 579	4 979	4 445	1 859	1 785	1 413	1 983	2 004	1 208	1 112	2 774	2 027	1 217	190	144	322	2 888
下乡安置	知识青年	861	152	146	119	43	75	18	33	36	50	35	93	27	17		2	6	9

（第九篇第三章《办理来信》，第 689 页）

1978 年辽宁省革委会办公厅信访处受理人民群众来信情况统计表②　　　　单位:件

类别		总计	沈阳市	旅大市	锦州市	鞍山市	抚顺市	本溪市	丹东市	营口市	阜新市	辽阳市	铁岭地区	朝阳地区	昭乌达盟	沈阳铁路局	锦州铁路局	辽河油田	省直	外省市
总 计		121 682	17 912	14 335	15 644	6 456	7 100	4 135	7 098	6 657	3 610	4 704	8 113	7 068	4 311	331	43	1 088	1 238	11 444
下乡安置	知识青年	2 190	418	248	343	100	275	86	102	123	121	59	119	54	34	7	20	9	11	61

（第九篇第三章《办理来信》，第 690 页）

1979 年辽宁省革委会办公厅信访处受理人民群众来信情况统计表③　　　　单位:件

类别		总计	沈阳市	旅大市	鞍山市	抚顺市	本溪市	丹东市	锦州市	阜新市	营口市	辽阳市	铁岭地区	朝阳地区	沈阳铁路局	锦州铁路局	辽河油田	省直	昭乌达盟	外省市
总 计		135 344	18 583	16 270	6 905	7 656	4 690	7 130	16 625	3 932	6 512	4 416	8 455	8 345	399	341	55	1 375	3 717	19 938
下乡安置	知识青年	2 172	339	280	257	189	87	78	341	66	71	89	68	59	6	5	3	17	85	132

（第九篇第三章《办理来信》，第 691 页）

1974 年辽宁省革命委员会办公厅信访处接待人民群众来访情况统计表④　　　　单位:次

类别		总计	沈阳市	旅大市	锦州市	阜新市	抚顺市	本溪市	丹东市	营口市	鞍山市	辽阳市	铁岭地区	朝阳地区	昭乌达盟	盘锦地区	沈阳铁路局	锦州铁路局	省直	外省市
下乡安置	知识青年	470	200	32	24	9	41	14	14	6	15	9	53	14	1	32			1	5
总 计		15 834	4 308	885	1 392	408	1 169	580	631	529	756	707	1 905	746	179	324	18	8	77	1 212

（第九篇第四章《接待来访》，第 707 页）

<hr>

①②③④　本表内容为节选。——编者注

1975 年辽宁省革命委员会办公厅信访处接待人民群众来访情况统计表①　　　　单位：次

类　别		总计	沈阳市	旅大市	锦州市	阜新市	抚顺市	本溪市	丹东市	营口市	鞍山市	辽阳市	铁岭地区	朝阳地区	昭乌达盟	盘锦地区	沈阳铁路局	锦州铁路局	省直	外省市
下乡安置	知识青年	423	135	14	35	17	37	17	18	6	12	12	64	19	2	22	3	1	4	5
总　计		13 689	3 683	828	1 171	437	929	505	490	461	597	618	1 645	753	210	248	25	12	151	926

（第九篇第四章《接待来访》，第 707—708 页）

1978 年辽宁省革命委员会办公厅信访处接待人民群众来访情况统计表②　　　　单位：次

类　别		总计	沈阳市	旅大市	锦州市	鞍山市	抚顺市	本溪市	丹东市	营口市	阜新市	辽阳市	铁岭专区	朝阳专区	盘锦垦区	沈阳铁路局	锦州铁路局	省直	外省市
下乡安置	知识青年	892	268	28	62	38	87	24	27	49	18	37	168	31	6	4	1	1	43
总　计		36 339	11 127	1 740	2 717	1 806	2 542	960	1 066	1 799	750	2 091	5 227	1 339	292	52	13	259	2 557

（第九篇第四章《接待来访》，第 708—709 页）

1979 年辽宁省革命委员会办公厅信访处接待人民群众来访情况统计表③　　　　单位：次

类　别		总计	沈阳市	旅大市	鞍山市	抚顺市	本溪市	丹东市	锦州市	阜新市	营口市	辽阳市	铁岭专区	朝阳专区	沈阳铁路局	锦州铁路局	省直	外省市	昭乌达盟
下乡安置	知识青年	860	192	26	181	53	29	12	43	24	47	50	131	18	2		22	21	9
总　计		53 218	16 999	3 628	3 128	4 438	1 871	1 755	3 483	1 078	2 452	2 813	6 622	1 750	83	6	917	1 942	213

注：表中昭乌达盟为 1—6 月统计数。

（第九篇第四章《接待来访》，第 709—710 页）

　　1973 年 7 月 9 日，《辽宁日报》按照毛远新的指示，以《从一份发人深省的答案》为题，刊登了辽宁省兴城县白塔公社下乡知识青年、生产队长张铁生在本年大学招生考试卷背面写的一封信。这封信是经过毛远新亲自修改并加了编者按的。编者按说，张铁生"对物理化学这门课的考试似乎交了'白卷'，然而对整个大学招生的路线问题，却交了一份颇有见解、发人深省的答卷"。此后，全国 29 个省、市、自治区的 32 种报纸先后转载。8 月 10 日，《人民

---

　　①②③　本表内容为节选。——编者注

日报》转载了《辽宁日报》的"编者按"和张铁生的信。江青说张铁生"真了不起,是个英雄,他敢反潮流"。于是,张铁生成了"反潮流的英雄",上了大学,成为中国共产党员,并担任了铁岭农学院的党委书记,还当上了全国四届人大常委会委员。8月2日,毛远新等人在沈阳医学院对56名教授、讲师搞突然袭击,用本年的高考数学试题"考"他们,企图搞臭知识分子,吹捧交白卷的张铁生。

　　1974年2月18日,毛远新到鞍山市第四中学,把该校一学生之死硬说是"实行资产阶级专政所致",说该校是"资本主义复辟的典型",迫使中共鞍山市委开除该校党支部书记李富权的党籍,撤销其党内外一切职务,并把教师胡尔锦逮捕法办,判处10年徒刑,制造了一起震惊全省的冤案。19日,毛远新又到鞍山市第四十三中学,认定该校也是"修正主义教育路线的回潮的典型",是"阎王殿",对该校党支部书记进行了批判斗争。同年4月1日至12日,中共辽宁省委召开全省教育战线工宣队工作会议。会议的主要任务是揭发批判"修正主义教育路线的回潮","把学校办成无产阶级专政的工具"。

（第十一篇第七章《"文化大革命"期间重大活动》,第828页）

落实上山下乡知识青年政策

　　1979年4月4日至11日,中共辽宁省委召开全省劳动、知识青年工作会议。根据中共十一届三中全会和全国知识青年工作会议精神,研究了全省落实统筹安排知识青年问题。4月23日,中共辽宁省委批准了省劳动局、知识青年办公室党组《关于统筹安排城镇待业青年和上山下乡知识青年问题的报告》,《报告》说:争取在数年内有计划、有步骤、积极稳妥地解决好知识青年上山下乡工作,城乡要广开就业安置门路,调整中学生毕业分配政策,切实解决好上山下乡知识青年的问题,整顿清理进城的农村劳动力,大力发展集体所有制经济,统筹安排招工安置工作,加强党的领导。在以后的几年里,对于全省80万名上山下乡知识青年,采取了多种形式,进行了妥善安置。这一举措成为城乡舆论中心,受到社会上广泛称赞。

（第十一篇第八章《揭、批"四人帮",拨乱反正》,第839页）

　　(1968年)9月14日,辽宁省革命委员会根据7月中共中央发出的关于知识青年上山下乡文件精神,确定沈阳市39中学为毕业生进行上山下乡教育的试点学校。从9月起,全省城镇初高中毕业生(包括1966、1967、1968年三届毕业生),开始上山下乡。

（《附录》,第885页）

　　12月20日,辽宁省革命委员会发出《关于进一步做好上山下乡知识青年再教育工作的指示》。据统计,从今年9月15日开始到11月止,全省初中、高中、大学毕业生已有78万余人上山下乡,遍布全省4个专区、41个县和10个郊区1000多个公社的生产大队,占毕业生总数的95%以上。

（《附录》,第885页）

（1973 年）8 月 13—27 日，辽宁省委召开全省知识青年上山下乡工作会议。传达了全国知识青年上山下乡工作会议精神，进一步学习中央〔1973〕21、30 号文件，分析了全省知识青年上山下乡工作形势，交流了经验，检查了存在的问题，并研究了统筹解决的办法。根据中央〔1973〕30 号文件和中央会议精神结合辽宁省实际情况，进行了认真讨论并起草了辽宁省《关于知识青年上山下乡若干问题的试行规定（草案）》和《1973 年到 1980 年知识青年上山下乡初步规划草案》。　　　　　　　　　　　　　（《附录》，第 887 页）

《辽宁省志·政府志》

辽宁省地方志编纂委员会办公室主编，辽海出版社 2005 年

　　宣传"白卷先生"张铁生　　1973 年国务院批转国务院科教组《关于高等学校 1973 年招生工作的意见》提出："要重视文化考查，了解推荐对象掌握基础知识的状况"，"保证入学学生有相当于初中毕业以上的实际文化程度"。根据这一要求，1973 年辽宁省高等学校招生增加了入学文化考查。兴城县考生张铁生系该县白塔公社下乡知识青年、生产队队长，他的物理化学试卷答案得 6 分，他在试卷背面写了一封信，信中说：为了实现他上大学的"自幼理想"，"希望各级领导在这次入学考试中"，能对他"这个小队长加以照顾"。省委书记毛远新得知这一情况后，亲自将原信作了删改，并指令《辽宁日报》加按语发表。1973 年 7 月 19 日，《辽宁日报》以《一份发人深省的答卷》为题，刊登张铁生的信，并在编者按语中说，张铁生"物理化学这门课的考试，似乎交了'白卷'，然而对整个大学招生的路线，交了一份颇有见解、发人深省的答卷"。8 月 2 日，毛远新等人在沈阳医学院以突然袭击的方法用本年的高考数学题考 56 名教授、讲师，企图搞臭知识分子，吹捧交白卷的张铁生。8 月 10 日，《人民日报》转载了《辽宁日报》的按语和张铁生的信，并再加按语，说张铁生的信"提出了教育战线两条路线、两种思想斗争的一个重要问题"。江青对"白卷"推崇备至，封张铁生"是真正的又红又专"，是"反潮流的英雄"。此后，全国 29 个省、市、自治区的 32 种报纸先后转载，流毒全国；《红旗》、《教育革命通讯》围绕着高校招生的文化考查发表署名文章、评论，说搞文化考查是"旧高考制度的复辟"，是"资产阶级向无产阶级反扑"。江青一伙借题发挥，在全国掀起一股否定文化学习的歪风。张铁生亦被封为"反潮流的英雄"，上了大学，并担任了铁岭农学院的党委书记及全国四届人大常委会委员。

　　　　　（第二篇第八章《辽宁省革命委员会施政纪略》，第 442 页）

城镇知识青年上山下乡与回城安置

　　1. 城镇动员　　1966 年夏季开始"文化大革命"，学校停课，高等院校不招生，工厂企业不招工，造成大批青年学生呆在城里无事干，成为当时社会普遍关注的一大难题。1968 年 4

月,中共中央、国务院发出《对大中小学毕业生一律做出适当安排》的通知,不久毛泽东主席发出了"知识青年到农村去,接受贫下中农的再教育"的号召。8月14日,辽宁省革委会召开活学活用毛泽东思想讲用会第一次(上山下乡知识青年)会议,宣传毛泽东主席关于知识青年到农村去的号召,在全省掀起了知识青年上山下乡的高潮。9月14日,省革委会做出决定,把1966—1968届高、初中毕业生,除本人患严重疾病和家庭确有特殊困难者外,全部动员下乡,参加农村社会主义建设,接受贫下中农的再教育,并将其作为当时城镇青年的必由之路。到1968年底,全省共动员452 837名青年下乡。

1969年,根据"教育要革命,学制要缩短"的要求,全省中小学普遍实行"九年一贯制",将当年秋季毕业改为翌年春季毕业,当年没有动员下乡任务。但对前几届应下乡而未下乡的青年学生又动员下去59 767人。

1970—1973年,随着经济建设的恢复和发展,城市用人增多,省革委会决定从1970年起,城镇中学毕业生实行"四个面向"(即:面向工厂、面向农村、面向边疆、面向基层)的分配政策,允许从应届中学毕业生中招工、招生和征兵,并对因病残,基本丧失劳动能力的,父母患病需本人留城照料的,已有子女下乡在农村再下乡家庭有困难的,独生子女、烈士子女和公亡职工子女,不动员下乡。4年间,全省共下乡城镇中学毕业生299 174人,其中:1970年72 551人,1971年76 153人,1972年99 025人,1973年51 445人。

1974年,全省普遍推广湖南省株洲市实行厂社挂钩安置上山下乡知识青年经验,确定应届中学毕业生以上山下乡为主,除病残不能参加劳动、独生子女、中国籍外国人子女和多子女身边只有1个子女的不动员下乡外,其余全部动员下乡。为使下乡工作做到"应届的不留尾巴,历届的割掉尾巴",百分之百地完成动员下乡任务,省革委会要求机关、党员、干部带头送子女下乡,发动各行各业实行"三包"(即:单位包职工,学校包学生,街道包居民)。并提出今后知识青年上山下乡要坚持"四对口"、"三统一"的原则,即"知识青年对口下,带队干部对口派,管理教育对口抓,支援农业对口帮"和"青年点、支农点、战备点"的统一。经过大张旗鼓地宣传发动和严密细致地组织工作,当年下乡达到226 510人,为1973年下乡人数的4.4倍。

1975—1977年,全省继续推广"厂社挂钩"安置下乡知识青年的经验,而且动员声势越来越大,留城政策越来越严,下乡人数也越来越多。3年间共下乡801 130人,其中:1975年283 748人,1976年278 244人,1977年239 138人。

1978年,中共十一届三中全会以后,随着城市用人增多和上山下乡中出现的一些实际问题,全省对上山下乡政策作了较大调整,缩小了上山下乡范围。对中学毕业生系长子长女、其弟妹未满12周岁的,已有1个子女下乡在农村而父母身边无就业子女的,1户有3个子女在农村的,"特困户"子女和孤儿,不动员下乡。这一年下乡人数降至45 133人,仅为上年度下乡人数的18.87%。

1979年,进一步放宽了上山下乡政策,确定矿区、林区、小集镇和一般县城的非农户子女中学毕业后,不再列为上山下乡对象;有条件安置就业的城市也可以不动员下乡;今后上山下乡不再搞分散插队,可以因地制宜举办独立核算、自负盈亏集体所有制知青场(厂)队进行安置。1980年,全省知识青年上山下乡工作统一纳入城市劳动就业轨道,不再搞上山下乡,对个别地方少量需要下乡的,还规定可以不带户口和粮食关系,到郊区农副业生产基地和农工商联合企业安置,并从下乡之日起计算工龄。至此,辽宁省城镇知识青年上山下乡工作基本结束。1968—1979年底,全省知识青年上山下乡总人数为1957798人。

2. 安置与管理

(1) 安置 辽宁对下乡知青的安置,普遍采取集中安置与分散安置相结合、以集中安置为主的办法。为解决大城市难以全部安置本市下乡知青的实际情况,全省有计划地实行了跨区异地安置的方法。沈阳市内的中学毕业生跨地区到铁岭、锦州、盘锦、抚顺等市的农村安置,旅大、鞍山、抚顺等市也组织大批下乡知青到丹东、朝阳、营口、锦州、盘锦等市(地)的农村安置。

1974年,全省实行"厂社挂钩"安置上山下乡知识青年的办法。各行各业普遍采取大厂带小厂、工厂带机关带街道的办法,与农村社队共同组建青年点(队),对口安置本系统、本单位的下乡知青。一些城市挂钩单位还本着宜农则农、宜林则林、宜工则工的精神,在郊区创办了一批以安置下乡知青为主的农副业生产基地和农工商联合企业,把发展多种经营生产与发展"卫星城"紧密结合起来,受到青年、家长和社会的欢迎。1979年9月,国务院知青领导小组在本溪市召开全国安置下乡知青工作现场会,总结和推广了辽宁省的经验。

(2) 知青安置费 1968年集中安置的人数占96.6%,分散安置的人数占3.4%。由于知识青年集中大规模下乡,给安置工作造成极大压力。一是住房紧张,有20%的下乡知青到社员家借宿,有的还住在生产队仓库或马棚里,给下乡知青生活、学习带来极大不便;二是口粮不足、吃菜困难,个别地方还把牲畜饲料发给下乡知青作口粮,下乡知青吃不饱,生活十分艰苦;三是有的社队劳动日值低,甚至"倒挂",下乡知青劳动也不能与社员同工同酬,收入难以维持最低生活。

为解决下乡知青到农村后生产生活中的实际困难,巩固安置成果,1969年,辽宁省革委会制定了《关于上山下乡安置费补助暂行办法》,规定下乡知青所需费用采取"自筹、群帮、公助"办法解决。"公助"部分,国家给每个插队知青250元补助,给回乡归户、投亲靠友的下乡知青每人100元以内的补助。

1973年,中共辽宁省委发出《关于知识青年上山下乡若干问题的试行规定》,对下乡知青经费发放标准和使用范围进一步做了调整。规定:城镇青年回农村老家落户的,到农村插队和建立集体所有制场队的,每人每年补助500元(其中去郊区的补助450元,去昭乌达盟的补助600元),到国营农、林、牧、渔场的,每人每年补助400元。500元的支付范围是:建房费200元,农具家具补助费、学习材料费、医疗费、旅运费和其他费用共100元。对回农村老家落户的500元补助费只发给本人生活费200元,其余300元由县(区)掌握,待住房等有困难时再酌情进行补助。根据全国知青工作会议精神,为"统筹解决"下乡知青实际困难,中共辽宁省委决定对 1972 年底以前下乡的知识青年,凡是坚持正常劳动而生活不能自给的和患重病无力治疗的,每人补助 100 元;无房住的每人补助 200 元。"统筹解决"下乡知青困难,全省共列支经费 5 434.3 万元。为加强下乡知青经费管理,同年 12 月,辽宁省知青办、省财政局联合制定了《关于加强城镇知识青年上山下乡经费管理暂行办法》,强调知青经费要坚持专款专用原则,讲究实效,不准层层扣留和挪用,并要建立健全预决算制度,做到年初有预算,花钱有计划,年终有决算。同年,全省还对 1972 年以前拨付的知青经费管理使用情况普遍进行检查清理,发现被农村社队侵占、挪用、私分和贪污盗窃的共 479 万元,占同期经费支出总数的 2.7%。省革委会在批转知青经费检查清理情况报告中指示,对这部分资金要抓紧组织回收,用于补助已婚知青建房和老青年点房屋的维修。

1976 年,国家财政开始拨给开展知青工作业务活动的专项经费——业务费。1976—1979 年,国家财政共拨给业务费 1 258 万元,同期实际支出 1 127.2 万元,占拨款数的 89.6%。

1979 年,省知青办、省财政局重新制定了《辽宁省知青经费管理使用暂行规定》,对知青经费的拨付标准和使用范围进行了调整。规定:国营农、林、牧、渔场和机关、学校、部队、企事业单位举办农副业生产基地安置的上山下乡知识青年,每人每年补助 400 元,由各单位包干使用;集体所有制独立核算知青场队、青年点及分散插队的下乡知识青年,每人每年补助 600 元,其中建房费 300 元,生活费 200 元,其他费用 100 元。并对经费使用提出了明确意见。此外,暂行规定还对下乡知识青年的探亲路费、高寒地区冬装补助费以及医疗、丧葬、生活困难补助费等做了明确规定,使下乡知识青年的生活得到基本保障。

(3) 管理教育 全省知青大规模到农村后,省、市、县(区)以及农村公社普遍建立起知青工作领导小组,加强对知青工作的领导,并加强对知青的教育。为给下乡知青在思想深处打上"阶级烙印",到农村后第一课就是由贫下中农用今昔对比和阶级分析的方法向下乡知青讲村史、家史,组织下乡知青访贫问苦、忆苦思甜,并组织下乡知青祭扫革命烈士墓和请英雄模范人物作报告,进行革命传统、艰苦奋斗和发展以农业为基础的思想教育。农村安置地区还经常派社队干部和贫下中农到城市进行家访,向青年家长汇报下乡知青在农村思想、劳动和生活情况,做到城乡配合,有针对性地进行管理教育。为解决一些地区分值低、收入少,生活不能自给的问题,各级革委会积极组织青年点(队)发展"点办工业"。在城乡有关部门大力扶持下,全省先后办起 1 358 个独立核算知青企业,总收入 76 823 万元,其中下乡知青分配部分为 18 387 万元,在一定程度上减轻了农村社队和青年家长的经济负担。1972 年,国务院知青领导小组办公室专门到辽宁总结"点办工业"的做法和经验,并整理了《海城县下乡知青大搞多种经营 20 例》,印发全国各地。《人民日报》记者也专程赴辽宁进行采访,撰写了《自己动手 丰衣足食》的长篇调查报告。

1973 年 8 月,中共辽宁省委召开知青工作会议,讨论研究"统筹解决"下乡知青问题,决定从城市选派带队干部与农村社队共同加强下乡知青的管理教育工作,实行定期轮换,并作为一项制度固定下来。1974年,推广湖南省株洲市"厂社挂钩"安置下乡知青经验后,辽宁省革委会进一步提出"知识青年对口下,带队干部对口派,管理教育对口抓,支援农业对口帮"的要求。根据省委、省革委会的统一部署,全省城市各条战线向农村对口安置下乡知青地区,选派了一大批政治觉悟高、作风正派、身体健康、有一定基层工作经验的干部到青年点(队)带队。截至1979年底,全省累计派到农村的带队干部79 080人,其中党员55 340人,占70%;女干部8 310人,占10.5%;县团级以上干部924人,占1.17%。在当地党委统一领导下,带队干部尽职尽责,言传身教,坚持与下乡知青实行同吃、同住、同劳动,积极带领青年参加生产劳动,认真组织青年学文化、学政治、学技术,热情帮助青年学会自己管理自己。经带队干部牵线搭桥,城市挂钩单位动员大量人力、物力为青年点(队)修房、铺路、建水塔、赠送生产生活资料和体育器材等,并以有偿或无偿形式调剂一批物资设备和技术力量,支援农村社队大搞农田基本建设、发展社队企业和培训科技人才,促进了农村经济的发展。

3. 下乡知青回城安置

(1) 企业招工 由于新建、扩建企业对劳动力的需要,辽宁省革委会决定从1970年起每年从下乡知青中招收一批新职工。到1980年底,累计招收下乡知青1 189 716人,占下乡知青总数的60.8%。

从下乡知青中招工,每次都由省劳动部门下达文件,提出具体政策和要求。原则上从政治思想好、身体健康、年龄在25岁以下并经过两年以上劳动锻炼的未婚知青中招收,并强调坚持男女各半的原则,各市招工原则上从本地区安置的下乡知青中招收。如果资源不足或因其他原因难以完成招工指标的,报经省劳动部门批准,可到跨地区安置的本市下乡知青中招收,或到指定其他地区招收。在招工方法上,普遍采取群众评议与领导批准相结合的形式,先由青年点(队)评选,再经贫下中农和带队干部评议、大队党支部审查、公社党委审定、报县(区)劳动和知青部门办理批准手续。1978年,全省实行"统筹规划,条块结合,多方协作,共同负责"两条腿走路的就业安置办法以后,有条件地放宽了从下乡知青中招工的一些具体做法,允许用工单位根据劳动部门批准的招工指标,到农村对口安置的社队招收本单位职工下乡子女。由于招工政策的调整,1978年以后从下乡知青中招工人数明显增多,共招收584 620人,占累计从下乡知青中招工1 189 716人的49.14%。

(2) 知青"病残"与"特困"回城 下乡知青因"病残"和"特困"被批准回城的共有237 081人,占下乡知青总数的12.1%。其中,本人自然患病不能坚持正常劳动和在劳动中致伤致残以及其他原因造成失去劳动能力而回城的108 872人;家庭发生特殊变化和确有实际困难回城的128 209人。下乡知青因"病残"、"特困"回城,在审批上坚持实事求是、从严掌握的原则。但是,从1978年起,由于调整了上山下乡政策,缩小了下乡范围,对"病残"、"特困"回城条件也相应有所放宽。1978—1980年因"病残"回城的达74 297人,占"病残"回城总数的68.24%;因"特困"回城的达127 954人,占"特困"知青回城总数的99.8%。

（3）全部收回就业或待业　1978年12月20日，中共辽宁省委召开知青工作会议，贯彻全国知青工作会议精神，研究从城乡两个方面统筹安置下乡知青的政策和措施。省委这一决策引起城乡社会普遍关注，下乡知青也纷纷离开农村返回城市寻找安置出路。为避免下乡知青盲目返城，促进社会稳定，省委于1979年3月12日召开电话会议，动员返城的下乡知青回农村参加春耕生产。鞍山市下乡知青返点（队）率达86%，省委在鞍山召开现场会推广他们的经验。但是，下乡知青离点（队）返城势头仍在发展，不少青年点（队）出现"空城"。面对这种状况，如果再硬性动员下乡知青返回农村，不仅各方面阻力大，而且势必激化矛盾。为安定民心，稳定大局，省委决定本着因势利导的精神，采取先易后难，先远后近，先跨地区后本地区，先下乡时间长后下乡时间短的原则，有计划、有步骤、有秩序地将70多万下乡知青分别由各动员城市收回，安置就业或待业。

（4）已婚下乡知青安置　下乡知青收回城市以后，在农村的已婚下乡知青到1980年底还有66 004人。为解决他（她）们生产生活上的实际困难，本着"国家关心，负责到底"的精神和"离土不离乡"的原则，对已婚下乡知青都就地就近安置了有固定工资收入的工作，使已婚下乡知青生活有了保障。（第二篇第八章《辽宁省革命委员会施政纪略》，第444—448页）

（1965年）3月15—21日，中共辽宁省委、省人民委员会召开动员知识青年参加农村社会主义建设工作会议。　　　　　　　　　　　　　　　　　　　　　　　（《附录》，第563页）

（1972年）12月19日，辽宁省革委会成立知识青年上山下乡工作办公室。
　　　　　　　　　　　　　　　　　　　　　　　　　　　　　　　（《附录》，第566页）

《辽宁省志·政协志》

辽宁省地方志编纂委员会办公室主编，辽宁科学技术出版社1999年

1964年7月1日召开了三届七次常委扩大会议，省教育厅和省安置办公室负责人到会作了《关于1964年应届中小学毕业生升学、就业安排问题的报告》，并听取了委员意见。与会常委和列席代表一致认为辽宁的教育事业有很大发展；同时也对中小学毕业生的升学、就业，特别是对"上山下乡"问题提出一些意见和建议：……②现在中学生毕业后，绝大多数走"上山下乡"的道路，这对他（她）们是一个锻炼。但是也应注意，如何使他（她）们的学业不致荒废。建议采取必要的措施。如在各"上山下乡"青年点设补习班或专业培训班，由各中学教师抽调轮换执教。否则，将耽误一代人。③开办职业学校，除政府开办外，有条件的厂矿企业都可以办。学生从"上山下乡"知识青年中抽调或招考，培养有一技之长的人才，成为各行各业的后备力量。

在此期间,省政协曾组织部分常委和委员到农村访问,看望了"上山下乡"知识青年,听取了他(她)们的意见和要求。访问团除向常委会汇报外,还将知识青年提出的意见和要求转报给了省政府和有关部门。 　　　　　　(第三篇第三章《第三届常务委员会议》,第96—97页)

第三届委员会时期,为了解城镇知识青年上山下乡参加生产劳动和生活、学习等方面的情况,协助中国共产党和政府做好这一工作,曾组织教育界委员和各方面有关人士,于1964年6月,到旅大营城子华侨果树农场、金县十三里堡公社台子大队梨树沟、袁家店两个生产队和海城县析木公社对下乡知识青年进行访问,听取了他们的意见和要求,并向有关部门作了反映。 　　　　　　　　　　　　　　(第四篇第一章《协商与监督》,第121页)

(1964年)7月11日,辽宁省政协召开三届七次常委扩大会议,听取省教育厅厅长肖文和安置办副主任崔启明所作的关于辽宁省1964年应届中、小学毕业生升学、就业安排等问题的报告和访问上山下乡知识青年工作组考察结果的汇报。 　　　　　　(《附录》,第233页)

《辽宁省志·审判志》

辽宁省地方志编纂委员会办公室主编,辽宁民族出版社2003年

张铁生反革命案　张铁生,原名刘铁芳,男,汉族,原籍辽宁省兴城县,捕前住兴城县白塔公社枣山生产大队。

张铁生于1976年1月至10月期间,积极追随江青反革命集团,先后在北京大学、清华大学、北京新华印刷厂和山西省昔阳、文水、太原等地,大肆煽动对"国家机关必须采取组织措施,改变阶级成分","要动大手术,一动到底,不留后遗症"。同时,还为山西的打砸抢分子向江青反革命集团转递诬陷、诽谤中共山西省委主要领导人的材料。在锦州市煽动下乡知识青年要"拿锦州市委开刀","作为二次辽沈战役推向全国","要做好重上井冈山的准备"。给兴城县武装部长和政委写信,要求在其家乡生产大队"搞个民兵工作点,装备起一个小部队",并由其指派亲信掌握。鼓吹要"做好残酷内战的准备"。在沈阳驻军某部还煽动说:"军内保守势力是很强很强的,一旦风云变幻,枪口对准谁?""跟着走,顺着干,性质就变了。"特别是毛泽东主席逝世后,到新华社辽宁分社、团省委、省知青办等单位煽动"要把形势想得更残酷一些"。在其家乡的社员大会上和铁岭农学院对一些人煽惑说:"中央可能有人搞翻案,搞复辟。""辽宁要成为井冈山","要准备上山打游击!"诽谤粉碎江青反革命集团是"历史的反动","是翻案了,复辟了"。

张铁生的犯罪活动,十分明显地表露出其追随江青反革命集团,阴谋颠覆人民民主专政的国家政权的反革命目的。已构成反革命煽动罪、阴谋颠覆政府罪。依照《中华人民共和国

刑法》第九条、第九十二条、第九十三条、第一百零二条、第六十四条、第五十二条之规定,锦州市中级人民法院 1983 年 3 月 24 日以(82)刑一字第 20 号判决,认定张铁生犯反革命宣传煽动罪、阴谋颠覆政府罪,判处有期徒刑十五年,剥夺政治权利三年。宣判后张铁生上诉至省高级法院,1983 年 4 月 14 日省高级法院以〔1983〕刑上字第 31 号《刑事裁定书》裁定驳回上诉,维持原判。 （第四篇第二章《人民法院刑事案件审判》,第 347 页）

从年度审结数量看呈逐年上升的趋势,1966 年 776 件,1970 年 1 925 件,1976 年 2 033件,1976 年是 1966 年的 2.6 倍。特别是在 1973 年贯彻中共中央〔1973〕21 号和 30 号文件之后的 3 年间(1974 年至 1976 年),由于掀起了"保卫知识青年上山下乡运动"的高潮,严惩奸污女知识青年的犯罪分子,每年审结 2 000 件左右。由于当时在极"左"思潮的影响下,混淆了罪与非罪、此罪与彼罪、轻罪与重罪的界限,造成大量错案。1979 年予以复查纠正。 （第四篇第二章《人民法院刑事案件审判》,第 363 页）

1973 年 6 月 2 日,辽宁省高级人民法院召开全省中级法院院长座谈会,研究几年来的审判工作,并就以下 7 个问题提出工作意见。第一,关于刑事审判工作问题。刑事审判工作要与公安机关密切配合,坚决打击敌人的破坏活动。打击的重点是:……③奸污迫害上山下乡女知识青年的犯罪分子。在办案中,重证据而不轻信口供,反对逼供信,禁止肉刑。 （第八篇第二章《会议指导》,第 630 页）

(1970 年)6 月 5 日,辽宁省革委会人保组发出《当前阶级敌人破坏知识青年下乡工作情况通报》:全省已发现迫害知识青年案件 1 232 起,仅处理 555 起。要求各地根据中发〔1970〕26 号文件精神,继续查处,并选择典型案例公开宣判。 （《附录》,第 707 页）

《辽宁省志·公安志》

辽宁省地方志编纂委员会办公室主编,辽宁科学技术出版社 1999 年

1977 年 11 月 8 日,国务院批转公安部《关于处理户口迁移的规定》。此规定是"文化大革命"结束后国家户口迁移的基本政策。规定指出:①与市、镇职工、居民结婚的农村人口(包括上山下乡知识青年),不得迁入市、镇,其子女也应在农村落户。对确因长期病残生活难以自理,农村又无亲属依靠的,可准在市、镇落户。……⑥上山下乡知识青年,因病残或家庭有特殊困难,符合国家规定,需要返回市、镇家中的,经市、县知识青年上山下乡办公室审查同意,准予落户。…… （第五篇第二章《户政管理》,第 272 页）

《辽宁省志·工会志》

辽宁省地方志编纂委员会办公室主编,辽宁科学技术出版社1999年

1966—1976年"文化大革命"时期,城乡劳动力大对流,全省先后动员160多万城镇知识青年上山下乡,同时又从农村大量招工。（第二篇第一章《基层工会组织建设》,第54页）

《辽宁省志·共青团志》

辽宁省地方志编纂委员会办公室主编,辽宁民族出版社2003年

从1968年8月开始,在"知识青年接受贫下中农再教育"的方针指导下,掀起了知识青年上山下乡的热潮,到1979年底,全省知识青年累计下乡194.6万人。 （《概述》,第8页）

第六节 知识青年参加农业生产

一、组织青年志愿垦荒团

1955年2月,团中央书记胡耀邦在青年团北京市第三次代表大会的讲话中,要求青年到边疆去、到祖国最需要的地方去,开发建设,开垦荒地。同年5月,中共中央批准农村工作部《关于垦荒、移民、扩大耕地、增加粮食的初步意见》。7月,团中央发出《关于组织青年参加边疆建设问题的一些意见》,提出:动员一部分城市中未升学的初中、高小毕业生及其他失业青年参加垦荒工作。

辽宁省的广大青年热烈响应党和国家的号召。1955年9月,经中共辽宁省委批准,团省委与省农业厅决定不用国家投资或国家少量资助,组建辽宁青年志愿垦荒团,到沈阳市北郊区兴隆台村开垦荒地。

辽宁省青年志愿垦荒团由沈阳、旅大、鞍山、抚顺、本溪、辽阳、营口、安东、锦州、阜新10个城市的303名青年组成,大部分是高小和初中毕业生,共有6名中共党员、103名共青团员。垦荒团成立办事处,办事处下设生产、基建、总务3个部门负责管理工作,有4个生产队、1个大车队。全团建立1个党支部、5个团支部。

辽宁省青年志愿垦荒团从1955—1958年做如下工作:①开荒。从1955年秋开始,在沈阳、开原拖拉机站支援下开垦荒地890公顷。②基建。共建筑380间宿舍、畜舍、伙房,架设11公里输电线路。③规划生产。制定远景规划,划分作业区,组建9个田间生产队。④兴修水利。进行大规模的水利勘测与施工,共完成5条长20公里排水渠道,挖土方7万立方米;修灌渠75条,挖土方4万立方米;打电动井17眼。⑤试验生产。1956年试种500公顷地(其中水田400公顷、旱田100公顷),种植水稻、玉米、大豆等农作物,收获15万公斤粮

食。1957 年种地 190 公顷（其中水田 100 公顷、旱田 90 公顷），粮食产量近 17 万公斤。1958 年种水田 100 顷、旱田 115 公顷，并饲养许多牲畜、鸡、鸭、猪等。

垦荒团得到全社会的支援。沈阳地质勘察公司、有色冶金设计院沈阳分院、沈阳风动工具厂等 17 个单位的青年职工，捐双轮双铧犁 19 台、单铧犁 11 台、铲趟机 18 台、收割机 3 台、播种机 2 台、打谷机和钉齿耙各 1 台、马 15 匹、现款 1 603 元、书籍 2 400 册。抚顺市老虎台矿、龙凤矿、机械修理厂、石油安装公司等 7 个单位，共支援双轮双铧犁 7 台、单铧犁 4 台、锄草机 6 台、钉齿耙 2 台、胶轮大车 2 台、水车 1 台、马 5 匹、现款 580 元。鞍山市直属机关、设计院、大型轧钢厂、炼铁厂、无缝钢管厂、地质公司、第四中学等单位职工，支援双铧犁 50 台、马 44 匹、铲趟机和钉齿耙各 1 台。社会各界的援助有力地支持了垦荒团的工作。

1958 年，青年垦荒团附近的乡已实现人民公社化，把青年垦荒团并入人民公社，对发展当地的经济、文化事业各方面有利，同时也便于管理。因此决定把垦荒团并入人民公社。

对垦荒团人员安排的基本原则是依照本人意愿。垦荒团的队员都得到了妥善安置：分配到学校学习 45 人，抽调农场做农工 33 人，介绍到工厂、机关福利事业部门工作 19 人，留当地农村做农工和勤杂工 85 人，回原地生产队 34 人。1958 年 9 月 26 日，辽宁省青年志愿垦荒团正式并入人民公社。

经过 3 年国家投资和社会支援，垦荒团开垦水旱田 500 公顷，畜牧场 420 平方米，以及供 400 人食用的蔬菜园地；建筑 4 700 平方米房屋，并有一套足够经营 400 公顷水、旱田的生产设备。总价值 60 万元。

二、城镇知识青年上山下乡下海参加生产

1961 年 5 月，中共中央工作会议提出精简职工和减少城镇人口，城镇知识青年上山下乡问题提到日程。团省委在中共辽宁省委的领导和安排下，协同有关方面积极开展组织城市青年上山下乡下海参加生产的工作。据 1962 年 5 月对 8 个城市统计，已有 13 000 名城市青年到农村参加生产，占应上山下乡社会青年的 45%。其中有 5 000 名是随家庭回乡，有 8 000 名是单身上山下乡。知识青年到人民公社生产队有 7 000 人，到社办企业单位约 300 多人，到国营农场和林场约 800 人。辽宁省城市知识青年上山下乡采取两种形式：一是到国营农、林、渔场，作为国营农、林、渔场的固定工人或在国营企业领导下组成集体所有制的生产；二是到农村人民公社去插队，有单身和集体插队。辽宁省用第一种形式安排 15 000 名知青，第二种形式安排 10 000 名知青，60% 知青思想较稳定，能参加生产。

团省委在上山下乡工作中，注重城市和农村两方面工作。在城市，进行思想动员工作，把闲散的城市青年通过文化学习、职业训练等多种形式组织起来，进行必要的教育；在学校加强经常的思想教育工作，为动员他们上山下乡打下基础。农村方面则进行安置和巩固工作。农村团组织在思想、生产、生活和学习等多方面帮助上山下乡青年，促使他们尽快适应农村生产和生活条件。

三、"文化大革命"期间知识青年上山下乡

"文化大革命"期间是知识青年上山下乡的高潮。1966年、1967年、1968年初中、高中毕业生共6届毕业生一起上山下乡。据1969年1月25日辽宁省安置办公室统计,沈阳、旅大、鞍山、抚顺、本溪、丹东、锦州、阜新、营口、辽阳、盘锦地区、铁岭地区、朝阳地区共下乡452 754人,还乡335 492人;接待外省下乡83人,还乡1 365人。

1970年,知青下乡人数是73 556人。1971年,下乡77 679人。1972年9月10日辽宁省毕业办根据沈阳、旅大、鞍山、抚顺、本溪、丹东、锦州、营口、阜新、辽阳、铁岭地区、盘锦地区、朝阳地区、昭乌达盟统计,1971年毕业生应下乡94 210人,实下乡66 654人,占应下乡人数的70.7%。

截至1972年9月30日统计,辽宁省历届知青人数达1 126 027人,其中下乡582 528人、还乡543 499人。其间,因抽调等原因离开农村共215 152人,其中上学12 971人,进工厂166 824人,参军27 327人,病残或其他原因回城8 030人。从1972年度开始,高中毕业生全部面向农村。1974年下乡知青为232 954人,1975年、1976年、1977年每年下乡知青人数都超过20万人。截至1979年6月底,全省累计下乡人数达1 946 063人。在下乡青年中已婚青年17 900人。1968—1980年,辽宁省为下乡知青建房43万间,近900万平方米。

知识青年下乡工作至1980年基本结束。(第四篇第五章《青农生产活动》,第183—185页)

是月(1964年4月),团法库县各级组织组织回乡下乡知识青年搞科学实验。

(《附录》,第267页)

(1965年)3月5日,团省委、省总工会、省妇联和辽宁人民广播电台联合举办"知识青年参加农村社会主义建设"专题广播节目。

3月22日,中共辽宁省委第二书记、省长黄欧东,中共辽宁省委书记白潜等领导,在东沟县接见、慰问部分知识青年。

(《附录》,第267页)

(1979年)6月中旬,团省委、省知青办联合向全省团员、青年发出关于开展向优秀共产党员张志新学习的活动通知。

(《附录》,第268页)

《辽宁省志·人事志》

辽宁省地方志编纂委员会办公室主编,辽宁民族出版社2005年

下乡知识青年、民办教师、赤脚医生等1970—1978年进入各类学校学习,毕业后分配工作的工龄计算 按1980年教育部的规定,学习期间计算工龄。1979年以后考入各类学校的,学习期间一律不计算工龄。

(第三篇第九章《工资》,第443页)

下乡知识青年插队期间的工龄计算

1985年劳动人事部下发了《关于解决原下乡知识青年插队期间的工龄计算问题的通知》。通知规定,凡在"文化大革命"期间由国家统一组织下乡插队的知识青年,在他们回到城镇参加工作以后,其在农村参加劳动的时间,可以与参加工作后的时间合并计算为连续工龄。他们参加工作时间,从下乡插队之日算起,返城后等待分配工作的时间,不计算工龄。在1962—1966年5月"文化大革命"开始前,由国家统一组织下乡插队的知识青年,他们回到城镇参加工作以后,在工龄计算上可以仿照上述办法处理。

1985年8月,辽宁省人事局、劳动局根据劳动人事部的上述规定精神,结合辽宁省的具体情况,就下乡知识青年的参加工作时间和工龄计算问题做出了10条补充规定。其中主要有:"凡经组织批准投亲归户、自选下乡地点的原下乡知识青年,他们下乡期间工龄计算和参加工作时间同由国家统一组织下乡插队(场)的知识青年一样对待。落实政策人员的非农业户口的子女,初中毕业或年满16周岁后参加劳动的时间,可以与参加工作后的时间合并计算为连续工龄。"

(第三篇第九章《工资》,第444页)

《辽宁省志·财政志》

辽宁省地方志编纂委员会办公室主编,辽宁人民出版社2000年

1964年7月,中共辽宁省委安置领导小组办公室、财政厅根据财政部的规定明确,凡家住城镇的单身知识青年和闲散劳动力下乡插队,每人按200元标准补助(不包括搬家路费和途中伙食补助费)。其中建房补助每人100元、生活补助费每人80元左右(主要是购买口粮、补助服装、炊事用具和医疗零用等)、生产用具补助费每人15元左右、学习和文娱补助费每人5元左右。城镇成户下乡插队的,每人平均补助150元(不包括搬家路费和途中伙食补助费)。其中建房补助费每人平均100元左右、生活生产补助费每人平均50元左右,下乡搬家路费和途中伙食补助每人平均按15元计算拨给。

1965年又安置城市知识青年下乡、回乡插队劳动5.1万人。根据财政部规定,当年5月,辽宁调整了安置经费标准,单身插队每人补助250元;下乡新建集体所有制生产队的,每人补助400元;成户插队的每人180元。1968年大批知识青年下乡、还乡插队劳动,财政拨付了安置经费。1980年,下乡知识青年返回城市,把安置经费转为城镇青年就业补助费。1962—1985年,全省支出下乡人口安置费和城镇青年就业补助费13亿元,占同期经济建设费的3.5%。1981—1985年,全省财政拨付城镇青年就业补助费2.9亿元,支持兴办各种企业6469个厂(点),共安置青年就业61.3万人。同期,还支出城镇青年劳动就业前培训经费3600万元,培训41万人。

(第五篇第二章《财政收支与平衡》,第354页)

城市人口上山下乡安置经费使用管理

1962年11月,国家计委、财政部、农垦部、林业部、水产部共同规定,城市人口下乡安置经费的使用范围包括基本建设投资、补充接受安置企业的流动资金、职工工资的补差、下乡学生生活补助费(以补助1年为限)和下乡人口家具购置补充费用。

1964年3月,辽宁省具体规定,下乡人员的遣送费由原市区、县镇安置部门发给;下乡人员的生活、生产工具和学习文娱补助费,一般是到农村后发给,凭下乡人员生活补助费和遣送费领款收据报销。下乡人员的建房补助费,生活、生产工具和学习文娱补助费(指下乡人员原在市区、县镇没领到生活补助费的),县(区)安置部门依据安置到人民公社的户(人)数,编制下乡人员待领补助费明细表报领。

同年7月,根据财政部的规定精神,辽宁省统一规定家住城镇的单身知识青年和闲散劳动力下乡插队的,给予建房补助费、生活补助费、生产工具补助费、学习和文娱补助费,每人200元左右。1965年5月,财政部通知调整北方安置经费标准,规定单身插队的每人补助250元,上山新建集体所有制的生产队(场)每人补助400元。成户插队的每人平均补助180元;跨省插队的每人另加旅运费20元;回乡人员补助费每人50元。明确规定安置经费用于建房补助费、生活补助费、旅运费、小农具和家具购置费、机动费。

1969年5月,省革命委员会制定的《关于城镇居民下乡安置补助费暂行办法》规定,下乡人员的生活安排采取"自筹、群帮、公助"的方法解决。补助标准,单身插队的每人补助最高不超过250元;成户插队的每人补助一般不超过140元,朝阳地区最高不超过150元。开支范围包括建房补助、生活补助、车运费、小农具和家具购置、少数困难户衣被补助。

辽宁城市人口上山下乡安置经费的管理,是由省、市、县、公社安置部门依据省规定的标准,按实际下乡到达人数,编报年度用款计划,经同级财政部门审核同意后,由省财政分配经费使用指标。县(区)级财政部门逐月(季)将经费拨到县(区)主管部门。由县(区)主管部门拨款给公社知青助理。因大部分县(区)是以拨代报,1972年发现一些县(区)贪污、侵占挪用安置经费。1973年11月,省财政局、省知青办、省民政局联合召开了安置经费清理工作会议。全省从1974年起,开展安置经费清理工作,于1976年3月末结束。1968—1972年,全省下乡知识青年79.4万人、闲散人口下乡28.2万人。5年共支付安置经费22 011万元,其中被侵占、挪用、贪污的共为807万元。

1979年4月,国务院知青办、财政部下发《关于知青经费管理使用的暂行规定》,从1979年起,到国营农、林、牧、渔场插队的,每人补助400元,由单位包干使用。到集体所有制知青场、队和知青点的,北方各省每人补助600元,主要用于补助建房、农具、家具、生活、医疗、学习材料、旅运费和其他费用。结婚安家的知青,没有解决住房的,每人补助建房费300元。知青经费中的扶持生产资金,主要用于扶持独立核算的集体所有制知青场、队发展生产。

1979年末统计,1962—1979年,辽宁共安置下乡人口204万人,18年间,财政支拨安置经费补助建房43万间。1980年知青返城后,大量房屋闲置起来,有的地区知青住房,被公社、生产队或个人占用,其中被社队占用 28 625 间、被个人占用 20 842 间。沈阳市财政局为避免国家财产损失,将知青房作价拍卖给集体或个人 3.8 万间,共收回资金 696.7 万元,充做城镇青年就业补助费或已婚在乡青年房屋修补经费。(第五篇第三章《财政管理》,第 560—561 页)

《辽宁省志·计划志》

辽宁省地方志编纂委员会办公室主编,辽宁科学技术出版社 1999 年

1966 年 2 月。辽宁省人委提出在全省动员安置城市青年上山下乡。动员安置对象以城市知识青年为主,有条件下乡的闲散劳动力及其家属,也可进行动员安置。安置的方向必须与农业生产和备战紧密结合,既要上山开发建设山区,又要到生产潜力大的粮食重点产区建设稳产高产田,加强农田基本建设。安置形式仍以插队安置为主。要认真加强下乡青年的政治思想教育工作,大力组织学习毛主席著作,开展政治、技术和文化学习,大搞业余教育,发展函授、广播教学。同时,要有计划地试办城来社去,先安置后办学的半农半读的劳动大学和中等专业学校。安置的经费标准是,集体插队安置的每人 250 元,新建生产队安置的每人 400 元,成户或单身投亲靠友分散插队的每人 180 元,回乡的每人 50 元。

1968 年 8 月,辽宁省革委会决定将 1966—1968 年三个年度的初、高中毕业生全部安置到农村去。全省三个年度的初、高中毕业生共 70 万人,家住城市的 38 万人,准备分成两批由省统一安置到国营农场和农村公社集体插队。第一年安排第一批共 23 万人,第二年春耕前安排第二批 15 万人。 (第二篇第五章《第三个五年计划时期》,第 158 页)

《辽宁省志·统计志》

辽宁省地方志编纂委员会办公室主编,辽宁民族出版社 2001 年

从 1979 年到 1985 年,全省共安置了 253.4 万待业人员、62 万上山下乡知识青年、30.5 万大中专及技工学校毕业生、22.1 万复员转业退伍军人等,共计 394.6 万人就业。

(第六编第二章《劳动统计》,第 255 页)

《辽宁省志·农业志》

辽宁省地方志编纂委员会办公室主编,辽宁民族出版社 2003 年

(1966 年)1 月 6—14 日,全省城市知识青年参加农村社会主义建设积极分子代表会议在沈阳召开。

(《附录》,第 438 页)

《辽宁省志·粮食志》

辽宁省地方志编纂委员会办公室主编,辽宁大学出版社 2000 年

1969 年 4 月,省革命委员会通知规定:到农村落户的城镇居民、知识青年、五七干校学员、回乡军人、下放农村劳动锻炼接受贫下中农再教育的干部、大专院校师生等人员,除知识青年的口粮补助到 22.5 公斤外,其他人员补助到 21 公斤。参加生产队口粮分配的,补助到 9 月末为止。

(第二篇第二章《城镇计划供应》,第 62 页)

"文化大革命"开始后,1968 年 10 月开展了知识青年"上山下乡"运动,1969 年广大干部走"五七"道路,到 1970 年 9 月末定量人口下降为 964.8 万人,比 1966 年 9 月末全省减少定量人口 65.5 万人。

(第二篇第二章《城镇计划供应》,第 67 页)

《辽宁省志·物资志》

辽宁省地方志编纂委员会办公室主编,辽宁科学技术出版社 1999 年

1975 年"知青"建房用材成为重点,轻纺生产、维修用材也列为供应重点。

(第二篇第二章《木材》,第 104 页)

《辽宁省志·建设志》

辽宁省地方志编纂委员会主编,辽宁人民出版社 2003 年

70 年代,在"农业学大寨"活动中,随着集体化的加强,农村增加了文化图书室、电影院、城市知识青年下乡居住的"青年点"等公共房屋。1980 年,全省农村新建公共房屋 196 万平方米,占当年全省农村新建房屋的 9.53%

(第三篇第二章《村镇建设》,第 336 页)

同年(1979 年)7 月,辽宁省革命委员会又针对当时城镇大批待业青年需要安置就业和"文化大革命"中大批下乡知识青年急需回城安置工作的具体情况,发出了《关于认真安排城市待业青年积极发展集体所有制企业和服务行业的通知》,要求各市区、街道和居民委员会,积极建立集体所有制的劳动服务组织或生产合作组织,把待业青年组织起来,从事各种生产、维修、服务和承包基建工作。

......

国营企业增加全民性质的固定职工受招工指标的限制,因此只好招收集体职工,实行混岗作业,成为解决下乡知识青年回城就业和安置城市待业青年的主要途径。

(第四篇第三章《建筑施工》,第 625 页)

《辽宁省志·铁道志》

《辽宁省志·铁道志》编委会编,中国铁道出版社 2000 年

"文化大革命"时期,招工对象除亦工亦农外,均为城镇知识青年。到 1974 年,沈阳、锦州两铁路局共招收下乡知识青年 11 212 人。1979—1981 年间,根据铁道部和辽宁省的规定,沈阳、锦州两铁路局将本系统下乡尚未回城的 8 868 名知识青年全部招回,适当做了安排。

(第三篇第四章《劳动人事管理》,第 382 页)

1978 年 6 月,根据国务院颁布的《关于工人退休、退职暂行办法》有关规定,又恢复了退休、退职工人子女顶替办法。沈阳、锦州两铁路局对退休、退职后,家庭确有困难的或多子女上山下乡、子女就业少的,可招收一名符合招工条件的子女参加工作,同时放宽了部分工人退休、退职的年龄限制。从 1978—1982 年,沈阳铁路局共办理子女顶替 3 032 人,锦州铁路局办理子女顶替 2 254 人。

(第三篇第四章《劳动人事管理》,第 383 页)

《辽宁省志·教育志》

辽宁省地方志编纂委员会办公室主编,辽宁大学出版社 2001 年

1973 年国务院批转国务院科教组《关于高等学校 1973 年招生工作的意见》提出:"要重视文化考查,了解推荐对象掌握基础知识的状况","保证入学学生有相当于初中毕业以上的实际文化程度"。根据这一要求,1973 年辽宁省高等学校招生除继续采取前一年的办法外,增加了入学文化考查。兴城县考生张铁生系该县白塔公社下乡知识青年、生产队队长,他的物理化学试卷答案得 6 分,他在试卷背面写了一封信,信中说:为了实现他上大学的"自幼理想","希望各级领导在这次入学考试中",能对他"这个小队长加以照顾"。"四人帮"在辽宁的代理人,原中共辽宁省委书记毛远新得知这一情况后,将原信作了删改,指令《辽宁日报》加按语发表。1973 年 7 月 19 日,《辽宁日报》以《一份发人深省的答卷》为题,刊登张铁生的信,并在编者按语中说,张铁生"物理化学这门课的考试,似乎交了'白卷',然而对整个大学招生的路线,交了一份颇有见解,发人深省的答卷"。8 月 10 日,《人民日报》转载了《辽宁日报》的按语和张铁生的信,并再加按语,说张铁生的信"提出了教育战线两条路线、两种思想斗争的一个重要问题"。江青对"白卷"推崇备至,封张铁生"是真正的又红又专",是"反潮流

的英雄"。《红旗》、《教育革命通讯》围绕着高校招生的文化考查发表署名文章、评论,说搞文化考查是"旧高考制度的复辟",是"资产阶级向无产阶级反扑"。江青一伙借题发挥,在全国掀起一股否定文化学习的歪风。1974 年以后,辽宁省高等学校招生仍采取"自愿报名,群众推荐,领导批准,学校复审"的办法。

(第十篇第六章《招生与毕业》,第 571 页)

(1968 年)8 月—9 月,全省城镇初高中毕业生(包括六六、六七、六八三届)遵照毛主席"知识青年到农村去,接受贫下中农的再教育很有必要"的指示,大部分上山下乡,共 82 万余人。

(《附录·大事年表》,第 861 页)

(1970 年)6 月,辽宁省革委会政工组发出《关于加强充实教师队伍的通知》,通知要求抽调工人、"五七"战士、知识青年和大中专毕业生补充中小学教师队伍。

(《附录·大事年表》,第 862 页)

(1973 年)6 月 30 日,兴城县白塔公社下乡知识青年、生产队长张铁生,在兴城县参加辽宁省高等学校入学文化考试,理化试卷只得 6 分。张在试卷背面写了一封信,信中说,为了实现上大学的"自幼理想","希望各级领导在这次入学考试中"能对他"这个小队长加以照顾"。辽宁省教育局局长得知后,写信给兴城县教育局,对张铁生交"白卷"一事大加吹捧。中共辽宁省委书记毛远新将原信做了修改,指令《辽宁日报》加按语发表。7 月 19 日《辽宁日报》以《一份发人深省的答卷》为标题,发表张铁生的信,并加《编者按》:"这里刊载的是张铁生同志在今年大学招生考试卷背面写的一封信。他对物理化学这门课的考试,似乎交了'白卷',然而对整个大学招生的路线问题,却交了一份颇有见解,发人深省的答卷"。8 月 10 日《人民日报》转载了《辽宁日报》的《按语》和《张铁生的信》,并再加《按语》:"张铁生的信提出了教育战线两条路线、两种思想斗争的一个重要问题,确实发人深省。"随后,《文汇报》、《红旗》、《教育革命通讯》以及各地报刊相继加以转载,迅即流毒全国。

(《附录·大事年表》,第 863 页)

《辽宁省志·报业志》

辽宁省地方志编纂委员会办公室主编,辽宁人民出版社 2005 年

(1973 年)7 月 19 日,《辽宁日报》刊登《一份发人深省的答卷》(即:下乡知识青年张铁生在当年大学招生考卷背面写的一封信),并加了"编者按"。1976 年 11 月 30 日,该报发表《一个反革命的政治骗局》一文,揭露了张铁生这个假典型。

(《附录》,第 294 页)

《辽宁省志·广播电视志》

辽宁省地方志编纂委员会办公室主编，辽宁科学技术出版社1998年

1973年对专题节目进行调整，开办《学习马列主义、毛泽东思想节目》、《对工人广播》、《对人民公社社员广播》，每星期日轮换举办对民兵、上山下乡知识青年广播节目。

（第一篇第二章《省级广播电台》，第41页）

《辽宁省志·劳动志》

辽宁省地方志编纂委员会办公室主编，辽宁民族出版社2004年

第四节 城镇知识青年上山下乡

辽宁省城镇知识青年上山下乡始于50年代农业合作化时期，到1980年结束。全省累计下乡2 044 134人，占全国城镇知识青年上山下乡总数的12%。

城镇知识青年上山下乡是特定历史条件下的产物。它的根本出发点是试图解决城镇就业问题，减少城市压力。20多年间，由于历史背景和政策措施的不同，全省上山下乡工作几经起伏，并一度成为城乡社会普遍关注的问题。

一、城镇动员

动员组织城镇知识青年上山下乡，不同历史阶段有不同的动员政策、原则和方法。

第一个五年计划期间，由于城市人口增长过快和教育事业发展的不同步，城市不能升学的中小学毕业生不断增多，因城市就业渠道狭窄，出现了难以全部安排就业的局面；随着农业化高潮的到来，发展农业、建设农村又需要大批有文化的知识青年。毛泽东主席在《农村社会主义高潮》按语中发出"一切可以到农村去工作的这样的知识分子，应当高兴地到那里去，农村是一个广阔的天地，在那里是可以大有作为的"号召，《人民日报》也发表了《必须做好动员组织中小学毕业生从事生产劳动工作》的社论，要求各地根据实际情况切实做出安排。辽宁省从1955年起，以青年团组织为主开始动员城市不能升学的青年学生上山下乡，参加农村社会主义建设。这时的上山下乡是试验性质，下乡人数很少，目的在于探索路子，总结经验，培养典型，巩固成果，逐步发展。基于这一指导思想，对批准下乡、回乡或以垦荒团形式到国营农场、林场、渔场参加劳动的青年学生，重点坚持做好宣传教育和思想发动工作，在学生自愿、家长同意的基础上，再号召申请报名，有选择地批准。为保持上山下乡声誉，对思想不通、条件不具备的不予批准。

1958年，社会主义生产建设全面"跃进"，扩大基本建设规模，大量增加新职工，全省城市劳动力从"过剩"转变为普遍不足。当时乐观地估计，"历史上长期存在的失业问题得到了

616

彻底解决",这一虚假现象使知识青年上山下乡工作停顿下来。

60年代初,对"大跃进"造成的国民经济比例严重失调的问题开始进行调整,大幅度缩短基本建设战线,对工业企业实行关停并转,大量精简职工和压缩城市人口;城市每年又有相当数量的新成长劳动力需要安排,给城市就业带来巨大压力。为此中共辽宁省委、省人委把动员组织城镇青年学生上山下乡重新提上日程,在全省范围内开展了有计划、有组织的上山下乡活动。为加强对这项工作的领导,省、市(地)相继成立了由党政领导挂帅,以农林部门为主、吸收有关部门参加的"组织城市青年学生上山下乡领导小组",并设立了专门办事机构,负责制定规划,研究政策,部署任务,落实动员、安置和管理教育措施。到1963年底,全省累计下乡青年学生20 987人。

1964年,中共中央、国务院发出《关于动员和组织城市知识青年参加农村社会主义建设的决定》。中共辽宁省委、省人委为进一步贯彻落实以农业为基础、以工业为主导发展国民经济的总方针,把动员组织城市青年学生上山下乡作为加强农业战线的一项战略措施,作为解决城市不能升学的知识青年就业出路,在全省范围内掀起了更加广泛深入的上山下乡高潮。对凡是达到劳动年龄、身体健康、政治品德上无严重问题的应届、历届中学毕业生普遍进行宣传教育和思想动员,经过批准,分期分批组织下乡。当年下乡18 923人,为1963年底以前累计下乡人数的90.16%。许多高中毕业生积极响应党和政府号召,主动放弃考大学的机会,自愿报名申请上山下乡参加农村社会主义建设。例如:丹东市长山五四农场、盘锦农垦局九号大队、绥中县前所果树农场和开原县荒地大队、丹东县抗大六队、北票县黑城子大队等一批青年点,基本上是以应届高中毕业生为主组建起来的。

1966年夏季开始"文化大革命",学校停课,高等院校不招生,工厂企业不招工,造成大批青年学生呆在城里无事干,如何安置他们就业成为当时社会普遍关注的一大难题。1968年4月中共中央、国务院发出《对大中小学毕业生一律做出适当安排》的通知,不久,毛泽东主席发出了"知识青年到农村去,接受贫下中农的再教育"的号召。广大知识青年热烈响应党中央、毛主席的号召,积极要求到农村去,到艰苦的地方去。省革委会做出决定,在全省范围内掀起更大规模的上山下乡运动,把1966—1968届高、初中毕业生,除本人患严重疾病和家庭确有特殊困难者外,全部动员下乡。到1968年年底,全省共动员下乡452 837人,相当于"文化大革命"以前累计下乡86 336人的5.2倍。这次动员组织中学毕业生上山下乡是在动员城镇青年参加农村社会主义建设,接受贫下中农的再教育,并将其作为当时城镇青年的必由之路。

1969年,根据"教育要革命,学制要缩短"的要求,全省中小学普遍实行"九年一贯制",将当年秋季毕业改为翌年春季毕业,当年没有动员下乡任务。但对前几届应下乡而未下乡的青年学生又动员下去59 767人。

1970—1973年,随着经济建设的恢复和发展,城市用人增多,省革委会决定从1970年起城镇中学毕业生实行"四个面向"(即:面向工厂、面向农村、面向边疆、面向基层)的分配政策,允许从应届中学毕业生中招工、招生和征兵,并对因病残,基本丧失劳动能力的,父母患病需本人留城照料的,已有子女下乡在农村再下乡家庭有困难的,独生子女、烈士子女和公亡职工子女,不动员下乡。4年间,全省共下乡城镇中学毕业生299 174人,其中,1970年72 551人,1971年76 153人,1972年99 025人,1973年51 445人。

1974年,全省普遍推广湖南省株洲市实行厂社挂钩安置上山下乡知识青年经验,确定应届中学毕业生以上山下乡为主,除病残不能参加劳动、独生子女、中国籍外国人子女和多子女身边只有1个子女的不动员下乡外,其余全部动员下乡。为使下乡工作做到"应届的不留尾巴,历届的割掉尾巴",百分之百地完成动员下乡任务,省革委会要求机关、党员、干部带头送子女下乡,发动各行各业实行"三包"(即:单位包职工,学校包学生,街道包居民),并提出今后知识青年上山下乡要坚持"四对口"、"三统一"的原则,即:"知识青年对口下,带队干部对口派,管理教育对口抓,支援农业对口帮"和"青年点、支农点、战备点"的统一。经过大张旗鼓地宣传发动和严密细致地组织工作,当年下乡达到226 510人,为1973年下乡人数的4.4倍。

1975—1977年,全省继续推广"厂社挂钩"安置下乡知识青年的经验,而且动员声势越来越大,留城政策越来越严,下乡人数也越来越多。3年间共下乡801 130人,其中,1975年283 748人,1976年278 244人,1977年239 138人。

1978年,中共十一届三中全会以后,随着城市用人增多和上山下乡中出现的一些实际问题,全省对上山下乡政策作了较大调整,缩小了上山下乡范围。对中学毕业生系长子长女,其弟妹未满12周岁的,已有1个子女下乡在农村而父母身边无就业子女的,1户有3个子女在农村的,"特困户"子女和孤儿,不动员下乡。这一年下乡人数降至45 133人,仅为上年度下乡人数的18.87%。

1979年,进一步放宽了上山下乡政策,确定矿区、林区、小集镇和一般县城的非农户子女中学毕业后,不再列为上山下乡对象;有条件安置就业的城市也可以不动员下乡;今后上山下乡不再搞分散插队,可以因地制宜举办独立核算、自负盈亏集体所有制知青场(厂)队进行安置。1980年,全省知识青年上山下乡工作统一纳入城市劳动就业轨道,不再搞上山下乡,对个别地方少量需要下乡的,还规定可以不带户口和粮食关系,到郊区农副业生产基地和农工商联合企业安置,并从下乡之日起计算工龄。至此,辽宁省城镇知识青年上山下乡工作基本结束。

由于受"左"的思潮影响,在动员组织城镇知识青年上山下乡过程中,自始至终坚持了大造舆论、大造声势、大搞群众运动的工作方法,广泛深入地宣传以农业为基础,以工业为主导的发展国民经济总方针,大讲知识分子与工农群众相结合、接受贫下中农再教育的重大意义。为宣传群众、扩大影响,知识青年下乡时,城市组织群众热烈欢送,农村组织群众热烈欢迎迎,并经常召开下乡知青代表会、座谈会、报告会和表彰会,总结经验,宣传典型,推动上山下乡工作发展。但是,由于动员政策、下乡范围几经变化,加之上山下乡工作中出现一些实际问题,部分学生和家长担心下乡吃苦挨累和受迫害,便想方设法争取留城就业。例如:有的开假诊断书或找人顶替体验,扩大病情,争取留城;有的涂改户口,缩小年龄,逃避下乡;有的把子女"过继"给亲属,更名换姓,变相留城;也有的把户口迁到异地,再托人"走后门"当兵等等。特别是采取用政治运动的办法动员下乡过程中,有些地方曾出现过不切合实际的做法,甚至发生强迫命令。例如:对家长思想不通,不支持子女下乡的,便强行办"学习班"或开批斗会进行"帮助",个别的还扣发工资、给处分;对学生不愿下乡的,便强迫迁移户口,停止粮食供应;对家长单位完不成动员下乡指标的,施加种种政治压力,限期完成。这些简单粗暴、脱离实际的做法,曾一度引起了群众和学生的不满。

表3-5 辽宁省知识青年上山下乡人数情况统计表   单位:人

年　份	人　数	年　份	人　数
1963 年底以前	20 987	1973 年	51 445
1964 年	18 923	1974 年	226 510
1965 年	27 236	1975 年	283 748
1966 年	19 190	1976 年	278 244
1967 年		1977 年	239 138
1968 年	452 837	1978 年	45 133
1969 年	59 767	1979 年	60 393
1970 年	72 551	1980 年	12 854
1971 年	76 153		
1972 年	99 025	合　计	2 044 134

注:落实政策按下乡知青待遇的 43 541 人不包括在此数之内。

二、农 村 安 置

做好下乡知青到农村后的安置工作是巩固上山下乡成果的重要措施。辽宁对下乡知青的安置,普遍采取集中安置与分散安置相结合、以集中安置为主的办法。集中安置又分为 5 种形式:插队安置、国营农林渔场安置、集体所有制知青场(厂)队安置、农副业生产基地安置和农工商联合企业安置。

"文化大革命"以前下乡到农村社队和到国营农、林、渔场参加生产劳动的下乡知青,均采取建立青年点或青年专业队进行集中安置;到农村老家投亲归户的,则采取分散安置的办法。据对"文化大革命"以前下乡的 86 336 人统计,集中安置的有 75 146 人,占 87%;分散安置的 11 190 人,占 13%。为把上山下乡与工业支援农业、城市支援乡村结合起来,这一时期的下乡知青主要安置在土地多、劳力少、增产潜力大的铁岭、盘锦等地,而且都选择在领导力量比较强、群众基础比较好、收入比较稳定的社队安置。青年点(队)规模一般为几个人或十几个人,实行"三集中一分散"(即:集中立伙、集中住宿、集中学习,分别到各队与社员共同劳动)。到国营农、林、渔场参加生产劳动的下乡知青,开始作为国家新职工,与老农工享受同等待遇,后来在场部指导和扶持下,较普遍地建立起独立核算、自负盈亏的青年点或青年专业队。

1968年大规模上山下乡以后,青年点(队)遍及全省农村各地,集中安置的人数上升到96.6%,分散安置的人数下降到3.4%。这一时期安置工作突出的问题,一是住房紧张,有20%的下乡知青到社员家借宿,有的还住在生产队仓库或马棚里,给下乡知青生活、学习带来极大不便;二是口粮不足、吃菜困难,个别地方还把牲畜饲料发给下乡知青作口粮,下乡知青吃不饱,便回城向家长要粮票、要咸菜,生活十分艰苦;三是有的社队劳动日值低,甚至"倒挂",下乡知青劳动也不能与社员同工同酬,收入难以维持最低生活;四是个别地方出现下乡知青与社员争土地、争工分、争口粮的矛盾,一些农民把知青下乡看成是从城市来农村"抢农民的饭碗";五是青年点(队)规模太小,领导力量薄弱,经常发生一些问题,青年不安心,家长不放心,不利于下乡成果的巩固。针对上述情况,全省集中力量抓了青年点(队)的物质建设和组织建设;第一,坚持群帮为主、公助为辅的原则,发动农村社队突击为青年点(队)建房。1973年,全省对每个下乡知青建房补助费由原来的100元提高到200元,并从计划内调拨一批木材、水泥、玻璃等物资扶持青年点(队)建房,到1975年,全省累计建房244 357间(下乡知青每人平均有房7平方米),其中90%是砖瓦房,下乡知青住房问题基本得到解决。第二,提高下乡知青口粮标准,保证每人每年基本口粮270公斤。参加劳动时还与社员一样实行"工分带粮",并分给下乡知青与社员同等数量和质量的自留地,使下乡知青实际吃粮标准不低于当地同等劳动力的水平。第三,因地制宜发展"点办工业",大搞工副业生产,增加经济收入,壮大青年点(队)的物质实力,提高下乡知青生活自给水平。第四,组织下乡知青到地多人少、条件艰苦的边远山区组建青年创业队,在贫下中农带领下,垦荒种地、植树造林、治山治水和发展养殖业,大搞多种经营生产活动,缓解下乡知青与社员争土地、争工分、争口粮的矛盾。第五,加强青年点(队)整顿,特别是对那些领导力量弱、物质条件差、收入比较低、管理比较混乱的青年点(队)逐个进行整顿。1972年,省知青办在海城县搞"小点变大点"的试点,把青年点(队)规模由几个人扩大到几十人甚至上百人。据1973年底统计,全省共有青年点(队)26 177个,其中,100人以上的344个,50—100人的1 228个,30—50人的2 402个,10—30人的22 203个,消灭了10人以下的青年点。"小点变大点"经验在全省推广后,青年点(队)面貌发生了较大变化,不仅加强了领导力量,又解决了过去"小点"诸多难以解决的矛盾,深受城乡群众的欢迎,推动了安置工作的落实。

1974年,全省实行"厂社挂钩"安置上山下乡知识青年的办法。各行各业普遍采取大厂带小厂、工厂带机关带街道的办法,与农村社队共同组建青年点(队),对口安置本系统、本单位的下乡知青。本着有利于管理教育,有利于加强青年点(队)建设,有利于"青年点、支农点、战备点"统一的要求,每个青年点(队)规模少则几十人,多则几百人。到国营农场建点(队)安置的人数更多,一般都有三五百人。盘锦地区清水、榆树、新兴、大洼等国营农场为组织下乡知青集中"兵力"开垦荒地,组建了许多"清编"青年点(队),这些点(队)多达千人以上,采取营、连建制、实行半军事化管理。一些城市挂钩单位还本着宜农则农、宜林则林、宜工则工的精神,在郊区创办了一批以安置下乡知青为主的农副业生产基地和农工商联合企业,把发展多种经营生产与发展"卫星城"紧密结合起来,受到青年、家长和社会的欢迎。1979年9月,国务院知青领导小组在本溪市召开全国安置下乡知青工作现场会,总结和推广了辽宁省的经验。

为解决大城市难以全部安置本市下乡知青的实际情况,从50年代上山下乡开始,全省有计划地实行了跨区异地安置的方法。沈阳市内的中学毕业生跨地区到铁岭、锦州、盘锦、抚顺等市农村安置的有236 583人,占市内动员下乡知青总人数的62%。旅大、鞍山、抚顺等市也组织大批下乡知青到丹东、朝阳、营口、锦州、盘锦等市(地)农村安置。昭乌达盟划归辽宁后,在沈阳中学生毕业生马英等3人自愿下乡去阿鲁科尔沁旗、旅顺中学毕业生王冬梅等几十人自愿下乡去克什克腾旗的带动下,要求自愿去昭乌达盟插队的应届中学毕业生逐渐增多。1974年,辽宁省革委会做出决定,从当年起,把组织青年下乡到昭乌达盟纳入城市动员,农村安置计划之内,由沈阳、旅大、鞍山、抚顺、本溪5城市动员一部分应届中学毕业生去"开发昭盟、建设昭盟"。鞍山钢铁公司所属大石桥镁矿、弓长岭铁矿的中学毕业生,为使在校教育与下乡教育更好结合,统一由所在地的营口、辽阳两市就地就近进行动员和安置。1976年,在部分应届中学毕业生的积极要求下,经省革委会批准,从沈阳、旅大、抚顺、阜新4市组织52名青年学生赴西藏山南地区的穷结、桑日两县建点插队,参加农业生产。昭乌达盟在划归辽宁之前,曾接收安置省外下乡知青4 600人,其中北京市1 100人,上海市2 900人,天津市600人。1979年,该盟重新划归内蒙古自治区管辖后,辽宁省下乡到那里安置的下乡知青,全部由原动员地区收回城市安排就业或待业。

辽宁省下乡知青在农村结婚的共有113 000人,占下乡知青总数的5.53%。据1978年底对108 259名已婚下乡知青的统计,他(她)们与城市职工结婚的有9 927人,占9.17%;与其他非农业人口结婚的有4 910人,占4.53%;"双知青"结婚的有20 083人,占18.55%;与农村社员结婚的有73 339人,占67.75%。下乡知青结婚后,不论归户劳动还是继续在青年点(队)劳动,均保留下乡知青身份,享受已婚知青有关待遇。

表3-6　辽宁省下乡知青安置情况表

安　置　形　式		人　数(人)	占全省总数(%)
全省下乡知青总数		2 044 134	100
集中安置	1. 青年点	1 650 937	82.71
	2. 国营农林牧渔场	160 206	8.03
	3. 集体所有制知青场(厂)队	172 091	8.62
	4. 农副业生产基地	8 208	0.41
	5. 农工商联合企业	4 682	0.23
	小　计	1 996 124	97.65
分　散　安　置		48 010	2.35

表3-7 各地安置上山下乡知青人数情况表

单位:人

地 区	安置下乡知青总人数	1966年以前	1968年	1969年	1970年	1971年	1972年	1973年	1974年	1975年	1976年	1977年	1978年	1979年	1980年
全省总计	2 044 134	86 336	452 837	59 767	72 551	76 153	99 025	51 445	226 510	283 748	278 244	239 138	45 133	60 393	12 854
沈阳市	291 379	15 641	48 371	81	8 965	17 310	17 685	10 037	27 335	50 010	44 872	36 636	4 448	7 062	2 926
旅大市	263 335	13 920	51 382	5 436	2 908	3 972	8 641	5 419	32 949	40 619	46 137	35 568	6 488	8 399	1 497
鞍山市	139 825	5 861	23 212		2 164	9 495	6 783	8 365	18 389	22 683	15 133	16 821	1 203	9 231	485
抚顺市	172 035	5 327	31 231	6	5 663	8 102	12 117	4 373	18 686	23 870	28 688	27 231	1 123	5 406	212
本溪市	130 097	3 484	21 940	4 103	3 561	7 755	9 058	924	14 833	21 009	17 665	16 287	2 713	5 037	1 728
丹东市	127 294	10 276	32 350	5 408	7 070	2 788	5 724	4 358	11 460	13 747	14 419	10 609	4 839	4 209	37
锦州市	213 037	10 906	73 764	6 867	9 676	6 146	8 162	3 523	16 929	24 616	21 789	18 215	7 176	5 050	218
营口市	225 992	6 248	45 377	7 264	22 405	11 228	18 238	2 136	25 362	28 375	29 181	3 229	23 141	3 649	159
阜新市	104 286	3 887	17 567	1 853	3 944	4 137	4 586	1 541	10 843	12 686	15 128	12 680	4 751	5 456	5 227
辽阳市	73 040	2 757	13 484	3 211	2 662	1 977	2 882	930	9 065	11 173	9 207	7 913	4 515	2 917	347
朝阳地区	69 876	1 759	21 191	6 596	270	228	406	4 142	6 575	8 154	8 411	7 579	2 079	2 486	
铁岭地区	233 938	6 270	72 968	18 942	3 263	3 015	4 743	5 697	34 084	26 806	27 614	26 458	2 569	1 491	18

注:因盘锦与营口行政区划变动,故营口市安置下乡知青数含盘锦地区数。

622

三、管理教育

下乡知青到农村后,农村社队普遍选派作风正派、懂生产、会管理的贫下中农进驻青年点(队),帮助安排生活、解决实际困难、进行思想教育、传授生产经验。到国营农、林、渔场参加生产劳动的下乡知青,由于安置人数较为集中,1962年曾从党政机关、共青团组织和基层单位派去少量带队干部到青年点(队)与贫下中农一起抓下乡知青的管理教育。

1968年,毛泽东主席发表"各地农村的同志,应当欢迎他们去"的指示以后,各地把管理教育好下乡知青当成"历史的重任",普遍建立起知青工作领导小组。广大贫下中农把下乡知青当成宝贵财富爱护、当成革命接班人来培养、当成"农业学大寨"主力军来使用,让广大下乡知青在农村"阶级斗争、生产斗争、科学实验"三大革命运动中锻炼成长。为给下乡知青在思想深处打上"阶级烙印",到农村后第一课就是广大贫下中农用今昔对比和阶级分析的方法向下乡知青讲村史、家史、组织下乡知青访贫问苦、忆苦思甜,并组织下乡知青祭扫革命烈士墓和请英雄模范人物作报告,进行革命传统、艰苦奋斗和发展以农业为基础的思想教育。农村安置地区还经常派社队干部和贫下中农到城市进行家访,一方面向青年家长汇报下乡知青在农村思想、劳动和生活情况,另一方面向青年家长了解知青下乡前的各方面表现,做到城乡配合,有针对性地进行管理教育。有些下乡知青积极参加劳动后,由于分值低、收入少,生活不能自给,农村社队便积极组织青年点(队)发展"点办工业",大搞多种经营的生产活动。在城乡有关部门大力扶持下,全省先后办起1 358个独立核算知青企业,总收入76 823万元,其中下乡知青分配部分为18 387万元,在一定程度上减轻了农村社队和青年家长的经济负担。1972年,国务院知青领导小组办公室主任于驰前特到辽宁总结"点办工业"的做法和经验,并整理了《海城县下乡知青大搞多种经营20例》,印发全国各地。《人民日报》记者也专程赴辽宁进行采访,撰写了《自己动手 丰衣足食》的长篇调查报告。

1973年8月,中共辽宁省委召开知青工作会议,讨论研究"统筹解决"下乡知青问题,决定从动员城市按下乡知青人数比例选派带队干部与农村社队共同加强下乡知青的管理教育工作,实行定期轮换,并作为一项制度固定下来。1974年,推广湖南省株洲市"厂社挂钩"安置下乡知青经验时,辽宁省革委会进一步提出"知识青年对口下、带队干部对口派、管理教育对口抓、支援农业对口帮"的要求。根据省委、省革委会的统一部署,全省城市各条战线向农村对口安置下乡知青地区选派了一大批政治觉悟高、作风正派、身体健康、有一定基层工作经验的干部到青年点(队)带队。截至1979年底,全省累计派到农村的带队干部有79 080人,其中,党员55 340人,占70%;女干部8 310人,占10.5%;县团级以上干部924人,占1.17%。在当地党委统一领导下,带队干部尽职尽责、言传身教,坚持与下乡知青实行同吃、同住、同劳动、积极带领青年参加生产劳动,认真组织青年学文化、学政治、学技术,热情帮助青年学会自己管理自己。经带队干部牵线搭桥、城市挂钩单位动员大量人力、物力为青年点(队)修房、铺路、建水塔、赠送生产生活资料和体育器材等,并以有偿或无偿形式调剂一批物资设备和技术力量,支援农村社队大搞农田基本建设、发展社队企业和培训科技人才,促进了农村经济的发展。

遵照刘少奇倡导的两种教育制度和两种劳动制度的精神，为使上山下乡工作"既出产品又出人才"，把下乡知青培养成具有社会主义觉悟的新型农民，在安置下乡知青比较集中的地方，较普遍地以大队或青年点（队）为单位办起半农半读学校、政治夜校、业余大学或劳动大学，本着农闲多学、农忙少学的原则，组织下乡知青学政治、学文化、学技术。凤城县月亮湾大队创办的业余大学，使下乡知青既学习又劳动，促进了当地群众性科学实验活动的开展。国务院肯定了这一做法，并向全国转发了他们的经验。1966 年，辽宁省人民委员会第九次政务会议决定在下乡知青中创办半工半农劳动大学，制定了办学方案，并责成由王埏骋副省长、方正副秘书长组织实施。后因开展"文化大革命"运动而停止。1973 年，为加强青年点（队）建设，把思想教育、组织纪律、生产劳动、生活管理统为一体，在辽中、大洼两县试办"共产主义劳动大学"。经过 1 年的试办，在全省逐步推广，并提出一个以县办总校、社办分校、大队办教学班的"共大"教育网络方案，为广大下乡知识青年提供了一定的学习条件。为推动"共大"的发展，城乡有关部门向青年点（队）捐赠了大量图书资料，其中各级知青管理部门赠送的图书就达近百万册，多数青年点（队）基本都建立起图书室或图书角。辽宁省知青办还专门成立"共大"教材编写组，组织省内 20 多所大专院校编写了一批适合下乡知青学习的专业教材。

在管理教育中，各地普遍重视发现、培养、宣传先进典型，对在农村立志务农和在"农业学大寨"运动中涌现出来的先进人物及时宣传和推广，用典型经验带动和指导面上的工作。在打辽宁农业翻身仗中，发现开原县黄旗寨公社高晓天等几十名下乡知青主动到最困难的谢家沟生产队"挑重担"，同社员大干 1 年，粮食亩产由上年的 90 公斤猛增到 405 公斤，提高3.5 倍，省知青部门将他们的事迹及时向全省宣传推广。盘锦地区下乡知青经常保持在 6 万人以上，每当大忙季节，下乡知青都是"早晨三点半（下地），晚上看不见（收工）"，插秧、除草、收割，苦活累活样样干在前。十几年间，下乡知青垦荒造田 20 多万亩，把昔日的盐碱滩变成米粮川，使盘锦成为全省盛产大米的商品粮基地。广大下乡知青立志务农和艰苦奋斗的创业精神，受到了党和政府的表彰及城乡人民的敬佩。

在管理教育中，从省到市、县（区），还处处注意采取突出重点带动一般的工作方法。省知青部门把工作重点放在盘锦、铁岭和昭乌达盟等下乡知青比较集中的地区。为宣传下乡知青在农村大有作为的先进事迹，省、市、县（区）每年都召开下乡知青代表会、座谈会、工作会和表彰会，进行总结、宣传和推广下乡知青先进典型，并经常组织报告团到各地进行巡回讲演。1975 年，在辽宁工业展览馆还举办了辽宁省知识青年上山下乡成果展览，共接待 40多万人参观。在 1979 年省革委会召开的上山下乡知识青年先进集体和先进个人表彰大会上，全省共树立 13 个知青红旗单位和 19 名在农业生产建设中做出显著贡献的知青标兵；表彰了 100 个知青先进集体、179 名先进知青、53 个认真贯彻党的方针政策，在知青工作中做出突出成绩的先进单位和 43 名培养教育知青有突出贡献的先进知青工作者。

为保护下乡知青健康成长,各地把打击迫害下乡知青案件当成大事抓。从省到市、县、公社,在公检法和共青团、妇联等有关部门密切配合下,每年都搞一两次大检查,发现问题及时解决和处理,结案率不断提高。全省共发生打击迫害下乡知青案件 6 261 起,结案处理的 5 442 起,占 86.9%,其中属于案发当年处理的有 5 332 起,占结案处理的 98%,从而保证了广大下乡知青在农村劳动的安全。

广大下乡知青经过实践锻炼成长很快。在他们当中,有 36 723 人加入中国共产党,占下乡知青总数的 1.79%;有 417 754 人加入共青团,占 20.43%;有 77 427 人被选送上大学,占 3.78%;有 114 155 人应征入伍,占 5.58%;有 2 001 人被提拔为国家干部,占 0.1%。此外,还有一大批被结合到社队领导班子和担任会计、保管员、拖拉机手、赤脚医生、民办教师等职务。

表 3-8　下乡知青成长情况表　　　　　　　　　　　　单位:人

地　区	下乡知青人数	其　　中				
		入　党	入　团	上大学	应征入伍	提拔国家干部
全省总计	2 044 134	36 723	417 754	77 427	114 155	2 001
沈阳市	291 379	6 900	60 465	11 092	12 447	100
旅大市	263 335	3 997	54 122	8 626	16 680	270
鞍山市	139 825	3 512	27 156	3 058	5 806	45
抚顺市	172 035	2 097	28 691	7 874	4 542	21
本溪市	130 097	1 036	16 876	4 268	4 889	109
丹东市	127 294	2 735	33 593	4 717	13 581	260
锦州市	213 037	3 880	46 853	8 020	13 142	216
营口市	225 992	3 783	49 829	7 467	7 799	295
阜新市	104 286	1 155	15 026	4 696	3 839	26
辽阳市	73 040	906	12 078	2 300	4 118	15
朝阳地区	69 876	2 371	22 821	7 542	17 518	304
铁岭地区	233 938	4 351	50 244	7 767	9 794	340

四、下乡知青安置

1. **企业招工**　由于新建、扩建企业对劳动力的需要,辽宁省革委会决定从 1970 年起每年从下乡知青中招收一批新职工。到 1980 年底,累计招收下乡知青 1 189 716 人,占下乡知青总数的 58.2%。

在下乡知青中招工,每次都由省劳动部门下达文件,提出具体政策和要求。主要是坚持从政治思想好、身体健康、年龄在 25 岁以下并经过两年以上劳动锻炼的未婚知青中招收。下乡知青中"可以教育好的子女"、回乡归户的、跨地区安置的和落实政策按下乡知青待遇的,招工时一视同仁。各市招工原则上从本地区安置的下乡知青中招收。如果资源不足或因其他原因难以完成招工指标的,报经省劳动部门批准,可到跨地区安置的本市下乡知青中招收,或到指定其他地区招收。无论从哪里招收,都强调坚持男女各半的原则,不准用"割韭菜"的办法拔尖子,以保持青年点(队)骨干力量的相对稳定。在招工方法上,普遍采取群众评议与领导批准相结合的形式,即先由青年点(队)评选,再经贫下中农和带队干部评议、大队党支部审查、公社党委审定,报县(区)劳动和知青部门办理批准手续。为防止招工中的不正之风,坚持招工指标一次下达并公布于众,不准以任何借口私留名额;坚持青年点(队)评议,不点名、授意;坚持张榜公布被招人名单,不准私自上报和招工单位插手;坚持有错必纠,不准借故拖延不办。但由于在执行中少数社队掌握不严,也出现一些"拉关系,走后门"的不正之风。1978年,全省实行"统筹规划,条块结合,多方协作,共同负责"两条腿走路的就业安置办法以后,有条件地放宽了从下乡知青中招工的一些具体做法,允许用工单位根据劳动部门批准的招工指标,到农村对口安置的社队招收本单位职工下乡子女,在德智体全面考核的基础上择优录用。由于招工政策的调整,1978年以后从下乡知青中招工人数明显增多,共招收584 620人,占累计从下乡知青中招工1 189 716人的49.14%。

表 3-9　各市从下乡知青中招工情况表　　　　　　　　单位:人

地　区	合　计	1973年以前	1974年	1975年	1976年	1977年	1978年	1979年	1980年
全省总计	1 189 716	245 494	56 549	159 232	112 261	31 560	106 049	352 728	125 843
沈阳市	100 551	26 903	9 416	13 677	18 416	2 449	10 466	10 786	8 438
旅大市	164 796	23 171	9 167	17 077	15 680	5 288	14 470	58 899	21 044
鞍山市	52 630	16 432	1 679	7 615	10 034	2 585	7 376	4 466	2 443
抚顺市	150 112	20 960	4 876	22 794	7 113	1 810	13 031	66 404	13 124
本溪市	98 381	18 860	6 226	10 699	5 998	2 723	5 181	32 817	15 877
丹东市	74 574	13 341	5 805	9 861	4 614	4 357	8 444	23 849	4 303
锦州市	130 781	25 092	5 081	14 932	10 715	3 192	14 949	43 891	12 929
营口市	118 547	35 022	2 371	28 267	11 744	1 121	12 984	20 437	6 601
阜新市	78 006	8 715	210	9 733	6 689	1 864	5 162	32 044	13 589
辽阳市	50 619	8 844	1 218	7 947	6 089	571	3 558	12 588	9 804
朝阳地区	52 826	22 944	1 613	2 849	3 162	3 280	2 548	13 162	3 268
铁岭地区	117 893	25 210	8 887	13 781	12 007	2 320	7 880	33 385	14 423

2. 知青"病残"与"特困"回城　下乡知青因"病残"和"特困"被批准回城的共有237 081人,占下乡知青总数的11.6%,其中,本人自然患病不能坚持正常劳动和在劳动中致伤致残以及其他原因造成失去劳动能力而回城的108 872人;家庭发生特殊变化和确有实际困难回城的128 209人。下乡知青因"病残"、"特困"回城,在审批上坚持实事求是、从严掌握的原则。但是,从1978年起,由于调整了上山下乡政策,缩小了下乡范围,对"病残"、"特困"回城条件也相应有所放宽,因此回城人数显著增加。例如:因"病残"回城的,1977年以前为34 575人,占病残回城总数的31.76%;1978—1980年回城的达74 297人,占68.24%;因"特困"回城的,1977年以前只有255人,1978—1980年回城的达127 954人,占"特困"知青回

城总数的 99.8%。具体情况见表 3-10。

表3-10　1978—1980年"病残"、"特困"知青回城情况表　　　　　　单位:人

年　份	回　城　数	其　中	
		病残回城	特困回城
全省总计	237 081	108 872	128 209
1973 年以前	11 096	10 841	255
1974 年	3 728	3 728	
1975 年	5 513	5 513	
1976 年	3 601	3 601	
1977 年	10 892	10 892	
1978 年	68 617	45 669	22 948
1979 年	93 421	25 099	68 322
1980 年	40 213	3 529	36 684

3. 全部收回就业或待业　1978 年 12 月 20 日,中共辽宁省委召开知青工作会议,贯彻全国知青工作会议精神,分析辽宁省上山下乡工作形势,研究从城乡两个方面统筹安置下乡知青的政策和措施。省委这一决策引起城乡社会普遍关注,下乡知青也纷纷离开农村返回城市寻找安置出路。为避免下乡知青盲目返城,促进社会稳定,省委于 1979 年 3 月 12 日召开电话会议,动员返城的下乡知青回农村参加春耕生产。鞍山市下乡知青返点(队)率达 86%,省委在鞍山召开现场会推广他们的经验。但是,下乡知青离点(队)返城势头仍在发展,人数越来越多,不少青年点(队)出现"空城计"。面对这种状况,如果再硬性动员下乡知青返回农村,不仅各方面阻力大,而且势必激化矛盾。为安定民心,稳定大局,省委决定本着因势利导的精神,采取先易后难,先远后近,先跨地区后本地区,先下乡时间长后下乡时间短的原则,有计划、有步骤、有秩序地将 70 多万下乡知青分别由各动员城市收回,安置就业或待业。

4. 已婚下乡知青安置　下乡知青收回城市以后,在农村的已婚下乡知青到 1980 年底还有 66 004 人。为解决他(她)们生产生活上的实际困难,本着"国家关心,负责到底"的精神和"离土不离乡"的原则,对已婚下乡知青都就地就近安置了有固定工资收入的工作。对与男社员结婚的下乡女知青(占已婚知青总数的 48.66%),因家务劳动不能脱身或因病不能坚持正常参加劳动的,经本人申请,县(区)劳动、知青部门批准,与用工单位签订合同,实行"以男顶女"的办法,将男方安排有固定工资收入的工作。对无房住的已婚知青,在变价处理青年点(队)房屋时,各地都优先予以安排解决。对生活上还有困难和患病无钱治疗的,按着"困难大的多补、困难小的少补"的原则,普遍进行了定期或不定期的补助。1980—1985 年,全省共发放已婚下乡知青困难补助费 3 806.5 万元。

(第三篇第二章《就业安置》,第 98—110 页)

二、知青安置费

为解决下乡知青到农村后生产生活中的实际困难,巩固安置成果,中共辽宁省委、省人委决定从 1962 年起对城镇上山下乡知识青年按人头发给安置费。具体标准是:①回乡归户或投亲靠友参加生产劳动的青年学生,每人每年发给不超过 100 元的安置费,由所在社队本着"困难大的多补、困难小的少补、不困难的不补"的原则,统一安排,调剂使用。②到农村社队集体插队劳动的上山下乡青年学生,每人每年补助 150 元。具体使用范围是:每人建房费 40 元、炊事用具和小农具购置费 20 元、学习和文化娱乐费 10 元、口粮费 40 元,由社队统一掌握,安排使用;每人冬装补助费 30 元,零用钱 10 元,发给下乡知青本人使用。③到国营农场、林场、水产养殖场和到社队建立独立核算、自负盈亏场队的上山下乡青年学生,每人每年补助 200 元(包括修建房屋和购买牲畜等费用),由市、县动员上山下乡机构负责安排,统筹使用。

1969 年,辽宁省革委会制定了《关于上山下乡安置费补助暂行办法》,规定下乡知青所需费用采取"自筹、群帮、公助"办法解决。"公助"部分,国家给每个插队知青 250 元补助,给回乡归户、投亲靠友的下乡知青每人 100 元以内的补助。

1973 年,中共辽宁省委发出《关于知识青年上山下乡若干问题的试行规定》,对下乡知青经费发放标准和使用范围进一步做了调整。规定:城镇青年回农村老家落户的,到农村插队和建立集体所有制场队的,每人每年补助 500 元(其中去郊区的补助 450 元,去昭乌达盟的补助 600 元),到国营农、林、牧、渔场的,每人每年补助 400 元。500 元的支付范围是:建房费 200 元,其中 180 元用于青年点建房,20 元用于补助下乡知青结婚建房;生活费 200 元,下乡第一年按 150 元使用,留下 50 元作为后几年生活不能自给时补助;农具家具补助费、学习材料费、医疗费、旅运费和其他费用共 100 元。对回农村老家落户的 500 元补助费只发给本人生活费 200 元,其余 300 元由县(区)掌握,待住房等有困难时再酌情进行补助。根据全国知青工作会议精神,为"统筹解决"下乡知青实际困难,省委决定对 1972 年底以前下乡的知识青年,凡是坚持正常劳动而生活不能自给的和患重病无力治疗的,每人补助 100 元;无房住的每人补助 200 元。"统筹解决"下乡知青困难,全省共列支经费 5 434.3 万元。为加强下乡知青经费管理,同年 12 月,辽宁省知青办、省财政局联合制定了《关于加强城镇知识青年上山下乡经费管理暂行办法》,强调知青经费要坚持专款专用原则,讲究实效,不准层层扣留和挪用,并要建立健全预决算制度,做到年初有预算,花钱有计划,年终有决算。同年,全省还对 1972 年以前拨付的知青经费管理使用情况普遍进行检查清理,发现被农村社队侵占、挪用、私分和贪污盗窃的共 479 万元,占同期经费支出总数的 2.7%。省革委会在批转知青经费检查清理情况报告中指出,对这部分资金要抓紧组织回收,用于补助已婚知青建房和老青年点房屋的维修。

1976 年,国家财政开始拨给开展知青工作业务活动的专项经费——业务费。1976—1979 年,国家财政共拨给业务费 1 258 万元,同期实际支出 1 127.2 万元,占拨款数的 89.6%。

1979 年,为扶持上山下乡知识青年创办独立核算集体所有制知青场队,发展工副业生产,提高生活自给能力,国家财政在"下乡知青安置费"项下增设了"扶持生产资金"支出科目。全省当年支出 865.1 万元。这项资金属于周转性质,采取借款形式,签订合同,待知青场队有收益后,原则上应逐年偿还。

　　同年,辽宁省知青办、省财政局重新制定了《辽宁省知青经费管理使用暂行规定》,对知青经费的拨付标准和使用范围进行了调整。规定:国营农、林、牧、渔场和机关、学校、部队、企事业单位举办农副业生产基地安置的上山下乡知识青年,每人每年补助 400 元,由各单位包干使用,今后这些知青的一切费用开支,均由上述单位自行解决;集体所有制独立核算知青场队,青年点及分散插队的下乡知识青年,每人每年补助 600 元。其 600 元的使用范围是:建房费 300 元,由市、地掌握,统一调整使用;生活费 200 元,其中 120 元分期发给本人用于下乡第一年生活费,30 元发给本人购置服装,50 元由县(区)集中掌握,留作后几年生活困难补助(回老家落户的下乡知青只发给本人 200 元生活费,不再享受服装补助和后几年的生活补助);小农工具费、家具费、医疗费、学习费和旅运费 70 元,由县(区)掌握调剂使用;机动费 30 元,由省和市、(地)各掌握 15 元,用于下乡知青的特殊开支。并规定:下乡到单程超过 500 公里的集体所有制场队、青年点和分散插队的知识青年,未婚的每两年补助一次探亲路费,已婚的共补助 3 次探望父母的路费,由安置地区列报;跨省、市、区下乡的知识青年,从动员地区到安置地区的车船费和到高寒地区每人 40 元的冬装补助费,由动员地区列报。对下乡知青的医疗、丧葬、生活困难补助费的使用原则是:患严重疾病,医疗费开支较大,农村合作医疗确实负担不起的,可从知青经费中酌情予以补助;因病在农村久治不愈而办理回城的,回城后的医疗费原则上由家庭负担,如家庭确有困难,家长单位应予补助,家长如无工作单位,由民政部门予以救济;因工负伤,其医疗费和医治期间的生活费,由用工单位负担,确有困难的,可从知青经费中适当予以补助;因公致残完全丧失劳动能力的,经县(区)以上人民政府批准,由民政部门按照职工全残后的最低标准,每月发给 35 元生活费,生活不能自理需人服待的,另加发护理费;被派出做临时工或民工期间发生病残或伤亡时,其医疗、生活、抚恤、丧葬等全部费用,由用工单位按照国家和地方有关规定办理;下乡知青死亡的丧葬费,每人不超过 150 元,因公死亡的从知青经费中开支,其他原因死亡的,视其情况区别处理。下乡男知青出勤达到 240 天、女知青达到 210 天,由于劳动日值低,本人全年收入旱田地区不足 120 元、水田地区不足 150 元的,可酌情予以补助;对不经批准长期逗留城市、离点复习高考、外出做临时工和无故达不到劳动天数的,一律不予补助。在农村结婚成家的下乡知青没房住的,尽量从青年点空闲房中解决;确实解决不了的,以前又没领取建房补助费的,每人补助 300 元,由安置地区列支。

　　城镇知识青年上山下乡以来,国家共拨建房款 32 565.4 万元、水泥 158 153 吨、木材 354 105 立方米、玻璃 138 155 标准箱。在城乡有关部门支援下,全省共为下乡知青建房 436 629 间。下乡知青被"两招一征"和收回动员城市待业以后,为避免国家遭受损失,从

1979 年起对青年点(队)房屋进行变价处理。除调剂给已婚下乡知青使用、自然损坏和无偿交给国营农、林、牧、渔场一部分外,可变价处理的为 312 519 间,到 1985 年底已变价处理 294 944 间,折款 4 597.8 万元,已收回变价款 3 337.4 万元,占应收数的 72.6%。

1962—1979 年,全省共列支知青经费 80 362.5 万元。具体使用情况见表 3-11

表 3-11　1962—1979 年全省知青经费具体使用情况统计表　　　　单位:万元

年　份	合　计	安　置　费				扶持生产资金	统筹解决资　金	业务费
		小　计	建房费	生活费	其他费用			
1962—1972 年	17 699.5	17 699.5	7 400.0	9 990.0	309.5			
1973 年	6 295.6	861.3	138.3	537.0	186.0		5 434.3	
1974 年	8 747.6	8 747.6	3 798.6	3 827.3	1 121.7			
1975 年	11 290.8	11 290.8	5 147.9	4 639.2	1 503.7			
1976 年	13 139.0	12 829.0	6 514.9	4 650.4	1 663.7			310.0
1977 年	12 071.4	11 746.4	5 423.8	4 784.9	1 537.7			325.0
1978 年	7 092.1	6 782.1	3 294.7	2 460.9	1 026.5			310.0
1979 年	4 026.5	2 979.2	847.2	1 184.9	947.1	865.1		182.2
总　计	80 362.5	72 935.9	32 565.4	32 074.6	8 295.9	865.1	5 434.3	1 127.2

三、就业经费

1978 年以后,下乡知青从农村收回城市待业,城市中学毕业生又不动员下乡,造成城市安置就业任务十分繁重艰巨。为解决好这一关系广大人民群众切身利益和政治上安定团结的重大社会问题,国家将"上山下乡知识青年安置费"改为"城镇青年就业补助费"继续使用。其资金来源主要由实行新财政体制后的地方财政包干中解决,另外国家根据财力状况再适当增拨一点,连同历年结余的"上山下乡知识青年安置费"统一捆起来使用。

1980 年,省计划会议核定每年城镇青年就业经费地方财政包干基数为 6 260 万元(包括业务费 260 万元),并将就业经费包干基数连同其他各项包干指标一起分别下达各市。1980 年,全省就业经费包干指标实际落实 5 503.5 万元,为包干基数的 87.9%;中央财政增拨 950 万元,再加上历年"下乡知青安置费"结余 10 113 万元,全年就业经费总数为 16 566.5 万元,当年实际支出 9 925.6 万元,其中安置青年就业的"扶持生产资金"支出 8 062.6 万元,占总支出的 81.23%。

……

(第三篇第三章《就业管理与安置经费》,第 119—121、123 页)

下乡知识青年的工龄计算　1985 年 6 月 28 日劳动人事部《关于解决下乡知识青年插队期间工龄计算问题的通知》规定,凡在"文化大革命"期间由国家统一组织下乡插队的知识青年,在他们回到城镇参加工作以后,其在农村参加劳动的时间可以与参加工作后的时间合并计算为连续工龄。他们参加工作的时间从下乡插队之日算起,返城待业期间不计算工龄。已安排工作的原下乡插队知识青年,按此通知精神计算工龄之后,对于他们与工龄有关的工资福利待遇的问题,以往的不再重新计算。此后按新计算的工龄对待,与同工龄的职工一样对待。对在1962年至"文化大革命"开始前由国家统一组织下乡插队的知识青年,他们到城镇参加工作以后,在工龄计算上可以仿照上述办法处理。

同年8月1日辽宁省劳动局、人事局转发劳动人事部《关于解决原下乡知识青年插队期间工龄计算问题的通知》做出补充规定,凡经组织批准投亲归户、自选地点的原下乡知识青年,他们下乡期间工龄计算和参加工作时间与由国家统一组织下乡插队(场)的知识青年一样对待。落实政策的非农业户口的子女,初中毕业或年满16周岁后,参加劳动的时间,可以与参加工作后的时间合并计算为连续工龄。其参加工作的时间,从初中毕业或年满16周岁后参加劳动之日算起,下乡插队(场)期间,经组织安排当"赤脚医生"、"民办教师"和从事其他没有改变知识青年身份的工作时间均视为参加工作时间。

根据辽宁省人民政府1981年规定,招收已婚知识青年配偶顶替工作的人员,可将下乡知识青年一方在农村参加劳动的时间计算为顶替者的连续工龄,其参加工作的时间也可从下乡知识青年一方下乡之日算起。知识青年在下乡(场)期间,进入高等院校、中等专业学校和技工学校学习的,其学习期间的工龄,可参照教育部《关于国家职工在校学习期间工龄计算问题的复函》中的有关规定办理。知识青年下乡(场)期间,在农村参军的,其参军前在农村参加劳动的时间可与军龄和复员后参加工作的时间合并计算为连续工龄。知识青年下乡(场)期间,触犯刑律被判刑和受劳动教养处分的,按国家职工被判刑和劳动教养期间的工龄计算的有关规定执行。知识青年回城待业期间从事临时性劳动(工作)的时间不计算工龄,但经劳动、人事部门批准就地转为或招收为固定职工的,按临时工转为固定工的有关工龄规定办理。现在集体所有制单位工作的原下乡知识青年,其插队(场)期间的工龄计算,可参照上述规定办理。

知识青年回城后,安排到集体所有制单位工作,以后又辞去集体单位工作,到全民所有制单位接班。其参加工作时间的确定,按1982年辽宁省人民政府规定,上述青年接班应视为个人原因间断工作,或属于重新参加工作,其参加工作时间应从接班之日起重新计算,但下乡期间,可以合并计算连续工龄。

(第六篇第三章《工龄与参加革命工作时间计算》,第276页)

此外,自1973年至1985年还受理有关城镇知识青年上山下乡方面的信访65 249件,其中来信44 144件,来访21 105件,分别占省信访接待室上访总量的5.29%、5.03%和5.92%。城镇下乡知识青年上访多数属于招工就业、回城安置等问题。

(第九篇第二章《新中国公营企业劳动争议处理》,第430页)

1965年5月12日,中共辽宁省委、省人委发出《关于成立辽宁省安置办公室的通知》。通知决定原有的省精简办公室、安置办公室、动员知识青年上山下乡办公室合并为辽宁省安置办公室。办公室的任务是:在省委、省人委领导下,主管精简工作、动员城镇知识青年和社会闲散劳动力上山下乡工作以及下放人员的安置工作。

1965年5月19日,中共辽宁省委、省人委批转省委、省人委办公厅《关于当前人民来信来访反映的主要问题和解决意见的报告》(以下简称报告)。报告总结群众来访直线上升的主要原因是:①精简安置遗留问题未得到妥善解决。据重点调查,在还乡、下乡人员中由于思想问题和口粮、衣着、住房、疾病治疗等实际问题未得到解决,全省约有47万余人在农村,思想不稳定。②有些地区和部门缺乏全局观点和负责到底的态度。③组织领导薄弱,从省到县没有统一的机构。精简、安置、青年上山下乡3个办公室分别设立,矛盾较多,有时互相扯皮。有些市、县已经撤销了机构,有的则有名无实,因而使精简安置工作中的遗留问题得不到及时而认真的解决。④没有认真贯彻中央、国务院既定的对群众来信来访案件多办少转、只办不转的原则。为此,提出如下意见:切实解决精简安置遗留问题,加强对精简安置工作的组织领导。要求市、县(区)两级精简安置领导小组应当恢复和健全起来,市、县委并要确定一位负责人亲自领导。公社以下也要指定专人主管这项工作。为了集中力量统一领导,省精简、安置、青年上山下乡3个办公室,已按省委决定合并为1个办公机构。建议各市、县的精简、安置、知识青年上山下乡机构亦加以合并,以便集中领导。省委、省人委虽然多次发出文件,然而并未得到落实。

(第九篇第二章《新中国公营企业劳动争议处理》,第432页)

(1968年)8月14—31日,辽宁省革委会召开省活学活用毛泽东思想讲用会第一次(上山下乡知识青年)会议,宣传毛泽东主席关于"知识青年到农村去"的号召,在全省掀起知识青年上山下乡的高潮。

(《附录》,第459页)

是年,辽宁省在校初中和高中学生一律下乡插队参加劳动,全省共50余万人。

(《附录》,第459页)

(1969年)7月18日,中共辽宁省委召开上山下乡知识青年讲用会。出席会议代表1 020人。辽宁省革命委员会主任陈锡联等领导人出席会议并讲话。会议至8月2日结束,辽宁省革命委员会副主任李伯秋作大会总结报告。会议通过与会知青代表给全省上山下乡知识青年的倡议书。大会闭幕时,全省各市、地(盟)、县、区(旗)、社、队共1 140万人收听大会实况。

(《附录》,第459页)

(1972年)8月1日,辽宁省革委会发出招收新职工工作的通知。1972年招工于8月和

12 月份进行。招工来源,在城市的企事业单位原则上从城市中学应届毕业生中招收;在农村的企事业单位,从家居县镇的中学应届毕业生、下乡知识青年及少量还乡青年中招收。

(《附录》,第 461 页)

12 月 19 日,辽宁省知识青年上山下乡工作办公室成立。　　　　　　　(《附录》,第 461 页)

(1976 年)8 月 18 日,沈阳、旅大、抚顺、阜新等市 52 名(其中男 28 名,女 24 名)应届中学毕业生到西藏自治区穷结等 4 个公社插队落户。　　　　　　(《附录》,第 462 页)

(1977 年)4 月 22 日,桓仁浑江水库林场一艘 80 马力木制拖轮,由浑江水库送林场工人和知识青年共 108 人去高丽墓子栽树,行至桓仁发电大坝上游时,由于拖轮超载和舵工操作不当,船被风浪打翻,93 人溺死(干部 1 人,工人 10 人,下乡青年 82 人)。

(《附录》,第 463 页)

6 月 10—12 日,中共辽宁省委召开各市委书记(或常委)、知青办主任座谈会,讨论研究粉碎"四人帮"后如何做好应届中学毕业生上山下乡动员安置工作。7 月 13 日,省委又召开电话会议,要求各级党委加强对上山下乡动员安置工作的领导,迅速掀起一个知识青年上山下乡工作高潮。

(《附录》,第 463 页)

(1978 年)10 月 27 日,中共辽宁省委针对有 30 多万名下乡青年(占下乡青年 1/3)涌进城市的情况,向全省各级党委发出电话通播,要求各级党委采取措施加以劝阻,并把已回城的下乡青年动员回农村去。

(《附录》,第 464 页)

(1979 年)4 月 4—11 日,辽宁省劳动局、知青办联合召开统筹安排城镇待业青年和上山下乡知识青年工作会议。5 年来,全省共安置城镇待业人员 857 613 人。

(《附录》,第 464 页)

7 月 3 日,中共辽宁省委、省革委会在鞍山市召开动员知识青年返回农村现场会。此前,省委曾于 3 月 12 日召开过动员知青返点、下乡的电话会议。　　(《附录》,第 464 页)

9 月 20 日,全国安置上山下乡知识青年经验交流会在辽宁省本溪市召开,共 110 人参加会议。中共本溪市委和桓仁县刘家沟知青农场、锦西县稻池知青农场介绍了经验。会议还用 4 天时间参观本溪市 19 个知青场队和沈阳市油漆厂知青农场。会议后段又转到湖南省湘潭市继续召开,于 10 月 12 日结束。　　　　　　　　　(《附录》,第 465 页)

(1981年)8月1日,辽宁省劳动局、人事局转发劳动人事部通知,对"文化大革命"期间由国家统一组织下乡插队的知识青年,在他们到城镇工作以后,其在农村参加劳动时间,可以与参加工作后的时间合并计算为连续工龄。 (《附录》,第469页)

《辽宁省志·民政志》

辽宁省地方志编纂委员会办公室主编,辽宁科学技术出版社1996年

"文化大革命"开始后,人民公社机构陷于瘫痪。1968年公社和大队陆续建立革命委员会。革命委员会是军队、干部、群众三结合的权力机构,实行"党政一元化"的领导,设主任、副主任、委员10多人不等。公社革命委员会设置办事组、政工组、生产组、工交组、文教组、人保组、武装部、妇联、计划生育办公室、知识青年办公室。1971年,公社重新建立中共基层委员会,党委包揽全部工作。 (第二篇第二章《乡镇政权》,第35页)

《辽宁教育人物志》

辽宁省教育史志编纂委员会编,辽宁科学技术出版社1998年

张铁生 1949年出生,男,汉族,辽宁省兴城县古城西街人。原铁岭农学院学生兼中共铁岭农学院党委副书记,现自由职业者。

1966年张在兴城县一中毕业。1968年下乡到兴城县枣山大队参加生产劳动。1973年6月,张参加辽宁高校招生考试。在参加理化考试时多数试题他不会解答,便在试卷的背面给省高考委写了一封信。在信里首先说明试卷答得不好的原因是"每天近18小时的繁重劳动和工作,不允许我搞复习";接着表露不满情绪"对于那些多年来不务正业,逍遥浪荡的书呆子们我是不服气的,而有着极大的反感,考试被他们这些大学迷给垄断了";最后道出了写信的目的"希望各级领导能对我这个小队长加以考虑为盼"。张的信被江青反革命集团在辽宁的代理人发现后,亲自修改并指示《辽宁日报》加上按语,于1973年7月19日以《一份令人深省的答卷》为题在《辽宁日报》发表。紧接着《人民日报》转载了《辽宁日报》的按语和张的信,并再加按语蓄意吹捧张的信"提出了教育战线两条路线、两种思想斗争的一个重要问题"。江青反革命集团及其在辽宁的代理人树立张为"反潮流的英雄",把张保送到铁岭农学院。不久,又委任张为中共铁岭农学院党委副书记。江青反革命集团及其在辽宁的代理人以张这个"反潮流英雄"为炮弹,疯狂批判党的教育路线,大肆散布"读书无用论",并废除了高校招生考试制度,贻误了我国一代青年,给我国教育事业造成了严重损失。

张受到江青反革命集团的推崇以后,积极追随江青反革命集团,自1976年1月至10月,先后窜到北京大学、清华大学和太原、锦州、兴城等地,进行反革命宣传煽动,妄图掀起反革命

武装暴乱。为维护社会主义法制,巩固人民民主专政,保卫社会主义制度,1983 年 3 月 24 日,锦州市中级人民法院根据张的犯罪事实、性质、情节和对社会的危害程度,依据《中华人民共和国刑法》有关条款之规定,张已构成反革命宣传煽动罪,阴谋颠覆政府罪,判处其有期徒刑 15 年,剥夺政治权利 3 年。张刑满释放后,在沈阳等地自谋职业。   (《葫芦岛市·传》,第 1176—1177 页)

《沈阳市志(第一卷)》

沈阳市人民政府地方志编纂办公室编,沈阳出版社 1989 年

(1955 年 9 月)26 日,市各界青年举行大会,欢送青年志愿垦荒先遣队,到兴隆台开垦荒地。   (《大事记》,第 123 页)

(1960 年 10 月)24 日,欢送城市青年下乡参加农业生产。   (《大事记》,第 153 页)

(1961 年 8 月)8 日,323 名应届中、小学毕业生奔赴农村参加劳动。到 9 月 26 日,全市有 17 万多名知识青年到农村参加生产。   (《大事记》,第 156 页)

(1962 年 2 月)24 日,市委召开全市党员干部会议,市委书记肖佐汉传达中央关于精简工作的指示,要求各单位动员城镇人口下乡。4 月 25 日,市委又召开各区委第一书记会议,进一步研究动员城市人口下乡及精简职工的问题。   (《大事记》,第 158 页)

(1964 年 7 月)14 日—18 日,沈阳市知识青年参加农村社会主义建设积极分子代表会议召开,有 939 名下乡知识青年和 4 个优秀青年生产队受到奖励。28 日,又有应届高、初中毕业生 383 名奔赴农村。   (《大事记》,第 168 页)

(1965 年 8 月)17 日—20 日,市委、市人委召开农村三级干部会议,落实今秋安置下乡青年任务。25 日,本市有 1 200 名青年到农村参加社会主义建设。   (《大事记》,第 172 页)

(1968 年)9 月 14 日,根据毛泽东关于对知识分子"再教育"的指示,市革委会决定在校初中和高中学生一律下乡插队参加劳动。欢送首批 12 万人到农村去。到 25 日止,在全市 176 352 名初、高中学生中,已有 144 135 人上山下乡。   (《大事记》,第 179—180 页)

(1971 年 11 月)25 日,市革委会召开动员应届中学毕业生和社会知识青年上山下乡大会。12 月 18 日,首批应届毕业生 2 000 人分赴盘锦农村。   (《大事记》,第 184 页)

（1973年）7月4日—9日，市委召开五届五次全体（扩大）会议，传达中央工作会议和省委四届四次会议精神，讨论"批林整风"、下乡知识青年和国民经济计划等问题。19日，《辽宁日报》发表所谓《一份发人深省的答卷》的文章，吹捧在高考中交白卷的张铁生为"反潮流的英雄"，沈阳市教育界深受其害。

（《大事记》，第186页）

8月2日，毛远新及其一伙在沈阳医学院对56名教授、讲师搞突然袭击，用今年高考的数学试题"考"他们，企图搞臭知识分子、吹捧交白卷的张铁生，以达到他们推行极左路线的目的。

（《大事记》，第186页）

（1974年5月）26日，沈阳市第一批上山下乡知识青年的带队干部900名进入市属2县4郊的青年点。8月12日，第二批带队干部1400多人进入青年点。（《大事记》，第187页）

（1979年1月）14日，市委召开知识青年工作会议，决定所有下乡知识青年回城和安置就业。

（《大事记》，第197页）

《沈阳市志（第二卷）》

沈阳市人民政府地方志办公室编，沈阳出版社1998年

1974、1975两年，又经市劳动局批准，从下乡知识青年中招收425人。

（《城市供气·生产供应管理》，第478页）

"文化大革命"中，招进的工人大多数为下乡知识青年，这些工人的文化技术素质在进厂时虽然较低，但经过文化技术补课和实践锻炼，成为生产业务骨干。

（《城市供气·生产供应管理》，第478页）

《沈阳市志（第三卷）》

沈阳市人民政府地方志办公室编，沈阳出版社2000年

为了安置返城知识青年和职工待业子女，经沈阳市机电工业管理局批准，1981—1982年，机床一厂、中捷友谊厂和机床三厂先后成立厂管劳动服务公司，这些公司是集体所有制企业，开展多种经营。（《机械工业·机床工具制造业》，第37页）

1979年，为安置返城知识青年和职工的待业子女，成立沈阳市带锯机床厂分厂，生产配件。（《机械工业·机床工具制造业》，第39页）

《沈阳市志（第七卷）》

沈阳市人民政府地方志编纂办公室编，沈阳出版社 1989 年

"文化大革命"期间，知识青年、机关干部及城镇居民大批下乡，邮寄衣物和食品的包裹大增，1970 年达到 66.7 万件，1972 年增到 79.7 万件，1975 年猛增到 89.2 万件，是 1965 年正常状况的 2.1 倍，成为沈阳邮政史上包裹业务量的最高峰。

1979 年以后，随着党的各项政策的落实，工农业生产的发展，人民生活水平的提高，插队干部和下乡知识青年陆续回城，夫妻两地生活情况逐步解决，互寄生活用品的包裹数量逐步减少。

（《邮政·业务》，第 248 页）

《沈阳市志（第九卷）》

沈阳市人民政府地方志办公室编，沈阳出版社 1999 年

1975 年，在国营商业职工严重不足的情况下，沈阳市将长期从事安装、运输、服务性工作的一部分家属临时工，接收转制为集体所有制职工，实行独立核算，从事自行车安装、短途运输、商品包装、服装加工、食品生产等工作。随后，又陆续接收了一大批上山下乡回城的知识青年为集体所有制职工。

（《日用工业品商业·从业人员》，第 159 页）

《沈阳市志（第十卷）》

沈阳市人民政府地方志编纂办公室编，沈阳出版社 1992 年

同年（1979 年）12 月，财政部《关于知青场、队免征农业税问题的通知》规定：为集中安置上山下乡知识青年，专门在农村举办的"知青"场、队，凡实行独立核算者，免征农业税；机关、部队、团体、学校、企事业单位，以安置本单位知识青年而举办的生产基地，在财务上实行独立核算自负盈亏，知识青年占职工总数 60％以上的，免征农业税。

（《税务·农业税制》，第 185 页）

《沈阳市志（第十一卷）》

沈阳市人民政府地方志办公室编，沈阳出版社 2000 年

1981 年 2 月 27 日，市劳动局在《关于做好待业人员管理教育和介绍就业、就学工作几

个问题的通知》中规定,城镇待业人员的范围是:应届中学毕业生、往届回城青年;因落实政策回城带回的青年子女;家居城镇男45岁、女35岁以下有劳动能力的社会闲散劳动力。盲、聋哑、残疾、呆傻人员,由社会福利部门安置,不属于城镇待业人员。

(《劳动工资管理·劳动就业》,第148页)

"文化大革命"期间的就业安置。1966年到1969年,由于"文化大革命"的发动,国民经济受到破坏,全市基本没有从社会招收职工。在此期间,沈阳市有14余万名城镇知识青年上山下乡。从1971年开始,沈阳市从下乡满二年的知识青年中招收新职工,但因招工指标有限,截止到1976年底,仅招收13万人。每年招收人数尚不足当年中学毕业生半数。到1976年底,沈阳下乡、留城青年和其他待业人数高达50多万人,形成第三次就业高峰。在此期间,招收新职工仍坚持"统包统配"政策。

劳动力安置大包干。1977年至1980年,沈阳市的劳动就业工作,主要是解决"文化大革命"遗留下来的大批知识青年回城就业和城镇新成长劳动力的就业安置问题。为了维护安定团结,扭转劳动就业工作的被动局面,市委、市政府采取"统筹规划、归口安置、条块结合、两条腿走路"的就业安置办法,组织各单位以子女顶替和补充自然减员,创办厂办集体企业及采取"归口安置"等办法安置就业。经过4年努力,全市共安置56.4万人,使多年积累下来的待业问题基本得到解决。各年度安置情况是:1977年从下乡知识青年和留城独生子女等待业人员中招收0.6万名国有单位工人,从留城、回城青年中招收1.1万名集体工人,招收矿山、井下职工子女419人,安排因工、因病死亡和特殊困难职工子女600人,安排技校毕业2100人,招收新生2900人,全年总计安排2.3万人。1978年安置12.8万人就业,其中社会招工3.44万人,子女顶替8.95万人,技工学校毕业生分配2210人,特殊招工1900人。1979年通过各种渠道安排就业23.4万人。1980年,发挥区、街和各单位作用,安置就业18万人。

统筹安置就业。1981年,贯彻执行中共中央、国务院提出的"三结合"就业方针,不断改革安置办法,开辟多种就业渠道,并把"归口安置"改为"条块结合,共同负责",使劳动就业工作取得重大进展,平稳地度过了第三次就业高峰。1981年,对待业青年由"归口安排"、"单位包干"转向"条块结合、共同负责"的办法安置,并相应调整有关政策,规定不论县、区以上单位办的集体企业还是街道办的集体企、事业单位,都视为社会主义集体经济,不再搞"大集体"、"小集体"之分,拓宽了就业渠道,全年共安置12.5万人就业。

为克服就业工作中"统包统配"的弊端,1982年进行了如下改革:一是实行多渠道就业,主要是发展各种类型的集体经济,适当发展个体经济,在全年安置就业的9万人中,各类集体经济安置4.1万人,占45.9%,自谋职业0.3万人,占3.2%;二是改变单一招收固定工为多用临时工和试行合同工的用工制度,全年共招收合同工0.3万人;三是开始贯彻执行从经过培训的待业青年中择优录用新工人的原则,全年安置就业人员中有1.5万人经过就业前培训;四是招收退休、退职职工子女,改变过去"哪退哪顶"的办法,实行由主管部门统一招收、统一考试、统一分配的招收办法,全年顶替 1.7 万名退休职工子女绝大部分是按照"三统一"的办法招收的。1983 年,发展集体经济、个体经济,已成为解决就业和安置待业人员的主要途径……

(《劳动工资管理·劳动就业》,第 151 页)

1978 年至 1982 年,沈阳市实行退休退职的职工可由一名子女顶替接班的办法,并从 1979 年开始对 1976 年以前下乡的知识青年一律由家长单位归口安置到集体企业。这给企业带来职工素质下降,富余人员越来越多等一系列难题。

(《劳动工资管理·企业劳动力管理》,第 157 页)

知识青年上山下乡

概况

从 1955 年起,沈阳市开始有少量的中学毕业生志愿上山下乡,参加农业生产。1957 年 7 月 12 日,中共沈阳市委通过有领导地动员知识青年上山下乡,沈阳市首次有 68 名应届高中毕业生和 812 名初中毕业生奔赴农村。1960 年 10 月 24 日,中共沈阳市委在市文化宫召开大会,欢送万余名青年下乡,其中包括部分在职青年。这一期间主要采取教育、动员方式自愿下乡。1962 年起,有组织有计划地动员下乡,到 1965 年,沈阳市下乡知识青年人数已达 22 734 人。

1966 年"文化大革命"开始后,由于大学不招生,工厂不招工,商业和服务行业处于停滞状态,城市初、高中毕业生既不能升学,也无法分配工作。1968 年 12 月毛泽东发出"知识青年到农村去,接受贫下中农的再教育,很有必要"的号召,全国立即掀起知识青年上山下乡的高潮。这个运动被宣传为具有"反修防修"、"缩小三大差别"的重大政治意义。沈阳市动员城镇知识青年上山下乡采取大造声势和舆论,大搞群众运动,实行"三包"(单位包职工、学校包学生、街道包居民)、"三带头"(机关、领导干部、党员带头送子女下乡)的方法,全市共有 50 万名知识青年上山下乡。其具体情况是:1968 年,主要动员 1966 年至 1968 年三届城镇中学毕业生下乡,除本人有严重病残或家庭有特殊困难的以外,其他全部下乡;1970 年至 1972 年的三届中学毕业生,实行面向工厂、农村、边疆和基层的分配原则,除"两招一征"(即招生、招工和征兵)的,因病残基本丧失劳动能力的,父母患重病须本人留城照料的,烈士子女和因公死亡职工子女,独生子女、父母年老无人照顾的,已有多子女下乡仍在农村劳动的之外,其余一律下乡;1974 年至 1977 年实行"一个面向",除"四种人"(指中学毕业生严重残疾或生病长期不能治愈的;归侨子女中学毕业生;中国籍外国人的子女)不动员下乡外,其余一律下乡。1978 年和 1979 年应届中学毕业生不再动员下乡插队落户,但对应下乡未走的历届毕业生,不享受招生、招工、征兵待遇,也不安排临时工作,坚持动员下乡。

沈阳市知识青年上山下乡人数与安置地区

地 区	1968年	1970年	1971年	1972年	1973年	1974年	1975年	1976年	1977年	1978年	1979年	总 计
合 计	141 428	19 226	20 530	31 717	10 037	68 451	74 535	70 601	54 308	5 478	7 203	503 514
沈阳郊区县	48 371	8 965	17 310	17 685	10 037	27 335	50 010	44 872	36 636	4 448	7 062	272 731
新民县	11 672	1 570	3 277	3 837	2 031	6 192	11 793	11 000	9 384	779	1 085	62 620
辽中县	9 132	982	2 652	2 914	1 497	4 350	10 556	8 700	5 882	366	602	47 633
于洪区	3 229	1 315	2 902	2 687	1 567	3 573	5 486	5 853	4 957	1 466	1 450	34 485
苏家屯区	7 387	1 366	2 156	2 407	1 697	5 231	7 139	6 559	5 648	806	946	41 342
东陵区	5 962	2 336	3 392	3 433	1 769	4 079	7 108	6 195	5 387	668	1 716	42 045
新城子区	4 276	798	2 330	2 407	1 476	3 910	7 928	6 565	5 378	363	920	36 351
其 它	6 713	598	601								343	8 255
外市地	93 057	10 261	3 220	14 032		41 116	24 525	25 729	17 672	1 030	141	230 783
铁 岭	57 637	8	2	3 439		27 973	16 716	14 637	17 410	931	124	138 877
营 口	16 085	8 911	3 218	10 589		12 810	7 047	7 212	221	99	17	66 209
昭 盟						333	630	3 855	41			4 859
鞍 山	3 949						51					4 000
抚 顺	15 386						81					15 467
锦 州		1 342										1 342
辽 阳				4								4
西 藏								25				25

注：其它栏内系下乡到农场和还乡数

640

1957—1966 年,下乡知青主要安置在沈阳市所属 4 个郊区和沈阳专署所辖的 11 个县。1968 年至 1979 年一般安置在沈阳的 2 个县 4 个郊区;铁岭市的开原、铁岭、西丰、昌图、法库和康平县;营口市的大洼、盘山县(盘锦垦区);鞍山市的台安县;抚顺市的清原、新宾;昭乌达盟的阿旗、左旗;西藏的桑日县。这些下乡知青分散在 300 个农村公社、6 000 多个青年点和 14 个国有和学生家长单位办的农场。还有一些还乡(回原籍)知青分散在黑龙江、吉林、辽宁、河北、山东、河南等省市农村。

安置方法

【试验安置】 1957 年至 1965 年下乡知青,一般安置在沈阳市近远郊从事农、林、牧、渔、副业生产,到农场和农村开垦荒地及植树造林、栽果树,搞副业生产。1965 年有的农场停办,下乡知青创建了自负盈亏的青年专业队。在新城子石佛寺公社拉塔湖的下乡知青,利用 5 000 亩的湖面养鱼,开荒 300 亩,独立建队发展农、林、渔业生产。其它郊区均有独立建队的下乡知青。这一时期,下乡知青的安置情况是:①国有农林场和牧渔场安置 1 024 名。②国有单位领导下的自负盈亏生产队安置 96 名。③公社领导下的自负盈亏生产队安置 24 名。④集中食宿,分散在生产小队安置的 755 名。⑤分散住宿,分散劳动 2 264 名。前三种办法安置的知青思想比较稳定,劳动积极。后两种情况问题较多,后有 450 名知青重新回到城市。

【插队落户安置】 1968 年至 1979 年沈阳市共动员 50 万名城镇知识青年下乡参加生产劳动,安置方式主要是插队落户。1974 年学习株洲市经验,实行"厂社挂钩","对口"安置本系统的下乡知青。主要措施办法是:①市各主管局和大企业有两个挂钩点,一个在外市县农村,一个在沈阳地区农村,采取大厂带小厂,工厂带机关,财贸文教系统和街道相对集中安置下乡知青,把知青安置点和工业支援农业统一起来,适当考虑战备疏散点的建设,发动党政军民和城乡两方面力量搞厂社挂钩安置下乡知青。②动员市内高等院校到沈阳 2 个县 4 个郊区挂钩,学习江西"共产主义大学"经验,办"共大"政治夜校式的青年点 1 633 个,安置参加学习的知青 10.2 万名。

【创办知青场(厂)队安置】 为缓冲知青回城安置就业的压力,1978 年底开始在农村创办知青场(厂)队安置在乡知青,场(厂)队有三类:一是知青家长单位自办农场,兼有工、副业;二是社队和市内企业联办独立核算的知青场(厂)队;三是社队办独立核算青年点,宜农则农,宜林则林,宜工则工安置未婚知青。由城市工厂企业和农村结合创办的 133 个知青场(厂)队主要安置工厂企业本系统的未婚知青,由于举办知青场(厂)队时间短,到 1979 年上半年仍有 90%的知青以插队劳动为主。未婚知青"清底"回城后,一些知青场(厂)有的停办有的移交给社队安置"单青"(指与农村社员结婚的下乡知青)。1978 年和 1979 年动员的下乡知青主要到近郊小城镇和铁路沿线创办知青(厂)队,不带城市户口和粮食关系,安置就业后,从入场(厂)队之日起计算工龄,"有去有回"、享有"两招一征"待遇。1980 年至 1984 年创办了 88 个知青企业,除因管理不善等原因倒闭 12 个外,其余 76 个以安置"单青"为主,吸引城镇待业青年、农村非农户待业青年和农村技术骨干及少数社员参加,主要有织布厂、水泥预制板厂、印刷厂、纸箱厂、粮米加工厂、肉食加工厂、服装厂、鞋厂、砖场、林场、商店、饭店、旅店等。通过创建知青场(厂)队和知青企业,把安置下乡知青同发展生产结合起来,同建设小城镇结合起来,同建设副食品基地结合起来,改变了"文化大革命"期间单纯插队落户的安置形式。

【就地就近安置】 到1985年沈阳市在农村的"单清"尚有1.9万名,其中在所辖2县4个郊区1.1万名,采取就地就近安置的原则。一是采取清退农村企业使用的农村劳动力,腾出岗位安置,把知青场(厂)转为县(区)属集体企业,使其有固定岗位。二是把"单青"调整到办得好的知青场(厂)就业,原安置在劳动强度大岗位上的女"单青",本人适应不了的征得夫妻双方同意,由用人单位签订合同,男方(社员)顶替做工,女"单青"改为农业户;与社员结婚的男女知青凡本人自愿在农村自谋职业和立志务农的,由县(区)分别发给1 500至2 000元安置费和资助费。

【按政策抽调回城安置】 ① 下乡在沈阳2县4个郊区的知青,按政策被"两招一征"和因病、特困回城的共有17.9万名,具体情况是:

年　　度	招　生	招　工	征　兵	提拔国家干部	因病回城	特困回城	合　　计
1973(前)	4 019	26 903	5 124		1 284	255	37 585
1974	1 761	9 416	691	23	588		12 479
1975	1 138	13 677	484	56	985		16 340
1976	901	18 416	1 494	15	817		21 643
1977	97	2 449	376	3	1 651		4 576
1978	1 764	10 466	3 019		9 333	5 881	30 463
1979	1 267	10 786	1 113	2	6 914	14 149	34 231
1980	145	8 438	146	1	156	12 410	21 296
合计	11 092	100 551	12 447	100	21 728	32 695	178 613

② 下乡昭盟知青招工回城。1974年至1977年,沈阳市去昭乌达盟插队知青共4 859名,占辽宁省去昭盟插队知青的三分之一。昭盟生产生活条件很差,吃菜、烧煤等都从沈阳运去。国家和家长单位平均每年为一名知青花费上千元,负担沉重,难以坚持。1978年8月将余下的4 396名知青全部抽回沈阳市,一次性招工安置工作。

③ 未婚知青"清底"回城安置。1978年初,沈阳农村尚有1968年下乡的2 000多名未婚知青,而市内1976年待业的青年基本作了安排,使下乡知青与城市待业青年在就业时间上相差9年之久。1979年初,将1973年前下乡的知青抽调回城,年底将历届下乡插队的27.6万名未婚知青全部抽回城镇,这给就业安排带来极大压力。

④ "双青"和"一头城"(指知青与城镇职工结婚)下乡知青回城镇安置。1980年,"双青"全部回城安置;"一头城"知青按"就小不就大"(即与中小城市职工结婚的办回中小城市)安置。

⑤"单青"离婚回城安置。"单青"未在农村安置工作,离婚后生活困难的回城安置。1980 年和 1981 年"单青"离婚回城的约 720 名。有的"单青"与配偶商定,先办离婚手续,将子女带回城后复婚,有的竟弄假成真,回城后将对方抛弃,造成不良影响或恶果。为此,1982 年规定,离婚后一方另有配偶或离婚一年以上在农村确有特殊困难的"单青"方准回城。

管理教育

【带队干部】 动员知识青年上山下乡插队落户后,沈阳市曾派带队干部到社队和青年点,协助农村管理下乡青年的生活和生产劳动。1965 年派往沈阳 4 个郊区的 68 名带队干部,因期满,于 1966 年 4 月底调回。1968 年动员大批知青上山下乡后,1973 年重新决定派带队干部,按每 100 名知青选派一名带队干部,每年轮换一次。1974—1979 年,共选派了 2.1 万名带队干部。1974 年选派的 2 307 名带队干部中,党员 1 678 名,占带队干部的 72.3%;处、科级干部 550 名,占 32.3%;妇女干部 260 名,占 11.7%。带队干部的管理工作,由所在县、社党委和派出单位共同负责,带队干部负责人均参加当地党政领导班子。带队干部与知青同吃、同住、同劳动、同学习,关心知青成长,在安排知青生产、生活方面发挥了作用。

【知青生活管理】 为安置知青上山下乡,国家支出了大量经费。1964 年,沈阳市下乡知青每人平均按 200 元予以补助,其中 100 元补助建房费,其余作为口粮、衣服、炊具、生产工具、医药、图书和零用钱。1966 年国家分配给 4 个郊区知青补助费 1 100 万元,包括防寒、特殊性事故及医疗补助费。1970 年至 1980 年,由国家财政拨给下乡在沈阳 2 县 4 个郊区的知青建房费、生活补助费,以及生产工具购置费、医药费、下乡运输费等累计达 1.03 亿元,平均每年 930 余万元。1974 年用于知青生活补助费达 512 万元,并一次性补助一件衣服的布票与棉花票,这在当时是一笔很大的数量。为了安置知青生活,逢年过节按市内居民供应标准,发放鱼、肉、蛋票和供应细粮。1972 年规定,知青与社员有同等数量的自留地;下乡知青享有"两招一征"待遇,凡下乡二年以上劳动锻炼好的未婚知青,作为招工评议对象。对于各单位在农村举办的集体所有制知青场(厂)队和生产基地,凡知青占场(厂)队职工人数 60% 以上的,自 1979 年 1 月至 1985 年,不交税,不上缴利润,不担负产品统购派购任务。在知青场(厂)队参加劳动的知青,生活基本能够自给。为就近就地安置"单青"在农村就业,1981 年至 1984 年,国家在财政非常困难的情况下,又拨款 567 万元,用于知青场(厂)队建设。

为完成动员下乡和安置任务,知青家长单位也投入巨大物力和财力。沈阳中捷友谊厂为本厂职工下乡子女所在社队搞工农业建设无偿提供的材料、设备价值达 20 万元,并为辽中县长滩公社无偿建成农机修配厂。沈阳冶炼厂仅用于职工子女下乡后的救济费达 10.7 万元,并为昌图县的 4 个公社筹建一座土洋结合的化肥厂。1974 年沈河区所属 50 个单位,为下乡知青购买物品和发放补助款,平均每个不少于 150 元。在青年点建设上,各单位投入了大量的物力。炮兵、工程兵、装甲兵、省军区、总后物资局为安置知青,为对口社队建房 58

间,绝大部分物资由部队拨给。沈阳机车车辆厂支援青年点建房的刨花板即有137立方米、门窗150立方米、房瓦10万块。1975年,沈阳第一机床厂、四一○厂、沈阳电缆厂等大企业以及市物资局、市建材局等单位,为知青建房拨木材8 600立方米、钢材3 424吨、水泥2 534吨、红砖487万块、铁钉2 754公斤。

为安置知青下乡,也给部分地区的农民加重了负担。农村社队和社员对1965年以前下乡的知青,在生产生活上予以支持和照顾:苏家屯区北红菱大队在知青未到之前,就给种上蔬菜,无偿送烧柴30车。东陵区高坎公社大仁镜大队做到知青的收入不低于社员水平。于洪区、苏家屯区为知青成立图书馆和业余剧团,丰富知青的文化体育生活。"文化大革命"期间,大批知青下乡后,社队和社员积极帮助建房以及组织安排劳动,并按当地条件给予关心照顾。为关心知青,各级政府、各有关单位每逢春节,组织干部下乡慰问,家长单位日常也派人探望。但是由于"文化大革命"的动乱,工农业生产遇到严重破坏,知青下乡后生活也遇到许多困难。一是缺房。1964年,国家即为下乡的单身知青拨建房款和材料,15年来沈阳市累计为知青建房43 953间。1973年至1979年,国家拨给沈阳市2县4个郊区的建房木材58 074立方米、水泥32 365吨、玻璃50 309标箱。但是,有的单位把知青建房费挪作它用,加之1968年大批知青下乡后,城乡准备不足,住房比较艰难。1970年有15%的知青没房住。1974年底知青缺房2万间,已建房部分质量低劣。据1979年初统计,有15 000间房不能住。"厂社挂钩"后,住房条件有所改善,但仍不足。按规定,每个知青住房8—10平方米(含食堂、仓库),但每人实际平均不到4平方米。1977年,1.4万名已婚知青中,94.1%住房有困难。二是缺柴。1976年至1977年,青年点每年需煤8万多吨,包括取暖需40多万吨,但只能解决9 000多吨。有的青年点没钱买煤,动员家长单位支援,但缺烧的问题始终解决不了。三是缺粮。"文化大革命"前,少数社队因受自然灾害或低产,知青口粮不够吃。1973年规定,知青每年口粮为300公斤原粮,但大多数青年点仍然缺粮。有些县(区)社队因缺粮,给知青放长假回城,因带不回口粮,增加了家庭负担。据辽中县、新民县和新城子、东陵、苏家屯区统计,缺粮101万公斤。四是收入低。"文化大革命"期间,下乡到沈阳市2县4个郊区的知青,平均每个公社1 250名,每个大队平均115名,知青一般占社队劳动力五分之二,有的占50%,有的生产队下乡知青人数超过社员劳动力数。新城子区孟家公社一个大队,社员人均1.9亩地,劳动力188人,知青即有100名,使农村劳动力过剩。一些社队在农忙季节给知青放长假,有的每年只给安排100左右天的活干,知青出工少,收入也少。受灾和贫困队收入则更少。新民县芦屯公社有个生产队,17名知青连续三年"有分无值"。有的知青坚持常年劳动,但每年欠生产队口粮款七、八十元。辽中县大黑公社据1977年统计,下乡一年以上的14.6万名知青,不能自给的占24.4%,半自给的占18.4%。已婚知青不能自给和半自给的占66%。同工不同酬的现象也相当普遍。一些生产队规定社员劳动八级八分,而知青与社员同样劳动定五级五分。1974年有的生产队规定,知青与社员同样干活,所得的报酬是社员的六成半。

【知青的作用和贡献】 广大知识青年上山下乡,为开发建设农村做出了贡献。1964年下乡到沈阳地委所属开原县农村的50名知青耕种了生产队不愿种的薄地,第一年即产粮食3.5万公斤,受到社队的关注。"文化大革命"期间下到盘锦垦区的6万多名沈阳知青,成为垦荒的主力。清水农场的420名知青,1969年人均开荒10亩,每人为国家生产粮食2 500公斤。下乡到清原县唐庄子大队四小队的16名沈阳知青,把山顶上12亩不毛之地改造为亩产400公斤粮食的高产田。开原县顶子大队31名沈阳知青,同社员一起苦干,由缺粮队变为自给有余。在辽中县腰荒地大队的知青同社员一起开荒造田500亩,挖沟治碱地1 000亩,移坟深葬3 000座,增产粮食180万公斤。于洪区高花公社高花大队知青,把近2 000亩沙丘荒地平整开垦后,植树万株,种花生和果树。于洪区车家大队10名养猪的女知青,钻研技术,搞酵母中曲发酵试验,制成醣化饲料,学会用针灸"药曲"等土方医治猪的常见病,使大队生猪产量增加到1 400头,实现大队一人一头猪,提供肥料1.1万吨。1979年举办知青场(厂)队时,广大知青发挥骨干作用,有的担任场(厂)长。1968年以后下乡到沈阳2县4个郊区的知青,担任民办教师、赤脚医生、拖拉机手、出纳员、会计员、保育员、计划生育员、广播员的1.2万人,结合到公社、生产大队、生产队担任领导工作的5 743名,被评为积极分子的1.2万名。

知识青年在农村广阔天地经受锻炼,有的为人民的事业献出宝贵青春。1975年8月辽河大堤决口,下乡到辽中县城郊公社三家子大队的15名知青,在深水中把老弱病残社员转移到安全地带,并冒着生命危险,将5吨水泥从险处搬抢出来,在大雨中,各自将衣服脱下盖在万名抗洪抢险人员食用的面包、饼干箱上。辽中县满东大队的沈阳知青王金祥,带病坚持劳动,生产队发生火灾时,因奋力抢救集体财产受伤,在抗洪抢险中,不幸身亡。下乡到辽中县火石岗大队的知青甄广礼,平时勤奋劳动,抗洪抢险中英勇献身。中共辽中县委根据王金祥、甄广礼生前的表现与要求,追认他们为中共正式党员。1976年8月13日,下乡到昭乌达盟巴林左旗哈拉达公社的沈阳知青张保民、药苗苗、邵力,为抢救因山洪暴发被冲进河中的社员而光荣牺牲。辽宁省直机关党委授予张保民为优秀党员;授予药苗苗、邵力为模范共青团员,并追认为党员。辽宁省革委会追认他们为革命烈士。至1979年,下乡到沈阳2县4个郊区的知识青年,共有6 900人加入中国共产党,其中1973年以前入党的1 237人;60 405人加入共青团,100人被提拔为国家干部。

为推动知识青年上山下乡工作,表彰奖励优秀的知识青年及其他人员,1964年7月,沈阳市召开下乡青年参加农村社会主义建设积极分子代表会,有939名下乡知青受到奖励。1975年,沈阳市革委会召开知青积极分子代表会议,表彰做出优异成绩的青年点23个;做出优异成绩的知青43人,主要是担任公社、大队党政领导干部和"赤脚"医生、饲养员、教员;关心知青,做出优异成绩的农村社队15个;管理知识青年工作中做出优异成绩的城市单位11个;送子下乡、教子务农,做出显著成绩的家长11名。1979年12月沈阳市召开下乡知青先进代表座谈会,有已婚知青51名,未婚知青11名参加,他们中有公社党委副书记、大队党支部书记、生产队长、知青场(厂)队负责人、妇女主任、妇女队长、会计、民办教师、"赤脚"医生、拖拉机手、电工、保育员、饲养员、青年点长。于洪区高花公社车家大队"十姐妹"养猪小组、翟家公社小榆独立核算青年队,实行工农业生产并举,收入逐年增多,知青人均收入450元,被评为红旗单位。新民县大柳屯公社吴屯大队青年点,在极端困难情况下,自力更生,艰苦创业;辽中县大黑公社营城二队青年养猪小组,在有分无值的情况下,坚持养猪,成绩突出;苏家屯区白清公社赵家沟林场青年点,劳动出勤率高,生活管理好;新城子区清水台公社依路大队青年点,生活管理出色;东陵区祝家公社独立核算青年畜牧场,农、牧、副业齐发展,上述集体被评为先进青年点。沈阳冶炼厂、沈阳市煤气公司等单位被评为先进知青工作集体。

（《劳动工资管理·知识青年上山下乡》,第181—187页）

《沈阳市志(第十三卷)》

沈阳市人民政府地方志编纂办公室编,沈阳出版社1990年

1970年沈阳市产科床位比1965年减少35.7％,产妇生孩子住不上院的现象十分普遍。当时在上山下乡的大批女知识青年中,由于缺乏生理卫生知识和缺少劳保措施,有相当一部分人患痛经、闭经、月经失调等病。　　　　　　　（《卫生·妇幼保健》,第282页）

《沈阳市志(第十四卷)》

沈阳市人民政府地方志办公室编,沈阳出版社1999年

1966—1968年3个年度的全市、高中毕业生共19.4万人(包括社会青年2万人),于1968年9月14日起,分批分期"上山下乡"去"接受贫下中农再教育"。之后,从1970—1978年每年应届中学毕业生大部分"上山下乡"。　　　（《政府·沈阳市人民政府》,第145页）

1978年4月1日,市公安局会同粮食局、下乡知识青年办公室(简称"知青办")联合制定《关于城镇下乡知识青年因病残、特困办理回城的审批意见》,规定:凡因病残不适农业生产劳动,要求回城的下乡知识青年,由县、区知青办签署意见,报市知青办审批;因家庭特殊困难要求回城的下乡青年,经其家长单位证明、局知青办同意、市知青办审批。到1979年上半年,城区共办理下乡知识青年回城的户口41 801人。　　（《公安·户口管理》,第264页）

沈阳市于1982年3月成立人口控制工作领导小组,在城市建设委员会设控制人口办公室。凡从各大城市招工、调工、调干、退休干部、转业军人及其家属来沈落户的,原城市人口刑满就业转为正式职工、劳改部门清理的老弱病残就业人员及原城镇人口的特赦国民党军政人员需要在沈落户的,在农村地区企事业单位工作的农业人口经批准转正需要农改非的

户口,原住市内的下乡户、知识青年回城的户口,均由人口控制工作办公室审批。

(《公安·户口管理》,第264页)

《沈阳市志(第十五卷)》

沈阳市人民政府地方志办公室编,沈阳出版社1998年

【组织知识青年上山下乡】 1968年,毛泽东发出"知识青年到农村去,接受贫下中农的再教育"的号召。市革委会作为"教育革命斗、批、改的第一炮",开始了知识青年上山下乡的安置工作。

1968年8月31日至9月3日,市革委会邀请原沈阳专署各县和原盘锦垦区的负责人264人,沈阳市郊区、全市各中学、市区军训办及中学红代会的负责人,共449人参加的会议,专题研究、落实沈阳市知识青年上山下乡的具体安置事宜。三个地区的代表最后拍板,第一批总共可接纳13.47万人,并要求在秋收前到达农村。

沈阳市当时有初中、高中在校生及社会待业青年19.4万人(社会待业青年约2万人)。市革委会违背中共中央的"面向农村、面向边疆、面向工矿、面向基层"的统筹兼顾方针,决定"一个面向",即知识青年一律到农村插队落户,并带户口、带党团关系。在群众中流传一句顺口溜:"知青唯有一条路,下乡甘当插队户"。到9月25日止,已有144 135名知识青年,分别到原沈阳专区、原朝阳专区、盘锦农场和沈阳市郊区插队落户。在运送他们下乡时,全市共调动2 368台汽车,运行6 235台次;专配火车5列,运行43列次。

1971年11月25日,市委、市革委会再次动员应届初中毕业生下乡插队落户,仍坚持"一个面向",应届初中毕业生全部下乡。

1972年,根据辽宁省委指示,沈阳市委规定需要照顾不适合下乡的应届中学毕业生必须是:身患严重疾病或残废(经县以上医院检查证明),基本丧失劳动能力的;烈士子女和因公死亡职工子女,家有困难需要照顾的多子女,只照顾一个;独生子女,父母年老体衰无人照顾的;已有多子女下乡,仍在农村劳动,再下乡家庭确有困难的。按上述条件,本届中学毕业生下乡的为55 053人。

1973年9月2日至5日,市委召开知识青年上山下乡工作会议。1968年以来,沈阳市先后有27万余名城镇知识青年到农村插队落户,相当于"文化大革命"前下乡知识青年总和的13倍。市委要求:"把做好知识青年上山下乡工作作为贯彻党的'十大'政治路线,深入开展'批林整风'的重要内容";"坚决刹住'走后门'等不正之风";"继续做好城镇知识青年上山下乡的动员工作";"加强对知识青年的思想政治工作";"广泛发动群众,严厉打击破坏知识青年上山下乡的犯罪分子"。

1974年,市革委会决定抽调2 037名在职干部,分两批到各青年点当带队干部。于5月

26 日和 8 月 12 日,分别进入沈阳市各郊区、县和盘锦、铁岭、抚顺地区安置沈阳知识青年的各青年点。1975 年 6 月 29 日,又派出 2 950 名带队干部,分赴昭乌达盟牧区和上述地区。

1979 年 1 月 15 日,沈阳市委召开知识青年工作会议。这是一次拨乱反正的会议。从 1968 年到 1978 年,沈阳共有 54 万余名知识青年上山下乡。纵观这项工作,在各级党组织和贫下中农的关怀、教育下,广大知识青年在农村中克服种种困难,经受了锻炼和考验,增长了才干,做出了贡献。仅下乡到沈阳市两县、四郊区的知识青年中,就有 6 700 多人加入了中国共产党,77 000 多人加入了共青团,9 500 多人结合到各级领导班子中,17 000 多人担任了会计、赤脚医生、民办教师、拖拉机手等重任,学到了一技之长。1978 年秋政策调整后,首先,扩大了留城面,减少了下乡人数,由每年下乡 6 万至 7 万人,减到 2 万人。其次,逐渐解决了一些积累的问题,诸如:1968 年以前下乡的 2 800 多名未婚青年,全部照顾回城;插队到昭乌达盟牧区 4 700 多人,全部招工回城;对于家庭有特殊困难或因病不适合参加农业生产劳动的 5 万多人,分两批办理回城手续;1978 年开始实行退休职工由其子女顶替岗位,有 6.5 万多名下乡知识青年回城顶岗上班。这样,1978 年共有 13.5 万多人回到沈城。1980 年又实行了"清点",还在乡下的知识青年,全部招工就业或回城待业。至此,知识青年上山下乡及其安置工作,全部结束。   (《中国共产党组织·中共沈阳市委员会》,第 159—160 页)

(1971 年)7 月 9 日,《辽宁日报》以《一份发人深省的答卷》为题,发表了下乡知识青年张铁生在当年大学招生考卷的背面写的一封信。江青反革命集团帮派骨干毛远新在其写的"编者按"里说:"张铁生对物理、化学这门功课的考试,似乎交了'白卷',然而对整个大学招生的路线问题,却交了一份颇有见解发人深省的答卷。"竭力吹捧在高考中交白卷的张铁生为"反潮流英雄"。"白卷先生"流毒全国,沈阳深受其害。   (《中国共产党组织·中共沈阳市委员会》,第 165 页)

1963 年,沈阳市委在批转沈阳军分区、市教育局和市安置青年学生办公室《关于在中学征兵问题的请求报告》中指示:中学生的高考、征兵、动员上山下乡工作,应在各级党委的统一领导下,加强各部门协作,做到统筹兼顾,全面安排。原则是:征兵服从高考,上山下乡服从征兵。
      (《中国共产党组织·中共沈阳市委员会》,第 309 页)

《沈阳市物资局志》

《沈阳市物资局志》编纂委员会编,(内部刊行)1989 年

1975 年,局内增设知识青年办公室。   (《机构沿革》,第 11 页)

1974 年增设知识青年下乡办公室。   (《经营机构简介》,第 28 页)

1979年1月,沈阳市煤炭石油公司撤销,将商业经营的煤炭、烧柴业务与工业燃料公司合并,成立沈阳市燃料公司,隶属市物资局。公司机关设置经理办公室、计划科、财会物价科、工业科、市场科、油气科、储运科、生产设备科、基建科、管理科、劳动工资科、保卫科、技术科、知识青年办公室。

1980年,公司增设安全技术科、教育科,知识青年办公室改为集体企业科,劳动工资科改为人事工资科。 （《经营机构简介》,第28页）

《和平区志》

沈阳市和平区人民政府地方志编纂办公室编,沈阳出版社1989年

(1974年)9月5日,和平区革命委员会视察团对区内5个单位的批林批孔、知识青年上山下乡工作进行了视察。 （《大事记》,第23页）

(1979年)1月14日,市委召开知识青年工作会议,决定全部知识青年回城和安置就业。 （《大事记》,第24页）

五届三次会议于1964年5月28日至30日召开。议题:更高地举起毛泽东思想伟大红旗,认真贯彻党的各项方针政策,大学解放军,实现思想革命化,组织与动员城市知识青年、社会闲散人员下乡上山。

五届四次会议于1964年12月19日至21日召开。议题:全面贯彻党的教育方针,加强教育、改善卫生面貌,保障人民身体健康;大力动员城市知识青年上山下乡;继续做好计划生育工作;加强基层工作。 （第六编第二章《人民代表大会》,第247页）

烈士英名录

姓　名	性别	住　　　址	职　务	牺牲原因	牺牲地点
……					
药苗苗	男	和平大街五段三里二一六号	知青	抢救财产	昭　盟
……					

（第八编第二章《烈士英名录》,第310页）

《沈河区志》

沈阳市沈河区地方志办公室编,(内部刊行)1989年

(1965年)3月16日,市委、市人委布置城市知识青年下乡工作,17日沈河区一经街39

名知识青年首先下乡。 (《历史大事记》,第 13 页)

是月(1968 年 9 月),全区从 1966 年到 1968 年初、高中历届毕业生共下乡 33 358 名,占毕业生总数的 86.4%。 (《历史大事记》,第 15 页)

(1969 年)1 月 8 日,成立动员城镇居民下乡办公室。1979 年 6 月 6 日改称城镇居民下乡安置办公室。 (《历史大事记》,第 16 页)

(1973 年 4 月 28 日)成立区知识青年上山下乡工作办公室,编制 5 人。

(《历史大事记》,第 18 页)

是年,全区有 7 200 多名中学毕业生下乡。 (《历史大事记》,第 18 页)

是月(1980 年 9 月),沈河区知识青年上山下乡工作办公室,合并到区劳动局。

(《历史大事记》,第 23 页)

《大东区志(1896—1995)》

沈阳市大东区人民政府地方志编纂办公室编,辽宁民族出版社 1999 年

是年(1968 年),全区应届初高中毕业生有 20 138 名下乡,"接受贫下中农再教育",只有 64 名留城。 (《大事记》,第 30 页)

(1969 年)1 月 18 日,区革委会决定在万泉公社进行动员城市人口下乡的试点,并成立动员城镇居民下乡办公室。 (《大事记》,第 30 页)

1972 年大东区初中应届毕业生 12 300 名,其中 1 850 名留城,10 450 名下乡到盘锦、新民、新城子、东陵区。 (《大事记》,第 32 页)

(1974 年)8 月 15 日,大东区 40 名中学生参加知识青年赴昭盟创业队。

(《大事记》,第 33 页)

是年(1975 年),大东区应届初中毕业生 2 576 人,留城 460 人,暂缓下乡 86 人,下乡 2 030 人。 (《大事记》,第 33 页)

（1976年）4月30日，区委决定选调下乡插队干部回区工作，第一批120人，第二批800人，第三批500人，7月底以前全部调回。 　　　　　　　　　　（《大事记》，第34页）

（1979年）1月14日，市委知识青年工作会议决定：所有下乡"知青"回城安置就业。

（《大事记》，第36页）

《皇姑区志》

沈阳市皇姑区人民政府地方志编纂委员会办公室编，辽宁大学出版社1993年

（1968年）9月14日，根据毛泽东主席关于对知识分子"再教育"的指示，全区在校初中、高中学生全部上山下乡。 　　　　　　　　　　　　　　　（《大事记》，第29页）

（1973年）7月19日，《辽宁日报》发表"一份发人深省的答卷"的文章，吹捧在高考中交白卷的张铁生为"反潮流的英雄"，教育界深受其害。 　　　　（《大事记》，第31页）

（1974年）6月15日，皇姑区成立知识青年上山下乡领导小组，派出第一批带队干部到农村青年点工作。 　　　　　　　　　　　　　　　　（《大事记》，第31页）

（1975年）8月3日，皇姑区首批去昭盟的知识青年到内蒙落户。（《大事记》，第32页）

（1979年12月）20日，中共皇姑区委决定进一步作好知识青年的安置工作。

（《大事记》，第35页）

第三节　城市人口下乡

1965年皇姑区动员城市人口下乡。下乡对象是社会上无职业的闲散人员及其家属，安排在康平县。

1968年9月动员从初中一年到高中三年的学生上山下乡。12月，皇姑区组织城镇居民下乡。下乡对象是城镇无固定职业的闲散居民、小商小贩、生产不固定的社办厂（组）人员、企业（国营、集体）中部分职工及其家属，以及社会青年。下乡地点在辽宁省昌图、康平、彰武、阜新四县和沈阳市新城子区。

1968年至1971年皇姑区共下乡55 818人，中学生下乡34 498人，其中，由皇姑区支付2 400人（包括社办厂、组下乡人员、居民）经费。1974年下乡动员安置工作基本结束，下乡办公室撤销。

根据辽宁省革委会有关文件的规定,皇姑区从 1978 年办理下乡户回城工作。1978 年办理 156 户,307 人回城。1985 年 7 月沈阳市政府下发:《关于贯彻落实辽政发(1985)33 号文件几个具体问题的意见》的文件,皇姑区成立落实 33 号文件办公室,为 1966 年以后下乡的社会居民落实"乡进城"政策以及要求由农业户口转为非农业户口的"农转非"审批工作。截止 1986 年末,共办理回城落户 4 382 人,办理农转非 98 人,到此,下乡知识青年全部回城,安置就业。

（社会篇第一章《人民生活》,第 372—373 页）

《铁西区志》

《铁西区志》编委会编,(内部刊行)1998 年

(1965 年)1 月 12 日,区安置城市下乡青年领导小组成立。　　　　（《大事记》,第 15 页）

(1968 年)9 月 14 日,全区初高中学生开始全部下乡插队落户接受再教育。

（《大事记》,第 16 页）

【第四次会议】 1964 年 10 月 31 日至 11 月 3 日召开。会议中心是以阶级斗争为纲,开展社会主义教育和"五反"运动,广泛地掀起大学毛主席著作热潮。会议认真贯彻中央关于动员城市知识青年上山下乡建设社会主义新农村的指示,会议提出加强还下乡工作的领导。

（《权力机构》,第 218 页）

《东陵区志》

沈阳市东陵区人民政府地方志编纂委员会编,沈阳出版社 1991 年

(1965 年)8 月 25 日,建区后第一批知识青年下乡,分别安置在区内各社。

（《大事记》,第 31 页）

12 月 18 日,区召开首次回下乡人员代表会,是时全区共有回下乡人员 5 996 户,21 686 人。

（《大事记》,第 31 页）

(1968 年)9 月 14 日,市革委会召开二十万知识青年上山下乡欢送大会,东陵区陆续接收知识青年到各队插队落户或建青年点,至年底达 5 742 人。　（《大事记》,第 34 页）

(1973 年)9 月 7 日,召开全区上山下乡知识青年代表会议,时全区下乡知识青年共17 213 人。

（《大事记》,第 38 页）

(1974年)10月22日,任下乡青年吕桂新为东陵区革委会副主任。 (《大事记》,第38页)

(1976年)1月6日,召开区知青工作会议,会期三天。全区实有青年点354个,共建房4 576间。 (《大事记》,第39页)

人口的增减情况,除了因为计划生育开展工作的因素控制人口自然增长外,还有一个因素,即知识青年的大量下乡与1979年以后陆续抽调回城。

至1974年,全区下乡知识青年总计13 348人,除部分回城实际在点的为12 733人,其中

1966年前下乡的	62人
1968年下乡知青	275人
1969年下乡知青	1人
1970年下乡知青	678人
1971年下乡知青	1 747人
1972年下乡知青	5 573人
1973年下乡知青	318人
1974年下乡知青	4 079人

1975年后,下乡青年仍在增加,而且数量更大,这是以后几年人口增加的一个重要因素。

1975年下乡知青	6 512人
1976年下乡知青	6 158人
1977年下乡知青	7 054人

1977年末,知青大量回城区内实有知识青年共26 750人,其中男13 064人,女13 686人,以后即不再增加,并迅速回流,直至知青安排全面结束。 (《人口》,第131页)

《于洪区志》

沈阳市于洪区地方志编纂委员会编纂,(内部刊行)1989年

(1965年)12月26日—29日,召开于洪区回、下乡人员、下乡知识青年代表大会。

(《大事记》,第44页)

(1973年)9月5日,成立中共于洪区委知识青年上山下乡工作领导小组。章铁炎为组长,龚连泉为副组长。 (《大事记》,第53页)

(1975年)4月4日,高花公社车家大队革委会和部分知识青年接待了日本友好访华代表团。 (《大事记》,第54页)

(1976 年)3 月 27 日—31 日,在区革委会招待所召开于洪区上山下乡知识青年代表会议。出席人员共 364 人。 （《大事记》，第 56 页）

(1980 年)8 月 23 日,成立区知青企业联合公司。 （《大事记》，第 63 页）

1964 年—1973 年区财政支出的情况表

单位:千元

项目＼金额＼年份	合计	1964	1965	1966	1967	1968	1969	1970	1971	1972	1973
合 计	65 794	4 838	4 293	5 515	5 066	5 060	5 600	6 082	7 486	11 614	10 240
......											
知青就业经费	3 438	4	121	45	29	455	868	271	268	314	1 063
......											

（《财政金融编·财政》，第 421 页）

1974 年—1980 年区财政支出情况表

单位:千元

项目＼金额＼年度	合 计	1974	1975	1976	1977	1978	1979	1980
合 计	96 459	12 127	11 098	13 507	13 275	15 424	16 983	14 045
......								
知青就业事业费	12 049	1 135	2 279	2 942	2 606	928	919	1 240
......								

（《财政金融编·财政》，第 422 页）

1981 年—1985 年区财政支出表

单位:千元

项目＼金额＼年度	合 计	1981	1982	1983	1984	1985	备 考
合 计	138 116	12 765	16 043	20 845	31 059	57 404	
......							
知青就业经费	1 241	274	313	362	211	81	
......							

（《财政金融编·财政》，第 423 页）

1973 年 12 月 5 日，车家大队接待了日本第二次青年学生访华团。外宾参观了青年点宿舍、食堂；访问了医疗站、商店；参观了大队养猪场、菜园子和社员在田间劳动的情景。

1974 年 8 月 25 日，车家大队接待了日本学生友好访华代表团。大队革委会两名主任和 9 名知识青年同客人围坐在树荫下开了联欢会。午餐后吸收 20 多名知识青年，陪客人进行各种游艺活动。临别时合影留念。

1975 年 4 月 4 日，车家大队干部和部分知识青年接待了日本友好访华代表团。上午 9 时代表团进村，大队主任邢巨山向他们介绍了培养知识青年的成长情况。然后代表团参观了养猪场和果树园。客人与知识青年开了联欢会，下午 3 时 40 分离去。

（《政权编·人民政府》，第 500 页）

部分年份上山下乡知识青年安置情况表

年 份	本年接收知识青年（人）	本年离开农村人数（人）				年末实有人数（人）			当年经费支出（万元）
		合 计	其 中			合 计	其 中		
			招 工	升 学	参 军		男	女	
1973 年	5 842	3 349	2 576	485	288	10 367	4 731	5 636	122.5
1974 年	3 825	1 522	1 194	230	98	12 520	5 639	6 881	106
1975 年	5 694	1 393	1 238	111	44	16 711	8 381	8 330	236.6
1976 年	5 936	2 943	2 550	134	259	19 633	9 257	10 376	287.1
1978 年	1 620	1 203	833	151	219	19 275	9 542	9 733	92.4
1979 年	1 531	1 072	740	150	182	9 450	4 644	4 806	25.9

（《政权编·民政》，第 525 页）

《苏家屯区志》

沈阳市苏家屯区人民政府地方志编纂委员会编，辽宁大学出版社 1991 年

是年（1964 年），区内有 1 231 名城镇知识青年上山下乡，还接收市内各区下乡知识青年 694 人。

（《大事记》，第 35 页）

（1965 年）12 月，区内 845 名城镇知识青年上山下乡，同时接收安置市内各区知识青年 452 人。

（《大事记》，第 36 页）

（1967 年)9 月 4 日,八一公社邵林子大队下乡知识青年陈良向等人,批斗"四类分子",打死了韩郁周、孙品清,本村村民万景全为其妻兄韩郁周报仇,于次日,与其弟万景良、万景财等人密谋后,将陈良向、潘德山、宋殿荣三人打死,制造了骇人听闻的"九·五"事件。

（《大事记》,第 37 页）

（1968 年)9 月 16 日,全区 7 789 名城镇知识青年上山下乡,并接收安置市内知青 3 693 人,外市县 40 人。 （《大事记》,第 38 页）

（1973 年)3 月 6 日,苏家屯区知识青年上山下乡工作办公室成立。

（《大事记》,第 40 页）

（1977 年)8 月 8 日,上午召开欢送 1977 年下乡知识青年大会。 （《大事记》,第 44 页）

是年(1979 年),仍安排了 946 名城镇知识青年上山下乡。 （《大事记》,第 46 页）

《新城子区志》

新城子区地方志编纂办公室编,沈阳出版社 1992 年

是年(1964 年),接受城市下乡知识青年 27 名。 （《大事记》,第 13 页）

（1968 年)9 月 20 日,全区初、高中学生全部下乡到农村插队落户,接受贫下中农"再教育"。到 12 月底共安排城镇下乡知识青年 6 270 人。 （《大事记》,第 14 页）

是年(1975 年),全区接收城镇知识青年 7 703 人。 （《大事记》,第 16 页）

（1979 年)1 月 14 日,市委召开知识青年工作会议,决定知识青年全部回城和安置就业。新城子区知识青年陆续回城。 （《大事记》,第 17 页）

城镇知识青年安置 1963 年 10 月区委成立城镇知识青年安置领导小组,并制定了减少城镇人口和农村接收安置工作方案。1964 年至 1983 年,全区共安置到农村插队落户的城镇知识青年 40 743 人。

1964 至 1983 年知识青年下乡基本情况表

年份	本年下乡数（人）	本年青年点数	本年经费数（万元）	本年建房数（间）	转入人数	本年离开乡村人数								备注
						合计（人）	招工	升学	参军	提干	转出数	因病回城	其他	
1964— 1974	18 625	236	574.6	2 120		6 024	4 228	542	257		645	305	47	
1975	7 928	236	368.7	2 066	425	2 724	2 391	149	50		11	88	35	
1976	6 565	236	210	1 141	515	2 997	2 582	92	178		25	108	12	
1977	5 378	243	251.5	1 053	277	1 157	697	7	9		197	230	17	
1978	363	249	54	251	210	10 970	2 255	247	361		63	3 731	4 313	清底回城
1979	977	259	53.8		338	9 866	3 680	209	134	11	86	2 285	3 461	清底回城
1980	840		17.6			8 703	3 726	8	5		14	132	4 818	清底回城
1983	67		1.3			67	5						62	个体就业
合计	40 743		1 531.5	6 631	1 765	42 508	19 564	1 254	994	11	1 041	6 879	12 765	

（《司法民政·民政》，第 377 页）

《新民县志》

新民县县志编纂办公室编，沈阳出版社 1992 年

（1968 年）9 月，新民县开始动员镇内高、初中毕业生 3 000 名到农村插队落户，参加生产劳动。不久又接收一大批沈阳市下乡知识青年。到 1978 年，农村社队接收安置新民县及沈阳市下乡青年共 68 888 名。 （《大事记》，第 38 页）

国民经济调整时期以来，知识青年（简称知青）下乡安置成为劳动力管理的主要工作，高、初中毕业生就业问题突出。1964 年开始动员知识青年到农村参加生产，新民高中、一中应届毕业生 69 人，到陶家屯公社羊草沟大队参加农业生产。1965 年，第二批知青 400 名到陶家屯公社新华大队落户。1966 年，300 名知青到法哈牛公社插队。

"文化大革命"开始后，学生停课闹"革命"。到 1968 年有三个学生的初、高中毕业生同时毕业，这是知青下乡最多的一年，加上接收沈阳市知青，共安置到各公社 13 795 人。

"教育革命"缩短了学制，中小学由 12 年缩到 9 年，高等院校又不直接招收高中毕业生，致使一批未到劳动年龄的"毕业生"提前进入社会。1969 年后，每年都有一批知青安置到农村，直到中共十一届三中全会，知青下乡工作结束，全县共安置到农村知青 68 888 人。

1976 年粉碎"江青反革命集团"之后，通过招工等形式，陆续抽调知青回城。到 1979 年

657

底,未婚知青全部清底回城。留乡已婚知青尚有 3 121 人。到 1982 年,将已婚下乡知青全部安排,其中全民招工 587 人,集体招工 1 486 人,养殖户 939 人,志愿务农 109 人。

1980 年开始贯彻执行"三结合"的就业方针。劳动局成立劳动服务公司,负责指导待业人员自谋职业,组织就业和安置到镇乡企业。

(第十五篇第四章《劳动管理》,第 484—485 页)

《辽中县志》

辽中县人民政府地方志办公室编,辽宁人民出版社 1993 年

是年(1962 年),辽中县城知识青年下乡落户 4 364 人。   (《大事记》,第 27 页)

(1968 年)9 月 14 日,毛泽东主席发出"知识青年到农村去,接受贫下中农再教育"的指示。辽中县革命委员会立即动员县城高、初中学生下乡,插队落户。并接收沈阳市大批知识青年在农村落户。1977 年以后,所有下乡知识青年陆续回城安置工作。   (《大事记》,第 31 页)

是年(1973 年),中共辽中县委成立辽中县上山下乡知识青年办公室(简称知青办),负责全县下乡知识青年的安排和管理工作。各公社相应地成立了青工组,设专职干部抓知识青年工作。   (《大事记》,第 33 页)

(1974 年)4 月 28 日,辽中县试办共产主义劳动大学,全县有 199 个生产大队建立"共大"学习班,有 9 600 多名知识青年参加学习。   (《大事记》,第 33 页)

第六节　知识青年下乡与安置

1968 年 9 月,大批城镇中学生下乡参加农业生产,搞所谓接受贫下中农的再教育。为了适应形势和工作的需要,辽中县成立了还下乡知识青年安置办公室。

下乡知识青年的数量逐年增加。1971 年末,全县已有辽中县城和沈阳市下乡知识青年 11 275 名,分布全县 21 个公社(镇)。为加强下乡知识青年工作的领导,于 1972 年底,成立辽中县革命委员会下乡知识青年工作组(简称青工组),分接收安置、管理教育、房屋建筑、财务统计、病困回流、专案和接待 6 摊工作。

1973 年 4 月,成立辽中县共产主义劳动大学。各公社设共大分校,有专职干部 2—3 人。全县 199 个生产大队分别建立教学班,共有 9 600 名下乡知识青年参加学习。学习内容主要有:政治理论、专业技术和文化课,每天晚间学习两小时。

1974 年 5 月,沈阳市选派首批带队干部到县内各青年点带队。每年青年点有带队干部

1—2 人,每个公社有 1—2 名带队干部任公社革命委员会副主任,专抓下乡知识青年工作。县成立带队干部办公室。有 1 名带队的负责干部参加县革命委员会常务委员会。办公室和知青办合署办公。

1975 年 7 月,辽中县革命委员会下乡知识青年工作组改为辽中县知识青年上山下乡办公室(简称"知青办"),内分财务统计、已婚青年安置、病困知青回城、文书信访、房屋建筑等项工作。

1977 年,全县已接收 30 516 名下乡知识青年。1978 年至 1980 年有升学的 253 人,服兵役的 780 人,招工就业的 1 910 人,因各种原因回城的 4 560 人。

1980 年 9 月,未婚的下乡知识青年分批分期回城就业,年末基本结束。

1981 年 3 月,根据上级指示,县知青办合并到县劳动局,财经独立核算,业务单独活动。

是年 12 月,成立辽中县知青公司。主要任务是:宣传贯彻知青工作方针政策,对知青厂的领导、整顿与提高,对已婚青年的安置。　　　　　(第十八编第一章《民政》,第 590—591 页)

第三节　下乡知识青年教育

1969 年暑期,辽中县建立"五七"大学,各公社设分校,开设师范班、农学班、农机班、赤脚医生班、新闻班和文艺班等。学习期限无统一规定,一般为一年或半年,最短的一个月左右。学生主要是下乡知识青年。该校于 1972 年下半年停办。1973 年秋,建立辽中县共产主义劳动大学,公社设分校,组织下乡知识青年利用业余时间参加学习,以生产大队为单位组成教学班,开设数学、语文、农技、畜牧、水利等科。省、市抽调 200 余名"五七"战士,强化各分校工作,派 10 名专家、教授配合当地知名教师到各教学班巡回辅导讲课。后来,下乡知识青年陆续回城,1977 年,该校自行解体。　　　(第二十编第四章《成人教育》,第 661 页)

《抚顺市志(第一卷)》

抚顺市地方志办公室编,辽宁人民出版社 1993 年

(1965 年)2 月 28 日,新抚、望花 2 区分别集会,欢送 868 名城市知识青年到抚顺县河北、救兵、抚南、李石 4 个公社集体落户。　　　　　　　　　(《大事记》,第 111 页)

(1966 年)2 月 5—12 日,抚顺市召开知识青年参加农村社会主义建设积极分子代表会议。出席会议的代表 407 人。城市公社劳动后备讲习所的学员和部分下乡青年的家长以及街道干部参加了大会。　　　　　　　　　　　　　　　(《大事记》,第 112 页)

(1968 年)9 月 23 日,抚顺市革委会在站前广场召开大会,欢送首批 2.8 万余名中学生

分别到黑山、北镇、锦县、义县和抚顺县农村,接受贫下中农"再教育"。

(《大事记》,第115—116页)

(1969年)2月14日,《抚顺日报》报道,一个多月来,全市有6 000多名社会知识青年和500多户城镇居民,被陆续送到农村落户。

(《大事记》,第116页)

(1974年)8月17日,抚顺市201名知识青年去昭乌达盟地区插队,接受"再教育"。

(《大事记》,第120页)

(1975年)8月5日、25日,抚顺市2 114名知识青年,分两批去昭乌达盟插队落户,并有74名带队干部随同前往。

(《大事记》,第121页)

(1980年)1月15日,中共抚顺市委和市革委会召开会议,表彰知识青年工作先进集体和先进个人。

(《大事记》,第127页)

《抚顺市志(第二卷)》

抚顺市社会科学院编,辽宁人民出版社1996年

1979年末,全地区农林水气部门全民所有制单位职工19 079人。新增加和调入的固定职工1 689人。其中新增固定职工1 671人,占98.9%;由外省调入(不包括外市)的18人,占1.1%。新增固定职工中,上山下乡知识青年30人,占1.8%;从农村招收的除上山下乡知识青年外的其余人员33人,占2.0%;回留城知识青年12人,占0.7%;从城镇招收的除回留城知识青年外其余人员1人,占0.05%;……

(第二篇第一章《队伍来源》,第72页)

《抚顺市志(第三—五卷)》

抚顺市社会科学院编,辽宁人民出版社1999年

1977年7月,市委党校恢复,仍实行党委领导下的校长分工负责制。1978年,学校设办公室、组教处、哲学教研室、政治经济学教研室、科学社会主义教研室、党史教研室、党建教研室、资料室、行政处、生产处、知识青年上山下乡办公室、武装部、保卫科(与武装部合署办公)。

(第一篇第八章《党的教育》,第56页)

1975—1985 年抚顺地区农、林、水利、气象部门全民所有制单位固定职工增加来源情况表

单位：人

年份	所属单位	新增固定职工 合计	1. 从农村招收 计	1. 从农村招收 其中：上山下乡知识青年	2. 从城镇招收	3. 统一分配复员转业退役军人	4. 统一分配大、中专、技校毕业生 计	4. 其中：大中专学生	5. 临时工转为固定工人数	6. 由城镇集体所有制单位转入人员	7. 国营农林牧渔场安置的城镇青年	8. 国营农林牧渔场安置的户口在场的职工子女	9. 刑满就业恢复政治权利的人员	10. 落实政策重新安置为职工的人数	11. 其他	由其他企事业机关调入 由外省调入（不包括外市）	外省市	本省外市地（盟）	由外省（市）调入（不包括省内调动）	本地区内
1975		224	177	177	1	11		13						22			3	5		214
	其中国营农林渔场	133	104	92	1	16		4						18			2	3		160
1976		262	46	46	1	20		82	10					2	101		1	53		296
	其中国营农林牧渔场	147	20			11		39	6				1	6	64		2	1		
1977		1 298	14			11		14				1 236		1	22		56			58
	其中国营农林牧渔场	1 236										1 236								
1978		7 309	12	8	15	14	57		4 238		466	2 265	1		241		16			
	其中农林牧渔场	7 144	4	4		3	18		4 192		459	2 263	1		204		6			
1979		1 671	63	30	13	10	62	13	165		500	799	2	40	4	18				
	其中农林牧渔场	1 498					19		164		500	799		16		2				
1980		459	77	20	73	17	15		40	18	5	51		16	147	14				
	其中农林牧渔场	404	67	11	50	15	12		27	18	5	51		12	147	3				
1981		1 254	56	52	53	14	63		21	3	182	804		11	47	4				
	其中农林牧渔场	1 165	55	10	39	10	19			1	182	804		10	45	1				
1982		867	43	27	4	22	28	2	38	276	450		3	1				2		
	其中农林牧渔场	798	36	27	2	15	12	2	3	276	450		1	1						
1983		701	65		129	21	16			2	156	249		54	9				6	
	其中农林牧渔场	580	64		25	23	9				156	249		54					3	
1984		510	9		98	52	31			2		296	1	5	16				3	
	其中农林牧渔场	350	8		3	30	5			2		296		5	1				1	
1985		1 016	44		416	21		35	1	19					480				5	
	其中农林牧渔场	968	44		402	15		18		9					480				3	

（第二篇第一章《队伍来源》，第 74 页）

1979—1985 年抚顺地区农、林、水利、气象部门集体所有制单位固定职工增加来源情况表

单位：人

年份	所属单位	新增和调入职工总数	新增固定职工													由外省调入（不包括外市）
			合计	1. 从农村招收的人员	其中：上山下乡知识青年	2. 从城镇招收的人员			3. 统一分配复员转业退役军人	4. 统一分配大中专工学技校毕业生	5. 临时工转为固定工和合同制职工人数	6. 由全民所有制单位转入人员	7. 国营农林牧渔场安置的城镇青年	8. 国营农林牧渔场安置户口在场的职工子女	9. 刑满就业恢复政治权利的人员	10. 落实政策重新安排为职工的人员	11. 其他	12. 新增临时工及其他用工	
						计	留城知识青年	社会青年											
1979		1 025	1 023	194	194	4	4		2	18	145		213	438	2	7			2
	其中农林牧渔场	916	914	99	19	2	2		1	15	143		213	438		3			2
1980		276	276	170	170	106	106		2		1								
1982		38	38	5		34		34		12									
1983		18	18			13					1				1		1		
1984		128	128	1		2	2				10	38						67	
1985		19	19			2					8	8						8	

（第二篇第一章《队伍来源》，第 75 页）

（1974 年）11 月市知识青年上山下乡工作办公室改为市革委会大组级机构。……（1976 年）10 月抚顺市革委会工作机构有办公室、组织组、宣传组、文教组、农业组、财贸组、城区组、计划委员会、基本建设委员会、体育运动委员会、人防战备办公室、环境保护办公室、知识青年上山下乡工作办公室……

1968 年市革委会成立后设立的全市性领导机构和在市革委会有关部门领导下的专门机构有：市革委会各局联合行政组、市保密委员会、市爱国卫生运动委员会、市交通运输安全领导小组、市青少年校外教育领导小组、市安置办公室、市地震台、市复员退伍军人接收安置工作领导小组、市环境保护领导小组、市知识青年上山下乡工作领导小组、市青少年教育工作领导小组、市计划生育委员会、市对外经济联络办公室、市军队转业干部安置工作领导小组等。　　　　　　　　　　　（第二篇第三章《抚顺市人民政府工作机构》，第 175—176 页）

据统计，1966—1978 年，全市共动员 17 万名知识青年上山下乡。

（第二篇第四章《政务活动纪略》，第 210 页）

《抚顺市志（第六—八卷）》

抚顺市社会科学院编，辽宁民族出版社 2000 年

1973 年，下乡插队青年的口粮，第一年每人每月供应成品粮 22.5 公斤，食油 3 两（0.15 公斤）。参加生产队分配的插队青年口粮标准 300 公斤（原粮），不包括自留地所产的粮食；结婚后的口粮标准暂不变，并分给与社员同等数量、质量的自留地；随家下乡、还乡的知识青年按当地社员口粮标准分配；回族插队青年除与社员分同等数量的大豆外，每人每月供应食油 1 两。　　　　　　　　　　　　　　　　　（商贸卷第二篇第四章《销售》，第 118 页）

第二节　知识青年下乡与回城就业
一、知识青年下乡

抚顺市城镇知识青年上山下乡（简称知青下乡）是从 1962 年开始的。到 1966 年初，全市城镇初、高中毕业生共下乡 6 090 人。

1968 年 8 月 28 日市革命委员会建立，按照中央关于号召城镇知识青年上山下乡的要求，于 9 月 27 日全市动员 1966 年至 1968 年三届初、高中毕业生 31 231 人到农村插队落户。1962 年至 1980 年，全市累计动员知青下乡 172 798 人。

知青下乡插队落户，开始分散在贫下中农家里。1970 年以后，以生产队（村）为单位组建青年点，抚顺地区组建青年点 2 210 个。1974 年发展为厂社（乡）挂钩和建立独立核算的知青场队，抚顺地区组建知青场队 642 个。

1974年,为了加强对下乡知青的管理教育,开始选派下乡知青带队干部。1977年,市成立了下乡知青带队干部办公室。每年组织选派带队干部赴青年点(场)带队,负责对下乡知青进行管理教育。带队干部一般一年轮换一次,从1974年至1980年,全市共派出带队干部8 326人次,对加强下乡知青管理起了积极作用。

为解决知青下乡安置中的困难,根据国家规定,专门拨出安置经费用于知青下乡的建房补助、生活补助以及学习资料经费等。从1972年至1980年国家拨给本市知青安置经费5 953.6万元,实际支出5 447.6万元,剩余506万元转入城镇青年就业经费。

二、知识青年回城就业

1970年,本市开始从下乡知青中招工。招收条件是:下乡满二年,表现较好,经下乡知青和贫下中农评议,大队党支部审查,公社党委审定,报县劳动局办理招工手续。为了加强对招工工作的领导,市委成立了招工领导小组,招工办公室设在市劳动局。各县、区、公社和大队同时建立了相应机构,指定专人负责这项工作。从1970年至1977年的8年间,全市从下乡知青中招工77 207人。

1978年根据国家召开的全国知识青年工作会议精神,调整了下乡知青安置政策。安置的重点放在城镇和郊区开办的知青场(厂)队和农工商联合企业。本市在642个知青场(厂)和农工商联合企业中安置知青5 773人。

在下乡知青回城安置工作中,统筹规划,条块结合,广开门路。1970年至1985年全市下乡知青回城安置的共有166 840人,占下乡知青总数的96.5%。

(社会生活卷第二篇第二章《劳动就业》,第803—804页)

1977年2月,全市按照省劳动局下发的《关于招收上山下乡知识青年职工缩短学习期限和工资待遇问题的通知》规定,招收上山下乡(包括还乡)满两年以上不满4年的城镇知识青年,其学徒、熟练期为1年,学习期待遇执行学徒工第三年标准24元,学习期满后执行本岗位一级或相似一级工工资,工作满1年后按本岗位二级或相似二级工定级。上山下乡满4年以上的学习期待遇执行本岗位一级或相似一级工资,学习期满后按本岗位二级或相似二级工定级。未上山下乡的知识青年,仍按过去规定执行,但转正为一级工后,执行两年以上的可以定二级或相似二级。 (社会生活卷第二篇第五章《劳动工资》,第830页)

《抚顺市志(第十一卷)》

抚顺市社会科学院、抚顺市人民政府地方志办公室编,辽宁民族出版社2003年

70年代后期大批上山下乡知识青年回城就业,进入80年代城市又有大批待业青年需要安置,厂办集体所有制企业便由安置生活困难的职工家属,转向安置知青和城市待业青

年。为此,各集体企业在积极发展工业生产的同时,采取组建和扩大建筑安装队伍,增加商业和饮食服务行业网点,开辟承包渠道,以及到车间代培,与全民职工混岗作业等措施,千方百计把知青和待业青年招收进厂。

1977年正式开始安置回城知识青年,当年安置515名,其中石油一厂34名,石油二厂120名,石油三厂361名。1979年是安置知青最多的年份,当年安置6 581名。从1977年到1979年,3年总计安置回城青年8 999人。　　　　(第二篇第九章《集体企业》,第307页)

知识(待业)青年安置

1965年,中共中央发出文件,动员城市知识青年和闲散劳动力上山下乡(到山区和农村)。1966年,抚顺冶金系统首批下乡知识青年87人,分别下到辽宁省铁岭县的大青公社宋荒地大队和青堆公社的抚顺三〇一厂农场。从1968年起,知识青年上山下乡由抚顺市有关部门和学校统一安置及管理。1973年后由家长所在单位负责管理。青年安置实行厂、社(人民公社)挂钩,建立青年点,各企业派专人到社队(生产队)协助管理知识青年工作。1968—1978年,抚顺冶金系统共有上山下乡知识青年11 743人,分布于辽宁省铁岭、黑山、北镇、锦县、义县、抚顺、清原、新宾、昭乌达盟等10余个县区,建立青年点117个。1980年以后,知识青年不再下乡,未安置工作的称为城市待业青年。

自1970年始,在下乡满2年以上的知识青年中招收部分人员回城工作。1976年以后大批回城,主要安置在厂(矿)办集体企业。1970—1980年,全系统共安置下乡知识青年就业10 563人,安置留城青年(因病、残和家庭特殊困难而未下乡的)1 714人。1980—1985年,共安置城市待业青年就业6 488人。　　　　(第三篇第三章《职工队伍》,第345页)

青年安置培训

根据中共抚顺市委关于知识青年安置工作会议精神上提出的"统筹兼顾,全面安排,广开就业门路,搞好安置工作"的指示精神,1979年至1983年,先后分3批在电厂服务公司安置待业青年1 689人。此间,于1980年5月经东北电业管理局同意,抚顺市集体办公室批准,抚顺电厂向抚顺市轻纺公司针织二厂拨款60万元,由厂为电厂安排800名职工待业子女就业。1984年至1985年又安置待业青年64人。至此,公司7年间共安置待业青年1 753人。　　　　(第四篇第一章《中型火力发电厂》,第515页)

《抚顺市志·市情要览卷》

抚顺市社会科学院、抚顺市人民政府地方志办公室编,辽宁民族出版社2005年

知识青年上山下乡及返城

抚顺市知识青年上山下乡是从1962年开始的。到1966年初,全市城镇初、高中毕业生

共下乡 6 090 人。

1968 年 8 月 28 日,抚顺市革命委员会建立,按照中央关于号召城镇知识青年上山下乡的要求,于 9 月 27 日全市动员 1966 年至 1968 年三届初、高中毕业生 31 231 人到农村插队落户。1972 年,成立抚顺市革命委员会知识青年上山下乡工作办公室,定为县团级单位。1975 年 1 月,抚顺市知青办升格为大组级。1980 年春,市委将知青办与市集体经济办公室合并,成立抚顺市革命委员会集体经济工作办公室。经过一段实践,1981 年 5 月将市集体经济工作办公室撤销,知青办单独存在,降格为县团级单位,在市劳动局党组领导下进行工作,对外保留市知青办名义,对内是劳动局农工科。

1962 年至 1980 年,全市累计动员知识青年下乡 172 798 人。其中下乡到黑山县、北镇县、锦县、义县 8 万多人,下乡到昭乌达盟的 2 036 人,其余下乡到抚顺县、清原县、新宾县和抚顺郊区。此间,沈阳市知青下乡到新宾县、清原县的 7 000 多人。

知识青年下乡插队落户,初期分散在贫下中农家里。1970 年以后,以生产队为单位组建青年点,抚顺地区组建青年点 2 210 个。1974 年发展为厂社挂钩和建立独立核算的知青场队,抚顺地区组建知青场队 642 个。

1974 年,为加强对下乡知识青年的管理教育,开始选派下乡知青带队干部。1977 年本市成立下乡知青带队干部办公室,每年组织选派带队干部去青年点(场)带队,负责对下乡知识青年进行管理教育。带队干部一般一年轮换一次。1974 年至 1980 年,全市共派出带队干部 8 326 人次。

1968 年,国家为了解决知青下乡安置中的困难,专门拨出安置经费。1970 年 8 月 20 日,财政部发出《关于安置经费的开支标准和供应渠道的试行意见》,对知青下乡经费的使用作了明确规定,主要用于城镇知识青年下乡的建房补助、生活补助、购置生产工具补助和旅运费、学习材料费等。其计算标准为:单身插队、插场的每人 250 元;成户插队、插场的每人 150 元;参加新建生产队、新建扩建国营农场和集体"五七"农场的劳动者每人 400 元(包括部分建设资金)。非劳动力插队按成户插队、插场的补助标准执行。家居城镇回乡落户的青年(不包括社来社去的毕业生)每人补助 50 元。按照计划有组织的跨省、跨地区下乡的,每人分别另加路费 20 元至 40 元。知青安置经费由县、社掌握,根据知青下乡安置进度,分期下拨到生产队,不准挪作它用。1972 年至 1980 年国家拨给本市知青安置经费 5 953.16 万元,实际支出 5 447.6 万元。其中安置下乡知青在农村建房 31 812 间,支出建房补助费 2 764.6 万元;生活补助费 2 017 万元;下乡知青在农村结婚、工伤等给予困难补助费 478 万元;医疗费 42.6 万元;扶持生产资金 27.7 万元;其他 20.7 万元;机动费 97 万元。转入城镇青年就业经费 506 万元。1980 年至 1985 年,6 年间辽宁省共拨给抚顺市知青就业安置经费 3 394 万元,其中,省按指标分配的知青费 2 954 万元,省直接拨款 210 万元,省拨给劳动服务公司周转金 230 万元。到 1985 年底,全市利用知青就业安置经费扶持企业 324 个,兴办知青厂点 610 个,共实现产值 3 375 万元,利税 4 229 万元,是下拨经费总额的 106%。

1970 年,本市开始从下乡知识青年中招工。招收条件是:下乡满三年,表现较好,经下乡知识青年和贫下中农评议,大队党支部审查,公社党委审定,报县劳动局办理招工手续。为了加强对招工工作的领导,市委成立了招工领导小组,招工办公室设在市劳动局。各县、区公社和大队同时建立了相应机构,指定专人负责下乡知识青年招工回城工作。从 1970 年至 1977 年的 8 年间,全市从下乡知识青年中共招工 77 207 人。

1978 年,中央召开全国知识青年工作会议,作出关于调整下乡知识青年安置政策的决定。要求各地广开门路,积极安置下乡知识青年就业。安置的重点放在城镇和郊区举办的知青场(厂)队和农工商联合企业。当时抚顺市已有独立核算的知青场(厂)和农工商联合企业 642 个,安置知识青年 5 773 人。

本市在下乡知识青年回城安置中,统筹规划,条块结合,广开门路。1970 年至 1985 年全市下乡知青回城安置的共有 166 840 人,占下乡知青总数的 96.5%。其中,招工回城 150 117 人,特困回城工 2 996 人,病残回城 2 396 人,投夫及双青回城 387 人,下乡前已婚青年回城 944 人,在农村参军、升学后回城的 10 000 多人。下乡知青在农村结婚就地安置的 5 065 人,其他 89 人。

(《典要篇·重点要事》,第 328—329 页)

《抚顺市劳动志》

《抚顺市劳动志》编委会编,辽宁人民出版社 1989 年

(1968 年)9 月 27 日,全市动员知识青年上山下乡,当年下乡 31 231 人。

(第二章《大事记》,第 34 页)

第二节　知识青年下乡与就业
一、知　青　下　乡

抚顺市城镇知识青年上山下乡(简称知青下乡)是从 1962 年开始的。到 1966 年初,全市城镇初、高中毕业生共下乡 6 090 人。

1968 年 8 月 28 日市革命委员会建立,按照中央关于号召城镇知识青年上山下乡的要求,于 9 月 27 日全市动员 1966 年至 1968 年三届初、高中毕业生 31 231 人到农村插队落户。1962 年至 1980 年,全市累计动员知青下乡 172 798 人。其中:下乡到黑山县、北镇县、锦县、义县 8 万多人,下乡到昭盟的 2 036 人,其余下乡到抚顺县、清原县、新宾县和抚顺郊区。此间,沈阳市知青下乡到新宾县、清原县的 7 千多人。

知青下乡插队落户,开始分散在贫下中农家里。1970 年以后,以生产队(村)为单位组建青年点,抚顺地区组建青年点 2 210 个。1974 年发展为厂社(乡)挂钩和建立独立核算的知青场队,抚顺地区组建知青场队 642 个。

1974年，为了加强对下乡知青的管理教育，开始选派下乡知青带队干部。1977年，市成立了下乡知青带队干部办公室。每年组织选派带队干部赴青年点（场）带队，负责对下乡知青进行管理教育。带队干部一般一年轮换一次，自1974年至1980年，全市共派出带队干部8 326人次，对加强下乡知青管理起了积极作用。

二、知青安置经费

1968年，国家为了解决知青下乡安置中的困难，专门拨出安置经费。1970年8月20日，财政部发出《关于安置经费的开支标准和供应渠道的试行意见》，对知青下乡经费使用作了明确规定，主要用于城镇知青下乡的建房补助、生活补助、购置生产工具补助和旅运费、学习材料费等。其计算标准是：单身插队、插场的每人250元；成户插队、插场的每人150元；参加新建生产队、新建扩建国营农场和集体营"五·七"农场的劳动者每人400元（包括部分建设资金）。非劳动力插队按成户插队、插场的补助标准执行。家居城镇回乡落户的青年（不包括社来社去的毕业生）每人补助50元。按照计划有组织的跨省、跨大区下乡的，每人分别另加路费20元至40元。知青安置经费由县、社（人民公社）掌握，根据知青下乡安置进度，分期下拨到生产队，不准挪作它用。1972年至1980年国家拨给我市知青安置经费5 953.6万元，实际支出5 447.6万元。其中：安置下乡知青在农村建房31 812间，支出建房补助费2 764.6万元；生活补助费2 017万元；下乡知青在农村结婚、工伤等给予困难补助费478万元；医疗费42.6万元；扶持生产资金27.7万元；其他20.7万元；机动费97万元。转入城镇青年就业经费506万元。

三、知青回城就业

1970年，我市开始从下乡知青中招工。招收条件是：下乡满二年，表现较好，经下乡知青和贫下中农评议，大队党支部审查，公社党委审定，报县劳动局办理招工手续。为了加强对招工工作的领导，市委成立了招工领导小组，招工办公室设在市劳动局。各县、区、公社和大队同时建立了相应机构，指定专人负责这项工作。从1970年至1977年的八年间，全市从下乡知青中招工77 207人。

1978年，中央召开了全国知识青年工作会议，并作出关于调整下乡知青安置政策的决定。要求各地广开门路，积极安置下乡知青就业。安置的重点放在城镇和郊区举办的知青场（厂）队和农工商联合企业。当时抚顺市已有独立核算的知青场（厂）和农工商联合企业642个，安置知识青年5 773人。

我市在下乡知青回城安置工作中，统筹规划，条块结合，广开门路。1970年至1985年全市下乡知青回城安置的共有166 840人，占下乡知青总数的96.5%。其中：招工回城150 117人；特困回城2 996人；病残回城2 396人；投夫及双青回城387人；下乡前已婚青年回城944人；在农村参军、升学后回城的10 000多人。下乡知青在农村结婚就地安置的5 065人，其它893人。

（第五章《劳动就业》，第97—99页）

《顺城区志》

抚顺市顺城区地方志办公室编,辽宁人民出版社1994年

下乡知识青年安置

1979年,郊区下乡知识青年全部返城,其中未婚男女知青均由市知青办安置,具体工作由抚顺矿务局、石油、冶金等系统落实;已婚男女知青由郊区安置,具体安排到区属建筑企业、市红砖二厂及区劳动服务公司所属企业。至1984年末,共安置1 916人。其中有落实政策人员子女95人、严重病残青年47人和1957年下乡已婚青年25人。

(第七篇第四章《劳动》,第201页)

根据省政府辽政发〔85〕55号文件,对全区下乡知识青年务农期间计算工龄问题进行核实,共审批1 300余人。

(第七篇第四章《劳动》,第203页)

《抚顺县志》

主编杜景琴,辽宁人民出版社1995年

(1968年)9月23日,抚顺市革命委员会在站前广场召开大会,欢迎首批2.8万余名中学生分别到抚顺县、黑山、北镇、锦县、义县农村,接受贫下中农"再教育"。

(《大事记》,第38页)

1968年起,城市被迫下乡插队落户的大批干部、知识分子、"闲散居民"和上山下乡知识青年陆续迁入各社队,抚顺县迁入人口又大量增加。其中1968—1970年最为集中,3年时间迁入人口39 651人,迁出人口12 851人,净迁入26 800人。除1971、1975两年因落实政策、招工回城迁出人口较多外,迁入人口多于迁出人口的势头一直延续到1977年。

(第三篇第一章《人口变动》,第139页)

第二节 还下乡安置

1961年至1965年底,抚顺县接收安置城镇下乡、还乡户计9 595户,34 224人。接收下乡知识青年1 939人。总计接收36 163人。他们到农村后的住房、口粮、自留地等问题,都得到妥善解决。他们也为农业战线增加了力量。根据1963年12月统计,在还、下乡人员中,有196人担当大队的党支部书记、共青团支部书记和大小队的队长、会计等职务。有各种技术人员(铁匠、木匠)800人。政府为他们解决住房2 261间,发放补助费49.7万多元,

还补助大量棉布、棉花等。1964年1月,政府又为还下乡人员发放救济款17 389元,布票7 774公尺,棉花1 159.5公斤,解决1 186户6 026人的衣、食、住和疾病治疗等实际困难。从1965年起,根据国务院内字224号文件规定,对精简回下乡人员中失去劳动能力的老弱残职工,发给他们原工资的40%的生活补助。

1966—1972年,抚顺县又安置一批被下放到农村参加农业生产劳动的"下放户",还安置一批所谓走"五七"道路的"五七"战士及其家属。这些城镇下乡户到农村后,其单位和抚顺县及各社、队负责建房,使他们生活有所保障。同时,还安置大批上山下乡知识青年(简称知青)。1968年9月,首次把抚顺市内13个学校的在校学生7 612人,安置在20个社(场)197个生产大队。同时还接收安置外省市和本市还乡、投亲的毕业生1 900人及本县毕业生8 040人。共安置17 552人。以后,年年接收一批,又陆续招工回城、升学等走一批。抚顺县专门成立了做知识青年工作的办公室(知青办)。1974年原学校的挂钩厂矿又先后派出316名带队干部,分别到265个大队(青年点)和知青共同生活。到1975年,全县共接收知识青年37 000人,原有22 300人,集体生活在6个创业队、87个大点、730个小点。

粉碎"四人帮"以后,"文化大革命"期间还下乡人员(包括知青)都陆续回城、回原单位,重新安置了工作。到1980年,除少数大龄男女青年因结婚留在农村或在县乡安排工作外,大部分回城安置了工作。　　　　　　　　　　　　(第八篇第二章《安置》,第329页)

1950年县政府在工商科设专人负责劳动管理工作。1964年知识青年下乡,1970年后陆续招工就业,到1985年共安置知识青年14 308人。

(第十篇第八章《人事劳动》,第392页)

《新宾满族自治县志》

新宾满族自治县志编纂委员会编,辽沈书社1993年

是年(1970年),开展打击迫害下乡知识青年犯罪运动。　　　　(《大事记》,第26页)

《清原县志》

清原县志编纂委员会办公室编,辽宁人民出版社1991年

(1968年)10月,大批知识青年开始"上山下乡"。从1968年到1979年,全县农村接收下乡中学生55 661名。其中:抚顺市41 864名,沈阳市8 294名,本县5 503名。1968年至1981年国家为下乡青年支出的补助费共2 019万元。在农村建青年点住房8 155间,支付建房费463万元。　　　　　　　　　　　　　　　　　　　　(《大事记》,第32页)

1979年,社队企业所得税起征点由原来的1 500元改为3 000元。社队办的小铁炉、小煤窑、小电站、小水泥厂,实行免税三年的照顾。对为安排上山下乡知识青年所办的生产基地和独立核算的企业,实行"三不"(不交税、不交利、不征购)政策,免税到1985年。

(第九编第二章《税收》,第299页)

1977年(社镇)撤销政工、生产、人保、办事组,改设生产、财贸、文教、民政、公安、知青等助理员。
(第十二编第三章《人民政府》,第394页)

《本溪市志(第一卷)》

本溪市地方志编纂办公室编,新华出版社1991年

(1968年9月)5—25日,全市两批共2万余名中学毕业生被送到农村安家落户,参加农业生产。
(《大事记》,第71页)

27日,全市3万余人在本溪火车站欢送本溪市上山下乡知识青年1 350余人赴朝阳地区参加农业生产,接受贫下中农再教育。
(《大事记》,第71页)

(1977年9月)17日,全国上山下乡知识青年工作现场会议在本溪召开。

(《大事记》,第78页)

(1980年10月)24日,市政府决定将城镇待业人员的安置工作交由市知识青年上山下乡办公室统一管理。
(《大事记》,第84页)

(1982年1月)9日,市政府决定将知识青年上山下乡办公室并入市劳动局。

(《大事记》,第87页)

1979年为解决1965年下乡到营口县的628名已婚知识青年要求回城的上访问题。由信访处、劳动局、知识青年办公室等部门组成工作组,前往营口对下乡青年身体、生活状况进行调查,并将528名知识青年及家属1 000多人安置回城。

(第六篇第二章《政府》,第482页)

组织城市青年上山下乡

1962年5月,团市委响应中共中央关于精简职工,减少城镇人口,加强农业生产第一线

的号召,组织 58 名城市青年成立了本溪市第一个青年开荒队。5 月 14 日,青年开荒队开赴本溪县蓝河峪公社蓝河峪大队西沟,参加农业生产。1964 年 1 月 24 日,团市委召开本溪市上山下乡参加农林业生产建设积极分子代表大会,132 名青年代表参加。1968 年,毛泽东主席发出知识青年上山下乡的号召,至 1973 年 2 月,全市共有 5.4 万余名知识青年奔赴农村插队落户,在艰苦的生活中经受了锻炼。 （第七篇第二章《共青团》,第 534 页）

1977 年 4 月 22 日,桓仁水库库区林场组织百余人,乘木制拖轮到水库对岸植树造林,船行至水库中遭遇风浪,因超载和措施不当而翻船沉没,溺死下乡知识青年 82 人、林场职工 11 人,事故主要责任者林场革委会副主任陈玉成,革委会主任、党支部书记丁焕武,知识青年带队负责人王绪茂（农民）,被分别判处有期徒刑 12 年、10 年、3 年。 （第八篇第三章《审判》,第 611 页）

《本溪市志（第二卷）》

本溪市党史地方志办公室编,大连出版社 1998 年

附本溪水运的两起重大沉船事故:

1. 桓仁浑江水库库区重大沉船事故。1977 年 4 月 22 日,桓仁镇泡子沿大队青年农场 95 名知识青年、库区林场职工 13 名计 108 人,同乘林场 58.8 千瓦机船去高丽墓子工区栽树。7 时 16 分起航,途中遇 5 级大风,行至相距电厂大坝 1 320 米,离东岸 91 米处,出现倾斜险情。7 时 46 分舵工接到林场副主任张卓的“马上靠岸!”命令,由于舵工精神紧张,操作不当,向右侧打舵过急,重心右移,前进 15 米,机船由缓慢倾斜而翻入水中。有 20 多人爬上船底,有一部分人抓住船帮。抓住船帮的人又救助落水人,因负压过重,失去平衡,加之风浪推动,又翻了一个 180 度。使原来爬上船的人,再次被扣入水中。此时,船舱开始大量进水,尾部下沉,顷刻之间全部沉入 30 米深的水底。船上 108 人除 15 人幸免于难外,其余 93 人全部溺死于水中。其中知识青年 82 人（男 35 人、女 47 人）,库区职工 11 人。经济损失 45 万元。 （第十五篇第三章《内河水运》,第 669 页）

《本溪市志（第三卷）》

本溪市党史地方志办公室编,辽海出版社 2002 年

在“文化大革命”中,劳动工资工作遭到严重破坏。1968—1976 年的 9 年间,全市有 114 609 名知识青年上山下乡。1971—1976 年间,陆续招工回城 50 930 人。同时还招收农民 13 586 人进城做工,造成了城乡劳动力对流。 （第十九篇《劳动工资》,第 44 页）

同年(1978年)3月,为加强劳动就业工作,成立市劳动服务公司。同年,市委、市政府决定,将市劳动服务公司划归市知识青年上山下乡办公室(下简称市知青办)领导。1981年4月,增设劳动保险科。同年7月,成立本溪市锅炉压力容器检验研究所。同年11月,市政府决定市劳动服务公司重归市劳动局领导。1982年1月,市政府决定市知青办与市劳动局合并。

(第十九篇第一章《劳动管理》,第47页)

1979年,为缓解就业矛盾,凡1976年以前下乡的知识青年一律由家长所在单位归口安置为大集体工人。由各单位劳动服务公司承担此项任务。此办法虽在安置待业青年上起到了应急作用,但也给企业增加了不少难题,后来接上级政府指示,停止执行。

(第十九篇第一章《劳动管理》,第53页)

知识青年下乡与回城就业。早在1957年,就有203名知识青年分别到南芬、牛心台等7个生产合作社参加农业生产。1962年,全市动员2 000多名城市闲散社会青年上山下乡,除大部分安排在本溪地区外,还安置到营口、开原、凤城、辽阳等外市县500多人。"文化大革命"中,对初、高中毕业生采取"一刀切"的办法,全部动员上山下乡。1968年10月,组织1966—1968年三届初、高中毕业生46 145人全部下放到农村,接受贫下中农的再教育。除少部分下到本市县、区农村外,大部分下到朝阳地区朝阳、凌源和建昌等县的偏僻农村。市革委会从市直机关抽调500名机关干部,随本溪知识青年一起去朝阳地区,协助当地进行安置工作。1969—1976年共有55 055名知识青年下乡劳动。1972年市、县、区相继成立了知识青年上山下乡办公室,负责日常组织工作。从1970年开始,由于新建、扩建企业对劳动力的需求,由下乡知识青年中招收新工人。凡下乡已满2年、表现较好者,经下乡知识青年和贫下中农社员评议,生产大队党支部审查,人民公社党委审定,报县级批准即可回城工作。1970—1976年,全市从知识青年中选调的新工人50 930人,同时招收青年农民13 586人。由于城乡劳动力对流,城市和农村都有大量人员需要安置,使劳动就业工作中的问题日趋严重。据1976年末统计,下乡知识青年下放户和非农业户子女以及留城、回城青年需要安排就业的共有60 000余人。

(第十九篇第一章《劳动管理》,第56页)

《本溪市志(第四卷)》

本溪市党史地方志办公室编,辽海出版社2004年

1970年2月,恢复师范学校,从下、还乡知识青年中通过推荐选拔招收新生,共7个班300人。

(第三十一篇第三章《中等、职业技术教育》)

1962 年以后,由于国民经济调整,电台人员精简,到 1966 年,全台人员仅有 84 人。……此后,于 1970、1976、1978 年先后 3 次在本溪地区选调下乡知识青年充实广播电视队伍。到 1979 年,本溪市广播事业局已有职工 186 人。　　　　(第三十四篇第一章《机构》,第 314 页)

《本溪市劳动志》

本溪市劳动局编,(内部刊行)1987 年

(1968 年)10 月,全市掀起知识青年上山下乡高潮。1966 至 1968 年三届初高中毕业生 46 145 人,除少部分下放到本市农村外,大部分下放到凌源、朝阳、建昌等县农村,接受贫下中农再教育。　　　　　　　　　　　　　　　　　　　(《大事记》,第 41 页)

(1974 年)11 月起,按省革委会《关于 1974 年招收新职工工作的通知》和《关于 1974 年招收新职工的几个具体政策问题》,招收全民职工 7 132 人,其中:从两县一区下乡知青中招收 7 223 人,在城市招收工亡子女 89 人;招收集体职工 6 711 人,其中:留城知青 1 600 人,社会妇女劳动力 3 511 人,两县一区下乡知青 1 600 人。　　　　(《大事记》,第 45 页)

(1979 年)11 月 26 日,为及时解决知青就业问题,市劳动局发出《关于安置 1976 年下乡青年计划和办法的通知》,将 1976 年以前下乡的知识青年全部安置到本系统大集体当工人。全市共安置待业青年 53 000 人,其中,1978 年毕业留城青年 20 000 人。

(《大事记》,第 50 页)

第六节　"知青"下乡与回城就业

早在 1957 年,就有 203 名知识青年(以下简称知青)分别到南芬、牛心台等七个生产合作社安家落户参加农业生产。1962 年精简中,在全市范围内动员 2 000 多名城市闲散社会青年上山下乡,除安置到本溪地区外,还安置到营口、开原、凤城、辽阳等外市县 500 多人。

十年动乱中,城镇劳动就业工作遭到严重破坏,对我市初、高中毕业生的安置没有坚持六十年代初期以来的面向工厂、农村、升学和边疆的原则,而是采取一刀切,全部动员上山下乡。1968 至 1976 年全市知青上山下乡达 114 609 人。

(一)"知青"下乡

1968 年 10 月,将 1966 至 1968 年三届初、高中毕业生 46 145 人全部上山下乡。除少部分下在本市县区外,大部分下到朝阳、凌源和建昌等县农村。市革委会从市级机关抽调 500 名机关干部,随本溪知青一起去朝阳地区,协助当地作好安置工作。以后每年都有大批知青下乡。其中:1969 年 382 人,1970 年 1 652 人,1971 年 4 080 人,1972 年 8 492 人,1973 年

6 121人,1974年14 563人,1975年2 100人,1976年17 665人(1975—1976年有608人下到昭乌达盟)。1972年市、县、区相继成立了知识青年上山下乡办公室,负责日常上山下乡的组织工作。

本溪地区知青插队形式,开始是分散到贫下中农家里,1970年以后以生产队为单位组建了青年点,1974年发展到厂社挂钩,由工厂派干部协助社队共建独立核算的青年场、队。1979年9月国务院知青办公室在本溪市召开了"全国知青工作现场会议",本溪市知青办在会上作了题为"厂社挂钩建知青厂队"的经验介绍。

(二)回城就业

由于新建、扩建企业对劳动力的需求,从1970年开始,从下乡已满二年,表现较好,经下乡知青和贫下中农评议,大队党支部审查,公社党委审定,报县办理批准手续,逐年从下乡知青中招收新工人。为加强对招工工作的领导,市委成立了招工领导小组,劳动工资局内设招工办公室,各县、区、公社和大队也建立了相应机构,有专人负责招工工作。1970年至1976年全市从知青中选调新工人50 930人,同时招收青年农民13 586人。由于城乡劳动力对流,城市和农村都积累大量需要安置的人员,使劳动就业工作中的矛盾日趋严重,到1976年末,包括农村下乡知青,下放户和非农业户子女以及留城、回城青年需要安排就业的共计有6万余人,成为一个严重的社会问题。 (第五章《劳动就业》,第106—107页)

《本溪县志(1983年版)》

本溪县志编纂委员会编,(内部刊行)1983年

(1968年)9月上旬,2 500名学生上山下乡插队落户或回乡生产,接受贫下中农"再教育"。

(第一编卷一《本县历史大事记》,第25页)

1968年9月14日,毛主席发出"知识青年到农村去,接受贫下中农的再教育"的指示后,本县将"66届"毕业而留校"闹革命"的初、高中学生和"67"、"68"两届毕业生共2 500多人,全部动员插队落户或还乡生产。

1968年到1976年上半年,全县共接收下乡知识青年45 000多名,他们在农村三大革命运动受到一定的锻炼,他们中256人入党,7 859人入团,510人曾被结合到各级领导班子里。其中12人担任公社党委书记、副书记和常委副主任职务,有700人分别担任会计、保管员、农办教师、赤脚医生、拖拉机手等。

1973年前,知青工作由县"安置办"负责。在此期间全县共接收五批计27 111名知识青年,分别安置在全县17个公社的626个生产队。由于几年的招工、招生、参军走了16 000名,到1972年底,全县实有下乡知识青年12 111名。

1973年前,对知识青年的管理,基本上是接受单位自行安排。因此,存在不少问题。突出表现是有些生产队不能使知识青年和社员同工同酬,特别女青年的工分更偏低,知识青年的菜地不但比社员少,而且土质也差,加上青年缺乏种植经验,因而比较普遍的出现青年点"缺吃粮、住冷房"的实际状况。个别地方还发生了迫害知识青年的案件。据有关部门调查统计,1973年前的五年时间,发生迫害知识青年的重大案件149件。其中:奸污女青年的45件,调戏女青年的25件,勒索知识青年的8件,毒打知识青年并造成严重后果的5件,拉拢腐蚀青年的17件,致使知识青年自杀的3人,残废3人,女青年怀孕5人,生孩子3人。

1973年中央"21号文件"下发后,省委召开了"知识青年工作会议"。县委及时召开了"四级干部会议",认真贯彻中央文件和省知青工作会议精神。

不久,县委决定成立了本溪县上山下乡知识青年办公室(简称"知青办"),负责全县知识青年的安排和管理工作。各公社相应地成立了"知青办"或者设专职干部抓知识青年工作,全县17个公社的158大队,都选派了蹲点带队干部。158个干部中,有党员95人,团员21人,分别占带队干部总数的65.5%和14%。从而使"知青"工作有了较大的变化。

1976年时,全县已建成以农为主,多种经营,长短结合的青年农场82处,总耕地面积1.1万多亩,产量420多万斤,养鸡、鸭1 180多只,养猪1 400多头,养羊425只,培育人参5 678帘,黄芪1 049亩,果树5.4万多棵,人工林近1.4万亩。

到1976年底,全县尚有知识青年16 972人。其中:下乡插队13 559人,回乡归户205人,集体青年农场3 177人,国营农场31人。

粉碎"四人帮"以后,根据党中央关于"调整知青政策,逐步缩小上山下乡的范围,今后不再搞插队。"的指示精神,1977年后便逐步把带队干部撤离知青点,并把城镇青年陆续办理回城就业,对已婚青年也做了适当安排。

(第四编卷二十三《社会主义革命纪略》,第720—721页)

《桓仁县志》

桓仁县地方志编纂委员会编,方志出版社1996年

(1968年9月)20日,桓仁县城近万人集会,欢送从初中一年至高中三年的学生1 300余人下乡,分赴北甸子、拐磨子2个公社参加农业生产,接受贫下中农再教育。

10月18日,大连市甘井子区二十三、二十七中学3 600名学生到桓仁县四道河子、二户来、八里甸子、二棚甸子公社插队落户,接受贫下中农再教育。　　　　　(《大事记》,第28页)

(1977年4月)22日,桓仁水库库区林场13名职工和95名下乡知识青年,乘坐1艘机动船经桓仁发电厂坝上水库去高丽墓子植树,船行至阎王鼻子对面,因风大超载,沉船遇难。

93 人死亡(其中知识青年 82 人,林场干部、工人 11 人),15 人脱险。嗣后,妥善处理,直接经济损失 45 万元。(《大事记》,第 31 页)

知识青年上山下乡

1955 年,毛泽东主席号召:"一切可以到农村去工作的这样的知识分子,应当高兴地到那里去。农村是一个广阔的天地,在那里是可以大有作为的。"虽有号召,但桓仁县无知识青年下乡。1964 年 3 月,县人委根据本溪市人委部署,发出《关于立即认真做好 1964 年青年学生上山下乡的接收安置巩固工作的通知》,当年接收安置市、县下乡知识青年 331 人。安置在生产队比较集中、土地多、劳力少、领导能力强、生产门路广、收入较稳定的 8 个公社、14 个大队、42 个生产队,实行集体插队、集体食宿、分组插队劳动、社队帮助解决住房、伙食、口粮、蔬菜、烧柴和用具等问题。1965 年 5 月,县成立安置办公室,负责精简安置和知识青年工作。1967 年机构瘫痪。

1968 年,毛泽东主席发出"知识青年到农村去,接受贫下中农的再教育"的号召,同年 9 月 27 日,县革委会动员县内 1966—1968 年的中学毕业生上山下乡。同时,省革委会分配大连市知识青年 4 000 名到桓仁县。10 月中旬,县革委会派副主任王志梅等人到大连市接收第一批知识青年 3 600 人。当年,本溪市、大连市、桓仁县下乡知识青年共 5 101 人。初期安排在贫下中农社员家食宿。要求安置工作做到"毛主席放心,家长放心,青年安心"。1969 年,着手建立青年点,要求做到"政治上有人抓,生产上有人教,生活上有人管"。

1970 年 5 月,针对有些地方发生迫害下乡知识青年的事件,中共中央批转国家计委《关于进一步做好知识青年下乡工作的报告》(即 26 号文件),县革委会在县内掀起 3 次宣传高潮,走访 260 个青年点,同上千名贫下中农、基层干部、知青谈话,宣传政策,了解情况。发现树立一批办得好的青年点的典型,也发现 30% 的青年点办得不好。1970 年,全县发生殴打、强奸、奸污女知识青年等迫害案件 27 起。同年 6 月 22 日,县革委会对八里甸子公社人保干部捆绑殴打 3 名下乡知识青年的严重事件,发出《通报》,公社主要领导干部向被打知识青年赔礼道歉,赔偿经济损失,对主要责任者进行了严肃处理。同年 10 月,县人民法院召开严厉打击破坏知识青年上山下乡公判大会,判处 8 名迫害知识青年的犯罪分子。为加强知识青年工作,1971 年 12 月,恢复县知识青年上山下乡安置办公室。同年 11 月,从 5 604 名上山下乡知识青年中招工回城 2 295 人。1972 年,下乡 2 906 人,参军、进工厂、上大学等 2 695人,余下在册知识青年 3 524 人,除投亲、还乡者外,有 2 767 人分布在 225 个青年点。至1972 年 4 月,下乡知识青年入党 263 人,入团 421 人,结合在社、队革委会 41 人,有 502 人在生产队担任各种职务。

1973 年 9 月 7 日,召开全县知识青年工作会议,县委县革委会做检查性报告,7 名领导干部带头检查知青工作中的不正之风,表示要把下乡知识青年当作财富,不能当成"包袱",切实解决下乡知识青年学习、生产、生活上的具体困难。当年拨款 46.6 万元,将 225 个青年点扩展为 479 个,查处迫害知识青年案件 16 起。

　　1974 年,安排市、县下乡知识青年 4 807 名,财政拨款 243.55 万元,用于建房、生活和生产补贴。是年,建房 26 500 平方米。1975 年 5 月,召开知识青年上山下乡积极分子代表会,348 名代表参加,交流知青工作经验。针对农村出现的腐蚀下乡知识青年的问题,1975 年 6 月、9 月,县革委会两次召开"争青反腐"大会,依法查处 8 名教唆犯。是年,接收市、县下乡知识青年 7 670 人,为历年中最多的年份。财政拨款 276.8 万元,建房 33 280 平方米。

　　1978 年 12 月,中共中央转发《全国知识青年上山下乡工作会议纪要》和《国务院关于知识青年上山下乡若干问题的试行规定》。粉碎"四人帮"后,各项事业大发展,广开就业门路,为安排知识青年创造条件,中共中央从实际出发,调整政策,逐步减少知识青年下乡人数。实行 4 个面向安排知识青年,即进学校、上山下乡、支援边疆、城镇就业。是年,全县接收市、县下乡知识青年 449 人。1979—1980 年,本溪市、桓仁县实行知识青年随家长所在企事单位对口安排(包括接家长班)。1978 年末,在乡知识青年 13 168 人。1979 年,省、市、县招工安排 9 093 人,是年年末,在乡 4 345 人。1980 年,桓仁县安排 1 100 名知识青年就业,当年下乡人数只有 280 人。桓仁县对已婚的 37 名知识青年也就地就近安排在集体企事业单位。1981 年,停止知识青年上山下乡。1964—1980 年,桓仁县累计接收上山下乡知识青年 32 754人。1973—1981 年,国家拨款 1 233.39 万元,为知识青年建房 95 232 平方米。

1973—1981 年桓仁县接收知识青年上山下乡情况表

年　度	当年下乡人　数	人均补助标准(元)	国家拨款(千元)	其　　中		当年建房数(平方米)
				建房款(千元)	生活费(千元)	
1973	184	470	466	26.9	426.7	
1974	4 807	470	2 435.5	1 167.5	1 141.8	26 500
1975	7 670	470	2 768	1 159	1 150	33 280
1976	4 110	480	2 171.4	1 341.5	614.1	15 872
1977	3 228	480	1 767	721	682	3 824
1978	449	480	1 046	593	366	15 756
1979	493	270	488	232	219	
1980	280		815	24	26	
1981	0		377	0	8	
合计	21 221		12 333.9	5 264.9	4 633.6	95 232

(第十四篇第二章《施政机构》,第 520—521 页)

《丹东市志(1)》

丹东市地方志办公室编,辽宁科学技术出版社 1993 年

　　(1957 年)6 月 28 日至 29 日,中共安东市委召开区委书记、乡总支书记会议,研究安排

未升学的高、初中毕业生还乡、下乡参加农业生产劳动的问题。全市70多个农业合作社,做好了安置600名城市高、初中毕业生下乡参加农业生产的准备工作。7月17日,首批毕业生下乡。

(《大事记》,第129页)

(1970年)8月19日,3 000多名应届中学毕业生到农村插队落户。该届毕业生只读2年书,大量课时用于军训、学工、学农,不具备中学毕业水平。

(《大事记》,第185页)

(1971年)12月12日,应届中学毕业生举行上山下乡誓师大会。(《大事记》,第186页)

(1973年)12月7日,从市直机关、区机关抽调的市首批上山下乡知识青年带队干部300多人,进入各县、郊区青年点。

(《大事记》,第189页)

(1975年)8月10日,应届中学毕业生7 000余人下到农村,392名带队干部随青年进点。

(《大事记》,第191页)

12月5日,中共丹东市委发出通知,转发省委《在普及大寨县运动中进一步加强知识青年上山下乡工作的通知》。要求把青年点办成亦农、亦工、亦学、亦兵的大学校。

(《大事记》,第192页)

(1977年)7月20日,应届中学毕业生7 000多人到农村插队。市区5万多人在街头欢送。

(《大事记》,第195页)

(1979年)4月27日,中共辽宁省委、辽宁省革命委员会召开上山下乡知识青年先进集体、先进个人表奖大会。全市城乡3.2万多人收听大会实况。 (《大事记》,第201页)

9月15日,应届中学毕业生继续上山下乡。中共丹东市委、市革委会举行大会,欢送3 000多人到农村。

(《大事记》,第202页)

1966—1976年10年间,主要是安排"上山下乡""插队落户"中留城和回城的青年。据1977年3月统计,全区下乡青年中留城和回城安置工作共1 277人,其中属"3种人"(独生子女,中国籍外国人子女,多子女下乡身边只有1个子女)的回城134人,因病残回城290人,"3种人"留城416人,因病残留城437人。

(区县篇第三章《振安区》,第338页)

《丹东市志(3)》

丹东市地方志办公室编,春风文艺出版社1996年

下乡安置费与就业经费

下乡安置费与就业经费,是用于城市闲散人口、精简职工、知识青年上山下乡安置及城镇青年就业等方面的预算支出。1961年,社会闲散人员回乡务农的安置费,列支社会救济费,1962年改列其他支出。1964年,设置城市人口下乡安置补助费。1968年,城镇知识青年上山下乡插队拨付安置费552万元,安置46 109人。1975年,城镇人口下乡经费类设有知识青年下乡补助费、城镇居民下乡补助费两项。1976年,增设知识青年工作业务费。1989年,下乡知识青年返回城市,将下乡安置费转为城镇青年就业经费,有就业安置费、劳动服务补助费两项。1985年,城镇青年就业经费款设有扶持生产资金、安置费、就业训练费、业务费、其他费用5项。用于青年就业的生产资金实行有偿使用,收回继续用于安排就业。

1964—1985年,拨付下乡安置费及就业经费为7 861.5万元;1966—1968年庄河、桓仁两县为252.8万元。1979—1985年,为2 525.1万元,其中扶持生产资金为2 209.1万元,技术培训费为179.7万元。 (财政篇第三章《财政支出》,第112页)

《丹东市志(7)》

丹东市地方志办公室编,辽宁民族出版社1997年

"文化大革命"开始到1968年,由于大学不招生,企业、工厂不招工,城市中的初、高中毕业生都在学校闹革命。1968年12月,根据中共中央指示和省革委会的部署,动员知识青年上山下乡接受贫下中农"再教育",全市掀起知识青年上山下乡高潮,至1973年8月,全市有5.67万名知识青年上山下乡,有3 570名在农村结婚安家落户。知识青年上山下乡对开发山区、加速农田基本建设、锻炼青年成长起到一定作用,也使大批青年失去继续学习机会,增加了国家和农民的负担。 (政党篇第二章《中国共产党丹东市委员会》,第46页)

参加辽宁青年志愿垦荒团

1955年,沈阳市青年徐雪卿等7人发起组织青年志愿垦荒团的倡议。安东市各界青年积极响应。团市委批准于福贵、袁贤堂(女)、张洪泽、宋时道、高英秋(女)、衣凤玉(女)、王爱民、滕春芳(女)、黄萍、何永福10人前往参加,于1955年10月3日赴沈阳北部。团市委举行欢送晚会。全市青年积极响应团市委号召,支援辽宁青年志愿垦荒团,捐款19 408元。

(群团篇第二章《青年组织》,第150页)

知识青年上山下乡

知识青年上山下乡是在一定历史条件下产生和发展起来的,与国家政治和经济形势紧密相关。

1. 机构

1962年,中共安东市委成立动员安置青年学生领导小组,副市长尚逊任组长,市委文教部副部长王群任副组长,领导小组下设办公室。

1964年5月,中共安东市委发出《关于调整和加强市委安置城市青年下乡领导小组的通知》,市委副书记王鹤任领导小组组长,副市长赵曰学任副组长,设知识青年上山下乡安置办公室,负责动员上山下乡、农村安置、管理和教育。

1969年,市革命委员会政工组教育组负责知识青年上山下乡工作。

1970年,市教育局设立青年组,负责知识青年上山下乡工作。

1973年,成立丹东市知识青年上山下乡工作办公室。是年10月,成立中共丹东市委知识青年上山下乡领导小组,组长李言(市委副书记)、副组长韩守仁(市委常委)。

1982年2月,市政府决定,丹东市知识青年上山下乡工作办公室与丹东市劳动局合署办公。

2. 动员安置

1957年7月18日,安东市第一批中学生53人下乡务农,到市郊区新立、九三和东升农业合作社落户,市人民委员会专门召开欢送大会,市长段永杰,副市长崔成志到会讲话。

1961年7月至1963年,在动员城市精简职工和闲散人口下乡的同时,动员一部分城镇青年上山下乡。下乡青年安置在社员家。

1964—1966年,在部分高中、初中毕业生中动员下乡。下乡青年在生产队和农场集中安置。1964年安东市第一高中毕业生王双成等自愿报名到东沟县长山公社窟窿山大队集中建点,插队落户。

1967年,上山下乡暂停。

1968—1973年,中学毕业生大部分由学校组织动员上山下乡,以学校班级为单位在生产队建立青年点。

1974—1979年,中学毕业生由家长所在单位负责组织动员上山下乡。1974年起,学习湖南省株洲市实行"厂社挂钩"经验,由下乡知识青年家长单位负责在生产大队建立青年点或在农林场集中安置,举办农、林、工、副业生产基地,实行独立核算。1977年,全地区建青年点2 718个,在点青年53 826人。至1979年,全市每年均有1 500个青年点,在点人数有3万人。历年为下乡知识青年建房31 397间。

1980年,停止知识青年上山下乡动员安置工作。

3. 管理教育

1965年,从城市各单位选派干部进入青年点,负责对下乡知识青年管理教育。

1968年,生产队选派"老贫农"进驻青年点进行管理。

1974年,知识青年的农长单位选派带队干部与知识青年实行"三同"(同学习、同劳动、同生活)。知识青年每月安排一定学习时间,平均每15人订一份报纸、一本《红旗》杂志和《辽宁青年报》,不足15人的青年点至少订一份报纸。费用从知识青年经费中支出。

1974—1979年,全市派出带队干部5 317人,其中1976—1978年每年派出1 000多名带队干部。全市在下乡知识青年中,发展中共党员3 735人,发展共青团员33 593人,其中一部分在农村或回城被选拔为各级领导干部。

4. 经费与供应

1957年,下乡知识青年在市郊区蔬菜社,与社员同工同酬。

1965年5月,财政部、中国农业银行总行联合规定:北方插队人员安置经费平均为250元,主要用于建房补助费,生产补助费,旅运费,小农具、家具购置费和机动费。粮油供应:下乡第一年至翌年秋收新粮下来之前,由所在地粮站按当地口粮水平由国家供给。新粮下来后,按社员留粮标准吃农业粮。

1973年11月,中共辽宁省委规定,城镇知识青年回老家落户的,到农村插队和建立集体所有制场(队)的,每人补助500元,其中建房补助费200元,生活补助费200元,农具、家具补助费,学习材料费,医疗补助费,旅运费及其他费用100元。口粮及食油供应:下乡青年(包括城镇回老家落户的青年)的口粮,第一年每人每月供应成品粮22.5公斤、食油150克。参加生产队分配的插队青年口粮标准为每年300公斤,不包括自留地所产口粮。下乡青年结婚后,口粮标准暂不变。插队的回族青年,除与社员分同等数量豆油外,每人每月供应植物食油50克。

5. "两招一征"与回城安置

1970年,开始从下乡知识青年中"两招一征"(招工、招生、征兵)。

从1974年起,招工数量较多,甚至招工的数量大于当年下乡知识青年的数量。至1980年,先后回城安置103 077人,其中,招生4 717人,招工74 574人,征兵13 581人,因病回城6 822人,特殊困难回城2 735人,直接提拔为国家干部260人,其他形式回城388人。在农村仅剩下一些与当地农村青年结婚的知识青年。

1963—1980年丹东市知识青年下乡人数表

年 度	人 数	年 度	人 数	年 度	人 数
1963	2 132	1970	7 070	1976	14 419
1964	4 045	1971	2 788	1977	10 609
1965	1 869	1972	5 724	1978	4 839
1966	2 230	1973	4 358	1979	4 209
1968	32 350	1974	11 460	1980	37
1969	5 408	1975	13 747	合 计	127 494

1957—1980 年丹东市在下乡知识青年中发展中共党员、共青团员及其他情况表

年 度	发展党员数	发展团员数	提拔国家干部数	在农村建房间数	带队干部选派人数	在点人数
1957—1973	1 265	17 288	65	15 056.5		63 590
1974	770	3 439	20	3 241	824	35 269
1975	575	3 497	18	4 338	703	37 232
1976	800	3 772	6	4 599	1 047	47 323
1977	235	3 469	150	3 141.5	1 103	53 826
1978	73	1 723	1	971	1 005	40 245
1979	17	450		25.5	635	14 655
1980				25		5 436
合 计	3 735	33 593	260	35 397.5	5 317	

1978—1980 年丹东市下乡知识青年调离农村表

年 度	招生	招工	征兵	提干	因病回城	特殊困难回城	其 他	合 计
1973 以前	1 478	13 341	7 492	65	935		144	23 455
1974	858	5 805	563	20	442		24	7 712
1975	672	9 861	84	18	857		14	11 506
1976	719	4 614	1 479	6	426		14	7 258
1977	280	4 357	510	150	730		163	6 190
1978	599	8 444	2 551	1	2 698	1 353	17	15 663
1979	104	23 849	881		697	1 196	7	26 734
1980	7	4 303	21	37	186	5	4 559	
总 计	4 717	74 574	13 581	250	6 822	2 735	388	103 077

（政事篇第四章《劳动》，第 409—411 页）

《丹东市志(8)》

丹东市地方志办公室编，辽宁人民出版社 1994 年

1979 年，市公安局根据市革命委员会关于严格控制进城人口中的几个问题的处理意见精神决定：下乡知识青年因患疾病丧失劳动能力，要求回城市与父母同居者，经公社同意，指定医院检查，市安置部门签署意见后，由市人保组批准，可在城市落户；患病需回城进行较长时间治疗者，不予在城市落户。

（司法篇第一章《治安》，第 64 页）

《丹东市志(9)》

丹东市地方志办公室编，辽宁科学技术出版社 1991 年

1957 年末，应届中小学毕业生有 1 270 人回乡或下乡参加农业生产。

（教育篇·概述》，第 4 页）

1968 年 5 月，丹东市革命委员会成立。六七月份军队、工宣队进驻教育机关，设置教育组代替教育局，编制 13 人。1970 年，革委会决定建立文教组，下设政工、办事、普通教育及业余教育 4 个组，编制 35 人。1971 年，改建为教育革命领导小组，把下设的普通教育组改为教改组，并为做好知识青年上山下乡工作增设青年工作组。

（教育篇第一章《机构》，第 8 页）

《凤城市志》

赵万兴主编，方志出版社 1997 年

1964 年 6 月设城市知识青年安置办公室。1967 年 1 月"文化大革命"中被"造反派"夺权。1969 年 11 月设知识青年上山下乡办公室。1983 年 9 月撤销，业务并入劳动局。

（第二篇第五章《机构》，第 341 页）

1968 年 9 月知识青年上山下乡到农村插队落户。1971 年始陆续从农村招收知识青年回城就业，安置到工厂、矿山、商店、饮食服务业为固定工人。到 1980 年知识青年上山下乡工作结束，共安置凤城知识青年 14 267 人。　　（第四篇第二十一章《人民生活》，第 962 页）

知识青年下乡安置　1964 年首批安置城镇初高中应届毕业生（知识青年）78 人到边门公社月亮湾大队建立青年点，参加农业生产劳动。1968 年秋安置城镇 3 届（1966—1968 届）初高中毕业生 1 000 人到农村生产队插队落户，建立青年点集体生活，从事农业生产，接收安置丹东下乡知识青年 3 000 人。1974 年学习湖南省株洲市厂社挂钩经验，县内下乡知识青年由家长所在单位统一编点，成立青年场（队），独立核算。1980 年知识青年上山下乡安置工作结束。1964—1980 年凤城安置下乡知识青年 33 348 人，其中丹东 19 081 人，凤城 14 267 人。1974—1980 年建独立核算青年场（点）、农村果场（队）126 个。1970—1980 年知识青年被选拔到县、社、队各级领导班子 2 696 人，被评为各类积极分子 2 735 人，其中学习毛主席著作积极分子 771 人，被选拔输送到学校、部队、机关和企事业单位 21 617 人，在农村加入中国共产党 1 061 人，加入中国共产主义青年团 11 053 人。1980 年通过招工等途径逐年安置没有回城参加工作的下乡知识青年（含已婚），1984 年安置工作结束。

（第四篇第二十一章《人民生活》，第 966—967 页）

（1968 年）12 月 7—11 日，召开凤城县上山下乡知识青年首届活学活用毛泽东思想积极分子讲用会。

（《大事记》，第 1186 页）

《东沟县志》

东港市地方志办公室编,辽宁人民出版社1996年

(1963年)1月,安东县下乡青年安置办公室成立。

5月4日,五四农场建立,为市属全民所有制农垦企业,主要安置市内下乡青年。1968年7月划归东沟县。 (《大事记》,第56页)

(1965年)3月30日,《辽宁日报》头版以《红光闪闪》为题,报道长山公社抗大大队(窟窿山村)谭家园生产队下乡知识青年的先进事迹,同时配发社论。 (《大事记》,第57页)

(1968年)9月17日,东沟县接收1966—1968届初、高中下乡知识青年。至1979年累计接收和安置丹东市知识青年3.1万人,下乡知识青年点遍及全县各公社和国营农、林场。 (《大事记》,第60页)

(1973年)9月,县法院召开"严厉打击迫害上山下乡知识青年犯罪分子公判大会",从严宣判处理6名罪犯。 (《大事记》,第63页)

《宽甸县志》

宽甸县志编纂委员会编,辽宁科学技术出版社1993年

(1968年)10月,宽甸镇514名高、初中毕业生及大连、丹东青年共6 259名知识青年到宽甸农村插队落户,建立青年点,集体食宿、劳动。至1979年末,全县共接收、安置上山下乡知识青年21 628人。 (《大事记》,第47页)

1973年增设知识青年上山下乡办公室、知识青年上山下乡工作办公室隶属劳动局。 (第十五编第二章《行政机构》,第490页)

"文化大革命"结束后,劳动就业管理逐步得到加强。1978年2月县革命委员会设劳动局,负责劳动管理工作。1979年10月成立县劳动服务公司,负责管理社会劳动力,贯彻国家"广开就业门路"的方针,安置城镇待业人员。到1980年,全县共新增职工6 936名,其中招收下乡知识青年2 900名、城镇待业青年2 268名,安置复员退伍军人377名,落实政策复职或退休职工子女顶替683名,从公社、街道企业中选招708名。 (第十八编第一章《劳动》,第553—554页)

第三节 城市知识青年下乡安置

1963年,动员20余名城镇非农业待业青年下乡插队落户。1964—1965年,组织县城220名高、初中毕业生到青椅山公社大水沟、碱厂沟、太平生产大队和石湖沟公社刘家、下长阴子、柚柑川等生产大队插队落户,建立青年点,集体生活,从事农业生产劳动。

1968年9月,宽甸县将城镇初、高中应届毕业生全部动员下乡。同年又分批接收安置旅大(今大连)、丹东2市知识青年6258名。到1969年末,全县共安置上山下乡知识青年8812名。1972年后,将动员城镇中学应届毕业生下乡作为一项制度,持续到1979年结束。全县先后安置知识青年21628名,其中丹东市9806名,旅大市6931名,宽甸县4891名。1968—1983年,国家先后拨给宽甸县知识青年安置经费219.2万元,建青年点527处,房屋4090间,社队拨给耕地5454亩。旅大、丹东市和宽甸县先后派出195名国家干部分赴各公社管理教育下乡知识青年。青年点所在生产队均选派一名老农进点抓思想教育,传授生产技术,帮助安排生活。知识青年参加生产队劳动同社员一样评工记分,按劳付酬。1974年,效仿湖南省株洲市"厂社挂钩"经验,县内下乡知识青年按家长所在单位统一编点,成立青年场(队),独立核算。青年点的规模相应扩大,一般在30—50人左右。到1978年,全县建起176个独立核算青年农、林、果场(队)。1969—1979年末,下乡知识青年中先后有20203人被输送到学校、部队、机关和企事业单位,其中有763人在农村加入中国共产党,有5404人加入共青团。

1980年起停止动员城市知识青年下乡,对已下乡的知识青年(含已婚250人)逐年通过招工等途径予以安置,至1984年全部安置完毕。

宽甸县城市知识青年下乡安置情况表

项目	年度人数	1968	1969	1970	1971	1972	1973	1974	1975
下乡人数		6 772	2 040	600	502	908	223	2 326	2 702
其中	宽甸县	514	497	167	45	310	25	526	602
	丹东市	177	733	428	436	588	194	1 800	2 100
	旅大市	6 081	810	5	21	10	4		
离开农村人数		481	764	390	3 820	1 014	647	1 531	1 491
其中	招工			96	972	480	288	1 202	1 231
	升学			10		60	34	127	38
	参军		244	140	426	19	210	97	21
	提干				18			4	15
	病特调	31	60	14		45		42	138
	转外地		350	60	2 075	337	30	19	22
	死亡			2	9			2	2
	其他	450	110	68	320	73	85	38	24

项目 \ 年度人数	1968	1969	1970	1971	1972	1973	1974	1975
年末实有人数	6 291	7 567	7 777	4 456	4 353	3 929	4 724	5 935
其中 男	3 155	3 989	4 436	2 132	2 053	1 982	2 403	3 027
女	3 136	3 578	3 341	2 324	2 300	1 947	2 321	2 908

项目 \ 年度人数	1976	1977	1978	1979	1980	1981	1982	1983	1984
下乡人数	2 328	1 692	826	709					
其中 宽甸县	528	592	526	559					
丹东市	1 800	1 100	300	150					
旅大市									
离开农村人数	1 395	1 280	3 152	4 267	1 136	180	53	22	5
其中 招工	889	560	1 470	3 981	44	133	41	13	5
升学	100	191	98	13					
参军	226	77	401	126					
提干	3								
病特调	87	146	712	42	1 092	5		9	
转外地	27	9	56	25		38	12		
死亡	1	9	3	1					
其他	62	288	412	79		4			
年末实有人数	4 868	7 280	4 954	1 396	260	80	27	5	
其中 男	3 331	3 535	2 201	529	5	2	1		
女	3 537	3 745	2 753	867	255	78	26	5	

（第十八编第一章《劳动》，第 556—557 页）

《岫岩县志》

岫岩县志编辑部编，辽宁大学出版社 1989 年

（1964 年 4 月）25 日，城镇社会青年 25 人首批下乡到石庙子西堡大队集体插队。

同年暑期，城镇高、初中应届毕业生 454 人到韭菜沟、汤沟、黄花甸插队落户。

（《大事记》，第 24—25 页）

（1968 年）10 月 20 日，大连市高、初中毕业生到岫岩农村插队落户，先后两批，共 7 691

人。同年,岫岩城镇高、初中毕业生下乡1 669人。从1978年开始,陆续返回城市。

(《大事记》,第27页)

第五节　城市青年下乡安置

1962年,安置266名城镇知识青年,占应安置数的60.5%。1964年1月,县委、县人委成立岫岩县安置城市下乡青年办公室,负责动员安置城镇知识青年上山下乡。当年有454名知识青年到石庙子公社西堡大队、韭菜沟公社韭菜、永泉、土门、红岭4个大队插队落户。1965年,又有514名知识青年到汤沟公社、大房身公社务农。

1966年至1968年,城镇有3届毕业生积压在校"闹革命",转化为剩余劳动力。1968年起,每年都动员一次城镇高、初中毕业生下乡。1976年全县下乡青年累计18 347人,其中有660人参加中国共产党,有5 419人加入中国共产主义青年团,有1 859人结合到各级领导班子(其中14人提拔为公社以上干部),有434人升入大中专院校(社来社去),720人参加中国人民解放军。至1979年,全县共有22 118人到农村插队落户,参加农业生产劳动,其中岫岩城镇下乡青年7 981人,大连市下乡青年7 691人,丹东市下乡青年6 446人。

下乡落户的城市知识青年,开始时分散插队,其后逐步发展为集体插队,建立知识青年点(集体户),与当地农民同劳动,同分配。至1976年,共拨给木材1 664.5立方米,还有其他大批建筑材料,为下乡青年建立青年点360个。每个公社由县派出一名国家干部带队,参加公社领导班子,负责下乡青年的管理工作。所在大队党支部派贫下中农驻在青年点,对下乡知识青年进行政治思想工作,传授生产技术。1974年,学习外地知识青年上山下乡安置经验,实行厂社和系统挂钩,下乡知识青年在农村办队(场)。1976年统计,全县办起下乡知识青年队(场)129个,对口安置知识青年7 000余人,挂钩单位先后派出390名干部带队,社、队选派500多名贫下中农驻队(场)。1974年至1983年,国家共下拨知识青年安置经费490.5万元。

1973年,对因病或其他情况留城者,发给留城证,对下乡知识青年陆续录用为国营全民工人和县营集体工人。因青年下乡实际困难较多,增加农村社队负担,出现与农民争土地、争口粮、争工分的情况,损害农民的利益,且多数插队知识青年生活不能自给,增加下乡青年家长的经济负担,遂于1980年停止动员城镇知识青年下乡,对已下乡的知识青年通过招工、接班等途径,除对325名在农村已结婚的就地就近安置外,其余全部在城镇安置。

(第十八篇第二章《劳动》,第471页)

《辽阳市志(第一卷)》

辽阳市志编纂委员会办公室编,辽宁人民出版社1993年

(1964年8月)13日,辽阳市首批下乡知识青年,到辽阳县张台子、兰家等公社7个大队安家落户。至9月末,全市有310名知识青年上山下乡参加农业生产。　(《大事记》,第107页)

（1968 年 9 月）28 日，市各界群众数万人欢送市内各中等学校三届毕业生上山下乡。

（《大事记》，第 113 页）

（1969 年 3 月）30 日，辽阳市 3 万多人集会欢送 114 户 470 人城镇居民上山下乡，截至即日，全市被动员到农村安家落户的城镇居民达 1 134 户 4 130 人。（《大事记》，第 114 页）

（1975 年 7 月）25 日，辽阳市召开大会欢送 6 000 多名应届中学毕业生和几百名带队干部上山下乡。（《大事记》，第 123 页）

《辽阳市志（第二卷）》

辽阳市志编纂委员会办公室编，辽宁人民出版社 2000 年

从 1974 年到 1978 年，商业局共接收五批下乡知识青年，安排到所属企业工作，总计 2 596 人。（《国营商业》，第 289 页）

《辽阳市志（第四卷）》

辽阳市志编纂委员会办公室编，中央文献出版社 2003 年

1966 年，市人民委员会设办公室……知识青年上山下乡办公室、公安局、民政局、人事局、劳动局、统计局。（《政治志·辽阳市人民政府》，第 186 页）

（1976 年）市革命委员会设……知识青年上山下乡工作办公室、体育运动委员会、公安局、民政局、物资局、劳动局、统计局、外事处、人民防空办公室、计量标准处、中国人民银行辽阳市支行、中国人民建设银行辽阳支行。（《政治志·辽阳市人民政府》，第 186—187 页）

1979 年辽阳市人民政府机构设……知识青年上山下乡工作公室、公安局、民政局、人事局、劳动局、统计局、外事办公室、档案管理处、人民防空办公室。

（《政治志·辽阳市人民政府》，第 187 页）

知识青年上山下乡工作办公室

1973 年 2 月 23 日，成立市知识青年上山下乡工作办公室。

主　任　徐庆馨

　　　　（兼，1975.8—1976.10）

副主任　常德亮(1973.2—1973.10)

刘文新(1975.5—1976.10)

张　桂(1975.5—1976.10)

赵海超(1976.5—1976.10)

知识青年上山下乡工作办公室

1980年9月,知识青年上山下乡工作办公室并入劳动局。

主　任　徐庆馨(1976.10—1978.3)

刘维哲(1978.3—1980.9)

副主任　张　桂(1976.10—1979.12)

刘文新(1976.10—1977.8)

赵海超(1976.10—1979.12)

刘维哲(1977.11—1978.3)

庞承忠(1979.6—1980.9)

葛　堃(1979.11—1980.9)　　　　　　　(《辽宁市人民政府·工作机构》,第210页)

《辽阳市志(第五卷)》

辽阳市志编纂委员会办公室编,中央文献出版社2003年

自1962年开始全市有计划地动员城镇青年到农村落户,自1962年到1966年的五年间,有923名城镇青年在农村落户。从1968年到1978年的十年间,全市动员52 787名城镇青年上山下乡插队落户。　　　　　　　　　　　　(《综合管理志·计划》,第18页)

下乡安置费与就业经费　下乡安置费与就业经费,是指用于城市闲散人口、精简职工、知识青年下乡安置与城镇青年就业等方面的预算支出。1964年设城市人口下乡安置费。1964年至1966年,城市人口下乡安置费支出107.7万元;1962年至1964年城市闲置人口安置费137.3万元;1963年至1964年,职工困难补助支出32.5万元。

1962—1966年全市安置、困难补助费统计表

项　　目	金额(万元)	1962年	1963年	1964年	1965年	1966年
城市人口下乡安置费(万元)	107.7			5.7	45.3	56.7
城市闲散人口安置费(万元)	137.3	95.4	23.0	18.9		
职工困难补助(万元)	32.5		31.7	0.8		
合　　计(万元)	277.5					

1967年至1976年,支出1 810.8万元。其中,用于城镇知识青年下乡、修建青年点和生

690

活补助等安置费 1 806.4 万元,安置下乡知识青年达 54 591 人。

城市人口下乡经费支出情况表

年 度	1967	1968	1969	1970	1971	1972	1973	1974	1975	1976	合计
金额(万元)	4.4	86.1	286.2	150.9	14.1	21.0	84.4	309.9	519.3	334.5	1 810.8

1977 年城市青年就业经费,包括劳动服务公司补助的城镇青年就业补助费,12 年共支出 2 925.7 万元,1981 年新建 24 个知青厂、店,解决 1 345 名青年就业。

1977—1988 年全市城市青年就业经费统计表

项 目	1977	1978	1979	1980	1981	1982	1983	1984	1985	1986	1987	1988	合计
金额(万元)	404.1	270.4	188.0	396.2	357.5	147.1	383.8	210.0	159.1	190.3	116.0	103.2	2 925.7

（《财税志·统计》,第 141—142 页）

《白塔区志》

辽阳市白塔区地方志编写办公室编,(内部刊行)1989 年

同月(1968 年 9 月),知识青年开始上山下乡。　　　（第一篇《大事记》,第 16 页）

(1974 年)3 月 2 日,首批上山下乡知识青年带队干部赴农村,区有关领导出席市统一组织的欢送大会。　　　（第一篇《大事记》,第 18 页）

第三节　知识青年安置

1955 年,政府号召知识青年到农村去。

1973 年以前,辽阳知识青年下乡工作由各中学办理,把毕业生中应下乡的学生,送到农村生产大队去,由生产大队负责管理。1974 年学习株洲经验,实行厂社挂钩,由各单位派干部,带领知识青年下到青年点,并负责知识青年的管理工作,一年一轮换。白塔区共轮换六批 56 人。1974 年至 1979 年白塔区在黄泥洼、柳壕安置知识青年 1 549 人。

从 1980 年开始,白塔区知识青年停止下乡,由劳动部门统筹安排就业。

（第十四篇第一章《劳务》,第 363 页）

《辽阳市弓长岭区志》

辽阳市弓长岭区志编纂委员会编,辽宁大学出版社 1990 年

(1968 年)9 月,辽阳市部分中等学校三届毕业生前来本境农村插队落户,接受贫下中农

再教育。 (《大事记》,第 10 页)

1968 年 3 月,社、镇分别建立革命委员会,组织城镇知识青年上山下乡,接受贫下中农再教育。(第八篇第一章《中国共产党地方组织》,第 174 页)

《辽阳县志》

辽阳县志编纂委员会办公室编,新华出版社 1994 年

城镇下乡知识青年安置 1962 年,民政局设安置办公室负责上山下乡知识青年安置工作。安置鞍山市内上山下乡的知识青年 300 余人到柳壕、穆家、小北河公社插队落户。1966—1968 年,城镇有 3 届毕业生下乡,以后每年动员一次高、初中毕业生上山下乡。1971年,沙岭、蓝家区上山下乡知识青年工作由"五七"办公室兼管。1973 年,沙岭、蓝家区分别成立知识青年工作上山下乡办公室(简称知青办)。1976 年,境内共安置城镇上山下乡知识青年 1.5 万人,其中 500 人光荣地加入了中国共产党,5 320 人加入中国共产主义青年团,有3 人被提拔为市、区级领导干部,30 人被选进公社领导班子,512 人升入大中专院校(社来社去)学习,820 人参加中国人民解放军。至 1979 年,境内共安置城镇上山下乡知识青年 2.1万人,其中安置辽阳地区的城镇知识青年 20 283 人;鞍山地区的城市知识青年 520 人;沈阳、大连、抚顺等城市到境内投亲的知识青年 197 人。

城镇下乡知识青年,开始分散到贫下中农家落户,不久,逐步改为集体插队落户,并以生产队或生产大队为单位建立下乡青年生活地点,简称为"青年点"(集体户)。下乡青年参加农业生产劳动,与当地农民同劳动同分配。财政部门每年给知识青年每人拨款 180 元,作为生活补助费。从 1973 年起,对每个青年发 200 元建房费,由生产大队集中使用。除山区几个特殊困难的生产大队外,其他生产大队均建有青年点,至 1976 年末,物资部门共拨给青年点木材 0.2 万立方米,水泥 0.4 万吨,钢材 20 吨。境内共建青年点 320 个。柳壕公社孟柳壕,唐马寨公社鱼窖子,穆家公社黎起生产大队青年点,分别建筑了知识青年集体宿舍楼房,并设有图书室、阅览室和游艺室等。辽阳市革命委员会派出国家干部带队,参加区、社领导班子,负责上山下乡知识青年的管理工作。知识青年所在生产大队党支部选派贫下中农代表进驻知识青年点,对知识青年进行政治思想教育,传授农业生产技术,协助知识青年生活管理等。从 1976 年起,知识青年上山下乡,实行厂社系统挂钩,在农村办厂(场),安置下乡知识青年,财政部门投资近 100 万元,建立河栏"五四"青年队;小屯公社上麦窝青年创业队;水泉公社台子知识青年林场;刘二堡公社知识青年钢木家具厂;穆家公社知识青年砖厂;黄泥洼公社知识青年制鞋厂;沙岭公社知识青年综合厂等 10 余处以知识青年为主体的生产单位,就地安置已婚下乡知识青年 700 余人。1974—1980 年,财政部门拨给知识青年安置经

费 800 万元。

1970 年,对因病或其他情况留城者,发给留城证明,从 1974 年起,对下乡知识青年陆续录用为全民工人和市(区)营集体工人。城镇青年下乡较多,增加了生产队的负担,加上多数插队的知识青年生活费用不能自给,增加了下乡知识青年家长的经济负担,因此,从 1980 年起,城镇知识青年上山下乡工作停止。对已下乡的知识青年通过招工、"以老换少"等途径进行安置,对在农村的 2 100 名已婚青年就地就近安置了工作。

(第十三篇第四章《辽阳府、州、县行政机构》,第 452—453 页)

《鞍山市志·综合卷》

鞍山市人民政府地方志办公室编,沈阳出版社 1990 年

迁入最少的 1967 年、1968 年,只有四五千人;迁入人口最多的是 1979 年,为 51 725 人,1980 年为 39 229 人,主要是落实政策,下乡插队干部及其家属和下乡插队知识青年回城。1980 年 6 月 3 日,鞍山市统计局《统计资料》载:知识青年病困回城占 69.8%,从农村招工、招生迁入占 19.9%,落实政策占 5.8%,职工家属投靠或随军家属迁入占 3.5%。

(第五篇第二章《人口动态》,第 266 页)

《鞍山市志·党政群团卷》

鞍山市人民政府地方志办公室编,沈阳出版社 1993 年

(1968 年)9 月 8 日,市革委会开会部署全市三届初高中毕业生 4.6 万余人上山下乡。

(《大事记》,第 822 页)

(1972 年)12 月 5 日,市革委会决定成立市知识青年上山下乡领导小组。

(《大事记》,第 825—826 页)

(1974 年)8 月 21 日,市革委会开会推广株洲市实行厂社挂钩,集体安置下乡青年的经验。

(《大事记》,第 827 页)

(1979 年)3 月 10 日,中共鞍山市委召开知识青年工作会议。讨论全市上山下乡 19 万青年安排问题。

(《大事记》,第 832 页)

《鞍山市志·政法卷》

鞍山市人民政府地方志办公室编,沈阳出版社 1995 年

(1976 年 5 月)10 日,19 时,下乡青年苑志义(男,22 岁)闯入铁东区长甸 39 委 15 组同青年点女青年赵慧茹(22 岁)家,将藏在身上的一枚手榴弹拉响爆炸。赵及其母周素清当即被炸死,赵父赵兴合、妹妹赵慧燕和街道居民组长裴素珍被炸成重伤。裴抢救无效于次日下午死亡。经查,苑、赵自 1974 年开始恋爱,后赵不同意,苑爆炸杀人。

(《大事记·治安大事记》,第 219 页)

(1980 年 3 月)3 日,铁东区胜利街道办事处 11 委居民刘希伟、刘佳伟姐俩,于 9 时在家将陈海山(男,39 岁,系大洼县粮食局汽车司机)打死。刘希伟在大洼县下乡期间,托陈办理回城手续,陈乘机将刘多次奸污。刘回城后,陈又频繁来刘家,对刘软硬兼施,逼婚逼奸。是日 9 时,陈又来刘家逼奸,刘乘陈把舌头伸入嘴时,将其舌尖咬掉,同时拽住陈的小便,边撕打边呼救,妹妹刘佳伟从外边回来听到姐姐呼救,在走廊里拿一木棒、活搬子,进屋就朝陈的头部猛击,刘希伟趁机拿出斧子、煤铲等工具将陈海山打倒,并用弯刀将陈的小便割掉,陈海山死亡。当日公安机关将二刘拘留,3 月 6 日经市公安局批准取保候审,案情查清后,根据《刑法》规定按正当防卫处理。

(《大事记·治安大事记》,第 224 页)

1979 年至 1980 年,安排鞍钢职工子女下乡插队落户的知识青年到集体企业就业 1 万余人。

(第一篇第二章《基本状况》,第 27 页)

1975 年 11 月,中共辽宁省委决定并经中央批准重建鞍钢党委和鞍钢公司,鞍山市委撤销了第一工交组。鞍钢党委重建后下设党委办公室,同时组建了党委政治部,下设秘书处、组织处、宣传处、干部处、保卫处、纪律检查处、信访处、上山下乡知识青年办公室。此外还有鞍钢日报社、人民武装部(由鞍钢党委与鞍山警备区双重领导)。

(第四篇第一章《中国共产党鞍钢基层组织》,第 192 页)

1969 年,根据鞍山市革命委员会统一安排,鞍钢招收城市待业知识青年 14 631 人。

1971 年根据上级规定,鞍钢分期分批抽调回城的下乡知识青年到各厂矿就业。到 1980 年末,共安排下乡知识青年 42 644 人,平均每年为 4 200 多人。

(第五篇第五章《劳动工资管理》,第 265 页)

集体所有制就业青年。1979—1985 年,鞍钢累计安置了"上山下乡"回城待业青年

54 021人,平均每年安置近 8 000 人,主要是开办各种集体所有制综合生产厂,但由于就业门路条件所限,仍然造成大批就业青年混岗劳动,给企业带来巨大压力。1981 年末,混岗青年增到 24 951 人(不包括矿山),1982 年整顿劳动组织,撤出混岗青年 16 957 人,占混岗青年总数的 68.9%。但因生产发展和技术改造项目增多,到 1985 年末鞍钢仍有混岗人员 9 519 人。

(第五篇第五章《劳动工资管理》,第 267 页)

1975 年 7 月,(矿山技校)招收下乡知识青年回城培训班。

(第六篇第六章《职工教育》,第 418 页)

《鞍山市志·农业卷》

鞍山市人民政府地方志办公室编,沈阳出版社 1989 年

1958 年人民公社化后,劳动定额制度受到冲击,农场职工成倍增长。农村公社大批社员并入农场,困难时期接收机关、厂矿精简下放人员,还安排城市知识青年劳动就业,加上农场职工子女就业的自然增长,使农场职工由 1958 年的 402 人,增加到 1963 年的 1 349 人,增长 2.3 倍,大大超过农场的承受能力。"文化大革命"后期,从 1971 年到 1978 年先后安排 8 批城市知识青年共计 11 348 人,相当于 1971 年农场职工的 5 倍,严重冲击农场的生产和生活秩序,也加剧了连年严重亏损局面。

1977 年 12 月,国务院国营农场工作会议《纪要》指出:"国营农场的职工,包括国家计划分配在农场工作的城镇知识青年、农场职工子女,都是国家职工,是工人阶级的组成部分。"1977 年鞍山市革委会根据国营农场职工队伍的实际状况,批转市劳动局、农林局和粮食局联合制定文件,将国营农场 1974 年 2 月底以前参加工作的临时工,符合职工条件的转为固定职工。

(第十三篇第三章《农场管理》,第 208 页)

(1966 年 7 月)29 日,鞍山郊区大孤山公社对桩石大队一塘坝决口,淹死 4 名下乡知识青年(2 男,2 女)。

(《农业大事记》,第 316 页)

《鞍山市志·财政金融卷》

鞍山市人民政府地方志办公室编,沈阳出版社 1993 年

其他支出内容较多,项目繁杂,主要包括:城市人口下乡经费(后改为城市青年就业经费)、"五七"干校经费(后改为干部下放劳动锻炼经费)、民兵事业费、人民防空经费、环境保护支出、其他事业费、价格补贴支出、处理遗留问题支出等。1949—1985 年,鞍山市

其他支出 43 091.1 万元，占同期地方财政支出总额的 10.6%。

（财政篇第二章《财政支出》，第 87 页）

1959—1985 年鞍山市财政支出统计表①

项 目	1962 年				1963 年			
	合 计	鞍山市	海城县	辽阳市	合 计	鞍山市	海城县	辽阳市
青年就业经费	1 922	255	713	954	782	144	408	230
当年支出总计	43 996	21 662	7 292	15 042	57 779	30 573	7 456	19 750
上解支出	6 295	2 918	1 855	1 522	2 759	2 599	160	
年终结余	3 024	1 973	383	668	1 113	459	268	386
支出总计	53 315	26 553	9 530	17 232	61 651	33 631	7 884	20 136

项 目	1964 年				1965 年				1966 年	1967 年
	合 计	鞍山市	海城县	辽阳市	合 计	鞍山市	海城县	辽阳市	鞍山市	鞍山市
青年就业经费	466	39	177	250	904	81	370	453	245	23
当年支出总计	53 736	29 169	8 044	16 523	53 055	27 896	9 025	16 134	31 174	34 741
上解支出	164 841	139 024	6 081	19 736	201 435	172 575	5 458	23 402	191 166	112 850
年终结余	2 003	290	551	1 162	3 548	1 858	567	1 123	2 130	2 013
支出总计	220 580	168 483	14 676	37 421	258 038	202 329	15 050	40 659	224 470	149 604

项 目	1968 年	1969 年	1970 年	1971 年	1972 年	1973 年		
	鞍山市	鞍山市	鞍山市	鞍山市	鞍山市	合计	鞍山市	海城县
青年就业经费	247	1 017	875	77	224	3 677	487	3 190
当年支出总计	31 100	36 232	59 259	89 696	102 720	124 456	101 190	23 266
上解支出	150 497	201 768	220 512	1 375 416	1 459 713	1 585 048	1 581 303	3 745
年终结余	1 630	5 332	468	18 410	12 123	24 489	22 746	1 743
支出总计	183 227	243 332	280 239	1 483 522	1 574 538	1 733 933	1 705 239	28 754

项 目	1974 年			1975 年		
	合 计	鞍山市	海城县	合 计	鞍山市	海城县
青年就业经费	4 156	1 037	3 119	7 617	2 378	5 289
当年支出总计	164 889	139 979	24 910	165 024	100 466	64 558
上解支出	1 233 329	1 223 453	9 876	943 519	943 519	
年终结余	18 874	16 616	2 258	18 685	15 699	2 986
支出总计	1 417 092	1 380 048	37 044	1 127 228	1 059 684	67 544

项 目	1976 年				1977 年			
	合 计	鞍山市	海城县	台安县	合 计	鞍山市	海城县	台安县
青年就业经费	8 413	3 137	3 626	1 650	7 748	2 080	3 879	1 789
当年支出总计	135 535	72 939	49 916	12 680	133 057	92 439	29 503	11 115
上解支出	1 107 732	1 107 732			1 209 040	1 209 040		
年终结余	22 183	14 592	6 764	827	21 533	16 484	4 018	1 031
支出总计	1 265 450	1 195 263	56 680	13 507	1 363 630	1 317 963	33 521	12 146

注：1959—1965 年辽阳市的财政支出中含辽阳县支出数。

---

① 本表内容为节选。——编者注

项　　目	1978 年				1979 年			
	合　计	鞍山市	海城县	台安县	合　计	鞍山市	海城县	台安县
青年就业经费	4 408	412	2 682	1 314	3 543	1 016	1 995	532
当年支出总计	205 421	141 741	47 786	15 894	359 119	296 935	45 576	16 608
上解支出	1 632 584	1 631 069	1 435	80	1 482 156	1 482 156		
年终结余	80 013	57 575	21 092	1 346	38 345	29 599	7 201	1 545
支出总计	1 918 018	1 830 385	70 313	17 320	1 879 620	1 808 690	52 777	18 153

项　　目	1980 年				1981 年			
	合　计	鞍山市	海城县	台安县	合　计	鞍山市	海城县	台安县
青年就业经费	12 929	11 081	1 143	705	6 091	5 515	502	74
当年支出总计	386 358	339 681	31 992	14 685	214 763	179 801	23 024	11 938
上解支出	1 077 833	1 077 833			936 852	936 852		
年终结余	35 389	31 146	3 097	1 146	37 631	33 304	3 042	1 285
支出总计	1 499 580	1 448 660	35 089	15 831	1 189 246	1 149 957	26 066	13 223

项　　目	1982 年				1983 年			
	合　计	鞍山市	海城县	台安县	合　计	鞍山市	海城县	台安县
青年就业经费	9 132	8 205	769	158	7 531	6 668	732	131
当年支出总计	226 897	184 329	27 876	14 692	253 148	198 778	36 764	17 606
上解支出	854 846	853 373	1 440	33	874 612	870 979	3 065	568
年终结余	46 514	37 944	6 431	2 139	55 224	47 290	6 165	1 769
支出总计	1 128 257	1 075 646	35 747	16 864	1 182 984	1 117 047	45 994	19 943

项　　目	1984 年				1985 年			
	合　计	鞍山市	海城县	台安县	合　计	鞍山市	海城县	台安县
青年就业经费	6 018	5 430	282	306	4 415	3 933	227	255
当年支出总计	292 735	228 622	41 821	22 292	378 459	258 482	84 771	35 206
上解支出	908 186	908 053	35	98	830 144	829 754		390
年终结余	45 993	32 886	11 023	2 084	53 991	47 504	6 589	−102
支出总计	1 246 914	1 169 561	52 879	24 474	1 262 594	1 135 740	91 360	35 494

（财政篇第二章《财政支出》，第 89—99 页）

《鞍山市志·综合管理卷》

鞍山市史志办公室编，沈阳出版社 1997 年

知识青年就业管理

1962 年—1980 年，鞍山市共有下乡知识青年 217 390 人。知识青年安置就业工作是从

1971 年开始的。主要途径是:

招工回城 1971 年开始从下乡知识青年中招工。招工的条件是:政治思想好,身体健康,25 周岁以下,未婚,劳动锻炼 2 年以上(男青年每年劳动 200 天,女青年每年劳动 180 天)。截至 1980 年,共招收下乡知识青年 5.95 万人回城参加工作。

因病回城 从 1971 年开始办理因病不能参加农业生产劳动的下乡知识青年回城。至 1980 年,共有 6 975 名知识青年办理因病回城手续。

特困及清点回城 中共鞍山市委根据中共辽宁省委的政策规定,从 1977 年开始办理"三抽一"回城(即一家有 3 个子女下乡抽 1 名回城)手续,共抽调 2 405 名知识青年回城。1978 年,全国知识青年上山下乡工作会议后,国家调整了知识青年上山下乡政策,缩小了上山下乡范围。鞍山市根据全国知识青年上山下乡工作会议纪要的精神,陆续抽调下乡青年回城。从 1978 年开始,抽调有特殊困难的知识青年 4 277 人回城。1979 年,将 1972 年前下乡的 36 677 名知识青年抽调回城,统一安置到集体所有制企事业单位工作。1980 年开始到 1982 年,清点回城 87 244 人。

双知青及投夫回城 按照中共中央指示,1979 年—1982 年,相继将与城市职工结婚的 1 133 名下乡知识青年和 780 名已婚双知青抽调回城。

1971 年—1980 年招收下乡知识青年回城人数

年　度	人　数	年　度	人　数
1971	14 174	1976	13 497
1972	2 712	1977	3 713
1973	1 662	1978	4 929
1974	8 870	1979	2 957
1975	6 241	1980	724

(劳动篇第一章《劳动就业及劳动力管理》,第 284 页)

是月(1962 年 9 月),中共鞍山市委决定成立青年学生上山下乡领导小组,下设办公室。截至年末,共动员 891 名社会青年到辽阳县、海城县农村插队落户。

(《劳动篇·大事记》,第 350 页)

是月(1963 年 9 月),中共鞍山市委决定,成立城市不能升学就业青年安置工作领导小组,下设办公室。辽阳县(当时隶属鞍山市)、海城县及市内各区亦相应成立领导机构,到年底共动员 145 名青年下乡。　　　*(《劳动篇·大事记》,第 351 页)*

(1964 年 6 月)20 日,中共鞍山市委决定,将城市不能升学就业安置工作领导小组改为安置城市下乡青年领导小组,下设办公室。是年,共动员1 062名青年下乡。

(《劳动篇·大事记》,第351页)

是月(1977年7月),鞍山市2.37万名知识青年到农村对口场点插队。

(《劳动篇·大事记》,第354页)

是月(1978年9月),鞍山市知青办根据中共辽宁省委、鞍山市委指示,对1972年以前下乡的2 400名知识青年按特殊困难办理回城手续,安置工作。 (《劳动篇·大事记》,第354页)

是月(10月),鞍山市1 203名应届毕业生下乡插队。 (《劳动篇·大事记》,第354页)

是月(1979年2月),经中共鞍山市委同意,2.2万名家庭特殊困难的下乡知识青年回城工作,1 184名病残下乡知识青年回城。 (《劳动篇·大事记》,第355页)

是月(7月),鞍山市知青办根据辽宁省知青办"关于上山下乡已婚知识青年,其爱人在城市的可办理投夫(妻)回城"的指示,共办理投夫(妻)回城500人。

(《劳动篇·大事记》,第355页)

是月(1980年1月),根据中共中央、中共辽宁省委指示,上山下乡的未婚知识青年和已婚双青全部回城,由市知青办办理回城审批手续,并由单位归口安排就业。

(《劳动篇·大事记》,第355页)

(1981年3月)18日,鞍山市编委决定,知识青年上山下乡工作办公室与劳动局合署办公,增设知青科,将知青办的计财科、教育科业务及编制交市劳动服务公司。

(《劳动篇·大事记》,第356页)

(1983年6月)19日,中共鞍山市委、市人民政府决定撤销鞍山市知识青年上山下乡工作办公室,遗留问题由劳动服务公司处理。 (《劳动篇·大事记》,第356—357页)

《鞍山市志·教育卷》

鞍山市人民政府地方志办公室编,沈阳出版社1994年

(1968年9月)8日,鞍山市革命委员会召开"动员全市三届初高中毕业生上山下乡工作

会议"。15日成立"鞍山市毕业生分配工作领导小组",接着组织辽南三县(营口、海城、盖县)和郊区派来的1 300余名贫下中农宣传队进驻学校进行动员。至12月底,市内初高中毕业生分3批,共有4.6万多人分别去营口、盖县、海城、郊区插队落户,占计划下乡青年的93%。

(《大事记》,第319页)

(10月)5日,在市胜利广场召开万人大会,欢送第一批知识青年上山下乡,接受贫下中农再教育。

(《大事记》,第319页)

(1969年1月)3日,鞍山市革命委员会和"三代会"(工代会、农代会、红代会)组织慰问团到海城、营口、盖县和郊区慰问下乡知识青年。17日,下乡知识青年回访讲用团到鞍向家乡人民汇报在农村的情况。

(《大事记》,第320页)

(1972年7月)27日,鞍山市下乡到营口县农村的知识青年薛珊珊在抗洪抢险中英勇牺牲。营口市革命委员会授予其革命烈士称号。鞍山市各中学广泛开展宣传学习薛珊珊活动。

(《大事记》,第321页)

是月(12月),鞍山市又组织27 300名知识青年上山下乡。　(《大事记》,第322页)

(1973年7月)19日,下乡青年张铁生参加大学招生文化考试交了白卷,却被认为交了一份所谓颇有"见解","发人深省的"答卷,在鞍山学生中造成极坏影响,有学不上,有书不读的现象更为严重。

(《大事记》,第322页)

(1974年2月)1日,鞍山市首批知识青年带队干部103人被派往海城县和郊区各公社。

(《大事记》,第323页)

(8月)21日,鞍山市召开知识青年上山下乡工作会议,要求全面学习株洲市实行厂社挂钩,集体安置的经验,决定从当年起做到"知识青年对口下,带队干部对口派,管理教育对口抓,支援农业对口帮",进一步做好知识青年上山下乡工作。对城镇中学毕业生的分配继续坚持一律面向农村,但对病残青年、独生子女、多子女身边只有一个子女的、中国籍的外国人子女,不动员下乡;对父母双亡或一方死亡另一方多病,不能自理,弟妹年幼的,可先留1人。在下乡政策上较以往略有松动。

(《大事记》,第324页)

(9月)3日,鞍山市知识青年第一批91人赴昭盟创业队出发,钢城15万群众敲锣打鼓,夹道欢送。26 日,4 000 名知识青年赴盘锦插队,全市 20 万群众欢送。

(《大事记》,第 324 页)

(1975 年 8 月)18 日,鞍山市组织 10 万群众欢送 26 300 名知识青年和 1 317 名带队干部上山下乡。 (《大事记》,第 325 页)

(1976 年 5 月)30 日,鞍山市知识青年上山下乡工作领导小组计划动员中学毕业生 26 751 人下乡。全市区共抽调 1 392 名干部,分别到郊区、海城、台安、营口、大洼、盘山、盖县和敖汉旗的 79 个公社,966 个大队,1 341 个青年点,做知识青年带队工作。

(《大事记》,第 325 页)

是月(1979 年 7 月),1978 届中学毕业生中,又有 6 500 人下乡。(《大事记》,第 329 页)

《鞍山市志·附录卷》

鞍山市史志办公室编,辽宁民族出版社 2001 年

鞍山市关于知识青年上山下乡几项具体政策规定

1974 年 8 月 17 日

根据中发[1973]30 号、辽发[1973]228 号文件精神,结合我市几年来知识青年上山下乡工作中的实际情况,对今年知识青年上山下乡几项具体政策,作如下规定:

一、病残不能参加农业劳动的,独生子女,多子女身边只有一个子女的,中国籍的外国人子女,不动员下乡。

1. 病残:病是指严重疾病短期不能治愈,残是指终生残废。病残已达到不能参加农业劳动的,不动员下乡。因病需较长时间治疗的,可暂缓下乡,但一律不能安排工作,治愈后,继续动员下乡。因病残留城者,只能安置在街道五小企业,不能进入大集体和国营企业。

2. 独生子女:指不论男女只有一个子女。两次结婚的,凡双方共有两个以上子女者,不能算独生子女。

3. 多子女身边只有一个子女:指在本市只有一个子女的(不论是否生活在一起)。在本市高等院校和中等专业学校读书的学生,毕业后由国家或省统一分配的、不算在身边的子女;由市统一分配的算作身边有子女。现役军人,不论在市内或外地都不算作在身边的子女。

4. 中国籍的外国人子女:指父母双方或一方是外国血统加入中国籍的子女。

在确定上述几种不动员下乡对象时,首先由学校、家长单位、街道用大字报公布名单,征

求群众意见（病残者须经市指定医院检查），然后由学校填写审批表，经学校党支部讨论，学生家长单位和公社共同审查，县（区）知识青年上山下乡工作领导小组批准，报市"知青办"备案，并发给留城证。

二、父母双亡，或一方死亡另一方多病，不能自理，弟、妹年幼，生活极特殊困难的，可先留一人，其余毕业时动员下乡。批准手续，按本文第一条规定办理。

三、户口在市内的应届毕业生，采取非法手段不下乡的（私自降级、辍学、无理休学的；"空中飞"的；不符合回城条件而带回的"五·七"干部子女；为了不下乡而转入郊区、海城及外地上学的等），一律动员下乡。

四、对一九六八年以来的应下乡而未下乡的毕业生，要普遍清查。学校、公社（街道）按管理范围把他们的名单通知家长所在单位，由家长单位、公社共同负责动员下乡。对已上班工作的（包括应届毕业生），录用单位要一律予以辞退，并负责和家长单位、公社共同动员下乡，不准以任何借口推脱责任。今后各单位一律不准采用应下乡而未下的青年，对拒不辞退或重新录用的，按破坏知识青年上山下乡这一新生事物，追查责任，严肃处理。对已结婚的应下乡的应届和历届毕业生，学校、公社（街道）、机关、企业单位都要认真清查，动员下乡。

五、对历届病、事缓学生和应届毕业生一起进行复查。符合留城条件的，按规定办理留城手续，不符合留城条件的一律动员下乡。复查和动员工作，按本文第一条和第四条有关规定办理。

六、根据中央关于"有条件的也可以回老家落户"的指示精神，结合我市情况，凡要求到郊区、海城县回老家落户的，只限投靠父母、祖父母、外祖父母。但当地必须有安置能力，并一律不能进入青年点。凡要求回老家落户的，必须有被投靠者的申请和所在县（区）社队的介绍信，由学校审查，经县（区）审批后，方可办理手续。回到其他地区的，按当地规定办理。

七、归侨学生，统一安置在旅大华侨农场，由市"知青办"负责办理。

八、鲜族、回族等少数民族子女，可以集中安置在对口县少数民族青年点。如本人同意，也可同汉族青年一起下乡。

九、盲聋哑学校的毕业生，统一由市民政局负责予以安置。

（《地方法规·地方法规辑要》，第501—502页）

鞍山市关于知识青年上山下乡带队干部任务、制度和纪律的暂行规定

1976 年 8 月 20 日

为了进一步做好知识青年上山下乡工作，加强带队干部自身革命化建设，发展知识青年上山下乡的大好形势，现将带队干部的任务、制度和纪律暂作如下规定：

一、带队干部的任务

带队干部在当地党组织的一元化领导下，坚持党的基本路线，认真贯彻执行党中央关于

知识青年上山下乡工作的一系列重要指示和方针、政策,密切联系群众,抓紧自身学习,刻苦改造世界观,在农村三大革命斗争中,学理论,抓路线,当参谋,带青年,化自己。

1. 认真学习马列和毛主席著作,认清社会主义历史时期革命的性质、对象、任务和前途,刻苦改造世界观。

2. 坚持党的基本路线,保护知识青年健康成长,巩固和发展知识青年上山下乡的大好形势。

3. 组织知识青年学习马列主义、毛泽东思想,办好"共大"政治夜校,开展理论分科研究,建设一支宏大的理论骨干队伍,坚持扎根教育,树立典型,表彰先进,做深入细致的思想政治工作,因地制宜地开展文体活动。

4. 带领广大知识青年大干社会主义,充分发挥他们在农村的生力军作用,充分调动他们的社会主义积极性,为建设社会主义新农村贡献力量。

5. 加强青年点的组织建设,充分发挥党、团员的骨干作用,充分发挥点委会的战斗作用,使青年点成为团结战斗的坚强集体。同时,要搞好青年点的物质建设,搞好生活管理,为知识青年扎根农村干事业创造有利条件。

二、带队工作的制度

1. 学习制度:

带队干部要坚持认真看书学习,用马列主义、毛泽东思想武装自己的头脑,除同知识青年一道学习外,还要坚持自学。每月以公社为单位集中学习两到三天,公社每季度召开一次带队干部讲用会,县(区)每半年召开一次讲用会,市每年召开一次讲用会。

2. 劳动制度:

带队干部要自觉地积极地参加集体生产劳动,全年劳动日,不能少于一百五十天。

3. 请假制度:

派往本地区的带队干部每月休假一次,四天(往返路途除外);派往外市(盟)带队干部,按当地党委统一规定执行。遇有特殊情况需要请假时,要认真履行请假手续。事假:四天以下由公社批准、五天以上由县(区)带队办公室批准。病假:两个月以内持诊断书经县、区带队办批准,连续休息两个月以上,不能工作者,派出单位负责调换。对于不经批准而擅离职守人员,县、社带队办除对其批评教育外,要将情况介绍给派出单位,派出单位对其要严肃批评教育,擅离职守期间按旷职处理。

4. 汇报制度:

正常情况,在点带队干部每半月向公社汇报一次;公社带队干部负责人每月向县(旗)、区带队办汇报一次;县(旗)、区带队办负责人,每季度向市带队办汇报一次;各单位带队干部负责人每季度向派出单位汇报一次。

5. 考核制度:

各县(旗)、区带队干部办公室、社(场)党委及派出单位都要经常地对带队干部在带队期间学习马列著作、毛主席著作,改造世界观,执行党的路线、方针、政策及工作作风等情况进行考核。每半年以公社为单位召开一次群众评议会,每年进行一次总结鉴定,评出优秀带队干部,派出单位每年对派出的带队干部要全面考核两次。

县社带队干部负责人,每季度上报一份带队干部考核总结,一年作一次全面总结。

三、带队干部的纪律

1. 必须增强党的观念,自觉接受当地党委一元化领导,积极主动地向党组织汇报带队工作情况;

2. 必须严格遵守三大纪律、八项注意和政府的政策法令,不准接收礼物,侵占青年利益,不准同青年大吃大喝,不准许愿,不准打击、迫害青年,不准搞特殊化;

3. 必须坚守工作岗位,与知识青年同学习,同批判,同吃同住,同劳动。不准跑通勤。

(《地方法规·地方法规辑要》,第 514—515 页)

《鞍山市劳动志》

王赞君主编,辽宁人民出版社 1990 年

(1968 年 9 月)8 日,贯彻毛泽东主席关于"知识青年到农村去,接受贫下中农再教育很有必要"的指示,鞍山市革命委员会于 15 日成立初、高中毕业生分配领导小组,下设办公室。截至 12 月末,共动员 1966—1968 年 4.6 万名初、高中毕业生下乡插队。

(《大事记》,第 37 页)

(1971 年 11 月)25 日,鞍山市动员 1.1 万名知识青年上山下乡。 (《大事记》,第 38 页)

是月(1972 年 9 月),鞍山市毕业生办公室根据市革命委员会指示,组成五个调查组,分别对海城、营口、盖县、盘锦、郊区青年点进行调查,共有 1 497 名下(回)乡知识青年被评为学习毛泽东著作积极分子。其中,有 57 人出席省、市知识青年表彰大会并被命名为先进知识青年,133 人被结合到各级领导班子中,348 人加入共产主义青年团,31 人加入中国共产党。

(《大事记》,第 39 页)

是月(12 月),鞍山市有 2.73 万名知识青年下乡,到海城、营口、盖县、盘锦地区插队落户。

(《大事记》,第 40 页)

(1973 年 8 月)30 日,中共鞍山市委、市革命委员会抽调 250 名干部深入到海城、鞍山市郊区所属公社、大队 817 个青年点进行检查,发现迫害知识青年案件 87 起,分别予以严肃

处理。

　　10月20日,中共鞍山市委常委会决定由文教卫生组副组长李力权兼知识青年上山下乡工作办公室主任。

　　是月,鞍山市8 365名应下乡而未下的历届中学毕业生,经动员到盘锦、海城、郊区插队落户。

　　12月12日,鞍山市财政局、民政局、知青办联合组成办公室,对鞍山地区1968—1973年的安置经费进行全面清理。　　　　　　　　　　　　　　　　　　（《大事记》,第40—41页）

　　（1974年7月）1日,鞍山市革命委员会决定,鞍山市革委会知识青年上山下乡工作办公室改名为鞍山市知识青年上山下乡工作办公室(简称知青办),编制30人。

　　6日,中共鞍山市委决定免去李力权知青办主任职务,由文教卫生组副组长王占成兼任。

　　　　　　　　　　　　　　　　　　　　　　　　　　　　　　（《大事记》,第41页）

　　（8月）21日,中共鞍山市委颁发《关于1974年中学毕业生上山下乡动员安置工作的意见》和《关于知识青年上山下乡几项具体政策规定》。

　　是月,鞍山市知青办召开1974年知识青年上山下乡工作会议。　　（《大事记》,第42页）

　　（10月）鞍山市2.31万名知识青年到台安、大洼、盘山、海城及鞍山市郊区集体插队,另有91名自愿去昭盟插队。　　　　　　　　　　　　　　　　　　　　　　（《大事记》,第42页）

　　（1975年8月）上旬,根据中共鞍山市委要求,全市县团级以上党委先后成立知识青年上山下乡工作领导小组和办公室,配备了专职人员。

　　18日,鞍山市组织10万人欢送大会,2.63万名知识青年赴昭盟、盘锦、海城、台安、鞍山市郊区插队落户。　　　　　　　　　　　　　　　　　　　　　　（《大事记》,第43页）

　　1976年1月12日,中共鞍山市委常委会决定,张学军为鞍山市知识青年上山下乡工作领导小组组长,王耕之、程鹏来、曲维平、张敏为副组长。

　　5月2日,中共鞍山市委召开上山下乡知识青年第二次代表大会,有1 081人参加。

　　8月20日,鞍山市革命委员会组织组、知青办共同下发《关于知识青年上山下乡带队干部任务、制度和纪律的暂行规定》。

　　是月,鞍山市2.65万名应届毕业生分别到昭盟、盘锦、台安、海城及鞍山市郊区对口单位的知识青年场点插队落户。　　　　　　　　　　　　　　　　　　（《大事记》,第44页）

　　是月（9月）,辽宁省知识青年上山下乡工作办公室在海城县召开下乡知识青年管理教育现场会。

10 月 29 日,鞍山市革命委员会组织组决定李仲生任鞍山市知识青年上山下乡工作办公室主任。   (《大事记》,第 44 页)

是月(1977 年 7 月),鞍山市 2.37 万名知识青年到农村对口场点插队。

    (《大事记》,第 45 页)

是月(1978 年 9 月),鞍山市知青办根据中共辽宁省委、鞍山市委指示,对 1972 年以前下乡的 2 400 名知识青年按特殊困难办理回城手续,安置工作。   (《大事记》,第 46 页)

是月(10 月),鞍山市 1 203 名应届毕业生下乡插队。   (《大事记》,第 46 页)

(1979 年 2 月)经中共鞍山市委同意,2.2 万名家庭特殊困难的下乡知识青年回城工作。1 184 名下乡知识青年病残回城。   (《大事记》,第 47 页)

(7 月)鞍山市知青办根据辽宁省知青办"关于上山下乡已婚知识青年,其爱人在城市的可办理投夫(妻)回城"的指示,共办理投夫(妻)回城 500 人。   (《大事记》,第 48 页)

(11 月)2 日,鞍山市公安局、知青办联合召开上山下乡知识青年法制教育动员会。

    (《大事记》,第 48—49 页)

(1980 年 2 月)25 日,根据国务院《关于知识青年上山下乡若干问题的试行规定》,鞍山市知青办与民政局协商,13 名因公致残完全丧失劳动能力的知识青年,由民政局负责发给生活费、医疗费、护理费。   (《大事记》,第 50 页)

(1981 年 9 月)6 日,根据国务院知青领导小组指示,鞍山市知青办决定将知识青年点闲置房屋作价处理给下乡已婚知识青年,共处理房屋 20 566 间。   (《大事记》,第 54 页)

是月(1983 年 1 月),经鞍山市人民政府批准,从知青经费中拨给民政局 30 万元,作为因病残完全丧失劳动能力回城的下乡青年生活费和医疗费补助。   (《大事记》,第 57 页)

(6 月)19 日,中共鞍山市委、市政府决定撤销鞍山市知识青年上山下乡工作办公室,遗留问题由劳动服务公司处理。   (《大事记》,第 56—57 页)

1983 年 10 月 19 日,鞍山市人民政府决定,撤销鞍山市劳动局知青科,有关上山下乡知识青年的遗留问题,由鞍山市劳动服务公司处理。 （第一章《组织沿革》,第 77 页）

附一:鞍山市知识青年上山下乡工作办公室沿革

鞍山市知识青年上山下乡工作办公室成立于 1962 年,国家正处于经济困难时期,中共中央作出压缩城镇人口、精简职工的决定。中共鞍山市委根据这一指示,于 9 月成立鞍山市青年学生上山下乡领导小组,下设办公室。11 月 27 日,将鞍山市青年学生上山下乡领导小组和鞍山市安置委员会并入中共鞍山市委精简领导小组,下设精简、安置两个办公室。负责宣传、动员、组织城市社会青年到农村安家落户;督促检查农村公社接收、安置上山下乡青年工作的落实;动员城市人口及精简职工的安置工作。1963 年,中共鞍山市委决定成立中共鞍山市委城市不能升学就业青年安置领导小组,下设办公室。编制 28 人。设城市动员、农村安置、秘书、接待组。1964 年 6 月 20 日,中共鞍山市委决定,将城市不能升学就业青年安置办公室改为中共鞍山市委安置城市下乡青年办公室。1965 年 5 月,中共鞍山市委根据中共辽宁省委、省人委指示,决定将鞍山市精简办公室、鞍山市城市人口下乡安置办公室、中共鞍山市安置城市下乡青年办公室合并为中共鞍山市委城镇人口精简职工上山下乡青年安置工作办公室(保留中共鞍山市委安置城市下乡青年办公室的牌子)。下设秘书、城市动员、农村安置、信访接待、精简下放组。"文化大革命"开始,即解体。1968 年 3 月,鞍山市革命委员会成立。9 月,根据中共中央主席毛泽东关于"知识青年到农村去,接受贫下中农再教育,很有必要"的指示,成立鞍山市革命委员会毕业生分配领导小组,下设办公室,编制 6 人。主要任务组织动员 1966 年、1967 年、1968 年三届初、高中毕业学生上山下乡。1970 年 6 月 3 日,鞍山市革命委员会为对上山下乡知识青年和插队干部("五七"大军)的统一管理,成立鞍山市革命委员会下乡知识青年和"五七"大军管理工作领导小组,下设精简办公室和教育组。精简办公室负责插队干部和下乡知识青年的安置、物资供应、管理事宜;教育组负责毕业生思想教育和下乡动员工作。8 月,成立鞍山市革命委员会毕业生工作领导小组,下设办公室,编制 6 人。主要任务:负责掌握下乡知识青年思想、生活、劳动情况和青年点建设情况;负责城市知识青年下乡的动员工作;配合安置办公室落实下乡青年安置任务和去向;负责总结典型经验,表彰先进。1971 年 9 月,鞍山市革命委员会调整了毕业生工作办公室,下设秘书、宣传、安置、联络四个组,编制增至 27 人。1972 年 12 月 5 日,鞍山市革命委员会决定撤销鞍山市革命委员会毕业生领导小组,成立鞍山市革命委员会知识青年上山下乡工作领导小组,下设办公室(简称知青办)。设秘书、安置、管理教育科,编制 12 人。负责毕业生的动员教育、安置和上山下乡青年的管理教育、生活福利及知青经费管理等工作。同时,经鞍山市革命委员会批准,各区亦成立相应组织,编制各为 5 人,归各区革命委员会领导。1973 年,根据国务院关于加强对上山下乡知识青年的管理教育的指示,经鞍山市革命委员会批准，市知青办增设带队干部管理科，负责组织和管理带队干部。1974 年 7 月 1 日，鞍山市革命委员会决定将鞍山市革命委员会知识青年上山下乡工作领导小组改为鞍山市知识青年上山下乡工作领导小组，下设办公室。各县团以上单位均设知识青年上山下乡工作领导小组和办事机构。1976 年，鞍山市知青办增设审批科，负责办理知识青年留城、回城手续。1977 年，鞍山市知青办增设动员科，撤销审批科。中共十一届三中全会后，国家调整了知识青年上山下乡政策，动员知识青年上山下乡任务减少，而下乡知识青年来信来访量增多，知青经费的管理使用任务加大，增设信访接待科、生产计财科；动员科、安置科合并为动员安置科；带队干部管理科、管理教育科合并为宣传教育科。1981 年 3 月 18 日，鞍山市知青办与劳动局合署办公，设知青科，编制 12 人，负责处理上山下乡知识青年遗留问题。1983 年 6 月 19 日，鞍山市编制委员会决定，撤销鞍山市知识青年上山下乡工作办公室，其遗留事宜由鞍山市劳动服务公司处理。

鞍山市知识青年上山下乡工作办公室编制数及机构设置表

时　间	机　构　名　称	编制数	科室数	科　室　名　称
1962 年	鞍山市青年学生上山下乡领导小组	2		下设办公室
1963 年	中共鞍山市委城市不能升学就业青年安置领导小组	28	4	秘书组　城市动员组　农村安置组　接待组
1964 年	中共鞍山市委安置城市下乡青年办公室	28	4	秘书组　城市动员组　农村安置组　接待组
1965 年	中共鞍山市委城镇人口精简职工上山下乡青年安置工作办公室	28	5	秘书组　精简下放组　城市动员组　农村安置组　信访接待组
1968 年	鞍山市革命委员会毕业生分配领导小组	6		下设办公室
1970 年	鞍山市革命委员会下乡知识青年和"五七"大军管理工作领导小组	6	2	精简办公室　教育组
1971 年	鞍山市革命委员会毕业生工作办公室	27	4	秘书组　宣传组　联络组　安置组
1972 年	鞍山市革命委员会知识青年上山下乡工作领导小组	12	3	秘书科　安置科　管理教育科
1973 年	〃	18	4	秘书科　安置科　管理教育科　带队干部科
1974 年	鞍山市知识青年上山下乡工作领导小组	24	4	秘书科　安置科　管理教育科　带队干部科
1976 年	〃	31	5	秘书科　安置科　审批科　管理教育科　带队干部科
1977 年	〃	35	5	秘书科　安置科　动员科　管理教育科　带队干部科
1978 年	〃	35	55	秘书科　动员安置科　宣传教育科　生产计财科　信访接待科
1981 年	与鞍山市劳动局合署办公	12	1	知青科
1983 年	撤销			

鞍山市知识青年上山下乡办公室正副主任职官表

姓 名	性别	出生时间	文化程度	政治面貌	籍 贯	主 任	副主任	备 注
马国祥	男	1929	高中	中共党员	辽宁省辽阳县	1962—1963		
崔先锋	男	1920	初中	〃	河北省蔚县		1963—1968	
刘炳堂	男	1917	初中	〃	山东省乳山县		1963—1968	
钱聚武	男	1926	高中	〃	辽宁省复县		1963—1968	
石宝贤	男	1925	初中	〃	辽阳县	1964—1968		
徐学秋	男			〃		1971—1972		军代表
王恩祥	男	1927	初中	〃	辽阳县		1971—1972	
宋显友	男	1940	高中	〃	海城县		1971—1972	
徐国和	男	1924	大学	〃	海城县		1971—1972	
丁 江	男	1922	大学	〃	云南省祥云县	1972—1973		
李力权	男	1917		〃	湖北省汉川县	1973—1974		
王占成	男	1936	中专	〃	吉林省九台县	1974—1975		
殷延清	男	1924	中学	〃	山东省微山县		1974—1981	
马文铎	男	1941		〃	海城县		1974—1983	
王洪梅	女	1936	高小	〃	辽阳县		1974—1981	
李清国	男	1950	中学	〃	海城县		1974—1977	
李仲生	男	1929	大专	〃	辽宁省新金县	1975—1977		
李福余	男			〃			1975—1977	军代表
吴学林	男	1927	高中	〃	辽宁省营口县		1977—1981	
刘 力	女	1950	大学	〃	山东省冠县		1979—1981	

鞍山市知识青年上山下乡办公室正副科(组)长职官表

姓 名	性别	出生时间	文化程度	政治面貌	籍 贯	科(组)名称	科(组)长	副科(组)长
赵洪巨	男	1928	初中	中共党员	山东省掖县	城市动员组	1963—1968	
孙连胜	男	1928	中学	〃	辽宁省岫岩县	秘书组	1963—1968	
迟登敏	男	1933	大专	〃	山东省蓬莱县	农村安置科		1965—1968
李有光	男	1931	初中	〃	辽阳县	农村安置科		1965—1968
英铁铮	男	1933	大专	〃	鞍山市	宣传组	1971—1972	
胡振臣	男	1928	业大	〃	海城县	联络组	1971—1972	
周怀成	男	1929	大专	〃	鞍山市	安置组	1971—1972	
高辅良	男	1927	高中	〃	黑龙江省泰来县	安置科	1971—1981	
马文田	男	1931	高中	〃	吉林省通化市	管理教育科	1972—1978	
邓国栋	男	1929	大专	〃	沈阳市	秘书科	1972—1974	

姓　名	性别	出生时间	文化程度	政治面貌	籍　贯	任科组别及任职时间		
						科(组)名称	科(组)长	副科(组)长
韩秋声	男	1930	大专	〃	北京市	秘书科		1973—1978
孙　琨	男	1932	大专	〃	辽宁省昌图县	动员科信访科知青科	1979—1983	
刘逢贵	男	1933	初中	〃	辽阳县	科书科	1974—1977	
牛士和	男	1940	大专	〃	山东省惠民县	管理教育科		1978—1979
徐成仁	男	1949	大专	〃	营口市	〃		1979.6—12
张绍华	男	1934	大专	〃	海城县	管理教育科		1975—1978
杨家兴	男	1939	中专	〃	辽阳县	动员科		1976—1979
宋积会	男	1940	大学	〃	辽阳县	审批科		1976—1977
赵克荣	男	1939	大学	〃	辽阳县	带队干部科		1977—1981
尚庆玉	男	1936	中专	〃	鞍山市	秘书科	1978—1981	
李恩涛	男	1933	初中	〃	海城县	秘书科		1978—1981
苏荣久	男	1932	大专	〃	辽阳县	计财科	1978—1981	
范秉伟	男	1939	大学	〃	海城县	计财科		1979—1981
蔡恒志	男	1942	中专	〃	海城县	宣传教育科	1979—1981	

（第一章《组织沿革》，第101—106页）

【知识青年就业管理】　1962—1980年，鞍山市共有下乡知识青年217 390人。1962年，在精简职工、压缩城镇人口的同时，成立鞍山市青年学生上山下乡领导小组，下设办公室，当年动员891名社会青年到盘锦地区、辽阳县、海城县落户。1963年，动员145名知识青年上山下乡。1964年，将不能升学就业安置工作领导小组改为安置城市下乡青年领导小组，是年动员1 062名知青下乡落户。1968年，动员"老三届"（1966、1967、1968年）初、高中毕业生上山下乡达4.6万人，占"老三届"毕业生93%。1970年，根据中共辽宁省委"建设新盘锦"指示，动员7 000名知青集体插队盘锦各农场。1972年，鞍山市革命委员会设立知识青年上山下乡工作领导小组，应届毕业生一律下乡。1974年，调整了知青领导小组，将鞍山市革委会知青上山下乡办公室改为鞍山市知识青年上山下乡工作办公室，各县团以上企事业单位建立起相应组织，继续安排知识青年上山下乡。1978年，根据中共中央《关于转发湖南湘乡县委报告的批示》，针对知识青年与农民争土地、争口粮、争工分、争烧柴的矛盾，缩小了上山下乡范围。1981年后，不再动员知青上山下乡。

知识青年安置就业工作是从1971年开始的。主要回城安置途径是：

1. 招工回城。1971年开始从下乡知识青年中招工。招工的条件是：政治思想好，身体健康,25周岁以下,未婚,劳动锻炼二年以上(男青年每年劳动200天,女青年每年劳动180天)。经青年点评选,贫下中农、带队干部评议,生产大队党支部审查,公社党委审定,报县批准后,由劳动部门办理就业手续。截至1980年,共招收下乡知识青年5.95万人回城。

1971—1980年招收下乡知识青年回城人数

年　　度	人　　数	年　　度	人　　数
1971	14 174	1976	13 497
1972	2 712	1977	3 713
1973	1 662	1978	4 929
1974	8 870	1979	2 957
1975	6 241	1980	724

2. 因病回城。从1971年开始,办理因病不能参加农业生产劳动的下乡知识青年回城。至1980年,共有6 975名知青办理因病回城手续。

1971—1980年因病回城知青人数

年　　度	人　　数	年　　度	人　　数
1971—1973	609	1977	3 598
1974	148	1978	279
1975	733	1979	1 184
1976	382	1980	42

3. 特困及清点回城。中共鞍山市委根据中共辽宁省委的政策规定,从1977年开始办理"三抽一"回城(即有3个子女下乡抽1名回城)手续,共抽调2 405名知青回城。1978年,全国知识青年上山下乡工作会议后,国家调整了知识青年上山下乡政策,缩小了上山下乡范围。鞍山市根据全国知识青年上山下乡工作会议纪要的精神,陆续抽调下乡青年回城。从1978年开始,抽调有特殊困难的知识青年4 277人回城。1979年,将1972年前下乡的36 677名知青抽调回城,统一安置到集体所有制企事业单位工作。从1980年开始到1982年,清点回城87 244人。

4. 双青回城及投夫回城。按照中共中央指示,照顾已婚下乡知识青年两地生活和已婚双知青的具体困难,1979—1982年相继将与城市职工配偶的1 133名下乡知青和780名已婚双知青办理回城。(第二章《劳动就业》,第126—129页)

【知青经费使用管理】 根据国务院、国家财政部关于上山下乡知识青年安置经费的规定标准,由每人210元逐步提高到600元。从1962年至1979年,国家财政给鞍山下拨安置经费5 400.6万元。鞍山市按照下乡知识青年人数逐级向县、区、公社、大队(农场)拨款。

年　　度	经　费　数	年　　度	经　费　数
1962	192.2	1971	24.3
1963	98.2	1972	107.9
1964	46.6	1973	367.7
1965	90.4	1974	415.6
1966	66.6	1975	761.7
1967	8.5	1976	841.3
1968	156.6	1977	774.8
1969	439.2	1978	440.8
1970	213.9	1979	354.3

1973 年前下乡青年安置经费由每人 210 元增至 250 元。其中,生活补助费 120 元,余者用于建房、购买生产工具、炊具、医药等补助。1974 年至 1978 年安置经费每人由 500 元增至 600 元。其中,生活补助费 200 元,包括穿衣费 30 元;建房补助费由 180 元增至 220 元,包括已婚青年建房费预提 10 元;生产工具补助费 15 元,炊具、医药、书报补助费各 5 元;省、市对新下乡青年每人提取机动费 5 元,县、区提取机动费 20 元,余者由县、区掌握,统一使用。国营农场下乡青年补助费,除省、市提取机动费外,每人拨 380 元,包干使用。回乡投亲归户青年,一次性发给本人生活费用 200 元。知青安置经费由县、区、公社知青办立专户,专款专用。下乡知识青年患严重疾病开支费用较大,合作医疗负担不了的,从知青安置经费中酌情予以补助。1968—1976 年共支出医疗补助费 60.2 万元,补助 1 500 人次。对因病丧失劳动能力的回城青年,鞍山市人民政府于 1983 年决定,从知青经费中拨款 30 万元交给民政局,负责解决其生活和医疗费,以及其它遗留问题。(第二章《劳动就业》,第 129—130 页)

《共青团鞍山市志》

共青团鞍山市委员会编,(内部刊行)1999 年

(1963 年 12 月)25 日—27 日,团市委召开已安置城市下乡知识青年的农村基层团的工作会议,会期三天。　　　　　　　　　　　　　　(《鞍山共青团大事记》,第 11 页)

【"扎根"与"拔根"大辩论活动】　1976 年,鞍山团市委发动全市各条战线的团员和青年,特别是下乡还乡知识青年,开展了一场"扎根"与"拔根"的大辩论。提出了与旧的传统观念彻底地决裂,树立了一批扎根农村干革命的典型。

(第二篇第二章《农村团的活动》,第 169 页)

《鞍山市铁西区志》

鞍山市铁西区志编纂委员会编,(内部刊行)1993 年

(1966 年 4 月)3 日,铁西区组织 450 名知识青年上山下乡,参加农村社会主义建设。

(《大事记》,第 23 页)

(1973 年 2 月)17 日,《鞍山日报》报道:铁西区有 4 695 名毕业生上山下乡,接受"贫下中农再教育"。

(《大事记》,第 25 页)

第四节　知识青年上山下乡

从 1962 年开始,有计划有组织地动员城镇知识青年上山下乡。到 1965 年底,全区共有 1 749 人下乡。1968 年以后,中学毕业生一律上山下乡。1976 年开始逐渐缩小上山下乡的范围,中学毕业生的安置是四个面向:即进上一级学校、上山下乡、支援边疆、城市安排。1974 年至 1978 年共安置上山下乡知识青年 2 703 人。下乡地点主要是盘锦前进农场、海城县西四公社及内蒙古昭乌达盟等地。1978 年以后,中学毕业生不再上山下乡。各单位职工子女由安置办公室委托区属 12 个单位进行管理教育,组织劳动学习。1979 年对尚没回城的知识青年全部清点回城安置。到 1983 年 5 月,全区共安置回城知识青年 4 477 人。

(第九篇第六章《劳动就业》,第 238 页)

《鞍山市立山区志》

鞍山市立山区志编纂委员会编,(内部刊行)1993 年

是月(1968 年 10 月),立山区第一批知识青年"上山下乡",接受贫下中农"再教育"。到 1979 年 11 月立山区下乡青年总计 21 670 人。

(《大事记》,第 17 页)

1968 年,立山区开始动员知识青年上山下乡参加农业生产,1968 年至 1979 年,全区知识青年(历届中学毕业生)上山下乡总计 21 070 人。1979 年末,结束知识青年下乡工作,全部"清点"回城。对回城青年,区革委会采取多渠道,广开就业门路的办法,创办区青年工农场,安置回城青年就业;安置青年到父母单位待业,就地安置就业或自谋职业。同年 4 月,区组建了劳动服务公司,发展青年劳动服务网点,将经过就业培训的青年安排就业。

(社会篇第一章《人民生活》,第 263 页)

《鞍山市旧堡区志》

鞍山市旧堡区志编纂委员会编,辽宁大学出版社 1989 年

(1966 年 2 月)28 日,中共郊区区委召开党员干部会议,布置动员城镇知识青年参加农村社会主义建设工作。 (《大事记》,第 25 页)

(7 月)29 日,郊区大孤山公社上对桩石生产大队一塘坝决口,淹死 3 名下乡知识青年。
(《大事记》,第 25 页)

是月(1968 年 9 月),郊区开始动员知识青年上山下乡。 (《大事记》,第 26 页)

(1974 年 2 月)1 日,鞍山市首批下乡知识青年带队干部派往郊区各人民公社,协助做好下乡知识青年的教育和管理工作。 (《大事记》,第 28 页)

(8 月)3 日,中共郊区区委决定学习株洲市实行厂社挂钩安置知识青年上山下乡经验。唐家房公社采用此种形式分别在太平沟、东果子园办起了"向阳"、"东风"青年农场。
(《大事记》,第 28 页)

【知青安置】 自 1957 年起,郊区开始安置少量城镇知识青年上山下乡。1964 年始,动员与安置成批城镇知识青年上山下乡。至 1965 年,共安置 1 101 人。1968 年,毛泽东主席发出"知识青年到农村去,接受贫下中农再教育很有必要"的指示,全区接收下乡知识青年 2 730 人,至 1977 年,郊区安置下乡青年 14 107 人。

从 1970 年起,企业单位招工、大中专院校招生、应征入伍,形成边安置下乡知青回城就业,边安置下乡知青插队落户的局面。1978 年,停止动员城镇知识青年下乡。至 1982 年,通过招工回城、因病回城、特殊困难回城及清点回城,于旧堡区下乡的知识青年基本安置完毕。 (第十四编第六章《劳动》,第 425 页)

《海城县志》

海城市地方志编纂委员会办公室编,(内部刊行)1987 年

(1968 年)9 月 14 日,海城县动员知识青年上山下乡,截至 1976 年底,共接收营口、鞍山和海城镇上山下乡知识青年 5 万多人。 (《大事记》,第 22 页)

（1972 年）5 月 15 日，下乡知识青年薛珊珊、丁国柱，在 1971 年抗洪救灾中英勇献身，被市、县授予烈士称号。

（《大事记》，第 23 页）

1968 年 9 月 14 日，开始动员知识青年上山下乡，接受贫下中农的再教育。9 月 25 日，县内初、高中三届毕业学生同时下乡。1969 年 12 月至 1970 年，海城县还先后接收插队劳动干部 3 589 人，同时接收鞍山、营口城镇下乡知识青年 5 万余人（到 1976 年末数字）。

（政事活动编第六章《政治运动》，第 209 页）

《台安县志（1981 年版）》

《台安县志》编纂委员会编，（内部刊行）1981 年

第五节　知识青年上山下乡

1966 年"文大"开始后，初高中应届毕业生与在校生均"停课闹革命"，一直"闹"到 1968 年秋。学生在校内已无事可干，几次"复课"又复不起来。9 月 14 日毛泽东主席发出了"知识青年到农村去，接受贫下中农的再教育"的指示，本县立即动员县城高中、初中全体毕业生二百多人于 9 月 16 日首批下乡到韭菜台公社插队参加农业劳动。不久，又接收沈阳和鞍山市五千多下乡知识青年到本县各社队来插队落户。

1968 年后十多年来，全县共接收下乡知识青年二万零三百五十四名（其中本县 405 人），这些下乡知识青年绝大多数积极参加农村社会主义建设，表现较好，陆续被选拔输送上大学、参军、当工人，有的在农村与当地青年结婚、安家落户。但在少数青年中打架斗殴、立棍成风，动辄以棍棒、匕首相见，甚至拉帮成派，搞打砸抢，搅乱社会秩序。为了加强思想政治教育，安排好知识青年的劳动和生活，知识青年办公室便逐步建立健全起来。

1969 年前，本县知青工作归三下办公室管理。1970 年到 1972 年转归县革委安置办公室。1973 年县革委成立了政工组，下设知识青年组。一名组长和四名干部管理知青工作。1976 年 6 月份随着县革委机构的改组，成立台安县知识青年上山下乡办公室，直到 1979 年，办公室配备两名主任，分三个小组。即管理教育组，秘书组，接收安置组，共 12 人编制。

各公社（镇、场），1969 年前分派社里干部代管，从 1970 年到 1975 年设专职干部，部分公社设兼职干部。1976 年成立知青办公室，二名工作人员。各大队责成一名副书记或副主任具体负责。

在接收安置知青工作中，本县广大干部群众做了许许多多深入细致的工作。1968 年是"文化大革命"开始的第三年，城镇大批初、高中毕业生急待参加生产。从沈阳下乡青年四千七百多人来到本县，当时安置工作任务十分繁重。全县绝大多数生产队忙于建立青年点，修建房舍，少部分生产队修理、挪串队址，有的生产队动员群众腾房搭灶，全力以赴迎接知识青

年安家落户。随着知识青年下乡数量的增多，青年点也不断扩大，为进一步做好安置工作，于 1973 年在调查摸底的基础上，将原来 259 个点并为 183 个。其中小队建点 140 个，集中劳动；大队建点 34 个，分散劳动；创业队 8 个，单独经济核算。这三种形式并存，有利于青年学习、生活和劳动。

1974 年为贯彻中央(1973)30 号和省委(1973)228 号文件及省委关于学习推广株洲经验的指示，沈阳、鞍山、台安两市一县下派 91 名带队干部。分两批先后下到本县 16 个社、镇、场，272 个青年点，作知识青年的带队工作。

为更进一步落实株洲经验，全县青年点于 1975 年前后，同沈阳、鞍山等单位，实行厂、社挂钩，帮助青年安排就业和生产、生活。创立了创业队，办起了小工厂、小农场。1973 年创建城郊公社三角和老边大队创业队。1974 年创建西佛小河子青年创业队。在此基础上，1975 年在桑林公社大汪、魏家、团结创建了创业队。他们以农为主，发展养猪、养鸡、种植粮谷及蔬菜，使青年的吃米、烧柴达到自给有余。1976 年还在新台公社南台创建红拖八家子创业队，以工为主，兼种粮谷作物，工厂规模达到 330 多人。

粉碎"四人帮"后，本县根据中央文件"调整知青政策，逐步缩小上山下乡的范围。今后不再搞插队"的精神，从 1977 年开始逐步把带队干部撤离了青年点，回原单位工作。并把现有的城镇青年陆续办理回城，安排工厂就业。知青经费、青年点房屋，小工厂财产，全部收回，处理后的资金，一部分上缴国家，一部分安置已婚青年。并把县办的有前途的大集体企业扩大，安排已婚青年当工人，从事工业生产劳动。

（第二编第十四章《"文化大革命"阶段》，第 137—138 页）

（1968 年）9 月，开始了"知识青年上山下乡"工作。县城初、高中学生二百多人不分年级一律下乡，到农村去接受贫下中农的"再教育"；农村中学生一律回家，叫做"还乡青年"。

（第四编第三十七章《教育》，第 305 页）

《台安县志》

《台安县志》编纂委员会编，沈阳出版社 1990 年

（1969 年 9 月）22 日，沈阳市第 9、17、18 中学的 3 000 多名学生，下乡到台安县"接受贫下中农再教育"。

（《大事记》，第 34 页）

1968 年，城镇中学毕业生一律上山下乡，全县先后接收下乡知识青年 20 354 人（其中台安县 405 人），建青年点 272 个。1978 年底，由于国家调整知识青年上山下乡政策，加之大量冤、假、错案的平反昭雪，城镇待业人员急剧增加。为解决青年就业问题，对下乡回城青年

采取基层推荐、群众评议、劳动部门分配等多种渠道,逐年予以安置。为切实解决待业青年劳动就业和富余人员的安置问题,各级主管部门先后建立劳动服务公司,企事业、街道也都兴办劳动服务网点,组织待业青年从事生产、劳务、服务,兴办厂、店、组等集体所有制经济,实行独立核算,自负盈亏。全县职工队伍迅速发展。1978—1985年的8年间,全县新增职工8 460人,其中1983年安置"双退"子女及城镇待业青年869人。

(第八篇第二章《劳动管理》,第196—197页)

《营口市志(第一卷)》

营口市地方志编纂委员会办公室编,中国书籍出版社1992年

(1957年)7月23日,营口市第三初级中学欢送应届毕业生田玉家、周蕴丽回乡参加农业生产,做第一代有文化的新式农民。营口市人委于8月8日召开大会欢送第一批下乡参加农业生产的8名初中应届毕业生。8月31日欢送第二批7名高初中应届毕业生下乡参加农业生产。

(《大事记》,第150页)

(1962年)2月,根据中共营口市委指示,共青团营口市委对全市青年进行上山下乡动员工作。申请报名642人。经审批,第一批235人去盖平县西海农场当农民(其中:男177名,女58名)。

(《大事记》,第166页)

(1964年)3月17日,营口市城市下乡知识青年积极分子代表会议召开。副市长王道举作〈树雄心,立大志,做又红又专能文能武的新农民,为建设社会主义新农村而奋斗〉的报告。营口地区有上山下乡知识青年183名、社会闲散人员394名下乡插队落户。

(《大事记》,第172页)

10月10日,营口地区有489名城镇知识青年,响应党的号召,到营口、盖平、盘山3个县,14个大队集体插队落户。

(《大事记》,第174页)

10月25日,营口市举行盛会,欢送第四批68名知识青年上山下乡做新型农民。副市长王道举在欢送会上讲话,代表市委、市人委向奔赴农业生产第一线的青年表示祝贺。

(《大事记》,第174页)

(1965年4月9日)营口市各界人士集会,欢送本年第一批450名城市知识青年下乡参加农村社会主义建设。中共营口市委、市人委和营口军分区领导都出席了欢送大会。

(《大事记》,第176页)

（6 月 5 日）营口地区已有 1 505 名城镇青年上山下乡，超额完成省下达的任务指标。他们已被分期分批地安置在 22 个公社的 68 个生产队。 　　　　　　（《大事记》，第 177 页）

（1968 年）9 月 25 日，营口市革委会在市革委广场举行欢送知识青年上山下乡大会，送市区万余名中学毕业生（含"停课闹革命"前初、高中一、二年级学生）赴农村"安家落户"。从广场到火车站，约 10 万名家属亲友夹道送行。 　　　　　　（《大事记》，第 188 页）

（1971 年）12 月 6 日，营口市革委会召开应届中学毕业生上山下乡动员广播大会。13 日，营口市七中 159 名全体毕业生带头到水源公社插队落户。市七中毕业生 100％下乡被作为教育质量最高的"典型经验"推广。此后，每届中学毕业生都被动员到农村插队落户，直到 1978 年。 　　　　　　（《大事记》，第 195 页）

（1975 年）10 月 20 日，中共营口市委决定，成立市委知识青年上山下乡工作领导小组。 　　　　　　（《大事记》，第 200 页）

（1979 年）5 月 3 日，辽宁省知识青年表奖广播大会召开，营口有 1.2 万多人收听实况。中共营口市委领导出席大会，接见先进集体代表和先进个人，并同他们进行了亲切交谈。 　　　　　　（《大事记》，第 229 页）

5 月 31 日，中共营口市委批转市委组织部、市革委会知青办党组、市人事局党组《关于我市 1979 届知识青年下乡带队干部选派工作意见的报告》。报告对 1979 年知识青年下乡带队干部选派的领导、条件和方法以及轮换、交接时间等作了具体规定。 　　　　　　（《大事记》，第 229—230 页）

（8 月 31 日）中共营口市委召开电话会议，要求城乡各级党组织要进一步做好知识青年上山下乡动员安置工作。 　　　　　　（《大事记》，第 232 页）

《营口市志（第三卷）》

营口市地方志办公室编，中国经济出版社 2002 年

1980 年，市知识青年上山下乡安置办公室并入劳动局。原知青办副主任任劳动局副局长，仍带领原班人马处理知青办的善后工作。1983 年，局内增设知青科，继续负责有关知青的善后工作。1982 年 10 月，成立市人民政府就业办公室。1983 年，经市编委批准、劳动服

务公司升格为县级事业单位。同时撤销局社会劳动力管理科和知青科、撤销市人民政府劳动就业办公室，撤销单位的业务统由劳动服务公司承担。

（劳动和社会保障篇第一章《管理机构》，第 397—398 页）

根据中共中央关于动员城镇知识青年上山下乡的指示精神，1968 年 10 月营口市组织 1966—1968 年三届初、高中毕业生 49 619 人到复县下乡参加农业生产，暂时缓解了城镇的就业压力。　　　　　　　　（劳动和社会保障篇第三章《劳动就业》，第 404 页）

1974 年 2 月 17 日，盖县红旗公社隆华大队一台土造锅炉爆炸，炸死下乡知识青年 2 人，重伤 2 人，造成精神失常 5 人。　　（劳动和社会保障篇第八章《职业安全卫生监察》，第 425 页）

《营口市志（第四卷）》

营口市地方志办公室编，辽宁民族出版社 2000 年

城镇人口下乡经费

城镇人口下乡经费从 1962 年起列项，当年支出 146 万元。称为城镇闲散人员安置费。1964 年改为城镇人口下乡经费，当年青年学生 837 人下乡，每人补助 120 元。1969 年由于城镇知识青年下乡修建青年点和生活补助，使该项支出猛增到 801 万元。到 1976 年，共支出 3 638.4 万元。从 1977 年起，该项支出改称为城镇青年就业经费和待业青年就业前培训补助经费。1981—1985 年共支出 1 575.4 万元。　　（财政篇第二章《财政支出》，第 497 页）

城镇青年就业经费

营口市城镇青年就业经费是市财政为扶持城镇待业青年就业而拨付的专项资金。大体经过三个阶段。

第一阶段 1962—1966 年，精简待业人员下乡　　60 年代初，国民经济调整，营口有一批被精简的职工下乡，同时有少数中学生毕业后在市内就业有困难，也被安置下乡。在此期间财政共支出 311.7 万元，含青年就业费。

第二阶段 1968—1976 年，知识青年上山下乡　　市财政对经费采取专款专用、讲求实效的原则，共拨付 2 326.7 万元，用于青年的生活、建房，重点扶持生产。共建房 13 881 间，172 801 平方米，使本地和外地的 88 019 名青年得到了安置。

第三阶段 1977—1985 年，城镇青年就业　　从 1977 年起下乡青年陆续回城，城内又有众多的初高中毕业生等待就业。市财政在预算中增设该科目，帮助集体所有制企业解决安排青年就业前培训费用和生产周转金问题。1982 年该项经费又具体分解为生产扶持资金、安

置费、就业训练费、业务费、其他费用等项目。1985年,市财政共拨款4 392万元,解决21.72万人的就业问题。 （财政篇第二章《财政支出》,第498页）

《营口市志(第五卷)》

营口市地方志编纂委员会办公室编,远方出版社1999年

知识青年上山下乡的宣传 《营口日报》1964年和1965年就开始宣传城镇知识青年上山下乡,在农村锻炼成长,实现革命化的报道。1964年3月21日一版报道《我市召开城市下乡知识青年积极分子代表会议,号召青年到农村去做新型农民》,当日三版还开辟了《活跃在农村的城市知识青年》专栏,在此后的一周中,连续报道了《山中落户,土里扎根——记城市知识青年张思国参加林场建设的事迹》、《在广阔天地里成长——记落户垦区的城市知识青年由希令》、《她迈开了第一步——记知识青年张巧兰下乡务农前后》等下乡知青和安置知青的典型。1965年4月26日又报道了《我市四百五十名知识青年奔向农业战线,各界两万多人隆重集会热烈欢送》,并配发社论《为建设社会主义新农村贡献青春——送下乡务农新的知识青年》。

1968年下半年以后,宣传城镇应届毕业生上山下乡接受贫下中农再教育的报道,尤为集中突出。每年临近中学生毕业的7月份以后的几个月,连续不断地报道应届毕业生下乡和下乡知识青年在农业战线大显身手的事迹。 （新闻篇第一章《报纸》,第18页）

《营口市志(第六卷)》

营口市人民政府地方志办公室编,当代世界出版社2003年

1975年11月15日,盘锦地区与营口市合并。同年12月22日,市革命委员会进行机构调整。……撤销市知识青年上山下乡工作办公室,成立市知识青年上山下乡工作组。

（人民政府篇第一章《机构》,第136页）

1979年革委会机构编制情况①

单位名称	科室数	实有人数	直属单位	所属单位实有人数
合　　计	422	2 752	388	143 181
知青办	5	25		22

（人民政府篇第一章《机构》,第137页）

---

① 本表内容为节选。——编者注

知识青年上山下乡工作办公室

　　领导小组

　　组　长　范永贵　1973.10—1975.12
　　　　　　　　　　　市革委会副主任兼

　　副组长　刘宝昌　1973.10—1975.12
　　　　　　　　　　　市革委会副主任兼

　　领导小组办公室

　　主　任　王树章　1973.10—1975.4
　　　　　　　　　　　文教组副组长兼

　　　　　　郭维坚　1975.4—1975.12　　　　　　　（人民政府篇第一章《机构》,第166页）

　　1965年广大青年热烈响应毛主席"向雷锋同志学习"的号召,以雷锋为榜样,不断地改造自己,出现了许多雷锋式的青年,广大青年在工农业生产高潮中积极参加技术革命、技术革新运动。有1 500名知识青年响应党的号召,上山下乡,参加农业建设。

（群团篇第三章《青少年组织》,第325页）

《大石桥市志》

大石桥市市志编纂办公室编,吉林文史出版社2006年

　　(1968年)9月下旬,营口县知识青年开始上山下乡。　　　　　　　　（《大事记》,第24页）

　　(1969年)9月4日,《营口日报》转载《红旗》杂志第6期文章《用毛泽东思想对下乡知识青年进行再教育——辽宁省营口县松树大队的调查报告》。　　　　（《大事记》,第24页）

　　(1975年)1月5日,下乡到营口县的知识青年甄洪川,赴北京出席第四届全国人民代表大会。

（《大事记》,第26页）

知识青年上山下乡

　　1968年12月,中央发出"知识青年到农村去接受贫下中农再教育"的号召,1972年,有鞍山、营口和本县下乡知识青年4 504人(其中男性1 380人,女性3 124人),1979年底达37 438人,其中沈阳344人,鞍山13 764人,旅大45人,营口15 332人,本县6 430人,其他1 523人。

　　1972年开始,少量知识青年陆续抽调回城安排工作。到1980年全县下乡知识青年基

721

本都回城安排了工作。根据省政府(辽政发[1981]70号)文件"国家关心,负责到底"的精神,对全县在农村的2 343名已婚青年,除已安置1 226人外,对仍在农村的1 117人(其中男性120人,女性997人)县政府决定:对在城乡县属企业做临时工的,就地招工予以安置;对驻县省、市企业子女,由家长单位归口安置;对爱人有工作单位的,予以投夫(妻)安置;距县城近有通勤条件的,由县统一分配安置,在自愿条件下,还实行以女(知青)换男(农民)办法安置了180名,到1982年底全县下乡已婚知识青年都做了安置。

1983年2月,县知识青年工作办公室撤销,业务并入县劳动局。

(第十二篇第七章《人事　劳动》,第491—492页)

《盘锦市志·综合卷》

盘锦市人民政府地方志办公室编,方志出版社1998年

(1963年6月21日)盘锦农垦局成立下乡青年学生安置领导小组,负责下乡青年学生安置工作。

23日,辽宁省副省长车向忱陪送沈阳三十五中学207名毕业生到盘锦落户。

(《大事记》,第79页)

是月(1968年10月),遵照毛泽东关于"知识青年到农村去接受贫下中农再教育"的指示,盘锦垦区安置沈阳、鞍山、旅大等城市下乡知识青年22 843人。　(《大事记》,第94页)

(1969年1月)15日,盘锦垦区召开第四次活学活用毛泽东思想积极分子讲用会,会期8天,共有19个场社的下乡知识青年、解放军、复员军人代表202人参加讲用会。

(《大事记》,第96页)

(1972年12月)7日,孙挺在盘锦地区革委会会议上传达陈锡联在辽宁省上山下乡知识青年讲用会上的讲话精神。　　　　　　　　　　　　(《大事记》,第107页)

16日,中共盘锦地委、地区革委会决定,将地区和盘山区、大洼区及所属场、社的下乡知识青年的安置办公室改为青年工作组,列为组级单位,由本级党委、革委会直接领导。

(《大事记》,第107页)

(1973年6月)1日,中共盘锦地委传达贯彻中共中央、中共辽宁省委关于严厉打击迫害下乡知识青年犯罪的指示,查出迫害下乡知识青年案件249起,其中迫害女青年案件占70%。

(《大事记》,第110页)

(7月)15日,按中共盘锦地委统一部署,盘山区委对全区18个场、社、镇的565个青年点进行大检查。 （《大事记》,第110页）

(9月)3日,盘锦地区上山下乡领导小组成立,张春华任组长,孙挺、王素英、曹廷山任副组长。 （《大事记》,第111页）

(1978年6月)26日,《人民日报》发表大洼县新兴农场两棵树大队下乡青年田而(原名田丰)撰写的《赶快解决知识青年高考报名问题》文章。就此,《人民日报》配发《要满腔热忱地支持青年考大学》的评论文章。 （《大事记》,第121页）

《盘锦市志·政治卷》

盘锦市人民政府地方志办公室编,方志出版社1998年

1968—1979年,盘锦地区接收10多万名来自沈阳、鞍山、大连及本地的"上山下乡"知识青年,为开发盘锦做出贡献。1970年,知识青年中有170多人入党,1 000多人入团,1 000多人被结合到各级革委会中担任领导工作,还有一些人参加解放军。涌现出省、地区、县(区)积极分子850多人,五好战士4 500多人,有3人参加建国20周年国庆观礼。

（群众团体篇第二章《青少年组织》,第332页）

接收下乡知识青年与组织下乡知识青年回城就业

盘锦曾接收两次城市下乡青年,总计141 903人。第一次1963—1965年,接收4 251人,分别来自沈阳、鞍山、抚顺、旅大、营口等市。1963年6月23日,由辽宁省副省长车向忱陪送沈阳市三十五中学207名毕业生首批来落户。第二次1968—1979年,接收137 652人。他们遵照毛泽东发出"知识青年到农村去接受贫下中农再教育,很有必要"的指示来盘锦插队落户。广西省有5名知识青年是自愿打着红旗来的,盘锦城镇知识青年也同时下乡。

接收历届下乡知识青年情况统计表　　　　单位:人

届　次	下乡总数		原　　　籍					
	合　计	其中:男	沈　阳	鞍　山	旅　大	营　口	县　区	其　它
总计	140 896	71 656	80 394	39 643	9 302	756	10 128	673
"文革"前	4 251	1 942	3 587	188	9	31	360	76
68届	22 872	12 238	21 313	92	325	67	1 002	73
69届	5 781	3 149	795	49	4 789	15	62	71
70届	16 611	9 228	8 557	3 613	4 144	75	176	46

届 次	下乡总数		原 籍					
	合 计	其中:男	沈 阳	鞍 山	旅 大	营 口	县 区	其 它
71 届	6 187	3 466	3 254	2 863	1	8	53	8
72 届	11 287	6 263	6 938	4 003	9	12	291	34
73 届	1 095	587	269	780		2	30	14
74 届	19 420	10 295	13 138	5 295	12	49	749	177
75 届	18 955	10 209	8 331	7 619	10	254	2 662	79
76 届	18 512	10 337	7 250	9 352	3	196	1 680	31
77 届	14 526	3 203	6 924	5 777		39	1 729	57
78 届	741	426	38	12		8	678	5
79 届	658	313					656	2

说明:此表系盘山、大洼两县合计数字,加上省石山种畜场、省盐碱地科研所接收的下乡知识青年总数为141 903 人。

接收安置下乡知识青年,曾视为政治任务。安排到农场知识青年,同农工享受同等待遇。盘锦地区设有知识青年安置办公室(1978 年并入劳动局)负责安置管理工作。县、场(社)两级政府,都设一名副职领导专做这项工作。全地区有"清编"(全是下乡青年组成的大队)大队 36 个,清编小队 225 个,混编大队 324 个,混编小队 1 733 个,曾配备贫下中农、"五七战士"驻队管理教育。从 1971 年聘请当地驻军进驻青年点,沈阳部队曾派出 443 名干部和战士参与管理。1974 年 8 月,改由下乡青年原籍城市带队干部管理。到 1978 年,全地区共建青年点 1 105 个,建房 40 万平方米。基本保证青年学习、生活用房和已婚青年用房。粮食保证供应,标准定量每人每年 300 公斤。1975 年安排给下乡青年三地(菜、豆、饲料)117 公顷。盘山县高升镇青年点,种菜 2.7 公顷,种豆 1.7 公顷,种饲料 4 公顷,养猪 88 头,平均 6 人一头猪。

1964 年成立盘锦业余大学,在今大洼县王家农场九号机械化大队、荣兴农场平安河大队、清水农场清水青年点设大学班和技术中专班,每天业余时间学习两小时。大学班学制五年,收高中毕业生;中专收初中毕业生,学制三年。这所大学是根据当时国务院副总理谭震林的指示成立的,由盘锦农垦局党委书记张正德、马赋广任校长。大学 3 个班、学生 101 人;中专 9 个班,学生 350 人。他们通过学习,被提拔为农场干部、中小学教师、农业技术员,在盘锦安家立业。全国劳动模范、教育改革家、市实验中学校长魏书生就是 1968 年从沈阳下乡来到大洼县新建农场的知识青年。1979 年,全地区下乡知识青年有 2 365 人加入中国共产党,有 37 850 人加入共青团组织。

知识青年下乡存在的问题:有的年龄较小,尚不具备参加劳动条件,提前走向社会,失去求学深造机会;有的单位乘青年下乡之机"抛包袱",把劳动教养过的青年充当知识青年送下乡,拉帮结伙、打架斗殴,致使村屯不宁;有的思想苦闷,甘居中游,"干一天活吃一天饭,啥时死啥时算",甚至走上犯罪道路;收入低,多数青年不能自给。1975年抽样调查,全地区下乡青年,每人每年实际生活费是224—289元。大部分青年穿衣、吃饭、回家路费均靠父母补助。发病率高,由于生活条件差、睡凉炕、吃冷饭、喝生水等原因,致使许多人患有关节炎、皮肤病、妇女病、肝炎、肺结核等病。国家拨给每个青年下乡费是400—600元,计6 000余万元。全地区核销超量粮240万斤,仅新立、清水、荣兴、曙光、胡家农场知识青年欠款总额33.9万元。发生伤害知识青年案件318起,受害者394人。有奸污案、逼婚案、非法同居等时有发生,使知识青年身心遭到巨大伤害。

中共十一届三中全会以后,城乡经济体制进行改革,城镇就业渠道拓宽,大批下乡青年已返原籍,对已婚知识青年按中央〔1978〕74号文件精神已安置在本地企事业单位工作。

知识青年安置情况统计表 单位:人

去　　向	人　　数	去　　向	人　　数
（合计）	141 552	特困回城	2 550
升　　学	4 309	已　　婚	1 955
参　　军	1 423	招　　工	55 967
提　　干	223	清　　点	51 177
转　　点	9 365	其　　它	12 021
因病回城	2 562		

注:1. 死亡351人。
　2. 此表合计含省直企业接收的知识青年。

(政务篇第三章《劳动》,第398—400页)

1986年4月,市信访办受理大洼县清水农场30名已婚下乡知识青年,要求安排工作集体上访案件。市委书记王占亲自指示,组织人员调查处理。对30名已婚下乡知识青年,逐个做了重新安置。　　　　　　　(政务篇第八章《人民群众来信来访》,第439页)

1973—1976年7月,两级人民法院刑事审判工作,把保护知识青年上山下乡运动列入重点。据盘锦地区中级人民法院统计,1974—1975年,发生强奸和奸污下乡女知识青年案31件,占本地区同时所发生强奸案的50%。　　(公安、司法篇第三章《法院》,第484页)

《盘锦市志·农业卷》

盘锦市人民政府地方志办公室编,方志出版社1998年

1972年辽宁省国营农场工作会议将"平安经验"在全省推广。盘锦各国营农场在全面推行"平安经验"的同时开展农业学大寨运动,挖沟修渠,平整土地,修筑条田,使农业生产条

件大有改善。深入贯彻"农业八字宪法"(水、肥、土、种、密、保、工、管),实行科学种田,国家为农垦投入 7 028.7 万元建设资金,接收 3.6 万名城市下乡知识青年,使农垦各项事业有很大发展。

(农垦篇第一章《体制与机构》,第 417—418 页)

"文革"期间,由于沈阳、鞍山、大连等城市大批知识青年和干部下放到盘锦插队劳动,给各国营农场办工业积蓄力量。通过"知青"和下放干部的联络将城市工矿企业与农场挂钩协作,兴办一批乳品加工、肉鸡肉鸭屠宰冷冻加工、农副产品加工、机械制造维修、石油加工、化工、塑料、建材、制砖、纺织、缝纫等工业企业,使农垦系统的工业又有较大发展。

(农垦篇第二章《生产建设》,第 457 页)

1978 年初,国务院召开全国国营农场工作会议指出:"国营农场的职工,包括按国家计划分配在农场工作的城镇知识青年,农场职工子女都是国家职工,是工人阶级的组成部分。1971 年底以前参加国营农场的长期临时工,凡符合职工条件的可转为固定工……"。境内各农、牧、苇场依据国家劳动总局、农垦总局和省劳动局、农垦局规定,对下列人员转为国家正式职工。

1. 1971 年底以前参加农场工作的长期临时工(一年出勤天数男必须达到 240 天,女必须达到 180 天);

2. 按国家计划安排在农场工作的城镇知识青年;

3. 职工子女(高中毕业或年满 18 周岁的青年)。

(农垦篇第三章《经营管理》,第 478 页)

《盘锦市志·经贸卷》

盘锦市人民政府地方志办公室编,方志出版社 1999 年

1966—1969 年,盘锦垦区规定:人均口粮不足 160 公斤的生产队,由国家返销到 160 公斤;160—175 公斤的国家不购不销;175 公斤以上的为余粮队,国家按政策征购,口粮最高标准不超过 225 公斤;下乡知识青年年人均口粮 300 公斤。

1970 年,全垦区口粮标准 184—193 公斤,国营农场最高的口粮 250 公斤。1971 年,辽宁省革命委员会规定,社员口粮不足 162.5 公斤(包括油、酱豆,下同),国家适当返销;口粮在 162.5—177.5 公斤的国家不购不销;177.5 公斤以上的,国家适量征购;下乡知识青年口粮 300 公斤(包括自留地);还乡知识青年按当地社员口粮标准发放;盘锦地区各场社口粮定为 190—230 公斤。

(国内贸易篇第二章《粮食》,第 70 页)

实行粮油以人定量供应之后,由于部分人劳动强度大和一些特殊工种需要,1972 年 12 月省粮食局制定《定量外粮油补助暂行规定》,统一全省城镇定量外粮油补助范围和补助标准。

1. 定量外粮食补助

……

(4) 还、下乡人员补助粮　到农村安家落户的城镇还乡、下乡知识青年;到农村安家落户的城镇居民,在下乡当年,长期参加劳动的。

……

(国内贸易篇第二章《粮食》,第 79—80 页)

《盘锦市简志》

盘锦市人民政府地方志办公室编,方志出版社 2005 年

(1968 年)9—10 月,盘锦垦区接收安置沈阳、鞍山、旅大等城市下乡知识青年 22 843 人。

(《大事记》,第 15 页)

安置下乡知青　1963—1965 年、1968—1979 年,境内两次接收安置下乡青年共计 141 903 人。盘锦地区设有知识青年安置办公室,负责安置管理工作。县、场(社)两级政府都配一名副职领导负责此项工作。中共十一届三中全会后,大批下乡知青返回原籍。部分已婚知识青年安置在本地企事业单位工作。　　(政治篇第七章《政务》,第 172 页)

《大洼县志》

盘锦市大洼县地方志编纂委员会办公室编,沈阳出版社 1998 年

是月(1963 年 6 月),21 日,成立盘锦农垦局城市下乡青年学生安置领导小组。23 日,辽宁省副省长车向忱送沈阳市 35 个中学的 207 名毕业生,首批在境内落户。到 1979 年,共接收城市知识青年 88 993 人。　　(《大事记》,第 28 页)

是月(1968 年 10 月),26 日,沈阳市 98 所中学初高中学生 21 200 多人下乡,境内安置 9 个农场,两个公社,88 个生产大队,编成 67 个营,225 个连,769 个班,为他们建 107 个青年点。派解放军干部战士 308 名和复员退伍军人 188 名组成下乡知识青年"三结合"(军、贫、干)的领导班子。大洼、田庄台两镇中学城镇学生同时下乡。　　(《大事记》,第 32—33 页)

1963 年至 1978 年,沈阳、鞍山、抚顺、大连、营口等城市知识青年下乡到境内共 88 993

人。1974 年至 1977 年,因参军、升学、招工、回城,离开境内 2 万多人。从 1978 年至 1982 年,离开境内 6 万多人。今尚留在境内的仅 2 千余人。

(第三篇第一章《人口构成》,第 135—136 页)

中华人民共和国成立后,翻身农民始建新房,仍为土木结构的平房、草房,继而出现瓦房。1968 年,为安排知识青年,建砖石结构瓦房和平房 8 万多平方米。

(第八篇第二章《乡村建设》,第 298 页)

1960 年至 1976 年,忽视消费品生产行业,限制集体,取缔个体经济,城镇多种就业渠道被堵塞。动员城镇居民下乡,组织闲散人员在镇郊种田,安排知识青年下乡等办法,解决城镇人口就业矛盾。从 1970 年至 1978 年,城镇各单位用工,多在城镇下乡知识青年和农村还乡知识青年中选用固定工人,也招用一些城镇无业职工家属作岗位临时工,但数量不多。

1979 年以后,城镇下乡知识青年全部回城,被动员下乡的城镇居民和在"文化大革命"中被遣送下乡的职工及家属也按政策回城。当时,人事、劳动部门按政策规定,安排待业人员(包括职工退休子女顶替);发展集体所有制经济,兴办城镇消费品生产行业,通过考试,择优录用城镇待业青年;企业和机关团体,自己筹资办劳动服务公司(站)和小工厂,安排本单位职工待业子女就业;扶持待业人员自谋职业,给予相应的优惠;将"文化大革命"期间招用的顶岗临时工转为集体所有制固定工人;利用下乡知识青年经费 170 万元,办知青工厂、车间,安排待业青年;控制农村劳动力流入城镇,清理来自农村的计划外用工。到 1980 年,将 1978 年以前下乡的知识青年 4 494 人全部安排。　(第十八篇第一章《劳动就业》,第 517 页)

1964 年(市级劳模)

由希令(女)　大洼农场下乡知识青年　　　(第二十五篇第四章《英模名录》,第 658 页)

《盘山县志》

盘山县地方志编纂委员会办公室编,沈阳出版社 1996 年

(1965 年)9 月,本县第一批下放知识青年 323 人,奔赴农村,接受贫下中农再教育。

(《大事记》,第 24 页)

(1972 年)8 月,全区响应毛泽东主席关于知识青年上山下乡的号召,到 1978 年止,城镇知识青年(包括外市、县)下乡共 44 694 人。　　　　　(《大事记》,第 27 页)

知识青年安置

1964年开始,动员城镇知识青年上山下乡。至1967年底,全县累计下乡知识青年321人。1968年起,大量动员城镇知识青年上山下乡。盘山县当时被列为全省接收安置上山下乡青年的重点地区。至1979年,全县动员城镇知识青年下乡共计5 969人;接收沈阳、鞍山、旅大、营口等地区下乡知识青年46 018人。

1971年,通过企事业单位招工、学校招生、应征参军、转干、抽调做教师等途径,逐步安置下乡知识青年560人。但当时,一面进行安置,一面继续动员城镇知识青年上山下乡。到1979年,在农村的知识青年仍有4 649人。1980年起,愿意在农村立志务农的知识青年,鼓励他们扎根农村,并在生产安家等方面,给予适当的经济补助。盘山县各企业单位招收新工人时,凡有专项指标的,全部用于招收外地知识青年。凡下乡知识青年参军的,从部队复员退伍后,一律介绍回原下乡地区进行安置分配。对已婚下乡知识青年,则分别情况予以处理。同城镇职工结婚的21名青年,给予办理回城手续,由"双青"家长单位负责安置;其家长在镇内工作的24人,由家长所在单位安置;同设在农村的县办工厂结婚的知识青年21人,由其配偶单位负责安置;同当地农民结婚的317名知青,按照就近原则进行安排;在国营农、牧、苇场安排工作并已转正有工资收入的89人,为其本人改办商品粮,变为非农业户。为尽快落实知识青年安置工作,县有关部门拨出专款建立知识青年砖厂,共安置141名知识青年,工厂性质为大集体。此外,财政部门为扶持安置知识青年的企业发展生产,对企业给予减免税收的照顾。对丧失劳动能力的知识青年,发给一次性补助。对少数犯罪判刑或劳动教养的知识青年,刑期或劳教期满后,由动员地负责进行安排。经过上述措施,全县下乡知识青年,到1982年,基本上全部安置。

(第十六篇第二章《劳动》,第505—506页)

《盖州市志(第一卷)》

盖州市地方志编纂委员会办公室编,辽宁科学技术出版社2008年

是月(1964年9月),全县开始知识青年上山下乡运动。　　　　(《大事记》,第93页)

(1965年)8月12—14日,盖县第一次城镇下乡知识青年积极分子代表会议召开,县长冯刚作《高举毛泽东思想伟大红旗,在知识青年革命化的道路上奋勇前进》的报告,团县委书记陈忠勇作《知识青年沿着革命化、劳动化的大道奋勇前进》的报告。会议还发出下乡知识青年倡议书。

(《大事记》,第95页)

(1968年)3月18日,盖县抓革命促生产第一线指挥部召开知识青年政治工作会议,统一对全县知识青年上山下乡形势的认识,分析存在的问题,部署今后的工作。

(《大事记》,第101页)

是月(9月)上旬,有鞍山市 11 465 名知识青年被下放到盖县农村从事农业生产劳动,并遵照毛主席的指示,接受贫下中农再教育。

(《大事记》,第 103 页)

11 月 17 日下午,下乡到团山公社前石桥大队的知识青年马连伟途经太阳升公社黄大寨大队养鱼池时,冒着严寒两次跳入养鱼池冰穴中救出两名落水儿童。12 月 20 日,县革委发出《关于开展向忠于毛主席无产阶级革命路线的马连伟同志学习的决定》。

12 月 15 日,县革委召开还乡、下乡知识青年活学活用毛泽东思想讲用会。参加会议的有各公社还乡、下乡知青代表,社队再教育委员会负责人和县红代会全体委员共 850 人。会议听取省贫下中农活学活用毛泽东思想报告团的报告和城关公社东巴岭大队知青的典型发言。

(《大事记》,第 103 页)

是年,县革委根据毛主席的指示和省、市的统一部署,将县内城镇初中、高中毕业生送到农村"接受贫下中农的再教育",在"下乡知识青年点"集体生活,从事农业生产劳动。

(《大事记》,第 104 页)

(1969 年)9 月 22 日—10 月 9 日,县革委举办下乡知识青年毛泽东思想学习班,有 104 名代表参加。学习班主要是向下乡知识青年灌输"接受贫下中农再教育"的重要性。

(《大事记》,第 105 页)

(1972 年)4 月 22 日,中共盖县委在九垄地公社召开"一打三反"现场大会,批斗迫害、腐蚀、拉拢下乡青年犯张敏、朱延良,教育挽救犯有严重错误的张之刚等 3 人。

(《大事记》,第 110 页)

(1973 年)10 月 20 日,中共盖县委常委会决定,成立盖县知识青年上山下乡工作办公室。

(《大事记》,第 114 页)

(1975 年)4 月 9 日,《营口日报》以《为缩小三大差别而战斗》为题,报道大连工学院女毕业生郑延军自愿回家乡盖县青石岭公社,为改变农村落后面貌奉献青春的感人事迹。

(《大事记》,第 117 页)

7 月 15 日,《营口日报》报道,中共盖县委把对已婚上山下乡知识青年的教育工作当做一项重要任务来抓,从思想和政治路线的高度教育他们坚持乡村不动摇,继续革命不停步,为建设社会主义新农村做出贡献。

(《大事记》,第 117 页)

9月22日,盖县上山下乡知识青年学习革命理论经验交流会召开,有338人参加会议。盖州镇内3所中学应届毕业生也到会听取了经验介绍。 (《大事记》,第118页)

(1976年)9月1日,县委召开上山下乡知识青年认真学习、深入批邓经验交流会,有750人参加。县委副书记张传海作《深入批判邓小平修正主义路线,巩固和发展知识青年上山下乡的大好形势》的报告。会议决定,树立郑延军、王永革、许卫国、郝惠芳为上山下乡知识青年标兵,并号召全县知青、红卫兵、红小兵向他们学习。 (《大事记》,第120页)

《大连市志·民政志、军事志》

大连市地方志编纂委员会办公室编,大连出版社1993年

第四节　城镇下乡人口安置

1969—1971年,旅大市共有近12万城镇人口被动员到农村安家落户。中共十一届三中全会后,对在"文化大革命"期间被动员下乡的人员,分别不同情况作了安置处理。

一、管　理　机　构

1969年1月,成立旅大市革命委员会城镇人口下乡安置办公室(以下简称下乡办),负责动员安置城镇人口下乡。1976年8月,下乡办交市民政局代管。1978年初,成立市城镇人口下乡安置领导小组,1981年2月下乡办改名大连市人民政府城镇人口下乡安置办公室,1989年3月起与市民政局信访办合署办公。各县、区也建立了相应的领导机构和办事机构。

二、动　员　下　乡

1969年3月,全市掀起城镇人口下乡"热潮"。被动员下乡的主要对象是:城镇无职业闲散人员;工矿企业、机关团体和事业单位临时工、合同工;城镇无户口、无工作的职工家属;各单位退休、退职和即将退休的职工及其家属;户口在城镇而工作在外地的职工的家属;需下乡接收"再教育"的知识青年和社会青年;"四类分子"、刑满释放与解除劳动教养人员及其家属等。动员声势之大为前所未有。各街道都设广播站,组织宣传队、宣传车到街头巷尾、单位、家庭宣传动员;区、街和机关团体、企事业单位分别举办各种"学习班",层层动员下乡。至1971年上半年,全市共动员26 753户、119 597名城镇人口到农村安家落户。其中被安置到本市各县农村的20 748户、98 958人;到外省、市农村投亲靠友或回原籍落户的6 005户、20 639人。被动员下乡人员,均发给一定数量建房和安家补助费,不足部分由本人自筹和社队帮助解决。下乡人员的户口、粮食关系一律由城镇转至农村,由吃商品粮改吃农业粮,同当地社员一样分给自留地,参加集体劳动,靠挣工分生活。下乡人员绝大多数对农村生活不适应,生活发生许多困难,孤老病残户困难更大,多数人不安于农村,经常上访要求解

决困难和迁回城镇。1978年以后,下乡人员成批上访,1979年达5万多人次,要求回城。

三、安 置 处 理

中国共产党十一届三中全会后,根据党中央、国务院指示和中共辽宁省委辽委发[1978] 47号、辽宁省革命委员会辽革发[1978]265号文件,市委、市革命委员会在对全市"文化大革命"期间下乡城镇人口进行全面调查的基础上,制定了落实下乡人员政策的若干规定,区别情况,逐步处理下乡人员遗留问题。至1990年末,经市下乡办审批,为121 886名下乡人员(含下乡后所生子女5 000多名)落实政策,办理回城或就地安置。其中,调回原单位复工复职(含社街企业集体所有制工人)2 200多名;原退休和因年迈体弱提前办理退休的职工迁回城镇2 600多名;招收退休职工的1名子女进城镇"接班"2 000多名;原社街企业的非国家正式职工,由街道办事处帮助办理返回城镇,每月发给12元生活补助费的1 000多名;落实政策,平反回城2 000多名;在城镇有亲可投、有居住条件的孤老病残居民和上述各类人员的家属迁回城镇93 500多名;下乡知识青年和社会青年回城安置6 400多名;列专项招工指标,从无职工的下乡户中每户招收1名符合条件的子女9 000名(大连市内安排5 000名,就地就近安排在县、乡镇企事业单位4 000名);从1988年开始,对与当地农民结婚而不能回城的下乡人员(含知识青年和社会青年),改吃商品粮,就地就近安排到地处农村的县、镇全民或集体所有制企事业单位就业近3 200名。至1990年底,全市城镇下乡人员基本得到妥善安置。仍在农村的约有5 000人,主要是已与当地农民结婚者。

(民政志第三章《安置》,第40—41页)

因公致残知青救济

1978年,根据中共中央[1978]74号文件批转《国务院关于知识青年上山下乡若干问题的试行规定》中有关对1962年以来下乡知识青年因公致残完全丧失劳动能力由民政部门发给生活费、护理费的规定,市知青办、民政局于1979年8月联合发出通知,由下乡县(区)知青部门填写"审批表",经公社革委会证明确系因公致残,县以上医院作出完全丧失劳动能力的诊断,经县(区)革委会批准,由县(区)民政部门凭"审批表"和证明材料,发给《公残知青生活费领取证》,按月发给生活费35元。护理费区别对待,亲属可以照顾的,不另发护理费,家庭生活困难者,按城镇救济办法,补助一个人的救济款(12元);无亲属由亲友给予辅助性照顾的,发给护理费12—15元;必须专人护理的,按当地护理员最低一级工资标准发给护理费。公残知青的医疗费,凭指定医院收费凭证实报实销。当年发证13人,发救济款11 948元,其中生活费5 282元,护理费6 666元。1990年10月起按省民政厅通知,生活费标准提高到50元,护理费提高到46元,年底享受此项救济的尚有12人,其中加发护理费者9人。

(民政志第五章《社会救济》,第68—69页)

(1979年)7月,市革委会根据国务院《关于知识青年上山下乡若干问题的试行规定》,决定对 1962 年以来下乡知识青年中因公致残者由民政部门发给生活费、医疗费和护理费。8 月 1 日,市知青办、民政局联合发出通知,对审批发放事宜作出具体规定。

(《民政志·大事记》,第 171 页)

《大连市志·检察志》

大连市地方志编纂委员会办公室编,大连出版社 1994 年

(1979 年)3 月 27 日,市检察院通过审查批捕杨福龙杀人案,发现下乡知识青年张吉财为保护集体财产、英勇同犯罪分子搏斗壮烈牺牲的事迹很生动,即报告中共旅大市委,建议公开表彰。经辽宁省革命委员会批准,追认张吉财为革命烈士,共青团旅大市委追授“青年英雄”称号。6 月 13 日,旅大市召开表彰大会,中共旅大市委书记曾宇讲了话,全市 20 万人收听了大会实况,旅大日报发表了社论和张吉财事迹的长篇报道。　(《大事记》,第 13 页)

1978 年,旅大地区检察机关重建后,又把综合治理工作列为检察机关的一项重要任务。同年 10 月,市检察院在办理一起杀人案件中,发现被害人张吉财(系下乡知识青年)为了维护集体利益,不顾个人安危,独自一人追拿犯罪分子,并在与之英勇搏斗中,壮烈牺牲的先进事迹后,组织专人对张吉财生前表现作了全面调查了解,整理了先进事迹,向中共旅大市委写了《关于表彰下乡知识青年张吉财与犯罪分子英勇搏斗壮烈牺牲事迹的报告》,建议市委通过相应形式宣传张吉财的事迹。市委很快批转了这个报告,市革命委员会作出了表彰张吉财的决定;经辽宁省革命委员会批准其为革命烈士;共青团旅大市委授予张吉财“青年英雄”的光荣称号。旅大市革命委员会、团市委、市民政局、市知青办公室联合召开了授予张吉财革命烈士和“青年英雄”称号大会,全市掀起了向张吉财学习的热潮。市委对市检察院结合办案,深入调查研究,注意发现先进典型,加强法制宣传的作法给予表扬。

(第十一章《其他检察》,第 182 页)

《大连市志·税务志》

大连市史志办公室编,大连出版社 1998 年

1979 年 1 月,执行财政部规定,对为安置城市上山下乡知识青年而专门开办的独立核算的集体所有制场、队,均免征工商税,到 1985 年底。自 1979 年 10 月 16 日起,依照辽宁省财政局通知,将饮食业税率减为 3%。

(第二章《税制税额》,第 223 页)

《大连市志·粮食志》

大连市史志办公室编,大连出版社1998年

1971年,旅大地区实行"一定五年"征购政策时规定,余粮队集体口粮标准每人每年为355—500斤;自足队为325—355斤;缺粮队为325斤;以种菜为主的生产队可参照邻近余粮队口粮水平确定口粮;果树队可参照自足队口粮水平确定口粮,但根据贡献大小,也有所区别。渔民和盐民本人的口粮标准每人每年为500—550斤,其家属按所在生产队社员口粮标准分配。在渔业队中,集体组织渔民家属走"五·七"道路生产粮食的口粮标准应予以适当照顾。上山下乡知识青年口粮标准每人每年为600斤(包括自留地);随家下乡、还乡的知识青年按当地社员口粮标准分配。

1973年,旅大市根据省革委会规定,插队青年(包括城镇回农村老家落户的青年)的口粮,每人每月供应成品粮45斤,食油0.3斤。参加生产队分配的插队青年口粮标准每人每年为600斤(不包括自留地)。插队的回族青年除与社员分同等数量食油外,每人每月供应食油0.1斤。

1979年,中共辽宁省委规定,余粮征购起点为年355斤,口粮标准低于起征点的,一律不征购。蔬菜专业队的口粮标准,继续贯彻不低于邻近产粮队水平的原则。以林为主专业队的口粮,在完成国家林副产品收购任务的条件下,保证他们的口粮标准不低于邻近产粮队的水平。产粮缺粮队的口粮标准为年325斤不变,可以安排到350斤,生产队因灾减产,由余粮队变为缺粮队,口粮不足350斤的由国家返销。但对历年交售商品粮较多的队,可以动用本队自储粮或本队在国家代储粮,把口粮适当照顾到400斤。下乡知识青年口粮标准为年600斤(不包括自留地粮),下乡青年扎根农村结婚后,口粮标准暂不变。

(第三章《农村粮油购销》,第41—42页)

《大连市志·劳动志》

大连市史志办公室编,大连出版社1999年

(1968年)10月20日,旅大市1966—1968年3届初、高中毕业生61 723人上山下乡插队从事农业生产。

(《大事记》,第33页)

(1971年)7月29日,根据辽宁省革命委员会"关于从下乡知青中为工矿企业招工"的指示,旅大市劳动工资局在新金县大潭人民公社进行招工试点工作。

8月25日,旅大市革委会召开全市招工工作会议,决定在"上山下乡知青"中选招新工人。截止11月20日,从全市各县和辽宁省北票县、宽甸县、岫岩县、桓仁县共招收1.35万

余名"知青"新工人。 (《大事记》,第 33—34 页)

(1972 年)11 月 28 日,旅大市"知识青年上山下乡"工作领导小组成立,市革委会常委彤剑任组长,领导小组下设办公室(简称"知青办"),负责日常工作。 (《大事记》,第 34 页)

2 月 9 日,中共旅大市委召开动员"知青下乡"紧急会议。决定继续动员应下乡而未下乡的"知青"下乡,对已在城市内安排了工作的符合下乡条件的毕业生予以辞退并动员下乡。
(《大事记》,第 34 页)

(1974 年)4 月 15 日,旅大市革委会发出《关于选派下乡知识青年带队干部的通知》,要求从 1974 年起每百名知识青年选配 1 名带队干部。当月 18 日,旅大市召开欢送首批知青带队干部下乡大会,共有 396 名带队干部分赴各知青点。 (《大事记》,第 34 页)

(1978 年)12 月 10 日,有 3 000 多名知识青年,在旅大市革委会门前集合,提出"要饭吃、要工作、要活命"的口号,要求市领导对解决知青问题作出答复。后 2 000 多人游行。据统计:1978 年全市有待业青年 18 万人,其中,留城待业青年 4 万人,下乡"知青"14 万人。

12 月 28 日,中共旅大市委召开全市"知青"劳动工作会议,传达国家和辽宁省"知青"工作会议精神,针对全市"知青"工作中存在的问题,作出调整政策、广开门路、统筹解决知青就业问题的决定。 (《大事记》,第 35—36 页)

(1980 年)6 月 26 日,旅大市革委会召开"知青"工作会议。会议决定,对本年度应下乡的知识青年主要安置到知青场(厂)队,不转户口与粮食关系;对已下乡的知识青年,逐步转到知青场(厂)队,改为城镇户口。

7 月 18 日,旅大市革委会召开已婚知识青年安置工作会议,为 1 万余名已婚知青就地就近安排工作。

7 月 29 日,旅大市召开全市知青场(厂)队经验交流会,本着"统筹规划、条块结合、多方合作、共同负责"的原则,在全市范围内兴办新的集体所有制企业,使之成为解决劳动就业的主要渠道。据统计:1980 年全市有待业青年 16 万人,当年安排就业 97 492 人,占待业青年总数的 60.90%。这是旅大市安排待业青年就业最多的一年。 (《大事记》,第 37 页)

1982 年 1 月,大连市知识青年安置办公室(简称"知青办")与劳动局合署办公。同月,成立大连市知青农工商联合公司(1981 年 5 月更名为"友谊实业总公司"),其工作任务是为"知青"开办的经济实体服务。 (第一章《管理机构》,第 50 页)

第六节　知识青年就业

一、知识青年上山下乡始末

中共中央于1956年1月制定《一九五六——一九六七年全国农业发展纲要（草案）》提出："城镇中、小学毕业的青年，除了能够在城市升学、就业的以外，应当积极响应国家号召，上山下乡参加农业生产，参加社会主义建设的伟大事业。"1961年以后，随着精简职工和减少城镇人口工作的开展，在因"大跃进"中城市大量招工、城镇知识青年（以下简称"知青"）下乡工作暂停之后，又恢复动员下乡工作。1964年1月，中共中央、国务院公布《关于动员和组织城市知识青年参加农业社会主义建设的决定》，进一步推动城镇知识青年上山下乡工作，但人数规模不大。

1964—1966年，旅大市累计动员下乡15 272人，大都是集体动员安置在国营农、林、牧、渔场。

"文化大革命"开始后，1966—1968年的三年中，由于高等院校不招生，工厂企业也很少招工，大连同全国一样，城镇积累起来的大批知识青年安排成为一个重大问题。1968年12月，毛泽东主席号召城镇"知识青年到农村去，接受贫下中农再教育"，从而，在全市范围内掀起了动员城镇知识青年上山下乡的高潮。1968—1980年，全市共动员知青267 901人上山下乡。此项工作至1980年末结束。

二、工 作 机 构

1962年10月20日，旅大市精简安置办公室成立。组织第一批城镇知识青年上山下乡参加农业生产。

1964年春，根据中共中央和辽宁省委关于"加强城镇知识青年上山下乡工作"的要求，中共旅大市委决定成立旅大市安置城市下乡青年领导小组，由副市长谭松平、市委工交部长沈涛任正、副组长，下设办公室，各县（区）也建立相应机构。

1965年7月15日，中共旅大市委决定将市精简办公室、安置办公室、知青办公室合并，成立中共旅大市人口工作领导小组办公室。

1972年，根据中共辽宁省委指示，旅大市委决定建立旅大市知识青年上山下乡工作领导小组。组长：彤剑，副组长：杜李。领导小组下设办公室，负责日常工作。

1973年6月，中共旅大市委批转市文教组《关于加强知识青年上山下乡工作的报告》，提出建立健全管理机构，市知青办设15人；各县（长海县除外）和市郊两区设7人；市内三区也要建立办公室，设5人；农村公社要配2名专管知青工作干部。之后，市及县（区）均相继建立知青办。是年11月，市城镇中学毕业生分配工作办公室改称旅大市知识青年上山下乡工作办公室（简称知青办）。

1974年春，市知青办列为局级建制，重新调整领导成员。内设秘书、动员安置、教育、财务等科室。

1981 年 5 月，市知青办与市劳动局合署办公，对外保留知青办名义，工作统筹安排。

1982 年 1 月，大连市知识青年上山下乡工作办公室改为大连市知识青年安置办公室，仍与市劳动局合署办公，成立大连市知青农工商联合公司，县级建制，隶属市知识青年安置办公室领导。

1983 年 5 月，市知青办撤销，知青工作交由市劳动局负责，人员并入劳动局。

三、动 员 下 乡

1962 年 10 月 20 日，旅大市欢送首批城镇知青上山下乡。之后，市内各区陆续组织进行。

1964 年 3 月，东北局第一书记宋任穷和辽宁省委第一书记黄火青，到金县三十里堡公社台子大队梨树沟生产队看望和慰问 27 名下乡参加农业生产的城镇知青。勉励他们更好地听毛主席的话，为上山下乡知识青年做个好榜样。当月 28 日，中共旅大市委、市人委、共青团市委，于人民文化俱乐部召开大会，欢送 1964 年首批 390 余名城市知识青年下乡上山，走向农业生产第一线。是年 5 月 22 日，中共旅大市委领导同志到金县三十里堡蹲点劳动时，市委书记胡明两次到台子大队梨树沟生产队和庙沟生产队探望下乡知青。是年 7 月，中共旅大市委、市人委召开动员和安置城市知识青年下乡参加农村社会主义建设经验交流会。复县松树公社朝阳大队，金县二十里堡公社钟家大队，中山区八一路街道和沙河口区香炉礁街道等单位介绍动员、安置城镇知青下乡工作经验。上半年已有 3 400 名城镇知青下乡锻炼。

1965 年 3 月 27 日，旅大市沙河口区在沙河口火车站前举行万人大会，热烈欢送 426 名知青奔赴农村。旅大市副市长王新华代表市委、市人委向下乡知青表示祝贺。当月，旅大市下乡知青报告团向城市知青及知青家长作报告，介绍下乡知青在农村广阔天地里锻炼成长的情况。

1966 年 4 月 12 日，旅大市各界代表在人民文化俱乐部举行大会，热烈欢送 571 名知青下乡落户。1968 年 10 月，响应毛泽东主席的号召，旅大市掀起动员城镇知青上山下乡的高潮。当月 20 日，全市 1966—1968 年初、高中各三届毕业生作为知识青年上山下乡。当年下乡 61 723 人。

1969—1973 年，全市共动员城镇知青下乡达 31 452 人。

1974—1977 年，旅大市城镇知青下乡人数出现高峰，多达 15.5 万人，每年平均动员下乡近 3.9 万人。

1978 年，国务院召开全国知识青年上山下乡工作会议，调整城镇知识青年上山下乡政策，扩大留城面，决定矿山、林区、小集镇，一般县城非农业户口的中学毕业生以及有安置条件的城市的中学毕业生，不再动员下乡，并提出城镇要更多地为中学毕业生创造就业和升学条件。因此，动员下乡人数减少，1978 年为 6 489 人，1979 年为 8 399 人，1980 年为 1 497 人。

1962—1980 年，旅大市城镇知青上山下乡累计为 283 173 人。知青上山下乡安置去向

（见表19）。

表19　旅大市 1962—1980 年知青下乡安置去向表　　　　　　　　　　单位：人

本市县区安置	去外地安置（28 779 人）							接收外地	总　计
	盘锦	本溪	丹东	朝阳	营口	昭盟	西藏		
254 394	6 428	2 864	11 304	5 114	55	3 003	11	8 941	292 114

据统计，旅大市 1972—1980 年农村实有下乡知青人数，见表20。

表20　旅大市 1972—1980 年下乡知青人数表　　　　　　　　　　单位：人

年　　度	1972	1973	1974	1975	1976	1977	1978	1979	1980
实有人数	40 354	44 748	67 175	84 912	130 395	157 680	126 856	54 025	10 507

1974—1981 年，国家拨给知识青年上山下乡的安置经费共计 9 969 万元。

四、安 置 形 式

1962—1966 年，以学校为单位，先是分散插队到社员家，后到"青年点"，区（动员区）县（安置县，包括本省外市县）对口，校社挂钩。

1974 年起，旅大市学习湖南省株洲市经验，实行厂社挂钩，集体安置知识青年。由家长所在单位负责建"青年点"和农林场，实行独立核算。这种安置形式，在解决知青的住房、生活和管理教育上比校社挂钩、分散插队较为优越。

1980 年，旅大市统筹解决知青问题，在安置形式上改变为主要安置到县（区）和郊区的知青场（厂）队，户粮关系不转；对已下乡知青，城镇户粮关系逐步转到知青场（厂）队。到是年底，全市共办知青场（厂）队 521 人，其中，市内和城镇办 412 个，安置 35 000 人。

旅大市 1974—1980 年，实有青年点数（见表21）。

表21　旅大市 1974—1980 年底实有青年点数表　　　　　　　　　　单位：个

年　　度	1974	1975	1976	1977	1978	1979	1980
青年点数	2 959	2 544	2 720	3 211	3 399	1 712	25

旅大市 1968—1980 年为青年点修建房屋数及知青实有房屋数（见表22）。

表22　旅大市下乡知青修建房屋数目表　　　　　　　　　　单位：间

年　　度	1968—1973	1974	1975	1976	1977	1978	1979	1980	合　计
青年点建房数	21 998	7 192.5	13 801.5	14 931	10 460.5	3 848.5	5 259	2 341.5	79 832.5
下乡知青实有房间数	—	28 509.5	40 655.5	55 473.5	64 469	66 929	68 844	31 634	356 514.5

1980 年旅大市下乡知青办企业数（见表23）。

表 23　旅大市 1980 年独立核算自负盈亏知青企业情况表

知青企业数（个）				安　置　人　数				
合　计	办　在城镇的	办　在郊区的	办　在农村的	合　计	已　婚知青数	未　婚知　青	城　镇待业知青	其他人员
530	421	86	23	38 565	1 083	24 602	8 638	4 242

五、管 理 教 育

1968 年，为了加强对下乡知识青年的管理教育，由知青下乡所在社队选派"贫下中农"进驻"青年点"进行管理。

1974 年 4 月，旅大市革委会作出决定，全市按每 100 名知青选派 1 名带队干部进"青年点"进行管理。

1975 年 8 月，市革委会批转组织组、知青办《关于下乡知青带队干部的选派和管理教育几个问题意见的请示报告》，对带队干部的条件、选派方法、任务、领导、管理及生活福利待遇作出规定。

1974—1980 年，旅大市共向"青年点"选派带队干部 10 267 人次（见表 24）。带队干部同知青同吃、同住、同劳动，对知识青年的管理教育和成长起到了积极作用。

表 24　旅大市 1974—1980 年底实有带队干部人数表

年　度	1974	1975	1976	1977	1978	1979	1980
带队干部人数	1 334	1 449	2 271	2 306	2 011	895	1

1962 年，旅大市城镇知青在农村积极参加农业生产建设，不仅为农村增加劳动力，而且在传播文化科学知识，活跃农村文化生活乃至移风易俗方面，都发挥很大作用。他们在社队各级领导、贫下中农和带队干部的管理教育下，涌现出许多先进集体和先进个人。截止 1980 年，有 270 名知青被提拔为国家干部，3 997 人加入中国共产党，54 122 人加入中国共产主义青年团（见表 25）。

表 25　旅大市 1973 年前—1980 年下乡知青成长情况表　　　　　单位：人

年　度	合计	1973（前）	1974	1975	1976	1977	1978	1979	1980
提拔国家干部	270	175	6	29	16	3	2	35	4
发展党员	3 997	1 498	557	605	859	331	89	58	—
发展团员	54 122	24 097	4 623	6 100	7 585	6 156	4 568	982	11

1962—1980 年，在下乡知青中招工 164 796 人，学校招生 8 626 人，部队征兵应征入伍 16 680 人（见表 26）。

表 26　1962—1980 年旅大市下乡知青"两招一征"情况表　　　　单位:人

年　　度	合计	1973(前)	1974	1975	1976	1977	1978	1979	1980
招工	164 796	23 171	9 167	17 077	15 680	5 288	14 470	58 899	21 044
招生	8 626	1 954	1 016	720	736	238	2 586	777	599
征兵	16 680	9 268	694	240	1 987	936	2 272	1 154	129

六、统筹解决就业

1978 年,旅大市下乡知青在农村有 12.6 万人,难以即时安置就业,同全国其它城市一样,发生知青返城集会、游行请愿和哄闹政府机关等事件。是年 12 月 10 日,有 3 000 多名知青,在旅大市革委会门前集会,提出"要饭吃,要工作,要活命"的口号,要求市革委会领导对解决知青就业问题作出答复。会后有 2 000 多人游行。当月 28 日,中共旅大市委、市革委会召开全市知青劳动工作会议,传达贯彻《中共中央通知》(中发〔1978〕74 号)和全国及辽宁省知青工作会议纪要,针对知青上山下乡工作中存在的问题,作出坚持"四个面向"原则①调整政策,广开门路,统筹解决知青就业问题②的决定。

1979 年 1 月 5 日,《旅大日报》登载中共旅大市委召开知青劳动工作会议,统筹解决知青就业的消息。翌日,有 4 000 多名下乡知青又在市革委会门前集会,支持市委关于解决知青就业问题的各项措施。会后有 2 000 多人再次游行。是年,除全民所有制企业招工、补员③外,主要依靠各单位兴办新的集体企业,即厂办集体所有制企业(全民办集体)作为解决劳动就业的主渠道,在下乡知青中招工 5.8 万人,安置因病留城和特困回城知青 7.1 万人,共计安置 12.9 万人。

1980 年 6 月,旅大市革委会召开知青工作会议,对统筹解决下乡知青就业问题作出新布置:一是决定因地制宜,从实际出发,广开门路,做到一业为主,多种经营,城乡结合,农工商结合,继续妥善安置知青就业;二是关心下乡已婚知青的工作与生活,把有困难的已婚知青安置好。是年 8 月,仍在农村的已婚知青陆续回城集体上访,要求抓紧解决他(她)们的就业问题。市革委会指示知青办、劳动局本着"国家关心、负责到底"的精神,除按政策规定继续解决"双知青"④和与城市职工结婚的已婚知青回城就业外,还要采取就地就近安排社办企业、知青场队和"男顶女"⑤招工等办法,抓紧解决已婚知青就业问题。

1981 年初,大连市知青办、劳动局联合发出《当前知青工作的几点意见》,对在乡已婚知

---

①　四个面向:指城市中学毕业生的安排,实行"进学校、上山下乡、支援边疆、城市安排",逐步扩大留城面。——原书注

②　统筹解决:指"统筹规划、归口安置、条块结合、两条腿走路"。——原书注

③　补员:指企业补充自然减员。——原书注

④　双知青:指夫妻双方皆为知识青年。——原书注

⑤　男顶女:指女知青嫁给男社员,因当时招工不要女同志,为解决知青生活困难,采取由男社员顶替女知青招工就业,男社员变成非农户,女知青变成农户。——原书注

青的劳动就业问题作出具体安排。翌年4月21日,大连市人民政府批转市知青办《关于全市已婚知青安置工作情况的报告》,要求各县和旅顺口、甘井子区采取有效措施,力争在1982年底或1983年初,把在乡已婚知青安置好,并下达具体安置指标。1979—1983年,有15 628名已婚知青得到妥善安置,占应安置总数的99％。其中,按政策规定回城就业4 219人,就地就近安置就业11 447人(其中,农村厂矿招工10 447人,知青场队安置955人,自谋职业30人,专业户15人)。

1983年1月起,大连市除继续进行已婚知青遗留问题处理工作外,又对近千名因种种原因未按知青待遇的青年进行恢复知青身份的工作。同时,采取一次补助的办法,安置处理病残知青近百人。是年末,大连市基本结束下乡知青安置工作。

(第二章《劳动就业》,第 95—101 页)

《大连市志·中共地方组织志》

大连市史志办公室编,中央文献出版社 2001 年

(1968年)9月24—28日,市革委会召开中学毕业生上山下乡安置工作联席协作会议。12月22日,《人民日报》社论引述了毛泽东主席关于"知识青年到农村去,接受贫下中农的再教育,很有必要"的指示。全市掀起响应毛主席号召,动员知识青年走上山下乡道路的高潮。大批学生荒废学业,到农村插队落户。至年末,全市66 935名初中以上毕业生中,有54 829名上山下乡。此后,市革委会每年都要召开几次动员应届中学毕业生下乡的会议。

(《大事记》,第 60 页)

(1976年)6月12—14日,中共旅大市委召开知识青年上山下乡工作会议,要求全市党员、干部和家长,做知识青年"扎根"农村干革命的促进派;号召应届毕业生到农村去,到昭盟去,为建设社会主义新农村贡献力量,以实际行动回击"右倾翻案风"。(《大事记》,第 66 页)

《大连市志·大事记、行政建置志》

大连市史志办公室编,大连出版社 2001 年

(1968年)8月,旅大市开始疏散城镇人口,动员大批城镇居民、知识青年及干部上山下乡。

(《大事记·现代大事》,第 158 页)

9月24—28日,旅大市革委会召开中学毕业生上山下乡安置工作联席协作会议。10月20日,全市1966—1968年3届初、高中毕业生61 723人下乡插队落户,"接受贫下中农再教

育"。此后,市革委会每年都召开动员应届毕业生下乡工作会议。至 1971 年底,全市共有 31 万人到农村插队落户。 (《大事记·现代大事》,第 158 页)

　　(1969 年)1 月,旅大市革委会城镇人口下乡安置办公室成立(简称"下乡办")。3 月 13 日,市革委会在斯大林广场召开欢送第一批上山下乡人员大会。会后陆续下乡的有 2 万名临时工、合同工,3 万名家属生产自救工和 1 万名劳动服务队人员。至 1971 年上半年,全市共动员 26 753 户、119 597 名城镇人口下乡落户。1978 年后,中共旅大市委、市革委会制定落实下乡人员政策的若干规定,逐步处理下乡人员遗留问题。至 1990 年末,经市下乡办批准,为 121 886 名下乡人员(含下乡后所生子女 5 000 多名)落实政策,办理回城或就地安置。仍在农村的约有 5 000 多人。 (《大事记·现代大事》,第 159—160 页)

　　(1970 年)7 月 2 日,旅大市革委会在上报省革委会《关于贯彻落实中央 26 号文件的情况报告》中称:经发动群众揭发出破坏知识青年上山下乡的案件 1 000 余起。

(《大事记·现代大事》,第 162—163 页)

　　(1972 年)11 月 28 日,旅大市知识青年上山下乡工作领导小组成立。下设办公室,简称"知青办"。1983 年 5 月 25 日撤销,知青工作交市劳动局。
　　11 月 29 日,中共旅大市委、市革委会召开应届、历届中学毕业生上山下乡工作动员大会。12 月 24 日,市革委会在斯大林广场举行欢送大会,欢送 2 万多名中学毕业生到农村插队。 (《大事记·现代大事》,第 168 页)

　　(1973 年)11 月 6—9 日,中共旅大市委召开上山下乡知识青年批林整风讲用会。会议披露,5 年来全市共有 12.2 万名知识青年上山下乡。 (《大事记·现代大事》,第 170 页)

　　(1974 年)4 月 18 日,中共旅大市委、市革委会举行欢送首批上山下乡知识青年带队干部大会。欢送从机关、厂矿企业、大专院校和科研单位抽调的 396 名干部,作为首批带队干部,去农村协助社队做好知青工作。 (《大事记·现代大事》,第 171 页)

　　6 月 13—14 日,中共旅大市委召开应届、历届中学毕业生上山下乡工作动员大会。6 月 27 日,市革委会召开送子女务农革命家长代表会议,号召"深入批林批孔,教子反修防修下乡干革命"。 (《大事记·现代大事》,第 172 页)

　　8 月 9 日,中共旅大市委、市革委会召开万人大会,欢送首批赴昭乌达盟插队落户的百余名中学毕业生。 (《大事记·现代大事》,第 172 页)

11 月 8—20 日,中共旅大市委召开"批林批孔"座谈会。之后,又召开文艺战线、卫生战线"批林批孔"座谈会和上山下乡知识青年"批林批孔"讲用会。

(《大事记·现代大事》,第 173 页)

(1975 年)6 月 29 日,市总工会、团市委、知青办、文化局等联合举办"旅大市工农兵坚决支持知识青年上山下乡歌咏大会"。4 000 余人参加大会。

(《大事记·现代大事》,第 175 页)

7 月 28 日,中共旅大市委在斯大林广场举行欢送大会。全市 20 万群众夹道欢送万余名应届中学毕业生上山下乡。　　　　　(《大事记·现代大事》,第 175 页)

9 月 9 日,旅大市革委会召开欢送工农兵学员赴藏、还乡务农大会。

(《大事记·现代大事》,第 176 页)

(1976 年)6 月 29 日,中共旅大市委、市革委会在市体育场召开应届中学毕业生上山下乡誓师动员大会。4 万余名应届中学毕业生冒雨参加大会。

(《大事记·现代大事》,第 178 页)

7 月 8 日,中共旅大市委、市革委会召开大会,欢迎赤峰市下乡青年柴春泽来旅大作报告。全市 50 多万人在 1 700 多个分会场收听。　　　(《大事记·现代大事》,第 178 页)

(1977 年)1 月 9 日,旅大市上山下乡知识青年贯彻落实第二次全国农业学大寨会议精神誓师动员大会举行,14 万知识青年收听了大会广播。　　(《大事记·现代大事》,第 181 页)

(1978 年)12 月 10 日,3 000 名知识青年在市革委会门前集会,提出"要吃饭,要工作,要活命"的口号,要求市领导答复如何解决知青问题。会后,2 000 多人游行。28 日,市委召开全市知青劳动工作会议,作出调整政策、广开门路、统筹解决知青就业问题的决定。

(《大事记·现代大事》,第 190 页)

(1979 年)1 月 6 日,4 000 多名下乡知识青年又在市革委会门前集会,支持市委关于解决知青就业的各项措施,会后有 2 000 多人游行。1979 年全年共安置待业青年 87 801 人,为旅大市安置待业青年就业较多的一年。　　　(《大事记·现代大事》,第 191 页)

1 月 20—21 日,中共旅大市委、市革委会召开慰问上山下乡知识青年大会。市委、市革

743

委会还发出通知,要求城乡各单位在春节期间广泛开展宣传慰问上山下乡知识青年活动,解决知识青年存在的实际困难。 (《大事记·现代大事》,第 191—192 页)

5月8—11日,中共旅大市委召开劳动、知青工作会议,要求全党动员,全民动手,城乡配合,力争在5月末以前,把应下乡和应返点知识青年全部动员回农村。6月27日,中共旅大市委发出《关于迅速动员回流城市知识青年返回农村的通知》。 (《大事记·现代大事》,第 194—195 页)

6月13日,旅大市革委会召开授予下乡知识青年张吉财革命烈士、青年英雄称号大会。张吉财为保护集体财产,在同盗窃分子英勇搏斗中牺牲。(《大事记·现代大事》,第 195 页)

8月29日,中共旅大市委召开发展集体经济安置待业青年工作会议。 (《大事记·现代大事》,第 196 页)

9月7日,中共旅大市委、市革委会召开传达全国知青先进代表座谈会精神,掀起知识青年上山下乡高潮广播大会。要求在9月底之前,把今年应下乡和历届应下未下乡青年以及应返点青年全部动员到农村去。 (《大事记·现代大事》,第 196 页)

(1980年)7月18日,旅大市召开已婚知青安置工作会议,为1万余名已婚知青就地就近安排工作。 (《大事记·现代大事》,第 203 页)

12月30日,1968—1980年全市共有 267 901 名知识青年上山下乡,国拨知青经费9 969万元,为知青在农村建房79 835间。 (《大事记·现代大事》,第 206 页)

《大连市志·共青团志》

共青团大连市委员会编著,大连出版社 2001 年

(1974年)6月5日,团市委、中等学校红代会召开向旅顺中学毕业生王冬梅等9名同学学习大会。市委领导到会并讲话,要求全体应届毕业生和广大知识青年向王冬梅学习,到农村去,到边疆去,上山下乡干革命。 (《大事记》,第 34 页)

(1976年)8月3日,110名知识青年奔赴昭乌达盟,团市委等有关部门在斯大林广场(现人民广场)举行欢送大会。 (《大事记》,第 34 页)

城市知识青年下乡上山是一种移风易俗的革命行动,是知识青年实现革命化的必由之路,我市城乡团的组织,根据党的指示,加强了思想政治动员工作和安置巩固工作。通过"劳动预备学校"、"劳动学习小组"和毛主席著作学习小组等形式,组织青年学习毛主席著作,参加劳动和街道义务工作,提高青年的觉悟,使青年自觉自愿地报名下乡上山。同时,结合社会主义教育运动,反复地宣传了以农业为基础,以工业为主导的发展国民经济总方针和知识青年下乡上山的重大意义,初步形成了"以农为乐、下乡为荣"的新风尚。几年来,全市共有七千八百九十三名青年怀着建设社会主义新农村的远大理想,走上农业第一线。农村团的组织协助有关方面,妥善地安排了他们的生活、劳动、学习和娱乐,使他们安下心来进行生产。在党的教育和领导下,大多数下乡上山知识青年的表现是好的。他们虚心向老贫下中农学习,在劳动中不怕脏、不怕累、不计较个人得失,决心红在农村,专在农村,在农村干一辈子。同时,他们还传播了文化科学知识,在争取农业丰收,巩固和发展集体经济方面发挥了积极作用。涌现出金县卅(三十)里堡公社梨树沟生产队下乡青年先进集体和三百九十多名市、县劳动模范、社队"五好社员"、"五好青年"。他们受到广大农民的欢迎。事实证明:农村是广阔天地,知识青年在农村是大有作为的。　　　　　　　　(第二章《代表大会》,第 258 页)

第三,继续做好城市知识青年下乡上山的工作。

动员和安置城市知识青年下乡上山,参加农村社会主义建设,是党的长期建设方针,是贯彻执行党的"以农业为基础,以工业为主导"的发展国民经济的总方针和实现农业现代化的需要,是防止产生修正主义的重大措施,是促进知识青年革命化的必由之路。今后在相当长的时期里,中学毕业的学生除了一部分继续升学,或者是参加工业、商业以及服务行业的劳动外,大部分人都要参加农业生产。为此,每一个在校的学生都要勤奋学习,热爱劳动;一颗红心,两种准备。这是知识青年对待升学和参加劳动的正确态度。共青团要协同有关方面做好知识青年参加农业劳动的政治动员工作和安置巩固工作。根据已有的经验,城市区和街道团的组织,要把闲散在社会上的知识青年组织到"劳动学习小组"中去,加强对他们的思想教育。在充分做好思想准备的基础上,分期分批地动员他们自愿报名下乡上山参加农业劳动。农村团的组织要积极主动地协助有关方面做好安置巩固工作,经常地向他们进行思想政治教育,热情地关心他们的进步,安排好下乡青年的劳动、学习和生活,重视运用这支力量,发挥他们的长处,支持他们合理的意见和要求,使他们安下心来,在农村干一辈子。(第二章《代表大会》,第 268 页)

《大连市志·教育志》

大连市史志办公室编,中央文献出版社 2001 年

1968—1977 年,初高中毕业生全部或大部到农村"插队落户",参加生产劳动。

(《概述》,第 17 页)

（1968年）8月30日，旅大市革命委员会通知，1966—1968届初、高中毕业生全部到农村安家落户，参加生产劳动。

（《大事记》，第55页）

10月12日，市革委会召开大会，送出本市首批4万余名"知识青年"到农村插队落户。

（《大事记》，第56页）

（1969年）11月7日，市革委会发出通知，要求干部带动教师、医务人员、知识青年到农村插队落户。

（《大事记》，第56页）

（1974年）4月18日，中共旅大市委、市革委会召开欢送首批上山下乡知识青年带队干部大会。

（《大事记》，第57页）

1968年8月，旅大市革命委员会政工组决定，1966—1968届的城市初、高中毕业生，除挑选极少数留城进厂外，其余的被分别安排到旅大市所辖的庄河县、复县、新金县、金县、丹东市所辖的岫岩县、宽甸县、桓仁县，锦州市所辖的北票县，以及盘锦地区的农村，"接受贫下中农的再教育"。

（下编第七章《普通中学教育》，第367页）

1966—1973年，因"文化大革命"技工学校停止招生。1974年，有14所技工学校经辽宁省劳动局批准恢复招生，当年招收城镇下乡知识青年和留城的九年制学校毕业生2 141人，学制二年。

（下编第十章《职业技术教育》，第558页）

《大连市志·工商联志》

大连市史志办公室编，大连出版社2002年

推动工商界家属自我改造，配合有关部门，动员工商界子女上山下乡，走革命化道路

两年多来，在党的领导和有关部门的支持帮助下，市"两会"在工商界家属方面做了不少工作。除组织市、区家属委员坚持每周半天的学习外，还按街道建立了家属学习小组，组织工商界家属学习毛主席著作，以及向他们进行时事政策、勤俭建国、勤俭持家，支持子女上山下乡以及计划生育的教育。为了推动工商界家属向工属学习，市"两会"还邀请模范工属介绍了学习毛主席著作，积极参加社会活动和勤俭持家，教育子女的经验。

两年来，配合有关部门，通过调查走访，召开各种报告会、下乡知识青年汇报会以及组织到农村参观等活动，向工商界、工商界家属及一部分工商界子女，反复地进行了知青下乡的宣传动员工作，并收到了一定的效果。不少工商界子女在党的教育下，已经上山下乡，参加

了农业生产,根据调查了解,多数人下乡以后,经过斗争和锻炼,取得了不同程度的进步,有些人表现较好,有的被评为五好社员,有的加入了共青团组织。

要子女走什么样的道路,这是一个非常重要的问题。"两会"成员和家属,必须批判和克服阻挠子女上山下乡,向子女灌输资产阶级思想和生活方式,同无产阶级争夺下一代的错误行为。把子女当做"私有财产"的观点实际上就是要子女续资产阶级的家谱,这是极端错误的。我们一定要听党的话,把子女交给党和国家,支持子女上山下乡,走劳动化、革命化的道路。使子女成为一个革命的接班人。　　　　　　　　　　(第二章《代表大会》,第187—188页)

《大连市志·妇联志》

大连市史志办公室编,大连出版社 2004 年

(1966年)5月17日,市妇联举办基层干部报告会:贯彻人口工作会议精神;交流动员知识青年上山下乡工作经验。　　　　　　　　　　　　　　　　　(《大事记》,第 47 页)

《大连市志·粮油作物志、蔬菜志、水果志、畜牧业志、农机志》

大连市史志办公室编,大连出版社 2004 年

(1968年)9月24日,旅大市革命委员会召开中学毕业生上山下乡安置工作联席协作会议,全市掀起知识青年上山下乡高潮。到年末,全市66 935名初中以上毕业生有54 829名到农村插队落户。　　　　　　　　　　　　　　　　　　(《大事记》,第 7 页)

《大连市志·人民防空志》

大连市史志办公室编,方志出版社 2004 年

疏散实施

1965—1966 年,根据中共辽宁省委提出的防空疏散要求,市人防委在疏散工作中,一是抓早期疏散,主要是通过组织知识青年上山下乡、工业企业搬迁,将支援"三线"建设已调走的职工家属迁到职工所在地等途径实施疏散和结合精简机构等措施压缩城市人口。在抓早期疏散中,全市组织知识青年上山下乡,疏散城市闲散人员 6 000 余人,支援内地建设疏散了1.9万余人;二是抓临战疏散准备工作,市防空总指挥部配合有关部门,在搞好调查摸底

的基础上,做好压缩城市人口计划工作,临战时再实施疏散计划。

1969年,市战备领导小组在继续坚持抓好全市早期人口疏散的同时,开始抓临战人口疏散的准备工作。在"珍宝岛事件"发生后,战备形势渐紧,实施了战前疏散,主要通过10个渠道进行疏散,这10个渠道是"五七"战士插队落户;闲散居民下乡;知识青年到农村去;建立后方基地职工家属随工厂搬迁;调整商业网点,下放财贸职工;建立战备医院,医务人员面向农村;卫生学校等三所文科院校迁到农村;建立战时交通运输网司机随车下乡;安置老弱病残;遣送"五类分子"到农村。截至1970年8月,全市共动员5万余户,30万余人到农村安家落户,基本上完成了战前疏散。1973—1976年,市人防办采取知识青年点、支农点、战备疏散点,三点合一的方法组织知识青年下乡,疏散城市人口。

(第二章《组织指挥》,第133—134页)

《大连市志·电力工业志》

大连市史志办公室编,辽宁民族出版社2004年

1975年,开始从上山下乡知识青年中招收职工,当年招收100人,第二年又招收100人。

(第二章《职工队伍》,第755页)

《中山区志》

大连市中山区地方志编纂委员会编,方志出版社2002年

(1964年)3月27日,区召开首批知识青年上山下乡欢送大会。是年,全区有834名中学生去农村参加社会主义建设。
(《大事记》,第27页)

(1968年)10月,全区掀起知识青年上山下乡高潮。年内,中学生上山下乡2万余人。
(《大事记》,第28页)

是年(1971年),下乡知识青年开始回城。至1979年,除部分在当地结婚及从农村参军和上大学者外,其余的知识青年全部抽调回城就业。至1985年,已婚青年也在当地得到安置。
(《大事记》,第29页)

是年(1978年),按照中共旅大市委、市革命委员会制定的下乡人员落实政策的规定,逐步对下乡人员落实政策。到1990年底全区城镇下乡人员安置工作基本结束。
(《大事记》,第31页)

1964 年,按照中共中山区委《关于动员城市知识青年和闲散人口参加农村社会主义建设的方案》精神,动员区内知识青年和闲散人口上山下乡,首批下乡 1 462 人,第二批 1 531 人。1968 年,全国掀起知识青年上山下乡高潮,中山区 10—12 月上山下乡知识青年 21 657 人。

(第三编第一章《人口规模》,第 79 页)

1969 年,中山区成立城镇人口下乡办公室(以下简称下乡办),负责动员城镇人口下乡。到 1971 年,全区有 3 万多人口被动员到农村。1976 年 8 月,下乡办移交民政部门代管。1981 年 2 月,改为区城镇人口下乡安置办公室。1989 年 3 月,与区民政局合署办公。

(第十三编第四章《安置》,第 358 页)

第三节　安置知识青年

1953 年以后,中山区初、高中毕业生未升学者均由教育部门和劳动部门安排工作。1957 年,全区大批中学毕业生不能分配工作,国家号召上山下乡,参加农业生产劳动,建设农村。同年 7 月 15 日,中山区首批 98 名中学生下乡参加农业生产劳动。1959—1961 年,城市知识青年改由农村人民公社安置。1964 年,中山区有 834 名中学生去农村参加社会主义建设。

1968 年,动员城市中学生"上山下乡接受贫下中农再教育"。10 月,全区 19 所中学先后有 21 657 名毕业生分别到金县、庄河县、复县、北票县、盘锦和昭乌达盟等农村插队落户。1968—1977 年,每年都安置一批城市的中学毕业生到农村。全区共有 4.3 万名知识青年下乡,建立青年点 231 个,其中到昭乌达盟插队落户的有 830 名。为解决知识青年住房等生活问题,拨出安置费 370 多万元,木材 2 300 立方米,水泥 2 600 吨,玻璃 1 700 箱,建房 2 780 间。1971 年后,下乡知识青年开始回城,到 1979 年,除部分与当地青年结婚的及从农村参军和被推荐上大学的知识青年外,全部回城就业。至 1985 年,已婚青年也在当地得到妥善安置。

(第十四编第一章《劳动力管理》,第 365—366 页)

《西岗区志》

大连市西岗区地方志编纂委员会编,大连理工大学出版社 2005 年

(1967 年)6 月 10 日,区委召开常委扩大会议,听取关于动员城市人口下乡工作情况的汇报。提出必须再掀起一个上山下乡的高潮。争取 6 月末前完成市下达的上半年下乡计划指标。

(《大事记》,第 34 页)

(1969 年)3 月 1 日,西岗区城市人口下乡领导小组成立。

3月7日,城市人口下乡动员大会召开,至12月,全区共有1800名知青和90户(全家户)下乡插队落户。 (《大事记》,第36页)

1968年,全国掀起知识青年上山下乡高潮,西岗区10—12月上山下乡知识青年2万多人。1969年8月,旅大市革命委员会决定将中山区民乐街道、八一路街道划归西岗区管辖,区内人口增加9万余人。同年,开始动员城镇人口上山下乡,被动员的对象主要是:城镇无职业闲散人员,企业、机关团体和事业单位临时工、合同工,城镇无户口、无工作的职工家属,各单位退休、退职和即将退休的职工及其家属,户口在城镇而工作在外地的职工家属,需接受"再教育"的知识青年和社会青年,"四类分子"、刑满释放与解除劳教人员及其家属等。至1978年,全区上山下乡人口达4万余人。 (第三编第一章《人口规模》,第107页)

1980年,区知识青年上山下乡办公室与区劳动科合署办公,下乡知识青年安置就业工作由区劳动科负责。 (第十四编第一章《劳动》,第363页)

《沙河口区志(第1卷)》

大连市沙河口区地方志编纂委员会编,方志出版社2003年

(1968年)10月12日,为了落实毛主席"到农村去"的指示,沙河口区组织了12个方块队(2400人)参加市革委会在斯大林广场召开的欢送中学毕业生下乡大会,并组织群众沿途欢送。 (《大事记》,第38页)

12月22日,区革委会发出《关于掀起大学习、大贯彻、大落实毛主席最新指示的通知》。要求各级革委会,动员广大的知识青年到农村去插队落户。从此,全区又掀起"下乡插队落户"的高潮,大批的中学生,被动员到农村去参加农业生产活动,"接受贫下中农再教育"。截至1972年,全区有21907名知青到农村去插队落户。 (《大事记》,第38—39页)

《甘井子区》

大连市甘井子区地方志编纂委员会编,方志出版社1995年

(1968年)10月15日,区革委会于大连第23中学召开"热烈欢送甘井子区知识青年下乡上山大会"。到会1.8万余人。至1978年,全区共有2.5万名知识青年到昭乌达盟、桓仁、盘锦、庄河、新金和区内农村插队落户。至1979年2月,下乡知识青年除与当地农民结婚者外,全部回城安排就业。 (《大事记》,第36页)

1970年1月,成立区知识青年上山下乡办公室,统管知识青年下乡安排,1968年5月,区劳动科撤销,区革委会劳资组管理劳动工资。1975年,劳资组并入区计划委员会。1979年4月,成立区劳动局。1979年9月,成立区劳动服务公司,掌握劳动力资源,安置劳动就业和就业前职业培训。1980年秋,区知识青年上山下乡办公室与区劳动局合署办公,下乡知识青年安置就业工作由区劳动局管理。　　　　　　　(第二十篇第一章《劳动》,第568页)

第三节　知识青年安置

1956年以前,甘井子区初、高中毕业生,除升入上一级学校外,其余都由市教育部门和劳动部门安排工作。1957年大批城镇知识青年下乡参加农业生产劳动。此年有50%的中学毕业生不能分配工作。国家号召知识青年上山下乡,建设新农村。同年7月15日,旅大市召开欢送直属区300名应届中学毕业生回乡参加农业生产。11中学10名毕业生首批回乡,立志做祖国第一代有文化的新式农民。1959—1961年困难时期,农村人民公社接收安置部分知识青年。"文化大革命"期间,从1968年始至1977年,每年都安置一批城街的中学毕业生到农村插队落户,10年间,全区共有2.5万名知识青年下乡。其中4 900人安置在区内农村公社,建立青年点141个,其余安置到复县、庄河、桓仁、盘锦以及昭乌达盟等地区。区政府为解决下乡知识青年住房等生活问题,共拨出安置费190.4万元,木材962立方米,水泥783吨、玻璃411标箱。建房1 692间。

1971年后,通过招工、征兵、升学,下乡知识青年陆续回城。1978年,停止知识青年下乡。到1979年,下乡知识青年除在农村与当地农民结婚者外,全部抽调回城,并陆续安排就业。留在农村的已婚下乡知识青年,按国家政策规定,至1985年10月,全部安排在当地城镇全民或集体企事业单位工作。　　　　　(第二十篇第一章《劳动》,第569—570页)

《旅顺口区志》

大连市旅顺口区史志办公室编,大连出版社1999年

(1968年)11月15日和17日,旅顺口区两次送2 115名学生上山下乡,到农村插队落户。其中1 433名在旅顺9个人民公社落户;682名送往庄河县插队。

　　　　　　　　　　　　　　　　　　　　　　　　　　　(《大事记》,第37页)

(1975年)3月,境内知识青年试办"共产主义劳动大学"。　　　(《大事记》,第39页)

1968年起,中学毕业生除个别留城外,全都上山下乡接受贫下中农"再教育"。1971年开始,对下乡知识青年招工。1974年,区采取统一下达招工指标,各系统包干安置办法,安

排下乡青年回城就业。1978年,国家规定离退休职工允许子女接班,并停止城市知识青年再"上山下乡"。

（第十四编第二章《劳动》,第593页）

第五节　知识青年下乡

1961年10月,旅顺口区根据党中央"大办农业,大办粮食"的号召,开始动员城区闲散青年参加社会主义新农村建设。至1962年11月,共动员安置42名青年到农村参加生产劳动。不久,有20名青年因年小体弱而回城。1963年,动员城区青年(主要是社会闲散无职人员)集体到农村插队157人,分散落户7人。1964年和1965年,为减少城区人口,又动员城区待业青年486人参加农村建设。

从1968年开始,城区初、高中毕业生,除个别因病留城外,均以班级为单位,集体到农村插队成立"青年点"。是年,全区有2 100余名初、高中毕业生下到农村,其中到庄河1 100余人,在旅顺农村1 000余人。为加强对知识青年上山下乡的领导,1971年,区成立知识青年上山下乡工作办公室(简称"知青办",下同)。又从区直机关、文教卫生、企业单位抽调一批干部下乡带队,与贫下中农代表负责对知识青年的管理和教育工作。至1981年停止知识青年下乡时,全区共有20 603名知识青年下乡,其中:"文化大革命"前下乡的历届中学毕业生721人,"文化大革命"期间下乡的19 882人;到旅顺口区农村的18 717人,分别安插在11个公社(场),建立117个"青年点";到外地农村的1 886人,其中庄河1 100人、盘锦701人、昭乌达盟85人。从1962年下乡以来,在农村结婚安家的1 437人。国家为解决上山下乡知识青年的住房、吃饭、劳动用具等,共拨专款近540万元。公社、生产队除拨给菜地、饲料地外,还出人、出物帮助建房。知识青年每人每年口粮300公斤,参加生产劳动同社员一样评工记分,年终参加集体分配。

从1971年起,逐年在下乡知识青年中招工。1978年,根据中央"调整知识青年政策,逐步缩小上山下乡的范围,今后不再搞插队落户"的指示精神,到1983年末,通过招工、升学、参军、子女接班等多种渠道,下乡知识青年全部按国家政策规定安置就业。对在农村已结婚安家的知识青年,按政策规定就近安排工作。

（第十四编第二章《劳动》,第601页）

《长海县志(1984年版)》

《长海县志》编纂委员会编,(内部刊行)1984年

第七节　知识青年上山下乡

1968年8月,根据党中央部署和外地经验,全县中学毕业生全部下乡或回乡生产。8月13日,有13名家住四块石大队的县机关干部子女(中学毕业生)到大长山公社小泡子(后改称张家沟)大队插队劳动。9月14日,毛泽东同志发出了"知识青年到农村去"的指示。年

底,旅大市分配 90 余名大、中专学生来长海县各公社接受贫下中农再教育,时间很短便从事教育和卫生工作。之后,有 50 余人调离长海县,有 42 人继续在长海县工作。

1972 年初,县在碘厂和工艺制品厂建立青年点,在点青年 37 名。11 月 13 日,县成立知识青年上山下乡工作办公室,负责知识青年上山下乡工作。1974 年,全县下乡知识青年达 162 人。1975 年,全县下乡知识青年达 185 人。同年,县在四块石大盐场建青年点,盖起一栋面积为 1 046 平方米的两层楼房(1976 年 6 月移交县"五·七"干校)。至 1976 年,又相继建立了广鹿公社良种场青年点、石城公社养殖场青年点、海洋公社养殖场青年点、獐子公社养殖场青年点、小长山公社养殖场青年点、大长山公社菜园子青年点、大长山公社张家沟青年点。全县共有青年点 8 处,下乡知识青年达 393 人。

青年点有部队干部、地方干部和贫下中农代表带队。1976 年,全县青年点有 20 名带队干部。其中,12 名部队干部,8 名地方干部和贫下中农代表。

1976 年 8 月,3 名应届毕业生(部队干部子女)主动到昭乌达盟克什克腾旗芝瑞公社长胜大队插队劳动。

此外,在知识青年安置方面,1973 至 1975 年间,共招工 3 次,有 98 名(男 30 人、女 68 人)下乡知识青年被招工。1976 年,全县下乡知识青年 171 名,当年招工 18 名,上大学 14 名,参军 83 名,转外省 3 名。

1978 年,全县下乡知识青年 126 人(其中部队干部子女 72 人)。当年,从 1976 年以前下乡的知识青年中招工 89 人。其后,根据中共中央(1978)74 号文件中关于"小集镇和一般县城非农业户口的中学毕业生,不再列入上山下乡的范围,由本地区和本系统自行安排"的精神,县委决定,自 1979 年起,城镇的中学生不再上山下乡,已下乡的知识青年全部撤回。至 1979 年,全县在点的 284 名知识青年全部返回县城,由各单位给予安排临时性工作,后陆续被招为全民和集体企事业职工。

(第六编第四十二章《"文化大革命"的十年》,第 540—541 页)

知识青年上山下乡工作办公室

1973 年设知识青年上山下乡工作办公室,陈力(四川省营山县人)任主任,实有人员 2 人。1976 年,王志勤(辽宁省金县人)任副主任,实有人员 4 人。1978 年,实有人员 3 人。1979 年并入劳动局。

(第七编第四十七章《教育》,第 590 页)

《长海县志》

长海县志办公室编,大连出版社 2002 年

(1968 年)9 月,中学生一律回农村接受贫下中农再教育,全县的中学基本停办。

(《大事记》,第 21 页)

知识青年上山下乡与安置

下乡　根据中共中央"中学毕业生全部下乡或回乡生产"的部署和外地经验,1968年8月13日,13名家住四块石大队的县机关干部子女(中学毕业生)到大长山人民公社小泡子生产大队插队劳动。当年底,根据毛泽东同志"知识青年到农村去"的指示,旅大市分配90余名大中专学生来长海县各人民公社接受贫下中农再教育,经短期农村劳动后,充实到教育和卫生系统工作。其后,有50余人调离长海县,42人仍留在长海工作。1972年初,在县碘厂和工艺制品厂建立青年点,在点青年37人。11月13日,县成立知识青年上山下乡工作办公室。1974年,全县下乡知识青年162人。1975年,增至185人,并在四块石生产大队大盐场建青年点,盖起一栋面积1 046平方米两层楼房。至1976年,下乡知识青年393人,相继建立了广鹿人民公社良种场、石城人民公社养殖场、海洋人民公社养殖场、獐子人民公社养殖场、小长山人民公社养殖场、大长山人民公社菜园子生产大队和张家沟生产大队8处青年点,并在各青年点建立了由部队干部、地方干部和贫下中农组成的管理组织,全县有带队干部20人。同年8月,有3名应届毕业生(部队干部子女)主动到昭乌达盟克什克腾旗芝端人民公社长胜生产大队插队劳动。1978年,根据中共中央文件,县委决定,自1979年起,城镇中学生不再上山下乡,已下乡的全部撤回。

安置　1973—1975年,分3批招工安置98名下乡知识青年。1976年,招工安置18人,推荐上大学14人,参军83人,转外省3人。1978年,从1976年以前下乡的知识青年中招收工人89人。1979年,根据上级指示,全县在点284名知识青年全部返回县城,由各单位予以临时性安置,后陆续被招为全民或集体企业职工;已婚下乡知识青年就地安置。1983年下半年至1984年末,根据国家劳动人事部门和省、市统一部署,对已婚下乡知识青年的遗留问题进行检查、核定,对6人安排就业,4人发放一次性补助费。

(第十五编第三章《劳动》,第867—868页)

《庄河县志》

庄河县志编纂委员会办公室编,新华出版社1996年

是年(1968年),响应毛泽东主席关于知识青年上山下乡的号召,旅大市、庄河县有2 320名知识青年,在庄河农村插队落户,"接受贫下中农再教育"。以后,每年都有大批青年被下放到农村,分期分批回城镇。1981年停止下放。　　　　　　(《大事记》,第42页)

"文化大革命"开始后招工停止,城市大批知识青年下放到庄河农村"插队落户"。1974年至1976年市、县从下乡知识青年中招收新工6 762人,占下乡青年总数21.5%。粉碎江青反革命集团后,党和人民政府为切实解决多年积累下来的历届待业青年就业问题,从

1977年开始,采取国家投资,政企协作,依靠老企业,补充自然减员,国营企业办集体企业,系统分别包干到底等多种渠道,组织指导就业,市、县分三批从下乡知识青年中招工 26 961人。至 1980 年,在庄河的下乡知识青年全部得到了安置,除了升学、参军、提干、回城之外,县内安置了 9 168 人(内有全民所有制职工 1 026 人,集体所有制职工 7 542 人)。

(第二十二编第二章《劳动管理》,第 803 页)

《瓦房店市志》

瓦房店市地方志编纂委员会编,大连出版社 1994 年

(1968 年)9 月,营口市万名初中、高中毕业生来复县插队落户,"接受贫下中农再教育"。

(《大事记》,第 37 页)

12 月,组织城镇知识青年上山下乡插队落户,"接受贫下中农再教育"。

(《大事记》,第 37 页)

第五节 知识青年上山下乡

下乡 根据中共中央、国务院《关于动员和组织城市知识青年参加农村社会主义建设的决定(草案)》,1964—1966 年,复县 19 个公社接收安置城镇知识青年(简称知青)集体插队3 715 人,其中有旅大市的 2 350 人。1968 年复县接收安置营口市初、高中毕业生万余人。至 1973 年城镇下乡、还乡、插队知青 2.1 万人。1976 年复县有 41 名知青去昭乌达盟克什克腾旗插队落户,1978 年全部回县安排工作。至 1979 年全县 28 个公社累计接收知青 5.1 万人,其中旅大市 2.3 万人,营口市和外省万余人。

按国家政策规定,独生子女、身边只有一个子女、外籍、病残、孤儿、特困户等留城不下乡。1978 年留城占毕业生总数的 46.3%,1979 年为 48.4%。

落户 至 1973 年全县下乡知青绝大部分落户在生产大队或生产队建立的 1 300 多个青年点。后经调整合并,至 1979 年共有青年点 470 个,其中大点 295 个,每点不超过 60 人;小点 175 个,每点不少于 20 人。少数落户在集体办的农、牧、林场,每个场队 100 人左右。回族知青多的公社单独建立回族青年点,少的专设回族灶。

管理 县和公社设知识青年上山下乡工作办公室,生产大队设知青领导小组。1973年贯彻中央和省指示,给下乡知青派带队干部,县设带队办公室,公社设带队组,部分带队干部参加所在地党组织或公社革命委员会领导班子活动。同年,生产大队贫下中农协会给每个知青点派一名贫下中农代表,做传、帮、带工作。每个青年点选有点长和学习、生活、伙食委员等。翌年起县每年组织一次检查,有粮食、商业、供销部门的领导干部及

带队干部参加,检查全县知青点的建设和越冬生活安排情况。同年开始,较大的厂矿企业协助社、队办好青年点,派带队干部,并给予青年点物资帮助。1976 年全县带队干部535 名,其中科级干部 123 名。至 1979 年带队干部增至 1 100 人,边劳动边做知青工作,进点老贫农 400 人。

教育 各级组织通过组织知青学习和劳动实践,进行"再教育",培养提高。1973 年,在农村插队落户 2.1 万人中,先后有 263 人加入共产党,3 500 人加入共青团,一批优秀青年被选进县、社、队领导班子,4 109 人担任农业技术员、赤脚医生和教师等工作。涌现出 114 个先进青年点和 1 943 名先进青年。1974 年,全县知青被国家招工 2 637 人,参军 236 人,升学 271 人,提拔为国家干部的 4 人。

经费 旅大市规定,集体插队每人发给 220 元安置费,用于建房 100 元,生活费 90 元,工具费 15 元,文娱费 5 元,医药费 10 元。1979 年改为安置在集体农场、队青年点每人发给600 元安置费。全县共建青年点房屋 1.84 万间,国家投资 966.2 万元,农村公社、生产大队、生产队投入车工、人工和材料。地方财政用于城市人口下乡、干部下放、知青下乡的资金,1964—1966 年为 124 万元,1967—1980 年为 5 342 万元。

回城 根据中央(1978)74 号文件,1979 年复县积极安置知青就业,至翌年下乡知青通过招工、参军、升学等已陆续回城,返回下乡前住地安排工作或举办知青厂、店,国家在政策上给予优惠。对在农村与农民结婚的知青,根据中央、省、市有关规定,女知青有病或家庭脱离不开的安排男方顶替工作(女方转为农村社员),个别知青子女顶替父母工作(被顶替者转为农村社员)。至 1985 年,全市知青近 1.8 万人,全部得到妥善安置。

"文化大革命"前有 256 名知青下乡后结婚。1969—1978 年结婚知青达 3 323 人,其中男女均是知青 528 人,男知青与女社员结婚 800 人,女知青与男社员结婚 1 078 人,女知青与当地非农业人口(指工人、解放军户等)结婚 287 人。

(第十九编第二章《劳动》,第 538—540 页)

《金县志》

金州区地方志编纂委员会办公室编,大连出版社 1989 年

同月(1968 年 8 月),全县 1966—1968 届城镇初、高中毕业生全部到农村插队落户,"接受贫下中农再教育"。 (《大事记》,第 31 页)

1972 年增设上山下乡知识青年办公室……1974 年上山下乡知识青年办公室改称知识青年工作办公室。 (第十九编第二章《地方行政机关》,第 521 页)

第五节　知识青年下乡

1961年下半年开始,为缓和国民经济困难,解决城镇知识青年就业问题,动员城镇知识青年上山下乡,到农村参加生产劳动。1964年,全县农村共接收安置金州镇、大连市区知识青年562人。分散全县各地,建立青年点(集体户),与农民同劳动、同生活。1964年2月16日,新华社以《梧桐树引来了金凤凰》为题,报道了三十里堡公社梨树沟大队下乡知识青年的事迹。人民日报以《继续动员和组织城市知识青年积极参加建设社会主义新农村》为题,发表社论,号召全国各地参照梨树沟大队经验,把知识青年上山下乡工作做好。

从1968年开始,城镇初、高中毕业生,除个别患有疾病者,以班级为单位,集体到农村插队落户。为加强领导,县于1972年9月,成立知识青年上山下乡工作办公室,并从各厂矿企业有关单位,抽调一批干部带队,会同贫下中农代表负责青年点的管理。至1978年全县共接收安排大连市和本县城镇知识青年41 458人,分别在18个农村公社的207个大队,建立805个青年点。国家为解决上山下乡知识青年住房和当年的吃饭问题,共拨专款1 538万元,另有木材、水泥、玻璃等建筑材料。农村公社拨给知识青年菜地、养猪饲料地,每人每年口粮300公斤。知识青年参加劳动同社员一样评工记分,参加集体分配。

1971年始,下乡知识青年陆续招工。1978年根据中央"调整知青政策,逐步缩小上山下乡的范围,今后不再搞插队落户"的指示精神,至1983年底,通过国家招工、升学、参军和就地办工厂等各种渠道,下乡知识青年全部按政策规定得到安排。

(第二十编第二章《劳动》,第543页)

《新金县志》

新金县地方志编纂委员会办公室编,大连出版社1993年

(1968年)10月,城镇中学生(含1966年初中一年级至高中三年级)全部下乡,接受贫下中农再教育。
(《大事记》,第27页)

第五节　知识青年上山下乡

新金县知识青年(简称"知青")上山下乡从1962年开始,至1965年末,全县有下乡知青2 500人。"文化大革命"开始后,知青下乡大量增加。到1968年,城镇初中、高中三届(1966—1968年)毕业生,除少数患病者和其他特殊原因外,全部到农村插队落户,"接受贫下中农再教育"。至1985年,共有下乡知青77 103人。其中县内城镇下乡的10 012人,大连市下乡的56 907人,外市县来新金的9 952人,外省的232人。

对下乡知青的安排从1962年开始。1972年以前,没有设专门机构,由县劳动部门和农村公社、大队负责。根据上级指示,新金县于1972年12月18日正式成立新金县知识青年

上山下乡工作办公室,统管全县的知青安置工作。随着"知青"工作政策的调整,1973 年以后,侧重抓"统筹兼顾、全面安排"的工作,一手抓上山下乡插队落户的工作;一手抓招工、回调的就业安置工作。截止 1980 年,基本结束了知青的安置工作,1981 年初撤销"知青办",只留少数专职干部(纳入劳动局编制)负责处理知青的遗留工作。

整个安置的形式有三个方面:投亲、随家属归户和集体插队建点。其中以后者为主要形式,集体食宿,集体劳动。1973—1980 年的 8 年间,国家共拨给新金县知青安置经费 1 904.1 万元,其中除生活费和其他费用外,主要用于建房。为此,还调拨木材 9 974 立方米,水泥 11 387 吨,红砖 3 759 万块,水泥瓦 650 万片,玻璃 3 341 箱。共建点 505 个,房屋 1 984 间。在点青年 54 065 人,占下乡知青总数 70% 以上。粉碎江青反革命集团以后,根据中发〔1978〕74 号文件精神,对知青工作采取了调整方针。据 1985 年统计,在 77 103 名下乡知青中,升学 2 349 人,参军 2 601 人,提干 28 人,迁移外地 6 399 人,回城 27 407 人,招工 28 026 人,就地安家务农 32 人,其间死亡 81 人。　　　　　(第二十四编第二章《劳动》,第 629 页)

《阜新市志(第一卷)》

阜新市人民政府地方志办公室编,中国统计出版社 1993 年

(1968 年)6 月 10 日,针对下乡知识青年砸安置点及离乡造反闹回城的问题,市革委会发出《关于动员上山下乡知识青年立即返回农村的紧急通知》。　　　(《大事记》,第 65 页)

9 月 11 日,全市应届中学毕业生 7 500 多人上山下乡。从 1968 年至 1976 年,城市下乡的知识青年达 6.2 万多人。　　　　　　　　　　　　　　　(《大事记》,第 65 页)

《阜新市志(第三卷)》

阜新市人民政府地方志办公室编,东方出版社 1998 年

城市青年就业经费　城镇青年就业经费是由"城市闲散人口安置补助费"、"城市人口下乡安置费"、"城市知识青年上山下乡补助费"转化而来的,在财政上统称为"城市人口下乡安置费"。1962 年贯彻国民经济调整方针,对全民所有制企业在调整中采取关、停、并转的措施,同时精简 1958 年以后参加工作的职工和动员城市闲散人口下乡共 10 547 人,解决住房补助、运杂费补助和生活补助,至 1965 年 4 月开支补助费 117 万元。1996 年至 1976 年"文化大革命"期间,全市知识青年上山下乡 183 699 人,开支补助费 2 668 万元。1978 年中共十一届三中全会以后,知识青年陆续回城就业,从 1980 年起,把此项费用改为"城镇青年就业经费"。从 1977 年至 1988 年,全市共开支"城市人口下乡安置费"、"城镇青年就业费"

3 412万元,1982 年至 1986 年全市共安置 93 158 人就业,其中 40 637 人参加了就业前培训。

(第十六篇第一章《财政》,第 439—440 页)

《阜新市志(第四卷)》

阜新市人民政府地方志办公室编,人民教育出版社 1999 年

阜新市第六届人民代表大会

第一次会议　1965 年 12 月 26—29 日在市人民委员会礼堂举行。本届代表名额 300 人,到会代表 273 人。除市人民委员会各部门负责人列席外,还邀请了上山下乡知识青年代表、回下乡人员代表 18 人列席会议。出席市政协会议的全体委员列席了大会。会议中心议题是:讨论发展农业问题,以及其他法定程序。

　　……

(第十九篇第一章《人民代表大会》,第 87 页)

《清河门区志》

清河门区志编纂委员会编,(内部刊行)1992 年

(1968 年)9 月,首批知识青年下乡插队落户。　　　　　(第一编《大事记》,第 22 页)

(1973 年)1 月,清河门镇人民公社,建立青年创业队,接收“七二”届毕业生下乡知识青年 97 人。

(第一编《大事记》,第 23 页)

(1979 年)5 月 26 日,清河门镇人民公社知识青年农工商联合场成立。

(第一编《大事记》,第 25 页)

第九节　知识青年安置

清河门的知识青年上山下乡始于 1964 年,清河门公社设有知识青年上山下乡办公室。到 1981 年止共有下乡知识青年 4 045 人,除安排到阜新蒙古族自治县和彰武县所属公社集体青年点外,一部分青年被安排到清河门镇公社所属的集体青年点。当时有鸡场、畜牧场、渔场、奶牛场、小岭农场、林场青年点。采取集中食宿、学习、劳动。1973 年开始陆续在上山下乡知识青年中招工、招生和征兵。1982 年开始,落实知识青年的回城安置和已婚知识青年子女改吃商品粮等制度。到 1988 年,知识青年的安置工作全部结束。

(第十八篇第一章《劳动》,第 566—567 页)

《阜新蒙古族自治县志》

阜新蒙古族自治县地方志编纂委员会编,辽宁民族出版社 1998 年

(1964 年)6 月 26 日,县城 39 名知识青年上山下乡。　　　　　　　　(《大事记》,第 34 页)

(1968 年)9 月 12 日,县城初、高中毕业生开始上山下乡,首批下乡知识青年达 6 691 人(含阜新市知识青年)。　　　　　　　　　　　　　　　　　　(《大事记》,第 36 页)

1964 年 4 月,县委制订《关于贯彻执行中共中央、国务院〈关于动员和组织城市知识青年参加社会主义建设的决定〉的方案》,确定知识青年上山下乡的主要对象是城镇知识青年、退役兵和社会闲散劳动力。是年,县城下乡 156 人,接收阜新市下乡知识青年 200 人、闲散劳动力 350 人。1965 年,县、乡又下乡 936 人。

1968 年 9 月,中共中央主席毛泽东发出"知识青年到农村去,接受贫下中农再教育"的指示后,动员 68 届初、高中毕业生和应下未下乡的知识青年 3 949 人到农村插队落户。1969 年至 1978 年,全县上山下乡知识青年累计达 39 441 人(包括阜新市知识青年)。

从 1970 年开始,对上山下乡知识青年统筹安排,陆续安置就业。7 年时间,通过招生、招工顶替、应征入伍、抽调回城等就业渠道,一共安置 18 503 人。

1979 年 10 月,成立县劳动服务公司。一些部门也相继设立劳动服务公司,组织本系统待业青年学习专业知识,学后就业。本年度共安置待业青年 3 375 名(临时性 372 人)。1980 年安置 1 833 人(临时性的 508 人),其中招工顶替 614 人(全民职工 375 人、集体职工 239 人)。1981 年安置 1 451 人(临时性 414 人),其中招工顶替 473 人(全民职工 391 人、集体职工 82 人)。另外特招蒙古族工人 40 人。1982 年安置 1 873 人(临时性 425 人),其中招工顶替 40 人(为全民职工)。　　　　　　　　　(第十一篇第二章《劳动管理》,第 441 页)

《彰武县志》

彰武县志编纂委员会编,(内部刊行)1988 年

是年(1962 年),一批知识青年下乡到章古台林场、柳河林场参加劳动。

　　　　　　　　　　　　　　　　　　　　　　　　(第一篇《大事记》,第 29 页)

是年(1964 年)秋,又一批城镇青年下乡到五峰公社宣女、合不土大队和东六家子公社的红星、八家子、东六家子等大队参加农业生产。　　　　(第一篇《大事记》,第 30 页)

(1968 年)9 月 14 日,动员组织县城应届中学毕业生下乡插队落户。到 1979 年共下乡青年 39 315 人(包括接收阜新市及外县青年),后陆续回城。 （第一篇《大事记》,第 32 页）

第七节　知识青年安置

本县从 1964 年动员城镇知识青年下乡。在五峰公社宣女、合不土、孔家生产大队,东六家子公社东六家子、下甸子、陈坨子大队等地设立青年点。第一批下乡青年 280 人(包括阜新市下乡知识青年)。1968 年以后,逐年增多,除多子女的家庭身边可留下一个不下乡外,一般地都要下乡,到 1979 年,共计下乡知识青年 33 509 人(包括阜新市和外地区来本县投亲插队落户的青年)。青年点最多时是 1978 年,全县有 1 080 个,在队青年为 15 525 人。每年间,建青年点,国家拨给大量知青经费和木材等建筑材料。1976 年以后,青年实行对口管理,各个单位从物资、财力等方面也给了大力资助。

历年城镇知识青年上山下乡情况

年　份	年内下乡人数	年末实有人数			青年点（个）
		合　计	男	女	
1964	280				
1965	550				
1966	80				
1967					
1968	4 414				
1969	3 150	1 977	1 118	859	
1970	1 262	1 025	635	390	
1971	1 325	1 290	824	466	
1972	700	1 395	850	545	
1973	1 500	4 843	2 221	2 622	424
1974	4 430	8 513	4 262	3 887	670
1975	4 920	10 862	4 563	6 299	884
1976	5 357	12 644	6 254	6 390	922
1977	4 238	16 200	7 796	8 404	1 065
1978	1 040	15 525	7 205	8 320	1 080
1979	263	4 926	1 810	3 119	355

下乡知识青年在青年点的生活一般都很艰苦,大部积极劳动,以较好的表现,争取被选送入学、参军或回城安排工作。也有的是通过走“后门”或因身体状况或家庭变化等多种名目返城的。到 1971 年则陆续被抽回。其去向:一是升入大学或中等专业学校;二是参军;三是招工回城;四是因父母退休顶替接班。1979 年,所有知识青年全部回城安排工作。

（第八篇第八章《人事劳动》,第 308—309 页）

《锦州市志·综合卷》

锦州市地方志编纂委员会办公室编,中国统计出版社 1994 年

（1964 年 5 月）11 日,锦州市古塔、凌河两区知识青年 275 名分别到北镇县大市、富屯两个公社安家落户。　　　　　　　　　　　　　　　　　　　　（《大事记》,第 112 页）

19 日,锦州市动员城市知识青年参加农村社会主义建设,省给锦州 3 500 人下乡任务。
　　　　　　　　　　　　　　　　　　　　　　　　　　　　　　（《大事记》,第 112 页）

（9 月）22 日,锦州市各界人民 1 万多人举行欢送大会,欢送 306 名城市知识青年分赴北镇、锦县农村安家落户。　　　　　　　　　　　　　　　　　　　（《大事记》,第 113 页）

（1965 年 4 月）20 日,锦州市又有 2 000 多名知识青年下乡。　　（《大事记》,第 114 页）

（1966 年 3 月）27 日,锦州市举行万人大会,欢送当年首批 600 名知识青年上山下乡。
　　　　　　　　　　　　　　　　　　　　　　　　　　　　　　（《大事记》,第 117 页）

是月（8 月）,锦州市 1 000 多名知识青年上山下乡。　　　　　　（《大事记》,第 118 页）

（1968 年 10 月）6 日,锦州市初、高中毕业生 13 917 名到农村安家落户。（11 月 8 日又动员历届初、高中毕业生 9 000 多人下乡。到 12 月 28 日已有 3 万多名初、高中、大学毕业生到农村安家落户。）　　　　　　　　　　　　　　　　　　（《大事记》,第 122 页）

（1970 年 8 月）16 日,锦州市革委会召开"应届中学毕业生到祖国最需要的地方去誓师动员大会"。两年来,锦州市城镇有初、高中毕业生 10 万多人在农村"接受贫下中农的再教育"。9 月 2 日锦州市内 5 000 多名中学毕业生到农村生产第一线。（《大事记》,第 124 页）

（1973 年 6 月）3 日,锦州市 1972 届中学毕业生 4 700 多人上山下乡。
　　　　　　　　　　　　　　　　　　　　　　　　　　　　　　（《大事记》,第 127 页）

30 日,兴城县白塔公社回乡青年张铁生在兴城县参加高等学校入学文化考试时,物理、化学试卷只得 6 分,他在试卷背面写了一封信。（7 月 19 日,《辽宁日报》以《一份发人深省的答卷》为题,刊登了张铁生在考卷背面写的信并加"编者按",说张铁生对物理、化学这门课

的考试似乎交了"白卷",然而对整个大学招生的路线问题,却交了一份颇有见解,发人深省的答卷。8月10日《人民日报》又加按语转载了《辽宁日报》的按语和张铁生的信,把张铁生捧为"反潮流英雄",上了大学。群众称之为"白卷先生"。) 　　　　　　　　　(《大事记》,第127页)

(1974年2月)28日,锦州市知识青年带队干部上山下乡。(7月15日,又一批知识青年带队干部下农村。) 　　　　　　　　　　　　　　　　　(《大事记》,第127页)

(7月)12日,锦州市1974年应届中学毕业生5 000多人上山下乡。

(《大事记》,第128页)

(1975年8月)17日,锦州市1975年应届中学毕业生1万多名上山下乡。

(《大事记》,第129页)

是月(1976年7月),知识青年张铁生等人借锦州召开知识青年代表会议之机,向中共锦州市委发难。 　　　　　　　　　　　　　　　　　(《大事记》,第130页)

(12月)8日,中共锦州市委召开广播批判大会,揭发批判"四人帮"及张铁生的反革命罪行。中心会场设在市工人文化宫。人民群众共16万多人分别在260多个会场参加大会。

(《大事记》,第130页)

(1977年3月)14日,锦州市城乡近200万人收听辽宁省批斗、逮捕新生反革命分子张铁生的广播大会。 　　　　　　　　　　　　　　　　　(《大事记》,第130页)

(8月)9日,锦州市1万余名中学应届毕业生上山下乡。 　　　　(《大事记》,第131页)

是日(1983年3月23日),锦州市人民检察院以反革命罪对张铁生提起公诉。25日锦州市中级人民法院依法判处反革命犯张铁生有期徒刑15年,剥夺政治权利3年。

(《大事记》,第148页)

《锦州市志·政治文化卷》

锦州市政府地方志办公室编,中国统计出版社1997年

1979年征集对象主要是城市初、高中毕业生和上山下乡知识青年。市内古塔、凌河、郊

区共有适龄青年4 685人,这次征集了1 915人,占适龄总数的24%,征集上山下乡青年930人,两项合计占全市征集总数的59%,是建国以来城市征集数量最多的一年。

(军事篇第一章《兵役》,第335页)

1970年,根据省批增人计划8 841人,先后为新建、扩建补充自然减员和三线建设,从兴城、黑山、北镇、绥中、锦县、义县、郊区等县选调批新工人。选调对象,主要是在工矿企业附近农村的市镇下乡知识青年、无下乡知识青年者就地就近从农村贫下中农子女中选调。从下乡青年中招工3 759人,从应届毕业生中招工3 405人,从复员兵中招收823人,从贫下中农子女中招收33人。

(社会篇第二章《劳动》,第556页)

《太和区志》

太和区地方志编纂委员会编,(内部刊行)1993年

(1964年)11月,召开郊区知识青年参加农村社会主义建设首届积极分子代表大会。

(《大事记》,第22页)

(1966年)4月,全区共接收安置城镇下乡知识青年170多人。

(《大事记》,第24页)

(1968年)10月6日,全区共接收下乡知识青年1 100多人。

(《大事记》,第25页)

(1970年)5月18日,全区共接收安置疏散城市人口,城市知识青年,"五七大军"(即下放干部)和还乡居民4 400人。

(《大事记》,第26页)

第四节　城镇知识青年安置

1964年,成立知识青年上山下乡安置办公室,开始在全区范围内有计划地组织动员知识青年下乡务农(包括城镇闲散人员)。1965年4月,首批上山下乡知识青年到西郊、女儿河公社、孙家湾、刘家窝铺、唐庄子、团山子、后白庙子等大队落户。1972年至1979年,全区安置到农村插队落户,直接参加农业生产劳动的知识青年达5 535人。

城镇青年下乡务农,大体有四种安置形式。一是到国营农场、林场等落户,集体安置352人;二是建立知青点,全区最高年份建立47个点;三是挂钩与自办结合,共安置462人;四是分散插队或投亲落户,市内知识青年来本区插队、落户的较多。

1978年,本区开始对下乡知识青年进行统筹安排,批准双青回城5 036人,其余下乡知识青年至1982年分以参军、招工考学、病退全部回城。

部分年份知识青年上山下乡情况表

年　份	人　数	性　别		备　注
		男	女	
1972	984	462	522	
1973	498	209	289	1975 年下乡 950 人其
1974	650	358	292	中 21 人到市种畜场落户。
1975	950	423	527	
1976	510	272	238	1978 年,集体安置
1977	506	250	256	256 人。
1978	799	464	335	
1979	638	342	296	

(第十篇第七章《社会福利》,第 370 页)

《锦县志》

锦县地方志编纂委员会编,沈阳出版社 1990 年

(1968 年)8 月,锦县城镇知识青年开始下乡插队,"接受贫下中农再教育"。县革委会成立知识青年上山下乡办公室。几年间共接收抚顺、锦州等市青年 4 万多人。

(《大事记》,第 33 页)

《黑山县志》

黑山县地方志编纂委员会编,辽宁大学出版社 1992 年

(1964 年)8 月下旬,县内 4 个镇和锦州市首批下乡知识青年共 2 048 人,分别到段家、大虎山、八道壕、新立屯、姜屯等公社插队落户。　　　　　　(《大事记》,第 36 页)

(1968 年)9 月末,全县城乡群众分别在各社(镇)迎送锦州市、锦州铁路局、八道壕煤矿、抚顺市、阜新市及本县城镇下乡知识青年(11 833 名)到农村去接受贫下中农再教育。

(《大事记》,第 38 页)

(1976 年)4 月 26 日,中共黑山县委在代平坊公社三家子大队召开 5 000 人参加的"严厉打击迫害知识青年犯罪大会",判处迫青犯 6 人,会后全县 32 个社(镇)普遍开展反迫青活动,到年末共查处迫青案件 82 起,其中:判处死刑 2 人、无期徒刑 1 人、10 年以上徒刑 42 人、5 年以下徒刑 27 人。　　　　　　　　　　　　　　　(《大事记》,第 41 页)

知识青年工作办公室　1964 年设城市青年上山下乡安置办公室,1968 年 3 月 6 日撤销。同年 9 月设中学毕业生领导小组,旋即撤销。知识青年下乡工作先后由教育组、民事组和"五七"战士办公室负责。1973 年设上山下乡知识青年工作办公室,1983 年撤销。城市知识青年安置工作由劳动局承担。

(第十四编第三章《行政机构》,第 466 页)

第二节　下乡知识青年安置

　　黑山县城镇知识青年下乡插队劳动始于 1964 年。是年黑山、新立屯、八道壕和大虎山 4 个镇的待业知识青年以及锦州市部分待业青年共 2 048 名,分别到大虎山、段家、姜屯等公社插队劳动。国家对下乡知识青年给安置费和当年生活费,下乡的第一年仍按市民定量标准供应粮油。随着城镇知识青年下乡人数逐年增加,大多数生产大队建立青年点,最多时(1977 年)达 326 个,共建房 5 630 间,建房用款 2 419 万元(其中国家拨给 2 124 万元,余者系社队自筹)建房所需的木料、水泥和玻璃大部分由有关单位按国家牌价供应。知识青年在青年点中集中食宿,分队劳动。少数生产大队以知识青年为主建立青年队或农场。下乡知识青年同当地社员同样实行按劳分配。为了加强对下乡知识青年的领导,县设立知识青年工作办公室、公社配备青年工作助理,生产大队派老贫农进驻青年点。从 1973 年起,市直和县直机关和较大事企业单位派带队干部到公社任职,专门管理知识青年工作,带队干部实行一年一轮换。

　　1980 年停止城镇知识青年下乡,至此全县共有 31 697 名城镇知识青年下乡劳动(包括锦州市、抚顺市的)。

　　1970 年开始从下乡知识青年中招收固定工和大专院校学生。招工招生的条件是下乡劳动二年以上,且表现较好。招工的方法是县和公社层层分配指标,以青年点为单位,由全体下乡知识青年民主推荐,经生产大队和公社审查同意,最后由县劳动部门统一分配。1977 年招工办法改为:归口安置,即由下乡知识青年的父或母所在系统(或单位)按劳动部门分配的指标,招收下乡知识青年为本系统(或单位)的集体所有制固定工。到 1980 年末,未婚的下乡知识青年除升学和参军者外,全部招收为固定工。共计 14 396 名(不含锦州市和抚顺市的下乡知识青年,他们已分别由本市招收为固定工)。从 1981 年起,按照"就近安置"的原则,招收已婚的下乡知识青年为集体所有制固定工。到 1983 年末,农村中已无务农的城镇下乡知识青年。(自愿务农者除外)

(第十六编第三章《劳动》,第 524 页)

《锦西市志》

锦西市地方志编纂委员会办公室编纂,(内部刊行)1988 年

　　(1968 年)10 月 7 日,锦西县革委会在站前广场开万人大会,欢送应届中学毕业生上山下乡。

(第二编《大事记》,第 39 页)

(1969 年)1 月 3 日,锦西县知识青年和城镇居民上山下乡安置办公室成立。

(第二编《大事记》,第 40 页)

(1974 年)8 月 15 日,县委在站前广场举行 4 万人大会,欢送 1 434 名城镇知识青年上山下乡。随同下乡的带队干部 33 名。 (第二编《大事记》,第 43 页)

(1977 年)3 月 14 日,辽宁省委召开逮捕现行反革命分子张铁生有线广播大会,锦西组织 20 多万城乡群众收听大会实况。 (第二编《大事记》,第 46 页)

第五节 知识青年上山下乡

1961 年,精减城镇人口时,县成立安置办公室,1963 年,该办公室与民政局合署办公。

1964 年 6 月,开始动员城镇青年下乡,成立中共锦西县委安置办公室,工作人员 6 名。至 1966 年 10 月,全县动员城镇中学毕业生和社会青年 1 000 余人,分别安置在沙河营、张相公屯、虹螺岘、钢屯、石灰窑等公社的 16 个果树大队和稻池公社茨山大队,参加生产劳动。

1968 年,成立锦西县城镇中学毕业生分配办公室,负责 1966、1967、1968 年三届中学毕业生和锦州二高中、锦州四中毕业生的分配工作。城镇待业青年 5 000 余人,基本全部到农村插队,为适应农村社队知识青年逐渐增多和疏散城镇人口工作需要,于 12 月,县成立上山下乡安置办公室、工作人员 5 人(含军代表 2 人)。这时全县下乡青年达 1.2 万人,分别居住在 1 600 个青年点。

1970 年,实行干部"插队落户",安置办公室改名为"五七"办公室,隶属县革命委员会政工组,负责下乡户、下乡青年和"五七战士"的安置工作。

1973 年,"五七战士"和下乡户的工作分别归属县革委会组织组和民政局管理、办公室改为知识青年上山下乡工作办公室。同年,中央规定,从 1974 年起坚持中学毕业生以上山下乡为主的方针,除病残不能劳动者、独生子女、多子女家长身边只留 1 个子女、中国籍外国人 4 种人外,适龄青年全部下乡。到 1979 年,全县下乡青年多达 4 万多人。1974 年以后,锦西县还接收了锦州市女儿河纺织厂、造纸厂、南票陶瓷厂的上山下乡青年来锦西插队落户。同时,学习株洲"厂社挂钩"经验,锦西石油五厂、化工厂、化工机械厂和渤海造船厂、葫芦岛锌厂的中学毕业生,分别下乡到黑山、兴城、绥中等县。

1974 年,实行对口安置,由下乡青年家长所在单位选派带队干部,协助农村社、队管理教育下乡青年。到 1979 年,先后选派 7 批知识青年带队干部,每批百人左右。同时委派县级干部负责组成带队干部办公室,专管带队干部工作。

1980 年,中央规定不再动员青年下乡,已下乡的知识青年,基本分期分批回城安排就业。1981 年 3 月,知青办公室并入劳动局。8 月,又从劳动局分出单设,改为城镇待业青年安置办公室,设主任 2 名,工作人员 6 名。1984 年又并入劳动局。

(第十编第四章《劳动 工资》,第 459—460 页)

《葫芦岛市志·综合卷》

葫芦岛市地方志工作办公室著,海天出版社 2009 年

(1965 年)4 月,绥中县城首批知识青年上山下乡到农村插队落户。

(《大事记》,第 38 页)

(1968 年)12 月,沈阳、锦州、南票矿务局的一批"五七"干部和知识青年到南票镇插队落户,接受"贫下中农再教育"。

(《大事记》,第 40 页)

(1973 年)6 月 30 日,兴城县白塔公社下乡知识青年、生产队长张铁生,在参加辽宁省高等学校入学文化考试时,在成绩极差的情况下,在考卷背面写了一封信。信中说,为了实现上大学的"自幼理想","希望各级领导在这次入学考试中"能对他"这个小队长加以照顾",中共辽宁省委书记毛远新将原信做了修改,指令《辽宁日报》加按语发表。

7 月 19 日,《辽宁日报》以《一份发人深省的答卷》为标题,发表张铁生的信,并加《编者按》:"这里刊载的是张铁生同志在今年大学招生考试卷背面写的一封信。他对物理化学这门课的考试,似乎交了'白卷',然而对整个大学招生的路线问题,却交了一份颇有见解、发人深省的答卷"。6 月 1 日,锦西百货大楼破土动工,建筑面积为 5 817 平方米,投资 105 万元,至 1975 年 10 月建成营业,为锦西最大商店。8 月 10 日,《人民日报》转载了《辽宁日报》的《按语》和《张铁生的信》,并再加《按语》:"张铁生的信提出了教育战线两条路线、两种思想斗争的一个重要问题,确实发人深省"。随后,《文化报》、《红旗》、《教育革命通讯》以及各地报刊相继加以转载。"白卷先生"张铁生轰动全国。9 月 14 日,张铁生被破格录取到辽宁省铁岭农学院畜牧系。

(《大事记》,第 41—42 页)

(1974 年)8 月 15 日,锦西县委在站前广场举行 4 万人大会,欢送 1 434 名城镇知识青年上山下乡。随同下乡的带队干部 33 名。

(《大事记》,第 42 页)

(1975 年)9 月 10 日,锦西县委作出"关于向毕红革同志学习的规定"。毕红革是缸窑岭公社下乡知识青年,7 月 30 日,为保护人民生命财产在与洪水搏斗中英勇牺牲。

(《大事记》,第 42 页)

《义县志》

辽宁省义县人民政府地方志办公室编，沈阳出版社 1992 年

（1968 年）冬，动员首批知识青年上山下乡。当年义县高、初中毕业生共下乡 4 144 人，还安排抚顺市、锦州市的高、初中毕业生 5 000 人。这些知识青年以生产队为单位建立青年点。

（《大事记》，第 31 页）

是年（1973 年），由于相继出现《辽宁日报》以《一份发人深省的答卷》为题的"白卷英雄——张铁生的一封信"和《光明日报》以《一所深受贫下中农欢迎的大学》为题的"朝农经险"及《北京日报》以《一个小学生的来信和日记摘抄》为题的"反潮流的革命小将——黄帅"等学习宣传活动后，全县各中、小学在本校开展批判"师道尊严"和"智育第一"活动，使学校考试制度、师生关系和教学秩序极大混乱。

（《大事记》，第 32 页）

第四节　知识青年工作

1962 年贯彻中共中央 630 号、国务院 368 号关于动员大中城市青年下放农村的文件，于刘龙台东山建立青年果树农场。3 月，锦州市首批 33 名青年下乡到刘龙台果树农场。5 月，省、市领导到农场视察，《人民日报》、中央人民广播电台报道了消息。后为纪念安业民烈士，将刘龙台青年农场改名为"安业民农场"。1962 年 4 月至 6 月共安置城市下乡青年 290 名（锦州 285 名，义县 5 名），分散在 9 个公社的 14 个大队、1 个农场。后不久经过调整回锦州市 87 人，留在农村 193 人，分别安置在各个林场、苗圃。1964 年至 1965 年，义县动员城镇中学毕业生和社会青年下乡 431 人（男 210 人、女 221）人，安置到观音堂农场 92 人，刘龙台农场 84 人，贺家屯大队 55 人，三宝屯大队 52 人，海粮屯大队 64 人，部家沟大队 53 人，开州大队 31 人。由于各农场和大队对青年学习、教育、劳动、生活管理得好，使青年增强了组织纪律性，能吃苦耐劳，成为热爱农村和建设农村的新型青年。

1968 年毛泽东主席先后发出"知识青年到农村去，接受贫下中农再教育，很有必要"和"农村是个广阔天地，在那里是可以大有作为的"的号召，全国形成了知识青年上山下乡的热潮。义县除动员城镇中学应届毕业生、社会闲散青年全部下乡外，还接收抚顺市、锦州市、锦西县的知识青年。1969 年共有下乡青年 8 267 名，分散在全县 21 个公社的 425 个大队青年点，按每个知识青年下乡安置费 110 元的规定，当年共下拨安置费 909 370 元。

为加强下乡知识青年管理，巩固下乡成果，1973 年 2 月成立义县知识青年上山下乡办公室，各公社设青年助理，各大队派贫农进点做带班人。锦州市下派知青带队干部 52 人，其中领导干部 14 人；县革委会下派带队干部 27 人，其中领导干部 7 人。县、社成立带队办公室，市、县带队干部驻在各公社，对各个青年点巡回检查，发现问题及时解决。为认真贯彻落

实中央(1973)21号文件,组织县社干部对全县青年点和知青工作做了全面大检查,严厉打击迫害、腐蚀青年的坏人,制定了党政干部对青年"十不准"的规定,狠刹了迫害勒索青年的歪风。同时将上级拨给青年建房款、物下拨到12个公社,计木材141立方米,建房费7.21万元,核定建房188间;1974年拨给22个公社建房费24.5万元;1977年又拨建房费41.4万元。从1968年到1979年,国家共拨知青建房费255万元,建房4 426间,其中,瓦房114间、平房4 253间、楼房59间。到1978年,共有下乡青年11 611人,国家拨给义县下乡青年安置费约200万元。

1971年开始招收部分下乡青年回城就业,以后每年都招收部分下乡青年回城,每年还动员应届大部分初、高中毕业生陆续下乡(从1973年开始部分知识青年按条件留城就业不下乡)。到1978年,共有被招工、入学、参军的下乡青年10 935人,其中抚顺下乡知识青年招回抚顺1 091人,锦州下乡知识青年招回锦州2 339人,分配其他地区一部分,义县下乡知识青年大部留本县就业。

在义县下乡知识青年中,据1978年记载,受表奖的先进青年点32个,先进个人45人,有425名入党,6 890名入团,参加各级领导班子288人,担任大、小队会计、赤脚医生、民办教师等278人,在农村各项工作和农、林、牧、副、渔各业建设中发挥了一定作用,但由于管理、教育跟不上去,打架斗殴伤害死亡事件也时有发生。

1979年仍动员应届符合下乡条件的毕业生及应下未下的青年下乡,但实际下去的不多。1980年根据上级指示,停止动员知识青年上山下乡,开始清点,城镇招收留在农村的下乡青年,对已在农村结婚的青年凡属双青全部安排,单青安排一个,大部分就地就近安置就业。1981年县知青办公室撤销后并入劳动局。 (第十三篇第一章《劳动》,第456—457页)

1968年10月,县内1966—1968届高、初中毕业生共4 144人走"上山下乡"道路,到农村插队落户。

(第十五篇第一章《教育》,第500页)

1970年,义县革命委员会毛泽东思想宣传站组建义县毛泽东思想文艺宣传队。全队40余名演、职员。来源于下乡、在乡知识青年和部分在职职工。

(第十六篇第一章《文化艺术》,第537页)

《北镇县志》

北镇满族自治县地方志编纂委员会编,辽宁人民出版社1990年

(1968年)9月27日,沟、广两镇在校中学生一齐毕业下乡。20天内,被送下乡的青年1 523人。同时,接纳抚顺青年4 100人,阜新、大虎山的青年189人。到1980年底,全县累

计下乡知识青年 22 475 人,分别安置在 246 个"青年点",由当地选派"老贫农"社员管理,称
为"接受再教育"。

(第一编《大事记》,第 36 页)

(1975 年)11 月 21 日,县委召开"农业学大寨"会议,会期 7 天。参加会议的有县、
社、大队、小队四级干部和土改、合作化时期的老党员、老干部、老贫农,以及上山下乡知
识青年的代表计 3 000 人。会议强调要"苦干三年,把我县建成大寨县"。

(第一编《大事记》,第 39 页)

(1977 年)1 月 6 日,县委传达第二次全国农业学大寨会议精神,参加会议的有企事业单
位、公社干部以及贫下中农社员、民兵、下乡知识青年代表,共 7 231 人。

(第一编《大事记》,第 39 页)

知识青年上山下乡

1964 年,本县接收城镇知识青年到农村安家落户,安置锦州、北镇两地知识青年 576
人。1968 年—1978 年,安置抚顺、锦州、广宁镇、沟帮子镇等知识青年 26 672 人。1973 年,
组建县知识青年上山下乡工作办公室,各公社成立相应组织,设 1 人主管下乡青年工作。各
大队选派社员代表进入青年点,帮助管理。当年,全县 871 个小队青年点合并为 268 个大队
青年点,有独立核算的知青场队 24 个,林场 1 个,知青综合厂 1 个。1975 年—1978 年拨给
知识青年补助费 89 000 元。1968 年—1980 年 13 年中,国家拨建房费 194 万元,购置生产
设备费 6 万元,扶持生产资金 48 万元,另拨大量基建物资。共建房 4 815 间,购置电视机、
收音机、缝纫机 430 台。

1974 年—1980 年,知识青年下乡实行知青所属系统与社队联系的安置方法,所属系统
派干部,负责知青的带队管理工作。1980 年后,不再动员中学生下乡劳动。

知识青年在上山下乡劳动中,506 人加入中国共产党,5 805 人加入共青团,1 136 人参
军,827 人到中等学校和高等院校学习,多数知识青年陆续被安置到各行各业参加工作。

下乡知识青年基本情况统计表

年 度	本年接收		本年离开农村情况								本有年人实数	入党	入团
	合计	其中北镇	合计	招工	升学	参军	回 城		转外县	其它			
							因病	特困					
1968—1973	13 765		8 818	3 468	270	470			3 561	1 049	6 941	186	2 826
1974	2 379	816	1 389	913	167	60	46		174	29	7 931	101	648
1975	3 270	718	2 490	1 483	70	23	34		105	775	8 711	79	729

年　度	本年接收		本年离开农村情况						转外县	其它	本有年人实数	入党	入团
	合计	其中北镇	合计	招工	升学	参军	回城						
							因病	特困					
1976	2 986	730	1 764	982	70	89	19		120	484	9 933	96	799
1977	2 888	652	1 762	524	38	131	69		248	752	11 059	33	443
1978	612	314	3 876	1 310	212	363	212	427	349	1 003	7 795	11	360

（第十八编第二章《劳动·人事》，第 611—612 页）

《兴城县志》

兴城市地方志编纂委员会编，辽宁大学出版社 1990 年

（1968 年）10 月 6 日，全县城镇所有初、高中学生被动员下乡插队。

（第一篇《大事记》，第 27 页）

（1973 年）6 月 30 日，白塔公社枣山大队第四生产队队生、下乡青年张铁生，在参加高等学校招生考试时，理化试卷交了白卷，他在卷后写了"希望领导在这次考试中加以照顾"的短信。7 月 16 日，辽宁省教育局负责人，来到枣山大队，对张铁生交白卷一事大加吹捧，随后又给国务院高教办写了信。不久，国务院科技组印发该负责人的信，下发到全国县级以上单位。17 日，《辽宁日报》发表题为《一张发人深省的答卷》的消息，同时刊载了经过精心篡改的张铁生的短信。8 月 10 日《人民日报》转载了《辽宁日报》的消息，并加了编者按。从此，张铁生被视为"反潮流英雄"，流毒全国，危害极大。

8 月 20 日，县革委会发出通知，号召各机关单位学习《人民日报》于 8 月 10 日转载的《一份发人深省的答卷》和编者按。

（第一编《大事记》，第 28 页）

（1976 年）6 月 23 日，召开上山下乡知识青年先进集体、先进个人代表会议。

（第一篇《大事记》，第 29 页）

11 月 30 日，新生反革命分子张铁生被清除出党。

（第一篇《大事记》，第 29 页）

（1977 年）3 月 16 日，辽宁省召开收听批斗逮捕现行反革命分子张铁生广播大会。

（第一篇《大事记》，第 29 页）

第四个五年计划时期(1971—1975年)全县财政总收入为5 310万元,其中本级各项税收2 341.5万元,其他收入29.8万元;去掉粮食亏损1 060.5万元,本级收入只有1 310.8万元。

这时期的财政总支出为5 310.1万元,本级支出为5 001.5万元,其中用于工业流动资金160万元;支持县办"五小企业"投资157.9万元;用于支援农业823.2万元;用于基本建设投资521万元,用于支援城市青年上山下乡174.1万元;用于干部下放插队落户573.4万元;用于文教卫生事业1 453.5万元;行政管理费678.5万元;优抚、救济费291万元;城市维修费112.6万元;其它支出56.3万元。 (第十二篇第一章《财政》,第306页)

张铁生反革命案

张铁生,原名刘铁芳,男,32岁。兴城县兴城镇人,捕前住白塔公社枣山大队。张铁生在1973年高考中交了白卷,在卷后写了封以希望各级领导在这次高考中对他这个小队长加以照顾为内容的信,被"四人帮"党羽发现,受到江青的赏识,被树为"反潮流"先锋。不久拉入党内,保送到铁岭农学院兽医系学习,成为农学院新领导班子的副组长。并成为第四届全国人民代表大会代表、全国人民代表大会常务委员会委员。他到处传播"读书无用"、"知识越多越反动"等谬论,并四处游说,为"四人帮"篡党夺权制造舆论。

1976年1月26日,张铁生带铁岭农学院参观团到山东参观,途经北京,先后在清华大学、北京大学及其分校、新华印刷厂,以作报告、开座谈会形式进行煽动,说:"走资派都是民主派的变种","各级领导,尤其是国家机关,要严格禁止民主派掌权","要动大手术,一动到底,不留后遗症……"。

1976年2月4日,张铁生在山西参观访问时,为山西省"打、砸、抢"分子转递诽谤山西省委领导同志的材料;同时,煽动他们大整老干部,说:"你们别光看下边,也要看上边。"在他的鼓动下,使山西省、太原市的一些老干部遭到残酷的迫害。

1976年7月,锦州市委召开上山下乡知识青年工作会议,张铁生等借机煽动,叫嚣要"解剖锦州市委,拿锦州市委开刀"、"要作好重上井冈山的准备"、"打好第二次辽沈战役,推向全国"、"辽宁就是第二个井冈山"。煽动知识青年,要把各县的火点起来,使兴城县召开的3级干部会议受到冲击,严重地破坏了锦州地区的正常工作秩序和社会秩序。

毛泽东逝世后,张铁生连夜赶到中国共产主义青年团辽宁省委、新华社辽宁分社、辽宁省上山下乡知识青年办公室等单位,叫嚣"要把形势想得更残酷"、"要把眼泪变成同走资派斗争的炮弹",要求团省委要把他们这些"四人帮"扶植的几个"先进典型"召集起来,统一思想、统一行动,尽快地适应这一转变。

1976年7月7日,张铁生给兴城县武装部部长、政委写信,要求在他家乡"搞个民兵的点","武装起一个小部队,精悍一些","作好残酷的战争准备"。

同年10月7日,张铁生听了中央打招呼会议精神,得知"四人帮"被粉碎,反革命气焰分外嚣张,叫喊:"四人帮"是"正确路线的代表";诽谤党中央粉碎"四人帮"是"出现大倒退,历史的反动"。"要保留观点、走着瞧","现在需要拿枪,不给枪就抢,夺'走资派'的权"。

同年8月,在沈阳驻军某部和铁岭农学院毕业生大会上煽动说:"军队的保守势力是很强、很强的。一旦风云突变,枪口对准谁?""资产阶级司令部推行修正主义路线,咱们部队是什么态度? 跟着走,顺着干,性质就变了"。

9月27日,张铁生在家乡兴城县白塔公社枣山大队社员大会上大肆煽动说:"中央有可能是纳吉上台,搞翻案复辟,一旦出现修正主义,我带着枣山800口人,上天安门游行示威"。

10月8日,张铁生又对铁岭农学院宣传队长、学生等煽动说:"把眼睛瞪大些,盯着上边"、"辽宁要成为井冈山,要准备上山打游击"。

1976年10月,张铁生被逮捕。1983年3月24日锦州市中级人民法院判处张铁生有期徒刑15年,剥夺政治权利3年。　　　　　　　　　　(第十八篇第四章《司法行政》,第478—479页)

第六节　知识青年的安置

1964年,根据中共中央精简城市人口的指示,全县有部分知识青年下乡落户。1968年,知识青年上山下乡形成高潮。兴城县革命委员会于1973年1月25日设立上山下乡办公室。1974年改称知识青年安置办公室。

据1978年统计,全县有知识青年6848人,其中外省、市、县的2730人,锦州市的1545人,兴城县2573人。

知识青年下乡务农,在农村生产大队设立青年点,在青年点集体就餐,劳动分配则固定在各生产队,也有少数安置在果树农场或林场的。

从1971年开始,下乡知识青年陆续回城,有的提拔使用而转为国家干部、有的进入中等专业和大专院校学习、有的参军或婚嫁迁往外地、有的父母退休顶替工作的。

1980年,县知识青年安置办公室合并到劳动局,1981年底,知识青年全部迁离农村。

(第十九编第三章《劳动》,第500页)

1966年初,县教育局在下乡知识青年集中的曹庄公社英堡子办1所半农半读的中级技术学校,招收下乡还乡及初中毕业生50人(1个班),以水稻栽培技术为主、兼学其他,学制为3年。　　　　　　　　　　　　　　　　　(第二十一篇第一章《教育》,第537页)

《铁岭市志·综合卷》

铁岭市人民政府地方志办公室编,新华出版社1997年

(1966年3月)10日,专署批转安置办公室《关于1966年城镇下乡知识青年动员与安置

工作计划的报告》。《报告》载：几年来全区已动员安置 1 万名知识青年上山下乡，今年省要求专区完成 1.4 万名青年上山下乡的动员、安置任务。 （《大事记》，第 66 页）

　　(1968 年 9 月)16 日，全区开始动员大批城镇初、高中毕业生上山下乡，到农村插队落户。当日，铁岭县 3 866 名毕业生到农村插队。20 日，康平县有 3 178 名毕业生下乡落户。到 12 月末，昌图县共有 22 700 名城镇毕业生下乡，7 841 名农村毕业生还乡。开原县在 1968 年共安置下乡青年 3 586 人。其它各县也都安置了大批下乡插队落户的知识青年。1985 年以后，大部分下乡青年回城安置了工作。 （《大事记》，第 71 页）

　　(1969 年 9 月)16 日，专区召开下乡知识青年再教育工作经验交流会。

（《大事记》，第 73 页）

　　(1970 年 8 月)3 日，据统计，全区共有下乡知识青年点 7 107 个，分布在全区 130 个公社的 1 723 个生产大队，其中有 6 026 个青年点新建了房舍。 （《大事记》，第 75 页）

　　(1972 年 10 月)17 日，地委决定，成立地区和各县上山下乡知识青年工作办公室（简称"知青办"）。地区"知青办"于 1973 年 4 月 2 日正式成立。 （《大事记》，第 80 页）

　　(1973 年 9 月)14 日，轰动全国的"白卷先生"张铁生被破格录取到辽宁省铁岭农学院畜牧系。张铁生系锦州下乡知识青年，1973 年 6 月 30 日在参加高等学校招生考试中交了白卷，并在考卷背面写了一封为自己"辩解"的信（简称"一封信"）。7 月 19 日，《辽宁日报》以《一份发人深省的答卷》为题，刊登了《一封信》，并加了《编者按》。8 月 10 日，《人民日报》转载了《辽宁日报》的《编者按》和《一封信》，并加了《编者按》。张铁生被录取后，在很短的时间内就被提为辽宁省铁岭农学院党委副书记、第四届全国人民代表大会常务委员会委员。张铁生的行径在全国造成了极坏的影响。1976 年 10 月粉碎"四人帮"反革命集团之后，张铁生被逮捕法办。 （《大事记》，第 83 页）

　　(1979 年 9 月)1 日，地委召开的安置城镇待业青年和下乡知识青年工作会议结束。会议要求：要加强领导，广开门路，认真做好城镇待业青年和下乡知识青年的安置工作。

（《大事记》，第 100 页）

　　(1980 年 6 月)28 日，行署决定，农村生产队可以办集体商业。集体和个体商业，原则上是谁办归谁管；1980 年城镇中学毕业生的安排，各县、市可根据实际情况自行决定。下乡的不搞分散插队，可安排到农工商企业，不迁户口和粮食关系。 （《大事记》，第 103 页）

《银州区志》

铁岭市银州区地方志编纂委员会编,辽宁人民出版社1991年

(1968年)9月16日,铁岭城镇中学毕业生3866人被动员上山下乡。

(《大事记》,第12页)

部分年份银州区政府机构及直属部门设置表

时间	名 称	组织机构及直属部门
1980	市人民政府	办公室、计委、经委、建委、科委、环保办、人防办、民政局、人事局、劳动局、知青办、物资局、统计局、计量局、工商银行、农行、农林水利局、交通局、一工局、二工局、财贸办、财政局、税务局、粮食局、商业局、工商局、供销社、文化局、教育局、体委、卫生局、计生委、爱卫会、广播局、公安局、房产局、城建局、青教办

······

(第二编第三章《人民政府》,第62页)

《清河区志》

铁岭市清河区人民政府地方志办公室编,新华出版社1999年

(1968年)4月,沈阳市38中学700多名学生到清河人民公社16个生产大队插队落户。

(《大事记》,第14页)

(1980年)7月1日,开原县知青酒厂(清河啤酒厂前身生产白酒)动工建啤酒车间,同年12月29日,生产出第一批啤酒。

(《大事记》,第16页)

《铁岭县志》

铁岭县地方志编纂委员会编,辽沈书社1993年

(1968年)9月16日,开始动员城镇中学毕业生上山下乡。全县共动员3866名毕业生到农村6个公社93个生产队插队落户。同时接收安置了沈阳市9所中学2938名毕业生到11个公社的165个大队插队落户。经过几年先后建了1409个青年点,建房6538间,建房补助费为10702400元,生产、生活以及安家补助费为1982960元。知识青年中有710人加入了共产党,有2725人参加了社队班子。1978年后陆续招工回城。

(《大事记》,第36页)

776

同年(1972年),铁岭县知识青年上山下乡办公室成立。 (《大事记》,第38页)

(1975年)12月1日,县委召开了"农业学大寨会议",参加会议的有全县城乡基层单位党支部书记以上干部、工人、贫下中农、各系统职工和知识青年代表2 500多人。会上表奖了6个"农业学大寨"先进社,81个先进大队。 (《大事记》,第40页)

(1983年)3月8日,铁岭县知识青年上山下乡办公室与县劳动局合并。

(《大事记》,第45页)

为解决劳动就业问题,60年代初,动员城镇知识青年(初、高中毕业生)上山下乡,到1966年,全县有2 309名知识青年到农村参加劳动。"文化大革命"期间,继续动员知识青年上山下乡,也相继安排一些知识青年到城市就业。到1972年,上山下乡的知识青年共有22 380人(含沈阳、抚顺等外地知识青年),在农村插队落户参加农业生产。

(第六编第一章《劳动》,第213页)

1968年5月,成立铁岭县革命委员会,在生产指挥组内设计划组主管原劳动科的工作。1968年9月将原社会主义青年办公室改为知识青年上山下乡办公室,管理知识青年工作。

(第六编第一章《劳动》,第214页)

1970—1985年铁岭县信访工作情况表①

项目＼年度数目	合计	1972	1973	1974	1975	1976	1978	1979
合　计	6 582	418	481	400	519	232	958	689
知识青年	167	13	74	22	12	4	4	38

(第六编第五章《人民信访》,第222—223页)

《开原县志》

开原市地方志办公室编,辽宁人民出版社1995年

(1968年)9月14日,县革委会责成毕业生办公室,负责动员城镇高、初中毕业生响应毛主席号召上山下乡。 (《大事记》,第37页)

---

① 本表内容为节选。——编者注

第五节　知识青年上山下乡与安置

1968年9月14日,毛泽东发表了"知识青年到农村去,接受贫下中农的再教育"的指示后,全县立即动员县城高、初中学生,下乡到农村插队落户,参加农业生产劳动,接受贫下中农的再教育。

当时,县革命委员会已经成立,管理知识青年上山下乡的工作,由县革命委员会毕业生工作领导小组办公室承担。

1972年11月17日,由于形势发展,上山下乡的知识青年日益增加,成立开原县上山下乡知识青年工作办公室。在县革命委员会统一领导下,管理知识青年上山下乡的各项具体工作。

知识青年下乡初期,均分配到各生产队,以生产队为单位建立青年点,在各生产队参加生产劳动,随着知识青年下乡数量的增多,青年点也不断扩大。为了进一步做好安置工作,于1973年由生产队建点改为生产大队建点,青年仍到各生产队去参加生产劳动,由生产队记工,参加生产队分配。

1974年,为贯彻中央[1973]30号文件和省委[1973]228号文件及省委关于学习推广株洲经验的指示,沈阳和开原下派了一批带队干部,协助县知青办和公社知青助理共同做好下乡知识青年工作。为了进一步落实株洲经验,全县和公社、各大队青年点于1975年同沈阳市和开原县各单位,实行厂社挂钩,帮助下乡青年安排就业和生产、生活。办起了小工厂、小农场。县知青办又先后办起了上山下乡知识青年学校,知青工厂、知青农场、知青林场、知青沙场和农工商联合企业——新华商场等。

从1968年起,到1977年,全县共接收安置下乡知识青年35 860人。其中,开原县青年29 322人,沈阳青年6 538人。

下乡到开原县各社、队的知识青年,绝大多数积极参加农村社会主义建设,表现较好,陆续被选拔、输送上大学、参军、当工人。

粉碎江青反革命集团后,根据中央调整知青政策,"逐步缩小上山下乡的范围,今后不再搞插队"的精神,从1977年开始,逐步把市、县带队干部撤离了青年点,回原单位工作。各大队青年点的房屋,全部处理给各社、队,处理后的资金,一部分上缴国家,一部分安置已婚青年。到1980年末,除极少数青年,因某些原因没有回城安排就业外,其余大批下乡青年都先后回城安排就业了。

(第七编第二章《劳动》,第233—234页)

《法库县志》

法库县志编纂委员会编,沈阳出版社1990年

(1968年)10月,沈阳市1.2万余名上山下乡知识青年来法库落户,各公社普遍建立青年点。

(《大事记》,第32—33页)

（1969 年）中学生 3 000 多名下乡插队接受贫下中农的"再教育"。

（第六篇第十三章《行政机构》，第 172 页）

"文化大革命"期间，县城知识青年分批上山下乡，参加农业生产劳动，先后有 3 120 名，沈阳市下放法库的知识青年 12 000 余名，亦被安置到农村参加劳动。

（第八篇第十七章《劳动人事》，第 214 页）

《昌图县志》

昌图县地方志编审委员会办公室编，（内部刊行）1988 年

（1968 年）10 月，按毛泽东同志"知识青年到农村去，接受贫下中农的再教育"的指示，城镇的高、初中生集体插队落户到农村为下乡青年，家在农村的学生回乡生产为还乡青年。至 12 月末统计，全县共接收下乡青年 22 700 名，还乡青年 7 841 名。十年动乱中，下乡青年达 55 000 名，设集体青年点 11 000 处，建房 6 186 间，国家下拨青年经费总额达 2 420 万元，损失浪费严重。

（《大事记》，第 28 页）

1968 年 10 月，全县所有中学生（不分初、高中，不分年级）全部宣布毕业，从 10 月 5 日起，城镇中学生分批下乡插队落户。 （教育编第二章《普通教育》，第 560 页）

城镇知识青年和下放户安置

从 1962 年以来，城镇闲散人口下乡，并组成下乡专门机构，下乡安置办公室，1966 年改为上山下乡安置办公室，直到 1978 年。

1962 年下放城镇人口 9 642 人，其中职工 3 359 人，家属 2 827 人，青年学生 1 501 人，城镇闲散居民 1 955 人。

1963 年，从昌图镇、老城镇、八面城镇、三江口镇等四镇总计减去城镇人口 236 人，减少城郊人口 13 083 人，后又划出城镇建制两处，又减城镇人口 6 879 人。

三年来的统计，全县共接收来自全国各地，回、下乡人员和本县下乡人员 12 664 户，其中下乡 2 482 户，回、下乡人口 46 276 人，回、下乡劳动力 15 763 人。

1970 年省、地、县城镇居民 3 095 户，13 640 人。

1968 年 12 月统计，接收沈阳市皇姑区的插队落户知识青年 22 700 人，本县还乡青年 7 841 人。十年动乱期间，下乡知识青年猛增 55 000 人，自己办伙，设集体青年点 1 100 多处，建房 6 886 间，国家给拨款建房经费总额达 2 420 000 元。

1978 年对原下乡知识青年进行统筹安排，从 1978 年到 1980 年陆续迁离农村。其去向：有被招工、招干、升入大专院校、参军、接班等均各得其所，在为社会主义建设而工作。

（社会编第六章《社会福利》，第 728 页）

《西丰县志》

西丰县地方志办公室编,沈阳出版社 1995 年

(1968 年)9 月 16 日,县革委会决定初、高中毕业的 1 544 名学生和接收沈阳市 6 927 名知识青年上山下乡参加劳动,接受贫下中农再教育。 （《大事记》,第 24 页）

知识青年上山下乡

西丰县知识青年上山下乡插队落户,是从 1962 年开始的。该年接收沈阳下乡青年 190 名(其中:男青年 169 名,女青年 21 名)。1963 年,接收沈阳下乡青年 115 名(其中:男青年 67 名,女青年 48 名);本县下乡青年 26 名(其中:男青年 13 名,女青年 13 名)。1965 年,本县下乡青年 15 名(其中:男青年 12 名,女青年 3 名)。1966 年,接收沈阳下乡青年 11 名(其中:男青年 7 名,女青年 4 名);本县下乡青年 54 名(其中:男青年 30 名,女青年 24 名)。1966 年末,西丰共有下乡知识青年 411 名,其中:男 298 名,女 113 名。

1968 年 9 月 14 日,毛泽东主席发出"知识青年到农村去,接受贫下中农再教育"的指示,西丰县城内的初、高中毕业生全部到农村插队落户。另外接收沈阳市下乡知识青年 6 927 名。此后,形成制度,每年都有一批知识青年到农村插队落户。1979 年和 1980 年改为大多数知识青年不下乡,只有少数知识青年户口下乡而人不下乡。1981 年开始,知识青年不再下乡插队落户。1968—1980 年西丰县农村共接收下乡知识青年 23 714 名,其中:沈阳市下乡知识青年 17 678 名,本县下乡知识青年 6 036 名。

1968—1980 年西丰县上山下乡知识青年统计表

项目 年度	合计	本　县			沈阳市		
		计	男	女	计	男	女
总　计	23 714	6 036	3 093	2 943	17 678	9 175	8 503
1968	8 471	1 544	798	746	6 927	3 388	3 539
1969	720	153	69	84	567	279	288
1970	134	118	72	46	16	11	5
1971	212	212	120	92			
1972	425	425	209	216			
1974	4 581	749	377	372	3 832	2 020	1 812
1975	3 524	1 079	557	522	2 445	1 325	1 120
1976	2 821	853	434	419	1 968	1 049	919
1977	2 450	554	266	288	1 896	1 087	809
1978	247	220	137	83	27	16	11
1979	78	78	29	49			
1980	51	51	26	26			

注:1973 年知识青年没有下乡插队落户。

上山下乡知识青年,经过二年以上劳动锻炼,陆续被选送到大中专学校学习、参军或招收为工人。到 1982 年末,包括在农村与当地青年结婚的上山下乡知识青年已全部回城安置就业(只有一名下乡知识青年因患有精神病未安置就业)。

　　为了搞好上山下乡知识青年的管理教育,于 1964 年建立青年安置办公室。1968 年建立县革命委员会知识青年领导小组。1972 年建立知识青年上山下乡办公室;各公社根据上山下乡知识青年的人数多少配备专兼职管理干部;各大队都有 1 名党支部副书记或革委会副主任负责。

　　1974 年为贯彻中央[1973]30 号文件和中共辽宁省委[1973]228 号文件及中共辽宁省委关于学习推广株洲经验的指示,从沈阳市和西丰县抽调一批干部到青年点带队。带队的干部每年轮换一次。1978 年根据党中央"调整知青政策,逐步缩小上山下乡的范围,今后不再插队"的指示精神,把带队干部调回原单位工作,上山下乡的知识青年陆续回城安置就业。1980 年知识青年上山下乡办公室撤销,结尾工作由劳动局负责完成。

　　　　　　　　　　　　　　　　　(第四编第二章《行政机构》,第 141—142 页)

　　1972 年,根据辽宁省和铁岭地区革命委员会的指示,招收新工人 315 名。其中:下乡知识青年 294 名,还乡在乡知识青年 21 名。招收的 315 名新工人的去向是:沈阳市企业单位 195 名,中央部委所属企业 50 名,县企业单位 70 名。

　　　　……

　　1973 年,根据辽宁省革命委员会辽革发[1973]225 号文件和铁岭地区劳动局铁地劳发[1973]40 号文件,招收新工人 406 名,其中:给沈阳市招收沈阳下乡的知识青年 191 名(补充自然减员),西丰县招收下乡的知识青年 215 名(补充自然减员 130 名,新增工人 85 名)。

　　1974 年给沈阳市招收沈阳下乡知识青年 552 名,县招收下乡知识青年 321 名。

　　1975 年给沈阳市招收沈阳下乡青年 328 名,给省、地单位招收沈阳下乡青年 94 名,给技工学校招收沈阳下乡青年 7 名,县招收下乡青年 200 名。

　　　　……

　　1979 年给沈阳市招收沈阳下乡青年 169 名,县招收下乡青年 82 名,安置城镇待业青年 35 名。
　　　　　　　　　　　　　　　　(第四编第二章《行政机构》,第 142—143 页)

　　1968 年,全县的中学生全部离校,城镇的上山下乡,农村的还乡,参加生产劳动,"接受贫下中农再教育"。
　　　　　　　　　　　　　　　　　　(第十五编第二章《教育》,第 494 页)

　　1969 年 9 月县革命委员会指令宣传站建立毛泽东思想宣传队,从知识青年中选拔 50 余人为演员。县政府拨款 3 万元,作为购置服装、道具、乐器和日常开支的经费。

　　　　　　　　　　　　　　　　　　(第十六编第一章《文化与新闻》,第 523 页)

单　位	姓　名	性别	职　务	命名称号	命名时间(年)
金星乡永安村	徐宝利	男	下乡青年社员	省劳动模范	1963

（第二十编第三章《模范人物表》，第 643 页）

《康平县志》

康平县志编纂委员会编，东北大学出版社 1995 年

（1965 年）3 月 31 日，康平县首批 70 名城镇知识青年，下乡到蔬菜大队安家落户。

（《大事记》，第 52 页）

9 月，沈阳市 87 名知识青年下乡到康平县集体插队落户。　　　（《大事记》，第 52 页）

（1968 年）9 月，沈阳市大批知识青年到康平插队落户，至 1976 年，康平县知识青年下乡 3 178 名，并接收安置沈阳等城市下乡知识青年 15 322 名，共建立 353 个青年点（队）。这批下乡青年 1977 年以后分批回城市安置工作。　　　（《大事记》，第 54 页）

（1970 年）7 月 13 日，胜利公社朝阳窝堡大队沈阳下乡青年点发生凶杀案。2 名女青年被害死亡，1 名女青年重伤。此案枝节旁生，迁延日久，造成多人冤狱。至 1978 年方查清结案，1978 年 9 月 26 日凶手被处决。　　　（《大事记》，第 55 页）

1967 年 3 月成立县"抓革命，促生产"第一线指挥部，1968 年 4 月成立康平县革命委员会。是年成立县安置下乡青年办公室，安置大批知识青年下乡，到 1979 年共接收安置沈阳等城市下乡青年 15 332 名，康平县下乡青年 3 178 名。　　（第五编第二十一章《行政机构》，第 233 页）

1966 年底到 1969 年，开展"文化大革命"，停止招收职工。城镇初、高中毕业生下乡插队落户。

1970 年 10 月，县革命委员会决定招收 110 名新职工，从下乡知识青年中评选推荐，由公社革命委员会批准，分配到工、交、商等行业，为全民所有制职工。

（第七编第二十九章《劳动》，第 289 页）

1974—1978 年，随着城镇工、商企业发展的需要，五年共招收 1 994 人。其中除按政策规定安置城镇不下乡的知识青年和城镇复员军人外，从农村招收了"亦农亦工"人员 1 994 名，这批人员从 1980 年开始逐年作了辞退。

1976—1979 年,以安置上山下乡知识青年就业为主,全县共安置 3 277 名(其中全民职工 2 880 名,集体职工 397 名)。　　　　　　　(第七编第二十九章《劳动》,第 289 页)

《朝阳市志(第一部)》

朝阳市史志办公室编,辽宁大学出版社 1996 年

(1974 年)8 月 1 日,朝阳县、镇 2 万余人集会,欢送应届毕业生(初高中)上山下乡,1 420 名应届毕业生和 56 名历届毕业生下乡到农村。　　　　　　　(《大事记》,第 85 页)

(1979 年 1 月)24 日,中共朝阳地委召开知识青年工作会议。　　　(《大事记》,第 91 页)

《朝阳市志(第二部)》

朝阳市史志办公室编,辽宁民族出版社 2002 年

1971 年余粮队集体口粮标准为 177.5—250 公斤;自足队口粮标准为 162.5—177.5 公斤;缺粮队口粮标准为 162.5 公斤。自产粮留下种籽、饲料,人均口粮不足 162.5 公斤的,由国家适当返销;以种菜为主的生产队,可按邻近余粮队确定口粮标准;果树队一般可按自足队平均口粮水平确定口粮标准,下乡知识青年的口粮 300 公斤(包括自留地粮),随家下乡、还乡的知识青年按当地社员口粮标准分配。　　　　(第十三编第三章《粮食》,第 376 页)

1970 年(物资部门)供应化肥生产设备改造用钢材 350 吨;供应防汛木材 380 立方米、铁线 19 吨;供应农业育苗、知识青年下乡建房用玻璃 8 500 标准箱。

(第十三编第四章《物资》,第 399—400 页)

城市人口下乡经费,主要是安置城镇知识青年和其他居民下乡就业专项补助费用。1962 年,辽宁省财政厅拨给朝阳闲散人口安置经费 7 万元。朝阳地区各县从 1968 年到 1972 年共安置知识青年 28 726 名,城镇居民 49 150 名(包括插队家属)到农村安家落户,共支出安置经费 903.1 万元。　　　　　　　　　(第十四编第一章《财政》,第 448 页)

《朝阳市志(第三部)》

朝阳市史志办公室编,沈阳出版社 2004 年

1982 年 10 月 18 日,朝阳地区知识青年上山下乡工作办公室与劳动局合并,原人员编

制及所承担的业务全部转劳动局,对外保留知识青年上山下乡工作办公室的名义。

(第十九编第一章《劳动人事》,第 221 页)

安置上山下乡知识青年　城市知识青年上山下乡是从 1962 年开始的,1962—1965 年,全地区上山下乡知识青年 1 717 人。1968 年上山下乡人数剧增,1966—1968 年 3 年的城市中学毕业生,除了按规定留城就业以外,几乎都上山下乡,此后年年除了升学、参军以外,都走上山下乡的道路。1968—1979 年,全地区上山下乡知识青年 69 159 人。从 1970 年开始,对上山下乡的知识青年,除了升学、参军外,每年通过城市招工招回一批,但随招随下,到 1980 年在农村的知识青年仍然有 10 372 人。由于从 1979 年停止了知识青年上山下乡,余下的这部分青年,在 1980 年,通过多种渠道全部得到了安置。

(第十九编第一章《劳动人事》,第 231 页)

1977 年,省劳动局规定:招收上山下乡(包括还乡)知识青年、下乡满 2 年以上不满 4 年的其学徒熟练期为 1 年,学习期执行学徒工第三年生活补贴,对于上山下乡满 4 年以上的知识青年(包括还乡)其学习期待遇执行本岗位一级或相似一级工资。

(第十九编第一章《劳动人事》,第 240 页)

《朝阳县志》

朝阳县地方志编纂委员会编,辽宁民族出版社 2003 年

(1967 年)6 月 1 日,城市青年 440 名下乡到朝阳县 5 个公社 13 个大队进行劳动锻炼。

(《大事记》,第 44 页)

是年(1973 年),全县下乡知识青年 6 800 人,其中,有本县的 6 600 人。

(《大事记》,第 46 页)

是月(1976 年 1 月),全县动员城镇中学毕业生 2 100 余名上山下乡。

(《大事记》,第 46 页)

1965—1979 年,全县共有 12 209 名(其中女 5 419 名)城镇知识青年到农村参加劳动,"扎根落户"。根据辽宁省政府指示,自 1973 年开始,从下乡知识青年中招工、招生、征兵。县劳动局、知识青年办公室经过评议、审批等程序,对下乡二年以上的知识青年逐年进行安置。至 1978 年底,对历年下乡的知识青年全部回城(或就地)安置了工作。

(第十四编第一章《劳动》,第 538 页)

《建昌县志》

建昌县志编纂委员会办公室编,辽宁大学出版社 1992 年

(1964 年)5 月,县内城镇知识青年开始上山下乡。 　　　　　　(《大事记》,第 21 页)

(1973 年)4 月,成立建昌县知识青年上山下乡工作办公室。 　　　(《大事记》,第 23 页)

(1976 年)6 月 25 日,召开建昌县上山下乡知识青年积极分子代表大会。

(《大事记》,第 26 页)

第六节　知识青年上山下乡

建昌县于 1964 年 5 月开始动员城镇知识青年上山下乡,1968 年接收本溪、沈阳知识青年上山下乡,1978 年结束,总人数达 6 012 名。

知识青年上山下乡统计表

年　度	下乡人数	其　中		备　注
		男	女	
1964	23	11	12	
1968	4 213	2 337	1 876	其中:沈阳 407 人,本溪 3 622 人,建昌 184 人
1973	178	85	93	
1974	344	202	142	
1975	394	179	215	
1976	349	167	182	
1977	318	144	174	
1978	193	99	94	

一、管　理　体　制

县委成立知识青年上山下乡工作领导小组,县革委会设知识青年上山下乡工作办公室。有知识青年点的公社成立知识青年上山下乡领导小组,大队成立再教育小组。厂社挂钩的单位,对口选派带队干部,青年点有点长,组织知识青年学习、生活、劳动。

下乡知识青年安置经费,每人 500 元,支付范围是:(一)建房补助费 200 元,其中 180 元用于建房,20 元由市、县掌握,用于补助青年结婚建房。(二)生活补助费 200 元,其中 150 元用于吃、穿、用(其中抽 30 元发个人穿衣用),50 元留县掌握,作青年不能生活自给的补助。(三)农具、家具补助费和学习、医疗、旅运费 100 元,其中抽 15 元由县掌握,用于青年特

殊开支。

在生活待遇方面,当年秋收分配前,每人每月由国家供应商品粮22.5公斤。食油0.15公斤。从第二年秋收分配起,改吃社员口粮,指标300公斤,口粮款不足的由国家予以补助。吃菜同社员一样留自留地,重病、重伤经县批准,到公社或县城医院就诊。

知青在劳动方面,由生产队分配农活,老农带徒教技术,与社员同工同酬。

二、建点及安置

从1973年起,为青年创造学习、生活和劳动条件,建立"三集中"、"一分散"青年点34个,建房620间。具体是:

年 度	点 址
1973	大屯、贺吉沟、河东、四家子、汤神庙、坤都营子,计6个。
1974	二道河子农场、石佛果园、易杖子、三岔、张台子、贾杖子、头道营子、碾子沟,计8个。
1975	东南杖子、卡路营子、安子沟、古迹营子、磨石沟、赵杖子、吴坤杖子、河南,计8个。
1976	什家子、坎守杖子、郭杖子、宁杖子、汤泉子、南杖子、田家窝铺、素珠营子、新立屯、大黑沟,计10个。
1977	北桥、白庙子,计2个。

三、安 置

到1978年末,在青年点的只有5人,具体离点人数和去向是:

去 向	人 数	其 中		备 注
		男	女	
招 工	2 277	1 125	1 152	其中:回本溪1 588人,去喀左71人,县安置618人。
参 军	315	315		
升 学	42	27	15	
回 城	28	20	8	
结 婚	79	20	59	其中:青年间12对,与女社员8人,与男社员39人,与职工8人
投亲归户	1 453	812	641	
死 亡	8	7	1	
法 办	6	6		
剩 余	5	5		安置:招工1人,回城1人,投亲2人,教养1人。
计	4 213	2 337	1 876	

(第二十七编第一章《劳动》,第649—651页)

《凌源县志》

凌源县志编纂委员会编,辽宁古籍出版社 1995 年

(1964 年)8 月,有 20 名县城知识青年到欺天公社二十里堡大队参加农业生产,为本县首批下乡青年。1968 年后下乡青年人数大增,至 1980 年共下乡 11 889 人,建立知识青年点 168 人。 (《大事记》,第 23 页)

第二节　知识青年下乡及安置

本县知识青年下乡始于 1964 年,到 1967 年下乡 90 名。1968 年毛泽东主席发出:"知识青年到农村去,接受贫下中农的再教育,很有必要"的号召后,当年下乡 5 721 名,其中接收本溪知识青年 3 700 名。1969 年,县成立知识青年下乡领导小组,下设办公室。

1973 年,城镇初、高中毕业生除有伤残疾病和独生子女身边无人的留城外,一律动员下乡。各公社成立知识青年领导小组,县派带队干部参加各公社领导班子,管理知识青年工作。所在大队党支部派贫下中农代表对知识青年进行思想教育,帮助安排生活,传授生产技术。

1977 年规定,对特困户、孤儿、失去父母一方且享受定期补助、社会救济的,父母双病不能参加工作又无子女就业的知识青年不下乡。

知识青年下乡开始阶段分散插队,后逐渐改为集体插队,集中食宿,全县共建 168 个青年点。政府每年拨专款给予补助,1964—1979 年,计拨 461.3 万元,用于建房、生活补助、疾病治疗等。

截至 1979 年,全县共有下乡青年 11 889 人,在艰苦生活中得到锻炼,获得劳动技能,有 252 人加入中国共产党,879 人成为共产主义青年团员,有 90 多人成为社队领导骨干,有不少人担负社队会计员、保管员、民办教师、赤脚医生、宣传员、理论辅导员。他们中被陆续招工回城 4 935 人,升大中专学校 242 人,参军 477 人,提干 17 人,下余 6 218 人除少数自愿在农村安家落户外,1980 年全部回城,由劳动部门安置就业。(卷二十四第二章《劳动》,第 468—469 页)

《北票市志》

辽宁北票市市志编纂委员会编,国际商务出版社 2003 年

(1964 年)5 月 23 日,北票县委发出《安置知识青年下乡参加社会主义建设的通知》,计划 1964 年安置下乡青年 300 人,社会闲散青年 1 000 人。 (《大事记》,第 29 页)

(1968 年)10 月,北票县、北票矿区组织动员 1966 年至 1968 年三届中学毕业生 2 684

人上山下乡。大连知识青年 6 937 名、沈阳社会青年 763 名、北票矿务局知识青年 2 500 名也下乡到县内各公社。 （《大事记》，第 31 页）

1963 年到 1970 年，人口又呈高峰增长态势，8 年人口增长 101 393 人，平均每年净增 12 600 人，增长率为 20.4‰。此间人口增长快的一个原因是县内接受旅大、沈阳下乡知识青年 7 700 人。 （第三篇第一章《人口》，第 159 页）

1950 年至 1959 年，对城镇剩余劳动力和学校毕业学生基本予以安置。1960 年，重点安置还乡、在乡知识青年、退伍军人。"文化大革命"期间，优先安排困难户、三线军工企业子女、公亡及烈士子女。1971 年后，重点安置上山下乡满三年的返城知识青年。 （第八篇第一章《劳动管理》，第 311 页）

知识青年上山下乡及安置 1964 年 5 月，中共北票县委成立安置城市青年领导小组，下设办公室，组织动员城镇知识青年 300 名、北票矿务局知识青年 818 名和城镇居民 87 户 203 口人下乡参加社会主义建设。1968 年，为落实毛主席关于知识青年上山下乡的指示，县革委会制定了《动员知识青年和城镇居民到农村安家落户、参加生产劳动的行动方案》。10 月，组织动员 1966 年至 1968 年的三届中学毕业生 2 684 人下乡，还有大连知识青年 6 937 名、沈阳社会青年 763 名，北票矿务局知识青年 2 500 名同时到北票县农村落户。1972 年 11 月，中共北票县委安置城市下乡青年领导小组办公室改为北票县知识青年上山下乡工作办公室，陆续安置城镇中学毕业学生下乡。到 1979 年，全县共有下乡知识青年 27 374 人。下乡知识青年除部分随父母下乡、投亲归户、插队落户外，绝大多数集中在青年点集中食宿，集体劳动，集中管理。全县共建 352 个青年点，建房 7 852 间。城镇有下乡青年的单位选派了 108 名干部为下乡青年的带队干部，各公社选派贫下中农代表进驻青年点，有 1 名副书记主管下乡青年工作，有 1 名专管知识青年的助理员。县里每年拨给每个青年生活费 120 元至 150 元，还有医疗费、工具费、宣传费等。全县共拨下乡知识青年安置费 331 万元，建房费 327.6 万元，其它费用 141.8 万元，合计 800.4 万元。

1973 年开始抽调下乡知识青年返城安置工作，到 1979 年 8 月，知识青年全部返城。1980 年，停止下乡。全县回城安排工作的知识青年共计 24 674 人。 （第八篇第一章《劳动管理》，第 311—312 页）

《喀喇沁左翼蒙古族自治县志》

《喀喇沁左翼蒙古族自治县志》编委会编，辽宁人民出版社 1998 年

(1968 年)10 月 7 日，县城 125 名初、高中毕业生到大营子公社安家落户，接受贫下中农

再教育。 （《大事记》,第 38 页）

（1971 年）1 月 17 日—5 月 1 日,县先后召开工交、财贸、妇联、教育、"五七"战士、上山下乡知识青年学习毛泽东著作讲用会。参加讲用人员达 1 103 名。 （《大事记》,第 39 页）

知识青年上山下乡及安置

1968 年 10 月,县成立知识青年上山下乡领导小组,下设办公室,负责对知识青年上山下乡管理、教育和安置。

知识青年下乡,始为分散插队,后逐渐改为集体插队,统一设点,集中食宿,分散劳动。1968 年,在大营子公社建立第一个青年点,至 1976 年又相继建立青年点 16 个。全县共设 17 个青年点。

1968 年,第一批下乡知识青年 60 人,均属城镇初、高中毕业生。从 1968—1978 年,上山下乡知识青年分六批共 2 859 人,其中沈阳下乡插队为 151 人。1972—1978 年,先后拨给知识青年安置经费 34.37 万元,生活补助费 26.57 万元。从 1968—1978 年,国家拨补助粮 1.4 万公斤。全县知识青年在上山下乡劳动中,受到锻炼,先后入党的 41 人,入团 140 名;考入高等院校 85 人,参军 205 人,提干 17 人,当教师 16 人。

1973 年始,对下乡二年以上的知识青年经青年点评议,当地社队同意,报县知识青年办公室审核后由劳动部门予以安置。到 1979 年,共安置知识青年 1 765 人。

（第二十二编第一章《劳动管理》,第 529 页）

1970 年后,知识青年下乡,大中专毕业生分配到农村,为农村输送了一批体育骨干,带动农村体育活动的开展。开展得较有特色的有尤杖子、官大海、白塔子等地。

70 年代,尤杖子公社以知识青年为主的几支篮球队经常开展活动,并和兄弟公社及县直单位经常比赛,带动大多数大队建了篮球场,组织了篮球队。1976 年 8 月,尤杖子公社召开了首届全民运动会。项目有篮球、长跑、短跑、跳高、跳远、实弹射击、武装竞走,有 400 多人参加。以后每年都召开一次全民运动会。1976 年,尤杖子公社被评为县体育先进公社。

（第二十八篇第二章《社会体育》,第 651 页）

《建平县志》

建平县志编委会编,辽海出版社 1999 年

1966—1978 年,实行群众推荐、民主评议、报劳动部门审批的招工制度。招工范围是:退伍军人、城镇初高中毕业生、留城青年、劳动锻炼满两年以上的上山下乡知识青年和极少

数农村青年。

1979—1985 年,对招工制度进行了较大的改革,招收新工人,一律实行德、智、体全面考核,择优录用的办法。考试科目有语文、数学、政治等,招生对象为身体健康、思想品质好,年龄在 16—25 周岁未婚的回城上山下乡知识青年,城镇初中、高中毕业生和其他城镇待业人员。

(第十六编第二章《劳动人事》,第 672 页)

上山下乡知识青年安置

建平县从 1962 年起,开始知识青年上山下乡工作。1962 年,黑水林场有知青 27 人,1964 年富山公社有知青 70 人。1966—1968 年,全县有 2 717 名初高中毕业生下乡插队,同时接收叶铁地区和其它地区 361 名知识青年到农村安家落户,这些青年被安置到黑水、向阳、三家、万寿、小塘、农场等公社(场)。1969 年,建平县接收沈阳市知识青年 906 人,分别安置在太平庄、老官地、农场、林场、种羊场 5 个公社(场)。

1970 年,建平县下乡知识青年人数为 30 人,1971 年为 45 人,1972 年为 455 人,1974 年为 650 人,1975 年为 767 人,1976 年为 695 人,1977 年为 702 人,1978 年为 142 人。自1962—1978 年,全县安置到农村落户的知识青年共 5 483 人。

1966—1978 年,全县下拨插队知识青年安置费 531 600 元,在 18 个公社(场)建立青年点 67 个,建房 1 378 间。

对下乡知识青年的安置办法有接班、返籍、招工、做临时工、参军、入学。到 1975 年 6 月,全县在农村知识青年共有 1 900 人,同年末,安置 1 088 人,对其余的也做了统筹安排,只有 187 名已婚青年留在农村。1980 年,知识青年上山下乡工作停止。

(第十六编第二章《劳动人事》,第 673—674 页)

《赤峰市志》

赤峰市地方志编纂委员会编,内蒙古人民出版社 1996 年

(1964 年)26 日,赤峰首批知识青年 108 人上山下乡,盟市党政领导和群众 15 000 人沿街欢送。

(《大事记》,第 104 页)

(1968 年)14 日,北京首批上山下乡知识青年 1 100 人到达赤峰,盟党政军领导人和赤峰地区广大军民集会欢迎。

(《大事记》,第 109 页)

(1969 年 3 月)25 日,盟革委会主持召开赤峰地区军民大会,欢迎首批上海知识青年来昭乌达盟农村牧区安家落户。

(《大事记》,第 109 页)

是月(1974年7月),因《辽宁日报》发表《一份发人深省的答卷》一文,将考试交白卷的张铁生标榜为"反潮流英雄",受其影响,全盟各学校掀起一场"反复辟"、"反回潮"运动,使刚刚恢复的教学秩序受到严重冲击,学校再度陷于混乱。　　　　　　　　(《大事记》,第113页)

(8月10日)旅大市应届中学毕业生王冬梅(女)等119名知识青年到达赤峰,赤峰地区4万余人集会欢迎。12日,盟委、盟革委会召开全盟有线广播大会,欢迎王冬梅等知识青年来昭乌达盟上山下乡。

16日,沈阳市333名知识青年到昭乌达盟上山下乡,盟和赤峰市、县党政军领导人和赤峰地区各族群众到车站欢迎。

18日,抚顺市200余名知识青年到昭乌达盟上山下乡,盟党政军领导人及赤峰地区群众集会欢迎。　　　　　　　　　　　　　　　　　　(《大事记》,第114页)

(9月)4日,鞍山市知识青年赴昭乌达盟创业队到达赤峰,受到赤峰地区群众和盟、市、县及驻军领导人的欢迎。

14日,盟和赤峰市990名知识青年奔赴农村、牧区,赤峰市区4万多人热烈欢送。
　　　　　　　　　　　　　　　　　　　　　　　　　(《大事记》,第114页)

10月28日,盟和赤峰市840名知识青年奔赴农村、牧区,赤峰市区3万余群众集会欢送。　　　　　　　　　　　　　　　　　　　　　　　(《大事记》,第114页)

(1975年7月)25日,赤峰3000余名应届毕业生奔赴农村、牧区上山下乡,盟党政军领导人和赤峰市区5万余人集会欢送。

28日,旅大市590名中学毕业生和31名带队干部来昭乌达盟上山下乡,赤峰市群众和党政军领导人集会欢迎。　　　　　　　　　　　　　　(《大事记》,第115页)

人口迁移原因,70年代北京、上海、天津、大连等地知识青年上山下乡到本地农村牧区锻炼,辽宁省"五·七战士"和医务人员来赤峰地区安家落户,进入80年代后,又陆续迁回。因此这个阶段人口迁移比较频繁。

　　　　　　　　　　　　(卷二第一篇第一章《人口规模》,第281—282页)

第三节　知识青年上山下乡

1963年10月,中共中央、国务院就提出:"安置城市要就业的劳动力,主要方向是上山下乡",据此,昭乌达盟组成了安置城市下乡青年领导小组,下设办公室。1964—1965年全盟组织城市青年到农村插场插队的1933人,其中到人民公社插队的1263人,到国营农牧林场的 540 人,回乡的 130 人。1968 年 12 月 22 日,毛主席发出:"知识青年到农村去,接受贫下中农的再教育,很有必要"的指示,在全盟出现了知识青年上山下乡的热潮,当年就有 4 741 名知识青年下乡。盟、旗县市都成立了知识青年上山下乡安置办公室,分期分批组织、安置青年下乡。从 1968—1980 年全盟安置下乡知青 61 052 人,其中男 33 203 人,女 27 849 人。本盟知青 40 053 人,北京青年 1 116 人,天津青年 2 724 人,上海青年 603 人,辽宁及内蒙古自治区青年 16 556 人。最初是到农村牧区人民公社的大队、国营农牧林渔场落户。1973 年后改为建立青年点派干部带队,全盟建青年点 800 余处。1980 年以后下乡人数少,不再分散插队,办农工商集体青年场队,赤峰市区共办 12 个知青场队,安置下乡和待业青年 803 人,每人每月发工资 35 元。

在知青上山下乡时国家拨专款安置扶持。凡到国营四场的青年每人补助 400 元,到知青场队和青年点的每人 600 元,到牧区的每人 800 元,用于建房、买农具、生活、医疗等补助。1967—1979 年内蒙古自治区和辽宁省下拨 3 284 万元,到 1980 年节余 266 万元,转为待业青年扶持资金。

从 1970 年开始在下乡知青中招工,锻炼满二年、政治表现好、经知青和贫下中农评议、大队党支部审查,公社党委审定,方由旗县劳动局招工。到 1980 年底,全盟下乡知青回城安置情况是:招工转干 47 499 人,招生升学 2 227 人,参军 1 612 人,迁往外地城镇 4 365 人,由其他地区迁入本盟城镇 1 355 人,因病回城 1 497 人,死亡 99 人,总计 58 654 人。到 1980 年末尚有下乡知青 2 522 人,到 1981 年 6 月中旬知青回城安置工作基本结束。

(卷十四第二篇第二章《劳动就业》,第 2221—2222 页)

1981 年 3 月成立昭乌达盟劳动服务公司,11 月与知青办公室合署办公。

(卷十四第二篇第二章《劳动就业》,第 2222 页)

1978、1979 年大批下乡知青回城,连同城镇劳动力,城镇出现待业高峰,昭盟采取了一些特殊措施:如归口安置,即 1976 年前下乡知青一律由家长所在单位归口安置;社队企业招收本单位职工子女可占 80%,20% 由劳动部门统配;厂办集体单位可把入厂时 40 岁以下的"五七"工(走"五七"道路的家属工)招为正式工。

(卷十四第二篇第三章《劳动管理》,第 2226 页)

1961—1971 年 10 年间,共录用干部 4 000 余名。其中 1965—1971 年"文化大革命"期间录用 3 373 名(其中工人 440 名、农民 126 名、复退军人 381 名、上山下乡知识青年 350 名,其他包括集体单位 2 076 名)。

(卷十四第三篇第二章《干部管理》,第 2250 页)

《赤峰市红山区志》

《赤峰市红山区志》编纂委员会编，内蒙古人民出版社 1996 年

(1968 年)9 月 14 日,北京首批上山下乡知识青年 1 100 人到达赤峰,赤峰地区军民集会欢迎。 (《大事记》,第 56 页)

(1969 年)1 月,城市知识青年开始分批到农村牧区插队劳动,"接受贫下中农再教育"。 (《大事记》,第 57 页)

(1974 年)9 月 14 日、10 月 28 日,赤峰先后有 1 830 名知识青年赴农村牧区插队落户,赤峰地区各界群众集会欢送。 (《大事记》,第 59 页)

(1975 年)7 月 25 日,赤峰 3 000 余名应届高中毕业生上山下乡,盟市党政军领导和赤峰地区 5 万余人集会欢送。 (《大事记》,第 59 页)

知识青年安置

1964 至 1980 年原赤峰市上山下乡知识青年共计 29 166 人,其中到外旗县的 22 265 人,在市内的 6 901 人。1973 年,贯彻中央《关于知识青年上山下乡的若干规定》,知识青年在住房、穿衣、吃饭、学习、医疗等方面得到改善。从 1971 年开始,通过企事业单位招工、大中专院校招生、军队征兵、机关单位招干等途径,逐步安置下乡知识青年。至 1980 年,知识青年就业安置基本结束。 (第五篇第三章《劳动》,第 374 页)

《松山区志》

赤峰市松山区志编委会编,辽宁人民出版社 1995 年

(1968 年)9 月 14 日,赤峰地区军民集会,热烈欢迎北京知识青年到昭盟安家落户。 (《大事记》,第 44 页)

赤峰市各中等学校及京津等城市 1966、1967、1968 年应届毕业生分批到本县农村插队。 (《大事记》,第 45 页)

是月(1969 年 3 月),首批上海知识青年到本县农村安家落户。 (《大事记》,第 45 页)

（1979 年）10 月 10 日，县革委会决定：自本年起，城镇知识青年全部留城安置。

（《大事记》，第 49 页）

1963—1980 年，除正常人口迁移变动外，接收安置北京、上海、天津、沈阳、赤峰市知识青年 6 422 人，安置在 92 个青年点。　　　　　（第二篇第二章《人口》，第 115 页）

70 年代招工主要为镇城待业青年、上山下乡知识青年和少量农村青年。1980 年后不招农村青年。1970—1990 年招工可分四个阶段：

1970—1974 年，多为昭盟代招，主要对象为下乡知识青年、还乡在乡青年、复员退伍军人、矿工子女。5 年招工 1 714 人，其中全民工 1 345 人（含补充自然减员），集体工 369 人。

1975—1979 年，昭盟下达指标，县自招增加，留城、下乡、还乡知青和亦工亦农工。5 年招 4 091 人，其中为盟代招 1 432 人，县自招 2 659 人。其中全民 2 482 人，集体 1 609 人。1979 年 3 月为赤峰糖厂招收新职工 250 人，7 月为盟代招下乡知青 493 人。9 月按盟要求，为铁路招工，把在赤峰县的盟直机关 1976 年前的下乡青年全部招工，共招 112 名。11 月从初中以上文化的下乡、留城知青为本县招收集体工人 79 名。全年招工 934 名，全民 537 名，集体 397 名。

1980—1985 年，按盟招工计划，由县统一招工，分配给市、区企业。1980 年前毕业留城的待业青年，未婚、25 周岁以内及农村吃商品粮青年，"文革"疏散人口下乡青年，初中文化均可报名，德、智、体全面考核，择优录取。1982 年开始，废止推荐、评选、内招，实行德、智、体全面考核，文化考试办法，录取后，半年试用期。1983 年招三个林场、良种场职工子女 104 人，充实农牧林渔场工人。已结婚的仍在乡下的下乡女青年 58 名，招其配偶当工人。为离退休职工子女招顶替工 155 人。

1986 年开始，实行劳动制度改革，新招全民职工均为合同制工人或集体工人，实行考试，公开招工，择优录取。考试合格后，先培训，后就业。当年招合同制工人 111 名，并为 171 名职工子女办理了顶替手续。

1987 年，为 472 名落实政策人员的子女招工，给 139 名"文革"误伤致残的全民职工子女安排就业。为农电、广播系统 139 名计划内临时工办了转招集体制工人手续。1986—1990 年招全民合同工 1 186 人，集体工 1 438 人。　　（第十篇第一章《劳动》，第 341—342 页）

技校招生。1975 年盟劳动局下达指标，赤峰县为盟技校招生 38 名，其中盟经校 30 名，平矿技校 8 名，从 2 年以上山下乡知识青年中招生。　　（第十篇第一章《劳动》，第 343 页）

知青上山下乡　　1963 年开始城镇知识青年下乡，参加农业生产，到 1967 年，共有 228 名本县知青上山下乡。1968 年 5 月赤峰县知识青年上山下乡办公室成立，后成立带队干部办公室，从有知青下乡的单位抽出 120 多名干部分派到知识青年点，负责知青的组织。领导

794

和管理工作。1968 年 12 月 22 日,毛泽东主席发表动员知识青年上山下乡的讲话,掀起知识青年上山下乡接受贫下中农再教育的高潮。每年都有大批本县、本盟及外省市的知青到本县农村插队落户。1963—1980 年,全县共有上山下乡知识青年 6 424 人,其中来自外省市(上海、北京、天津)的 370 人,有安排插队落户任务的公社 21 个、106 个村(青年点)。此间,对经过二年以上锻炼的知青,陆续安置考工、招工、升学、参军。到 1980 年参军入伍的 142 人,升入大中专学校的 123 人,招工回城的 5 965 人,在农村安家落户的 54 人,因病、照顾父母等回城市或转外地的 140 人。1981 年 9 月,知青上山下乡结束。

1963—1980 年知识青年上山下乡统计表

年份\项目	上山下乡人数			其 中						升学人数	参军人数	技工人数	在农村安家落户	其它
	总数	男	女	本 地 区			外 省 市							
				人数	男	女	人数	男	女					
合计	6 422	3 193	3 229	6 052	2 974	3 078	370	219	151	123	142	5 965	54	138
1963	14	14		14	14							13	1	
1964	35	16	19	35	16	19						35		
1965	106	49	57	106	49	57						85	3	18
1966	83	33	50	83	33	50						59	13	11
1968	415	210	205	277	136	141	138	74	64	3	7	385	16	4
1969	424	248	176	192	103	89	232	145	87	20	2	359	8	35
1970	165	91	74	165	91	74				1		160	3	1
1971	463	225	238	463	225	238				16		442	2	3
1972	425	170	255	425	170	255				18		401	1	5
1973	122	71	51	122	71	51				1	5	108	1	7
1974	625	312	313	625	312	313				5	2	600	6	12
1975	1 384	674	710	1 384	674	710				11	4	1 364		5
1976	227	81	146	227	81	146				3	4	215		5
1977	1 193	572	621	1 193	572	621				17	62	1 095		19
1978	591	346	245	591	346	245				16	46	526		3
1979	128	69	59	128	69	59				12	10	96		10
1980	22	12	10	22	12	10						22		

(第十篇第一章《劳动》,第 344 页)

《赤峰市元宝山区志》

赤峰市元宝山区地方志编纂委员会编,内蒙古人民出版社 1997 年

　　(1968 年)9 月,平庄区知识青年办公室建立,动员城镇知识青年到农村去。1979 年,知

识青年陆续返城就业。1980年,知青办撤销。 (《大事记》,第23页)

《巴林右旗志》

《巴林右旗志》编纂委员会编,内蒙古人民出版社1990年

(1969年)春,迎接首批上海、北京、天津知识青年到巴林右旗农村牧区插队落户。

(《大事记》,第23页)

1969年,城乡劳动力换班,城镇知识青年到农村牧区插队落户,农村牧区劳动力被招收补充城镇劳动力不足。出现城乡劳动力倒流现象,出现了代表工、轮换工、亦工亦农工等。

1974年到1978年,从大队、生产队干部中和城镇下乡知识青年中招工。从1979年起,招工方法由过去领导推荐、政治考核、身体检查、合格录用改为公开招考,择优录用。从1981年起实行顶替招工,即职工退休后,可以用1名符合条件的子女顶替,此种招工办法于1987年停止实行。 (第六编第二章《经济管理》,第162页)

巴林右旗从1976年开始,城镇知识青年不再上山下乡,每年都有初、高中毕业生待业。1979年,下乡知识青年陆续回城,当年待业青年458人。为了安排这些知识青年就业,1980年5月,旗人民政府责成旗劳动局成立劳动服务公司,统筹安排镇内知识青年劳动就业、管理临时用工、开展就业前培训等工作。就业安排实行劳动部门介绍就业、自愿组织起来就业和自谋职业"三结合"的方法。1984年至1986年,旗真属各系统相继建立本系统的劳动服务公司,专门安排本系统的待业青年。全旗共建立系统劳动服务公司17个,兴办生产服务网点45个。从1980年至1986年,共安排待业青年1 650人。

(第六编第二章《经济管理》,第163页)

《阿鲁科尔沁旗志》

《阿鲁科尔沁旗志》编纂委员会编,内蒙古人民出版社1994年

(1968年)12月,响应毛主席"知识青年到农村去,接受贫下中农的再教育"的号召,本旗中学毕业生及京、津、沪、沈、赤峰知识青年陆续来本旗插队落户。 (《大事记》,第30页)

(1971年)8月,辽宁省沈阳市上山下乡知识青年到本旗插队落户。

(《大事记》,第32页)

"文化大革命"期间,干部增长速度较快,其来源主要是:下乡知识青年,大、中专毕业生,工人,贫下中农(工分加补贴干部),更多退伍军人。　　（第二十篇第一章《干部管理》,第804页）

第三节　知识青年安置

自1964年9月,首批插场的城镇知识青年到白城子林场37名、道伦百姓农场22名。1965年6月30日本旗第二批知识青年上山下乡,赴天山口公社元宝坑大队7名,刘家店大队9名,常家沟大队25名,白音花公社"五·一"大队10名。1968年7月末,开始接收北京、天津、赤峰等地的300名知识青年来本旗插队落户,分配到11个青年点。

知识青年安置表

青年点名称	知青总数	其　　中		
		京　津	赤　峰	本　旗
西古井子	30	10	10	10
沙拉哈达	30	10	10	10
新　胜	25	10	10	5
三　山	20	10	10	
达拉罕	31	8	8	15
新　发	31	8	8	15
玛尼图	40	10	15	15
沙拉宝图	40	9	16	15
一大队(道伦百姓农场)	20	10		10
东方红	13	7	6	
红旗(元宝坑)	20	8	7	5
计	300	100	100	100

各社队都专门划出宅基地,为青年点建房,标准是:石头地基虎皮墙,砖腰带,瓦上房。每个青年点都配备了"带队干部",负责管理青年生产、生活、学习及其它活动。本旗青年点最多时达到23个。从1972年起,通过招工,大专院校招生,应征入伍、转干等途径,逐步安置下乡知识青年。从1970年底以前下乡的知识青年中,通过招工一项安置知识青年1 980名。在1971—1979年期间,一面安置,一面仍动员知识青年下乡,故在以后的安置中仍有知识青年。还有一部分下乡较早由于结婚或其它原因没有安置,本旗称之为"老知识青年"采取以户为基础,先安排在岗的,系统消化为主,分期上岗,1986年安排29户中的36人就业,原则上原在哪个单位就在哪个单位安置,所从事的工作不变。其余45户102人以户为单位

分别在 1987 年、1988 年安置完毕。　　　　　（第二十篇第六章《劳动就业》,第 835—836 页）

1978 年始,天山镇非农业户口的中学毕业生不再列入上山下乡范围,本旗出现了待业青年。这些待业青年由各系统在城乡两个方面广开就业门路,就学门路,开办集体所有制企业。从 1980 年 10 月 1 日起不再发留城证。1979 年末,全旗共安置 1 135 名,其中 1978 年以前按政策留城的 114 名,1977 年前下乡的知识青年 361 名,国家统一分配的各类人员 135 名,落实政策补充自然减员 525 名。　　　　（第二十篇第六章《劳动就业》,第 836—837 页）

《喀喇沁旗志》

《喀喇沁旗志》编纂委员会编,内蒙古人民出版社 1998 年

同月(1968 年 9 月),首批外地来喀喇沁旗上山下乡的知识青年到达锦山镇。

（《大事记》,第 49 页）

(1969 年)10 月,首批天津上山下乡知识青年来喀喇沁旗。　　　（《大事记》,第 50 页）

(1978 年)3 月 14 日,旗委组成调查组,对知识青年上山下乡安管问题进行调查。

（《大事记》,第 53 页）

知识青年上山下乡　喀喇沁旗城镇知识青年上山下乡始于 1966 年,截止于 1979 年。1966 年全旗组织了城镇青年 20 名,集体上山下乡,到四十家子公社柳条沟建设果园。1967 年,旗水土保持站接收这批青年到龙泉寺搞水土保持工程。自 1968 年始,全旗吃商品粮的城镇初高中毕业生,除少数因家庭等方面原因安排工作外,大部分上山下乡。1968 年 12 月 22 日,毛主席发出"知识青年到农村去,接受贫下中农的再教育很有必要"的指示,全旗掀起知识青年上山下乡热潮。1969 年 5 月 11 日,喀喇沁旗迎来了第一批天津知识青年。1974 年,喀喇沁旗知识青年上山下乡办公室成立,为政府的职能部门。知识青年下乡初期基本都到社队,由国家出资建青年点,后下乡知青都安排到国营林场、农场。此时期,全旗还接收了北京市、辽宁省、赤峰市、平庄矿务局等外地的知识青年 500 人。从 1970 年起,全旗开始在知青中招工,锻炼满 2 年,政治表现好,经知青和贫下中农评议,大队党支部审查,公社党委审定,旗劳动局方可招工。1978 年,根据中央召开的全国知青工作会议精神,全旗基本停止了上山下乡动员工作。1980 年,下乡知青全部回城安排工作,上山下乡期间计算工龄,工资也比照同期参加工作人员。1981 年旗知青办撤销。

（卷二十七第二章《劳动》,第 870 页）

《克什克腾旗志》

《克什克腾旗志》编纂委员会编，内蒙古人民出版社 1993 年

(1964 年)7 月,旗知识青年上山下乡办公室成立,城镇知识青年开始下放。

(《大事记》,第 61 页)

(1969 年)9 月,北京、天津、上海、大连等大城市知识青年下放本旗(至 1977 年全旗共接收四大城市知识青年 3 128 人)。

(《大事记》,第 65—66 页)

(1976 年)3 月,下放本旗大连知识青年王冬梅、王银刚被树为全省知青典型。

(《大事记》,第 68 页)

1969—1973 年,接收赤峰及沈阳、大连等城市疏散人口 205 户 892 人,沈阳、大连插队干部及家属 1 499 人,赤峰、沈阳、大连下放知识青年 1 629 人。这些人 1977—1979 年又陆续返回。

(卷四第二章《人口》,第 221 页)

第一节 知识青年安置

1961 年起,本旗开始动员城镇知识青年上山下乡。到 1977 年,全旗共下乡知识青年 2 519 人。1968 年开始接受北京、天津、上海、辽宁(包括沈阳、旅大、赤峰、平庄)等大中城市的知识青年。到 1977 年,共接受 3 128 人,其中:北京 182 人,天津 178 人,上海 87 人,辽宁 2 679 人。这些人下放到 16 个公社的 69 个青年点。1968—1979 年,全旗累计下拨知识青年安置费 847 万元。建房 1 547 间。

1970 年以后,通过招工、大中专院校招生、应征入伍、转干等途径,对下乡知识青年逐步进行了安置。其中转干 19 人,招工 5 329 人(到全民单位 3 439 人,集体单位 1 890 人),大中专院校招生 66 人,应征入伍 142 人,因公、病退返城和迁往外地的 78 人,因工死亡 2 人,因病死亡 11 人。到 1980 年下放知识青年已全部安置完毕。

(卷九第五章《劳动就业》,第 363 页)

下乡知识青年定销　1964 年以前供应标准不一,之后按月口粮 18 公斤的标准供应。食油不供应。1973 年后,下乡头一年国家按月 22.5 公斤成品粮供应,第二年改由生产队留粮,人均计留粮 300 公斤。

(卷二十一第二章《粮食销售》,第 693 页)

1952—1990 年,旗财政预算内支出(累计)36 889.7 万元,其中:基本建设投资 674 万元,

占 1.8％，支援农牧业 9 886.2 万元，占 26.7％，教育、卫生事业费 10 477 万元，占 28.4％，抚恤和社会救济费 2 223 万元，占 6％，行政管理费 6 864.9 万元，占 18.6％，工交商业费 308 万元，占 0.8％；科技三项费用 54.3 万元，占 0.1％，城市维护费 651.6 万元，占 1.52％，城市人口下乡费 360.3 万元，占 0.97％，城市知识青年就业费 44.5 万元，占 0.12％，"五七"干校经费 43.3 万元，占 0.1％，企业挖潜革新改造资金 331.4 万元，占 0.9％，县办"五小"企业补助费 695.4 万元，占 1.88％，财政价格补贴 1 563.9 万元，占 4.2％，工交邮电支出 174.1 万元，占 0.47％，流动资金 374.4 万元，占 1％，简易建筑 170.1 万元，占 0.46％，其它支出 1 997.5 万元，占 5.4％。

（卷二十二第一章《财政》，第 708 页）

《翁牛特旗志》

翁牛特旗志编纂委员会编，内蒙古人民出版社 1993 年

是年(1965 年)，广德公公社兰巴地大队"八女治山队"队长董凤琴，出席内蒙古自治区回乡、下乡知识青年先进代表会议，会后途经首都时，与昭乌达盟代表团成员一起，受到团中央第一书记胡耀邦的接见。

（《大事记》，第 23 页）

(1969 年)2 月，旗革命委员会组织知识青年上山下乡。

（《大事记》，第 25 页）

(1970 年)7 月 21 日，开展城镇人口疏散和知识青年上山下乡安置工作。

（《大事记》，第 26 页）

(1973 年)12 月 24 日，《人民日报》第一版在"敢于同旧传统观念决裂的好青年"大标题下，转载了本旗玉田皋公社下乡知识青年柴春泽写给他父亲的信，并加编者按和调查附记，称赞柴春泽扎根农村干一辈子革命的决心，是"革命小将在思想领域里向老将的挑战"。

（《大事记》，第 27 页）

(1974 年)12 月，抚顺市 202 名知识青年来本旗插队落户。

（《大事记》，第 27 页）

第四节　知识青年安置

本旗知识青年上山下乡工作始于 1964 年。截止 1979 年，全旗农村、牧区共接收北京、天津、上海、抚顺、赤峰和本旗城镇下乡知识青年 5 833 人，其中外省、市(包括外旗、县)知识青年 4 032 人，本旗知识青年 1 801 人。全旗共建知识青年点 129 个，分布在 18 个公社、9 个国营农牧林场(站、苗圃)。从生产大队、公社到旗均建立专门领导机构，抽调、配备专职干部负责具体工作。

国家和地方财政从 1965 年开始给知识青年发放安置费,用于建点、建房以及已婚知识青年的生活困难补助。截止 1979 年,共拨款 321.5 万元。

1978 年,旗知识青年上山下乡工作办公室着手知识青年安置工作。本旗知识青年除已参军,升学者外,其余均于 1979 年被招工安排工作。外省、市知识青年除少数在当地安家落户和招工外,其余全部回城。

翁牛特旗知识青年上山下乡情况统计表

年份项目	总数	男	女	其中 本旗 人数	男	女	其中 外省、市 人数	男	女	其中 本市旗外 人数	男	女	安置情况 升学	安置情况 参军	在农村安家落户	其中 男	其中 女
1964	172	111	61	70	43	27				102	68	34					
1965	28	19	9	28	19	9											
1966	7	4	3	7	4	3											
1968	296	181	115	225	131	94	16	13	3	55	37	18					
1969	510	322	188	62	38	24	313	211	102	135	73	62					
1970	251	138	113	79	44	35				172	94	78					
1971	56	35	21	56	35	21											
1972	68	38	30	68	38	30											
1973	68	36	32	68	36	32											
1974	340	212	128	86	47	39	254	165	89						1		1
1975	2 108	1 321	787	392	197	195	1 716	1 124	592						1	1	
1976	1 535	963	572	266	137	129	1 269	826	443						1	1	
1977	238	121	117	238	121	117											
1978	133	68	65	133	68	65							52	68			
1979	23	13	10	23	13	10								14			
合计	5 833	3 582	2 251	1 801	971	830	3 568	2 339	1 229	464	272	192	52	82	3	2	1

(卷十第一章《劳动》,第 305—306 页)

《巴林左旗志》

《巴林左旗志》编辑委员会编,(内部刊行)1985 年

第六节　知识青年上山下乡和劳动就业

全旗第一批知识青年上山下乡是在一九六四年七月,有一百一十名应届毕业生和社会青年分赴四个青年点落户。此后,每年都陆续有一部分青年下乡落户。一九六八年知识青年上山下乡达到高潮,除本旗青年外,还接收了赤峰、沈阳、天津、北京、上海等地的知识青年。到一九七八年,知识青年上山下乡的总数为三千八百二十一名,分布在五十七个青年点。

一九七〇年,随着经济建设的发展,根据上级的指示精神,开始在知识青年中招工,一九七九年全部招完,总就业人数四千九百二十一名(其中包括城镇市民就业数)。

附:一九七〇年——一九八一年就业人数统计表

年　度	全民招工	其中:给盟代招	集体招工	年　度	全民招工	其中:给盟代招	集体招工
1970	81		30	1977	83		
1971	262	100	18	1978	71		239
1972	142	90		1979	287		1 496
1973	115	31	17	1980	213		
1974	296	203		1981	1 120		93
1975	93	43		合　计	2 994	630	1 927
1976	231	163	34				

(第六编第七章《民政》,第320—321页)

《巴林左旗志》

巴林左旗地方志编纂委员会编,内蒙古人民出版社 1996 年

(1968 年)8 月 16 日,第一批赤峰、天津知识青年到巴林左旗插队落户(到 1973 年,全旗共接收北京、天津、上海、赤峰等地 1 256 名知识青年,建立了 236 个青年点。)

(《大事记》,第 47 页)

(1976 年)6 月,旗委组织部分下乡、回乡知识青年"挑重担",到公社、大队和部分部、委、办局任职。

(《大事记》,第 50 页)

8 月 11 日,全旗接收沈阳知识青年 1 500 人,新建青年点 36 处。

8 月 18 日,中共巴林左旗委员会作出《关于向抢救人民生命财产而英勇牺牲的优秀共产党员、模范共青团员药苗苗、邵力学习的决定》(药、邵系沈阳知青,在哈拉哈达被洪水淹死)。

(《大事记》,第 50 页)

1966 到 1976 年的"文化大革命"时期,除正常的人口迁移外,自 1968 年开始接受了上山下乡知识青年和"五七战士"下放安置任务。1968 年到 1976 年共接受北京、天津、上海、沈阳、赤峰和本旗的知识青年 2 750 人,安置在 272 个青年点。

(地理门第三篇第二章《人口变动》,第 173 页)

1970 年开始,招工事宜由劳动管理部门统筹安排,统一办理。当年招工 111 人,其中全民固定工 81 人,县办集体职工 30 人。这次招工对象是下乡知识青年(64 人)和城镇待业青年(47 人)。

......

1979年招工1 661人,其中下乡青年823人,待业青年286人,城镇劳动力15人,农牧民537人,招收工人中有335人是落实冤假错案政策给予安排的。

(政治门第二十四篇第三章《工人管理》,第711页)

1964年8月,本旗第一批上山下乡知识青年20人到石房子林场、上半拉沟大队参加农业和林业劳动。1968年,本旗出现了知识青年上山下乡的高潮。到1979年,共有1 528名知识青年上山下乡落户。1968—1974年,本旗还接受北京、天津、上海、沈阳、赤峰等地上山下乡的知识青年近千人。

1970年开始安置本旗和外地下乡知识青年回城工作和劳动,当年安置64人,到1986年,先后共安置了知识青年2 085人,其中固定工1 207人,旗属集体工824人。

(政治门第二十四篇第三章《工人管理》,第713页)

《巴林左旗教育志》

《巴林左旗教育志》编辑委员会编,(内部刊行)1989年

(1968年)8月,镇内初中、高中毕业生下乡插队,农村学生一律回乡参加农业生产。

(第二章《大事记》,第39页)

第四节　上　山　下　乡

1953年,本旗中小学对学生进行"一颗红心,两种准备",正确对待升学和回乡劳动的教育。各校开展了向山东省掖县高小毕业生徐建春学习的活动,部分学校还请回乡知识青年给学生作报告,坚定了高小毕业生回乡参加农业生产的决心。

附:本旗知识青年上山下乡统计表

年　度	人　数			年　度	人　数		
	合计	男	女		合计	男	女
合　计	1 528	781	747	1973	32	14	18
"文革"前	20	9	11	1974	351	202	149
1968	87	40	47	1975	443	237	206
1969	31	16	15	1976	162	63	99
1970	22	14	8	1977	205	104	101
1971	28	12	16	1978	66	29	37
1972	38	20	18	1979	43	21	22

1964年,各中学进一步开展了向邢燕子、侯隽、周明山等回乡知识青年学习的活动,并动员城镇中学毕业生上山下乡参加农业生产。同年8月,旗政府成立了知识青年上山下乡领导小组,设立了办公室,妥善安置了本旗第一批上山下乡知识青年20人,到石房子林场、上半拉沟大队等参加农业和林业劳动。1968年12月22日,《人民日报》在一篇报道的编者按语中引述了毛泽东的指示"知识青年到农村去,接受贫下中农的再教育",从此,本旗出现了知识青年上山下乡的高潮,纷纷去农村、牧区落户。1964年到1979年,本旗知识青年上山下乡1528人。同时,1968年到1974年,本旗还接受北京、天津、上海、沈阳、赤峰等地上山下乡知识青年近千人。

（第十五章《生产劳动》,第282—284页）

1968年2月,本旗各级革委会建立后,社会上的红卫兵组织都先后撤销;学校红卫兵大多离开学校到农村插队落户,红卫兵组织已有名无实。1971年12月,各学校恢复了共青团组织,红卫兵组织逐渐消亡。

（第十七章《党群组织》,第311页）

《敖汉旗志》

《敖汉旗志》编纂委员会编,内蒙古人民出版社1991年

(1964年)11月,赤峰市和新惠镇的一批知识青年到长胜等乡插队落户。

（《大事记》,第22页）

(1965年)12月,据统计,从1964年开始到1965年底,全旗安置赤峰、新惠镇知识青年288人。

（《大事记》,第23页）

(1968年)9月,首批天津,北京知识青年来敖汉插队落户,当年接收688人。

（《大事记》,第24页）

(1977年)1月18日,敖汉旗农业学大寨暨劳模大会在新惠召开。全旗四级干部,农业学大寨先进集体代表,劳动模范,上山下乡知识青年代表,旗直属机关、厂(场)矿、企事业单位负责同志共4562人参加会议。

（《大事记》,第27页）

第三节　知青工作
一、知青下乡

敖汉旗接收城镇下乡知识青年(简称"知青")工作始于1964年,时有少量外盟市中学毕业生来敖汉插队落户。到1967年末,全旗共接收知识青年514人。

1968 年,毛泽东主席"知识青年到农村去接受贫下中农再教育,很有必要"的指示发出后,本旗接收知识青年的数量激增,当年接收来自北京、上海、天津的知识青年 688 人。此后年年都有知识青年来敖汉插队落户。1976 年来敖汉的知识青年最多,达 1 799 人,其中天津知青 1 365 人。到 1978 年,全旗共接收各地知识青年 6 351 人,其中男 3 277 人、女 3 074 人。分布在全旗 20 个公社(场)、62 个大队、229 个生产队。建 212 个青年点(组)。

在敖汉接收的知识青年中,有的是单人插队落户的,有的是集体插队落户的,还有的是由几十人或上百人组成一个知青队,单独劳动核算的。其中以单人插队为最多,集体插队的有 420 户、1 874 人。

二、知青经费

知青安置经费按下乡人数计算。1968 年每人拨安置经费 200 元,1969 年又增加 10 元。成户下乡的每人平均 90—110 元。所拨经费主要用于知青的学习、生产、生活、医疗等方面。探亲的路费、寒衣补助费不在此列,由上级部门单独支付。1972 年,在农村插队落户的知青安置费增至 250 元,牧区增至 400 元。1973 年在农村的安置费为 420 元,在农、牧、林场的每人 320 元。到 1979 年末,国家共拨给敖汉知青安置费 430.1 万元,建知青住房 2 023 间。

三、安置工作

1964 年,敖汉旗成立了知识青年安置办公室,分管知识青年的分配、学习、工作、劳动、生活等事宜。1968 年该机构改称"敖汉旗知识青年上山下乡工作办公室"。各公社和生产大队也由专人负责下乡知识青年的生产和生活等具体安置工作。知识青年参加劳动与社员同工同酬。他们的口粮第一年由国家供应,从第二年起,生产队给留粮 300 公斤,并在柴、油、菜供应上给予适当安排,以不低于当地一般社员的生活水平为准。

知青下乡伊始,旗党政机关、人民群众即给予关怀和帮助。到 1979 年底,旗内知青中有 153 人加入了中国共产党组织,2 282 人加入了中国共产主义青年团组织。有 766 人被选进旗、社、队各级领导班子,有 130 人参加了中国人民解放军,176 人招入大、中专院校学习,有 5 404 人被招为干部或工人。还有的担任民办教师、农村医生等职务。

(卷二十六第二章《工人》,第 860—861 页)

《宁城县志》

宁城县志编委会编,内蒙古人民出版社 1992 年

(1964 年)7 月 20 日,县成立安置城市下乡青年领导小组和下乡青年领导办公室(暂设县委劳动科)。
(《大事记》,第 58 页)

(1968 年)8 月,北京、上海、天津等地 2 933 名知识青年,陆续来宁城县农村安家落户,

接受贫下中农再教育。 (《大事记》,第 61 页)

(1975 年)抚顺市下乡青年 550 人来宁城县插队落户。 (《大事记》,第 64 页)

1969—1976 年,先后接收外地下乡知识青年 2 436 人。其中:1969 年接收天津市 87 人,上海市 107 人;1969—1972 年共接收赤峰市 242 人;1975、1976 两年接收抚顺市 2 000 人。天津市知识青年于 1980 年前先后在本县安排就业,之后有 40 人通过商调、病休等因回天津市。上海市知识青年除 1 名在本县安排就业外,其余于 1970 年调往北大荒。赤峰市知识青年于 1977—1980 年间全部在本县安排就业。之后通过升学、调动走了一部分,其余仍在本县。抚顺市知识青年于 1979 年全部回抚顺就业。 (卷三第一章《人口》,第 209 页)

(1966—1976 年)陆续接收、安置了北京、天津、上海、抚顺、赤峰等地下乡知识青年和辽宁省下放的"五·七"战士。 (卷五第三章《人民政府》,第 305 页)

1966—1976 年"文化大革命"期间,就业门路较少,待业者增加,城镇(包括赤峰、上海、抚顺、沈阳、天津等外地)知识青年一批批下放农村劳动,"接受贫下中农再教育"。

(卷六第三章《劳动》,第 334 页)

《林西县志》

林西县地方志编纂委员会编,内蒙古人民出版社 1999 年

(1963 年)秋,本县首批知识青年上山下乡,到农村进行劳动锻炼。

(《大事记》,第 32 页)

同月(1968 年 10 月),林西中学在校参加"文化大革命"的"老三届"(即 1966 年、1967 年、1968 年初高中毕业生)学生离校,到农村插队劳动。 (《大事记》,第 34 页)

新中国成立后,本县人口流动性较小,只是在 70 年代初,上海、北京、天津、抚顺、鞍山、大连等地的知识青年计 1 000 余人,上山下乡来到林西落户,到 1979 年末,除 10 余人在林西参加工作外,其余全部返回原籍。 (第四篇第一章《人口》,第 151 页)

1966 年至 1971 年,社会招工工作基本停止。从 1972 年开始逐步恢复社会招工工作。招工条件是年龄在 18—25 周岁的复员退伍军人、因公死亡的职工子女、经贫下中农和知识

青年点评议推荐的下乡、回乡知识青年。1977年,招工条件是,年龄在25周岁以下的未婚男女留城待业青年和下乡劳动二年以上的知识青年。招收办法是由各下乡知识青年点、生产队、社员群众提名、评议、大队党支部审查、公社党委审定后报县招工领导小组批准,劳动部门办理手续。是年,全县社会招工518人。1978年至1979年招工对象主要是历年的下乡知识青年、城镇待业青年及应落实政策者的子女。两年共招收新职工3555人。其中全民所有制工人744人、集体所有制工人2811人,包括"全民代"1860人(全民单位代招集体职工)。

1980年,招工实行文化考核制度。在同等条件下,依考试成绩择优录取。1981年,招收全民所有制工人1079人。是年,全县下乡知识青年全部被招工返城。

(第二十篇第一章《劳动》,第600页)

1966年以后,除落实政策安置少数社会闲散人员外,就业安置的主要对象是下乡、回乡知识青年和城镇待业青年。(第二十篇第一章《劳动》,第602页)

1966年以后,本县城镇待业青年人数与日俱增,大批初、高中毕业生"上山下乡",北京、上海、天津、大连、鞍山、阜新、抚顺、赤峰等地的知识青年也分批来本县"上山下乡"。从1968—1978年,全县共有5526名知识青年"上山下乡",其中,县外知识青年968名。全县先后建661个知识青年点。

本县自1970年开始,下乡知识青年陆续通过招工形式回城就业,1970—1977年回城就业知识青年较少,1978年以来,随着本县工商业、饮食服务业以及个体工商户的迅猛发展,加之落实政策和离退休人员的子女顶替等,劳动就业人员大幅度增加。1979年,外地在本县下乡的知识青年除少数在本县安家落户外,其余全部返回原籍,至1980年底,县内下乡知识青年也全部回城就业。

1980年,本县成立了劳动服务公司,负责全县城镇待业人员就业的安排工作。

(第二十篇第一章《劳动》,第602—603页)

吉林省

《吉林省志·总述》

吉林省地方志编纂委员会编纂,吉林人民出版社 2004 年

1968 年 5 月,省革委会召开了全省教育工作会议,决定:1966 年以前入学的中学在校各年级学生,一律毕业离校,其中除少数人进工厂当工人外,绝大多数学生都上山下乡参加农业生产……

(第三篇第四章《"文化大革命"时期》,第 426 页)

《吉林省志·大事记》

吉林省地方志编纂委员会编纂,吉林人民出版社 2001 年

(1960 年)10 月 28 日,榆树、农安、九台、德惠、长春郊区、海龙、怀德、双阳等县(市)11 000多名初中和高小毕业生到农村安家落户。

(第五篇《中华人民共和国时期》,第 542 页)

(1963 年)7 月 29 日,《吉林日报》报道:自 1960 年以来,全省上山下乡知识青年已达到21 万多人。这些知识青年中,有许多人被提拔为国家干部,被选举为劳动模范和人民代表,不少知识青年埋头苦干,钻研技术,已经成为农业技术改革的骨干力量和传播文化科学知识的活跃分子。

(第五篇《中华人民共和国时期》,第 566 页)

(1965 年)12 月 4 日,吉林省人民委员会发出《关于下达 1966 年动员、安置城市知识青年和闲散劳动力计划的通知》。《通知》指出,中央核定吉林省 1966 年动员、安置城市知识青年和闲散劳动力 2.1 万人,要求各地抓紧动员,把任务尽快落实到城(镇)市区、公社、街道和学校。要在 4 月底前掀起第一个动员高潮,完成全年任务的 60—70％,暑期再掀起第二个动员高潮,完成全年任务。

(第五篇《中华人民共和国时期》,第 589 页)

(1966 年)3 月 5 日,中共吉林省委和省人民委员会在长春召开吉林省下乡上山建设社会主义新农村职工和知识青年代表会议。出席会议的代表 600 多人。长春市应届高、初中毕业生 1 900 多人列席了大会开幕式。副省长于克到会作了报告,号召全省职工和知识青年积极响应党的号召,踊跃报名上山下乡,为建设社会主义新农村贡献力量。大会表彰并奖励了城市职工和上山下乡知识青年在建设社会主义新农村中涌现出来的先进集体和先进个人。

(第五篇《中华人民共和国时期》,第 591 页)

8 月 10 日,长春市在体育馆举行欢送上山下乡知识青年大会,1 200 多名应届初中毕业

生出席大会,出席大会的还有上山下乡学生家长及师生代表共 4 300 余人。

(第五篇《中华人民共和国时期》,第 597 页)

12 月 6 日,吉林省教育厅根据国家教育部通知精神,对今年上山下乡的 6 000 多名初中毕业生,承认他们是原校学生,允许他们回校参加"文化大革命"运动,并对回校学生的户口、粮食关系、学籍问题予以解决。

(第五篇《中华人民共和国时期》,第 603 页)

(1968 年)4 月 4 日,根据中共中央、国务院、中央文革小组批转黑龙江省革命委员会"关于大、中、小学一切学龄已到期限的学生,一律及时地做出适当安排、做好分配"的精神,吉林省大批实际尚未完成规定课程的初、高中学生,全部毕业离校,组成集体户,下乡上山从事农业劳动。

(第五篇《中华人民共和国时期》,第 625—626 页)

4 月 27 日,吉林省革命委员会发出《关于动员逗留在城镇的上山下乡知识青年迅速返回农村的通知》。

(第五篇《中华人民共和国时期》,第 626 页)

7 月 24 日,吉林省革命委员会发出《关于组织城市知识青年下乡上山建设社会主义新农村的指示》,动员广大毕业生下乡上山,到农村安家落户,走与贫下中农相结合的道路。

(第五篇《中华人民共和国时期》,第 631 页)

8 月 25 日,长春市革命委员会召开大会,欢送 1966 届和 1967 届首批 1 200 多名初、高中毕业生下乡上山。

(第五篇《中华人民共和国时期》,第 633 页)

11 月 10 日,吉林省革命委员会生产指挥部在《情况反映》中说,全省知识青年上山下乡工作已形成高潮。到今天为止,全省城镇三届初、高中毕业生和社会知识青年已有 120 423 人到农村安家落户,占毕业生总数的 47%。20 日,省革委会生产指挥部再次指出,全省已有 16.7 万名城镇知识青年到农村安家落户,占动员下乡上山总人数的 65%。

(第五篇《中华人民共和国时期》,第 635 页)

是月(11 月)末,全省已有 195 772 名城镇知识青年下乡落户,占动员总数的 77%。

(第五篇《中华人民共和国时期》,第 635 页)

是月(1969 年 1 月),吉林省内各级各类学校一律未放寒假,师生在校继续进行斗、批、改,搞清理阶级队伍,安排毕业生上山下乡。 (第五篇《中华人民共和国时期》,第 638 页)

是日(3月3日)晚,当满载上海知识青年的专列到达长春车站时,吉林省革命委员会和长春市革命委员会举行了"热烈欢迎上海知识青年来吉林省农村安家落户大会"。上海首批来吉林省农村插队落户的知识青年共2 000多人,5日和6日,他们分别到达延吉县和珲春县,当地革命委员会分别召开了欢迎大会。

3月9日,四平市5万多人夹道欢迎首批上海知识青年到四平地区农村安家落户。

(第五篇《中华人民共和国时期》,第639页)

3月23日,北京首批知识青年到达白城专区镇赉县农村安家落户。当满载北京知识青年的专车到达四平车站时,吉林省、四平专区和四平市革命委员会在四平车站举行了"热烈欢迎北京知识青年来我省农村安家落户大会"。当知识青年到达镇赉县时,县革委会召开了欢迎大会。

(第五篇《中华人民共和国时期》,第639页)

(1970年)6月26日,吉林省革命委员会向中共中央发出《关于干部插队落户工作情况的报告》。《报告》说,全省县以上下放干部包括带走家属总计240 913人。干部下放后,同上山下乡知识青年和"六·二六"卫生人员统一编队,建立了"五·七"战士连、排、班组织,并在下放干部中指定专人负责知识青年集体户的工作。

(第五篇《中华人民共和国时期》,第653页)

10月31日,吉林省革命委员会发出《关于1970年初中三年级学生毕业、中专招生、厂矿企业招工的通知》。《通知》决定,1970年初中三年级学生于今年11月下旬毕业,本着"四个面向"精神,大部分上山下乡,一部分到中等专业学校学习或到企业、厂矿当工人。

(第五篇《中华人民共和国时期》,第655页)

(1971年)2月28日,长春市革命委员会召开了城镇居民和知识青年上山下乡动员大会。大会交流、总结并推广了"系统包单位、单位包职工、职工包子女、街道包居民、学校包学生"的"五包"经验。

(第五篇《中华人民共和国时期》,第657—658页)

(1972年)2月23日,吉林省教育局在长春召开全省大专院校招生工作会议。会议研究了当年招生工作的原则和方法,决定全省12所院校普遍招生,招生5 772人,招生对象是具有2至3年以上实践经验的优秀工农兵。招生办法是采取自愿报名、群众评议、领导审批与学校复审相结合的办法。

(第五篇《中华人民共和国时期》,第665页)

4月,截止本月末统计,……全省共下放干部59 379人,带走家属178 911人,全省下乡知识青年共48.6万人。

(第五篇《中华人民共和国时期》,第665—666页)

12月6日,吉林省革命委员会发出《关于动员安置1972年应届城镇中学毕业生上山下乡的通知》,《通知》说,全省城镇中学1972年应届毕业生共13.7万人,将于明年1月中旬毕业。《通知》要求各地立即着手进行对本届毕业生进行上山下乡的教育和安置工作。

(第五篇《中华人民共和国时期》,第669页)

(1973年)8月15日,中共吉林省委召开全省知识青年上山下乡工作会议。会议要求发动群众,严格检查知识青年上山下乡工作中存在的问题,揭露摧残迫害知识青年的破坏活动,抓紧解决揭露出来的实际问题。 (第五篇《中华人民共和国时期》,第674—675页)

9月7日,中共吉林省委批转《吉林省知识青年上山下乡工作会议纪要》,提出城镇中学毕业生的分配应以上山下乡为主。除直接升学者、不能参加农业劳动的病残者、独生子女或父母身边只有一个的子女、中国籍的外国人子女或华侨子女外,其余的都要动员上山下乡。据统计,1968年以来,全省城镇下乡知识青年已达53万人。国家为安置城镇知识青年下乡共投资经费1.193 26亿元。 (第五篇《中华人民共和国时期》,第675页)

10月5日,中共吉林省委决定,成立省委知识青年上山下乡领导小组,药天禄任组长,以吉林省知识青年上山下乡工作办公室为领导小组的办事机构。

(第五篇《中华人民共和国时期》,第675—676页)

(1975年)1月7日,中共吉林省委、省革命委员会召开全省上山下乡知识青年代表会议。会议表彰了79个知识青年先进集体和先进个人代表、17个先进党团组织和贫下中农户长,还表彰了5个配合农村做好知识青年工作的城镇先进单位和知青家长代表。

(第五篇《中华人民共和国时期》,第683页)

是日(6月5日),吉林省召开全省知识青年上山下乡工作会议,研究、推广湖南省株洲市厂社挂钩、集体安置知识青年的做法,搞好今年城镇中学应届毕业生的动员安置工作。

(第五篇《中华人民共和国时期》,第686页)

(1977年)5月18日,吉林省知识青年上山下乡动员安置工作会议在长春召开,24日结束。会议着重研究了做好今年知识青年上山下乡的动员安置工作。会议要求有应届中学毕业生的领导干部和广大党员要带头送子女上山下乡,做知识青年上山下乡的促进派。

(第五篇《中华人民共和国时期》,第704页)

7月12日,吉林省知青办公室在汪清县召开了知识青年农业科学技术现场会。会议专门研究了在"农业要大上,科研要赶上的形势下,知识青年怎么办"的问题。到会代表到几个公社现场参观了知识青年的科研成果,听了知识青年坚持科研活动的报告,会上,知青代表们向全省知识青年发出倡议,要进行科学实验大竞赛,为四个现代化做出更大贡献。

(第五篇《中华人民共和国时期》,第 705 页)

(1979 年)12 月 18 日,吉林省知识青年上山下乡工作会议在吉林市召开。会议传达了全国知识青年上山下乡工作会议精神,提出了《关于统筹解决好知识青年问题的几点意见》,要求各地认真贯彻执行。

(第五篇《中华人民共和国时期》,第 719 页)

(1980 年)12 月 15 日,中共吉林省委发出《关于加强青少年教育工作的通知》,要求各级党委大力加强对青少年的思想政治工作,认真贯彻《小学生守则》,克服单纯追求升学率的倾向,认真办好工读学校,加强校外教育工作,积极解决按政策留城青年、社会待业青年的就业问题,并坚持做好知识青年上山下乡工作,加强社会主义法制,把青少年教育工作搞好。

(第五篇《中华人民共和国时期》,第 732 页)

是日(1981 年 10 月 9 日),吉林省人民政府发出《关于对知识青年集体企业减免税问题的通知》。《通知》规定,凡经劳动部门批准的企事业单位为安置知识青年新办的集体企业,可按照待业知识青年企业的纳税规定,从开办之日起,给予免征所得税 3 年的照顾(包括城镇上山下乡知识青年回城办的工、商、服务性企业;城镇集体企业当年所安置的知青人员占本企业职工总人数 60％以上的,可给予免征所得税 3 年的照顾)。

(第五篇《中华人民共和国时期》,第 765 页)

《吉林省志·人口志》

吉林省地方志编纂委员会编纂,吉林人民出版社 1992 年

60 年代末到 70 年代初,由于大批知识青年上山下乡,干部到农村插队落户或去"五·七"干校,医生走"6·26"道路,以及动员城镇闲散居民下乡务农等,使省内城市人口再次大批迁往乡村。知识青年上山下乡,1968 年为 182 246 人,1969 年为 108 706 人。1969 至1970 年插队落户干部 59 936 人。携带家属 180 977 人,下乡人口共计 240 913 人,在此期间,还有 15 700 名干部到"五·七"干校劳动。1972 至 1980 年,城镇知识青年继续上山下乡,数量逐年减少。此期间,已定居农村的插队干部和一部分知识青年陆续迁回城镇。到1973 年,下放农村的插队干部(包括其家属)大部分返迁回城。到 1980 年,大部分下乡知识青年返迁回城镇,到此为止,省内人口城乡间的摆式大迁移基本结束。

(第八章《人口的迁移与流动》,第 271—272 页)

815

从 1969 年至 1971 年,约有 16 万职工下放农村劳动,有 45 万知识青年上山下乡,从而减慢了城镇人口的增长速度。 (第九章《人口城镇化》,第 289 页)

《吉林省志·中国共产党志》

吉林省地方志编纂委员会编纂,吉林人民出版社 1997 年

七十年代末期返城的"文化大革命"中上山下乡的知识青年大多尚未就业,加上城市大批青年到了就业年龄。根据这种情况,省委于 1981 年 3 月召开了全省劳动就业工作会议和知青工作座谈会,提出鼓励青年合作或自办生产、服务企业。

(第三篇第二章《变革生产关系》,第 169 页)

《吉林省志·政府志》

吉林省地方志编纂委员会编纂,吉林人民出版社 2003 年

城镇知识青年上山下乡

从 1962 年开始,吉林省就动员城市未能升学、就业的中学毕业生上山下乡从事农业生产。1962 年至 1966 年 6 月,全省城市上山下乡的中学毕业生为 41 474 人。1968 年 10 月,省革委会确定全省动员城镇 1966 年至 1968 年三届中学毕业生上山下乡。1968 年 12 月 21 日,毛泽东主席发出"知识青年到农村去"的号召,全省城乡出现动员安置城镇知识青年上山下乡的高潮。当年,全省城镇三届中学毕业生和社会青年共 264 901 人,动员上山下乡的有 197 623 人。1969 年,城镇中学毕业生全部上山下乡。1969 年至 1970 年,全省城镇知识青年上山下乡216 996 人。根据国家动员知识青年上山下乡跨省安置计划,吉林省从 1968 年起,接收安置外省市下乡知识青年。1968 年和 1969 年,全省共接收安置外省下乡知识青年 54 474 人。

从 1962 至 1980 年的十八年间,全省共计动员城镇知识青年上山下乡 108 万余人。其中,1962 至 1966 年为 4.1 万人,1967 至 1970 年为 39.5 万人,1971 至 1975 年为 37 万人,1976 至 1980 年为 27.4 万人。 (下篇第五章《施政举要》,第 748—749 页)

妥善安置上山下乡知识青年

吉林省上山下乡知识青年较多,安置任务很重。省革委会按照中央的要求,多方工作,积极安置。1970 至 1977 年,从下乡知识青年中招生 91 123 人,征兵 19 289 人,招工377 430 人,提拔干部 1 669 人,病调、困调回城 25 718 人。转出吉林省 7 855 人。1978 至 1980 年,又从知识青年中招生 15 631 人,征兵 18 918 人,招工 343 859 人,病调、困调回城103 426 人。到 1982 年底,除同农民结婚的 3 万名知识青年外,基本上都得到了安置。主要抓了三个方面的工作:

1. 广开招工渠道。从 1970 年起,吉林省各地陆续从下乡满一年以上的知识青年中招收工人。1976 年,全省全民所有制单位增人均从上山下乡满二年以上的知识青年中招收。1978 年,铁路沿线车站的集体所有制企业,优先安排铁路职工上山下乡的子女。1979 年,省委、省革委会决定,城镇企业增人指标中的 80% 招收下乡知识青年,20% 招收留城待业的知识青年,重点招收 1972 年以前下乡知识青年(当年,全省 25 周岁以上的未婚下乡知识青年有 27 050 人,其中 1972 年底以前下乡的有 25 975 人)。对 1972 年底以前下乡的知识青年,除身体不符合招工条件外,都于 1979 年末以前招回城镇,安排在全民和集体所有制单位;地方军工企业、地处农村的企业、铁路沿线小车站,有增人指标的,都招收本单位职工子女中的下乡知识青年;各单位为安置知识青年兴办的集体所有制企业,优先招收本单位职工的下乡子女;为便于生产和生活,城市下乡知识青年由动员城市招回,县镇下乡知识青年由动员县镇招回;地区以上流动性较大、在野外施工作业的建筑公司、砂石场、水泥厂,为有利于职工队伍的稳定,可招收本单位职工的下乡子女。

1980 年,全省主要安置 1979 年以前下乡的知识青年。规定:凡有招工指标的单位,都招收本单位职工下乡的子女。把矿区安置有困难的下乡女知识青年安置到四平、长春市和铁路单位;下乡知识青年自愿参加合作社、合作组及自谋职业的,允许回城落户;少数一时安排不了的,允许迁回城镇。这一年,全省通过招工安置 72 611 人,批准回城15 132 人。还规定:城镇上山下乡知识青年安排工作后,其下乡时间计算工龄。下乡满二年以上的执行本单位一级工人工资标准。对北京、天津、上海市和浙江省到吉林省插队的 6 万多名下乡知识青年,在招生、征兵、招工、提干中,与本省下乡知识青年同一条件,一视同仁。

2. 安置病残知识青年。1973 年以来,在调查中发现,下乡知识青年中患有慢性疾病和有残疾的共 21 712 人。1978 年,制定了免下留城、病退回城的标准,符合因病回城条件的,及时办理手续,劳动部门根据情况分期分批解决他们回城的就业问题;凡不符合病退条件的,劳动部门在招工时除少数工种外,都在招收范围之内。到 1978 年末,回城安置 13 340人,占 61.4%;就地安置 871 人,占 4%;尚未安置 7 501 人,占 34.6%。到 1980 年 11 月,除在农村的 356 人(全残 33 人,半残 323 人)待安排外,其余通过家长单位、街道和民政部门等途径,已全部得到妥善安置。

3. 对已婚知识青年的安置。1978 年,全省在农村结婚安家的下乡知识青年有 45 823 人。他们当中,有住房的 33 281 人。当年,为已婚知识青年 21 160 人发给建房补助费,平均每人补助 137.5 元。到 1980 年,在农村结婚的知识青年减少到 41 268 人。其中,与城镇职工结婚的 1 511 人,知识青年之间结婚的 6 782 人,与社员结婚的 32 975 人。与城镇职工结婚的下乡知识青年,户口在农村,本人已回城,困难较大,按困调准其回城。知识青年之间结婚的,回城安置 2 814 人,其余办理审批手续,回城待业。与农村社员结婚的下乡知识青年,当年就地就近安置 11 678 人。其中到知青场队 4 909 人,到社队企业 3 846 人,农村企事业单位招工 1 243人,自愿组织合作社 20 人,自愿留队 729 人,自谋职业 53 人,接班 19 人,转为农场农工 360人,回城 499 人,年末尚未安置 21 297 人。　　(下篇第五章《施政举要》,第 781—783 页)

《吉林省志·人民政协志》

吉林省地方志编纂委员会编纂，吉林人民出版社 2005 年

刘自然、崔林委员在(政协吉林省第三届委员会第二次会议)发言中，联系知识青年上山下乡的问题时说，目前，大批回乡和下乡知识青年陆续参加农业生产，以"集体户"形式集体插队落户的就有 350 多户，参加集体户的青年达 5 000 人。他们为农村增加了新鲜血液，同时，也在三大革命实践中锻炼了自己。　　　(第二篇第二章《政协吉林省委员会全体会议》，第 211 页)

《吉林省志·政事志·人事》

吉林省地方志编纂委员会编纂，吉林人民出版社 1994 年

录用的公办教师，须具有高中毕业或相当于高中毕业的文化程度，政治表现好，身体健康，能够胜任中、小学教师工作的下乡知识青年(包括城镇下乡已婚老高中毕业生)；……

(第二篇第二章《中华人民共和国成立后的干部任用》，第 79 页)

《吉林省志·侨务志》

吉林省地方志编纂委员会编纂，吉林人民出版社 2009 年

1974 年 4 月 29 日，吉林省革命委员会批转省民政局、劳动局、粮食局、商业局《关于 1974 年接待安置归侨计划的报告》。《报告》指出：父母双方或一方仍在国外的华侨子女的上山下乡问题，按国务院(1973)101 号文件精神处理，即原已下乡满两年的，可安排至工厂企业等单位工作；凡在校华侨子女以后毕业时，不再动员上山下乡，就地安排。华侨子女愿出国的，根据中央"来去自由"精神，予以批准。　　　(第三篇第一章《安置、救济及扶贫工作》，第 88 页)

《吉林省志·审判志》

吉林省地方志编纂委员会编纂，吉林人民出版社 2004 年

强奸上山下乡女青年案件　"文化大革命"运动中，吉林省有数以万计的知识青年到广大农村"接受贫下中农再教育"。因管理不力等原因，奸污女知识青年的案件不断发生。1970 至 1973 年，全省共处理这类案件 726 起，判处罪犯 596 名。其中死刑 14 名，死缓 5 名，无期徒刑 15 名，5 年以上有期徒刑 243 名，5 年以下的 171 名，监外执行的 148 名。此外，给

予批评教育或作其他处理的 148 名。

　　审理这类案件,主要依据中共中央(1970)26 号文件的有关规定:"对于破坏知识青年下乡的阶级敌人,必须依据《中央关于打击反革命破坏活动的指示》,坚决给予打击。凡是强奸下乡女青年的,都要依法严惩,对女青年进行逼婚、诱婚的,要坚决进行批判斗争。干部利用职权,为非作歹的,要撤职查办;包庇怂恿违法犯罪分子的,要给予严格的纪律处分。"据此,吉林省对强奸女知识青年案,大都定为破坏知识青年上山下乡的现行反革命,从严惩处。这在当时对于制止犯罪,维护社会治安,保护知识青年下乡起到了一定作用。但后经 1979 年复查时发现有大量案件定性不准,量刑不当的问题,对此作了纠正。

(第四章《刑事审判》,第 118 页)

　　这一时期各地还发生了上山下乡知识青年婚姻纠纷。其中有的是下乡女知识青年怕苦怕累,急于找对象结婚,当招工、升学时又提出离婚;有些是下乡女知青因年轻幼稚,被诱骗结婚,婚后发觉上当而提出离婚。长春市郊区人民法院 1973 年受理这类案件 16 件,其它法院也有受理。虽数量不大,但牵动着千家万户。各地法院从坚持婚姻自由,保护知识青年出发,区分不同情况,作了认真处理。对下乡时间较长、年龄较大,确属双方自愿,婚后感情尚好,并生有子女的,基于要回城或其他原因而提出离婚的,尽量调解和好,一般不予离婚。对下乡女知青因诱婚、逼婚而提出离婚的,坚决支持其正当要求准予离婚。对诱婚、逼婚的人予以严肃处理,情节恶劣,造成严重后果的追究其刑事责任。下乡女知青郭玉梅与邵富离婚案:郭于 1968 年 11 月下乡(当年 19 岁),因无处住,寄居在当地社员邵富家,邵是生产队带工组长和记工员,以给郭多记工分、推荐当干部等小恩小惠手段,取得郭的好感,并多次与郭发生两性关系,致郭怀孕。郭在不得已情况下与邵结婚。婚后双方感情不好,经常口角打架,后郭向法院提出离婚。法院对邵富的不正当行为,进行了严肃批评教育,在其认识错误的情况下,判决双方离婚。同时主动与有关部门联系,对郭离婚后生产、生活问题,作了妥善安置。

(第五章《民事审判》,第 160 页)

《吉林省志·共青团志》

吉林省地方志编纂委员会,吉林人民出版社 2000 年

　　1965 年 3 月 2 日,团省委在毛泽东、周恩来、刘少奇等中央领导为雷锋题词发表两周年前夕,对两年多吉林省在广大青年中开展学雷锋情况进行总结并号召在广大团员、青年中继续深入开展学雷锋活动。……在"学雷锋,看行动"的口号下,全省涌现出许多雷锋式的先进人物。发扬革命精神,坚持农业科学实验,创造出水稻高产品种的安图县回乡知识青年柳昌银;……

(第四篇第一章《宣传工作》,第 83 页)

《吉林省志·工会志》

吉林省地方志编纂委员会编纂，吉林人民出版社2004年

1977年至1980年从多方面入手，解决留城和下乡知识青年就业问题，从1981年起不再动员城镇中学毕业生上山下乡。1977年至1985年从城镇待业青年和上山下乡知识青年中招工162.29万人。

（第一章《职工队伍》，第34页）

《吉林省志·军事志》

吉林省地方志编纂委员会编纂，吉林人民出版社1996年

1981年，冬季征兵32320名（含女兵202名）。其中，农村青年19958名，下乡知识青年894名，城市应届高中毕业生6209名，县城应届高中毕业生5259名。

（第二篇第五章《人民军队兵役》，第194页）

《吉林省志·劳动志》

吉林省地方志编纂委员会编纂，吉林人民出版社1998年

同年（1965年）12月27日，中共吉林省委精简安置领导小组办公室、吉林省劳动厅、教育厅、共青团吉林省委联合下发《关于试行城镇劳动后备讲习所工作条例（试行草案）的通知》，《通知》要求各地把年龄16至25岁未能升学就业的城镇青年组织起来，成立劳动后备讲习所。讲习所面向农村，进行上山下乡教育，组织学习劳动，从政治上、思想上、组织上、体力上、劳动技能和文化上做好上山下乡的准备。据8个城市和27个县的统计，当年经劳动后备讲习所动员下乡的青年有1.2万人。

（第一篇第二章《中华人民共和国成立后的劳动就业》，第66页）

第二篇　城镇知识青年上山下乡

第一章　上山下乡的形成与发展

早在50年代，在农村社会主义改造中，吉林省涌现出中小学毕业生自愿回乡参加农业生产的先进典型。1951年，朝鲜族青年吕根泽，初中毕业后回到海兰江畔的海兰村，带头组

织和发展农业互助组。1953年12月,《中国青年报》发表专题文章,对他的事迹进行宣传。1955年,农业合作化高潮时,毛泽东主席倡导:"一切可以到农村去工作的这样的知识分子,应当高兴地到那里去。农村是一个广阔的天地,在那里是可以大有作为的。"吉林省又有一批中学毕业生到农村参加农业生产。1956年,朝鲜族青年柳昌银从延边第二高中毕业回到家乡延吉县伊兰沟务农。柳昌银为了实现高寒山区水稻高产,又从延吉县搬到长白山脚下的安图县新兴屯,经过20多个春秋,先后培育出7个水稻良种,使高寒山区水稻亩产由100公斤提高到400公斤,被誉为"青年育种家"。1956年,吉林省为支援农村社会主义改造和建设事业,组织城市青年学生3 320人,组建38个垦荒队到农村为国家工业建设生产粮食和原料。

1962年,吉林省在进行精减职工、压缩城镇人口的同时,开始有计划、有组织地动员安置城市未能升学、就业的中学毕业生上山下乡,参加农村社会主义建设。这项工作,由吉林省安置城市下放职工和青年学生领导小组办公室具体负责。

1964年,吉林省提出组织城市知识青年上山下乡,有利于建设现代化农业,有利于移风易俗,活跃农村文化生活,有利于培养有知识、又红又专的年轻干部。将全省城市未能升学、就业的中学毕业生作为动员上山下乡的主要对象,将"城市青年学生"改称为"城市知识青年",将原工作机构改为中共吉林省委安置城市下乡青年领导小组办公室,开展知识青年上山下乡工作。1962至1966年"文化大革命"前,全省城市上山下乡的中学毕业生为41 474人。

"文化大革命"期间,由于江青反革命集团的干扰和破坏,严重影响国民经济的发展,城镇中学毕业生的去向问题也遇到了困难。1968年9月,《人民日报》发表《关于知识分子再教育问题》的文章,引述了毛泽东同志关于"从旧学校培养的学生""由工农兵给他们以再教育,彻底改变旧思想"的指示。吉林省革命委员会召开电话会议,提出当年组织动员28万名城镇知识青年上山下乡。同年12月,毛泽东主席发出指示:"知识青年到农村去,接受贫下中农再教育,很有必要。要说服城里干部和其他人,把自己初中、高中、大学毕业的子女送到乡下去,来一个动员。各地农村的同志应当欢迎他们去。"从此,全省大规模地开展了城镇知识青年上山下乡运动,并形成高潮。1968至1977年,全省城镇上山下乡知识青年累计达970 151人,占全部应上山下乡知识青年总人数的89.7%,占同期城镇中学毕业生总人数的75.0%。

1978和1979年,调整知识青年上山下乡政策,改进做法之后,扩大留城面,缩小动员下乡范围,减少上山下乡人数。1978至1980年,全省知识青年上山下乡69 839人,占全部应上山下乡知识青年人数的6.46%。

1962至1980年的19年间,全省动员安置上山下乡知识青年1 081 464人(包括接收安置北京、天津、上海市和浙江省下乡知识青年60 400人),其中:插入农村社队933 412人,插入国营农场16 371人,集体所有制场队42 566人,农副业基地13 220人,回老家和投亲44 740人,上山31 155人。

第一节 动 员 下 乡

1958 年,由于"左"倾错误的影响,掀起"大跃进"和农村人民公社化运动,吉林省农业人口投入工业和流入城镇的有 80 多万人。1961 年,贯彻中央关于国民经济调整的方针,精减职工,压缩城市人口。为完成这一任务,在动员来自农村的职工返乡和动员家居城市被精减职工、闲散劳动力、社会青年下乡的同时,开始在有条件的城市动员 1961 年以来未能升学和就业的,年龄在 18 周岁以上,能独立生活的中学毕业生自愿下乡参加农业生产劳动,先插入国营农场,后插入社队,插场多于插队,后以插队为主。1962 至 1963 年,下乡的青年学生有 11 079 人。

1964 年,中共中央、国务院下发《关于动员和组织城市知识青年参加农村社会主义建设的决定(草案)》中指出,为建设现代化农业,建设社会主义新农村,在今后一个相当长的时期内,有必要动员和组织大批的城市知识青年下乡参加农业生产。吉林省在精减职工、压缩城市人口工作基本结束之后,把城市动员下乡对象转向以动员城市不能升学、就业的知识青年为主,兼顾动员城市闲散劳动力下乡。全省知识青年下乡,以长春、吉林、四平、辽源、通化、浑江、白城、延吉 8 个城市为主,县城可适当动员安置。招工与动员知识青年下乡统筹安排,同时进行。当年,全省上山下乡的知识青年有 12 112 人。这年,吉林省城市动员工作形成的主要做法:调查摸底,做好准备;在社会上开展知识青年上山下乡宣传教育活动;在中小学进行农业常识教育和参加农业生产劳动光荣的政治教育;暑假突击开展宣传动员工作,在应届毕业生提高思想觉悟的基础上,开展下乡务农自愿报名活动;对社会青年采取单位动员职工,职工动员子弟,街道动员居民的办法进行;要求干部特别是领导干部,以身作则,带头动员自己不能升学就业的子女下乡务农,强调这对改变社会风气、推动组织动员工作有重大作用。

1965 年,把动员城市知识青年和闲散劳动力下乡纳入城乡劳动力整体规划安排之中。下乡人员全部插队,城市下乡知识青年集中安置在重点产粮县,县镇下乡知识青年安置到重点公社,并"占领山头",开发山区,新建、扩建农、林、牧、参场。通过机关、企业、学校及街道、劳动后备讲习所三条渠道动员下乡。当年,上山下乡的知识青年有 15 783 人,组建集体户 920 个,安置 13 981 人;新建场队 5 个,安置 605 人。

"文化大革命"开始后,国民经济遭到破坏,工厂停产,学校停课,社会不安定,中学毕业生既无学可上,也无业可就。1968 年 10 月,吉林省革命委员会确定全省城镇 1966 至 1968 年三届中学毕业生一起动员上山下乡。规定:"凡在 1966 至 1968 年三届初、高中毕业生和城镇社会青年,除已批准招工进厂安置的以外,一律动员下乡,今后不要在城镇知识青年中招工";"三届中学毕业生和社会青年中,已婚的男女青年也要下乡接受贫下中农再教育,编入集体户或男女双方成户下乡插队";"非城镇的工矿、铁路企业职工子女动员下乡就地安排"。同年 12 月 21 日,毛泽东主席发出"知识青年到农村去"的号召,全省城乡出现动员安置城镇知识青年上山下乡的高潮。动员知识青年上山下乡时,举办"学习班",学校办,单位办,街道办,社队也办,进行思想教育。全省城镇三届中学毕业生和社会青年共 264 901 人,除已招工进厂 4 219 外,其余 260 682 人均纳入动员上山下乡计划之中,在临近年末的一个多月的时间里,动员了 197 623 人(其中三届初高中毕业生 182 246 人)分别于 1968 年末、1969 年初下到农村(其中回老家、投亲的 12 653 人),为计划动员人数的 75.8%,为"文化大革命"前 4 年下乡总人数的 4.8 倍。

1969 年,落实中国共产党第九次代表大会政治报告中提出的对"从旧学校培养的学生","由工农兵给他们以再教育"的要求,全省继续动员安置城镇知识青年上山下乡。提出"知识青年下乡,接受贫下中农再教育,是培养无产阶级革命事业接班人的百年大计,千年大计,万年大计",是"建设社会主义新农村的英明决策",要"把知识青年上山下乡工作当成长期的事业,重大的政治,伟大的革命"。要求知识青年"在接受再教育中一点一滴地变思想、变立场、变感情,彻底改造世界观"。城镇中学毕业生的去向是面向农村,"一刀切",全部上山下乡。要求城市和安置地区对口,校社挂钩,学校动员,社队安置。动员工作实行系统包单位,单位包职工,职工包子女,学校包学生,街道包居民。1969 至 1971 年,全省城镇知识青年上山下乡 243 932 人。

从 1972 年起,全省规定了留城政策,减少了下乡人数。1972 至 1973 年,全省知识青年上山下乡的有 100 448 人。

1974 年 1 月,江青派人给河南省郏县"广阔天地大有作为"人民公社的下乡知识青年送书、送信,插手知识青年上山下乡工作,煽动下乡知识青年"冲锋陷阵"参加所谓的"批林批孔"运动,与旧的传统观念实行最彻底的决裂,"敢于反潮流",使知识青年上山下乡又出现高潮。当年全省应动员的中学毕业生 102 100 人,年末实际下乡 98 008 人,占应动员下乡人数的 95.99%。

1975 年,江青反革命集团继续鼓动"批林批孔",到当年末,又发动所谓"反击右倾翻案风"运动。他们煽动知识青年做"对着干的闯将","成为对着干的尖兵",再次在知识青年上山下乡工作中推波助澜。全省一些县提出"两个百分之百",即在年末以前百分之百地完成历届中学毕业生应下乡而未下乡、百分之百地完成应届中学毕业生的下乡动员安置任务。1975 年,全省城镇中学毕业生 159 758 人,计划动员下乡 145 000 人,到年末全省实际下乡 144 202 人,为应动员人数的 99.45%。百分之百完成动员任务的有四平、通化、白城地区,长春、吉林、延边地区完成动员任务的 98% 以上。

1976 年,全省学习推广湖南省株洲市"厂社挂钩"集体安置知识青年的做法。各市县企业、机关、学校和驻军单位直接同对口的农村社队挂钩,实行"四对口"、"三统一",即知识青年对口下,带队干部对口派,管理教育对口抓,支援农业对口帮;知识青年点、支农点和战备点三统一。厂社挂钩安置下乡知识青年,调动城乡两个方面的积极性,有利于对下乡知识青年的管理教育,解决了下乡知识青年生活中的一些实际困难。同时也出现了一些社队干部依赖城镇单位的倾向,把安排下乡知识青年当成向城市索要财物的筹码,提出一些不切实际的要求。长春、吉林两市 70 个单位给社队支援的财物在一千万元以上,其中,支援的多数是钢材、木材、水泥、汽车等计划内产品,把国家财物变为集体所有。当年,全省知识青年上山下乡 70 768 人。

1978 年 6 月 19 日,中共吉林省委讨论同意省知青办提出的《关于 1978 年全省城镇中学毕业生上山下乡动员安置工作的报告》,应届中学毕业生留城面继续扩大。当年,知识青年上山下乡 21 655 人,为计划下乡人数的 37.46%,为城镇应届毕业生人数的 24.64%。

1979 年,中共吉林省委根据中共中央下发《全国知识青年上山下乡工作会议纪要》和《国务院关于知识青年上山下乡若干问题的试行规定》,确定继续扩大知识青年上山下乡的留城面,逐步减少上山下乡人数,逐步改变过去那种上山下乡形式。当年,全省知识青年上山下乡 19 452 人。其中:到 412 个知青场队的有 10 655 人,占当年上山下乡人数的 54.8%;到农村集体户的 6 459 人,占 33.2%;到农副业基地的有 1 369 人,占 7.0%;到国营农场和回乡的有 969 人,占 5%。1980 年,全省城镇知识青年下乡 28 732 人。其中:安置到知青场队的有 15 749 人,占下乡知识青年人数的 54.8%;安置到农副业基地的有 11 851 人,占 41.2%。两项合计占下乡知识青年人数的 96.0%。集体插队的仅占 2.9%。基本上改变了过去以集体户为主的插队形式。到 1981 年 6 月,全省知青场队发展到 620 个,共安排下乡知识青年 36 542 人。

1978 至 1980 年,全省城镇采取广开就业门路,增加招工名额,企业清理顶替农村劳动力,恢复个体经营等措施,安置下乡、留城知识青年 85 万人,知识青年就业的矛盾基本上得到缓和。到 1981 年,在全省范围内不再动员城镇知识青年上山下乡。

从 1962 到 1980 年的 19 年间,知识青年上山下乡历经几次变动与起伏,形成一个发展过程,见下图。

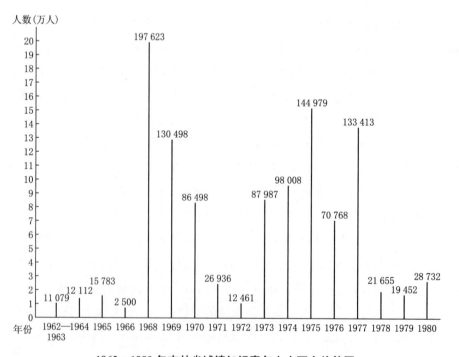

1962—1980 年吉林省城镇知识青年上山下乡趋势图

1962—1980 年吉林省城镇知识青年上山下乡人数　　　　单位：人

年　份	合　计	插队（集体户）	集体场队	国营农场	农副基地	回　乡	上　山
全省总计	1 081 464	933 412	42 566	16 371	13 220	44 740	31 155
1962—1966	41 474	38 292		2 237		945	
1967—1968	178 603	154 145	11 665	140		12 653	
1969	130 498	122 205		1 152		7 141	
1970	86 498	69 980		6 258		8 649	1 611
1971	26 936	21 606		758		2 042	2 530
1972	12 461	10 906	612	159		784	
1973	87 987	81 827	158	454		2 434	3 114
1974	98 008	85 548	884	1 605		3 022	6 949
1975	144 979	136 962	1 038	1 129		2 111	3 739
1976	70 768	60 827	373	1 620		987	6 961
1977	133 413	123 703	288	648		2 523	6 251
1978	21 655	20 128	1 144	70		313	
1979	19 452	6 459	10 655	117	1 369	852	
1980	28 732	824	15 749	24	11 851	284	

第二节　留城政策

1962 至 1966 年，中央有关部门给各地下达动员知识青年上山下乡计划人数，吉林省采取经过思想动员，自愿报名下乡的做法，没有制定留城政策。1968 至 1971 年，实行"一刀切"，一律动员下乡，也没有留城政策。

从 1972 年起，全省改变过去几年动员知识青年上山下乡"一刀切"的做法，对城镇中学毕业生的分配以上山下乡为主，除根据国家规定和国家计划直接分配升学和不列入动员下乡对象的"五种人"之外，其余的都动员上山下乡。按省制定的不列为下乡动员对象的有：独生子女；本人患有严重疾病难以治愈，不能参加农业生产劳动的；家庭有特殊困难的（父母严重疾病，生活不能自理，无人照顾的；父母双亡，遗留下来的弟妹无人照顾的）；多子女身边只有一个子女的；中国籍的外国人子女、华侨子女。通常将不列入动员下乡对象的"五种人"，称为"五不下"。

1977 年，全省批准"不下"、"缓下"的面扩大到占中学毕业生人数的 18.4%；比 1972 年增加 5.4 个百分点。

1978 年 6 月，中共吉林省委在讨论 1978 年全省城镇中学毕业生上山下乡动员安置工作意见时确定：对原规定城镇中学毕业生"五不下"的留城政策，调整为：①多子女家庭可由家长选择一名子女留城；②病残留城条件同一般工种招工的体检标准统一起来，即因病残不符合招工条件的，不动员下乡，已下乡的可以病调回城；③家庭有特殊困难的，可以不动员下乡（包括父母一方死亡，弟妹年幼，无人照顾；父母一方有严重疾病，生活不能自理，无人照顾；家庭经济收入低，平均收入相当于当地社会救济水准的）；④有 2 名子女下乡而且都在农村的,第 3 名子女可不动员下乡。全省按政策批准留城的人数控制在占中学毕业生人数的35%左右。还确定,林区职工子女中学毕业后不列入上山下乡动员对象,由家长所在企业负责安置。矿区、野外勘探部门、铁路沿线小车站、地方军工企事业单位,如自己有安置能力,其职工子女也可以不列入上山下乡动员对象。

1979 年,中共吉林省委决定:安置城镇知识青年,既要积极又要稳妥,要城乡兼顾,从城乡两个方面广开就业门路。城镇除全民、集体招工外,发展小集体企业,搞产品加工和服务性行业,组织劳动服务公司;在农村创办发展知青场队和农副业基地、农工商联合企业,增加生产,扩大安置能力。煤炭、冶金、地质、林业系统及标准集镇和一般县城非农业人口的中学毕业生,有条件的,由本地区、本系统自行安排,可不列入上山下乡动员计划。当年,全省有11 个县不再动员知识青年上山下乡,有 27 个县动员少量的知识青年到集体所有制场队。全省不再搞插队。

1980 年,根据全国劳动就业会议精神,凡下到郊区知青场(厂)队和农工商联合企业的知识青年,都属于就业,国家不再实行"统包统配"。同时,省里对以安置知识青年为主的知青场队、农副业基地和农工商联合企业,实行"三不政策":从 1979 年 1 月 1 日起到 1985 年12 月末止,不交税,不上交利润,不担负农产品统购、派购任务。从 1980 年起,吉林省城镇知识青年上山下乡,主要通过在城镇郊区和工矿林区兴办集体所有制知青场队、农副业基地和农工商联合企业等形式进行安置。城市户口、粮食关系不变,从知识青年入场(厂)队之日起,计算工龄。1980 年到知青场(厂)队、农副业基地直接就业人数为 15 755 人,占当年下乡人数的 54.8%。

第三节　接收京、津、沪、浙知识青年

根据国家动员知识青年上山下乡跨省区安置计划,吉林省从 1968 年起,开始接收安置外省市下乡知识青年。

1968 年,接收安置 17 980 人,其中:北京市 6 098 人,天津市 11 882 人。1969 年接收安置 36 494 人,其中:北京市 5 139 人,天津市 7 497 人,上海市 23 510 人,浙江省 348 人。1972 年接收安置 4 366 人,其中:上海市 259 人,浙江省 4 107 人。1974 和 1976 年又分别接收天津市知识青年 1 560 人。几年间,共安置 60 400 人,其中:北京市 11 237 人,天津市20 939 人,上海市 23 769 人,浙江省 4 455 人。京、津、沪、浙知识青年来吉林省后,到农村插队的有 59 500 人,插入国营农场的有 900 人。分布情况:北京知识青年在白城和哲盟①地区,多数在白城;天津知识青年在哲盟和白城地区,多数在哲盟;上海知识青年在延边和四平地区,多数在延边;浙江知识青年在白城和哲盟地区,多数在白城。

京、津、沪、浙知识青年到吉林省后,1972 年,上海市派出常驻慰问团,常年协助吉林省做上海知识青年工作。1973 年,天津市派出学习访问组常年协助吉林省做天津知识青年工

---

① 哲里木盟,1969 至 1979 年,曾划归吉林省管辖。——原书注

作。北京市两次派出慰问团到吉林省有北京知识青年的社队进行走访慰问。

　　1971 至 1973 年,为支援京、津、沪知识青年所在社队和集体户发展农业生产,鼓励知识青年发挥作用,上海、北京、天津先后给吉林省有关社队、集体户,价拨和无偿赠送一批农用机械设备、生活用品、书籍等。上海市做得最早,主要有:拖拉机 51 台,手扶拖拉机 500 多台,拖斗 35 台,及一批书籍和药品等。北京市主要有:吉普车、货运三轮摩托、130 货车 29台,手扶拖拉机 25 台,铣床、台钻 27 台,缝纫机 180 多台,半导体收音机 300 台,还有柴油机、扬场机、脱谷机、医疗器械、药品、书籍、毛巾、口杯等等。天津市主要有:吉普车 6 台,130货车 2 台,拖拉机 24 台,碾米机、扬场机、脱粒机、铡草机、粉碎机各 20 台,台钻、切面机各 2台,缝纫机 300 台,半导体收音机 750 台,医疗器械(出诊箱)75 套和一部分书籍、药品等。

1968—1976 年吉林省接收京、津、沪、浙知识青年人数　　　　单位:人

省　市	合　计	1968	1969	1972	1974	1976	接收安置地区			
							四平	白城	延边	哲盟
全省总计	60 400	17 980	36 494	4 366	1 523	37	6 081	16 339	17 679	20 301
北京市	11 237	6 098	5 139					6 358		4 879
天津市	20 939	11 882	7 497		1 523	37		6 206		14 733
上海市	23 769		23 510	259			6 081		17 679	9
浙江省	4 455		348	4 107				3 775		680

说明:天津市知识青年 350 人安置到吉林省洮儿河"五·七"青年战校,计算到白城地区内。

第二章　管　理

　　1964 年,在上万名知识青年上山下乡后,吉林省召开全省安置工作会议。会上,中共吉林省委负责人第一次阐述了城镇知识青年上山下乡的意义,肯定下乡知识青年在移风易俗、农业科学实验、活跃农村文化生活和培养农村有文化有知识的年轻干部的作用。要求农村党组织和生产队把下乡知识青年工作作为一项经常性的工作去做,解决好他们在生产、生活方面的各种问题,使知识青年站住脚,落下户,扎下根,把他们巩固下来,发挥他们的作用。知识青年下乡的安置工作,形成了一些基本做法,主要有:通过算细帐,解决社员对接收知识青年的认识;帮助下乡知识青年过好思想关、劳动关和生活关,虚心向老农学习;社队干部支持引导知识青年搞科学实验和技术改革,组织他们开展文化娱乐活动,从各方面发挥他们的作用;解决下乡知识青年的生活问题:暂时住房先采取借、挤的办法解决,长远住房,生产队组织人力、运力盖新房,口粮问题,第一年按规定标准由国家供应,一年后由生产队留量,妥善解决好知识青年的自留地,帮助知识青年安排好养猪、养鸡等副业,对下乡知识青年疾病治疗等困难,本人确实解决不了的,报请社会救济部门予以适当补助。

　　1966 年 3 月,吉林省召开上山下乡建设社会主义新农村职工、知识青年代表会议,省人

民委员会负责人在会上再次肯定知识青年上山下乡的作用。会议表彰知识青年先进集体27个,先进个人29人。

"文化大革命"期间,吉林省贯彻执行1970年中共中央转发的国家计委关于进一步做好知识青年下乡工作的报告、1973年国务院关于全国知识青年上山下乡工作会议的报告和1973年毛泽东主席给下乡知识青年家长李庆霖的覆信,对吉林省上山下乡知识青年经费、住房、生活、劳动、培养教育及处理迫害下乡知识青年事件等方面相应地做出规定,提出要求,保证下乡知识青年在艰苦的环境中经受锻炼。

据1977年调查,在全省1 140个农村人民公社中,有下乡知识青年的公社占90%,平均每个公社有19个知识青年集体户;在11 295个生产大队中,平均每个大队有2个集体户;在69 803个生产队中,平均每3个生产队有一个集体户;一个集体户平均有17人。据国务院知识青年上山下乡工作办公室统计资料,1962至1979年的18年间,吉林省上山下乡知识青年人数占全国上山下乡知识青年总人数的5.93%,列辽宁、黑龙江、四川省之后,居全国第4位。

第一节　培养教育

吉林省知识青年上山下乡,主要安置形式是集体插入生产队,一般以15至20人组成一个集体户,集中生活、学习,分散劳动。集体户有知识青年户长,负责组织领导集体户的学习、劳动、生活。所在生产大队和生产队,建立由党团组织、队委会、贫下中农代表组成的知识青年再教育领导小组,对每个集体户选派一名贫农户长,负责落实"政治上有人抓,生产上有人教,生活上有人管"的要求。

一、派出带队干部

1968和1969年,吉林省大批城镇知识青年下乡后,机关干部也开始下放。他们到农村后,主动接受了带好下乡知识青年的任务,热心帮助下乡知识青年克服困难,适应农村的劳动、生活环境。

1973年,根据周恩来总理关于知识青年下乡"要有干部带"的指示和中央文件要求,吉林省开始抽调干部与知识青年一起下乡,时间为一年,称为"带队干部"。有下乡知识青年的公社一般有带队干部3—5人。规定带队干部任务:带好下乡知识青年,过好生活关、劳动关、思想关。带队干部与实行干部参加集体生产劳动的制度相结合,一年换一次。带队干部条件:政治觉悟高,作风正派,有一定工作能力。带队干部来源,从城市企事业单位、机关、学校中抽调。当年,全省选派带队干部3 071人,占下乡知识青年人数的1.1%。其中:男2 982人,女89人,共产党员1 672人,占54.4%。在全省有下乡知识青年的1 037个公社,有837个公社有带队干部。1974年,全省选派带队干部3 571人,占下乡知识青年人数的0.97%。全省选派带队干部最多的是1976年,派出6 239人,占下乡知识青年人数的1.4%。以后随着下乡知识青年人数逐年减少,带队干部也相应减少,到1980年减少到245人。1973至1980年,全省累计派出带队干部27 487人。知识青年下乡由干部带队,对了解研究下乡知识青年状况,及时反映他们在思想、学习、劳动、生活等方面问题起到了积极的作用。

二、发挥下乡知识青年作用

1966年,吉林省开始在下乡知识青年中开展业余教育,解决下乡知识青年生活枯燥,无所作为的状况,引导他们在农村中发挥作用。当年,省里要求知识青年把集体户当学校办,学政治、学文化、学技术,教育、农业、科协等部门为下乡知识青年提供教材,培训骨干,指导文化学习和科学实验。并指定农业大专院校,分片开展对下乡知识青年的函授教育,各级下乡知识青年管理部门要发动下乡知识青年学文化、学技术,在"大有作为"上下功夫。

1970年,全省各级主管部门积极引导广大下乡知识青年在"接受贫下中农再教育"中,发挥聪明才智,为发展农业生产贡献力量。

1973年,省知识青年上山下乡工作办公室宣传推广怀德县二十家子公社发动知识青年大搞农业科学实验的经验。这个公社围绕发展农业生产,在全公社9个大队中普遍组织了下乡知识青年与老农相结合的科学研究小组,队队有实验田,人人有研究项目,使这个公社的粮食亩产过"黄河"、跨"长江"①。在知识青年中先后培养农业技术员41名,拖拉机手45名。

1976至1977年,长岭、怀德、汪清等县十分重视发挥下乡知识青年的作用。长岭县为了实现农村五业四化,采取县办辅导站、公社办校、大队办班、集体户为学习小组的办法,培训知识青年学技术、学本领。在下乡知识青年中培养农业技术员、农机手、农电工、赤脚医生、民办教师等663人。1977年春,中共怀德县委领导亲自抓知识青年大有作为项目,号召全县下乡知识青年向国家交售1 000头猪,5 000公斤鲜蛋,15万公斤良种,植树造林11万棵。下乡知识青年积极响应,到年末向国家交售生猪430头,出售仔猪1 100头,交售鲜蛋4 200多公斤,培育优良种子21.5万公斤,植树造林15万棵。汪清县经过几年工作,在全县101个生产大队、420个生产队成立了由干部、贫下中农和知识青年参加的三结合科研站和科研小组,初步形成了一支知识青年农业科学技术骨干队伍,为农业技术部门输送13名农业技术人员,23名助理技术员,有12个科研站、科研小组承担了省、州科研部门交给的研究项目。当年,省里在汪清县召开下乡知识青年农业学大寨科学技术现场会,各地代表现场观看了下乡知识青年发明创造的小型电灌站自动控制器、五用电焊机、水田锄草机、水田小型推土机和黑曲木霉菌等,对各地启发很大。

1977年,全省下乡知识青年在生产队担负对生产、对群众有益的工作的有51 438人,占当年在农村知识青年人数的15.4%。有的发挥知识青年有文化的长处,担当理论讲解员、文艺宣传员、计划生育宣传员、赤脚医生、民办教员、科学实验员、农电工、拖拉机手、机械修理员等;有的发挥知识青年秉公办事的长处,担当会计员、出纳员、保管员、记工员、护青员等;

---

① 此提法出自于1956年1月《1956年到1967年全国农业发展纲要(草案)》中。粮食亩产"上《纲要》",即亩产400市斤(200公斤);"过'黄河'",即亩产过500市斤(250公斤);"跨'长江'",即亩产过800市斤(400公斤)。——原书注

还有的发挥知识青年年轻有为、讲科学、敢想敢干的长处,组织起来搞专业队,另辟生产门路,为生产队增加收入。

广大下乡知识青年在农村广阔天地里,经过几年的锻炼,积极要求进步,有不少人被评为先进生产者和劳动模范,加入了中国共产党、共青团,参加了各级领导班子。详见下表。

1972—1980 年吉林省上山下乡知识青年政治情况　　　　　　单位:人

年　份	加入共产党		加入共青团		参加各级领导班子	
	人数	占在乡知识青年（%）	人数	占在乡知识青年（%）	人数	占在乡知识青年（%）
全省累计	27 466		694 874		194 615	
1972	2 400		43 000		50 000	
1973(1—8 月)	2 500		44 000		10 000	
1974	3 339	0.9	83 452	22.7	37 564	10.2
1975	4 959	1.1	121 010	26.4	30 375	6.6
1976	6 112	1.3	130 405	28.5	33 577	7.1
1977	5 594	1.3	153 800	35.6	20 797	4.8
1978	2 278	0.7	86 588	27.0	10 029	3.1
1979	260	0.3	28 421	32.6	2 227	2.6
1980	24	0.1	4 198	13.3	46	0.6

第二节　劳动收入

插队的下乡知识青年在生产队的统一组织下参加生产劳动,获得劳动收入。为实现中央提出的下乡知识青年生活"一年打底,二年自给,三年有余"的要求,吉林省要求农村社队要关心下乡知识青年生活,组织他们积极参加劳动,扩大生产门路,多方面为下乡知识青年特别是女青年,安排农活,做到同工同酬,分配兑现。

1964 年,吉林省安置办公室调查:1962 年下乡的 5 个集体户,55 名下乡知识青年,年劳动收入 3 000 工分以上的有 11 名;2 500—3 000 工分的 9 名;2 000—2 500 工分的 14 名;1 500—2 000 工分的 18 名;1 000 工分以下的 3 名。劳动工分一般都相当于老社员的中上等水平。用工分收入维持生活,自给有余的 43 名,基本自给的 9 名,不能自给的 3 名。1963年下乡的 4 个集体户,32 名下乡知识青年,年劳动收入 2 500—3 000 工分的 3 名;2 000—2 500 工分的 6 名;1 500—2 000 工分的 13 名;1 000—1 500 工分 3 名;1 000 工分以下的7 名。用工分收入维持生活,自给有余的 16 名;基本自给和不能自给的各 8 名。不能自给的多数是体力不强、不能干重活的女青年。1964 年,延吉县东升公社(收入较好,劳动工分值每 10 分为 1.5—2 元)5 个集体户,54 名下乡知识青年,自给的 35 名,不能自给的 19 名。

下乡知识青年生活不能自给的原因:①知识青年自身方面:不安心农村,出工少,约占3—5％;因病出工少,约占 3—10％;年小体弱,约占 10—20％;因家事误工,约占 1—2％。②生产条件差,工分分值低,每 10 分仅为三、四角钱。九台县有 8 个集体户,下乡知识青年生活都不能自给。1964年怀德县怀德镇,13名下乡知识青年劳动总工分20 900分,劳动工分每10分仅3角4分,共收入710元,1965年生活费共需1 560元,不足850元。③过多地抽调下乡知识青年参加社会活动,不记工,影响劳动收入。④生产队不给或少给下乡知识青年安排农活,不给女青年安排农活更为普遍。⑤对下乡知识青年压低工分,同工不同酬。⑥因灾歉收。

1973年,吉林省知识青年上山下乡工作办公室调查科左中旗向阳,扎鲁特旗道老都,突泉县学田,镇赉县胜利,和龙县东城、崇善,磐石县长崴子、吉昌,梨树县胜利、泉眼岭等7个县旗的多为偏远、经济基础较差的10个公社,自1968年以来,接收天津、北京、上海、长春和本地区下乡知识青年6 439人,招工、参军、升学、结婚、病调等离开集体户的有3 949人,仍在集体户的有2 490人。每人每年自给费用,水田地区需210元,旱田地区需180元。按原预定标准150元统计:生活不能自给的,占下乡知识青年人数的比例,1970年占63%,1971年占61%,1972年占72%。有些知识青年领口粮、买衣服、日用开支和探亲路费靠家长补助,一般每人每年需家长补助60—100元。磐石县吉昌公社31个集体户的175名下乡知识青年中,欠生产队口粮款总金额3 035元。

1974年3月,吉林省财政局、知青办根据国家有关规定,对1972年以前下乡插队并仍在农村的知识青年,本着区别情况,分别对待,困难大的多补助,困难小的少补助的原则,给予适当补助。补助对象:坚持参加集体生产劳动,男青年在250天左右,女青年在230天左右,旱田、水田年收入各不足100元和120元的;因病或特殊原因,不能坚持参加集体生产劳动,生活困难的;有严重疾病,医药费开支较大无力负担的;缺少冬季服装,无力购置的;已婚知识青年无住房或无力建房的等。生活困难补助最高不超过100元,建房补助最高不超过200元。

1978年,吉林省知青办调查:1977年全省下乡两年以上的知识青年有227 800人,达到自给的(年收入150元以上)有130 344人,占57.2%;半自给的(年收入75元至100元之间)53 415人,占23.5%;不能自给的(年收入75元以下)44 037人,占19.3%。调查认为,下乡知识青年自给程度和当地生产水平、经济状况有直接关系。不能自给的主要原因有:所在生产队经济基础薄弱或遭灾减产,劳动日值偏低,分配不兑现;本人有病或家庭有特殊困难,参加劳动少;本人怕苦怕累,参加劳动少;集体户生活管理不善,副业收入少,生活费用支出多。几年来,各有关部门为解决下乡知识青年生活自给问题,采取的措施:引导知识青年积极参加农业学大寨运动,为改变农村面貌贡献力量,农村社队注意落实同工同酬,分配兑现等政策;知识青年下乡时,尽量安排到领导力量较强,经济基础较好的生产队;搞好集体户的生活管理,发展副业生产,增加积累;对体弱、患有慢性疾病的知识青年,尽量安排力所能及的轻活,使其自食其力,对伤残、有严重疾病或有特殊困难的知识青年,按政策退回动员城镇。

第三节　处理迫害下乡知识青年事件

从城镇知识青年上山下乡起,就不断发生侮辱、打击、迫害下乡知识青年的违法乱纪行为,不仅损害下乡知识青年身心健康,也给动员城镇知识青年下乡和教育已下乡的知识青年安心农村的工作,带来严重影响。

1964年12月10日,中共吉林省委在《关于加强下乡知识青年安置巩固工作的通知》中指出:对歧视、打击、骗(诱)婚、强奸下乡青年的事件,要抓紧查清,及时、严肃地进行处理。对严重的违法乱纪分子,抓住典型,大张旗鼓地进行处理,以教育干部和群众。

1966年,吉林省安置办公室根据中共中央东北局和中共吉林省委的通知,对部分市县迫害下乡知识青年事件进行了解。据对25个市县的不完全统计,1966年6月以前发生的比较严重的案件有87起,其中,捆打迫害27起,奸污的21起。知识青年被打后造成疾病或精神失常,女知识青年被奸污怀孕的有13起,被打击报复或乱斗争造成自杀的3起。东北局和吉林省委的通知下发后,各地比较重视,对已发生的事件处理了68%。同时,加强了对农村基层干部和群众的遵纪守法教育,维护了国家法纪,保护了下乡知识青年。

1970年,吉林省贯彻中共中央转发《国家计委关于进一步做好知识青年下乡工作的报告》,要求严厉打击迫害下乡知识青年的犯罪活动。1970年6月至1972年6月的两年间,全省发生迫害下乡知识青年案件2 080起,处理了1 839起,占发生案件数的88.4%。1973年7月7日,省在九台县召开迫害下乡知识青年公判大会和现场会,有15 000多人参加了大会,并向全省进行实况转播,反应强烈。此后,各地重视对下乡知识青年的保护工作,在及时查处迫害下乡知识青年事件的同时,在社会上进行宣传教育,增强法制观念,支持知识青年上山下乡工作,引导知识青年提高自我保护能力,使发案率逐年下降。1968至1980年,全省共发生迫害下乡知识青年案件4 113起,处理了2 899起,占70.48%。

此外,1974至1980年,在下乡知识青年中死亡741人,其中:因病死亡371人;因劳动伤害、火灾、淹溺、电伤、雷击、车祸、他人伤害、自杀等非正常死亡370人。1975至1978年2月,全省为死亡438人、受伤910人,支出经费188 274元。

第四节　安置经费
一、经费标准

国家对下乡知识青年逐年按当年实际下乡人数拨给安置经费,用于建房补助、生活补助、购置生产工具和生活用具及车旅费等项开支。1962至1963年,吉林省城镇知识青年到农村主产队安置的建房费补助标准,集体插队的,每人补助35元;生产工具费补助标准,每人5元;生活家具费补助标准,集体安置的,每人7元;生活补助费标准,集体安置的,每人每月5元,另加1元医药费;车旅费,集体安置的所需车旅费按实核销。

1964年,安置经费改按综合定额拨付。集体安置插队的,每人平均最高不超过225元;分散成户插队的,每人平均最高不超过150元;分散单身插队的,每人平均最高不超过100元;单独建队的,每人平均最高不超过400元。

1968至1972年,城镇知识青年下乡安置经费标准为:插队的每人250元,插场的每人400元。

1973到1978年,国家对下乡知识青年安置经费标准进行了调整:到农村插队、回农村老家落户或到集体所有制场队的,每人补助 500 元;到牧业社的,每人补助 700 元;到国营农场的,每人补助 400 元。具体标准:建房补助费 230 元,生活补助费 170 元,家具费 50 元,宣传动员、旅运费 15 元,学习材料费 10 元,医疗补助费 10 元,其他费用 15 元。

1979 年,国家再次调整下乡知识青年安置经费标准:到国营农、林、牧、渔场和单独举办的农、林、牧、渔业基地的,每人补助 400 元,旅运费 15 元,行装补助费 25 元;到集体所有制知青场队、集体户和分散插队的,每人补助 600 元;到牧业队的,每人补助 800 元;在农村集体所有制知青场队、集体户和分散插队的结婚安家的下乡知识青年,其住房有困难的,每人补助建房费 300 元。

二、经费拨付使用

1962 至 1980 年,国家财政按吉林省知识青年实际下乡人数按标准拨款 47 083 万元,实际支出 41 967.6 万元。1978 年以前,主要用于下乡知识青年建房补助、生活补助、购置农家具和业务活动等项开支。1979 年开始,增加用于扶持生产资金支出。1962 至 1980 年共支出建房费 19 529.8 万元,占总支出的 46.5%;支出生活费 12 185.6 万元,占 29.0%;支出业务费 851.6 万元,占 2.0%;拨付扶持生产资金 2 171.7 万元,占 5.2%;其他支出 7 228.9 万元,占 17.3%。

1962—1980 年上山下乡知识青年安置经费拨付使用情况 单位:万元

年 份	应拨经费	实际支出数						业务费	扶持生产资金
		合 计	安置费						
			小 计	建 房	生 活	其 他			
总计	47 083.0	41 967.6	38 944.3	19 529.8	12 185.6	7 228.9		851.6	2 171.7
1962—1972	12 137.6	9 279.0	9 279.0	4 000.0	4 939.0	340.0			
1973	4 394.9	2 653.6	2 653.6	866.2	852.6	934.8			
1974	4 900.0	5 116.1	5 116.1	2 565.0	1 057.7	1 493.4			
1975	7 249.4	5 867.4	5 867.4	3 367.4	1 440.2	1 059.8			
1976	3 733.1	5 948.1	5 743.1	3 663.3	1 216.9	862.9		205.0	
1977	6 878.0	5 345.4	5 140.4	2 836.3	1 296.4	1 007.7		205.0	
1978	1 291.2	3 442.9	3 237.9	1 429.5	999.4	809.0		205.0	
1979	3 172.2	2 158.0	1 338.6	729.5	344.7	264.4		151.1	668.3
1980	3 326.6	2 157.1	568.2	72.6	38.7	456.9		85.5	1 503.4

第五节　修建和处理住房

1973 年,吉林省开始改善下乡知识青年的住房条件,新建砖瓦房,改建原有的土平房、草房。到 1978 年 2 月,全省下乡知识青年住房:砖瓦房 93 819 间、2 259 202 平方米;土坯房 32 547 间、880 420 平方米。到 1980 年末,累计建房 146 744 间、2 871 682 平方米。其中:1974 至 1980 年建房 106 127 间、2 696 238 平方米。共支付建房经费 19 529.8 万元。国家拨款给下乡知识青年建房,采取"国家补助,社队扶持"的办法,农村生产队为下乡知识青年每建一栋房,要搭进几百元现金作为匠工工资和材料费不足部分,还要负担人工、运力,合计折价约为 0.2 万元。

随着下乡知识青年人数减少和安置形式的改变,在生产队的集体户房屋开始空闲起来。据 1978 年 2 月的统计,全省集体户空闲房屋 4 787 间、111 584 平方米;被占用 12 103 间、200 346 平方米。安置经费被侵占、挪用、贪污的,时有发生。到 1978 年 2 月,全省各地检查发现,下乡知识青年安置经费被贪污的有 138 件,金额 4.55 万元;被侵占挪用的有 3 985 件,金额达 230.93 万元。已处理 1 259 件,收回资金 86.7 万元。

1974—1980 年吉林省上山下乡知识青年住房修建情况

年　份	国家分配木材指标数(立方米)	实际供应木材数(立方米)	建　房　情　况	
			间数(间)	建筑面积(平方米)
总　计	150 000	311 903	106 127	2 696 238
1974	22 000	56 000	22 250	494 737
1975	23 000	80 629	29 245	674 363
1976	14 000	77 418	24 212	510 934
1977	36 000	48 318	24 197	644 431
1978	31 000	29 825	5 629	360 144
1979	24 000	13 881	104	2 360
1980		5 832	490	9 269

1980 年,省财政厅、省知青办召开会议和下达文件,为了保护国家财产不受损失,要求各地做好下乡知识青年经费清理和房屋财产变价收回工作。对国家拨付的知识青年经费款项以及用知识青年经费购置的物资、物品,修建的房屋,来往借款,都要进行清理。对清理收回款项,建立清理资金专户逐笔收缴到县(市)知青部门,由知青部门统一上缴财政部门,作为知青专款,继续用作解决已婚知识青年、病残知识青年的遗留问题,如有结余,可用作安排城镇待业青年经费。对房屋变价处理,要根据房屋投资、质量和买房对象,区别对待,合情合理。房屋如果是生产队买,就要考虑建房时生产队负担的匠工工资、材料费及人工、运力等因素。收缴上来的房屋变价款集中到县,主要用于生产扶持资金和解决知识青年上山下乡遗留问题。到1980 年 4 月,处理房屋 39 700 间,变价为 1 580 多万元,收回 173 万元。到 1981 年末,变价处理房屋 65 504 间、1 276 849 平方米,收回变价款 444.0 万元,占全部建房费总支出的 2.27%。在现有知识青年房屋中,调给已婚知识青年 9 624 间、78 438 平方米;扒塌 18 059 间、400 779 平方米;调做知青场队 146 间。全省实有知识青年房屋 62 322 间、1 326 224平方米。

1982 年 5 月 18 日,吉林省财政厅、劳动厅发出《关于将现有知识青年空闲房屋及房屋变价款收缴工作移交给县(市)财政局的通知》,规定房屋变价款的收缴实行两级分成,40%留给公社财政所,作为安置社直单位吃商品粮职工子女就业经费;60%上缴县(市)财政局作为就业经费,用于处理知识青年上山下乡遗留问题或转作扶持生产资金,专款专用。

第三章 安 置

吉林省上山下乡知识青年调离农村,主要渠道是在下乡知识青年中招收新生、征招新兵和招收新工人(统称"三招")。还有因患疾病、因困难调回动员城镇的,以及少数人转出本省。

1970 至 1977 年的 8 年间,国家从下乡知识青年招生 91 123 人,征兵 19 289 人,招工 377 430 人,提拔干部 1 669 人,病调、困调回城 25 718 人,转出本省 7 855 人。

1978 年,调整上山下乡政策,改进做法后中共吉林省委特别强调,要通过招工解决下乡多年的老知识青年问题,特别是老大姑娘,困难更大。如果招工名额受限制,可适当放宽病、困调条件,让有病、有困难的老知识青年先回城待业。1978 至 1980 年,从下乡知识青年中招生 15 631 人,征兵 18 918 人,招工 343 859 人,病、困调回城 103 426 人。3 年间从下乡知识青年中招工和办理病、困调回城共 447 285 人,占 1970 至 1981 年 12 年招工和病、困调回城总人数的 50.8%。

1980 年,改变过去上山下乡形式,逐步发展集体所有制场队、农副业基地和农工商联合企业,安置城镇知识青年,做到一次性就业。过去到农村插队的知识青年,除招工、病、困调回城之外,还有 3.1 万人,作为过去上山下乡遗留问题,需要继续做出妥善安置。

到 1982 年,全省 19 年间动员下乡的知识青年,除与社员结婚的 3 万多名知识青年大多数就地就近安置外,招生 106 754 人,征兵 38 207 人,招工 741 604 人,提干 1 848 人,病、困调回城 138 677 人。

第一节 "三招"和病、困回城

从 1970 年起,全省各地区按省下达的计划陆续从下乡满一年以上的知识青年中招收新工人。1972 年起,增加办理下乡知识青年"病调"、"困调"回城。1976 年,全省全民所有制单位增人时均从上山下乡满 2 年以上的知识青年中招收。1978 年,铁路沿线小车站举办集体所有制企业,优先安排铁路职工上山下乡的子女。

1979 年,中共吉林省委确定,对下乡知识青年本着"负责到底"的精神,城乡兼顾,妥善安置。城镇用工增人指标,80% 招收下乡知识青年,20% 招收留城待业的知识青年,重点招收 1972 年以前下乡的知识青年(当年,全省 25 周岁以上的未婚下乡知识青年有 27 050 人,其中,1972 年底以前下乡的有 25 975 人)。对 1972 年底以前下乡的知识青年,除身体不符合招工条件外,都在 1979 年末以前招回城镇,安排在全民和集体所有制单位;地方军工企业、地处农村的企业、铁路沿线小车站,有增人指标的,都招收本单位职工子女中的下乡知识青年;各单位为安置知识青年兴办的集体所有制企业,优先招收本单位职工的下乡子女;为便于生产和生活,城市下乡知识青年由动员城市招回,县镇下乡知识青年由动员县镇招回;地区以上流动性较大、在野外施工作业的建筑公司、砂石场、水泥厂,为有利于职工队伍的稳定,可招收本单位职工的下乡子女。

1979 年,全省通过全民、集体所有制单位招工和办理病、困调回城,共招收、办理回城的下乡知识青年 19.5 万人。其中,有下乡多年、25 周岁以上的男知识青年 9 778 人,女知识青年 16 685 人,年龄最大的 36 岁。

1980 年,全省主要安置 1979 年以前下乡的知识青年。凡有招工指标的单位,都招收本单位职工下乡的子女。把矿区安置有困难的下乡女知识青年安置到四平、长春市和铁路单位;下乡知识青年自愿参加合作社、合作组及自谋职业的,允许回城落户;少数一时安排不了的,允许迁回城镇。全省通过招工安置 72 611 人,批准回城 15 132 人。

吉林省规定:城镇上山下乡知识青年安排工作后,其下乡时间计算工龄。下乡满 2 年以上的,执行本单位一级工工资标准,平衡了关系,减少了矛盾。

北京、天津、上海市和浙江省到吉林省插队的 6 万多名下乡知识青年,在招生、征兵、招工、提干中,与本省下乡知识青年同一条件,一视同仁。因病、困回动员省市,由动员省市审批。到 1978 年 10 月,四省市仍在吉林省农村的未婚知识青年有 5 114 人,其中:北京知识青年 150 人,天津知识青年 1 081 人,上海知识青年 2 483 人,浙江知识青年 1 400 人。到 1979 年末,在本省农村的只有 800 人:北京的 100 人,天津的 300 人,上海的 400 人。1980 年由动员城市安置。

第二节　病残和已婚知识青年的安置

一、病残知识青年的安置

1973 年以来,全省调查发现,下乡知识青年中患有慢性疾病和有残疾的 21 712 人,其中,有些是 1968 至 1971 年上山下乡前就患病或有残疾,实行"一刀切"被动员下去的;有些是下乡以后患病或落下残疾的。1972 年全省制定留城政策时,没有统一标准,使这部分下乡知识青年有的农活干不动,病调不行,招工不够条件。1978 年全省统一了免下留城、病退回城的标准,符合因病回城的,及时给办理手续,劳动部门根据情况分期分批解决他们回城后的就业问题;凡不符合病退条件的,劳动部门在招工时除少数工种外,都在招收范围之内。到 1978 年末,回城安置 13 340 人,占 61.4%;就地安置 871 人,占 4.0%;尚未安置 7 501 人,占 34.6%。到 1980 年 11 月,除在农村的 356 人(全残 33 人,半残 323 人)待继续安排外,其余通过家长单位、街道和民政部门等途径,已全部得到妥善安置。

二、已婚知识青年的安置

1974 年,全省在农村结婚安家的下乡知识青年 34 347 人;1978 年增至 45 823 人。他们当中,有住房的 33 281 人,无住房的 7 744 人。当年,为已婚知识青年 21 160 人发给建房补助费 2 909 016 元,平均每人补助 137.5 元。到 1980 年,在农村结婚的知识青年 41 268 人。其中:与城镇职工结婚的 1 511 人,知识青年之间结婚的 6 782 人,与社员结婚的 32 975 人。与城镇职工结婚的下乡知识青年,户口在农村,本人多已回城,困难较大,按困调准其全部回城。知识青年之间结婚的,回城安置 2 814 人,其余办理审批手续,回城待业。与农村社员结婚的下乡知识青年,当年就地就近安置 11 678 人。其中到知青场队 4 909 人,到社队企业

3 846 人,农村企事业单位招工 1 243 人,自愿组织合作社 20 人,自愿留队 729 人,自谋职业 53 人,接班 19 人,转为农场农工 360 人,回城 499 人,年末尚未安置 21 297 人。

1981 年 4 月,吉林省人民政府发出通知,要求各地通过行政办法和经济措施,抓紧就地就近安置同社员结婚的知识青年。要利用各种途径,使与社员结婚的知识青年有固定的工作和收入。农村企业、事业单位和国营农、林、牧、渔场要当作任务安排与社员结婚的知识青年;农村知青场队作为安置已婚知识青年的重要基地,要不断增加生产,扩大安置能力;要鼓励和支持他们自谋职业,自愿留在生产队参加生产,帮助他们解决困难。1981 年 4 月以后,全省各地又安置与社员结婚的知识青年 10 092 人,其中 166 个知青场队安置 5 178 人。到年末尚有 11 205 人需要继续安置。

1982 年,将下列情况之一的,在落实"三结合"就业方针中,在集体所有制企业予以安置:同城镇职工结婚的下乡知识青年,批准回城后仍待业的;下乡知识青年之间结婚的,回城后只安置一方,另一方仍然待业的;与社员结婚因配偶死亡,经批准回城的下乡知识青年;1979 年以前与配偶离婚,1979 年后批准回城的下乡知识青年;因配偶犯罪判刑离婚,已经回城的下乡知识青年;下乡知识青年犯罪刑满释放后,经批准回城的。

1982 年 9 月 7 日,省财政厅、劳动厅下发《关于下达解决已婚知识青年遗留问题经费指标的通知》,对仍在农村的已婚知识青年有困难的,拨给经费解决遗留的生活困难。全省下拨解决已婚知识青年问题的经费指标 387.8 万元。其中:长春地区 101.4 万元,吉林地区 32.7 万元,四平地区 33.8 万元,通化地区 61.1 万元,白城地区 58.2 万元,延边朝鲜族自治州 100.6 万元。

1970—1981 年吉林省上山下乡知识青年调离农村人数　　　　　单位:人

年　份	招　工	招　生	征　兵	提　干	病困调回城
全省累计	741 604	106 754	38 207	1 848	138 677
1970	66 000				
1971	61 437	24 520			
1972	89 000	16 297			
1973	5 507	13 649			
1974	37 547	10 905	3 600	364	5 402
1975	31 802	12 577	2 244	446	5 895
1976	54 208	8 107	6 718	564	4 283
1977	31 929	5 068	6 727	295	10 138
1978	76 248	12 087	14 576	37	29 025
1979	195 000	2 567	3 224	98	58 923
1980	72 611	977	1 118	44	15 478
1981	20 315				9 533

说明:1973 年以前知识青年调离农村人数中的征兵、提干、因病、困回城人数未查清。

(第二篇《城镇知识青年上山下乡》,第 71—99 页)

1973 至 1975 年基本停止招工,城镇待业青年和上山下乡知识青年不能招工就业,造成就业困难。……1977 至 1980 年从多方面入手,解决留城和下乡知识青年就业问题,从 1981 年起不再动员城镇中学毕业生上山下乡。1977 年到 1985 年从城镇待业青年和上山下乡知识青年中招工 162.29 万人。

(第四篇第二章《职工队伍》,第 163 页)

1978 年调整了知识青年下乡政策,逐步缩小动员下乡的人数。为解决下乡知识青年回城就业问题,对经批准实行亦工亦农轮换工制度的县营小钢铁、小化肥、小水泥、小农机企业,辞退亦工亦农劳动者,返乡参加农业生产,招用下乡知识青年进行替换。1978 至 1979 年,吉林省劳动局批准知识青年替换亦工亦农劳动者的人数达 22 546 人,其中,长春地区 4 590 人,吉林地区 4 820 人,四平地区 3 500 人,通化地区 3 100 人,白城地区 4 236 人,延边地区 2 300 人。

(第四篇第四章《职工管理》,第 183 页)

吉林省知识青年上山下乡工作办公室

1963 年吉林省在精减职工、压缩城镇人口工作的基础上,于 1964 年成立中共吉林省委安置城市下乡青年领导小组办公室,负责动员、安置城市青年下乡和闲散劳动力工作,负责人李晨。

1966 年"文化大革命"开始后,动员、安置城市青年下乡和闲散劳动力工作中断。

1968 年 10 月,成立吉林省革命委员会知识青年上山下乡工作办公室,负责动员、安置城镇中学毕业生和城镇社会知识青年上山下乡工作。负责人崔良谋(军代表)。

1969 年 12 月,知识青年上山下乡工作办公室改为吉林省革命委员会下放干部办公室,负责下放干部插队落户工作和动员、安置社会知识青年上山下乡工作。负责人季振方(军代表)。

1970 年 5 月,将办公室改为吉林省革命委员会政治部"五·七"办公室,负责动员、安置城镇知识青年上山下乡和"五·七"战士的管理教育工作。负责人王毅、季振方(军代表)、王庆。

1973 年 6 月,"五·七"办公室改为吉林省知识青年上山下乡工作办公室。其主要职责:(1)负责知识青年上山下乡的宣传、动员、安置工作;(2)负责上山下乡知识青年的教育、管理工作;(3)负责知识青年上山下乡政策调查研究工作;(4)掌管知识青年上山下乡安置经费的使用、管理工作;(5)掌管上山下乡知识青年建房物资的分配、使用工作;(6)负责调查研究处理上山下乡知识青年生活方面等工作;(7)负责已婚下乡知识青年的管理工作;(8)配合有关部门做好从上山下乡知识青年中招工、招生、征兵等工作;(9)负责总结交流知识青年上山下乡工作经验,表彰先进工作;(10)配合司法部门调查处理迫害上山下乡知识青年案件;(11)负责对城镇中学毕业生申请"不下乡"、"缓下乡"和"返城"的政策研究工作;(12)负责上山下乡知识青年带队干部的管理工作;(13)负责上山下乡知识青年知青场(厂)队的管理工作。

内设秘书处、宣传动员处、教育管理处、计划财务处。负责人王毅、白昌凯。实有工作人员 31 人。

1978 年省委组织部任命王毅为办公室主任、陈国正为副主任。

1982年3月,吉林省知识青年上山下乡工作办公室与吉林省劳动厅合署办公,一套机构,两块牌子。主要职责:负责对知青场(厂)队的管理工作;处理上山下乡知识青年的遗留问题。

（第八篇第一章《政府劳动管理机构》,第494—495页）

《吉林省志·农业志·农村生产关系》
吉林省地方志编纂委员会编纂,吉林人民出版社1999年

1976年1月9日至19日,中共吉林省委举行三届八次全体(扩大)会议。各市、地(州、盟)、县(市、旗)和各公社党委负责人、县贫协组织负责人,上山下乡知识青年代表1 700多人参加会议。 （第五篇第三章《农村人民公社的经营管理和政治运动》,第414页）

《吉林省志·农业志·种植》
吉林省地方志编纂委员会编纂,吉林人民出版社1993年

1964年,成立了前郭灌区农垦大学,设大专班和中专班。大专班学生主要是下乡知识青年中的高中学生。但农垦大学刚办不久,就因"文化大革命"开始而夭折了。

（第四篇第四章《科技与教育》,第461页）

《吉林省志·轻工业志·手工业》
吉林省地方志编纂委员会编纂,吉林人民出版社1997年

70年代初,社会上病退、病休知青就业难,政府要求二轻企业承担安置任务。到1983年止仅手工业合作组就安置病退学生3 566人。这个时期,城镇区街工业大发展,1965年205个企业,1973年增加到2 413个,大批病退青年及回城知青、闲散人员和家属加入区街工业。 （第二篇第五章《劳动管理》,第79页）

《吉林省志·机械志》
吉林省地方志编纂委员会编纂,吉林人民出版社2006年

1966—1976年,吉林省机械工业实行"统包分配"的用工制度。统包分配用工包括:复转义务军人;初中毕业生和下乡抽回的知识青年;…… （第八篇第二章《企业管理》,第368页）

《吉林省志·交通志·铁道》

吉林省地方志编纂委员会编纂,吉林人民出版社 1994 年

1973 年,吉林铁路局根据吉林省人民政府的指示,开始招收下乡知识青年,截至 1975 年共招收 9 437 人,工人总数增至 49 439 人。1979—1981 年,吉林铁路局、长春、白城铁路分局根据吉林省人民政府指示,将铁路部门下乡知识青年(符合招工条件的)7 350 人全部招收回城。 (第四篇第三章《劳动人事管理》,第 784—785 页)

1980 年,由于上山下乡知识青年回城、复员退伍军人安置、落实政策职工子女安排等造成吉林省境内铁路职工超员。 (第四篇第三章《劳动人事管理》,第 786 页)

《吉林省志·财政志》

吉林省地方志编纂委员会编纂,吉林人民出版社 1993 年

1985 年 10 月 26 日财政部制定的《关于集体企业所得税的若干政策规定》中规定……(二)城镇上山下乡知青举办的集体企业,设在城镇的,按城镇集体企业的规定缴纳集体企业所得税;设在农村或城镇郊区的,继续免征集体企业所得税到 1985 年底。从 1986 年 1 月 1 日起按乡镇集体企业的有关规定缴纳集体企业所得税。……

(第一篇第七章《所得税》,第 255 页)

第十二节 城镇青年就业经费

1962 年,吉林省贯彻国民经济调整方针,精减职工,予以安置。11 月 23 日,国务院批转国家计划委员会、财政部、农垦部、林业部、水产部《关于大中城市精减职工和青年学生下放国营农垦、林业和水产养殖企业安置费的预算管理的通知》,决定:今明两年国家财政预算中安排的大中城市精减职工和青年学生下放国营农垦、林业和水产养殖企业安置费共为 3.5 亿元。这笔费用开支范围,包括:基本建设投资;流动资金;职工工资差额补助;学生生活补助费;家具补充费。这年,吉林省财政预算中在其他支出类列支"城市人口下乡补助费"725 万元。其中:用于下乡人员车运费和安家家具补助费 60 万元,冬装补助费 75 万元,口粮补助 196 万元,建房木材补助 390 万元。1963 年,以"城市闲散人口安置费"支出 363 万元。1964 年,在财政预算中设"城市人口下乡安置支出"款级科目。包括城市人口和知识青年下乡建房费,购买小农具支出及生活补助费,当年支出 527 万元,安排知识青年和闲散劳动力 20.200 人。1968—1969 年,安排本省及京、津、沪、浙等省、市知识青年 290.952 人到农村插队落户,两年支出经费 6.552 万元。

1973 年，省知识青年上山下乡工作办公室、财政局发出《吉林省知识青年上山下乡经费使用管理试行办法》规定，知识青年到农村插队、新建集体所有制的青年生产队（场），每人补助 500 元，到牧业队插队的每人补助 700 元，到国营农场插队的每人补助 400 元，在省内回老家插队的每人补助 500 元，是年支出 2.838 万元。1974 年，将该科目改称"城镇人口下乡经费"，主要是城镇知识青年下乡补助费。这年支出 5.440 万元。

1980 年起，在城镇办起了劳动服务公司，组织城镇待业人员参加生产、服务工作，或进行就业训练，为就业创造条件，财政预算中增设了劳动就业补助费。1982 年，将"城镇人口下乡经费"改称为"城镇青年就业经费"。包括扶持城镇青年就业举办的各种独立核算的集体企业发展生产、增加服务项目的周转金；安置城镇待业青年到农村就业的补助和在乡插队的知识青年的困难补助；就业前的技术训练费和劳动部门开展城镇待业青年就业工作所需要的业务费用。这年列支 2 788 万元。

1964—1985 年吉林省城镇青年就业经费支出　　　　　单位：万元

年　份	支出额	年　份	支出额
1964	527	1975	6 253
1965	510	1976	5 564
1966	500	1977	5 124
1967	80	1978	3 127
1968	1 617	1979	2 132
1969	4 935	1980	3 192
1970	3 733	1981	2 467
1971	928	1982	2 788
1972	445	1983	2 441
1973	2 838	1984	1 809
1974	5 440	1985	1 477

（第二篇第一章《经济建设费》，第 454—455 页）

《吉林省志·国内商业志·供销合作社》

吉林省地方志编纂委员会编纂，吉林人民出版社 1993 年

1973 年供销社系统恢复，按照省劳动局《关于招收职工的规定》，开始招收一部分下乡满二年以上的知识青年和按政策批准留城的中学毕业生参加工作。

（第三篇第七章《劳动工资》，第 552 页）

《吉林省志·教育志》

吉林省地方志编纂委员会编纂，吉林人民出版社 1992 年

1968 年 5 月，省革命委员会召开全省教育会议，决定：1966 年以前入学的中学在校各年级学生，一律毕业离校，其中除少数人进工厂当工人外，绝大多数都上山下乡参加农业生产劳动；……

（第一篇第四章《中学教育》，第 133 页）

1978 年 6 月，遵照国务院批转教育部《关于 1978 年高等学校和中等专业学校招生工作的意见》，中等专业学校招生对象是：应届初中毕业生和具有初中文化程度（年龄在 18 岁左右）的工人、农民、上山下乡（回乡）知识青年，或具有高中毕业文化程度（年龄在 22 周岁以内）的工人、农民、上山下乡（回乡）及按政策留城尚未分配工作的知识青年……

（第二篇第五章《招生与分配》，第 499—500 页）

1977 年 10 月，恢复高校统一招生。吉林省招生委员会规定：高等学校普通班招收具有高中毕业或高中毕业文化水平的工人、农民、上山下乡知识青年、复员军人、干部和应届高中毕业生以及少数成绩特别优良的高中在校生。　　（第二篇第五章《招生与分配》，第 502 页）

《吉林省志·文化艺术志·电影》

吉林省地方志编纂委员会编纂，吉林人民出版社 1996 年

1955—1977 年长影摄制的纪录片①

片　名	简 要 内 容	色别	本数	片长（米）	编剧或导演	摄影	作曲或选曲	录音	解说	完成日期
在广阔天地里	知识青年在农村锻炼成长	彩色	3	809	李瑞林	赵　跃	张棣昌	刘文章	刘健魁潘淑兰	1973
莺歌燕舞（辽宁新事之 1）	1. 朝阳农学院 2. 知识青年挑重担 3. 哈尔套社会主义大集 4. 治烧伤和治地甲病	彩色	5	1 204	集　体	集　体	宋蕊青	黄力加刘玉山	刘健魁潘玉兰	1976.5

（第二章《影片》，第 136 页）

---

① 本表内容为节选。——编者注

《吉林省志·文化艺术志·艺术》

吉林省地方志编纂委员会编纂,吉林人民出版社2004年

《养猪姑娘》 油画。作于1975年,在当年全国美展展出。作品反映下乡女青年参加劳动,与劳动人民相结合的情景。画面上,早晨的阳光,初照在猪圈的桦木篱笆上,树梢上的麻雀,在唧唧地叫,面带笑容、真挚而又秀美的女青年在专注地喂猪。画面上虽未画猪,但却有此处无猪胜有猪之感。人物形象真实生动,呼之欲出。用笔大胆爽利,色彩对比鲜亮,富有吉林农村特点。作者金隆贵,1942年生,辽宁省大连市人。……作品曾参加省、市和全国美展,有的作品曾到国外展出。主要作品有《养猪姑娘》、《长白岳桦林》等。 （第五篇第二章《作品》,第526页）

为庆祝中国共产党第10次代表大会举办的美术展览,参展作品220幅,其中……有表现知识青年在农村成长的《志在农村》、《非马上就去》等。（第五篇第三章《展览》,第566页）

1972年至1976年,在6次较大型的全省性展览中,主要是歌颂"文化大革命",推行"无产阶级专政下继续革命的理论",有关"批林批孔"、"知识青年上山下乡"、"干部走'五·七'道路"的作品占相当的比例。 （第六篇第三章《展览》,第616页）

《吉林省志·新闻事业志·广播电视》

吉林省地方志编纂委员会编纂,吉林人民出版社1991年

1975年5月至1979年7月,吉林电台开办《对上山下乡知识青年广播》,每周一次,每次20分钟。1978年改为《对农村青年广播》,教育农村青年以农为荣,以农为乐,扎根农村,建设农村。 （第一篇第四章《吉林人民广播电台》,第69页）

为提高报道质量,1976年8月,吉林电台在长春召开全省工农兵评广播代表会,邀请43名工人、农民、解放军战士、下乡知识青年和社队基层干部,交流听广播、用广播、评广播的经验体会。 （第一篇第四章《吉林人民广播电台》,第102页）

《吉林省志·新闻事业志·报纸》

吉林省地方志编纂委员会编纂,吉林人民出版社2006年

"文化大革命"期间宣传的典型人物有……为保护集体财产和阶级弟兄勇拦惊马光荣牺牲的榆树县育民公社回乡知识青年任广禄;…… （第二篇第一章《报道内容》,第222页）

《吉林省火电建设志》

吉林省火电建设志编辑室编，(内部刊行)1988年

1970年5月，从吉林省桦甸县招收知识青年148人，到年底共有职工2813人。其中工人(含学徒工)2147人，工程技术人员134人，管理人员247人，其它服务人员285人。

1971年公司归属吉林省电力局至1977年期间，职工队伍有了较大发展，共增加职工2371人，其中从吉林市郊区、永吉县、蛟河县、舒兰县等地陆续招收下乡知识青年1718人，从城镇招收41人，从北京、南京等学校分配大学本科、专科、中专、技校毕业生393人，调入职工219人。1977年底共有职工4398人。

1978年3月，为加速开发霍林河煤炭资源，水电部将公司所属第一工程处1043人和房产103人划归火电一局，1981年底集体转业回公司。在此4年间，从舒兰县招收下乡知识青年526人，从城镇招收社会青年525人，接收大中专、技校毕业生66人，安置复转军人116人，落实政策回城6人，1981年底共有职工5114人。

（第五篇第二章《劳动工资管理》，第128—129页）

中学历年学生升学统计表①

年　度	毕业人数	升学人数
1966	初中 45	下乡
1967	初中 90	下乡
1968	初中 90	下乡
1969	初中 120	下乡
1970	初中 135	四个面向
1973	初中 456	下乡
1973	高中 207	下乡
1975	高中 208	下乡
1977	高中 436	下乡

备注：年代断限时为该年无毕业生。

（第八篇第三章《子弟学校》，第219页）

第一节　上山下乡

1968年吉林省火电工程公司组织、动员子弟中学66届、67届、68届初中毕业生225名分两批于9月16日、11月17日下乡到吉林市郊区孤店子公社大红土大队，九站公社烟达

---

① 本表内容为节选。——编者注

木、张久、繁荣等大队。

1973年组织动员子弟中学高中毕业生547人,下乡到舒兰县金马公社。由学校和公社对口管理,公司派出1名科级干部和1名中学教师到公社,负责知识青年思想政治工作,帮助解决劳动、生活中的困难。

1974年公司配备了1名科级干部,1名专职工作人员作知青管理工作。组织动员子弟中学高中毕业生137人下乡到舒兰县金马公社。同时派出两名带队干部由吉林市知青办公室统一安排到舒兰县朝阳公社。1月17日吉林市召开上山下乡知识青年代表会议,公司被授予先进集体称号。

1975年,根据吉林市委的指示,实行厂、社挂钩集体安置并与支农相结合的精神,公司子弟中学高中毕业生195人下乡到舒兰县莲花公社,在9个生产大队建立了42个集体户。从1975年到1979年公司共派出6批39名带队干部到莲花公社作知青工作。

1976年9月15日公司成立知识青年上山下乡工作办公室,属于公司党委领导,配备了1名主任,1名专职工作人员和1名专职支农工作人员。

1981年,根据吉林市委(81)31号文件精神,将知识青年上山下乡办公室,改为待业青年办公室。公司决定将待业青年安置工作,划归吉林保温建筑材料公司,待业青年管理工作划归公司劳动工资科。同时撤消知识青年上山下乡工作办公室。

1984年5月公司成立劳动服务公司,配备了1名专职工作人员做待业青年管理工作。待业青年安置工作仍归吉林保温建筑材料公司。

从1968年到1979年公司共组织动员知识青年下乡1 216人,留城待业青年445人,派出带队干部43人。

公司历届下乡知识青年统计表

年　度	应下乡人数	下乡人数	留城人数	备　注
1966年	45			初中毕业生
1967	90			初中毕业生
1968	90	225		初中毕业生
1968	120			初中毕业生
1970	135			初中毕业生
1971	0			
1972	0			
1973	160	147	13	高中毕业生
1974	177	137	40	高中毕业生
1975	219	195	24	高中毕业生
1976	36	3	33	高中毕业生
1977	440	327	113	高中毕业生
1978	242	112	130	高中毕业生
1979	162	70	92	高中毕业生
合计	1 916	1 216	445	

(第十篇第三章《知青工作》,第247—248页)

1978年至1979年下乡青年陆续返城。为安置待业青年,1979年公司成立了知青综合厂,以子弟学校校办工厂为主,配备了专职干部和技术工人做指导。承担配制仪表盘、照明配电箱和生产沥青大块,安置待业青年50人。

1980年公司共有待业青年582人,其中历届留城青年291人,下乡回城90人,应届高中毕业生201人。知青综合厂改名为电气设备制造厂,又安置待业青年80人,印刷厂安置残疾青年15人。参加文化补习班50人,组织承包公司家属区沥青马路施工66人,共安置342人,还有青年待业240人。 　　　　　　　　　　　　(第十篇第三章《知青工作》,第248页)

《吉林省邮电志·吉林市卷》

吉林市邮电局编,北京燕山出版社1999年

1970年至1972年,邮、电分设。由于异地建局,加之工作需要,电信局从下乡和返乡知识青年中先后3批招工32人。 　　　　　　　　(永吉县邮电志第四章《经营管理》,第313页)

1971年至1972年,邮政、电信两局分别从下乡知识青年中招工以补缺员,职工人数增幅较大,至1973年两局合并后,职工实有人数达361人,有管理人员21人,其中副科级以上干部3人,工程技术人员1人,服务人员4人,工人319人。有女职工118人,占职工总数的32％。 　　　　　　　　　　　(永吉县邮电志第五章《职工队伍》,第316页)

《吉林省税务通志》

吉林省国家税务局、吉林省地方税务局编,中国税务出版社2004年

关于我省放宽税收政策问题的报告

……

(一)关于放宽知青企业的减免税范围问题,我省在三个方面作出规定:一是照顾的对象。国家规定,享受知青企业减免税照顾的是指尚不能就业待分配的知青。我省不分待业和就业一律给予照顾。二是照顾的范围。国家规定,对老企业安排知青的照顾范围,只限于城镇街道办的集体企业。我省规定凡是集体企业安排知青的,不分谁办的都给予照顾。三是照顾的期限。国家规定,对已经享受过减免税照顾的企业再安排知青的,不再给予照顾。我省继续给予照顾。按照上述的放宽政策,我省凡经劳动部门批准的机关、团体、部队、街道、企事业单位,为安置待业青年新办的集体企业,不分待业和就业,凡安排知青人员超过职工总人数60％的,一律享受免征所得税三年的照顾。

对原纳税的集体企业和新办集体企业,当年安排知青人员占职工总人数 10％以上不足 60％的,给予同等比例减征三年所得税的照顾。

……

吉林省税务局

一九八九年三月十日

（第三篇第三章《税务管理体制》,第 175 页）

关于放宽个体工商户和城乡集体企业税收减免政策的意见

……

（十九）对安排待业青年新办的知青集体企业（不包括国务院规定的烟、酒等 20 种产品和经营商业）从生产经营月份起,免征所得税三年。对其中专门从事劳务、修理服务行业的知青企业、同时免征工商税三年。

对城镇集体企业（不包括生产烟、酒等 20 种产品和经营商业）当年安置知青人员占企业职工总人数 60％以上的,可免征所得税三年;当年安置知青人员占企业职工总人数 30％以上不足 60％的,可按应纳所得税额减半征收三年;当年安置知青人员占企业职工总人数不足 30％,但纳税有困难的,经市、县税务机关批准,可给予适当的减征所得税的照顾。企业在减免税期间,知青人员发生变化,应按变化后的比例计算减免税。对减免税期满继续安排知青,纳税有困难的,酌情给予一定的减免税照顾。

对新办的生产烟、酒等 20 种产品和经营商业的知青企业,可比照新办的城镇集体企业免征所得税一年。

为了鼓励待业青年从事个体经营就业,对其新办的个体工商户（包括家庭成员作帮手或作技术指导的）,以及原有知青个体工商户再安置知青就业的,也按上述规定给予减免税照顾。

……

吉林省财政厅

一九八四年五月二十五日

（第三篇第六章《税务促产增收》,第 348 页）

《长春市志·总志》

长春市地方志编纂委员会编纂,吉林人民出版社 2000 年

（1968 年）4 月 4 日,吉林省革命委员会作出决定:对尚未完成规定课程的初、高中学生,全部毕业离校,组成集体户,下乡上山从事农业劳动。到 11 月 16 日,长春市已有 4 万

多名中学毕业生奔赴山区、边疆和农村落户,参加集体生产劳动。

(下卷第七篇《大事记》,第 936 页)

10 月 25 日,长春市革命委员会决定,将 1966 年—1968 年 3 届初、高中毕业生和社会青年,争取在 11 月底安置到农村插队落户。各区革委会指定 1 名副主任亲自挂帅,全力以赴领导此项工作。11 月,全市已有 4 万多名中学毕业生奔赴山区、边疆和农村落户,参加集体生产劳动。

(下卷第七篇《大事记》,第 938 页)

(1970 年)4 月 25 日,吉林工业大学、吉林师范大学、吉林医科大学试办班招生。吉林省革命委员会决定,上述 3 所大学在省内招生,主要对象是在农村参加 2 年以上劳动的知识青年和复员转业军人。吉林工大、吉林医大学制均为 3 年,吉林师大学制 2 年,主要培养农村中学教师。录取方法:由工人、贫下中农推荐,队、社和厂矿革委会审查,学校和地区、县共同商定录取。毕业后回原岗位工作,习惯称"工农兵学员"。(下卷第七篇《大事记》,第 940 页)

(1971 年)2 月 23 日,市革委会召开城镇居民和知识青年上山下乡动员大会。两年来,全地区已有 10 多万知识青年和 9 500 户城镇居民到农村插队落户。对上山下乡知识青年的动员工作实行"五包",即系统包单位,单位包职工,职工包子女,街道包居民,学校包学生的办法。

(下卷第七篇《大事记》,第 941 页)

(1973 年)1 月 16 日,榆树县育民公社回乡知识青年、共青团员任广禄,舍身拦惊马光荣牺牲,年仅 22 岁。7 月 12 日,团市委发出《关于向公而忘私、志在农村干革命的模范共青团员任广禄同志学习的决定》,授予任广禄"模范共青团员"称号。

(下卷第七篇《大事记》,第 943 页)

这一历史阶段(1966—1976 年),人口迁徙变动数量较大,主要是由于人口的城市间摆式大迁徙运动造成的。一方面 1968 年掀起的知识青年上山下乡运动,全市历年下乡知识青年总数计 19.7 万多人;接着 1969 年下放干部(其中知识分子占相当数量)去农村插队落户或"五七"干校劳动,共下放干部 1.6 万人,随带家属 7.4 万人,总计 9 万人;同时,动员城市"闲散"居民下乡,共迁出 5 万多人,以及三线建设迁出等等。结果造成大量城市人口迁往农村。另一方面,从 1970 年开始,每年有一定数量的知识青年因招工、招生、参军,或因病、因家庭困难等返迁回城;以及陆续抽调下放干部(包括插队落户与"五七"干校劳动的干部)回城。知识青年与下放干部总计回城 38 万多人。

(下卷《附录》,第 1140 页)

《长春市志·人口志》

长春市地方志编纂委员会编,吉林人民出版社 1999 年

1968 年比 1967 年人口减少 25 545 人,增长率为－1.9％;1969 年比 1968 年减少 40 890 人,增长率为－3.09％;1970 年比 1969 年人口减少 30 184 人,增长率为－2.35％。这 3 年市区人口持续负增长,主要是政府动员干部及知识青年到农村插队落户。

(第一章《人口变迁》,第 31 页)

1969 年与 1970 年城市动员干部与知识青年下乡,净迁入人口分别为 42 154 人和 36 066人。农村又出现了城市向农村反流现象。1972 年"插队"干部与下乡知识青年大批返回城市,5 县净迁出人口为 45 504 人。 (第一章《人口变迁》,第 40—41 页)

1968 年长春市区掀起了知识青年上山下乡运动,下乡总数达 17.7 万多人。……另一方面,1970 年至 1976 年,每年都有一定数量的知识青年和下放干部返迁回城。

(第六章《人口迁移》,第 168—169 页)

1962 年是长春市区人口迁往乡村最多的一年,人数为 68 300 人,净迁出人口 59 173 人。这是当时城市精简机构和下放干部及知识青年上山下乡造成的结果。从 1964 年开始 (1975 年除外)乡村人口迁往长春市区都是净迁入,尤以 1978 年和 1985 年为最多。1978 年由于落实政策,下放干部和知识青年大批返城。 (第六章《人口迁移》,第 170 页)

长春市区家庭户,由于大批干部下乡插队和知识青年上山下乡,曾连续两年出现负增长。1968 年增长率为－5.6％;1970 年增长率为－1.5％。 (第十一章《家庭》,第 398 页)

(1966 年)3 月 1 日,市委召开第 98 次常委扩大会议,传达讨论贯彻中共中央东北局人口问题座谈会精神,提出"五个字"(送、分、放、档、节)方针,重点抓好节育工作与动员下乡安置工作。 (《大事记》,第 505 页)

《长春市志·政府志》

长春市地方志编纂委员会编,吉林人民出版社 2004 年

(1970 年)12 月 27 日,长春市革命委员会召开长春市应届中学毕业生"四个面向"誓师大会。3 万余群众分别在市体育馆和 28 个分会场参加大会和收听大会广播。大会宣布应

届中学毕业生大部分上山下乡;一部分到企业、厂矿当工人。要求毕业生家长和社会各方面协助做好毕业生的"四个面向"工作。 (《大事记》,第 411 页)

(1971 年)2 月 18 日,长春市革命委员会召开城镇居民和知识青年上山下乡动员大会。采用"五包"(系统包单位、单位包职工、职工包子女、街道包居民、学校包学生)的办法动员城镇居民和知识青年上山下乡。 (《大事记》,第 412 页)

(1974 年)6 月 16 日,长春市欢送首批 8 000 名知识青年到农村插队落户,参加农业生产劳动。

8 月 15 日,中共长春市委、市革命委员会召开长春市 1974 年第二批知识青年上山下乡欢送大会。3 000 多名中学毕业生到农村插队落户,参加集体生产劳动,同时进行第三批知识青年上山下乡的动员工作。 (《大事记》,第 414 页)

(1975 年)6 月 30 日,中共长春市委、市革命委员会召开长春市 1975 届中学毕业生上山下乡广播动员大会。

7 月 20 日,长春市 2 000 余名应届中学毕业生到农村插队落户。

(《大事记》,第 414—415 页)

(1976 年)6 月 21 日,长春市革命委员会转发市计委《关于招收新工人工作的意见》。《意见》提出,全民所有制单位除在城市招收独生子女、华侨子女、中国籍外国血统人子女外,其余全部从下乡劳动 2 年以上知识青年中招收;集体所有制单位主要在城市中招收。对基建、搬运行业的工种,从下乡知识青年中招收一部分;区属和社办工业,全部从经批准留城青年中招收。招工指标逐级一次下达,在农村招工的指标,由生产大队直接下达到集体户;市内由公社下达到居民委。 (《大事记》,第 414—415 页)

《长春市志·审判志》

长春市地方志编纂委员会编,吉林文史出版社 1993 年

长春市知识青年上山下乡,采取的形式主要是组成集体户,也有少数人投亲靠友到农村插队。仅 1968 年到 1973 年,长春市各区和各城镇先后上山下乡的知识青年就有 84 000 余人。自知识青年来到农村,侵犯知识青年合法权益的犯罪案件便随之发生。其中以强奸、迫害女知识青年案为最多,占此类案件的 95% 左右。一些知识青年对农村艰苦生活缺乏思想准备,加之高强度的体力劳动,由此产生各种悲观情绪,其中以女知识青年较为突出。少

数道德败坏的农村干部、农民、城镇中的国家工作人员,利用女知识青年初涉社会,生活经验不足,恐惧权势,厌恶农村生活,急切回城等心理,以暴力、威胁、利诱等手段进行逼婚、强奸等犯罪活动,不仅使受害人身心受到严重摧残,也给其他知识青年及其家长带来精神上的沉重负担。根据中共中央的有关规定,长春市两级法院、公安机关军管会从严惩处了一批侵犯知识青年权利的犯罪分子。1970年至1973年,处决了4名强奸下乡女知识青年罪犯。1974年至1978年,共判处"破坏知识青年上山下乡"罪犯246人。其中,判处死刑、死缓和无期徒刑4人,10年以上20年以下徒刑42人,6年以上不满10年徒刑67人,5年以下徒刑121人,有期徒刑缓刑1人,免予刑事处分3人,做其他处理的8人。246名罪犯中,强奸犯235人,占95.5%,毒打知识青年的罪犯3名,其他罪犯8名。246名罪犯的身份是:生产小队、生产大队的基层干部45人,占18.3%;国家工作人员(含农村人民公社干部)25人,占10.2%;农村社员95人,占38.6%;工人63人,占25.6%;地富反坏分子2人,占0.8%;其他16人,占6.5%。

　　强奸、迫害下乡女知识青年的罪犯中,道德败坏,流氓成性,横行乡里,成为当地一霸者为数较多。如李德宽案。李犯系榆树县一个生产队长,1973年时46岁,其一胞弟系大队党总支书记。兄弟二人相互勾结,欺压乡民。罪犯李德宽曾强奸、奸污妇女11人,调戏、猥亵5人,对不从者则百般迫害。……1970年3月,10余名中学生组织集体户来到这个生产队,李犯即对女青年心怀歹意。1971年1月,李犯多次找一女知识青年谈话,诱其与儿子订婚,被拒绝。同年春,李犯乘这个女青年陪其女儿在其家住宿之机,欲行强奸,因女知识青年反抗逃回集体户而未得逞。该女知识青年被惊吓,一度患神经官能症。但李仍多次对其猥亵。这年秋,该女青年在夜间打场,李犯以威逼手段将她强奸,尔后又采取恐吓手段强奸多次。1971年2月,李犯欲强奸另一女知识青年,遭反抗未遂。李犯便怀恨在心,经常诬蔑这个女知识青年。同年秋天一个早晨,李犯又企图强奸这个女知识青年又未得逞。李犯便当众造谣说:"今天背稻子时丢两个人,有两个人乱搞两性关系去了。"又召集社员大会对这个女知识青年批判斗争,并在会上宣布:"今后谁留她吃饭、住宿,出问题要负完全责任。"本来这位女青年在其亲属家居住,自李犯作此宣布后,其亲属不敢再收留她了。逼得这个女知识青年想要自杀,后奔其男友集体户,次日上告公社党委,但未揭发李犯强奸、猥亵罪行,由公社党委安排她到该队集体户住宿。李犯对另外的女知识青年也有猥亵罪行。当男知识青年对李犯提出批评后,李犯便以"不服从领导",开会批斗。此外,李犯还克扣、挪用集体户建房木材、以坏换好,挤占集体户房基地为其亲属建房。李犯任大队党总支书记的胞弟,也于1971年冬采取"培养入党"、"安排工作"、金钱引诱等手段,强奸一下乡女知识青年10余次。李犯还强奸、奸污另外7名妇女。1974年4月,李犯因强奸、迫害下乡女知识青年罪被处决,其胞弟被判处有期徒刑15年。

　　"文化大革命"期间,对侵犯知识青年权益的犯罪案件的审判是及时的,但也受到"左"的思想影响,主要是把侵犯知识青年权益的犯罪案件都看成是故意破坏知识青年上山下乡,以致有把普通刑事案件错定为反革命案件的情况,还有把通奸行为错定为"奸污"犯罪。这部分错案在后来的清案工作中纠正了。 （第二章《刑事审判》,第100—101页）

《长春市志·民政志》

马孟寅主编,吉林人民出版社2002年

病残上山下乡知识青年救济

在"文化大革命"中,长春市上山下乡的知识青年,有的生病或致残。根据中共吉林省委关于妥善解决病残知识青年生活问题的决定,这些人回城后由民政部门管理救济。从1982年起,每人每月发给生活费35元;生活不能自理的,另加发护理费,其医疗费在指定医院实报实销。因公致残的进行评残,享受公伤待遇。

1982年,长春市给予救济的病残知识青年67人。其中,德惠县28人,九台县13人,双阳县11人,榆树县8人,农安县3人,郊区4人。已经丧失劳动能力的31人,其中德惠县17人,双阳县5人,九台县4人,榆树县3人,郊区2人。对已经丧失劳动能力的,每年按不同标准救济,患精神病的1 680元,因公致残的1 872元,非因公致残的1 080元,其他的384元。 （第五章《社会救济》,第253页）

《长春市志·人事志》

长春市地方志编纂委员会编,长春出版社2001年

1973年5月,根据中共吉林省委《关于执行"全省各级党政机关机构调整方案"的通知》精神,长春市对机构进行了调整,为避免机构重叠,加强党的一元化领导,革委会的机构就是党委的机构。……群团领导小组增设总工会,共青团委员会、妇女联合会、下乡知识青年工作办公室。 （下篇第二章《机构编制》,第23—24页）

到1978年,机构调整前市委市革命委员会机构有……知青办、机关党委、市政协秘书处。 （上篇第二章《机构编制》,第24页）

1973年全市干部编制4 750名(行政编制3 970名,企事业编制780名)。其中……下乡青年工作办公室21名…… （上篇第二章《机构编制》,第39页）

1976年,长春市干部编制4 526名(行政编制3 724名,企事业编制802名)。其

中：……知青办 21 名,机关党委 18 名,机动编制 92 名(含 12 名企事编制)。

(上篇第二章《机构编制》,第 39—40 页)

(1978 年)市革命委员会编制 2 395 名(含企事业编制 354 名)。其中:……知青办公室 33 名……

(上篇第二章《机构编制》,第 40 页)

1970 年 7 月 24 日至 29 日,在九台县召开长春地区贯彻落实中共中央[1970]26 号文件经验交流会,各县、区公社革委会的领导、政治部、"五·七"办公室的负责同志、贫下中农、知识青年、生产队干部和插队干部以及城市中学的代表共 321 人。会议重点介绍了双阳县泉眼公社"五·七"连、郊区合心公社"五·七"排等 6 个单位的经验。会议后,以下乡知识青年、医务工作者和教师及插队干部为主体,组成了一支"五·七"战士大军。

1970 年 9 月 7 日,长春市革命委员会将干部插队落户办公室改为长春市革命委员会政治部"五·七"办公室。办公室设秘书组、下乡青年组、插队干部组。要求各县分别组成"五·七"办公室,公社组成"五·七"连,生产大队组成"五·七"排,生产队组成"五·七"班,具体负责插队干部和下乡知识青年的政治学习、生产劳动和生活管理等工作。

(上篇第四章《干部分配与交流》,第 72 页)

《长春市志·财政志》

长春市地方志编纂委员会编,吉林文史出版社 1992 年

城镇青年就业费,其内容包括城市人口下乡安置费,知识青年下乡插队落户安置费与建房费,以及为安排城镇青年就业所需经费。

1962 年贯彻国民经济调整方针,精简城市人口,动员 1958 年进城人员返乡,长春财政预算增设了城市人口下乡安置经费。1969 年,包括对集体所有制经济单位下乡人员经费的补助在内,下乡安置费支出额为 637.8 万元。

1971 年长春财政预算支付城市人口下乡安置费 210.1 万元。从 1964—1973 年城市人口下乡安置费支出累计 2 820.5 万元,占同期经济建设费总支出额的 10%。以后开展知识青年上山下乡,支出显著增加。1974 年 1 135.3 万元,1975 年 2 089.5 万元。从 1974 年起到 1978 年止的 5 年中城镇人口下乡经费支出累计 5 931.5 万元,占同期经济建设费总支出额的 21.2%。

1979 年后,城镇青年不再大批下乡,已下乡人员逐步回城就业,城镇人口下乡安置费改为城镇待业青年就业经费。1980 年长春市、县组建各级劳动服务公司,承办待业青年就业前的培训和安置准备工作,并兴办集体经济组织,扩大就业门路。与此同时,城镇待业青年

就业经费的开支范围,相应地扩展为扶持生产、就业培训、经费补助和安置业务费,其中规定,用于扶持生产资金必须占总拨款额的 50% 以上。

(第三篇第一章《经济建设费》,第 124—125 页)

《长春市志·畜牧业志》

长春市地方志编纂委员会编,吉林人民出版社 1996 年

农安县耕读大学经办于 1965 年至 1969 年。校址设在农安县太平池水库。下设龙王、黄金、三岗 3 个分校。学校性质为"半耕半读,城来城去,社来社去"。办学目的是培训从长春市下乡的约 3 000 名知识青年。学制 3 年。办学方式是送课上门。设有农学、畜牧兽医、农业机械 3 个专业。师资约有 30—40 人,一部分是本县抽调的,另一部分是从长春市各大专院校派去的。1967 年末省教育厅将毕业的 2 期学生按大专和中专程度进行了分配。

该校 1969 年停办。 (第七章《畜牧业机构》,第 314—315 页)

《长春市志·教育志》

长春市地方志编纂委员会编,吉林人民出版社 1995 年

"文化大革命"期间,长春市中等师范学校取消了招生考试制度,改为推荐选送。年龄放宽到 20 岁。从相当于初中毕业以上文化程度的工人、农民、复员转业军人和经过劳动锻炼的上山下乡知识青年中实行推荐入学。1977 年中等师范学校恢复了统一招生考试制度以后,招收具有高中毕业文化程度的毕业生和插队知识青年,并开始招收一部分具有高中毕业文化程度确能坚持学习的民办小学教师,教龄在 3 年以上,年龄可以放宽到 25 周岁。

(第七章《师范教育》,第 272 页)

(1970 年)12 月,长春市革命委员会召开应届中学毕业生分配工作动员大会。贯彻面向农村,面向基层,面向边疆,面向厂矿的方针,要求做过细的思想工作,完成毕业生分配任务。

(《大事记》,第 481 页)

(1972 年)12 月,长春市革命委员会召开 1972 年应届中学毕业生上山下乡动员广播大会。有 20 余万人收听大会实况。市委副书记李北淮作了《知识青年要坚定走与贫下中农相结合的革命道路》的报告。

(《大事记》,第 481 页)

(1974 年)1 月,《长春日报》转载《辽宁日报》以《一份发人深省的答卷》为题,报道了兴城县

白塔公社下乡知识青年、生产队长张铁生的一封信。《人民日报》转载并加了按语。由此,把张铁生吹捧成为"反潮流英雄",在全国煽起了否定文化学习的歪风。 (《大事记》,第482页)

(1975年)3月,中共长春市委、市革委会召开欢送知识青年上山下乡大会。有一万五千多名即将下乡的知识青年、单位负责人和家长代表参加了大会。 (《大事记》,第482页)

《长春市志·体育志》
长春市地方志编纂委员会编,吉林文史出版社1993年

1970年以后,由于广大知识青年上山下乡,建立集体户、知青点,大批干部走"五·七"道路,插队落户,农村又出现体育热。各公社专为知识青年举办各项比赛,经常开展的项目有:篮球、乒乓球、长跑、摔跤、拔河、掰腕子、游泳、爬山等。九台县其塔木公社,榆树县五棵树公社,举办过横渡松花江活动。各公社每年都举行包括"知青"在内的农民运动会,时间大都选在8月1日前后。 (第一章《群众与体育》,第38页)

《长春市志·文化艺术志》
王兆一主编,长春出版社2003年

1974年11月,举办知识青年《广阔天地大有作为》故事调演会。有20多部故事进行演出,选出《创新风》、《车往哪赶》等7篇作品发表在《长春演唱》(1974年第3期)上。

1975年1月12日至16日,举办长春地区上山下乡知识青年文艺调演大会,演出歌舞、曲艺、小戏与学唱"样板戏"共100多个节目。 (第九章《群众文化》,第507页)

1976年9月,举办长春地区1976年知识青年文艺调演大会。榆树、农安、德惠、双阳、九台等县代表队参加演出。观众达6 000多人次。 (第九章《群众文化》,第509页)

《长春市志·公路交通志》
长春市地方志编纂委员会编,吉林文史出版社1995年

1966年至1977年知识青年上山下乡,干部走"五·七"道路,医疗卫生人员走"六·二六"道路,大批人员到农村落户,增加了公路旅客流量。长春市的年平均日下行客流1 689人次,是1957年至1965年的1.5倍。 (第六章《旅客运输》,第165页)

1968 年至 1977 年,大批学生、干部下乡插队落户,公路客运事业有了发展。

(第六章《旅客运输》,第 174 页)

随着下乡知识青年大批回城,为公路交通事业增添了新鲜血液,职工人数大量增加。到 1977 年,全市交通系统已有职工 16 145 人,其中全民职工 6 557 人、集体职工 9 588 人。部队转业干部的增加,也改善了职工队伍的构成,增添了中坚力量。　(第九章《职工队伍》,第 260 页)

《长春市志·城市煤气志、城市热力志》

长春市地方志编纂委员会编,吉林人民出版社 1995 年

1970 年,一批初中毕业生被分配入厂工作。70 年代经长春市劳动局批准,在下乡知识青年中,先后招收了几批知识青年入厂工作,使职工队伍的年龄结构和文化结构有了新变化。

(城市煤气志第六章《企业管理》,第 191 页)

《长春市志·建筑业志》

长春市地方志编纂委员会编,(内部刊行)2007 年

因老职工离退休和大批知识青年返城加入了建筑职工队伍,整个队伍的年龄结构与平均技术水平发生了很大变化。　(第二章《职工教育》,第 35 页)

《长春市志·劳动志》

长春市地方志编纂委员会编,(内部刊行)2006 年

这一时期(1966—1976 年),动员城镇知识青年上山下乡 20 万人,其中,1969 年,动员上山下乡达 5.5 万人。　(《概述》,第 7 页)

停止知识青年上山下乡

这一时期(1977 年以后),全市上山下乡的知识青年已有 4.3 万人。1979 年长春市所辖县、1980 年长春市城区不再动员城镇知识青年上山下乡。在农村的下乡知识青年,除与当地农民结婚的外,1981 年,已全部抽调回城就业、参军、升学。对已与当地农民结婚的下乡知识青年,就近就地做了妥善安置,并把他(她)们和婚后生的子女,改为非农业户口,吃商品粮食。　(《概述》,第 9—10 页)

长春市知识青年上山下乡工作办公室

1963年11月,成立长春市城市下放职工和青年学生领导小组。组长:王季平,副组长:任青远、程光烈,成员11人。小组下设办公室,编制9人,主要任务是安置城市下放职工和处理遗留问题;动员、安置青年学生下乡落户。

1964年10月,将长春市安置城市下放职工和青年学生领导小组办公室改为长春市委安置城市下乡青年领导小组办公室。编制12人,任务是负责城市下乡青年的动员、安置工作。

1968年8月,将长春市革命委员会大中小学毕业生工作办公室、长春市安置城市下乡青年办公室、长春市工企矿业招工办公室合并为长春市革命委员会毕业生分配安置办公室。

1969年3月,成立长春市革命委员会上山下乡工作办公室。

1970年,将长春市革命委员会插队落户办公室改为长春市革命委员会政治部"五·七"办公室,撤销长春市革命委员会上山下乡工作办公室。

1973年9月,成立长春市知识青年上山下乡领导小组。组长:李北淮,副组长:王德林,成员12人。下设办公室。

长春市知识青年上山下乡工作办公室,编制21人。办公室内设:秘书、宣传动员、教育管理、财务计划等科室。职责范围包括:宣传动员城市知识青年上山下乡安置、管理、教育工作;配合有关部门选调知识青年回城就业、升学、征兵等工作;负责城镇中学毕业生申请"免下"、"缓下"的审批工作;负责管理带队干部和知青场(厂)队工作;掌管知识青年上山下乡安置经费的发放和使用工作。

1981年9月,长春市知识青年上山下乡工作办公室与长春市劳动局合署办公。

(第一章《机构沿革》,第22页)

1970年4月,长春市革命委员会做出从下乡、在乡知识青年中招收工人的决定,并实行"统包统配"的就业办法。招工对象和条件是:身体健康,年满17至23周岁的未婚男女青年;在农村参加集体生产劳动满1年以上的下乡知识青年。招工办法是,首先由集体户评议,然后由生产队贫下中农或队委会审查,经大队、公社呈报市、县革命委员会批准。

1971年12月,长春市革命委员会决定,集体所有制单位增加工人,从城镇不符合下乡条件的知识青年中招收。招收办法:由居民委员会举办知识青年和社会青年学习班。居民组按招工条件提名,居民委员会评议选拔,经公社推荐,区审查,报市劳动部门批准。

1973年,长春市按照国家规定,矿山井下、森林采伐、野外地质勘探部门招工,应招收本单位的职工子女(内招制度)。

1977年11月,长春市劳动局根据吉林省劳动局《关于1976年招工通知》精神,规定集体所有制单位招工,全部招收按政策批准留城或经批准回城的知识青年,一律不从农村在乡青年中招收;全民所有制单位招工,首先招收按政策批准留城的独生子女、中国籍外国人子

857

女和华侨子女,然后再从下乡满2年以上的知识青年中招收。

在下乡知识青年集体户中招工时,被招者男多女少,有的集体户成了"三八"户(都是女青年);在城镇招工中,被招者同样是男多女少,造成女待业青年多,就业矛盾突出。为此,长春市根据省规定精神,对各业的招工限定男女比例。冶金、林业、煤炭、地质招工,女性比例占总招工人数的10%以上;铁路、公路运输和基本建设招工,女占20%以上;机械、电子行业招工,女占25%以上;轻工业招工,女占30%以上;商业、服务业和城市公用事业招工,女占70%以上;纺织业招工,女占80%以上。

集体所有制单位招收女工比例,根据资源情况,可相应提高。

为保证新工人质量,减少招工工作中的环节,一律实行以知识青年民主评议为基础,公社党委推荐,劳动部门批准的办法。

1978年招工,对一个家庭有3名以上子女下乡的知识青年,照顾招收1名回城工作。同年8月,长春市劳动局规定,工人退休、退职后,照顾招收1名符合招工条件的子女参加工作(子女顶替制度)。

中共十一届三中全会以后,进入了一个新的历史时期。1979年4月,长春市革命委员会发布《关于1979年招收新工人的通知》。《通知》提出,招收新工人要采取德、智、体全面考核,择优录用的办法。对招工中除少数专业技术性较强的工种外,要进行语文和数学两个科目考试(不含普通工、壮工),按考试成绩,择优录用。　　　(第二章《劳动就业》,第35—36页)

第五章　城镇知识青年上山下乡

长春市城镇知识青年上山下乡始于1955年,是在农业合作化运动中产生的。有组织、有计划地动员城镇知识青年上山下乡,是从1962年结合压缩城市人口和精简职工进行的。1962年到1966年,每年都动员一批城镇不能升学、就业的中学毕业生和社会无业青年到农村生产队中插队,到农村参加农业生产。"文化大革命"期间,长春市对历届中学毕业生和社会无业青年基本上是"一刀切"全部动员上山下乡。中共十一届三中全会后,1978年开始收缩,1979年大专院校恢复直接从中学毕业生中招生。九台、榆树、双阳、农安、德惠5县和郊区不再动员城镇知识青年上山下乡。1980年长春市城区也停止动员知识青年上山下乡。对已经上山下乡的知识青年分别情况做了妥善安排。1981年后各级知识青年上山下乡工作机构相继与同级劳动部门合署办公,转变工作职能。

对上山下乡知识青年的安置,主要是在农村生产队组建集体户,这种安置形式是长春市首先创办的。此外,还办了知青场(厂)队,插入国营农场、"五七"干校和各单位办的农副业基地等形式安置上山下乡知识青年。

长春市知识青年上山下乡历经19年,总共动员知识青年上山下乡24.8万人,国家拨付安置经费近 9 000 万元。下乡知识青年除与当地农民结婚者外,其余均先后通过招工、接班、升学、参军和病困调回城镇等各种渠道,离开农村走向各种岗位。

第一节 上 山 下 乡

1955 年,共青团长春市委根据毛泽东主席提出的"农村是一个广阔的天地,在那里是可以大有作为的"号召,于 12 月 24 日首批动员组织了 267 名志愿做垦荒队员、高级农业生产合作社社员、农业生产合作社会计的知识青年下乡。1957 年又动员组织 85 名中学毕业生下乡。

1962 年,长春市在贯彻国民经济"调整、巩固、充实、提高"方针的同时,结合压缩城市人口,有组织有计划地动员城镇知识青年上山下乡。动员对象是 1961 年以来不能升学、就业的中学生、社会无业青年、精简职工和闲散人员并携带家属中的知识青年下乡参加农业生产。

1964 年,根据中共中央、国务院《关于动员和组织城市知识青年参加农村社会主义建设的决议(草案)》,中共长春市委将"安置城市下放职工和青年学生领导小组"改为"中共长春市委安置城市下乡青年领导小组",下设办公室负责日常宣传动员和安置工作。设两名专职副主任,并增加了编制。

1962 年至 1966 年,长春市共动员城镇中学毕业生和社会无业青年下乡 8 011 人。

1968 年 12 月 22 日,毛泽东主席发出:"知识青年到农村去,接受贫下中农的再教育,很有必要。要说服城里的干部和其他人,把自己初中、高中、大学毕业的子女,送到乡下去,来一个动员。各地农村的同志应当欢迎他们去。"的号召,长春市把原城市中学毕业生的安排面向农村、面向工矿、面向学校、面向边疆,改为一律面向农村。吉林省革命委员会对动员范围和对象做了明确的规定:"凡 1966 年至 1968 年三届初中、高中毕业生和社会青年(包括已经结婚、没有就业的)一律动员下乡;非城镇的工矿、铁路职工的子女,也动员下乡,就地安排。"除此之外,市内没纳入国家分配计划的半工半读中等学校毕业生,长春市教育局办的东郊农场的初中毕业生(已经退学的,也要回原校一起下乡)均列为动员下乡的对象。动员工作以"阶级斗争"为纲,办各种类型的"斗私批修"学习班。学校由解放军宣传队、工人宣传队和红代会负责举办毕业生学习班;城镇街道办事处、居民委员会和机关、事业单位举办知识青年家长学习班。实行系统包单位,单位包职工,职工包子女,街道包居民,学校包学生的"五包"办法保证下乡对象下乡。

1968 年至 1969 年动员城镇知识青年下乡 83 694 人。

1970 年,中学毕业生安排为"四个面向"(面向农村、面向工矿、面向学校、面向边疆)。1972 年长春市根据吉林省革命委员会规定精神,对独生子女、家庭有困难的子女、中国籍的外国人子女、华侨子女、病残人不能参加农业生产劳动者不再动员上山下乡(简称"五不下")。不符合"五不下"条件的中学毕业生都动员上山下乡(包括 1971 年 2 月 13 日后,擅自招用非法进厂的前五届和应届毕业生)。各城区、各中学都成立了"五不下"审批小组。

1973年，国务院制定了《关于知识青年上山下乡若干问题的试行规定（草案）》，中共吉林省委下发了[1973]88号文件。根据国务院和吉林省委的文件精神，长春市在"五不下"的基础上，又规定：多子女的家庭允许选留一名子女留城；矿山井下、野外勘探、森林采伐等行业新增加工人时，可由退休职工的子女顶替或者从本单位职工子女中直接招收。从1974年起，实行发"免下证明"制度，包括1974年前各届毕业生没下乡的也按免下条件进行审批。有"免下证明"的可以在城镇就业、参军。

1970年至1974年共动员城镇知识青年下乡67 545人。

1975年1月，中共长春市委召开常委扩大会议，要求各大口主要领导亲自动手抓本系统职工子女上山下乡工作，并限定"一把手"写出"军令状"。把1966年以来，未下乡的中学毕业生和社会无业青年全部动员下乡。

1976年，长春市召开上山下乡知识青年先进集体、先进个人代表大会，组织了下乡知识青年先进典型巡回报告团和文艺演出队进行报告演出。1976年9月，毛泽东主席逝世后停止了活动。

1975年至1977年，共动员城镇知识青年下乡72 426人。

1978年，中共十一届三中全会以后，根据全国和吉林省知识青年上山下乡工作会议精神，开始调整知识青年上山下乡政策，改进上山下乡做法。把知识青年工作的着眼点从侧重组织知识青年接受再教育转向发展经济，为"四化"服务的轨道上来。城镇中学毕业生的分配，由过去以上山下乡为主又转向为"四个面向"（面向农村、工矿、学校、边疆）。在城乡两个方面广开就业门路，缩小城镇知识青年上山下乡范围，放宽留城政策。下乡安置的形式由过去的以插队为主转为办集体所有制的知青场（厂）队和单位的副食品生产基地。决定孤儿；家庭已有两个子女下乡的；家庭收入低，平均每人不到8元，又依靠单位或社会救济维持生活的；历届应下乡而未下乡，年龄已在25周岁以上的青年不列为动员下乡的对象。

1979年，中共长春市委决定，各县、郊区的城镇和营城煤矿的中学毕业生不再列入上山下乡范围。部队干部和职工的子女也可自行安排。

1980年和1981年，长春市内下乡的知识青年，安排在近郊办的知青场（厂）队和农副生产基地，粮食关系、户口不动。并从1980年开始，本着"国家关心，负责到底"的精神，在1981年底，把1980年以前城镇上山下乡的知识青年（未婚的和已婚双方都是知识青年的）全部抽调回城。对同当地农民结婚的下乡知识青年，也广开门路，就地就近做了适当安置。并会同公安、粮食部门，先后将与农民结婚的知识青年及其婚生子女改为非农业户，吃商品粮。1981年9月，中共长春市委决定：长春市知识青年上山下乡工作办公室与长春市劳动局合属办公，对外挂两个牌子，编制不减。

1978年至1981年，共动员城镇知识青年下乡16 904人。

长春市从1962年到1981年19年间，共动员上山下乡青年有248 380人。历年批准留城免下的有72 600人，留城免下的比例逐年提高。1966年至1974年免下的占毕业生总数

7％,1975 年占 14.5％,1977 年占 17％,1978 年达到 70％,1979 年达到 80％,毕业生下乡人数逐年下降。1981 年基本停止动员城镇中学毕业生上山下乡。

1962 年—1981 年长春市知识青年上山下乡人数表

年份	1962	1963	1964	1965	1966	1968	1969	1970	1971	1972
人数	87	697	1 304	2 795	3 128	28 355	55 339	24 822	5 073	748

年份	1973	1 974	1975	1976	1977	1978	1979	1980	1981	合计
人数	21 621	15 081	40 075	6 326	26 025	4 559	7 397	4 806	142	248 440

第二节　插队安置

长春市的城镇上山下乡知识青年,遍布吉林省所辖长春、吉林、四平、白城、通化、延边 6 个地区和 6 个地区所辖的 31 个市、县。1962 年至 1966 年间,主要通过"县区对口、校社(人民公社)挂钩,厂社挂钩"下到长春市郊区和农安、榆树、德惠、九台、双阳 5 县。1968 年至 1973 年,动员城镇知识青年下乡高潮时,长春市内历届中学毕业生人数多,除在长春地区安置外,还由省统一分配到其他地区安置一部分。此外,也有少数由知识青年家长自行联系到外省、市农村投亲、返回原籍的。

长春市知识青年下乡安置去向一览表

地区 ＼ 安置去向	市　县	国营农场	"五七"干校
长　春	长春市郊区、榆树、农安、德惠、九台、双阳县		长春市"五七"干校(在郊区)
四　平	四平市郊区、辽源市郊区、梨树、怀德县	梨树农场、双辽农场	
通　化	通化市郊区、浑江市郊区、集安、抚松、靖宇、长白县		
白　城	通榆、长岭、前旗、扶余、洮南、大安、乾安县	红光农场、红旗农场(在前旗)	省洮儿河干校(在洮南)
延　边	延吉市郊区、图们市郊区、敦化市、汪清、安图、珲春、和龙县		省青沟干校(在敦化)
吉　林			省左家干校(在永吉)

长春市下乡知识青年安置的几种主要形式有:

(一)组建集体户　1962 年,在农安县黄金公社两个生产大队试办了 3 个下乡知识青年集体户,安排知识青年统一吃住和管理教育,效果很好。中共长春市委批转文件进行推广。1965 年末,长春地区共组建集体户 376 个。1968 年后大批知识青年下乡,仍以集体户为主要安置形式,1978年长春地区集体户4 808户,1980年仅剩871户,其中榆树县145户,农安县229户,德惠县113户,九台县153户,双阳县102户,长春市郊区129户。

1972年长春地区下乡知识青年组建集体户情况表　　　　单位:户

县、区	总户数	其　　中			
		5人以下户	6—10人户	11—20人户	20人以上户
合　计	3 453	572	1 981	837	63
长春市郊区	311	35	148	110	18
榆树县	712	64	348	277	23
农安县	628	187	369	69	3
九台县	746	141	463	138	4
双阳县	353	51	237	63	2
德惠县	703	94	416	180	13

注:此表数系1972年4月30日统计。

从1962年到1980年,长春地区在集体户先后安置下乡知识青年142 734人。集体户一般为10人左右,少者6到7人,多者20人左右。1970年,从下乡知识青年中招工、招生、征兵,集体户人数减少,个别成了"三八"户,多数为女青年,县社有关部门对集体户进行合并调整。

(二)组建大户　1970年,各集体户由于招工等原因人数减少,1971年,榆树、德惠、农安等县一些公社合并集体户,试办大户,到1973年,全地区共办起11个大户。有的大户由大队统一领导,集中生活,分散在各生产队劳动;有的大队直接领导,单独组织,划拨一部分土地,统一劳动,集中生活,自负盈亏;还有的城镇知识青年家长单位(主要是大型企业)举办大户,实行双重领导,主办单位负责管理教育,招工、招生、参军由大户所在地县、社统一安排。

(三)组建知青场(厂)队和农副业基地　长春市1973年在办大户的基础上,社队兴办了以农民为主,以林业、副业、饲养业、加工业为辅相结合的多种经营,独立核算,自负盈亏的综合性知青场(厂)队。到1979年4月,全地区共兴办110个知青场(厂)队,已成为当时安置下乡知识青年的主要形式,先后安置下乡青年1万多人。这些知青场(厂)队设有党支部、团总支(支部)、管理委员会,公社和大队还派有党员、干部加强领导。集中住宿、劳动和学习。这种形式有利于针对青年的特点进行管理教育,便于接受国家、挂钩单位和社队的支援,发展经济,创造财富。不仅有利于安置,发展经济,而且为知识青年发挥作为提供了有利条件。1979年,在知青场(厂)队安置的知识青年5 000人,占当年全地区知识青年总数的三分之一。知青场(厂)队拥有714万元固定资产,42.4万元公共积累。总产值达700万元,其中农业176万元、工业322万元、副业159万元、其他45万元。出售商品粮37万斤、油料

4.2万斤、酒4.5万斤、粉条3.5万斤、猪599头。1980年,长春市召开知青场队负责人座谈会,交流经验,讨论制定了《知青场队管理暂行办法》。《吉林日报》在7月8日还发表了"切实办好知青场队"的短评。在下乡知识青年安排回城后,这些知青场队移交给主办的社队,做为社队企业或安置已婚知识青年和社镇待业青年就业基地。

此外,还兴办农副业生产基地,安置兴办单位下乡青年。

1979—1981年长春地区知青场(厂)队分布情况表 单位:个

知青场(厂)队所在地	1979年			1981年		
	计	社办数	大队办数	计	社办数	大队办数
合　计	110	71	39	61	41	20
榆树县	18	12	6	11	8	3
农安县	43	27	16	22	14	8
德惠县	31	19	12	14	9	5
九台县	7	4	3	6	3	3
双阳县	9	7	2	8	7	1
长春市郊区	2	2				

（四）插入国营农场和"五七"干校　1966年、1971年、1972年长春市区有一部分下乡知识青年插入国营农场和"五七"干校。下乡知识青年到这里有现成的宿舍和食堂。月发工资或津贴,生活有保障,家长也放心。但是这些单位都是靠国家投资或补贴,安置容量小,又都在外地区,离家远。1973年以后这种安置形式没能继续发展下去。

此外,1964年,朝阳、宽城区,还分别在近郊的"五七"、奋进人民公社试办了营林村(农林场),安置本区下乡知识青年。长春市教育局在延边自治州安图县大石头林业局境内也建立一个"青年营林垦殖场",安置长春市下乡知识青年。1966年因经费和管理问题停办。

第三节　管理教育

（一）下派干部,管理青年的生产和生活　1963年,市、县、郊区相续组建了下乡知识青年的管理机构。长春市成立安置办公室,配备专职领导和工作人员(列行政编制)。1965年,中共长春市委做出决定:"各县、区领导要把下乡知识青年的安置教育纳入议事日程,县(区)委责成一名书记抓这项工作,指定副县(区)长兼安置办公室主任,设1至2名专职副主任。县区两级领导(县区委书记、委员;县、区长、部长、科局长)都要与集体户建立联系点,定期下去调查研究"。市委还要求"各级人代会、贫协代表会、青年代表会、民兵代表会、科协代表会、学习毛主席著作积极分子代表会等都必须吸收下乡知识青年参加"。1968年至1978年,长春市的人代会、团代会、妇代会都有下乡知识青年的代表参加。1975年,中共长春市委研究知识青年问题的常委扩大会议邀请了下乡知识青年列席参加。1973年以后,农村人民公社都设专职知青助理员(列行政编制)。

在集体户中普遍建立管理委员会,作为下乡知识青年的自治组织。由下乡青年中推选3至5名成员组成,户长领导全户工作、学习、生产、生活、财经等,委员各司其职。所在生产队多数委派政治队长兼任集体户的贫农户长,群众和下乡知识青年都称"老户长"。也有的生产队派出老党员、老土改干部担任贫农户长。老户长代表生产队管理集体户,经常帮助集体户安排生活、教生产技术、沟通与生产队的关系。1963年至1965年,城镇知识青年下乡初期,各毕业生学校本着负责到底精神,派出教师驻集体户,与下乡青年同吃、同住、同劳动。有的学校教师随学生一起下去,待青年思想稳定、集体户安排就绪后撤回。有些学校轮流下放教师,学校把下乡知识青年所在地的社队,作为教师劳动锻炼基地。

1969年冬,省、市、县(区)机关、企事业单位大批国家干部下放农村插队落户,通称"五七"战士(根据毛泽东主席"五七"指示得名)。在农村人民公社建立"五七"连,大队建立"五七"排,把下乡知识青年也编入"五七"连,由"五七"战士管理。群众称老"五七"管小"五七"。"五七"连干部参与从下乡知识青年中招工、招生、征兵的评议和推荐工作。

1973年,根据国务院周恩来总理指示精神,长春市每年都抽调机关、企事业单位干部下乡带知识青年。1974年5月,长春市根据中共吉林省委"知青"领导小组、省委组织部和省财政厅、省粮食局联合发出的通知精神,对带队干部的任务、选派和轮换、经费开支等问题做了明确规定。派带队干部协助农村社队管理教育下乡知识青年,受到城乡有关部门和下乡知识青年及家长的普遍拥护。长春市1973年至1980年共派出8期(批)带队干部,总计6 228人。

1973—1980年长春市派带队干部情况表　　　　　　　　　　单位:人

年　度	带队干部数	年　度	带队干部数	年　度	带队干部数
1973	486	1976	1 339	1979	487
1974	530	1977	1 047	1980	232
1975	1 215	1978	892		

(二)厂社挂钩,帮助生产队和集体户搞生产、生活和建设　1974年,长春市多次组织县、区和城镇知青工作部门,赴湖南省株洲市参观学习有关知识青年下乡的动员安置、管理教育等经验。1975年长春市全面推广株洲市"厂社挂钩"动员安置下乡知识青年的经验。长春市革命委员会下发了实施方案,确定厂社挂钩对口单位,实行"三统一"(知青点、支农点、战备点),"四对口"(知识青年对口下、带队干部对口派、管理教育对口抓、支农对口帮)。长春市1 069个单位直接同郊区和榆树、农安、德惠、九台、双阳5县147个人民公社对口挂钩。1975年厂社挂钩后,大部分集体户土坯房改建为砖瓦结构或一面青(前墙砖贴面)房,新建的都是砖瓦结构。到1979年10月,全地区集体户共有4 620栋房屋,其中,土平草房564栋,占总房屋数12.2%,"一面青"房1 384栋,占总房屋数30%,砖瓦结构房屋2 672栋,占总房屋数57.8%。农村安置下乡知识青年的社队在城镇挂钩单位支援下,农副业生产发

展很大,到1979年初,知青场(厂)队已发展到110个。生产结构,以农业为主,林、牧、副业同步发展,办起小油坊、小粉坊、编织、砖瓦厂等。1981年调整后的61个知青场(厂)队,有18个是以工业为主的,占知青场(厂)队总数的29.5%;有14个是农工商联合发展的,占知青场(厂)队总数的22.9%;其余场(厂)队,也都办有工副业生产项目。

(三)表彰奖励,树立学习榜样 1964年至1976年,长春市先后召开4次下乡知识青年代表会议。1964年3月,中共长春市委、长春市人民委员会召开的长春地区下乡知识青年代表会议,奖励了4个先进集体,27个先进个人,并通过了《给全地区上山下乡知识青年的一封信》。1965年召开第二次下乡知识青年代表会议,到会代表237名。第三次代表会议是1969年在长春市召开的。1976年7月,长春市召开上山下乡知识青年先进集体、先进个人表彰大会。参加会议的1 200人,其中:先进集体、先进个人代表868人;还有县、区、城市各大口,农村公社主管知青工作的领导;带队干部和贫农户长代表。1975年1月,长春地区有60名代表出席吉林省上山下乡知识青年先进集体、先进个人代表会议,并受到表彰奖励。1976年5月,中共长春市委发出通知,号召认真学习上山下乡知识青年董汉英、董国敏、杨伟哲和贫下中农老户长许忠满先进事迹。1979年8月27日,在吉林省上山下乡知识青年先进集体、先进个人表彰奖励广播电视大会上,中共吉林省委、吉林省革命委员会授予长春市知识青年王继光、李会侠为先进知识青年标兵称号,农安县杨树林公社第一青年队为优秀知青场队;农安县华家公社和榆树县土桥子公社为知识青年工作优秀公社;德惠县岔路口公社三角泡大队女集体户命名为铁姑娘集体户;双阳县泉眼公社岗子大队西曹集体户为优秀知识青年集体户;李英杰等20名为先进知识青年;农安县华家公社第二青年队等3个队为先进知识青年场队;九台县城子街公社胜利大队二队集体户等20个集体户为先进知识青年集体户;双阳县为知青工作先进县;双阳县知识青年上山下乡工作办公室为知识青年工作先进单位;长春第一汽车制造厂工具分厂等4个单位为先进知识青年工作挂钩单位,许忠满等3名为先进贫下中农户长;徐绍忠等14名为先进知识青年工作者。

(四)维护国家法律,严打迫害下乡知识青年的犯罪分子 从1970年开始,长春市多次召开下乡知识青年管理教育工作会议。每次侧重解决一、两个问题。1970年8月,长春市革命委员会在九台县召开下乡知识青年再教育经验交流大会,贯彻中共中央转发国家计委军代表《关于进一步做好知识青年下乡工作的报告》,开展了严厉打击迫害下乡知识青年的犯罪活动。1970年至1973年6月,共查处了243起强奸、奸污下乡女知识青年,对女知识青年逼婚、诱婚和毒打知识青年的违法犯罪案件。1973年,吉林省革命委员会在九台县召开迫害下乡知识青年公审大会。全省各地均派人参加并组织收听实况广播,从而进一步保护了知识青年不受迫害。

(五)培养提高,发挥青年在生产建设中的作用 1972年10月,长春地区下乡青年中有343人光荣地加入中国共产党,有7 060人加入共青团,1 191人参加各级领导班子,2.9万多人被输送到工交、财贸和学校等岗位。还有很多下乡知识青年参加中国人民解放军。1978

年3月,中共长春市委派出工作组,对当时在农村的下乡知识青年进行调查,担任各种工作的下乡知识青年有8 767人。其中:参加社会各级领导班子的1 204人,民办教师805人,赤脚医生512人,拖拉机手123人,会计204人,理论辅导员5 243人,成立科学实验站22个,参加人员386人。

第四节　回城与已婚青年的安置

(一)从下乡知识青年中招工、招生、征兵　长春市按吉林省下达的全民所有制招工指标和集体所有制增人计划,从1970年开始,陆续在下乡满1年以上的知识青年中招工;同时大专院校和中等技术学校,以推荐的方式从下乡知识青年中招收新生;农村的征兵也把城镇下乡知识青年列入应征对象。1970年3月,省、市劳动部门首先在德惠县从下乡知识青年中进行招工试点。试点后,又在长春地区九台、双阳、农安、榆树县下乡知识青年中为吉林省扶余油田招收1 300名工人。从5月起,长春市内各企、事业单位,先后从下乡知识青年中招工。1976年,吉林省规定全民所有制单位增人时,均从下乡满2年以上的知识青年中招收。1978年,铁路沿线小车站举办的集体所有制企业、服务业优先安排铁路职工下乡的子女。1979年,根据中央关于"积极稳妥地解决好在农村的下乡知识青年问题"和"负责到底"的精神,实行城乡兼顾优先安排下乡知识青年的原则,增人指标的80%招收下乡知识青年(重点招收1972年以前下乡的);20%招收留城待业青年。招工中对体检合格者分别安排在全民、集体所有制单位。体检不合格者,由市、县知青部门按病调回城。

1980年,凡有招工指标的企业,允许全部招收本单位职工下乡的子女。地处九台县的营城煤矿下乡女知识青年就业困难比较大,省下达任务,由长春市统筹安排一部分。下乡知识青年能在城里自愿组织起来就业及自谋职业的,都分别办了回城落户手续。下乡知识青年在城里一时安排不了的,均采取先回城后就业的办法,有招工机会优先照顾安置。

1970年至1981年,随着国民经济的发展,有17.1万多名下乡知识青年先后通过招工、招生、征兵,输送到工交、财贸、文教卫生和大专院校上学和部队参军。

1970—1981年长春市下乡知识青年招工招生参军人数统计表　　　　单位:人

年　　度	总　　计	招工人数	升学人数	参军人数
1970	22 409	22 409	—	—
1971	14 286	14 286	—	—
1972	—	—	—	—
1973	4 894	—	2 247	2 647
1974	17 794	14 852	1 936	1 006
1975	13 609	10 775	2 364	470
1976	26 626	22 313	1 671	2 642
1977	12 738	11 323	516	899
1978	22 183	20 655	628	900

年　　度	总　　计	招工人数	升学人数	参军人数
1979	24 238	23 591	244	403
1980	—			
1981	12 513	12 513	—	—
合　计	171 290	152 657	9 606	8 967

（二）病调、困调回城　在1968年、1969年动员上山下乡高潮时,对1966年至1969年历届高、初毕业生和社会青年实行"一刀切",全部动员下乡。由于以"政治运动"形式进行动员,把不够下乡条件的或暂时不能下乡的也动员下乡。他们下乡后,有的不能参加农业生产劳动;有的因特殊困难下乡不久就自行回城长期在家居住;有的因本人身体或家庭问题,户口虽然下去了,人没去,有的户口虽从城里迁出了,但本人长期手持户口不落户。这些实际问题给城乡、家长和本人都带来一定困难。出现城镇不供应粮食,农村不给留口粮的问题。1970年初,据公安、知青部门调查,仅长期手持户口的全市就有300多人。

1970年、1971年两年,长春市公安局军管会驻市"五七"办公室的军代表,会同市、县区"五七"办公室人员调查,对确有严重疾病或因工致残丧失劳动能力的,以及家庭有特殊困难,需要回城照顾的,经市公安局军管会批准,办理了回城落户手续。1972年初,下乡知识青年办理病调、困调回城市的审批手续改由市"五七"办公室办理,并制定了审批条件和办法。1976年,对病调、困调条件作了调整,与城镇"免下"条件统一起来,对凡合乎"免下"条件的下乡知识青年都准予回城。1978年长春市知青办公室成立信访接待办公室,专门负责病调、困调审批和接待工作。长春市公安局、市粮食局、市知青办公室联合发出通知,对凡持市知青办公室病调、困调审批手续的,城乡公安、粮食部门准予迁落粮食、户口关系。1978年12月,国务院《关于知识青年上山下乡的若干问题的试行规定》下达后,再次放宽病调、困调回城条件。对和城镇职工结婚的知识青年(大多数是女青年)连同其婚生子女准予回城镇落户。1980年、1981年先后对双方都是下乡知识青年结婚的,双方通过招工或困调均准回城。1971年至1980年,由市知青办公室办理病调、困调回城的就有11 686人。

1971—1980年长春市下乡知识青年病调困调回城人数表

年　　度	人　数(人)	年　　度	人　数(人)
1971	1 002	1977	1 100
1972	1 088	1978	2 598
1973	2 485	1979	957
1974	1 390	1980	120
1975	946	合　　计	11 686

注:1976年无资料

（三）对已婚下乡知识青年进行妥善安置　1981年4月统计,长春地区共有已婚下乡知识青年6232人。其中,长春市郊区1129人,榆树县1327人,农安县529人,德惠县1068人,九台县1655人,双阳县524人。中央、省委、市委、省政府、市政府先后下达文件,要求各级党委和政府,本着对已婚知识青年负责到底的精神,抓好已婚知识青年的安置工作。长春市根据吉林省人民政府[1981]90号文件精神,提出要求:(一)1981年企事业单位招工时,优先照顾已婚知识青年,下达专项指标,不得挤占或挪用。边远地区、生活困难的优先解决;(二)农村社队企业和农、林、牧、副、渔场,要尽量多安排一些已婚知识青年。对安置知识青年确有实际困难的单位,可以在经济上给予适当扶持;(三)已经办起来的农村知青场(厂)队,要增加生产,搞好管理,扩大生产能力。有条件的,已婚知识青年比较集中的地方,可以适当新办一些知青场(厂)队;(四)对自谋职业或自愿留在生产队参加生产和工作的已婚知识青年,要给予鼓励和支持。对他们生活上的实际困难,给适当补助。要求各级政府加强领导,有人抓,研究措施,组织落实,扎扎实实地抓好。

长春市人民政府专门召开各县、郊区领导会议,研究安排已婚知青的措施。1980年省拨给长春市101.4万元支持安置已婚知识青年。1981年长春市下拨给九台、德惠、榆树、农安、双阳县和郊区56.7万元。同年9月,长春市人民政府决定将农村集体户房屋变价款,作为扶持安置已婚知识青年的社队企业、知青场(厂)队和自谋职业的专用款项,不得滥用。

截至1981年底,九台、德惠、榆树、农安、双阳县和郊区,通过各种渠道,广开门路安置了已婚知识青年2243人,占已婚知识青年总数的35.9%。其中:就地就近招为国家正式职工的245人,占已安置的10.9%;安置到社队企业的980人,占已安置的43.7%;安置到知青场(厂)队的567人,占已安置的25.3%;因人制宜分别从事民办教师、赤脚医生、大小队干部213人,占已安置的9.5%;支持他们自谋职业和留在收入较高生产队劳动的158人,占已安置的7%;因离婚、丧偶、生活特殊困难的给办理回城的80人,占已安置的3.6%。

为了把同农民结婚的下乡知识青年在农村稳定下来,1981年9月,长春市人民政府决定,在安置已婚青年有适当工作和有了较稳定的收入后,将下乡知识青年及其婚生子女的户口、粮食关系改变为非农业户口,吃商品粮。转为非农业户口后,本人及其子女仍在原社队参加集体劳动,原来一些待遇(如园田地、分烧柴和蔬菜等)和当地社员一样不变。

（四）下乡知识青年的回城待遇　下乡知识青年招工回城后,按吉林省劳动局的规定:分配学徒工岗位的,下乡不满三年的,第一年享受学徒工的第三年待遇,下乡满四年以上的,享受一级工待遇。1985年10月,执行吉林省人民政府的规定:对1962年以来,经上山下乡管理部门批准下乡的知识青年,在他们回城参加工作后,其在农村参加劳动后的时间合并计算为连续工龄。他们参加工作的时间,从下乡插队之日算起。在下乡插队期间应征入伍的,其参军前下乡时间,可与军龄及复员后参加工作的时间合并计算工龄。1970年至1978年期间,进入大、中专院校学习的下乡知识青年,其下乡时间和在校学习时间与参加工作时间合并计算为连续工龄。

下乡知识青年在乡下因工、因病致残完全丧失劳动能力的，将户口、粮食关系转回家长所在城镇，由市、县（区）民政部门管理。按照国务院《关于知识青年上山下乡若干问题试行规定（草案）》精神，每月发给生活费35元。生活不能自理的，另发护理费。需要医治的，在指定医疗单位治疗，医药费实报实销。

第五节 经 费

1968年至1980年，国家先后共拨给长春市安置城镇知识青年上山下乡安置经费（统称知青经费）8 920.5万元。

（一）经费开支范围 建房补助费；生活补助费；工家具补助费；宣传教育费；医疗补助费；旅运费；其它临时费用。

1973年8月，长春市根据中共中央《关于知识青年上山下乡若干问题的试行规定（草案）》文件精神，又设置了探亲费。到边远地区插队的，补助两次探亲路费。根据1978年中共中央74号文件规定：下乡到单程超过500公里地区的知识青年，未婚的每2年国家补助1次探亲路费，已婚的国家补助3次探亲路费。

1979年，在知青经费中，单列扶持生产资金，属于无息有借有还周转性质，用于扶持独立核算的知青场（厂）队发展生产和安置待业青年举办农副基地急需的部分经费。

（二）开支标准 1964年，根据中共中央、国务院的规定：插队到东北地区的知识青年，每人发给250元。1973年，国家提高了知识青年经费开支标准，城镇知识青年回农村老家落户、到农村插队和建立集体所有制场（厂）队的，每人补助500元。1978年，国务院又规定：从1979年起到国营农、林、牧、渔场和机关、学校、部队、企事业单位农、林、牧、渔业基地、"五七"干校的每人补助400元，到集体所有制知青场（厂）队和知识青年点的，每人补助600元。长春地区1968年执行每人补助235元，1969年执行每人225元标准。其中，建房费100元，生活补助费80元，生活用具和小农具费25元，其余20元由市、县两级掌握，用于宣传动员、旅运费和其它开支。1973年，长春市根据中央和吉林省规定精神，执行500元标准，并制订安置经费标准和开支范围：建房费200元；生活补助费100～180元；工具家具费50元；旅运费15元；宣传教育费20元；医药费（由县统一掌握）5元；机动费30—90元，主要用于大型房屋维修、知识青年所在生产队因灾减产，生活不能自给的困难补助以及探亲路费等。

1969—1979年知识青年人均经费标准变化比较表 单位:元

年 度	标 准	其 中 专 项		
		建房补助	生活补助	工具家具
1969	225	100	80	25
1973	500	200	120—180	50
1979	600			

（三）经费管理　1968年至1970年在知识青年上山下乡高潮时，人数多、时间紧，集中下乡用款急，经费管理比较简单，由省、市、县财政部门层层下拨，公社又按人头再下拨大、小队"以拨代销"，问题多，浪费大。1973年，吉林省财政局、省知识青年下乡办公室联合颁发了《吉林省知识青年上山下乡经费使用管理试行办法》，对开支范围、标准和报领手续以及财务、财产管理制度等都做了明确规定。根据省财务《试行办法》规定精神，长春市经过全地区财务大检查，对知识青年经费进行全面清理。长春市财政局和市知识青年下乡办公室联合召开知青财务会议，确定知识青年经费实行市、县、社三级管理，以公社为基层财务单位，生产大队为公社报账单位，实行预决算制。集体户也建立开支帐目，定期公布实行民主监督。1978年，长春市对知青经费和财产管理又提出新的要求：各项经费、物资实行市、县、社三级管理，市、县两级核算的体制；市对县，县对公社，以经费指标控制管理；公社一级只管理知识青年生活费、工具、家具费和困难补助费的申请和发放，以原始凭证每月到县里报帐，实行报帐制。市、县财政、知青部门定期或不定期对所属核算单位或报账单位执行各项制度和进行财经纪律检查，发现问题，采取措施及时解决。

知青经费是国家拨给的专项经费，拨款即核销而不回收。特别是1968年至1969年，知识青年上山下乡高潮时，每年都下拨大批经费，但财务管理工作跟不上，发生知青经费被侵占挪用，贪污浪费，给知青工作造成很大损失。1968年至1971年间，问题比较突出。根据市、县财政和知青部门联合检查发现：有的将知青经费当做社队的流动资金，用以办电、办广播；有的生产队以高价木材抵换集体户的国拨木材，采取少建房，建次房，多报工时和材料费，侵吞建房款；有的将建房款纳入社员分配；有的社队把知青经费做为"万能"经费，支付旅差费、会议费等等。

1968—1980年长春市知识青年经费一览表

单位：千元

年　度	拨款总数	其　中：							
		宣传动员费	安置费	建房费	生活补助费	工具家具费	投亲补助费	生产扶持资金	业务费
1968	6 387.9		6 314.9				73		
1969	5 592.7	1 187.9	4 224.8				160		
1970	4 718.6	352	4 327.6				39		
1971	859.8	69.8	780				10		
1979	4 205	1 379		891	736	286		895	
1980	7 180	454		611	1 150	73		4 622	270

注：1. 拨款总数：1973年为7 350千元；1974年为8 763千元；1975年为19 200千元；1976年为8 655千元；1977年为9 200千元；1978年为7 093千元；均没有分项金额。

2. 安置费，含下乡后的各种费用（生活补助费、建房费、工家具费）。

3. 1971年经费是在1972年中期做的决算，当年经费混在1971年决算内。

4. 1968年至1980年，国家拨款总数为89 205千元。

建房是知青经费中最大的开支项目,历年建房费支出,约占知青经费总额的40%左右。1978年,长春地区知青财务会议,经核算从1973年至1977年末,建房补助费超支1 100万元。长春地区九台、德惠、榆树、农安、双阳5县和郊区,共为下乡知识青年建造房屋9 957栋,40 814间,投资3 570万元。多数集体户还修建了围墙、仓房、畜禽舍、室内小菜窖等。为了帮助下乡知识青年建房,长春市物资部门下拨大量木材、玻璃、水泥等主要建筑材料。1970年,一次就拨木材5万立方米。

中央、省对下乡知识青年建房的原则是:"自力更生,社队扶持,国家关心"。国家拨给的建房补助费,主要用于新建和维修房屋的木材、砖瓦、玻璃等基本材料费用的开支。建房用工和运力都由生产队帮助解决,没有安置下乡知识青年的生产队也都出工、出车帮助建房。1975年实行厂社挂钩后,集体户修建砖瓦结构房屋,很多家长单位担负一部分材料、运力等。有的家长单位修建的集体户房屋用水泥挂面,内部格局也很讲究,有走廊、文体活动室、暖(火)墙等。

为了加强集体户房屋管理,长春市革命委员会1972年4月,下发了《加强下放干部、知识青年集体户房屋管理的通知》。对集体户房屋进行全面清理和登记造册,上报市、县知青管理部门存查。通知规定:凡国家投资,社队帮助建造的房屋,产权属于国家,由公社统一管理,集体或个人一律不准私自占用、串换、拆除或出卖。1980年11月,城镇知识青年不再动员下乡,5千栋集体户房屋,除拨给与农村社员结婚无房的下乡知识青年997栋外,其余由县区变价处理。收回的房屋变价款,县、区用于农村已婚知识青年生产、生活困难补助和安置待业青年生产扶持资金。

(第五章《城镇知识青年上山下乡》,第92—109页)

《朝阳区志》

长春市地方志编纂委员会编,(内部刊行)2002年

1972年从上山下乡知青中招收80人,经培训从事护理工作。

(第八篇第五章《卫生队伍》,第194页)

第六节 知青工作
一、上山下乡

1964年全区青年响应毛主席"农村是一个广阔的天地,在那里是可以大有作为的"号召,当年下乡3批153人,到农安、九台、郭前旗3县,建立9个集体户。

1965年又动员社会上的闲散青年507人上山下乡。

1966—1969年,3年下乡14 866人,每年平均4 955人。

1972年下乡4 192人,到农安、九台。后来朝阳区与农安县的开安、合隆、龙王公社定向挂钩,建立72个集体户,之后下乡青年均到这三个公社。

1979 年下乡 105 人。

1980 年后知青上山下乡工作基本结束。

二、安 置 工 作

知识青年经过几年的农村锻炼,有相当一部分因招工、升学、参军而走上新的工作或学习岗位。

1975 年后,政府对上山下乡知识青年采取一系列安置措施,使在乡青年大大减少。对因故没有下乡的待业青年,1979 年根据"三结合"的就业方针,予以安置。

1982 年,成立朝阳区待业青年安置办公室,与知识青年安置办公室合署办公。主要负责处理知识青年上山下乡的遗留问题。

1984 年初,机构撤销。 (第十四篇第二章《劳动》,第 310—310 页)

1976 年 1 月撤销政治部、保卫部和生产指挥部,同时恢复建立了一些机构,这时机构有办公室、备战办公室、知识青年上山下乡办公室、防震抗震办公室、工业处、商业处、粮食处、文教处、卫生处、民政科、劳动科、体育运动委员会、街道工作办公室、城市建设科、财政科、工商行政管理科共计 16 个工作部门。……1982 年 12 月知识青年上山下乡办公室并入劳动科。

(第十七篇第二章《人民政府》,第 373 页)

(1964 年)7 月,动员知识青年下乡参加农业生产,到 11 月末,动员 154 名知识青年赴农安、九台、前旗 3 个县插队落户。 (《大事记》,第 478 页)

(1973 年)9 月初,区访问贫下中农和下乡知识青年代表团到农安、九台两县访问。

(《大事记》,第 481 页)

11 月 27 日,召开朝阳区第一次下乡知识青年家长代表大会。 (《大事记》,第 481 页)

《长春市宽城区志》

长春市宽城区地方志编纂委员会编,吉林人民出版社 1996 年

1968 年由于知识青年上山下乡和大批干部到农村插队落户,1970 年全区人口又下降到 227 477 人。 (第一篇第一章《人口的发展》,第 10 页)

第七节 知识青年上山下乡工作

宽城区 1963 年,开展知识青年上山下乡工作,区成立安置办公室,与劳动科合署办公。

全区从 1963 年至 1966 年有 2 700 名知识青年到德惠、九台、长岭、前郭镇、安图、敦化、汪清 7 个县,14 个公社,15 个大队,18 个集体户。办公室负责组织动员、欢送、慰问、检查指导,并协同农村公社、大队帮助解决知识青年下乡住房、劳动、生活、招工等实际问题。

从 1967 年至 1973 年有 4 850 名知识青年下到德惠县。

从 1963 年至 1979 年共动员上山下乡知识青年 12 824 人。陆续回城的 11 391 人(包括招工、参军、升学)。

1980 年知识青年上山下乡工作基本结束。1984 年机构撤销。

(第八篇第一章《劳动工作》,第 131 页)

区革委会成立后,领导全区斗、批、改(斗党内走资本主义道路的当权派,批判修正主义,改革一切不合理的规章制度),派工宣队进驻学校,清理阶级队伍,动员应届中学毕业生上山下乡……

(第十四篇第一章《中国共产党宽城区地方组织》,第 237—238 页)

(1968 年)11 月,大批中学毕业生上山下乡,接受贫下中农再教育。

(《大事记》,第 370 页)

《南关区志》

南关区地方史志编纂委员会编,吉林文史出版社 1993 年

1962 年,区精简办公室负责动员街道闲散人员及知识青年上山下乡。下乡知识青年 250 余人,分别安置到大赉县查干泡渔场和敦化县大石头林业局农场。

……

1964 年 3 月,有 200 余名街道知识青年下乡,到榆树县李合、闵家和前进公社插队落户。1964 年至 1966 年,全区每年平均安置临时工 2 000 余人(次)。

1965 年,动员街道公社职业中学学生 300 余人下乡,到德惠县插队落户。

……

1968 年 10 月,市革命委员会决定,除已分配到工厂并报到办理招工手续者外,其余三届(1966 年、1967 年、1968 年)初、高中毕业生一律下乡,不得再办理招工手续。到 1969 年底,全区三届毕业生下乡 13 770 人。到 1978 年底,全区知识青年、社会青年下乡 34 956 人,其中知识青年 31 010 人,投亲返乡的 3 946 人。组成知识青年集体户 2 386 个,分布在长春、四平、通化、吉林、白城、延吉等地的 15 个县、191 个公社(农场)。

……

从 1971 年起,陆续抽调下乡知识青年回城,安置就业和升学。

(第八篇第一章《劳动》,第 180—181 页)

1969 年初,继续动员知识青年和闲散居民上山下乡。8 月,有闲散居民 1 707 户,5 447 人和 750 名知识青年到农村插队。卫生系统有 256 名医务人员下乡走"六·二六"道路。自 1968 年至 1975 年,全区共有 34 956 名知识青年上山下乡。

(第九篇第三章《区委活动经略》,第 206 页)

1964 年,增设知识青年上山下乡办公室。 (第十三篇第一章《区政权机构》,第 278 页)

1982 年 10 月,撤销知识青年上山下乡办公室。

(第十三篇第一章《区政权机构》,第 279 页)

1968 年,区、公社(街)建立了革命委员会,居委会工作基本恢复。居委会发展到 178 个,委主任增加到 534 人。除民政、优抚、卫生管理等工作外,主要工作任务是组织居民群众"斗、批、改",动员闲散居民和知识青年上山下乡。(第十三篇第二章《街政建设》,第 287 页)

(1961 年)7 月,精简机构,南关区成立了精简办公室。区精简办公室、区劳动科负责动员街道闲散人员及知识青年上山下乡。 (《大事记》,第 532 页)

(1968 年)10 月,按市革命委员会决定,动员 1966 年、1967 年、1968 年的初中、高中毕业生上山下乡。 (《大事记》,第 533 页)

《长春市二道河子区志》

长春市地方志编纂委员会编纂,(内部刊行)2006 年

中共十一届三中全会后,合作商业、服务业出现新的生机,起步于"文化大革命"后期的知青商店、服务店,随着知识青年的大批回城,由公社单一创办发展到机关、学校、部队、厂矿一起兴办。区商业处在基层单位兴办 11 个知青商店、服务店,随后各大单位相继开办劳动服务公司,其中多有贫下中农家庭的男性青年;下放在农村和"五·七"学校经过两年劳动锻炼表现好的知识青年;通过公社生产队推选征集。城市可以征集厂矿、企事业单位的职工和初高中应届毕业生。征集时间从 1972 年 11 月 1 日开始到 12 月 20 日结束。

……

1977 年征兵主要是在农村征集家庭劳动力比较充裕的男性青年,上山下乡经过两年劳动锻炼的知识青年。征集时间从 1976 年 11 月开始至 1977 年 1 月 20 日结束。

1978 年征兵主要是征集农村以及出身于革命干部、革命军人、革命职工、革命知识分子

家庭的青年。下乡知识青年适当多征,应届初高中毕业生可以征集,在校学习的学生一律不征。征集时间从 1978 年 11 月 1 日开始至 12 月 15 日结束。

(第十八章《军事人防》,第 511—512 页)

(1968 年)冬,根据毛泽东主席"知识青年到农村去,接受贫下中农再教育"的指示,本区掀起了空前的、大规模的知识青年上山下乡运动高潮。据统计,到年底有 7 984 人下乡,占毕业生总数的 82%。

(《大事记》,第 564 页)

(1971 年)12 月,区抽调回城 30 余名下乡知识青年到东盛街道工作。

(《大事记》,第 565 页)

《长春市郊区志》

长春市地方志编纂委员会编,吉林文史出版社 1995 年

1966 年,全区有非农业人口 24 152 人,占总人口的 9.8%。此后,因招工、知识青年返城、安置复员转业军人等原因,非农业人口逐渐增多。1973 年,全区非农业人口 45 384 人,占总人口的 12.6%,较 1972 年增加 4 778 人,其中,招工、招生 175 人,临时工转正 143 人,安置复员转业军人 55 人,职工家属进城 178 人,知识青年返城 7 人,非农业人口迁入 543 人。

(第三篇第一章《人口》,第 75 页)

张丹、柳玉芹、刘岩、马香兰、葛秀芳 5 名女知识青年,都是 1968 年由城镇下放到农村的,她们都先后与农民结婚,均落户在兴隆山公社境内,生活贫困。

1982 年,张丹等 5 名女知识青年安排在兴隆山百花园饭店工作。后来,被无故辞退,家庭生活陷入困境,曾多次上访。为了解决好她们的问题,常务副区长于德满带领区信访办、劳动局的有关人员"三下兴隆山"。5 名女知识青年在区政府的支持下,另起炉灶。经过一番努力,兴办了迎春饭店。到 1988 年末,饭店有固定资产 2 万元,流动资金 5 000 元,营业面积 100 平方米,每人纯收入在万元以上。　　(第二十二篇第四章《民政》,第 557 页)

1970 年,在下乡和在乡知识青年中通过招工的形式安排 1 180 名,其中分配到全民所有制企业的 383 人,分配到集体所有制企业的 797 人。(第二十四篇第二章《劳动》,第 601 页)

第三节　知识青年安置

1964 年 8 月,有 185 名城镇初、高中毕业生到郊区农村插队落户,参加农业生产劳动。

1968年5月,落实毛主席提出的"知识青年到农村去,接受贫下中农再教育"的指示,有1721名城镇知识青年到郊区农村插队落户,其中投亲的688人。分别在各公社,由国家投资建房,组建了422个集体户。1969年共接收长春市及外省知识青年1681人,其中投亲的1051人。到1978年全区共有23445名知识青年下乡插队,建立了3161个集体户。1970年以后,由劳动部门从下乡知识青年中招工,分配到城镇企事业单位就业。1973年,从返城的知识青年中安排集体所有制工人591人。1974年,从返城知识青年中安置443人。其中,分配到全民所有制企业331人,集体所有制企业112人。到1978年,下乡知识青年安置工作结束。

知识青年上山下乡情况表　　　　　　　　　　　　　单位:人

年度＼项目	人　数	备　　注
1964	185	
1968	1 721	投亲知识青年 688
1969	1 681	投亲知识青年 1 051
1970	4 270	投亲知识青年 852
1971	4 259	投亲知识青年 609
1972	3 894	投亲知识青年 556
1973	2 156	
1974	1 500	
1975	2 340	
1976	613	
1977	459	
1978	367	
合计	23 445	

(第二十四篇第二章《劳动》,第601—602页)

同年(1968年)冬,初、高中毕业生上山下乡,插队落户。

(第二十五篇第一章《各类教育》,第619页)

同月(1969年3月)28日,成立知识青年上山下乡工作办公室。（《大事记》,第763页)

1964—1976年末,区接收下乡知识青年23 445人,建3 161个集体户。

(《大事记》,第766页)

(1977 年)2 月 8—10 日,召开区上山下乡知识青年先进集体、先进个人代表会。

(《大事记》,第 766 页)

《农安县志》

农安县志编纂委员会编,吉林文史出版社 1993 年

1976 年 6 月 1 日,成立县劳动服务公司,负责培训安置城镇知青就业。同年县商业局办 1 家知青商店和 1 家饭店,安排本系统职工子女 65 人。1979 年,为安置城镇知青和待业人员,县城和伏龙泉、哈拉海、合隆、靠山等几个较大集镇,相继办起 40 余家商业企业,集体商业逐年增加。到 1984 年 7 月,工业、县社、粮食、城建、商业、文化和铁路系统,相继成立劳动服务公司,负责筹划和创办劳动就业服务企业。 (第十篇第二章《经营体制》,第 299 页)

60 年代起,城镇初高中毕业生迅速增加,就业成为社会性问题。县政府组织城镇知识青年(以下简称知青)到农村建立集体户,解决就业出路。从 1970 年起,通过招生、招工等渠道,下乡知青分批回城,到 1982 年回城知青基本得到就业安置。

(第十六篇《劳动人事》,第 467 页)

1956 年 3 月,经县委、县政府批准,农安镇有中小学 120 名毕业生自愿组成青年垦荒队,到黄金裴家屯集体落户(后与长春市青年垦荒队合并),建友谊农场,因当年遭洪水绝收农场解散。……1964 年,县成立城镇知识青年安置办公室。是年 5 月 20 日农安镇 60 名知青首批到小城子公社西王家、谭家堡子、花园、万盛发等生产大队建起 4 个集体户。1968 年,形成知青下乡高潮。先后共下乡 3.5 万人(其中长春市 2.9 万人),建起 1 024 个集体户,国家拨给安家费、建房费、生活补助费 1 600 多万元,建房 1 000 多间。小户 10 至 20 人,大户 30 人以上。有条件的生产大队建起知青生产队和知青农牧场。全县共建 18 个大户,35 个知青场队。同时有少数城镇知识青年只身到农村投亲落户。下乡知青与社员同工同酬,年终参加生产队分配。1969 年县知识青年安置办公室改称"五·七"办公室。1970 年 10 月,县劳动工资局开始在下乡知青中招工、招生,根据下乡年限、政治表现、劳动态度,由集体户民主讨论,贫下中农推荐,生产大队党支部和公社党委把关,县"五·七"办公室批准。第一批招工 240 人,分配到吉林省七〇油田,后陆续选送到第一汽车制造厂和省市属企事业单位。1970 年到 1976 年,每年选送一批知青到大中专学校学习。……1978 年,城镇知青下乡工作停止。

(第十六篇第一章《劳动就业》,第 468—469 页)

国家对下乡知识青年拨款及使用情况　　　　　　　　　　　　　　单位：千元

年度＼项目数量	国家拨款	实际使用情况							
		建房用款	生活用款	生产用款	家具用款	旅运用款	学习用款	医疗用款	其它用款
1968—1972	3 153								
1973	1 100	571	345	72	100	6	10	11	6
1974	1 922	1 132	312	61	86	4	8	3	9
1975	4 100	2 431	858	172	271	4	5 367	5	44
1976	1 650	1 787	131			3		4	1
1977	1 800	1 214	543			4	3	10	
1978	1 250	99							
1979	1 195								
合　计	16 170	7 234	2 189	305	457	21	5 388	33	60

（第十六篇第一章《劳动就业》，第 472 页）

从 1970 年起，招工对象重点为下乡知识青年。劳动局按计划向各公社下达招工指标，从下乡满 2 年、政治表现好、劳动态度好的集体户知识青年中招收，由生产大队党支部主持评选，公社党委审定，报县劳动局批准录用、分配。（第十六篇第二章《劳动管理》，第 474 页）

1969 年 9 月，……县知识青年安置办公室改称"五·七"办公室。

（第十六篇第五章《编制管理、干部管理》，第 485 页）

1965 年 11 月，创办农安耕读大学。……办学原则为"半农半读、社来社去"。总校设本科班 7 个，从农安师范转入学生 321 人。分校设本科班 4 个，招收高中毕业下乡回乡知识青年 100 人；预科班 20 个，招收初中毕业下乡、回乡知识青年 700 人。本科班学制 3 年，预科班学制 2 年。开设农学、农田水利、农业机械、畜牧兽医专业课和政治、语文、体育共同课。

（第十七篇第四章《职业、专业、特殊教育》，第 511 页）

1966 年至 1968 年，农安镇和伏龙泉镇三届初、高中学生 2 000 多人，下乡到生产队落户，"接受贫下中农再教育"。　　　　　　　　　　　　　（《大事记》，第 807 页）

《德惠县志》

德惠县（市）地方志编纂委员会编，长春出版社 2001 年

下乡知识青年口粮标准，1971 年以前均按最高的生产队执行，1971 年后按人均 325 公

斤执行。

（第十三篇第一章《购销》，第 345 页）

1970 年，革委会办公室改称办公室，保卫组改称人民保卫部，增设知识青年上山下乡安置办公室……1981 年，撤销知识青年上山下乡安置办公室，业务工作并入劳动局。

（第十九篇第三章《人民政府》，第 536 页）

第四节　知识青年下乡

1964 年秋开始动员城镇知识青年下乡"插队落户"。是年组织动员下乡知识青年 109 人，其中男 63 人，女 46 人。同年长春市下放县内知识青年 210 人。除少数投亲靠友者外，多数组建知识青年集体户。之后，每年均有知识青年下乡。1968 年即有市、县知识青年 5 270 人下乡插队。到 1975 年，插队落户知识青年累计达 9 518 人，其中长春市 7 260 人，县内 2 258 人。全县先后组建 1 033 个集体户，建房 1 092 栋，5 943 间，每个知识青年还供给 200 元安置费。

1970 年起，通过招工、招生和参军等渠道陆续安置知识青年。至 1979 年下乡知识青年中绝大多数回城，并安排就业。十几年累计在农村插队落户知识青年中，招工 10 134 人，招生 1 063 人，参军 985 人。1982 到 1988 年末，在农村结婚的知识青年 907 人及其子女 2 246 人，皆先后回城或就地转吃商品粮并安排了工作。

（第二十三篇第二章《工人》，第 625—626 页）

1983 年对 1978 年末以前参加工作的固定职工，1971 年末以前参加工作不辞不退的常岗工、上山下乡插队满 5 年原城镇知识青年，1979 年 1 月以后分配工作的正式职工，均晋升一级工资。　　　　　　　　　　　　（第二十三篇第二章《工人》，第 627 页）

(1964 年)8 月，县城应届初、高中毕业生 120 多人，组成知识青年集体户，去达家沟公社三家子大队插队落户。　　　　　　　　　　　　　　（《大事记》，第 874 页）

《榆树县志》

榆树县地方志编纂委员会编，吉林文史出版社 1993 年

1978 年后，通过劳动部门招工、部门办知青企业和自谋职业就业。1980—1988 年，劳动部门招工 15 755 人。各部门办知青企业 174 个，安置知识青年 12 457 人，自谋职业 10 371 人。　　　　　　　　　　　　　（第二十二篇第四章《劳动就业》，第 691 页）

知青就业 1964年4月,动员城镇知识青年下乡。第一批安置榆树镇、五棵树镇知识青年383人,接收长春市下乡知识青年470人。以后每年都有接收安置任务,到1979年,共接收安置下乡知识青年39 916人,其中榆树应届毕业生23 987人,长春市和外地下乡知识青年15 929人。

1970年10月始,通过企业招工、大中专院校招生、应征入伍、转干等途径,逐年安置下乡知识青年。到1979年,下乡知识青年除已婚者外,全部抽调回城就业。1985年,政府给下乡青年已婚没回城的999人,每人一次性补助500元。1986—1988年,对已婚下乡知识青年安置就业795人。到1988年,全县下乡知识青年基本安置完毕。

(第二十二篇第四章《劳动就业》,第691页)

1973年1月16日,育民乡三义村回乡知识青年、共青团员任广禄,同几名青年在场院干活,忽听"马惊了"的喊声,一辆草车被惊马拉着乱跑乱撞。30多名农民,10多名儿童,全吓呆了,任广禄奋不顾身冲上去,抱住马脖子不放。惊马拖着任广禄朝生产队门洞子狂奔,门洞子里外都是干活人,若一松手,顷刻间就会出现人身伤亡的惨祸。他不顾个人安危,把缰绳缠在胳膊上,拽得更紧了。惊马狂奔,任广禄被拖倒。紧急关头,他用身子拖住车轮,迫使惊马停住。干活人没发生意外,任广禄牺牲了,年仅22岁。共青团吉林省委授予任广禄"模范共青团员"光荣称号。

(第三十篇第三章《社会新风》,第864页)

(1964年4月),榆树镇、五棵树镇待业青年383人第一批下乡插队落户,同时接收长春市知青470人。

(《大事记》,第1011页)

同月(1968年8月),1966—1968年毕业的城镇初、高中生到农村插队落户,"接受贫下中农再教育"。

(《大事记》,第1014页)

(1973年12月)3日,县委表彰奖励知识青年上山下乡先进集体、先进个人。

(《大事记》,第1016页)

《九台县志》

长春市地方志编纂委员会编,(内部刊行)2001年

1982年始,县财政先后拨出265.2万元就业经费,扶持兴办知识青年企业(知青厂、店等)。

(第十九篇第一章《劳动》,第654页)

第四节　城镇知识青年上山下乡及安置工作

　　1962 年 7 月末,开始动员和组织九台镇内历届中学毕业生上山下乡。在其塔木公社组织两个集体户共 82 人。其中有长春市的知识青年 40 余名到此插队落户,参加农业生产。到 1966 年上半年,共安置上山下乡知识青年近 1 000 人。主要是九台镇、长春市、吉林市、卡伦镇、营城镇和个别外省投亲来的知识青年。1968 年 11 月末始,知识青年上山下乡工作"掀起了高潮",初、高中三届毕业生除个别的外,全部下乡。至此,每年城镇初、高中毕业生除少数按当时的政策规定被批准免下或缓下外,其余一律动员按系统到指定的公社、生产队插队落户,或单独插入某生产队。毕业生的动员安置工作,由学校、家长所在单位和县安置办公室(后改为"五·七"办公室)负责,有组织、有计划、有步骤地进行,经过编组、建户,落实安置地点。每个集体户由 15—20 人组成。下乡知识青年第一年的全部生活费用都由国家负担。自 1962 年至 1978 年这 17 年间全县共接收下乡知识青年 36 438 人,其中男 19 313 人,女 17 125 人。共组成 1 240 个集体户、6 个下乡知识青年生产队(即知识青年大户)。国家共投资 1 033 万元,建房(砖木结构)1 789 栋,总面积达 19.85 万平方米,砌围墙 5 290 延长米,以及用于其它生活、医疗、农具、家具、学习、娱乐和生活困难补助等项。

　　从 1970 年起,经当地"贫下中农推荐,大队把关、公社审查、县里批准"等程序,从下乡知识青年中招收工人 24 114 人,自愿参军 2 321 人,因病、困调回城 2 680 人,有 4 443 人升入大、中专学校,有 2 310 人在农村结婚安家落户。到 1978 年,已将剩余下乡知识青年 2 880 人(包括在农村安家落户 2 310 人)调回城镇安排工作。

(第十九篇第一章《劳动》,第 659—660 页)

　　(1968 年)10 月,在全国范围内掀起知识青年上山下乡运动,九台县初、高中三届(1966、1967、1968 年)毕业生全部下乡接受贫下中农的"再教育"。

(第二十二篇第一章《教育》,第 722 页)

　　(1965 年)8 月,九台镇内中学组织部分应届毕业生上山下乡,在六台的柴福林子、其塔木的刘家、莽卡的石屯、胡家的董家,分别建立集体户。　　　　　(《大事记》,第 966 页)

　　(1968 年)11 月初,组织全县大批知识青年上山下乡,接受"贫下中农的再教育"。

(《大事记》,第 968—969 页)

　　(1970 年)5 月,开始抽调上山下乡知识青年回城参加社会主义经济建设。

(《大事记》,第 969 页)

　　(1973 年)9 月,撤销县革委会政治部,恢复县委组织部、宣传部;撤销县革委会保卫部、生产指挥部,恢复计划委员会、民政局、劳动局、农业局、林业局、水利局、农电局、农业机械局、畜牧局、工业局、手工业管理局、交通局、房地产管理局、财政局、税务局、上山下乡知识青年办公室、卫生局、供销合作社、科技局、教育局、文化局、公安局。并在以上各单位中建立党的核心组。

(《大事记》,第 971 页)

《双阳县志》

双阳县地方志编纂委员会编,吉林文史出版社1992年

1968 年,大批知识青年开始上山下乡,并控制劳动力外流,劳动力大量增加。到 1971 年末,农业劳动力达 93 544 人,比 1967 年增长 12%。1972 年后,下乡知识青年分批回城,加上城市工矿企业从农村招工,农村劳动力又逐年减少。到 1976 年减少至 67 638 人。

(第三篇第一章《生产基本条件》,第 144 页)

1976 年县劳动部门在下乡知识青年中招工,成立 10 个集体商业企业。有食品一商店蔬菜一、二门市部、食品二商店蔬菜门市部、五交化公司自行车装配门市部、饮食服务公司熟食门市部、红光照像馆、工农兵理发社、药材公司门市部、东街副食品商店西桥门市部等。1978 年后,下乡知识青年陆续回城,为安排知识青年就业,各系统自筹资金或贷款,开办集体所有制的知青商店 49 个,安排知识青年 250 多人,实行独立核算自负盈亏。由于当时一些知识青年素质较差,不懂经商之道,管理水平低,经济效益差,大部分知青商店因亏损陆续停业。到 1985 年县城继续经营的知青商店仅有劳动服务公司综合商店、外贸公司友谊商店等 19 个。

(第十三篇第三章《经营体制》,第 445 页)

第四章　知识青年下乡回城
第一节　知青下乡

1964 年动员城镇 160 名青年学生,接收长春市分配到双阳落户的 15 名学生,在 4 个人民公社,16 个生产队建立了 16 个集体户。从此每年都有知识青年下乡。1968 年根据毛泽东"农村是个广阔天地,在那里是可以大有作为的"和"知识青年到农村去,接收贫下中农再教育"的号召,动员千余名城镇初、高中毕业生到农村插队落户。对每年应届毕业生均由学校和学生家长单位共同动员,编组建户(后期为插户)。每户一般为 15—20 人,男女生有一定比例,安排在地多人少,领导力量强,经济基础较好的生产队。当地派为人正派的老贫农当户长,帮助下乡青年了解和熟悉农村生活。从 1964 年到 1980 年全县农村共接收上山下乡知识青年 21 623 人,分别安置在 15 个人民公社,建立了 312 个集体户。

为加强对上山下乡知青工作的领导,1974 年成立了县上山下乡工作办公室。各公社也相继建立了知青办,设专职干部从事此项工作。十几年中有 345 名知识青年在农村入党,有 2 858 人入团,有的担任了县、乡、村三级领导干部以及教师、赤脚医生、拖拉机手、电工等。1964 年到 1980 年,国家下拨 669 万元资金,生产队投工为知青建房 5 815 间,11 万多平方米。1980 年后不再动员知青上山下乡,采取各单位兴办集体企业的途径,组织安置知青在城镇劳动就业。

第二节 知青回城

1970 年根据《吉林省革命委员会关于在知青中招生、招工的指示》开始按贫下中农推荐、大队把关、公社审查、县批准的程序。从上山下乡知识青年中招工、招生和征兵。当年在全县下乡二年以上的知青中招收工人 729 人。1971 年长春市招收市区下乡到双阳的知青 347 人。县按招工指标在下乡知青中招收工人 200 人。

1972 年至 1979 年按招工计划,全县在知青中共招工 14 808 人。1980 年全县从知识青年中招工 830 人,到 1980 年升学 465 人(包括被保送为工农兵学员的)、参军 545 人、病困回城的 1 630 人。对已婚的 705 名下乡知识青年,本着就地就近的原则予以安置。对少数已婚青年,因地处偏僻,本地知青厂和社办企业安置有困难的,将本人及其子女就地改吃商品粮,暂拨给责任田,从事农业生产。

知识青年下乡、回城统计表

年份 \ 项目人数	下乡人数	回城人数			
		招 工	升 学	困调 回城	参 军
1964	312				
1968	1 797				
1969	1 025				
1970	1 600	729	102	21	
1971	4 681	547	60	158	
1972	70	2 233	53	313	118
1973	2 853	2 169		67	
1974	1 134	398	80	304	
1975	3 931	1 102	30	34	
1976	516	2 311	40	16	
1977	2 765	850	30	129	259
1978	432	1 924	20	78	
1979	404	3 821	40	255	63
1980	103	830	10	255	105
合计	21 623	16 914	465	1 630	545

(第二十二篇第四章《知识青年下乡回城》,第 709—710 页)

1983 年对 1978 年末以前参加工作的固定职工、1971 年末以前参加工作不辞不退的常岗工、上山下乡插队满五年原城镇知识青年于 1979 年 1 月以后分配工作的正式职工,除发生经营性亏损企业、严重违犯劳动纪律和犯有其它错误的 322 人不升级和 183 人缓调一年外,其余均得到调级。集体企业调级 13 712 人。

(第二十二篇第七章《工资福利》,第 729 页)

(1964 年)9 月 20 日,双阳县第一批共 160 名知识青年下乡到 4 个公社落户,共建 16 个集体户。

(《大事记》,第 1 022 页)

《吉林市志·综述、大事记》

吉林市地方志编纂委员会编纂,吉林人民出版社 2002 年

从 1968 年至 1978 年,全市有 12 万知识青年上山下乡,干部走“五·七”道路,医务人员下放农村。

(《综述》,第 15—16 页)

(1955 年)11 月 7 日,吉林市 100 多名青年组成的第一批青年开荒队到永吉县孤店子开荒。全市职工捐款 14 000 多元以及农具等支援青年开荒队。

11 月 17 日,吉林市又一批青年被批准去边疆垦荒。市委批准 500 名青年组成垦荒队。

(《大事记》,第 185 页)

(1964 年)4 月 9—10 日,吉林市船营、龙潭、哈达湾、丰满 4 个区,欢送当年第一批 86 名城市青年走上农业生产第一线。

(《大事记》,第 218 页)

是日(7 月 7 日),吉林市人民委员会发出《关于认真做好城镇下乡知识青年安置巩固工作通知》。

(《大事记》,第 219 页)

(1968 年)9 月 7 日,吉林市 6 000 多名中学毕业生奔赴农村,走同工农相结合的道路。

(《大事记》,第 230 页)

10 月 9 日,吉林市革命委员会召开知识青年上山下乡动员大会,号召全市广大知识青年响应党中央、毛主席的号召,上山下乡走同工人阶级最可靠的同盟者——贫下中农相结合的道路。市革委会决定:1966 年、1967 年、1968 年的中学毕业生全部上山下乡。

(《大事记》,第 231 页)

11 月 17 日,吉林市革命委员会召开欢送上山下乡知识青年、"五·七"干校学员大会。会后有 2 万余名知识青年上山下乡;380 多名公安、检察、法院系统干部前往蛟河县新站公社"五·七"干校。 (《大事记》,第 231 页)

(1970 年)1 月 21—28 日,吉林市召开第六次(上山下乡知识青年)活学活用毛泽东思想讲用会。 (《大事记》,第 233 页)

(1973 年)1 月 10 日,4 年来,吉林市有 8 万名知识青年奔赴农村,走同工农群众相结合的道路。 (《大事记》,第 240 页)

2 月 13 日,吉林市 7 500 多名应届毕业生从是日起陆续奔赴农村。 (《大事记》,第 241 页)

6 月 6 日,吉林市又有 1 300 多名知识青年奔赴农村。 (《大事记》,第 241 页)

(1974 年)6 月 28 日,吉林市当年首批 3 000 多名应届中学毕业生奔赴农村。 (《大事记》,第 243 页)

(1975 年)7 月 13 日,吉林市革命委员会召开公判迫害奸污上山下乡女知识青年的犯罪分子大会。 (《大事记》,第 245 页)

12 月 25 日,共青团吉林市委召开向模范共青团员乔凤芝学习大会,号召全市共青团员、广大青年立即掀起向乔凤芝学习的高潮。乔凤芝是永吉县五里河公社白一大队返乡青年。1975 年 9 月 28 日,在参加朝阳水库建设中牺牲。团市委决定授予乔凤芝模范共青团员称号。 (《大事记》,第 245 页)

是年(1980 年),吉林市有 57 520 名待业人员走上了工作岗位。其中,留城知识青年和下乡知识青年占 84.1%。 (《大事记》,第 266 页)

《吉林市志·大事记》

吉林市地方志编纂委员会编纂,吉林人民出版社 2011 年

是日(1964 年 7 月 7 日),吉林市人民委员会发出《关于认真做好城镇下乡知识青年安

置巩固工作的通知》。 （《大事记》，第 159 页）

（1970 年）1 月 21—28 日，吉林市召开第六次上山下乡知识青年活学活用毛泽东思想讲用会。 （《大事记》，第 170 页）

（1974 年）6 月 28 日，吉林市当年首批 3 000 多名应届中学毕业生奔赴农村落户。
（《大事记》，第 178 页）

《吉林市志·中共地方组织志》

吉林市地方志编纂委员会编纂，吉林人民出版社 2006 年

在"五·七"指示、"六·二六"指示下，从 1968 年至 1978 年，全市有 12 万知识青年上山下乡，干部走"五·七"道路，医务人员下放农村。 （《概述》，第 5 页）

（1955 年）10 月 25 日，市委批转团市委《关于组织青年垦荒队的方案》。
11 月 7 日，吉林市 100 多名青年组成的第一批青年垦荒队到永吉县孤店子开荒。11 月 17 日，市委又批准 500 名青年去边疆垦荒。 （《大事记》，第 32 页）

（1968 年）10 月 9 日，吉林市革命委员会召开知识青年上山下乡工作动员大会，决定 1966 届、1967 届、1968 届的初、高中毕业生全部上山下乡落户。 （《大事记》，第 54 页）

（1969 年）3 月 10 日，吉林市革命委员会根据省革命委员会 1968 年 12 月 23 日发出的《关于动员城镇知识青年和脱离劳动的居民到农村去的决定》，召开掀起城镇居民上山下乡新高潮动员大会。市革委会主任曹海炳在会上做了动员报告。 （《大事记》，第 54 页）

（1970 年）1 月 21 日，吉林市召开上山下乡知识青年活学活用毛泽东思想讲用会，会期 8 天。 （《大事记》，第 55 页）

（1972 年）1 月 14 日，市委、市革委会召开知识青年上山下乡动员会议。自 1969 年以来，全市已有 80 000 余名知识青年上山下乡落户。 （《大事记》，第 58 页）

3 月 31 日，市委、市革委会召开知识青年上山下乡动员大会。这次会议决定，1966 年至 1970 年五届中学毕业生全部动员上山下乡落户。 （《大事记》，第 58 页）

(1973年)1月9日,市委、市革委会召开动员安置知识青年上山下乡广播大会。

(《大事记》,第59页)

3月2日,市委决定从机关、学校、工厂等单位抽调270多名工人、教师、干部,随同知识青年一起去农村,管好集体户,带好知识青年。 (《大事记》,第59页)

是月(5月),市委发出《关于认真贯彻省〔1973〕25号文件的通知》。要求纠正知识青年上山下乡工作中的不正之风,检查有没有招收过应届毕业生、中途退学和前五届应下乡而未下乡的知识青年。对利用职权非法招收和安插知识青年的单位要严肃处理。6月1日市委发出《关于贯彻省〔1973〕25号文件有关政策界限的规定》。

6月2日,市委召开吉林市知识青年上山下乡动员、辞退工作会议。

(《大事记》,第60页)

6月16日,市委批转市人保部《关于处理迫害下乡知识青年案件中几个问题的报告》。

6月20日,市委发出《关于认真传达贯彻中共中央〔1973〕21号文件的通知》。《通知》指出"21号文件,传达了毛主席给李庆霖的复信,对下乡知识青年工作做了重要指示。要求各级党委认真学习,提高认识,搞好试点,培训骨干。文件要与知识青年和广大群众见面,做到家喻户晓"。 (《大事记》,第60页)

(1976年)8月15日,市委召开常委扩大会议,讨论下乡知识青年贾淑兰、胡艳春因招工体检不合格、受侮自杀事件的处理问题。 (《大事记》,第64—65页)

(1979年)1月15—19日,市委召开知识青年工作会议。会议确定,根据统筹兼顾,全面安排的方针,对今后城镇中学生的安排采取进校、城市安排、到农副业生产基地等办法。不再实施插队落户、上山下乡。 (《大事记》,第69页)

是月(1980年7月),市委、市政府召开知识青年上山下乡和城镇待业青年安置工作会议,会议要求安置工作要广开门路,大办知青厂、队,允许发展个体经济,允许个体劳动者从事法律许可范围内的不剥削他人的劳动。 (《大事记》,第72页)

1968年12月,毛主席发出"知识青年到农村去,接受贫下中农的再教育"的指示。年底,吉林市的1966、1967、1968三届的初、高中毕业生以及以后每年应届毕业的学生都走上了"与贫下中农相结合"的道路。据1976年5月统计,全市"上山下乡"的知识青年已达15万余人。 (《附录》,第259页)

《吉林市志·市政府志》

吉林市地方志编纂委员会编纂,吉林文史出版社 1992 年

(1980 年)5 月中旬,市政府召开知识青年工作会议,要求把下乡知识青年集中安置在"知青场",并逐步把"知青场"办成农工商联合企业,办成培养人才的基地。

(《大事记》,第 49 页)

"文化大革命"十年中,由于极"左"路线干扰,"四人帮"破坏,安置就业工作一直很困难。动员知识青年下乡参加农业生产,成为这一时期安置工作的主要任务。每年的中学毕业生除极少数因特殊情况给予照顾外,其余均下乡参加农业生产。自 1970 年起,从下乡满一年以上的青年中通过招工、招生、征兵办法陆续进行了安置。

(第三篇第四章《人民生活》,第 186 页)

《吉林市志·公安志》

吉林市地方志编纂委员会编纂,吉林文史出版社 1992 年

(1970 年)6 月 18 日,吉林市人民保卫部从下乡知识青年中抽调百余人经过一个月集训后充实到市内各级保卫部门和派出所工作。 (《大事记》,第 32 页)

同年(1970 年)7 月,市人保部从农村抽调 130 名知识青年,经过一个月训练,充实到各级保卫部工作。此时干警队伍成分:穿军装的军管干部;工人阶级登上上层建筑的工人代表;参政的农民代表;转业战士;知识青年和留下的原干警 6 种。

(第二篇第九章《警察队伍》,第 231 页)

《吉林市志·审判志》

吉林市地方志编纂委员会编纂,吉林文史出版社 1998 年

在十年动乱期间,一些人认为"左"是方向问题,"右"是立场问题,定反革命越多,成绩越大,判刑越狠,立场越坚定。吉林市郊区下乡知识青年王禾胜,在集体户屋内用钉子击打电灯泡,不慎钉子击到毛主席像上,被以反革命罪判处有期徒刑 15 年。

(第二篇第五章《审判监督》,第 233 页)

《吉林市志·共青团志》

吉林市地方志编纂委员会编纂,吉林人民出版社 2007 年

(1955 年)10 月 25 日,中共吉林市委批转青年团吉林市委《关于组织青年垦荒队的方案》。

10 月 26 日,青年团吉林市委为组织吉林市第一批青年垦荒队向基层团组织发出了通知。

是月,吉林市第一青年垦荒队组建,队员 8 人。　　　　　　　　　(《大事记》,第 10 页)

(1956 年)4 月 14 日,吉林市第一青年垦荒队与永吉县农场合并,改名为永吉县青年农场,归永吉县领导。　　　　　　　　　　　　　　　　　(《大事记》,第 10 页)

第八节　青年志愿垦荒队

1955 年 5 月,党中央批准中央农村工作部《关于垦荒、移民、扩大耕地面积、增产粮食的初步意见》,要求青年团在开垦荒地的巨大工作中应起积极的突击队作用,并提出动员一部分城市中未升学的初中、高小毕业生及其他失业青年参加垦荒工作。1955 年 8 月,北京青年志愿垦荒队开赴北大荒成为我国第一支青年垦荒队。1955 年 10 月 25 日,中共吉林市委批转青年团吉林市委《关于组织青年垦荒队的方案》。1955 年 10 月 26 日,青年团吉林市委为组织吉林市第一批青年垦荒队向基层团组织发出了通知。1955 年 12 月 3 日,中共吉林省委批转青年团吉林省委员会第四次全体会议(扩大)关于发动与组织青年开垦荒地的决议。遵照上级党、团组织的指示和我国社会主义建设事业的需要,团吉林市委先后组织两个青年垦荒队。吉林市第一青年垦荒队于 1955 年 10 月组建,队员开始时 8 名,1956 年发展到 170 名,男队员 130 名,女队员 40 名。在队员中有团员 37 名,党员 7 名,党员 7 名;初中毕业生 47 名,社会青年 48 名,高小毕业生 75 名。地址在永吉县桦皮厂前五家子村。组织机构,建立队的管理委员会,7~9 人,在队长(张德林)和副队长(2 人)主持下抓队的管理、队员教育、领导生产;建立队的监察委员会 5~7 人,发挥检查和监督作用。吉林市第一青年垦荒队组建以后,得到各有关部门的支持和帮助,永吉县委、县政府在耕种土地、居住房屋上给予帮助;吉林市委农委帮助配备一部分农村青年技术骨干;市农林处帮助做好土质勘察、设计工作;市、县粮食局帮助解决垦荒队一年的口粮及种子;农业银行帮助解决垦荒队的资金贷款及存款。吉林市第一青年垦荒队由于上级党委的亲切关怀和全市青年的热烈支援,深刻地教育了队员,充分发挥了他们的劳动积极性,取得了很大成绩。共修盖宿舍 28 间,新盖房子一间、打烧柴 7 万多斤,积肥 2 500 车,打灌溉水井 8 面,共给国家增加一万多元的财富。为了更好的适应农业建设的发展及当地具体条件,经上级党委、团委和永吉县的同意,

于 1956 年 4 月 14 将吉林市第一青年垦荒队与永吉县农场合并,改名为永吉县青年农场,归永吉县领导。队员除被介绍其它工作或自行离队者外,其余都并入永吉青年农场。

吉林市第二垦荒队是 1956 年 1 月 23 日建立的。当时全队有 343 名队员(男队员 273 名、女队员 61 名),其中 300 名是吉林市 1955 年初中、高小毕业生,其余 34 名是当地政府给配备的农社社员,作为青年垦荒队的骨干。全队有党员 7 名、团员 59 名。青年垦荒队的地址在白城县。队内有党支部、团总支、生产管理委员会、监察委员会;设政治指导员 1 人(白城县委派去的某区委副书记),大队长 1 人(原团市委农委副书记刘兴志)。大队下分 8 个生产队,(其中两妇女生产队、1 个运输队,每队有正副队长 3 人。垦荒队的固定资产有:耕畜 63 头(马 44 头、骡子 10 头、牛 8 头),大车 11 台。新式农具有:双轮一铧犁、播种机、镇压器、圆盘耙、锄草机等。从垦荒队建立到 1956 年 12 月,由于党和政府的正确领导并得到各界人民的积极支持,克服了很多困难。取得了一定成绩,积累了一些经验,为国家开荒事业做出了贡献。队员们的劳动热情是十分积极的,他们为国家开垦荒地 300 多垧,在这一宽广肥沃的土地上播种了大豆、高粱、玉米、小麦和各种蔬菜等,共盖房 45 间。青年垦荒队是一种过渡形式,为此经青年团吉林市委与中共白城县委研究决定,于 1957 年 4 月撤消吉林市第二青年垦荒队,将一切物资全部交给白城县地方国营第一农场,垦荒队队员大部分返回吉林市。有的被分配其它工作,有的自谋职业,个别留在农场。

吉林市两个青年垦荒队组建后,在当地党和政府的领导下并得到各界人民的积极支持,广大队员辛勤劳(动),付出了汗水,不仅开垦了荒地,修建水利,积肥,生产了粮食,而且自力更生修建房舍、打烧柴等,为国家创造了财富。更重要的是广大队员在生产过程中受到了教育、得到锻炼,学到初步的农业技术。但是,由于垦荒队的领导缺乏经验,加之主观努力不够,在两个垦荒队的工作中,共同存在的特点是:政治思想教育工作做得不够,党、团组织作用没能充分发挥,对队员的政治进步关心不够,使队员思想波动较大,出现部分队员不安心队的生产劳动也有提前离队的现象;垦荒队领导对经营管理不善造成不少损失浪费,队领导没能把各项生产任务按照季节的不同做统一安排,给全面的生产工作造成困难。队内的物品管理不当损失浪费比较突出,队内的财务计划不健全、开支事先无安排、缺啥买啥,造成开支较大。

总之,垦荒队自组织起来到荒地去开荒的过程中,起到了积极作用,给国家开垦了荒地,解决了部分青年失业现象,更主要的是教育了广大青年增强为国家创造财富到人民所最需要的地主去、不怕困难的思想。

共青团吉林市委鉴于对垦荒队员的奉献精神的肯定,并本着对党、对国家、对垦荒队员负责的态度,经与市劳动局协商同意,按照党对参加集体户的知识青年政策,办理了垦荒队员参加垦荒队期间连续计算工龄手续。

第九节　知识青年上山下乡

1964 年 1 月 16 日,中共中央、国务院《关于动员和组织城市知识青年参加农村社会主义建设的决定(草案)》指出:"为了进一步贯彻执行毛泽东主席提出的以农业为基础以工业为主导的发展国民经济总方针,进一步加强农业战线,建设现代化的农业,建设社会主义的新农村,中共中央、国务院认为在今后一个相当长的时期内,有必要动员和组织大批的城市知识青年下乡参加农业生产。大批城市知识青年下乡,使城乡青年结合在一起,既有利于更快地形成一支有社会主义觉悟、有文化科学知识的新型农民队伍。同时,这样做,也为城市未能升学、就业的知识青年开辟了一条广阔的就业门路,使他们通过生产劳动和阶级斗争的锻炼,健康地成长起来,成为可靠的共产主义事业接班人"。

在我国革命的每个重大历史时期,党总是动员大批知识分子到农村、到农民群众中去。建国以后,在第一个五年计建期,为了完成对农业的社会主义改造,1955 年 12 月,毛泽东主席向广大知识青年发出了号召:"应当高兴地到那里去,农村是一个广阔的天地,在那里是可以大有作为的"。这个伟大的号召,为我国广大知识青年明确地指出了在社会主义建设时期一个前进的道路和方向,它不断地鼓舞着成批的知识青年志愿下乡、参加农业生产,并在农村落脚生根。从 20 世纪 50 年代中期 80 年代初,吉林市和全国知识青年上山下乡一样,前后 25 年时间,大体经历了三个发展阶段:

第一阶段,从 1955 年到 1966 年,这十一年时间又可分为两个段落。第一段落从 1955 年到 1961 年,由于经济文化发展仍不能满足中、小学生毕业升学的要求,又由于农业合作化的发展也需要大量有文化的青年参加农业劳动,加之我国农村地少人多有部分荒地需要开垦,需要扩大耕地面积,增加粮食产量。1955 年 5 月党中央批准农村工作部《关于垦荒移民扩大耕地,增加粮食的初步韶山见》,1955 年 7 月,团中央提出动员一部分城市中学的初中、高小毕业及其他青年垦荒工作。青年团吉林市委为贯彻党、团中央的指示精神,并参照北京市的作法,从 1955 年 10 月至 1956 年 1 月共动员 504 名知识青年参加两个青年垦荒队到农村去开荒种地。在此期间,也动员部分城市知识青年下乡参加农业劳动。第二段落,从 1961 年到 1966 年。1961 年党中央提出国民经济的"调整、巩固、充实、提高"的方针,国家在动员国家职工回乡的同时,又提出城镇知识青年下乡的问题。所以,在调整国民经济、大办农业中,党中央决定有组织有计划地动员城镇知识青年到农村和边疆去参加生产建设。

在调整时期,青年团吉林市委在中共吉林市委的领导下,协同有关部门,按照"统筹兼顾,适当安排"的精神,对城市社会青年做了许多安排工作,主要是:

城市就业。一般是组织参加临时性劳动、家庭副业生产;一部分人自谋出路去做小商贩、修理匠等;还有不少人到集体所有制企业或跟个体手工业者学徒。

组织自学。对于一些年龄较小继续升学和不能或不愿意就业的青少年,采取民办学校、广播函授学校、自学小组以及会计、电工、中医等短期训练班等多种形式组织他们自学。

上山下乡。这期间,组织知识青年上山下乡,采取了三种形式:组织到国营农、林、牧、渔场参加劳动,这是当时的主要形式;安排到农村人民公社和生产队国试办青年农业生产建设队等。

1964年1月16日,党中央发出了《关于动员和组织城市知识青年参加农村社会主义建设的两个文件》,5月先后批转了团中央《关于组织城市知识青年参加农村社会主义建设的报告》和《关于参加农业生产的知识青年受到歧视、打击、污辱的四份材料》。在这个过程中,周恩来总理亲自抓了这件事,中共吉林市委成立安置城市知识青年下乡领导小组,下设专门的办事机构。

　　这一时期吉林市城市知识青年上山下乡工作成绩很大。从1964年春到11月6日已经动员下乡的城镇知识青年和其他闲散人员共5 143人,其中青年为2 463人(市内1 516人,县镇947人)。除集中安置到省农场297人和去其他地区一部分外,安置到吉林地区农村的有1 884人,其中集体插队1 382人。全市共建立90个集体安置点,新建队两处(安置118人),插场两处(安置84人)。此外还有300名青年投亲靠友到农村分散插队。接收的社队对这项工作是重视的,及时地帮助他们解决了住房、口粮和生活中各项具体问题,有些地方还组织青年学习文化和农业技术,关心青年的成长,从各方面进行阶段教育,引导青年树立在农村安家立业建设社会主义新农村的远大理想。广大下乡知识青年,在社队的亲切关怀和教育下,思想面貌也起了很大变化,阶级觉悟不断地提高,在活跃农村文化生活上发挥了积极的作用,在生产劳动上也收到了良好的效果。

　　大批知识青年上山下乡,是当时我国社会生活中一件大事。它是我国青年热烈响应党的号召,继承和发扬我国革命青年与工农相结合的光荣革命传统,用自己的实际行动贯彻党的“以农业为基础”的发展国民经济总方针的具体表现。知识青年上山下乡也确实锻炼成长了一些有为的知识青年。在他们当中,有全国闻名的回乡知识青年徐建春、吕根泽;城市下乡青年王培珍、邢燕子。在吉林市有栗心河、崔炳润、金明奎、朱喜权、马宝山、陈凤云、吕向阳、代景华、任有、黄喜祥、赵雅新等,被吉林地区农村知识青年、农业科学实验积极分子代表会议树立的回乡、下乡参加农业生产的11名标兵,以及落户在磐石县驿马公社三合五队的9名知识青年先进集体,都是广大知识青年学习的榜样。

　　第二阶段,从1966到1978年,这12年时间里,知识青年上山下乡工作一方面遭到林彪、江清反革命集团的干扰破坏,受“左”的影响最大,把广大青年的培养教育作为“巩固无产阶级专政、防止资本主义复辟的重要措施”。把动员知识青年上山下乡工作,作为“批林整风”的一项重要内容,当成一项“反修防变”的政治任务来抓。把知识青年上山下乡作为“是否革命”的问题。另一方面在政策和措施上也有失误的地方,强调越是困难的地方,越是要去。这就给知识青年上山下乡带来严重的后果,致使知识青年不满意,知青家长不满意,农村不满意。

　　自1964年到1968年4月,吉林市有5 200名知识青年上山下乡,从1968年到1969年7月,吉林市仅一年时间有56 086名下乡知识青年,等于“文化大革命”前三年下乡青年总数的13倍。此外,还有城镇居民下乡5 249户,18 470名;市、区、街属工厂下乡26个;医务人员下乡189名。“文化大革命”期间,吉林市知识青年上山下乡工作和“文化大革命”前相比较,其特点有:第一,"文化大革命"期间知识青年上山下乡的内涵发生了变化,成为政治运动。原来为解决就业问题采取知识青年上山下乡,到"文化大革命"期间,和政治运动相合了。指导思想是:更高地举起毛泽东思想伟大红旗,突出无产阶级政治,以斗私批修为纲、以革命大批判为动力,把知识青年上山下乡这条战线办成红彤彤的毛泽东思想大学校。要求知识青年在"灵魂深处爆发革命",大破私字、大立公字,突出忠字,狠抓用字。第二,不仅动员大批知识青年上山下乡,而且为了贯彻"备战、备荒、为人民",要准备打仗,疏散城镇人口的精神,还动员中小型企业、街办工厂、财贸部门、城镇居民上山下乡。为了贯彻"五·一六"和"五·七"指示精神,也动员一批医务人员和国家干部到农村插队落户。第三,对知识青年上山下乡安置工作,由"文化大革命"前的组织去国营农、林、牧、渔场参加劳动为主,到"文化大革命"中的以建立知识青年集体户为主。据1968年4月统计,吉林全地区建立了347个知识青年集体户,其中市郊区有86个生产队有下乡知识青年。这不仅给广大青年带来很大困难,而且给国家和农业生产队在经营管理和经济上都造成很大的损失浪费。第四,关于劳动就业问题。解放后,中国共产党曾采取了国家劳动部门介绍就业与群众自谋出路相结合的方针,这种开两扇门的办法,妥善地解决了劳动就业问题。可是后来由于实行了高度集中统一的计划经济体制,在劳动制度上"统包、统配";在经济形式上,搞集体经济逐步向全民过渡,对个体经济进行限制取消,实际上把两扇门一关,就关掉大批个体经济和小集体经济,堵死了一条容纳量很大的就业门路。如果把这扇门打开,不但能解决一大批人的就业问题,也会减少一大批知识青年上山下乡,而且还会给城市人民生活带来很多方便。

第三阶段,从1978年底到1980年,中央召开全国知青会议,调整了政策,改变了知识青年插队落户的做法,纠正了"文化大革命"中"左"的错误。

1980年7月,吉林地区高中毕业生有38 000多人,其中市内18 000人,还没有安排的留城待业青年12 000人,当时农村的一些青年还有27 000多人。如何通过城乡广开门路把这些人安置好,是当时最迫切的任务。

搞了二十多年知识青年上山下乡工作,取得了很大成绩,积累了经验,也有一些教训。最重要的一条经验教训,就是必须把安置知识青年同发展生产结合起来,通过发展生产,从根本上解决知识青年的安置问题。实践证明,采用集体户的安置形式是达不到这个目的的,只有创办知青农场队和办好农副基地安置知识青年,才能实现这个目的,也是安置上山下乡知识青年的主要形式。它便于加强管理,生产资金、供产销、生产项目等问题也比较好解决。全地区共创办知青年场队50多个,如舒兰县的吉舒知青综合场,在一片荒山秃岭上开荒种栽果树,发展多种经营,搞工副业、商业等二十多个生产项目。固定资产80多万元,形成300多人的安置能力,知识青年在那里思想稳定,生产积极,生活愉快,收入有了保证。再一种形式就是办好农副业基地,1980年吉林市62个县团级单位办了75个农副基地。吉林化学工业电石厂在原有副业基地的基础上,办了两个知青农场,共安置325名知识青年,每人每年平均收入200到400元。农场还为工厂提供了十万斤粮食,29 000多斤猪肉和大量蔬菜。这两种安置形式,工厂满意,家长满意,知识青年满意。安置留城、回城青年,除了主要形式以外,还有发展联合经营的知青场队,兴办知青生产生活股份厂等。

为做好知识青年上山下乡和社会青年安置工作,吉林市建立了领导小组下设专门办事机构。共青团各级组织把安置巩固下乡知识青年的工作作为自己的重要任务,根据青年的特点,积极主动地协助党把这项工作作好。

吉林市知识青年上山下乡工作在 1981 年停止。

(第四篇第二章《参与经济建设》,第 92—98 页)

1975 年 1 月 15 日,吉林省上山下乡知识青年代表会表彰的先进集体、先进单位和先进个人有:永吉县五里河公社官地大队十队集体户、磐石县长崴子公社三泉大队二队集体户、蛟河县白石山公社前柳大队四队集体、桦甸县苏密沟公社榆树大队一队集体户、永吉县口前公社青年果树队、吉林市郊区二道公社河东大队下乡知识青年李学、吉林市郊区孤店子公社曹家大队下乡知识青年赵军翔、磐石县呼兰公社孤山大队下乡知识青年高晶、永吉县五里河公社鸦鹊沟大队下乡知识青年蔡维俭、舒兰县红旗公社东崴子大队五队下乡知识青年李娅、中共永吉县五里河公社委员会、舒兰县金马公社知青助理葛宝。　　　　(《附录》,第 156 页)

1975 年 5 月 3 日,共青团吉林市委发出《关于对先进集体和先进人物表彰的决定》。授予……磐石县烟筒山公社大力河大队知识青年田军、蛟河县松江公社胜利大队知识青年姜喜发……为青年标兵。　　　　(《附录》,第 156 页)

1979 年 5 月 3 日,共青团吉林市委员会《关于命名表彰新长征突击队红旗和新长征突击手标兵的决定》。……新长征突击手标兵有:……蛟河县黄松甸公社下乡知识青年魏中俊……吉林市舒兰县联办知青综合厂下乡知识青年董志勋、磐石县烟筒山公社田家大队蚂蚁南生产队回乡青年李明珠。　　　　(《附录》,第 164 页)

1979 年 8 月 24 日,中共吉林省委、省革命委员会表彰上山下乡知识青年先进集体和先进个人名单。吉林市受表彰的先进集体有舒兰县水曲柳公社孟家大队集体户、小城公社孟家大队三队集体户、金马公社团结大队二队集体户、红旗公社新安大队三队集体户;蛟河县黄松甸公社卫国大队三队集体户、白石山公社前柳大队四队集体户;永吉县太平公社赵家岭大队一队集体户、金家公社金家大队十队集体户、一拉溪公社查家大队九队集体户、岔路河公社南崴子大队一队集体户、桦皮厂公社向阳大队一队集体户、西阳公社新立大队一队集体户;磐石县大旺公社八棵树大队一队集体户、呼兰公社流串大队五队集体户、长崴子公社三泉大队二队集体户;郊区白山公社松江大队四队集体户、孤店子公社曹家大队三队集体户、金珠公社兴龙大队集体户;桦甸县二道甸子公社中胜大队中胜集体户、横道河子公社杉松大队西山一队集体户。受表彰的先进个人有：孟桂英(女)、王云生、沈英秋、屈金福、伍海涛、何宝林、郭志、冯雪松、金艳锋、赵桂云(女)、崔云峰、李长经、李传珍(女)、尹丽荣(女)、鲁惠荣(女)、吕秀云(女)、柳秀华(女)、张进、孙毅、李玉芹(女)。 　　　　　　(《附录》,第164—165页)

《吉林市志·劳动、人事志》

吉林市地方志编纂委员会编纂,吉林人民出版社2002年

是年(1962年),根据5月至8月末统计,吉林市全地区共动员知识青年上山下乡546人。这是吉林市自建国以来首批动员城镇知识青年上山下乡。 　　(《劳动志·大事记》,第25页)

(1964年)1月8日,成立吉林市安置城市青年、闲散人口上山下乡领导小组。高成、龚振华两位副市长分别担任正、副组长。 　　　　(《劳动志·大事记》,第26页)

3月31日,吉林市安置城市青年、闲散人口上山下乡领导小组召开扩大会议。会议确定本年动员6000名城市知识青年上山下乡。 　　　(《劳动志·大事记》,第27页)

(1965年)3月10日,吉林市开始贯彻执行中共中央东北局安置城市下乡青年领导小组办公室下发的《城市知识青年下乡工作条例(草案)》。 　　(《劳动志·大事记》,第27页)

8月12日,副市长高德主持县、区安置城镇青年上山下乡办公室主任会议。传达中共中央东北局及中共吉林省委召开的"关于安置城镇青年、社会闲散劳动力上山下乡会议"精神。落实了吉林地区1965年动员城镇青年和社会闲散劳动力上山下乡安置任务。

(《劳动志·大事记》,第28页)

是年,动员4501名城镇知识青年、社会闲散劳动力到农村插队落户。全地区在农村累计建立256个知识青年集体户。 　　　　　　(《劳动志·大事记》,第28页)

(1972年)10月18日,吉林市劳动工资局与市"五·七"办公室联合下发通知规定:对于一家有三个子女下乡的,可优先照顾1名招工回城,实行"三抽一"政策。

(《劳动志·大事记》,第30页)

(1978年)11月29日,吉林市劳动局以吉市劳字90号文件决定:从下乡知识青年中招收3070名青年,用以替换市、县所属全民所有制煤矿在岗的全部亦工亦农轮换工。至此,

废止亦工亦农用工制度。 （《劳动志·大事记》,第 32 页）

是年（1979 年）,全地区安置城镇待业人员（包括下乡知识青年）103 611 人。

（《劳动志·大事记》,第 33 页）

（1982 年）4 月 20 日,吉林市编制委员会批准吉林市知识青年上山下乡安置办公室与吉林市劳动局合并。 （《劳动志·大事记》,第 34 页）

6 月 4 日,吉林市人民政府责成吉林市劳动局承办下乡知识青年就业遗留问题。

（《劳动志·大事记》,第 34 页）

（1985 年）7 月 8 日,吉林市劳动局下发文件,对下乡已婚青年放宽安置范围:对父母年迈的独生子女或身边无子女照顾的,可批准回城安置,允许已婚青年因父母退休回城顶替招工。

8 月 27 日,吉林市劳动局为进一步解决好下乡知识青年遗留问题,本着国家关心、负责到底、广开门路、就近就地安置,保障基本生活的原则,提出了 8 项安置措施,并以正式文件下发基层贯彻执行。 （《劳动志·大事记》,第 37 页）

同年（1982 年）4 月 20 日,市政府决定,市知识青年上山下乡工作办公室并入市劳动局。在劳动局内成立知青场队管理科和财务科。同年 11 月,根据省政府的决定,市劳动局成立了矿山监察室,专门负责矿山安全监察工作。1983 年 8 月,计划科改计划劳动力科。撤销了知青场队科和财务科。 （劳动志第一篇第二章《建国后》,第 41 页）

安置上山下乡知识青年

吉林市的知识青年上山下乡始于 1962 年,结束于 1979 年。从 1970 年开始,根据省下达的计划,陆续按招工、招生、征兵回城安置。在 24 万多名下乡知识青年中,绝大部分是由政府统一筹划,通过三招解决的,一少部分回城自谋职业,到 1985 年全部安置完毕。

（劳动志第二篇第二章《就业形式》,第 49 页）

1979 年 2 月,省劳动局印发了《招收退休、退职工人子女试行办法》,是年 5 月市劳动局,市知青办又补充议定,对已婚下乡青年,其父母是当年退休或死亡的,可以批准回城顶替。

（劳动志第二篇第二章《就业形式》,第 49 页）

从 1970 年开始,主要招收下乡知识青年,按 10％的比例招收在乡青年。

（劳动志第二篇第二章《就业形式》,第 50 页）

第四章　知识青年上山下乡与回城安置

吉林地区城镇知识青年上山下乡始于 1962 年,终于 1979 年,下乡总人数为 243 794。其中到农村公社的 243 138 人,到兵团、农场 609 人。使用下乡经费达 8 000 余万元。共建房屋 6 082 栋,使用经费 3 000 余万元。到 1981 年底,共兴办 53 个知青场队和 27 个工厂农副业基地,除正常知青经费开支外,还往知青场队投放扶持生产资金 343 万元。共投放资金 8 343 余万元。全地区有 104 个社镇承担了安排知青的任务。

从 1970 年起,陆续从下乡满一年以上的知识青年中招工,并从中招生、征兵(统称"三招")回城安置。1972 年起增办"病调"、"困调"回城待业。1976 年,全市全民所有制单位招工均从下乡二年以上的知识青年中招收。1978 年,铁路沿线小站举办集体所有制企业优先安排铁路职工下乡的子女。1979 年,中共吉林省委确定对下乡知识青年本着"负责到底"的精神,增人指标中 80%招收下乡青年,20%招收留城青年,重点招收 1972 年以前的下乡青年。1980 年,吉林省规定主要安置 1979 年以前下乡的青年,凡有招工指标的单位,都招收本单位职工下乡的子女;下乡青年自愿参加合作社、合作小组及自谋职业允许回城落户;少数一时安排不了的允许迁回城镇。

1981 年 8 月,吉林市知青办在磐石县召开了安置同社员结婚下乡知青工作会议。全市有急需安置的同社员结婚的知青约 1.1 万人,当年安置 3 013 人。1982 年 9 月 24 日,同社员结婚的知青又安置 6 812 人。

1985 年 8 月,吉林市劳动局、公安局、粮食局、信访办联合发出《关于进一步处理好下乡知识青年遗留问题的意见》,体现了"国家关心、负责到底"和"广开门路、就地就近安置,保障基本生活的原则"。至此,全市下乡已婚知识青年遗留问题得到彻底解决。

（劳动志第二篇第四章《知识青年上山下乡与回城安置》,第 55—56 页）

1983 年 10 月,吉林市给企业职工调整工资。这次调整工资范围是:……在 1983 年 9 月 30 日,企业在册职工中,属于 1979 年以后参加工作,上山下乡满 5 年以上的原城镇知识青年……

（劳动志第五篇第三章《调整工资》,第 89 页）

《吉林市志·水利志》

吉林市地方志编纂委员会编纂,吉林人民出版社 2002 年

1974—1975 年,星星哨灌区配套建设进入关键阶段,……金家大队十四生产队分担的任务是最艰巨的段落,年仅 20 岁的女民兵排长、下乡知识青年隋亚范带领 13 名男、女民兵承担了这项艰巨任务。每天天不亮就上工,冒着严寒,抬筐运土,头发和衣服挂满了白霜,扁担把肩压肿了,起了泡,就用脖子担,脖子肿了,就用手支撑。隋亚范感冒了也不下工地,母亲病了,也顾不得回家探望。

（第九篇第一章《蓄水灌区》,第 615 页）

《吉林市志·电力工业志》

吉林市地方志编纂委员会编纂,吉林文史出版社1995年

1976年至1980年,(吉林热电厂)招工157人,安置复员转业军人和接收大、中专、技校毕业生159人,招收下乡知识青年272人。 （第八篇第三章《劳资管理》,第444页)

《吉林市志·建筑材料工业志》

吉林市地方志编纂委员会编纂,吉林人民出版社2006年

从1961年至1970年,先后有435名家属和981名子女参加了工作(含招回下乡知识青年)。 （第五篇第五章《职工家属》,第202页)

《吉林市志·城市建筑志》

吉林市城乡建设委员会史志办编,(内部刊行)1997年

1971年以后,新增职工都是由下乡知识青年中招募的,职工源流的变化使职工队伍的素质明显提高,年龄结构、文化结构、技术结构发生了巨大变化。

（第三篇第一章《机构及队伍》,第244页)

《吉林市志·财政志》

吉林市地方志编纂委员会编纂,吉林文史出版社1994年

城镇青年就业经费

1962年,吉林市贯彻执行国民经济调整方针,把精简的城市人口安置到国营农场或动员返回农村,财政预算增设了城市人口下乡安置经费。1964年,又在经济建设费类内设城市人口下乡安置支出款级科目;1965—1981年,设城镇人口下乡经费类级科目;1982年,改为城镇青年就业经费。城镇人口下乡经费开支范围包括城镇居民下乡补助费、城镇知识青年安置费和城市劳动服务公司周转金和补费;城镇青年就业经费开支范围包括扶持生产资金、安置费、就业训练费、业务费和其他费用。1964—1985年共计支出1 844.8万元,平均年支83.9万元。

到1962年8月止,吉林市共精简职工269 000人,其中,返回农村的有33 000人。1964

年4月,吉林市首批86名城市知识青年到农村安家落户。1965年7月,436名中学毕业生到农村安家落户。1968年10月,市革命委员会决定:1966届、1967届、1968届毕业生全部上山下乡。1969年3月,首批上山下乡城镇居民赴农村安家落户。1969—1972年,总共有80 000名知识青年奔赴农村。

1979年,全市共安置待业人员43 000多人,占待业人员总数提83.4%;其中,安置待业青年37 500多人,为待业青年总数的83%;另外,对近万名待业人员有组织地进行管理和教育;市内四个城区分别成立了劳动服务公司,按城区、街道建立了45个劳动服务站;截至年末,为安置待业人员新开办厂点89个,增设生活服务网点476个,建立区、街劳动服务厂队78人,举办厂矿企业、事业单位集体所有制厂点265个。1980年,全市有57 520名待业人员走上工作岗位;其中,留城知识青年和下乡知识青年占84.1%。1982年,安置待业人员13 000人。1984年,有314个劳动服务公司,培训待业青年24 500人,安置待业青年35 000多人。

(第二篇第一章《经济建设费》,第147—148页)

1969年,对主管部门行政事业费年终预算结余,除城市人口下乡安置费、救济费、"五·七"干校经费可以结转使用外,其余一律注销;……1978年,财政部对支出结转作了一些调整,规定:凡属专项支出(如,城镇知青下乡经费、抚恤救济费、公费医疗经费等13项经费),可结转下年继续使用。

(第三篇第二章《预算管理》,第242页)

《吉林市志·金融志》

吉林市地方志编纂委员会编纂,吉林文史出版社1992年

(1976年)11月15日,根据中国人民银行《关于认真贯彻中央19号文件的电话通知》,中国人民银行吉林市支行对全市各机关、团体、学校、企业、事业单位1976年10月底各项经费和资金的结余存款(包括预算外资金和县、区以上所属集体企业的资金),除去计划内的未完工程基本建设拨款、企业流动资金、当年提取的大修理基金和更新改造资金,当年安排的技术措施费、农田水利、优抚救济、知识青年上山下乡经费,以及11、12两个月的人员经费以外,一律按银行存款帐面数字,实行冻结。

(《大事记》,第36—37页)

《吉林市志·税务志》

吉林市地方志编纂委员会编纂,吉林文史出版社1993年

(1979年)2月16日,财政部发出《关于为城市上山下乡知识青年办的知青场、队及生产基地免税问题的通知》。全市依照规定,对为集中安置知青举办的独立核算集体所有制的

场、队和农、工、林、牧、副、渔业生产基地,其知识青年占场、队、基地总人数60%以上的,一律自1979年1月至1985年末,免征工商税和工商所得税。　　　　　(《大事记》,第25页)

《吉林市志·供销志》

吉林市地方志编纂委员会编纂,吉林人民出版社2002年

　　1974年10月8日,吉林省二轻局和吉林省供销合作社,中央为了解决群众生活,由国家计委专拨一部分材料来增产铁锅,共安排22万口,优先安排边境地区、少数民族地区和上山下乡知识青年的需要,具体安排吉林市3万口,全拨给吉林市铸造厂,共拨给生铁40吨,再生铁料450吨,冶金焦80吨,煤气焦450吨。(第三篇第二章《日用生活资料》,第295页)

　　1973年,根据吉林省劳动局《关于招收职工的规定》,开始招收一部分下乡满二年以上的知识青年和按政策批准留城的中学毕业生参加工作。

(第五篇第五章《职工队伍》,第485页)

《吉林市志·粮食志》

吉林市地方志编纂委员会编纂,吉林人民出版社2001年

　　1970—1971年,经省市劳动部门批准,从下乡和留城知识青年中招收300名职工。

(第七篇第六章《人事劳资》,第311页)

《吉林市志·档案志》

《吉林市志·档案志》编纂委员会编,中国社会科学出版社2009年

吉林市档案馆馆藏现行机关档案全宗一览表①

全宗号	全宗名称	档案数量			馆藏位置		
		永　久	长　期	合　计	所在楼层	库房编号	所在列号
24	市知青上下乡办公室	90	75	165	5	4	12

(第三篇第一章《吉林市档案馆》,第290页)

---

　　① 本表内容为节选。——编者注

900

《吉林市志·教育志》

吉林市地方志编纂委员会编纂,吉林人民出版社 2009 年

(1957 年)7 月 11 日,市各界群众欢送吉林市首批中小学毕业生赴农村参加农业生产。到年底,吉林市共有 302 名中小学毕业生奔赴农村参加生产劳动。 （《大事记》,第 64 页）

(1965 年)7 月 29 日,吉林市 1 000 多人在市人民委员会礼堂集会,欢送 436 名中学毕业生到农业生产第一线。 （《大事记》,第 68 页）

(1968 年)10 月 9 日,吉林市革命委员会召开知识青年上山下乡动员大会。
（《大事记》,第 69 页）

(1973 年)2 月 13 日,吉林市 7 500 多名应届中学毕业生陆续奔赴农村,插队落户。
（《大事记》,第 71 页）

是年(1974 年),吉林市 3 000 多名应届中学毕业生奔赴农村。

是年,市教育局在磐石县烟筒山公社中学召开插队落户吉林地区开门办学现场会。后来烟筒山中学评为学"朝农经验"的典型。江青反革命集团炮制的"朝农经验"对吉林市教育产生严重的不良后果。 （《大事记》,第 72 页）

(1969 年)12 月,增设上山下乡工作办公室。 （第二篇第一章《领导机构》,第 451 页）

1964 年吉林市区欢送几百名中学毕业生赴农村参加生产劳动。"文化大革命"期间,中小学生修业期满,即予毕业。由于高校停止招生,中等专业学校停办,初、高中毕业生不能升学,从 1968 年起,毕业生下放农村插队落户,接受贫下中农"再教育"。

（第二篇第二章《教育管理》,第 512 页）

《吉林市志·科技志》

吉林市科技志编纂委员会编,(内部刊行)1994 年

(1968 年 10 月)9 日,市革委会召开知识青年上山下乡动员大会。"六六届""六七届""六八届"中等学校毕业生,全部上山下乡。 （《大事记》,第 38 页）

（1979 年 6 月）14 日，蛟河县黄松甸乡知识青年魏忠俊试制"自动点燃防霜报警器"，获吉林省科学大会奖。 （《大事记》，第 51 页）

《吉林市简志》

吉林市地方志编纂委员会编纂，吉林人民出版社 2011 年

（1965 年）7 月 29 日，在吉林市人民委员会礼堂召开工作会议，欢送 3 436 名中学毕业生落户到农村生产第一线。 （《大事记》，第 46 页）

（1968 年）11 月 17 日，吉林市革命委员会召开欢送上山下乡知识青年、"五·七"干校学员大会。会后有 2 万余名知识青年上山下乡；380 多名公安、检察、法院系统干部前往蛟河县新站公社"五·七干校"。 （《大事记》，第 47 页）

《昌邑区志》

昌邑区志编纂委员会编著，吉林文史出版社 1992 年

（1968 年 9 月）昌邑区各中学 1966 年至 1968 年初、高中毕业生大批奔赴农村接受贫下中农再教育。 （《大事记》，第 32 页）

是年（1969 年），全区 300 多名干部，70 多名医务人员，800 多名青年，6 200 多名闲散居民到农村插队落户，接受贫下中农再教育。 （《大事记》，第 33 页）

是月（1979 年 8 月），昌邑区欢送应届毕业生下乡。分别到永吉、蛟河、舒兰、桦甸、磐石县和郊区参加农业劳动，接受贫下中农再教育。 （《大事记》，第 38 页）

12 月 30 日，昌邑区将 14 500 名返城知识青年安置就业。 （《大事记》，第 39 页）

1973 年 7 月 5 日根据中共吉林市委关于党政群机构编制调整的通知，区革委会内设办公室、人民防空办公室、下乡青年工作办公室……1974 年 5 月 13 日下乡青年工作办公室改为知识青年上山下乡工作办公室。 （第四篇第二章《昌邑区人民政府》，第 265—266 页）

1982 年 5 月 10 日知识青年上山下乡工作办公室并入劳动科。

（第四篇第二章《昌邑区人民政府》，第 266 页）

1965年,动员城市闲散人员和知识青年上山下乡589人,支援三线建设8人,区属企业安置1865人,街道企业安置2704人,向国营企事业介绍临时工7000余人和输送学徒工900人。1966年"文化大革命"开始后,应届初、高中毕业生就业安置面向农村,到1968年除病残者外,有8000多人上山下乡,接受贫下中农再教育。1973年到1979年,知识青年上山下乡人数32403人。1980年知识青年上山下乡工作停止。　　　（第六篇第一章《劳动管理》,第307页)

《吉林市郊区地方志》

吉林市郊区地方志编纂委员会编著,吉林文史出版社1996年

(1955年)11月7日,吉林市第一批100名青年垦荒队奔赴孤店子落户,全市职工捐款1.4万元及农具等。　　　　　　　　　　　　　　　　(《大事记》,第14页)

(1964年)4月—12月,全区共接收城镇知识青年下乡2048人,安置在11个公社,324个生产队,国家共拨知青经费700万元,主要用于知青住房和生活费用。

(《大事记》,第17页)

(1973年)8月23日,二道公社河东大队党支部书记(下乡知识青年)李学,当选为中共第十届全国代表大会代表,赴京参加会议。　　　　(《大事记》,第21页)

(1975年)8月20日,由国务院知识青年上山下乡办公室组织的,28个省、市参加的参观团,到白山公社巴虎大队知识青年集体户参观。　　　(《大事记》,第21页)

(1979年)12月28日,孤店子公社曹家大队党支部书记(下乡知识青年)赵军翔,当选全国劳动模范,参加全国劳动模范代表大会,受到国务院奖励。　(《大事记》,第24页)

全区从1979年到1985年末,对与职工结婚的知识青年按病残和困难条件,为792人改为城市户口,粮食关系;随迁子女2987人。

1982年至1985年,对与社员结婚的1276名知识青年和子女3823人,改变了户口,粮食关系。　　　　　　　　　　　　　　　　　(《大事记》,第30页)

知青经费:从1969年开始,区财政对城镇知识青年就业安置,扶持生产进行投资。到1985年共投资1072.1万元。资金使用,由劳动局提出项目,财政局审核后投资,由劳动局监督使用。　　　　　　　　　　　　　(第十一篇第一章《财政》,第304页)

第四节　知识青年"上山下乡"

一、知　青　下　乡

1957年开始栗心河、杨敏等吉林市初、高中毕业生,自愿报名参加农村社会主义建设,到农村插队落户。

1964年,毛泽东发出了关于"知识青年上山下乡"的号召和中共中央、国务院关于"动员和组织城镇知识青年参加农村的社会主义建设的决定",开始动员城镇初、高中毕业生到农村插队落户,参加社会主义建设。接收吉林市上山下乡知识青年221人,建立10个集体户。

知识青年到农村多是以学校为单位,组建集体户。也有少量的个人投亲插队。每人发安置费650元,投亲插队的发给本人,到集体户的由集体户掌握使用。第一年口粮月标准45斤,第二年开始由所在生产队每人每年按650斤留量,略高于当地社员。

1965年、1966年,知识青年上山下乡为数不多。1968年,接收吉林地区4 065名。1975年为2 089人。1977年为4 925人。

1979年12月,调整了知识青年上山下乡政策,缩小了下乡范围,改变了安置形式,试办了二个农副基地和34个知青场队。当年接收1 673人。1980年,仅有153人。

1964年到1980年的17年中,全区共接收知识青年20 489人,建知青集体户房342栋,分布全区11个公社的324个生产队。

二、知　青　安　置

1971年开始,对下乡青年招工回城参加工作,履行的手续,由区下招工指标,大、小队推荐,公社批准。

1973年,对下乡二年以上,男青年劳动超过250天,女知识青年超过200天的未婚知识青年开始招工。符合招工条件的实行统招统配招工制度,原则上从吉林市下乡的安排到市内工作(包括郊区下乡的)。县、镇下乡的,安排在县、镇工作。

1979年,知青工作转入对已婚知青遗留问题的处理。1985年末统计,全区有与农民结婚的知识青年974人,同职工结婚的302人,"双知青"161对,对已婚知青本着"国家关心负责到底"的精神,1979年开始到1985年末,对与职工结婚的知识青年按病(残)、困条件,给792人改变了户、粮关系,按市民待遇,随迁子女为2 987人。1982年,实行由父母、配偶所在单位接收,安置在集体所有制单位固定工人。

1982年至1985年间,为692名已婚知识青年安置了工作。同时每人拨款500元,作为已婚知识青年的生产扶持资金。对没有接收单位的已婚知识青年多数安排在乡办企业工作,比较妥善地解决了已婚知识青年的生产、生活问题。

1982年至1985年,对与社员结婚的1 276名知识青年及其子女3 828人,改变了户口与粮食关系。

从1979年开始补办知青手续,补办知青手续是指干部下放到农村落实政策回城后留在农村的子女,冤假错案受株连的子女,及下乡没办手续的知识青年,到1982年3月,为354

人补办了知识青年手续，以后暂停。

1981年，城镇知识青年不再下乡，留在农村的知识青年逐渐减少，对238栋空闲集体户房屋折价处理，变价款59.3万元，占投资额的29.1％，到1982年末，已收回18.1万元。

自1964年，知识青年下乡以来，国家共拨知青经费700万元。主要用于住房、生活补助、医药费、小农具购置和专职干部的工资等费用。　　（第十四篇第二章《劳动》，第381—382页）

《永吉县志》

永吉县志编纂委员会编，长春出版社1991年

（1968年12月）在全县城镇（少数公社也有）开始动员和分批组织1966年以来历届初、高中毕业生下乡"接受贫下中农再教育"。同时，接受安置吉林市下乡青年。到1969年，共接受安置吉林市、永吉县内和少量外地的下乡青年10 498名，直到1977年前，每年都有动员、接收安置任务。　　　　　　　　　　　　　　　　　　　（《大事记》，第28页）

（1969年）7月2日—7日，县革委会召开首次上山下乡知识青年政治工作会议。

（《大事记》，第28页）

城镇青年就业经费

从1964年开始，为扶持城镇插队知识青年参加生产，到1985年全县共拨付城镇下乡青年安置经费2 314.9万元。

1964—1985年支付城镇青年下乡安置经费统计表　　　　单位：万元

年　度	金　额	年　度	金　额
1964	13.4	1975	337.8
1965	31.4	1976	215.9
1966	15.1	1977	222.9
1967	2.2	1978	199.9
1968	49.9	1979	91.9
1969	224.7	1980	78.4
1970	162.0	1981	126.4
1971	30.7	1982	50.8
1972	1.8	1983	28.4
1973	149.7	1984	4.9
1974	247.7	1985	29.0

（第十篇第二章《财政收支》，第369—370页）

第二节　知青商业

1979年，为安置城镇待业青年就业，开始兴办知青商店。由企事业单位出资金、设备和管理人员，组织本单位待业青年（职工子女）开办商店或饮食服务业。实行独立核算、自负盈亏。知青商店分布在口前、乌拉街、岔路河、桦皮厂、缸窑、双河镇6个较大集镇。从1979年至1985年，有51个企事业单位办起各种商店73个、饭店10个、照像馆1个、旅店2个、修理服务部2个，共安置待业青年661人。经营良好，1985年各集镇的知青商业共收益10.1万元。

（第十二篇第四章《其他商业》，第455页）

1968年7月28日，成立永吉县革命委员会，实行"党政一元化"领导。县革命委员会设办公室，内设：秘书组、行政组、民政信访组、上山下乡工作组；……。

1973年6月9日，县党政机关进行机构调整，调整后，县革命委员会内设：……下乡青年工作办公室、公安局、人民法院。

（第十五篇第二章《行政机关》，第567页）

1980年11月12日，永吉县革命委员会改称永吉县人民政府。改称后机构设置有……知识青年上山下乡办公室、司法局、公安局。

1983年进行机构改革，县人民政府办事机构新设审计局；撤销知识青年上山下乡办公室；……

（第十五篇第二章《行政机关》，第567页）

第三节　知识青年安置

1964年，按照毛泽东主席"关于知识青年上山下乡的号召"和中共中央、国务院"关于动员和组织城镇知识青年，参加农村社会主义建设的决定"，除县动员城镇初、高中毕业生到农村插队落户以外，还接收了吉林市知识青年到农村插队落户。到1980年全县先后接收知识青年51837人，其中吉林市下乡知识青年45487人。

1973年开始，从下乡知识青年中招工。招工条件为下乡时间满2年，男青年劳动250天，女青年劳动200天。采取统包统配的政策进行招工。至1980年全县招收知识青年49934人，其中吉林市招工45387人，县内招工4547人。

大批知识青年安置以后，从1979年开始，对与城镇职工结婚的知识青年，按病、残、困条件，给670人及随迁子女2010人，改办为城镇户口和粮食关系。从1982年到1984年共为507名已婚知识青年，办理回城，由父母、配偶所在单位接收安置工作。

1984年，对与农民结婚的男知识青年的子女，办理了户口随迁手续，同时为1868名与农民结婚的知识青年及其子女落实了土地，妥善解决了知识青年的生产和生活问题。

（第十七篇第五章《劳动就业》，第625—626页）

1969 年 9 月,在吉林市九站吉林省农业学校举办全县农民业余文艺汇演,有下乡知识青年 300 人参加演出。

（第二十篇第二章《群众文化》,第 686 页）

《舒兰县志》

舒兰县地方志编纂委员会编,吉林人民出版社 1992 年

(1965 年)1 月 4 日,成立安置城镇下乡青年领导小组,下设办公室。

（《大事记》,第 35 页）

同日(1968 年 11 月 8 日),舒兰县城 1966、1967、1968 年初、高中毕业生全部上山下乡,插队落户。

（《大事记》,第 39 页）

(1975 年)5 月 7 日,成立舒兰县"五·七"大学。校址在新安职业高中,1977 年迁到沙河子水库与知青劳动大学合并。同年 11 月停办。

（《大事记》,第 43 页）

知青工业

知青工业,是在党的十一届三中全会后,机关、企事业单位为了解决本系统、本单位待业青年就业问题,分别在不同年份相继办起各种不同形式的集体性质的知青工厂(有的是原来的单位家属厂)。1980 年,全县有知青工业 17 户,安排待业青年 198 人。行业有:木材加工、铸造、被服加工、电气修理以及印刷等。1982 年后,随着各项政策的落实,一些知青厂工人相继调走,年末知青工厂 12 户,安排待业青年 114 人,实现产值 66 万元。1984 年,随着知青工业的发展,人员的增加,到年末全县有知青工厂 16 户,固定资产(原值)57 万元,实现工业产值 128 万元。知青工人增加到 169 人,年积累利润 2 万元。1985 年部分知青工业,改制为机关企事业办工业的工厂。全年实现工业产值 1 228 万元,占全县工业总产值的 9.5%。

（第八篇第一章《工业所有制》,第 323 页）

1979 年 4 月,百货公司建立了商业系统第一家知青商店,接着其它公司、厂陆续办起知青商店,以解决系统内职工子女的就业问题。少数知青商店办得较好,多数经营管理混乱,生意萧条,亏损严重。

（第十篇第三章《集体商业》,第 395 页）

1969 年 3 月 14 日,成立精简办公室(后于 8 月 9 日改为上山下乡办公室)。

（第十五篇第二章《政府》,第 565 页）

1975 年 5 月 15 日,改下乡青年工作办公室为知识青年上山下乡工作办公室。

(第十五篇第二章《政府》,第 565 页)

1980 年 11 月 3 日,舒兰县革命委员会,改称舒兰县人民政府。改称后机构设置有……知识青年上山下乡工作办公室、广播局、社队企业局、标准计量局。

(第十五篇第二章《政府》,第 567—568 页)

《蛟河县志》

蛟河县志编纂委员会编,长春出版社 1991 年

1973 年 5 月,县革委会下设机构调整为:办公室、计划委员会、民政局、劳动局、农业局、畜牧局、林业局、水利农电局、农机局、工业局、手工业管理局、交通局、邮电局、财政局、税务局、粮食局、物资局、商业局、城建局、供销合作社、人民银行、建设银行、文化局、教育局、卫生局、体育运动委员会、科学技术委员会、下乡青年工作办公室、公安局、人民法院。

(第五篇第二章《行政机关》,第 180 页)

一、城镇知识青年下乡

1964 年贯彻中共中央"关于动员和组织城市知识青年参加农村社会主义建设的决定(草案)",当年组织动员 90 名知识青年上山下乡,分别到池水、新农、松江、拉法、新站等公社插队建户;1965 年,有 403 名知识青年分别到 10 个公社插队落户,成立 31 个集体户。1966 年"文化大革命"中,知识青年下乡工作中断。1968 年,毛泽东同志关于"知识青年到农村去,接受贫下中农再教育很有必要"的指示发表,县内中学生一刀切都下乡。仅这一年全县下乡的知识青年就达 6 083 人,到 17 个公社插队落户。1969 年至 1971 年,除本县城镇知识青年下乡外,还接受了从上海、北京、吉林、长春等城市来的知识青年。1971 年全县 17 个公社插队落户的知识青年为 7 233 人,建集体户 816 个。到 1978 年,全县 17 个公社 197 个大队,共有 734 个集体户,插队知识青年 14 801 人。

1969 年至 1983 年全县安置知识青年上山下乡经费 1 472.2 万元,其中最多的 1975 年 218.9 万元。

二、知识青年安置

在知识青年上山下乡的同时,又分批抽调回城。1971 年以前,在全县知识青年中,招工 5 011 人,升学 234 人,参军 276 人,安排机关工作的 33 人,在乡结婚的 560 人。1978 年从下乡知识青年中招收为工人的 2 597 人。升入大、中专学校 237 人,应征入伍 324 人。从 1970 至 1980 年,全县共安置城镇上山下乡知识青年 26 000 余人,其中招工安置于国营、集

体企事业单位的 21 919 人,升学的 2 129 人,参军的 1 733 人,进党政机关的 219 人。

1980 年以后,根据中央指示精神,城镇知识青年不再下乡务农,而由其家长单位或系统负责资助兴办独立核算、自负盈亏的知青厂、站、店,安置本单位职工子女待业青年,基本上做到当年毕业当年安置。

对在农村已婚的下乡知识青年,本着国家关怀,负责到底的精神,采取就地就近,多渠道安排的原则,都分别帮助安置就业;对在农村结婚的下乡知识青年及其子女,均由原吃农村留粮改为国家供应粮,并发给每人 500 元的生产补助费。1985 年统计,留在农村与农民结婚的下乡知识青年达 1 047 人,其中在农村生产生活确有困难的人员,回城安排就业。从外地来蛟河县插队的下乡知识青年,除极少数人在蛟河成家定居外,绝大部分已回原籍安置。

(第八篇第二章《劳动》,第 258—259 页)

《桦甸县志》

桦甸县志编纂委员会编,吉林人民出版社 1995 年

1970 年到 1980 年,从本县下乡知识青年中招工 23 768 人。

(第九篇第一章《劳动》,第 294 页)

第六节 知 青 下 乡

知识青年上山下乡始于 1964 年。当年有 118 名城镇知识青年,组成 6 个集体户,下到北台子公社平安大队横山等生产队。

1965 年又有 256 名知识青年,组成 14 个集体户,分别下到木其河公社中胜大队中胜生产队和金沙公社密胜大队密胜生产队等处。

1966 年,"文化大革命"开始,城镇中学"停课闹革命",知青下乡中断。1968 年,再次号召知识青年上山下乡。1966、1967、1968 年三届毕业生又开始下乡,组织集体户,掀起知识青年上山下乡高潮。

此后,吉林、桦甸两地每年都有一批初、高中毕业生到农村插队落户,直到 1979 年知青政策调整为止。

从 1964 年到 1979 年的 15 年间,桦甸农村共接收知识青年 28 200 人。其中桦甸下乡知识青年 14 943 人,吉林市及其他外地下乡的知青 13 257 人。分布在全县 16 个社、镇 500 多个生产队,高峰年全县集体户达到 575 户。

1968 年至 1978 年,国家专项拨款 9 018.222 千元,用以安置上山下乡知识青年。实际支付 7 992.222 千元,其中建房费 2 619.829 千元(建房 387 栋,56 229.5 平方米),生活用具费 2 351.243 千元,其它费用 3 021.150 千元。

1970 年开始在知识青年中招工、招生与征兵,到 1980 年的十年间,各地从桦甸上山下乡知识青年中招工 23 768 人,招生 408 人,有 1 224 人应征服兵役。

1978 年,知青政策调整,逐步缩小上山下乡范围,城镇知青不再下乡插队,由家长所在单位、系统兴办集体企业,负责安置就业。吉林市、桦甸县除了将在农村插队的 3 803 名未婚下乡知识青年全部召回就业外,并对 1 077 名已婚下乡知识青年进行了安置,使各得其所。

(第九篇第一章《劳动》,第 298 页)

1970 年开始安排初中毕业生,招收上山下乡知识青年以及按政策留城青年,分配到各企业就业。

(第十六篇第三章《企业管理》,第 492 页)

1979 年本县各系统各单位都办起了知青厂(店),对 5 户知青企业发放贷款 1.7 万元。1980 年,对 34 户集体商业贷款,余额为 48.2 万元。其中知青企业 27 户,贷款 12.5 万元。1985 年,贷款者 15 户,贷款额 135.6 万元。其中知青厂(店)7 户,贷款额 76.9 万元。

(第二十篇第三章《金融》,第 621 页)

《磐石县志》

磐石县志编纂委员会编,吉林人民出版社 1999 年

(1968 年)12 月,动员初高中毕业生上山下乡插队落户,接受贫下中农再教育。

(《大事记》,第 37 页)

根据中发[1978]74 号文件"参军的下乡知识青年退伍后不再回农村插队的原则,由父母所在地分配工作,也可由原征集地区分配工作"的精神,对从 1969 到 1979 年期间参军的下乡知识青年退伍军人共 1 248 人,都安置到吉林市或磐石县城内他们父母工作单位或系统,亦有少数人就地安置了工作。

(卷二第十六章《民政》,第 293 页)

1964 年按照毛泽东主席"关于知识青年上山下乡"的号召和中共中央、国务院"关于动员和组织城镇知识青年参加农村社会主义建设的决定",县委、县人委动员城镇初、高中毕业生到农村插队落户,并接收吉林市知识青年上山下乡。当年全县共接收知识青年 383 人,分别在吉昌、石嘴、烟筒山等公社建立 32 个集体户。至 1979 年,历时 16 年,全县共接收上山下乡知识青年 33 043 人,其中县内下乡知识青年 18 393 人、吉林市下乡知识青年 14 462 人、其他外地来磐石下乡知识青年 198 人。他们被安置在全县 24 个公社 2 199 个生产队,其中集体户 1 316 个 30 782 人、投亲单插 2 261 人。1964 至 1980 年,全县共为下乡知识青

年解决建房费、生活费、农家具费、学习费等安置经费 1 179.7 万元。1970 年开始,按照"统招统配"政策,从下乡知识青年中招工。招工条件为下乡时间满 2 年,男青年劳动 250 天,女青年劳动 200 天。至 1979 年,全县下乡知识青年招工回城 11 399 人,安置在全民所有制企业 1 048 人,安置在集体所有制企业 1 807 人;升学 220 人;参军 272 人。同时,全县于 1979 至 1986 年兴办知青企业 332 个,安置回城知识青年 6 624 人。对与城镇职工结婚的女知识青年,按病、残、困条件,给她们及子女改办为城镇户口和粮食关系,办理回城,由父母、配偶所在单位接收安置工作;对与农民结婚的回城男知识青年的子女办理了户口随迁手续,同时还对与农民结婚的留乡知识青年及其子女,落实了土地,妥善地解决了他们的生产和生活问题。 （卷二第十七章《劳动人事》,第 307 页）

1981 年吉林省首先在磐石县试行选聘合同制干部,从大队干部、退伍军人、乡办企业人员、下乡知识青年、在乡青年、民办教员中选聘合同制干部 161 人,分别担任乡镇妇联、共青团、武装、计划生育、财会、农业等部门干部。 （卷二第十七章《劳动人事》,第 312 页）

七十年代末,为了安置大批回城知识青年和职工家属就业,有条件的机关企事业单位普遍成立了劳动服务公司,创办了"五·七"厂和"知青厂"。1982 年后,普遍转为集体所有制企业(个别厂转为全民所有制)。 （卷三第二十七章《工业》,第 449 页）

1970 年县钢铁厂、化肥厂、水泥厂、农药厂、炭素厂、石墨矿、煤矿等企业从下乡知识青年、返乡青年、复员退伍军人中招收一大批工人,以及在农民中招收一大批亦工亦农工人。一年之后,有 2 600 人转为全民合同工。1971 年"五小"工业兴起,又从农村招收 3 600 名亦工亦农工人,充实县煤矿、石墨矿、化肥厂、水泥厂等企业,工厂付酬,酬金交队记工分,年底分配。1979 年下乡知识青年全部返城,国营工业又招收 100 名固定工,其余进入二轻工业和各部门办的知青企业。1980 年以后,主要通过自然减员、接班、顶替和复员退伍军人安置等渠道招收工人,均经劳动局招收审批。 （卷三第二十七章《工业》,第 461 页）

磐石县集体所有制商业职工来源,主要是合作商业部分就业人员;历年来从农村、城镇招收的就业人员(包括下乡返城和留城待业人员);知识青年转制企业人员和历年接班顶替人员。七十年代以来磐石县以知识青年为主体兴办的集体商业发展迅速。

（卷三第三十二章《商业》,第 528 页）

1972 年磐石师范从下乡返乡知识青年中招收了"文化大革命"前的高中毕业生,共 5 个班,200 人,学制二年,在校学习一年,顶岗实习一年。 （卷四第三十九章《教育》,第 663 页）

《延边朝鲜族自治州志》

延边朝鲜族自治州地方志编委会编，中华书局 1996 年

(1968 年)11 月 2 日，全州初、高中毕业生 52 870 人上山下乡、插队落户，接受贫下中农再教育。

(《大事记》，第 79 页)

(1969 年 3 月)5 日至 6 日，上海市首批来延边插队落户的 2 000 多名知识青年先后到达珲春、延吉两县。

(《大事记》，第 79 页)

是年(1979 年)，城镇中学毕业生就业实行"四个面向"，有安置条件的城镇，不再动员下乡。至年末，全州共安置 4 万余人。

(《大事记》，第 86 页)

(1980 年)5 月 11 日至 14 日，全州城镇待业青年和下乡知识青年安置工作会议在延吉市召开。会议要求认真执行调整政策，抓好知青安置工作。是年，至年末全州共安置 25 951 人。

(《大事记》，第 86 页)

龙井县德新乡卫生院的上海下乡女知识青年吴国芳，扎根边疆 20 年，已与当地朝鲜族青年崔玉山结婚，她学会朝鲜语，又孝敬老人，生活起居都按朝鲜族习惯办，受到人们称赞。

(第四编第八章《民族关系》，第 353 页)

知识青年安置

1962 年始，延边试行城镇知识青年上山下乡参加农业生产。到 1966 年，全州共动员 6 318 名知识青年下乡。1968 年，统一组织 1966—1968 年三届城镇中学毕业生 23 712 名，到农村插队落户。同时，接收长春市下乡知识青年 8 476 名。1969 年，接收上海、长春市下乡知识青年 18 971 人，到年底，累计动员、接收 60 107 名州内、外下乡知识青年，分布在全州 105 个公社、1 007 个生产大队、4 407 个集体户中，户均 15 至 20 人。1970 年，全州有 16 087 名下乡知识青年因参军、升学、招工、结婚，离开集体户。

1972 年起，按照政策规定，对部分城镇中学毕业生免予下乡。并对符合免下条件、已经下乡的，通过病归，"三抽一"等形式，陆续回城安排工作。

1962 至 1973 年 10 月，到延边农村下乡的州内、外知识青年 83 370 名。其中有 48 134 名按照政策规定相继离户回城安排工作。

1977 年 6 月起，对患有心脏病等 9 种疾病之一的城镇中学毕业生，可暂缓下乡；对父母患重病，长卧不起，无人照顾等特殊情况者，准予留城。

1979 年,对城镇中学毕业生,有安置条件的城镇不动员下乡;父母双亡子女、独生子女、中国籍外国人子女、归侨子女,不列为下乡对象。同时,在招工时对有特殊情况者,给予照顾,扩大女青年招收比例。这一年,全州有 17 261 名下乡知识青年离开农村。在乡城镇知识青年 5 729 名,集体户并为 1 627 个。1962—1981 年,累计动员、接收州内、外城镇知识青年下乡 142 682 名,其中州内 114 989 名,来自上海的 17 785 名、长春的 9 908 名。到 1981 年末,除 3 500 名同农村社员结婚者外,其余均先后离村。在组织动员城镇知识青年下乡期间,全州发放知识青年安置经费 5 778 万元,其中下乡安置费 5 404 万元、知青工作业务费 123 万元,知青企业生产扶持资金 251 万元。　　（第七编第三章《劳动管理》,第 484—485 页）

1969 年,动员 2 000 名城镇知识青年到农村插队落户,招收 7 000 名农村劳动力,补充城镇职工队伍,形成城乡劳动力对流。　　　　（第七编第三章《劳动管理》,第 487 页）

1980 年 6 月 21 日晚,敦化县林胜乡滴达水嘴村农民和三三〇五厂知青点的知识青年发生冲突,数十名青年持刀、棒,打伤二十余名农民,愤怒的农民砸开民兵武器库,拿出 40 多支步枪要血洗知青点。村调解主任尹喜才闻讯赶到,不顾安危上前阻拦,会同厂部做农民工作,妥善解决了医疗赔偿,终于平息这起即将发生的流血事件,尹喜才被吉林省司法厅记一等功。　　　　　　　　　　　　　　　　　　（第八编第四章《司法行政》,第 568 页）

《图们市志》

图们市地方志编纂委员会编著,吉林文史出版社 2006 年

(1964 年)2 月 29 日,图们镇召开知识青年上山下乡动员大会。全镇 344 名知识青年分 3 批去农村。　　　　　　　　　　　　　　　　　　　　　　（《大事记》,第 28 页）

1971 年,开始对上山下乡知识青年招工就业,至 1979 年,除了与农民结婚的知青外,全部变为城镇户口,增加了城镇待业人员,给就业安置带来困难。1980 年,贯彻"三结合"的就业方针,打破了由劳动部门统招统配的做法。1985 年末,全市职工 41 673 人。其中,全民所有制职工 29 233 人,集体所有制职工 12 394 人。此外,全民所有制企事业单位计划外招工 29 000 人;招收知识青年 15 067 人。　　　　　　　（第十四篇第一章《劳动》,第 361 页）

1978 年,对上山下乡知识青年招工后,分配到技术岗位的,实行下乡满二年的享受学徒工第二年待遇,满三年的享受学徒工最后一年待遇,满五年以上的享受一级工待遇。

（第十四篇第一章《劳动》,第 363 页）

"文化大革命"期间,农村小学民办和代课教师由下乡或回乡知识青年担任。

《汪清县志(1909—1985)》

汪清县地方志编纂委员会编,(内部刊行)2002年

"文化大革命"期间,汪清县接收上海市、长春市、延吉市、图们市等地下乡知识青年共6 616人;接收省直机关和州直机关"插队落户"干部679人。1971年后,"插队落户"干部陆续返回原工作岗位,外地下乡知识青年也分期分批迁回原籍就业。

知青工业

1. 县属知青工业始于1979年。当时城镇知识青年不再动员下乡,下乡知识青年纷纷返城,为了解决安置知识青年就业,创办了一批知青工业企业。

1979年至1985年,累计投资506万元,相继建成酿造知青厂、农机修造知青厂、县委机关知青木材综合厂、制材家具知青厂、化工知青综合厂、粮食局知青综合加工厂、工商银行知青铸造厂、金属制品知青厂、标准件知青厂、水泥制品知青建材厂、医药公司中药材经理部等13户知青企业,从业人员410人。大部知青厂参照国营企业模式设置管理机构,实行厂(场)长负责制,配备专职调度员和生产技术人员,企业独立核算,自负盈亏,以销定产。主要生产标准紧固件、油漆包装桶、松焦油、水泥涵管、木制品铸造件、白酒、中药品等。1985年,工业总产值223.6万元,实现利润11.8万元。

1980—1985年知青工业情况表　　　　　　　　　　　单位:万元

年　度	企业户数	工业总产值	产品销售收入	利　润	固定资产原值
1980	10	180	102	7	41
1981	13	72	90	6	45
1982	10	106	111	9	92
1983	11	156	83	7	77
1984	11	169	104	49	71
1985	13	223.6	232.7	11.8	82.4

2. 州属企业知青工业

1979年,汪清林业局、大兴沟林业局、天桥岭林业局、庙岭水泥厂等驻县州属企业分别组建集体经济管理处和劳动服务公司,对所属知青工业企业进行统一计划、统一管理,独立

核算,自负盈亏。到 1985 年,汪清林业局建有第一木材厂、木材综合二厂、第四建筑工程队、五一多种经营站、金仓木材综合厂、沙金沟砖厂、食品厂、青松贸易公司、社会福利公司、北站联合知青木材加工厂、饮料厂、第五建筑工程队、松涛实业公司等;大兴沟林业局建有木材综合利用一厂、木材综合利用二厂、木材简易制材车间、社会福利厂等;天桥岭林业局建有贮木知青厂、青年木材综合厂、木材综合二厂、森铁处木材综合厂等;庙岭水泥厂建有劳动服务公司。

1985 年州属企业知青工业情况表 单位:万元

企 业 名 称	工业总产值	产品销售收入	利 润	固定资产原值
汪清林业局劳动服务公司	349	446	—13	455
大兴沟林业局劳动服务公司	251	514	106	211
天桥岭林业局集体经营处	216	419	2.1	454
庙岭水泥厂劳动服务公司	54	97	—9.6	82

(第七篇第一章《经营体制》,第 145—146 页)

1973 年 8 月,撤销县革命委员会政治部,恢复县委办公室(与县革命委员会办公室在一起)、组织部、宣传部。10 月,成立了上山下乡知识青年办公室。

(第十四篇第一章《中国共产党》,第 292 页)

(1968 年)10 月(县革委会)设立上山下乡办公室、战备领导小组办公室。……
1970 年,撤销各站革命委员会。……上山下乡办公室改称五·七办公室。

(第十五篇第二章《行政机关》,第 320 页)

1974 年,增设工商行政管理局;手工业管理局并入工业局;上山下乡办公室改称知识青年上山下乡工作办公室。 (第十五篇第二章《行政机关》,第 321 页)

1982 年,设地名办公室;撤销知识青年上山下乡工作办公室。

(第十五篇第二章《行政机关》,第 321 页)

1964 年,中共中央发出城市知识青年上山下乡的号召后,汪清县每年都有一批城镇知识青年到农村落户,直到 1979 年,城镇知识青年才不再下乡。1964—1979 年,全县下乡知识青年累计 13 849 名。从 1970 年起开始从农村下乡知识青年中招收工人,1970—1979 年,全县有 7 878 名下乡青年办理了招工手续。1979 年国务院下发关于下乡知识青年返城的通知后,除少数已在农村安家落户就地安置外,下乡知识青年纷纷返城。加之每年初、高中应届毕业生留城,出现城镇劳动力过剩,待业人员增多的局面。 (第十八篇第一章《劳动管理》,第 357 页)

第三节　知识青年上山下乡

为响应中共中央关于知识青年上山下乡的号召,1964—1965 年,全县 395 名城镇知识青年自愿走向农村,接受贫下中农再教育。1966 年"文化大革命"开始,当年全县只有 107 名青年报名下乡。1968 年,全县将 1966 年至 1968 年三届毕业生统一动员下乡,并从 1968 年开始陆续接收安置由上海、长春、延吉、图们等市来本县的下乡青年。到 1973 年全县拥有下乡青年 8 874 名。1974 年实行由公社与中学挂钩的形式安置应届毕业生下乡。1975 年以后改为由公社与机关、企事业单位挂钩的形式安排职工子女下乡。1978 年中共中央 74 号文件下发后,才不再动员知识青年下乡。从 1964 年到 1978 年,全县动员安置城市知识青年下乡 13 849 名,其中,上海市 1 717 名,长春市 1 877 名,延吉市 707 名,图们市 2 315 名,本县 7 233 名。

(第十八篇第六章《精简下放》,第 376 页)

(1968 年)9 月,汪清县各中学 1966 年以前入学的学生全部毕业,统一安排下乡到农村集体户。

(《大事记》,第 554 页)

《珲春市志》

珲春市地方志编纂委员会编,吉林人民出版社 2000 年

知青商店　1979 年底开始,为安排待业青年,兴办起集体所有制商业企业,到 1980 年底,建了 46 个知青商店,从业人员 312 名。主要商店有珲春县百货五商店、医药公司第二门市部、五金公司第二五金商店、石油公司加油站、烟酒公司第二商店、食品公司知青饭店、服务公司龙源饭店、食品厂所属知青食品商店、酿造厂食品商店等。知青商店为集体所有制,独立核算,自负盈亏。1983 年全面推行经营责任制。1985 年末,实有 5 个核算单位,13 个网点,职工 172 名。1987 年,县城已办起以知青为主的商店 174 个,从业人员 1 268 名。另有集体所有制饮食业 32 个,从业人员 257 名;集体所有制服务业 44 个,从业人员 154 名。

(第十二篇第二章《经营体制》,第 407 页)

1964 年 9 月,初高中毕业生开始上山下乡,到 1971 年为止,全县共有下乡知识青年 8 297 人,其中,上海知识青年 4 217 人,长春知识青年 506 人,图们知识青年 1 057 人,珲春知识青年 2 517 人。……1970 年,根据"三个面向"(面向工厂、面向农村、面向社会)的精神,从全县 14 所中学中招收应届毕业生 162 名,直接安置到各厂矿企业单位。是年,粮食系统、商业系统、招待所、电信、邮政等单位安置下乡知识青年 289 名,石岘造纸厂、图们铁路、延边汽车修配厂、州招待所及县内大集体单位安置毕业生和下乡知识青年 212 名。

根据吉林省革命委员会吉革发〔70〕81 号文件"在不超过省下达的总编制数的原则下,

对学校的教职工可自行补充,以保证教育事业发展的需要"的指示精神,县革命委员会下发《关于采用一批教师充实我县教师队伍的通知》到各公社党委。经贫下中农推荐和公社党委的意见,1971 年在下乡知识青年中采用 117 名充实了小学教师队伍,采用 55 名充实初中教师队伍。是年有 594 名下乡知识青年返城,充实到全民、集体企业单位。

1971 年开始,县革命委员会采取国家招收、系统包干的办法,逐年安置上山下乡知识青年、城市待业青年。1971 年到 1974 年,走出集体户的知识青年共 3 377 人,其中被招工入城的 2 174 人,参政的 37 人,参军的 118 人,升学的 133 人,结婚出户的 426 人,转户到外县的 338 人,病退回城的 114 人,回林业口的 14 人,死亡 11 人,其他 12 人。

（第二十篇第一章《劳动》,第 664 页）

1975 年,从下乡知识青年中招工 348 名,招用留城知识青年(毕业后因各种原因留城的)39 名,共 387 名。1976—1977 年,招用下乡知识青年 1 865 名(含 103 名留城知识青年),安置复员转业军人 115 名,分配中专毕业生 44 名。1978—1981 年,安置职工退职、退休后顶替的子女 167 名,招用下乡知识青年 4 485 名(1981 年末下乡知识青年全被招工回城),安置复员转业军人 186 名,统一分配大、中专毕业生 310 名。

⋯⋯

为了巩固与扩大就业网点,1985 年,县劳动局对全镇兴办的 87 户集体企业进行整顿,并增加了 22 个网点。从农村招收 723 名(含集体所有制招收的 247 名),从城镇招收 1 233 名(含集体所有制招收的 644 名)。安置已婚的下乡知识青年 112 名。共安置 2 068 名,其中安置在 22 个网点的 214 名。是年,安置复员转业军人 156 名,其中县属的 99 名;安置大专毕业生 18 名,其中县属的 8 名;安置中专毕业生 174 名,其中县属的 55 名;安置技工学校毕业生 67 名。

（第二十篇第一章《劳动》,第 665 页）

《安图县志》

安图县地方志编纂委员会编著,吉林文史出版社 1993 年

(1968 年)10 月,上海市上山下乡知识青年 3 300 名来安图插队落户;长春市上山下乡知识青年 2 028 名来安图插队落户。

（《大事记》,第 25 页）

第五节　知识青年上山下乡

1964 年县开始动员城镇社会青年下乡,并接收安置外地下乡知识青年。至 1965 年共动员两批 94 名青年插队。1970 年 2 月县革命委员会成立知识青年上山下乡办公室,负责下乡知识青年的建房、安置、招工、升学、征兵、划拨经费等事宜。到 1977 年全县共安置上山

下乡知识青年 10 195 名,其中长春知识青年 2 100 名,上海知识青年 3 300 名,县知识青年 4 795 名;全县共有 680 个知识青年集体户。1980 年始办知青厂(场),安排下乡知识青年就业。1982 年安排 210 名已婚"老知青"就近就地就业。至 1985 年共办知青厂(场)、店 826 处;共安置知识青年 10 211 名,其中升学 360 名、参军 1 021 名、招工 5 928 名,顶职病转 2 902 名。除国家招工、招生、参军外,多数就业于城镇集体单位或"知青"企业。

(卷十三第一章《劳动》,第 449 页)

《敦化市志》

敦化市地方志编纂委员会编,新华出版社 1991 年

是年(1968 年)10 月,初、高中在校生全部上山下乡参加劳动,接受贫下中农再教育。

(《大事记》,第 7 页)

1970 年 4 月,将办事组、政工组、生产组、保卫组撤销,成立办公室、政治部、生产指挥部、保卫部。将 13 个站撤销,恢复了原来的局、委、办和公司。分别隶属三个部领导。以后,工作机构屡有裁并和增设,名称亦有变更。到 1980 年行政机构设:知识青年上山下乡办公室、公安局、人民法院、人民检察院。

(第五篇第二章《政府》,第 97—98 页)

1970 年陆续招收在农村的下乡知识青年回城就业,截至 1984 年底全县共安置下乡知识青年 10 482 人。

(第二十一篇第六章《劳动管理》,第 470 页)

第四节　知识青年安置

1964 年 8 月,敦化县成立了知识青年上山下乡工作办公室。

1965 年 12 月,毛主席向全国广大知识青年发出号召,"农村是一个广阔的天地,在那里是可以大有作为的。"当时动员下乡的对象主要是初、高中毕业的知识青年。

1968 年敦化县革命委员会成立后,动员组织"文化大革命"期间所有在学的初高中生和部分在社会上的待业青年,上山下乡"接受贫下中农再教育"。

到 1968 年底,仅敦化县下乡插队落户的知识青年达 4 714 人,下乡知识青年的安置形式主要是"集体户"。户内人数不限,少者不足十人,多者二十多人。各户都选有户长一名,生产队另派一名信得过的老农担任名誉户长。

国家对下乡在集体户的青年每人补助 195 元(包括建房费 50 元),下乡投亲插队的知识青年每人补助 80 元。回乡参加生产的青年每人补助 40 元。已婚青年下乡安家落户的每人补助 100 元,吃粮标准每人每月为 45 斤,每二年起吃生产队留量,每人每年标准不少于 650

斤(皮粮)。

1973年,对下乡知识青年安置费做了调整,城镇知识青年到农村插队落户或到集体所有制的生产队(场)每人补助500元(其中建房补助费230元),到林业插队的青年每人补助700元,到国营农场插队的每人补助400元。在省内回乡插队的,包括投亲的每人补助500元。

到1980年为止(1980年后知识青年不再下乡),敦化县的20个公社(镇)和镇郊菜队、林场、农场、鹿场、羊场、鸭场共安置下乡知识青年19 941人。其中敦化县知识青年12 788人,延吉知识青年3 366人,长春知识青年3 587人,上海知识青年42人,长白山劳动大学生158人,全县共建713个集体户,安置费用达11 922 127元。

1970年,我县开始办理下乡知识青年的招工工作。到1980年末,全县安置知识青年就业人数达9 700人。

对于下乡的已婚青年,采取父母所在单位包干和就地就近安置的办法(乡镇企事业单位)。全县下乡的已婚青年782人,其中女知识青年608人(包括子女共2 003人)。到1984年末,全县知识青年安置工作基本结束。　　　(第二十一篇第六章《劳动管理》,第471页)

《通化市志》

通化市地方志编纂委员会编,中国城市出版社1996年

通化地区行政公署(革委会)工作机构沿革表

领　导　机　构	工　作　机　构
……	
通化地区革委会(1968.2—1979.2)	办公室、政治部、生产指挥部、人民保卫部、计划委员会、经济委员会、统计局、劳动局、人事局、民政局、下乡青年办公室、……
通化地区行署(1979.2—1985.2)	办公室、计划处、统计处、审计处、下乡青年工作办公室、……

(第五篇第二章《行政机关》,第171页)

知识青年上山下乡

1964年2月,根据中共中央《关于动员和组织城市知识青年参加农村社会主义建设的决定(草案)》精神,中共通化市委成立安置工作领导小组,下设办公室,同市劳动局合署办公,开展动员城镇知识青年上山下乡工作。当年动员下乡知青1 000余人,分别安置到柳河、辉南、市郊等地。为加强对下乡知青的管理,1974年至1980年,在机关和企业抽调7批干部共1 252人,向对口下乡的农村知青集体户派驻,每期1年。1965年至1979年,全市先后动员、安置下乡知青29 669人。其中安置在:通化市郊8 527人,通化县7 583人,柳河县6 162人,集安县

4 009 人,海龙县 1 418 人,辉南县 1 792 人,抚松县 11 人,靖宇县 111 人,长白县 56 人;其间因病陆续回城 1 178 人。国家拨给知青安置经费 1 489 万元。1979 年,调整政策,逐步缩小下乡范围,对年满 17 周岁高小毕业生、孤儿、独生子女和矿山、林区、地质勘探部门职工子女不再动员上山下乡。1981 年停止动员。对已下乡近 3 万名知青,除在农村结婚安家、参加社队企业或另行安排工作的,全部"三招"(招工、招干、招兵)回城或入伍。1982 年,撤销原市郊区 25 个知青场队,对遗留 2 000 多名知青,由市劳动服务公司安排在集体所有制单位工作。同时,根据省政府吉政发〔1981〕90 号文件精神,本着就地、就近安排原则,在农村与社员结婚的女知识青年,本人及子女改为城镇户口,对已婚男女双方均是下乡知青的就地安置。年底,收回市知青办借出生产扶助金 2.12 万元,尚挂帐 2.31 万元。清理和整理知青文书档案 96 卷,1985 年 3 月移交市档案局保存。

(第八篇第四章《劳动管理》,第 262—263 页)

是月(1965 年 8 月),第一批城镇知识青年 1 053 人下乡到柳河、辉南、市郊,建立集体户。此后每年下乡一批,共 29 773 人。至 1979 年停止。

(《大事记》,第 1058 页)

《通化县志》

通化县地方志编纂委员会编,吉林人民出版社 1996 年

1973 年 8 月后,通化县革命委员会办事机构逐渐恢复和完善,……下乡知识青年工作办公室(1973 年五·七办公室改称)……

(第五篇第二章《行政机关》,第 155 页)

这一时期(1984 年 1 月—1985 年末),县人民政府办事机构不断得到完善与加强。县人民政府办事机构的正职,由县人民代表大会常务委员会任命。人民政府办事机构有:……知识青年办公室(1982 年 4 月并入劳动局)……

(第五篇第二章《行政机关》,第 156 页)

1970 年在国家劳动计划指导下,根据本县各项事业发展的需要,在下乡知识青年中招收工人 8 512 人,充实到国、省、地、县营企业单位。

党的十一届三中全会以后,1980 年 8 月,党中央《关于进一步做好城镇劳动就业工作的通知》中,提出国家统筹规划、劳动部门介绍、自愿组织起来就业和自谋职业相结合的方针,劳动就业工作出现了新局面。全县兴办知识青年集体企业 140 个厂(场)、队、店,安置待业青年 6 980 人。

(第九篇第一章《劳动》,第 236 页)

1979 年以前,本县劳动计划指标招工对象主要是下乡知识青年,按政治表现、劳动态度等条件,逐级推选,由劳动局审核批准录用,统一分配到用人单位。

(第九篇第一章《劳动》,第 237 页)

第四节　安置知识青年

1964 年 9 月,马当镇 10 名知识青年,首批申请下乡,在二密乡建立第一个集体户。从此,每年都有城镇知识青年下乡。到 1979 年中央调整知识青年下乡政策,16 年,全县接收上山下乡知识青年 11 805 人。其中:男 6 619 人,占 56.1%;女 5 186 人,占 43.9%。在安置总人数中,接收通化市 6 695 人,占 56.7%;长春市 523 人,占 4.4%;本县 4 587 人,占 38.9%。全县只有马当、七道沟、快大茂 3 个镇是动员知识青年下乡单位,其余 18 个公社都负责安置任务。上述知识青年,分别安置在 111 个生产大队、298 个生产队。共建立 298 个集体户,9 996 人。投亲靠友单插 1 809 人,其中,外市县转入 261 人。经过几年实际锻炼,有 185 人加入共产党,3 150 人加入共青团,25 人选进县、社两级领导班子,1 234 人担任生产大队、生产队领导职务,2 633 人分别担任政治及文化学习辅导、记工员、会计、赤脚医生、民办教师、饲养员等。

1973 年 7 月,县"五·七"办公室改称下乡知识青年办公室。各公社相继成立"知识青年安置办公室",设专职干部管理知识青年工作。机关、企事业单位,抽调一批带户干部。1978 年,本县抽调 32 人,通化市抽调 73 人。他们到各集体户,同知识青年吃住在一起,帮助下乡青年安排生产、生活,组织学习。加强对知识青年的管理教育。

1974 至 1979 年,经生产队推荐、大队把关、公社审查、县里批准等程序,从下乡满 2 年以上、表现好的知识青年中,征兵 1 105 人,招工 2 851 人,升学 523 人。

党的十一届三中全会以后,中央调整下乡知识青年政策,到 1980 年末,原动员下乡单位将下乡青年全部收回,按有关政策规定做了妥善安置。对下乡已婚的 614 名知识青年到 1982 年安置完毕。与城镇职工结婚的 289 人,由职工所在单位进行安置。与农民结婚的 325 名知识青年,招为大集体工人,本人及子女改吃商品粮,就地就近安排在社队企业或知青场(厂)、队。对极少数与农民结婚的知识青年,安置确有困难,在本人自愿原则下,每人发给 500 元,作为自谋职业资金底垫,并分给口粮田,从事农业生产,保证他们的正常生活。

1964—1979 年城镇知识青年下乡安置情况统计表　　　　　单位:人

年　度	接收人数	其中安置去向			其中:接收通化市人数	备　　注
		集体户人数	单插人数	外市县转入人数		
合　计	11 797	9 988	1 548	261	6 695	
1964	10	10				
1965	150	150			68	
1966	195	171	24		83	
1967						无毕业生
1968	764	537	181	46	205	

921

年 度	接收人数	其中安置去向			其中：接收通化市人数	备 注
		集体户人数	单插人数	外市县转入人数		
1969	247	85	140	22	43	
1970	2 033	1 475	418	140	779	有长春市 523 人
1971	155	155			116	
1972						无毕业生
1973	1 574	1 418	134	22	1 154	
1974	1 780	1 571	194	15	1 254	
1975	2 264	2 063	198	3	1 606	
1976	639	566	73		55	
1977	1 584	1 445	136	3	1 106	
1978	235	181	45	9	226	
1979	167	161	5	1		

（第九篇第一章《劳动》，第 238—240 页）

　　知青商业是中共中央关于全国劳动就业会议后，各单位为安置本系统、本单位待业青年而成立的商业网点，县财税部门给予减免税照顾，因此冠以知青名称。1980 年 1 月，县五金公司首先成立知青商店，这是第一户知青商店。相继 7 月份，快大茂饮食服务总店成立知青冷面店、知青理发部，马当饮食服务总店成立马当知青冷面店。9 月份，县食品公司成立知青服务部，县食品厂成立知青商店，七道沟饮食服务总店成立七道沟知青服务部。11 月份，县糖酒蔬菜公司成立知青商店，果松饮食服务公司成立果松知青服务部。1981 年，有的工业企业也成立了知青商店，但由于缺乏管理经验和个体商业逐渐增多，竞争能力很强，到1985 年末，知青商店所剩无几。　　　　（第二十篇第一章《经营体制》，第 545 页）

　　同年（1968 年）9 月 12 日，发表了毛泽东主席"从旧学校培养的学生""在正确路线领导之下，由工农兵给他们以再教育"的指示。12 月，中学掀起了上山下乡的"热潮"。1966 年至1968 年三届初、高中毕业生，全部上山下乡、插队落户，农村中学毕业生回乡参加农业生产劳动。　　　　　　　　　（第二十三篇第一章《学校教育》，第 687—688 页）

　　（1965 年）2 月 8 日，成立中共通化县委安置城市下乡青年领导小组。

　　　　　　　　　　　　　　　　　　　　　　　　（《大事记》，第 915 页）

《浑江市志》

浑江市地方志编纂委员会编,中华书局 1994 年

是年(1964 年),动员城镇知识青年上山下乡,到生产队安家落户。到 1977 年共动员上山下乡城镇知识青年 132 186 人,其中 1966 年、1967 年、1968 年三届初、高中毕业生 8 138 名。

(《大事记》,第 26 页)

(1970 年)8 月 12 日,下乡知识青年郝为国为五保老人挑水,水桶掉在井中。郝下井捞水桶时,窒息井下。下放干部路庆丰、通化矿务局第一中学学生李鹏宇,下井救郝,也相继窒息牺牲,三人被追认为烈士。

(《大事记》,第 27—28 页)

1955 年,团县委组织两支青年垦荒队,赴靖宇县开垦荒地。各区青年也组织开垦荒地,扩大耕地面积。仅一区西大川金华农业社青年队就垦荒 400 余亩。

(第四篇第四章《群众团体》,第 199 页)

(市青年联合会)对知识青年进行工农相结合的教育,组织青年学生上山下乡接受贫下中农的再教育。

(第四篇第四章《群众团体》,第 201 页)

1968 年成立知识青年上山下乡办公室。

(第五篇第二章《政府》,第 220 页)

(1981 年)撤销知识青年上山下乡办公室。

(第五篇第二章《政府》,第 220 页)

知青

1964 年,浑江市成立安置城市下放职工和青年学生委员会办公室,负责下放职工安置和知识青年上山下乡工作。是年第一批安置下乡青年 648 人,建集体户 28 个。1965 年安置下乡青年 547 人。

1968 年,浑江市成立知识青年上山下乡办公室,是年安置 1966、1967、1968 年三届毕业生 8 138 名上山下乡,建知识青年集体户 578 个。1969 年至 1971 年,知识青年上山下乡 9 854 人,建集体户 103 个。

1972 年,改变知识青年上山下乡一刀切的作法,实行"五不下"。即独生子女不下;归国华侨子女不下;已有子女下乡,最后一个子女不下;生活特殊困难的子女不下;明显病残的青年不下。1972 年至 1977 年,知识青年上山下乡 23 999 人,建集体户 145 个。

1978 年,调整知识青年上山下乡政策,举办知青企业安置待业青年。市区各企业先后

办起 49 个知青厂（队），安置待业青年 200 余人。1979 年至 1982 年，城镇办知青小集体企业和郊区办知青厂（队）402 个，安置待业青年 23 611 人。有 92 个知青企业转为大集体企业，2 875 名待业青年转为大集体工人。

　　1985 年，市区有知青厂、店 73 个，安置待业青年 1 821 人。

（第五篇第三章《综合政务》，第 237 页）

　　1964 年，为解决城镇新生劳动力就业，开始动员城镇青年上山下乡，到生产队安家落户。1968 年动员 1966 年、1967 年、1968 年三届中学（高中和初中）毕业生上山下乡。到 1968 年底共动员城市青年 2.8 万余人参加农业生产。此后长时期坚持知识青年上山下乡政策。

　　中共十一届三中全会以后，随着经济体制改革，实行国家安排就业和自谋职业相结合的体制，分期分批将下乡知识青年招回，或安排就业，或由各单位办知青企业，或由他们创办个体、集体企业的就业途径。同时大力发展乡镇企业，安排农村剩余劳动力。

（第十八篇第一章《国民经济计划管理》，第 615 页）

　　1970 年至 1980 年间，浑江市先后招收 3 000 多名下乡知识青年（包括代课教师转正），充实中小学教师队伍。（第十九篇第十章《教师队伍》，第 665 页）

《柳河县志》

柳河县志编纂委员会编，吉林文史出版社 1991 年

　　(1963 年)7 月，柳河镇首批城镇知识青年到环城公社中安大队插队落户。

（第二编《大事记》，第 25 页）

第四节　城镇知识青年上山下乡

　　1963 年 8 月，柳河镇 44 名初、高中毕业生，首批申请下乡，其中大部分于环城公社中安大队（今城关乡中安村）组成知识青年集体户，从事农业生产劳动。此后，每年城镇初、高中应届毕业生，除少部分按政策规定被批准免下和缓下外，大部分按系统到指定的公社集体户或单独插入某生产队，参加农业生产。到 1978 年末，全县共建立知识青年集体户 164 个，城镇下乡知识青年达 11 316 人。1965—1978 年，全县农村还接收通化、长春、上海知识青年 2 935 人。

　　下乡知识青年除部分参军、升学外，其余基本上于 1982 年 5 月前分批招工回城。对已与农村青年结婚的，在按政策规定付给安家费的同时，将其户口转为农村非农业户，并优先

安置在乡镇企业工作。

柳河县城镇知识青年下乡与安置情况统计表   单位：人

数量 项目 年度	下乡总人数	安置情况		
		全民	大集体	农村
1964	96			
1965	829			
1966		818	72	
1968	2 078	730	144	
1969	896	656	175	65
1970	901	592	216	93
1971	884	395	345	144
1972	821	481	219	121
1973	759	336	291	132
1974	815	316	332	167
1975	851	457	286	108
1976	893	382	305	206
1977	882	458	301	123
1978	611	229	288	94
合　计	11 316	5 850	2 974	1 253

（第二十编第二章《劳动》，第 510—511 页）

《靖宇县志》

靖宇县地方志编纂委员会编，吉林人民出版社 2001 年

（1968 年）10 月，1966、67、68 共六届初、高中毕业生到农村"插队落户"。本年有 1 327 名毕业生下乡接受贫下中农再教育，掀起了城镇知识青年上山下乡高潮。一直延续到 1978 年才告终止。

（《大事记》，第 19 页）

是年（1979 年），根据中央指示，本县上山下乡知识青年全部返城。

（《大事记》，第 22 页）

1973 年 12 月,恢复委、办、室、局工作机构,设有……下乡知识青年工作办公室、移民办公室、人防办公室、中国人民银行靖宇县支行、供销合作社共 35 个工作机构。

(第十五篇第二章《行政机关》,(第 291—292 页)

1978 年以前,由于就业形式单一,城镇待业青年的就业成为重要的社会问题。十一届三中全会后,拓宽了劳动就业工作的途径,采取国家、集体、个人三结合的就业举措,使就业工作呈现出新的局面。1979 年,成立"靖宇县劳动服务公司"。各系统、单位根据自身条件,兴办知青厂、店,安置本系统、本单位待业青年。到 1985 年末,已成立起水电局、粮食局 2 个系统劳动服务公司。集体企业(知青厂店)也发展得较快,其中水电局的桦林罐头厂生产的饮料多次在省、市饮料评比中获奖,二轻局塑料编织厂生产的塑料编织袋填补了本县工业生产的一项空白。

1979 年开始,对职工退职、退休、离休时家庭生活实属困难或子女上山下乡无业的,原则上招收 1 名符合条件的子女参加工作,称为"接班"。对于 1966 年以来退休和因工死亡的工人,当时没有安排子女工作的,也给补招一名子女参加工作。

1980 年末,招收最后一批全民所有制固定工。次年 3 月招收一批集体所有制工人,至此 1979 年以前下乡的知识青年,凡符合招工条件的基本上都已回城安排了工作。

(第十七篇第二章《劳动》,第 322 页)

几个年度靖宇县人民政府工作机构设置表[1]

年　　度	政府名称	机　　　　构
1979	靖宇县人民委员会	办公室、人事局、民政局、档案馆、人民防空办公室、信访办、称民办、上山下乡办公室、统计局、计委、基建局、物资局、劳动局、计量局、财政局、税务局、粮食局、商业局、县社、外贸公司、交通局、工业局、社队企业管理局、农业局、林业局、农机局、畜牧局、农电局、水利局、护林防火办、公安局、文化局、教育局、卫生局、体育运动委员会、广播局、爱国卫生运动委员会、计划生育委员会办公室、地病办、科委。

(第十五篇第二章《行政机关》,第 292 页)

第五节　知识青年上山下乡

1966 年春,靖宇县 17 名城镇知识青年到龙泉公社欢起大队安家落户。这是本县第一批知识青年下乡。

1968 年秋,本县掀起城镇知识青年上山下乡安家落户的高潮。当年下乡的知识青年

---

[1]　本表内容为节选。——编者注

738 人。

1969 年 11 月成立"靖宇县革委会上山下乡领导小组",负责知识青年上山下乡安置工作。1966—1978 年,全县共建立知识青年集体户 73 个,下乡城镇知识青年达 5 349 人。还接收通化知识青年集体户 7 户,知识青年 98 人;长春知识青年集体户 50 户,知识青年 512 人。

1970 年上半年开始知识青年招工回城工作。到 1979 年末,除一部分知识青年在农村结婚以外,大部分都陆续被招工,小部分升学或应征入伍。少数未被招工的下乡知识青年,也陆续返回城镇。

1980 年末到 1981 年春,先后在下乡知识青年中招收一批全民所有制和集体所有制工人,这是本县下乡知识青年中的最后一次招工。

1982 年,对已婚的 515 名下乡知识青年做了安置,招收全民工 254 人,集体工 221 人,自谋职业 40 人。对自谋职业者,每人一次发给生活补助费 500 元。对已婚知识青年的子女 129 人给予转为非农业户口。 （第十七篇第二章《劳动》,第 326—327 页）

《抚松县志》

抚松县地方志编纂委员会编,中华书局 1994 年

1968 年 3 月 30 日,成立抚松县革命委员会,县革命委员会初期设立两部（政治部、生产指挥部）、一室（办公室）。政治部内设组织、宣传、学习 3 个组和知识青年上山下乡办公室,取代中共抚松县委的组织、宣传、纪检和县人民委员会的人事、监察等工作部门;……
（第十五篇第二章《行政机关》,第 604 页）

从 1964 年起,招工主要对象是城镇上山下乡知识青年。
（第十七篇第一章《劳动管理》,第 655 页）

第四节　知识青年安置
一、知识青年上山下乡

1964 年,抚松一中应届初中毕业生 11 名青年（男 4 人）响应政府号召,在松江人民公社东官道大队办青年集体户,参加生产劳动。1968 年以后有大批知识青年上山下乡,抚松县不仅安置地方中学毕业生、县内林业系统中学毕业生,而且还接受安置长春市、通化市、境内铁路系统的中学毕业生,到农村插队落户,1978 年全县累计上山下乡人数 15 568 人。

项目	合 计		抚松县		通化市		长春市		铁 路		林业局	
	计	男	计	男	计	男	计	男	计	男	计	男
1964	12	4	12	4								
1965	31	25	31	25								
1966	90	48	68	35							22	13
1967	253	158	216	144							37	14
1968	1 290	730	641	356			1	1	2	1	646	372
1969	1 431	721	630	237			569	334	20	17	212	133
1970	902	435	331	159	12	12			75	51	484	213
1971	70	45	51	31					19	14		
1972	84	45	82	43			2	2				
1973	390	213	299	158			6	3	85	52		
1974	574	298	434	229			4	2	136	67		
1975	770	398	591	299					179	99		
1976	858	444	585	299					273	145		
1977	866	452	709	373					157	79		
1978	9	6	9	6								
合计	7 630	4 022	4 689	2 398	12	12	582	342	946	525	1 401	745

二、下乡知识青年管理

下乡知识青年自愿结合,自报去向,自己组织集体户,选举副户长。零散社会青年下乡,提倡投亲靠友,也可自愿插户,享受知识青年待遇。有集体户的公社配专(兼)职知识青年助理员,生产大队设知识青年贫下中农管理委员会,选聘贫下中农户长。1975—1977 年,从机关企事业单位抽调 173 名干部到集体户里"带户",称带户干部。

三、知识青年上山下乡经费

国家每年都拨出大量知识青年上山下乡经费。1973 年,开始执行《吉林省知识青年上山下乡经费使用管理暂行办法》,凡到农村插队、参加集体户和新建集体所有制青年生产队(场),每人补助 500 元,包括建房补助 230 元(1972 年以前为 200 元)、生活补贴 170 元,农具、家具补助 50 元,宣传和旅运费 15 元,学习材料费 10 元,医疗补助费 10 元,其它费用 15元。县、公社、大队和集体户都执行严格的预决算制度和财产登记制度。

四、待业青年就业

1978 年,停止知识青年上山下乡安置工作,县人民政府本着"即积极,又稳妥"的方针,广泛地安置待业青年就业。国家投放生产扶持基金 128 万元,办企业 266 户,安排行业青年 15

533 人;由劳动部门调配临时工、零散工、发包工 7 565 人（次）;对下乡青年、城镇青年和当地农村青年结婚的 169 人,也通过劳动部门安排,或自谋职业办法全部安置就业。到 1984 年末,知识青年上山下乡遗留问题全部解决。　　　　　（第十七篇第一章《劳动管理》,第 659—660 页）

1970—1976 年,中学生上山下乡参加劳动满 2 年后,再由社队推荐、县招生办公室审查合格后,不需考试直接升入大学或中等专业学校,为工农兵学员。

　　　　　　　　　　　　　　　　　（第二十篇第一章《教育》,第 776 页）

(1964 年)10 月,抚松县一中应届初、高中毕业生 9 人,于松江人民公社东官道大队成立抚松县第一个知识青年集体户。　　　　　　　　　　　　　（《大事记》,第 1007 页）

(1966 年)9 月,下乡知识青年赵东轩成立所谓"红色工农全国造反联络站",进城造反,强占县委书记办公室。"红卫兵"走上街头"破四旧"(旧思想、旧文化、旧风俗、旧习惯)、"立四新"(新思想、新文化、新风俗、新习惯)。　　　　　　　（《大事记》,第 1009 页）

《集安县志》

集安县地方志编纂委员会编,(内部刊行)1987 年

(1968 年)9 月上旬,知识青年上山下乡,"接受贫下中农再教育"。县革命委员会召开大会热烈欢送。　　　　　　　　　　　　　　　　　　　（《大事记》,第 26 页）

知识青年商店

　　1973 年以后,农村集体户的知识青年陆续回城有的就业有的待业。为了最大限度地安排知识青年就业,各部门兴办了知识青年企业。1977 年 5 月以后,全县知识青年厂、店纷纷建立,当时商业系统兴办的多为商业及饮食服务性企业,工交部门兴办的多为生产厂家。较大企业单独办,小企业及机关事业单位多家集资联办,均以安排本系统的知识青年为主。资金及原材料由兴办单位统筹解决,待业知识青年厂、店盈利后偿还,并派出干部参加管理。全县的知识青年企业 1981 年有 103 户,上缴税金 1.2 万元。1982 年 77 户,销售总额 531.6 万元,利润 9.8 万元。1983 年 41 户,销售总额 512.2 万元。利润 25.4 万元,上缴税金 4.2 万元;亏损 20 户,销售额 68.5 万元,亏损 4.7 万元。到 1983 年,有些知识青年厂、店因知识青年升学、招工及自谋职业离厂店,或因管理不善常亏不盈而自行撤销。尽管如此,但当时兴办的知识青年厂、店对安排知识青年就业,稳定社会秩序,替国家分忧解愁,活跃山区经济都起到了积极地作用。　　　　　　　　　　　（卷一〇《商业贸易·商业》,第 285—286 页）

(2) 职工子女上山下乡回城就业情况：

年　份	下乡人数	回城就业人数	年　份	下乡人数	回城就业人数
1964 年	90		1973 年	605	60
1965 年	60		1974 年	508	80
1967 年	192		1975 年	1 650	126
1968 年	442		1976 年	810	96
1969 年	832		1977 年	1 426	123
1970 年	850		1978 年	2	134
1971 年	63		1979 年	无	4 823
1972 年	16		1980 年	无	2 004

注：(1) 1964 年到 1970 年，是职工子女上山下乡在农村长期扎根落户时期。
　　(2) 1971 年到 1972 年，开始招工，但当时处于精简时期，没有回城就业。
　　(3) 1973 年以后，陆续招工回城就业，1979 年，大批回城就业。1980 年，全部结束知识青年上山下乡和回城就业工作。

（卷一三《政事·政府》，第 439—440 页）

《四平市志》

四平市地方志编纂委员会编纂，吉林人民出版社 1993 年

(1969 年)3 月 9 日，5 万多名群众夹道欢迎首批上海知识青年来四平地区农村插队落户。

3 月 23 日，首批北京知识青年到四平地区插队落户，地、市革委会领导和 1.5 万名群众到四平火车站欢迎。　　　　　　　　　　　　　　　（卷二《大事记》，第 75 页）

(1973 年)2 月 20 日，全市各系统抽调 84 名带青干部，随同 1 700 多名 1972 届中学毕业生下乡，负责集体户安置、管理、教育工作。　　　　　（卷二《大事记》，第 78 页）

(1974 年)11 月，从下乡知识青年中招收固定工人工作开始。省、地下达四平的指标是：招收全民所有制工人 950 名，集体所有制工人 2 535 名。　　（卷二《大事记》，第 79 页）

1968 年下半年动员三届初、高中毕业生 14 010 人，到农村去插队落户。……1971 年至 1975 年发展国民经济第四个五年计划期间，由于大批插队干部及知识青年回城等因素，五年共增加 32 049 人，其中 1971 年、1972 年全市迁入人口为 26 488 人。……知识青年和插

队干部的迁出迁入,对 70 年代全市人口波动影响较大。从 1968 年到 1979 年动员初、高中毕业下乡累计为 44 300 人,从 1970 年到 1980 年 12 月,累计抽回知识青年 42 220 人。其中京津沪等外地知识青年 713 人,在乡青年 1 380 人。　　(卷五第一章《人口规模》,第 213 页)

从 1970 年起,全民所有制固定工人(店员)主要来源是下乡插队知识青年。至 1982 年,招录回城的知识青年及在乡青年累计 42 220 人,其中京、津、沪等地知识青年 713 人,在乡青年 1 380 人。　　　　　　　　　　　(卷十第一章《就业渠道》,第 552 页)

1978 年党的十一届三中全会之后,四平市开始落实党的各项政策,到 1985 年,收到明显效果。……②全市下乡知识青年近 4.7 万人,回城安排工作 4.3 万人;与当地农民结婚 3 600 人,全部就地转为非农业户;……

(卷十一《政事纪略·拨乱反正》,第 647—648 页)

1971 年,从下乡知识青年中招入近百人,同时接受复员退伍军人 42 人。

(卷二十一第六章《职工队伍》,第 1068 页)

《辽源市志》

辽源市地方志编纂委员会编,吉林人民出版社 1995 年

(1973 年)10 月 15 日,中共辽源市委印发《关于成立辽源市知识青年上山下乡领导小组的通知》。　　　　　　　　　　　　　　　　　　　　　(《大事记》,第 73 页)

(1974 年)1 月 9 日至 10 日,辽源市召开第二次下乡知识青年先进集体、先进个人代表会议。　　　　　　　　　　　　　　　　　　　　　　　(《大事记》,第 73 页)

1979 年开始,按国务院调整知识青年政策精神,对未婚的 1 008 名知识青年全部调回城内安置工作,其中:安置在集体所有制企业 428 人,安置在家长单位知青厂的 580 人;对在农村结婚的双知青 382 人和与城镇职工结婚的 1 118 人,批准户口迁回城镇,在家长单位的知青厂安置工作;对与农村青年结婚的 1 263 人,批准改变为城镇户口和粮食关系,对其中已在县区大集体企业做临时工的就地办了转正手续;还有一部分安置到乡镇企业就业,继续务农的给予落实了土地,妥善地解决了他们的生产、生活问题。　　(第七篇第一章《劳动》,第 364 页)

1973 年,招工的主要对象是下乡知识青年。"五不下"(伤残、独生子女、多子女身边只

有一个、特殊困难、中国籍的外国人子女)留城青年,只准在集体所有制企业应招。招工办法是由市知识青年上山下乡办公室负责指标分配和知青身份审查,市劳动部门负责身体检查和审批分配。

(第七篇第一章《劳动》,第 366 页)

1980 年至 1985 年,根据国家对上山下乡知识青年的政策规定,大批知识青年由农村转入城市,加上新增加的待业青年,全市出现就业高峰,每年安排 1.8 万人左右。

(第二十一篇第一章《计划管理》,第 971 页)

《梨树县志》

梨树县志编纂委员会编,辽宁教育出版社 1992 年

(1968 年)9 月,县革委会先后组织动员 1966—1968 年城镇高、初中毕业生 15 000 多人下乡插队落户。

(《大事记》,第 45 页)

11 月下旬,先后接收安置上海、北京、天津、长春、四平下乡知识青年 25 500 人。

(《大事记》,第 45 页)

(1969 年)9 月 2 日,上海知识青年张翠萍在防洪抢险中牺牲,被中共梨树县委追认为共产党员、革命烈士。

(《大事记》,第 45 页)

1975—1976 年,县革委会从农村青年和城镇下乡知识青年中选拔录用 51 人,培训后分配到各部门。

(卷十一第一章《人事》,第 305 页)

1982 年 3 月县知青办撤销,其业务人员并入劳动局。

(卷十一第二章《劳动就业》,第 319 页)

1964 年知识青年下乡,1970 年后招工就业,到 1978 年下乡知青陆续返城就业,至 1985 年共计招工安置 28 727 人。

(卷十一第二章《劳动就业》,第 319 页)

知青"上山下乡"

1964 年,梨树县开始动员城镇初、高中毕业生到农村插队落户。6 月,梨树镇 15 名知识青年,首批到杏山公社大烟筒大队插队落户,接着梨树一中、二中、郭家店一中,分别在杏山、梨树、郭家店 3 个公社办了集体户。

1972年底以前,国家对上山下乡知识青年(以下简称知青),平均每人补助安置费200元。1973年后,每人500元。到国营农场的,每人400元。补助安置费主要用于建房、生活补助、购买农具、家具、学习、医疗等。对外省、市下乡的知青,每人另加40元冬装补助费,国家补助两次探亲路费。投亲插队的安置费发给本人,到集体户的由户里统一掌握使用。下乡青年的口粮,头一年每人每月22.5公斤,由国家供应,第二年起,正常出勤的不低于当地整劳力实际吃粮标准,标准过低的,由国家统销给予补助,每人每年留量不少于325公斤,略高于当地社员。

1965年4月,县委、县人委成立了知青安置领导小组,下设知青办公室,负责此项工作。

1965年5月,全县共建39个集体户,有知青626人。1968年后,初、高中毕业生上山下乡形成高潮,外省、市一大批知识青年也分派来插队落户。1964—1968年,全县29个公社共安置下乡知识青年31500人,其中:接收安置上海市知青1000人、北京市200人、天津市300人、长春市1000人、四平市14000人、本县15000人。在农村生产队建立了513个集体户,建住房3012间,共拨知青经费1175万元。

1969年后,通过招工、升学、参军等形式,一部分下乡知青离开农村。1973年全县有下乡知青8685人,集体户664户,分布在664个生产队。此后,每年全县约有2000名初、高中毕业生到农村插队落户。

以后1978年,根据中共中央"调整知识青年政策,逐步缩小范围,今后不再插队"的精神而不再下乡,已下乡的未婚知青陆续返回城镇,上海、北京天津、长春、四平等地知青大部分返回原籍城市。1982年,全县农村尚有同社员结婚的下乡青年800人,就地就近,安置在乡、镇企业200人,其余也陆续得到了安置。对已婚青年子女按国家规定,改农村量为吃商品粮供应量。

(卷十一第二章《劳动就业》,第321—322页)

《怀德县志》

怀德县志编纂委员会编著,吉林文史出版社1996年

(1964年)6月,全县第一批497名城镇知识青年到农村插队落户。(《大事记》,第20页)

(1968年)10月,全县城镇中学6162名毕业生到农村插队落户,建立知识青年集体户。

(《大事记》,第22页)

(1976年)8月29日,朝鲜慈江道友好代表团到二十家子知识青年集体户参观。

(《大事记》,第24页)

(1977年)1月,召开怀德县第五次上山下乡知识青年先进集体(个人)代表会议。

(《大事记》,第24页)

知识青年安置

1964 年,开始在城镇动员知识青年下乡插队落户,参加农业生产劳动,当年下乡 497 人。1965 年,全县又有 990 名城镇知识青年和社会上闲散劳力到农村落户参加农业生产。其中,有 762 人采取集体插队的形式,建起 48 个知识青年集体户。

1968 年,毛泽东主席发出"知识青年到农村去,接受贫下中农的再教育,很有必要"的指示,全县城镇知识青年纷纷响应,先后有 6 162 人下乡插队落户。至 1979 年末,全县累计已有 36 711 名知识青年在农村参加劳动。其中,来自怀德县的为 25 047 人,来自上海的 1 810 人,来自长春的 1 910 人,来自四平的 6 818 人,来自其他省、市、县的 1 126 人。在此期间,被录取到大、中专学校学习的 3 785 人,参加中国人民解放军的 4 963 人,招收为本县固定工人的 17 500 人,招收到外省、市、县的 1 870 人,迁往外地落户的 1 750 人,因病或家庭困难迁回城镇的 6 843 人。

在下乡过程中,结婚的知识青年有 1 924 人。其中,双方都是知青的 84 人,同城镇职工结婚的 110 人,和农村社员结婚的 1 730 人。对这些人的安置措施是:对同城镇职工结婚的、双知青结婚的 194 人,户口返回原动员下乡的城镇,招收为县以上集体所有制固定工人;和社员结婚的 1 730 人(男 505 人,女 1 225 人)及其子女共 3 965 人,全部改吃商品粮,并改为非农业户,为已婚知青办理县以上集体所有制固定工手续,计安置到社队企业 414 人,知青厂(队)919 人,镇办企业 150 人,供销系统 63 人,粮食系统 15 人,商业系统 10 人,卫生系统 13 人,农机、农电、林业、公路、房产、农行等系统 22 人,代课教师 5 人,自谋职业 37 人,务农 71 人,调往外地 11 人。

1981 年 5 月,召开全县发展集体经济和个体经济安置城镇待业青年就业工作会议,进一步贯彻"在国家统筹规划下,实行劳动部门介绍就业,自愿组织起来就业和自谋职业相结合"的就业方针。1982 年 2 月,县政府又作出决定,强调今后要在发展经济和各项建设事业的基础上,有计划有步骤地解决城镇就业问题。要求各个部门、各个单位行动起来,协同工作,广开门路,大力发展经济,为劳动就业创造条件,从而推动了全县劳动就业工作的开展。至 1984 年末,共安置了 36 027 人(不包括自谋职业的),占待业青年 3.8 万人的 94.8%。其中,全县城镇兴办各种集体企业 925 个,扩大原有集体单位的生产和服务能力,共安置了 25 549 人;城镇郊区在农村兴办了 43 个知青厂(队),安置下乡已婚知识青年和一部分非农业户青年 1 486 人;办理企业单位职工和国家机关工作人员退休退职,子女顶替安置了 7 593 人;清理辞退农村劳动力腾出生产岗位安排了 1 399 人;发展城镇个体经济 3 985 户,待业青年在其中自谋职业的 1 978 人。

至此,全县 1979 年以前的城镇待业青年和新成长的劳动力基本得到了安置。

(卷二十二第一章《劳动》,第 600—601 页)

《伊通县志》

伊通县志编纂委员会编著，吉林文史出版社1991年

（1968年）7月13日，伊通县上山下乡安置办公室成立，开始动员城镇中学毕业生上山下乡。 （《大事记》，第19页）

全县认真学习落实"五七"指示，于1968年7月成立伊通县知识青年上山下乡安置办公室，开始动员城镇中学毕业生上山下乡，接受贫下中农的再教育。1968年至1977年8月，伊通县下乡知识青年共5 924人，同时接收长春、四平、辽源等市知识青年5 680人。先后建土坯房屋1 319间，砖瓦结构房屋1 347间，总建筑面积32 825平方米。1970年至1978年，国家共拨给伊通县知识青年上山下乡生活费30万元，建房费180万元。1980年伊通县停止知识青年上山下乡工作，各集体户的房屋作价售给所在地的生产队或社员，仅收回40余万元。 （卷六第三章《解放后的政治运动》，第180—181页）

1964年12月成立安置城市下放职工和青年学生领导小组办公室。1968年6月改称知识青年上山下乡安置办公室，1969年12月改称"五七"办公室。1973年3月改称知识青年上山下乡安置工作办公室，1982年3月并入劳动局。 （卷七第三章《人民政府》，第200页）

伊通县城镇知识青年上山下乡情况表

下乡时间	下乡人数	回城时间	回城人数
1968	1 580	1969—1970	1 105
1969	450	1971	430
1970	100	1972	68
1971	500	1973	480
1972	550	1975	486
1973	850	1976	821
1974	430	1978	410
1975	500	1978	468
1976	400	1979	368
1977	500	1980	481
合计	5 860		5 117

（卷八第二章《劳动》，第229页）

《东丰县志》

东丰县志编纂委员会编，中国广播电视出版社 1994 年

（1964 年）1 月，县设知识青年安置办公室。 　　　　　　　　　　（《大事记》，第 25 页）

9 月，首批知识青年下乡 37 人，去三合公社兴太大队五、七队集体户。

（《大事记》，第 25 页）

同月（1979 年 2 月），下乡知识青年全部返回县城待业，各系统、企业相继建知青厂店 55 个，安置知识青年 1 322 人。 　　　　　　　　　　（《大事记》，第 31 页）

城镇知识青年安置 　1964 年 1 月，东丰县安置办公室成立。是年，安置首批知识青年 37 人（女 20 人）去三合公社兴太大队五、七小队劳动。至 1978 年，15 年中安置下乡知识青年 11 155 人（女 5 135 人），其中本县 6 075 人（女 2 821 人），辽源市 5 005 人（女 2 295 人），四平市 9 人（女 2 人），其他县 66 人（女 17 人）。全县共建"知识青年集体户"403 户，其中本县 186 户，辽源市 216 户，四平市 1 户。

1970—1980 年，安置知识青年 8 180 人（含返辽源市）中 2 975 人回城参加工作、待业，其中东丰县 1 106 人，辽源市 1 869 人。

1979 年，各部门开办知青厂店 55 个，安置知识青年 1 322 人（含应届初高中毕业生，下同）。至 1983 年，共安置知识青年 5 711 人，其中大集体工人 3 814 人（女 2 477 人）。1984 年安置待业青年 620 人、1985 年安置 673 人。 　　　　　（第八编第一章《劳动》，第 196 页）

1964 年，一中和二中毕业生，下乡集体插队落户。……1968 年开始，中学毕业生下乡插队落户，接受贫下中农"再教育"。1970 年，对初中毕业生提出四个面向（上山下乡、去厂矿、升高中、升中专）的分配要求。高中毕业生部分升入大学、中等专业学校。

（第二十二编第四章《中学教育》，第 496 页）

1968 年 3 月，根据毛泽东"五·七"指示精神，66、67 两届初高中毕业生组成集体户去农村落户。 　　　　　　　　　（第二十二编第四章《中学教育》，第 500 页）

《双辽县志》

魏连生主编，中国青年出版社 2000 年

1968 年"五·七"指示（毛泽东同志一封公开信）发表后，县委、县政府开始动员大批城

镇初、高中毕业生上山下乡，接受贫下中农再教育。1979年双辽县停止知识青年上山下乡工作。

（卷四第六章《政事记略》，第 164 页）

1964年国家提出"组织城市知识青年参加农村社会主义建设的决定"，动员城里知识青年下乡，为城里青年就业开辟了一个新途径。

（卷九第一章《劳动》，第 314 页）

1968年，县革委会成立后，全县有近 6 000—7 000 名初、高中毕业生在家待业，为了解决这些学生就业问题，开始动员下乡，到 1978 年，全县城镇青年共下乡 12 443 人

（卷九第一章《劳动》，第 314 页）

第八节　知识青年上山下乡

1964年，根据当年 1 月 16 日《中共中央、国务院关于动员和组织城市知识青年参加农村社会主义建设的决定（草案）》精神，双辽县开始动员知青上山下乡工作。

1968年，根据毛泽东当年 12 月 21 日"知识青年到农村去，接受贫下中农的再教育很有必要。要说服城里干部和其他人，把自己初中、高中、大学毕业的子女，送到乡下去，来一个动员。各地农村的同志应当欢迎他们去"的指示，形成了单位包职工，职工包家属，家属包子女，送子务农光荣的局面，掀起了轰轰烈烈的知青上山下乡高潮。

一、机 构 设 置

1964年，县委专门成立了知青安置领导小组，由县委副书记任组长，副县长等领导任副组长，有关单位的领导任成员。下设知识青年办公室（以下简称知青办）。知青办和劳动局统一管理全县知青工作，是县政府的职能部门。知青办主要负责城镇初高中毕业生和社会青年下乡及"五不下"知青的审批，集体户的管理，知青经费的管理、使用等项工作。

1979年以后，县委对知青下乡政策进行了调整，知青办的工作也逐渐转移到城里，在城镇内，广开就业门路，安置待业青年。1982年 3 月 24 日，知青办与县劳动局合并。

二、知 青 安 置

双辽县农村安置的知青主要是本县郑家屯镇、茂林镇的下乡知青和四平市、上海市长宁区的下乡青年。

1964—1966年，主要动员城镇初高中毕业生，未能升学就业、年龄 16 周岁以上、身体健康的青年。1964—1978年，全县 17 个公社和郑家屯镇郊菜队、双山农场、种马场、鹿场共安置下乡知青 17 010 人，其中双辽知青 12 443 人，四平知青 3 781 人，上海知青 786 人。在农村生产队共建立 309 个集体户。

1968—1978年，动员知青对象是：标准城镇以上的城镇中学应届毕业生；1966 年以来历届毕业生中应下乡未下乡的知青；1966 年以来历届毕业生和中途退学的社会青年；1972 年以后小车站职工子女住在非标准城镇，中学毕业后原则上就地就近参加农业生产劳动。就地安排不了的，报请所在地县革委会批准，也可包括动员范围之内，列入安置规划。

到双辽农村插队落户的知青,安置形式重点是集体户。根据生产队劳动力、人口、耕地面积,确定集体户人数,少则 10 人,多则 30 人。在贫下中农中推选政治思想好、作风正派、有组织能力、群众信得过的老贫农担任户长,负责集体户的管理。集体户在下乡青年中选出政治户长、劳动户长、生活户长、会计、现金、保管员。下到农村有亲属的地方插队落户的下乡青年,参加亲属所在的生产队劳动。随父母下乡的城镇中学毕业的子女、"五七战士"和"六·二六"子女在重新安排工作之前,其子女在公社中学毕业,应按下乡知青对待。

三、管理教育

生活管理 1964—1972 年,县革命委员会制定了知青安置补助费标准,组织到集体户下乡的每人补助 225 元;男、女青年已结婚下乡安家落户的,每人补助 170 元;单身下乡投亲插队的,每人补助生活费 80 元;医疗费主要由青年本人或家长自理。如确有困难者可按社员医疗困难办法处理,实行合作医疗。1973 年,对知青安置补助费做了调整,城镇知青到农村插队落户或新建集体户,到集体所有制场队的每人补助 500 元;到牧业社队的每人补助 700 元;到国营农场的每人补助 400 元。安置费、生活费由公社或大队、生产队负责管理,不一次性发给本人。知青的口粮,第一年每人每月 22.5 公斤,由国家供应,从第二年起参加集体分配,既要体现按劳分配的原则,又要给予必要的照顾,每年每人留量不少于 325 公斤。知青在农村结婚立户的,下一年的粮食分配仍按下乡知青对待,以后按当地社员标准留量。知青下乡以后,已成为生产队的新社员,各种待遇与当地社员相同,按六十条拨给自留地。知青建房所用木材、土及木工均由生产队负担。1964—1978 年,全县共建知青集体户土平房 378 栋,1 668 间;砖石结构的平房 251 栋,1 691 间;砖石结构的瓦房 55 栋,435 间。

双辽县下乡知青安置费用统计表

单位:元

单　　位	金　　额	单　　位	金　　额
郑家屯镇	86 157.96	茂林公社	513 395.6
知青办	886 001.31	兴隆公社	425 406
建设公社	669 057.85	永加公社	530 392.31
红旗公社	667 894.22	桂花公社	156 427.85
那木公社	189 580.3	向阳公社	319 702.89
王奔公社	596 885.73	卧虎公社	659 934.71
太平公社	519 813.73	双山农场	69 360.52
双山公社	332 340.62	玻璃山公社	243 353.84
柳条公社	455 605.49	种马场	5 750
新立公社	346 457.83	鹿　场	27 530
秀水公社	329 016.91	总　计	8 233 196.69
服先公社	303 132.02		

政治教育 1964—1966 年,县革命委员会派一期带队干部,1968—1978 年,派四期带队干部,共 125 人,随知识青年下乡,平均每 50 名下乡青年选派 1 名带队干部。每个公社都建

立一个带队小组,带队干部的工作任务是协助社队管理教育知青,坚持与知青同吃、同住、同劳动、同学习。

四、知青代表大会

第一次知青代表大会 1970 年 10 月 15 日召开,出席会议代表 350 人,列席代表 170 人。会议树立永加公社为先进单位,树立 3 个先进集体户,3 名先进户长。会议表彰了 37 个先进单位和 38 名先进个人。

第二次知青代表大会 1973 年 12 月 15 日召开,出席会议代表 453 人,列席代表 181 人。全体代表向全县知青提出了倡议书。会议树立 3 个知青先进单位,3 个先进集体户,1 名先进老户长,3 名先进青年。会议表彰了 42 个先进单位和 35 名先进个人。

第三次知青代表大会 1976 年 9 月 26 日召开,出席会议代表 520 人,列席代表 280 人。全体代表向全县知青提出了倡议书。会议树立永加公社党委、郑家屯铁路分局知青领导小组、跃进大队党支部为先进集体,树立 4 名先进个人。会议表彰了 27 个知青先进集体和 63 名先进个人。

五、返 城 就 业

1978 年,根据中央 74 号文件精神,县委对城镇中学毕业生的分配实行了"四个面向",不再动员知识青年下乡,由单位自行安排,组织就业。双辽县郑家屯镇属一般县城,城镇人口多,毕业生多,知青人数也比较多。全县有下乡青年 4 965 人,其中四平市 479 人,郑铁分局职工子女 1 693 人,本县职工子女 2 793 人。1978 年 12 月,对 1972 年以前下乡的和年龄较大的未婚青年,通过全民和集体招工,以及办理病困等途径安排 1 500 多人,铁路安排 650 人,接班安排 644 人,共计安排 2 794 人。

为了安置下乡青年返城就业,1979 年,组建了双辽县劳动服务公司,负责组织各系统、单位,兴办独立核算、自负盈亏的知青厂点,安置下乡青年返城就业。安置的原则是,由下乡青年家长单位安排自己的子女返城就业。在税务、银行、物资、城建等有关部门和单位的支持下,在城镇兴办了 96 个知青厂点,使 2 202 名下乡未婚青年陆续返城安置就业。知青全部返城,全县集体户房屋全部变价做了处理,处理房屋共回收款 55 096 元。

对同社员结婚的下乡青年,县委本着国家关心、负责到底的精神和就地就近、因地制宜、多渠道进行安排的原则,从 1982 年开始安置,到 1984 年末结束。

(卷九第一章《劳动》,第 334—337 页)

"文化大革命"开始后,全县中学 3 年没招生。到 1969 年初中恢复招生时,学生人数骤增,而大专院校又无毕业生分配到学校,中学师资严重不足。为解决这个矛盾,大量吸收下乡知识青年和退休教师子女当教师,教师质量有所下降。

(卷二十六第五章《教师》,第 1065 页)

（1964年）1月，成立知识青年上山下乡工作办公室。（卷三十二《大事记》，第1335页）

（1968年）12月，全县下乡知识青年3 494人，其中男1 950人，女1 544人。

（卷三十二《大事记》，第1336页）

（1970年）10月15日，召开全县第一次上山下乡知识青年代表大会。

（卷三十二《大事记》，第1336页）

《东辽县志》

东辽县地方志编纂委员会编，吉林文史出版社2002年

（1976年）7月27日，县委总结：八年来共接收辽源市和本县下乡知识青年22 001人。由于招工、升学、参军和转出，全县还有9 224名知识青年，在农村参加劳动。

（《大事记》，第49页）

9月20—23日，县委在渭津公社召开"东辽县第一次上山下乡知识青年先进集体与个人代表会议"。

（《大事记》，第49页）

《哲里木盟志》

哲里木盟地方志编纂委员会编，方志出版社2000年

知识青年上山下乡

1963年，由于城镇待业人员增加，政府动员城镇中学毕业生下乡到农村或农牧场劳动。从1964年至1966年，共有1 200多名城镇知识青年下乡插队或插场。

1966年"文化大革命"开始后，除安置一些大中专毕业生外，基本停止招收职工，城镇待业人员逐年增多。从1968年开始，全盟大张旗鼓地动员知识青年上山下乡。至1970年，全盟农村牧区共接收天津、北京、浙江、上海等地下乡知识青年19 170人，分别安排到全盟9个旗县市的农村牧区。盟内城镇共动员25 800名知识青年上山下乡。

1970年，按照国家有关政策，抽调下乡知识青年回城安排工作。至1979年，全盟先后安置天津、北京、浙江、上海等地下乡知识青年19 101人，安置盟内下乡知识青年25 571人，使知识青年上山下乡和回城安置工作基本结束。

（第二十四篇第一章《劳动就业》，第1351—1352页）

（1964 年）9 月 6 日，通辽市首批下乡知识青年 141 人，奔赴农村牧区插队落户。

（《大事记》，第 1958 页）

（是年）哲里木盟成立城镇青年安置办公室，到 1966 年"文化大革命"前，共有 1 200 名城镇知识青年到农村牧区和国营农牧场插队落户。 （《大事记》，第 1958 页）

（1965 年）7 月 21 日，全盟城镇下乡知识青年代表会议在通辽市举行。114 名下乡知识青年代表和通辽市 900 多名初中应届毕业生参加大会。 （《大事记》，第 1959 页）

（1968 年）6 月 29 日，天津市首批 940 名知识青年到哲里木盟插队落户。到 1970 年哲里木盟共安置京、津、沪、浙江知识青年 19 170 人，盟内城镇知识青年 25 800 人。

（《大事记》，第 1962 页）

（1971 年）4 月 15 日，内蒙古生产建设兵团五十七团三连战士柏永华、单美英为保护麦种、牧场，在扎鲁特旗北部与草原烈火英勇搏斗壮烈牺牲，内蒙古生产建设兵团为她们追记一等功，并授予革命烈士称号。 （《大事记》，第 1963 页）

（1973 年）9 月初，盟委组织下乡知识青年工作检查组，检查 5 个旗县市的 128 个知识青年集体户。20 日，盟委批转盟下乡知识青年办公室《关于联合屯大队在知青工作中存在的严重问题的报告》，要求各地认真检查知识青年工作中存在的问题。（《大事记》，第 1964 页）

（1976 年）6 月，中共吉林省委和国家煤炭部决定在哲里木盟、白城地区抽调 3 500 名上山下乡知识青年组成"支援霍林河矿区建设民兵"开进霍林河矿区参加矿区建设。

（《大事记》，第 1966 页）

《哲里木盟工业志》

内蒙古自治区哲里木盟经济委员会编，（内部刊行）1991 年

1966 年到 1976 年，哲里木盟一批工厂企业，职工人数增长幅度更大。到 1975 年底，哲盟经济处所属工厂企业职工达到 8 545 人，比前 10 年增长一倍多。这期间招收职工的主要来源是国家分配的大、中专毕业生、复员转业军人、长期顶岗工转为固定工人和上山下乡知识青年。 （第十四章《职工队伍》，第 275—276 页）

1970年以后,全盟的工业企业招收一大批上山下乡知识青年。这些知识青年绝大多数是"无产阶级文化大革命"期间的初、高中毕业生。由于他们在校期间停课闹革命,没有学到多少文化知识,到岗后反映出文化水平低、素质差。根据国家统一规定,哲里木盟工业企业从1981年开始对各企业的青壮年职工进行文化和技术知识培训。各级党委都组成领导小组,还建立健全专门的职工教育机构,并配备专职或兼职教师任教。许多企业办了脱产或半脱产的文化技术补习班。从1981年到1985年,哲里木盟经济处系统一共办14期补习班,参加补习人数为840人,占应补习人数的70%。

　　1980年以后,全盟的工业企业选调一些青年工人到中等专业学校学习。条件较好的企业自己开办中等专业学校,对口培训,以满足本企业的需要。通辽市第一毛纺织厂中专班从1983年到1985年培训专业人员43名。　　　　　　　（第十四章《职工队伍》,第276—277页）

《通辽市志》

中共通辽市科尔沁区委地方志编纂委员会编,方志出版社2002年

　　1973年12月,增设"知识青年上山下乡办公室"(简称"知青办"),负责"知识青年"的就业安置工作,1981年6月,"知青办"撤销,合并到劳动局内。

　　　　　　　　　　　　　　　　（第二十四篇第二章《劳动管理》,第949页）

　　1963年,国民经济调整后,全市经济发展趋于平衡,城市待业人员有所增加。对此,在劳动就业政策方面实行统筹安排,城乡并举的方针,一方面企业招收部分新工人,并安排剩余劳力从事临时工作,另一方面动员城镇学校毕业生到农村或农场劳动。

　　……

　　1968年,全市开始有组织有计划地实行知识青年上山下乡支援农村生产,缓解城市就业压力。1970年,"知青"开始先后返城,城市新增职工除国家统配人员和政策允许安置的人员外,一律从下乡知青中招收。1977年,全市共招收下乡知青1 678人,安排到全民所有制企业318人,集体所有制企业12 432人,盟属企业117人。

　　70年代末,全市就业工作进入高峰。由于下乡"知识青年"反城、应届高中毕业生和历年积累的待业青年均需要安置,使就业任务量加大。为缓解就业压力,1979年,经市政府批准,成立通辽市劳动服务公司,其职能是组织全市各企事业单位组建劳动服务实体(小集体性质),缓解社会就业压力。　　　　（第二十四篇第二章《劳动管理》,第954—955页）

　　(1968年)6月28日—9月15日,通辽县先后接收安置4批天津市下乡知识青年达2 956人。

8—9月，通辽市109名知识青年下乡到扎鲁特旗前进公社插队落户。

（《大事记》，第1226页）

《科尔沁左翼中旗志》

《科尔沁左翼中旗志》编纂委员会编，内蒙古文化出版社2003年

同月（1968年10月），为安置知识青年上山下乡，科左中旗成立"五·七"办公室。

（《大事记》，第49页）

（1973年6月）旗"五·七"办公室改为知识青年上山下乡办公室。

（《大事记》，第51页）

（1978年12月）成立科左中旗知识青年安置办公室，对本旗和外地区到本旗上山下乡的7 854名知识青年进行了安置。

（《大事记》，第54页）

科左中旗在1982年以前招收工人的对象，主要是下乡知识青年，也有少量的城镇待业青年，要求是有初中以上文化程度，年龄在16—25周岁之间的男女未婚青年。某些特殊行业、特殊工种从农村招收一部分回乡少数民族青年。

（第十二篇第一章《劳动就业》，第387—388页）

知识青年安置

（一）下乡知识青年安置

1966—1977年，共接收本旗和外地区上山下乡知识青年7 854人，分配到全旗31个公社（镇）的489个生产大队，组建集体户475个。集体插队青年每人拨给经费240元（京、津知识青年另加冬装补助费30元，旅差费20元），国家先后调拨600立方米木材，为26个公社（镇）的插队知识青年建房。

（二）回城知识青年安置

1970—1980年，全旗招生、招工对象大部分是下乡知识青年，录取手续是贫下中农推荐，大队把关，公社审查，旗政府审核，盟公署批准。1978年12月2日，根据中共中央（78）74号文件，调整了知识青年政策，全旗先后办起了知青厂、集体所有制企业，对下乡知识青年进行了安置。

（第十二篇第一章《劳动就业》，第388页）

1950—2000 年科左中旗财政预算支出统计表

年度	工业投资	科技三项费用	简易筑建费	技援农业投资	城镇人口下乡安置费	文教卫事业费支出	抚恤救济费	行政管理费类支出	城市维护费	肉价补贴	其他支出	支出合计
					......							
1966	10.3			46.2	0.6	139.1	14.6	113.3			50.2	374.2
1967	9.0			47.2		144.3	11.9	85.7			23.8	321.9
1968	0.4			43.0	43.6	129.1	12.8	98.1			15.8	342.8
1969		0.3		63.9	44.7	126.6	20.4	113.2			24.7	393.8
1970		0.9		53.3	34.1	163.1	38.9	139.3			24.8	454.4
1971	19.1	3.4		70.3	17.6	199.9	21.6	144.9	0.8		24.2	501.0
1972	18.8	4.2		114.4	3.4	211.3	20.0	149.8	5.1		36.0	557.9
1973		4.2		272.8	17.0	236.4	28.5	159.6	3.0		57.0	776.3
1974	21.7	3.2		307.8	80.3	273.8	41.3	147.2	4.0		40.9	921.3
1975	13.7	2.7		333.9	34.7	269.5	27.2	151.8	9.6		40.0	876.5
1976		1.7		338.7	53.8	292.9	56.5	159.0	5.9		49.7	956.3
1977	3.0	2.0		493.7	43.1	310.9	49.9	167.0	12.6		66.5	1 145.8
1978	11.8	1.8	27.7	531.7	12.0	416.7	111.8	154.0	10.1		83.9	1 357.3
1979	15.0	2.4	7.0	463.7	14.0	414.3	80.0	177.0	7.7		62.3	1 248.3
1980	15.9	3.5	3.9	417.8	11.6	435.3	80.4	190.4	13.9		75.3	1 244.2
1981	22.1	1.6	6.8	325.0	14.6	521.2	76.9	178.7	7.7		95.0	1 249.9
1982	19.5	3.7	7.0	383.0	8.4	635.2	95.0	216.0	13.9		107.3	1 489.0
1983	6.0	2.9	4.0	433.6	8.2	657.1	136.5	257.2	61.1		126.0	1 692.6
1984	42.3	22.6	42.0	475.9	10.8	758.2	108.8	355.7	60.4		1 406	2 017.3
1985	31.2	10.3	11.0	450.8	5.0	962.4	172.8	302.6	53.7	71.0	143.8	2 214.6
1986	58.8	12.5	68.0	620.5	7.0	1 198.8	273.4	430.0	63.9	237.2	118.4	3 088.5
1987	37.3	12.7	10.0	548.8	1.9	1 205.4	220.0	474.5	69.5	251.1	276.7	3 107.9
1988	40.1	2.9	3.0	844.3	1.1	1 565.4	94.7	568.0	36.8	409.0	258.0	3 823.3
1989	60.1	1.8		816.4	4.5	1 528.7	174.5	602.0	42.1	300.3	358.9	3 889.3
1990	42.2	6.8		1 066.5	10.7	1 643.5	163.5	711.7	51.9	433.8	301.5	4 432.1
1991	42.5	24.8		915.0	12.0	1 630.4	171.8	696.1	54.1	380.3	383.8	4 311.3
1992	59.2	15.4	10.0	680.8	6.7	2 019.3	139.1	878.9	35.0	55.5	332.6	4 232.5
					......							

（第二十一篇第一章《财政》，第 705—707 页）

1970 年 12 月,从知识青年中采用 50 名小学教师。

(第二十五篇第七章《教师》,第 877 页)

1982 年,全旗教育基本建设总投资 44.96 万元。其中国拨 35.36 万元,社队投资 16.6 万元。新建、翻建校舍 247 间,维修 103 间。根据旗人民政府《关于知识青年集体户用房处理意见通知》精神,收回知识青年集体用房 273 间归学校使用。1983 年收回 153 间,共收回原知识青年集体户用房 425 间(17 625 平方米)。 （第二十五篇第八章《教学设施》,第 889 页)

梁套敦巴雅尔(1950—1974) 蒙古族,1950 年出生于科左中旗巴彦召苏木柴达木嘎查一个贫农家庭。……

1968 年,梁套敦巴雅尔初中毕业。……毅然回乡参加农业生产,决心为改变家乡的落后面貌贡献自己的力量。

由于他思想进步,虚心好学,劳动积极,于 1970 年,光荣地加入了中国共产主义青年团。1973 年,被推选为共青团柴达木嘎查支部委员会副书记。当年,又被选任为该嘎查小学民办教师。……

1974 年 7 月 21 日,一儿童不慎落井。梁套敦巴雅尔见到后,奋不顾身地跳入井中进行抢救。因井深缺氧,当即昏迷,经抢救无效,壮烈牺牲,年仅 24 岁。

1974 年 11 月 19 日,中共科左中旗委员会,根据本人生前的申请,追任梁套敦巴雅尔为中国共产党党员。

(第三十篇《人物》,第 1 030—1 031 页)

《科尔沁左翼后旗志》

《科尔沁左翼后旗志》编纂委员会编,内蒙古人民出版社 1993 年

同月(1968 年 9 月),天津市首批上山下乡知识青年 900 多人到科左后旗,"接受贫下中农再教育"。

(《大事记》,第 55 页)

(1969 年)2 月,甘旗卡镇首批知识青年上山下乡,去农村牧区"接受贫下中农再教育"。

(《大事记》,第 56 页)

(1981 年)2 月,撤销科左后旗上山下乡知识青年办公室,有关业务归旗劳动局办理。

(《大事记》,第 67 页)

1947—1958 年,科左后旗的干部,除上级委派和接收旧职人员(教员、职员)外,主要是选

拔录用土地改革、合作化、人民公社化等运动中涌现出来的农牧民积极分子、回乡知识青年。

（第二十二篇第一章《干部》，第 685 页）

1974 年，全旗工交、商业、供销企业招用亦农亦工、亦农亦商人员 300 名，1985 年按国家劳动制度将这些人员全部辞退回乡。此后，各企事业单位用工由劳动部门从下乡知识青年、城镇待业青年和技工学校、职业中学毕业生中统一调配，不准各单位私自招用。

（第二十二篇第二章《工人》，第 688 页）

第一节　知识青年安置
一、上 山 下 乡

科左后旗自 1968 年 9 月始，开始安置上山下乡知识青年。1970 年，设上山下乡知识青年安置办公室，简称"知青办"（又称"五·七"办）。到 1978 年，全旗接受并安置下乡知识青年 5 067 名，其中天津知识青年 2 855 名、浙江知识青年 9 名、通辽知识青年 799 名，旗内城镇（包括金宝屯、吉尔嘎朗、伊胡塔）知识青年 1 404 名。安置在 23 个人民公社、5 个农牧林场，153 个生产队，283 个集体户。

二、回 城 安 置

从 1972 年开始，科左后旗每年招收部分知识青年参加工作。1978 年末，根据中共中央和国务院的指示精神，不再组织城镇知识青年上山下乡，并抓紧插队知识青年的回城安置工作。到 1980 年，以招工进企事业单位、选拔为国家干部、应征入伍、被高等院校和中等专业学校录取入学、"顶替"父母工作及其它原因回原籍等形式将 5 067 名下乡知识青年全部安排就业。

（第二十二篇第三章《劳动就业》，第 690 页）

《库伦旗志》

中共库伦旗志编纂委员会编，内蒙古文化出版社 2005 年

（1973 年）1 月 4 日，成立知识青年上山下乡动员工作领导小组。（《大事记》，第 38 页）

第一节　知识青年安置

库伦旗的知青安置工作，自 1965 年开始，是年从外地来库伦旗插队的知识青年共 12 人。到 1969 年，全旗共安置本旗和外地下乡知识青年 1 050 人。其中北京知识青年 160 人；天津知识青年 290 人；本旗青年 600 人。分别安置在 8 个人民公社、40 个生产大队、60 个生产小队插队落户。

1980 年,接收安置知青工作结束。到年底,全旗安置的知识青年已达 1 523 人。其中北京 162 人;天津 290 人,本旗 1 071 人;男 779 人,女 744 人。

1989 年,针对部分知识青年的配偶和子女城镇户口问题没有解决的实际,根据内蒙古自治区公安厅、劳动人事厅联合下发的内公发〔1987〕19 号文件和哲盟公安处、劳动人事处联合下发的《关于认真做好原城镇下乡知青返城后在农村的配偶及子女落城镇户口问题的通知》规定,责成专人负责,先后两次向全旗各系统、单位发函进行全面调查,对重点单位进行走访,详细查阅未解决人员的档案。经核实,有 31 户 103 人未解决,其中自治区外 7 户 21 人,自治区内 24 户 82 人。经旗公安局审核,报哲盟公安处批准,解决 27 户 85 人,其中自治区外的全部解决,自治区内的解决 16 户 47 人,有 4 户 18 人的林场职工根据哲公发〔1987〕67 号文件精神不予解决。

(第二十篇第四章《劳动就业》,第 689 页)

《奈曼旗志》

内蒙古自治区奈曼旗地方志编纂委员会编,方志出版社 2002 年

(1968 年)10 月,成立奈曼旗上山下乡知识青年安置办公室,并安置首批来自北京、天津和旗内知青 555 名,其中外地知青 531 人。

(《大事记》,第 44 页)

1971 年招收工人,提出政治思想好、生产劳动好、政治历史清白、社会关系清楚、年满 16 周岁至 22 周岁身体健康的未婚青年;熟练期工人不超过 25 周岁;女工比例保证 10%至 20%;招工对象是劳动满 2 年以上的知识青年,并且下乡知青、回乡知青的招收比例为 9∶1。招工指标分配到公社,由生产队评议、推荐,公社革委会审批,报劳动局统一分配。在本年内依计划招工 192 名。……

1974 年,从参加集体生产劳动 2 年以上的城镇下乡知识青年中招收新工人 40 名,补充到全民所有制新建、扩建企业。

(第二十九篇第三章《劳动就业》,第 989 页)

第五章　知青安置

第一节　上山下乡

奈曼旗接收城镇下乡知识青年工作始于 1968 年。1969 年 6 月,奈曼旗革委会成立"安置办公室"负责此项工作。1972 年"安置办公室"改称"五七办公室",至 1976 年 10 月,又更名为"知识青年上山下乡工作办公室",简称"知青办"。1981 年 1 月被撤销。人员、业务及财产全部移交旗劳动局,知青遗留工作便由劳动局执行。

1968—1979 年,奈曼旗共接收外地知青 804 人,本旗城镇知青 1 347 人。

第二节 回 城

1971 年起,奈曼旗开始从下乡满二年以上的知青中按计划招工,充实全民所有制企业和事业单位。初为常年性生产岗位临时工或试用期教师。后按国发(1971)91 号文件精神,1971 年 11 月 30 日前参加工作、符合条件的临时工转为固定工。到 1972 年共有 949 名临时工转为固定工,之后如有招工指标,便从知青中录用。通过 10 余年的招工、招生、征兵和提干等途径,除极个别不符合条件者外,上山下乡知识青年绝大部分安排了工作。外地知青优先全部就业,后陆续返城。1986 年,奈曼旗根据内蒙古自治区公安厅、劳动人事厅、内公发(1987)19 号文件和哲盟公安处、劳动人事处、哲劳动人字(1986)143 号《关于认真做好原城镇下乡知青返城后在农村的配偶及子女落城镇户口问题的通知》规定,凡 1966 年以来由城镇动员下乡,经旗知青办批准下乡的知青,现已返城工作的,其在农村牧区的配偶及 15 周岁以下的子女和 18 周岁以下的在校学习的子女,可落城镇户口。按此规定,奈曼旗于 1988 年底前分两批安排知青就业和解决了城镇户口。至此,历经 20 载的上山下乡知青工作划上了圆满的句号。

(第二十九篇第五章《知青安置》,第 1002 页)

《开鲁县志》

《开鲁县志》编纂委员会编,内蒙古文化出版社 2001 年

本月(1964 年 8 月),组织城镇知识青年首批 17 人到农村插队落户,并在县电影院举行欢送大会。

(《大事记》,第 32 页)

本月(1968 年 8 月)末,天津、北京和开鲁的知识青年到农村插队落户,县革委会在县电影院召开大会欢迎欢送。

(《大事记》,第 33 页)

1972 年开始,对在岗临时工、下乡劳动满 2 年以上知识青年、公社干部子女、少数民族干部子女、知识分子子女、特困户子女、孤儿、户口在场正式职工子女以及"文革"中因受触及被株连的子女等,陆续招收录用,补充自然减员,临时工改固定工和招工为铁路工人、霍林河矿区工人。

(第十篇第二章《劳动》,第 340 页)

《扎鲁特旗志》

内蒙古自治区《扎鲁特旗志》编纂委员会编,方志出版社 2001 年

(1968 年)9 月 28 日,第一批北京知识青年 680 余人到达鲁北,分别于义和公社、巨日河

公社、香山公社插队落户。 （《大事记》，第 35 页）

第一节　知识青年安置

扎鲁特旗于 1964 年 8 月成立安置知识青年办公室，该年共安置通辽知识青年 110 人，旗内知青 50 人，安置经费 28 000 元，木材 60 立方米。1968—1973 年，共接收 2 112 人，其中北京和天津知识青年 1 113 人，通辽知识青年 621 人，旗内 492 人。1974—1978 年，共接收知青 1 414 人，其中通辽市籍 270 人，长春、吉林市籍 250 人。为安置好知青，哲里木盟和扎鲁特旗共拨经费 76.6 万元，木材 775.5 立方米，玻璃 270 标准箱，水泥 5 560 吨。自 1970 年起，旗内企事业单位招工补员优先在农村上山下乡锻炼过的知识青年中录用，每年都有大批知识青年被安置在全民所有制或集体所有制单位。至 1979 年，旗内上山下乡的知识青年已被全部招回安置就业。对在下乡过程中结婚的知识青年采取了就近就地安置的办法。1986 年，又对这些知识青年的配偶、子女共 485 人办理了农转非手续。

（第二十四篇第四章《劳动就业》，第 460 页）

《霍林郭勒市志》

《霍林郭勒市志》编纂委员会编，内蒙古人民出版社 1996 年

(1971 年)4 月 15 日下午，一场草原大火伴着七、八级大风直逼五十七团驻地。这时在地头进行春耕生产播种的三连战士柏永华、单美英为保护麦种、保护牧场与烈火英勇搏斗。柏永华当场壮烈牺牲，单美英经多方抢救无效于 4 月 16 日上午牺牲。五十七团党委 4 月 25 日追认二人为中共党员。内蒙古生产建设兵团政治部 1971 年 12 月 10 日为她们追记一等功，授予革命烈士称号。之后，《解放军报》、《兵团战友报》以《火红的年华，战斗的青春》为题作了报道。

（《大事记》，第 11—12 页）

(1975 年)10 月底，内蒙古生产建设兵团建制撤销，所属各部转交地方。五十七团划归内蒙古农牧场管理局乌拉盖分局，更名为霍林河煤电厂。霍林河煤电厂党委书记、厂长王金亭，副厂长何庆武、张殿起。

（《大事记》，第 14 页）

(1976 年)6 月，根据吉林省革委会和煤炭部决定，在哲里木盟和白城地区抽调 3 500 名上山下乡知识青年组成"支援霍林河矿区建设民兵"。同月以支霍民兵为主体的土建处、建材处、创业农场成立。

（《大事记》，第 14—15 页）

(1978 年)2 月 16 日,吉林省劳动局以吉劳调字(78)29 号文批准,将 3 500 名以"支援霍林河矿区建设民兵"形式进矿的上山下乡知识青年转为固定工人。 　　(《大事记》,第 17 页)

柏永华　女,北京市人,1948 年生;**单美英**　女,内蒙古集宁市人,1952 年生。两人均于 1970 年 7 月入伍,中国人民解放军北京军区内蒙古生产建设兵团第六师五十七团三连战士,在 1971 年 4 月 15 日扑救草原大火时牺牲。 　　(第十九章《人物》,第 428 页)

《科尔沁右翼中旗志》

《科尔沁右翼中旗志》编纂委员会编,内蒙古人民出版社 1993 年

(1968 年)9 月,首批北京、天津知识青年到科右中旗农村牧区插队落户。

（《大事记》,第 31 页)

(1970 年)4 月 5 日,本旗 350 名知识青年上山下乡。 　　(《大事记》,第 32 页)

1972 年,实行按计划考核招工的制度。到 1977 年,安置上山下乡知识青年、复员退伍军人以及考核录用全民所有制工人共 3 214 人,全民所有制工人增加到 8 356 人。

1978 年,招收全民所有制工人 344 人。其中,知识青年 203 人,复员退伍军人 24 人,落实政策安置 117 人。1983 年安置最后一批知识青年 40 人,全民所有制工人总数达 16 176 人。其中,女工 4 434 人。 　　(第二十一篇第二章《工人》,第 607—608 页)

二、知识青年安置

1965 年 9 月,本旗组织第一批知识青年共 31 人到白音胡硕镇前德门山插队落户。1966 年 4 月,组织第二批知识青年共 45 人到代钦塔拉公社插队落户。从 1968 年开始,每年应届初、高中毕业生未能升学的基本都组织下乡(或返乡)插队落户。1968—1969 年接收北京和天津知识青年 835 人,安置到各公社插队落户。到 1977 年,全旗共动员上山下乡的知识青年 1 500 人。

从 1970 年开始,通过招工、大中专院校招生、应征入伍、转干等途径,有计划地安置上山下乡的知识青年。全民企事业单位招工,优先招收下乡知识青年;集体企业包干安置本系统上山下乡的职工子女;无归属单位的,劳动部门统包统配;参军复员、退伍的,由劳动部门安置就业;对丧失劳动能力的拨给一次性补助。到 1983 年,全旗基本完成上山下乡知识青年的安置工作。

三、待业安置

1979年,全旗登记在册的待业青年共2 729人。为了安置城镇待业青年,全旗大办知青厂(店),解决待业青年的就业问题。1979—1986年,累计安置城镇待业青年6 931人,发放扶持金14.20万元。1987年,发放扶持金5万元,安置待业青年1 000多人。

(第二十一篇第二章《工人》,第610页)

《镇赉县志》

镇赉县志编纂委员会编,吉林人民出版社1995年

(1968年)12月28日,县内560名知识青年响应毛泽东主席"知识青年到农村去,接受贫下中农再教育"的号召,分赴农村插队落户。

(《大事记》,第35页)

(1972年)6月2日,境内接收安置浙江知识青年1 752人,建立123个集体户。

(《大事记》,第36页)

1973年7月,撤销政治部、生产指挥部、保卫部。恢复和建立……知识青年上山下乡办公室、人民防空办公室、中国人民银行镇赉支行。　(第五篇第二章《行政机关》,第206页)

1982年4月,劳动局与知识青年上山下乡办公室合署办公。

(第五篇第二章《行政机关》,第207页)

第三节　知识青年上山下乡

1964年,镇赉县根据中共中央、国务院《关于组织和动员城市知识青年参加社会主义建设的决定(草案)》精神,首次动员和组织城镇未能升学的初、高中毕业生下乡参加农业生产。为加强对下乡青年工作的领导,1965年2月成立安置青年下乡领导小组。至1966年,全县先后有54名城镇知识青年到农村插队落户。1968年,根据毛泽东主席关于"知识青年到农村去,接受贫下中农再教育很有必要"的指示,全县掀起知识青年上山下乡高潮,大批知识青年到农村参加生产劳动。1964至1978年,全县共安置和接收知识青年7 594人。其中1969年接收北京知识青年1 513人,1972年接收浙江知识青年1 752人,接收白城知识青年883人,安置县内知识青年3 446人。全县农村建立知识青年集体户459个。

为了解决知识青年下乡后生产、生活上的困难,县根据不同情况对下乡知识青年发给安置补助费。1964至1972年间,下乡插队的知识青年,每人补助205元;闲散劳动力

成户插队的每人补助 110 元;单身插队的每人补助 80 元;家居城镇回乡落户的每人补助 40 元。1973 年,调整下乡知识青年安置补助费,知识青年集体插队落户或新建集体户的每人补助 500 元。其安置补助费由公社、大队或生产队统一管理,不发给插队落户知识青年本人。

1970 年始,镇赉县通过招工、应征入伍和选送去大中专院校学习等多种途径,逐步安置下乡知识青年。1978 年 12 月,中共中央、国务院召开全国知识青年上山下乡工作会议,决定一般县城和小集镇、林区、矿区、"三线"企业、铁路沿线小车站等地方中学毕业生,都不列入上山下乡范围。同年,城镇中学毕业生停止下乡。由于 1970 年以后一面安置下乡知识青年返城就业,一面动员新毕业学生下乡,1979 年,全县仍有 3 556 名知识青年在农村插队,其中北京知识青年 40 人,浙江知识青年 849 人,县内知识青年 2 667 人。1979 年 4 月,组建镇赉县劳动服务公司,负责组织协调各系统、单位对知识青年安置工作和兴办各种类型的知青厂、店。本着家长所在单位、系统负责安置的原则,共兴办知青厂、店 139 个,安置返城知识青年就业。对和农村青年结婚的县城知识青年,采取统筹安排与系统负责相结合的方法,多渠道就地就近安置。全县 333 名与社员、农工结婚的知识青年全部转吃商品粮,有 193 人返城进行了安置,140 人被安置到农、林、牧、渔场及社队企业工作,按农场农工或集体工人办理入场(厂)手续。1984 年,全县知识青年安置工作基本结束。

(第八篇第一章《劳动力管理》,第 252—253 页)

1977 年始,县商业系统所属副食品公司、木材公司、五金公司、医药公司、物资综合公司等,先后创办知青商店,安排知识青年就业。到 1985 年,共有知青商店 10 户,安排待业青年 525 人。年营业额 1 218.4 万元,盈利 46 万元。 (第二十篇第三章《集体商业》,第 570 页)

1970 年春,县教育部门在县"五·七"学校办 1 期师范班,招收下乡和返乡知识青年 120 名,学制 1 年。 (第二十三篇第六章《职业教育》,第 693 页)

《大安县志》

大安县县志编纂委员会编,辽宁人民出版社 1990 年

同月(1956 年 8 月),开始动员知识青年下乡,参加农业生产。 (《大事记》,第 28 页)

是年(1962 年),开始动员城镇知识青年下乡插队,到 1966 年有 735 人下乡落户。

(《大事记》,第 33 页)

（1968 年）11 月全县动员城镇 560 名知识青年下乡插队，"接受贫下中农再教育"。到 1978 年，有知青集体户 340 户 5 303 人。   （《大事记》，第 36 页）

是年（1972 年），本县开始对下乡知识青年进行安置。   （《大事记》，第 38 页）

为了安置知识青年就业，活跃城乡市场，从 1979—1985 年，共创办知青商店、饮食服务业 164 家。1979 年从业人员 148 人，1985 年发展到 2 397 人。资金 230.6 万元，其中百货业 35.7 万元、烟酒业 58.5 万元、五交化 2.26 万元、食品杂货业 83.48 万元、综合性商业 24.3 万元、饭店业 15.8 万元、小食部 3 000 元、旅店业 9.8 万元、理发业 4 000 元。

（第十二篇第五章《集体商业》，第 383 页）

"文化大革命"开始后，知识青年上山下乡。党的十一届三中全会后，又开始安置毕业生就业。1978—1985 年均安置 3 000 名左右。

由于下乡的城镇知识青年逐步回城和"文化大革命"期间就业门路的阻塞等原因，到 1979 年全县有 12 153 名城镇人员待业。   （第二十一篇第一章《劳动》，第 583 页）

第五节 上 山 下 乡

从 1962 年开始动员城镇知识青年下乡插队落户，到 1966 年先后动员 725 人到农村生产队和农、林、牧渔场（站）插队落户。1968 年初，中央发出知识青年上山下乡紧急通知，本县于 11 月开始动员，掀起上山下乡浪潮。1969 年 11 月，县委成立知识青年上山下乡领导小组办公室，具体组织动员城镇知识青年上山下乡工作。1978 年下半年，开始调整知识青年政策，逐步缩小了上山下乡范围，改变了分散插队落户形式，建立 7 个知青场（队），安置 214 名城镇下乡知识青年。截至 1978 年底全县累计有 5 517 名城镇知识青年下乡插队，其中：北京知识青年 616 名；长春知识青年 129 名。1979 年，县革命委员会决定停止动员城镇知识青年下乡插队落户，自 1973—1978 年国家拨给知识青年经费 239.4 万元。

从 1972 年开始，通过企业招工，大中专院校招生，应征入伍、转干等途径，安置下乡知识青年。当时，一面安置，一面动员下乡。到 1979 年在农村的下乡知识青年仍有 1 049 人。1980 年起，广开安置就业门路：

鼓励务农。对申请终身务农的知识青年，每人补助安家费和建房费 600 元。有 320 名下乡知识青年在农村安家落户；由家长所在单位实行对口安置，无归属单位的由劳动部门统一分配；参军复员退伍后，由劳动部门安置就业；凡外地来本县的未婚下乡知识青年，原则上回动员地安置，对无法回去的，回城就业，41 名外地知识青年得到安置；对已婚男女知识青年，到 1985 年安置 222 人，其中女知识青年的配偶顶替招工 125 人。到 1985 年下乡知识青年基本安置完毕。从 1979—1985 年共拨扶持资金和就业培训费等 142.2 万元。

年度＼项目	合计	1. 建房费	2. 补助费	3. 设备购置
总　计	239.4	191.5	26.33	21.55
1973	3.8	3.04	0.42	0.34
1974	17	13.6	1.87	1.53
1975	57.3	45.84	6.3	5.16
1976	53	42.4	5.83	4.77
1977	66	52.8	7.26	5.94
1978	5	4	0.55	0.45
接收外地	37.3	29.84	4.1	3.36

1972—1980 年知青安置情况表

年度＼项目	招工 本地	招工 外地	升学	参军	农村就业	其它安置	提干		合计
1972 以前	490				210	10	15		725
1973	40				30		6		76
1974	271			10	29	5	25		340
1975	735	12	4	34	40	236	33		1 094
1976	675	13	5	33	11	235	35		1 007
1977	796	16	8	29		233	31		1 108
1978	94		8			7	3		107
1979	837		8			8			848
1980	212								212
合计	4 150	41	18	106	320	734	148		5 517

（第二十一篇第一章《劳动》，第 588—589 页）

《前郭尔罗斯蒙古族自治县志》

前郭尔罗斯蒙古族自治县地方志编纂委员会编，辽宁民族出版社 1993 年

　　1964 年，在继续精简职工的情况下，城镇出现了大量的不能升入上级学校的初中毕业生，他们求学不能，就业无路，同年，党中央发出了"知识青年上山下乡"的号召，号召初高中毕业生从事农业生产劳动。1968 年冬，知识青年上山下乡形成高潮，1980 年停止下乡。

　　"文化大革命"后期，城镇工业有所恢复和发展，需要大批劳动力，政府开始从下乡知识青年和复员军人中录用工人。到 1975 年末，全民所有制工人有 53 139 人。

（第二十一篇第一章《劳动》，第 701—702 页）

　　1972 年以后，开始从下乡知识青年中录用全民所有制工人。……1976 年至 1979 年，经

省、地劳动部门批准,在下乡知识青年和留城待业青年以及双退职工子女中录用工人 2 129 人。

(第二十一篇第一章《劳动》,第 703 页)

第三节　知识青年安置

1964 年,县内开始动员城镇部分中学毕业知识青年下乡插队落户。1968 年初,中央发出知识青年上山下乡紧急通知,同年 11 月组织了大批知识青年下乡插队落户。1969 年,县成立了知识青年上山下乡领导小组,下设办公室,负责具体工作。

知识青年下乡插队落户分三种形式:

1. 在生产队建立知识青年集体户。这是安置知识青年的主要形式。1967 年至 1980 年,全县共建立 402 个知识青年集体户,住户青年 10 487 人。

2. 投亲插队(场)。1967 年到 1980 年共有 267 人投亲插队(场)。

3. 随家下乡。1967 至 1970 年,共有"五七"战士和"六二六"战士下乡人员的子女 254 名随家下乡。

1967 年至 1971 年,共接收外地知识青年 2 413 人,其中:北京知识青年 595 人;长春知识青年 1 818 人。截至 1980 年底,全县累计有 11 008 名城镇知识青年下乡,1969 年至 1977 年国家共拨知青费 1 101.92 万元,用于建房(全县建房 2 412 间)和购置生产工具及生活用具。

1972 年开始安置下乡知识青年就业,主要途径是招工,也有少部分参军、升学。到 1978 年有 5 102 人被安置。1980 年知识青年政策进行了调整,城镇毕业生停止下乡,在城镇开辟就业门路。对在农村已婚的 300 多知识青年,就近安排到国营农、林、牧、渔场或通过乡镇安排到集体企业。1984 年安置下乡知识青年工作全部结束。

(第二十一篇第一章《劳动》,第 704—705 页)

1973 年,从贫下中农、上山下乡知识青年中吸收干部 1 600 人。

(第二十一篇第二章《人事》,第 710 页)

(1964 年)5 月 20 日,县委、县人委批转县安置青年学生领导小组"关于积极动员和组织城市知识青年下乡建设社会主义新农村"的报告。　　　　(《大事记》,第 1128 页)

(6 月)9 日,前郭镇委召开了首批 57 名知识青年下乡欢送大会。

(《大事记》,第 1128 页)

(1968 年)12 月,前郭镇开始组织知识青年上山下乡。　　(《大事记》,第 1130 页)

(1973 年)6 月,"五七"办公室改称知识青年上山下乡工作办公室。

(《大事记》,第 1132 页)

12 月 12 日,县委召开上山下乡知识青年先进集体、先进个人代表会议。

(《大事记》,第 1132 页)

《松原市志》

松原市地方志编纂委员会编,吉林人民出版社 2006 年

知青安置 1964 年始,境内各县动员城镇部分知识青年下乡插队落户。1968 年 11 月,贯彻中共中央《知识青年上山下乡紧急通知》,各地共安置本地知识青年 41 481 人下乡插队落户。接收北京、上海、浙江、四川、长春知识青年 7 984 人,建集体户 1 339 户。

1970—1978 年末,下乡知识青年陆续返城,境内四县通过招工、参军、升学、转干等安置 23 976 人;和农村社员结婚、在农村安家的知识青年,被分别安置到附近的国营农林牧渔场或乡镇企业;对自谋职业的无偿扶持 500 元,变吃商品粮;外籍青年在本地未安排的,按政策规定陆续返籍。1979 年停止知识青年下乡。其余青年全部返城。

(第二十五篇第三章《劳动与社会保障》,第 724 页)

(1968 年)9 月,各县开始陆续组织、动员知识青年(城镇"老三届"初、高中毕业生、部分社会青年)上山下乡,组成集体户,"接受贫下中农再教育"。并相应成立动员安置城镇知识青年上山下乡领导小组,下设办公室。同时,接收、安置北京、长春、浙江等地知识青年来"安家落户"。

(《大事记》,第 1090 页)

(1970 年)5 月,国家化学工业部和吉林省革命委员会决定在扶余油田开展石油大会战。抽调近万名下乡知识青年和千余名中国人民解放军官兵,开进扶余油田。会战提出:"解放思想,破除框框上;土法上马,因陋就简上;争分夺秒,抢着时间上;没有条件,创造条件上;遇到困难,迎着困难上"的"五上"精神,当年建成百万吨油田。

(《大事记》,第 1091 页)

《扶余县志》

松原市扶余区史志工作委员会编,吉林人民出版社 1993 年

"知青"集体工业企业

为了解决本系统家属子女以及下乡知识青年返城就业问题,县内一些部门先后创办了

一些"知青"集体工厂。1970年到1979年以前,由县"五七"办公室管理;1979年,工业局成立劳动服务公司,各企业分别建立自己的"知青"点,形成了知青集体企业。到1982年底,此类工厂已发展到150多户,经过调整,到1987年,尚有60户(其中统计在册的28户),计有职工3 917人,其中安置待业知识青年1 958人。工厂分属铸造、阀门、大修、造纸、淀粉、制药、印刷、橡胶、纺织、食品、炼油、钢窗、制袜、粉笔、木材加工、化工、鞋帽、服装、刺绣、糖果、童帽、力车、制钉等行业。1987年,固定资产原值806,5万元。

(第四编第二十二章《工业》,第242—243页)

知识青年安置

1964年始,动员城镇知识青年下乡插队,当年下乡的城镇知识青年830人。从1966年到1978年,除升学和参军的中学毕业生外,全县动员下乡插队的知识青年共15 743人,加上"文化大革命"前下乡青年共16 573人。此外1966年又接收长春、北京和四川的知识青年1 077人。全县共建立519个集体户。

下乡知识青年集体户情况表

接收单位	集体户数	本县人数	外省市人数
合　计	519	16 573	1 077
扶余镇	—	96	—
大　洼	21	834	61
朝　阳	17	372	66
伯　都	47	1 595	18
善　友	18	800	42
三　义	18	505	50
风　华	12	540	36
新　民	21	612	46
三井子	14	397	34
永　平	6	141	—
万　发	12	261	79
弓棚子	12	348	—
长春岭镇	9	197	—
长　胜	19	591	16
石　桥	12	405	—
伊家店	18	458	14

接收单位	集体户数	本县人数	外省市人数
徐家店	7	172	83
更 新	10	249	13
大林子	5	92	139
四马架	16	492	12
五家站镇	9	240	—
五家子	9	231	—
新 站	9	186	97
增 盛	5	124	—
社 里	7	179	—
三岔河镇	15	376	—
新安镇	26	1 033	80
新城局	17	827	87
蔡家沟	22	1 119	12
七家子	19	394	—
北 陶	24	603	—
大三家子	10	268	—
肖 家	11	347	82
榆树沟	22	614	10
陶赖昭镇	15	352	—
五七大学	1	13	—
五七干校	1	19	—
商业新村	3	75	—
大联合农场	—	416	—

（第五编第四十章《劳动》，第 570—573 页）

从 1970 年到 1978 年末，在下乡知识青年中招工、招生和征兵安排 9 293 人；病调、困调和回城待业的 3 504 人。1979 年停止动员知青下乡，原下乡的知识青年除在当地结婚者外，其余全部回城。到 1980 年初，城镇待业知识青年 8 058 人。1980 年秋，根据中央"在国家统筹规划下，实行劳动部门介绍就业、自愿组织起来就业和自谋职业相结合的就业方针"安排待业知识青年，到 1987 年共安排 30 745 人。据控制农村劳动力向城镇转移的精神，1981 年以来，全县机关、企事业单位共清理辞退计划外使用的农村劳动力 2 987 人，以待业知识青年顶替。按国家计划和照顾职工退职退休的精神，安排 6 304 人。靠社会力量扶植待业青年发展集体经济。全县共办起 426 个集体企业，安排 23 064 人。自谋职业 1 377 人。扶余县城镇劳动资源增长得比较快,到 1987 年末,全县就业总人数比 1949 年增加 12 倍。

《长岭县志》

长岭县史志编纂委员会编,中华书局 1993 年

　　知识青年安置。1964 年,县人民委员会设知识青年安置办公室。1973 年 2 月,县革命委员会设知识青年上山下乡办公室(1982 年 4 月并入县劳动局),负责知识青年安置工作。知识青年的安置形式为:在生产队建立下乡知识青年集体户,根据生产队的人口、耕地确定每户 10—30 人;建立下乡知识青年专业场、队;投亲插队(到农村亲属所在地插队落户);随家下乡(随下乡当"五·七"战士、"六·二六"战士的父母到生产队劳动)。到 1977 年,全县先后建立集体户 292 个(其中:浙江省知识青年 116 户,北京市知识青年 9 户,长春市知识青年 134 户),专业场、队 18 个(农场 8 个,林场 2 个,牧场、马场各 1 个,腐肥厂、砖厂、综合厂、食品厂各 1 个,青年队 2 个)。共安置本县和外地下乡知识青年 10 194 人(其中:长春市 1 636 人,北京市 333 人,浙江省 2 174 人)。下拨安置费 420 多万元。修建砖瓦房 173 栋、1 064 间,土平房 106 栋、544 间。每人补助生活费用 80—120 元。1978 年,城镇中学毕业生停止下乡,由家长所在单位安置就业。1979 年,下乡知识青年回城镇安置就业(其中参军445 人,上大、中专学校 962 人,被招工 6 755 人,转出县 892 人,到农林牧场工作 364 人,自谋职业 120 人,其余均安置在家长所在系统就业)。1980—1985 年,贯彻"在国家统筹规划指导下,实行劳动部门介绍就业,自愿组织起来就业和自谋职业相结合"的就业方针,仅 1981—1983 年,在 208 个集体企业中安置 5 282 名城镇待业青年,占城镇待业青年的94.10%。

(第六篇第一章《劳动》,第 234—235 页)

　　下乡插队落户知识青年口粮,第一年每人每月供应成品粮 22.5 公斤,从第 13 个月起,口粮由所在生产队留量,标准一年不低于 325 公斤,不足部分定销。

(第十九篇第二章《销售》,第 502 页)

　　(1969 年)5 月 19 日,白城专区革委会批转"长岭县对下乡知识青年进行巩固教育工作的经验"。

(《大事记》,第 775 页)

《通榆县志》

通榆县志编纂委员会编,吉林人民出版社 1994 年

　　1968 年至 1969 年初,全县安置北京、天津、长春下乡知识青年 1 644 人。

1970年后,由于在下乡知识青年中招工、招生、征兵;1977年后,又恢复了高考制度;1980年后,部分知识分子外流,移民及外籍知识青年返籍,全县从70年代始,迁出多于迁入,人口呈外流趋势。 (第三篇第一章《人口数量》,第102页)

知识青年上山下乡工作办公室 1973年5月,县革命委员会设知识青年上山下乡工作办公室。1982年4月撤销,并入劳动局。 (第十六篇第二章《行政机关》,第509页)

知识青年安置 1963年8月19日,中共中央、国务院批准的《中央安置工作领导小组关于城市精简职工和青年学生安置工作会议报告》中指出:"今后十五年内动员城市青年学生下乡,参加农业生产,是城乡结合、移风易俗的一件大事","今后安置的主要方向是插入人民公社生产队"。据此精神,1965年动员城镇青年下乡105人。以后,每年都有部分青年下乡。1968年根据毛泽东提出的"农村是个广阔天地,在那里是可以大有作为的"和"知识青年到农村去,接受贫下中农再教育,很有必要"的指示,安排初、高中毕业生下乡。到1978年,全县共接收安置知识青年7 940人。其中:县内6 296人,天津372人,北京116人,长春1 156人。分别在18个公社130个生产队落户,组建172个集体户。为加强管理,从1973年起配备带户干部,全县先后并选配带户干部400多人次。

1970年根据吉林省吉革发(70)104号文件精神,在应届初中毕业生中进行中专招生。从此开始,在上山下乡知识青年中招工、招生和征兵。到1980年,经过贫下中农推荐、大队把关、公社审查、县里批准等程序,共招生186人,招工6 781人(全民6 076人,集体705人),征兵201人。

1978年12月2日,中共中央下发了中发(1978)74号文件,调整了知识青年政策,城镇青年不再下乡插队落户,而由家长所在单位负责安置就业。1979年至1982年,全县各系统兴办知青企业152户,安置青年4 653人。由于设备、技术和领导等方面原因,1983年关闭56户,占知青企业的36.8%,长期放假的已就业人员953人,占就业人员的25.5%。加之1983年以前尚未安置的2 200人和1984年初高中毕业生1 000余人。到1985年,一大批青年急需就业安置。 (第十八篇第一章《劳动》,第542页)

是月(1968年8月),城镇1966至1968届高、初中毕业生纷纷下乡,"接受贫下中农再教育"。 (《大事记》,第874页)

(1969年)年初,通榆县安置北京、天津、长春市下乡知识青年1 644人。

(《大事记》,第875页)

(1974 年)4 月 24 日,天津市 4 000 名知识青年到通榆县(14 个公社)插队落户。

(《大事记》,第 877 页)

《突泉县志》

《突泉县志》编纂委员会编,内蒙古人民出版社 1993 年

(1968 年)8 月 15 日,全县有 639 名初、高中毕业生分赴各公社插队落户,接受贫、下中农再教育,走"与工农相结合道路"。

9 月 20 日,本县接收 1 378 名北京知识青年,到农村插队落户。 (《大事记》,第 36 页)

是年(1970 年),吉林省上山下乡知识青年办公室、长春电影制片厂来本县拍摄北京青年在突泉县学田公社平安大队设计建成的平安扬水站和刘长友办合作医疗为社员治疗疾病场面,收入《广阔天地大有作为》新闻纪录片内。 (《大事记》,第 37—38 页)

(1971 年)10 月 1 日,北京知识青年李崇华代表突泉县 26 万人民赴首都参加国庆典礼。

(《大事记》,第 38 页)

(1973 年)8 月 2 日,吉林省上山下乡知识青年工作现场会议在突泉召开。

(《大事记》,第 39 页)

除国家干部职工因工作需要正常调动外,还有以下几方面(人口)变动情况:……自 1968 年起,北京、白城的知识青年和长春的大批干部来本县插队落户。70 年代,下乡知识青年、干部陆续离开本县。…… (卷三第一章《人口》,第 139 页)

1963—1977 年,城镇初、高中毕业生上山下乡,按着国家招收,系统包干,自谋职业相结合的方针,有计划地安排知识青年待业青年就业。(卷二十二第二章《劳动管理》,第 669 页)

1968—1976 年,陆续安排知识青年待业青年到工矿企业就业,职工队伍迅速壮大,到 1976 年全县职工达 8 894 人,是 1964 年职工人数的 2 倍。

(卷二十二第二章《劳动管理》,第 669 页)

第一节　知识青年安置

1963 年,本县部分城镇初、高中毕业生自愿下乡参加农业生产。1968 年,根据毛泽东主

席指示,全县 639 名初、高中毕业生到农村插队落户。同年 9 月 20 日,全县接收北京知识青年 1 378 人。又于 1974 年和 1976 年,接收白城、长春知识青年 342 人。到 1976 年,全县有下乡插队知识青年 5 246 人,其中本县 3 491 人。

1968 年 5 月,县设立安置办公室,负责知识青年的接收、管理和安置,1969 年改为五·七组,1970—1973 年改五·七办公室,隶属革命委员会政治部,1974 年,更名知识青年上山下乡办公室。各公社配备一名专职干部负责知青工作。1974 年起,县革命委员会分批选派 175 名干部深入 14 个公社,54 个青年集体户,协助基层政府做知识青年工作,帮助解决知识青年的住房、饮食、就医、文化娱乐、生产各方面实际问题。县每年拨专款用于知识青年的文化与生活。1979—1984 年,县安置办公室协同有关部门通过升学、征兵、选优聘用干部、办理回城等途径,陆续安置知识青年就业。

1984 年,根据内蒙古劳动人事厅 1984(7 号)号文件精神,本县对凡是下过乡的青年,一次性安置。对居住在农村已婚知识青年给予经济补助,准予其配偶转为城镇居民户口。

第二节 待业青年安置

1979 年后,城镇初中、高中毕业生不再下乡插队,自此每年都有大批待业青年需要安置就业。按照"国家安排,自愿组织,自谋职业"相结合的方针,全县通过征兵、招工、升学安置青年就业外,政府积极扶持各系统兴办集体企业,鼓励待业青年自谋就业。1979—1985 年,政府陆续拨出无息贷款 36 万元,扶持兴办种植、养殖、加工业,免征税收 3—5 年。至 1985 年,各系统、各(局)厂陆续创办大小知青厂(店)214 家,安置待业青年 5 246 名,其中转为集体所有制职工 2 645 名。创办个体维修店、服装店 124 家,自谋职业 1 051 人。残疾姑娘赵起越,青年修理工潘小军,自筹资金,学技术,创办维修店、服装店,赢得顾客信誉,被评为自治区先进个体户。1985 年全县就业人员 7 575 名,就业率 95.8%,成为兴安盟安置就业先进县之一。

(卷二十二第三章《劳动就业》,第 672—673 页)

《科尔沁右翼前旗志》

《科尔沁右翼前旗志》编纂委员会编,内蒙古人民出版社 1991 年

(1968 年)9 月初,本旗开始接收安置天津下乡知识青年,并动员乌兰浩特地区应届毕业生到农村、牧区插队落户,接受"贫下中农的再教育"。至 1979 年,全旗共动员、安置下乡知识青年 1.29 万人,其中天津知识青年 5 286 人。1980 年,本旗动员知识青年下乡结束。

(《大事记》,第 36 页)

(人口变动)历史上有 7 次:……第六次,1968—1969 年,天津知识青年 5 286 人到本旗农村、牧区插队落户。

(第三篇第一章《人口》,第 189 页)

第六节　知识青年安置

一、下 乡 安 置

本旗知识青年上山下乡始于1968年。当年毛泽东主席发出号召："知识青年到农村去，接受贫下中农的再教育，很有必要，要说服城里干部和其他人，把自己初中、高中、大学毕业的子女送到乡下去，来一个动员，各地农村的同志应当欢迎他们去"。全旗广大知识青年和家长热烈响应毛主席的号召，当年本旗有2 500多名应届中学毕业生，到农村插队落户；有2 673名天津知青到本旗插队落户。"文化大革命"期间，本旗城镇所有初中、高中毕业生大都到农村安家落户，进行劳动锻炼。知识青年上山下乡大体分为三种安置形式：一是下乡到农村牧区生产队插队落户，建立知青点；二是到场队插队落户，建立知青点；三是投亲靠友，插队落户。全旗下乡知识青年前后分别插队落户到25个公社，204个生产队，设立204个集体户（知青点），2个知青农场（知青队）。

党和国家非常重视知识青年上山下乡工作，在政治上、物资上给予鼓励和关怀。各公社设立了知识青年管理专职干部，大小生产队设立了有农村生产队干部、贫下中农代表、知识青年代表参加的知识青年"再教育"工作领导小组，负责具体领导，管理大小队的政治、劳动、生活等方面的"再教育"工作。大小生产队的"再教育"小组中的干部代表，必须由大小队的主要干部担任，各青年组设政治组长，由生产队指导员担任。

1970年，旗设"五·七"办公室。公社、生产队设"五·七"领导小组，公社由主管"再教育"工作的副主任、专职干部、贫下中农代表、"五·七"战士和知识青年代表4人组成。生产队由政治指导员、集体户政治户长、"五·七"战士中的干部代表和知识青年代表4人组成。

1968—1979年，全旗动员安置下乡知识青年12 940人。其中：天津知识青年5 286人，区内知识青年7 654人。此间，病残返城182人，结婚出户370人，转迁外地1 017人，死亡11人。仍在农村632人，其中已婚352人。

1980年底，本旗动员知识青年下乡结束。

1968—1980年全旗知识青年下乡安置统计表

单位：人

年份	下乡总人数	下乡总户数	本旗人数	天津人数	已婚人数	其　中	
						本　旗	天　津
1968	7 952		5 279	2 673			
1969	8 494	780	3 208	5 286			
1970	9 121		6 382	3 739	171		
1971	6 518	608	1 881	4 637		99	222
1972	7 773	710	3 065	4 708	243		150

年份	下乡总人数	下乡总户数	本旗人数	天津人数	已婚人数	其中	
						本 旗	天 津
1973	4 209	754	2 494	1 715	393	21	19
1974	4 500	430	1 500	3 000	333	194	139
1975	4 042	474	2 546	1 496	434	2	3
1976	4 108	401	2 645	1 463	450	111	323
1977	4 360	396	3 575	785	589	152	318
1978	3 879	204	3 333	546	362	152	305
1979	2 433	303	2 306	127		179	212
1980	2 050	180					

二、返 城 安 置

1970年,乌兰浩特钢铁厂招收下乡知识青年700人为合同制工人。1971年,1968年后下乡的林业系统职工子女由各林业局招收为固定工或临时工。1973—1980年,累计招工16 958人,其中:全民所有制工人6 982人,大集体所有制2 539人,小集体7 437人。1982年底,对仍在农村的632人基本安置完毕。至1988年底,为在乡的327户知识青年共740人转办了供应商品粮手续。

1972—1980年全旗知识青年返城安置情况表　　　　　　　单位:人

年 份	基 本 情 况								
	合计	返城	留城	下乡青年	社会青年	合计	全民	大集体	小集体
1972	7 499			7 499					
1973	1 217	68	700	449		2 822	2 822		
1974	2 035	3	550	1 482		753	216	537	
1975	1 741	140	518	1 083		555	549	6	
1976	1 641	19	508	1 114		1 324	1 173	151	
1977	1 756	73	672	1 011		484	484		
1978	844	205	337	302		1 309	1 062	247	
1979	6 375	247	2 344		3 784	8 060	676	1 518	5 866
1980	573	573				1 651		80	1 571
合计	23 681	1 328	5 629	12 940	3 784	16 958	6 982	2 539	7 437

三、安 置 经 费

1968年,国家拨给本旗上山下乡知识青年和城市人口下乡安置费55.7万元。1969年旗知识青年安置办公室规定,对知识青年插队新建集体所有制的青年生产队(场)每人补助450元,其中:建房补助费230元,生活补助费170元,农具、家具补助费50元。到牧区插队每人补助 650 元,其中:建房费 250 元,生活补助费 190 元,放牧用具和炊事用具 90 元,防寒物资补助 120 元(购置皮衣、棉帽、皮革靴等)。到国营农场的每人补助 400 元。另外,对投亲靠友的知识青年也给予一定的经济补助,其中:到农村回老家的(包括投亲)第一年发给130 元生活补助费及生产用具补助费。学习材料费由公社负责。还发给知识青年每人 10元医疗费。1969 年,呼伦贝尔盟下拨给本旗下乡人员安置费 30 万元,后又增拨 8 万元,合计 38 万元。1970 年内蒙古自治区人民政府决定:知青安置费每人 205 元,其中:主食补贴65 元,副食补贴 35 元,建房补贴 60 元,生活用品补贴 20 元,工具费 16 元,报刊费 4 元,公社留机动费 5 元,由公社统一掌握。1970 年拨给本旗安置费 24 万元。1971 年 56.5 万元。1972 年 74.7 万元。1973 年后,知识青年建房费每人 230 元,生活补助费 170 元,农具家具50 元,宣传动员旅运费 15 元,学习材料费 10 元,医疗补助费 10 元,其他费用 15 元。物资供应标准:新建房木材每人 0.4 立方米,维修房屋每平方米 0.2 立方米,玻璃每人 0.9 立方米,水泥 120 公斤。是年,财政下拨安置费 16.8 万元。1974 年下拨 22.8 万元。1976 年,全旗遭受严重自然灾害,党和政府拨给知识青年困难补助费 6.5 万元,建房木材 300 立方米。1978 年,下拨困难补助费 2.6 万元。1979 年,为在农村结婚成家的知识青年予以补助。其中:对知识青年之间结婚的每人补助 300 元,对知识青年和社员之间结婚的每人补助 250元。1981 年,下拨安置费 21.6 万元,知识青年下乡补助费 24 万元。其中安置费 5 000 元。1982 年,城镇青年就业经费下拨 12.8 万元。1969—1978 年,拨水泥 297.5 吨,玻璃 3 768.9平方米,元钉 3 304 公斤。还为知识青年赠送了电动机、缝纫机、农用机械、医疗器械、文体器械等设备和各种政治、科技书籍及其他一些学习材料等。生产队为知识青年修建房屋,帮助知识青年管理生产和生活。1974—1979 年间,全旗为知识青年建标准房共 282 栋、139 间。仅 1979 年就拨给 10 万元专款帮助已婚知识青年解决住房问题,为知识青年解除了后顾之忧。

1968—1976 年全旗知识青年安置经费表　　　　　　　　　单位:万元

年　份	金　额	年　份	金　额
1968	55.7	1973	16.8
1969	38	1974	22.8
1970	24	1975	42.6
1971	56.5	1976	6.5
1972	74.7		

1977—1978 年全旗知识青年困难补助费分配表　　　　　　　　　单位:元

公社 ＼ 年份	1977	1978	公社 ＼ 年份	1977	1978
索　伦	7 000	2 000	归流河	3 000	1 500
好　仁	4 000	800	义勒力特	600	

公社 / 年份	1977	1978	公社 / 年份	1977	1978
乌兰毛都	1 300	500	额尔格图	2 300	
阿力得尔	4 000	500	乌兰哈达	3 000	1 000
树木沟	2 200	500	居力很	2 000	1 000
察尔森	1 300	100	白 辛	1 500	1 000
巴达仍贵	800	500	俄 体	1 800	1 000
大石寨	10 000	2 500	斯力很	1 000	800
哈拉黑	2 300	1 700	哈达那拉	700	500
胡力吐	3 000	700	保 门	2 500	1 500
古 迹	1 800	1 500	大坝沟	3 500	2 000
巴拉格歹	4 000	1 200	乌兰浩特	700	500
			合 计	64 300	24 200

（第五篇第十一章《人事劳动》，第 670—675 页）

《科尔沁右翼前旗粮食志》

《科尔沁右翼前旗粮食志》编纂委员会编，内蒙古人民出版社 1991 年

（1979 年）9 月 9 日，乌兰浩特粮食供应总站知青挂面车间工人苏志军不慎被机器将右手臂肉大面积刮掉，右手指全部截掉。　　　　　　　　　　　（第一章《大事记》，第 25 页）

下乡知识青年的口粮，第一年每人每月供应 22.5 公斤成品粮，从第 13 个月起由所在生产队留量。口粮标准，常年出勤的每人每年留量不少于 325 公斤，生产队留量不足部分由国家补到 325 公斤。　　　　　　　　　　　　　　（第三章《销售》，第 80—81 页）

《阿尔山市志》

《阿尔山市志》编纂委员会编，内蒙古人民出版社 2001 年

是年（1968 年），阿尔山镇接收部分天津上山下乡知识青年。　　　（《大事记》，第 24 页）

《洮南市志》

洮南市志编纂委员会编著，吉林文史出版社 2000 年

1964 年，贯彻中共中央国务院"统筹安排，城乡并举，以下乡上山为主"的方针。6 月 20

日,洮安县首批 50 名知识青年下乡参加农业生产。至 1977 年末,先后有 14 346 名知识青年下乡插队落户。1978 年以后,开始安置初中毕业生就业。

由于下乡知识青年逐渐回城,及停止上山下乡等原因,至 1979 年全县有待业青年 15 343 人。1978 年,成立县劳动服务公司,各系统和较大企业相继建立 33 个劳动服务公司,负责安置就业、组织生产、职业培训、输送临时工等工作。至 1985 年,通过参军、招生、招工、接班补员、办新兴集体企业、临时安置等办法共安置待业人员 2 525 人。

(第二十篇第一章《劳动》,第 349 页)

第五节　知识青年上山下乡

1964 年 6 月至 1978 年末,全县共接收知识青年 16 497 人。其中,来自北京 239 人,来自天津 200 人,来自长春 174 人,来自白城 1 538 人,本县城镇 14 346 人。分别下到全县各个乡镇(包括白城邮电新村、万宝煤矿),共组建集体户 845 个。1968 年至 1978 年,国家为此拨经费 6 370 367 元,其中建房费 268 410 元(共建房 2 483 间),生产生活费用 6 101 957 元。

自 1970 年开始至 1979 年,通过招工、招生、应征入伍、转干等途径共安置下乡知识青年(1970 至 1979 年,外籍知识青年多返籍)10 933 人。1979 年起,对已婚下乡知识青年进行就地就近安置,安置在国营农、林、牧、渔场 580 人。(第二十篇第一章《劳动》,第 351—352 页)

(1956 年)1 月 5 日,成立县青年垦荒队,队员 100 名。2 月 15 日召开欢送大会,2 月 16 日赴垦荒地点——大桩子。1958 年 10 月,垦荒队与洮南机械林场合并。(《大事记》,第 526 页)

(1964 年)6 月 2 日,第一中学、第四中学的 27 名初中毕业生下乡插队落户,组成煤窑集体户(9 人)和那金好田集体户(18 人)。　　　　　　　　　　(《大事记》,第 531 页)

《龙井县志》

吉林省龙井县地方志编纂委员会编,东北朝鲜民族教育出版社 1989 年

(1964 年)3 月,在"左"的思想影响下,城镇知识青年开始上山下乡,集体插队落户。

(第一篇《大事记》,第 23 页)

(1969 年)3 月 5 日,上海市上山下乡知识青年 1 000 余人到达龙井,随后到农村生产队插队落户。　　　　　　　　　　　　　　　　　(第一篇《大事记》,第 25 页)

1975 年,商业部门招收 50 名下乡知识青年创办饮食、理发等大集体企业。党的十一届

三中全会以来,各部门陆续招收一大批知识青年和待业青年,开办集体商店。

(第十三篇第一章《经济成份》,第 274 页)

1964 年,中央做出知识青年参加农村社会主义建设的决定,大批知识青年下乡插队落户,出现职工家属就业的特殊局面。

……

1974 年,为工业、商业的扩大和新建所需的劳力,从下乡知识青年和按政策留城的知识青年中,招工 2 390 人。1968—1978 年全县下乡青年达 22 248 人。

(第二十三篇第一章《劳动》,第 447 页)

党的十一届三中全会以后,劳动部门对下乡知识青年,积极妥善地分期分批进行安排,使 16 000 多名下乡知识青年回城就业。1979 年 12 月劳动局成立劳动服务公司,贯彻"在国家统筹规划指导下,实行劳动部门介绍就业,自愿组织起来就业和自谋职业相结合"的就业方针,指导基层组织安排待业人员就业工作,同时示范性地办了 16 个知青厂、店,安置 413 名待业青年就业。省、州、县属较大的企事业单位相继成立劳动服务公司,并组建新办集体(知青)企业,安置下乡知识青年和待业人员。至 1984 年末,全县共有知青企业 192 个、463 个网点,从业人数达 10 867 人。

(第二十三篇第一章《劳动》,第 447—448 页)

《梅河口市志》

梅河口市地方志编纂委员会编,吉林人民出版社 1999 年

从 1974 年开始,从城镇下乡知识青年中招收新职工,由劳动部门分配指标,乡、镇推荐,劳动局批准录用,统一分配。1978 年,中央下发文件,调整上山下乡知识青年政策,大力发展集体经济,广开就业门路,积极妥善安排城镇待业青年。到 1979 年,全县共招工 6 次9 919人,其中全民所有制固定工 4 194 人。

(第八篇第二章《劳动》,第 283 页)

第四节　知识青年安置
一、知识青年上山下乡

1964 年秋,中共海龙县委、县人民委员会根据中共中央关于动员组织城镇知识青年参加农村社会主义建设的决定,开始动员知识青年上山下乡,当年下乡 1 603 人,组成 71 个集体户,分别去 11 个公社 71 个生产队。以后每年都有一定数量的知识青年下乡。1966 年和1967 年,没有大批知识青年下乡。1968 年,毛泽东关于"知识青年到农村去,接受贫下中农再教育很有必要"的指示发表后,动员 1966、1967、1968 三届初、高中毕业生 6 483 人,组建

388个集体户。这次下乡是由知识青年所在学校及其家长单位共同动员,编组、建户(或插户),每户15人至20人左右,男女生有一定的比例。除组成集体户外,也可以单独到农村亲属家插队。后期,为了节约安置费用,每年都采取插户的办法进行安置。

1973年,根据省革命委员会的统一规定,成立海龙县知识青年上山下乡工作办公室,各公社也先后建立相应的机构并配备了知识青年工作助理员。从县直属机关、企事业单位分4批抽调带户干部828人次,到23个公社510个集体户,帮助下乡知识青年安排生产、搞好生活、做政治思想工作。年内,县知青办公室于梅河口镇季家大队创建一所知识青年大户,新建房屋1 100平方米,购置牲畜4头、拖拉机2台、农田机械设备1套、车床4台和加工设备1套。当年安置知识青年17名,后增加到126人。开荒造田430亩。相继,福安公社(湾龙乡)福安大队、义民公社义民大队、城南公社先进大队、大湾公社桦树大队建立4个大户,每户有知识青年70余人,均由公社直接管理。

1978年,中央调整知识青年政策,全县动员下乡知识青年23 906人,其中集体插队18 505人,单身插队5 401人。组建319个集体户,分布于23个公社316个生产大队,913个生产小队。

二、下乡知识青年安置

1970年开始,按照国家规定从知识青年中提干、招生、参军、招工。至1978年,全县从知识青年中选拔干部159人、上学139人、参军4 174人、招工7 900人。

海龙县根据中央1978年12月2日中发(1978)74号文件精神,调整了知识青年政策,逐步缩小下乡的范围,城镇知识青年不再到农村插队落户,由家长所在系统和单位负责组织集体企业进行安置。1979年,凡下乡未婚知识青年全部办理返城手续,由父母所在单位进行安排,全县各系统所办的知识青年企业安置8 950人,自谋职业1 271人。

对下乡已婚1 313名知识青年,本着就地就近的原则,也进行了妥善安置。发放一次性就业补助费53.3万元。并将他(她)们及其子女全部就地改吃商品粮,对没有生活来源的,按吉林省人民政府(1984)80号文件规定,拨给责任田,从事农业生产,维持正常生活。

三、下乡知识青年经费

海龙县自1964年至1978年止,国家投资知识青年下乡经费1 351万元,其中建房778万元。其它费用(包括生活费、工具费等)共573万元。

部分年份全境知识青年经费情况统计表

年 度	下乡青年人数(人)	下乡青年补助费(万元)			备 注
		计	建房费	生活、工具费	
计	23 906	1 351	778	573	
1964	1 603	88	51	37	
1965	656	36	21	15	

年　度	下乡青年人数（人）	下乡青年补助费（万元）			备　注
		计	建房费	生活、工具费	
1966	217	12	7	5	
1968	6 483	357	207	150	
1969	498	27	16	11	
1970	1 885	104	60	44	
1972	749	41	24	17	
1973	465	26	15	11	
1974	2 300	127	73	54	
1975	3 268	185	107	78	
1976	2 522	142	83	59	
1977	3 200	181	105	76	

（第八篇第二章《劳动》，第 290—291 页）

　　（1968 年 7 月）23 日，县革委会决定，1966 年到 1967 年城市中学毕业生，于 25 日前下乡插队落户，接受贫下中农再教育。　　　　　　　　　　　　　　（《大事记》，第 955 页）

《兴安盟志》

兴安盟地方志编纂委员会编，内蒙古人民出版社 1997 年

　　（1968 年）9 月，各旗县开始接收天津、北京下乡知识青年，并动员本地区内的应届初高中毕业生到农牧区插队落户，接受"贫下中农再教育"。　　　　　　（《大事记》，第 50 页）

　　（1969 年）5 月 10 日，扎赉特旗小神山地区发生火灾，阿尔本格勒公社乌兰拉布台大队第 6 小队在扑火中死亡 18 人（其中社员 12 人，知识青年 6 人），重伤 2 人。

（《大事记》，第 51 页）

　　是年（1970 年），农村牧区普遍实行合作医疗制度。突泉县学田公社北京上山下乡知识青年刘长友办合作医疗，为社员治病有特殊贡献，长春电影制片厂拍摄成影片，被收入《广阔天地大有作为》新闻纪录片内。　　　　　　　　　　　　　　（《大事记》，第 51 页）

　　1980 年 10 月，全盟待业人员为 16 000 人。当年本着中央提出的"劳动部门介绍就业，

自愿组织起来就业和自谋职业相结合"的三结合就业方针,安置待业青年。1983 年始,对全盟待业青年重新进行登记、建卡,并发放待业证。是年,科右前旗知青厂(店)发展到 190 个,安置待业人员 3 074 人,被内蒙古自治区人民政府评为"安置待业青年先进旗"。

(第十九编第四章《劳动就业》,第 775 页)

第二节　知识青年安置

1968 年,根据毛泽东主席的指示,城镇初中、高中毕业生到农村插队落户。当年科右前旗就有 2 500 多名中学毕业生到农村插队落户,突泉县有 639 名初、高中毕业生到农村插队落户。同时,还接收北京、天津等地知识青年。至 1980 年,全盟共动员上山下乡知识青年 50 614 人,接收北京、天津、长春、白城等地知识青年 11 241 人,建立知青点 500 多个。

从 70 年代初开始,各旗县相继通过企业单位招工、大中专院校招生、征兵、转干等途径安置下乡知识青年。1979 年后,城镇初中、高中毕业生不再下乡插队,对已下乡插队的知识青年进行返城安置,安置政策坚持"先农村、后城市"的原则。1980 年,乌兰浩特市新建扩建全民所有制企业招收 357 人,兴办知青厂(店)158 个;科右前旗累计安置 16 958 人,其中全民所有制企业 6 982 人,集体所有制单位 9 976 人;科右中旗陆续安置到全民所有制单位的知识青年 203 人,1983 年安置最后一批知青 40 人;扎赉特旗、突泉县对凡是下过乡的知识青年,一次性安置到集体、国营企事业单位和国家机关工作。对居住在农村已婚知青给予经济补助,准予其配偶转为城镇户口。自 1980—1985 年,6 年共安置回城知识青年 36 866 人,占全盟下乡知青总数的 72.8%。1986 年,全盟知识青年安置工作结束。

(第十九编第四章《劳动就业》,第 777 页)

王　辉　女,汉族,1950 年生,1968 年参加工作,突泉县突泉镇第一完小校长、党支部书记。北京下乡知识青年,扎根边疆几十年,为教育事业奉献青春。1979 年,内蒙古自治区命名为新长征突击手,1991 年,国家教委、人事部授予教育系统劳动模范称号。

(第二十六编第二章《英模录》,第 1117 页)

齐笑冬　汉族,1951 年 2 月生,1968 年 9 月参加工作,兴安盟广播电视处政工科科长,共产党员。天津知识青年,1968 年到科右前旗牧区插队。从 1974 年开始,先后十多次受到各级表彰。1983 年,全国妇联授予三八红旗手称号。

(第二十六编第二章《英模录》,第 1120 页)

杜常金　汉族,1955 年 8 月生,1974 年 11 月参加工作,突泉县太东乡东福村党支部书记。初中毕业生、立志务农改造家乡。十多年里带领群众兴办企业,改变了家乡的落后面貌。1979

971

年,共青团中央授予新长征突击手称号。 （第二十六编第二章《英模录》,第 1122 页）

《乌兰浩特市志》

《乌兰浩特市志》编纂委员会编,内蒙古人民出版社 1993 年

(1964 年)8 月,乌兰浩特 20 多名知识青年下乡到居力很公社插队落户。

（《大事记》,第 34 页）

(1968 年)9 月,乌兰浩特地区 66 至 68 届绝大部分初、高中毕业生到农村牧区插队落户,"接受贫下中农再教育"。至 1979 年,共有下乡知识青年 7 000 多人。

（《大事记》,第 37 页）

1968 年,乌兰浩特有近 2 000 名知识青年到农村插队落户;1972—1976 年,每年平均有 500 名初高中毕业生离开乌兰浩特上山下乡。 （第三编第二章《变动》,第 106 页）

1982 年,经劳动部门审核招收全民所有制工人 611 人,其中:落实政策 51 人,下乡知识青年 357 人,补充自然减员 203 人。 （第十六编第一章《工人》,第 668 页）

1985 年,部分知青企业转为集体所有制性质,招收集体所有制工人 9 574 人。其中:知青企业转制招收 6 670 人;市三轻系统、街道企业转制招收 1 346 人;落实政策、解决历史遗留问题招收 1 558 人。 （第十六编第一章《工人》,第 669 页）

知识青年安置

1964 年起,动员城镇知识青年上山下乡。1968 年始,每年应届未升学的初高中毕业生基本都组织下乡插队落户。至 1977 年,共动员城镇上山下乡知识青年 7 654 人,其中到乌兰哈达、义勒力特、居力很、城郊 4 个公社下乡知识青年 1 250 人,此后,按中央精神不再组织知识青年上山下乡。

1972 年起,通过企业单位招工、大中专院校招生、应征入伍、转干等途径,逐步安置下乡知识青年。1977—1979 年,乌兰浩特集中安置一批下乡知识青年。至 1980 年,仍有 725 名下乡知识青年未得到安置,政府对他们分别采取不同方式进行安置:对立志务农的知识青年,生活上给予照顾;全民企事业单位招收新工人时,在同等条件下,优先招收下乡知识青年;集体单位招工时,对本系统职工子女中的下乡知识青年采取包干安置;无归属单位的下乡知识青年,由劳动部门统包统配;下乡知识青年参军,复员退伍后由劳动部门安置就业;女

知识青年的农村配偶可顶替招工;对丧失劳动能力的知识青年拨给一次性补助;对少数犯罪判刑或劳动教养的知识青年刑期满后,一般不回农村,由动员地安置。

为安置上山下乡知识青年和1977年后初、高中毕业的待业青年,全市大办知青厂(店)。到1982年,共办知青厂(店)158个;发放扶持生产资金44万元,共扶持23个企业。到1982年,全市下乡知识青年基本安置完毕。 　　　　　(第十六编第一章《工人》,第669页)

黑龙江省

《黑龙江省志·土地志》

黑龙江省地方志编纂委员会编,黑龙江人民出版社 1997 年

支边青年开荒

1955 年 5 月,中国共产主义青年团中央根据毛泽东主席关于"农村是个广阔天地,在那里可以大有作为"的指示,向全国青年发出"到农村去,到边疆去,到祖国最需要的地方去"的号召。北京市青年杨华、庞淑英等 4 人率先响应,提出组织北京市青年志愿垦荒队,远征北大荒的倡议以后,仅 10 天时间即有 2 000 多人报名参加。北京团市委组织 60 名青年垦荒先遣队,杨华任队长,当年 8 月 30 日在北京接过胡耀邦代表共青团中央授予的垦荒大旗奔赴黑龙江省萝北地区,9 月 3 日在鸭蛋河畔的荒野上披荆斩棘,盖房修路,开荒建点,经过 3 年苦战,开荒 700 公顷。在北京青年志愿垦荒队的带动下,以范淑兰为首的天津志愿垦荒队和以宋山洪为首的河北青年志愿垦荒队,纷纷开赴萝北地区垦荒。1956 年,还有山东志愿垦荒队,牡丹江市青年志愿垦荒队以及第二批北京、天津、河北等地青年志愿垦荒队共 14 批 2 567 人,也投入开垦"北大荒"的战斗。1956 年"五·四"青年节,由各垦荒队建立起 8 个集体农庄,如"北京庄"、"哈尔滨庄"、"河北一庄"等。在开荒建庄期间各地青年经受了生产、生活上各种困难的考验,为开发边疆做出了贡献。天津庄在 1956 年开荒 670 多公顷,当年开荒播种收获大豆 5.5 万公斤,建庄第三年粮豆总产达 73.5 万公斤,荣获国务院总理周恩来签发的"社会主义建设先进单位"的奖状。1958 年以后,萝北地区各青年垦荒队建立的农庄都改为国营农场。

(第二篇第一章《耕地开发》,第 135 页)

1968 年 6 月沈阳军区黑龙江生产建设兵团接收了农垦系统国营农场以后,根据屯垦戍边和安排下乡知识青年的需要,垦区范围和开荒面积逐步扩大。

(第三篇第五章《中华人民共和国成立后》,第 173 页)

《黑龙江省志·林业志》

黑龙江省地方志编纂委员会,黑龙江人民出版社 2000 年

1969 至 1971 年,全省林业(主要是森工)又接收安置从上海、浙江、北京、天津和哈尔滨等大中城市来的"上山下乡知识青年"。大兴安岭林区接收 5 万余名(含安置在农村),伊春、牡丹江、松花江、合江、绥化、黑河林管局接收 17 000 余名。这些"上山下乡知识青年"到林区不久,陆续被录用为全民所有制林业工人。 (第九篇第二章《劳动管理》,第 775 页)

1968 年,全省林业职工子女待业形成高峰,待业人数达 31 万余人,其中省林业总局系

统 26 万人。黑龙江省各级林业部门成立"知识青年上山下乡安置办公室"（简称"知青办"），安置林业职工子女和子弟就业。"知青办"集中使用每个知青 500 元的安置费，建立独立核算、自负盈亏的集体知青点，兴办种植、养殖、加工业的生产基地，吸纳林区待业青年就业。1968—1979 年全省林业共建立"知青"生产点 5 200 个，先后安排"知青"就业 57 万余人，其中，省林业总局系统安置 39.6 万余人；大兴安岭林管局安置 10.7 万人；市县林业安置 6.7 万余人。年均安置 6 万余人，既解决了林区青年就业难的矛盾，又促进了林业多种经营的发展和产业结构的调整。

（第九篇第三章《劳动管理》，第 782 页）

《黑龙江省志·金融志》

黑龙江省地方志编纂委员会编，黑龙江人民出版社 1989 年

1966 至 1978 年。"文化大革命"中，农场秩序被打乱，国营农场、劳改农场绝大部分改为生产建设兵团。在"左"的错误路线影响下，农场经济遭到破坏，亏损严重。但这一时期，国家对生产建设兵团的人力投入和资金投入增多。从 1968 至 1973 年的 5 年间，接收城市下乡知识青年 56 万人，基本建设投资、耕地面积、拖拉机台数均有增加。

（第三篇第二章《企业存款》，第 236 页）

《黑龙江省志·财政志》

黑龙江省地方志编纂委员会编，黑龙江人民出版社 1991 年

1979 年规定，以安置下乡知识青年为主所创办的集体所有制农、林、牧、副、渔场（队），其用地与收入从 1970 年 1 月起到 1985 年底止，一律免征农业税。以知识青年为主的全民所有制副食基地，凡独立核算，知青人数占基地职工总人数 60% 以上的，也在 1985 年底以前免征农业税。1981 年补充规定，原知青场队和发展成为知青农工商联合企业的，其土地收入，1985 年底前免征农业税。新办知青场队，自创办日起，5 年内免征农业税。知青场队撤销，变为机关、企业副食基地，青年人数不足 60% 的，从 1981 年起恢复征税。

（第一篇第一章《农业税收》，第 42 页）

为了集中安置城市上山下乡知识青年，在农村专门为他们创办了独立核算的集体所有制场、队，不分原建与新建，一律自 1979 年起至 1985 年末止，对其生产经营的各项应税产品和业务收入，免纳工商税。以安置上山下乡知识青年为主而举办的农、工、牧、副、渔业基地，凡独立核算、上山下乡青年占该基地人数 60% 以上的，1985 年末以前也免予缴税。农业社、队或国营农场为安置上山下乡青年而办的生产单位，单独核算、知青人数占 60% 以上的也

按上述办法予以免税。 （第一篇第二章《工商税收》,第 138 页）

1975 年 3 月开始,对经县、旗以上知青办批准的上山下乡知识青年点办企业、暂免征工商所得税。1978 年 12 月财政部规定,对独立核算的知青场、队和安置知青为主的农、林、牧、副、渔业基地,"五七"干校,在 1985 年底以前实行"三不"政策:不缴税,不上缴利润,不负担农产品统购派购任务。 （第一篇第二章《工商税收》,第 159 页）

城镇青年就业补助费

黑龙江省 1962 年贯彻国民经济调整方针,精简城镇人口安置到国营农场、机关农场或农村落户,国家财政安排城镇人口遣散费。1963 年起开始有城市人口下乡安置费支出。1964 年安置城市闲散劳动力下放农村 41 105 人,当年支出 484.6 万元。1968 年全省动员 23.5 万知识青年上山下乡,还有京津沪 3.5 万青年来黑龙江省插场插队,当年支出安置费 4 129.2 万元。1969 年支出安置费高达 15 039.6 万元。1974 年在城市人口下乡安置费中,设城镇青年下乡安置费和城镇居民下乡补助费。从 1979 年开始,下放人口先后回城就业,城镇人口下乡安置费改为城镇待业青年安置费。1980 年有步骤地在城镇增设劳动服务公司,解决待业青年就业问题,又增加城镇劳动服务公司补助费。1982 年又称安置城镇青年就业补助费,1984 年又改为城镇青年就业补助费。这项经费使用原则标准常有变化,各年不尽相同。1964 年 4 月 31 日,省财政厅规定全部经费列入各级财政预算,按规定标准使用。开支项目标准,在统一扣除专职干部工资和行政费之后,平均暂定每人为 170 元,其中:用于城市动员方面训练费平均每人 1 元,车运费 10 元,衣着困难补助费 3 元;用于农村安置方面平均每人建房费 70 元,炊事家具费 10 元,小农具费 6 元,购买口粮款 32 元,油盐菜款 3 元;用于生活困难救济和医药补助方面平均每人 35 元。当年又作了如下调整:

（一）青年插队经费标准:1.市、县就地安置的平均每人 225 元。2.跨市、县安置的,平均每人 230 元。3.随同知识青年下乡的家属,分别按闲散劳力和家属标准执行。4.投靠亲友的知识青年不给建房经费。其他费用根据生活困难情况适当补助。5.家居农村在城镇上学的学生,毕业或休学返回农村,不给任何补助。

（二）城镇闲散劳力插队经费标准:1.市县就地安置的闲散劳动,平均每人 100 元,随同家属平均每人 80 元,农村有家和投亲靠友,不需建房的,劳力平均每人 50 元,家属平均每人 25 元。2.跨市县安置的闲散劳力平均每人 110 元,随同家属平均每人 90 元,农村有家和投亲靠友不需建房的,劳动力平均每人按 60 元,家属平均每人 30 元。跨地区安置的下乡人员,动员的市县只在动员费用标准内开支,其他由安置市、县掌握开支。

（三）插场(专、市、县营场)安置费标准:1.安置到新建、扩建农场的每人 900 元,其中:城市动员费 15 元,场方安置费 885 元(建房费 300 元,工资补助及生活补助 400 元,流动资金 185 元)。2.原有农场增补安置费的每人 450 元,其中:城市动员费用 15 元,场方安置费

435 元(建房费 150 元,工资及生活困难补助费 185 元,流动资金 100 元)。3 农垦厅直属国营农场本年继续接收上年未完成的任务,仍按国家原规定经费标准执行。

(四)开支范围:知识青年指历届应届毕业或待业一直没有升学或就业的学生。家居城镇、参军前一直没有固定职业的复员退伍军人,也按知青标准执行。闲散劳动力是指城镇内的无业或无固定职业,又合乎下乡条件的人员。对于手持三证,下放未走的人员,可按闲散劳力和随迁家属经费标准开支。对于 1962 年以前精简下放后,已作了安置而又返回城镇的,不得动用此款。

(五)插队安置费使用要求:不要一年花完;在保证建房费的前提下,除流动资金不准串用外,其他项目可以因地制宜调剂使用,不得层层按标准下发或平均发给本人。

1980 年起,省财政局、知青办改变知青经费使用办法。将扶持生产资金和安置费,统一作为安置城镇知识青年的扶持生产周转金。扶持生产周转金,主要用于扶持安置城镇知青、新办或扩建的独立核算集体所有制知青场、队和农工商联合企业;新办或扩建的独立核算集体所有制企、事业(包括区、镇与机关、企业联办的集体所有制单位);受灾地区有特殊困难的集体所有制知青场、农工商联合企业和安置青年的区、镇集体所有制企事业的补助。

1984 年,省财政厅、劳动局规定,安置城镇青年就业经费,分为扶持生产资金、安置费、就业训练费、业务费和其他费用 5 个项目。其中扶持生产资金,属于周转性质,必须有借有还。借款时间一般 1 至 2 年,最长不得超过 3 年。城镇各单位为安置待业青年兴办集体企业所需生产资金,不足时可申请借用扶持生产资金。自谋职业和自愿组织起来就业的城镇青年,自筹资金有困难时,也可以给予适当扶持。

从 1979 年城镇下放人口陆续返城,到 1985 年用于知识青年安置训练、就业以及扶持发展生产共支出 37 194 万元。 (第二篇第一章《经济建设费》,第 278—279 页)

1973 年按国务院规定,入学时满 5 年工龄和入 1 年以内短训班的国家职工,由原单位照发工资。入学时工龄未满 5 年的国家职工、退伍回乡军人、民办小学教师、赤脚医生和上山下乡知识青年,由学校按 50%的发放面每月发给伙食费和津贴费 17 元。

(第二篇第二章《文教科学卫生事业费》,第 299 页)

《黑龙江省志·乡镇企业志》

黑龙江省地方志编纂委员会编,黑龙江人民出版社 2003 年

60 年代中期,全省农村社队为安置知识青年,兴办一批以知识青年为主的社队农场,经济独立核算,自给自足。1977 年,知识青年返城后,部分农场解散,一部分农场交由社、队两级自主经营。 (第二篇第二章《农业企业》,第 181 页)

1977年,全省办起社队企业17 000多个,从企人员34万人。这一时期,劳动力来源有两部分,一部分来自城市下放的工人,一部分来自乡镇居民中的适龄劳动力和下乡知识青年。

(第四篇第三章《劳动制度》,第317页)

《黑龙江省志·教育志》

黑龙江省地方志编纂委员会编,黑龙江人民出版社1996年

1975年,学校增设兽医专业,学制为二年。各专业主要招收生产建设兵团青年和下乡知识青年。　　　　　　(第四篇第二章《事业发展(中华人民共和国成立后)》,第509页)

上海知识青年业余函授教育

1974年,一大批上海市知识青年到黑河地区插队落户。2月,上海市教育局上山下乡办公室发出《关于对上山下乡知识青年试办业余函授教育的意见》。10月,黑河地区教育局配合并主办了这一工作,决定在爱辉、孙吴、逊克、嫩江4县和生产建设兵团1师、山河农场、星火农场等处招收函授生5 000人,1975年春开学。设马列主义经典著作选读、写作、历史、农村电工、农药化肥、拖拉机维修、农村常见病防治等7个科目。

(第五篇第三章《农民初、中等教育》,第743页)

1973年12月,经省编委批准重建省函授广播学院,为处级单位,暂定编100人。学院以广大下乡知识青年为主要招生对象,同时招收中学教师。自1968年,开展知识青年上山下乡工作以来,全省已有大批知识青年上山下乡,其中,京、津、沪知识青年占很大比例。到1972年,在各生产建设兵团、农场、农村插队落户的知识青年仍有77万多人,重建函授广播学院,就是这种客观形势的需要。为加强对函授广播教育的领导,由省文教办、教育局、广播事业局、知青办、团省委等部门组成省函授广播教育委员会,定期讨论研究,协调处理有关重大问题。学院设领导小组主持日常工作,组长齐文志。

(第五篇第五章《成人高等教育》,第783页)

知青教育

从1973年重建函授广播学院,到"文化大革命"末期,陆续招收省内上山下乡知识青年110多万人。当时函授广播教育贯彻自学原则,开设马列主义经典著作辅导、写作、农业三门主课。学院制订教学计划,编写教材和辅导材料,发给学员自学,遇到问题,致函学院予以解答。以县(团)或人民公社为函授点,定期面授或办短训班。招生办法,只要个人申请,基层推荐,领导机关审核批准,即可入学。　　　　(第五篇第五章《成人高等教育》,第784页)

《黑龙江省志·广播电视志》

黑龙江省地方志编纂委员会编,黑龙江人民出版社1996年

1971年到1979年,黑龙江人民广播电台开设《对上山下乡知识青年广播》节目,每星期播出1次,每次20分钟。节目旨在教育青年扎根农村,建设社会主义新农村。

（第一篇第二章《黑龙江人民广播电台》,第51页）

1973年4月14日上海知识青年来到黑龙江,电视台于17日举办了《知识青年上山下乡》专题节目。　　　　　（第三篇第一章《黑龙江电视台》,第185页）

《黑龙江省志·出版志》

黑龙江省地方志编纂委员会编,黑龙江人民出版社1996年

"文化大革命"中,组织出版了《在广阔天地里锻炼成长》、《青春献给北大荒》、《革命青年的榜样——金训华》、《张勇的故事》等一批反映知识青年上山下乡运动的图书。

（第一篇第五章《图书》,第148页）

《黑龙江省志·人口志》

黑龙江省地方志编纂委员会编,黑龙江人民出版社1996年

同年(1968年),黑龙江省革命委员会决定,为北京、上海、天津三市安置上山下乡知识青年3.5万名,其中北京1.5万名,上海和天津各1万名,全部安置到生产建设兵团所属单位。6月,北京首批1200名知识青年到达黑龙江省;8月,上海首批800余名知识青年到达黑龙江省;9月,天津首批知识青年900余人到达黑龙江省。　（第一篇第三章《现代人口》,第176页）

从60年代末到70年代末期是外省知识青年大量迁入与迁出的时期,前期是外省知识青年集中迁入,后期是外省知识青年的陆续迁出。据统计,仅北京、天津、上海、浙江和四川等5个省、市到黑龙江国营农场和农村插场、插队的知识青年就有40.3万人,其中北京知识青年10.4万人(国营农场10万人,插队0.37万人);天津知识青年6.7万人(国营农场5.08万人,插队1.62万人);上海知识青年16.98万人(国营农场14.29万人,插队2.69万人);浙江知识青年5.82万人(国营农场4.3万人,插队1.52万人);四川知识青年0.4万人(国营农场0.4万人)。

从1972年开始,外省上山下乡知识青年陆续返迁,主要集中在1977—1979年,据1979年

统计,北京知识青年返回 9.8 万人,仍在黑龙江省国营农场的有 0.6 万人;天津知识青年返回 6.2 万人,仍在黑龙江省国营农场和农村插队的有 0.5 万人;上海知识青年返回 15.9 万人,仍在黑龙江省国营农场和农村插队的还有 1.9 万人;四川省知识青年返回 1 000 多人,还有近 3 000 余人在黑龙江省的国营农场从事生产劳动。　　　　　　　　　(第一篇第三章《现代人口》,第 176—177 页)

城镇知识青年上山下乡始于 1964 年。1968—1979 年是知识青年上山下乡的高峰期,其后大批上山下乡知识青年返城,一起延续到 80 年代中期。1964 年,全省计划动员知识青年 3 万余人上山下乡,实际有 22 434 名知识青年奔赴农村,其中 3/4 以上的人安置在农村人民公社生产队。1965 年,全省安置下乡知识青年的主要形式是投亲靠友、分散插队、集体插队或由生产队派干部带领知识青年远征,开荒建立新村。1968 年,全省有 29 万名城镇知识青年奔赴农村,9 月下旬至 11 月中旬,仅哈尔滨市就有 7.3 万名知识青年到农村落户。1969—1971 年,全省共有 40 万知识青年上山下乡。同年,全省有 22 万多名知识青年奔赴农村插场、插队。1976 年,全省计划动员 19.4 万名知识青年上山下乡,除在省属国营农场安置 3.8 万人外,其余都到人民公社插队。1976 年 5 月,哈尔滨市首批应届毕业生 3 500 多名奔赴建三江农场管理局和抚远县;6 月,第二批 4 000 余名知识青年奔赴三江平原。1968—1979 年 7 月,全省先后动员安置上山下乡的知识青年 140 余万人。1973 年开始,部分知识青年通过招工、招干、招生、参军等形式陆续返城,知青的大批返城主要集中在 1977—1980 年。1978 年末,在农村的上山下乡知识青年还有约 100 万人(包括外省知识青年),已返城的知识青年约有 80 万人。1979 年 5 月,据哈尔滨市统计,全市 16 万名上山下乡知识青年中已有 9 万多人返城。参加黑龙江省国营农场开发建设的京、津、沪、哈等各地知识青年共有 50 余万人,至 1981 年初剩下 8 万多人,到 1985 年仅剩下 3.1 万人。也就是说,1968—1979 年间上山下乡的知识青年绝大多数已返迁城镇。　　　　　　(第一篇第三章《现代人口》,第 180—181 页)

非农业人口增长情况

年度	非农业人口增长数	自然增长	机械增长	农转非人口增长										其他
				合计	招工	招生	职工家属投靠	随军家属	知青返城	落实政策	征用土地	集镇自理口粮	其他	
1980	299 000	81 782	725	188 915	68 510	20 556	23 396	4 572	31 867	7 076			32 938	29 056
1981	354 580	101 832	33 606	149 080	32 166	16 773	30 272	3 512	4 984	14 621			46 752	70 062
1982	270 438	146 568	43 820	106 220	12 849	13 777	30 621	2 695	8 208	7 888	760		29 422	26 170
1983	202 853	102 363	38 462	75 216	7 157	13 562	21 118	3 158		7 237	3 179		19 805	13 188
1984	294 613	94 350	37 171	157 899	7 307	14 664	35 361	2 154		6 159	1 942	6 076	84 236	5 193
1985	315 396	103 279	21 154	178 713	7 673	17 105	75 446	1 413		5 109	1 931	31 468	38 568	12 250

注:1983—1985 年的职工家属投靠一栏中含科技干部家属;农转非其他一栏中含知青返城数。

(第二篇第四章《人口地域构成》,第 319 页)

1968—1978年,全省上山下乡知识青年达103万人,经过政策调整,又使大批知青返城就业,到1983年全省已安置城镇待业青年273.95万人,待业问题已基本解决。

（第三篇第二章《家庭》,第420页）

公社计划生育专职人员属于计划生育事业编制,职称为计划生育助理。专职人员的来源,首先从现有干部中选调,或从批准转正的以工代干的人员中解决,也可从上山下乡知识青年和城镇待业青年中选招。选招条件为政治思想好,作风正派;热爱计划生育工作,有一定的群众工作经验和水平;具有高中或相当于高中文化水平;本人带头晚婚和实行计划生育的青年。

（第六篇第一章《组织机构》,第600页）

《黑龙江省志·旅游志、侨务志》

黑龙江省地方志编纂委员会编,黑龙江人民出版社2002年

"文化大革命"时期,黑龙江省的归侨安置工作仍在困境中进行。1966年,哈尔滨市民政局为妥善安置归侨青年和归侨待业子女,在市郊荒山嘴子划出一块土地,兴建一处"华侨园艺场"。到1975年10月,已安置归侨青年和归侨子女63人。后来由于"文化大革命"的干扰,致使管理不善,经营困难。1978年,哈尔滨市民政局与"哈尔滨市知识青年上山下乡办公室"商定,重新把归侨青年和归侨子女统一安置到市郊香坊农场。

（第二篇第二章《省内侨务》,第49页）

《黑龙江省志·人事编制志》

黑龙江省地方志编纂委员会编,黑龙江人民出版社1992年

(1979年)10至11月间,根据国务院通知精神,黑龙江省为中国农业银行招收录用2 000名干部,为中国人民银行招收录用干部1 200名,充实加强了金融第一线力量。中国农业银行招收对象是城镇待业知识青年和上山下乡满2年的知识青年。招收条件:必须是政治思想好,具有高中文化程度,身体健康,作风正派,有志于基层金融事业的青年,年龄一般在25岁左右。经文化考试,由农业银行对其德、智、体进行全面考核,择优录用。中国人民银行招收对象及招收条件与农业银行相同。

（第三章《吸收录用》,第68页）

(1980年)11月,黑龙江省转发国家农业委员会等4个部门《关于增加农村人民公社经营管理人员劳动指标及人员来源、经费解决办法的通知》规定:增加经营管理人员的来源,从现在从事公社经营管理工作的非国家干部中解决,也可从优秀的大、小队干部、上山下乡知

识青年中选拔。录用条件为：(1)从事农村人民公社经营管理工作 3 年以上的非国家干部，年龄不超过 35 岁。(2)优秀的大、小队干部从事会计工作 5 年以上，年龄在 30 岁左右。(3)上山下乡知识青年，年龄在 25 岁左右。录用人员必须具备思想路线端正，作风正派，具有高中文化程度，身体健康的条件，并通过考试，择优录用。试用期为 1 年。全省根据上述条件，录用经营管理人员 600 人。

同月，黑龙江省根据国家人事局等部门的通知精神，下达中国人民银行、建设银行、农业银行招收录用干部指标。其中，人民银行录用 743 人，建设银行录用 252 人，农业银行录用 658 人。招收对象，主要是社会上的待业青年、下乡知识青年、复员军人和系统内部的工人。招收条件：(1)拥护党的政治路线和思想路线，有革命事业心和政治责任感，好学上进，有志于金融事业；政治历史清楚，思想品质好，作风正派，遵纪守法，能联系群众。(2)具有高中文化程度，身体健康，年龄有 25 岁至 35 岁。凡招收对象都须经文化考试，择优录取。录取后试用期为 1 年，期满考察合格后，转正定级。 （第三章《吸收录用》，第 69 页）

《黑龙江省志·劳动志》

黑龙江省地方志编纂委员会编，黑龙江人民出版社 1995 年

1980 年 2 月，李天伶、鲁夫任副局长。3 月，省编委发出《关于省委知青办列入政府序列与省劳动局合署办公的通知》后，省劳动局与省委知青办"一套机构，两块牌子"，合署办公，增设动员财务处、知青场队管理处，编制 123 人。10 月，按照省编委《关于省劳动局组织机构调整的通知》，撤销计划调配处、国营企业农副业生产处，增设人事处、计划处和劳动力调配处，社会劳动力管理处、动员财务处分别改为动员安置处、财务处。省劳动局和省委知青办将合署后的 15 个处(室)调整为 13 个处室：办公室、人事处、计划处、劳动力调配处、动员安置处、劳动保护处、工资处、劳动保险处、知青场队工作处、技工培训处、财务处、锅炉安全监察处、信访处。12 月，李天伶调离。 （第一篇第一章《省劳动机构》，第 28 页）

与此同时(1983 年)，省编委《关于省劳动局内部机构设置的通知》决定，省劳动服务公司与省劳动局分设。省劳动服务公司是省劳动局领导并受其委托承担部分行政职能的劳动就业服务机构，主要负责部分社会劳动力管理工作，组织劳动服务公司集体经济，扩大劳动就业领域，管理职业介绍，指导就业门路与项目开发，开展就业训练，归口管理劳动服务企业及其管理部门，加强劳动就业的基础工作，为广开劳动就业服务。据此，主要行使如下职责：……(8)负责处理已婚上山下乡知青的遗留等项工作。省劳动服务公司内设办公室、培训就业处、计划财务处、企业指导处(保留省劳动局知青场队工作处名义)及供销经理部。

（第一篇第一章《省劳动机构》，第 29 页）

第三节　黑龙江省知识青年上山下乡工作办公室

1968年2月,省革委为及早从组织上准备动员与安置城镇大批知识青年(下称知青)上山下乡,做好逗留大中城市少数知青返回农村务农工作,决定成立省革委生产委员会城市知识青年上山下乡工作办公室(下称知青办),鲁夫任主任。

1969年10月,根据省革委公布的《黑龙江省革命委员会机构编制试行方案》,省革委生产委员会改为省革委生产指挥部,随即省革委生产委员会知青办改为省革委生产指挥部知青办,鲁夫任主任,同时省劳动管理局下设知青组,承办省革委生产指挥部知青办日常工作。

1970年2月,省革委决定将民政、劳动局合为省革委民政劳动局,设知青组继续负责省革委生产指挥部知青办日常工作。7月,省革委知青工作领导小组决定,省知青办从民政劳动局中划出,设立省革委政治部领导的知青办,鲁夫任主任,王永才(军代表)、张喜山(工人代表)任副主任。

1973年5月起,黑龙江省遵照中央的决定,知青工作改省革委直接领导为省委直接领导。至此,省知青办纳入省委序列。鲁夫任主任,孙德胜、潘富志、沈保中、张喜山(工人代表)任副主任。1976年6月,康建军(知青代表)任副主任。

省知青办是规划、指导、综合、协调全省知青工作职能部门,主要负责贯彻中央、国务院及省委有关知青上山下乡的方针、政策,组织各地实施知青上山下乡的宣传动员、思想教育与安置工作;调查研究、调整完善知青上山下乡具体政策及办法;指导管理、分配、使用安置知青的经费与物资,解决知青生产、生活等方面的问题,做好上山下乡已婚知青的安置巩固工作;总结、交流与推广知青上山下乡工作经验,树立先进典型,表彰知青中涌现出来的先进集体及英雄模范人物;协同省内外劳动、人事等有关部门,做好从上山下乡知青中招工、招生、招干、征兵有关等工作;配合司法部门严厉查处迫害知青的违法案件,严惩严重犯罪分子;负责对带领上山下乡知青的干部培训教育和管理等项工作。省知青办编制45人,设秘书处、计划动员处、宣传教育处、安置处和信访处。

1980年3月,依照省编委的通知,省知青办划归省政府序列,与省劳动局合署办公,"一个机构两块牌子"。　　　　　　　　　　　　(第一篇第一章《省劳动机构》,第35—36页)

1970年4月,(哈尔滨)市民政局、劳动局、知青办并为市民政劳动局,设办事组、政工组、民政组、劳动(下设调配、工资、保险保护)组、知青下乡组、接待组。……

1980年5月,市委知青办并入市劳动局,增设综合计划处、财务物资处、下乡知青集体事业处(后改为农业企事业处)。　　　　　(第一篇第二章《市地劳动机构》,第38页)

1980年10月,(齐齐哈尔)市委知青办与市劳动局合并后,设秘书科、社会劳动力管理科、计划调配科、工资科、劳动保险科、劳动保护科、锅炉监察科、信访接待科、技工培训科、知青场队科、财务科和政工科。　　　　　(第一篇第二章《市地劳动机构》,第39页)

同时(1973年),(牡丹江)市革委知青办设秘书科、动员科、安置科,12月增设信访科。1974年6月,市革委知青办改为市委知青办。1975年6月,市劳动局增设保险科。1976年3月,市委知青办增设知青农村场科,8月撤销信访科,改设教育科。

(第一篇第二章《市地劳动机构》,第40页)

1982年3月,(佳木斯)市委知青办与市劳动局合并。

(第一篇第二章《市地劳动机构》,第41页)

1970年4月,(鸡西)市民政劳动局设民政组、劳动组、调配组、工资保护组、街道组、知青办。7月,知青组从市民政劳动组分出,成为市革委组成机构。

(第一篇第二章《市地劳动机构》,第42页)

(1980年)8月,(鹤岗)市知青办与市劳动局合并,编制30人,增设知青场队工作科。

(第一篇第二章《市地劳动机构》,第43页)

1972年6月,政企分开,民政劳动局分设,市劳动局编制24人,设综合科、工资科、调配科、知青办。

……

(1980年)7月,(双鸭山)市知青办与市劳动局合并,编制32人,增设动员财务科、安置科。

(第一篇第二章《市地劳动机构》,第43页)

1970年4月,成立(黑河)地区民政劳动局,同时成立地区知青办,与民政劳动局合署办公。……1980年11月,劳动局与知青办合署办公后,劳动局编制26人,设秘书科、调配科、工资科、社会劳动力管理科、技工培训科、劳动保护科、锅炉监察科。

(第一篇第二章《市地劳动机构》,第46页)

1980年8月,(绥化)地委知青办并入劳动局,增编8人,增设待业青年安置科。

(第一篇第二章《市地劳动机构》,第46页)

1958年7月设松花江专区,驻哈尔滨市,设劳动局。1965年8月,专区设民政人事办公室负责劳动工作。9月成立地区知青办。

1967年4月,地革委生产指挥部设综合组,编制4人,负责民政、劳动和动员安置知青上山下乡工作。1970年4月,成立地革委民政劳动局。1971年3月,分设民政劳动局、知青办,编制分别为6人、7人。1972年9月,撤销民政劳动局,分设民政局、劳动局。1973年6

月,知青办设秘书组、动员安置组和宣传教育组。1974 年 4 月,知青办划入地委机构序列。

1980 年 8 月,知青办并入劳动局。1985 年,编制 17 人,设综合科、工资保险科、技工培训科和安全监察科。

（第一篇第二章《市地劳动机构》,第 47 页）

1980 年 7 月,(大兴安岭)地委知青办与劳动局合署办公。

（第一篇第二章《市地劳动机构》,第 47 页）

知青上山下乡是党和国家基于 50 年代中期城市人口急剧膨胀、就业渠道渐趋狭窄、农业合作化运动蓬勃兴起及地区间经济、文化发展失衡的国情,旨在农村、边疆解决就业问题重要出路的探索性实践。当年,一批批知识青年组成一支支志愿垦荒队,相继奔赴"北大荒",开发边疆,辟建农场,开创全国知青上山下乡、建设边疆的大业,充分映现新时期知青献身祖国的崇高理想和艰苦创业的时代风貌,为千百万知青确立共产主义的世界观、人生观、价值观树起一个个生动的典范。1958 年 5 月起,在"以钢为纲,全面跃进"的运动中,城市大量招工,知青上山下乡工作停顿下来。1961 年起,随着大规模精简职工和减少城镇人口工作的开展,恢复较小规模城市知青上山下乡工作。到 1965 年,黑龙江省知青上山下乡 5.1 万人。"文化大革命"铸成国民经济濒临崩溃的严重后果,导致知青上山下乡成为"轰轰烈烈"接受"再教育"的政治运动,被宣传为具有"反修防修"、"缩小三大差别"的重大政治意义,全省迅速掀起知青上山下乡的高潮。大批知青在青春年华失去在校接受正规教育的良机,引致人才成长的断层,给社会主义现代化建设带来长远的困难。此外,国家和企事业单位及知青家长,为安置知青支付经费总计 13 亿多元,农民也为此加重了负担,成为当时社会不安定的重要因素之一。至 1978 年,黑龙江省累计动员、安置上山下乡知青 178.22 万人。知青们发扬光大"北大荒"精神,为开发黑土地作出重要的贡献。在此前后,按政策规定知青大都陆续返城就业。他们在新的工作岗位上,全新认识生活,尽心锻造自己,很快获得社会的承认。知青有"北大荒"的多年磨练垫底,为他们在人生成长的道路上打下坚实的根基。到 1979 年,知青中有 3.34 万人加入中国共产党,37.94 万人加入中国共产主义青年团,2.91 万人被选进各级领导班子,60 余万人被输送到文化、教育、工交等各个行业,许多知青成为各种各样的人才。

（第二篇《劳动就业》,第 54 页）

1978 年 12 月,省劳动局依照国务院《关于工人退休退职暂行办法》确定,家庭生活困难或子女上山下乡、子女就业少的双退工人,允许招收按政策留城的知识青年或上山下乡知识青年及应届中学毕业生;对家居农村的双退工人户口迁回农村后,允许招收在农村的一名符合招工条件的子女顶替。这项工作由当地劳动部门负责办理。

（第二篇第二章《城镇劳动就业》,第 80 页）

1964年4月,省人民委员会批转省军区、民政厅、劳动局《关于城市退伍兵由城市直接接收安置的报告》,对1961年配合全省压缩城镇人口、从城市应征入伍的1.8万名退伍军人中,原是社会青年和学生的结合动员城市闲散劳动力和知识青年上山下乡,安置到国营农、林、牧、渔场或下乡插队;……   (第二篇第二章《城镇劳动就业》,第83页)

1974年1月,根据省革命委员会、省军区《关于做好1974年复员、退伍军人接收安置工作的通知》的规定,从大专院校毕业生和肄业生中应征入伍,退伍后由应征所在地接收安置;从兵团、农场入伍的下乡知识青年,退伍后由兵团、农场安置;从插队点和"五七"干校应征入伍,退伍后由应征所在地接收安置。   (第二篇第二章《城镇劳动就业》,第83页)

是月(1983年5月),根据公安部、劳动人事部、农牧渔业部、教育部、商业部下发《关于犯人刑满释放后落户和安置的联合通知》规定,对服刑期间保留职工身份的人员,刑满释放后由原单位予以安置。对已被原单位开除或除名,改造表现较好符合下列条件之一的人员,即系大专毕业生或具有真才实学、犯一般刑事罪的科技人员,过失犯、渎职犯或罪行轻微、刑期3年以下的一般刑事犯,释放时年龄在30岁以下的青年,捕前系支援内地职工、支援边疆知识青年或已分配工作的上山下乡知识青年,家居北京、天津、上海市但不符合返籍条件的人员,服刑期间有重大立功表现的人员,经劳改单位在其刑满释放前3个月向原单位提出重新安排工作建议,原单位有增人指标或补员指标同意接收并考核合格,经劳动部门批准按重新录用就业……   (第二篇第二章《城镇劳动就业》,第89—90页)

第四章　城镇知识青年上山下乡

1955年,在农业合作化运动迅猛发展和城市尚未完全解决就业问题的形势下,中共中央号召城市知识青年(下称知青)上山下乡。一批批有志青年怀着为使祖国繁荣富强的豪情壮志,相继离别家乡奔赴"北大荒",积极参加边疆社会主义建设。9月,北京市青年杨华、庞淑英等5青年发起倡议,并组成全国第一支青年志愿垦荒队,在黑龙江省萝北县开荒建点,揭开全国知青上山下乡的序幕,随即有哈尔滨、天津等市青年垦荒队,去萝北县等地志愿垦荒,成为勇于开拓的建场尖兵。这种崇高的思想、英勇的行为和具有时代意义的创举,永载中国青年运动的光辉历史。

60年代,大规模地动员和组织知青下乡,是在城市就业困难的历史条件下采取的重要措施。1961年1月,中共中央针对国民经济严重比例失调问题,决定实行"调整、巩固、充实、提高"的方针,压缩基本建设战线,停建缓建一批工程项目,大量精简职工,高校压缩招生人数,城市中不能升学的中学毕业生及闲散劳动力猛增,"就业难"已成为当时重大的社会问题。1964年4月,中共黑龙江省委、省人民委员会发出《关于动员和组织城镇知识青年参加社会主义建设的指示》,并成立"中共黑龙江省委精简安置领导小组"及其办事机构(下称省精简办),各地、市、县委均设精简安置领导小组,负责精简职工、动员与安置下乡知青和闲散劳动力工作。为适应国民经济调整、恢复和发展农业生产、开发和建设边疆的需要,全省有领导有计划地组织开展知青下乡工作。

1968年,毛泽东主席发出"知识青年到农村去,接受贫下中农再教育,很有必要"的号召,全省迅速掀起城镇知青下乡高潮。同年成立省革命委员会生产指挥部知青工作办公室,1970年改为省革命委员会知青上山下乡工作办公室。1973年,根据中共中央指示,知青工作改由党委直接领导,中共黑龙江省委下设知青上山下乡办公室(下称"知青办"),县以上党委或革命委员会直至企事业单位均设知青办。"文化大革命"期间,上山下乡成为解决城镇绝大多数中学毕业生就业问题的基本出路。

1979年始,中共黑龙江省委遵照中共中央召开的全国知青工作会议精神,从全省实际情况出发,决定调整知青政策,缩小上山下乡范围,彻底改变知青插队(场)的做法,知青上山下乡纳入统筹劳动就业的轨道,标志着知青工作发生历史性转变。此后,各地各单位妥善处理大量上山下乡知青按政策规定陆续返城就业及有关遗留问题。

第一节 动　员

50年代中期,各级党、团组织主要通过党、团课及宣扬先进人物事迹等方法,对青年反复进行热爱祖国、建设边疆的动员教育,促进志愿垦荒工作健康发展。

1960年11月,哈尔滨市动员、欢送第一批知青到通河县浓河公社安家落户,建立"共青团公社"。

1963年,黑龙江省在继续精简职工、压缩城镇人口的同时,动员城镇知青下乡。当年,哈尔滨、齐齐哈尔、牡丹江、佳木斯等9个大中城市共动员5 310名知青下乡。1964年,中共黑龙江省委、省人委落实中共中央、国务院指示,有领导、有计划地开展城镇知青下乡工作。各级党委、政府及共青团、妇联等有关部门,积极行动起来,采用多种形式动员县镇以上往届、应届不能升学的中学毕业生、一直没有就业的社会青年、精简的青年职工、一些复员退伍军人及其愿意随同下乡的家属等,分批下乡或回乡支援边疆建设。5月,中共哈尔滨市委为加强对知青工作的领导,成立"安置城市下乡知青领导小组",知青下乡工作从市委精简领导小组办公室中分离出来;各区、街道也成立相应机构,当年动员组织知青下乡1万人。各地党员干部尤其是党员领导干部带头动员子女下乡,促进知青下乡工作的顺利进行。年底,各地、各部门处以上干部动员子女共656人下乡,占全省当年知青下乡总数2.24万人的2.9%,为广大干部和知青家长做出了榜样。1965年,各地动员下乡以知青为主,也有少量社会闲散劳动力。年内,全省动员下乡知青1.58万人。

1966、1967年,由于"文化大革命"的原因,没有动员知青下乡。此后,国民经济渐趋崩溃边缘,城镇就业门路窄少,又适逢劳动力成长高峰,各地开始采取政治动员办法开展知青下乡工作。1968年,"文化大革命"进入"斗、批、改"阶段,学校复课并招收新生,动员知青下乡的对象是1966、1967、1968三届中学毕业生。此后,黑龙江省很快掀起大规模知青下乡的高潮。

知青下乡牵动人心,涉及千家万户,对职工及其下乡的知青子女原有的思想观念产生强烈冲击。各地为动员知青下乡扫清思想障碍,促进知青下乡工作,县以上各部门及街道居民委员会对应该下乡的知青,分工负责,落实到人,逐人逐户摸清底数,做到单位包职工、职工包子女、街道包居民、学校包学生,广泛进行思想动员工作。同时,充分利用广播、报刊等各种舆论工具,引导广大知青和干部群众树立"下乡光荣"、"教子务农"的风尚,并规定知青下乡前,由动员城镇建立知青本人和家庭情况档案,交其被安置所在县知青办。当时,许多学校中学毕业生整班下乡,出现"全班红"、"一片红"的局面,形成"轰轰烈烈"接受"再教育"的政治运动。1968年动员知青下乡29.04万人。1969年动员知青下乡高达33.2万人,为历史之最。这两年共动员知青下乡62.24万人,成为全省知青下乡的第一个高峰期。

1970年,随着生产事业的恢复和扩大,应届中学毕业生和往届未下乡的少数中学毕业生大部分留城就业,知青下乡11.46万人。1971年省革命委员会决定,1970届中学毕业生除少数到农村插队外,统一留城或去外地分配工作,当年下乡2.09万人。1972年1月,中共黑龙江省委批转的省知青办《关于1971年九年级毕业生下乡工作方案》确定:县镇以下小集镇和农村中学毕业生回乡劳动;烈士子女、独生子女、多子女已下乡、身体严重病残和家庭确有困难脱离不开的知青,不动员下乡;往届毕业生已定下乡未下或分配外地工作未去的知青,继续动员下乡。当年,知青下乡6.35万人。

1973年,中共中央决定再次调整国民经济,精简职工,减少招工,上山下乡又成为知青的主要去向。黑龙江省根据中共中央确定的城镇中学毕业生的分配以上山下乡为主的原则,又连续动员大批知青上山下乡。除独生子女、多子女身边仅有一个子女、病残不能参加农业生产劳动及中国籍的外国人子女不动员下乡外,其他知青完全列入动员下乡对象。当年,全省下乡知青10.95万人,比上年增加4.6万人。1974年10月,中共黑龙江省委召开常委会议确定:各市、县都要掀起知青上山下乡的高潮,举办有领导干部、知青及其家长参加的学习班,要向广大干部群众反复说明,"下乡光荣、不下不行",并规定:凡已定为下乡的知青,坚决动员下去;已在城镇安排工作的,一律限期辞退,拒不纠正的给予处分。这种口号和措施,反映了当时动员知青下乡的政治性和强制性。1974、1975年分别动员知青下乡20.14万人、24.94万人,计45.08万人,成为全省知青下乡的第二个高峰期。1976、1977、1978年动员知青下乡分别为17.19万人、13.34万人、9.52万人,呈逐年减少趋势。1968—1978年,全省累计动员城镇知青下乡178.22万人,平均每年16.2万人。

1979年9月,中共黑龙江省委根据全国知青上山下乡工作会议精神,决定调整知青上山下乡政策:第一,继续动员一些城镇知青上山下乡。当年起,矿山、林区、在农村的企事业单位、小集镇和一般县城的中学毕业生，不列入上山下乡范围。鸡西、鹤岗、双鸭山、伊春、七台河等市的市政部分列入上山下乡范围。哈尔滨、齐齐哈尔、牡丹江、佳木斯、绥芬河等市，逐步扩大留城面，多留少下。有安置条件的城市，不再动员知青下乡。今后城市动员下乡及留城政策，由各地、市按照中共中央和中共黑龙江省委的有关政策自行决定。下乡青年主要安置在企事业单位的农副业生产基地和独立核算的集体知青场队，国营农、林、牧、渔场（下称四场）按需要安排，一般不再到农村插队。第二，有步骤地处理在乡知青的各种问题，主要通过办好知青场队、管好生活、增加收入等各种措施认真解决。至此，知青下乡工作发生重大转变。年底，全省共动员知青下乡 5.38 万人，大都安置在知青场队。此后，各地不再动员知青上山下乡。

第二节 安 置
一、建 庄

这是 50 年代知青下乡安置的主要去向。1955 年 5 月，毛泽东主席发出："农村是一个广阔天地，在那里是可以大有作为的"指示，随即共青团中央向全国广大青年发出"到农村去，到边疆去，到祖国最需要的地方去"的号召。8 月 9 日，北京市石景山区青年杨华率先响应，他联合庞淑英等 4 名青年作为发起人，向全市青年倡议并组成北京市青年志愿垦荒队远征北大荒，仅 14 天时间报名 564 人。团市委从中挑选 60 名青年组成由杨华任队长的先遣队，8 月 30 日，在首都各界青年 1 500 多人参加的欢送大会上，垦荒队接过共青团中央书记胡耀邦同志代表团中央亲自授予的"北京市青年志愿垦荒队"锦旗，辞别北京，31 日到达哈尔滨市。于杰副省长代表中共黑龙江省委和省人民委和会接见慰问全体志愿垦荒队的队员。翌日，乘车前往黑龙江省萝北县广阔无垠的荒原上开荒建庄，点燃向荒原进军的篝火，开创全国青年志愿垦荒、建设边疆的大业。

9 月 3 日，杨华率领的北京青年垦荒队在鸭蛋河岸开荒建点，队员们在荒凉、贫瘠的荒野上披荆斩棘、割草伐木、建房修路、开荒造田。10 月，队员们在荒蒿丛生的荒原上隆重举行开荒仪式，中共萝北县委书记阮永胜和村民代表前来祝贺。队员们肩负人民的希望，脚踏千古荒地，庄严宣誓：坚持到底，战胜困难，要把荒地变成乐园，为后来的青年开辟道路。县委书记阮永胜剪彩后，垦荒队队长杨华发出开荒的命令。顿时，4 副套着 6 匹壮马的垦荒犁一齐出动，犁杖过后，碧绿的荒原变成黑褐色的良田。

北京市青年到边疆志愿垦荒的壮举，在全国广大青年中产生强烈反响。10 月 3 日，山东省青年志愿垦荒队第一队 220 名队员到达集贤县。27 日，以梅树生为首的哈尔滨市青年垦荒队 104 名队员抵达萝北县。11 月 5 日、8 日，以范素兰、杜俊起为首的天津市青年垦荒队 52 名队员、以宋山洪为首的河北省青年垦荒队 103 名队员先后到达萝北县。

同年 11 月，共青团佳木斯市委在北京等市青年志愿垦荒队创业精神激励下，组织市内青年 109 人（其中女青年 18 人），成立佳木斯第一支青年志愿垦荒队。由队长杨振河、刘清玉，副队长刘云清、谷风林带领，分两批到达萝北境内佳木斯农场。

1956年1月,在北京、哈尔滨、天津等地青年垦荒队开发萝北荒原的同时,共青团牡丹江市委向全市青年发出"向北京青年学习,到祖国最需要的地方去"的号召,相应成立垦荒办公室,具体组织有关事宜。3月,牡丹江市青年垦荒队挺进密山县境内荒原,在黑台区建点开荒。该队由牡丹江市"少年之家"青年孙永山、林淑芳等6名青年发起,330名汉、满、回、蒙、朝鲜族青年学生组成,其中女青年54名。在团市委青年工作部副部长尹凤山带领下,进点建起牡丹江青年集体农庄。该队在当地村屯的支援下,修建全长8000米、宽9米的引水灌渠,在穆棱河筑起一座柳石拦水大坝和一个控制闸门,共完成8万土石方。春耕中,县政府价拨92匹马、牛12头、胶轮车9辆、四轮车4辆、双轮双铧犁15台,并动员附近18名青年农民作为技术骨干加入农庄。当年开荒0.5万亩,插种2300亩水稻,总产24万公斤。同时,建起食堂、马号。后因该点受淹,迁至兴凯、老虎砬子另行建点开荒。

以后,又有山东省青年垦荒队1221名队员和第二批哈、津、京等地青年到达萝北县,相继14批2567名队员到罗北县荒原志愿垦荒。为加强对各省、市青年垦荒队的领导,萝北县成立青年垦区委员会,指导各垦荒队混编4个大队。1956年"五四"青年节,为各队命名,建立集体农庄委员会。北京青年垦荒队的新建点,命名为"北京青年集体农庄"、简称"北京庄",还有"天津庄"、"哈尔滨庄"、"河北一庄"、"河北二庄"、"山东一庄"、"山东二庄"、"山东三庄",计8个集体农庄。6月,胡耀邦同志亲临萝北视察,探望在荒原建点的青年垦荒队员,赞扬他们建设边疆、献身祖国的崇高理想和艰苦创业的英勇精神,并赠言:"忍受、学习、团结、斗争"。

与此同时,佳木斯农场更名为佳木斯集体农庄,农庄首任主席肖廷忠,党支部书记张福。宝泉岭农场扩大耕地面积,派出一支拥有机车15台、汽车3台、72人组成的远征开荒队,到佳木斯青年集体农庄、莲花劳改农场一带开荒。9月,为统一规划、加强管理,这两个单位并为宝泉岭农场莲花分场。随后,该分场扩建为萝北农场(即现名山农场)。当年,北京庄队员开荒种地3750亩,粮豆总产13.5万公斤,蔬菜30万公斤,建房1200平方米。天津庄队员开荒万余亩,收获大豆5.5万公斤,实现当年开荒、播种、打粮的奋斗目标。

1957年2月,在农垦部长、铁道兵司令员王震关怀下,牡丹江青年集体农庄命名为青年农场,隶属于铁道兵农垦局,并充实大批军队转业官兵、技术骨干和机械装备,促使农场迅速扩大。之后,青年农场又改为八五一农场,属牡丹江农垦局管理。经过三年苦战,北京庄队员开荒1.05万亩,建房4120平方米。在此期间不分红,每人每月发11元伙食费。天津庄建庄第三年,粮豆总产73.5万公斤,荣获周恩来总理签发的"社会主义建设先进单位"的奖状。

1958年3月,10万转业官兵挺进北大荒,掀开北大荒大规模开发建设的历史。至此,萝北县各青年集体农庄,作为新建农场的基础,先后改名为青年农场、向阳农场、共青农场。到1979年,大体建设成为现代化的新型农场。30年来,当年的垦荒队员已霜染两鬈。尤为可喜的是,老垦荒队员的子女继承他们开创的事业,凭无穷的智慧,靠辛劳的双手,为开发、建设富饶的"北大仓"续写着新的篇章。1985 年 5 月,中共中央总书记胡耀邦在北京中南海亲切会见杨华、杜俊起、孟吉昌、梅树生、刘恩弟、姜玉仁计 6 名 30 年前首批到黑龙江省萝北县的青年志愿垦荒队的代表。胡耀邦勉励他们高举艰苦奋斗的火把,为把中国建设成为世界上第一流的社会主义强国而继续奋发进取,建功立业。8 月 30 日,中共黑龙江省委、省人民政府在萝北县共青农场隆重举行纪念北京等地青年志愿垦荒 30 周年大会,并向垦荒队员们颁发荣誉证书,共青团中央将胡耀邦总书记题写的场名授予共青农场,还向垦荒队授予锦旗。北京、天津、河北、山东、哈尔滨、佳木斯等省市慰问团出席大会。

二、插　队

这是知青上山下乡的主要去向和安置途径之一。1963 年 7 月,中共中央、国务院批转中央安置工作领导小组《关于城市精简职工和青年学生安置工作领导小组长会议的报告》中指出:"今后安置城市下乡人员的主要方向是插入人民公社生产队(下称插队)。"据此,中共黑龙江省委确定知青下乡以插队安置为主,以插场和扩建新场安置为辅的方针。1964 年 1 月,中共中央、国务院发出《关于动员和组织城市知识青年参加农村社会主义建设的决定》,再次肯定知青下乡以插队为主的安置方向。黑龙江省城镇知青下乡插队因地制宜,大体分为集体插队和分散插队两种方式。当年,知青下乡 2.24 万人全部安置在松花江、牡丹江和嫩江地区,选择地多人少、需要劳动力、生产潜力大、基层领导力量较强、收入较稳定的社队。1965 年,动员知青下乡 1.58 万人,大多安置在条件较好的生产队和新建生产队;同时采取部门或系统建点、定点安置的办法,少数知青则安置在机关、企事业单位新建的青年点。知青插队或在青年点,均集中食宿,分散在小队劳动,评工记分,与社员同工同酬。这样便于领导和管理,有利于发挥知青在传播文化科学知识、活跃农村文化生活、推广新的农业技术和进行农业科学实验等方面的积极作用。当年到巴彦县兴隆公社富源大队插队的哈尔滨市知青张树金,先后进行作物栽培、深松耕法、菌肥生产等 170 多项科学研究,完成科研部门交给的50 多个科研项目,实验各种良种 350 多个品种,使大队实现了良种化,有些品种在全县推广,为发展农业生产、改变农村落后面貌做出优异成绩,受到中共黑龙江省委、省革命委员会的表彰奖励。

1966 年 5 月开始的"文化大革命",导致国民经济急剧恶化。到 1967 年,知青下乡基本处于停顿状态。1966、1967、1968 三届中学毕业生约 70 万人留在城镇待业,知青安置成为当时的紧迫任务。1968 年 4 月,中共中央、国务院就黑龙江省《关于大专院校毕业生分配工作的报告》批示:"毕业生分配是个普遍问题,不仅有大学,且有中小学。各地方、各部门、各单位、各大中小学校领导机关和负责人,应当按照面向农村、面向边疆、面向工矿、面向基层,对大中小学一切学龄已到毕业期限的学生,一律作出适当安排,做好分配工作。"12 月,《人民日报》引述毛泽东主席的指示:"知识青年到农村去,接受贫下中农的再教育,很有必要……"据此,全省恢复大体中断两年的知青下乡工作,迅速出现知青上山下乡的高潮。之后,各级革命委员会和接收单位,认真落实省革命委员会下发《关于组织机关干部和城市(镇)知青上山下乡建设社会主义新农村的指示》,积极创造条件,做好安置工作。1969年,各地广泛发动和依靠贫下中农,政治上关心知青,使他们成为建设农村的一支重要力量;生产上以老带新,帮助知青尽快学会农活;生活上解决实际问题,注意知青的身体健康。知青原单位除积极动员知青下乡外,还协助接收单位做好安置工作,不定期地探望知青,年节派出慰问团(组)慰问知青,尽快落实知青安置工作。10月,各级革命委员会按照黑龙江省革命委员会批转《全省知识青年上山下乡工作会议纪要》精神,均有一名主要领导负责知青安置和经常性的思想政治工作,制定具体安置办法。知青插队普遍选派干部带队。当年下乡知青29.04万人,超过"文化大革命"前三年(即1963—1965年)下乡知青总数4.35万人的5.68倍,其中插队9.82万人。1969年知青下乡33.2万人,其中插队11.58万人,成为"文化大革命"以后全省知青下乡史上规模最大、人数最多、安置最快的一年。这两年黑龙江省接收北京、天津、上海和浙江四省、市下乡知青21.4万人,集中安置2150个插队点,平均每个插队点近百人。

在地处祖国北部边陲的呼玛县三合生产队,先后在1968、1969年插队的193名齐齐哈尔、上海等地知青,一手拿锄、一手拿枪,多次粉碎侵略者的疯狂挑衅,成为建设边疆保卫边疆的先进集体。三合生产队西边的吴八老岛,位于黑龙江主航道中国一侧。1969年5月12日,侵略者向在吴八老岛上播种的社员猖狂地开枪射击。枪声惊毛的马狂奔江边。眼看我们的战斗部署即将暴露。知青、民兵排长、党支部书记山秋林不管子弹横飞,不顾马踏车轧,挺身向前,勒缰拽马,脸部、双手鲜血直流,终于征服烈马,保证了整个战斗的胜利。这些知青长年坚持斗争,发展生产,扩建新点,大打农业翻身仗。耕地面积由1980多亩扩大到4500多亩,每年向国家交售余粮16万公斤。在保卫边疆建设边疆的艰苦斗争中,有20人加入中国共产党,83人加入共青团,13人被选进县、社领导班子。

1969年3月,到富锦县新立屯插队的浙江省首批知青卢展工,赶过牛车、马车,从来不怕脏累。隆冬时节,他坚持在零下40多度严寒条件下和农民一起下地干活,自觉磨炼意志和吃苦耐劳精神,锻造朴实、豪爽、踏实、肯干的品格;热爱农民,熟悉农村,密切同广大群众的血肉联系,勇于在艰苦的农村基层锻炼。1972年,他进入黑龙江省建筑工程学校读书,毕业后留校任教。1977年,恢复高等学校入学考试,他又考入哈尔滨建筑工程学院,担任班长、团支部书记,毕业后被分配到浙江省建工局,历任施工管理处副处长、处长、省建三公司党委书记,省建总公司党委书记(此后,任省委组织部副部长、部长,省委副书记)。

天津市知青张志龙,1969年6月到哈尔滨市郊区插队。他趟水过河,开荒种地,日夜奋战,为农民修建鱼池,毅然放弃上大学机会,坚持与广大农民一起创业,使靠河大队面貌发生明显变化,被选为中共香坊区委常委、共青团哈尔滨市委副书记。

同年8月,逊克县双河大队上海市知青金训华,为抢救国家财产,奋战洪水,光荣牺牲。

他来边疆仅有 77 天,却用生命谱写出一曲壮丽的青春颂歌。当地党组织根据他生前的申请,追认他为中国共产党员。9 月,黑龙江省革命委员会授予他革命烈士的光荣称号,并作出向金训华同志学习的决定。

1970 年,城镇实行中学毕业生大部留城分配工作的政策,下乡知青 11.46 万人,其中插队 2.13 万人。1971 年下乡知青 2.09 万人,其中插队 0.42 万人,为"文化大革命"以来知青下乡人数最少的年份。1972 年下乡知青 6.35 万人,其中插队 2.78 万人。

1968—1972 年计安置下乡知青 82.14 万人,其中插队 26.73 万人。在此期间,哈尔滨市下乡知青由松花江、嫩江和绥化地区负责安置;齐齐哈尔市下乡知青由嫩江地区负责安置;双鸭山、鹤岗两市下乡知青由合江地区负责安置;其它市、县下乡知青自行安置,也有少数知青返籍回乡务农。

1973 年,各级党委和革命委员会,认真贯彻毛泽东主席关于统筹解决知青问题的指示,根据当地情况,切实加强领导,积极解决知青问题,巩固知青安置工作。5 月,黑龙江省遵照中共中央的指示,知青工作改由党委直接领导。省、市、地、县知青办,均按下乡知青人数 6% 的比例配备专职干部,列入行政编制,组织实施知青日常工作。7 月,中共黑龙江省委批转延寿县委《关于加强知青工作的报告》,要求各市、地、县委象延寿县委那样,把安置下乡知青工作作为一项重要的政治任务,纳入议事日程,县委领导带头,工作抓深抓细,从政治、思想和生活上保证知青健康成长。随即明水、克山等许多县委主要领导主抓知青工作,深入农村社队,解决知青工作中存在的各种问题。8 月,中共黑龙江省委召开全省知青上山下乡工作会议,根据全国知青上山下乡工作会议精神,严格检查、总结全省知青工作,把知青工作推向新的高潮。9 月,省委知青办,会同省委宣传部、共青团省委举办"广阔天地大有作为展览",树立冯继芳(女)、康建军等一批下乡知青的先进典型,广大知青在各项工作中进取的成果,进一步推动全省知青工作深入发展。当年知青下乡 10.95 万人,其中插队 10.09 万人,占 92.1%。

1974 年,黑龙江省继续贯彻全国知青工作会议精神,大力推广株洲市"厂社挂钩"的经验,准许知青户口在队,劳动在厂(场),在基本核算单位参加分配;对下乡知青在一个公社内适当集中安置,每个知青点不少于 20 人。同时,下乡知青大多不再跨地区安置。9 月,国务院知青办副主任顾洪章赴宾县新立四队看望下乡知青。年底,下乡知青 20.14 万人,其中插队 8.97 万人,占 44.5%。省、市、地、县知青办的干部由往年的 832 名增加到 1 270 名,新增 438 名;带队干部由原来的 1 399 名增加到 2 780 名,新增 1 381 名;每个知青点一般配备两名带队干部,定期轮换。带队干部在当地党政统一领导下,一面参加劳动,一面负责下乡知青的日常管理和思想教育工作。有关部门组织一定力量,辅导知青学习文化科学技术知识,发挥知青能写会算、敢说敢干的特长,培养和吸收具备条件的知青累计 2.24 万名加入中国共产党,21.57 万名加入共青团,1.64 万名被选县、社、队各级领导班子。广大知青经受锻炼,健康成长,受到广大人民群众的欢迎。

1975—1978年,知青下乡共64.99万人,其中插队安置27.35万人,占42.08%。插队仍是安置下乡知青的主要去向之一。

1981年起,各级党委、政府在抓紧解决返城知青和城镇待业青年就业的同时,十分关注插队已婚知青的安置巩固工作。6月,省政府根据全省情况和龙江、嫩江等地典型经验,批转省劳动局、知青办《关于插队已婚知青安置工作的报告》后,各市、地、县结合本地实际,对已婚双方是同一城镇知青由原动员城镇安置;非同一城镇的知青,本着大城市就中小城市的安置原则,由两地协商解决,与职工结婚的由职工所在地安置;对与农民结婚的知青,安置在知青场队或有稳定收入的公社企事业单位;当地全民或集体企事业单位招工时,在同等条件下优先招用已婚知青,妥善解决了31 840名插队已婚知青的安置问题。

三、插　　场

知青到国营农、林、牧、渔四场(下称插场),一般是按照有关安置计划成批集中安置或分散安置。1963年6月,下乡知青开始插场安置。当年,哈尔滨、齐齐哈尔等市下乡知青5 310人全部插场安置,其中农场3 625人,林场1 265人,渔场420人。同年7月到1965年底,北京每年组织千人左右不能升学的中学毕业生来黑龙江省部分农场插场安置。

1968年起,省内外下乡知青大批插场安置。这主要是新中国成立以来,国家对"四场"投入大量的人力、财力和物力,进行有计划地开发建设。1950、1956、1958年国营农场先后掀起三次大规模地机械化垦荒高潮,尤其经过10万转业官兵长年的艰苦创业,初具生产规模,收入比较稳定,有较好的工作与生活条件,吸收了一批批知青自愿插场参加社会主义建设。

活跃在大兴安岭地区的女子架桥队,1969年11月由佳木斯、上海和浙江等地166名插场知青组建以来,在深山密林中顶风雪、冒严寒、筑围堰、打板桩,登高下水,架起110米和200米长的两座钢筋混凝土运输木材公路桥,节约投资10.1万元;同时她们大搞技术革新活动,自己动手制成"土吊车",节约资金4万元;改制成刨光裁口两用机,提高工效14倍。培养司机、木工、架子工等技术工人50人,11人加入中国共产党,128人加入共青团,33人担任基层领导工作,为开发这"人迹罕至"的"高寒禁区"作出突出贡献,被选为黑龙江省社会主义建设先进集体标兵。

1970年,到尾山农场插场的7名女知青,即哈尔滨市杨淑云、施宝慧和上海市檀文芳、汪贵珠、朱慧丽、朱慧娟、李桂芬,同广大知青一样,长年披着晨星下地,顶着月亮收工,历经多年磨练,不断茁壮成长。1976年3月13日,为保卫国家财产,在扑灭荒火战斗中,视火如敌,无所畏惧,果敢冲锋,英勇献身。7月17日,中共黑龙江省委作出《关于学习杨淑云等七名同志英雄事迹的决定》,授予7名同志"英雄战士"的光荣称号,号召全省共产党员、共青团员和广大干部群众广泛开展学习7英雄事迹活动。

1968—1972年,哈尔滨、齐齐哈尔、牡丹江、佳木斯等大中城市知青和京、津、沪、浙四省市知青24.07万人插场安置,占同期下乡知青总数82.14万人的29.3%。1973—1978年,插场安置知青 12 万人,占同期下乡知青总数 96.08 万人的 12.5%;1963—1978 年,插场安置知青 36.6 万人,占同期下乡知青总数的 182.57 万人的 20%。插场知青享受本场职工同工种同等工资福利待遇。他们大部分参加生产劳动,有少数根据"四场"需要和本人条件,分别担任教师、会计、统计、文书、卫生员及拖拉机、抽水机等农业机械司机手,基建队和各类加工厂职工等,还有少量知青安置到营林新村。安置插场知青,大都发挥了其具有文化科学知识、好学上进的特点,在各项工作上取得了明显成绩。

四、建 设 兵 团

1968 年 6 月 18 日,组建中国人民解放军沈阳军区黑龙江生产建设兵团(下称建设兵团)。7 月,建设兵团接收国营农牧场 93 个、职工 25.5 万人、耕地面积 1 280 万亩,这为安置大批知青提供广阔的场所和有利条件。8 月起,建设兵团成批安置知青。到 1970 年底,哈尔滨、齐齐哈尔、牡丹江、佳木斯等大中城市下乡知青 19.94 万人,同时接收京、津、沪、浙四省市知青 11.4 万人计 31.34 万人,安置在建设兵团的 5 个师、58 个团、176 个营、1 300 多个连队。这些知青享受所在单位同工种工人同等工资福利待遇。在党组织的培养教育和老职工、转业官兵及现役军人的关怀与带领下,大多坚持凌晨操练;劳动时扛着红旗,列队唱歌,进入地号;作业往往是"早起两点半,晚上看不见,地里一顿饭,外加革命大批判。"长年过着半军事化生活,经受各种磨练,很快成为屯垦戍边和建设机械化农场群体的一支生力军,并涌现出一批批著名的英雄、模范、标兵人物和各种人才。

哈尔滨市 1963 年下乡知青冯继芳,立志务农扎根边疆,主动放弃三次上大学机会,谢绝返城接班的照顾,还动员一个弟弟,两个妹妹上山下乡。她在长期建设边疆的斗争中,吃苦耐劳,执著坚毅。干一行,爱一行,喂鸡、养牛、当农工,样样工作都干得出色,在平凡的岗位上默默地从事着平凡的劳动。先后担任连、营、团(农场)和农场管理局等领导职务,一向从严要求自己,密切联系群众,特别是以自己的模范行动带动和影响群众,充分发挥带头作用和领导骨干作用,在各个工作岗位上竭力尽智,把发扬艰苦奋斗的光荣传统体现在各项工作中,都做出积极的贡献。1964 年被评为黑龙江省上山下乡知青标兵,1972 年又被评为黑龙江省劳动模范标兵。

鹤岗市第六中学毕业生高崇辉,1968 年 6 月到兵团 5 师 54 团(即克山农场)以后,拜老职工为师,勤学苦练,苦干巧干,很快掌握晒麦场打撮子灌袋要领。他每打四下灌满 180 斤的麻袋差不了一二斤,被人们誉为"打撮子灌袋能手。"他和老职工搭成"对子",仅两小时就灌满 560 袋。连队组织突击脱玉米,他负责向 2 米高的脱粒机喂入口扔袋子。每个班次要把 2 000 袋,约 40 吨重的玉米棒扔进喂入口。他不歇气、不直腰,干完白班干夜班,一昼夜共扔 6 000 袋,约 120 吨玉米棒。1970 年,他积极参加修建水库工程,肩挑 150 余斤土篮每天往返 49 趟,行程 40 公里。挑土活重,每天轮换,他却连干半个多月,竟挑断 5 根扁担……1972 年,他光荣地加入中国共产党,随后担任副团长职务,依然坚持深入基层,与大家打成一片,艰苦奋斗的政治本色不变。1979 年,他被共青团中央授予"全国新长征突击手"称号。

北京知青、共青团员、副连长张志生，1969 年 1 月来到建设兵团，1970 年带领知青到新建的 61 团（创业农场）22 连驻地开荒建点，他以身作则，废寝忘食，经常带病参加劳动，后因病情恶化，经多次劝说方去北京治疗。他在弥留之际留下遗言："死后请把我的骨灰撒在北大荒，我要在那里站岗。"父母按照他的遗愿，将他的骨灰一半留在北京，一半送到农场，安葬在"二抚"与"胜七"公路交岔口的两侧。当时，团党委发出《向模范共青团员张志生学习》的号召，激励广大知青以荒原为家，开荒建场，继续发扬艰苦创业的光荣传统。

上海市女知青顾雪妹，1970 年 5 月到兵团 11 团（即军川农场）以来，当农工、开机车，悉心钻研，干得都很突出。1975 年，领导让她改行喂猪，就愉快地当上"猪倌"。她不怕脏累，学习掌握先进的喂养法，一人饲养肥猪 100 多头，大大节减人力。随后她主动向党支部请战：一人包养 300 头育肥猪任务。一年多来她从未休过一天公休（节假）日，从未歇过一天病事假……尤其在实践中潜心摸索出一套"凉水、干料、平面、分群"的养猪法。先后两批共饲养肥猪 800 多头，成活率达 98.7%。她不断向更高的目标挺进，又饲养肥猪 534 头，成活率达 99.8%。3 年时间，她在艰苦环境和简陋条件下，养成肥猪 2 667 头，成为兵团养猪战线的一面旗帜，为明显改善兵团战士生活作出积极的贡献。1977 年她被选为黑龙江省第五届人民代表大会代表，1978 年她又被选为共青团中央委员。

宁波市女知青陈越玖，1970 年 5 月到兵团 21 团（即八五三农场）任畜牧卫生员。在雁窝岛辛勤工作 5 年，相继掌握 30 多种防治畜禽病技术。病魔侵入她的肌体后，依然不声不响地工作。党组织了解情况，强令她停止工作，在上海手术切除了个拳头大的肿瘤。此后癌细胞扩散。当进行第二次手术医生征求意见时，她急切地说："动了手术，我还能回北大荒吗？"感动得在场的医护人员潸然泪下。在她病情急剧恶化的生命最后一刻，向日夜守护她的同志说："请转告党组织，一定把我的骨灰送回雁窝岛……我是北大荒人！"1975 年 4 月 2 日，党组织给她发去已批准她加入中国共产党的电报。3 日凌晨，她没有听到这个终于实现愿望的消息与世长辞，年仅 24 岁。5 月 4 日，《人民日报》和中央人民广播电台同时以《我是北大荒人》为题，报道她感人肺腑的事迹……

黑龙江生产建设兵团某部担架排，由北京、哈尔滨、双鸭山市的 30 名知青组成。在 1969 年"三·一五"珍宝岛自卫反击战中，他们怀着对侵略者的无比愤恨，对祖国领土的无限热爱，发扬革命的英雄主义精神，密切配合解放军作战。在排长朱波的带领下，担架排全体战士冒着枪林弹雨扛运炮弹，迅速冲向前沿阵地。17 岁的北京知青杨一平，执行任务时双脚造成三级冻伤，他不顾伤痛，以最快的速度把炮弹运上去。为完成运送伤员任务，担架排冒着零下 30 多度的严寒，在珍宝岛西岸隐蔽待命 4 个多小时，出色地完成战勤保障任务，全排荣立二等功，杨一平同志荣立二等功并代表全排同志参加国庆 20 周年观礼，见到毛泽东主席。参加珍宝岛自卫反击战后，担架排战士担负施工和农业生产任务，他们又以战场上不怕艰难、不怕牺牲的勇猛精神，投入新的工作，在屯垦戍边的伟大事业中贡献着自己的力量。

在这长年艰苦奋斗的特殊岁月,广大知青为把北大荒建成美丽富饶的北大仓,付出汗水、年华、青春和才干,还有许多知青献出宝贵的生命。遍布沃野千里的松嫩平原、三江平原上的百余个农牧场,大都建有对他们世代肃穆的纪念碑或墓碑,同复转军人、老拓荒者的墓碑并立,标志着人们对他们永久的深切怀念。1975年12月,撤销建设兵团,其所属企事业移交新成立的黑龙江省国营农场总局及其辖属的哈尔滨、宝泉岭等9个农场管理局、120个农牧场,知青也随单位移交,一律转为国家正式职工。至此,建设兵团停止接收知青。

五、知 青 场 队

知青场队(含农工商联合企业),是全民所有制企业所属的集体所有制经济单位。黑龙江省地域辽阔,土质肥沃,资源丰富,兴办知青场队具有得天独厚的条件。1970年起,哈尔滨、齐齐哈尔、牡丹江、佳木斯、大庆等大中城市及一些企事业单位开始创办知青场队。中共十一届三中全会以后,各地各部门知青场队迅速发展壮大,成为城乡统筹安置待业青年的重要渠道和当地国民经济的重要组成部分,在繁荣城乡经济、改善社会服务、扩大就业门路等方面起到直接推动的重要作用。

1973年8月,中共中央向全党转发《关于全国知识青年上山下乡工作会议的报告》和《关于知识青年上山下乡若干问题的试行规定(草案)》。中共黑龙江省委按照中共中央关于统筹解决上山下乡知青问题的政策,总结推广哈尔滨、牡丹江等市、地的实践经验,及时确定厂社挂钩安置知青要坚持以农为主、以粮为纲、多种经营、全面发展的方针,充分利用各种有利条件,大力发展知青工副业,开辟统筹安置下乡知青的新途径。中共松花江地委、绥化地委要求有条件的企事业单位,大办农副业产品基地,安置下乡知青。1974年,全省下乡知青20.14万人,安置在知青场队8.92万人,占44.3%。

1975年,各部门、各单位继续兴办知青场队。此后由于受"左"的错误影响,曾把"下乡不出城"、"务工不务农"当作一种错误倾向批判,也出现过一些曲折。1979年1月,中共黑龙江省委在全省知青上山下乡工作会议上决定:调整知青政策,彻底改变插队的做法,知青下乡纳入统筹劳动就业的轨道,知青场队是今后安置知青的主要方向,促使知青场队进入稳步发展的新时期。此后,各地选派在知青场队的专职干部达6 200多名,主办单位抽调12 000多名老工人带班生产。年底,全省兴建知青场队1 647处,有耕地165万亩。每个知青场队安置知青少则二三百人、多则四五百人,人均耕地2亩左右。当年,牡丹江地区兴办知青场队131处,安置知青2.65万人,占全区安置待业人员总数的47.5%;耕地13.9万亩,开荒10.1万亩,拖拉机122台和其它畜力、运力设备;房屋135 788平方米。累计生产粮食5 796万公斤,交售商品粮400万公斤,肉蛋62万公斤。办场单位投资1 564万元,年末已收回投资562万元;拥有资产总额3 148万元,增值1倍多;人均收入335元,有的达到500多元,各场队都成立文化学校,普遍设有图书室、广播室,有的还有电视机、电影放映机等,丰富知青的业余文化生活。

1980年3月,省委第一书记杨易辰,在国务院办公厅第1号《参阅文件》上批示:要派出强有力工作组,总结推广知青场队经验。陈雷省长在全省城镇劳动就业会议上,强调发展知青场队并将其作为安置知青的一个重要阵地,各级党委、政府领导同志要深入知青场队解决实际问题。9月,省政府办公厅《关于印发全省统筹安置待业青年工作会议两个文件的通知》规定:安置知青为主(即当年新安置的知青超过企业职工总数60%)的知青场队,1985年底以前实行"三不"政策,即不交税,不上交利润,不担负农产品统购派购任务。免税期满后,纳税仍有困难的,按税收管理体制的规定报批免税。其设在城镇中的工、商、饮食、服务等集体企事业,凡实行统一管理、共负盈亏的均按"三不"政策办理;新建场队,从建场之日起5年内享受"三不"政策待遇。各地各部门从实际出发,本着有利稳定知青、有利于发展生产和有利于统筹安置待业青年的原则,调整和变通一系列具体政策,即城镇中学毕业生不搞留城和下乡定向;到知青场队就业的知青不迁"三证"(即户口、粮食关系、副食品供应证);自愿留场就业的劳动部门办理招工手续;在场期间连续计算工龄,并允许在城乡集体企事业同工种之间调动;工资福利待遇可高于城市同行业同工种工人标准等。这些政策规定,健全政治动员和经济吸引并重的导向机制,疏通市郊农村安置渠道,解除知青和家长的后顾之忧。1979—1980年,全省共动员8.7万名城市待业知青到知青场队就业,其中2.9万名转为集体所有制职工,大大减轻城市就业的压力。广大职工称之为"政策对了头,渠道水畅流"。各地知青场队大都注意发挥各自优势,不断向农工商联合企业发展,为主办单位安置待业青年就业创造条件,集中发挥设备、技术、资金的优势。哈尔滨市经过艰苦奋斗办起164个知青场队和农工商联合企业,工业设备1 000个多台件,固定资产2 850多万元,流动资金554万元,农、工、副各业产值1 919万元,实现利润479万元。此外,主办单位还对知青场队普遍进行以提高经济效益为目标、以改善经营管理为内容的整顿,促使知青场队和农工商联合企业既出安置成果,又有经济效益。在尽量多安排知青的同时,切实加强经营管理,不断提高经济效益,使一些原来亏损的场队扭亏增盈,走上以农为主、以工养农、多种经营、农工商全面发展的道路。省国防工业系统17个场队,1979年有10个亏损,1980年普遍加强经济核算和建立以岗位责任制为中心的各项规章制度,坚持以工扶农,大搞工副业,全部扭亏为盈,工副业总收入4 330多万元,盈利22.9万元。

1980—1985年,全省知青场队生产规模不断扩大,经济效益逐年提高,固定资产由23 791.8万元上升到62 769.6万元,增长1.64倍,年均增长21.4%,流动资金由7 298.5万元上升到15 598.2万元,增长1.14倍,年均增长16.4%;总产值由25 645.8万元上升到66 461.5万元,增长1.59倍,年均增长21.0%;利润由3 307.4万元上升到7 588.7万元,增长1.29倍,年均增加18.1%。随着知青场队经济实力的不断壮大,知青收入也有明显提高。在此期间,工资奖金额由12 262.3万元上升到22 019.4万元,增长79.6%,年均增长12.4%;知青人均年收入由454元上升到750元,增长65.2%,年均增长10.6%。1985年,全省知青场队和农工商联合企业2 287个,安置城镇知青224 885人,在扩大安置阵地、缓解就业压力、促进安定团结、加速四化建设上发挥出显著作用。

知青场队和农工商联合企业发展情况表

项目 \ 年度	1980	1981	1982	1983	1984	1985
知青场队数(个)	1 755	1 682	1 658	1 605	2 020	2 008
农工商联合企业公司总数(个)	340	366	315	299	429	279
其中:农业企业(场)	577	1 684	1 548	1 457	1 383	1 247
工业企业(厂)	790	2 092	1 941	1 919	1 849	1 572
商服企业(店)	1 108	1 605	1 764	1 892	2 141	1 896
知青农场和农工商联合企业职工总数	256 463	264 995	283 287	297 010	334 301	312 077
其中:知青人数	251 725	207 763	210 723	198 758	228 009	224 855
耕地面积(万亩)	142.7	174.6	173.4	174.7	160.6	139.6
山林面积(万亩)	3.0	91.4	63.8	60.1	33.0	95.9
养殖水面(万亩)	1.0	11.6	13.4	14.6	14.2	22.4
固定资产(万元)	23 791.8	43 763.9	48 602.4	58 225.6	56 236.4	62 769.6
流动资金(万元)	7 298.5	15 906.0	17 304.0	15 338.8	14 530.2	15 598.2
产 值(万元)	25 645.8	53 586.1	66 934.8	83 715.8	62 954.9	66 461.5
利 润(万元)	3 307.4	7 233.2	7 726.8	6 325.7	7 309.1	7 588.7
分配积累 工资奖金额(万元)	12 262.3	15 762.0	18 816.4	21 137.2	18 527.1	22 019.4
人均年收入(元)	454	457	525	518	400	750
扩大再生产(万元)	3 839.5	4 722.6	6 011.4	3 797.6	2 081.2	1 674.4
公共积累(万元)	3 196.1	3 822.5	4 652.5	4 009.9	4 145.2	2 906.1

经过艰苦生活的磨练,广大知青思想上政治上不断成长,在繁荣农村、建设边疆、保卫祖国的伟大事业中做出积极的贡献。1966—1978 年,全省动员、安置 178.22 万名知青上山下乡。到 1979 年底累计,上山下乡知青中 3.34 万人加入中国共产党,37.94 万人加入共青团,2.91 万人被选进各级领导班子,12 万多人担任教师、会计、赤脚医生、拖拉机手等职务,60多万人被输送到文化、教育及工交等各条战线发挥着骨干作用,很多知青成为各种各样又红又专的人才,涌现出大批先进集体和英雄模范人物。

广大知青身在山区、乡村和边疆,胸怀大志,勇挑重担,以行动实现自己的誓言,把辛劳汗水倾洒广阔天地,用热血直至生命谱写出一曲曲壮丽的青春凯歌,集中反映了他们崇高的思想品质和无私的奉献精神。

各级党组织从政治思想和物质文化生活等方面关心广大知青的同时,对有些单位管理教育不够、知青政策不落实等原因发生的问题和多起非正常伤亡事故,认真进行妥善处理。尤其对残酷迫害知青和强奸女知青的犯罪分子及时依法严惩。1973、1974 年中共黑龙江省委和中国人民解放军沈阳军区遵照《中共中央关于打击反革命破坏活动的指示》,分别对甘南县等地极少数社队干部、建设兵团十六团个别领导干部,破坏知青上山下乡工作、摧残迫害女知青的严重犯罪分子举行公判,处以极刑,在全省乃至全国引起强烈反响和巨大震动,起到了杀一儆百的震慑作用。此后,有些地方和单位对这类违法犯罪分子从轻处理的即予从严惩处;对干部利用职权为非作歹的给予撤职查办;对包庇怂恿违法犯罪分子的给予严肃的纪律处分,触犯刑律的绳之以法;对这股歪风邪气打击不利的也认真进行检查、坚决纠正,有力地保护广大知青的合法权益。

城镇知青上山下乡情况表　　　　　　　单位:万人

人数　项目 年度	合　计	其　中			
		插　队	国营农、林、牧、渔场	建设兵团	集体所有制知青场队
1963	0.53		0.53		
1964	2.24	2.24			
1965	1.58	1.58			
1968	29.04	9.82	6.98	12.24	
1969	33.20	11.58	7.76	13.86	
1970	11.46	2.13	4.09	5.24	
1971	2.09	0.42	1.67		
1972	6.35	2.78	3.57		
1973	10.95	10.09	0.86		
1974	20.14	8.97	2.25		8.92
1975	24.94	13.87	2.40		8.67
1976	17.19	7.18	4.54		5.47
1977	13.34	5.49	1.58		6.27
1978	9.52	0.81	0.37		8.34
合计	182.57	76.96	36.60	31.34	37.67

注:1. 1966、1967 年因"文化大革命"未动员知青上山下乡。

2. 插队人数,1971 年以后国营农、林、牧、渔场人数中,分别包括知青回原籍农村人数、去建设兵团人数。

3. 1968 年以来知青人数中含京、津、沪、浙四省、市上山下乡知青 40.3 万人。

第三节　经　费

1955 年 9 月起,对北京、天津、哈尔滨等省、市知青陆续到萝北等县建立垦荒青年农庄,国家没有纳入预算下拨专项经费。这些农庄和 1963 年城市知青插场的经费均由主管的国营农场自行解决。

1964 年,国家根据当时经济状况,确定城市知青下乡经费以自力更生和群众互助为主、国家帮助为辅的原则解决。当年,城市插队知青经费主要依靠群众互助的办法解决。4 月,省财政厅规定知青经费列入各级财政预算,按规定标准使用。开支项目标准,在统一扣除专职干部工资和行政管理费之后,暂定平均每人 170 元。其中用于城市动员方面训练费平均每人 1 元,车运费 10 元,衣着困难补助费 3 元;用于农村安置方面平均每人建房费 70 元,炊事家具费 10 元,小农具费 6 元,购买口粮款 32 元,油盐菜款 3 元;用于生活困难救济和医疗补助费平均每人 35 元。当年调整为:(1)知青插队经费标准平均每人为:市、县就地安置 225 元;跨市、县安置 230 元;随同知青下乡的家属分别按闲散劳动力 100 元、家属 80 元标准执行;投亲靠友的知青不给建房经费,其它费用根据生活困难情况适当补助;家居农村在城镇上学的学生,毕业或休学返回农村不给任何补助。(2)城镇闲散劳动力插队经费标准平均每人为:市、县就地安置 100 元,随同家属 80 元,农村有家或投亲靠友不需建房的 50 元,家属 25 元;跨市、县安置 110 元,随同家属 90 元,农村有家或投亲靠友不需建房的 60 元,家属 30 元。跨地区安置的下乡人员,动员的市县只在动员费用标准内开支,其它费用由安置市、县掌握开支。(3)插场(专、市、县营场)安置标准平均每人为:安置到新建、扩建农场的 900 元,其中城市动员费 15 元,场方安置费 885 元(建房费 300 元,工资补助及生活补助 400 元,流动资金 185 元);安置到原有农场的 450 元,其中城市动员费 15 元,场方安置费 435 元(建房费 150 元,工资补助及生活困难补助 185 元,流动资金 100 元)。插队安置要在确保建房费的前提下,除不准串用流动资金外,其它项目因地制宜调剂使用,不得层层按标准下发或平均发给本人。这项经费使用原则、标准常有变化,各年不尽相同。

1965 年 4 月,黑龙江省精简办制发《关于安置城镇知识青年下乡经费标准和管理使用规定(草案)》,确定知青下乡经费标准平均每人为:到新建生产队 400 元,集体插队 235 元,回乡青年 50 元;跨市、县安置知青的动员费 25 元;哈尔滨、齐齐哈尔等 9 个大中城市对下乡知青按人均 40 元的标准购置炊具、家具等生活用品。经费坚持专款专用的原则,主要解决建房、农具、炊具、口粮、生活困难、车船费、医药费及为安置、巩固知青下乡工作所需的各项费用。经费管理以财政部门为主,精简办协助,实行县、社、队三级管理体制。9 月起,有安置任务的松花江、牡丹江和嫩江地区各县,落实黑龙江省精简安置工作会议确定的《下乡知青经费使用标准》,对下乡第二年生活不能自给的知青,区分不同情况从安置费中补贴一部或全部;对因病或生产受灾不能自给的知青,由精简办和财政部门补贴,民政部门救济,确保不低于当地农民的中等生活水平。

1968 年,黑龙江省大规模地动员组织知青下乡,随之知青经费逐年列入国家预算。按各市、地每年计划动员、安置人数编报预算,一次或两次下拨各级各系统知青办使用,年终编报决算核销,多退少补,并允许跨年度使用。当年支付安置经费 4 129.2 万元。

1969 年,安置大批省内外知青,当年支付安置经费高达 15 039.6 万元,直接下拨有安置知青任务的 58 个市、县和劳改农场。12 月,省知青办会同京、津、沪、浙四省市知青办商定,来黑龙江省的知青服装、鞋帽费用支付与结算办法,即四省市知青服装、鞋帽由动员省市制发,黑龙江省预拨经费,最后双方结算;从出发地区到安置地区,知青所需的车船运费及其它费用也照此办理。小农具费用由接收单位支付。兵团或插场知青冬装费用,个人自理,接收单位先行垫付,以后在知青工资中逐月扣还;插队知青个人解决服装有困难的酌情在安置经费中补助,鞋帽费本人自理。

1970 年,知青下乡人数减少,支付安置经费 1 162 万元。

1971年1月,为解决下乡知青被服困难问题,中共黑龙江省委批转省知青办《关于1971年9年级毕业生上山下乡建设社会主义新农村的方案》中规定,城镇知青上山下乡平均每人补助棉布15尺、棉花4市斤,在专项用布、用棉指标内解决。根据知青实际困难程度,由动员城镇酌情发给调剂使用。

1972年,各地按照上年规定,即知青安置补助经费用在下乡知青的生产生活上面,使用范围包括建房补助、生活补助、车船费、小农具、炊具、宣传费及其它必要的支出。各级知青办的行政费、会议费不准在安置经费中列支。插队知青医药费与当地社员同样处理,下乡一年内患严重疾病本人无力支付医疗费的,在下乡经费中酌情补助。省、地、市、县知青办均配有专职财会人员管理知青经费。县级知青办大多有一名财会人员,有的兼做其它行政工作。此外,对下乡知青注销城镇户粮关系后,在秋粮分配前下乡的,男知青每人每月供应成品粮22.5公斤。女知青供应成品粮21.5公斤。秋粮分配后下乡的,由国家供应到新粮下来为止,在生产队、农场留粮中解决。下乡知青正常出勤,全年分配口粮不低于所在社队单身劳动力实际吃粮300公斤,低于300公斤的差额部分由生产队从留粮中补足,所在社队留粮水平过低的(按队人口平均不足200公斤)由国家补足300公斤。此外,安置在社队知青,均按社员标准由生产队拨给自留地(园田地)。安置在建设兵团、"四场"的知青,均享受所在单位同工种工人粮油供应标准,不低于当地一般农民的生活水平。

上山下乡知青经费补助标准表
单位:元/人

经费标准 安置去向 \ 项目	市、县自行安置		省 内 市、县 安 置				安置外省市知青
			动 员 费		安 置 费		
	1968年以后	1972年以后	1968年以后	1972年以后	1968年以后	1972年以后	
插　　队	230	240	30	20	230	230	230
新 建 队	370	370	20	20	370		370
插　　场	230	240	5	5	230	240	230
新扩建场		390	5	5	395	395	395

1973年11月,中共黑龙江省委批转省知青办《关于知识青年上山下乡若干问题试行规定》,知青人均住房面积10平方米、建房木材0.5立方米、玻璃1平方米,水泥、元钉等小五金由当地保证供应。伊春地区和林区县所需木材自行解决。同时,对外省、市来黑龙江的插队知青发给探亲补助费,报销往返车船费的路程以父母现住地为准,此前探亲的不报路费。并提高知青经费标准,即城镇知青回农村安家落户和插队或单建集体知青农场(队)的,每人补助500元,分别用于建房、生活补助、购置农具及家具等。插场青年每人补助400元。

1974年7月,省知青办《关于插队知识青年建房和生活补助问题的通知》,对1972年以前插队和单位办集体所有制知青场队知青建房和生活困难补助标准调整为住房尚未解决的平均每人200元。过去已买或建过房屋,因自然灾害或其他原因住房无法修理使用的给予适当补助。至此,基本解决知青住房问题。已婚知青住房原则上由自己解决,对确有经济困难的酌情补助,补助最高不超过200元。凡知青坚持常年劳动或因病及其它特殊原因,年劳动收入边境地区低于180元、其它地区低于150元而生活不能自给的知青,按人均100元给予生活补助。这项补助不平均使用,本着困难大的多补助、困难小的少补助的原则,由市、地、县统一掌握平衡使用。下乡知青实行合作医疗,医药费平均每年每人10元,从安置经费中拨给生产队医疗机构或由"知青点"掌握使用。重病、伤知青转院就医,无力交纳医疗费的由生产队救济。有些地、县卫生部门为"知青点"培训1—2名卫生员,解决知青平时简单的防病治病问题。

到1976年,1972年以前下乡知青80%以上有了固定住房,已婚知青每户两间以上者占70%以上,其中大多配有伙房、院墙、大门等。至1979年累计,全省为下乡知青供应建房木材314 544立方米,玻璃3 740 986平方米,钢材10 628吨,水泥45 516吨,实际支付建房费341 453万元,解决知青住房135 479间。在此期间,对有些县、社、队因管理不善,存在挪用建材和经费私建办公室、学校、仓库问题,各级党组织及时纠正。下乡知青返城后,住房部分无偿移交当地社队,部分由县知青办变价处理用于解决知青遗留问题。

此外,从当年起,各地按照省知青办、财政局贯彻国务院知青办、财政部《关于知青经费管理使用的暂行规定的通知》,知青到集体所有制知青场队和知青点的每人安置费增为600元,其中建房费增到100元,其它费用项目标准不变。到农村插队已婚知青尚未解决住房的补助建房费300元。将知青安置费改为扶持生产资金,发展场队生产,严禁用于非生产性开支。借用签定合同,用收益偿还。知青工作业务费,用以补助县以上知青行政部门开展知青工作业务活动经费,包括会议费、宣传教育费、培训知青骨干和社队知青工作人员等。

1968—1979年,中央财政拨给黑龙江省知青上山下乡经费共计78 766万元,平均每年6 563.8万元;实际支付113 441.4万元,平均每年9 453.5万元。

知青上山下乡经费情况表

单位:万元

年度 \ 项目 金额	中央财政拨款	全省实际支付
1968—1972	32 080.1	67 622.1
1973	2 500.0	3 611.9
1974	7 000.0	6 330.3
1975	11 594.0	11 589.1
1976	11 208.4	8 580.6
1977	7 605.0	7 068.7
1978	2 448.3	4 000.7
1979	4 330.2	4 638.0
合计	78 766.0	113 441.4

随着知青上山下乡政策的调整和安置办法的改变,省知青办、财政局于1980年7月制发《关于知青经费管理使用办法的补充规定的通知》,当年起不再按照下乡插队知青安置规定的经费标准拨付。将扶持生产资金和安置费统一作为安置城镇知青(包括下乡和城镇安排)的扶持生产周转金,主要用于扶持知青场队和农工商联合企业等安置知青的集体所有制企事业的补助,严禁用于非生产性开支和收益分配。对1979年底以前的知青安置费、扶持生产资金、业务费结余和知青闲置财产变价处理等收入,继续留作下乡知青经费,用于解决已下乡知青的生产、生活困难和遗留问题。扶持生产周转金要有借有还,借款原则上3年内分期还清,交知青主管部门继续周转使用。

1981年,省财政局、知青办为使知青经费的管理使用适应知青政策调整后的需要,补充完善知青经费的使用管理规定,主要有:(1)提高知青经费(即扶持生产周转金)使用效果。已停业还有条件重新开业的单位,要搞好经营管理,重订借款合同,逐渐收回资金;无开业条件的,折卖物资和设备抵偿借款。对尚未停业的要改善经营管理,扭亏增盈,适当延长还款期限。对按期还款的企业,再借给还款额的30%,超期还款的罚6%滞纳金。(2)知青经费专款专用,年终结余结转下年使用。1979年前历年节余的知青经费,主要用于解决在乡知青遗留问题,此后再有结余,经省劳动局、财政局批准转为安置城镇知青就业经费,分为扶持生产资金、安置费、就业训练费、业务费和其他费用共5个项目。其中扶持生产资金属于周转性质,有借有还。借款时间一般1至2年,最长不得超过3年。使用原则是重点扶持投资少、见效快、安置知青人数多、经济效益好的集体所有制企业,自愿组织起来就业和自谋职业自筹资金有困难时,也给予适当补助。

1984年,为加速扶持生产资金的周转,针对过去回收率低的状况,确定借款期由过去的3—5年减为1—2年,这项规定至1985年仍在执行。1980—1985年,全省共下拨扶持生产周转金23 375.2万元,其中用于国营工矿企业办农副业基地开荒费3 532.5万元,增拨插队已婚知青安置费267万元,基本解决安置这部分知青的遗留问题。

此外,各动员城镇有关单位、知青家属及安置地区的县、社、队,在安置知青工作中都付出一定的人力、物力和财力,约计花费2亿多元。

第四节　返　　城

1963—1965年,各地安置返城知青4.35万人。1966年5月"文化大革命"开始到1967年底,因家庭发生特殊困难知青陆续返城1.5万人,占这三年下乡知青总数的34.5%。

1968年3月,省革命委员会转发省知青办《关于动员逗留城市知青返回农村工作座谈会纪要》,明确各地市、各单位要动员返城知青回农村参加"文化大革命";对确因长期患病,经指定医院会诊证明,确实不能参加农业生产或因家庭发生重大变化的知青,本人不返城其家庭就难以维持生活的准予照顾返城。1968—1972年,返城知青12.8万人,占同期下乡知青总数82.3万人的15.6%。

1973年,少数单位下乡知青小批返城。起因多是基层领导不关心知青的物质文化生活,个别单位甚至发生违法乱纪的案件,致使一些知青出现返城问题。1974年,省革委会确定城镇招工不足时,要从下乡两年以上、表现好的知青中选调;教育、科研特别是农业科研和大专院校,要以下乡知青为主要培养对象,开展专业教育。此后,每年均有部分知青因招工、升学等得以返城上学或就业。到1975年底,下乡知青返城累计38.12万人。

粉碎江青反革命集团后,随着改革开放的进展,农村家庭联产承包责任制的逐步推行,各地适当放宽知青返城政策,即病残不能参加农业劳动,经县以上医院检查证明,因公致残或家庭有实际困难的准许病退或困退返城就业;知青本人回其父母所在单位就业,按规定条件办理子女顶替手续。随后即出现大批知青返城。到1978年底,大中城市中形成一股下乡知青"返城风"。1979年,全省下乡知青返城高达56.26万人。大批返城知青和城镇待业青年的就业安置成为异常突出的问题。当年起,中共黑龙江省委、省革委多次召开会议研究政策,制定措施,落实安置任务,动员各行各业及社会各方面力量,按照统筹兼顾、优先安置、适当照顾的原则,多层次、多渠道、多形式地放手发展投资少、见效快、容纳劳动力多的商、饮、服务企业,积极发展城镇郊区、林区、工矿区的知青场队和农工商联合企业,扶持发展城镇个体经济,扩大并拓宽知青就业的领域和渠道。当年,哈尔滨市全民单位职工退休、退职安排子女顶替6.2万人,发展商、饮、服务业安排1.3万人,补充基建维修队伍和建材生产安排2.9万人,发展集体经济安排3.8万人,发展家属厂和区属企业安排5.6万人,清理、压缩计划外用工安排返城青年0.5万人,大中专和技校招生1.5万人,以及组建各级各类劳动服务公司,共计安置返城知青22万人。其中对返城大龄未婚知青及1972年底前下乡知青全部安排就业。各市、地对因公致残的返城知青,由动员城市的劳动部门,据其伤残情况安排适当工作;伤残较重、不适于劳动部门安排的知青,由民政部门或所在街道办事处安排力所能及的工作。1979—1982年,全省城镇就业固定性安置81.1万人中大部为返城知青,基本解决大批知青返城就业这个重大而紧迫的问题。

1963—1978年,全省下乡知青累计182.57万人。到1985年底,绝大部分返回原动员城镇就业,下乡知青仍有4.99万人。其中插队1.8万人,插场3.19万人。这些知青大都与当地农民或"四场"职工结婚。各地本着"国家关心,负责到底"的精神,对他们就地就近安排有固定工资收入的工作。此后,经省人民政府批准,省劳动局、公安厅、教委、粮食局制发《关于解决黑龙江省及外地城镇下乡知青子女返城落户、就业问题意见的通知》后,凡由市、县以上知青部门统一组织、动员到省内外插队、插场,目前还在农村或农场工作的知青,根据本人申请,允许一名未婚、未就业的子女回原动员城镇落户;知青本人已回省内城镇落户,其子女仍在农场或农村的允许一名未婚、未就业的子女到父母原在城镇落户;外省、市知青已在黑龙江省工作的其子女仍在农场、农村的,同黑龙江省下乡知青同样对待,准予子女返城落户,不受指标限制,解决粮油供应、就近入学等有关问题。对这些知青善后问题的处理,充分体现党和政府对广大知青的深切关怀。

人数 项目 年度	合 计	招 生	招 工	征 兵	提 干	其 它
1968—1973	261 181	27 727	86 110	12 779	423	134 842
1974	24 618	9 638	7 516	4 158	137	3 169
1975	95 383	18 517	52 294	4 133	4 780	15 659
1976	129 428	10 247	69 949	17 075	131	32 026
1977	85 235	3 124	30 170	8 897	116	42 928
1978	193 543	22 226	46 067	27 521	6 354	91 375
1979	562 628	15 951	241 181	8 980	7 309	289 207
总计	1 352 716	107 430	533 287	83 543	19 250	609 206

注:"其它"栏数字包括知青患病、家变和转点后返城人数。

（第二篇第四章《城镇知识青年上山下乡》，第 124—150 页）

　　"文化大革命"中,哈尔滨、齐齐哈尔及北京、天津、上海、浙江等地大批知识青年来到农场。1968—1978 年,农场系统接收安置知识青年 67.9 万人。1974 年始,根据省和国家的有关政策,大部知青陆续返城,到 1985 年,农场职工 71.5 万人,占全省职工总数的 8.4%。以大批转业官兵、知识青年和科技工作者构成的农场职工,在绵延千里的亘古荒原上,发扬光大北大荒精神,披荆斩棘,战天斗地,把"北大荒"建成一个高度机械化的国营农场群,开拓出拥有 120 个国营农场、3 000 万亩耕地和工农商相结合、林牧渔全面发展的社会经济区,为祖国创造了巨大物质财富和精神财富,在建设中国社会主义现代化大农业中作出了突出的贡献。

（第三篇第二章《职工队伍》，第 185—186 页）

　　为及时补充全省煤矿采掘工人,1973 年 12 月,省劳动局下发《煤矿井下招收采掘工人的通知》,明确鸡西、鹤岗、双鸭山、七台河矿务局和煤炭地质公司,招收家住城镇或农村的煤矿职工子弟、下乡插队两年以上的知青及批准留城、身体健康、年龄 18—20 岁的男性青壮年 0.32 万名,由煤矿按招工条件审查合格后,经当地劳动部门办理录用手续。入矿后试用期 6 个月,期满合格者转为正式工,不合格者予以辞退。

（第三篇第三章《劳动力管理》，第 206—207 页）

　　1975 年以来,对被批准留、返城符合招工条件的退休职工子女优先招收一人;无留、返城子女的招收上山下乡两年以上的子女;对既有上山下乡子女、又有留返城子女的任选一人;职工退休后回农村照顾招收居住农村的一名子女;职工退休后无子女补充的空额减员,逐级上报省劳动局统一招收。是年,全省招用固定工 12.3 万人,其中全民、集体单位分别招收 7.3 万人、5 万人。

（第三篇第三章《劳动力管理》，第 207 页）

1979年2月,各市、县劳动局根据省劳动局《关于招工问题的通知》,全民、集体单位招工,首先招收1968—1972年下乡插队知识青年和在农村解决婚姻困难的大龄女知识青年;对1973年以后下乡的知识青年逐年考核,择优录取;对1978年以前留、返城的知识青年、待业超过两年的优先安排;……集体单位需用固定工,分期分批招收本单位、本系统留、返城及下乡插队的职工子女;生活困难的下乡插队已婚青年,由县、社就近安排有固定收入的工作……

（第三篇第三章《劳动力管理》,第207页）

1967—1971年"文化大革命"中,技校停办。1972—1977年,少数技校恢复办学,招收初中以上文化程度、20岁以内的"工农兵"学员和上山下乡知识青年及按政策规定留城待业的未婚男女青年,学制2年。

1978、1979年,招收16—22周岁未婚男女应届高中毕业生及具备条件的上山下乡返城知识青年。

（第三篇第四章《技工培训》,第273页）

上山下乡知识青年工资

1973年5月,黑龙江省革命委员会确定1971年以来到生产建设兵团的知识青年工资待遇:在国家未正式批准实行供给制前,按发生活费的办法执行,即第1—3年生活费分别为24元、28元、32元,在七类和九类工资区的不另加生活费,执行当地的地区津贴。

1976年1月,各地企事业单位执行黑龙江省劳动局《关于企事业单位招收插队知识青年的工资待遇问题的通知》规定,对从事学徒工种、插队两年以上不满四年的按本工种第3年生活补贴执行,工作满1年后执行本工种1级工工资,再满1年后执行2级工工资;插队4年以上执行本工种1级工工资,工作满1年后定为2级工工资。

1979年1月,黑龙江省革命委员会制发《关于贯彻〈国务院关于知识青年上山下乡若干问题的试行规定〉的补充规定》,对经批准返城的下乡知识青年,分配到技术工作岗位的考核定级,下乡满2年、3年以上的分别享受学徒第2年、第3年的补贴待遇,满5年的享受1级工工资待遇。

（第四篇第一章《工资》,第363—364页）

《黑龙江省志·共产党志》

黑龙江省地方志编纂委员会编,黑龙江人民出版社1996年

1968年12月22日,《人民日报》在一篇报道的编者按中引述了毛泽东的指示:"知识青年到农村去,接受贫下中农的再教育,很有必要。要说服城里的干部和其他人,把自己初中、高中、大学毕业的子女,送到乡下去,来一个动员。各地农村的同志应当欢迎他们去。"12月28日,省革命委员会召开电话会议,号召全省掀起城镇知识青年上山下乡运动的高潮。此

后,各级革命委员会设立了专门工作机构,拨出大量经费,每年都进行动员和安置工作。到1975 年底,全省共有 103.3 万多名知识青年上山下乡,同时接收了北京、天津、上海、浙江等省市知识青年 36.4 万多人。这些知识青年一部分安置在生产建设兵团、国营农场、"五·七"干校,大部分都到人民公社插队。"文化大革命"结束后,绝大部分上山下乡知识青年陆续返城。

(第二篇第三章《"文化大革命"》,第 255—256 页)

1972 年贯彻执行周恩来总理关于对新疆上访群众的处理,要做到务求合乎政策,件件落实的指示精神,各级信访部门对来信来访者做了一些工作,信访工作形势曾一度好转。进京上访的人数降到第八位。以后,信访量又有回升,到 1975 年,进京上访的人数升至第六位。在黑龙江省的下乡知识青年到国务院知识青年办公室上访的居全国第一位。

(第七篇第四章《人民来信来访工作》,第 631 页)

《黑龙江省志·工会志》

黑龙江省地方志编纂委员会编,黑龙江人民出版社 1999 年

"文化大革命"期间,全国有 136.4 万名青年在黑龙江省就业,其中有 60 多万知识青年被分配到省内各国营农场。到 1976 年末全省职工达 499.7 万人。

1979 年以后,全省经济工作重新走上健康发展的轨道,由于调整城市知识青年上山下乡政策,城镇就业问题基本得到解决,全省职工总数相应大幅度增长。

(第一篇第一章《职工队伍》,第 14 页)

1950 年至 1952 年,黑龙江地区扩大了国营农场的建设规模,新建农场 11 个,使国营农场的职工队伍达到 2.2 万人。1956 年,中国人民解放军铁道兵官兵 5 000 多人集体转业,到黑龙江创建军垦农场。1958 年,全国又有近 10 万名转业官兵,集体转业到黑龙江,开发"北大荒"。在这一时期,北京、河北、山东、天津及省内一些知识青年也先后组织青年志愿垦荒队,参加黑龙江国营农场的建设。1959 年,又有近 6 万名山东支边青年加入国营农场职工行列,到 1960 年,全省国营农场职工已由 1955 年的 2.5 万人,增加到 30.9 万人,增加了 12.4 倍。1968 年,全国知识青年上山下乡运动开始,北京、上海、天津、浙江及省内各城市知识青年大批来到国营农场,从 1968 年到 1975 年,全省国营农场系统共接收安置城市知识青年 611 443 人,使全省国营农场职工人数由 1967 年的 32.8 万人增加到 1975 年的 86.5 万人。1976 年,国营农场知识青年根据国家政策开始返城,到 1979 年达到高峰,4 年内共返城 346 761 人。

(第一篇第一章《职工队伍》,第 21 页)

《黑龙江省志·共青团志》

黑龙江省地方志编纂委员会编,黑龙江人民出版社1999年

团省委树立了1969年从上海到黑龙江军川农场的知识青年顾雪妹为畜牧战线上的典型。顾雪妹是1976年到军川农场十三连当养猪班饲养员的。她热爱养猪事业,钻研养猪技术,为国家交售了大量的商品猪。当年向国家交售了803头商品猪,1977年上交1011头,1978年上半年上交460头。两年半时间向国家交售商品猪2274头,创造出全国人工育肥猪的历史最高纪录。团省委号召青年们向顾雪妹学习,把青春献给养猪事业。1980年,军川农场的韩冬英创造了年养猪1047头的新纪录,超过顾雪妹创造的年养猪1011头的全国最高纪录,成为全国青年的又一榜样。　　(第三篇第二章《农业生产活动》,第209—210页)

1955年9月,毛泽东主席指出,全国合作化需要几百万人当会计,到哪里去找呢? 其实人是有的,可以动员大批的高小毕业生和初中毕业生去做这个工作。毛泽东主席指示发表后,推动了高小、初中毕业生参加农业生产。到1957年全省已有40余万中小学毕业生参加生产劳动,比1953年增加了18万人。仅1957年当年哈尔滨、齐齐哈尔、牡丹江、佳木斯、鸡西、伊春6个城市统计,就有1560多名中、小学毕业生愉快地走向农村,参加农业生产。仅双城县20个乡就有1985名中、小学毕业生参加了农业生产合作社,大部分知识青年已成为生产中的骨干力量,担任农业技术员的273人,担任畜牧手的54人,担任造林员的31人,担任保育员的61人,担任卫生技术员的18人,担任记帐员的125人,担任妇女队长的48人。初中和高小毕业生参加农业生产,使大批不能升学的毕业生解决了就业问题。

1957年6月25日至30日,黑龙江省建设社会主义新农村知识青年积极分子大会在哈尔滨市召开。出席这次大会的正式代表570人,邀请农业社主任、农业技术推广站的代表和城市中服务行业的知识青年18人,还有11名应届毕业生代表应邀出席大会。这次大会的任务是:检阅在乡知识青年的劳动成果,通过他们的亲身体验和事迹,说明不能继续升学的初中、高小毕业生(包括在乡知识青年)到农村去为什么是必要的和光荣的,如何立志做和怎样做祖国第一代有文化的新式农民。黑龙江省人民委员会副省长于杰出席大会并在开幕式上讲了话,他在讲话中用事实说明了知识青年从事农业生产劳动,具有光明的前途。省军区、省教育厅、省妇联的负责人在会上致词。共青团黑龙江省委副书记张学彦向大会做了题为《热爱劳动,热爱农村,立志做祖国第一代有文化的新式农民》的报告。会上有40名积极分子介绍了经验,他们在从事农业生产过程中战胜了"万般皆下品,唯有读书高"等轻视体力劳动和劳动人民的错误思想,在劳动中克服了重重困难,在建设新农村中贡献了力量,发挥了作用。大会最后通过了《给全省知识青年的一封信》。

(第三篇第二章《农业生产活动》,第226—227页)

第五节　受团中央表彰的新长征突击手(队)①

受团中央表彰的1万名新长征突击手(队)中有黑龙江省突击手286人,突击队30个。

1979年团中央表彰的全国新长征突击手名单

梁玉荣(女)　　宾县胜利公社红旗大队下乡知识青年

刘国君　　　　宁安县兰岗公社依兰大队下乡知识青年

李玉荣(女)　　密山县兴凯湖公社新生大队六队下乡知识青年

张玉华(女)　　合江地区桦南种畜场五分场下乡知识青年

顾雪妹(女)　　合江地区军川农场十三连饲养员

葛福元　　　　青龙山农场水利连下乡知识青年

王玉国　　　　建三江农场管理局砖厂下乡知识青年

陆为民　　　　红兴隆农管局八五二农场四分场七队下乡知识青年

关晓梅(女)　　德都县龙镇公社发展大队下乡知识青年

于　杰(女)　　北安农管局龙门农场基建队下乡知识青年

赵书芳(女)　　哈尔滨第一建筑工程公司动力站畜牧场下乡知识青年

(第三篇第四章《青年突击活动》,第264、267—270页)

第五章　青年志愿垦荒队

　　青年志愿垦荒队是北京青年首先发起的全国性的青年支援祖国边疆建设的一项重大活动。50年代初,国家各项社会主义建设事业迅速发展,对粮食的需要量大幅度增加。开垦荒地、增产粮食已成为国家建设中的重大问题。中共中央批转了农村工作部《关于垦荒、移民、扩大耕地面积、增产粮食的初步意见》,要求青年团在这方面起积极的突击队的作用。青年团中央第一书记胡耀邦在青年团北京市第三次代表大会上作报告时号召青年人到边疆去,到祖国最需要的地方去,开发边疆,建设边疆。1955年7月,青年团中央发出了《关于组织青年参加边疆建设问题的一些意见》,提出"动员一部分城市中未升学的初中、高小毕业生及其他失业青年参加垦荒工作"。广大青年积极响应号召,迅速掀起了垦荒热潮。

第一节　接收安置外省市的青年志愿垦荒队

　　青年团黑龙江省委在1955年秋到1956年底,先后接收安置了北京、天津、河北、河南、山东(不包括山东垦荒团)等青年志愿垦荒队,共12批,队员2 348人。

　　最先接收安置的是全国第一支青年志愿垦荒队——北京青年志愿垦荒队。1955年8

---

① 本节内容为节选。——编者注

月9日,北京郊区青年杨华、庞淑英、李秉衡、李连成、张生5人向青年团北京市委递交了要求组织发起青年志愿垦荒队的申请书,8月16日,《中国青年报》刊登了这份申请书。消息传开后,在广大青年中引起了强烈的反响,北京市立即有564名青年争先报名。青年团北京市委从报名的青年中挑选出61人(其中党员16人,团员42人)作为首批队员,组成全国第一支北京青年志愿垦荒队。8月30日,青年团北京市委举行1 500人参加的盛大欢送会。会上胡耀邦作了《向困难进军》的重要讲话,并亲手把绣有"北京市青年志愿垦荒队"的大旗授给垦荒队。下午6时,垦荒队员在队长杨华的率领下从北京出发,9月3日到达黑龙江省萝北县凤翔镇。第二批青年志愿垦荒队员137人,于1956年3月18日到达萝北。第三批青年志愿垦荒队员27人,于1956年12月到达。从1955年9月到1956年12月,北京青年志愿垦荒队员225人,分3批来到萝北县。

在这期间又接收安置了天津青年志愿垦荒队。天津青年志愿垦荒队是由范素兰、杜俊起等4名青年发起的,共有队员268人,分两批到达萝北县。第一批队员52人,在队长范素兰带领下,于1955年11月8日到达萝北。第二批队员216人,于1956年3月到达萝北。

同时还接收安置河北、山东、河南青年志愿垦荒队。

河北青年志愿垦荒队员共645人,在带队干部宋三洪、庞伸志、贾连荣、梅利希、田冠英带领下,分3批到达萝北。第一批100人,于1955年11月到达萝北;第二批300人,于1956年4月到达萝北;第三批245人,于1956年10月到达萝北。

山东青年志愿垦荒队员共908人,分3批到达萝北。山东临朐队303人,在依传东、江玉仁带领下,于1956年4月到达萝北。山东惠民(恒台、邹平)队305人,在孙风森带领下,于1956年4月21日到达萝北。山东胶南队300人,在杨乐福、张先庆带领下,于1956年4月到达萝北。

河南青年志愿垦荒队共302人,在王百中、胡玉佳带领下,于1956年3月21日到达宝清县。

青年团黑龙江省委根据青年团中央的指示精神,在接收安置垦荒队时主要做了5件事:第一,选择垦荒点。选择了土地肥沃,荒原广阔的萝北县为主要垦区,经勘测队勘测出两万公顷荒地。第二,协助垦荒队员购买开荒所需的35匹马,两台胶轮大车和10部开荒犁及绳套农具。第三,发动团员青年欢迎垦荒队员。北京市首批青年志愿垦荒队路经哈尔滨市时,有100余名团员青年到车站欢迎,黑龙江省副省长于杰和青年团黑龙江省委书记吴亮璞接见了志愿垦荒队的全体队员。在经过佳木斯、鹤岗、萝北直到开荒现场的团结村,每处都有几百人前来欢迎。团结村的群众倒出18间房屋让垦荒队员暂住,并准备了粮食、马饲料、蔬菜、油、盐和柴草。第四,物色当地老农对他们进行技术上的指导并派去国营宝泉岭机械农场的技术员指导垦荒,动员桦川县10名青年农民和他们共同劳动。第五,总结垦荒工作中的经验教训,及时解决接收安置垦荒队工作中的问题。

第二节　发起组织省内的青年志愿垦荒队

1955 年,黑龙江省各级团组织在党委领导下,动员、组织了大批团员、青年参加各种形式的垦荒活动。北京、天津、河北、山东等青年志愿垦荒队到达黑龙江省后,更加鼓舞了全省广大城乡青年向荒地进军的热情。哈尔滨、佳木斯两市组织两支青年志愿垦荒队去萝北垦荒。齐齐哈尔、牡丹江等市也组织了青年志愿垦荒队。广大农村青年和部分城镇青年也纷纷组成近距离的小型垦荒队和青年远耕队。据哈尔滨、齐齐哈尔、鸡西等 13 个市、县统计,已组织了 20 支比较有影响的青年志愿垦荒队,有 3 530 多人参加。

哈尔滨青年志愿垦荒队是由梅树生、赵玉琢、王永坤、王瑛君、孙永贵 5 人发起,于 1955 年 10 月 12 日由青年团哈尔滨市委批准成立的,共有队员 524 人,分 3 批去萝北垦荒。第一批队员 104 人,在队长梅树生的带领下,于 1955 年 10 月 30 日到达萝北。第二批队员 400 人,于 1955 年 12 月到达萝北。第三批队员 20 人,于 1956 年 2 月到达萝北。

佳木斯青年志愿垦荒队,是 1955 年 10 月开始组建的,共有队员 150 人,由刘玉清、王玉荣、刘宝庆等人发起。当年 11 月佳木斯市青年志愿垦荒队的首批队员,在带队干部杨振和的带领下到达萝北垦荒(1956 年 10 月并入宝泉岭农场)。

牡丹江青年志愿垦荒队,是 1956 年 1 月正式成立的,由孙永山、林淑芳、张文功、潭友山、赵帮友、李志全 6 名青年发起。垦荒队员 330 人,于 1956 年 3 月去密山垦荒。

齐齐哈尔青年志愿垦荒队是由 328 名青年组成,于 1956 年 4 月到齐齐哈尔市郊梅里斯达翰尔族区瑞廷乡垦荒。

据统计,到 1956 年 4 月,讷河、逊克、林甸、依兰等 14 个县组织了 1 247 个小型的青年垦荒队,有队员 16 195 人。东宁、集贤、勃利 3 个县的每个农业生产合作社,都建立了青年垦荒队。东宁县青年远耕队队长李月英,带领 32 名队员(8 名女队员),1 年开荒 585 亩,增产粮食 12.8 万多斤。——

从 1955 年到 1956 年底,全省以农业社为单位组织了 4 500 多个临时小型远、近距离青年垦荒队,有 9.4 万多名男女青年参加。

第三节　青年垦荒业绩

从 1955 年 9 月开始,各地垦荒队员们就在千古荒原上开始了异常艰苦的劳动生活。北大荒人烟稀少,野兽成群,蚊蠓叮咬,气候寒冷,交通不便。垦荒队员们以顽强的毅力战胜了一个又一个困难。没有房子,就搭起临时帐篷;没有床,割些野草垫上当床;没有井,就喝泥坑里的水;不会农活,就向当地老农请教。有的队员在测量荒地时被狼撕坏了衣服,有的队员开荒扶犁时摔了跟斗,有的队员铲地时手上打起了血泡,有的队员割草时割破了手和脚,有的队员上山拉木材时冻坏了脸和耳朵,有的队员 10 个脚趾甲都冻掉了。在这样严峻的困难面前,大部分垦荒队员经得起考验,但也有少数队员开始动摇了,要卷起行李返城。队长杨华急了,咬破手指写下血书:"我是荒原上的一名垦荒战士,我要永远做个垦荒战士,我中途不叛变，不做逃兵。要依靠党、依靠群众，去克服一切困难，要把一切献给祖国。"他用这鲜红的血书教育垦荒队员，从而进一步坚定了垦荒队员扎根边疆的决心。

经过垦荒队员一年多的艰苦奋斗，取得了可喜的成果。从1955年到1956年末，全省大、小型青年垦荒队共开荒87 854公顷，产粮8.5万吨。宝清县河南青年垦荒队播种104.9公顷大豆，平均每公顷打粮3 200斤。牡丹江垦荒队直播水稻150公顷，总产达240吨。北京青年志愿垦荒队开荒地200公顷，生产粮豆140吨，上缴国家74吨，收入1.56万元。北京等9个垦荒队共盖新房789间，垦荒队员全部搬进新房。

1957年春，天津庄的大豆长势喜人，一场冰雹把4 000亩大豆全部砸毁，他们经过3天3夜的抢种，到秋获得250吨粮豆的好收成。

同年12月，哈尔滨青年志愿垦荒队队长梅树生和队员郭志明进山伐木，途中连人带车都掉进了河里，当时气候特别寒冷，他在刺骨的冰水里奋战了两个多小时，终于把大车扛了上来，可他已经冻僵了，在别人的帮助下，才脱了险，保住了性命。从那以后，他腰就弯了，落下了终生的残疾。刚见好，他就拄着拐，去抢着干活。他的妻子赵振环（垦荒队员）因操劳过度，病死在萝北这块黑土地上。

1958年，黑龙江洪水泛滥，天津庄组成1支抢险队，连夜走了100多里路赶到抗洪第一线。他们平均每人每天挑22立方米土，荣获中共萝北县委授予的"铁膀队"锦旗。这一年由于他们生产成绩显著，荣获国务院颁发周恩来总理签名的奖状。

1959年3月，各青年集体农庄合并到萝北农场，垦荒队员由集体农庄的社员转变为农业工人，垦荒队的性质发生了根本的变化。

"文化大革命"中，杨华等人被打成"走资本主义道路当权派"，有些老垦荒队员也遭到种种磨难。在"大锅饭"、"大帮哄"的影响下，垦区生产连续亏损了10年。

中共十一届三中全会以后，垦荒队员又带头走上了勤劳致富的道路，积极推行联产承包责任制，兴办家庭农场。庞淑英这位50年代北京青年志愿垦荒队的发起人，80年代又成为勤劳致富的带头人。她带头搞起了家庭副业，养了700多只鸡，3头奶牛，1头黄牛，带头勤劳致富。

到1985年8月，垦荒队员来到北大荒整整30年。他们用勤劳的双手和转业官兵一起，改变了北大荒的面貌，同时也锻炼了自己。原来到萝北的2 570名垦荒队员中，仍留在那里的还有680人，有163人入了党，255人入了团，118人成为各级领导骨干，有一大批垦荒队员成为各级的先进模范和代表人物。其中突出的有：杨华、庞淑英、徐世华（北京垦荒队员）、梅树生、杜俊起等。还有近百名垦荒队员为垦荒事业献出了宝贵的生命。北京青年志愿垦荒队员麻友，在到萝北刚半年时，就被巨雷夺去了年轻的生命。他是第一个为垦荒事业献身的青年。哈尔滨青年志愿垦荒队发起人孙永贵、牡丹江垦荒队的包殿成等都是为垦荒事业而光荣牺牲的。

从青年志愿垦荒队发起成立开始，党团组织就一直关心垦荒队员的成长。不仅在物质上给予支援,而且在政治上关心他们。50 年代的国家农垦部部长王震、团中央第一书记胡耀邦以及七八十年代的团中央书记处书记李源潮、中共黑龙江省委书记李力安等领导曾先后到北大荒看望垦荒队员。在 1985 年 5 月垦荒 30 周年到来之前,中共中央总书记胡耀邦等中央领导又亲切接见了 50 年代老垦荒队员,高度评价他们是"社会主义建设事业的英勇先锋",号召他们要"奋发进取,建功立业"。

第四节 青年垦荒积极分子大会

1956 年 4 月 5 日至 9 日,黑龙江省青年垦荒积极分子大会在佳木斯市召开。参加会议的有萝北青年垦区等远距离青年志愿垦荒队、农业社、近距离青年垦荒队、国营农场、拖拉机站、土地勘测队等方面青年和团干部 616 人,还有山东省、吉林省、辽宁省、天津市等特邀代表 49 人。

中共佳木斯市委书记苏醒到会致贺词。少先队员代表到会献词,献词中表示,全省 160 万少年儿童,要用"小五年计划"活动的收入,建一座"少先队拖拉机站",献给垦荒事业。青年团黑龙江省委书记吴亮璞到会作了报告。他动员全省青年垦荒队员开展一个先进垦荒队和垦荒突击手竞赛活动,出色地完成 1956 年开荒 75 万公顷的任务。他指出,开荒要突破定额,保证质量,降低成本,达到多打粮食的目的,就必须扩大春开荒和春播种的面积,多种高产作物,兴修小型水利,精选优良品种,掌握新型农具,推广先进经验。黑龙江省副省长于杰到会作了报告。他号召所有垦荒青年都要有战胜一切困难的勇气,少花钱、多开荒、多种地、多打粮食,支援国家工业建设。远距离垦荒青年更要有安家立业、长远建设的思想。他强调指出,1967 年前全省开荒 600 余万公顷的任务是光荣而艰巨的,青年人应该勇敢地把它担当起来。到会的全体垦荒积极分子通过了联合发起开展争做"青年先进垦荒队"和"垦荒突击手"运动的倡议书。有 8 名代表在大会上表示了为实现大会通过的开展"青年先进垦荒队"和"垦荒突击手"运动倡议的决心,并提出了各自的保证条件。东宁县青年垦荒积极分子李月英代表东宁县 7 个青年垦荒队在大会上提出坚决争做"青年先进垦荒队"和"垦荒突击手"。国营友谊农场 3 名青年垦荒积极分子为了实现大会的倡议,提出在 1956 年的机械开荒中保证达到作业质量的基础上,超过班次定额的 42%,全年每标准台机车完成 500 个标准公顷的开荒量数。省勘测局勘测队队员朱辉代表到会的 20 名勘测队的积极分子,在大会上提出"为了社会主义,超额完成荒地勘测任务"的倡议。应邀参加大会的吉林垦荒青年代表,也在会上表示响应大会的倡议,提出和黑龙江垦荒青年开展友谊竞赛。

在闭幕式上,青年团中央办公厅副主任黄天祥讲了话。他代表团中央对青年垦荒积极分子的成就表示热烈的祝贺,对垦荒这一新兴事业表示关怀和支持,他在讲话中向到会青年赠言:"多开多种,争取丰收,团结同心,安居乐业"。

大会向 15 个先进垦荒单位的代表颁发了奖旗,他们是:国营友谊农场 59 号青年机车包车组代表龙恩泽,萝北青年垦区代表杨华,东宁青年远耕队代表李月英,集贤山东青年集体农庄代表刘桂芝,集贤东荣村"铁孩子"生产队代表戴国清,爱珲县小乌斯力村火星社"海鸥"

青年远耕队代表陶志忠,木兰县东防村团支部代表陈维民,国营 291 农场机械队第一包车组代表周志茂,绥棱柏钧村荒地的宣传小组代表李禄,勘测队代表朱辉,勃利镇青年垦荒队代表兰玉田,逊克白城社青年垦荒队代表刘桂才,国营查哈阳农场青年机械垦荒组代表郑子林,讷河翻身村"黄继光"社青年垦荒队代表郭海昌,勃利三〇一社青年开荒突击队代表白万禄。

第五节　垦荒三十周年纪念大会

1985 年 8 月 30 日,中共黑龙江省委、省政府在共青农场(向阳农场),隆重举行纪念北京等地青年志愿垦荒 30 周年大会。中共黑龙江省委、省政府、共青团中央以及省国营农场总局、共青团黑龙江省委的负责人出席了大会。北京、天津、河北、山东、哈尔滨、佳木斯等省、市的慰问团也出席了大会。当艰苦创业 30 年的 400 余名老垦荒队员步入会场时,全体起立,人们以暴风雨般的掌声表达对他们的敬仰和爱慕。

大会由黑龙江省副省长王连铮主持。大会首先宣读了胡耀邦委托中共中央办公厅写给大会的贺信和胡耀邦亲笔写的"共青农场"四字题词。中共黑龙江省委、省政府向垦荒队员颁发了荣誉证书。共青团中央向各垦荒队授了锦旗。中共黑龙江省委副书记周文华出席大会并作了题为《高举艰苦创业的火炬奋勇前进》的讲话。他在讲话中充分肯定了老垦荒队员的历史功绩。他说,在 50 年代,正当全国社会主义建设蓬勃兴起的时候,北京、天津、河北、山东、哈尔滨、佳木斯等地,一批又一批的有志青年,怀着为使祖国繁荣富强的豪情壮志,相继离别家乡来到了北大荒,在茫茫的草原上,英勇顽强地"向困难进军",艰苦创业,他们的历史功绩将永载史册,青年志愿垦荒队所创造的光辉业绩,党和人民是不会忘记的。周文华强调,纪念垦荒 30 周年,最值得纪念的是垦荒者为振兴中华而艰苦创业的精神。这种精神,是国家兴旺发达的传家宝,是时代精神。第一、一切为了社会主义事业,一切听从党召唤,做有理想、有纪律的一代新人。第二、勇往直前,向困难进军,勇于改革,锐意创新。第三、吃苦在前,享受在后,先天下之忧而忧,后天下之乐而乐。第四、艰苦奋斗,为党和国家分忧负重,不怕困难,勇挑重担,勤勤恳恳,任劳任怨,开拓前进。

会上,共青团中央书记处候补书记张宝顺作了《老垦荒队员要发扬当年创业精神,青年一代要接过艰苦奋斗的火炬》的讲话。他代表团中央书记处向大会表示热烈的祝贺,并对50 年代青年志愿垦荒队员及广大垦区青年提出热切希望。他在高度赞扬了 50 年代青年垦荒队的光辉业绩后指出,举行这次光荣垦荒 30 周年纪念活动,充分表达了党和人民对在开发建设边疆中做出贡献的垦荒队员、转业官兵、知识青年和广大群众的关怀和敬意。老垦荒队员 30 年来为开发建设北大荒立下了不朽的功勋,希望他们把崇高的荣誉当作继续前进的动力,发扬和传播垦荒精神,更加扎实地工作,更加刻苦地学习,谦虚谨慎、戒骄戒躁、团结带领广大群众在农场改革和现代化建设中不断做出新的贡献。他还代表团中央书记处对垦区广大青年提出要求,希望垦区广大青年从前辈手中接过艰苦创业的火炬,学习他们的精神,发扬垦荒传统,勇敢地站在四化建设的前列,为伟大的时代增添光彩。要树立坚定的共产主义信念,成为有理想、有抱负的新一代。

会上,张宝顺宣读了共青团中央给老垦荒队员的慰问信;农牧渔业部农垦局副局长张启宣读了农牧渔业部长何康写给大会的贺信。共青农场副场长、原北京市青年志愿垦荒队队长杨华代表老垦荒队员在会上讲了话。表示,要继续发扬艰苦奋斗精神,为振兴垦区,奋发进取,建功立业。

(第三篇第五章《青年志愿垦荒队》,第 275—283 页)

《黑龙江省志·妇联志》

黑龙江省地方志编纂委员会编,黑龙江人民出版社 1995 年

1978 年至 1979 年刮起的知识青年返城风,造成大批女知识青年家庭离散,因为知识青年来自天南地北,她们在长期的共同劳动中结合,并多数生有子女。一些上海、天津等地男女青年返城后,无法将对方带回,只好离散。这当中女知识青年的困难更多更痛苦,因为她们要带孩子,自己返城后,一时没有工作,吃住在父母家或兄嫂家,给家庭造成巨大压力。有的父母不但要管返城女儿的吃住,还要管她们孩子的各种开销,如孩子吃奶粉、入学等。为了解脱困境,她们到妇联上访,要求妇联组织为她们排忧解难,一时间,来信来访大量增加。对此,各级妇联组织十分重视,感到这个问题不解决,大批返城青年云集城市,无业可就,将影响社会的安定。为了掌握情况,解决问题,省妇联与哈市各区妇联组成联合调查组,深入到道外区东莱公社,一家一户作调查。在调查中发现,东莱公社现有 5 400 户,待业青年 1 351 名。东莱公社 13 委共 390 户,有返城青年 130 名,其中女青年占 65%。她们当中有些人与外省市下乡青年结了婚,现在返城后,人为地两地分居,非常苦恼,还有些返城青年并非自愿,她们多由家庭或形势所迫,回城后仍有返乡的愿望。例如,东莱公社十三委付淑琴的女儿宁佩玲,原是宝泉岭农场宣传科干事,其爱人何奇是宝泉岭管理局组织处干事,两人都是党员,本来没有返城的打算,但由于何奇的父亲(哈市锹厂工人)一再要儿子回城接班,何奇不得已返城,当时宁佩玲仍坚持在乡下,后经婆家再三催促只好返回,返城后没有工作,吃饭穿衣都很困难,因此,她后悔地说:"我多窝囊啊,一步走错了,……"她念念不忘返回乡下去。

针对上述情况,各级妇联信访工作人员,一面向有关部门反映情况,呼吁政府尽快解决她们的就业问题,一面对家长和返城青年做耐心细致的思想和教育工作。一些返城青年不辜负领导关心又返回农场,一些基层妇联组织还组织青年办了一些服务事业,安排了一部分返城女青年。佳木斯市永红区妇联帮助 63 名返城女青年就业。

(第五篇第三章《来信来访》,第 335—336 页)

70 年代后期,80 年代初,城市出现了未婚大龄女青年不断增多的新情况。在"文化大革

命"时期上山下乡的知识青年中,一部分女知青回城以后又继续上学,耽误了结婚年龄;在一些文化素质较高,能力较强的女青年中普遍表现择偶条件偏高。她们不愿因为年龄的增长而在婚姻上迁就,不愿作男人的附属品;70年代提倡和实行"男28、女26"晚婚年龄,在客观上扩大了大龄未婚女青年的队伍。随着大龄女青年的不断增多,择偶难的现象也越来越突出。为此,黑龙江省各级妇联干部充分发挥"娘家人"作用,人人充当"红娘",为自己身边的大龄女青年牵线搭桥。黑龙江省妇联同时在《妇女之友》杂志开辟了"红娘"专栏,专门为大龄青年寻找知音。

(第六篇第一章《贯彻〈婚姻法〉》,第 376 页)

《黑龙江省志·人物志》

黑龙江省地方志编纂委员会编,黑龙江人民出版社 1999 年

冯百兴,1949 年 11 月 1 日生于辽宁省黑山县药王庙乡黄马窝棚村。1955 年随母亲迁居哈尔滨市。

冯百兴从小就爱英雄,学英雄,立志当英雄。上中学时经常助人为乐,做好事不留名。就读于哈尔滨第二十七中学期间,学生食堂炊事员少做饭忙不过来,他天天起早帮助食堂担水、劈柴、掏炉灰。有的同学家中困难没钱买笔记本,他就把自己新买的给同学用,自己用大白纸订本用。有一次下乡劳动,冯百兴和几名同学住在农民老乡家,发现这家柴禾不多了,就带领同学们每天收工回来捎一捆柴。十几天的劳动结束时,房东李家的柴垛堆得老高。1965 年夏,一个小女孩在松花江中学游泳不慎掉进深水里,冯百兴本来水性不好,可还是毫不犹豫地扑过去把小女孩救了上来,而他自己却被水呛着了。同年 7 月 6 日,他光荣地加入共青团。

1968 年 10 月,哈尔滨市掀起知识青年上山下乡运动高潮,冯百兴积极报名来到黑龙江生产建设兵团第五师五十三团十一连(现红五月农场十一队)当战士。到达连队当晚就向党组织递交入党申请书,并请求组织在实践中严格考验自己。在连队处处起模范带头作用,抢重活,干脏活,从不叫苦叫累。秋季脱谷,他专干"喂大嘴"(往脱谷机里填谷物)的活,又脏又累;冬季积肥,抢着跳进粪坑,抢镐就刨;修水渠,别人干 40 米,他干 60 米;挖电柱坑,别人挖 1 个,他挖两个;拉柴、运砖、伐木、锄草,样样活儿他都比别人干得多。节假日从来不休息,一有空闲,就主动帮助老职工家担水、劈柴、扫院子,还常为战友缝洗衣服,受到群众的普遍赞誉。

1968 年冬,冯百兴调到畜牧排当调料员。调料房离水井有半里多路,200 多头猪,每天烀猪食需用七八十担水,冯百兴主动承担挑水任务。冬季白天很短,从早忙到晚,身上结了冰凌,水还是供不上。他就找来一根结实的扁担,一次挑 4 只水桶,保证了用水。1969 年被提升为副排长。1970 年 2 月,由于劳累过度,患上"腰脊劳损症"。家中多次来信来电报催

他回去治疗,可是他把信和电报悄悄揣起来,每天照常上班干重活。

1970年4月19日,冯百兴的病情加重,医生一再劝告必须注意休息,可是他呆不住,却为连队补起麻袋来。下午两点钟,离连队不远的山上发生火灾。十一连连队紧与小兴安岭相连,如果不及时扑灭山火,后果不堪设想。冯百兴不顾病痛,带领7名战友立即奔向火场。因火势太猛,用树枝扑打不住,就脱下衣服扑打,还是打不住。冯百兴见状大喝一声,躺倒在地用身体滚压灭火,直到满身起火,也全然不顾。待大部队赶来,火被扑灭后,冯百兴却被烧得昏了过去。战友们把他抬到医院抢救,终因烧伤面积过大,伤势过重,不幸于4月22日光荣牺牲。年仅21岁。

为表彰冯百兴的事迹,黑龙江省革命委员会授予他"革命烈士"称号,黑龙江生产建设兵团常委为他追记一等功,中共五十三团委员会追认他为中国共产党党员。兵团党委作出决定,号召全体干部、战士、职工、家属向冯百兴学习。 (《中华人民共和国建立后》,第827—829页)

《黑龙江政府志》

黑龙江省人民政府办公厅编,黑龙江人民出版社2001年

1973年,随着省、地、市革命委员会机构的调整,县(包括县级市和旗,下同)革命委员会的机构亦作了相应调整,主要是将中共县委的办事部门从县革命委员会中分出单设;撤销了县革命委员会原设的3部、3办机构,县革委会直接领导各委、办、科(局)。经过调整,各县革命委员会一般设有:⋯⋯知识青年上山下乡工作办公室等。

(下篇第三章《黑龙江省革命委员会》,第503—504页)

知识青年上山下乡

知识青年上山下乡工作开始于50年代中期,"文化大革命"开始以后,正常的知识青年上山下乡工作被迫停止。由于大专院校停止招生,工厂企业停止招工,滞留在学校和社会上的中学毕业生逐年增多,大批城镇青年无书可读、无业可就,随之而来的社会问题越来越严重。在这种情况下,中共中央于1968年初发出关于动员知识青年上山下乡的指示。1月26日,省革命委员会作出决定,在生产委员会内设置"城市知识青年下乡上山工作办公室",负责动员、组织知识青年下乡上山工作。翌日,省革委会发出关于动员城镇知识青年下乡上山的指示,要求全省各地立即掀起动员知识青年下乡上山高潮。动员的主要对象是1966年、1967年、1968年3届初、高中毕业生。之后,全省从机关到学校,从街道到家庭,普遍举办了各种类型的学习班,大张旗鼓地动员城镇知识青年下乡上山。同年10月,省革命委员会召开全省知识青年下乡上山工作会议,讨论落实了本年知识青年下乡上山安排方案,确定了有关政策、原则。会议要求,知识青年去农场和插队都要派干部带队;知识青年下去以后,要动

员各单位派人下去看望,发现问题就地研究解决,防止冬季返流。要以学校为单位,把知识青年编成班、排、连,由班级教师、干部等带队,集体下乡。因有特殊情况而不能下乡上山的知识青年,要通过讨论,由学校革委会批准。12 月 23 日,《人民日报》发表毛泽东关于"知识青年到农村去,接受贫下中农的再教育,很有必要"的指示以后,进一步推动了知识青年下乡上山运动。到是年底,全省共有 29 万名城镇知识青年下乡上山,其中大部分安排在国营农场和生产建设兵团,少部分在农村人民公社插队落户。

1969 年 4 月 19 日,省革命委员会发出《关于 1969 年动员安置城镇知识青年下乡上山建设社会主义新农村工作的通知》,决定本年全省动员 12.4 万名知识青年下乡上山,另接收外省、市知识青年 30 万名,共 42.4 万名。其中,安排到生产建设兵团 21 万人、军垦农场 3 万人;去农村人民公社插队和县属农场 18.4 万人。在动员城镇知识青年下乡上山的同时,要动员一部分教师、机关干部同知识青年一起去农村安家落户,接受贫下中农的再教育。《通知》要求大造舆论,来一个动员,举办各种类型的学习班,把思想政治工作做深、做细、做透,坚决防止强迫命令的倾向;各接收知识青年的社、队(场),要提前安排好住房,准备好生产、生活用具。由于"左"的错误思想的指导,在动员知识青年下乡的实际工作中,许多地方和单位出现了强迫命令的现象,有的甚至采取了强行迁出知识青年户口和粮食关系的错误做法。知识青年到农村后,由于生活条件太差,回流返城的日趋增加。

针对知识青年上山下乡工作中存在的问题,省革命委员会于 1969 年 11 月 24 日发出《关于认真做好上山下乡知识青年安置巩固工作的通知》,就如何抓好知识青年的政治思想教育、生活问题、安全工作,充分发挥他们的积极作用,做好返流的知识青年的工作,打击阶级敌人破坏知识青年上山下乡的阴谋活动等问题,提出了具体要求。1968 年和 1969 年两年中,全省共有 40 多万名知识青年上山下乡;同时,接受安置了北京、上海等外地知识青年 34 万人。

1970 年至 1972 年期间,随着工业生产的逐渐恢复,城市开始恢复招工,有相当一部分下乡青年通过招工返城,大部分中学毕业生也留在城市就业,只有少数人下乡插队。1973 年 8 月,中共黑龙江省委召开全省知识青年上山下乡工作会议,根据全国知识青年上山下乡工作会议精神,检查了全省知青工作,研究了统筹解决存在问题的办法,决定继续做好动员知识青年上山下乡的工作。不久,省革命委员会知识青年上山下乡工作领导小组及其办公室(1970 年 7 月成立),改设为中共黑龙江省委知识青年上山下乡工作领导小组及其办公室。从此,全省知识青年上山下乡工作,由省委直接领导。

1974 年 7 月,面临全省连续 3 届中学毕业生急待安置的问题,中共黑龙江省委知识青年上山下乡工作领导小组提出:要采取学校包学生,单位包职工,街道包居民的方法,力求在最短的时间内把应下乡的知识青年都动员下去。除继续在兵团、农场和社队安置一部分外,各地区还要结合本地实际情况,采取党政机关、企事业单位直接与农村社队挂钩,办集体所有制农业基地,集体安置本单位知识青年的形式,建立知识青年点,由本单位派出干部带队,管理知识青年的生活和工作。在动员和安置知识青年上山下乡的过程中,许多单位仍然采取了行政命令的办法。1974 年至 1975 年的两年中,全省共动员 25.08 万名知识青年上山下乡。到 1975 年底,全省共有 103.3 万余名知识青年上山下乡;同时接收安置了京、津、沪、浙等省、市的 36.4 万余名知识青年。

1976 年 10 月粉碎江青反革命集团以后,知识青年上山下乡的政策没有改变,中学毕业生除少数够条件的留城安置就业以外,大部分仍然动员下乡。1978 年 10 月,中共中央召开全国知识青年上山下乡工作会议,决定调整知识青年上山下乡政策,提出城市中学毕业生的安排,要实行"进学校、上山下乡、支援边疆、城市安排"的"四个面向"的原则。不久,国务院颁布了《关于知识青年上山下乡若干问题的试行规定》。1979 年 1 月 22 日,省革命委员会下发《关于贯彻执行〈国务院关于知识青年上山下乡若干问题的试行规定〉的补充规定(试行)》,就下乡知识青年的口粮问题、招工问题、返城青年招工后的工资待遇问题、生产资料供应问题、税收问题、开荒费问题、伤残青年的安置问题、下乡知识青年的学历问题、地方国营农场已婚青年的分居问题,以及安置林区知识青年的经费问题等,作出了具体规定。从此,彻底纠正了"文革"期间在动员知识青年上山下乡工作中的"左"的错误做法。

从 1968 年初至 1979 年 6 月的 11 年多的期间内,全省先后动员安置上山下乡知识青年共 180 多万人,到 1979 年 6 月在农村的还有 100 余万人。在这些知识青年中,有 2.3 万多人加入了中国共产党,31 万多人加入了共青团,2 万多人被选拔进各级领导班子,12 万多人担任了会计、拖拉机手、电工、民办教师、赤脚医生等职务,许多人被评为各级劳动模范。还有 14 万多人在农村结婚安家。　　　　(下篇第三章《黑龙江省革命委员会》,第 523—525 页)

《黑龙江法院志》

黑龙江省高级人民法院编,(内部刊行)1990 年

1973 年全省各级人民法院恢复后,根据中央和省委的要求,在刑事审判工作中,把强奸、迫害上山下乡(女)知识青年的犯罪活动作为打击的重点。但是由于"四人帮"的干扰破坏,有的地方审判这类案件宁"左"勿右,严重混淆了罪与非罪、此罪与彼罪的界限。为解决这个问题,1974 年 7 月,经请示省委同意,省高级人民法院在全省刑事审判工作座谈会上提出《关于处理强奸迫害上山下乡知识青年案件政策界限问题》,明确规定:(一)对家住农村(农场、林场),在当地读书毕业后就地参加生产的在乡(女)知识青年发生的案件;上山下乡(女)知识青年被国家录用为正式职工或离开农村返城升学后发生的案件;通过走后门安排为临时工或擅自返城长期不归后发生的案件,不按强奸迫害上山下乡(女)知识青年案件对待,作为社会一般案件处理。(二)凡以反革命为目的的强奸、迫害上山下乡(女)知识青年的应定为反革命强奸、迫害上山下乡(女)知识青年;其他犯有同类罪行的不冠反革命帽子,只定强奸、迫害上山下乡(女)知识青年。(三)在处理具体案件时,要把强奸迫害上山下乡(女)知

识青年与未婚男女在恋爱中发生两性关系的错误行为区别开来;要把被强奸迫害的上山下乡女知识青年与混在上山下乡知识青年之中极个别的女流氓,不接受教育,恶习不改,继续进行流氓犯罪活动区别开来。与此同时,还编发了有关案例,对于正确地审判这类案件,有力地打击犯罪活动,保护上山下乡知识青年的人身权利起了重要作用。1974 年 7 月到 1975 年 5 月,各地公安机关起诉到人民法院的这类案件,比上年度同时期下降了 35%。

(第三章《审判刑事案件》,第 53—54 页)

(1973 年)7 月 20 日,省高级人民法院向省委提出关于贯彻中央(1973)21 号文件的报告。报告中提出人民法院当前的主要任务是抓好"奸污迫害知识青年"案件的处理,保卫上山下乡运动。

(《大事记》,第 155 页)

《黑龙江省防空志》

黑龙江省人民防空办公室编,(内部刊行)1989 年

1970 年 1 月,黑龙江省革命委员会下达《关于做好城市人口疏散工作的通知》,提出:在疏散城市人口中,要"继续大力动员知识青年上山下乡,要把应上山下乡的知识青年统统动员到农村去,与下放干部一起插队落户。"

(第二章《组织指挥》,第 174 页)

《哈尔滨市志·大事记、人口》

哈尔滨市地方志编纂委员会编,黑龙江人民出版社 1999 年

(1955 年)10 月 27 日,市青年志愿垦荒先遣队 104 名青年离哈,前往罗北筹建"哈尔滨青年集体农庄"。

(《大事记》,第 173 页)

(1965 年)4 月 23 日,市委、市人委就安置市区待业人员情况向省委、省人委报告:全市共有待业人员 6.3 万人,已登记申请就业的有 4 万人,安置待业人员就业已经成了一个严重的社会问题。解决的办法是动员待业知识青年上山下乡,1965 年计划动员 6 000 名;劳动部门计划安置就业 1.8 万名,截至 4 月 17 日,已安置 5 300 人;发展街道生产和服务性行业。5 月 5 日,省委、省人委批转了这一报告,肯定了哈尔滨市的做法,强调尽可能多的动员城市青年上山下乡。

(《大事记》,第 257 页)

5 月 8 日,哈市在青年宫举行欢送今年首批 1 300 多名下乡知识青年大会。市委候补书记石青等领导给下乡知识青年发了批准书,副市长胡传经在会上讲话。　(《大事记》,第 257 页)

5 月 21 日,市下乡回乡知识青年代表会在友谊宫举行。副市长胡传经作《更高地举起毛泽东思想伟大红旗,沿着劳动化、革命化的道路胜利前进》的报告。有 21 名代表在会上发言。

(《大事记》,第 257 页)

8 月 17 日,哈市在省商业展览馆举行欢送今年首批初高中应届毕业生下乡大会,369 名应届高中毕业生参加了大会,近千名师生和家长参加欢送。会上,副市长张屏讲了话,下乡应届毕业生代表樊树森、黄金华先后表了决心。

(《大事记》,第 259 页)

(1968 年)3 月 26 日,市革委会批转市精简安置办公室《关于组织城市知识青年上山下乡建设社会主义新农村的工作方案》,计划组织 6 600 名知识青年上山下乡。

(《大事记》,第 276 页)

6 月 14 日,省、市革委会在哈尔滨车站召开热烈欢迎北京首批 1 200 多名知识青年来黑龙江省参加边疆建设大会。省革委会常委吴舟、市革委会常委王世杰等参加大会。

(《大事记》,第 277 页)

8 月 11 日,上海首批知识青年 800 余人来黑龙江省参加边疆建设,途经哈市,省、市革委会和省军区、生产建设兵团在哈尔滨火车站召开欢迎大会。 (《大事记》,第 278 页)

11 月 2 日,载运哈市下乡青年的 605 次列车在绥陵车站与北安开来的 2102 次军用列车相撞,第三、四节车厢被撞出轨道,9 人受伤。 (《大事记》,第 280 页)

(1969 年)3 月 16 日,天津市首批 1 300 多名知识青年来哈市郊区插队安家落户。省革委会、省军区、驻军、生产建设兵团和市革委会在火车站站前广场联合召开欢迎大会。

(《大事记》,第 282 页)

(1972 年)1 月 24 日,市革委会组成慰问团,分赴省内各地慰问哈市下乡知识青年。

(《大事记》,第 287 页)

(1973 年)2 月 10 日,市委召开知识青年上山下乡工作会议,要求各级党组织和各单位"迅速掀起知识青年上山下乡运动的高潮"。 (《大事记》,第 289 页)

(2 月 27 日)共青团哈尔滨市第十一届代表大会在青年宫举行,出席会议的代表 800 余人。大会通过了李秀贞代表市团代会筹备领导小组向大会作的题为《坚定地执行毛主席革命路线,在三大革命运动中把青年培养成为无产阶级革命事业接班人》的报告;通过了《积极响应毛主席伟大号召,掀起上山下乡运动新高潮倡议书》和《关于加强团的自身革命化建设的决定》。

(《大事记》,第 290 页)

4月2日,上海市首批赴黑龙江省农村的知识青年 470 余人途经哈尔滨,省、市领导和群众到火车站迎送。

(《大事记》,第 290 页)

4月10日,市委、市革委会在省展览馆召开全市知识青年上山下乡广播动员大会,省、市领导到会并讲话。全市有 20 万职工、干部、居民、知识青年及其家长分别在 242 个分会场收听大会实况。

(《大事记》,第 290 页)

4月19日,哈尔滨 1973 年首批 2 700 名上山下乡知识青年和 289 名下放劳动干部奔赴农村。

(《大事记》,第 290 页)

(1975 年)1月15日,市委、市革委会组成慰问团,分赴黑龙江建设兵团、国营农场松花江、绥化地区 23 个县及市郊农村,慰问下乡知识青年。市委副书记赵国强任团长。慰问团下设 32 个分团,成员由市总工会、团市委、市妇联和各区、局领导及部分知青家长、市劳模等 200 多人组成。

(《大事记》,第 295 页)

8月9日,市委、市革委会召开欢送首批应届中学毕业生奔赴农村大会。会后 40 万群众夹道欢送 12 000 名应届毕业生离哈。

(《大事记》,第 296 页)

(1979 年)3月1日,知识青年 500 余人在市革委会办公楼门前集会,个别青年呼喊"要民主、要自由、要工作"口号,围观群众 3 000 余人,堵塞交通达 5 小时之久。市委领导王钊、赵国强、许凤图当即赶赴现场,要求青年维护安定团结的大好形势。15 时,王钊等领导接待了上访青年代表,听取他们的意见和要求。是日晚,市委召开有关负责人会议,研究解决知青问题的具体措施。次日下午,市委召开常委会议,专题研究解决知青问题。8日,知青代表主动作自我批评,表示不再闹事。19日,问题基本解决,市委向省委作了《关于知识青年聚众上访处理情况的报告》。

(《大事记》,第 305 页)

(1981 年)1月5日,市委知识青年上山下乡办公室改为市知识青年上山下乡办公室。

(《大事记》,第 318 页)

1968—1981 年全区下乡青年达 64 000 余人。

（《人口》第二篇第一章《人口数量变动》，第 558 页）

1978—1982 年是人口迁入的低峰阶段。这 5 年是"十年动乱"结束后的拨乱反正时期，大批干部落实政策返城（包括家属）和知识青年返城，据统计仅这段时间返城知识青年达 20.7 万余人。

（《人口》第二篇第三章《人口迁移变动》，第 609 页）

1968 年随着"文化大革命"运动的发展，开始了知识青年上山下乡、干部插队落户上干校、工人支援大小三线建设。据不完全统计，1968—1977 年全市有 31.5 万知识青年上山下乡，省、地、市干部插队上干校和支援三线建设约 20 万人（包括家属）。

（《人口》第二篇第三章《人口迁移变动》，第 612 页）

迁入人口未婚率高是较普遍现象，而哈尔滨市迁入人口未婚率高，是由于 1978 年以来大批知识青年返城，当时他们年龄普遍较轻，特别是上山下乡期间生活不稳定，虽然已达结婚年龄，但结婚的人数很少。迁入人口未婚率高带来的后果是生育率的上升。

（《人口》第二篇第三章《人口迁移变动》，第 623 页）

《1979—1986 年迁入人口迁移原因构成》。（见本书第 1028 页表）

而 1975 年青年劳动适龄人口比重反而下降，其原因在于大批知识青年上山下乡，据统计到 1975 年已有 20 余万青年离开哈尔滨市，他们的年龄都在 16—20 岁之间，致使 1975 年青年劳动适龄人口比重下降。
（《人口》第六篇第一章《劳动适龄人口》，第 836 页）

"文化大革命"时期，由于知识青年上山下乡，掩盖了就业的矛盾。"文化大革命"期间，由于大专院校停止招生，工厂企业招工数量减少，使待业人员猛增。1966—1968 年 3 届高、初中毕业生 107 721 人，社会待业青年 6 541 人，合计达 114 235 人需要安排就业。此后，每年都有 4 万多名高、初中毕业生到社会上求职。同时，还有一部分从农村盲目流入城市的人口，因此待业问题十分突出。政府采取两条措施缓解了这一矛盾。一是动员知识青年上山下乡，1968 年和 1969 年两年间动员了 121 498 名知识青年下乡，是历史上知识青年下乡的最高峰时期。据统计，1968—1978 年 10 年间哈尔滨市共有 315 247 名知识青年上山下乡。二是通过城市招工安置部分待业青年就业。从 1971 年开始在符合留城条件的青年中招收一部分人进入工厂企业，同时又按条件从下乡知识青年中调一部分人回城就业。1968—1978 年 10 年间共安置了 189 752 人就业。

（本表上接本书第1027页）

1979—1986年迁入人口迁移原因构成

迁移原因	迁入人口（人）									占迁入人口%
	合计	1979年	1980年	1981年	1982年	1983年	1984年	1985年	1986年	
调干及随迁家属	33 209	6 002	5 757	5 456	3 116	2 223	2 846	4 041	3 768	7.06
调工及随迁家属	60 679	5 662	35 332	5 632	3 484	2 808	2 319	2 696	2 746	12.89
投亲抚养	52 256	12 498	6 114	5 795	6 534	5 760	4 239	6 466	4 850	11.10
大中专录取分配学生	101 189	8 146	8 371	8 035	11 513	11 994	15 871	18 161	18 398	21.50
复、转、退军人	41 663	2 740	4 167	9 028	5 815	6 028	6 136	3 865	3 884	8.85
随军家属	5 050	345	532	677	748	595	888	579	696	1.07
落实政策	8 600	241	467	318	685	211	1 568	2 915	2 195	1.83
知青返城	56 353	51 985	3 720	648						11.97
招 工	67 660	59 203		6 389	932	478	271	190	197	14.97
归国人员	788	37		48	167	165	161	106	104	0.17
退职、退休、退学	2 683	2 142		189	114	95	143			0.57
刑满、劳教释放	21 713	1 832	1 058	2 056	5 004	2 348	2 688	2 619	4 108	4.61
其 他	18 854	8 804	4 349	1 063	3 083	1 555				4.01
合 计	470 697	160 337	69 867	45 334	41 185	34 260	37 130	41 638	40 946	100.00

（《人口》第二篇第三章《人口迁移变动》，第626页）

1978 至 1990 年大批知识青年返城,待业问题十分突出,但由于党和政府的努力,矛盾很快得以缓解。中共十一届三中全会之后,拨乱反正,大批知识青年从农村、农场返回城市。

(《人口》第六篇第三章《不在业人口》,第 876—877 页)

《哈尔滨市志·城市规划、土地、市政公用建设》

哈尔滨市地方志编纂委员会编,黑龙江人民出版社 1998 年

知识青年上山下乡,1968 年以来(1970 年除外)8 批共迁出 32.1 万人,占同龄人口总数的 53.1%,除招工及其他原因返城外,至 1977 年尚有 28.6 万人留在农村。

(《城市规划》第一篇第二章《城市规模》,第 52 页)

《哈尔滨市志·轻工业、食品工业》

哈尔滨市地方志编纂委员会编,黑龙江人民出版社 1999 年

1975 年,为加强企业后备力量,解决职工自然减员不能及时补充及年龄老化问题,一轻、二轻局被允许从留城青年和兵团、农场青年中招工。同年 4 月 3 日,市计委下达首批集体所有制单位招工指标,其中一轻局 300 人,二轻局 7 500 人。6 月 13 日、25 日又先后给一轻、二轻局下达全民招工指标 330 人和 500 人。1976 年,给二轻局下达病残青年招工指标 2 298 人。至 1978 年,共招收留城、返城、插队、兵团、农场青年 25 136 人。

(《轻工业》第十一篇第三章《劳动与技安管理》,第 241 页)

《哈尔滨市志·农业、水利》

哈尔滨市地方志编纂委员会编,黑龙江人民出版社 1998 年

1980 年太平区团结公社有劳动力 6 000 多人,按农业、畜牧业生产所需劳动力安排之后,还剩余三分之一劳动力没活干。由于大办了社队企业,不仅安排了 1 800 多人亦工亦农社员,还安置了 1 000 多名回乡和城市下乡青年。(《农业》第八篇第四章《经营管理》,第 380 页)

《哈尔滨市志·财政、税务、审计》

哈尔滨市地方志编纂委员会编,黑龙江人民出版社 1996 年

第八节 城镇青年就业补助费

1968 年,城市知识青年上山下乡,增加了下乡安置费,1968—1969 年支出下乡安置费

54 万元。1973 年支出达到 395 万元。1974—1979 年支出 2 141 万元,平均每年支出 357 万元。1980 年,下乡知识青年大量返城,下乡安置费转为安置返城和待业青年的扶持生产资金、就业补助费。包括扶持生产资金、安置费、就业训练费、业务费和其它费用。其中的扶持生产资金,做为周转金,有借有还。1980 年,用于安置返城和待业青年、就业训练、扶持生产的支出 978 万元。1981—1982 年,支出 2 515 万元,平均每年支出 1 257 万元。

(《财政》第二篇第一章《经济建设费类支出》,第 70 页)

1951—1990 年经济建设费类支出情况统计表①　　　　　单位:万元

年度	基本建设支出	企业挖潜改造资金	增拨企业流动资金	科技三项费用	简易建筑费	工交商部门事业费	支援农业支出	农林水利气象事业费	城市维护和建设费	城镇青年就业补助费	合　计
1968	319	86	200	14		137	46		1 371	54	2 227
1969	1 412	295	250	396		72	89		1 167		3 681
1970	2 525	377	411	663		69		33	1 011	55	5 144
1971	2 365		714	797		81	20	125	1 195	65	5 362
1972	176		507	791		92	23	81	1 514		3 184
1973	143		743	887		105	20	211	1 514	395	4 018
1974	318	25	982	802		127	23	179	2 533	627	5 616
1975	435	36	1 098	1 576		162	48	268	2 872	348	6 843
1976	864	7	1 063	1 370		179	51	477	3 245	330	7 586
1977	387	142	955	1 683		223	52	388	2 998	330	7 158
1978	1 704	2 332	996	490	196	315	146	579	2310	346	9 414
1979	1 454	842	1 065	251	190	607	171	976	4 321	160	10 037
1980	796	946	847	299	127	414	478	402	2 928	978	8 215
1981	1 391	486	730	251	247	304	624	731	2 852	1 334	8 950
1982	1 010	818	80	312	205	325	640	879	3 813	1 181	9 263
1983	1 174	1 868	50	422	208	365	656	810	4 513	849	10 915
1984	1 421	3 729	120	454	652	523	1 173	1 272	4 778	665	14 787
1985	7 592	2 925		701	455	697	1 017	1 172	7 329	564	22 452
1986	14 378	3 847	1 222	1 072	1 041	976	1 015	1 348	8 086	674	33 659
1987	7 299	1 814		1 285	1 006	1 007	1 231	2 778	10 764	633	27 817
1988	6 744	4 113	1 500	908	1 107	1 274	1 491	2 637	12 361	585	32 720
1989	7 846	2 586		1 205	1 691	1 535	2 625	2 051	17 458	438	37 435
1990	11 292	3 290		2 221	1 103	1 570	3 018	1 802	17 285	401	41 982

(《财政》第二篇第一章《经济建设费类支出》,第 71—73 页)

优待下乡青年　1979 年,对以安置下乡知识青年为主的集体所有制农、林、牧、副、渔场、队耕种的土地,不分原有和新办,从 1979 年 1 月—1985 年末,一律免征农业税;以安置

---

① 本表内容为节选。——编者注

知识青年为主的全民所有制副食品基地,也在 1985 年末以前免征农业税。1981 年,对由市、县以上知青部门认定批准的原知青场队和发展成农工商联合企业的,1985 年底前免征农业税;新办的知青场(厂)队,自创办日起,5 年内免征农业税;原知青场队撤销,变为机关、企业等单位副食品基地,知识青年不足 60% 的,从 1981 年起恢复征税。

(《财政》第三篇第三章《农业税收征收管理》,第 186 页)

《哈尔滨市志·劳动、人事、档案》

哈尔滨市地方志编纂委员会编,黑龙江人民出版社 1997 年

哈尔滨市于 1968 年开始大批动员知识青年上山下乡。1968 年 12 月 22 日,《人民日报》发表毛泽东主席指示:"知识青年到农村去,接受贫下中农再教育,很有必要。"知识青年下乡达到高潮。截至 1978 年,全市共动员 31.6 万名知识青年上山下乡。

······

1976 年 10 月,粉碎江青反革命集团,哈尔滨市劳动工作开始拨乱反正,逐步纳入正常轨道。1978 年,调整知识青年上山下乡政策,下乡知识青年大批返城,城镇初、高中毕业生不再上山下乡,哈尔滨市就业问题成为一个十分突出的社会问题。当年,全市有待业人员 18.3 万人,占城市人口的 8.41%,待业率 11.5%。到 1979 年,城市待业人员增加到 23.4 万人,占城市人口的 9.92%,待业率 8.9%。此外,还有已上山下乡的知识青年 20 万人返回城市,如何安置问题已成为关键。同年二三月间,曾发生数起下乡知识青年集体请愿和冲击中共黑龙江省委员会(以下简称省委)、市委机关事件。为迅速解决大批待业青年就业问题,市委于 1978 年初成立安置待业人员领导小组和安置待业人员办公室,确定把发展集体经济,发展街道生产,组织家属"五七"工厂,建立各类劳动服务公司,作为安置待业人员主渠道。制订优先安置年龄较大、待业时间长、家庭困难人员的政策。1978—1979 年,安置待业人员 18 万人,其中集体企业安置 11.7 万人,占安置总数的 65%。(《劳动·概述》,第 10—11 页)

"文化大革命"开始,冲击了就业安置工作,随之城市招工暂停,形成动员知识青年上山下乡的高潮。在此期间,尽管全市劳动力资源已达 114 000 多人,一些单位又需要招工,中央和省直属企业已下达招工指标。但由于知识青年上山下乡和招工矛盾很大,也不得不停止招工工作。1971 年,根据中央、省直属和市属企业、集体企业急需用工,对 1970 年应届毕业生,按 71.6% 的比例留城,分三批招收固定工 11 375 人。此后,安排符合留城条件的青年就业,不足时经贫下中农推荐,从上山下乡两年以上,表现好的知识青年中选调,集中统一分配和安排。企业招收工人,凡涉及知识青年的,均由知识青年上山下乡办公室确定招收对象,下达指标,劳动部门分配,直至"文化大革命"结束。

1978 年 3 月 1 日,市委常委会议决定,建立市待业人员安置领导小组及办事机构。9 月和 10 月,省、市分别召开安置待业人员工作会议,明确安置待业人员的形式和政策。当时,有各类待业人员 8.8 万余人,此外,还有下乡插队人员 11 万余人,农场知识青年 10 余万人,总计达 30 万人左右。知识青年就业成为一个非常突出的问题。劳动部门在安置过程中,注意将安置知识青年同发展生产、扩大生活服务网点相结合;与巩固、扩大、发展单位自办农场和农副业基地相结合;与清理计划外用工相结合;单位包干和各区安置相结合。按照"统筹兼顾,适当安排"的方针,分轻、重、缓、急排出各类安置对象的先后顺序,分期解决,不留尾巴。对国营单位招工,采取由各区组织文化考试,招工单位审查的方式进行。

　　1980 年,招工政策放宽,省政府规定,集体单位增加招工指标,由市、县审批下达。市计划委员会和市劳动局规定:集体单位有能力安置,但对尚未安置的待业青年,可以先安置后申请指标,安置对象扩大为 1979 年以前返城的知识青年、1975 年前下乡插队的知识青年和 1977 年、1978 年留城的待业青年,也可以安置 1966—1970 年历届中学毕业生。在安置办法上,由各单位负责。下乡插队知识青年和市内待业青年要同时安置。同时,下放招工审批权,市内招工直接到待业青年所在区的劳动部门办理手续。

（《劳动》第一篇第二章《解放后谋职就业》,第 24—25 页）

1986—1990 年城镇待业人员分类情况普查汇总表　　　　单位:人

年　　度		初高中毕业生	知青返城子女	城农	劳改劳教人员	自动离职人员	其他待业人员	待业职工	其　　中		合　　计
									国营企业辞退违纪职工	终止、解除劳动合同的职工	
1986	人　数	8 876	50	142	270	24	3 243	171	40	131	12 776
	其中:女	4 631	19	95	24	6	1 838	64	7	57	6 677
1987	人　数	4 538	41	41	23	5	485	10	2	8	5 143
	其中:女	2 305	13	27	4	5	275	6	2	4	2 635
1988	人　数	7 817	107	76	48	5	30	34	9	25	8 117
	其中:女	4 162	44	46	13	3	8	7	1	6	4 283
1989	人　数	9 411	205	186	62	3	246	30	15	15	10 143
	其中:女	5 459	71	94	13		110	9	5	4	5 756
1990	人　数	12 910	231	155	45	1	250	33	18	15	13 625
	其中:女	6 830	76	66	3	1	157	12	7	5	7 145
合计	人　数	43 552	634	600	448	38	4 254	278	84	194	49 804
	其中:女	23 387	223	328	57	15	2 388	98	22	76	26 496

（《劳动》第一篇第三章《就业服务》,第 37 页）

第四章　知识青年上山下乡

第一节　上 山 下 乡

　　根据 1955 年哈尔滨市人民委员会第六次委员会议讨论通过的《关于动员剩余劳动力参加农业生产的报告》精神,于 10 月组建青年自愿垦荒队先遣队 104 人,前往萝北县筹建"哈尔滨青年集体农庄",年末共有 400 余名知识青年到农庄安家落户。1960 年 8 月,有 751 名知识青年到通河县浓河公社建立"共青团公社"。此后,知识青年上山下乡的数量增加。动员城市青年上山下乡的对象是当年不能升学、就业的社会青年和应届初、高中毕业生,企业精简下来的青年职工,退役复员军人以及愿意随同他们下乡的家属。

　　1964 年 5 月,市委成立"安置城市下乡青年领导小组",知识青年上山下乡工作,从市委精简领导小组办公室中分离出来,单独成立工作机构。各区、街道也成立相应的机构。知识青年安置的去向是:回乡或投亲靠友;选择地多人少,收入稳定,没有地方病的社队集中插队;接管机关、企业、学校停办的自给性农场;试办知识青年新建队;试办山区新建队,以及试办半农半读学校等。1965 年为做好安置工作,市安置办公室要求按每 30 名知识青年,配 1 名带队干部的比例,抽调带队干部一同下乡。

　　1967 年知识青年上山下乡动员工作暂停,直至年末,又重新摸底,并动员上山下乡。1968、1969 年大批知识青年奔赴国营农场和生产建设兵团或下乡插队。1971 年,黑龙江省革命委员会决定:1970 届毕业生,除少数人外,统一留城或去外地分配工作。1972 年,改变前几年不加区别一律动员下乡或一律招工的做法,对 1971 年应届毕业生规定"五种人"①的留城政策。往届毕业生,经动员没有上山下乡的,也适用这一政策。同时,允许工厂、机关、学校等单位在农村自办青年点。青年点的建立采取两种方法,其一是由学校、公社在统一分配的地区建立插队青年点;其二是由学生家长单位按统一分配的地区,建立插队青年点。1976 年 10 月,粉碎江青反革命集团后,中学学制从 1977 年由 4 年制改为 5 年制。在动员知识青年上山下乡工作中,规定多子女的家庭,在身边只留一个子女的原则下,允许家长选择一个子女留城。1979 年,哈尔滨留城政策规定:独生子女,父母双亡的学生,归侨学生,中国籍外国人的子女,均不列为下乡对象;多子女家庭允许选留两个子女;病残不能参加劳动和家庭有特殊困难的,可以照顾留城。已经上山下乡的知识青年,经过招工、参军、升学又回到城市的,可以不按身边子女计算。此后,不再动员知识青年上山下乡。

　　1968—1979 年知识青年上山下乡情况见表 1-9。

---

　　①　"五种人"指:烈士子女;多子女下乡,身边只留一个子女的;独生子女;身体严重病残的;是家中唯一劳动的,有特殊困难离不开的。——原书注

表 1-9　1968—1979 年知识青年上山下乡情况统计表　　　　　　单位:人

年度	去郊区	其中				去省内外各县	其中				合　计
		插队	投亲	自办农场	国营农场		插队	自办农场	国营农场	投亲及其他	
1968						85 649	4 343		73 333	7 973	85 649
1969	1 100				1 100	34 749	646		16 454	17 649	35 849
1970						2 869			2 869		2 869
1971						2 854	905			1 949	2 854
1972						891	830			61	891
1973						15 639	7 306	6 879	1 454		15 639
1974	9 421	4 199	414	4 052	756	54 886	36 112	4 697	12 526	1 551	64 307
1975	5 836	2 067	2 031	231	1 507	47 317	33 624	499	13 194		53 153
1976	5 308	48	1 554	2 533	1 173	35 862	11 392	345	24 125		41 170
1977	4 650	706	964	829	2 151	5 304	1 638	710	2 956		9 954
1978	2 590	802	310	977	501	322	166	120	36		2 912
1979	1 100			1 100							1 100
合计	30 005	7 822	5 273	9 722	7 188	286 342	96 962	13 250	146 947	29 183	316 347

注:1978 年,资料数字是当年 1—9 月份的数字。1979 年数没作详细分类摘自该年总结报告。

第二节　抽 调 返 城

一、特殊情况返城

　　在知识青年上山下乡的过程中,曾发生过特殊情况返城。1966 年 9 月,爱辉县"哈尔滨红色青年农场"有 42 名知识青年返回哈尔滨,要求落户回校参加"文化大革命",恢复学籍,不再返回农村。其中 35 人办理了落户手续。随后,五大连池、孙吴县、黑河以及其它 13 个国营农场的知识青年也返回 200 余人。12 月末,出现了下乡知识青年围攻市安置办公室的事件。1967 年,市"红色造反者革命委员会"下发通知,宣布原省委、黑龙江省人民委员会有关同意上山下乡知识青年回城参加"文化大革命",在城市落正式户口或临时户口,一律无效。动员他们返回农村。同时,号召前几年下乡的知识青年安心参加农业生产,参加农村"文化大革命"。但是,仍有 3 000 余人继续返城。1968 年,有 400 多人返回哈尔滨市。1969年,黑龙江省革命委员会规定,插队知识青年因本人患有重病或家庭发生重大变化,可以照顾他们返城,给予落户。到 1973 年办理 6 294 人返城落户。1974 年办理 314 人。1975 年办理 1 700 人。1976 年办理 1 148 人。1977 年办理 1 549 人。1978 年办理 44 013 人。1979 年办理知识青年返城 48 964 人。中共十一届三中全会以后,不再动员知识青年上山下乡,对已下乡尚未返城安置工作的,拨出专项资金,解决生产和住房等生活问题。1989 年 6月,经省政府批准,省劳动局、公安厅、教委、财政局、粮食局制发《关于解决黑龙江省及外地城镇下乡知青子女返城落户,就业问题意见的通知》后,凡由市、县以上知青部门统一组织、动员到省内外插队、农场,目前还在农村或农场工作的知青,根据申请,允许一名未婚、未就业的子女回原动员城镇落户;知青本人已回省内城镇落户,但其子女仍在农场或农村的,允许一名未婚,未就业的子女到父母原在城镇落户;外省知青已在黑龙江省工作的,其子女仍在农场、农村的同黑龙江省下乡知青同样对待,按条件准予子女返城落户,不受指标限制,相应解决粮油供应,就近入学等有关问题。哈尔滨市政府根据省政府通知,于1989年9月—1990年末共办理下乡知识青年子女返城落户的16 000余人。

二、抽调下乡知识青年

1969年,黑龙江省革命委员会发出特殊情况的知识青年可以返城的规定。1971年10月,黑龙江省革命委员会政治部为举办"张勇事迹展览",从哈尔滨郊区和呼伦贝尔盟地区插队知识青年中,抽调15名女青年安置在省博物馆做解说员。1972年,城市招工时,在安排符合留城条件的青年后,不足部分又从下乡劳动2年以上,经贫下中农推荐,表现好的知识青年中选调回城,统一分配。劳动部门在招收工人中,涉及知识青年的均由知识青年上山下乡办公室确定指标和对象,然后才能分配。从生产建设兵团和农场抽调的知识青年,政策规定要办理调转手续,带原工资、连续计算工龄。上述人员抽调到集体企业,坚持自愿原则,个人提申请,劳动部门审批。1976年2月,哈尔滨市恢复职工"双退",子女顶替补员,有5 000余名上山下乡知识青年返城顶替补员。1977年10月,根据哈尔滨市革命委员会主任办公会议决议精神,以1/5招工指标照顾招工单位招收插队和自办农场的知识青年返城安置工作。1978年抽调上山下乡知识青年5.1万余人。1979年,首先招收1968—1979年插队知识青年,特别是超过28岁,在农村解决婚姻有困难的女青年,予以优先照顾。对插队后已婚的,夫妇在当地生活困难,就地就近安排有固定收入的工作。招工回城的,尽量同时招收,不造成两地分居。1980年,回城安置对象规定为历年积累下来的待业青年和上山下乡知识青年。对插队的知识青年优先考虑安置就业。从1984年开始,市政府采取个别抽调办法,逐步安置下乡知识青年回城就业。

表1-10　1984—1990年抽调农场知识青年人数统计表

年　度	1984	1985	1986	1987	1988	1989	1990
抽调人数	597	1 206	997	1 002	472	371	478

(《劳动》第一篇第四章《知识青年上山下乡》,第40—43页)

"四场"(农场、林场、牧场、渔场)工人商调

1. 商调"双退"工人子女

国务院于1978年5月发布《关于工人退休、退职的暂行办法》,规定"双退"工人原则上可以招收其一名符合招工条件的子女(含上山下乡到"四场"的知识青年)参加工作。根据这一规定,1978—1979年,经市劳动局批准,由"四场"商调回哈尔滨市工作的"双退"工人子女25 528人。1980—1986年9月,每年有几百人办理商调手续。1986年10月,国家进行劳动制度改革,取消"双退"工人子女顶替做法,这项工作停止进行。

2. 商调特殊需要和困难的工人

省劳动局于 1980 年 1 月下发《关于从农、林、牧、渔场抽调工人问题的通知》,将从"四场"商调工人的审批权限下放到各地、市、县劳动部门。按照省劳动局规定,1980—1990 年,经市劳动局批准,每年都有几百名"四场"工人(绝大多数为原哈尔滨市下乡到"四场"的知识青年)被商调回哈尔滨市工作。　　　(《劳动》第二篇第二章《劳动力调配》,第 59—60 页)

技工学校招生,按劳动部、省劳动局规定的招生政策和下达的招生计划(指标)进行。

……1978—1979 年,招生对象是持有本市城镇户口(含郊区职工户)、身体健康、年龄 16—22 周岁未婚应届高中毕业生和具备上述条件返城知识青年、上山下乡知识青年。

(《劳动》第三篇第一章《岗前培训》,第 88 页)

哈尔滨市根据国务院《批转劳动人事部〈关于 1983 年企业调整工资和改革工资制度问题的报告〉》,于 1983 年 4 月 14 日调整企业、事业单位职工的工资。

调整工资范围是:国营企业和未列入 1981、1982 年调整工资范围的事业单位。①

调整工资职工是:1983 年 9 月 30 日在册职工中,1978 年末以前参加工作的固定职工;未列入 1981 年调整工资范围,属于 1978 年末以前参加工作的中小学校和医疗卫生单位部分固定职工;1971 年 12 月 31 日以前参加工作的计划内长期临时工;上山下乡插队满 5 年以上的原城镇知识青年,1979 年 1 月 1 日以后分配到调整工资单位工作,1983 年 9 月 30 日以前已是国家正式职工的(不含大、中专毕业生),1981 年已升 1 级工资的中年知识分子和高级中等专业学校毕业生和干部,这次又符合较多增加工资条件,列入再升 1 级调整范围。

(《劳动》第四篇第二章《工资调整与改革》,第 129 页)

1990 年,信访接待工作的重点是:按哈劳力字〔1989〕18 号关于转发黑劳业联字〔1989〕79 号《关于解决我省及外地城镇下乡知青子女返城落户就业问题意见的通知》的通知,哈劳力字〔1989〕20 号《关于解决当前办理下乡知青子女返城中几个问题的紧急请示》,哈劳力字〔1990〕20 号《关于继续做好知青子女返城审批工作的通知》中有关政策答复知识青年来访先后接待 1 349 人次,积极配合有关部门做好知识青年子女返城的政策解答工作。全年接待和处理群众来信来访 367 件。　　　(《劳动》第八篇第二章《信访》,第 246 页)

上山下乡知识青年问题

"文化大革命"期间,大量上山下乡知识青年陆续返回哈尔滨市。1967 年有 3 000 余人逗留在城里闹落户,其中上山下乡前是社会青年或临时工的,互相串联上访。知识青年及其

---

① 1982 年国家机关、科学、文教、卫生等部门调整工资工作情况已入《哈尔滨市志·人事志》。——原书注

家长上访反映的主要问题是,知识青年政策多变和在知识青年招工中的不正之风问题。

1979 年初,哈尔滨市按照国务院《关于知青上山下乡若干问题的试行意见》的要求,采取措施稳定上山下乡知识青年。1978 年,京、津、沪、浙等地在黑龙江上山下乡的知识青年大批被招工或批准返回原来城市,对哈尔滨市上山下乡知识青年影响极大,纷纷离开农场和生产队,到有关部门集体上访。1979 年 2 月 27 日,在市革命委员会、市劳动局、市第一百货商店和哈尔滨火车站等处,发现张贴署名"哈市知识青年"的海报,呼吁全市上山下乡知识青年于 3 月 1 日在市革命委员会门前集合,要求省、市委领导解决问题。3 月 1 日上午,有五六百名知识青年聚集在市革命委员会门前,呼喊"要工作,要吃饭"等口号,围观群众上千人。市劳动局负责信访接待的全体干部都到现场做知识青年思想工作。到下午,这次请愿事件被平息。

知识青年要求返城,牵动整个社会,成为人民群众生活中一件大事。市委、市政府在做好知识青年和家长思想工作的同时,认真贯彻中共中央提出的"三结合"就业方针,采取多种措施,努力拓宽就业渠道,安置返城知识青年就业。至 1981 年末,基本上解决这一问题。

一些未能返城的知识青年陆续上访。据 1984 年统计,市劳动局接待知识青年要求返城来信来访 684 件(人)次,比 1982 年上升 37.3%,占全年信访量的 23%。反映主要问题是:要求解决两地分居问题;夫妻一方是当地社员、农工的,要求调入哈尔滨市;离婚后要求返城。对此,市劳动局坚持按照政策规定,实事求是予以解决。1984 年以后,知识青年信访主要问题是:农村实行土地承包责任制后,在郊区下乡插队已婚知识青年生活十分困难。市劳动局与有关部门联系,将 499 名知识青年安置到有固定收入的乡镇企业中工作。

(《劳动》第八篇第二章《信访》,第 246—247 页)

1970 年,市民政局、市劳动局、市知识青年上山下乡办公室合并为市民政劳动局。设办事组、政工组、接待组、下乡组、民政组、劳动组(下设调配组、工资组、保险保护组)。

……

1972 年 4 月,知识青年上山下乡办公室从市民政劳动局划出,隶属市革命委员会政治部领导。

……

1980 年,市劳动局编制 155 人,实有 150 人。市委知青办并入市劳动局。增设综合计划处、财务物资处、下乡知青集体事业处(后改称"农企处")。

(《劳动》第九篇第一章《行政机构》,第 256 页)

《哈尔滨市志·报业、广播电视》

哈尔滨市地方志编纂委员会编,黑龙江人民出版社 1994 年

1976 年粉碎江青反革命集团后,自办节目逐步增加,开办了《工业学大庆》、《农业学大

寨》、《对上山下乡知识青年广播》、《科学知识》、《解放军生活》、《民兵》等节目;恢复了《新闻和地方报纸摘要》和《文学》、《小说连续广播》等节目。

(《广播电视》第一篇第三章《黑龙江人民广播电台》,第 294 页)

《哈尔滨市志·文化、文学艺术》

哈尔滨市地方志编纂委员会编,黑龙江人民出版社 1999 年

　　刘国民的中篇小说主要有《一个无用的男人》、《马头里的思想》、《疯人戏》等。《疯人戏》,描写下乡知识青年的故事。小说用"疯"对"文化大革命"被扭曲的时代做了整体概括,把它浓缩到以知青为主的农场和毗邻的农村人与人的纠葛之中,再现生活中令人深思的现象。这篇小说不是作者对历史的宣泄,而是在回顾中构想创造一个更美好的未来。

(《文学艺术》第一篇第一章《小说》,第 314 页)

《哈尔滨市志·政权》

哈尔滨市地方志编纂委员会编,黑龙江人民出版社 1998 年

　　1966—1976 年,全市共处理强奸案件 724 件,其中仍有不少奸淫幼女案件。此外,由于大批知识青年上山下乡,知识青年之间或当地农民、职工之间因交往、恋爱、婚姻问题或其他原因发生了一些通奸、强奸案件。对这类案件,由于受"左"的路线的影响,即不论是通奸还是强奸,只要女方是上山下乡的知识青年,都以"奸污女知识青年"罪名科以重刑。这也是"文化大革命"时期强奸案件受案多的原因之一。　　(第四篇第三章《刑事审判》,第 594 页)

《哈尔滨市志·群团》

哈尔滨市地方志编纂委员会编,黑龙江人民出版社 1997 年

　　1983 年初,市总工会女工部对哈尔滨锅炉厂、亚麻厂等 7 个工厂、10 所中小学校女职工的婚姻状况进行了调查,发现未婚女职工中,27 岁以上的大龄青年较多。在被调查的未婚女职工中,有 1 114 人是 27 岁以上的大龄女职工,占未婚女职工的 35%。……据调查分析,有 20% 的人是因上山下乡后,不甘心在农村结婚而耽误的……

(第一篇第八章《女工、家属》,第 210 页)

　　1973 年 2 月 27 日—3 月 1 日,共青团哈尔滨市第十一次代表大会在青年宫召开,出席

会议的代表800人。……会议听取了张洪池、李剑白的讲话;听取和审议了第十一次代表大会筹备领导小组负责人李秀贞作的题为《坚定地执行毛主席革命路线,在三大革命运动中把青年培养成为无产阶级革命事业接班人》的工作报告,并作出了相应的决议;通过了《积极响应毛主席伟大号召,掀起上山下乡运动新高潮的倡议书》;选举产生了由85人组成的共青团哈尔滨市第十一届委员会。

(第三篇第一章《组织建设》,第424页)

青年志愿垦荒队

1955年7月,团中央在《关于组织青年参加边疆建设问题的一些意见》中提出:"动员一部分城市初高中毕业生及其他行业青年参加垦荒工作"。8月,北京市青年杨华等5名青年带头发起组织青年垦荒队的消息见报后,引起哈尔滨市广大青年的强烈反响。有1 000多名初、高中毕业生和社会待业青年响应团中央号召,给市政府和团市委写信要求去开荒。团市委积极支持他们的要求,于9月27日向市委作了《关于组织哈尔滨市青年志愿垦荒队的请示》。经市委同意后,于10月12日批准梅树生、王永坤、孙永贵、王瑛君、赵玉琢等5名青年提出的《组建哈尔滨青年志愿垦荒队》的申请。

省、市委对组建哈尔滨青年志愿垦荒队的工作较为重视,组成了以副市长赵振华、省开垦委员会副主任郭洪超、团省委副书记李天伶、团市委副书记郭永泽为正副主任的筹委会,团市委抽调10名干部组成办公室。全市青年伸出支援之手,向志愿垦荒队捐赠了建队所需的家具、药品、图书和15万元资金。10月26日,第一批先遣队共104人,在梅树生等5人的带领下,开赴我省四大荒原之一的萝北县凤鸣山下安家落户,其余420人相继分两批到达,成为我省第一代青年志愿垦荒建边者。

1956年6月,团中央第一书记胡耀邦到萝北垦区视察,对哈尔滨青年志愿垦荒队员说:"你们不简单啊,刚刚半年就盖起了房子、开垦了大片荒地。在这里安家,这是创业的起点……。你们是开路先锋,要把北大荒建成鱼米之乡。我赠给你们八个字:团结、学习、忍耐、斗争。只要做到,胜利一定属于你们。"哈尔滨青年志愿垦荒队,无愧于时代、无愧于党和全市人民的期望。他们艰苦创业,建队一年,开荒92.25公顷,播种50.25公顷,收获10万斤粮食;采石伐木,在萝北千古荒原上,建起了砖厂、粮米加工厂、机械修配厂和广播站、阅览室。

哈尔滨青年垦荒队于1956年5月改为哈尔滨青年集体农庄,1959年划归萝北农场,1969年又改为青年农场,1977年划为向阳农场9队。30多年来,几经变迁,哈尔滨青年志愿垦荒队这面旗帜没有褪色,他们带头垦荒建边的创举,艰苦创业精神,仍是青年学习的榜样。

家乡人民和市委、市政府以及团市委始终没有忘记他们,几次到垦区去看望慰问他们,也多次邀请他们回家乡和家乡青年见面,听他们的汇报。多次在他们遇到困难的时候给予支持帮助。1983年,由团市委向市政府申请,批给他们100万元无息贷款,用于建设食品厂,按出厂价拨出 13 台汽车、10 台拖拉机和联系购买 100 头良种奶牛。

(第三篇第三章《参加经济建设》,第 498—499 页)

《道里区志》

哈尔滨市道里区志编纂委员会编,黑龙江人民出版社 1993 年

(1965 年)10 月 10 日,即止日,全区有 1 192 名知识青年上山下乡。其中集体插队 663 名,去农场 287 名,投亲靠友插队 161 名,回乡插队 63 名,去山区 18 名。

(《大事记》,第 40 页)

(1970 年)2 月 3 日,区革委会组成慰问团去黑龙江省建设兵团五师慰问下乡知识青年。

(《大事记》,第 42 页)

(1977 年)7 月 28 日,召开全区大会,欢送 1977 年首批知识青年上山下乡。

(《大事记》,第 44 页)

1965 年 8 月,增设知识青年安置办公室。　　　(第十四篇第三章《政府》,第 545 页)

1969 年 10 月,经机构调整,区革委会设办公室、组织组、宣教组、文革组、生产计划组、群众工作组、手工业局、商业服务局、财政税务局、工商行政管理局、文教局、交通运输科、市政建设科、卫生科、民政科、劳动工资办公室、上山下乡办公室、五七干校、战备办公室、人民保卫部、毛泽东思想宣传站。……

1972 年 11 月,实行党政分设,区革委会行使行政职能权力。经机构调整,区革委会下设办公室、人事监察科、民政科、计划生育办公室、财贸办公室、文教办公室、劳动科、建设科、工业局、交通运输科、工商科、农业局、商业局、服务局、教育局、卫生科、文化科、体委、人防办公室、环境卫生科、园林科、知青办、节约办、地震办、爱卫办、工农教育办。……

1979 年 11 月,撤销区革命委员会建制,恢复区人民政府建制,区政府下设办公室、人事监察科、民政科、劳动科、市政建设科、财政科、工业局、交通运输科、工商行政管理科、农业局、农机科、商业局、教育科、工农教育办、卫生科、文化科、体委、计划委员会、城乡建设委员会、环境卫生科、园林科、计划生育办公室、人防办、知青办、街政办、供销科、建工科、环保科和爱卫办。

(第十四篇第三章《政府》,第 546 页)

1970 年 11 月,区劳动工资办公室、民政科、知青办公室三个部门合并组成道里区民政劳动科,仍负责原民政、劳动、知青三个部门过去所承担的工作,1972 年 11 月,劳动科从民

政劳动科中划分出来。其职能主要是社会劳动力管理调配和区属企业职工劳动工资管理。1973年劳动科在原有职能的基础上,又增加了劳动保护工作;1982年增加了区属企业的劳动培训工作,1984年,区劳动科改区劳动局(仍属科级单位)。此时区知青办撤销,知青办的遗留工作由劳动局代管。 (第十六篇第一章《劳动》,第609页)

从1966年文化大革命开始至1968年,劳动就业的安置工作基本上处于停滞状态,除有特殊情况的留城人员安排就业外,其余都动员上山下乡。

1969年,区劳动部门恢复了回城青年就业安置工作,当年安置就业3 354人,其中国营企业3 269人,集体企业85人。

1970年区劳动部门安置青年就业3 354人,其中安置在国营企业1 845人,集体企业300人。并且在应届毕业生中进行招工分配。分配原则是独生子女或家庭兄弟姐妹中多人下乡的,以及家中有特殊困难的安排其一人就业。分配去向均为全民所有制单位。1970年道里区共分配应届毕业生9 251人,其中男生4 618人,女生4 633人。

1971年,区劳动部门安置青年就业5 040人,分配去向均为国营企业。

1972年,区劳动部门安置青年就业3 300人,其中安置在国营企业3 035人,集体企业250人。1973年和1974年因招工指标已经突破,全区没招工。

1975年,区劳动部门在动员青年上山下乡的同时,又开始了在往届下乡青年中的招工抽调安置工作。全年返城就业的青年计4 748人。其中,安置在国营企业的1 800人,安置在集体企业的2 948人。

1976年城市青年上山下乡运动即将结束,下乡青年陆续返城。本年共安置返城青年4 973人,其中返城自谋职业和安置临时工作的4 498人,全民所有制企事业招工的475人。在道里区招工的有省市所属企事业单位32个。

1977年城市知识青年已经停止下乡,大批青年初高中毕业后不能继续升学的开始留城待业,等待劳动部门分期分批地安置工作,加上从农村返城的青年,待业青年人数剧增,青年就业安置工作出现了很大的困难。区劳动部门尽了最大的努力,全年安置待业青年6 089人,其中自谋职业和介绍临时工3 162人,安置固定工2 927人。在道里区的招工单位,16个集体所有制企业,招工2 357人;14个全民所有制企业,招工570人。 (第十六篇第一章《劳动》,第609—610页)

《南岗区志》

哈尔滨市南岗区地方志编纂委员会编,哈尔滨出版社1994年

(1968年)11月,全区广泛开展动员知识青年上山下乡运动,至年底去农场、农村插队落户的有1 430人。 (《大事记》,第36页)

1979 年 7 月,区革命委员会把劳动、民政和知识青年上山下乡工作合并,成立民政劳动领导小组。……1980 年 9 月,南岗区知识青年上山下乡工作办公室并入劳动科。

(第十九编第二章《劳动》,第 607 页)

知识青年上山下乡

1963 年,党中央和毛主席向全国城镇知识青年发出"面向工矿、面向农村、面向基层、面向边疆"的号召。当年,全区组织 600 多名城市社会青年和闲散社会劳动力参加社会主义新农村建设。

1965 年初,中央召开专门会议指出"动员青年下乡是长期的方针",并制定了知识青年上山下乡的具体政策。至年底,全区共动员下乡知识青年 520 人。并由家长所在单位选定知青点,每 15 名青年派一名干部带队,一年以后再分派一名干部替换。

"文化大革命"中,提出知识青年到农村去的口号,上山下乡遍及全国,形成高潮。1968—1977 年,除按政策规定和因病留城的以外,先后有 25 556 名高、初中毕业生上山下乡。除少数知青投亲靠友回老家插队外,90% 以上的知青到黑龙江省宝清县的八五二、八五三国营农场落户。

知识青年上山下乡开始后,每年都有一部分青年因招工,或家庭发生重大变化或因病而返城。1978 年以后,国家调整了知识青年政策,大批青年因升学、就业而陆续返城。到 1980 年 9 月,除少数在当地安排工作,与当地人结婚外,其余大部分上山下乡知识青年都已返回哈尔滨市。与此同时,天津在本区插队的 590 名知青,除个别与当地人结婚外也都返回天津。

(第十九篇第二章《劳动》,第 614 页)

《动力区志》

哈尔滨市动力区地方志编纂委员会编,中国大百科全书出版社 1995 年

第二,"文化大革命"期间,我国人口政策遭到破坏,人口再生产处于无政府状态,人口出生率大面积回升;又因 70 年代后期及 80 年代处于我国人口生育高峰,人口自然增长比例大。如果包括 1958 年、1960 年组织待业青年、高初中毕业生上山下乡和精简下放职工,以及 1968 年、1969 年老三届毕业生 3 600 人下兵团、农场、农村的数字,本区 60—70 年代人口的机械增长率将更大。(第二篇第一章《人口变化与分布》,第 32 页)

1967—1976 年"文化大革命"期间,正常的信访工作受到干扰,运动初期信访量不大,后期逐渐增多。共接待处理来信来访 1 035 件(次),其中来信 513 件,来访 522 人(次)。反映劳动就业问题 415 件(次),知识青年上山下乡问题 223 件(次),批评建议方面 57 件(次),其

他方面问题 340 件(次)。这些案件经过处理也全部结案。

1977—1987 年信访量急剧增加,接待处理来信来访 4 129 件(次),其中来信 1 909 件,来访 2 220 人(次)。10 年的信访数比前 20 年的总和多 83%。反映"文化大革命"中冤、假、错案问题 875 件(次),占总信访量的 21.2%;干部政策问题 426 件(次),占 10.3%;知识分子政策问题 103 件(次);知识青年返城问题 927 件(次),占 22.5%;劳动就业问题 763 件(次),占 18.5%;民事纠纷问题 227 件(次),住房问题 89 件(次),"一打三反"(打击反革命破坏活动,反对贪污盗窃、反对投机倒把、反对铺张浪费)中问题 57 件(次),其他方面问题 662 件(次)。这些案件均全部结案。　　　　　　　(第十五篇第二章《动力区人民政府》,第 435 页)

1963 年至"文化大革命"期间,国家动员知识青年上山下乡。1966—1968 年三届高、初中毕业生中,只有少部分人在城市安置就业,1969 年的毕业生大部分留城安置,1970 届毕业生全部留城安置。　　　　　　　　　　　(第十六篇第一章《劳动》,第 438—439 页)

(1970 年)11 月,区革委会决定,撤销区民政科,组建民政劳动科,同时将知识青年上山下乡办公室和劳动工资办公室并入该科。　　　　　　　　　　(《大事记》,第 508 页)

(1972 年)7 月,动力区知识青年上山下乡办公室建立。　　　　　(《大事记》,第 509 页)

(1980 年)9 月,区政府决定撤销区知识青年上山下乡办公室,原知青工作划归区劳动局。　　　　　　　　　　　　　　　　　　　　　　(《大事记》,第 512 页)

《平房区志》

哈尔滨市平房区地方志编纂委员会编,黑龙江人民出版社 1997 年

(1965 年)5 月 10 日,平房人民公社在新风加工厂职工俱乐部召开欢送首批下乡知识青年大会。有 30 名青年下乡。　　　　　　　　　　　　　　(《大事记》,第 30 页)

是年,全区共有知识青年 120 人到阿城县和郊区朝阳公社插队落户。

　　　　　　　　　　　　　　　　　　　　　　　　　　　(《大事记》,第 31 页)

(1968 年)9 月 28 日,全区"老三届"(66、67、68 年)初、高中毕业生开始"上山下乡",到 12 月 29 日共有 3 600 多名学生分 3 批赴生产建设兵团和国营农场"接受贫下中农再教育"。

　　　　　　　　　　　　　　　　　　　　　　　　　　　(《大事记》,第 32 页)

（1973 年）3 月 22 日,经市知识青年上山下乡办公室批准,平房区首批 646 名上山下乡落户的知识青年因病返城安置。

（《大事记》,第 34 页）

（1975 年）1 月 13 日,平房区有 1 031 名知识青年到郊区插队落户。

（《大事记》,第 34 页）

是年（1978 年）,平房区最后一批 210 名知识青年到农场落户。至此,全区共有 11 405 名知识青年上山下乡,其中安置在 12 个国营农场 9 145 人,其余的在哈市郊区生产队插队落户。

（《大事记》,第 36 页）

是年（1979 年）,全区批准返城的下乡知识青年共 4 860 人,是历年返城人数最多的一年。到 1980 年末,全区总计返城人数 10 366 人,占全区下乡知识青年的 90%。

（《大事记》,第 36 页）

第三节　知识青年安置
一、上 山 下 乡

1958 年前,由于国家实行计划经济的劳动用工制度,严格控制招工指标,平房区中、小学校历届毕业的知识青年,除部分升学、招工外,均为待业青年,自谋职业。

1958 年在各行各业支援农业的号召下,哈尔滨市城区（包括平房区）部分中学学生响应号召,到农村落户（人数无考证）,减轻了城市待业知识青年就业安置负担。平房区郊区农村也接收了一批城区知识青年（人数无考）。

"文化大革命"中,毛主席提出"知识青年到农村去,接受贫下中农再教育"的号召,城镇知识青年上山下乡遍及全国,形成高潮,1965 年,平房区动员首批知识青年 120 人,到双城县农村和市郊区朝阳公社插队落户。1966 年到 1969 年,陆续有 2 260 名知识青年逐年分批到五常县、双城县农村和哈市郊区插队落户。鉴于知识青年上山下乡工作中的问题,1969 年平房区成立知识青年安置办公室,负责宣传动员组织知识青年上山下乡和下放安置、留城与返城安置审批等工作。从 1971 年到 1978 年,除按正常规定应留城的外,全区共有 9 146 名知识青年,逐年分批上山下乡到各国营农场、生产建设兵团、各县农村和市郊插队落户。1978 年,还接收 714 名天津市知识青年到本区郊区农村插队落户。

从 1965 年到 1978 年,平房区共有上山下乡知识青年 12 119 人（其中有天津知识青年 714 人）。为了做好知识青年安置工作,1974 年 5 月学习毛主席给李庆霖的批示,按照"国家补助点,单位拿点,由生产队（场团）担点"的安置政策规定,凡上山下乡的知识青年,每人拨发补助费 500 元（生产工具和生活费）,拨建房费 250 元,医疗和其它费用 85 元,并对下乡知识青年参加劳动,实行男女同工同酬,同社员（农场职工）享受同等的福利待遇。1976 年后,驻区各国营工厂、区属各单位分别组织慰问团,三次到各国营农场、生产建设兵团和各县郊区插队知识青年点慰问,赠送礼品,解决生活问题,全区共拨知识青年下乡建房费 35 万元,共建房 53 座 176 间,计 1 868 平方米。对下乡的已婚知识青年,每人给予一次性建房补助费 300 元,共补助 40 人,12 万元。

1965—1978 年平房区安置知识青年情况　　单位:人

年度	人数来源	平新乡							平房乡					外(区)县							合计
		小计	新华大队	长胜大队	高潮大队	东福大队	平乐大队	小计	小计	曙光大队	工农大队	和平大队	黎明大队	小计	五常县	双城县	市果树场	市五七厂	外区	其它县	
1965—1978	平房知青	571	120	95	86	35	135	100	497	60	177	243	17	1 192	148	293	95	2	73	591	2 260
	天津知青	436	60	83	134	60	98		278	65	82	59	72								714
合　计		1 007	180	178	220	95	233	100	775	125	259	302	89	1 192	148	293	95	2	73	581	2 974

1968—1978 年各国营农场安置平房区知识青年情况表　　单位:人

单位 ＼ 时间 人数	1968—1969	1971—1977	1978—	合计
合　计	2 438	6 497	210	9 145
襄河种马场	629	1 075		1 704
肇光农场	158	114		272
山河农场	231	316		547
汤源农场	2	397	96	495
克山农场	52	96		148
逊克农场	41			41
五星农场		608	65	673
五大连池	37	6		43
大兴安岭农场	1	208	49	258
依兰农场	23	85		108
建三江	340	568		908
其　它	924	3 024		3 948

……

二、返城就业安置

从 1970 年开始,逐年有一部分上山下乡知识青年,因身体状况不能参加农业生产和家庭发生其它变化而陆续返城。从 1973 年 3 月 22 日开始,平房区根据哈革发(1973)58 号文件中返城条件的规定,办理上山下乡知识青年返城。1978 年后,在"改革开放,搞活经济"方针指引下,拓宽了城市劳动就业途径,区内各单位大办劳动服务公司,使大批上山下乡知识青年返城得到安置。到 1979 年,全区共办理返城青年 5 506 人,其中仅 1979 年就有 4 860 人返城。到 1980 年,全区因各种情况返城的知识青年达 10 366 人,占全区下乡知识青年的 90.9%。

平房区返城知识青年除少部分自谋职业,大部分被安置在全民所有制和集体所有制企业就业。
(第十六篇第二章《劳动》,第 659—662 页)

《香坊区志》
哈尔滨市香坊区地方志编纂委员会编,哈尔滨出版社 1995 年

80 年代初期,为安排返城知青或本厂职工待业子女,在"五·七"工厂基础上建立了集体经济公司,集体经济公司为大集体性质,实行独立核算,自负盈亏;在管理体制上由工厂和对口行业集体办双重领导,在工资分配上比照国营职工工资发放;在生产与销售方面按计划管理,自产自销。
(第五篇第二章《集体工业》,第 166 页)

1969 年 10 月至 1973 年 10 月,根据市革命委员会指示,撤消了 3 个委员会,设中共香坊区革命委员会核心小组办公室、香坊区革命委员会办公室。原政治委员会卫生组、文教组改称卫生科、文教局,成立战备办公室、交通运输管理科、市政建设科、财政税务局、工商行政管理局、劳动工资办公室、民政科、知识青年上山下乡办公室。 (第十一篇第二章《政府》,第 383 页)

1968 年知识青年上山下乡开始后,区成立知识青年上山下乡办公室。……

1978 年,为安置待业和上山下乡返城知识青年,区成立劳动服务公司,与劳动科合署办公。为加强对退休职工管理,成立香坊区职工退休管理委员会。1980 年 6 月,知识青年办公室与劳动科合署办公。
(第十七篇第二章《劳动》,第 572 页)

知识青年上山下乡

1964 年,哈尔滨市开始大规模地动员城市知识青年上山下乡,香坊人民公社委员会将原压缩城(镇)人口办公室改为动员知识青年上山下乡安置办公室。1964 年至 1965 年,共组织知青 410 人下乡,分别安置到黑龙江省五常、巴彦两县插队 332 人,安置到赵光、查哈阳农场 40 人;投亲插队 38 人。为便于对下乡青年的管理,公社从各中学抽调教师和从工厂抽调干部下乡带队管理下乡知识青年的思想、学习、生活、劳动。

1966 年 8 月末,动员往届毕业生下乡 395 人,全部安置到国营农场。1968 年 11 月末,动员 1966 至 1968 年初高中毕业生 6 828 人下乡,占应下乡青年总数的 76%。其中去生产

建设兵团 3 115 人、国营农场 2 517 人、去农村插队 1 196 人。1969 年下乡 2 250 人,其中去生产建设兵团 1 150 人、国营农场 815 人、去外县农村插队 285 人。1970 年,按照市政府招工政策,对当年应届毕业生给予分配工作。区仅动员往届毕业生 3 422 人下乡。

1972 年,市委根据省委指示对毕业生的安置改变过去不加区别的一律下乡或一律招工的政策,制定了"五种人"留城条件。即:烈士子女、家中已有多子女下乡、独生子女、身体有严重疾病、家中有特殊困难离不开者。是年动员知识青年下乡 196 人。其中去阿城县农村插队 38 人、社来社去 154 人、投亲插队 4 人。1973 至 1977 年,下乡青年计有 23 372 人,其中去生产建设兵团 6 708 人、国营农场 8 120 人(含集体农场 103 人)、去农村插队 7 977 人、投亲 567 人。

1978 年,贯彻中共中央全国知青工作会议,调整了知识青年上山下乡政策,提出对城市中学毕业生就业实行进学校、上山下乡、支援边疆、城市安排 4 个方面的原则,至 1979 年,安置下乡青年 327 人,其中去国营农场 71 人,去农村插队 256 人。

1969 年,香坊区接收安置天津下乡知识青年 293 人,分别安置到幸福、和平、向阳 3 个农村人民公社插队落户。

自 1964 至 1979 年(不含 1970 年),15 年中共动员知识青年上山下乡 3.72 万人。知识青年下乡后,一部分务工、务农和从事技术工作,一部分从事教学、行政管理工作或被提拔为国家干部,一部分被城市招工、升学、参军等,也有在农村成家立业扎根农村的。1978 年后,上山下乡青年开始返城。1984 年前,大部返回城市,陆续就业。

党和政府对知识青年上山下乡十分关怀重视,自 1972 至 1980 年,国家先后拨给知识青年下乡补助费 141.34 万元。其中用于下乡青年建房 80.29 万元,购买小型农具、医疗费 0.16 万元、生活补贴 15.39 万元、创业费 3.74 万元、投亲费 7.74 万元。

1972—1989 年安置知青经费统计表

单位:万元

年　度	拨入经费	支出金额	结余金额
1972	0.40	0.25	0.15
1973	9.28	5.34	3.94
1974	43.57	30.41	13.15
1975	28.40	13.02	15.38
1976	31.94	26.01	5.94
1977	33.53	29.42	4.11
1978	22.13	16.15	5.98
1979	10.10	9.60	0.50
1980	11.14	8.85	2.29
合　计	190.49	139.05	51.44

1964—1979 年知识青年下乡情况统计表　　　　　　　　　　单位：人

去向 \ 年度	小计	建设兵团	国营农场	外县插队	郊区插队
1964	110		40	70	
1965	300			300	
1966	395		395		
1967	—		—		
1968	5 828	3 115	2 517	1 196	
1969	2 250	1 150	815	285	
1970	3 422	3 422			
1971	—	—	—	—	—
1972	196			196	
1973	3 500	1 781	1 719		
1974	6 430	96	732	4 840	762
1975	8 828	3 716	3 517		1 595
1976	3 562	1 115	1 444	631	372
1977	1 052		65	344	103
1978	304		71	82	151
1979	23				23
合　计	37 200	14 395	11 855	7 944	3 006

（第十七篇第二章《劳动》，第 576—577 页）

《哈尔滨市太平区志》

哈尔滨市太平区地方志办公室编，黑龙江人民出版社 1992 年

（1968 年）全区有 24 000 余名初、高中毕业生上山下乡，到兵团农场和农村参加劳动，接受再教育。
（《大事记》，第 26 页）

（1969 年）3 月 16 日，天津市首批 1 300 多名知识青年来哈尔滨市郊区东风、民主公社插队落户。
（《大事记》，第 26 页）

（1973 年）在省、市委的直接领导下，处理了民主公社庆丰大队杨树山等人迫害天津女知识青年反革命案件。
（《大事记》，第 28 页）

(1976 年)10 月 11 日,召开太平区首届上山下乡知识青年代表大会。

（《大事记》,第 28 页）

从 1980—1985 年,全区安置返城青年 24 400 人。（第十四篇第二章《劳动》,第 342 页）

第三节　知识青年上山下乡

一、下　乡

太平区知识青年上山下乡始于 1957 年,当年哈尔滨市第十二中学有 50 多名初、高中毕业生到郊区参加农业生产。至 1966 年,全区又有一部分知识青年到哈市附近的郊区、宾县、巴彦、呼兰等县插队,参加农业生产。全区大批知识青年下乡是从 1968 年开始的。

为了加强知识青年上山下乡工作的领导,1968 年太平区成立知识青年下乡办公室。

从 1968—1980 年,全区共有 40 151 名知识青年到生产建设兵团和国营农场落户,参加农业生产。国家拨给每个知识青年下乡生活费 120 元,建房费 200 元,1969 年东风、民主两乡还接收天津知识青年 1 551 人。知识青年上山下乡形式有两种:一种是集体插队,建立青年点;一种投亲靠友,单独插队。1980 年末,全区知识青年下乡工作停止。

二、留　城

1970 年开始,根据政策规定,对一些因各种原因不能上山下乡的城镇知识青年准予留城。1973 年按文件规定,以下 5 种人不下乡（独生子女、中国籍外国人子女、特殊困难户子女、多子女下乡、身体残疾者）。从 1970—1980 年全区知识青年留城共 23 393 人。

三、返　城

1979 年,大批知识青年返城,当年返城青年达 10 050 人。天津知识青年大部分返回天津,剩余 95 人与当地青年结婚,在区内落户。根据就地安排的原则,95 名天津知识青年分别安排到集体所有制单位工作。1980 年返城青年 7 553 人,1981 年返城知青 3 362 人,1982年返城知青 3 412 人,1983 年返城知青 3 118 人,1984 年返城知青 2 809 人,1985 年返城青年 3 362 人。知识青年返城后,除区劳动部门按政策进行安置外,各工厂、企事业单位试办了各类劳动服务公司、贸易公司和各种服务行业,开辟了就业门路,使大部分返城知青得到了妥善安置。

（第十四篇第二章《劳动》,第 344—345 页）

《道外区志》

哈尔滨市道外区地方志编纂委员会编,中国大百科全书出版社 1995 年

(1964 年)5 月 12 日,道外公社安置城市知识青年下乡领导小组成立,下设有安置办公室。

（《大事记》,第 33 页）

（1965 年）动员知识青年下乡。全公社有 680 名知识青年奔赴农业生产第一线。

（《大事记》，第 33 页）

（1973 年）3 月 5 日，全区自 1968 年以来，共动员 23 800 余名知识青年奔赴农村和边疆。

（《大事记》，第 35 页）

1968 年掀起"上山下乡"运动，至 1981 年，道外区下乡、插队青年达 46 000 余人。道外区人口明显减少。

（第二篇第三章《人口控制》，第 92 页）

1973 年区委下设办公室、组织部、宣传部、统战部、知识青年上山下乡办公室……

（第十三篇第一章《中国共产党》，第 546 页）

1963 年初，把"精简办公室"改为"安置办公室"，任务是处理精简中的遗留问题。实际上，精简安置工作在 1962 年下半年已经开始了。当时在"精简办"中增设了"社会口"，以公安局、民政科为主，负责安置社会浮闲人员（需精简职工、应走未走人员）的下乡工作。这项工作完成后于 1964 年更名为"知识青年上山下乡办公室"，又担负起中学毕业生上山下乡工作。"文化大革命"初期成为一项重要工作。

1969 年动员知青上山下乡达到高潮，到 1972 年末，道外公社有 31 000 名中学毕业生奔赴农村。

（第十六篇第二章《劳动》，第 668 页）

《鹤岗市志》

鹤岗市地方志编纂委员会办公室编，黑龙江人民出版社 1990 年

（1968 年）6 月 20 日，全市今年首批 370 多名知识青年奔赴农业生产第一线，加入中国人民解放军黑龙江省生产建设兵团的行列。

（《大事记》，第 52—53 页）

是月（11 月），首批下乡插队知识青年分别到虎饶、绥滨等地人民公社生产队和市红旗公社建兴大队落户。

（《大事记》，第 53 页）

（1969 年）5 月 13 日，市革命委员会召开知识青年上山下乡工作会议。会议指出：从去年 6 月至今年 4 月 27 日止，全市共有 7 520 名知识青年奔赴农业生产第一线。

（《大事记》，第 54 页）

(1973年)8月20日,煤矿建设工程处举行首批知识青年上山下乡、干部下放劳动欢送大会。 (《大事记》,第58页)

11月24日,富力矿举行首批62名知识青年上山下乡欢送大会。(《大事记》,第58页)

(1974年)6月12日,市上山下乡知识青年先进集体、先进个人首次代表大会召开。

(《大事记》,第59页)

(1977年)9月17日,中共鹤岗市委和市革命委员会召开大会,欢送3 627名知识青年上山下乡。 (《大事记》,第62页)

(1978年)7月6日,举办市上山下乡知识青年首届篮球比赛。 (《大事记》,第64页)

(是年)市劳动局技术工人学校成立,并从下乡、留城青年和应届毕业生中招收200名新生。 (《大事记》,第65页)

1964—1966年,有950名知识青年到九三垦区的大西江农场,梧桐河农场,宝清五九七农场,汤原县裕德、振兴、吉祥、永发等公社和本市郊区公社参加农业生产。1966年在鹤岗市招收1 000人去大兴安岭新区开发建设。1968年掀起知识青年下乡高潮,至1970年,共有11 359名知识青年下乡,其中,去兵团农场8 509人;省内各县社队1 854人,本市郊区公社551人。

1973年又掀起知识青年下乡高潮,到1980年全市共有知识青年22 272人下乡,其中在本市郊区公社插队2 727人,各企事业单位办农场(青年点)19 545人。

从1970年开始,下乡的知识青年陆续返城,到1980年基本结束。1978年统一招工改由单位包干的办法,待业青年及各单位"知青点"青年由家长所在单位负责安置。从1978年起办理"双退"职工子女就业和死亡职工子女就业,至1983年共办理10 385人。

(第二十篇第一章《劳动管理》,第624—625页)

《双鸭山市志》

双鸭山市地方志编纂委员会办公室编,中国展望出版社1991年

(1968年)4月5日,市革委成立知识青年上山下乡领导小组。 (《大事记》,第24页)

10 月 24 日,市革委作出《关于知识青年上山下乡问题的决定》。并提出安排方案,要求到年末要下乡 3 900 名知识青年。 （《大事记》,第 25 页）

(1974 年)3 月 21 日,市委、市革委召开上山下乡知识青年代表大会。 （《大事记》,第 27 页）

(1975 年)3 月 12 日,全市开展知识青年上山下乡大会战,要求完成 3 600 人的下乡任务。 （《大事记》,第 28 页）

7 月 24 日,市委、市革委举行欢送张仁杰重返农场务农大会(张仁杰原是双鸭山二中学生,1968 年下乡,1973 年入市师范学校,1975 年毕业前夕,给市委写信要求重返农场)。 （《大事记》,第 28 页）

(1977 年 2 月),中共双鸭山市委、市革委组成春节慰问团赴 853 农场、红旗岭农场等 5 个农场及郊区慰问双鸭山下乡知识青年。 （《大事记》,第 29 页）

(1979 年)12 月 11 日,市委、市革委召开上山下乡知识青年先进集体、积极分子总结表彰大会。 （《大事记》,第 30 页）

双鸭山农场建场以来的 38 年中,职工增长最快的有两个阶段:……第二阶段为 1968 至 1969 年,由于大批北京、上海、天津、哈尔滨等城市知识青年进场,全场职工人数由 1967 年的 3 046 人猛增到 6 662 人(1969 年),比 1967 年增长 1.2 倍。 （第九编上编第七章《机构队伍》,第 495 页）

第八节　知识青年上山下乡

双鸭山市知识青年上山下乡工作分 3 个阶段进行。第一阶段是 1961 至 1967 年,这一阶段的知识青年上山下乡工作主要由压缩城镇人口办公室负责。当时上山下乡的对象是:城市中小学毕业的青年不能在城市升学、就业者,全市 7 年共下乡 6 000 多人,除 500 人在郊区插队外,其余 5 500 多人分别下乡到笔架山农场,五大连池农场、八五三农场、八五一农场等地。1968 至 1972 年为第二阶段。1968 年,双鸭山市成立知识青年上山下乡办公室,专门负责知识青年上山下乡工作。当时知识青年上山下乡主要到农村和 4 场(农场、林场、渔场、牧场)插队落户。1968 年 3 月,全市掀起了上山下乡高潮,有 7 199 名知识青年响应党的号召,积极报名上山下乡。其中:500 人到市郊区插队落户,6 699 人到富锦、宝清、集贤、笔架山、鹤立、二龙山和八五三农场等地落户。1973 至 1979 年为第三阶段。1973 年,全市有待业青年 12 244

人,年末有 444 人下乡,建立了 5 个自办青年点。1974 至 1975 年双鸭山市全党动员、层层负责,采取了学校包学生、街道包居民、单位包职工、职工包家属、包子女的办法,动员知识青年上山下乡,出现了市委书记带头送子女务农,局(处)级干部主动送子女下乡的好形势。两年共下乡 9 757 人。从 1976 年开始,各单位自办青年点,当年,矿务局建立知青生产大队 17 个。1977 年,市政各单位建立自办青年点 17 个。1977 到 1978 年初,全市各系统共兴办知青企业和知青农副业场(厂)45 处,开垦荒地 31 200 亩,下乡青年近 1 万人。1979 年,知识青年上山下乡工作结束。从 1961 年到 1979 年,全市知识青年上山下乡总数为 35 208 人。

1968 年,上山下乡知识青年开始返城。返城条件:一是长期患病,确实不能参加生产劳动;二是家庭发生重大变化,本人不返城家庭生活无法维持的。1968 年,市政返城 760 人。矿务局系统青年下乡到郊区和自办点的户口迁回 5 026 户。

根据"早下乡,招工先回城"的政策,1972 年,从双鸭山市到外地(市、县、农场)插队的青年中,煤矿录用工人 1 115 人,1978 年,通过考试,择优录用返城知青 1 835 人。从 1972 至 1979 年,全民和集体企业在下乡知识青年中招工共计 13 345 人。

1968 至 1979 年,在下乡到郊区和自办点的青年中,参军 258 人,升入大专和中专学校 456 人,提干 3 人,转到外地 161 人,提拔到各级领导岗位的 106 人。

(第二十七编第二章《劳动》,第 1005—1006 页)

《鸡西市志》

鸡西市地方志编纂委员会编著,方志出版社 1996 年

1970 年 4 月,市革委民政劳动局内设民政组、劳动调配组、工资保护组、街道组、知识青年上山下乡办公室。7 月,知识青年上山下乡办公室从市民政劳动局分出,成为市革委的单设机构。……1980 年 3 月,市知青办与市劳动局合署办公。……1981 年 12 月,市劳动服务公司与市待业办、知青办合并,统称市劳动服务公司。 (第六编第三章《劳动管理》,第 247 页)

第四节　知识青年上山下乡

1953 年,鸡西县、鸡西矿务局组织陈万荣等 43 名首批知识青年组成支边垦荒队赴 43 团(今 8510 农场)支援边疆建设。1955 年,鸡西县高小、初中毕业生响应中共中央、毛主席"一切可以到农村去工作的这样的知识分子,应当高兴地到那里去"的号召,自愿回乡务农。到 1957 年底,全市有 500 名知识青年自愿回乡参加建设社会主义新农村。

1960 年,全市一批知识青年响应中共中央"大办农业,大办粮食"的号召,自愿上山下乡。团市委树立红勤巧标兵孙秉江、畜牧战线土专家全能手谢桂林、红色青年蔬菜技术员周德章、工业支援农业的青年标兵张云生为"四大金刚";树立铁姑娘贾文珍、女拖拉机手唐伟、

优秀女配种员魏云兰、克勤克俭的炊事员李美珍、劳武结合的突击手隋桂芬为"五朵金花"。

1961—1963年,全市在下放干部、精简职工、压缩城镇人口的同时,动员150名中学毕业生随户主下乡到农村落户。1964年,市成立"知识青年教育安置办公室",负责组织全市知识青年教育和具体安置工作。6月11日,市人委在公安局门前广场召开万人大会,热烈欢送首批254名城市知识青年响应号召奔赴农村。同年,团市委表扬李亚东、戚淑清、万学春、孙维影、刘焕兰等回乡知识青年。1964—1965年,市先后兴办了五龙山、龙爪山、大通沟、北平岗4个青年农场,安置150名知识青年。1965年底,全市共有1 769名知识青年到邻县和市郊农村插队落户。

1968—1978年,全市动员48 749名知识青年上山下乡。在上山下乡的知识青年中,有674人加入中国共产党,3 788人加入中国共产主义青年团,2 945人被评为省、市、区、社、场、矿先进生产者和劳动模范,1 533人被选进各级领导班子。安置到嫩江县山河农场的鸡西市第四中学68届高中毕业生李国华,在1970年1月13日农场修配厂失火中,为抢救国家财产牺牲;安置在黑龙江省生产建设兵团四师43团的鸡西市第三中学66届初中毕业生包立军,在1970年4月27日扑灭山火中献身。李国华和包立军2位知识青年,均被黑龙江省革委追认为烈士。

1979年春,市委根据1978年10月中共中央批转《全国知识青年上山下乡工作会议纪要》精神和国务院的有关规定,成立城市待业青年安置领导小组,组建鸡西市待业青年安置办公室。采取多渠道就业的办法,安置返城的知识青年16 420人,占返城知识青年17 830人的91.1%。1981年12月,撤销市待业青年安置领导小组和市待业青年安置办公室,市知青办与鸡西市劳动服务公司合并,称市劳动服务公司,负责指导全市待业青年安置(城镇初、高中毕业生不再上山下乡)、处理上山下乡知识青年的遗留问题。

(第六编第三章《劳动管理》,第251—252页)

1968年后,矿务局录用职工的对象是城镇待业青年、大学、中专和技校毕业生、家在城镇的复员、转业军人、上山下乡知识青年、退休职工的接班子女。

(第七编第七章《企业管理》,第343页)

1978—1984年末,全局采用补充自然减员、计划招工等形式,从上山下乡知识青年和城镇社会青年中,共招收工人2 714人。 (第九编第一章《机构、队伍》,第408—409页)

(1979年)9月,成立社队工业产品展销部,安置留城青年和返城下乡知识青年10人。

(第十九编第十三章《乡镇企业》,第670页)

1964年,市财政支出安排青年就业的业务费和其它费用1万元,占当年经济建设费支出的 0.4%。1965 年支出 8 万元,占当年经济建设费支出的 3.9%。1968 年,全市知识青年上山下乡开始后,知识青年就业费呈增长趋势。支出内容增加安置费、就业训练费和生产资金等。至 1974 年,共支出 283 万元,每年平均支出 35.4 万元。1975 年,猛增到 449 万元,占同年经济建设支出的 45.6%。1976 年后,支出知识青年就业费时增时减。至 1984 年,9 年共支出 1 666 万元,每年平均支出 185 万元。　　（第二十三编第三章《财政支出》,第 796 页）

（1965 年）6 月 13 日,市中心区举行群众大会,欢送首批 254 名城市知识青年奔赴农业生产第一线,7 月 15 日又有 242 名知识青年,分别到林口、密山县安家落户,建设社会主义新农村。

（《大事记》,第 1382 页）

（1968 年）4 月 25 日,市革委召开动员城市知识青年和机关干部上山下乡建设社会主义新农村广播大会。

（《大事记》,第 1387 页）

10 月 22 日,市革委召开"知识青年上山下乡誓师大会",号召知识青年走与工农相结合的道路。至 12 月 7 日,全市有 15 批,计 1.1 万名知识青年上山下乡。

（《大事记》,第 1388 页）

（1970 年）5 月 2 日,市革委作出《关于向金训华式的英雄李国华同志学习的决定》。李国华原为鸡西市第四中学学生,1968 年下乡到嫩江县山河农场。1970 年 1 月 13 日,农场的农机修配厂失火,他在抢救国家财产中牺牲。

（《大事记》,第 1390 页）

（1974 年）5 月 8—11 日,鸡西市首届上山下乡知识青年代表会议召开。知识青年先进集体和先进个人代表、带队下乡干部、知识青年家长、各党委知青工作干部等 390 余人参加大会。

（《大事记》,第 1393 页）

（1980 年）7 月 31 日,市政府召开统筹安置待业青年工作会议,讨论安置待业青年的渠道和措施。1 年来通过大办集体企业,扩大服务网点,办知识青年农场等渠道,共安置待业青年 57 528 人。

（《大事记》,第 1400 页）

《大庆市志》

大庆市地方志编纂委员会办公室编纂,南京出版社 1988 年

（1968 年）10 月 23 日,大庆第一批下放劳动的干部和上山下乡知识青年下厂下乡。

（《大事记》,第 25 页）

1973年，根据中共中央〔1973〕30号文件精神，黑龙江省委决定，大庆知识青年就地安排生产劳动。按照这个决定，开始组织知识青年就地参加农副业及辅助性工业生产和服务行业劳动，有近7 000人得到安置。为了统一领导和管理，1974年成立"知识青年上山下乡工作办公室"（简称"知青办"），各指挥部级单位也相继成立了"知青办"，形成了管理知青工作的专门系统。

安置知青就业，采取统一审批、单位包干的办法，即大庆"知青办"按政策条件统一审查批准安置对象，并建档造册，各单位自行安排生产劳动。各指挥部和在大庆的中直、省直单位，根据自己的特点和条件组建知青场（厂）、队（店），安置本单位的知识青年，有的搞农、林、副业生产，有的从事轻工产品编织、加工、修理制造，有的搞装卸搬运、公路养护，有的从事商品经销、饮食服务等第三产业。1973年到1979年，各单位给知青点配备生产设备195台，其中拖拉机43台，汽车17辆，马车67台，农业收割机68台，建设房舍4.8万余平方米。7年间垦荒种地4.1万余亩，产粮2 763万斤，蔬菜3 466万斤，养猪5 461头，养羊1 943只。知青队属于集体经济组织，实行独立核算，自负盈亏。劳动报酬形式多样，有的评工记分，有的按计时工资等级开支，有的按劳务开支。

对知青队的管理和知识青年的教育，各单位都选派政治思想好，作风正派，有组织能力，有基层生产工作经验的干部担任领导。知识青年进队后，一方面参加生产劳动，一方面接受革命传统、革命理想、科学文化知识和社会主义法制教育。启发他们以"铁人"王进喜为榜样，发扬大庆的艰苦创业精神，走自力更生的建队道路。如井下作业指挥部知青队在建队初期，由领导带领160多名知识青年背着行李，扛上工具，顶着寒风在草原上搭起帐篷，立起锅灶，安家落户。1年后，盖起了2 000多平方米的房屋，并开荒种地。通过教育，大庆涌现出了一批知青先进个人和先进集体。赵桂云等5名知识青年和机关知青大队，1979年受到了黑龙江省委的表彰和奖励。1973年到1979年，有58人加入中国共产党，6 792人加入共青团，350多名后进青年有了转化。当时，大庆还规定全民和集体企业招工、入学、参军等都从知青队选拔和推荐。7年间，从各单位接收安置的42 023名知识青年中，输送到企业、院校、军队的共39 799名，占接收安置总数的94.71%。

1980年，中共中央发出〔1980〕64号文件，提出待业人员安置要"在国家统筹规划和指导下，实行劳动部门介绍就业，自愿组织起来和自谋职业相结合"的方针（简称"三结合"）。从此，大庆市城镇知识青年由单一的在知青队劳动转为广开门路多种渠道安置就业，1980年到1985年，共安置待业人员86 989人，占待业知识青年总数的73.17%。对1980年以前的29 648名待业人员，到1983年基本上全部安置完毕。 （第十九篇第二章《劳动管理》，第700—701页）

1981年，大庆组建了市劳动服务公司（副处级机构），为事业单位。各区、厂、公司也陆续组建了劳动服务公司，为集体经济组织，取代了原知青办的工作，直接领导和管理青年集体企事业。 （第十九篇第二章《劳动管理》，第701页）

《大同区志》

大庆市大同区志编审委员会办公室编,(内部刊行)1987年

　　知识青年上山下乡工作始于1964年。原大庆区时,在区民劳科组织下,响应毛主席提出"上山下乡,扎根农村闹革命"的号召,第一批11人下乡到大同镇良种场(现大同镇四大队)。1968年,当年9月14日,毛主席发出"知识青年到农村去,接受贫下中农的再教育"的号召,本区城镇青年纷纷奔赴农村。据1971至1974年统计,大同地区共有青年点27个,下乡青年达1302人。上山下乡工作达到高潮是1974和1975两年。根据中共中央1973(30)号文件精神,大同地区开始以系统为单位兴办青年点,国家辅以补助。1974年青年点增至36个,在建青年点方面下拨了大量物资,投放了基建费。基本修建了砖木结构的房舍,购置了机车等生产工具和生产基地,并配备了年富力强的干部任领队,邀请了老工人、老农民做技术指导。外市、县也陆续在大同地区建青年点,如哈市、齐市、大庆等地都在农村公社建起了青年点。仅1975年一年,全区有下乡知识青年868人,1976年建点达39个。

　　有关知识青年工作的领导问题,由各公社文教助理负责,后又配以专职知青助理。1973年年后,在大同镇组建知识青年上山下乡办公室,是知识青年上山下乡的办事机构,具体负责知青点筹建、物资下拨、资金管理、下乡生产情况、人员安置等。大同镇知青办于1980年撤销,知青工作统由劳资科管理。

　　1978年划归大庆市以后,伴随油田开发工作的需要,对待业青年进行了妥善安置。1978年全区待业青年1744人(包括哈市等外地插队青年516人)。暑期除由大庆石油管理局各公司技工学校招一大部分外,其余在1979年3月份开始由市劳动局招工,其中全民招241人,集体招706人,内招100人,因之,大部得以安排就业。1982年共有待业青年364人,安置174人;1983年有待业青年71人,安置75人;1984年有待业青年179人,安置58人;1985年待业青年205人,安置15人。　　　　　　　　(民劳篇第二章《劳资》,第348页)

《安达县志》

安达市地方志办公室编,黑龙江人民出版社1992年

　　(1968年)5月9日,县革委成立城镇知识青年上山下乡办公室。　(《大事记》,第54页)

　　12月23日,掀起知识青年上山下乡热潮。第一批知识青年下到和平牧场,至1973年,全县有19个公社86个生产队接收安置知识青年2767人。　　　　(《大事记》,第54页)

　　(1975年)2月24日,县委制定下乡和留城青年招生、招工办法,开始安置下乡和留城待

业青年就业。至年末，全县共招收集体所有制工人 510 人。　　　　　　　（《大事记》，第 58 页）

　　(1977 年)10 月 21—25 日，县委召开全县各系统自办青年农场经验交流会。会上，4 个先进单位介绍自办农场经验。与会人员参观了 18 个自办青年农场。全县自 1973 年城镇知青上山下乡以来，各系统自办农场(青年点)34 个，安置知识青年 4 333 人。

（《大事记》，第 61 页）

　　(1979 年)10 月 17 日，县委决定成立安置待业青年工作领导小组，将知识青年上山下乡办公室改为待业青年安置办公室。至年末，为 7 530 名待业青年安排了工作。

（《大事记》，第 63 页）

知识青年下乡安置

　　1964 年，本县开始动员城镇知识青年上山下乡，插队、插场落户，参加农业生产劳动。凡年满 16 周岁、未婚、不在校、未就业的青年均属动员之列，主要采取动员与自愿相结合的方法，至 1966 年共动员 420 名城镇青年下乡参加农业生产劳动。

　　1968 年 5 月 9 日，县成立城镇知识青年上山下乡办公室。当年，对 1966 年、1967 年、1968 年三届初、高中毕业的未升学和未就业的待业青年均动员下乡，全县掀起知识青年上山下乡热潮。此时，动员手段渐趋强制，每家准许有一个青年不下乡，病残青年经批准可留城(已下乡的经审批可返城)，其余一律动员下乡，注销城镇户口。下乡青年的安置，原则上由各系统、单位自建农村青年点或农场，安置本系统或本单位的子女。至 1973 年，全县有 19 个公社的 86 个生产大队接收安置知识青年 2 767 人。其中：有 33 人加入中国共产党，439 人加入共青团组织；有 147 人被选进县、社和大小队领导班子；有 648 人被评为省、地、县劳动模范和学习毛主席著作积极分子；有 865 人升学和参军。1974 年 5 月 10 日，为加强对知识青年上山下乡工作的领导，成立知识青年上山下乡领导小组。年末，全县共建立青年点 148 个。1964—1978 年，全县共安置下乡知识青年 15 920 人，其中本县 9 846 人，外省、市县 6 074 人。各地建青年点 204 个，建房 2 381 间。1979 年，县革委会决定停止动员城镇知识青年上山下乡。

　　从 1970 年起，采取一面安置，一面仍动员城镇知识青年下乡的办法，通过升学、征兵、招工等途径进行安置。1968—1978 年，安置知识青年升学的有 383 人，参军的 1 581 人，招工的 2 668 人，返城的 999 人，去县畜牧场的 523 人，转交安达特区(今大庆市)2 364 人。至 1979 年停止知识青年下乡时，尚有 7 402 名知识青年仍在农村(包括外地的 3 500 人)，其中已在农村结婚成家的 202 人。

　　多年来，广大知识青年在农村安家落户，积极参加农业生产，为发展农村经济做出了应有的贡献。1979 年以后，对长期积累下来的大批返城知识青年，县委本着"国家关心、负责到底"的精神,与留城青年统筹安排。一般采取以下方法安置就业:对在农村安家落户的知识青年,住房确有困难的,由知青办拨给建房补助费 300 元,协助其安家立业,全县共有 123 名知识青年在农村安家落户;各系统、单位对本系统、本单位的下乡知识青年实行包干安置就业;无归属单位的下乡知识青年,由劳动部门统招统配;对外省、市、县的下乡知识青年原则上返回原籍地安置。同时,提倡知识青年自谋职业,对下乡已婚的知识青年 49 人,一次性拨给自谋职业补助费。每人 1 000 元。　　　　　(第十七篇第一章《劳动》,第 652—653 页)

随着大批上山下乡的城镇知识青年逐步回城及"文化大革命"期间就业门路的严重阻塞,至 1979 年,全县尚有 13 343 名(其中包括下乡知识青年 7 402 人)城镇人员待业。

1979 年 10 月 17 日,县委决定成立待业青年安置工作领导小组,加强对待业青年安置工作的领导。全县各部门大力兴办第三产业,发展集体经济;本着劳动部门介绍就业、自愿组织起来就业和自谋职业相结合的方针,统筹兼顾,全面安排青年就业。

(第十七篇第一章《劳动》,第 653 页)

《齐齐哈尔市志·综合卷》

齐齐哈尔市志编纂委员会编,黄山书社 1998 年

(1968 年)2 月 9 日,市革委发出《关于认真做好上山下乡知识青年思想政治工作的紧急通知》。　　　　　　　　　　　　　　　　　　　　　　　　(《大事记》,第 172 页)

4 月 10 日,市革委成立上山下乡办公室,具体负责组织全市机关干部和城市知识青年上山下乡工作。　　　　　　　　　　　　　　　　　　　　　　(《大事记》,第 172 页)

5 月 9 日,全市 10 万余人集会,欢送本市首批 1 288 名知识青年上山下乡。

(《大事记》,第 173 页)

5 月 31 日,市革委举行"向门合学习,走与工农相结合的道路"的誓师会,欢送全市第二批 1 500 名知识青年下乡。　　　　　　　　　　　　　　　　(《大事记》,第 173 页)

12 月 22 日,市革委作出关于《全面落实毛主席新指示,立即掀起上山下乡新高潮》的决定。同日,召开进一步动员上山下乡有线广播大会。　　　　(《大事记》,第 175 页)

(1969 年)7 月 11 日,全市又一批近千名初、高中毕业生上山下乡,市革委召开欢送大会。

(《大事记》,第 176 页)

12月22日,市革委召开纪念毛泽东关于《知识青年到农村去》的指示发表一周年大会。会议总结过去一年的工作,并号召全市"进一步掀起知识青年上山下乡运动的高潮"。

(《大事记》,第 177 页)

(1970年)9月25日,市革委成立市知识青年上山下乡工作领导小组。

(《大事记》,第 178 页)

12月20日,市革委召开下乡知识青年汇报讲用会。　　　　　　　(《大事记》,第 178 页)

1968年4月,市革命委员会成立上山下乡办公室,具体负责组织城市知识青年上山下乡。同年12月,市革命委员会根据《人民日报》发表的社论《我们也有两只手,不在城里吃闲饭》,立即落实毛泽东主席关于知识青年上山下乡的指示,掀起上山下乡高潮。1966—1969年,知识青年上山下乡人数43 852人,其中1969年上山下乡人数8 678人。

1966—1976年齐齐哈尔市知识青年上山下乡人数表　　　　单位:人

数量　　项目 年份	去 向			
	合　计	外　地	郊　区	自办农场
1966—1968	35 174	35 174		
1969	8 678	8 678		
1970	521		521	
1971	35		35	
1972	299		299	
1973	3 283			3 283
1974	15 908	1 064	344	14 500
1975	26 986	15 791	5 095	6 100
1976	17 558	11 856	2 165	3 537
总计	108 442	72 563	8 459	27 420

(《人口·人口规模》,第 472—473 页)

《齐齐哈尔志·经济卷》

齐齐哈尔市志编纂委员会编,黄山书社2000年

1968年开始,全市大规模动员知识青年上山下乡。至1977年,已有112 938名知识青年去建设兵团、嫩江、黑河、呼玛等地区和郊区参加农业生产。

……同年(1978年),中共中央调整知青政策,使大批知青陆续返城,年内返城知青28

630 人。至 1980 年,下乡知识青年返城总数 74 448 人。市政府采取就业安置、自愿组织集体生产和自谋个体就业"三结合"方针,妥善地安置了返城知青和待业青年。同年,累计安置返城知青(含待业青年)114 443 人。 （《经济管理·劳动管理》,第 81 页）

1975—1976 年,按国家计划规定,全民企业招收新工人 12 438 人,集体企业招收 22 362 人。其中,从农村招收下乡青年 11 258 人,占招收正式职工总数的 32.3%;从留城、返城青年中招收 22 116 人;从社会招收 1 426 人。 （《经济管理·劳动管理》,第 84 页）

1977—1979 年,大批知识青年返城,有 12 928 人(含待业青年)到全民所有制企业就业。 （《工业·综述》,第 108 页）

1960—1972 年齐齐哈尔市经济建设费一览表

单位:万元

年　度	合　计	基本建设支出	科技三项费用	流动资金	工交商部门事业费	挖潜改造资金	农林水利气象等部门事业费	支援农村生产支出	城市维护费	城镇青年就业经费
1960 市本级	3 141	—	—	—	1 593	—	931	30	481	—
1961	164	68	—	—	1	—	13	80	2	—
1962	162	3	87	46	1	—	21	1	3	—
1963	961	148	144	191	20	—	137	10	311	—
1964	873	30	140	13	8	—	30	30	618	4
1965	952	—	125	63	36	30	26	33	627	12
1966	1 594	—	446	408	18	162	28	4	505	23
1967	1 404	—	231	442	28	—	38	15	645	5
1968	659	—	64	—	31	—	24	6	518	16
1969	2 769	1 396	286	296	9	—	131	12	613	26
1970	2 886	1 418	395	337	26	—	34	23	602	51
1971	3 158	1 016	701	657	35	—	59	19	658	13
1972	1 467	—	493	290	13	—	69	26	573	3

1973—1985 年齐齐哈尔市经济建设费一览表

单位:万元

年度	合　计	基本建设支出	科技三项费用	流动资金	工交商部门事业费	简易建筑费	挖潜改造资金	农林水利气象等部门事业费	支援农村生产支出	城市维护费	城镇青年就业经费
1973	1 629	—	305	313	28	—	—	71	119	667	126
1974	1 854	76	397	338	58	—	—	131	54	600	200
1975	2 094	—	328	210	71	—	—	125	68	618	674
1976	2 711	—	860	377	98	—	—	102	203	676	395

年度	合　计	基本建设支出	科技三项费用	流动资金	工交商部门事业费	简易建筑费	挖潜改造资金	农林水利气象等部门事业费	支援农村生产支出	城市维护费	城镇青年就业经费
1977	2 398	—	564	293	108	—	235	119	204	638	237
1978	3 658	—	324	380	170	80	915	200	308	1 101	180
1979	3 371	—	84	680	335	147	134	256	348	1 100	287
1980	2 855	—	66	336	300	15	—	398	260	1 078	402
1981	3 580	—	426	150	210	28	66	705	218	1 083	694
1982	2 949	—	94	190	258	57	190	420	252	1 090	398
1983	3 601	—	154	285	300	110	140	663	365	1 286	298
1984	3 490	—	107	15	298	99	171	614	280	1 610	296
1985市本级	5 459	979	163	—	415	352	377	1 015	229	1 684	245

（《财政·支出》,第 772—773 页）

《龙沙区志》

龙沙区志编纂委员会编,黑龙江人民出版社 2000 年

(1975 年)12 月 5 日,龙沙区委召开首届上山下乡知识青年先进集体、积极分子代表会议。总结几年来知识青年对发展农业所做出的贡献,鼓励他们满腔热情地投身到大办农业,普及大寨县的伟大革命运动中去。区委副书记于恩江作了题为《紧张地动员起来,以实际行动响应党中央的号召,为大办农业,普及大寨县做出新贡献》的报告。 （《大事记》,第 44 页）

1975—1976 年,按国家批准的劳动计划,共安置 12 461 人。其中,从下乡知识青年中招收 3 325 人,留城返城青年 8 411 人,社会劳动力 725 人。此外,还安置复员退伍军人 2 220 人,残疾 21 人。
（第十五篇第二章《劳动》,第 641 页）

第七节　知识青年上山下乡

1964 年,中共中央国务院下发《关于动员和组织城市知识青年参加农村社会主义建设的决定》和《中央安置城市下乡青年领导小组向中央的报告》。龙沙区根据上述文件精神和齐齐哈尔市的部署,首批动员和组织知识青年 94 人,由市统一安排到富裕县等地农村插队落户。"文化大革命"开始以后,学生停课闹革命,政权机关被砸烂,知识青年上山下乡工作处于组织不力状态。由于高等院校停止招生,工厂企业停止招工,历届毕业生留在城市。1968 年 3 月,市革命委员会根据省革命委员会《关于组织机关干部和城（镇）知识青年上山

下乡建设社会主义新农村》的指示精神，成立了知识青年上山下乡办公室。在毛泽东主席"农村是一个广阔天地，在那里是可以大有作为的"和"知识青年到农村去，接受贫下中农再教育"的号召下，知识青年上山下乡形成热潮。区直各部门、各街道分社都参加组织动员工作。除1970年应届毕业生全部留城分配工作外，应届、往届毕业生一律列入动员下乡对象。1971年，区增设知识青年上山下乡办公室（简称知青办），负责主持全区知识青年上山下乡工作。

1972年的毕业生，有5种人不下乡的政策。①家中多子女下乡，父母身边只剩一个子女的；②独生子女；③身体严重残废，不能参加农业生产的；④家中唯一劳力；⑤中国籍外国人子女。除5种人外，都动员下乡。动员工作，应届毕业生由所在学校家长单位共同负责；往届毕业生由家长所在单位和街道分社共同负责。安置去向，主要是到生产建设兵团、农场和郊区菜社插队及各单位自办农场。区直单位的知识青年，大都安置在近郊菜社和区"五·七"干校。到1978年12月，全区共有5 065名知识青年下乡。其中男性2 352人，女性2 713人。知青安置费用，由市财政按插队每人500元，插场400元标准统一拨给。对青年点的修缮，购置器材以及冬季采暖等等，投入了大量资金。

根据从下乡知识青年中招工、招生、征兵等有关规定，到1979年，共招工、招生、征兵1 134人，病返、困返2 714人。区机关农场的知青全部返城。

1980年，根据中共中央国务院下发的中发[1978]74号文件中规定，"今后城镇青年不再到农村插队落户，由各系统劳动服务公司组织兴办集体事业安置就业。对下乡已婚的知识青年，也本着就地就近原则妥善安置"。区知青办积极配合各单位为未返城的知青，办理返城手续，劳动部门积极安置返城青年就业。当年7月，区知青办撤销，遗留业务和档案，移交区劳动科，知识青年上山下乡工作从此结束。　　（第十五篇第三章《人事》，第652—653页）

《齐齐哈尔地方志·昂昂溪区志》

齐齐哈尔市地方志办公室编纂，黑龙江人民出版社2006年

知识青年上山下乡

1964年，根据中共中央和国务院下发《关于动员和组织城市知识青年参加农村社会主义建设的决定》，8月1日，昂昂溪区首批5位机关干部的儿女去嫩江县前进公社利民大队插队落户。

1965年8月，昂昂溪区机关干部和基层领导的子女4名去嫩江县插队。

1968年10月，根据黑龙江省革命委员会下发《关于组织机关干部和城（镇）知识青年上山下乡建设社会主义新农村的指示》，全区有260名青年去嫩北、查哈阳、九三农场、生产建设兵团上山下乡。

1969年4月11日,根据齐齐哈尔市革命委员会《关于立即掀起知识青年上山下乡新高潮的决定》,全区有336名青年去昂昂溪畜牧场、嫩北农场下乡。1971年至1973年,改变了绝对化的下乡或留城的做法,提出了五种情况不下乡。即:父母身边只剩一个子女的;独生子女的;身体残伤不能参加农业生产的;家中唯一劳动力;中国籍外国人的。按此政策留城149名外,有545名青年下乡去了区运输社、电机厂、三间房、区机关、榆树屯化工厂、齐市二十三中青年农场。

　　1974年,按1973年政策留城150名外,有1 235名到三间房、梅里斯前平、四粮库、嫩北、电机厂、昂昂溪区机关青年农场和昂昂溪区胜利、中心、心合、红星大队插队下乡。

　　1975年,按五条政策留城244名外,有1 860名青年到呼盟、建设兵团六师48团;龙江县白山农场和昂昂溪区大阿拉街、前五家、三岱、后五家大队及泰来县、嫩北农场下乡。

　　1976年,按政策留城60名外,有223名青年到依安、山河、甘河、五四农场下乡。

　　1978年后,下乡知青逐步返城安排工作,工龄从下乡之日起计算。

(第四编第五章《地方行政》,第344—345页)

《铁锋区志》

铁锋区志编审委员会编,中华书局2000年

　　(1970年)3月20日,车辆厂"五·七战校"与齐齐哈尔种畜场合并,组成工农结合、城乡结合、政企合一型的"五·七人民公社",招收知识青年1 100人。　　　《大事记》,第22页)

　　(1973年)2月26日,中共铁锋区第一届第三次全体委员会议召开。会议主要学习毛主席致江青的信。会上省委委员傅奎清作辅导发言,黄宝玺代表区委部署开展批林整风和工业生产、农业生产、知识青年下乡等工作。　　　　　　　(《大事记》,第23页)

　　四次全会　中共齐齐哈尔市铁锋区第一届四次全体委员9次(扩大)会议,于1973年7月2—5日,在齐铁南文化宫召开。会议传达《中共中央关于党的第十次全国代表大会代表产生的决定草案》、《中央政治局关于修改党章问题的请示》、中共中央〔1973〕21号文件;汪家道在省委三届四次全委(扩大)会议上的讲话;杨易辰在省委三届四次全委(扩大)会议上的讲话。与会委员讨论了国民经济计划问题和知识青年上山下乡工作。

(政治编第一章《中共地方组织》,第208页)

　　1968年5月9日,欢送铁锋区首批知识青年上山下乡,标志着知识青年上山下乡运动在铁锋区全面展开,也揭开了"斗、批、改"的序幕。由于两年多来的动乱,社会经济与社会发

展停滞甚至倒退,大学停止招生、工厂停止招工,大量初、高中毕业生的就业安置成为巨大的社会问题。"农村是个广阔的天地,在那里是可以大有作为的"、"我们也有一双手,不在城里吃闲饭"等则成为当时最有号召力和鼓动力的口号。从 1968—1975 年,铁锋区公社有 1 000 名初、高中毕业生怀着狂热而虔诚的激情和恍惚、无奈等复杂心情奔赴农村。

(政治编第一章《中共地方组织》,第 220 页)

知识青年上山下乡　1965 年,铁锋人民公社(区)开始动员知识青年上山下乡工作,首批 124 名知识青年(其中共青团共有 102 人)去嫩江县伊拉哈公社和郊区瑞廷公社(乡)插队落户。1966 年,铁锋人民公社(区),建立知识青年上山下乡办公室(简称知青办),负责地区内的知识青年上山下乡的宣传、动员、组织、安置工作,1968 年,毛主席发出"知识青年到农村去,接受贫下中农再教育"的指示。全地区掀起知识青年到农村,到三大革命运动中,经风雨见世面,扎根农村干革命的热潮。把知识青年上山下乡,作为长期的伟大战备方针,是一场伟大的社会主义革命,是培养无产阶级革命接班人、巩固无产阶级专政、防止资本主义复辟、加速社会主义革命和建设的重大措施来抓。

铁锋人民公社(区)安置知识青年下乡采取建下乡点的办法,知识青年集体食宿,集体学习、活动,集体出工参加生产劳动,由单位派出的带队干部安排活动。铁锋人民公社(区)先后在郊区瑞庭公社(乡)、嫩江县伊拉哈公社(乡)、讷河县双山国营农场(黑龙江省建设兵团五师 49 团的 25 个连队)、林甸县红旗公社(乡)、区内的铁锋公社(乡)、边屯公社(乡)的各大队建立了知识青年点。为了安置区机关职工子女参加农业生产劳动,接受贫下中农再教育,于 1967 年在嫩江西岸牙布气铁锋区"五七"干校,兼做机关职工子女下乡参加农业生产的知识青年点,聘请了 5 名农民指导知青农业技术,做下乡青年的思想教育工作。

政府对接收知青点建设的单位,按每人拨给 150 元建房费,由知青点统一管理使用。并拨给下乡知识青年每人 150 元的生活补助费和 50 元的学习费。下乡青年的家长单位要选派有一定政治理论水平,作风正派,责任心强的人担任带队干部,与当地公社生产大队共同管理知识青年的学习、生产、政治活动。

从 1965 年到 1973 年 5 月,全区下乡知识青年达 8 674 人(包括国营大企业职工子女),其中有 295 人光荣加入了中国共产党,1 786 人加入共产主义青年团,有 280 人被选拔到各级领导岗位。到 1978 年,全地区下乡知识青年达 32 500 余人(包括驻区国营大企业职工子女)。

1971 年后,由于参军入伍、报考大专院校、顶替父母接班、因病等原因陆续返城,有少数青年与当地青年结婚,已安家落户,不愿返城者政府给补助费 1 000 元为自谋生计的费用,鼓励在农村安家落户建设社会主义的新农村。

1978 年底,知识青年上山下乡工作基本结束。同年,根据国家的有关规定,对已在农村落户的知识青年,准其一名知识青年返城就业,到 1990 年年末共办理 610 名(男 390 人,女 220 人)知识青年返城。

		青年数			返城数									
		合计	男	女	招生	征兵	病返	困返	接班	招工	转点	劳教	卧倒	死亡
铁锋公社	前进大队	320	146	174	24	5	22		50	215	2	1		
	四 家 子	183	73	110	20	6	4		27	118	5	2	1	
	先 锋	324	158	166	27	6	18	1	48	219	6			
	卢 屯	136	66	70	7	2	3		21	95	4	1	2	
	向 阳	89	40	49	9	3	2		6	66	2		1	
	胡 屯	101	49	52	3	2	11		30	54	1			
	新 发	216	91	125	17	1	13	1	20	160	1		1	1
	炮 台	179	77	102	22	4	7		24	120	1		1	
	宛 屯	216	98	118	20	6	11		35	142	1		1	
	畜 牧 场	19	10	9	1	1			2	13			2	
	良 种 场	9	3	6	2		1		1	4				
	合 计	1 792	881	981	152	37	92	3	264	1 206	23	5	9	1
边屯公社	克 欠	58	32	26	5	1	11		3	37			1	
	长 沟	66	35	31	11	4	16	1	8	26				
	边 屯	118	44	74	6	1	37	1	10	63	4			
	东 官 地	80	38	42	3	1	27		10	31		1	2	1
	翁 海	44	23	21	2	2	6		1	32				
	哈拉乌苏	61	24	37	8		12		12	29				
	苇 渔 场	25	13	12	1		2		4	13			5	
	查 罕 诺	1		1					1					
	合 计	453	209	244	36	9	111	3	48	232	4	1	8	1
区干校		213	82	131	10	11	14	4	28	144				2

（政治编第四章《地方行政》，第 267—269 页）

《齐齐哈尔地方志·建华区志》

齐齐哈尔市地方志办公室编纂，黑龙江人民出版社 2005 年

知青"上山下乡"

　　1964 年，中共中央、国务院发布《关于城镇青年参加农村社会主义建设的决定》之

后，开始组织动员城市知识青年"上山下乡"，接受贫下中农再教育，参加社会主义新农村建设。5～8月末，动员408名（男259人，女195人）青年下乡。其中，统一安排去九三农场74人、查哈阳农场32人、嫩江劳改农场175人、红丰农场16人，自找去向的111人。

1964年10月16日至11月13日，公社（区）党委常委、社长于昌仁亲自率领访问团，走访了嫩江县的海江公社新胜大队、嫩江农场、红丰农场、绿野羊场、跃进农场、红五月农场、金光农场和齐市郊区的哈拉公社等两个农垦局等30个单位，关心"知青"吃、穿、住、用，了解生活安置情况，进行安心农业、扎根农村的思想教育。

1965年，先后分四批，共有205名知识青年下乡。其中，去嫩江县插队116人，去郊区共和公社永常大队插队50人，去郊区雅尔塞公社腰店大队插队24人，自找去向或投亲靠友的15人。

1966年，"文化大革命"开始，知识青年上山下乡进入了新的高潮。1968～1969年，各中学的几届初、高中毕业生纷纷响应毛泽东主席关于"知识青年到农村去，接受贫下中农再教育，很有必要"的号召，全班走、集体下，到各生产建设兵团和各县农村插队落户。

1974年，境内7个蔬菜生产大队分别设立了知识青年接收安置点，接收525名知识青年到各安置点集体落户。1975年，又接收安置知识青年650人。到1978年，境内农村接纳来自龙沙、铁锋和本区的知识青年1 500多人。在下乡青年中有6人入党，500多人入团，60多人选入大、小队领导班子。

1978年后，不再动员知识青年上山下乡。大批知识青年陆续返城就业。由于大批知识青年集体返城，为城市就业造成巨大压力。通过"知青"父母单位、国营工厂和集体企业招工、征兵和自谋生计等形式安排知识青年就业。　　（政治篇第三章《人民政府》，第419页）

《齐齐哈尔市富拉尔基区志》

齐齐哈尔市富拉尔基区人民政府编，（内部刊行）1997年

（1968年）4月19日，区革委会成立知识青年上山下乡办公室。　　（《大事记》，第43页）

6月28日，区革委会在红岸剧场召开有线广播大会，欢送第3批190名知识青年去生产建设兵团参加农业生产，接受贫下中农再教育。　　（《大事记》，第43页）

11月4日，区革委会在红岸广场召开大会，欢送5 000多名初、高中毕业生及社会青年下乡参加农业生产，接受贫下中农再教育。　　（《大事记》，第43页）

（1974 年）10 月 30 日，区委召开知识青年工作会议，传达贯彻中共中央［1973］30 号文件精神。要求各部门加强对知识青年上山下乡工作的领导，总结经验，推动这项工作深入开展。 　　　　　　　　　　　　　　　　　　　　　　　　　　　　　　　（《大事记》，第 46 页）

12 月 21 日，齐齐哈尔市召开纪念毛泽东主席关于"知识青年到农村去"指示发表六周年大会。富拉尔基设分会场，区革委会批准 720 名青年上山下乡。 　　　（《大事记》，第 46 页）

（1975 年）7 月 18 日，区委、区革委会召开上山下乡知识青年积极分子代表大会。出席会议知识青年代表 260 人，下乡知识青年家长代表 65 人。会期 2 天。（《大事记》，第 47 页）

9 月 20 日，区委召开知识青年上山下乡有线广播大会。在动员报告中指出：全区自 1968 年以来，已动员 13 000 多名知识青年上山下乡，参加屯垦戍边，建设社会主义新农村。会议要求迅速掀起知识青年上山下乡高潮，单位包职工，职工包家属，街道包居民，学校包学生的动员教育工作。9 月末完成全年上山下乡任务。 　　　　　　　（《大事记》，第 47 页）

（1977 年）12 月，动员 283 名知识青年下乡参加农业生产。公社在点青年 1 952 人。
　　　　　　　　　　　　　　　　　　　　　　　　　　　　　　　（《大事记》，第 49 页）

（1978 年）6 月 5 日，富区革委会根据上级要求，就知识青年上山下乡问题，给国家劳动总局和党中央的报告。报告中指出：富拉尔基区从 1972 年到 1977 年共有下乡知识青年 9 503 人，支付补助费 230 万元，各单位自办青年点亏损 460 万元。关于统筹城乡劳动力问题，报告建议：现有青年点改为副食品生产基地；插队青年组织起来参加兴修铁路、工业基地、大型水利工程建设；农村劳动力可组织大办社队企业；下乡青年补助费可办技工学校。
　　　　　　　　　　　　　　　　　　　　　　　　　　　　　（《大事记》，第 49—50 页）

知青上山下乡

富拉尔基区知识青年上山下乡是始于 1962 年。首批动员 550 名知识青年到区外农场和区内外农村插队落户。1964 年动员城市知识青年参加农村社会主义建设，全区有 355 名知识青年奔赴嫩北农场和嫩江九三农场。1968 年，毛泽东主席号召"知识青年到农村去，接受贫下中农再教育。"富拉尔基区掀起知识青年上山下乡高潮，初中、高中毕业生除按政策规定批准留城待业的以外，有 4 229 名被安置到查哈阳农场、嫩北农场、九三农场、黑河农村、甘南县农村插队落户。由于知青下乡工作难度大、任务重，有条件的企业与单位开始自办农场和青年点。知识青年中的固定点均配备带队干部负责管理。1969 年至 1979 年，全区有 12 191 名知识青年被安置到农村。1980 年开始，知青上山下乡范围缩小，不再插队落户。

1981 年至 1985 年,有 948 名知青安置到机关、企业自办农场劳动。23 年时间,全区上山下乡知识青年总数共 18 273 名,其中安置到国营农场的 9 296 名、自办青年点(农场)5 369 名、农村插队 3 323 名、自行投亲 285 名。知识青年安置经费由国家拨给,根据不同去向和生产点形式,每人补助费分别为 500 元、400 元、700 元不等,仅 1972 年至 1977 年统计,由国家拨给经费 230 万,地方自办青年点投资 460 万元,总计 690 万元。

按国家政策规定,上山下乡知识青年政治表现好、劳动积极、刻苦学习,根据招工单位要求条件,经市、区知青办批准,调回安置就业;具备一定文化水平的允许报考大、中专学校;1972 年至 1977 年经招工考核和招生考试调回 1 173 名。此外,每年有一批因病返城待业或就地参军的知识青年。1978 年,成立区安置待业青年领导小组,统筹解决陆续回城的知识青年就业问题,到 1985 年底,富拉尔基区内绝大多数下乡知青回城就业。

(第四编第五章《地方行政》,第 357—358 页)

《梅里斯达斡尔族区志》

梅里斯达斡尔族区志编纂委员会编,黄山书社 1999 年

(1958 年)8 月 26 日,从音河监狱越狱的两名犯人,当晚窜入农庄办公室,抢走美国小三零步枪一支和三发子弹。9 月,农庄基干民兵在大搜捕时,班长王能孝(上海知青)被犯人打伤左腿。3 天后,二犯被梅里斯达斡尔族区公安干警击毙在音河和阿伦河之间。

(《大事记》,第 46 页)

(1964 年)6 月 16 日,从齐市首批下乡知识青年 36 名,其中,男 17 人,女 19 人。到郊区哈拉公社兴安大队安家落户。

(《大事记》,第 50 页)

从 1968 年冬至 1979 年冬下放郊区知识青年 6 900 人参加集体劳动,1979 年陆续返城,到 1981 年全部返城。

(《大事记》,第 53 页)

是日(1975 年 12 月 10 日),郊区召开首届下乡知识青年先进集体、先进个人积极分子代表大会,出席会议代表 203 人。受奖单位 26 人,先进个人代表 213 人。

(《大事记》,第 58 页)

(1976 年)5 月 7 日,齐市嫩江食品厂送插队青年赴齐齐哈大队,渡江时风大超载,船沉淹死 6 人。

(《大事记》,第 58 页)

《绥化地区志》

绥化地区地方志编纂委员会编,黑龙江人民出版社 1995 年

是年(1964 年),从本年开始,全区城镇知识青年上山下乡,参加农村社会主义建设。

(《大事记》,第 38 页)

(1969 年)11 月 12 日,自 4 月 1 日以来,全区已动员 8 700 多名知识青年上山下乡,3 800 多户浮闲人口到农村安家落户。

(《大事记》,第 42 页)

第六节　知识青年上山下乡

绥化地区的知识青年上山下乡工作始于 60 年代初期。当时国家号召向立志务农的优秀青年董加耕、邢燕子等人学习。全区各县有一些考学未成,就业困难的知识青年主动到农村、农场、林场等地参加生产劳动。

1964 年,中共中央、国务院根据毛泽东主席"知识青年到农村去,接受贫下中农再教育"的指示,向全国发出了知识青年上山下乡的号召。绥化地区机关及各县相继成立了知识青年上山下乡办公室,为劳动部门内设机构。一般设 5 至 7 人不等,负责本区、本县知识青年上山下乡工作和哈尔滨、北京等大中城市来绥化地区插队的青年安置工作。

1968 年,上山下乡达到了高潮,地区及各县知青办从劳动部门划出,单独办公。

当时上山下乡的对象是城镇的中学毕业生,一般除升学、病残、独生子女、父母身边只有一个子女、中国籍外国人子女及家庭有相当实际困难外,其他的一律动员上山下乡。

知识青年上山下乡的形式有 4 种:一是在农村生产大队建立青年点,集中食宿和学习,分散至各生产小队参加生产劳动。劳动报酬与社员相同,均按活计挣工分。一般青年点三五十人不等,最多的可达百人。由青年家长所在单位选派干部或工人做"带队老师"负责管理工作。二是有条件的县和单位自办集体农场,如"五·七"农场、青年农场、林场等。建制与管理依照国营农场的管理模式进行。青年有的挣工分,亦有按月开工资的。三是直接插入农、牧、渔、林场,为集体或国营工人的。四是根据本人要求和申请,单独或兄弟(姐妹)几人结伴到家居农村的亲属家投亲靠友的。

知识青年上山下乡后,成为农业生产的生力军,大多数人能够积极参加农业生产劳动。有的担任"赤脚"医生、代课教师、农业技术人员。有的因劳动积极,表现突出被推荐到大、中专院校学习。有的在青年点入伍参军。还有一部分青年走上了各级领导岗位。但也确有一些表现较差的,造成了一些不良影响。

1978 年,根据中央精神,全区上山下乡工作全部停止。知青办亦随之撤销。至 1980 年末,除在农村结婚扎根和极少数愿意继续留在农村的知识青年外,其余的知识青年全部返

城。房屋和其他物资折价卖给当地公社、生产大队或生产小队,回收款做安置待业青年的扶持基金。

截止 1979 年,全区上山下乡知识青年总数 110 128 人。其中有来自北京、上海、天津、哈尔滨等大中城市知识青年 1 112 人。共建青年点 7 784 个,建筑面积达 34.2 万平方米。其中砖瓦结构 27.1 万平方米,草泥结构 7.1 万平方米。国家拨给知识青年费用 6 507.5 万元,其中安置费 6 080.2 万元,周转金 378 万元,业务费 49.3 万元。

随着改革开放的深入,国家提出广开就业门路,扶持自谋生路。在各级人民政府的努力下,至 1985 年,全区返城的知识青年基本安置。

绥化地区城镇知识青年上山下乡统计表
单位:人

年份	合计	其中:从省外接收	1. 插队	2. 集体所有制场队	集体插队青年点人数
合计	110 128	1 112	85 254	24 874	7 784
1972	8 139		3 130	5 009	
1973	10 334	304	5 376	4 958	360
1974	25 447	703	21 650	3 797	1 046
1975	29 102	63	27 113	1 989	1 458
1976	15 867	14	13 622	2 245	1 474
1977	12 902	23	10 768	2 134	1 571
1978	1 462	4	1 275	187	1 482
1979	6 875	1	2 320	4 555	393

绥化地区城镇知识青年上山下乡安置费统计表
单位:万元

年 份	合 计	安置费	周转金	业务费
1968—1972	861.9	861.9		
1973	414.3	414.3		
1974	956.1	956.1		
1975	1 687.6	1 687.6		
1976	851.8	851.8		
1977	754.0	754.0		
1978	169.8	169.8		
1979	87.0		50	37
1980	725.0	384.7	328	12.3
合计	6 507.5	6 080.2	378	49.3

(第十八篇第一章《劳动》,第 1029—1030 页)

《绥棱县志》

绥棱县志编审委员会办公室编，黑龙江人民出版社 1988 年

是年(1964 年)，城镇有 96 名知识青年上山下乡，是为本县首批上山下乡知识青年。

(第一篇《大事记》，第 20 页)

第五节　知识青年上山下乡

1964 年县城有 96 名知识青年到乡下插队落户。1966 年，劳动局内的安置办公室负责知识青年上山下乡工作，同年，下乡 131 人。1972 年 12 月，中共绥棱县委知识青年上山下乡办公室成立，主任 1 人，工作人员 5 名。负责知青的动员、安置、教育等项工作。是时，农村各公社也都设有 1 名知青干事，负责具体管理工作。1980 年，知青办并入劳动科，称知青场队股。

知识青年上山下乡有三种形式：1.建立青年点，集体食宿，分散到各生产队劳动。1968 至 1978 年共建点 95 个，在点青年 4 067 名。2.建知青农场。1973 至 1977 年共建场 7 个。3.投亲靠友分散插队，或回原籍落户。

1973 至 1984 年国家共拨知青经费 337.46 万元，用于为知青修建宿舍及发展生产。

自 1972 至 1980 年，县内共有 4 083 名知青上山下乡。与此同时，还接收安置哈尔滨市下乡知识青年 1 261 名。这些知青大都积极参加农业生产劳动，表现较好。有的担任赤脚医生、代课教师或农业技术员；有的入伍参军或应招当上了工人；有的被推荐到大、中专学校学习；有的与当地青年结婚安家落户。但是，也有个别的青年打架斗殴，扰乱社会秩序。

1978 年根据中央"调整知青政策，缩小上山下乡的范围，今后不再搞插队"的指示，再没有动员知青上山下乡，已上山下乡的未婚知青陆续返城就业，哈市知青大部返哈。知青点逐步撤销。

1985 年，县内仍有 5 处知青农场(工业农场、卫生农场、粮食农场、建设农场、劳动服务公司农场)，在场知青 100 人。

知识青年上山下乡简表(1964—1980 年)

数字　　项目 年度	下乡总数	安置总数	本县		哈市		其他		建青年点(个)	自办场	备　注
			下乡	安置	下乡	安置	下乡	安置			
1964	96		96						7		
1966	131		131						2		
1968—1971	1 537	1 613	1 215	1 322	322	291			17		下乡总数中含绥棱林业局知青下乡数字
1972	476		468				8				

续表

数字\项目\年度	下乡总数	安置总数	本县		哈市		其他		建青年点(个)	自办场	备注
			下乡	安置	下乡	安置	下乡	安置			
1973	455	67	455	67					9	1	
1974	845	136	423	136	334		88		14	1	
1975	1 273	199	686	146	529	35	58	18	25		
1976	877	714	646	374	205	283	26	57	21	4	
1977	989	555	793	304	163	238	33	13	6	1	
1978	259	783	227	472	32	284		27	3		
1979	323	2 654	323	2 196		372		86			
1980	62	474	62	425		49					
合计	7 323	7 195	5 525	5 442	1 585	1 552	213	211	104	7	

知青点农场分布表(1964—1985)

	所在生产大队(村)	知青点农场数
泥尔河	勇敢 进军△ 新华 双丰 跃进 青山 抚北 五马 富强 永发△ 克苏 卫星	12
上集镇	天放 上集 稻香△ 平安 奋斗 国栋 新兴 大兴 红旗 民族 北大 宝田 兴旺 诺敏河	14
长山	工业农场 卫生农场 粮食农场	3
三吉台	劳动服务公司农场	1
靠山	九江 胜利 光芒 靠山 富国 福海 七井 三井 前三 双河	10
后头	红光 房身 前头 后头 前六 良种场 二井	7
新曙光	吉长 东升	2
克音河	克东 向荣△ 克音 四井 九井 津河 西林 卫东 沿江 部落 十四井 小山 中兴	13
双岔河	繁荣	1
阁山	十六井 永青 共合 心合 齐心 长青 良种场 建设农场	8
绥中	宋家 绥中△	2

注:标有△号的点或农场为哈尔滨知青点场。

1973至1984年,国家为知识青年拨放扶持生产和安置生活款。

1073

年　度	金　额	备　注	年　度	金　额	备　注
1973	3.56	安置费	1979	27	安置费
1974	42.8	〃	1980	20	生产周转金
1975	61.2	〃	1981	20	〃
1976	42	〃	1982	20	〃
1977	47.6	〃	1983	21	〃
1978	11.3	〃	1984	21	〃

（第十五篇第二章《劳动》,第 352—354 页）

《海伦县志》

海伦县志编审委员会编,黑龙江人民出版社 1988 年

　　是年(1973 年),海伦县共接收省内外大中城市知识青年 1 601 人,分别安置在海伦农场和部分农村社队。　　　　　　　　　　　　　　　　　（第一篇《大事记》,第 33 页）

　　1964 年劳动局扩大编制为 7 人,并在劳动局内设知识青年上山下乡安置办公室。……1970 年 4 月,民政和劳动合并为民劳科,共有编制 12 人。同年,知识青年上山下乡安置办公室撤销。1972 年 8 月,劳动科由民劳科分出,编制 5 人。同年成立知识青年上山下乡工作办公室。　　　　　　　　　　　　　　　　　（第十七篇第一章《劳动》,第 492 页）

　　1979 年上山下乡知识青年返城,城镇待业青年达 8 428 人。县政府根据中发(1980)64号和(1981)42 号文件精神,贯彻"三结合"①的劳动就业方针,广开就业门路,兴办修理业、饮食业、服务业、商业、工业生产等集体企业。安置本人提出申请、城镇户口、年满 16 周岁至25 周岁、身体健康、未婚的男女待业青年。1979 年从农村招收集体所有制职工 1 009 人,其中上山下乡知识青年 907 人;从城镇招收集体所有制职工 2 224 人,其中留城和返城知识青年 1 299 人。　　　　　　　　　　　　　　　　　（第十七篇第一章《劳动》,第 494 页）

第七节　知识青年上山下乡

　　1964 年 4 月,县成立了知识青年上山下乡安置办公室。从 1964 年至 1966 年,全县有 1

---

　　①　三结合:指全民、集体、个体。——原书注

817名城镇知识青年到农村17个青年点,两个国营农场,一个种畜场插队落户。1966年"文化大革命"开始,知识青年上山下乡安置工作中断。1968年又恢复知识青年上山下乡工作。1972年,知识青年上山下乡安置办公室改称知识青年上山下乡工作办公室。当时不仅负责县内知识青年上山下乡的动员、安置工作,而且还负责接收安置北京、上海、哈尔滨、鸡西等大中城市的知识青年。到1979年全县共有上山下乡知识青年11 299名,其中外地知识青年1 601名;建青年点167处,建房舍164栋;带队干部295名;用于建青年点和知识青年生活费用共达398.3万元。

　　1977年以后,根据中央逐步缩小知识青年上山下乡的范围,今后不再搞插队的精神,知识青年通过升学、参军、招工等,陆续办理了返城手续。1979年10月,县委决定将全县167处青年点全部撤销,房舍和其他物品折价售给所在的公社、生产大队或生产小队,回收款做安置待业青年的扶持基金。对1979年以前上山下乡的知识青年,除与当地社员结婚外,均办理返城。对县内返城知识青年和留城青年安排到大集体待业。至1981年,全部安置完毕,知识青年上山下乡工作办公室随之撤销,至此知识青年上山下乡结束。

历年知识青年上山下乡情况表

项目\年份	上山下乡知识青年(人)					建青年点	带队干部	青年点房舍栋数				拨款(万元)
	计	插队	插场	投亲	接收外地			计	砖瓦	砖草	泥草	
1964	502	270	107	125		13	13	8			8	10.5
1965	586	511		75		2	2	7			7	16.5
1966	729	690		39		2	2	4			4	20.5
1968	232	25	207			2	2	2			2	7
1969	346	346										
1972	874	607	160	107		20	20	4			4	6.6
1973	1 111	670	205	218	18	22	44	8			4	54.4
1974	2 027	690	224	318	795	24	48	43	21	4	16	44.6
1975	1 819	1 007	21	336	455	30	60	36	22	6	14	88
1976	1 437	985	5	210	237	26	52	29	11		18	73.7
1977	1 266	1 079	6	108	73	22	44	23	11		12	69.6
1978	141	12		106	23	4	8					6.9
1979	229		229									
合计	11 299	6 892	1 164	1 642	1 601	167	295	164	65	10	89	398.3

注:1967年、1970年、1971年没动员下乡;1969年全班插队,班主任带队。

（第十七篇第一章《劳动》,第502—503页）

《兰西县志》

黑龙江省兰西县志办公室编,海南出版社1992年

是年(1968年),根据毛主席"关于知识青年到农村去,接受贫下中农再教育"的指示,县革委决定成立知识青年上山下乡办公室,组织城镇知识青年去农村安家落户,参加生产劳动,接受贫下中农再教育。 　　　　　　　　　　　　　　　　　　　　　　　　　(《大事记》,第31页)

第五节　知识青年上山下乡

兰西县自1964年开始有计划地组织、动员城镇知识青年上山下乡。1969—1971年形成高潮。到1978年,共有2992名青年下乡。知识青年到农村后,成为农业生产战线的一支重要力量,先后有31名知识青年光荣地加入了中国共产党,有1100人加入中国共产主义青年团,有27人被选进社队领导班子,有156名青年在农村安了家,还有一大批青年经过锻炼走上了其他工作岗位。广大知识青年的进步和发展,受到各方面的好评。

为了加强对下乡知识青年工作的领导,兰西县于1964年成立了下乡知识青年办公室,由劳动局副局长兼任办公室主任,并配备两名专职干部负责全县的知识青年下乡安置工作。同时,选调124名干部为知识青年带队,具体负责青年点的思想政治工作和管理工作。1964—1965年,动员首批青年下乡,共计130人;1968年,又动员442名青年下乡;1971年共有1026名青年下乡;1974年有450名青年下乡;1975—1976年有518名青年下乡;1977年下乡290名;1978年下乡136人。

下乡知识青年安置情况大体分三种:一是在农村生产队集体建青年点,过集体生活;二是按知识青年父母所在单位的系统下到农场、牧场、渔场等,和原场工人一起劳动;三是个别青年到自己亲友的社队单独插队。

1964—1973年,全县财政下拨知青费用270.8万元,为青年建房舍1712间。

1970年,按着知识青年有关政策,知识青年陆续升学、参军、招工,家庭困难和确有疾病的返城安置。1978年12月28日,根据中共中央办公厅转发《全国知识青年上山下乡工作会议纪要》、《国务院关于知识青年上山下乡若干问题试行规定》和知识青年上山下乡有关政策,逐步压缩上山下乡范围。根据中央精神,1980年所有下乡知识青年(除96名在农村结婚外)全部撤点返城待业、就业。就业去向除升学、参军、招工外,大部分参加本系统兴办的集体厂、站、店工作,还有一部分走自谋职业的道路。到1985年,对返城的知识青年基本安置完毕。 　　　　　　　　　　　　　　　　　(第十四篇第一章《劳动》,第413—414页)

《肇东县志》

肇东县县志办公室编,(内部刊行)1985年

本年(1964年),城镇有四百名知识青年下乡,参加农业生产。

(第一编《大事记》,第 26 页)

1978 年 9 月,根据绥化地区待业人员安置会议精神,县成立了劳动服务队,其任务是将留城、返城知识青年组织起来,一边劳动,一边等待分配。1979 年至 1981 年,通过大办集体企业的办法,安排了一大批知识青年就业。三年来,共兴办集体企业二百九十四处,安排待业青年七千八百三十三名,加上其它渠道,共安排待业青年二万三千零四十八名。

(第十七编第六十五章《劳动》,第 405 页)

第六节　知识青年上山下乡

1964 年春,中共中央、国务院就知识青年上山下乡问题向全国发出指示。4 月,县成立知识青年上山下乡工作领导小组并开展工作。至 1965 年,全县已有七百七十五名知识青年上山下乡。"文化大革命"初期,此项工作中断。1968 年,在接受贫、下中农再教育的口号下,全县有一千四百余名知识青年报名下乡,参加农业生产劳动。1969 年至 1971 年,因应届高中毕业生全部分配工作和延长学年,此项工作再次中断。1974 年,采取厂社挂钩、定点安置知识青年、定点支援农业的做法,接收哈尔滨市知识青年八千九百九十二名,来此地插队落户。1976 年,继续接收安置知识青年一千九百四十四名(其中哈尔滨市九百七十七名)。在知识青年上山下乡初期,全县青年点①达一百一十个,建房一千七百四十五间,其中砖瓦结构房屋一千一百五十间。至 1978 年,青年点达一百九十五个,自办场(队)二十五个。

知识青年上山下乡,始于 1964 年,至 1979 年,随着形势的变化,知识青年被全部安置就业,此项工作至此结束。

(第十七篇第六十五章《劳动》,第 407 页)

《肇州县志》

肇州县志编纂委员会办公室编,黑龙江人民出版社 1987 年

第五节　知识青年安置

1964 年 9 月,初、高中毕业学生,响应下乡务农的号召,有 144 名首批到农村插队落户。

---

① 青年点即下乡知识青年集中参加农业生产劳动的地方。——原书注

从 1968 年开始,哈尔滨市知识青年也陆续来托古、光荣、杏山、新福等公社插队落户。1974 年接收天津知识青年到乐业公社插队落户。十多年来,全县共接收下乡知识青年 6 101 人,其中接收外地知识青年 1 567 人。到 1978 年,国家共拨给知识青年下乡经费 44 274 元,建房 116 栋 1 119 间,其中砖平房 778 间,土平房 189 间,仓房 152 间。

历年知识青年下乡情况表 单位:人

年度 \ 人数 \ 地区	内地	外地	合计	年度 \ 人数 \ 地区	内地	外地	合计
1964	144		144	1972	412		412
1965	114		114	1973	358	119	477
1966	125		125	1974	593	554	1 147
1967	20		20	1975	610	612	1 222
1968	430	80	510	1976	650	120	770
1969	468	82	550	1977	560		560
1970	18		18	1978	32		32

下乡知识青年陆续被各条战线抽回,去向有:被大专院校和中等专业学校录取、参军、全民、集体所有制单位招工、"两退一补"接班、单位安置。1977 年,青年点带队干部全部撤回原单位工作,下乡知识青年也陆续办了返城手续。到 1978 年底,全县下乡知识青年已绝大部分返回城镇。

(第十四篇第一章《劳动》,第 360—361 页)

《肇源县志》

黑龙江省肇源县地方志编审委员会办公室编,(内部刊行)1986 年

(1972 年)二月二十日,县成立知识青年上山下乡领导小组。　　《大事记》,第 25 页)

第六节　城镇知识青年安置

1964 年动员城镇青年及闲散劳动人员下乡插队落户,在义顺公社永光大队设立知青点,首批下乡 68 名。1968 年设立安置办,1971 年成立知识青年上山下乡办公室,1980 年 9 月与劳动科合署办公。城镇初高中毕业生下乡插队落户大体有三种安置形式:①建立青年点,集体食宿,分散到生产队劳动;到 1977 年共建立 97 处青年点,在点青年 723 人;②建知青场队 3 处,安置青年 151 人;③投亲靠友分散插队或回原籍落户。1975 年以来接收哈市下乡知识青年 2 202 人。接收天津下乡知青 108 人。

1971 年以来,国家共拨知青经费 1 139 433 元,建筑面积为 31 328 平方米,为青年点建

房 185 栋,其中砖平房 738 间,一面清砖平房 55 间,仓房 98 个。

我县 1971 年到 1978 年知青下乡情况

时　间	点　数	人　数
1971	5	487
1972	5	132
1973	9	38
1974	12	1 037
1975	24	1 270
1976	25	869
1977	15	723
1978		17

　　绝大多数下乡插队落户青年,无论集体或单插,他们的生活和工作都很艰苦。个个想尽办法托亲靠友"挖门子",用"家变"、"病变"等名目积极返城。1971 年以来下乡插队青年,陆续被各行各业抽回。去向有:被大专院校和中等专业学校录取及参军、全民和集体所有制企业招工、"两退一补"接班、动员单位安置等,1978 年底绝大部分知青返回城镇安排就业。

(劳动人事志第一章《劳动》,第 439 页)

《明水县志》

《明水县志》编纂委员会编,黑龙江人民出版社 1989 年

　　(1964 年)3 月,通泉公社建立了第一批知识青年点,共建点 3 处,有红日青年点、丰产青年点、红旗青年点。　　　　　　　　　　　　　　　　　　(第一篇《大事记》,第 21 页)

　　7 月,明水县城镇青年开始有计划、有组织的上山下乡。　　(第一篇《大事记》,第 21 页)

　　(1968 年)3 月 27 日,县革命委员会成立了知识青年上山下乡领导小组,下设办公室,简称知青办。　　　　　　　　　　　　　　　　　　　　　(第一篇《大事记》,第 24 页)

　　(1970 年)6 月 23 日,县下乡知识青年安置领导小组改为下乡知识青年再教育领导小组,由 11 人组成,下设办公室。　　　　　　　　　　　　　　(第一篇《大事记》,第 26 页)

　　9 月 20 日,黑龙江省革命委员会在本县召开了上山下乡知识青年政治工作会议,明水

县委、崇德公社党委、崇德大队党支部、光华大队党支部、抗大青年队出席了会议，并在会上做了经验介绍。（第一篇《大事记》，第26页）

(1975年)5月25日，中共黑龙江省委在本县召开了"全省知识青年上山下乡工作会议"。中共明水县委书记刘玉山代表县委在会上做了经验介绍，崇德大队党支部、光华大队党支部、双胜大队党支部和抗大青年队的代表在会上发了言。（第一篇《大事记》，第28页）

(1976年)4月13日，明水县第四次知识青年代表大会召开。

（第一篇《大事记》，第29页）

(1977年)1月14日至20日，县委召开了三级干部会议，传达贯彻了第二次全国"农业学大寨"会议精神。出席会议的有县、社、队三级干部，下乡知识青年代表，路线教育工作队队长，学大寨先进集体和劳动模范代表共1 200多人。（第一篇《大事记》，第30页）

(1979年)10月，明水县下乡知识青年全部撤点返城待业。（第一篇《大事记》，第32页）

本县自1979年大批上山下乡知识青年返城以来，采取单位包干，广开门路，搞活经济，积极安置等办法，认真做了待业青年的安置工作，到1981年，全县共安置待业青年4 262名，其中新办集体企业安置229名，原办集体企业安置2 490名，全民招工91名，接班顶岗1 425名，临时性安置27名。（第十七篇第一章《劳动》，第483页）

第七节 上 山 下 乡

自1964年开始，明永县在城镇有计划、有组织地动员知识青年上山下乡，1968年形成高潮，到1978年，全县共有在点青年4 031名。知识青年到农村后，成为农业生产战线上一支重要力量，先后有109名知识青年参加了中国共产党，有1 508名下乡知识青年参加了共青团，有204名下乡知识青年被选进了社、队领导班子，有12名下乡知识青年被提拔到地、县领导岗位，有56名知识青年在农村安了家。还有一大批知识青年在农村锻炼一段时间之后，走上了其他岗位，也受到了各方面的好评和欢迎。

为了加强对下乡知识青年工作的领导，明水县于1964年成立了下乡知识青年安置办公室，由劳动局长兼任办公室主任，配2名专职干部，负责全县的知识青年下乡安置工作。1970年6月23日，县成立了下乡知识青年"再教育"领导小组，由11人组成，下设办公室，配专职工作人员6人。1972年，知青办编制增到10人，设主任1人，副主任3人，工作人员4人。1980年，知青办与劳动科(局)合并，对外保留名称。1981年撤销。

1964年春，在通泉公社首批建点。共建红日、丰产、红旗三个青年点，共有下乡知识青年 72 名。到 1978 年知识青年上山下乡形成高潮时,全县共有知识青年点 177 个,有下乡知识青年 4 031 人,其中有天津市青年点 7 个,有知识青年 223 人;哈尔滨市青年点 36 个,有知识青年 1 108 名;明水县青年点 134 个,有知识青年 2 690 名(其中插场的 838 名,单独建队的 56 名,集体插队的 1 727 名,分散插队的 38 名,全国各地来明水插队的 31 名)。

从 1964 年至 1978 年,全县先后有 1 个青年点、1 名下乡知识青年被评为省先进集体标兵和先进个人标兵;有 3 个青年点和 1 名知识青年被地区评为先进集体标兵和先进个人标兵;有 6 个青年点(队)和 9 名下乡知识青年被县委、县政府授予先进集体棕兵和先进个人标兵称号。

在 1979 年大批知识青年返城之前,知识青年安置途径只有升学、参军、招工三种。全县多年来共有 324 名下乡知识青年升入了大中专等各类学校,有 555 名知识青年参了军,有 1 341 人被招收当了工人,有 117 人因病返城,有 59 人在农村扎了根。

1978 年 12 月 28 日,中共中央办公厅转发了《全国知识青年上山下乡工作会议纪要》、《国务院关于知识青年上山下乡若干问题试行规定》和知识青年上山下乡政策,逐步压缩上山下乡范围。根据中央精神,1979 年,所有下乡知识青年(在农村结婚扎根的除外)全部撤点返城待业。从此,结束了县内知识青年下乡工作的历史。

1978 年全县下乡知识青年分布情况表

地　　点	点数	人数	其　　中:					
			哈尔滨市建点		天津市建点		明水县自建点	
			点数	人数	点数	人数	点数	人数
总　计	177	4 031	36	1 108	7	233	134	2 690
明水镇	2	80					2	80
团结公社	13	379	6	154	3	101	4	124
双兴公社	5	161	1	26	3	101	1	34
永久公社	11	374	11	374				
兴仁公社	6	136	6	136				
东兴公社	2	31					2	31
树人公社	4	120					4	120
光荣公社	2	66					2	66
爱国公社	6	179	3	85			3	94
崇德公社	5	202					5	202
通达公社	12	331					12	331
通泉公社	12	445	9	333	1	31	2	81
胜利公社	12	377					12	377
友爱公社	7	187					7	187
农林渔牧场	9	894					9	894
分散插队	38	38					38	38
外省市分散插队	31	31					31	31

(第十七篇第一章《劳动》,第 490—491 页)

《青冈县志》

青冈县志编纂委员会办公室编,黑龙江人民出版社1987年

是年(1968年),青冈县首批知识青年473人到农村插队劳动,除289名去国营农、林、牧场集体插队劳动外,其余184名分别到中和、祯祥、兴华、民政、德胜等公社青年点参加劳动。

(第一篇《大事记》,第19页)

是年(1979年),根据中共中央通知,年底前,将自1968年以来下乡的知识青年4713人全部抽调返城。

(第一篇《大事记》,第22页)

第四节 知识青年上山下乡

青冈县于1962年11月成立了精减安置办公室,负责安置城镇知识青年工作。自1964年至1979年末,全县安置到农村生产队、农林牧场参加生产劳动的城镇知识青年共6561人。其中有来自北京、上海、天津、哈尔滨及其它省、县的知识青年1536人。

城镇知识青年下乡有三种形式:一是到国营农场、林场、牧场、水库参加劳动,全县共安置1259人;二是建立知识青年点,集体劳动,全县建知青点192个,安置知识青年5209人;三是分散到农村生产队插队劳动,共93人。哈市来青冈县建立知青点192个,集体安置了1438名知识青年。

为了解决下乡知识青年生产和生活上的困难,自1964年—1979年由国家下拨给青冈县知识青年安置经费205万元,还有大批木材、砖瓦、水泥、玻璃等建房材料以及生活用煤。

1977年根据省革命委员会的通知,城镇招收工人优先从下乡知识青年中招收。按照省劳动部门拨给县劳动部门的招工指标,知识青年陆续被招工返城,至1979年底根据国务院通知,下乡青年全部迁离农村。其去向是:

一、提拔为国家干部的9人。

二、被录取入大,中专院校学习的268人。

三、参加中国人民解放军的609人。

四、选调或招工安排的4713人(其中安排在全民所有制的780人,安排到集体所有制单位的3933人)。

五、因家变,疾病、结婚返城的802人。

六、在农村插队已婚的155人,其中去外地的54人。

七、死亡5人。

外地来青冈县的知识青年,其就业安排基本上是原地负责受理。1979年陆续调回原地,已做全部安排。

(第十五篇第一章《劳动》,第365页)

《望奎县志》

望奎县地方志编纂委员会编纂,(内部刊行)1989 年

（1968 年）10 月 29 日,全县初、高中毕业生 650 名,以及哈市下乡青年 750 人到农村"插队落户"。 （《大事记》,第 31 页）

（1969 年）8 月 16 日,有 519 名初、高中毕业生到农村插队落户。 （《大事记》,第 31 页）

（1972 年）3 月 4 日,成立中共望奎县委上山下乡知识青年工作办公室。

（《大事记》,第 32 页）

（1973 年）9 月 10 日,召开知识青年上山下乡代表会议,代表 409 名。 （《大事记》,第 32 页）

（1977 年）10 月,下乡知识青年返城,安置就业。 （《大事记》,第 34 页）

《县财政支出统计表》。（见本书第 1084—1085 页表）

1969 年到 1972 年 4 年中,山西铁路部门来县招收"五·七"干校知青 150 人为国家固定工人。……

1974—1975 两年,陆续以合同工形式抽调下乡 2 年以上知识青年 361 人,安排在工业、手工业、商业等部门就业。

1979 年留城返城待业青年 800 余人,被劳动部门批准为青年服务队,后转为全民固定工。职工退职退休允许子女顶替,安排上岗 8 028 人。

（第十三篇第二章《劳动》,第 479—480 页）

望奎县 1963 年动员城镇初、高中毕业生下乡,到 1965 年底下乡 523 人。1966 年至 1968 年组织动员城镇初、高中毕业生 700 人到农村插队落户,1969、1970 两届毕业生留城安置就业。

1972 年以后,以系统为单位,在农村建设 89 处知识青年点,各系统派干部负责管理知识青年的具体事务。1972 年到 1977 年城镇下乡青年 3 923 人。

此期间,共接纳哈尔滨、天津、上海及其他省、市、县知识青年 2 430 人,分布在先锋、东郊、厢白、惠七、莲花等乡镇,以及国营农、林、牧场。下乡青年参加集体生产劳动,与社员同工同酬。

（本表上接本书第 1083 页）

县财政支出统计表①

年度	支出合计	经济建设支出	支援农业支出	城市维护支出	文教卫生事业支出	抚恤救济支出	行政管理支出	基本建设投资	其他支出	其中 青年安置支出	上解支出	余额
1964	6 390	102	889		1 502	306	963		463	41	3 010	76
1965	6 158	178	904	37	1 698	165	867		246	158	2 465	72
1966	7 202	98	1 062	32	2 092	261	919		102	34	2 063	858
1967	7 376	370	897	64	2 374	303	972		55		2 636	928
1968	7 566	80	322	34	1 973	239	953		182	110	2 341	477
1969	9 168	300	634	36	2 152	239	953	344	269	76	3 439	118
1970	9 460	300	615	52	2 002	242	965	1 417	374	11	3 168	249
1971	11 517	877	860	34	2 557	236	1 141	1 590	773	128	3 320	307
1972	8 084	455	1 017	34	3 121	311	13 226	5 039	154	100	1 336	260
1973	8 835	370	1 476	79	3 072	342	1 465	330	381	333	1 336	−58
1974	9 322	873	891		3 690	375	1 300	760	535	1 650	−54	
1975	9 230	366	1 065	54	3 442	405	1 354	1 039	1 010	1 433	−17	
1976	8 413	456	1 193	124	3 378	430	1 163	77	685	588	1 428	317
1977	9 644	495	2 042	104	3 539	419	1 279		298	152	984	842
1978	13 330	1 489	3 750	150	3 948	579	1 609	29	478	172	1 439	543

① 本表内容为节选。 ——编者注

项目 数额 年度	支出合计	经济建设支出	支援农业支出	城市维护支出	文教卫生事业支出	抚恤救济支出	行政管理支出	基本建设投资	其他支出	其 中		余 额
										青年安置支出	上解支出	
1979	13 468	1 148	3 819	180	4 128	659	1 825	40	561		1 287	119
1980	14 784	1 427	3 526	531	5 248	730	2 157	29	1 165	702	1 119	306
1981	14 244	1 069	3 500	443	5 582	946	2 013		691	307		−937
1982	13 660	244	3 119	448	6 305	883	2 016		645	337		−888
1983	17 681	1 395	4 097	620	7 321	1 403	2 211		634	264		−1 005
1984	18 054	249	3 502	528	7 939	1 096	3 556		1 184	381		−1 253
1985	21 810	898	2 791	411	9 272	1 642	3 529		2 927	243	340	897

（第九篇第一章《财政》，第 349—350 页）

1978 年根据中央"调整知青政策,逐步缩小上山下乡的范围,今后不再插队"的精神,对已上山下乡的未婚知青陆续返城,分期分批安排就业。对于插队已婚知识青年根据他们的具体情况,分别进行了适当安排。曾经轰轰烈烈一时的知识青年上山下乡运动,随着"文化大革命"的结束已销声匿迹,然而一度牵涉千家万户,对一代青年产生重大影响的社会问题,却给人们带来不断地反思、探索。

(第十三篇第二章《劳动》,第 484 页)

《星河地区志》

星河市地方志编纂委员会编,生活・读书・新知三联书店出版 1996 年

(1969 年)3 月 14 日,上海首批知识青年(简称知青)到区内农村插队落户。

(《大事记》,第 43 页)

9 月 5 日,地革委发出《关于开展向"一不怕苦、二不怕死",为抢救国家财产英勇献身的金训华同志学习活动的决定》,号召全区人民学习金训华的英雄事迹。(《大事记》,第 43 页)

(1972 年)5 月 4 日,德都县尾山农场知青在野外弄火成灾,6 日内烧毁林地 41 万亩,烧死扑火知青 7 人。

(《大事记》,第 43 页)

(1973 年)12 月 12 日,《人民日报》刊载长篇报道《青春献给党,阔步永向前——黑龙江省劳动模范、上海下乡知识青年蒋美华的事迹》,介绍了嫩江县山河农场知青蒋美华在冒生命危险抢救国家财产中被严重烧伤、在治疗期间又为抢救儿童自愿献血、重返工作岗位后努力工作的先进事迹。

(《大事记》,第 44 页)

(1975 年)9 月 12—29 日,嫩江县山河农场的北京市知青聂卫平,获得第三届全国运动会围棋比赛冠军。

(《大事记》,第 45 页)

60 年代为安置上山下乡知识青年阶段:全区先后接收、安置了来自京、津、沪及哈尔滨、齐齐哈尔等省内外知识青年,使全区人口迅速增加。仅嫩江县 1968 年就安置知识青年 9 408 人,1969 年安置来自上海知识青年 5 000 人。到 1979 年,全区共安置上山下乡知识青年 21 万多人。

(第四篇第三章《人口变动》,第 108 页)

1973 年 3 月,(黑河地革委)撤销政治部、生产指挥部、群众工作部、人民保卫部,恢复"文化大革命"前各部、委、办、局的建制。同时,成立了知识青年上山下乡办公室、冶金局、广

播事业管理局、外贸局、基本建设局。　　　（第二十六篇第三章《人民政府》，第662页）

第二节　知识青年上山下乡

60年代，中央决定对城镇知识青年实行"进学校，上山下乡，支援边疆，城市安排"的方针，开始大规模动员知识青年上山下乡活动。1960年，嫩江县九三垦区开始接收城市下乡青年。1964年，全区各县城知识青年开始到农村生产队落户。同时，还接收了哈尔滨、齐齐哈尔、鹤岗等省内大、中城市知识青年。年底，到区内农村插队落户的知识青年达0.8万人。1968年12月21日，毛泽东发出了"知识青年到农村去，接受贫下中农再教育很有必要"的号召，全区知识青年上山下乡活动达到高潮，全区接收知识青年范围扩大到全国。1970年，全区上山下乡知识青年增至13万多人。其中，有上海知识青年2.19万人。到1979年，在区内上山下乡知识青年总数达到21.6万多人。为安排好知识青年生活，国家投入大量资金，仅建房、购置生产工具和生活补贴费用就达3300多万元。

1979年以后，上山下乡知识青年开始陆续返城。

（第三十二篇第五章《精简下放》，第828页）

1970年1月13日下午，嫩江山河农场一分场二队修配所发生火灾，上海市下乡青年蒋美华闻讯后带病奔赴火场，不顾病痛和安危，冲入火海抢救被围困的拖拉机。在抢救最后一台拖拉机时，屋顶被烈火烧塌，为掩护在烈火中搏斗的同伴，她毅然扛起燃烧的房架。最后，昏倒在火海中被烧成重伤。在上海市住院治疗期间，又两次为需要有烧伤史人体内抗复血的病人献血300毫升。《人民日报》刊载了她舍己救人的长篇报道，1972年蒋美华被评为黑龙江省劳动模范。　　　（第三十九篇第二章《社会新风》，第990页）

《北安县志》

北安市地方志办公室编，（内部刊行）1993年

1980年全民所有制单位子女接班1983人（男1426人，女557人）。其中：留返城青年和下乡青年1008人，应届毕业生862人，已婚接班42人，外地和农村接班71人。集体所有制单位接班141人（男69人、女72人）。其中：留返城和下乡青年接班61人，应届毕业生73人，已婚接班3人，外地农村接班4人。　　　（第十三编第一章《劳动》，第563页）

第五节　上山下乡

本县知识青年上山下乡是从1964年开始的。到1965年有327人下乡，分布在10个农村公社，17个青年点。1968年毛主席发出"知识青年到农村去，很有必要"的指示后，下乡青

年大量增加。当年下乡青年达 6 200 多名,回乡青年 827 人。1970 年至 1973 年,有 1 325 人去农林牧场。1974 年至 1977 年上山下乡人数达到 10 253 人。截至 1979 年末,全县有 294 个青年点,共有青年 18 398 人。

在知识青年上山下乡高潮中,对符合留城条件的部分青年,经过严格审查由县知青领导小组审批,方可办理留城手续。1973 年省龙发 278 号文件中,规定留城条件是:本人病残不能参加农业生产劳动的、独生子女、多子女户身边无子女的、中国籍外国人子女。自 1975 年至 1979 年经批准留城的青年共计 8 918 人。

对下乡青年的生活安排,由家长所在单位和社、队共同负责,而以社、队为主,要做到政治上有人抓,生产上有人教,生活上有人管。公社党委有一名书记分管知青工作,并配有知青助理。县直各党委都派出带队干部协助社队做好知青的管理教育工作。1973 年以前下乡青年的生活补助费为 100 元。1973 年中央下发 21 号、30 号文件后,每人增为 400 元(其中:生活费 150 元、建房费 250 元),由公社、大队具体负责管理统一使用。生活费主要用于下乡后 3 年的生活补助,买吃粮、取暖、日用家具和生产小工具等。生活有困难的,可随时申请补助。对结婚建房的青年,按困难情况给予 80 元至 250 元的补助。到 1979 年共补助 248 人次,总金额为 46 480 元。另外,1976 年因遭受自然灾害而受补助的青年有 743 人,金额为 38 339 元。从 1974 年开始为知青点建集体住宅。由国家拨款,动员单位出钱出物,生产队出人出运力三结合的方法,全县共建成青年住房 294 栋,1 265 间,其中砖瓦结构房占 50%。各级党委和单位对下乡青年的培养教育都很重视,关心他们的成长。全县 294 个青年点都办起了政治夜校,学习科技文化,开展文体活动。据 1976 年统计,参加业余大学学习的有 386 人,参加科研有 458 人,成立业余文艺宣传队 189 个。县知青办给每个青年点订报纸 3 份,不定期地发给各种学习材料和图书。给边远青年点买半导体收音机 19 台。全县共有 80 多个青年点建立了图书室。县知青办印发了《上山下乡》和《广阔天地》等学习材料从 1965 年发刊到 1977 年共印发了 25 期。粉碎“四人帮”以后,为了帮助下乡青年报考大学,多数公社都办起了业余补习班。截至 1979 年末,下乡的 18 398 名青年中有 2 人当选生产队长、3 人当选大队支部书记,63 人当上了赤脚医生,97 人当了民办教师,当记工员、会计员的 120 人,还有 120 人成为拖拉机手。

为表彰知识青年的先进集体和先进个人,1965 年召开了北安县第一次上山下乡知识青年积极分子代表大会,出席代表 85 人。同年,出席黑龙江省召开的第一次上山下乡知识青年代表大会的有:任铁英、穆国良、唐桂英和回乡青年任红。1976 年县召开第二次上山下乡知识青年代表大会,出席会议代表 295 人,树立任铁英等 12 人为标兵。1977 年北安有 50 人出席了黑河地区召开的全区上山下乡知识青年积极分子代表大会,任铁英被树为黑河地区上山下乡知识青年标兵。1979 年召开了北安县表彰上山下乡先进集体和先进个人有线广播大会,表彰了 4 名做出贡献的下乡青年标兵。

1978 年后,根据中央“调整知青政策,逐步缩小上山下乡的范围,今后不再搞插队”的精神,再没动员知青上山下乡。留在农村的,也开始陆续返城。1979 年留在乡下的知青还有 2 002 人。知青点经过调整合并,撤销了 115 个。到 1981 年除有 4 人已婚成家者外,其余已全部返城安置完毕。

知识青年留城情况统计表

年份	因事留城	因病留城	合计
1975	1 144	840	1 984
1976	389	247	636
1977	394	416	810
1978	3 901	587	4 488
1979	790	310	1 100

上山下乡知识青年统计表

项目 人数 年份		1964	1965	1966	1968	1969	1970	1971	1972	1973	1974	1975	1976	1977	1978	1979
上山下乡	县内下乡	147	159		1 699	207			1	108	1 462	2 072	1 542	1 365	21	42
	去外县				746	444					318	773	290	462	29	34
	去农林场				1 869	1 358	87	59	532	59	17	20	22	43		
	去自办点						51		358		1 184	210	66	111	7	
合计		147	159		4 314	2 009	138	59	891	167	2 981	3 075	1 920	1 981	57	76
补办手续	县内	15	5	5	10	4	5	4	5	5	13	4	8	5	3	
	外县	1		2	6	1	3	3	6	39	188	35	18	25	4	2
	合计	16	5	7	16	5	8	7	11	44	201	39	26	30	7	2
合计		163	164	7	4 330	2 014	146	66	902	211	3 182	3 114	1 946	2 011	64	78
社会浮闲下乡						429	300	9								
回乡青年					710	117		3	31							

上山下乡知识青年返城情况表

年份	因事返城	因病返城	合计
1969	1	17	18
1970	87	166	253
1971	96	39	135
1972	256	371	627
1973	7	7	14

年份	因事返城	因病返城	合计
1974	40	18	58
1975	14	59	73
1976	39	107	146
1977	27	171	198
1978	84	139	223
1979	860	1 081	1 941
合计	1 511	2 175	3 686

（第十三编第一章《劳动》，第 572—575 页）

《德都县志》

德都县地方志办公室编，黄山书社 1994 年

（1964 年）9 月初，本县第一批 35 名城镇应届初中毕业生到农村生产第一线，参加农村社会主义建设。10 月 6 日，第二批 8 名知识青年到农业生产第一线。（《大事记》，第 23 页）

（1969 年）12 月 1 日，全县共接收和安置上山下乡知识青年 13 531 名，分别安置在 8 个公社，1 个"五·七"干校，3 个农场。 （《大事记》，第 27 页）

（1973 年）9 月 7 日—12 日，县委、县革委召开全县知识青年上山下乡工作会议，各单位负责人及知识青年代表共 300 人参加了会议。

10 月 6 日，县委为了加强对知识青年上山下乡工作的领导，成立了知识青年上山下乡工作领导小组。 （《大事记》，第 29 页）

1976 年 3 月，7 名上山下乡女知识青年，在扑灭山火的战斗中英勇献身。1976 年 7 月经中共黑龙江省委批准，授予 7 名女青年"英雄战士"光荣称号。并在六分场的附近山丘下修建了 7 英雄烈士陵园一处。 （第二编第五章《驻县单位》，第 155 页）

1973 年 3 月—1974 年 5 月，刑事审判庭重点打击奸污迫害上山下乡知识青年案件，共受理强奸迫害上山下乡知识青年案 35 起，其中：轮奸 1 起、强奸 31 起、迫害 1 起、其他 2 起。

（第十七篇第三章《审判》，第 684 页）

录用固定工人

1972 年—1985 年,县内从城镇待业青年和上山下乡知识青年中共招考全民所有制固定工人 2 860 人。其中:从城镇待业青年中招考 1 645 人,从农村上山下乡知识青年中招考 1 215 人。1979 年—1985 年,从城镇待业青年和上山下乡知识青年中招考集体所有制工人 3 098 人。其中:从城镇待业青年中招考 2 551 人,从农村上山下乡知识青年中招考 547 人。

(第十九编第一章《劳动》,第 728 页)

第七节　上山下乡知识青年安置

1964 年,本县开始进行知识青年上山下乡工作。同年 9 月,第一批 6 名城镇应届初中毕业生到农业生产第一线,参加农村社会主义建设。截止 1967 年末,已在新发公社永和大队、团结公社永发大队和团结大队建立了三处知识青年安置点,安置下乡知识青年 35 人。1968 年,掀起知识青年上山下乡高潮,知识青年上山下乡数量骤增,县革命委员会设立知识青年上山下乡办公室,负责知识青年上山下乡的动员和安置工作。1964 年—1978 年,全县共动员和安置上山下乡知识青年 5 089 人,其中本县知识青年 3 762 人,外省、市、县知识青年 1 327 人。这些知识青年被安置在 9 个农村人民公社的 43 个生产大队和 7 个农、林、蚕场,共建知识青年集体安置点 78 个。知识青年上山下乡的安置和管理主要有三种方式:一是集体动员,自己找点,知识青年的管理教育由接收单位负责;二是集体动员,由动员单位按系统派干部带队,统一建点,由接收单位和带队干部共同管理;三是根据知识青年个人自愿,投亲下乡,零星插队,由接收单位和知青亲属共同管理。十几年中,县内的上山下乡知识青年,有很多人加入了中国共产党和中国共产主义青年团,并有很多人担任了农村基层领导干部、赤脚医生,民办教师、农业技术员、会计、出纳、拖拉机手、木工、瓦工、电工等工作,成为农村各项事业的骨干力量,为德都县农村建设做出了重要贡献。

1979 年以后,根据中央"调整知青政策,逐步缩小上山下乡的范围,今后不再搞插队"的精神,县内再没有动员知识青年上山下乡。

1979 年,开始对上山下乡知识青年进行调离安置工作,年末调离农村的知识青年共 4 295 人。其中:升学 525 人,招工 1 676 人,参军 265 人,因病或家变返城 564 人,转点迁出 1 265 人,农村尚有知识青年 794 人。其中:农村公社插队知识青年 498 人,林场 296 人。至 1981 年末,通过上述途径调离农村的知识青年有 674 人,仅剩插队已婚知识青年 120 人。其中:女知识青年 102 人,男知识青年 57 人。1982 年,根据中央和省政府对上山下乡知识青年安置的文件精神,本着"就近就地安置"的原则,县内安置插队已婚青年 120 人。其中:社办就业 26 人,知青农场 11 人,个体经营 1 人,集体所有制单位 54 人,国营林场 13 人,代课教师转正 8 人,招为全民所有制工人 1 人,接班 1 人。

年度＼项目	总人数	其　中				
		本县	北安庆华厂	北京市	上海市	内蒙古自治区
1964	6	6				
1965	17	17				
1966	12	12				
1968	1 339					
1969	447	385	954			
1970	198	775	34	3	233	2
1971	2					
1972	477					
1973	205					
1974	445					
1975	553					
1976	650					
1977	640					
1978	98		101			
合计	5 089					

（第十九编第一章《劳动》，第 748—749 页）

《孙吴县志》

孙吴县志编纂委员会办公室编，黑龙江人民出版社 1991 年

（1965 年）3 月 15 日，孙吴县第一批（3 名）知识青年到西地营子生产队插队落户。

5 月 25 日，孙吴县第二批知识青年上山下乡插队落户。　　　　（《大事记》，第 23 页）

（1966 年）3 月 26 日，孙吴镇内第三批知识青年和社会浮闲人口 35 人及哈尔滨知识青年 180 多人到孙吴县红色星火农场务农。　　　　（《大事记》，第 23 页）

（1968 年）春，全县 200 多名知识青年上山下乡。同时接收齐齐哈尔市知识青年135 人。
　　　　（《大事记》，第 24 页）

是年（1969 年），2 000 多名上海知识青年来孙吴插队落户，分别安置在奋斗、沿江、腰屯、兴北 4 个公社的部分生产队。　　　　（《大事记》，第 24 页）

五大连池农场辰清分场　它的前身是 1966 年 2 月 10 日在辰清河两岸建立的星火农场,最初由何铁奎带领 33 名孙吴县知识青年到此建场,1966 年 5 月 25 日、6 月 25 日,先后接收两批哈尔滨知识青年 200 人。1967 年 11 月星火农场交给生产建设兵团,后改名为:"中国人民解放军沈阳军区黑龙江生产建设兵团一师独立营"。此时耕地面积达 9 000 余亩,农业机械基本配套。1982 年划归五大连池农场,下设 5 个队。

(第三编第一章《所有制与经营方式》,第 98 页)

第四节　知识青年上山下乡

孙吴县 1964 年开始动员知识青年上山下乡,当年有 4 名青年到农村插队落户。1965 年成立知识青年安置办公室,同年动员 17 名青年到农村插队落户。1966 年动员 35 名青年到星火农场(现辰清乡)落户。同年秋季接收哈尔滨知识青年 180 人。

1965 年至 1979 年,县内知识青年上山下乡 470 人;接收、安置哈尔滨、上海、四川、齐齐哈尔、黑河、北安、逊克、德都、伊春、肇源、拜泉、绥棱、滨县等地知识青年 4 300 人,其中上海知识青年 2 836 人。这些青年分别安置在沿江、腰屯、兴北、奋斗、辰清、卧牛河 6 个乡和平山林场、县种畜场、良种场等单位。

1970 年上海派 190 名干部,由贾晋带队到孙吴县各青年点协助安排知识青年的生产、学习和生活,至 1976 年全部返回上海。

据 1973 年统计,在孙吴落户的知识青年中 82 人加入中国共产党;767 人加入共青团;161 人被选进各级领导班子;250 人担任会计员、技术员等工作;675 人被招生、招工、征兵等。

1969 年至 1979 年孙吴县从地方财政拨款 22.6 万元作为知青补助经费。其中建房补且 3.3 万元;生活补助 1.2 万元;农具、炊具补助 3 万元;医疗费和困难补助 1 万元;知识青年探亲和业务费 14.1 万元。

1978 年后,根据中央"调整知青政策,逐步缩小上山下乡的范围,今后不再搞插队"的精神,不再动员知识青年上山下乡,已上山下乡的未婚知识青年陆续返回城市,其中上海知识青年大部分返回上海。1980 年农村尚有已婚下乡青年 136 人,其中上海青年 69 人。1981 年根据上级指示精神,对这部分青年进行了适当的安排,其中安排到县城的 86 人;安排到农、牧场的 50 人,1985 年对农、牧场的青年进行了重新安排,在安排工作的 136 人中,男方顶替女方的 80 余人。

(第十一编第三章《职工管理》,第 228、230 页)

《爱辉县志》

爱辉县修志办公室编,北方文物杂志社 1986 年

(1965 年)8 月,县组织首届知识青年建设山区先锋队。在桦树排子建立营林新村,他们

曾被评为全省知识青年上山下乡先进集体。 （第一编《大事记》，第 45 页）

同月（1966 年 5 月），哈尔滨青年先后 400 余人赴本县屯垦戍边，建立哈青农场。

同月，县内 100 余名街道青年到大平安家落户，建立烽火农场。

（第一编《大事记》，第 46 页）

（1969 年）3 月 9 日，第一批上海青年到达黑河，开始到县内农村插队落户。全县先后共计接收上海青年 5 000 余人；随着上海青年的到来，上海市先后派来三批干部，配合当地组织负责对青年的领导和教育工作，这些干部于 1977 年陆续回到上海。

（第一编《大事记》，第 49 页）

第五节　知识青年上山下乡

爱辉县知识青年上山下乡工作是从 1964 年开始的。这年 3 月，县委成立了安置办公室，专门负责这一工作，到 6 月，首批动员了黑河镇内的 20 名知识青年到西岗子公社曹集屯大队插队落户。次年 8 月，又动员了 81 名初、高中毕业生和社会青年，组成"首届知识青年建设山区先锋队"奔赴桦树排子，建立了营林新村。青年们在这里开荒、植树、伐木，由于成绩突出，被评为先进集体，出席了 1966 年 3 月召开的黑龙江省首届知识青年上山下乡先进集体、先进个人代表大会。1968 年 4 月，营林新村迁至罕达汽九道沟，建立了燎原农场。1966 年 5 月，先后有 400 名哈尔滨知识青年来县屯垦戍边，在桦皮窑林场附近建立了哈青农场。同年，县内又有百余名社会青年到罕达汽大平安家落户，建立了烽火农场。1968 年后，"在校闹革命"的初、高中毕业生陆续离开学校，知识青年上山下乡数量激增，1969 年、1970 年为最多。此间，还接收了一大批外省、市知识青年。1964 年至 1979 年，全县共动员并安置了上山下乡知识青年 7 067 人；接收并安置了外省、市知识青年 5 703 人，其中上海知识青年 5 220 人。

这些青年被分别安置到 10 个人民公社的 118 个生产队、10 个国营林场、5 个地方国营农场、15 个系统自办农场。安置形式分为插队（场）、办场、办队 3 种。在插队（场）中，采取了系统包社、集体插队、自行挂钩和分散插队等方式；在办场中，采取了县办农场和系统办农场两种；办队，即是由知识青年、贫下中农和带队干部组成，建立起独立的、集体所有制的青年生产队。最多时，全县共有知识青年安置点 41 处。

自 1964 年知识青年上山下乡以来，全县共为知识青年建造集体宿舍、食堂 1 447 间，2.9 万平方米，其中土木结构的 2.46 万平方米，砖瓦结构的 4 400 平方米。1964 年至 1979 年，国家共拨给知青安置经费 579.65 万元，使下乡知识青年在住房、学习、医疗等方面得到了保证。

十九年中，爱辉县知识青年有 550 人加入了中国共产党；4 329 人加入了共青团；182 人担任了农村基层干部;2 015 人担任过赤脚医生、民办教师、农业技术员、会计、出纳、拖拉机手、广播员、代销员、木工、瓦工、电工;有 21 个单位、324 人参加过省、地、县劳模会和知青代表会议。国家根据需要共招工 1 414 人,参军 336 人,招生 832 人,提干 105 人。

根据知识青年插队落户的需要,1969 年后,爱辉县革委会曾先后派出 36 名国家干部到知识青年安置点带队。同时,上海市革委会也分 3 批,先后派来干部 365 人,到县内上海青年安置点,负责对青年的组织领导和教育工作。1976 年后,带队干部陆续回到原单位,上海干部返回上海。

1976 年以后,根据中央"调整知青政策,逐步缩小上山下乡的范围,今后不再搞插队"的精神,再没有动员知识青年上山下乡;已上山下乡的未婚知青也都陆续返回城镇,上海知青大部分返回上海。到 1980 年,农村尚有插队已婚知识青年 240 人,其中上海青年 121 人,黑河青年 119 人。1981 年以后,根据上级精神,对这部分人都进行了适当安排,其中安排到国营单位的 157 人;安排到集体单位的 55 人;安排到农、林、牧、渔场的 13 人;给予一次性补助的 15 人。在安排工作的 225 人中,男方顶替女方的 52 人。

(第十六编第二章《劳动》,第 584—585 页)

《逊克县志》

逊克县地方志编纂委员会编,黑龙江人民出版社 1991 年

(1968 年)10 月 11 日,首批接收来本县插队落户接受贫下中农再教育的齐齐哈尔市知识青年。此后陆续接收来自上海、北京、哈尔滨、四川、北安等省、市知识青年。到 1976 年共接收知识青年 7 581 人,其中上海知识青年 4 915 人。后于 1977、1978 两年大部分陆续返回原籍城市。
(《大事记》,第 30 页)

(1969 年)7 月 28 日,黑河地区革命委员会批转逊克县车陆公社宏伟大队对知识青年进行再教育的经验。要求全区向宏伟大队学习,对知识青年做到"政治上有人抓,生产上有人教,生活上有人管"。
(《大事记》,第 30 页)

(1975 年)4 月,在上海师范大学等高等院校支持下,县创办知识青年函授大学,1980 年改称函授学校。1984 年 11 月合并于逊克县函授广播学校。
(《大事记》,第 34 页)

移民新村 20 世纪 50 年代,山东移民新村的建立和接收省内城市疏散人口,60 年代接收上海以及其它省市知识青年上山、下乡,1978 年以来为开发三线垦区,还安置了来自省内拜泉、望奎、巴彦等县的移垦户。所有这些措施,加速了逊克县人口的增长。

(第三篇第一章《人口》,第 119 页)

1972年,党、政机构重新分设,县革委行使人民政府职权,下设办公室、……知识青年上山下乡办公室27个部、办、科、局。　　　（第十二篇第二章《地方行政机关》,第395页）

1978年开始,职工退休后允许一名子女顶替,每年都有一定数量的待业青年就业。同时,根据上级下达的劳动就业指标,每年都从城镇待业青年中招工或办理临时工转正手续。

在返城知识青年的安置工作中,贯彻"国家安排和自谋职业相结合"的劳动就业方针,对国家正式招工指标外的城镇待业人员,实行系统包干、开展第三产业等方式加以解决。县劳动服务公司也积极采取措施,优先考虑介绍待业青年的就业问题。对历次来自外省市的上山下乡已婚知识青年的就业问题,1982年作了一次性的安置。分别安排在国营、集体企事业单位工作,其中不能上岗工作的女知识青年,允许其配偶顶替工作。在各次公开招工时,对下乡时间长、年龄较大的知识青年均采取放宽一个分数段录用的方法予以照顾。

（第十三篇第三章《职工管理》,第420页）

城镇知识青年上山下乡

1968年,本县将压缩城镇人口办公室改为知识青年上山下乡工作办公室（简称"知青办"）,负责城镇知识青年到农村插队落户的安置工作。

1968年9月,县里首批城镇知识青年120名下乡插队务农;11月首批接收齐齐哈尔市知青200名。1969年3月,接收上海市知青1 300名,分别安置在各生产队务农。

1968—1977年,10年间本县先后安置上山下乡知青7 708人。其中来自县外的6 467人,占安置总数的83.9%;安置县境知青1 241人。来自县外的知青当中,以上海市知青最多,共4 902人,占本县安置知青总数的63.6%。其余来自齐齐哈尔市、北安市、哈尔滨市、北京市、天津市以及四川、河南两省的知青共1 565人。

对知青上山下乡务农,县里采取4种形式安置:一是集中安置到生产队,全县有96个生产队接收了大批知青为社员;二是安置在国营农牧、林场,全县有5个场接收了知青为工人;三是单独建立知青农场一处（后改为宝山公社的一个连队）;四是少数知青因亲友关系,分散插入生产队落户当社员。

1971—1975年,国家共拨知青安置补助费18.8万元,年均3.76万元。全县各生产队共建知青集体宿舍、食堂2.7万平方米,砖瓦结构占30%。

1975年4月,县成立知青函授大学（后改为函授学校）。1977年9月,在6个公社设立了分校,有70%以上知青参加学习,提高了文化与生产技术水平。1968—1977年10年中,有203名知青参军,480人升入大、中专深造,508人被招工,12人提为国家干部。

1978—1980年,大批上山下乡知青返回城市。截至1985年,全县尚有上海、齐齐哈尔、北安3个城市的共305名已婚知青留在县里。其中除25名自愿领取安家补助费,留在农村从事农业生产外,其余均由县劳动局按照国家有关规定,在城镇安置为全民或集体的正式职工。

（第十四篇第一章《民政》,第431页）

金训华，1949年3月出生于上海市一个普通工人家庭，1968年毕业于上海市吴淞第二中学高中部。时值"文化大革命"初期，毛泽东主席号召知识青年上山下乡接受贫下中农再教育，金训华带头响应，于1969年5月29日，与33名同学一起到逊克县逊河公社双河大队插队落户。他在农业生产劳动中，虚心向老社员学习，不怕脏、不怕累。在政治上积极要求进步，每晚坚持在煤油灯下学习毛主席的著作，受到当地党组织和群众的好评。不久，即被任命为双河大队民兵连基干民兵排长。6月14日，向双河大队党支部递交了入党申请书，迫切希望成为一名共产主义战士。

1969年8月15日，双河大队村旁的逊毕拉河，因连日大雨山洪暴发，引起河水急剧上涨，使逊河公社堆放在双河渡口上游北岸的一批高压输电松木电柱受到洪水的威胁。下午4时许，双河大队民兵连正在抢修堤坝，大队领导通知民兵连长紧急组织民兵前去抢救。金训华主动向连长请战，承担了这项紧急任务，立即带领3名民兵奔向双河渡口。到达后，发现跨河渡船缆绳支架已被冲倒，不能再乘船过河。与此同时，已有几根电柱从上游漂来，金训华见状，立即同基干民兵陈健、关根成（都是上海知识青年）脱掉衣裤跃入河中，奋力搏击，游向漂来的电柱。由于水流湍急，波浪翻滚，他们三人几次沉浮于恶浪旋涡中。当民兵连长等人撑船来救时，陈、关二人幸免于难，金训华却不幸被恶浪吞没，为抢救国家财产，献出了宝贵的生命，年仅20岁。

1969年8月25日，中共逊克县革命委员会核心小组，为了表彰金训华为保护国家财产而忘我牺牲的精神，根据他生前的申请，追认他为中共正式党员，并报经黑龙江省革命委员会批准，授予他革命烈士称号，在双河村建立了金训华烈士墓。

（第二十一篇第一章《人物传略》，第585页）

《嫩江县志》

嫩江县地方志编纂委员会编，三环出版社1992年

是年（1964年），齐齐哈尔市下乡青年58人、外县青年1人、本县下乡返乡青年427人，到县内农村落户。

（《大事记》，第43页）

（1970年）6月，哈尔滨、北京、上海等地的上山下乡知识青年，来县内的山河、嫩北等国营农场插队落户。

（《大事记》，第47页）

11月17日，县内山河农场知识青年李国华，在烈火中抢救国家财产英勇献身，经内务部批准，被追认为革命烈士。

（《大事记》，第47页）

（1972年）4月12日，县革委党的核心小组批转《关于动员知识青年上山下乡建设社会主义新农村的方案》，对动员知识青年上山下乡和作好上山下乡知识青年工作，提出具体要求。

6月20日,县革委党的核心小组召开动员知识青年上山下乡有线广播大会,全县再掀知识青年上山下乡的高潮。

（《大事记》,第48页）

10月,由上海市插队干部和知识青年组建的星火"五·七"农场改属嫩江县管辖。1974年10月28日转为人民公社建制。

（《大事记》,第48页）

(1973年)9月7—12日,县委召开知识青年上山下乡工作会议,讨论通过《嫩江县1974—1980年知识青年上山下乡规划(草案)》。

（《大事记》,第49页）

是月(1974年4月),上海市慰问团来县慰问上海籍上山下乡知识青年。

（《大事记》,第49页）

7—8月,县内山河农场的北京下乡知识青年聂卫平,在四川省成都市参加全国棋类比赛,获围棋比赛第三名。

（《大事记》,第49页）

1970年,由上海市插队干部和知识青年组建星火"五·七"农场,1975年转为星火人民公社,1984年改为建制乡,1985年转为建制镇。因境内多宝山矿藏丰富,远近闻名,以命镇名(多宝山镇)。

（地理编第一章《政区》,第69页）

1978年后,为安置返城青年和待业青年,许多部门组建集体所有制零售商店,随着放宽经济政策,个体商业大批涌现,形成了国家、集体、个人一齐上的局面,商品购销更加兴旺。

（经济编第七章《商业》,第264页）

政府工作机构沿革简表[①]

政府名称	年份	沿革	实设机构个数
县革命委员会	1970	改设革委会办公室、政治工作部、生产指挥部、人民保卫部,新设知识青年上山下乡办公室、战备办公室,恢复民政劳动科、计统科、科技科、财政金融科、农牧科、农机科、林业科、水电科、工交科、商业科、粮食科、工商行政管理科、文教科、卫生科。	3办、3部、2局、14科
县革命委员会	1980	增设民族事务委员会、司法科,林场管理局与林业科合并为林业局,知识青年上山下乡办公室并入劳动科,工交办公室改为经济委员会,建设科改为基本建设委员会,农机科改为局。	6办、6委、7局、25科、3行、1社。

（政治编第三章《地方政府》,第460、461页）

---

① 本表内容为节选。——编者注

"文化大革命"中,教育事业发展过快,补充师资的正常渠道已不复存在,原有教师下放农村"接受再教育"的占一定比重,有些骨干教师"外流",只好从上山下乡的知识青年和后来的高中毕业生中大批选拔教师,师资水平大大降低。 （文化编第二章《教育》,第573页）

第三节 知识青年安置
一、接 收 安 置

1955年毛泽东主席发出知识分子到农村去的号召后,城市知识青年开始到农村落户,走与工农结合的道路。1960年,九三垦区开始接收城市下乡青年。1964年,城市知识青年始到县属社队落户,为适应知识青年工作的需要,县人委始设知识青年工作机构。到1966年,全县共接收安置哈尔滨、齐齐哈尔、鹤岗等城市和县城知识青年5 513人（县属单位接收1 280人、九三垦区接收4 233人）,安置去向为国营农场4 704人、社队809人。

1968年,毛泽东发出"知识青年到农村去,接受贫下中农再教育,很有必要"的指示,很快就形成知识青年上山下乡的高潮。因知识青年蜂拥而至,接收安置困难很多,除集体插场、插队落户外,新建一批知识青年集体农场或知识青年点,有的知识青年还自找门路投亲靠友落户。1978年,停止动员上山下乡。此间,全县先后接收北京、上海、天津、哈尔滨、齐齐哈尔、鹤岗、鸡西、双鸭山、牡丹江等城市和县城下乡知识青年91 226人（县属单位接收22 220人、兵团五师接收69 006人）,安置去向为国营农场85 524人,国营林场221人、人民公社4 023人、县属垦区793人、县属知青点656人。为安置知识青年,仅县属单位就下拨知青安置经费2 150万元,新建知青集体农场7个、知青点162个、知青住房29 927平米,派出"带点"干部241人。

县属单位历年接收安置上山下乡知识青年统计表 单位:人

年份	当年接收	年末实有	知识青年来源地					知识青年安置去向				
			上海	哈尔滨	齐齐哈尔	本县	其他市县	农场	林场	公社	垦区	知青点
1964	486	486	—	—	59	191	236	236	—	250	—	—
1965	606	1 020	—	—	506	100	—	101	—	505	—	—
1966	188	1 210	—	—	77	111	—	134	—	54	—	—
1967	—	1 210										
1968	9 408	10 500	—	1 476	3 300	495	4 137	9 083	—	315	—	—
1969	5 078	16 000	2 189	137	4	559	2 189	4 967	—	211	—	—
1970	2 733	1 200	2 574	—	—	151	8	1 800	—	933	—	—
1971	16	1 120				2	14	14	—	2	—	—
1972	685	2 614	492			193	—	609	—	76	—	—

年份	当年接收	年末实有	知识青年来源地					知识青年安置去向				
			上海	哈尔滨	齐齐哈尔	本县	其他市县	农场	林场	公社	垦区	知青点
1973	274	2 688	—	—	—	261	13	—	94	143	—	37
1974	1 461	4 021	49	4	93	1 237	78	—	63	838	81	479
1975	1 017	4 819	128	18	19	835	17	11	782	123	101	
1976	779	5 395	50	10	93	587	39	65	21	362	328	3
1977	684	5 679	24	—	106	529	25	70	26	343	215	30
1978	85	4 964				83	2	—	6	27	46	6

二、返 城 安 置

知识青年上山下乡后,因病或家庭困难,时有返城者。1970 年后,始在上山下乡的知识青年中招工或抽调参加各种工作队,后又推荐知识青年升入各类专业院校,陆续有一批知识青年进城。1977 年,知识青年开始大批返城,返城安置贯彻"在国家统筹规划指导下,实行劳动部门介绍就业、自愿组织起来就业和自谋职业相结合"的方针,除集中安置已婚知识青年外,将原来的知青经费改为生产周转金,下乡青年家长单位自筹资金,先后兴办 162 个知青企业,还打开城乡"两扇门",广开就业门路,使绝大多数返城知识青年各得其所。到 1982年,县属已婚知识青年 409 人均得到安置,其中:全民所有制招工 260 人、集体所有制招工60 人、进城就业 54 人、就地就业 34 人、个体就业 1 人。到 1985 年,县属单位共安置知识青年 14 134 人,待业人数减至 974 人。 (社会编第四章《劳动就业》,第 676—677 页)

1970 年 1 月 13 日下午,山河农场一分场二队修配所发生火灾,正在生病的上海市插场女知识青年蒋美华,闻讯后立即奔赴火场,不顾病痛和安危,冲入火海抢救被围困的拖拉机。当抢救最后一台拖拉机时,屋顶被烈火烧塌,为掩护在烈火中搏斗的同伴,她毅然用双手擎起仍在燃烧的屋架,昏倒在火海中被烧成重伤。在上海市住院治疗期间,听说一小女孩因烧伤引起败血症,急需一种有烧伤史人体内的抗复血,便毅然出为其献血,终于献血 100 毫升,后又为上海中山医院一败血症患者献血 200 毫升。《人民日报》曾刊载过介绍她舍己为人事迹的长篇报道,1972 年被评为黑龙江省劳动模范。 (社会编第七章《风尚习俗》,第 700 页)

县公安局民警马怀乾和省战备汽车第三中队职工修莲芬夫妇,自 1972 年起照顾镇内无依无靠的王国璋、王淑芬老两口,被传为佳话。马怀乾任管区民警时与王大爷老两口结识,看到他们年老体弱、困难很多,便和爱人担起照顾二老的义务。他们经常为老人买粮、习煤、劈柴、担水,还从自己不多的工资收入中拿出一部分为老人买生活用品。1974 年冬的一个星期天,小马抗着一袋白面来到西北门外王大爷家,进门才得知王大爷已生病卧床两天,有一天多未进食,他服侍老人吃药,煮了一碗小米粥,又返回街里买来药物、水果和罐头,在老人患病的二十多天中,他每天晚上都去看望,终于使老人康复。每逢年节,他们总把二老接到家中,共享天伦之乐,孩子亲热地喊着"爷爷、奶奶",不知情的人都认为这是一家人。十几年来,为照顾老人,他们夫妻俩连回老家探望双亲的机会都放弃了(马为哈尔滨市下乡青年,修为双鸭山市下乡青年),倾注了大量的心血。他们的品德和风格,受到上级组织和广大群众的赞扬。

(社会编第七章《风尚习俗》,第 701 页)

李国华(1948—1970),黑龙江省鸡西市人。出身于铁路工人家庭。1968 年从鸡西市第四中学高中毕业后响应"上山下乡"号召,到县内的山河农场一分场第二生产队插场落户。历任副班长、班长、排长和政治干事之职。在劳动、工作、学习和日常生活中,严以律己,积极上进,受到领导和职工的好评。1970 年 7 月 13 日下午,一分场二队修配所突然起火。顷刻间,浓烟滚滚,烈火熊熊,火借风势,风助火威,火势迅速蔓延,已危及停放着数台待修拖拉机的二车间,火舌迅即吞噬了二车间的屋顶,发出劈劈叭叭的响声。在这紧急关头,李奋不顾身地扑向火海之中,许多前来救火的职工也冲了进去。一股股呛人的浓烟,一阵阵炙面的热浪,一片片爆飞的火花,把大家的脸熏黑了、头发烤焦了、衣服烧着了,但他们全然不顾,倾全力与火魔搏斗,把拖拉机等主要设备抢救出来。李在冲出火海的一刹那,发现还有一台轮式拖拉机仍在车间里,便又返身冲入火海,就在此时,不幸的事情发生了,屋顶被烈火烧塌,一根正在燃烧的房梁重重地砸在李国华头上,夺去了他年轻的生命,年仅 22 岁。为褒扬英雄的忘我牺牲精神,根据其生前的表现和愿望,被追认为中国共产党党员;报经国务院内务部批准,授予"革命烈士"称号。

(人物编第一章《人物传》,第 740—741 页)

《伊春区志》

伊春市伊春区委宣传部编,(内部刊行)1992 年

同月(1964 年 9 月),动员城镇知识青年下乡支援农业生产建设。(《大事记》,第 12 页)

(1968 年)7 月,知识青年开始上山下乡。　　　　　　　　　　(《大事记》,第 14 页)

1978 年 10 月,大批知识青年先后返城。　　　　　　　　　　(《大事记》,第 18 页)

(1980 年)1 月 26 日,召开伊春区上山下乡知识青年劳动模范代表大会。会上 19 个先进集体和 241 名劳动模范受到表彰奖励。　　　　　　　　(《大事记》,第 19 页)

1964年，成立伊新区知识青年领导小组办公室。知青办有 4 名工作人员承担区内各中学毕业生和社会待业知识青年的安置工作，知青办与劳动科合署办公。

……

1980 年，撤销"知青办"，原"知青办"业务纳入劳动科。

（第十三篇第二章《劳动》，第 213 页）

"文化大革命"开始后，大批知识青年上山下乡。1973 年，上山下乡知识青年 415 人。1976 年，上山下乡知识青年 825 人。1978 年，上山下乡知识青年 546 人。1979 年，绝大多数上山下乡知识青年返城。

（第十三篇第二章《劳动》，第 213 页）

1966 年至 1976 年，教师队伍不够稳定，大批骨干教师被下放劳动，出现师资短缺的现象。由于师资短缺，选拔抽调部分小学教师到中学任教，并录用一大批知识青年充实到小学教师队伍中。

（第十八篇第三章《教师队伍》，第 271 页）

《带岭区志》

《带岭区志》编委会编辑，（内部刊行）1988 年

(1968 年)4 月，带岭区"五·七"农场在红星青年农场基础上建立。应届中学毕业生被安置在农场，接受工人、贫下中农再教育。

（《大事记》，第 23 页）

7 月，区革委会召开首次知青工作会议。

（《大事记》，第 23 页）

秋，带岭区 3 170 名知识青年上山下乡。

根据省、市革委会安排，上海知识青年 175 人来带岭落户。

（《大事记》，第 23 页）

(1973 年 7 月)区党委召开第二次知青工作会议，历时三天。党委副书记关士才在会上作知青工作报告。

（《大事记》，第 25 页）

(1975 年)8 月 11 日，国务院副总理孙健到带岭视察。在视察大青川青年队时，命名该队为"青年创业队"。

（《大事记》，第 26 页）

(10 月 29 日)区党委向全区知识青年发出学"两大"（大庆、大寨）赶"创业"（创业队、即现大青川综合厂）的号召。

（《大事记》，第 26 页）

（1977 年）3 月，带岭区人民政府召开 1976 年度上山下乡知识青年先进集体、先进个人代表大会，有 283 名代表出席。区党委副书记徐璋在大会上讲话。　　（《大事记》，第 27 页）

在"文化大革命"初期，大兴公社新兴生产大队率先推广"赤脚医生"经验，解决本队社员的医疗问题。"赤脚医生"是大队革委会选定一名女青年，在不脱产的情况下，身背药箱、手持银针，为本队社员诊治一般常见病。"赤脚医生"与社员一样挣工分，所需药费由大队公积金中支付。不久"赤脚医生"经验作为一项新生事物，在各农业大队、林场青年点、农场、"五·七"战校推开。到 1970 年"赤脚医生"发展到 23 人，（14 人在山上林场，9 人在农业大队）。这时"赤脚医生"都成了脱产人员，工资、药费均由生产单位负担。

1974 年，农业大队及林场青年点，推行合作医疗制。1975 年 9 月，区卫生科为提高"赤脚医生"的医术水平，对各生产大队、知青点的 45 名"赤脚医生"进行短期培训，聘请老医生授课。1977 年 7 月，又由区"七·二一"大学培训 62 名"赤脚医生"。每期授课时间 2 个月左右。从此，赤脚医生队伍越来越大，成了农村医疗卫生队的主力。

1981 年初，根据上级机关指示，取消了各青年点的"赤脚医生"，全区农业生产大队仅留 7 人，并入合作医疗组织。　　（第十一编第五章《卫生》，第 521—522 页）

第三节　知青管理

1963 年以前，初高中毕业学生，除升学、参军者外，或由本企业招收，或自谋职业，不存在对他们的安置问题。1964 年初，区成立青年校，并决定南沟红星农场作为青年校劳动基地。当时有知识青年 500 多人。同年 4 月，根据上级领导机关关于安置知识青年的指示精神，经区党委研究决定，责成区（局）青年校挑选 72 名青年，由区调配 4 名带队干部率领这批青年到黑龙江省兰西县插队落户。后因生活、居住条件、生产领导等原因，根据上级指示，这部分人又于同年 12 月 2 日返回带岭，分别安置到带岭营林村和乌伊岭区西克林等地参加集体劳动。

1968 年至 1970 年，由区革委会生产部主管知识青年安置工作，将一千多名知识青年安排到南沟"五·七"农场及 6 个农业生产大队插队落户，搞所谓的接受贫下中农再教育。1969 年，区革委会成立知青办公室，主管全区知青安置工作。到 1971 年后，又有一千多名初高中毕业生走出校门，被安排到农场、各农业大队和五·七战校。1972 年"五·七"战校撤销，青年被安置到各林场青年点参加劳动。

从 1973 年到 1985 年，全区每年约有 400 名左右的初高中毕业生需要安排。为了解决知青安置问题，采取集中调配，分散管理，广开门路，多渠道发展生产，多设点安置等办法。

统一归口管理

1973 年，区知识青年办公室与林产工业科合并，成立集体经济管理处（后改名集体企业公司）。1974 年知青办又从集体经济管理处分出，成为区革委会一个直属机构；1980 年，知青办又划归劳资科管辖。1984 年 5 月，知青办并入新成立的集体企业公司。1985 年区（局）劳动服务公司成立。至此,知青安置工作又归劳动工资科管理。知青安置、调配、选调、升学、参军等,均由知青管理部门统一管理。青年点建立、青年安置等,均须经知青管理部门同意,并办理正式手续。本企业招工或外单位在本区招工,均须通过知青管理部门统一安排选调。

增设青年点

林场青年队多建于七十年代初。除安置本场职工子弟中初中毕业生外,兼收区知青办安置的带岭镇内待业青年。他们在林场集中食宿,集体参加劳动。进入八十年代,鉴于知识青年数量增多,并停止向农业生产队安置青年等情况,便在山下增建青年点。除在贮木加工厂、木材综合利用厂、汽运管理处等单位建立青年点(队)外,一些有条件安置青年的单位,如带岭林业管理干部学院、商业科、粮食分局、科研所、供应科等单位也相继建立了青年队。单位建的青年队,只安置本单位、本系统的职工子弟。各单位建立的青年队,组织领导由单位负责,知青生产经营、思想工作、生活等问题也由单位统一管理。

广开生产门路

1979年以前,本区知青生产只限于从事农业和参加林场幼林抚育及清林、堆积枝丫等工作。1980年以来,林场青年队知青及林业大集体工人增加,劳力过剩。新毕业的初高中学生除部分上山外,知青管理部门和各单位广开生产门路,多方面安排知识青年就业。几年来,本区在造纸、细木、胶合板、小材、纸箱、饮料、建材等生产单位,安排了二千多名知识青年就业;商业、物资供应、粮食等单位,组织知青经商学艺,开展服务性工作,成了流通领域的后备力量。还有二百多名知识青年自谋职业,发展小商品经营、小木器生产或开铺摆摊,成为工商个体户、专业户的主人。

为了安排残疾青年,1977年区(局)投资173 042元,成立了社会福利厂,安排205名残疾青年参加生产。到1985年,已有140名残疾青年成家立业。同时,工厂还投资为他们解决了部分住房问题。

工资待遇

知识青年的工资待遇问题,原则上执行多劳多得政策。下到农村的青年,与农业社员一样,劳动记工分,年终结算;在企办农场、战校劳动的青年,一度实行评工低薪制,分为三等,日工资1元至1.5元,每月评工一次。八十年代后,由计件工资发展为经济责任制,多劳多得,收入有所增加。一般月收入70元左右,多则百元以上。劳动保护待遇低于(个别高于)全民制工人标准。截至1985年,全区(局)有29个青年点,知识青年有4 697名。

(第十二编第四章《劳动工资》,第550—552页)

《南岔区(局)志》

伊春市南岔区地方志黑龙江省南岔林业局志编审委员会办公室编纂,(内部刊行)1991年

1966年"文化大革命"开始,全区(局)的劳动工作处于混乱状态。1968年,劳动工资工

作只设 1 人,主管劳动力调配,其余人员被送"五七"干校劳动锻炼,隶属于区革命委员会生产委员会。1969 年,定员增至 2 人,负责工人调配、知识青年上山下乡和工人档案管理工作,1970 年配备 5 人,主管劳动工资和知青安置工作,其中军代表 2 人。1971 年,劳动工资与民政合并,改称民政劳动科。1973 年,民政、劳动分设科,至此,劳动工资管理工作又开始走向正轨。1976 年恢复区(局)劳动工资科,下属知青办、定额站、医务劳动鉴定办公室和社会劳动力调配站(1982 年知青办和社会劳动力调配站划出),定员 11 人,负责全区(局)劳动计划、劳动定额、劳动工资、劳动力调配、劳动保险、工人档案等工作。

(第七篇第一章《劳动》,第 185 页)

从 1969—1972 年,本局增加的固定工人共计 3 100 余人。其中:1969 年招收 150 人(100 人为长期临时工);1970 年招收 100 人(有 43 人是照顾死亡职工子女就业);1971 年招收 387 人;1972 年增加 2 492 人(其中青年顶岗临时工转正 2 016 人,补充自然减员 258 人,招收上海知识青年 218 人(这批工人 1973 年集体调到省电力一处)。

(第七篇第一章《劳动》,第 186 页)

1972 年 11 月,根据黑龙江省革命委员会通知精神……

其他特需供应和各项粮油补助:其他各类人员的粮油定量标准,包括外侨和外国人,出国人员,劳教在押人员,下乡知识青年,少数民族,铁路旅客,国家专业运动人员、教练员、大、中、小学专职体育教师和体育专业学生,以及临时工等各类人员的粮油供应,凭有关单位证明,都适当的予以照顾和补助。 (第十三篇第五章《粮食》,第 345 页)

(1970 年)3 月 14 日,区召开上山下乡知识青年代表首届活学活用毛泽东思想讲用会。

(《大事记》,第 610 页)

《金山屯区(林业局)志》

金山屯区(局)地方志办公室编,黑龙江人民出版社 1992 年

(1965 年)春,区首批知识青年 120 多人,由任化民、陶永江带队,曹传振、金成山为队长,赴海伦县上山下乡,插队落户当农民。每个青年发给下乡金 60 元,木箱 1 只。1968 年大多数返回金山屯。 (《大事记》,第 35 页)

7 月 31 日,局成立安置办公室,主管信访,兼管知识青年的下乡安置工作。

(《大事记》,第 35 页)

是年(1968年),区革命委员会派张殿跃、暴清海等5名干部,带领108名下乡知识青年,到横山安家落户,建立"五七"新曙光农场。 (《大事记》,第39页)

(1973年)11月下旬,九大农场成立女子冬运集材班,由13名女知识青年执鞭驱驶13副牛套子上山,完成集材任务1500立方米。被赞誉为"铁姑娘"。 (《大事记》,第43页)

(1974年)3月15日,区举办上山下乡知识青年文艺汇演大会。 (《大事记》,第43页)

5月4日至6月17日,区举行知识青年排球赛,中、小学生田径运动会和全区篮球定级赛。 (《大事记》,第43页)

1968年至1972年,知识青年下乡,新增横山农场(时称"五七"新曙光农场)、九大农场。同时又组建森林经营所、基建工程处(后为建筑工程公司)、贮木加工厂等青年点9个,街道妇女家属队5个。全区农业生产单位达35个,生产人员3726人,其中知识青年占29.6%。 (第九编第一章《农业》,第321页)

(1968—1969年)同期,局所属的知识青年为主体的农场、知青队,由局承担盈亏,平日以每个工日0.8元的标准支付工资,年终按收成分红。 (第九编第一章《农业》,第322页)

是年(1974年),为了发展多种经济体制,开辟知识青年就业门路,对新营业的城乡集体企业,知识青年新开办的工商业,实行了免税3年的政策。 (第十五编第三章《税务》,第517页)

第六节 知 识 青 年

一、管 理 机 构

1965年,局设主管信访的安置办公室,兼管知识青年下乡工作。

1968年,成立区知青办公室,编制3人,副主任1人。

1980年,区知青办公室撤销,知识青年下乡工作归区(局)劳动服务公司负责。到1985年,主管知识青年工作人员达5人。

二、就 业 安 置

1965年春,区(局)首次组织知识青年上山下乡,有120多名知识青年安排到海伦县海南公社3个大队插队务农。

1968年,新建横山农场,扩建抗大农场,并以各基层单位农业段队为基础,开辟青年点6

处,安置上山下乡知识青年747人。原在1965年去海伦县插队务农的知识青年,多数回到区(局)青年点。

1969年以后,陆续增建九大农场,基建工程处(后为建筑工程公司)四十六青年点,商业科青年点,粮食青年点,贮木加工厂青年点,育林所青年点,汽运队青年点。到1978年,先后分5批安排下乡知识青年1 768人。还接收上海知识青年139名,接收哈尔滨、伊春、佳木斯、南岔等地知识青年569人。

1979年以后,区(局)有关部门和单位努力创造条件,发展工商业及林产化工、多种经营生产,积极安排知识青年就业。支持知识青年返城经营集体个体商店、饭店、服装店及其它工商服务业,多方面地开辟知识青年生产就业门路。1983年至1984年,在区(局)烧柴管理站、人造板厂、木件木制品加工厂、小杆站、豆制品加工厂等国营、集体企业单位及各类集体工商业,旅、饭店安排知识青年2 011人。

1985年,区(局)共有知识青年12 260人,其中从事农业生产的占16%,从事林产化工、多种经营的占62%,从事工商业的占22%。长期以来,广大知识青年在生产劳动中锻炼成长,很多人被评为区级、市级劳动模范,有的还被录用为局固定职工,有的还成了国家干部,有的还加入了中国共产党,有的考上了大、中专学校,有的还参加了中国人民解放军,在保卫、建设国家中发挥了骨干作用。 （第二十编第二章《劳动》,第678—679页）

《乌马河区(林业局)志》

伊春市乌马河区地方志、黑龙江省乌马河林业局志编纂委员会编辑,(内部刊行)1991年

(1968年)9月,成立乌敏河区"五七"干校,大批干部和知识青年到"五七"干校开荒种地,接受再教育。各基层生产单位也开始建点接收上山的和本地的青年。国家下拨大批知青安置费和开荒补助费,建房和购买农机具,开荒种地发展农业生产。全区青年点达18处,另有4个青年农场,青年达3千人。 （《大事记》,第14页）

师训班培训教师。1972年,接收西克林知识青年21人,又在小学教师中选拔29人,抽调6名教师,举办了为期半年的教师培训班。该班分文理两科,使用普通高中教材,注重传授教法。学员毕业后大部分分配到场(所)学校任教。 （第十二篇第一章《教育》,第380页）

《翠峦区(林业局)志》

伊春市翠峦区地方编纂委员会编,改革出版社1999年

(1972年)3月16日,在毛泽东主席关于"知识青年到农村去,接受贫下中农再教育"伟

大号召指引下,翠峦区 641 名知识青年到尖山河农场、奋斗大队、翠光及前进两个农业生产大队等单位参加劳动,接受贫下中农再教育。 （《大事记》,第 20 页）

(1974 年)11 月 19 日,区党委听取翠峦区知青办负责人关于全区知青工作情况汇报,并就如何抓好翠峦区知青工作提出 3 点意见,即加强知青工作;充实林产工业;发展方向立足山上,建立农业点,综合利用,全面发展。 （《大事记》,第 22 页）

(1976 年)1 月 28 日,党委决定,撤销翠峦区农副业管理处和农副业管理处党委,恢复翠峦区知青办、农业科、林产工业科 3 个职能部门;翠峦区红旗农场改称青年创业大队,划归翠峦林业局贮木场直接领导;翠峦区尖山河农场改称翠峦林业局尖山河经营所,隶属区党委领导;翠峦区五七农场和翠峦制药厂隶属区直属领导;成立翠峦制药厂党支部。 （《大事记》,第 22—23 页）

《友好区(林业局)志》

伊春市友好区地方志、黑龙江省友好林业局志编纂委员会编辑,(内部刊行)1990 年

(1975 年)4 月 6 日晚,基建工程处线路三队发生火灾,两名女知识青年被熏烧致死,3 台卡尔机车遭到严重毁坏,烧毁棉帐篷 120.5 平方米,损失 5.1 万元。 （《大事记》,第 13 页）

1970 年 6 月,经市革委会批准,国营对山农场 599 名插队青年转为固定农工。 （第八篇第五章《劳动工资管理》,第 291 页）

1963 年 10 月,双子河区(公社)由劳动科、文教科、农林科等部门抽调人员,组成临时性机构——知识青年上山下乡工作办公室(亦称红专学校)。

1965 年 1 月,友、双两区(局)分别成立安置办公室,负责社会劳动就业和知识青年安置工作。

"文化大革命"开始阶段,知识青年工作处于无人管理状态。从 1968 年 4、5 月起,知识青年工作由区革委会劳动部门代行管理。

1972 年 1 月,成立中共友好区委知识青年上山下乡办公室。

1973 年 6 月,在劳动科设社会劳力调配管理站,负责集体企业职工的招收、分配、调转,城镇浮闲劳力和刑满释放人员的安置以及调配管理费的收缴等项工作。

1982 年 2 月,知识青年上山下乡办公室,更名为知识青年管理处,隶属区政府。下设三个股:即财务股、生产股、人事教育股。

1984 年 1 月,撤销知识青年管理处,成立劳动服务公司,下设五个股:即秘书股、安置

股、工资股、生产股、财务股。负责知识青年安置、集体工人调配及社会劳力管理等事宜。

（第二十二篇第三章《劳动就业》，第843页）

第三节　知识青年管理
一、安置管理

1964年3月和4月，友好局有107名，双子河局有103名首批下乡知识青年，被集体安置到兰西县插入农村生产队劳动锻炼。

1965年8月，友好区（局）成立了碧云、广川青年新村和三棵松浮闲青年新村。安置对象大部分是去兰西插队劳动锻炼返回的青年及社会闲散青年。"文化大革命"开始后，友好区的3个青年新村被解散。

1968年5月，友好区建立"五七"青年农场，下设五个连，单纯安置知识青年。同年，双子河区建立"五七"战校，下设3个连，对山农场也增设了2个青年分场。

1969年两区（局）合并后，知识青年管理工作初步走上正轨。年底知青场队已发展到12个。随着知识青年的逐年增多，知青场队不断发展壮大，1974年为22个，1977年为30个，1982年为42个，至1985年发展到49个。

1969—1985年知识青年安置去向情况

年　份	安置数	参军	考学	接班	国家招工	集体招工	调出	死亡	实有在册数
1968									2 191
1969	1 052	60	22		129				3 032
1970	989	62	27		980				2 952
1971	1 964		35		1 325				3 556
1972	1 871	56	39		438			3	4 891
1973	1 396	55	46		423			2	5 761
1974	1 860	53	57		1 822			4	5 685
1975	1 753	67	49		287		37	5	6 993
1976	1 214	48	52		436		46	24	7 601
1977	967	124	60		492		123	8	7 761
1978	1 959	208	72		17		76	7	9 340
1979	1 601	198	84	154	350		167	5	9 983
1980	2 568	135	65	106	92		85	3	12 065
1981	2 269	150	53	189	385		270	14	13 273
1982	1 497	140	57	170	17	2 087	563	1	11 735
1983	1 220	140	49	157	23		120	5	12 461
1984	1 251	135		310	74	16	135	18	13 024
1985	1 096	115	59	291	59	438	147	9	13 002

安置办法:1973年以前,由劳动科知青工作人员负责安置调配,每年的毕业生、社会青年,均在学校、街道登记,由劳动科介绍到青年点。1974年以后,实行分口安置和统一安置相结合的办法。各林场的职工子弟由各林场安置,生产队社员子弟由生产队安置,城镇浮闲人口子弟和社会青年由街道办事处安置。社会上的残疾青年,由民政部门安置。确无安置能力的企事业单位,其子弟由知青办安置。1982年,在分口和统一安置相结合的基础上,实行自愿组织和集体组织起来寻找就业门路,兴办小厂,小店等社会服务性行业,并规定:凡属自谋职业,搞个体经济者,仍按知青掌握,连续计算上山下乡时间。

二、财 务 管 理

1973年前,区财务科有1名会计代管。对市知青办拨给的知青安置费(国家对当年下乡者每人补助500元)按各知青场队人数及具体情况,统一调拨。自1973年起,知青财务工作归知青办自行管理,配会计1人。对市知青办拨给的安置费平衡掌握;对知青场队实行财务监督检查;负责年度决算报表;培训知青场队财会人员。1982年,知青管理处下设财务股,制定了财务管理办法。于1982年2月27日,撤销了各知青场队在银行的帐户,由知青管理处统一建户,集中管理。

1974—1985年,国家共为本区拨入知青安置费8 862 711.67元。其中本区(局)财务科直接拨给5 370 398.30元,市知青办拨给3 492 313.37元。

（第二十二篇第三章《劳动就业》,第844—845页）

历年出席市(地区)先进生产(工作)者名单①

姓　名	性别	民族	出生年月	政治面貌	工作单位	职　务	出席时间
赵淑琴	女	汉	1953.2	党员	商业科青年点	知识青年	1972年、1974年、1978—1979年
王荣芳	女	汉	1954.2	党员	青杨经营所	知识青年	1974—1975年
赵　琴	女	汉	1957.7		林产二厂	知识青年	1978年
孙玉芳	女	汉	1962.10		碧云经营林场	知识青年	1980年、1982年
郭艳萍	女	汉	1957.11	团员	广川经营林场	知识青年	1980年
周顺利	男	汉	1957	团员	中心经营林场	知识青年	1981—1983年
冷海华	男	汉	1954		房产管理处	知识青年	1982年
谢凤昌	男	汉	1959	团员	物资科	知识青年	1982年、1985年
韩子生	男	汉	1960	团员	永青经营林场	知识青年	1982年、1985年
高淑清	女	汉	1963		绿源经营林场	知识青年	1982年

---

①　本表内容为节选。——编者注

姓　名	性别	民族	出生年月	政治面貌	工 作 单 位	职　务	出 席 时 间
刘文华	男	汉	1956.5	团员	森铁二处工电段	知识青年	1983 年
何淑英	女	汉	1961.2	团员	永续经营林场	知识青年	1983 年
王秀兰	女	汉	1958.5	团员	前进经营林场	知识青年	1983 年
郭玉杰	女	汉	1956.8	党员	双子河贮木场	知识青年	1983 年
周　刚	男	汉	1959.10	团员	岭峰经营林场	知识青年队长	1985 年
房有彬	男	汉	1958		三合经营林场	知识青年	1985 年
曹永福	男	汉	1962.8	团员	基建工程处线路二队	知识青年	1985 年

（第二十三篇第二章《先进集体、先进个人》，第 892、894—897 页）

《上甘岭区志》

伊春市上甘岭区地方志办公室编，（内部刊行）1989 年

（1965 年）3 月，上甘岭区 81 名上山下乡知识青年赴青岗县插队落户。同年 12 月返回。

（卷 2《大事记》，第 22 页）

是年（1968 年），知识青年上山下乡运动开始，上甘岭区成立知识青年上山下乡办公室，安置下乡青年 327 人。

（卷 2《大事记》，第 24 页）

1964 年至 1970 年间，百余名上海、北京、哈尔滨等地的大中专毕业生和知识青年来上甘岭参加林区建设。

（卷 3《建置·民族人口》，第 48 页）

青年安置

上甘岭区青年安置工作始于 1965 年。

1965 年 3 月，上甘岭区 81 名知识青年赴黑龙江省青岗县插队落户，12 月插队青年返回林区。同年，上甘岭区将锦山农林新村改为锦山青年新村，安置知识青年进行农业生产。1966 年又进一步成立锦山、朝阳、向阳 3 个青年农业新村。

1968 年，知识青年上山下乡运动开始，上甘岭区成立知识青年上山下乡安置办公室，安置下乡青年 327 人。

1969 年，知识青年上山下乡安置办公室改为知识青年办公室。青年安置亦由面向农业

转向木材生产、营林事业、木材加工等方面上来。至 1972 年,四年中共安置青年 1 364 人,平均每年安置 341 人,在这期间,一部分青年被选送上学,一部分青年入伍参军,大部分青年陆续被全民企业招工,约占总数的 98%。

1973 年后,知识青年数量发展很快,至 1980 年平均每年要安置 746 人。于是在贮木加工厂、综合利用加工厂、工业科、向阳农场、东方红农场、红卫农场、五七农场、砖厂及各林场、经营所建立青年点,共 22 处。八年中共安置青年 5 970 人。在这期间只有极少部分青年转入全民企业。

1981 年后,安置形式多样化。青年个体户逐步增加,主要从事商业、被服业、修理业及养殖业、种植业。1985 年全区共有青年个体户 146 户 228 人。

1984 年上甘岭区成立劳动服务公司,统筹进行青年安置工作,探索劳动就业门路。1985 年,全区共有青年 6 121 人,安置 5 821 人,知青点 26 个。

(卷 26《人民生活·青年安置》,第 617—618 页)

《五营区(林业局)志》

黑龙江省伊春市五营区(林业局)地方志编纂委员会编,方志出版社 1999 年

(1973 年)10 月 25—28 日,五营区首届上山下乡知识青年代表大会召开。

(《大事记》,第 19 页)

(1968 年)5 月,浙江省温州市知识青年响应毛泽东主席"上山下乡"的号召,来五营 150 人走"五·七"道路。

(《大事记》,第 17 页)

待业青年安置

1965 年 4 月 5 日,五营区初中毕业生 93 人,响应毛主席知识青年上山下乡号召,由伊春特区统一组织去兰西县农村插队落户。1966 年 1 月回本区青年点锻炼。1966 年 2 月 21 日,本区成立知识青年安置办公室简称知青办。1968 年 5 月,五营区革命委员会,根据上级指示精神,将 201 名初中毕业生安置到五七农场。1970 年又有 900 多名初、高中毕业生安排到区属五七干校、五七农场、养猪场和集体经济等单位。1971 年 4 月,将知青办更名知识青年上山下乡办公室。1973 年后知青逐年剧增,区决定凡有安置条件单位,都要成立知青点,并采取单位扶植和提供必要房屋及生产工具,由所在主管单位派入队长、辅导员,实行独立核算,自负盈亏等办法进行管理,将其纳入正常工作日程。从此,各有条件单位相继成立青年点,均按此办法管理。1973、1976 年五营区先后召开上山下乡知识青年先进集体、积极分子表彰大会。区成立知青工作领导小组。1977 年,区又召开知青先进集体、积极分子表彰大会,会上授予周凤兰等

12 名知青模范标兵称号,表彰奖励知青先进集体 28 个,先进个人 272 名。1978 年,区又成立城镇待业青年领导小组,待业青年安置纳入党和政府工作日程。1983 年以来,认真贯彻执行中共中央关于"三结合"劳动就业方针,广开就业门路,多渠道安置待业青年。

1968—1985 年全区共安置青年 14 151 人。除升学、招工、参军、自谋职业以及转为林业大集体工人外,至 1985 年末尚有待业青年 6 111 人,分布全区 35 个青年点。转为林业大集体工人 2 921 人,分布在五营林业集体经济管理处直属 4 个厂。本区为青年点投放生产周转金 138.7 万元。部分青年点用公益金盖起砖木结构住宅,有部分青年在那里成家立业。

(第十三编第三章《劳动》,第 250 页)

《红星区志》

黑龙江省红星林业局志编辑室编,(内部刊行)1989 年

第四节　知识青年安置

1968 年至 1972 年区没设知识青年安置办公室,区团委兼管,设专人负责全区知识青年安置工作。

1973 年区单独设立知识青年上山下乡安置办公室,编制 3 人,主任 1 人,科员 2 人,区革命委员会作出了:"关于知识青年和社会青年管理、教育、安置工作"的决定,继之基层各单位先后成立了知识青年上山下乡领导小组,领导知识青年上山下乡工作。

1979 年 10 月,知识青年安置办公室与劳动工资料合署办公,人员没变。

1983 年 10 月,知识青年安置办公室划归劳动服务公司,设立知识青年培训调配科,并设专职知识青年培训教员 1 员。至 1985 年。

自 1969 年至 1973 年 6 月,安置知识青年劳动就业 2 287 人。对知识青年安置从上到下加强管理,做到政治学习有人抓,生活上有人管,生产上有人教,层层有人负责。至 1979 年止全区知识青年就业的就有 2 876 人。其中已录用的 1 269 人,补员 687 人;参军 575 人;升学 345 人。

附:历年知识青年人数统计表

历年知识青年人数统计表

年度＼项目	人　数	招　工	参　军	接　班	升　学
1973	851		15		21
1974	830	5	15		23
1975	583	147	30		29
1976	785	25	45		42

项目 年度	人 数	招 工	参 军	接 班	升 学
1977	268	182	55		18
1978	750	378	60		40
1979	763	165	60		8
1980	857	140	60	63	20
1981	446	226	66	270	31
1982	820		47	65	7
1983	816		47	78	50
1984	614		45	143	15
1985	600		30	58	41
合　计	8 973	1 269	575	687	345

（第十九编第三章《劳动工资》，第 605—606 页）

《汤旺河区志》

伊春市汤旺河区、黑龙江省汤旺河林业局史志编辑室编，（内部刊行）1988 年

自 1968 年开始，知识青年上山下乡走"五·七"道路。知识青年安置和管理工作，1973 年 3 月前由区革命委员会生产指挥部劳动组负责。1973 年 4 月，此项工作划归集体经营管理处。1973 年 10 月，成立知识青年办公室，负责知识青年工作。1981 年 3 月，撤销知识青年办公室，知识青年工作划归劳动科。

（计划、财务、劳动、物资、安全编第三章《劳动工资》，第 251 页）

1973—1985 年，共审理刑事案件 208 件，判刑 263 人。年平均审理 16 件。在审理的刑事案件中：强奸案 49 件，奸污女知青案 19 件……

（公安、司法、武装编第二章《审判》，第 451 页）

（1973 年）10 月 19—22 日，区（局）党委召开知识青年上山下乡工作会议。

（《大事记》，第 525 页）

（1977 年）11 月 5 日，党委成立知识青年上山下乡领导小组。并发出《关于对上山下乡

知识青年加强管理教育问题的通知》。 （《大事记》，第 527 页）

《乌伊岭区（林业局）志》

乌伊岭区（林业局）志办公室编，黑龙江人民出版社 1993 年

1968—1970 年，接收伊春上山青年 560 余人；1970—1973 年，接收南岔上山青年 870 余人；1972 年 1 月 27 日，接收上海支边上山青年 369 人。

（第十三编第四章《劳动工资》，第 288 页）

1968 年，根据上级指示，开始安置上山下乡的知识青年。1973 年前由区（局）革命委员会生产部劳动组负责，1973 年以后，由知识青年上山下乡办公室统一管理。1980 年撤销该办后统由劳动科负责安置、调配。

1984—1985 年，由区劳动服务公司负责知识青年的培训、安置、调配，其中部分知识青年招收为正式工人补充生产劳力不足，部分安置在林场、农场和经营所的青年点（队）从事林业、农业、副业生产。 （第十三编第四章《劳动工资》，第 289 页）

(1972 年)1 月 7 日，根据党中央"知识青年上山下乡，接受贫下中农再教育"的指示，上海知识青年 369 人来到乌伊岭区，被分配到全区山上下各单位，支援林区建设。

（《大事记》，第 478 页）

(1977 年)11 月，乌伊岭区选调 100 名男知识青年赴鹤岗参加为时 3 个月的"夺煤大会战"。 （《大事记》，第 481 页）

(1979 年)7 月 28 日，经上级劳动人事部门批准，乌伊岭区在生产第一线招收录用 138 名知青为全民所有制工人。 （《大事记》，第 481 页）

《嘉荫县志》

嘉荫县志编纂委员会编，黑龙江人民出版社 1988 年

(1969 年)10 月至翌年 4 月，先后有 219 名上海干部来本县插队落户。同时接收，安置上海、齐市知识青年 2 626 人。 （《大事记》，第 24 页）

第六章 知识青年上山下乡

第一节 上 山 下 乡

根据中共中央、国务院关于《动员和组织城市知识青年参加农村社会主义建设》的决定，县委、县政府于1965年成立知识青年安置办公室，劳动科组织了劳动后备讲习所，将历届未能升学的小学、中学毕业生吸收参加学习，共参加33人，其中男10人，女23人，学习3个多月，经过动员，先后有22名男女青年报名上山下乡，最后县人委批准了20名（男7名，女13名），于1966年5月14日安置到前进农场参加劳动。

1968年初，县知青安置办公室改为知识青年下乡上山办公室。同年11月8日，按照省革委《关于组织城市青年下乡上山建设社会主义新农村的工作方案》的要求，将全县城镇初、高中毕业生549名，作为第一批接受贫下中农再教育的知识青年送往农村插队。同年12月根据毛主席关于"知识青年到农村去，接受贫下中农再教育，很有必要"的指示，把初、高中毕业生"下放到农村去，接受贫下中农再教育"定为制度，此后（除1971、1972两年之外）每年都有一大批（约二三百人）毕业学生下乡插队，接受再教育。全县从1968年至1979年，共动员县内城市知识青年上山下乡1930人。

1969至1970年，接收上海知识青年1864人，齐齐哈尔市知识青年552人。1974、1975两年又接收南岔铁路知识青年210人，外地零星来本县插队的知识青年13人。到1979年末，全县农村总共接收本县和外地城镇知识青年4569人。

第二节 安 置

广大知识青年到农村后，绝大多数对发展生产、活跃农村文化生活起了较好的作用。他们在农村，先后入党的有102人，入团的1115人，被吸收参加县、社、队各级领导班子的184人，当选为省、地、县劳动模范的84人，出席地、县党代会代表20人。许多人成为农村社队的骨干力量。

全县历年下乡知识青年到1979年末陆续招工招干者有1830人，升学358人，参军189人，返城或转点走1197人，死亡7人。合计共减少3581人，仍留在农村插队的988人，为原下乡人数的21.6%。

自1968年至1979年，为给青年建房和购置生产、生活用具，国家先后下拨知青安置经费4443483元，每个下乡知识青年平均为972元。各公社、生产队，为安排青年们的生活和教他们学会生产劳动等所投入的劳力、各种资材等的费用则更多。

党的十一届三中全会之后，对下乡知识青年问题分别不同情况，做了妥善处理。除陆续被招工、升学、参军和批准返城者外，到1981年末，全县农村还有下乡知识青年988人。经过逐人调查摸底和做工作，于1982年全部做了最后处理：6人自愿留在农村务农，每人发给4000元安家费；982人根据本人意见，分别在县镇或公社所在地集体企业中安排了工作。其中下乡女青年与当地农村青年结婚的，经本人同意，允许由配偶顶替女青年进城安排集体企业工作,男女均转为城镇户口。

　　根据城镇知识青年安置工作情况的变化,1980 年 4 月份,县知识青年下乡上山办公室与劳动科合并,在劳动科内成立劳动服务公司,负责做安排城镇知识青年就业和待业青年的管理教育工作。

(第十四篇第六章《知识青年上山下乡》,第 452—453 页)

应诗明

　　原籍上海人,1969 年响应毛泽东主席"知识青年到农村去"的号召,来到本县沪嘉农场落户。1970 年 9 月被群众推荐做乡邮员,开辟了沪嘉至富饶单程 31 公里邮路。10 年间,往返行程 114 037 公里,投递报刊邮件 584 273 件,转送邮件 6 156 袋,代投、代汇、代存汇款 144 149 元,代投、代邮、代兑换粮票 63 500 斤,为生产队节省劳动日 789 个。由于他全心全意地为人民服务,以超人的毅力克服重重困难,出色地完成任务,所以被群众誉为"活着的雷锋",不知疲倦的"鸿雁","困难压不倒的人"。自 1972 年以来连续被评为县、市、省劳动模范,两次荣膺全国邮电系统劳动模范,1975 和 1977 年两次出席全国邮电系统"工业学大庆"会议,受到叶剑英、邓小平等中央领导人的接见。1976 年被省政府命名为"铁人式标兵",省邮电管理局授予他"模范乡邮员"的光荣称号,共青团黑龙江省委树为"新长征突击手"标兵,号召全省共青团员和广大青年向他学习。《伊春日报》、《黑龙江日报》和《人民日报》先后刊登过他的先进事迹。

(第二十二篇第三章《人物简介》,第 580 页)

《铁力县志》

铁力县志编纂委员会办公室编,黑龙江人民出版社 1990 年

　　(1964 年)6 月 5 日,全县首批知识青年 117 名下乡插队,参加农业生产。

(《大事记》,第 36 页)

　　(1965 年)8 月 3 日,召开铁力县首届上山下乡知识青年先进集体、积极分子代表大会。

(《大事记》,第 37 页)

　　(1979 年)全县 11 258 名上山下乡知识青年全部返城。　　(《大事记》,第 46 页)

　　1980 年 9 月,县委决定将财贸部改为财贸政治部,工交部改为工交政治部,县知青办划归政府系列,与县劳动科合署办公。

(第十二篇第一章《中国共产党铁力县地方组织》,第 388 页)

1980 年从城镇待业和上山下乡知识青年中,为县农业银行、人民银行招收录用 34 名干部;从以农代干中为各公社招收录用 9 名计划生育干部;录用 1 名多年顶岗的农民技术员。

(第十二篇第一章《中国共产党铁力县地方组织》,第 393 页)

第四节　知识青年上山下乡

1964 年 6 月,本县首批动员 117 名知识青年到乡下插队落户。1965 年 4 月,全县动员 24 名知识青年赴田升镇于长安屯建立青年点,知青自己动手盖起 7 间草房,开垦 30 余垧土地,挖 6 公里的引水渠道,当年开荒当年受益,于次年春青年点被评为全省知识青年上山下乡先进集体。1966 年,动员 36 名知识青年到神树石长,53 名到朗乡常在村建立知青新村。1969 年,动员 154 名应届初、高中毕业生到乡下插队。此后每年都有一批初、高中毕业生下乡插队,接受再教育。1964 至 1978 年,14 年间,全县共动员 19 026 名知识青年上山下乡,分布在境内 9 个公社 32 个生产队。

1966 年,县劳动科内设安置办公室,负责知识青年上山下乡工作。1970 年,中共铁力县委知识青年上山下乡办公室成立,负责知青的动员、安置教育等项工作。是年,农村各公社设 1 名知青干事,负责对下乡知青的管理工作。1980 年,县知青办并入劳动局。

1964 至 1979 年,国家共拨知青费 100 万元,用于为知青修建宿舍及发展生产。14 年共为上山下乡知青建造集体宿舍、食堂 34 149 平方米,其中土木结构房舍 24 380 平方米,砖瓦结构房舍 8 769 平方米。

1978 年根据中央"调整知青政策,逐步缩小上山下乡范围,今后不再搞插队"的指示,本县再未动员知识青年上山下乡,已上山下乡的未婚知青陆续返城就业。

(第十五篇第二章《劳动》,第 473—474 页)

《桃山林业局志》

桃山林业局志编纂委员会编,(内部刊行)1989 年

林业局 1967 年成立安置办,当时隶属于劳动工资科。配备工作人员 3 人,具体负责全局知青安置工作。

1972 年 8 月,成立知青办,为科级建制,编入行政序列,定编 6 人,负责全局知青管理工作。

同年,建立了全局知青大底册,并开始着手建立知青档案。

1984 年,撤销知青办,成立劳动服务公司,为副科级建制,定编 10 人,其中经理 1 人,副经理 1 人,干事 8 人。全局待业青年的调配、安置等工作统由劳动服务公司负责。

(第八篇第五章《劳动工资管理》,第 213 页)

《双丰林业局志》

双丰林业局志编审委员会编,(内部刊行)1987年

(1968年)本年设茂林农场,安置上山下乡知识青年和待业青年。(《大事记》,第18页)

本年(1970年)局为安置上山下乡青年和待业青年,先后建立各单位青年点。

(《大事记》,第18页)

(1972年)局成立知识青年安置办公室,当年安置1 224名知识青年。(《大事记》,第19页)

《朗乡林业局志》

朗乡林业局志编审委员会编纂,中国文史出版社1991年

1972年,知识青年安置工作由劳动工资组负责,定员18人。

1973年,恢复劳动工资科的建制,定员14人。同年,将知青工作划出,单独成立知识青年安置办公室。

1980年,劳资科与知青办合署办公,劳动工资科保持原有建制,定员15人。

……

1984年,知青办与劳动工资科分设,劳资科定员13人。

(第九篇第五章《劳动工资管理》,第359页)

第六节　知识青年

截止1985年,全局有4 400名集体工人,8 399名知识青年,分布在本局山上山下知青厂、队及网点,从事集体经济生产。他们在大力发展木材综合利用,加快林区建设中做出了较大的贡献。

1965年,局劳资科与朗乡镇民政部门共同组成知识青年上山下乡动员领导小组,当年有50名青年到铁力县工农乡插队落户。

1966年3月23日,在达里岱组建了青年农场,安置初、高中毕业生320人。随着毕业生逐年增加,又于1969年8月在巴兰河农场安置初、高中毕业生230人。以上安置方式直到1972年。

1973年,局设立知识青年上山下乡安置办公室(以下简称知青办),负责调查林业局企业内部职工子女待业情况,有计划、有目的、分期分批地进行登记、建档和安置工作,使知青

安置与管理工作趋于正常化。

山上各林场、所，山下贮木场、木材加工厂、森铁处、工程处等单位，在 1973—1979 年期间，都先后组建了青年点，以 3 个剩余物（采伐、造林、制材）为生产原料，进行木材综合利用生产。到 1979 年末，全局 7 000 多名知识青年基本都得到了安置，保持全年有活干，人均月收入可达 50—70 元。

1980 年，知青办与劳资科合署办公。1981 年，根据中共中央（81）42 号文件，关于全民经济与集体经济要彻底划开的要求，以农业科、林产工业科、知青办为主体组建了集体企业公司。同时，实行了企业统一安置，组织起来集体经营，自谋职业的"三结合"就业方针。

1983 年，集体企业公司中的知青部分划归劳动工资科。此时，集体企业公司只管理集体工人。

1984 年 4 月，根据上级指示精神，撤销集体企业公司，成立劳动服务公司，下设安置科、综合科、生产科。集体工人移交劳资科管理。知识青年由劳动服务公司安置科管理。

（第九篇第五章《劳动工资管理》，第 379—380 页）

《佳木斯市志》

佳木斯市地方志编纂委员会编，中华书局 1996 年

（1955 年）10 月 17 日，刘云清、王玉英、于泽联合发起组织佳木斯市青年志愿垦荒队。28 日，团市委举行欢送大会。29 日，第一支青年志愿垦荒队 30 名队员奔赴萝北垦荒。

（《大事记》，第 43 页）

（1964 年）4 月 9 日，举行城市知识青年参加农业社会主义建设欢送大会。第一批被批准去农村插队落户的知识青年 23 名。5 月 28 日第二批 48 人。　　（《大事记》，第 54 页）

8 月 2 日，全市 2 万余人集会，欢送第五批 246 名知识青年到郊区大来公社和农场安家落户。

（《大事记》，第 55 页）

（1966 年）2 月中旬，本日至 4 月上旬，全市有 720 名知识青年下乡。（《大事记》，第 57 页）

（1968 年）10 月 28 日，市内 5 万群众夹道欢送 1 200 余名知识青年上山下乡。

（《大事记》，第 62 页）

12 月 21 日，合江地区革委会召开 4 万人大会，热烈欢呼毛泽东主席关于"知识青年到

农村去"最新指示的发表。全市本年累计上山下乡知识青年已达 8 614 名。

（《大事记》，第 62 页）

（1974 年）1 月 11 日，市内 3 000 余名知识青年赴桦川、桦南等县农村插队落户。10 万市民夹道欢送。

（《大事记》，第 67 页）

3 月 23 日，召开佳木斯市上山下乡知识青年先进集体、先进个人代表大会。

（《大事记》，第 67 页）

12 月 4 日，中共佳木斯市委讨论通过《佳木斯市知识青年上山下乡大会战方案》。9 日召开知识青年上山下乡工作会议，号召全党动手，全民动员，立即掀起知识青年上山下乡新高潮。

（《大事记》，第 68 页）

（1975 年）1 月 11 日，中共佳木斯市委、市革委会召开群众大会，欢送 3 000 余名知识青年下乡。自 1974 年 12 月始至本年 2 月 21 日止，上山下乡知识青年共达 11 484 人。

（《大事记》，第 68 页）

（1979 年）1 月 5 日，中共佳木斯市委召开知识青年工作会议，部署待业青年就业安置工作。

（《大事记》，第 73 页）

9 月末，全市从 1 月开始，安置待业青年和下乡返城知识青年 31 300 人，占安置待业青年计划总数的 92.1％，是佳木斯历史上就业最多的一年。

（《大事记》，第 75 页）

（1980 年）12 月 30 日，中共佳木斯市委、市人民政府决定，市知识青年上山下乡办公室并入市劳动局合署办公。

（《大事记》，第 77—78 页）

第九章　知识青年上山下乡
第一节　动员青年插队落户

佳木斯市知识青年上山下乡工作始于 1955 年。共青团市委根据团中央部署，积极组织动员城镇知识青年，到农村去建设社会主义新农村。同年 9 月自愿报名 300 名，批准 148 名，组成佳木斯市青年自愿垦荒队，赴萝北筹建佳木斯青年农庄。随后又批准 60 名知识青年到该场安家落户。1964 年，根据"统筹安排，城乡并举，而以上山下乡为主"的劳动就业方针,佳木斯市开始大规模动员城市知识青年上山下乡。1965—1966 年,经批准先后有 1 831 名初、高中毕业生到农村插队落户和到国营农场参加农业生产。

1968 年,毛泽东主席发出"知识青年到农村去,接受贫下中农再教育,很有必要"的指示。市区掀起知识青年上山下乡热潮。当年有 7 489 名知识青年响应号召,奔赴国营农场参加农业生产。1968—1980 年,全市上山下乡知识青年(包括到国营农场和自办农场)共有 39 623 人。根据黑龙江省的规定,到农场及插队知识青年,发放安置费人均 230 元,到新建扩建场队的知识青年人均安置费为 400 元。1973 年,国家提高上山下乡知识青年经费标准,城镇知识青年到农村插队落户或建立集体所有制场队者,人均补助 500 元,到国营农牧场的每人补助 400 元。对以前下乡的知识青年,生活不能自理的,每人补助 100 元,未建房的每人补助建房费 200 元。对京、津、沪、浙下乡的知识青年国家补助两次探亲路费。1973—1979 年,在郊区建立 96 个"知青点",分布在 6 个公社。建房 77 栋、958 间,191 597 平方米。建立自办农场 57 个,安置青年 7 069 人,有耕地面积 56 649 亩。1975—1979 年,因病和家庭发生变化返城的有 5 346 名。返城后,随同城市待业青年一同安置就业。

第二节　安置就业

1978 年,国务院对城镇知识青年上山下乡问题作出明文规定,重申"统筹兼顾,全面安排"的方针。同时,要求有安置条件的城市,可不动员知识青年下乡。在按国家计划从社会招工时,对留城青年和下乡青年实行统筹安排。全民所有制和集体所有制单位均可从下乡知识青年中招工。根据上述精神为妥善安排青年就业,市政府发动各机关、企事业单位大力兴办集体经济,鼓励有知识青年的单位建立劳动服务公司。1978—1982 年在国营农场、自办农场和农村插队下乡青年中,先后招工 34 608 人。自 1980 年始,国家不再安排知识青年工作经费。至 1982 年,市区下乡知识青年绝大部分业已返城。有少数知识青年因工作需要,在下乡地区提拔为国家干部,或已同当地青年结婚成家而不能返城。其中,分布在国营农场 1 100 名、农村 400 名。为使这部分知识青年安心扎根农村,解除后顾之忧,市政府于 1989 年,根据有关规定,允许城镇下乡知识青年的子女返城落户,安排就业。1989 年始有 1 108 名下乡知识青年子女返城。其中农村插队的知青子女 236 名,国营农场知青子女 872 名。

为做好知识青年上山下乡的工作,市委于 1973 年成立知识青年上山下乡办公室,专门负责此项工作。1980 年知青办撤销,其任务交由市劳动服务公司承担。

（第十七篇第九章《知识青年上山下乡》,第 967—968 页）

"文化大革命"期间,由于生产建设被冲击,1976 年,城区职工年平均工资 661 元,比 1965 年下降 14.7%。但后期由于大批知识青年下乡,就业人口增加,居民家庭负担人口减少,城乡人民的人均生活费收入略有上升。　　（第三十三编第一章《人民生活》,第 1485 页）

《七台河市志》

七台河市地方志编纂委员会办公室编,档案出版社 1992 年

(1974 年)10 月 15 日,市委在市体育场召开万人大会欢送我市首批知识青年奔赴农村。

(《大事记》,第 37 页)

(1975 年)3 月 29 日,市委在市体育场召开欢送知识青年、带队干部大会。1 000 名知识青年和带队干部奔赴农村,走上了与工农相结合的道路。 (《大事记》,第 37 页)

(1976 年)7 月 24 日,在市体育场举行集会,热烈欢送 300 余名知识青年,奔赴农村参加劳动。 (《大事记》,第 39 页)

第二节 市(地)级劳动模范名录表①

序号 项目	单位	姓名	性别	出生年月	职务	参加工作年月	命名时间	命名机关	称 号
63	新建矿柳毛河农场	戴丽华	女	1956	知识青年	1975	1978	中共七台河市委员会七台河市革命委员会	市劳动模范

(第三十篇第二章《劳模人物表》,第 802 页)

《桦川县志》

桦川县志编纂委员会办公室编,黑龙江人民出版社 1991 年

(1964 年)8 月 15 日,欢迎第一批城镇知识青年到农村安家落户。

(第一篇《大事记述》,第 54 页)

(1974 年)5 月 15 日,成立"知识青年上山下乡办公室",本县和外地青年开始下乡落户。

(第一篇《大事记述》,第 65 页)

(1975 年)8 月 21 日至 23 日,县委召开上山下乡知识青年先进集体、先进个人代表大会,与会代表 244 人。会议学习了无产阶级专政理论和毛主席有关知识青年上山下乡的教导;交流经验,表彰了先进,并发了倡议书。 (第一篇《大事记述》,第 66 页)

---

① 本节内容为节选。——编者注

知识青年上山下乡

知识青年上山下乡,早在 50 年代就已经开始,当时主要是接收少量外省青年,本县下乡的则很少。星火朝鲜族乡李昌石就是由延边来星火村安家落户的。1964 年 10 月至 1966 年上半年,上山下乡虽然出现高潮,也仍限于各大城市知识青年来本县农村插队,本县城镇青年下乡的仍不太多。大量的上山下乡是 1968 年 12 月到 1978 年底。这 10 年下乡人数最多,全县共接收安置下乡知识青年 5 298 人,每年平均安置 530 人左右。其中:接收北京 1 人,天津 1 人,上海 93 人,浙江 101 人,佳木斯 2 454 人,哈尔滨 2 人,鹤岗 2 人,双鸭山 1 人,本县 2 643 人。此外,本县有回乡青年 1 250 人。

这些青年安置在全县 14 个人民公社,8 个国营农牧、林场,83 个生产大队。10 年中共建立青年点 84 处,共派带队干部 159 人。在农村的知识青年中,入党的 41 人,入团的 189 人,参加各级领导班子的 99 人,升学的 58 人,参军的 49 人,返城的 3 100 人,招工的 1 091 人。10 年间国家财政共下拨知青经费 170 万元。从 1979 年开始,知识青年陆续返城,逐年做了安置。

(第十二编第二章《劳动》,第 505 页)

《萝北县志》

萝北县地方志编纂委员会编,中国人事出版社 1992 年

(1955 年)8 月 30 日,以杨华为首的北京青年志愿垦荒队 60 人离京,9 月 3 日抵达萝北,暂住团结村五屯。次年在鸭蛋河畔创建北京青年集体农庄。

9 月 10 日,北京青年志愿垦荒队在青年屯(今常红村南 2 里)隆重举行"开荒第一犁"剪彩仪式。

(《大事记》,第 30 页)

10 月 27 日,梅树生率哈尔滨市青年垦荒队 104 人离开哈尔滨市,30 日抵萝北。1956 年 5 月 9 日在鹤萝公路北侧之凤鸣山下建立哈尔滨青年集体农庄,该庄后来成为共青农场场部所在地。

11 月 5 日,范素兰率天津青年 52 人离开天津节,8 日抵萝垦荒。同时到达的有佳木斯市青年、学生 41 人。

11 月 8 日,庞伸志、贾连荣率河北省青年 100 多人离河北省,12 日抵萝垦荒。

(《大事记》,第 31 页)

(1956 年)1 月—4 月,第二批北京、天津、河北青年志愿垦荒队及山东省青年共 3 625 人相继到达萝北,建立 15 个集体农庄。

(《大事记》,第 31 页)

(1963 年 9 月)共青团萝北县第七次代表大会选举北京青年徐世华为共青团全国第九

1124

次代表大会的代表。（《大事记》，第 37 页）

（1968 年）6 月，北京、哈尔滨等城市知识青年 1 300 余名到县内各农场"插队落户"，"接受贫下中农的再教育"。（《大事记》，第 40 页）

9 月，县城初高中毕业生 300 名"上山下乡"，"接受贫下中农的再教育"。

10 月—11 月，天津、哈尔滨知识青年共 1 297 人到十四团屯垦戍边。（《大事记》，第 40 页）

（1969 年）4 月，浙江省宁波、余姚等知识青年 835 名到各公社"插队落户"。

4 月，天津知识青年 246 人到十四团屯垦戍边。5 月 25 日上海知识青年 630 名到十四团屯垦戍边。此后，北京、上海、天津、浙江、哈尔滨等省市知识青年陆续到兵团二师各团、总计达 2 600 余人。（《大事记》，第 41 页）

同年（1955 年）8 月，首批北京青年志愿垦荒队员 67 名响应青年团中央委员会的号召到萝北县参加垦荒。11 月中旬，天津、河北、黑龙江青年志愿垦荒队 233 人也相继到达萝北县，为加强领导，11 月 17 日成立"萝北青年垦区工作委员会"，由宋三洪任主任，行政工作人员 5 名，下设伐木、砍柴、运输和编织四个生产大队，共有队员 300 人，全体队员在垦区工作委员会的领导下，战胜了秋季蚊虫咬，冬季天寒地冻等从未忍受过的困难，胜利地完成了秋冬两季的生产任务，为 1956 年大批垦荒队员的到来做了充分的准备。1956 年 3 月，由北京、天津、河北、山东等省市来男女队员 1 522 人，至此垦荒队员已达 1 822 人，于是生产管理也由原四个大队改建为九个庄。（第十六篇第六章《支前垦荒》，第 613 页）

1982 年 7 月，劳动调配站和知青办合并，成立"县劳动服务公司"，隶属县劳动局领导。（第十七篇第一章《劳动》，第 618 页）

第五节 知 青 安 置

1964 年 1 月 16 日，中共中央国务院《关于动员和组织城市知识青年参加农村社会主义建设的决定》公布后，县人民委员会劳动科安置办公室于同年的 5 月 28 日，首先动员 22 名城镇青年下乡去团结公社一大队插队。1966 年，因爆发"文化大革命"，下乡中断。1968 年，在"接受贫下中农的再教育"的号召下，8 月 24 日动员城镇青年 106 人去二九〇农场插队，86 人去绥滨农场插队。1969 年 4 月，除接收浙江省宁波、慈城、镇海、余姚等地城镇青年 835 人和本省、外市 3 人外，又动员本县城镇青年 426 人下乡。1970 年至 1971 年，因应届毕业生全部分配和延长学年，此项工作再次中断。1973 年，重新动员下乡。此后，每年到秋季城镇中学生毕业后，除按条件可以留城外，就都动员他们上山下乡，1964 年至 1978 年，先后动员城镇青年下乡达 2 484 人，其中：在本县插队 2 292 人，去农场插队 192 人，并且接收外省、市青年 845 人,本省、市青年 33 人。在本县插队的青年,分布在全县 8 个公社 70 个大队,5 个青年队和农牧三场及一个工业苇场,共计 79 个点。全县共建知青砖瓦化房舍 30 栋,计 7 049 平方米。1978 年 12 月 12 日,中共中央中发(1978)74 号文件公布了《全国知识青年上山下乡工作会议纪要》,提出了统筹解决好知识青年的问题,提出了调整政策,逐步缩小上山下乡范围和"城乡广开门路,妥善安排知识青年"的要求。是年,全县只下乡 43 人。1979 年上山下乡工作停止。已下公社生产队的未婚下乡青年全部返城。1980 年,农牧四场青年及部分已婚下乡青年也办理了返城手续。1985 年,全县尚有 35 名上山下乡知识青年需进一步作好安置工作,为此,县劳动局根据省委文件及县委、县政府领导批示精神,专门组织了工作组作了调查,本着"负责到底"的精神,针对这 35 名青年的具体情况,依据政策,分别作了妥善安置。

(第十七篇第一章《劳动》,第 631 页)

1968 年,"复课闹革命"。8 月,工宣队、贫下中农代表队管理学校。9 月,"知识青年上山下乡",县城初中高中毕业生 800 人,到农村去接受贫下中农的"再教育"。农村的中学毕业生一律回乡,参加劳动生产。

(第十九篇第二章《中等教育》,第 677 页)

《绥滨县志》

绥滨县地方志编纂委员会编,方志出版社 1996 年

(1968 年)12 月,浙江省首批上山下乡知识青年 705 人来绥滨县农村插队落户。

(《大事记》,第 30 页)

1972—1985 年绥滨县几种人员安排就业情况表①

项目\年度	退伍军人安置		双退职工子女就业				死亡职工子女就业			留、返城知识青年就业							
	小计	全民	小计	全民			小计	全民	集体	小计	全民			大集体			
				计	工人	干部					计	留城	返城	计	留城	返城	缓下
1974							10	10		25	25	21	4				
1975							3	3	9		9	7					
1976							11	11		39	10	10		29	9		20
1977	50	50					18	15	3	36	15	15		21	21		
1978	16	16	123	123	123		13	11	2	34	11	11		23	14	2	7
1979	20	20	287	287	201	86	11	9	2	34	4	4		30	8	5	17

(第十五编第二章《劳动》,第 478 页)

---

① 本表内容为节选。——编者注

第五节　知识青年插队

绥滨县知识青年插队是从 1965 年开始的,当年只动员了 12 人到忠仁公社新安大队(现忠仁乡新安村)落户。在县委办公室设一人负责具体工作。"文化大革命"中,在"知识青年到农村去"的号召下,1968 年掀起了知识青年下乡插队的高潮。为适应工作需要,设"五七"办公室,并加强了领导,充实了人员。1968 年、1969 两年还分别接收和安置了鹤岗市知识青年 1 004 人,浙江省 547 名,北京市 4 名知识青年,1973 年成立绥滨县知识青年领导小组并下设办公室,"五、七"办撤销。到 1978 年,先后动员本县城镇初,高中毕业学生 2 067 人到农村或知青农(林)场插队;1975、1976 两年还接收安置了佳木斯市知识青年 189 人。共接收和安置了知青 3 811 人。

这些人分布在一个农业良种场、两个林场、两个知识青年农场(供销社系统和林业系统)、10 个人民公社的 65 个大队,国家拨了安置经费,在各青年点为知青建了食堂和宿舍,使知青的物资,文化生活和医疗得到了保障。

知识青年在农村和农、林场锻炼期间,有 174 人被评为县级先进个人;有 27 人加入了中国共产党,297 人参加了中国共产主义青年团,12 人上了大学,36 人走上了各级领导岗位。其中一人成了作家,一人提升为县级领导。

1976 年以后,根据中央关于知识青年工作的指示精神,已下乡的知识青年陆续返城。到 1979 年大部青年已回城市安排工作,在农村还有 87 名已婚的老知识青年。根据上级指示精神,对他(她)们分别作了妥善安置。有 13 人安排到乡、镇企业;还有 74 人给每人 1 000 元一次性经济补助,脱离了知青关系,不再以知识青年对待。

1979 年终止了知识青年下乡。　　　　　　　　　(第十五编第二章《劳动》,第 483 页)

《富锦县志》

黑龙江省富锦市地方志办公室编,三环出版社 1991 年

1970 年,县委常委会议通过,在本县招收 400 名年满 18 至 30 周岁的未婚青年(个别技工和部分骨干例外)为亦工亦农的临时职工,充实钢铁、煤炭战线。招收来源:1.复员退伍军人;2.城镇青年;3.下乡知识青年;4.公社社员。招收办法:本人申请,大队或街道评议,填写登记表和检查身体,经公社审查同意后报县劳动部门标准。

　　　　　　　　　　　　　　　　　　(第十三编第一章《劳动》,第 502 页)

1974 年,本县集体所有制单位招工 50 人。条件为劳动满二年以上的上山下乡知识青年(包括外地来本县插队知识青年)。

　　　　　　　　　　　　　　　　　　(第十三编第一章《劳动》,第 502 页)

1975 年 12 月,佳铁分局在本县招收 50 名固定工人。条件:从劳动时间满二年以上的上山下乡知识青年中选拔,规定女性占招工总数的 15%。

1976 年 2 月,本县集体所有制单位招工 350 人,其中手工业 225 人,商业 115 人,交通 10 人。招收对象:在 1976 年 2 月 5 日前按政策规定批准留城青年中招收 50 人;在 1974 年 2 月 5 日前经组织批准返城的知识青年中招收 25 人;在 1974 年 2 月 5 日前上山、下乡,现已劳动满二年以上的知识青年中招收 175 人(本县与外地青年同样对待);在社会青年中招收 100 人。

1978 年 12 月至 1970 年 5 月,哈铁第五工程段、福(利)前(进镇)铁路集体所有制施工队在本县招收固定工人 157 人,其中从民工中招 95 人,铁路沿线铁路职工子女 13 人,下乡知识青年 49 人。

1979 年 2 月,本县全民所有制和集体所有制单位招工若干(数字不详),招收对象:既招收留城返城青年,也招收下乡知识青年,对于待业时间超过二年的,尽先安排,首先招收 1968 年至 1972 年下乡插队的知识青年,和因年龄大在农村解决婚姻有困难的女青年。

(第十三编第一章《劳动》,第 502 页)

第五节　上　山　下　乡

从 1964 年到 1978 年,本县共有 6 186 名青年到农村、四场(林、牧、副、渔场)插队落户。同时还接收安置了来自京、津、沪、浙、哈、佳、鹤岗等市的 2 011 名知识青年到农村人民公社插队。15 年间,本县共安置本地与外地 8 187 名知识青年插队。这些知识青年,有的升学、有的进工厂,自 1978 年开始,插队知青凡未婚者,都先后返城就业。

到 1980 年底,本县还有 336 名下乡青年(已婚)在农村安了家。为使他们安心于农村的建设,解决他们在生活和生产中的实际困难,国家拨款 40 万元作为他们的安置费。

(第十三编第一章《劳动》,第 509 页)

《同江县志》

同江县志编纂委员会编,上海社会科学院出版社 1993 年

(1969 年)3 月 10 日,千名杭州籍下乡知青来同江插队落户。首批即日到达。

(《大事记》,第 18 页)

4 月 23 日,杭州下乡知青全部进入预定社队。是日召开首届知识青年工作会议。

(《大事记》,第 18 页)

（1972 年）9 月 4 日，合江地区知识青年下乡工作会议在同江县召开。

（《大事记》，第 20 页）

（1973 年）9 月，三村公社回乡青年姚天瑞被保送去复旦大学学习。

（《大事记》，第 20 页）

（1974 年）9 月，乐业公社下乡青年田淑青（女）被保送去清华大学学习。

（《大事记》，第 20 页）

知识青年上山下乡

知识青年上山下乡，早在 50 年代就已经开始。当时主要是接收少量外省青年，本县下乡的则很少。

1966 年同江建县，根据中共中央国务院发布的"关于动员组织城市知识青年参加农村社会主义建设"的指示，成立了知识青年上山下乡办公室，并开展工作。

1966 年以前，以动员城镇知识青年为主。1968 年以后，转入动员与接收同步进行。大量的上山下乡是 1968 年到 1978 年底，这 10 年下乡人数最多。全县共接收安置下乡知识青年 3 633 人，平均每年下乡 363 人左右。其中：接收外省、市下乡青年 2 423 人，本县下乡青年 1 210 人。

这些青年分布在全县 10 个公社 76 个生产队，4 个国营农场。大部分知识青年安心农村，并在生产劳动、学习中发挥作用。从 1979 年开始，知识青年陆续返城，对留在本县的知识青年给予工作及生活方面优先照顾，对已在农村和社员结婚的男女下乡知识青年，通过征求意见，有的安置了男方，有的安置了女方。　　（第十一篇第三章《劳动》，第 346—347 页）

《抚远县志》

抚远县地方志编纂委员会编，中华书局 1998 年

（1969 年）1 月 1 日，根据毛泽东关于"农村是一个广阔的天地，到那里是可以大有作为的"指示，首批 131 名杭州知识青年来抚远县插队落户。　　（《大事记》，第 34 页）

（1974 年）4 月 7 日，抚远县首届上山下乡知识青年代表大会在抚远镇召开。

（《大事记》，第 37 页）

（1975 年）6 月 30 日，县第二届上山下乡知识青年代表会议召开。（《大事记》，第 37 页）

(1976年)年末,1968年以来的9年中,抚远县共建知识青年点46个,安置知青4 112人,占全县职工总数的72%。 (《大事记》,第38页)

第六节　知识青年上山下乡

1968年,按照毛泽东主席"农村是一个广阔的天地,到那里是可以大有作为的"指示,首批131名杭州知识青年来抚远县插队落户。1970年7月,中共抚远县委成立知识青年上山下乡领导小组和办公室。凡有下乡知识青年的社、队也都组建起由领导、贫下中农和知识青年代表参加的"三结合"领导小组。对知识青年做到政治上有人抓,生产上有人教,生活上有人管。广大知识青年普遍树立了扎根农村,建设农村的雄心壮志。

1972年5月3日,县委决定原由民劳科兼管的知识青年上山下乡工作移交给新增设的知识青年上山下乡工作办公室。

1968—1976年,全县共安置、接收城镇知识青年4 077人,建立知识青年生产、生活点40个。在4 077名知识青年中,有杭州市青年1 185人,哈尔滨市青年460人,佳木斯市青年520人,牡丹江市青年157人,抚远县青年1 790人。

1977—1978年,全县又安置省内及县内下乡知识青年820人。

10年中,下乡知识青年有85人加入中国共产党,644人加入共青团,91人被选拔到县、社领导班子任职,有560人成为教师、拖拉机手、医护人员、财会人员或企事业单位干部,成为全县各条战线上的骨干力量。另外尚有61人参军,216人进入大、中专学校学习。

1978年以后,根据中央"调整知青政策,逐步缩小上山下乡的范围,今后不再搞插队"的精神,再没有动员知识青年下乡。已下乡的未婚知青陆续返回城镇。1982年3月,县委决定撤销知识青年上山下乡办公室,历时10余年的知识青年上山下乡工作宣告结束。

1968—1978年城镇知识青年下乡统计　　　　单位:人

数量＼项目　年份	省内及本县下乡人数	外省来本县下乡人数	合　　计
1968	—	131	131
1969	158	343	501
1970	140	896	1 036
1971	150	—	150
1972	146	—	146
1973	244	—	244
1974	149	—	149
1975	413	—	413

数量　　　项目　年份	省内及本县下乡人数	外省来本县下乡人数	合　　计
1976	1 307	—	1 307
1977	552	—	552
1978	268	—	268
合计	3 527	1 370	4 897

（第十五编第一章《劳动工资》，第 458—459 页）

《饶河县志》

饶河县地方志编纂办公室编，黑龙江人民出版社 1992 年

1968 年始，每年均有来自上海、杭州、北京、天津、哈尔滨、佳木斯等城市之初、高中毕业男女知识青年四、五千人，来至本县参加农村建设，总数 20 000 余人。

（卷二第二章《人口》，第 60 页）

早在 1968 年，来自浙江、哈尔滨等地的知识青年共计 350 多人，分别插入县内各村屯。

（卷五第十章《"文化大革命"时期》，第 262 页）

1970 年，县革命委员会设置民劳科，统管民政知识青年安排等项事务。开始统一掌管劳动工资总额指标之下达与批拨，无民劳科下达之工资指标，银行不得支付工资款项。并负责复员退伍军人之就业安排。

（卷六第二章《劳动》，第 295 页）

第二节　知识青年上山下乡

"文化大革命"中，学校处于被砸被拆散或半瘫痪状态。工厂不能正常上班，学校学生不能正常就学，加以文革前期大、中专应届毕业生留在学校"闹革命"至 1968 年，大批青年学生就业已成为城市之极大负担。1968 年，毛主席发出："农村是个广阔的天地，知识青年应该到那里去，接受贫下中农再教育……"之号召，遂掀起城市青年上山下乡高潮。个人写申请，学校批准，并佩戴光荣花，敲锣打鼓相送。同时，为解决青年上山下乡之农具添置，房屋建设，国家按每人三百元计算，发给安置费，将款拨发至各国营农场或农村生产队，用以解决盖房、办食堂之需。为加强对此项工作之领导，县革委会设置知识青年上山下乡安置办公室（简称知青办）。初单建，后与民劳科（即劳动科）合署办公。各国营农场亦普遍设置安置办

公室于劳资科内,负责接待等各项事宜。本县自 1968 年始,每年接收一至几批初、高中毕业下乡插队劳动之知识青年。至 1976 年九月间,共计吸收北京、上海、天津、杭州、哈尔滨、佳木斯等六个大中城市的下乡青年 22 891 人。其中县属良种场及公社(乡)生产队,接收之哈尔滨、杭州、浙江省淳安县等地之青年。生产建设兵团(1976 年改回国营农场)则主要接收哈尔滨、佳木斯、北京、天津、上海等城市之青年。县属农村及各国营农场接收之知识青年人数如下表:

全县接收下乡知识青年统计表 单位:人

接收安置单位	下乡青年来自城市区别									合计
	哈尔滨	佳木斯	北 京	上 海	天 津	杭 州	浙 江	本 县	其它城市	
县属公社	283						487	93	18	881
其中:饶河镇	18							1		19
永 乐	53						75			128
西 林 子	47						99			146
小 佳 河	59						156	34		249
西 丰	106						99	13		218
良 种 场							15	40		55
种 畜 场							43	5	18	66
各国营农场	5 215	1 164	4 229	5 529	3 600	366	302		1 605	22 010
其中:饶河农场	963	668	854	1 147	522		2			4 156
胜利农场	3 025	11	1 776	538	1 110	179			39	6 678
八五九农场	728	439	1 115	2 095	1 295		63			5 735
红卫农场	272		216	1 652	360				821	3 321
红旗岭农场	227	46	268	97	313	187	237		745	2 120
总 计	5 498	1 164	4 229	5 529	3 600	366	789	93	1 623	22 891

自 1978 年开始,城市知识青年逐渐返回原籍,至 1980 年,返城人数已达 93% 以上。其中除少数人属于考取大专院校外,其余,大多数从事城市工商或服务行业工作。留在本县之人员,多为领导骨干或从事本县教育、医务工作者,大都在本地寻找配偶。至 1984 年末统计,全县城市下乡青年,留在本县域内之总人数为 1 350 人。县政府及各农场知青办组织,亦于 1980 年相继撤销,其遗留事务,统由劳动部门办理。

(卷六第二章《劳动》,第 296—297 页)

省财政厅专项拨款包括:科技三项费用,人民防空经费,知青下乡安置费,社队开荒补助费,小型农田水利费,防汛岁修,抗旱经费,支援人民公社投资,优抚社会救济支出,自然灾害救济费,少数民族补助费等。

(卷十一第一章《财政》,第 554 页)

(1968 年)九月,全县(包括农场及人民公社)大批接收上海、杭州、北京、天津、哈尔滨等地下乡知识青年一万余人。

(卷十六《要事简记》,第 904 页)

《宝清县志》

宝清县地方志编纂委员会编,(内部刊行)1993 年

(1964 年)7 月 16 日,安置下乡青年,其中本县 100 人,接收安置双鸭山下乡青年 250 人。

(《大事记》,第 30 页)

(1970 年)8 月,首批浙江知识青年来宝清落户。

(《大事记》,第 33 页)

上山下乡

宝清县安排知识青年上山下乡是从 60 年代初开始的,首先是由共青团县委主抓,后来成立"安置办公室",专门主抓这一工作。

1964 年 6 月,首批下乡知识青年 142 人,奔赴夹信子、尖山子、七星泡、凉水泉子等 4 个乡,在 142 名知识青年中有 86 名是外省市青年。1965 年第二批知青 92 人,分赴万金山、尖山子、小城子、龙头等 4 个乡。

1969 年第三批下乡知识青年 316 人,下放到万金山、小城子等两个乡。

宝清县 1970 年至 1978 年全县知识青年下乡情况表

年 份	下乡人数	插 队 地 点
1970	339	小城子、凉水泉子、万金山、朝阳、七星泡
1972	318	宝清县各林场
1973	223	小城子、龙头、万金山、朝阳、尖山子
1974	347	七星泡、凉水泉子、夹信子、龙头
1975	378	朝阳、龙头、夹信子、凉水泉、七星泡
1976	477	尖山子、朝阳、万金山、夹信子、小城子
1977	401	夹信子、小城子、龙头、万金山
1978	52	五九七、八五三农场

1133

截止 1978 年末,全县共接收、动员安置了 3 085 名知识青年,其中在插队时间里有 34 人加入中国共产党,有 730 人加入了中国共产主义青年团,有 73 人担任了人民教师,有 115 人升入了大中专学校,参加招工 1 400 人。

宝清县为做好这项工作,在全县 12 个公社、64 个生产大队建立了知青点,建立 5 个知青农场,共建住房 78 栋,528 间,占地面积 12 512 平方米。

1978 年,中共中央下发 74 号文件,要求在城乡两个方面为知识青年广开就业门路,从此,宝清开始办理知青返城手续,外省市下放宝清的知识青年,陆续返回了原籍。1979 年开始,余下的下放青年一部分就地安排就业(多是与当地青年结婚者),其余均先后陆续返城。

(第十二编第三章《劳动》,第 466 页)

《集贤县志》

黑龙江省集贤县县志编纂委员会编,(内部刊行)1985 年

(1972 年)四月二十六日,县知识青年上山下乡办公室成立。

(第一编《大事记》,第 23 页)

(1979 年)九月,上山下乡知识青年回城就业。 (第一编《大事记》,第 27 页)

按照国务院《关于知识青年上山下乡若干问题的试行规定》精神,从 1979 年开始,对全县所有上山下乡的知识青年进行妥善安置,到 1981 年末,共安置就业青年 8 912 人。

待业青年安排情况

| 项目 年份 | 安排人员总数 | 其 中 | | | 安置(集体)去向 | | | | | | | | 混岗 | 外驻单位 | 参军 | 办学 | 尚未安置 |
		国营	集体	个体	商业	饮食业	服务业	工艺加工	建筑维修	运输装卸	农村多种经营	其它					
1979	5 334	750	2 812	7	288	467	432	708	415	329	98	75	670	1 035	60		
1980	1 802	190	1 111	13	59	80	150	373	339			110	260	178	50		
1981	1 776	250	1 119	16	115	135	126	534	30	46	45	88	91	107	40	153	44
合 计	8 912	1 190	5 042	36	462	682	708	1 615	784	375	143	273	1 021	1 320	150	153	44

随着待业青年的安置,一批新的知青集体合作商业、服务网点,遍及整个县城。从 1979 年开始,到 1981 年末,全县共开设知青集体合作商业网点 53 处、饮食网点 33 处、服务网点 32 处,共安置知识青年 1 091 人,三年来共投资 385.37 万元,盈利 9.5 万元。

(第十编第三十九章《劳动》,第 518—519 页)

第五节　知识青年上山下乡

1964年起,本县开始动员青年下乡,并接收安置外地下乡知识青年。1964年至1966年共动员和接收下乡青年449名,其中女的102名。安置到4个公社,24个生产大队。1966年兴安公社笔架山大队青年点曾被评为省的红旗单位。

1966年全县动员114名知识青年下乡,被安置在丰乐公社的奋斗大沙、沙岗公社的高丰、东升、农丰三个大队和县良种场、种畜场、地委畜牧场等地。

1968年9月14日毛泽东发出"知识青年到农村去,接收贫下中农的再教育"的指示后,知识青年上山下乡运动逐渐形成高潮。1968年到1978年的10年间,全县共接收安置下乡知识青年6 890名。其中有浙江青年1 167名,外市、县455名。此中有544人升入大中专学校,有908人参加中国人民解放军,有2 035人被招工录用;有156人加入中国共产党,有4 801人加入中国共产主义青年团。1972年4月以来,县革委成立知识青年上山下乡领导小组,下设办公室专抓知青工作。1979年剩留在农村的知识青年基本全部返回原籍。1969—1970年,知识青年中有6人被法办。迫害女知识青年的王建业被处枪决,牛文焕被法办。

(第十编第三十九章《劳动》,第527—528页)

《勃利县志》

勃利县志编纂委员会编纂,中国社会出版社1992年

(1968年)11月16日,县革委会动员城镇初、高中毕业生和知识青年700余人下乡接受贫下中农再教育。

(《大事记》,第29页)

(1969年)9月,勃利县各林场首次安置知识青年800余人。

(《大事记》,第29页)

(1974年)12月,县委召开首届上山下乡知识青年先进集体先进个人代表大会。

(《大事记》,第31页)

(1975年)8月28日,全县组建72个知青点,3 230名知识青年先后进点参加劳动。

12月2日,县农机系统知识青年农场被合江地区评为先进农场,合庆大队赤脚医生李俊英(知识青年)被评为知青标兵。

(《大事记》,第31页)

第三节　知识青年上山下乡

1964年1月1日,中共中央、国务院发出了动员和组织城市青年参加农村社会主义建设的决定,县成立知识青年上山下乡办公室,组织动员城镇知识青年上山下乡。城镇中学毕

业生除独生子女、父母身边唯一子女、病残青年、中国籍外国人、家庭特殊情况脱离不开者外,其余一律动员上山下乡。在农村建立青年点,各系统派干部带队,具体组织上山下乡知识青年的生活学习、生产及各项活动。

1964 至 1979 年,全县上山下乡知识青年 7 794 人,其中上山从事林业生产 1 486 人,下乡到农村插队 5 308 人。本县收外省市青年 1 022 人。当时规定:对青年下乡时间长,表现好的青年,由贫下中农推荐参加"三招"(招工、招生、参军)。到 1979 年,除已婚在农村安家的 56 名青年外,其余全部返城就业,大部分安置顶岗,少部分成为大集体职工。

1973 至 1978 年,共派"知青"带队干部 450 人次。全县共建知青点 134 个。国家下拨知识青年安置费 343.3 万元,其中 134 万元用于知青点建房,共建房 28 140 平方米,发给知青每人生活补助费 500 元。

1979 年,县委决定 134 个知青点全部撤销,房舍和其它物品移交给所在生产大队。

附:知识青年上山下乡统计表(1966—1977 年)

知识青年上山下乡统计表(1966—1977 年)　　　　　　　单位:人

年 度　＼　走 向	合 计	集体下乡插队	分散下乡插队	上山到林场	备 注
1966	194	82	24	88	
1967	81		67	14	
1968	363	134	20	209	
1969	885	401	208	276	温州知青 375
1970	217		5	212	
1971	140			140	
1972	446	21		425	温州知青 300
1973	325	257	4	64	
1974	854	854			
1975	2 019	1 625	200	194	佳木斯知青 203
1976	767	679	26	62	佳木斯知青 85
1977	803	615	86	102	佳木斯知青 58
合 计	7 094	4 668	640	1 786	外地知青总计 1 021

(第十二编第一章《劳动》,第 427—428 页)

《桦南县志》

黑龙江省桦南县志办公室编,黑龙江科学技术出版社 1991 年

(1964 年)8 月 15 日,欢迎第一批城镇知识青年到农村插队落户。(《大事记》,第 45 页)

（1968年）11月，首批动员城镇知识青年600余人，到农村"插队落户，接受贫下中农再教育"。

（《大事记》，第48页）

（1969年）9月14日，第一批浙江知识青年248名，到县农村"插队落户"。

（《大事记》，第48页）

（1970年）10月22日，成立桦南县革委会"五七领导小组"，负责对插队干部、知识青年、六二六医务工作者的安置、培养、教育、考察等工作。"文革"期间全县动员和接受外地"插队干部"665户，2 196人；动员和接收外地"插队知识青年"6 321人。　　（《大事记》，第48页）

其他经济建设支出2 098.9万元。其中：

......

⑤ 城镇人口下乡经费824.1万元（不包括干部下放锻炼经费221.5万元）。这是知识青年上山下乡、城镇闲散人口下乡安置费、补助费及县劳动服务公司周转金等。

（第九编第一章《财政》，第541页）

知识青年安置

本县知识青年上山下乡，大体上经历了两个阶段：

第一阶段是从1964年5月到1966年上半年。当时以动员县城知识青年为主，同时还接收少量外省市知识青年，去向主要是到农村插队，也有少部分到国营农林牧渔场。

第二阶段是从1968年12月到1978年底，这10年下乡青年数量多。10年中，全县共接收下乡知识青年7 509人，每年平均下乡750人。其中：接收省内外市县1 071人，浙江省各地区1 248人，北京市2人，天津市4人，上海市1人，其他省份37人，县内回乡青年906人。

这些青年分布在18个农村人民公社142个生产大队。10年中共建青年点153个，其中：农村插队青年点142个，集体所有制自办农场2处，国营农林牧渔场青年点9处。

10年中共派带队干部250人，青年在农村入党90人，入团380人，在农村曾任各种重要工作的有258人，曾参加各级领导班子210人。

在当时的历史情况下，为了稳定和巩固青年在农村安心农业生产，曾表彰了一批先进知识青年集体和先进知识青年个人。本县于1975年先后召开知识青年代表会三次，参加县、社知青代表会的青年人数达150人。

从1973年至1979年，国家财政共下拨知青经费2 816 729元（含建房费926 929元），加上1963年至1972年的724 000元，总计3 540 729元。企业、事业、机关和农村生产大队为安置知识青年也投放了大量资金和物资。由"三点"精神（国家、单位、农村社队共同投资）

扶持修建的青年点住房共计 1 097 间,21 316 平方米,其中:砖瓦结构的 945 间,17 359 平方米,土草结构的 152 间,3 957 平方米。

在农村双青(双方均为知识青年)结婚的以及和社员结婚知识青年共有 245 人,到 1981 年末已全部做了安排。

在下乡知识青年中,历年升学 283 人,参军 98 人,招工 6 370 人,按政策留城人数 717 人,因病和家庭困难返城 158 人。

1981 年对已婚青年做了最后一批全部妥善安置。这些青年尚有 108 人(浙江 6 人,其它外省市 49 人,本县 53 人)。具体情况是:

1. 安置去向　①动员原单位收回,安置在集体企业;②就近就业,安置在养路道班或社办企业;③组织起来兴办集体企业或自谋职业;④自找接收单位,县里负责介绍;⑤得到接班批准,允许返籍;⑥提倡自愿扎根务农。

2. 经济上扶持办法　①长期扎根务农的,根据困难程度,实行一次性补助。由个人申请,签订安置合同,与知青部门脱钩,摘掉插队知青帽子,以后视为普通社员。②需要安置的人员缺少房屋,其生活水平又在一般农村社员生活标准以下的,给予安置补助费 300 元,就业后不再按插队知青对待;③生活水平高于农村社员一般生活水平的,返城后又有经济外援者,只安排其就业,不予补助;④返城安置的,负责介绍并发给一次往返路费,以据报销;⑤特殊情况,个别掌握使用。

3. 安置结果　有 10 人申请在农村中扎根落户,每人发给 1 000 元的一次性补助;有 3 人返城自谋职业,每人补助 300 元;有 3 人是民办教师和赤脚医生就地安排,只给他们改变户粮关系;有 46 名由原单位收回安置到集体企业;有 41 名就近就地安置在养路道班,分别给予适当补助。其中有 5 名浙江青年,自愿返籍,发给了路费。

这部分青年共 108 人,安置费共用 43 800 元。

(第十三编第一章《劳动》,第 680—681 页)

接收安置本省市上山下乡知识青年统计表

合　计	本　县	佳木斯	哈尔滨	鹤　岗	双鸭山	回乡青年	备　注
6 217	5 146	1 046	11	2	12	906	总人数中不含回乡青年

接收安置外省市上山下乡知识青年统计表

合　计	北　京	天　津	上　海	浙　江				其　他
				小　计	杭　州	宁　波	温　州	
1 292	2	4	1	1 248		474	774	37

(第十三编第一章《劳动》,第 682 页)

《依兰县志》

依兰县志办公室编，黑龙江人民出版社1990年

(1978年)10月，插队落户知识青年开始大批返城，至1979年10月基本完毕。

（第一篇《大事记》，第40页）

第五节　知识青年上山下乡

知识青年上山下乡，是国家解决就业问题一次试验。1964年春，中共中央、国务院发出指示，4月，县成立知识青年上山下乡办公室，并开展工作。但由于对知识青年下乡工作缺乏认识和经验，没有同时解决好青年到农村后的劳动、生活、学习等问题，青年下乡后思想波动很大，1979年以后陆续返城，予以安置。

一、上　山　下　乡

县动员城镇知识青年上山下乡是与接收外省市知识青年交织进行的。1964年，以动员城镇知识青年为主，1968年以后，转入动员与接收同步进行。去向主要是插队和自办农场，尚有少部分投靠亲友落户。

从1964年到1978年，全县共动员5 419名知识青年上山下乡，其中女青年2 647人，于18个公社，78个生产队落户。平均每年下乡451人。其中集体插队安置4 040人；自办农场11个，安置555人；投靠亲友安置824人。接收本区下乡知识青年1 217人，安置在9个公社，33个公社队落户。其中自办农场6个，安置433人，集体插队安置784人。接收省内下乡知识青年234人，安置在3个公社8个生产队投靠亲友落户。接收浙江下乡知识青年1 329人，安置在10个公社，84个生产队落户。这些知识青年有232人在农村结婚。

国家为安置知识青年，从1968年到1979年，共下拨知青经费3 534万元。1968年至1972年，购买房屋674间，17 186平方米。1972年至1978年，建砖瓦结构房屋676间，17 234平方米。

大部分知识青年上山下乡后积极劳动、努力学习，在生产劳动、学习中发挥了作用。

城镇知识青年下乡统计表

年　份	本县下乡人数	本地区下乡人数	本省下乡人数	省外下乡人数	小　计
1964	352				352
1965	207				207
1966	14				14
1967	9				9

年 份	本县下乡人数	本地区下乡人数	本省下乡人数	省外下乡人数	小 计
1969	471		152	1 324	1 947
1972	212				212
1973	180				180
1974	831		82	5	921
1975	1 362	872			2 234
1976	975	218			1 193
1977	783	127			910
1978	20				20

二、待业青年安置

政府对待业青年采取招工、考学等措施，进行妥善安置。到 1978 年，共安置 3 680 人（包括部分留城青年）。

1979 年以后，下乡上山知识青年大批返城，按"国家安排与自谋职业相结合"的就业方针，及"统筹安排，城乡兼顾，广开门路，大力发展集体经济"的原则，共同努力，解决就业问题。经过几年工作，到 1985 年共安置 4 408 人，基本安置完毕。兴办独立核算企业 149 个。其中工业企业 46 个，安置 1 517 人，占 34.4%，建筑业 4 个，安置 375 人，占 8.5%，商业服务维修业 84 个，安置 2 122 人，占 48.1%，农林牧副渔、运输业等 15 个，安置 394 人，占 8.9%。

对已在农村和社员结婚的男女下乡知识青年，通过征求意见，有的安置了男方，有的安置了女方。

各行业在对知识青年安置中着眼全局，分担困难，有人出人，有钱出钱，有物出物。辟车间、商店之一角，为青年办厂办店使用。全县共派出职工 210 人，同青年一道搞好经营管理。绝大多数企业经营效果良好，除保证开支以外，尚有盈余。

1985 年待业青年安置情况及事业兴办情况表　　　　　单位：个、人、万元

项 目	现有网点数	安排待业青年数	现有资产状况			累计公益金	累计公积金	产值、卖钱额劳务收入	利税金额		
			计	固定资产	自有流动资金				计	税	利
计	217	4 408	581	356	225	15.8	67	1 543	92.9	42.7	50.2
工 业	75	1 517	180.3	124.5	55.8	13.2	45	463	35.4	19.1	16.3
建 筑 业	4	375	52.5	50	2.5	0.3		82	3.9	1.9	2
农林牧副渔业	2	10	10.6	10	0.6			3	0.5		0.5

项　目	现有网点数	安排待业青年数	现有资产状况			累计公益金	累计公积金	产值、卖钱额劳务收入	利税金额		
			计	固定资产	自有流动资金				计	税	利
运输业	1	4	4.4	0.4	4		1	16	0.8	0.2	0.6
商饮服修（四业）	122	2 122	233.2	156	77.2	2	20	896	51.3	21.1	30.2
劳　务	13	380	100	15.1	84.9	0.3	1	83	1	0.4	0.6

（第十三编第二章《劳动》，第 715—717 页）

《汤原县志》

汤原县地方志编纂委员会编，黑龙江人民出版社 1992 年

　　是年（1964 年），开始兴起知识青年上山下乡热潮。至 1978 年全县共动员与接收上山下乡知识青年 8 356 名，其中本县知青 5 066 名，分别插队落户于 15 个公社 17 个农林牧副渔场。　　　　　　　　　　　　　　　　　　　　　　　　　　（《大事记》，第 58 页）

　　（1968 年）年末，根据毛泽东主席"知识青年到农村去，接受贫下中农再教育"的指示，动员城镇知识青年 600 余名到农村插队落户。　　　　　　　　（《大事记》，第 62 页）

　　（1969 年）9 月 14 日，浙江省一批知识青年来本县农村插队落户。（《大事记》，第 62 页）

　　（1972 年）2 月，汤原县知识青年上山下乡领导小组成立，同年 4 月，县五七领导小组办公室改为知识青年上山下乡办公室。　　　　　　　　　（《大事记》，第 64 页）

　　（1973 年）3 月 5 日，振兴公社双兴大队发生严重迫害知识青年案件，主要案犯被绳之以法。　　　　　　　　　　　　　　　　　　　　　　　（《大事记》，第 65 页）

　　（1973 年）9 月 3 至 7 日，中共汤原县委召开上山下乡知识青年代表大会。会议学习了毛主席给李庆霖的复信及中央有关文件，总结交流知识青年工作经验，研究制定了统筹解决知识青年有关方面问题的办法。　　　　　　　　　　　　　（《大事记》，第 65 页）

　　（1975 年）6 月 13 日，全县动员 922 名中学毕业生（其中应届毕业生 678 人，往届毕业生 244 人）上山下乡参加生产劳动。　　　　　　　　　（《大事记》，第 66 页）

1983年检查林业盗砍、滥伐案件11起,均按照政策给予处理。同时还对招工、招生、征兵、农转非、临时工转正、下乡知识青年返城等问题进行检查,共查处违反政策、弄虚作假问题27件,涉及当事人55人。 　　　　　　　　　　　（第一章《中国共产党汤原地方组织》,第225页）

1975至1979年招工对象主要为城镇吃商品粮留城待业青年,其中重点为上山下乡返城知识青年。1979年起执行职工退休、死亡由子女接班顶岗及自然减员采取招工与接班两种补充方法。1979年至1983年,县招工指标均下达至各乡镇及各系统,经劳动科录用后分配至企事业单位。1970至1985年,全县共安排就业9 428人。

1978年以后城镇知识青年不再上山下乡,已上山下乡"知青"陆续返城。一时间形成城镇青年大量集中,待业成为重要社会问题。国家对待业青年极为关怀,采取各种措施妥善予以安置。1979年前后,本县通过招工、参军、升学等途径,有1 259名待业青年得到安置,其中招工896人,参军115人。1979年5月县安置城镇待业青年领导小组成立并附设办公室,具体办理"知青"返城和安排事宜。县委发动县直各系统按照"统筹规划,全面安排,立足城镇就业,从城乡两方面安置"的原则,兴办待业青年厂、店,1979年至1985年全县共安置待业青年6 826人,办起青年企业243个、经营网点346个。此后,青年企业多行并转或关停。至1990年青年企业尚存130个。 　　　　　　　　　　（第八编第二章《劳动》,第339页）

第三节　上　山　下　乡

知识青年上山下乡

知识青年上山下乡,是我国解决青年就业问题的一大实验,产生于一定历史时期与特定条件下。本县1964年5月开始发动城镇知识青年上山下乡,并成立知青办公室,专门办理知识青年上山下乡事宜。县委、县人委召开大会动员,各机关、学校、企事业单位层层宣传发动,要求职工干部带头,但阻力重重。知青与其家长顾虑下农村务农条件艰苦,难以适应,社队也不愿接收,顾虑影响社员收益分配。因而多从政治鼓动、思想宣传以及组织约束等方面入手发动。1964年初至1978年底15年间,本县先后动员与接收上山下乡知识青年8 356人,其中本县6 491人。分别安置在15个公社、17个农林牧渔场参加生产劳动。全县共设152个青年点,除少数插队落户者外,大都集体食宿,自种园田,与社员同耕同酬。国家对安置知青均拨专款,用于建房、卫生等方面,至1977年为止全县共建砖瓦结构知青点用房40栋、1.5万平方米。

上山下乡知识青年在生产第一线通过劳动锻炼,多数学会了生产技能并在与农民相处过程中在思想上得到教育提高。有的成为先进人物,但亦有少数人不安心于农业生产,逃避劳动,甚至发生违犯法纪、打仗斗殴等情形。1978年12月,国务院《关于知识青年若干问题的规定》发布,知识青年上山下乡停止,历年上山下乡知青均陆续返城。

1964—1978 年上山下乡知识青年表

年 份	人 数	安 置 社 场	知青来源
1964	110	莲江口公社 70 人,鹤立河农场 40 人	本县
1965	617	永发公社 160 人、裕德公社 120 人、振兴公社 110 人、吉祥公社 100 人、鹤立镇公社 50 人、汤原镇公社 30 人、胜利公社 30 人、东风良种场 7 人、香兰良种场 5 人、种畜场 1 人、荣丰渔场 4 人	本县 77 名,鹤岗 540 名
1966	74	永发公社 30 人、胜利公社 25 人、东风良种场 9 人、香兰良种场 5 人、荣丰渔场 5 人	本县
1968	255	鹤立镇公社 93 人、向阳公社 49 人、望江公社 41 人、振兴公社 21 人、胜利公社 19 人、汤原镇公社 15 人、永发公社 6 人、莲江口公社 3 人、亮子河林场 2 人、木良林场 1 人、种畜场 1 人、荣丰渔场 4 人	本县
1969	2 112	汤原镇公社 109 人、向阳公社 10 人、望江公社 16 人、莲江口公社 34 人、汤旺公社 39 人、香兰公社 121 人、竹帘公社 102 人、鹤立镇公社 81 人、永发公社 147 人、振兴公社 73 人、黑金河林场 6 人、亮子河林场 6 人、种畜场 4 人、荣丰渔场 4 人、梧桐河农场 1 360 人	本县
1970	712	汤原镇公社 25 人、向阳公社 25 人、胜利公社 79 人、望江公社 47 人、莲江口公社 100 人、汤旺公社 3 人、香兰公社 64 人、竹帘公社 37 人、鹤立镇公社 23 人、裕德公社 58 人、振兴公社 61 人、黑金河林场 30 人、正阳林场 35 人、腰营林场 40 人、亮子河林场 43 人、木良林场 25 人、石场林场 10 人、种畜场 7 人	本县 212 名、浙江省宁波市 500 名
1971	91	汤原镇公社 6 人、望江公社 1 人、汤旺公社 1 人、鹤立镇公社 3 人、永发公社 1 人、振兴公社 1 人、正阳林场 10 人、木良林场 13 人、种畜场 4 人、荣丰渔场 1 人、莲江口农场 50 人	本县
1972	411	汤原镇公社 31 人、胜利公社 1 人、莲江口公社 58 人、汤旺公社 4 人、香兰公社 25 人、鹤立镇公社 41 人、黑金河林场 24 人、正阳林场 25 人、腰营林场 30 人、亮子河林场 15 人、木良林场 20 人、石场林场 10 人、鹤立林业局属林场 124 人、种畜场 2 人、荣丰渔场 1 人	本县
1973	310	汤原镇公社 74 人、向阳公社 24 人、胜利公社 25 人、莲江口公社 35 人、汤旺公社 1 人、香兰公社 67 人、竹帘公社 18 人、鹤立镇公社 24 人、正阳林场 7 人、木良林场 7 人、东风良种场 10 人、香兰良种场 10 人、种畜场 3 人、荣丰渔场 5 人	本县
1974	669	鹤立镇公社 147 人、向阳公社 80 人、胜利公社 49 人、望江公社 2 人、莲江口公社 73 人、汤旺公社 5 人、香兰公社 88 人、竹帘公社 18 人、鹤立镇公社 45 人、永发公社 2 人、裕德公社 2 人、县联社养蜂场 20 人、团结林场 4 人、东风林场 5 人、腰营林场 16 人、亮子河林场 4 人、木良林场 46 人、石场林场 10 人、汤原第一苗圃 7 人、东风良种场 13 人、种畜场 11 人、荣丰渔场 6 人	本县

年 份	人 数	安 置 社 场	知青来源
1975	1 481	汤原镇公社 62 人、向阳公社 215 人、胜利公社 169 人、望江公社 291 人、新兴公社 36 人、太平川公社 24 人、莲江口公社 205 人、汤旺公社 47 人、香兰公社 122 人、竹帘公社 109 人、鹤立镇公社 112 人、永发公社 4 人、吉祥公社 9 人、裕德公社 3 人、县联社养蜂场 9 人、水利科五七农场 12 人、团结林场 1 人、东风林场 1 人、黑金河林场 2 人、腰营林场 21 人、亮子河林场 2 人、木良林场 6 人、汤原一苗圃 2 人、东风良种场 3 人、香兰良种场 6 人、种畜场 6 人、荣丰渔场 2 人	本县 656 名,佳木斯市 825 名
1976	814	汤原镇公社 115 人、向阳公社 165 人、胜利公社 12 人、望江公社 24 人、新兴公社 22 人、太平川公社 3 人、莲江口公社 120 人、汤旺公社 1 人、香兰公社 25 人、竹帘公社 38 人、鹤立镇公社 117 人、永发公社 52 人、吉祥公社 48 人、裕德公社 18 人、振兴公社 6 人、永利科五七农场 9 人、工业五七农场 15 人、黑金河林场 1 人、东风良种场 10 人、香兰良种场 6 人、种畜场 5 人、荣丰渔场 2 人	本县
1977	589	汤原镇公社 152 人、向阳公社 64 人、胜利公社 15 人、望江公社 18 人、新兴公社 3 人、太平川公社 3 人、莲江口公社 70 人、汤旺公社 8 人、香兰公社 55 人、竹帘公社 52 人、鹤立镇公社 54 人、永发公社 20 人、吉祥公社 28 人、裕德公社 16 人、振兴公社 1 人、水利科五七农场 3 人、工业科五七农场 21 人、东风良种场 2 人、香兰良种场 3 人、荣丰渔场 1 人	本县
1978	61	汤原镇公社 25 人、向阳公社 5 人、莲江口公社 14 人、香兰公社 6 人、鹤立镇公社 11 人	本县
合 计	8 306	15 个公社、17 个农、林、牧、渔场	本县 6 491 人,外地 1 865 人

(第八编第二章《劳动》,第 341—343 页)

《牡丹江市志》

牡丹江市志编审委员会编纂,黑龙江人民出版社 1993 年

(1963 年 9 月)25 日,本市有 86 名知识青年志愿下乡建设社会主义新农村。

（《大事记》,第 41 页）

(1965 年)5 月 4 日,市欢送 538 名知识青年到农村插队落户。 （《大事记》,第 43 页）

(1968 年 9 月)25 日,市区 2 000 余名知识青年上山下乡,5 万名学生、学生家长和职工

群众欢送。

10月31日,市区又一批5000多名知识青年上山下乡,7万名群众集会欢送。

(《大事记》,第45页)

(1969年)8月14日,地革委召开大会,欢送参加生产建设兵团、返乡插队、插场的1700多名知识青年。

(《大事记》,第46页)

(1972年)12月19日,地革委召开上山下乡知识青年工作座谈会。座谈回顾4年来的体会和收获。

(《大事记》,第47页)

(1974年3月)25日,有500多名知识青年赴农村插队落户。　　(《大事记》,第48页)

(1975年)7月30日,市动员4711名知识青年下乡插队落户,3万多群众夹道欢送。

(《大事记》,第49页)

11月市召开第一次"上山下乡"知识青年代表大会,介绍经验,表彰先进。

(《大事记》,第49页)

(1977年2月)7日,市司法机关召开公判大会,对22名流氓诈骗犯、抢劫犯、盗窃犯、奸污迫害上山下乡女知识青年的罪犯进行判决。

(《大事记》,第50页)

"文化大革命"初期,劳动力调配与管理基本停顿。各专业学校停止招生,各企事业单位不安排就业。1966、1967、1968三届高、初中毕业生16 600人待业。1968年,市知识青年上山下乡办公室成立后,开始动员大批知识青年上山下乡。到1969年末,先后有11 554名毕业生安排到生产建设兵团、国营农(牧)场"插队落户",有5 046名毕业生安排到郊区社队或"五·七"干校参加生产劳动。1970年,本市高、初中应届毕业生全部留城就业。1971年,改革临时工用工制度,开展自然减员补充工作,规定职工退休或死亡,可招收一名符合招工条件的子女顶替;职工迁回农村,可招收一名在农村的子女顶替。结果,导致1972年职工突击退休。年末,停止办理。1973年,临时工用工制度改革结束,有1.65万名临时工转为固定工,占临时工总数的96.8%。

1974年开始,知识青年安置方向主要是各企事业单位自办的农场。到1978年,全市兴办知青农场48个,安置知识青年16 358人;到郊区和邻县农村插队的知识青年4 642人。1978年末,全国知青工作会议召开,之后,大批上山下乡知识青年开始返城,1979年全市待业青年高达56 591人。在此期间,恢复办理自然减员补充和子女顶替工作,并从上山下乡两年以上的知识青年中择优招工。1980 年,本市上山下乡知识青年大部分返城后,采取多种方式集中安置就业。规定,全民所有制企业招工优先照顾下乡知识青年,集体所有制企业招工实行包干安置就业,无归属单位的由所在街道和劳动部门统筹安置。同时,大力发展集体经济,提倡待业青年自谋职业,并从政策上给予照顾。其间,市劳动服务公司成立后,组织领导全市待业青年安置工作,各系统、各单位相继成立 85 个劳动服务公司,包干安置本系统职工的子女。并动员 13 142 名应届毕业生到农工商联合企业或自办知青农场工作。到 1980 年末,累计安排就业人员 137 188 人,其中,待业青年 130 878 人,占 95.4%。在待业青年中固定性安置 113 155 人,临时性安置 17 190 人,自谋职业 533 人。待业率由 1978 年的 23.8%,下降到 4.6%。此期间,全市审批退休退职职工 11 572 人,子女顶替 10 819 人,占 93.5%。

1981 年 7 月,全国知青农场(队)工作经验交流会在牡丹江召开,本市介绍了创办农工商联合企业、统筹安置知识青年的经验。1982 年,全市停止动员知识青年上山下乡,原有知青农场(队)陆续改为本单位的副食品生产基地或转给当地社队经营。

(第六编第六章《劳动管理》,第 376—377 页)

青少年之家创办以来,常年组织学生学习和劳动。除了补习语文、数学、政治等文化课外,还开办农业、畜牧兽医、果树园艺、木工、瓦工、电工、理发、卫生等 8 个中、初级专业班。在教育活动中,始终坚持正确对待升学、就业和上山下乡的思想教育。1956 年 3 月 15 日,孙永山、林淑芳等 330 名青年学生集体到密山县黑台区落户垦荒,建立青年农场(即 8511 国营农场)。1962 年 10 月,陈静亭、孙其明等 155 名青年学生到笔架山、哈达农场落户。1963 年 11 月,李茂昌、宁友冬、魏世群等 152 名青年学生到赵光农场落户。1964 年 5 月,王玉荣、张全良等 12 名青年学生到宁安县石岩公社团山子生产大队插队。7 月,徐忠凯等 9 名青年学生及钱友琴、于冬苓等 132 名青年学生分别奔赴宁安县江南公社烧锅生产大队和密山 8511 农场落户。1965 年 5 月,赵汝龙、曹建华等 121 名青年学生到宁安县渤海公社建起莲花农场。到年末,已有近千名青年学生由青少年之家输送上山下乡参加农业生产;有 1 000 多名初、高中毕业生经过补习考入上级学校。

(第二十三编第八章《校外教育》,第 271—272 页)

《牡丹江市郊区志》

温士杰主编,哈尔滨工业大学出版社 1992 年

(1974 年)7 月,全区组织动员第一批知识青年 478 名上山下乡插队(场)落户。

(《大事记》,第 30 页)

第四节　上山下乡

知识青年上山下乡是从 1957 年开始的。到 1980 年 23 年来,先后采取各种形式,共动员 1 676 人上山下乡。他们有的到农村插队落户,有的到生产建设兵团屯垦戍边,有的到林区参加林业建设,有的自办青年农场劳动锻炼,23 年的知识青年上山下乡工作,大体分为四个阶段:第一阶段,从 1957 年到文化大革命前,下乡青年 52 人,主要是安置到大团、南城子大队自办青年队。第二阶段从 1966 年到 1973 年,共动员 191 名知青下乡,其中有 140 人到黑龙江生产建设兵团,其余都到五七干校和郊区农村插队。第三阶段从 1973 年 9 月到 1979 年上半年,全市开始兴办知青农场,这一阶段共有 1 433 名知青下乡,其中 60％到知青农场劳动,40％到郊区农村插队。在郊区办知青农场最多时达 56 个,到 1985 年还有 28 个。

1957—1972 年的老知青 243 人已于 1973 年由各公社进行了安置,有的做教师,有的在社办企业工作。1975 年开始陆续返城,到 1980 年上山下乡工作全部结束。

上山下乡知青情况统计表

年　份	下　乡　数			返城数
	合　计	男	女	
1972 年以前	243	112	131	
1974	438	260	178	
1975	374	209	165	27
1976	574	256	318	45
1977	44	19	25	36
1978	3	2	1	110
1979				152
1980				全部完成
合　计	1 676	858	818	

(第十三篇第二章《劳动》,第 341—342 页)

《绥芬河市志》

绥芬河市地方志编纂委员会编,黑龙江人民出版社 2000 年

(1968 年)9 月,区中学、铁路中学 66 届、67 届毕业留校"闹革命"的中学生和 68 届毕业中学生,共 8 个班 400 余人,到各村屯插队落户,或集体到"青年点"参加农业生产,接受贫下中农再教育。

(《大事记》,第 29 页)

（1969 年）2 月，鸡西市 31 名知识青年来绥芬河区建东大队插队落户，1972 年后大部分陆续返回鸡西市。 （《大事记》，第 29 页）

（1970 年）9 月 1 日，中共绥芬河区首届代表大会召开，出席会议代表 102 人。会议选举产生中共绥芬河区第一届委员会，李福顺当选为区委书记。区委与区革委合署办公，下设办公室、政治部、上山下乡办公室、"五七"干校等工作机构。会议于 6 日结束。 （《大事记》，第 30 页）

（1980 年）12 月，市委撤销知青办。 （《大事记》，第 34 页）

经营性农场

60 年代后期至 70 年代，为缓解城镇青年就业的压力，建立一批以知识青年为主的、青年点形式的经营性农场。

1969—1973 年，北寒、南寒、二段林场三处有铁路机务段青年点；暖泉沟、二道岗子、南天门三村有铁路车站青年点，其经营多与生产队联合。建市后，二段、二道岗子、南天门等地划归东宁县，这些地方的青年点或撤回或归并。

1974 年成立北沟青年点，隶属卫东大队。有知识青年 27 名、做技术指导的社员 5 名；有牛、马车各 2 辆。当年建房 400 平方米，植树 3 万株，开荒 300 多亩。种植作物有葵花籽、马铃薯等。1975 年增加青年 80 余人，种植小麦、玉米、大豆、西瓜等作物。

1975 年 7 月，成立鹿窖沟青年点和铁路车站青年点。鹿窖沟青年点隶属反修大队，有耕地 150 亩，其中一半为熟地；有耕牛 6 头。主要种植人参、贝母、蔬菜及少量粮食作物，并养鹿 15 头及少量木耳段。技术指导由派出的社员承担。铁路车站青年点在黑瞎子石，有青年 46 名、马 10 匹、犁杖 6 副。初期雇拖拉机开荒。

同年 12 月，由铁路列检所、房产分段、工务领工区、公安段、地区食堂、配电所等单位，在三道沟成立铁路联合青年点，有 4 名干部带队。仅开少量荒地种植粮食作物，青年主要在铁路各单位干临时性工作，称为搞副业。

同年，由农机系统 10 余名青年组成，在道班与东宁二段林场交界处成立良种场青年点。初期只有几头牛、一台车，雇拖拉机开荒。

1976 年，北沟青年点添置链轨拖拉机、胶轮拖拉机各 1 台，新建车库、仓库、马厩、饲养室及食堂近千平方米。1978 年 5 月，北沟青年点与卫东大队分开，得耕地 480 亩。青年返城一部分，剩 60 人。同年，铁路车站青年点雇拖拉机开荒累计 450 亩。青年除种地外，还兼搞植树、采伐等副业。

1979 年 3 月，由全市各单位抽调的老知识青年和懂机械的农民计 20 多人，组建绥北全盘机械化农场。当年开荒 5 000 亩左右，种少量大豆、马铃薯。同年，铁路联合青年点在建设公社的三道沟、二道沟、北寒鹿场南部等处,雇拖拉机开荒802亩,后因上级承诺的经费未落实,青年点亏损,各单位将人力撤回,联合青年点解体。

到1979年,良种场青年点人员增至30多人,耕地400余亩,建仓库、车库、宿舍、食堂计200平方米,有链轨拖拉机1台。饲养黄牛7头、鹿3只、母猪13头、绵羊70余只、鸡200多只。种植作物主要有小麦、大豆、蔬菜及人参。

同年,良种场的人员、土地、家具全部并入绥北全盘机械化农场。同年鹿窖沟青年点青年返城,耕地归还反修大队,青年点解体。

1980年,北沟青年点青年全部回城,土地并入绥北农场。绥北农场人员增至50多人,分成机务队、农业队和多种经营队三个分队。同年,东街大队的菜队划给绥北农场。

1982年,绥北公社成立,绥北农场改划为其中的一个大队。同年2月,铁路车站青年点改为知青农场,由车站劳动服务公司管理,有链轨拖拉机、胶轮拖拉机各1台。职工种少量地,粮、菜产品用于搞福利。主业为装卸铁路货物。有耕地150亩,职工170多人。1983年后,人员陆续返城,农场解体。　　　　　　　　　　(第八编第一章《体制》,第293—294页)

1969年建立区财政,当年总支出48.4万元。其中基本建设投资12.5万元,支农0.19万元,文教卫生事业费0.7万元,社会救济0.8万元,知识青年下乡8.2万元,行政管理费用25.1万元,支前0.43万元,其他支出0.48万元。　　　　(第十二编第三章《支出》,第509页)

1968年,城镇待业青年除个别有困难的外,都响应毛泽东主席的"知识青年到农村去、接受贫下中农再教育"的号召,下乡插队落户。此后,有限的招工对象主要有:转业兵、优秀下乡知识青年、符合接班条件的待业青年。

到1976年,劳动力资源自然增长幅度大,机械流入多,终形成就业压力。1977年,全市待业人员达1 460人,其中下乡青年960人,返城青年、留城青年及社会其他劳动力500人。

1976年,从农村招收下乡知识青年117人。1977年,全民企业招收批准留城的中学毕业生、经批准返城的下乡青年、当年死亡职工的子女及部分劳动锻炼两年的下乡青年共50人。这批被招工人20名分到啤酒厂,30名分到针织厂。同年,集体制企业招收留城中学毕业生、经批准的返城青年及城镇非下乡对象的社会其他劳动力115名,到1978年共安置待业青年612名。

1979年,下乡知识青年全部返城,按中央关于"广开门路,搞活经济,实行劳动部门介绍就业,自愿组织起来就业和自谋职业相结合"指导方针,各单位本着"谁招谁办,自负盈亏,独立核算"的原则,兴办集体企业,以便安置大量待业青年。全市共办大集体企业22个,其中铁路系统3个,市属19个,安置待业青年555人。另有小集体企业安置125人。集体制企业职工子女接班13人。全民所有制企业招工208人。其中职工子女接班的131人。

1980年和1981年两年招工528人。1982年招工383人。至此1981年以前的待业青年全部安置完毕,包括 59 名在农村插队已婚的老下乡青年。1982 年还在小集体单位安置了部分当年中学毕业生。

（第十四编第二章《劳动管理》,第 607 页）

《林口县志》

林口县志编纂委员会编,黑龙江人民出版社 1999 年

(1968 年)8 月,县革委成立知识青年上山下乡领导小组,开始动员城镇青年(初、高中毕业生)上山下乡,参加农业劳动。
（《大事记》,第 48 页）

(1971 年)1 月,县委成立知识青年办公室(简称知青办),具体负责知识青年上山下乡工作。此后,在左的思想指导下,知青办工作方法简单,发生一些强迫知识青年下乡的现象。
（《大事记》,第 49—50 页）

(1972 年)开始实行招工、招生、征兵必须按一定比例从上山下乡知识青年中录用的制度。
（《大事记》,第 51 页）

(1981 年)全县恢复合作商业,共有 6 家合作商店,从业人员 147 人,销售额 13.1 万元。同时积极兴办集体商业,为大批返城急待就业的上山下乡知识青年和留城青年开拓就业门路。
（《大事记》,第 56 页）

“文化大革命”期间,劳动就业压力比较大。从 1968 年开始,城镇初高中升不上学的应届毕业生走知识青年上山下乡道路,到农村社队或农牧渔场就业。其中患病或因特殊情况下不去的,可根据留返城政策报县知识青年上山下乡办公室审批,成为留城或返城青年,在城镇待业或安排就业。1970 年,根据企业生产需要,从城镇待业人员和农村社员中招用全民所有制工人 1 200 人。1971 年招工 477 人,其中有一部分是 1964 年接收鸡西来本县下乡的老青年。从 1972 年开始,招工采取从上山下乡的知识青年社员中招收的办法,国家征兵、招生等也必须按一定比例从上山下乡知识青年中征用和择优录取。1972 年招工 5 463 人,其中安排知识青年 203 人,临时工转正 5 260 人。1973 年招工 1 427 人,其中安排知青 189人,城镇待业人员 155 人,农林牧渔四场工人 154 人,死亡职工子女 19 人,临时工转正 910人。1974 年招工 570 人,其中安排知青 273 人,补充自然减员 47 人,1975 年招工 830 人,其中安排知青 512 人,城镇待业人员 162 人,“四场”工人 121 人,补充自然减员 35 人。1976年招工 577 人,其中安排知青 451 人,补充自然减员 126 人。1977 年招工 983 人,其中安排知青 317 人,城镇待业人员 158 人,集体企业职工 157 人,“四场”工人 29 人,补充自然减员

132 人,死亡职工子女 34 人,临时工转正 156 人。1978 年招工 813 人,其中安排知青 653 人,死亡职工子女 105 人,技工招生 55 人。1972—1978 年,共有 2 598 名上山下乡知识青年被招工,934 人被征兵,394 人被招生,共计招用知青 3 926人。

……

1979 年,根据国务院指示精神,上山下乡知识青年除在农村安家落户,就近就地安排到社队企业、供销合作社或中小学就业外,全部返回城镇等待就业。

(第十三编第二章《劳动》,第 695—696 页)

上山下乡

1968 年 7 月 23 日,县革委核心小组组织召开广播会议,贯彻落实毛泽东主席有关教育革命的指示,并欢送 42 名知识青年上山下乡,到建堂公社土城子大队插队落户。同年冬,在毛泽东主席"知识青年到农村去,接受贫下中农再教育,很有必要"指示号召下,全县掀起知识青年上山下乡高潮,大批初、高中毕业生分别下乡到全县各公社插队落户。随着下乡青年不断增多,1971 年 1 月,县委增设知识青年办公室(简称知青办),具体负责知识青年上山下乡工作。至 1978 年,本县先后欢送 10 余批共 8 107 名知识青年上山下乡。由于工作方法简单,不区别具体情况,曾发生一些强迫知识青年下乡的现象。(中共十一届三中全会后,知识青年陆续返城。1982 年 5 月,知青办撤消。)

(第十六编第三章《重大政治活动纪略》,第 832 页)

《鸡东县志》

黑龙江省鸡东县志编纂委员会办公室编,(内部刊行)1989 年

是月(1972 年 4 月),鸡东中学 136 名应届毕业生上山下乡。   (《大事记》,第 12 页)

(1974 年)1 月 11 日—13 日,召开首届上山下乡知识青年先进集体、先进个人代表会议。

(《大事记》,第 12 页)

(1975 年)7 月 19 日,县城高中毕业生和部分初中毕业生 517 人上山下乡。

(《大事记》,第 13 页)

1983 年随着劳动制度的改革,由招收固定工改为招收合同工,到 1985 年末共招收合同工 1 330 人。主要是从下乡知识青年、待业青年和落实政策人员中,经过组织审查、民主评议和文化考核,择优录取。

(第二十四编第二章《劳动》,第 328 页)

第四节　知识青年上山下乡

1965年由劳动科主管安置工作,1969年成立安置办公室,1972年设知识青年上山下乡办公室,负责城镇知识青年安置工作。1980年与劳动科合并。

1965年到1971年主要接收安置省内各市和外省、市下乡青年。1972年到1979年以安排本县下乡青年为主,结合安排外地下乡青年。1965年—1978年全县共安置城镇下乡青年5 546人,其中本地2 974人、外地2 572人。

安置城镇知识青年大体有4种形式:一是在12个公社47个大队建立青年点,集中安置3 453人;二是安排到农、林、牧场563人;三是按系统插场997人,其中,办青年点8个,安置525人;四是投亲靠友插队108人。

从1965年到1978年国家拨给知青安置费196万元,从1979年到1985年对经过安排的待业人员,国家拨给扶持资金112万元。

返城上山下乡知识青年的去向是:1972年以前的下乡知识青年,由原单位陆续招工和安排工作;1973年以后本地下乡青年,参军495人,升学108人,招工1 009人,接班1 129人,自谋职业64人;1979年党中央对知识青年上山下乡政策进行了调整,下乡青年于1980年10月全部返城,陆续安排工作。

1965年—1978年城镇知识青年上山下乡统计表

人数　　项目　　年度	小　计	县内的	本省外市、县的	外省的	备　注
1965	173	53	120		
1966					
1967					
1968	773	25	718	30	
1969	136		136		
1970	183			183	
1971					
1972	259	176		33	
1973	127	94		83	
1974	735	559	176		
1975	1 154	772	382		
1976	960	605	270	85	
1977	990	634	300	56	
1978	56	56			
合计	5 546	2 974	2 102	470	

（第十四编第二章《劳动》,第330—331页）

《密山县志》

密山县志编纂委员会编，中国标准出版社1993年

（1970年）7月23日，成立密山县知识青年上山下乡工作领导小组。

（《大事记》，第40页）

（1975年）7月4日，召开知青工作会议。交流安置工作经验；总结密山县动员、安置知识青年上山下乡工作经验、教训。

（《大事记》，第43页）

一、安 置 形 式

自1964年县委精减安置办公室成立后，开始动员知识青年下乡。知识青年下乡的待遇是每个下乡青年国家拨给经费240元。1972年各公社配专职知青助理员负责安置。1973年开始每个下乡青年拨给经费500元，其中发给青年本人生活费150元（下乡第一年发给100元，第二年发给50元），其余为建房费；投亲者只发给生活费，不发建房补助费。至1980年止，密山县农村先后接收安置知识青年10 662人，其中：本县青年8 793人；外省、市青年1 869人（包括浙江青年545人；牡丹江青年736人；鸡西青年588人）。

动员安置知识青年主要有四种形式：到农村（生产队）插队；到国营农林牧渔场插队；到农村亲属家投亲；系统或单位自办农场。1973年以前以插队为主。插队青年点每20至30人为一个集体，生产队派一名有实践经验的农民为教师，教做农活。青年待遇和社员相同，每人每年平均分得口粮600斤，日值分配1.20元左右。1973年起各系统自办青年农场，安置本系统青年搞"以粮为纲"多种经营生产。1974年至1975年全县共办知识青年农场17处，带队干部百余人；1975年至1976年牡丹江市、鸡西市有关单位相继到密山建青年农场8处。到1979年末青年农场先后安排知识青年3 312人，开垦土地32 807亩，置有拖拉机67台，每年产粮400万斤左右，上缴国家180万斤左右，农场总收入150万元，分给青年55万元，人均日值1.50元。绝大部分青年农场自给有余，收入稳定。

1964年至1979年上山下乡人员安置情况表

安置对象 人数 年份	安置总人数	安置本镇青年						投亲	安置外地青年						安置浮闲人口人数
		合计人数	青年点数	农场个数	插队（人）	青年农场（人）	农林牧渔场（人）		合计	牡丹江市		鸡西市		浙江	
										人数	形式	人数	形式	人数	形式	
1964	791	210	80		154			56	331			331	插队			250
1965	285	171	85		128			43								114

安置对象 人数 年份	安置总人数	安置本镇青年							安置外地青年							安置浮闲人口人数
		合计人数	青年点数	农场个数	插队（人）	青年农场（人）	农林牧渔场(人)	投亲	合计	牡丹江市		鸡西市		浙江		
										人数	形式	人数	形式	人数	形式	
1968	1 873	1 804	96		1 632			172	69			69	插队			
1969			96													
1970	646	101	96		91			10	545					545	插队	
1971	未动员															
1972	221	221	96		221											
1973	723	723	94		99	258	314	52								
1974	1 102	1 102	96	14	262	720	56	64								
1975	2 545	1 993	85	15	705	942	34	312	552	552	农场					
1976	1 503	1 237	88	17	412	614	42	169	266	107	农场	159	农场			
1977	1 209	1 107	69	15	193	695	70	149	102	76	农场	26	农场			
1978	80	76	55	16	8	47	3	18	4	1	农场	3	农场			
1979	48	48	55	17		36	2	10								

二、设备投资

1971 年止，国家先后共拨付知识青年经费 401.8 万元，实际支出 364.1 万元。1972 年上缴 17.2 万元，结余 20.5 万元。用 364.1 万元知青经费先后建设 96 个知青生产点、17 处自办青年农场，青年点建房 15 990 平方米。青年农场建房拨给经费 134.9 万元，建房面积 18 983 平方米，其中砖瓦结构 7 424 平方米。另外开垦荒地 6.8 万亩，购买大型拖拉机 20 台，手扶拖拉机 22 台，胶轮拖拉机 29 台，汽车 2 台，拖车 22 台，胶轮大车 41 台，联合收割机 8 台，脱粒机 8 台，扬场机 6 台，共拨款 83.6 万元；购买家具拨款 27.7 万元；医药补助费 5.3 万元；宣传及旅差费 12.1 万元；探亲旅差费 4.2 万元；业务费 10.3 万元；扶持生产资金 14.4 万元；其他支出 2.9 万元；一次性补助资金 22 万元。

三、就业及去向

知识青年上山下乡后，很多在农村中成为骨干力量，有的担任了团支部书记、民兵连长、会计、技术员、兽医、民办教员、赤脚医生等。在发展农业生产，提高农村文化科学技术水平上起到了积极作用。

1968 年以后，根据需要，大部分知识青年脱离了农村，其中密山县从下乡青年中招工 6 838 名，分别安排在县镇各工厂企业；升入大学、中专、技工校的 435 名；参军 1 035 名。因家庭变化和青年出现特殊情况返城 492 名。在农村结婚 306 名。1972 年至 1980 年按照国家留城政策规定,独生子女、中国籍外国人子女、因病残选留、家庭特殊困难的办理留城青年 3 175 名。留城安置办法:1978 年以前留城后做临时工,等待招工、升学或参军。1979 年后留城的多由系统或单位办小集体或农工商企业安排就业。

1980 年后初、高中毕业生不再动员上山下乡,改为以系统或单位办农工商联合企业公司(后改为劳动服务公司)安排就业,计算工令,保留"三招"。密山县知识青年上山下乡办公室与劳动科合署办公。

(第十四编第二章《劳动》,第 690—692 页)

《虎林县志》

虎林县志编纂委员会编,中国人事出版社 1992 年

是年(1964 年),为动员、组织知识青年上山下乡,成立了县安置办公室。是年共有 148 名知识青年分别到县内伟光公社的吉庆、伟光、太平大队插队(从此,每年都有一批知识青年下乡插队,直到 1978 年止)。

(《大事记》,第 56 页)

(1969 年)3 月 13 日,浙江省杭州首批来虎林县插队落户的知识青年 1 057 名,分批到达,按计划安置到各公社参加生产劳动。

(《大事记》,第 60 页)

城镇知识青年安置

1964 年知识青年上山下乡工作由县委安置办公室负责。1968 年成立上山下乡安置办公室。1972 年改称知识青年上山下乡办公室,开始在全县范围内有计划有组织地动员城镇知识青年下乡务农。自 1964 年至 1978 年,全县安置到农村插队落户,直接参加农业生产劳动有 4 588 人,外省市县知识青年 1 812 人,带薪下放的带队干部 78 人。

1968 年至 1978 年城镇青年下乡情况统计

年份	本县插队人数	本省插队人数	外省插队人数	小计
1968	85	136		221
1970			1 307	1 307
1973	85			85
1974	661			661
1975	770	214		984
1976	619	6		625
1977	661	149		810
1978	65			65

城镇青年下乡务农,大体有四种安置形式:一是到国营农林牧渔场落户,全县共安置354人;二是建立知青点,全县共建有63个青年点,安置本地青年295人;三是建知青农场16个,安置366人;四是分散插队或是回家落户。

自1964年至1978年,全县下拨知识青年安置费269.8万元。

1978年对原下乡知识青年进行了统筹安排,至1980年底大部分迁离农村,其去向是:因提拔干部,转为国家干部的315人;考取大专院校和中等专业学校323人;参加中国人民解放军的211人;统筹安排招工1421人;因家庭困难或身体有病返城的有1081人;在农村成家结婚青年673人。　　　　　　　　　　　　　　　（第十七篇第一章《民政》,第618—619页）

《东宁县志》

东宁县志办公室编,黑龙江人民出版社1989年

(1968年)8月中旬,各造反团相继解散,干部安排到"五七"干校劳动,学生陆续上山下乡,插队落户。　　　　　　　　　　　　　　　　　　　（第一篇《大事记》,第30页）

从1964年至1978年,全县共动员城镇知识青年4594人上山下乡。

（第九篇第二章《劳动》,第205页）

《穆棱县志》

穆棱县志编纂委员会编纂,中国文史出版社1990年

(1973年)12月16日,上山下乡知识青年先进集体、先进知识青年代表奖励大会在县城召开。　　　　　　　　　　　　　　　　　　　　　　　（《大事记》,第38页）

第二节　知青商业

1978年以后,大批下乡知识青年返城待业。为解决这部分青年的就业问题,1980年4月国营商业系统首先在全县办起了农工商联合企业,一次就安置了待业青年160人,青年农场、青年饭店、小食部、百货、食品、烟酒、五金、医药、药材、食杂、服务部、自行车修理部、石油供应站等商业店铺相继开业。从此,机关、工业、物资、交通、外贸、邮电、农业、畜牧、水利、林业等系统也都办了青年商店、旅社、饭店、食品、贸易中心、摊床等集体商业。为繁荣全县市场经济增添了新的活力。

这些知青集体商业,房屋设备,均由各系统协助安排。流动资金,除县知青办按系统和

办店情况解决一部分外,银行在分配贷款方面给予照顾。在税收上,免征营业税一年,免征所得税三年。

国营商业的各批发部门对知青商业如同国营商业的零售网点对待,进货时紧缺商品合理分配,一般商品任意选购,不做硬性搭配;进货渠道不加限制,可到外地进货,也可和工厂直接联系进货,还可开展政策允许的议购、议销业务。各系统都选派有经商经验的人具体负责店铺的经营管理。教育店员树立勤俭办店、以店为家的经营思想;建立民主管理和各项岗位责任制度;开办财会、业务、商品知识等基本功训练,知青商业随着服务质量的提高,经营项目逐渐扩大。本着勤进快销、薄利多销、经济效益高。工农商联合企业,第一年就积累2.5万元。1981年全县知青商业为537户,从业人员7 482人。1985年发展到915户,从业人员20 001人,资金为19.9万元。大部分知青商业已从小集体改制为大集体,成为所属系统的附属单位。

(第十一编第二章《集体商业》,第370页)

第六节　上　山　下　乡

1963年3月本县成立应届初高中毕业生和社会青年安置委员会,宣传下乡光荣,教育学生"一颗红心两手准备"。能升学的升学,不能升学就服从分配,到农村去参加农业生产劳动。1964年全县首批143名应届毕业生和社会青年下到了农村(男101人,女42人)。其中:集体插队50人,分散插队93人。分布在福禄公社的康乐,八面通钟山,马桥河新站,伊林南村,穆棱西岗,下城子保安,参加农业生产。1965年至1967年上山下乡人数逐年减少,已下乡的青年擅自离开农村(有的青年点全部走光)回城镇逗留。1968年12月毛主席发出号召"知识青年到农村去,接受贫下中农再教育。"从此,知识青年上山下乡人数逐年增多。特别是1973年毛主席的《复信》发表后,全党抓知青工作,上山下乡形成高潮。1976年上山下乡知识青年1 454人,是1973年下乡人数的4倍以上,从1968年至1979年全县共动员安置知识青年上山下乡6 625人。其中:收浙江青年158人;其他来自外县的354人,这些青年分布在全县9个公社112个生产队,94个青年点,有的队置两三个点。15年来,上山下乡知识青年,在生产上有人教,生活上有人管,县先后派下去367名干部带队。国家财政支出动员安置经费298.3万元。其中:建房、买房1 933间,19 329平方米,支出建房补助费127.37万元。在下乡知识青年中,有84人光荣加入中国共产党,3 100人入团,139人成为基层骨干。1976年第五次全县上山下乡知识青年先进集体和先进个人代表会议上,有42个青年点受到先进集体奖励。有180名下乡知识青年受到先进个人奖。随着国家经济建设的需要,上山下乡知识青年通过招工、升学和参军等形式,部分人先后离开农村,截至1979年12月在农村还有1 573人,这部分青年从1979年至1980年陆续返回城镇。在农村已婚的174名下乡知识青年,截至1982年也就地就近安置在有固定收入的单位工作。

1964 年至 1979 年上山下乡知识青年分布统计表

人数 去向 年度	本县就地安置数	其 中									国营集体农场	接收外省人数	安置去外省人数
		八面通公社	福禄公社	河西公社	穆棱公社	下城子公社	伊林公社	马桥河公社	磨刀石公社	共和公社			
合 计	6 625	1 089	609	705	990	899	660	266	230	32	612	512	19
1964 年	143	32	28	23	24	17	19						
1965 年	104	41	3	3	40	4	4	5	4				
1966 年	76	6	10	15	10	7	13	15					
1967 年	16	4	2	2	5	1	2						
1968 年	495	85	68	55	80	68	65	35	28		11		
1969 年	359	70	47	38	65	56	45	23	15				
1970 年	298	25	20	10	20	20	20	15	10				158
1971 年	214	38	32	27	32	28	25	17	15				
1972 年	518	85	72	62	80	70	60	30	25		34		
1973 年	320	60	40	30	55	35	25	20	10	2	43		
1974 年	589	76	55	54	56	50	40	25	15	8	192	11	5
1975 年	1 266	190	83	135	176	166	134	18	31	5	139	177	12
1976 年	1 454	214	99	150	217	267	146	28	52	10	121	150	
1977 年	731	149	50	93	125	105	60	35	25	9	62	16	2
1978 年	34	9		8	5	5					7		
1979 年	8	5									3		

（第十八篇第一章《劳动》，第 553—554 页）

《宁安县志》

宁安县志编纂委员会办公室编，黑龙江省人民出版社 1989 年

本年（1964 年），动员知识青年上山下乡，当年下乡 500 人，到 1978 年末下乡总数达 8 739 人。 （《大事记》，第 46 页）

1974 年 4 月 7 日，宁安县知识青年上山下乡办公室改为中共宁安县委知识青年上山下乡工作办公室。 （第十篇第一章《中国共产党宁安县地方组织》，第 418 页）

1971 年，增设清查办公室、知识青年上山下乡办公室，撤销工交科分建工业科、交通科。 （第十一篇第二章《政府》，第 473 页）

1966 年—1976 年"文化大革命"期间，全县有 8 739 名知识青年"上山下乡"，1979 年，根据国务院指示精神，开始办理返城手续。此时仍在农村的下乡知识青年只剩 1 800 人，其余通过升学、参军、县内外招工和疾病等原因已经离开农村。对此，除少数已在农村安家落户就地安排在社、队企业和供销社、合作社与中小学校者外，全部返城优先安排了工作。

（第十四篇第一章《劳动》，第 518 页）

《海林县志》

海林县地方志编纂办公室编，中国文史出版社 1990 年

第四节 知识青年安置

新中国建立初，高小毕业生大部分由国家分配工作。1956 年以后开始动员下乡务农，等待城镇就业。1968 年大批上山下乡。同年，县劳动科内设知识青年上山下乡办公室。先后接收浙江、鸡西、牡丹江等地知识青年 1 530 人。到 1969 年全县已有上山下乡知识青年 2 364 人，其中，本市县 1 737 人，省内市 598 人，省外 29 人。1975 年采取厂、社挂钩，升学、参军等办法安置青年 564 人，大集体企业招收留返城青年 314 人，青年点设有 57 个。1978 年后，外地知识青年陆续返回原籍工作，当地下乡青年分批返城安排工作，随之青年点被撤销。初、高中毕业生除升学者外，均参加招工、参军、做临时工和自谋职业。到 1985 年共安置待业青年 9 363 人，尚有待业者 1 267 人。

知识青年上山下乡安置情况表 单位：人

年度 项目 人数	动员下乡总数	其中					安置下乡总人数	其中		
		去外省	去农村插队	集体渔场	全民渔场	到建设兵团		去农村插队	集体渔场	全民渔场
1975	1 058	6	536	473	43		1 454	810	571	73
1976	1 117	4	512	571	23	7	1 478	768	670	40
1977	695		291	362	41	1	621	299	282	40

（第十四篇第二章《劳动》，第 455—456 页）

《阿城县志》

阿城县志编纂委员会编，黑龙江人民出版社 1988 年

是年（1964 年），动员首批城镇知识青年上山下乡，有 30 名知识青年到杨树公社西发大队插队落户。

（第一篇《大事记》，第 36 页）

（1968 年）10 月初,动员城镇知识青年上山下乡,到年末,有 1 159 名知识青年分三批到农村插队落户。 （第一篇《大事记》,第 38 页）

第四节　知识青年安置

一、下　　乡

1964 年,阿城县动员第一批知识青年 30 人,到杨树公社西发大队插队落户。1965 年,又动员 300 名知识青年下乡。1968 年全县有 1 159 名知识青年下乡。以后每年都有一批应届初、高中毕业生下乡。1973 年,县委成立了知识青年上山下乡工作领导小组办公室,负责动员、安置工作。据统计,1964—1978 年全县共动员 12 920 人下乡。

阿城县农村安置知识青年人数是,1973 年安置本县知识青年 740 人,1974 年安置本县知识青年 2 800 人、接收哈尔滨市知识青年 4 056 人,1975 年安置本县知识青年 740 人、接收哈尔滨市知识青年 3 411 人,1976 年安置本县知识青年 2 300 人、接收哈尔滨市知识青年 722 人,1977 年安置本县知识青年 1 500 人、接收哈尔滨市知识青年 1 500 人,1978 年安置本县知识青年 400 人。

1974—1977 年,接收京、津、泸、浙等省、市知识青年 159 人,其中来自北京 14 人、天津 15 人、上海 16 人、浙江 4 人。

知识青年下乡安置形式有两种,一是集体插队,建立知青点;一是投亲靠友,单独插队,以前者为多。全县 19 个农村公社都有接收安置知青任务。1975 年全县各公社青年点及安置人数是:阿什河公社 13 个点、475 人,双丰公社 53 个点、1 075 人,杨树公社 74 个点、1 471 人,利新公社 46 个点、917 人,舍利公社 31 个点、1 342 人,新华公社 54 个点、1 582 人,新乡公社 23 个点、822 人,永源公社 73 个点、2 170 人,巨源公社 19 个点、483 人,料甸公社 38 个点、862 人,蜚克图公社 40 个点、929 人,大岭公社 18 个点、386 人,红星公社 26 个点、653 人,沙河公社 21 个点、505 人,亚沟公社 22 个点、644 人,玉泉公社 16 个点、284 人,小岭公社 14 个点、338 人,平山公社 11 个点、398 人,山河公社 15 个点、398 人。

1968 年,国家拨给每个知识青年下乡生活费 120 元,建房费 200 元。1973 年,建房费增加至 280 元。1973—1981 年全县共拨知青建房费 996 万元,年均 100 余万元。这些经费远不足建房使用,又规定建房"三点"精神,即国家补助点、动员单位拿点、生产队负担点。至1978 年全县共建青年点住房 510 栋、2 550 间、48 000 平方米。1978 年后,知青陆续返城,这些房子大部分被所在生产队占用,有一部分被学校、社员借用,个别的无人管理倒塌,损失严重。

二、留　　城

1968 年开始,对一些因各种原因不能下乡的城镇知识青年,准予留城。这些留城知识青年占下乡知识青年 15% 左右,而其中病残知识青年又占留城 40%。1973 年根据文件规定,以下五种人不下乡,即独生子女;中国籍外国人子女;特殊困难子女;多子女下乡;身体残疾者。1973—1977 年,留城 3 100 人。除病残留城者外,按留城时间长短先后予其安排工作。1978 年后对因病残留城的青年也进行了安置。

三、返　城

1970 年开始,每年都有一部分下乡青年因招工或家庭发生重大变化或因病而返城。1978 年以后,国家调整了知识青年政策,大批知识青年因升学或就工而陆续返城,至 1981 年末,全县有 527 名下乡知识青年因与当地青年结婚,继续留在农村。为妥善安置,经县知识青年上山下乡办公室拨经费 60 万元给知识青年所在公社,做为生产扶助资金,安排已婚下乡青年到社办企业就业。

1982 年下拨 50 万元,协助公社办起 37 个集体厂店;1983 年下拨 60 万元。

(第十六篇第三章《劳动》,第 541—542 页)

《呼兰县志》

呼兰县志编纂委员会编,中华书局1994 年

知识青年上山下乡　1958 年春,县第一批下乡青年 150 人,到腰堡乡插队落户。1959 年由团县委组织青少年之家的青年,到许堡乡依兰村插队落户。1964 年 6 月,52 名城镇知识青年(简称知青),到石人公社金星大队安家落户。同年共 3 批、480 名青年下乡落户。1968 年毛泽东主席发出"知识青年到农村去"的指示后,全县经宣传、动员,1966、1967、1968 年三届高、初中 1 700 余名毕业生,分批到农村插队落户。国家发给每个知青 400 元安置费,农村各公社配备一名知青委员负责知青工作,各生产队都做了妥善安置。此外,还接收安置来自哈尔滨和四川等地集体下乡的知青及投亲靠友、回乡插队的知识青年。1972 年成立县知青工作领导小组,将县安置办改为县知识青年上山下乡办公室,专职人员 14 人。1974 年以后实行厂、社挂钩定点安置知青的办法,先后有省、市机关、企事业 31 个单位,出资金、设备来呼兰建知青点。各单位还派干部、老工人带队管理。至 1977 年,县在农村共安置知青约 1.8 万人,其中:县内 7 849 人,哈尔滨、四川等地 10 151 人。在 21 个乡镇的 212 个生产大队建立 229 个知青点,建房 2 223 间、面积 41.49 万平方米,组建 13 个知青场(厂)队,有耕地、山林、荒地、养殖水面 1.44 万亩,共派带队干部、老工人 825 人。大批知青中,担任基层干部的 137 人、赤脚医生 19 人、民办教师 39 人、农业技术人员 426 人、出纳员 97 人、木瓦工 306 人。有 428 人加入中国共产党,1 026 人加入共青团。知青在农村与社员同工同酬,并有优先参军、招工、升学的待遇。至 1979 年,先后由国家招工 7 489 人、升学 344 人、参军 1 311 人,自谋职业 86 人,其它形式就业 1 676 人。同年,根据上级政策,除已婚的 387 人外,其余的全部返城。

项目 ＼ 年份	1964	1965	1966	1968	1969	1971	1972	1973	1974	1975	1976	1977	总计
合　计	480	520	586	2 400	360	80	410	600	8 260	2 980	1 800	847	19 323
呼　兰	480	214	236	1 700	240	80	190	240	1 760	980	1 000	729	7 849
哈尔滨及外地		306	350	700	120		220	360	6 500	2 000	800	118	11 474

注：1967 年、1970 年无下乡知青。

（第十九编第二章《劳动管理》，第 494—495 页）

《巴彦县志》

巴彦县志办公室编，黑龙江人民出版社 1990 年

（1964 年）5 月，首批哈尔滨市下乡知识青年 40 余人到兴隆公社富源大队插队落户。

（《大事记》，第 40 页）

（1968 年）6 月，巴彦一中 20 多名高中毕业生首批下乡插队落户。（《大事记》，第 43 页）

第五节　知识青年上山下乡

巴彦县的知识青年上山下乡工作始自 1964 年，由县人民委员会安置办公室负责，1972 年 1 月成立中共巴彦县委知识青年上山下乡办公室为具体办事机构。

上山下乡的知识青年主要是本届初、高中毕业生（也有少数上届毕业生和社会青年）。1964 年 5 月，首批哈尔滨市下乡知识青年 40 余人到兴隆公社富源大队插队落户，巴彦县的 283 名应届初、高中毕业生也被动员下乡。1964 年（1967 年、1970 年统一分配）到 1977 年年年都有知识青年下乡插队落户。全县共集中安排 12 批，7 533 名（男 3 032、女 4 501），另有 179 名知青随同家属一起到农村安家落户，有 1 042 名知识青年从外省、外县及生产建设兵团转来本县插队落户。1964 年、1965 两年，1974 到 1977 年，还接待 6 批，5 210 名哈尔滨毛纺厂、哈尔滨粮食机械厂、哈尔滨轴承厂等单位到巴彦县插队落户的知识青年。1965 年安排巴木通林业局 57 名青年到本县插队。在毛泽东"知识青年到农村去，接受贫下中农再教育"指示发表后，知识青年下乡的人数激增。1968 年达到 1 842 名，1974 年接受哈尔滨下乡青年 2 424 名，1975 年安置本县下乡青年 1 092 名，接受安置哈尔滨下乡青年 1 964 名。

为接纳上山下乡知识青年，全县 26 个农村公社都设了接待站，有专人负责安置工作。全县共建知识青年点 366 个，接待下乡青年较多的太平公社建点 35 个，接受 441 名，榆树公社建点 37 个，接受 437 名。全县在集体青年点插队的 7 009 人（男 2 804、女 4 205），投靠亲

友插队的 524 人(男 228,女 296)。有 509 人担任青年点点长。为照顾下乡青年生产、生活,下乡青年较多的单位都派出带队干部随同青年一起下乡,每期一年,定期轮换。从 1969 年到 1977 年,全县先后派出 233 名带队干部,1977 年带队干部全部返回原工作单位。

广大知识青年在农村这个大有作为的天地里,得到了锻炼成长,做出了一番事业。12 年来,有 507 人加入中国共产党,3 321 人加入共青团,有 451 人被选进县、公社、大队及生产队领导班子;有 2 511 人担任电工、拖拉机手、机械工人、农业技术员、赤脚医生、电影放映员、赤脚兽医、广播员、民办教师、理论辅导员和文艺宣传队员;有 463 人出席过松花江地区、县、公社劳模会和知识青年积极分子代表会,有 1 042 人被选为生产大队、生产队模范社员。有 1 401 人在招工时被安置,579 人参加中国人民解放军,73 人升入高等和中等院校。

1978 年后本县不再搞知识青年上山下乡工作。除已结婚,终生扎根农村的 114 人(男 55,女 59)外,绝大多数知识青年已被招录为国家或集体工人,有的成为国家干部。哈尔滨市下乡青年绝大部分返城,做了适当的安置。 (第七篇第二章《劳动工资》,第 249—250 页)

1971、1972、1979 三个年度从下乡知识青年中直接吸收干部 707 人。

(第七篇第三章《人事》,第 253 页)

《宾县志》

宾县地方志办公室编,黑龙江人民出版社 1991 年

(1969 年)2 月 3—7 日,县革委召开下乡上山知识青年政治工作会议。

(《大事记》,第 36 页)

(1974 年)2 月 23 日,召开上山下乡知识青年积极分子代表会议,选出先进集体 82 个,积极分子 318 人。 (《大事记》,第 37 页)

(1978 年)冬,上海知识青年两批 98 人来县从事林业生产,到本年底陆续有 88 人返回上海。 (《大事记》,第 38 页)

(1979 年)11 月,上山下乡知识青年开始返城,安置就业。 (《大事记》,第 39 页)

知识青年上山下乡安置

1964 年,建 9 个青年点,安置下乡青年 450 人,发放安置费 28 305 元(包括外地)。

1965 年,设立安置办公室,建青年点 20 个,全县安置 228 名青年。

1966 年,本县 150 名知识青年下乡,并安置哈尔滨市知识青年 260 人。

1968 年,县镇大批知识青年下乡。下乡知青计 1 306 人,带队干部 66 人。

1972 年,接收安置外地知识青年 1 736 人,其中,哈尔滨市知识青年 150 人。全县共有青年点 161 个。

1974 年统计,从 1964 年以来,全县有 3 001 名知识青年。其中,外地知识青年 477 人,分布在 19 个公社,65 个大队,83 个知识青年点。

从 1968—1975 年,全县建知识青年住房 597 间,13 134 平方米。

1978 年,全县有上山下乡知识青年 7 437 人,知识青年点 345 个,分布在 22 个公社,151 个大队。其中,知识青年入党 113 人,入团 2 784 人,结合到各级领导班子 363 人,在农村安家落户 490 人。

自 1979 年以来,全县累计安置城镇待业青年(含返城知识青年)就业 5 500 多人,成立青年企业 169 个。 (第三十篇第二章《劳动》,第 1025 页)

《木兰县志》

木兰县志编纂委员会编,黑龙江人民出版社 1989 年

(1964 年)4 月,县内首批知识青年开始"上山下乡"。至 1977 年有 4 713 名知识青年到农村插队落户,其中哈尔滨市知识青年 1 062 人。 (《大事记》,第 21 页)

1960 年 3 月单独成立劳动局。1963 年 9 月改称劳动科。1966 年至 1968 年期间,同人事科、民政科合并,对外称人民劳动办公室,后增加知识青年安置业务,人事又分出,所以改称民政劳动安置办。1970 年 11 月,知识青年安置业务与劳动业务分开,单独成立知识青年上山下乡办公室。1973 年 3 月,劳动业务同民政业务分开,成立劳动科。1981 年,知识青年上山下乡办公室并入劳动科,1984 年改称劳动局。 (第十二篇第三章《劳动》,第 429 页)

1966 年至 1980 年,劳动部门从下乡知识青年和初、高中毕业生中介绍就业 1 999 人(下乡知识青年 956 人,初、高中毕业生 1 043 人);还为哈尔滨市、大庆市、七台河市的一些单位介绍就业 342 人。 (第十二篇第三章《劳动》,第 430 页)

第七节 知识青年上山下乡

为响应共青团中央 1964 年发出的"向邢燕子、侯隽学习"和毛主席 1968 年提出的"知识青年上山下乡接受贫下中农再教育,很有必要"的号召,县内知识青年从 1964 年开始上山下乡,并形成了一种制度,每年都有城镇知识青年到农村去插队落户,"接受贫下中农再教育"。

这项工作从 1964 年开始至 1977 年结束止,全县知识青年上山下乡共 3 651 人。分布在 13 个公社 76 个青年点,还有少数城镇知识青年到农村投亲(属)插队(其待遇与青年点插队的知识青年相同)。

1968 年至 1977 年,县内还安置了 1 572 名哈尔滨市上山下乡知识青年。他们分布在东兴、石河、柳河、五站、红星 5 个人民公社 9 个生产大队和林业系统的 16 个林场,以厂社挂钩的形式设立了青年点。详见下表:

木兰、哈市知识青年下乡安置情况表　　　　　　　　　　　单位:人

年度	木兰县下乡知识青年						哈市下乡知识青年		
	计	男	女	插队	插场	投亲	计	男	女
1964	168	122	46	138	3	27	—	—	—
1965	207	128	79	198	—	9	—	—	—
1966	142	55	87	121		21	—	—	—
1968	431	273	158	409	—	22	44	24	20
1969	18	9	9	18		—	466	316	150
1970	56	31	25	56		—	—	—	—
1973	247	136	111	247		—	—	—	—
1974	659	367	292	610	—	49	704	382	322
1975	639	345	294	597	—	42	238	146	92
1976	596	316	280	549		47	120	63	57
1977	488	255	233	488			—	—	—
合计	3 651	2 037	1 614	3 431	3	217	1 572	931	641

注:1967 年、1971 年、1972 年县内未动员知识青年上山下乡。

为使下乡知识青年安心农村,各级领导都按照"政治上有人抓,生产上有人教,生活上有人管"的原则进行工作。1968 年大批知识青年下乡时,每个青年点派去 1 名教师协助工作。1972 年以后,又从各机关、工厂抽调一批干部下乡协助工作。为了安排好下乡知识青年的生活,在他们下乡的第一年,县知识青年上山下乡办公室按人头下拨经费(即每人拨建房费 230 至 250 元,生活费 8 元,家具、工具费 60 元)。这批知识青年下乡插队后,各生产大队都为他们修建了房屋。据统计,1964 年至 1975 年,全县接收安置知识青年的生产大队,为下乡知识青年修建了宽敞明亮的砖瓦结构房屋 545 间,草泥结构房屋 171.5 间,砖草混合结构房屋 92 间。知识青年到农村插队落户以后,国家每年招工、招干、招生、征兵时,都优先从下乡的知识青年中选调。知识青年在农村结婚的,国家拨给每人 250 元建房费,以支持他们在农村安家落户。1979 年,农村土地实行联产承包制后,下乡知识青年全部返城。

1966 年至 1981 年全县共安置下乡知识青年就业、升学、参军 4 698 人。具体情况见下表:

年度	总计	县　内　安　置							异　地　安　置							
		合计	社教工作队	全民企业招工	集体企业招工	全民企业补员	集体企业补员	青年厂店	合计	招生	大庆招工	哈轴承厂	地质局	七台河	哈市招工	参军
1966	155	81	28	53	—	—	—	—	74	—	—	70	—	—	—	4
1967	77	77	—	77	—	—	—	—	—	—	—	—	—	—	—	—
1969	199	199	—	20	179	—	—	—	—	—	—	—	—	—	—	—
1970	251	247	—	220	27	—	—	—	4	4	—	—	—	—	—	—
1971	271	262	—	233	29	—	—	—	9	4	—	—	5	—	—	—
1972	322	306	—	261	45	—	—	—	16	12	—	—	4	—	—	—
1975	382	188	—	—	188	—	—	—	194	11	29	—	—	—	122	32
1976	731	415	—	415	—	—	—	—	316	24	70	—	12	38	83	89
1980	1 118	1 118	—	479	—	543	40	56	—	—	—	—	—	—	—	—
1981	1 192	1 192	—	100	—	353	—	739	—	—	—	—	—	—	—	—
合计	4 698	4 035	28	1 858	468	896	40	795	613	55	99	70	21	38	205	125

　　在知识青年上山下乡运动中,从1973年开始,对应届的毕业生中具有严重疾病、致残、独生子女、唯一劳动力、家庭无人照顾、中国籍外国人,都给予照顾,经各级组织批准不上山下乡,做留城处理。1973年至1977年,木兰、东兴两镇共留城327人。其中,因严重疾病73人,致残84人,独生子女36人,唯一劳动力13人,身边只有一子女25人,家庭无人照顾93人,中国籍外国人3人。

　　对上山下乡的知识青年,因家庭发生重大变化或本人发生严重疾病和致残等特殊情况,不能继续在农村参加劳动的,经县委知识青年领导小组批准,可做返城处理。1973年至1977年,木兰下乡知识青年返城共10人。其中,因严重疾病、致残6人,家庭发生变化4人。

(第十二篇第三章《劳动》,第438—440页)

《通河县志》

通河县地方志编纂委员会编纂,中国展望出版社1990年

　　(1968年)10月17日,召开欢送首批知识青年上山下乡大会。　　　(《大事记》,第31页)

　　(1973年)10月6日,193名城镇知识青年到农村插队。　　　(《大事记》,第32页)

　　(1974年)7月26日,586名城镇知识青年到农村插队。　　　(《大事记》,第32页)

10 月 22 日 接收哈尔滨市下放知识青年 314 人到农村插队。 （《大事记》，第 32 页）

(1975 年)4 月 6 日，县召开上山下乡知识青年先进集体和积极分子代表大会。
7 月，643 名城镇知识青年到农村插队。 （《大事记》，第 32 页）

本月(11 月)，接收第二批哈尔滨市知识青年 452 人到农村插队。 （《大事记》，第 32 页）

(1976 年)11 月，哈尔滨市 634 名知识青年和本县城镇知识青年 480 人到各公社插队。
（《大事记》，第 33 页）

(1977 年)8 月，哈尔滨市知识青年和城镇知识青年 434 人，到农村插队。
（《大事记》，第 33 页）

知识青年上山下乡

1964 年，中共中央、国务院，就知识青年上山下乡问题，向全国发出指示，县成立知识青年上山下乡领导小组，当年首批下乡知识青年 20 人，在富乡公社新方向大队创建青年点。"文化大革命"初期中断。1973 年，在"接受贫下中农再教育"口号下，全县第二批知识青年下乡 193 人；1974 年，采取厂、社挂钩，定点安置知识青年，定点支援农业的作法，第三批下放城镇知识青年 586 人；同时接收哈尔滨市知识青年 314 人。1975 年，下放城镇知识青年 634 人，接收哈尔滨市知识青年 452 人。1976 年，下放城镇知识青年 480 人，接收哈市知识青年 634 人。1977 年，下放城镇和接收哈市知识青年 434 人。

从 1964 年至 1977 年，共下放城镇知识青年 2 156 人，接收哈尔滨市知识青年 1 600 人。共有知识青年 3 756 人上山下乡参加劳动锻炼。全县设置知识青年点 192 个，自办厂(队) 30 余个。

1978 年在知识青年中招收工人 1 077 人，升学 51 人，参军 160 人，其余全部返城待业。

（第七篇第九章《人事劳动》，第 407 页）

《方正县志》

方正县志编纂委员会编，中国展望出版社 1990 年

是月(1964 年 4 月)，全县首批知识青年 97 人下放农村参加生产劳动。
（《大事记》，第 33 页）

(1965年)8月20日,第二批城镇知识青年126人,分别去会发、红旗等4个公社12个生产队参加生产劳动。 (《大事记》,第34页)

是月(1966年4月),县第三批知识青年111人下放农村劳动。 (《大事记》,第34页)

(1968年)3月12日,城镇知识青年286人上山下乡参加生产劳动。

(《大事记》,第37页)

(1970年)6月30日,县接收与安置浙江黄岩县知识青年380人。(《大事记》,第39页)

是月(1972年4月),县第五批城镇知识青年141人下放农村参加生产劳动。

(《大事记》,第40页)

(1973年)4月,县城知识青年110人分赴农村参加生产劳动。 (《大事记》,第40页)

(1974年)5月,县第7批知识青年360人分赴农村。同时安置哈市青年282人。

(《大事记》,第41页)

是月(1975年2月),县第8批知识青年593人分赴农村。 (《大事记》,第41页)

是月(1976年5月),县第9批知识青年386人分赴农村。 (《大事记》,第42页)

是月(1977年6月),第10批知青227人分赴农村。 (《大事记》,第43页)

是年(1979年),知识青年就业工作取得成绩。全县办知青厂、店72处,安排一批上山下乡后回城的青年。 (《大事记》,第45页)

1971年至1979年,在"农业学大寨"运动中,支援农业投资增加;知识青年上山下乡、机关干部走"五·七"道路,安置费增加,平均年支出在500万元以上。

(第六编第一章《财税》,第357页)

1980年3月,知青办合并到劳动科,增设知青业务。

(第八编第七章《劳动管理》,第488页)

《延寿县志》

黑龙江省延寿县地方志办公室编,三环出版社 1991 年

是年(1964 年),县委、县政府动员知识青年上山下乡,共四批,184 人。

(《大事记》,第 29 页)

(1969 年)1 月 5 日,县城 41 名知识青年,到平安公社盘龙大队、延寿镇广兴大队安家落户。

(《大事记》,第 31 页)

是年(1970 年),安置下乡的知识青年 597 人,其中接收浙江青年 548 人,县内知青 49 人。城镇浮闲户 58 人。

(《大事记》,第 32 页)

(1973 年)7 月 25 日,全县下乡知识青年达到 806 人。

(《大事记》,第 32 页)

知识青年安置

1954 年,团中央发出《关于组织不能升学的高小和初中毕业生参加或准备参加劳动生产的指示》,1957 年,延寿县开始有中学生报名下乡。当时下乡主要是投亲,没有统一组织,没有经费,没有长远规划。1961 年 1 月,开始重视这项工作,第一批组织 41 名知识青年到平安乡的盘龙村,延寿镇的广兴村下乡。1964 年,又组织了第二批 184 名知识青年下乡。1968 年,接收牡丹江市知识青年 85 人。此后,知识青年上山下乡工作形成高潮。

1969 年,为了响应毛泽东主席关于知识青年上山、下乡的号召,黑龙江省建筑委员会、哈尔滨市物资局、柴油厂、铸造厂 4 个单位的 500 名知识青年,上海市的 450 名知识青年来本县下乡。县内知识青年、外地来延寿投亲的青年也日益增多。县内知识青年除按政策规定每年有少数留城外,也要下乡几百人。1970 年 6 月 26 日,县召开上山下乡知识青年积极分子代表会。这一年又接收浙江 548 名知识青年,安排到几个青年点,从事农业生产。为了加强知识青年工作,于1972 年成立了知识青年办公室(属县委领导),负责知识青年下乡、返城、安置、接收外地青年工作。到 1978 年,除返城、参军、升学、招工的知识青年外,农村实有下乡知识青年 1 525 人。

为了安排好下乡青年生活,1967 年,全县建了 34 个青年点,建造砖瓦结构房屋 34 栋。随着下乡人数的增加,陆续修建,到 1978 年,共建点 92 个,建砖瓦房 92 栋。建房采取三点方法。一是所在生产队出一点(主要是原料、人工);二是青年所属单位出一点;三是国家出一点。到 1978 年,全县为知识青年点补助的建房资金(国家部分)共 110 多万元。知识青年第一年下乡没有经济收入,知识青年办公室为其补助一部分饭费、小型农具及生活用品费。另外,每个下乡青年,每人补助 200 元的安家费,到 1978 年,全县用于此项的费用近 40 万元。

知识青年下乡参加生产劳动的主要形式:一是投亲。知识青年在亲属家吃住,和社员一起劳动,由生产队记工年末核算,根据工分值分红,知青办进行必要的补助。二是插队落户。各系统组织青年集体到生产队建立青年点。单位派人负责知识青年点,生产队也有专人管理。下乡知识青年集体食宿,和社员一起劳动,单独核算,年末按劳动工分分红。三是到农场当农工。县直单位,有87名青年到太平川种畜场去劳动,和农工一样领取工资,一直到返城。四是建立知青场。林业局接收上海几百名青年,在玉河公社的胡家营、六团公社的奎兴林场,建立起林业知青厂。

1978年,中央下发74号文件,指出今后知识青年上山、下乡不再搞插队,主要是办集体所有制的独立核算的知青场、队和农牧、副、渔业基地,要在城乡两方面广开就业门路。根据中央文件精神,1978年,下乡知识青年陆续返城,外地青年除因结婚自愿留本地外,其余也都返籍。1980年,省知青工作会议对于知识青年安置工作作了详细部署。对知识青年,实行政府安排与自谋生计相结合;坚持上山、下乡的方向,实行城乡统筹安置,广开就业门路。县物资局首先办起了工、农、商联合企业,继而各系统、街道、乡镇,共办起了将近百家知青厂、店,摊床数10个,青年个体商店、饮食、服务、修理业也发展起来。到1982年,下乡知识青年、留城待业青年已基本得到安置。对55名在农村结婚并有子女的知识青年,采取就地就近安置的办法,帮助他(她)们自谋职业,每人补助1 000元就业费。1985年,通过自然减员补充的办法,将这些老知青转为国营固定工。此外,还从职业高中择优录取43名毕业生,从聋哑学校(残疾儿童)录用一部分毕业学生为国营固定工。至此,延寿知识青年上山、下乡工作结束。

(第五篇第三章《人事》,第660—662页)

延寿县知识青年上山、下乡、返城情况表

时 间	下 乡 数			减 少 数							年末实有人数
	合计	本县	外地转入	合计	回城	参军	升学	招工	死亡	自谋职业	
1967	298	298	—	—	—	—	—	—	—	—	298
1968	1 472	792	680	252	—	—	—	252	—	—	1 518
1969	326	326	—	477	7	23	—	446	1	—	1 367
1970	597	52	545	484	4	9	—	471	—	—	1 480
1971	398	398	—	519	36	31	17	433	2	—	1 359
1972	387	387	—	341	19	27	23	272	—	—	1 405
1973	447	447	—	544	63	52	37	392	—	—	1 308
1974	1 055	432	623	638	134	47	39	418	—	—	1 725
1975	832	367	465	701	52	87	35	527	—	—	1 856
1976	456	375	81	627	53	125	38	409	2	—	1 685
1977	486	378	108	254	94	25	19	116	—	—	1 917
1978	27	3	24	4 284	99	106	87	136	—	—	1 520
1979—1984	—	—	—	1 520	—	167	145	972	2	234	无

《五常县志》

五常县地方志编纂委员会编,黑龙江人民出版社1989年

(1964年)6月,五常镇首批知识青年上山下乡。　　　　　　(第一编《大事记》,第22页)

(1974年)1月12日,县委召开五常县第一次知识青年上山下乡先进集体、先进个人代表大会。　　　　　　(第一编《大事记》,第25页)

1967年9月,县革命委员会成立后,民政科改为民劳组。负责民政、劳动和知识青年上山下乡工作。　　　　　　(第十六编第一章《民政》,第586页)

第四节　知识青年安置

　　五常县动员城镇知识青年(初高中毕业生)上山下乡和接收安置外地知识青年集体来县内农村建点落户及投亲插队工作,是从1964年开始的。当时由县民政科负责。1972年设立了知识青年上山下乡工作领导小组办公室。1973年6月,知识青年上山下乡工作划归县委领导,机构改称为中国共产党五常县委员会知识青年上山下乡工作办公室。党的十一届三中全会以后,随着"广开门路,发展集体所有制经济"方针的贯彻落实,于1979年停止了动员城镇知识青年上山下乡工作,集中处理在乡知识青年的返城安置工作。1980年8月,县委根据上级指示精神,撤销了知识青年上山下乡工作办公室,将业务及工作人员并入劳动科。从此,知识青年上山下乡工作转入集中安置在乡插队的已婚知识青年和处理遗留问题。

　　在开展知识青年上山下乡运动中,全县共动员城镇知识青年8 007人下乡,其中投亲插队的713人。共建青年点216个,办青年农场21个,共拨知青安置经费380.9万元。接收安置外地知识青年共计5 923人,其中外省(市)来五常投亲插队落户的336人,本省及哈尔滨市一些部门及企事业单位在五常县建青年点161个,办青年农场9个。

　　除投亲插队的青年外,青年点(场)均由主办单位派干部带队负责管理,生产和生活中的问题由主办单位同县知青办共同负责处理解决。

　　每年在国家招工、招干、升学、征兵时,在与城镇青年同等条件下,优先照顾上山下乡的知识青年。对在农村结婚的知识青年,依据国家有关政策规定,由县知青办给每人拨建房费300元,并帮助解决建房所需物资材料;对因家庭发生重大变化、本人有病及其他特殊情况而不能继续在农村劳动的青年,经县委知青领导小组批准,县知青办及时做返城处理,帮助解决实际困难。至1979年,除在农村与当地社员结婚并安家落户的知识青年外,在青年点(场)的知识青年均被批准返回原动员地落户,并经有关部门批准安排就业或自谋职业。1981年,县委、县政府根据中央关于安排在乡已婚知识青年的政策规定,本着就地就近安置

的原则,将全县 331 人全部安排在本人所在地的社办集体企业就业,并下拨了 76 万元生产扶持金,后因社办企业生产发展不稳定,这些已婚知识青年工资收入得不到保证,1984 年 4 月县委、县政府根据国家有关政策规定,重新将这些已婚知识青年分别就近安排到经济收益比较好的县办大集体企业,使他们的生活有了可靠的保证。

(第十七篇第一章《劳动》,第 613—614 页)

《双城县志》

双城县志编纂委员会办公室编,中国展望出版社 1990 年

(1968 年)10 月,县革委会召开万人大会,欢送首批 1 200 名知识青年上山下乡、插队落户。

(《大事记》,第 46 页)

第七节　知识青年上山下乡

一、下 乡 安 置

1964 年双城县知识青年开始上山下乡。是年,哈尔滨市和本县知识青年 500 人,到水泉、农丰、乐群、公正、单城等公社插队落户。1965 年下乡青年 300 人。县两年拨款 20 万元,建土草房 136 间,为下乡青年生活住房。1966 年双城知识青年 30 名到兰棱公社新化大队插队落户。1968 年 10 月 16 日,双城县成立知识青年上山下乡领导小组办公室。本月 27 日,1 966 人到农村 21 个公社集体插队落户。11 月 3 日第二批近千人到农村插队落户。12 月下旬,落实中央"知识青年到农村去,接受贫下中农再教育"的号召,再次掀起知识青年下乡高潮,下乡青年累计达 3 996 人。分布在 21 公社、281 个生产大队。县累计拨款达百万元,建土草房 2 000 余间。至 1978 年全县共动员 13 888 名知识青年下乡。接收哈市下乡青年 9 505 人。知识青年下乡安置形式有两种,一是集体插队;一是个别投亲,单独插队。以前者为主,全县 28 个公社均有知识青年,共建有青年点 347 个。知识青年生活费,开始国家拨给每人 120 元,建房费 200 元,后建房费增至 280 元。全县共建有青年点住房 3 325 间,拨款 300 万元。

知识青年上山下乡,各级党组织和政府都很重视,在政治上生活上都给予极大关怀。其间共发展党员 61 人,团员 4 062 人。

二、留　　城

1973 年中央 30 号文件规定:独生子女、中国籍外国人子女、特殊困难子女、多子女下乡、身体残疾者等五种人可不下乡。根据以上条件精神,1972 年留城的 500 名青年,经审查后符合"五条"规定精神。同时将以前下乡的青年符合"五条"规定的,经县批准返城的有 150 名。1973 年—1975 年,共留城 1 270 人。这些留城青年,按时间长短先后都安排了工作。

三、知 青 返 城

　　1972 年,下乡知青因本人有病不能参加生产劳动或因家庭发生重大变化不宜继续留在农村的 150 人,经县批准后返城。1978 年中央 84 号文件下达后,调整了知青政策,大批知识青年陆续返城。年底,全县知识青年除在农村已婚的 421 人外,其余全部返城,由原下乡系统或家长所在单位安排工作。　　　　　　　　（第十一篇第二章《人事劳动》,第 690 页）

《富裕县志》

《富裕县志》编审委员会编,中共党史资料出版社 1990 年

　　(1964 年)4 月 23 日,县委决定动员一批城镇知识青年参加农村社会主义建设。

　　　　　　　　　　　　　　　　　　　　　　　　　　（《大事记》,第 21 页）

　　是月(8 月),124 名高中毕业生下乡插队落户。　　　　　（《大事记》,第 22 页）

　　(1970 年)5 月,富裕县设知识青年上山下乡办公室。　　　（《大事记》,第 24 页）

　　(1976 年)5 月 27 日,富裕县接收上山下乡知识青年 4 000 多名。（《大事记》,第 26 页）

财政支出情况表①

单位:万元

| 年份 | 合计 | 其　　　　　中 | | | | | | | | | 净结余 |
		企业挖潜	农林水	工交商	城市维护费	知青费	文教卫生	抚恤救济	行政管理	其它	
1965	246.2	9.5	58			4.2	86.7	16.1	61.8	9.9	5.9
1966	274.3	11.3	54.5		1.9	9.9	101.1	17.6	68.2	9.8	94.2
1967	320.9	15.2	97.3		3.7	2.3	108.5	16.8	73	4.1	40.9
1968	331.3	54.2	60.6		5	7	101.3	19.4	25	8.8	5.3
1969	1 123.8	1 123.8	140.5		1.3	13.5	112.3	35	97.3	22.4	5.4
1970	1 834.6		68.8	0.3	7	6	123.7	39.7	76.3	22.2	38.2
1971	1 672.6	11.7	79.9	4.3	5	7.3	168.5	27.2	101.5	18.4	9
1972	499	14.1	74.5		2.4	10.3	190.3	39.1	118.8	16.5	5.4
1973	482.2		101.1	0.8	10.2	12.8	189.2	21.7	112.6	6.6	-40.4
1974	519		122.5	0.9	17.2	22.5	193.7	24.6	98.5	4	-31.5
1975	694.1	40	167.8	1.5	11.6	91	190.5	23.3	108.6	19.9	43

① 本表内容为节选。——编者注

年份	合计	其					中				净结余
		企业挖潜	农林水	工交商	城市维护费	知青费	文教卫生	抚恤救济	行政管理	其它	
1976	772.6	35.5	203.9	1.7	16.5	72	214.6	30.7	112.6	16.9	
1977	852.7	39	324.4	8.6	13	51.7	205.8	50.2	105.6	16.3	37.2
1978	1 095.4	111.8	347.8	3.5	6.5	29	247.3	119.6	129.6	11.3	30.5
1979	977.3	6	344.7	13.4	10.7	12.2	292.2	67.8	138.7	29.1	12.5
1980	1 135.3	15.2	437	19.9	27.8	17.5	324.3	77.3	151.8	29.9	98.8
1981	1 235.4		418.2	25.9	43.6	26.1	358.9	117.4	179.2	30.6	50.7
1982	1 380	68	379.2	29.3	53	74.6	424.2	82.9	179.9	27.9	19.3
1983	1 428.5	22	412.2	30.2	19.1	23	462.6	95.4	223.8	108.5	6.1
1984	1 697.4	109.1	286.4	39.5	84.7	14.8	567.1	98.5	345.4	129.2	31.5
1985	1 894.4	167.9	254.6	30.9	116.6	40.3	627.4	100.9	394.4	96.7	36.1

（第七篇第一章《财政》，第 244—245 页）

1966 年，成立知识青年上山下乡办公室，与劳动科合署办公。"文化大革命"初期，劳动科被撤销。1967 年 4 月，设置民劳组，隶属生产指挥部。1968 年 6 月，民劳组改为民劳管理站。

1970 年 5 月，设置民劳科。知青办分出，独立设置。1972 年 2 月，独立设置劳动科，设科长 1 人，副科长 2 人，工作人员 6 人。1980 年劳动科内设秘书股、计调股、知青管理指导股、工资技工股、安保股。同年，劳动科增设锅炉压力容器安全监察所和劳动服务公司，知青办并入劳动科。1982 年，知青管理指导股改为就业安置股。

（第十三编第二章《劳动》，第 374 页）

第五节　知识青年上山下乡

富裕县知识青年上山下乡始于 1964 年 8 月。首批 124 人，均是应届初、高中毕业生。全县建立 7 个青年点。1968 年，大批初、高中毕业生下乡插队落户，全县下乡 6 101 人，其中女青年 3 088 人。到 1978 年，下乡青年总计 7 348 人，接收齐齐哈尔市知识青年 906 人，北京、上海知识青年 354 人。知识青年点达 93 个。

下乡知识青年在劳动过程中，受到一定锻炼，有 139 人升学，881 人参军，2 672 人被招工、提干。1979 年，根据中发〔1978〕74 号文件精神，富裕县大批下乡知识青年返城就业，到 1980 年末，除与农村社员结婚者外，全部返城。在农村结婚的 107 名知青，也陆续得到了安排。1980 年至 1985 年，富裕县累计投资 100 多万元，扶持 34 个知青企业。

为加强对知识青年上山下乡工作的领导，1966 年富裕县成立知识青年上山下乡办公室,隶属劳动科。1970年,独立设置知识青年上山下乡办公室。各公社配专职知青助理。每个知青点都配大队干部抓知青点工作。县里先后选派235名干部到知青点任指导员。1980年知青办与劳动科合并。

(第十三编第二章《劳动》,第378页)

《讷河县志》

讷河县志编纂委员会编,黑龙江人民出版社1989年

(1964年)7月20日,县首批82名知识青年到老莱公社胜利、晨光两个大队插队落户。全年动员城镇知识青年462人下乡,接收齐齐哈尔市下乡知识青年58人。

(《大事记》,第31页)

(1968年)10月15日,建立县"五·七"干校,368名干部、100名知识青年到干校"劳动改造"。

(《大事记》,第33页)

(1973年)11月24日至27日,召开首届知识青年先进集体、先进个人代表大会。

(《大事记》,第34页)

(1974年)7月29日,县城镇知识青年两批536名赴农村参加生产劳动。

(《大事记》,第35页)

1985年,县劳动局补调下乡满5年的知识青年工资214人。

(第十五篇第一章《劳动》,第452页)

第五节 上 山 下 乡

1964年,县成立上山下乡安置办公室,动员中、小学生自愿回乡、下乡参加农业生产,把知识贡献给农村。采取自愿报名,说服动员,组织批准等程序,有步骤、积极稳妥地安置。到1965年,全县共下乡青年462名,其中齐齐哈尔市知识青年58名。安置在老莱、学田、龙河、龙丰、清和5个公社10个大队、34个生产队和黎明、青色草原两个畜牧场。

1968年9月,毛泽东主席发出"知识青年到农村去,接受贫下中农的再教育"指示,全县大搞知识青年"上山下乡"运动,县革命委员会多次召开"动员大会",县直各系统落实上山下乡指标,先说服动员,分批分期下乡;对思想不通或有异议者办理三证限期下乡。安置办法,一是集体建点。各大系统均选择相应地址建立青年点,安置本系统下乡知识青年,并派干部轮流管理。二是直接插队。有的是投亲靠友,在亲友家食宿,插队劳动;

有的无亲友,由生产队安置住宿,插队劳动。1978年,在全县22个公社、5个农林牧场建立青年点55个,建房192间,共动员安置下乡知识青年5 080人,其中有北京、上海知识青年1 206人。到1978年,全县共动员11 000知识青年下乡,共有青年点168个,建房1 210间。这些人中有的入了党、入了团,有的当了赤脚医生、民办教师、拖拉机手、农业技术员,有的被选进了社队领导班子,评为县社队劳动模范,少数人并被推荐参军或上了大学。这是有利于锻炼青年、有助于加快改变农村面貌的一面。但是在农村人均只有几亩地的情况下,动员大批知识青年下乡,给生产队增加了负担,增添了吃大锅饭的人数,降低了生产队劳动工分值,同时给比较贫穷的国家、生产队增加一大笔开支。另外,知识青年上山下乡,远离家乡、亲人,到农村参加并不创造多大价值的劳动,又影响了学业、成才、婚姻、就业,导致本人与社会的不满。有的青年点因管理不善,使青年的身心健康受到影响。个别青年流落到社会,给社会增加了许多负担。这是知识青年上山下乡政策得不到广泛拥护的原因。1978年后,撤销各地青年点,陆续安置下乡知识青年返城就业,并不再动员知识青年下乡。通过单位安置、国家招工、征兵和自谋生计等形式,安置返城和新毕业的知识青年。县劳动部门以无息贷款的形式资助各系统创办商店、旅店、饭店等第三产业,扩大了知识青年就业面。

对在农村已婚的知识青年不愿返城者,或在就近的集体企业中安置就业,或帮助其自谋生计。

(第十五篇第一章《劳动》,第455—456页)

《克山县志》

《克山县志》编纂委员会编,中国经济出版社1991年

(1971年)7月25日,召开克山县下乡回乡知识青年第三次"活学活用"毛泽东思想积极分子和首次"四好单位"代表会议。

(《大事记》,第37页)

(1972年)5月30日,克山县召开欢送本年首批下乡知识青年广播大会。

(《大事记》,第38页)

6月15日,县召开欢送第二批下乡知识青年大会(6月26日第三批、7月10日第四批)。

(《大事记》,第38页)

7月7日,嫩江地区在克山召开动员知识青年下乡工作现场会议。

(《大事记》,第38页)

（1973 年）12 月 20 日，召开克山县知识青年上山下乡工作首届先进集体、先进个人代表大会。

（《大事记》，第 38 页）

1980 年以后，在商品流通环节上放宽政策，实行计划经济和市场调节相结合，各类商品通过多条渠道流入市场，出现了除国合商业外，工业、农林、文教、交通等部门及个人多方经商的新形势。据 1981 年末统计，县城知青商店已有 67 家，大小经商户达 916 家。

（第八篇第六章《经营管理》，第 355 页）

第五节　知识青年上山下乡

1964 年，开始有计划动员知识青年上山下乡，首批动员 332 名应届中学毕业生和社会青年到农村集体插队。河南、古城、曙光 3 个公社为重点安置地区。克山镇成立"社会青少年之家"，作为向社会青年进行社会主义教育的阵地，并按镇内行政区组成 4 个"学习劳动队"，通过边学习、边劳动来教育青年，树立一颗红心、两种准备（升学、劳动）的思想。

1966 年统计，全县下乡知识青年 788 人，其中参军、升学调出 116 人。有 23 人入党，179 人入团，78 人当上生产队长。

1968 年 9 月，毛泽东主席发出"知识青年到农村去，接受贫下中农再教育"的号召，掀起知识青年上山下乡热潮，大批青年奔赴农村。1970 年，县内加强领导，成立知识青年上山下乡办公室，增设为"青年点"服务的物资材料供应部门。1973 年每个公社配备 1 名"知青"助理，负责知识青年接收和安置工作。1974 年，县委成立知识青年上山下乡领导小组，指定 1 名副书记直接负责，强化知青工作领导。截至 1978 年的 14 年中，知识青年上山下乡已形成固定模式，学校把到农村去接受贫下中农再教育作为学生毕业前的重点课题。全县共动员 9 080 名社会青年和历届毕业中学生到农村务农，接收外省、市知识青年 1 076（其中上海知识青年 209 人，齐齐哈尔知识青年 866 人，北京知识青年 1 人）。这些知识青年分配安置在 17 个人民公社的 120 个生产队和 10 个农林牧场。共建青年点 130 个（其中本县 95 个、上海青年点 9 个、齐市青年点 26 个），盖砖结构房屋 1 170 间，建点总投资 2 634 900 元。分为集体（青年点、干校）和分散（插队、入场、投亲落户）两种安置形式。国家共拨给克山县知识青年上山下乡经费 434.9 万元，使知识青年在住房、学习、医疗、生活等方面有了基本保障。1978 年 6 月 3 日统计，共有下乡青年 4 705 人，男青年 2 117 人，女青年 2 588 人。在下乡知识青年中，本县青年 3 725 人，上海青年 114 人，齐齐哈尔青年 866 人，在农村安家落户 191 人。有带点干部 81 人。

为使青年点的青年在生产上有人教、生活上有人管、政治上有人帮，县里抽调干部到青年点协助工作，先后派出 9 批 935 名国家干部到知识青年点带队，负责组织领导和教育工作。同时各社队还选派老贫农常驻青年点传授生产知识。在农业生产中，涌现出一批先进知识青年。有 157 人加入中国共产党，有 578 人加入中国共产主义青年团，150 人分别担任

1177

社、队级领导。有 469 人被推荐到大中专院校学习,招工 7 977 人,参军 852 人。一部分青年被选为中小学教师、赤脚医生、农业技术员、会计、保管员、售货员和农具手等。

1979 年起,根据中央"调整知青政策,逐步缩小上山下乡的范围,今后不再搞插队"的精神,停止动员知识青年上山下乡,已下乡的知识青年也都陆续返城待业。上海、齐市的知识青年绝大部分返籍。1979 年 12 月 27 日,将 1977 年以前下乡青年安置到各系统、各单位新办的集体所有制企业。1980 年将 1978 年下乡的青年安置到集体企业。

1982 年,根据已婚知识青年的不同情况,做出妥善安排。已婚双方均是知识青年的 20 人全部返城安置;同职工结婚的 28 人,由职工单位安置;同农民结婚的 247 人,就地安置到社办企业。以上各种就业方式,均为集体二级固定工,知识青年本人改为吃国家供应粮。

克山县知识青年下乡情况统计

项目		1964	1965	1966	1967	1968	1969	1970	1971	1972	1973	1974	1975	1976	1977	1978	合计
下乡人数		314	246	112		1 080	1 263	219		861	529	1 357	1 136	1 345	1 430	264	10 156
其中	男	190	142	48		626	760	137		426	293	720	571	658	682	127	5 380
	女	124	104	64		454	503	82		435	236	637	565	687	748	137	4 776
青年点数		12	18	20	20	41	53	62	62	72	78	103	112	114	129	130	130
下乡地点	克山镇														13		13
	河 北		15	5		25	24			130	23	34	65	130	131	40	622
	河 南	36	25	11		78	67			64		20	77	79	76	28	561
	滨 河							41		34		97	38	76	80	6	372
	古 北	38		2		55	38			52	23	88	71	108	126	22	623
	涌 泉	30	10	5		65	93	17		49	35	55	118	73	76	12	638
	向 华							29		35	21	72	60	73	29	12	331
	北 联					72	71			71	41	94	102	109	125	25	727
	曙 光	14	14			103	76	18		82		37	78	85	85	8	600
	北 兴		19	1		23	64	16		50	41	58	116	78	73	2	541
	西 建					98	121			59	17	105	25	49	40	3	517
	西 城	28		19		45	55			37		91	72	70	70	2	489
	发 展		51	2		59	83			67	19	108	50	66	47	4	556
	古 城	31	10	1		41	24			42	65	193	108	172	179	35	901
	五七干校					97	31										128
	一 良						12							1	3		16

项目 \ 年度 数量	1964	1965	1966	1967	1968	1969	1970	1971	1972	1973	1974	1975	1976	1977	1978	合计
二良					65	29							2	3		99
农研						51				45	21			52	15	184
种畜场						73	64			3				1		141
北联林场						20				7						27
河北林场						20					22					42
涌泉林场					61	21				2	5	12				101
古城苗圃						21										21
水利							17			6	12					35
水保											8		21	2		31
林业														12		12
双河	40		5		73	55			44		57		76	103	21	474
西河		21	3		32	28			26	7	116	22	35	60	8	358
西联		34	21		88	75			19	11	64	40	31	43	8	434
分散	97	47	37		111					163		82	11	14		562

（左侧纵栏标注：下乡地点）

克山县知识青年抽调情况统计

年度 \ 项目 数量	抽调情况						备注
	升学	参军	招工	返城	其它	小计	
1964		35		11		46	
1965		74		8		82	
1966		67		13		80	
1967		63		3		66	
1968		43	200	15		258	招工去大庆
1969	13	68	2 500	9		2 590	
1970	14	67	1 004	5		1 090	招工去大庆
1971	7	65	419	6	2	499	
1972	23	45		54	3	125	
1973	47	63		67		177	
1974	53	45	57	32	1	188	招工去富裕纸浆厂
1975	65	53	251	87		456	

项目数量\年度	抽 调 情 况						备 注
	升学	参军	招工	返城	其它	小计	
1976	68	41	290	95	6	500	商业宣传队 263
1977	56	32	356	123		567	
1978	58	53	105	221		437	
1979	65	38	1 795	97		1 995	
合计	469	852	6 977	846	12	9 156	

（第十五篇第一章《劳动》，第 568—571 页）

《克东县志》

克东县志编纂委员会办公室编，黑龙江人民出版社 1987 年

（1968 年）10 月，成立知识青年上山下乡办公室，开始动员城镇知识青年上山下乡。到 1976 年为止，全县共动员和接收安置下乡知识青年 4 374 人，先后建立 54 个青年点，4 个单独核算的青年场（队）。 （第一篇《大事记》，第 26 页）

（1973 年）2 月 27 日，县委发出《关于认真做好 1973 年城镇知识青年上山下乡动员安置工作》指示。确定县委副书记吕继武和县委常委边庆具体负责。抽调相应干部，组成了毕业生分配办公室。统一指导动员、分配、护送、安置工作。对下乡青年采取了以系统编队定点或到农村投靠亲友的安置办法。从 3 月份开始报名到 7 月末，就将城镇 840 名初、高中毕业生动员到农村参加生产劳动。 （第一篇《大事记》，第 28—29 页）

5 月 16 日，福安农场知识青年宿舍发生火灾，烧掉房屋 30 间，损失 4 万多元，烧死上海青年 1 人。 （第一篇《大事记》，第 29 页）

12 月 18 日，召开克东县第四届知识青年上山下乡先进集体、先进个人代表大会。

（第一篇《大事记》，第 30 页）

（1974 年）2 月 9 日，县委在县直机关举行大会，欢送上海知识青年李明，从县直机关重返农村干革命。李明在会上表示，扎根农村一辈子，永远做劳动人民的小学生。

（第一篇《大事记》，第 30 页）

1964年成立了知识青年办公室,为劳动科所属,编制为7人。1967年4月20日成立劳动组,隶属于克东县革命委员会生产委员会。1968年7月又改为民政劳动管理站。1970年知青工作分出,成立了知青办公室。 (第五篇第四章《民政 劳动 人事》,第318—319页)

知识青年上山下乡

1968年9月14日,毛主席发出了"知识青年到农村很有必要"的号召,全县立即动员城镇高中、初中毕业生2106名下乡到农村青年点参加劳动。不久又接收上海、齐市等地青年800多名到本县农村生产队和农牧场插队落户。

在10多年中有下乡青年4374人(其中:本县知识青年3391人,上海知识青年578人,外省县86人,哈尔滨青年28人,齐市青年126人,北安青年165人),先后建立了54个青年点和4个单位核算的青年场(队)。这些下乡知识青年在农村这个广阔的天地里,积极参加社会主义建设,表现较好。有103人光荣地加入了中国共产党,829人加入了共青团,154人被选入县、社、大队和生产队领导班子。还有一大批知识青年分别担任了拖拉机手、农业技术员,民办教师,赤脚医生和财会人员,成为建设社会主义新农村的一支生力军。同时还向中国人民解放军、大专院校、中等专业学校和其他各条战线输送知识青年2700多名。

为加强对知识青年工作的领导,1970年初成立了克东县知识青年上山下乡工作办公室,县委有1名书记、两名常委主管知青工作,有知青点的公社配1名专职的知青助理,每个点配1名大队妇女干部做青年点的副指导员,并先后选派209名干部深入到49个青年点带队,92名老贫农进驻青年点。1980年3月份根据上级"广开门路,安置就业"的精神,县委知识青年上山下乡领导小组办公室撤销,与劳动科合并,知识青年工作由过去上山下乡安置,转为安排就业。到1985年末全县为安排知识青年建立知青企业165个,自建个体企业74个。 (第五篇第四章《民政 劳动 人事》,第321页)

《拜泉县志》

《拜泉县志》编审委员会办公室编,黑龙江人民出版社1988年

(1957年)5月16日,县委召开知识青年代表会议,徐春田、赵洪香等7人被选为出席省建设新农村知识分子大会的代表。 (第二篇《大事记》,第25页)

是年(1976年),年末统计到农村插队的知识青年总数2366人,还乡青年397人。

(第二篇《大事记》,第35页)

第五节　知识青年上山下乡

1964年,党中央发出城镇知识青年上山下乡的号召,拜泉县设立了知青办,设专职人员负责安置动员工作,截止到1973年底共下乡知识青年6 400余人。接收上海知识青年125人,哈市知识青年25人,齐市知识青年110人。分布全县22个公社,70多个大队,建立73处青年点,先后有400多名干部带队。

1980年以后根据中共中央和国务院的决定,在国家统筹规划下,实行劳动部门介绍就业,自愿组织起来就业和自谋职业相结合。到1981年末共安置就业4 978人,其中:全民办集体企业4 150人,集体办企业220人,自谋职业6人,劳动服务公司办集体企业安置6人。大集体265人,混岗331人。至此,将1981年以前应安置的待业人员基本上都安置了。

（第十六篇第一章《劳动》,第408页）

《依安县志》

黑龙江省依安县地方志编纂委员会编,中国青年出版社1989年

(1968年)9月,为落实毛泽东主席关于"知识青年到农村去,接受贫下中农的再教育"指示,全县分期分批共动员接收下乡知识青年8 748人,其中本县知识青年6 068人,上海、齐齐哈尔市等地知识青年2 680人。
（《大事记》,第28页）

是年(1970年),根据中共中央"调整知青政策"精神,除已招工、参军、上学及在农村结婚外,全部返城,招为集体工人。
（《大事记》,第29页）

第七节　上　山　下　乡

1964年,在精减职工、压缩城镇人口的同时,开始动员知识青年(简称"知青")上山下乡工作。1965年,先后动员两批下乡知青645人,建知青点15个。1968年10月,为落实毛泽东主席"知识青年到农村去,接受贫下中农的再教育"指示,再掀知青上山下乡高潮。至1979年,共动员城镇下乡知青6 179人,接待安置齐齐哈尔、哈尔滨、上海、北京、沈阳、四川、福建、四平、丹东等19个省(市)、县知青3 462人,建知青点114个。安置知青有三种形式:一是插到国营农林牧场(为国家工人);二是建集体知青点(自负盈亏);三是单独插生产队(与社员同酬)。为解决知青安置、生产和生活问题,国家每年拨木材、砖瓦、玻璃等物资,共拨款450余万元。是年,根据中共中央调整知青政策精神,除招工、参军、返城及与农村社员结婚者(已升学58人,参军115人,返城1 065人,外调536人,其他374人)外,全县知青全部返城安置,4 031人招为集体所有制工人。　（第十二篇第二章《劳动》,第343—344页)

1182

《林甸县志》

林甸县志编纂委员会办公室编,(内部刊行)1988年

本年度(1964年),花园公社爱国大队安置知识青年32名(男16、女16)参加农业生产。

(《大事记》,第40页)

(1970年)5月,上海知识青年623人来本县农村参加农业劳动锻炼。

(《大事记》,第43页)

(1972年)7月27日,县直各机关欢送本年度第一批下乡知识青年187名赴各公社。

(《大事记》,第43页)

(1975年)11月1日,林甸县第三届上山下乡知识青年先进集体、先进个人代表大会开幕,456名代表参加大会。

(《大事记》,第45页)

(1977年)10月25日,林甸县第四届上山下乡知识青年先进集体、先进个人代表大会开幕,出席代表384人。

(《大事记》,第46—47页)

(1980年)3月,下乡知识青年全部迁离农村回城。

(《大事记》,第48页)

1964年底,劳动局在县城内成立劳动调配站,对县城内一些不能下放,又无正当职业的闲散劳动力组织起来,安排劳动项目。该站自负盈亏(1965年下放城镇)。这一年,为了安置城镇初、高中毕业生上山下乡,县人委成立林甸县安置办公室,负责知识青年安置工作。

(第十二编第二章《劳动》,第302页)

第四节　知识青年上山下乡

1958年3月间,本县接收哈尔滨知识青年7百余人。来本县农场和三合乡胜利社落户,是我县知识青年上山下乡工作开始。1964年,本县城镇初高中毕业生不断增加,为了组织他们上山下乡,县政府将精简安置办公室,改为知识青年上山下乡办公室,开始有计划、有组织地动员城镇知识青年下乡、下场从事劳动。当时城镇知识青年下乡有三种形式:一是建立青年点;二是到国营农林牧渔场;三是分散插到生产队。县安置办先后在宏伟公社永兴大队、黎明公社新民大队和县良种场处建立青年点。

1973年后,知识青年不断增加,各公社青年点也不断增加。至1979年,全县安置到农

村生产队、农林牧渔场参加生产劳动的城镇知识青年共计 5 880 人,对留城者,按中央规定发给留城证明,由劳动部门统筹安排就业。

在安置本县知识青年下乡的同时,1970 年 5 月,接收上海知识青年 323 人,1975 年接收齐市知识青年 1 080 人,同时,又先后接收外市、县知识青年 248 人。

本县先后在各公社设立 132 个青年点,每个点安排一名贫下中农社员,负责传授生产技能和进行思想教育,为建立青年点,国家总共投资 2 666 300 元,共建房 1 136 间,总面积达 44 080 平方米。

1975 年,开始在上山下乡的知识青年中招工、选干、进行统筹安排。至 1980 年 3 月,下乡知识青年全部迁离农村回城,从此结束了城镇青年上山下乡这一工作。

外来本县的知识青年,其就业安排基本上是原地负责受理。

(第十二编第二章《劳动》,第 305 页)

《杜尔伯特蒙古族自治县志》

杜尔伯特蒙古族自治县地方志编纂委员会编,黑龙江人民出版社 1996 年

城市下乡人口安置费

1964 年,城镇知识青年下乡插队锻炼,设立城镇下乡青年经费科目,支出 1.8 万元,用于知识青年培训、运费、困难补助、建房、口粮及农具购买等项支出,平均每人补助 200 元左右。1969 年,部分干部和青年学生下放到原团中央农场劳动锻炼,设立"五·七"干校费科目,支出 7 万元,用于建筑校舍和职工工资等项开支。1972 年,"五·七"干校费改称"干部下放劳动锻炼经费",支出 6.4 万元。1973 年,干部和学生返城,取消干部下放费。1979 年,知青经费包括安置费、扶持生产资金和业务费。省规定安置费每人限额 600 元。1982 年,下乡知识青年纷纷返城就业,城镇下乡人口安置费改称城镇青年就业经费,支出 50.9 万元,用于扶持知青新建或扩建企业、就业培训、生活安置等项开支。1985 年,支出 33.6 万元。

(第八篇第一章《财政》,第 364 页)

1980 年 7 月,知识青年办公室并入劳动科。　　(第十三篇第一章《劳动》,第 515 页)

1974 年,采取"国家招收、系统包干"办法,逐步安排下乡知识青年返城就业和城镇待业青年就业。……1979 年,大批知识青年返城,把已经平抑的就业矛盾一下子又突出出来。1980 年 8 月,国家制定"在国家统筹规划和指导下,实行劳动部门介绍就业、自愿组织起来就业和自谋职业相结合"的就业方针,并通过调整产业结构和所有制结构,大力发展第三产业,妥善安置返城青年和城镇待业青年。

(第十三篇第一章《劳动》,第 516 页)

第七节　知识青年上山下乡

1964年，国务院发出《关于动员、组织城市知识青年参加农村社会主义建设的决定》。3月，县成立安置办公室，专门负责这一工作。到7月，首批动员泰康镇内205名知识青年到烟筒屯公社南阳大队、东吐莫公社马场大队、巴彦查干公社建新大队、新屯公社兴隆大队插队落户，参加农业生产劳动。

1969年，首批108名上海知识青年来本县插队落户。

1964年—1976年，全县共动员上山下乡知识青年2 413人，接收并安置外省、市知识青年1 071人，其中上海知识青年923人。这些青年被分别安置到10个公社和13个国营农牧渔场，安置形式分为插队（场）、办场、办队3种。在插队（场）中采取系统包社、集体插队、自行挂钩和分散插队等方式。在办场中，采取县办农场和系统办农场两种。办队即是由知识青年、贫下中农和带队干部组成，建立起独立的、集体所有制的青年生产队。最多时，全县共有知识青年安置点56处。

1976年，根据中央"调整知青政策，逐步缩小上山下乡的范围，今后不再搞插队"的精神，不再动员知识青年上山下乡，已上山下乡的未婚知青陆续返回城镇。1980年，知识青年除与农民结婚安家者外全部返城。上海知识青年大部分返回上海，少部分留在大庆市和本县城镇。在知识青年中招工1 669人（全民1 033人，集体580人），征兵447人，招生105人。

10几年中，知识青年有20人加入中国共产党，205人加入共青团，100人担任过农村基层干部，467人担任过赤脚医生、民办教师、农业技术员、会计、出纳、拖拉机手、广播员、代销员、电工，有355人参加过省、地、县劳模会和知识青年代表会。

1981年，对与农民结婚安家的27名知识青年安置到国营农牧场为工人，将其爱人、子女及赡养的老人同时迁入所到场落户。　　　　　　　　　（第十三篇第一章《劳动》，第520页）

1966年2月，从下乡知识青年和"四清"队员中吸收一批干部。1967年，县革命委员会和基层革命委员会相继成立，从"革命工人、贫下中农、青年学生"中选任一批常委，此后，这些人中一部分转为干部。1974年，根据省"积极慎重地、有领导、有计划、有步骤地从工人、贫下中农、下乡知识青年中选拔一批青年干部，特别是少数民族干部和妇女干部"的精神，挑选录用干部。　　　　　　　　　　　　　　　（第十三篇第二章《人事》，第521页）

同月（1969年8月），首批108名上海知识青年来本县插队落户。

（《大事年表》，第746页）

本年（1974年），全县动员城镇知识青年751人到农村插队落户。

（《大事年表》，第748页）

《泰来县志》

泰来县地方志办公室编,黑龙江人民出版社1992年

是月(1968年8月),县革委会动员知识青年上山下乡,全县有417名城镇青年到农村插队落户。同时,接收安置省下乡青年810名。　　　　　　　　　　(《大事记》,第46页)

(1972年)7月2日,县委召开下乡知识青年安置工作会议,县委书记尹树全在会上作《提高路线斗争觉悟》,切实加强党的领导,认真做好知识青年下乡安置和巩固工作》的报告,日后,全县安置下乡知识青年187名。　　　　　　　　(《大事记》,第49页)

第六节　知青下乡返城

泰来县城镇知识青年下乡工作从1964年开始,到1978年结束。15年间,先后接收外省、市和本省、市、县下乡青年5 335人,输送到各条战线2 389人。下乡青年分布在县内15个公社、79个大队、292个小队。共建95个青年点(其中砖瓦结构住房占72%)。随着知青工作政策的调整,1979年下乡青年2 946名全部返城。返城青年每人由国家拨给1 000元安置就业费,由动员单位负责安排。大多数青年安置在工业、建筑业、运输业、商饮服务等系统,少数青年顶替接班。省拨扶持生产周转金150.1万元,扶持了79个知青企业,安置返城下乡青年1 809人。

附:

泰来县知识青年下乡统计表　　　　　　　　　　　　　　　单位:人

年度	总计	男	女	年度	总计	男	女
1964	310	180	130	1972	121	61	60
1965	84	49	35	1973	239	109	130
1966	12	4	8	1974	687	334	353
1967	417	215	202	1975	948	468	480
1968	199	111	88	1976	781	378	403
1969	144	94	50	1977	743	389	354
1970	522	306	216	1978	145	100	45

(第十三篇第二章《劳动》,第452—453页)

《龙江县志》

龙江县地方志编纂委员会办公室编,中国城市经济社会出版社1991年

(1964年)7月,动员城镇知识青年上山下乡,参加社会主义建设。(《大事记》,第33页)

(1965年)1月15日,召开第一次下乡回乡知识青年积极分子代表会议。

(《大事记》,第33页)

(1968年)4月20日,县革委召开动员城镇知识青年上山下乡大会。

(《大事记》,第35页)

(1970年)12月1日,接收安置上海1050名知识青年到农村插队落户。

(《大事记》,第36页)

(1973年)9月,动员应届初高中1500名毕业生上山下乡。　　(《大事记》,第37页)

(1974年)2月,龙江一中277名应届高中毕业生,向县委、团县委表示决心到农村干革命,坚决走上山下乡的光辉道路。　　　　　　(《大事记》,第37—38页)

8月20日,县委、县革委召开大会,欢送800名应届高中毕业生奔赴农村插队落户。

(《大事记》,第38页)

1966—1976年动员13 215名城镇知识青年下乡插队,从事农、林、牧业生产。同时,从农村招收2 905人进城就业,形成全县城乡劳力对流。

1977年后,大量知识青年相继返城。一下很难解决就业。1979年,根据中央搞活经济的方针,调整了就业结构,采取劳动部门介绍就业、自愿组织起来就业和自谋职业相结合的办法,各系统包单位,单位包待业青年,兴办集体、个体企业,1979—1985年的7年间,工业、商业、建筑业、饮服业、劳动、物资等部门,新办集体所有制企业263个,安置待业青年18 850人;组织4 759人从事开饭店、旅店、摆摊床等个体经营。共安置23 600多人,使90%以上待业人员从事了有关职业。返城青年基本得到全部安置。

(第一编第二章《人口》,第70—71页)

知识青年上山下乡

1963年,龙江县建立知识青年上山下乡安置办公室,简称"知青办",同劳动部门一起负责知识青年上山下乡的安置工作。1964—1965年两年,动员906名知识青年下乡,分别安置在较边远的8个公社、24个青年点插队落户。1966年后逐年动员本县初高中毕业生和接收安置省内外的知识青年。1968年在毛主席"农村是一个广阔天地,在那里是可以大有作为的"和"知识青年到农村去,接受贫下中农的再教育,很有必要,广大农村同志应当欢迎他们去"的号召下,知识青年上山下乡形成了高潮。1969年下乡940人,1975年达到2 483名。

知识青年上山下乡,是有组织、有领导、有计划、有步骤进行的。应届毕业生要由所在学校和家长单位共同负责动员。在安置上,一般都到地多人少,领导力量较强,经济基础较好的生产队。凡有接收安置任务的社队,都选派政治素质好,为人正派的老贫农当"知青点"指导员。各机关、企事业单位,也都抽调热爱知青工作,作风好,能吃苦,有一定管理水平的人带队。县直各部门抽调156名干部到青年点与知识青年行实"四同",即同吃、同住、同劳动、同学习,帮助青年安排生产、生活,加强管理教育。1974年全县23个公社相继设置了知青干事,专职抓下乡知识青年工作。做到了政治上有人抓,生产上有人教,生活上有人管。1964—1978年的15年中,共接收安置上山下乡知识青年13 219人,其中青年点7 712人,单插队921人,自办农场4 586人。分布在全县22个公社的189个"知青点"和63个自办农场。其中接收安置外地大中城市知识青年有:上海1 049人,天津10人,北京40人,齐市2 100人,共3 199人。

县政府每年都专项拨款解决知识青年的生产、生活问题。1968—1979年的12年中,共拨安置费3 437 317元,其中建房费1 498 495元,建土石结构房354间,砖瓦结构房953间,建筑总面积42 115平方米。生活和工具费1 342 400元,其他费用596 422元。

广大知识青年经过实际锻炼增长了才干。有67人入党,2 676人入团,参加各级领导班子的386人,担任大、小队会计87人,民办教师123名,赤脚医生58名,拖拉机手78人,电工104人,以及保管员、饲养员等。

根据国家可以从农村下乡知识青年中招工、招生、征兵的有关规定,从1964—1979年,经贫下中农推荐、大队把关、公社审查、县有关部门批准等程序,共招收11 742人,其中招工8 764人(全民2 354人、集体6 410人),招生1 228人,当兵1 750人。在招工、招生、征兵中,一些知识青年家长曾一度凭关系、走后门、请客送礼,兴起不正之风,造成很坏的影响。

粉碎江青反革命集团之后,党中央于1978年12月2日,下发了中发〔1978〕74号文件,明确指出"……今后城镇青年不再到农村插队落户,由各系统劳动服务公司,组织兴办集体企业,负责安置就业,对下乡已婚知识青年,也本着就地就近原则,进行妥善安置"。县知青办除积极为正在农村参加劳动的1 477人办理返城手续外,同有关部门配合将260名已婚青年,安排到社办企业中工作。从此,结束了长达15年之久的知识青年上山下乡工作。

(第四编第四章《地方行政》,第 506—507 页)

《甘南县志》

甘南县地方志编纂委员会办公室编,黄山书社1992年

　　(1970年)4月15日,县革命委员会负责同志与上海知青工作负责同志一起到县内8个公社、19个大队、43个小队的知识青年点,进行慰问检查。从1968年以来,甘南县先后接收

安置上海市、齐齐哈尔市和本县知识青年1580多人。县内有青年点132个。

9月3日，成立知识青年上山下乡领导小组，下设办公室。　　（《大事记》，第42页）

1970年，县内招工安置对象是：1970年退伍军人；1966年至1970年家居城镇、唯一劳力或独生子女的初、高中毕业生；父母有一方丧失劳力或有严重疾病的；经组织批准的返城青年；军、烈属、遗属子女均为安置对象。……1974年以后，县革命委员会采取国家招收，系统包干等办法，逐步安置了部分上山下乡知识青年、城镇待业青年就业。1978年后，执行职工退休、退职子女顶替接班政策，使相当一部分待业青年得到安置。

（第十三篇第二章《劳动》，第527页）

第六节　青年上山下乡

1963年8月19日，中共中央、国务院向全国发出了"关于知识青年上山下乡"的有关指示，1964年5月下旬，县内开展了动员知识青年上山下乡的工作。是时县城内共有知识青年294人，经过两个多月的组织学习，从7月3日至7月6日，先后报名下乡青年共计130人。集中插队的65人（其中女10人）；分散插队的62人（其中郊区生产队27人，农村生产队16人，林业队2人，甘南镇蚕业社17人）；出外省安家落户的3人。集体插队青年共安置4个点，建房27间（红旗公社富裕大队1处，查哈阳朝阳大队1处，宝山公社宝山大队1处、兴隆公社双龙大队1处）。这是甘南县第一批知识青年到农村插队落户。1968年，毛泽东主席关于"农村是一个广阔的天地，到那里是可以大有作为的"指示下达后，县内整个社会掀起了知识青年上山下乡的高潮。1970年以来，全县共建知识青年点65处，自办厂（队）20个，建房共计1232间（3.3万平方米）是年，县成立了知识青年上山下乡领导小组，抽调306名带点干部，帮助下乡青年组织生产、安排生活，加强管理教育。一般青年点（也叫集体户）人数为15至20人，男女有一定比例。除了带点干部指挥全面外，还配备点上青年骨干负责组织宣传工作。1974年后，实行了部门企业和农村人民公社或生产大队，直接挂钩，定点安置，使知识青年接受贫下中农再教育。自1974年至1977年，4年间全县接受地区知青办拨款249.7万元，为青年点支出236.45万元，其中建房费130.2万元，用于结婚青年建房5000元，生活、三具费62.1万元，宣传动员旅运费3.9万元，医药费4000元，京、津、沪、浙探亲路费11.9万元，生活补助费12.2万元，其他费用15.25万元。县内独立核算的场（队）知青点购置拖拉机10台；另外还购有制米、粉碎、排灌等设备，建设投资达140.1万元；全县有关部门及各单位向农村青年点投物投资总计达240万元；青年点所在生产队支援青年队生产建设、支援物资、劳动力、运力总计达2万元。三项总投资达382.1万元。至1978年止，县内共接收上山下乡知识青年6172人，其中甘南镇插队落户知识青年2066人，上海市知识青年 1 167 人,哈尔滨市 15 人,齐齐哈尔市 1 476 人,其它各地 448 人。分别安置在县内 10 个公社及两场,一校(良种场、种畜场,五七干校),22 个生产大队,300 个生产小队。中共十一届三中全会后,结束了知识青年上山下乡接受贫下中农再教育的历史,县内 6 172 名知识青年,基本上先后全部返回原所在城市(城镇),并得到了相应的安置。在插队 6 172 名青年中,有 53 人加入了中国共产党,1 415 人加入了中国共产主义青年团。参加县级领导班子 2 人,参加公社级领导班子 16 人,参加大队领导班子 54 人。出席省级劳动模范 2 人,出席县级劳模 10 人,出席地、县级劳模 146 人。担任民办教师 93 人,赤脚医生 21 人,拖拉机手 69 人,担任会计 47 人,保管员 65 人。参加基干民兵组织的 2 995 人。参加各种科研人员 51 人,参加函授学习班的 21 人,理论学习小组人数为 167 人,担当理论辅导员人数为 274 人。

1977 年城镇知识青年上山下乡基本情况表

项 目	数 量
一、本年安置人数(包括外省、市、自治区合计)	604
1. 插队	395
2. 回乡	
3. 集体所有制场、队	163
4. 国营农场、牧、渔、林场	46
二、本县安置到外省、市、自治区的人数	10
三、本县调离农村的上山下乡知识青年人数	422
1. 参军	71
2. 招生	
3. 提拔国家干部	1
4. 招工	230
5. 其它	120
四、年底在农村的上山下乡人数	3 726
1. 插队	1 909
2. 回乡	1 546
3. 集体所有制场队	
4. 国营农、林、牧、渔场	271
五、年底在农村的上山下乡知青年中已婚数	825
其中,在国营农、林、牧、渔场已婚数	12
六、年底在农村安置知青形式中	94
1. 集体插队(集体户)数	69
2. 集体所有制场(队)数	25
七、年底在农村知青中	1 468
1. 共产党员	53
2. 共青团员	1 415
八、年底在农村的带点干部人数	60
九、上山下乡青年住房情况	
1. 本年国家实行供应木材数(M³)	450
2. 本年新建房间数	360
合平方米数	10 800
十、上山下乡知青本年死亡人数	1
其中已处理件数	1

続表

项　　　目	数　　量
十一、下年度上山下乡计划	
1. 城镇中学应届毕业生人数	692
2. 计划上山下乡人数	450
其中:① 往届毕业生应走未走人数	37
② 动员去外省、市、自治区人数	10
③ 安置国营林、牧、渔场人数	50

(第十三篇第二章《劳动》,第 535—537 页)

《呼伦贝尔盟志》

呼伦贝尔盟史志编纂委员会编,内蒙古文化出版社 1999 年

1964 年,呼盟首次开展知识青年上山下乡工作。1964、1965 年,海拉尔市和满洲里市共有 457 名初中毕业生和社会青年到布特哈旗和阿荣旗插队劳动。1968 年以后,全盟开展大规模的知识青年上山下乡工作,其中 1968—1969 年、1973—1977 年,出现了两次知青下乡高潮期。1964—1981 年,全盟共动员安置上山下乡知识青年 144 484 人,其中接收来自北京、天津、上海、浙江的知识青年 30 529 人。各级政府高度重视知青工作,累计下拨知青工作经费 5 500 万元,为下乡知青建房 8 062 间、244 541 平方米。全盟上山下乡知识青年努力走与工农相结合的道路,涌现出一大批先进模范人物,有 820 人加入中国共产党,3.2 万人加入中国共产主义青年团,2 000 多人被选拔到生产队、公社和旗县领导班子。上山下乡知识青年为加强城乡交流,发展农村牧区经济作出了积极的贡献。

(第十卷《劳动人事》,第 482 页)

第二节　知识青年上山下乡

呼盟的知识青年上山下乡工作始于 1964 年,大规模的知识青年上山下乡始于 1968 年。1968—1969 年,全盟共安置区内外下乡知青近 5 万人,其中京、津、沪、浙知青 3 万人。1970—1972 年,基本没有动员知青上山下乡。1973—1977 年,动员安置盟内下乡知青近 6 万人。1979 年,全盟开始缩小知青下乡规模。1981 年,不再动员知青上山下乡。17 年中,全盟共动员安置上山下乡知青 144 484 人,其中农村社队 57 062 人,牧区 32 422 人,国营农牧渔场 6 000 人,林区 30 000 人,知青场队 19 000 人。接收京、津、沪、浙青年 30 529 人。国家下拨知青工作经费 5 500 万元,为下乡知青建房 8 062 间、244 541 平方米。

一、动　员　下　乡

海拉尔、满洲里市 1964、1965 年共动员 457 名初中毕业生和社会青年到布特哈旗、阿

荣旗农村插队落户。

1968年,全盟开展了大规模动员城镇知识青年上山下乡运动。盟内动员的主要对象是1966、1967、1968年三届初高中毕业生,少数为社会闲散劳力。全盟共安置知识青年15 681人,其中区外的9 827人。

1969年春,呼盟派出人员,先后到天津、上海、浙江等地接收知识青年。到6月30日,共接收区外知青7 238人,其中上海98人,天津5 879人,浙江1 261人。盟内的动员工作实行系统包单位、单位包职工、职工包子女、学校包学生、街道包居民的方式,当年全盟共安置盟内外下乡青年22 456人。

1970年2月,呼盟革命委员会召开知识青年上山下乡安置工作会议,要求各地做好下乡知青的工作,动员回城的知青重新回乡参加劳动。1971年,落实黑龙江省革命委员会《关于动员返城下乡知识青年迅速返回生产岗位的紧急通知》精神,继续动员逗留在城镇的下乡知青返回农村牧区生产岗位。

1973年,全盟共动员安置下乡知青4 000人。1974年、1975年,全盟先后安置下乡知青人数为12 054人和15 000人。

1976年,全盟共动员8 875名知青下乡,1977、1978年,全盟先后动员安置下乡知青8 397人和3 032人。

1979年,贯彻全国知青工作会议精神,呼盟扩大留城比例,除海拉尔、满洲里市外,其他旗市政府所在地不再列入上山下乡计划。

1980年,城镇知青主要安置在城镇郊区和工矿林区的集体所有制知青场队和农工商联合企业,城市户口粮食关系不变。

1981年以后,全盟不再动员城镇青年上山下乡。

1975年呼盟上山下乡知识青年统计表

地　　区	毕业生总数	留城数	应下乡数	往届应下乡人数	计划下乡人数	实际下乡数
海拉尔市	4 927	500	4 427	666	5 093	4 000
满洲里市	1 956	200	1 756	408	2 164	2 276
喜桂图旗	3 451	400	3 051	1 149	4 200	4 573
布特哈旗	867	90	777	800	1 577	1 325
阿荣旗	150	30	120	160	280	324
额左旗	419	40	379	325	704	315
额右旗	206	20	186	185	371	570
新左旗	110	10	100		100	199
新右旗	100	10	90		90	150
陈　旗	130	13	117		117	23
鄂温克旗	240	20	220	200	420	554
总　　计	12 556	1 333	11 223	3 893	15 116	14 309

1973—1978 年呼盟动员安置知青上山下乡统计表

年份	城镇中学应届毕业人数	计划动员下乡人数	实际下乡人数	其 中			
				插 队（包）	回 乡	企 业办 场	国营农牧场
1973	8 195	6 228	4 000				
1974	11 010	13 662	12 054	3 695		6 609	1 750
1975	12 756	15 396	15 000	5 152	1 157	8 550	141
1976	14 565	14 565	8 875	5 503	114	2 858	400
1977	10 359	9 580	8 397	4 639		3 524	234
1978	10 093	8 230	3 032	542		1 965	525
合计	98 939	67 661	51 358	19 531	1 271	23 056	3 050

注：此表数字含扎赉特旗。

二、回 城 安 置

从 1970 年起，各旗市按黑龙江省下达的计划，陆续从下乡满二年以上的知识青年中招工，并从中招生、征兵。1972 年起，增办"病调"、"困调"，让部分知青返城待业。

1975 年以后，呼盟全民所有制、集体所有制单位增加职工编制时，均从下乡二年以上的知青中招收。1968—1978 年，全盟通过招工、招生、征兵回城安置的知青为 48 062 人，因患病、困难返城的 14 254 人，盲目回城的 15 790 人。

1979 年，全盟实有在乡知青 35 795 人，其中男 15 110 人，女 20 685 人。当年，全盟通过全民所有制企业、知青场队共安置回城知青 1.5 万人。

1980 年，全盟有在乡知青 20 670 人，其中分布在知青场队 17 115 人，农牧区 3 555 人；知青之间结婚的 225 人，知青与农牧民结婚的 1 190 人，知青与农场职工结婚的 142 人。同年，通过全民和集体企业招工等共安置回城青年 8 000 人。

1980—1981 年，自治区下达给呼盟招收下乡知青全民所有制专项指标 1 495 个，全部用于安置 1972 年前下乡的知青。1981 年，呼盟全民所有制企业还招收 1 036 名 1973 年以前下乡的知青。此外，还通过知青场队转大集体安置 1 万名知青。到 1981 年底，除部分自愿留乡的知青外，多数知青都已返城并得到安置。

（第十卷第二章《劳动就业》，第 485—487 页）

1981 年，呼盟行署决定，凡是安排待业青年占职工总数 60％以上的全民办集体企业或全民与集体联营、合营的单位，免征工商所得税 3 年；农工商联合企业以及安置下乡知青和待业青年 60％以上，享受 5 年不交税、不上交利润的待遇；对个体经营者减轻税率。

（第十卷第二章《劳动就业》，第 487 页）

1984 年,呼盟安置工作的重点是下乡知识青年和待业时间长、家庭生活困难的人员。全年安置 50 796 人,其中集体单位就业 35 630 人,从事个体经营的 4 949 人。同年 12 月,盟行署召开全盟发展集体经济和个体经济安置城镇青年就业先进表彰大会。

(第十卷第二章《劳动就业》,第 487 页)

60 年代末至 70 年代初……因病残及困退回城的上山下乡知青大都被安置在全民所有制企业单位,成为固定职工。   (第十卷第三章《劳动力管理》,第 490 页)

1973 年和 1974 年,国务院对黑龙江省自流人口问题做了专门指示。根据国务院的指示精神和黑龙江省的统一部署,呼盟开始对自流人口进行有组织地管理和安置。此时,由于人口增加,同时“文化大革命”期间接收安置了大批知青,像以往那样由人民公社内部吸收和插花安置已很困难。   (第十一卷第八章《移民安置与收容遣送》,第 557 页)

1964—1989 年,城镇青年就业支出(包括 1969—1970 年的“五七”干校经费、1970—1973 年的干部下放劳动锻炼经费)6 512.8 万元,占 3.22%,年均 250.5 万元。

(第四十七卷第三章《财政支出》,第 1724 页)

《1950—1989 年呼盟各时期经济建设支出构成表》。(见本书第 1195 页表)

1978 年,呼盟技工学校招生坚持初试预选,统考录取原则。招收的学员是:按政策留返城尚未安排工作的知识青年,城镇吃商品粮的应届毕业生,插队知识青年,铁路沿线、公社所在地吃商品粮的职工子女。对办学单位的职工子女给予照顾。

(第五十一卷第六章《中等职业技术教育》,第 2007 页)

1966 年“文化大革命”开始后,提倡工农兵上讲台,工农兵兼任教师,仅喜桂图旗工农兵兼任教师的就有 593 人。1975 年,各学校招用了部分下乡知识青年到学校任代课教师,1976 年,仅喜桂图旗就有代课教师 1 423 人,代课教师占教师总数的 31.6%。

(第五十一卷第十二章《教师》,第 2023 页)

张勇(1950—1970),女,天津市人,毕业于河西区 42 中学,1968 年秋天,响应“知识青年到农村去”的号召,来到新右旗额尔敦乌拉公社白音宝力格生产队插队落户。

到牧区后,张勇克服语言不通、生活习惯不同等困难,虚心向牧民学习,在较短的时间里掌握了蒙古语和牧业生产技能。牧民群众非常喜欢这个来自天津的姑娘,送给她一个蒙古族名字“乌恩其”(诚实之意)。

（上接本书第 1194 页）

单位：千元

1950—1989年呼盟各时期经济建设支出构成表

时　期	合　计	经　济　建　设　支　出														
		基本建设	企业挖潜改造资金	流动资金	城市维护费	支援农村生产和事业费	工交商事业费	科技三项费用	边境建设事业费	支援不发达地区发展资金	少数民族地区补助	人防经费	城镇青年就业经费	简易建筑费	民族机动金	其他
国民经济恢复时期	1 905	979	—	179	26	721	—	—	—	—	—	—	—	—	—	—
一五时期	73 552	31 424	—	9 490	1 687	29 777	1 174	—	—	—	—	—	—	—	—	—
二五时期	231 021	115 015	—	31 192	1 656	38 605	8 975	532	—	—	1 895	—	—	—	—	33 151
国民经济调整时期	35 785	1 344	—	5 716	3 735	17 733	1 078	2 887	—	—	2 574	—	718	—	—	—
三五时期	110 328	46 020	—	8 473	7 302	30 120	2 034	2 312	—	—	656	—	13 411	—	—	—
四五时期	155 039	33 957	4 414	30 265	10 422	40 138	2 096	7 349	—	—	2 350	4 491	11 900	—	7 579	78
五五时期	252 486	6 244	20 238	21 085	17 404	108 807	8 850	10 646	10 604	527	2 855	4 529	16 996	2 859	18 413	2 429
六五时期	473 145	31 183	64 574	7 450	66 596	200 643	11 769	7 520	17 206	20 545	12 398	1 341	16 067	9 457	6 362	34
七五时期（前四年）	687 608	38 675	111 748	—	140 196	268 793	29 283	10 254	14 617	20 146	9 993	253	6 036	22 507	3 049	12 058
合　计	2 020 869	304 841	200 974	113 850	249 024	735 337	65 259	41 500	42 427	41 218	32 721	10 614	65 128	34 823	35 403	47 750

（第四十七卷第三章《财政支出》，第 1725 页）

1970 年 6 月 3 日,张勇在放羊时,为抢救落水的集体牲畜(绵羊)不幸牺牲,年仅 20 岁。中共新右旗革委会核心小组根据张勇生前多次申请和她的英雄事迹,追认她为中共党员。黑龙江省革委会作出决定,授予张勇革命烈士称号,并号召全省人民向张勇学习。新右旗在张勇生前放过牧的额尔敦乌拉公社黄花山顶上建起纪念墓,并举行隆重的葬礼。《黑龙江日报》、《天津日报》、《人民日报》等都报道了张勇的事迹。　　　　(第六十卷第一章《人物传》,第 2384 页)

(1964 年)9 月 1 日,海拉尔市 80 名知识青年响应中共呼盟委的号召,奔赴阿荣旗农村安家落户。至年底,全盟已有 600 名知识青年走上农业生产第一线。

(第六十一卷《大事记》,第 2470 页)

(1968 年)6 月 18 日,陈旗首批 47 名知识青年到生产队安家落户。由此,拉开盟内知识青年上山下乡的序幕。

7 月 1 日,首批天津知识青年到布特哈旗农村安家落户。8 月、9 月直至次年 5 月,先后有万余名北京、天津、上海等地的知识青年到呼盟农村、牧区和国营农牧场安家落户。

(第六十一卷《大事记》,第 2474 页)

(1970 年)6 月 3 日,19 岁的天津女知识青年张勇为抢救生产队的落水绵羊牺牲。中共新巴尔虎右旗革委会核心小组追认张勇为中国共产党党员,黑龙江省革委会授予张勇革命烈士称号。　　　　　　　　　　　　　(第六十一卷《大事记》,第 2474 页)

(1972 年)7 月,盟卫生学校在扎兰屯开学,并招收来自全盟农村、牧区经过 3 年以上劳动锻炼的知识青年。这是盟卫生学校 1966 年以来的首次招生。

(第六十一卷《大事记》,第 2475 页)

(1975 年)8 月 8 日,海拉尔市 3 500 多名高、初中毕业生到农村牧区上山下乡(6 月 12 日首批 152 人)。这是海拉尔市在近几年动员知识青年上山下乡工作中,规模最大、人数最多、行动最快的一次。此后,满洲里市 930 多名、喜桂图旗 2 070 名、布特哈旗 730 多名(6 月已有 400 多名知识青年上山下乡)、阿荣旗 136 名应届毕业生也先后到农村牧区上山下乡。

(第六十一卷《大事记》,第 2477 页)

(1979 年)4 月 8 日,由盟委主持召开的全盟知识青年上山下乡工作会议在海拉尔结束。会议决定:今后不再搞插队(包)的安置形式;要解决好 1972 年以前下乡插队(包)知识青年婚姻、生活等问题;区外(京、津、沪)插队青年,务农确有困难需要照顾的,应与有关地区共同协商解决。　　　　　　　　　　(第六十一卷《大事记》,第 2479—2480 页)

《呼伦贝尔农垦志》

海拉尔农牧场管理局史志编纂委员会编，中国农业科技出版社1990年

1969年5月，全局开始接收城市和返乡知识青年。他们中间的大多数为改变农牧场的落后面貌不惜流汗流血，有的甚至献出了年轻而宝贵的生命。但是，也有极少数人为错误路线推波助澜，致使个别地区打、砸、抢愈发严重。　　　　（第一篇第二章《垦殖简史》，第15页）

1975年11月，中共黑龙江省委、省革委、省军区党委根据中央的指示精神，提出了《关于改变生产建设兵团体制的请示报告》。这个报告经中央政治局和毛泽东主席同意，以中共中央(1975)第347号文件下发。1976年2月25日，黑龙江省国营农场总局在佳木斯成立。同时，撤销了黑龙江生产建设兵团和省国营农场管理局。按地区分布，设11个国营农场管理局，辖属本地区的国营农牧场。　　　　（第一篇第二章《垦殖简史》，第15页）

(1969年)5月7日，海拉尔市1968、1969届初、高中毕业生5 508名，自今日起，陆续到局属各农牧场参加工作。到局属各农牧场参加工作的还有满洲里、扎兰屯、博克图等地的毕业生。　　　　（第三篇《大事记》，第83页）

(1972年)4月25日，哈达图牧场第九队，烧麦茬跑火，过火面积105平方公里，烧死4人（其中2名下乡知识青年），烧伤20多人。　　　　（第三篇《大事记》，第84页）

局经管处进一步明确劳动工资管理方面的职责为：

……

3. 根据上级指示和生产需要，负责接收安置下乡知识青年，按照中央和上级有关知识青年方面的政策和规定，为其办理病退、特困和抽调的手续。……

（第九篇第五十六章《劳动工资》，第436页）

国务院1978年2月12日以国发(1978)20号文件"关于批发全国国营农场工作会议纪要的通知"中指出："国营农场的职工，包括按国家计划分配在农场工作的城镇知识青年、农场职工子女，都是国家职工，是工人阶级的组成部分。"

1980年8月19日，国务院以国发(1980)212号文件又重申了上述规定。

（第九篇第五十六章《劳动工资》，第437页）

1969年度，全局接收安置城镇知识青年5 289名，返乡学生730名，安排场内职工子弟

就业 1 400 名,合计 7 419 名。1973 年 6 月 19 日至 7 月 1 日,全局又接收天津下放到牧区的青年 265 名。1974—1975 年,全局新接收安置城镇知识青年 2 118 名,安排场内职工子弟就业 1 903 名。经检查,1975 年知青安置工作比往年做得细致。许多农牧场将质量好的房子腾出给知青们住,如那吉屯农场第一和第二生产队将办公室改作知青宿舍,特尼河、牙克石、室韦等场都建了新的知青宿舍。

1969 年安置知识青年情况表　　　　　　　　　　　　单位:人

接收＼来自数量	海拉尔	满洲里	天津	东旗	陈旗	西旗	鄂旗	额右旗	布旗	前旗	突泉县	莫旗	鄂伦春	阿荣旗	合计
总　计	2 483	1 396	155	22	27	25	20	234	408	287	100	774	78	199	5 508
牙克石牧场	16	182													198
大河湾农场		176										74			431
上库力农场	161							21							182
格尼河农场		100					20			112			78	53	363
那吉屯农场		87							64						151
巴彦农场	100	90								148					338
免渡河牧场	106	101													207
苏沁牧场	300							16							316
乌儒根塔拉									62						62
特尼河牧场	3	98	32												133
三河种马场	307							56							363
莫拐农场	162	100													262
敖尔金牧场	40		31												71
乌力吉图场	50			11											61
巴克西敖包									61						61
大雁种马场										27					27
成吉思汗场	197														197
伊敏河牧场	36														36
浩特陶海场					27				40						67
谢尔塔拉场		58													58
室韦牧场	93							43							136
拉布大林场	316							16						53	385
阿力得尔场		46													46
哈达图牧场	3							66							69
恩和牧场	102							16							118
东方红农场	60	149	35												244
甘河农场	103													93	196

数量　来自 接收	海拉尔	满洲里	天津	东旗	陈旗	西旗	鄂旗	额右旗	布旗	前旗	突泉县	莫旗	鄂伦春	阿荣旗	合计
欧垦河农场	111	109	35												255
青年农场	52	100													152
宜里农场	44										100				144
大杨树场	26														26
嵯岗牧场	95		22	11		25									153
黑羊改良站					24										24

1969年5月—1975年12月,先后有5批城镇知识青年补充到农牧场职工队伍中来。到1975年末,全局职工人数达到33 706名,其中干部3 082名,知青(包括安排就业的职工子弟在内)14 168名。

1980年3月1日,呼伦贝尔农牧场管理局改为海拉尔农牧场管理局,管辖21个农牧场。全局职工人数37 621名。职工总人数减少的重要原因是大批知识青年返城所致。

(第九篇第五十六章《劳动工资》,第438—440页)

当年上山下乡的知识青年和返乡的青年,如今有数百名成为干部,他(她)们或者担任部(处、室)和场、科室(生产队)的领导,或者从事各项专业技术工作,或者从事卫生、教育工作。这批年青的干部给全局的各项事业注入了活力。

(第十一篇第六十章《党的组织》,第533页)

1973年11月,举行了全局文艺调演。在此基础上,抽调人员组成代表队,于1974年5月参加"黑龙江省农场总局首届知青汇演"。黄魁元、刁洪森作为领队。

(第十一篇第六十一章《党的宣传》,第571页)

1969年5月,大批城镇和返乡知识青年到各农牧场安家落户,他(她)们当中不乏能歌善舞者。在劳动的余暇,他(她)们排练了一些短小精悍的歌舞节目,既活跃了农牧场的业余文化生活,又减轻了知识青年的寂寞和思念亲人的心绪。三河种马场在接收城镇知识青年时,便将其中有文艺特长的安排在场修配厂工作,为集中工作和排练创造了条件。该场第七生产队和第一生产队,以知识青年为主,组织职工和家属,购置了乐器,自编自演一些内容比较健康、形式比较活泼的节目,或在庆祝党的生日、庆祝国庆和场庆时登台演出,或到解放军驻地、打贮饲草和秋收作业点慰问献艺,收到了良好的效果,鼓舞了职工们的士气,增进了军民之间的鱼水情。

1973 年 12 月,局举行了首届文艺调演,有数个农牧场派队参加,无论参加的人数还是规模以及效果,都为建局以来所未有。尤其是在原海拉尔影剧院(现海拉尔市文化中心)演出,提高了农牧场系统的知名度。演出中,三河种马场毛泽东思想宣传队表演出色,受到了局领导的赞誉。在此基础上,以三河种马场、谢尔塔拉种牛场的文艺骨干为为主,组建了 50余人的局乌兰牧骑,并租用原红旗旅社的房间和场地,进行了长达 5 个月之久的排练,由刁洪森、黄魁元带队,于 1974 年 4 月 26 日赴黑河镇,参加黑龙江省首届知识青年汇演。局乌兰牧骑带去的有浓郁地方色彩的节目,给与会者留下了较深刻的印象,有的代表队登门来学习蒙古族歌舞。汇演归来后,局乌兰牧骑到各农牧场巡回演出,从而进一步推动了职工业余文化活动的开展。

(第六十二篇第七十七章《文化》,第 689—690 页)

《海拉尔市志》

《海拉尔市志》编纂委员会编,内蒙古人民出版社 1997 年

人口迁出:(一)60 年代经济困难时期,部分企业下马,精简城市人口;(二)"文化大革命"中对部分人员遣返农村;(三)60 年代后期、70 年代中期的知识青年上山下乡;(四)60 年代末的战备疏散。

(卷三第二章《人口变动》,第 65 页)

1974 年规定可以从城镇上山下乡劳动锻炼 2 年以上的插队知青中招收工人。在同等条件下,对已下乡的独生子女和父母虽子女多,但身边无人照顾的,其父母居住在用工单位或地区的应予以照顾。招工条件要求政治历史清楚,思想要求进步,现实表现好,身体健康,具有初中以上文化程度,年满 17—28 岁的未婚青年。对招收的新工人,实行 6 个月的试用期。在试用期内,发现隐瞒重大政治历史问题者,经县以上医院检查发现有严重慢性疾病不能坚持正常工作者,对"走后门"冒名顶替录用的,什么时候发现,就什么时候退回。

1978 年,对工人退休、退职后,家庭生活确实困难的,或多子女上山下乡,子女就业少的,原则上可以招收一名符合招工条件的子女参加工作。招收的子女,可以是按政策规定留城的知识青年,也可以是城镇应届中学毕业生。家居农村的退休、退职工人,本人户口迁回农村的,也可以招收他们在农村的 1 名符合招工条件的子女参加工作。

1980 年,规定今后招收固定工人,采取被招用人员自愿报名,然后进行考试考核,合格者择优录用的办法。考试题和录取标准由盟、市自定,统一进行考试。

(卷八第一章《劳动》,第 192 页)

(1964 年)8 月 3 日,海拉尔市人民热烈欢送首批 70 名知识青年到农村安家落户。

(卷三十二《大事记》,第 854 页)

《满洲里市志》

满洲里市志编纂委员会编，内蒙古人民出版社 1998 年

1980 年，全市录用干部 24 人，……公社以上机关担任干部工作的下乡知识青年定职定级转为国家正式干部的 6 人……
（卷九第一章《人事》，第 297 页）

1981 年 1 月 17 日，下乡知青办公室并入劳动局。　　（卷九第二章《劳动》，第 304 页）

返城知青安排

自 1978—1987 年，全市有返城下乡知识青年 2 802 人。早期返城的知青，由于上岗较早，有一部分已成为正式工；返城较晚的进岗较晚，都被列入各单位计划内的长期临时工。

（卷九第二章《劳动》，第 308 页）

1966—1978 年，包括符合"留城"条件的知识青年或"病退""困退"的返城知青在内，待业人员达 6 735 人。

1979 年，根据中央"统筹兼顾，全面安排"方针，市委成立待业人员安置领导小组，在劳动局下设办公室，负责待业人员的具体安置工作。实行在国家统筹规划和指导下，劳动部门介绍就业，自愿组织起来就业和自谋职业相结合的方针，大批待业人员得到安置。

为妥善解决全市 3 个专业场社年龄较大的老知青的就业问题，上级专项下达全民所有制招工指标，一是对 1972 年以前下乡插队的 21 名老知青下达专项招工指标，二是对 1973 年以后下乡到东方红公社的 86 名、永红队的 17 名、红旗公社的 66 名、新巴尔虎右旗的 9 名插队老知青落实专项招工指标，优先招工安置，解决了年龄较大的老知青就业问题。

（卷九第二章《劳动》，第 312 页）

知识青年安置

1963 年，成立满洲里市知识青年上山下乡领导小组，组长、副组长分别由市委书记李俊谭和副市长包文通担任。领导小组下设安置办公室，负责对全市知识青年上山下乡对象的宣传、动员和组织工作。

1964 年开始动员，对符合上山下乡条件的知识青年采取就地安置与跨省安置相结合的方针。当年，有 141 人分别下乡到扎赉特旗和阿荣旗。1965—1966 年，有 191 人下乡到大杨树四平山。

1968 年，市安置办公室改为市革命委员会知识青年上山下乡办公室，负责组织 1966—1969 届初、高中毕业生的上山下乡工作。经过宣传、动员、组织，全市出现了一个大规模的

知识青年上山下乡高潮,有 2 271 名知识青年分别到扎赉特旗、新巴尔虎左旗、新巴尔虎右旗、牙克石国营农牧场、三河军马场安家落户。安排到铁路部门 149 人。1970—1971 年,对 1966 至 1970 届符合下乡条件而未下乡的 867 名知青给予安置,就地安置到农牧部门 237 人、工交部门 75 人、财贸部门 30 人,扎区自行安排 125 人。

1973 年以后,实行知识青年就地安置、自办青年场(点)自行安排本单位子女的办法,到 1974 年就地安置 1 758 人。下乡的知识青年,主要是以农牧业为主,兼营运输业、维修业、铁木业等加工副业。

到 1975 年,全市 14 个场(点)安置知青 2 542 人,占全市安置总数的 84.5%。3 个专业场、社:东山农业生产合作社、北屯农业生产合作社、二卡国营农牧场安置知青 478 人,占全市安置总数的 15.5%。至 1977 年底,各青年农场(点),相继安置知青 3 630 人。

1978 年,停止了上山下乡工作。自 70 年代初开始至 1987 年由于企业招工、大中专院校招生、入伍、返城安排工作,知识青年绝大部分返城就业,因而知识青年安置工作基本结束。

(卷九第二章《劳动》,第 313 页)

1977 年开始,市劳动服务公司与市知识青年办公室为给待业青年创造升学或就业的条件,先后举办了 14 期文化补习班,至 1983 年参加人数达 3 000 多人。1984 年,陆续办了 10 期电工、瓦工、锅炉工等专业技术培训班,340 人参加培训。1985 年举办了 37 期培训班,有商业、养殖业、储蓄、服装裁剪、制作等 5 个专业,共培训 599 人。1986 年举办 23 期培训班,有烹调、服务员、瓦工、水暖工、导游、财会等 6 个专业,共培训 777 人。 (卷九第二章《劳动》,第 313 页)

1973—1987 年满洲里市财政决算支出一览表 单位:万元

年份	基本建设支出类	企业挖潜改造资金	流动资金	简易建筑类	支援农村生产支出类	工业交通等部门事业费类	城市维护费类	城镇人口下乡费类	文教科学卫生事业经费	抚恤和社会福利救济费类	行政管理费	科技三项费用类	其他支出类	本年合计
1973			7.1		19.0		73.8	10.4	120.8	7.8	144.6	27.5	54.7	465.7
1974			12.0		18.9		56.2	30.1	131.7	11.9	135.1	32.3	77.4	505.6
1975			47.0		21.9		60.0	116.0	121.78	14.4	138.6	30.2	180.3	730.2
1976			25.0		22.1		64.9	50.6	145.3	8.3	169.9	2.6	112.9	601.6
1977		20.0	24.0		28.6	17.0	58.2	56.5	152.4	10.1	159.2	13.6	76.1	615.7
1978		104.5	38.0	5.9	55.4	24.6	58.7	28.9	175.2	13.4	135.0	4.1	137.6	781.3
1979	10.0	40.0	11.0	1.5	57.7	21.2	61.6	10.1	204.4	16.9	136.0	2.8	221.1	794.3
1980				2.0	59.0	31.4	78.5	21.5	208.9	17.9	146.3	0.8	148.6	714.9
1981				2.0	43.9	18.4	62.9	54.2	245.0	24.2	132.3	0.7	229.8	813.4
……														

(卷二十六第一章《财政》,第 754 页)

(1964 年)8 月 17 日,满洲里市知识青年安置办公室成立。

（卷三十六《大事记》,第 1075 页）

《陈巴尔虎旗志》

陈巴尔虎旗史志编纂委员会编,内蒙古文化出版社 1998 年

1976 年,全旗发展党员 83 名,……知青 6 名。

（卷二十一第二章《组织工作》,第 471 页）

第五节　知识青年安置

1968 年,本旗成立知识青年上山下乡安置办公室,负责安置中学毕业的知识青年上山下乡。1968—1977 年,全旗共安置上山下乡知识青年 1 810 人,其中天津知识青年 431 人,海拉尔知识青年 408 人,陈旗知识青年 971 人。

本旗安置上山下乡知识青年采取集体插队(场),统一建住房的方法,旗里下派的带队干部,与知识青年同吃、同住、同劳动。本旗安置知识青年大体经历了两个阶段:1968—1974 年,对上山下乡知识青年进行“扎根边疆,做一名新农(牧)民”的教育。1974 年以后,开始从知识青年中招收大中专院校学生,招工,优先安置知识青年就业。

全旗知识青年上山下乡情况表

地　点	时　间	人　数	其　中	
			男	女
哈日干图公社	1968—1977	139	78	61
完工公社	1968—1977	270	149	121
西乌珠尔公社	1968—1977	181	110	71
巴彦哈达公社	1968—1977	208	110	98
巴彦库仁镇	1968—1977	187	103	84
东乌珠尔公社	1968—1977	317	181	136
鄂温克公社	1968—1977	304	168	136
直属牧场	1968—1969	58	27	31
东风牧场	1968—1969	98	46	52
育新牧场	1969	23	13	10
八大关渔场	1974	25	12	13
合　计		1 810	997	813

（卷二十七第三章《劳动》,第 580 页）

（1968年）3月31日，陈巴尔虎旗知识青年上山下乡安置工作会议在巴彦库仁召开。北京、天津、海拉尔市等地区共300多名知识青年来陈旗下乡，接受牧民的再教育。

（卷三十七《大事记》，第722页）

（1971年）3月，陈旗首次推荐36名知识青年入海拉尔蒙族师范学校、扎兰屯师范学校等中等专业学校学习。

（卷三十七《大事记》，第722页）

《额尔古纳右旗志》

额尔古纳右旗史志编纂委员会编，内蒙古文化出版社1993年

1968—1978年，本旗城镇初、高中毕业生除升学和"上山下乡"外，对按政策留城的青年，均以"统包统配"的分配方法实行安置。

……

进入80年代，本旗处在新的就业高峰期。1980年，全旗有城镇各类待业人员1718人，其中留城、回城知识青年611人，应下未下知识青年649人，其他待业人员458人。

（卷二十六第一章《劳动就业》，第622页）

第三节 知识青年安置

1968—1978年，旗内各国营农牧场、人民公社和乡镇生产队共接收各地上山下乡插队知识青年3454人，其中天津知青74人，海拉尔知青1291人，阿荣旗插队知青55人，其他旗市知青20余人，本旗下乡插队知青（包括各国营农牧场、人民公社职工子弟）2014人。1968—1969年，三河中学赴陈旗哈达图牧场下乡插队的知青有46人。1980年末，本旗有留城知青235人，应下未下知青649人。

在本旗各乡、场、队插队的外地知青和本地知青，历年来通过升学、参军、招工、顶替、选调、返城等途径得到安置。1981年底，本旗下乡插队知青通过各种途径先后抽回，全部得到安置。赴陈旗哈达图牧场下乡插队的知青除5人上调当地各单位外，其余41人先后通过升学、招工、返乡等途径回本旗安置。

1969年到黑山头公社下乡插队的74名天津知青，除11名先后选调到本旗各单位外，其余63名通过升学（47人）、参军（3人）、招工、病退等途径返回天津安置。

1980年后，本旗留城和应下未下知青共计880余人，绝大多数通过升学、参军、招工、接班顶替、外迁、个体经营等途径得到安置。现全旗待安置知青仅有10余名。

（卷二十六第一章《劳动就业》，第624页）

(1968 年)5 月 20 日,旗革命委员会决定成立"下乡上山知识青年安置办公室"。

(卷三十七《大事记》,第 845 页)

(1970 年)6 月 20 日,上库力乡场七连(小库力)发生一起案件,死亡 3 人,其中 2 名是知识青年。

(卷三十七《大事记》,第 846 页)

10 月 28 日,全旗召开有线广播大会,掀起学习、宣传张勇事迹的热潮。

(卷三十七《大事记》,第 846 页)

同年(1975 年),中共中央政治局委员、沈阳军区司令员李德生一行到黑山头视察边防工作,并走访部分华俄后裔家庭,看望了知识青年。　　(卷三十七《大事记》,第 848 页)

《根河市志》

根河市史志编纂委员会编,内蒙古文化出版社 1998 年

1975 年,开展学大寨活动,号召广大团员青年上山下乡,全旗 1 400 多名知识青年奔赴农业第一线。　　(第八编第二章《共青团》,第 207 页)

1978 年以后,外地不再到本旗招工,当年的中学毕业生除少部分升学以外,绝大部分留城待业,不再组织上山下乡。上山下乡的知识青年按上级要求返城安置工作,暂时安置不了的也返城待业。　　(第十一编第二章《劳动就业》,第 259 页)

第二节　知识青年安置

1968 年旗革命委员会设知识青年上山下乡办公室(简称知青办),负责安排全旗中学毕业的知识青年上山下乡,安置去向是本旗各乡镇生产队。1978 年 7 月,知识青年上山下乡工作结束。

1981 年知青办撤消,人员编制及全部业务工作并入劳动局。

1973—1978 年,下乡知识青年 2 883 人。其中,安置到全民所有制单位 900 人,集体所有制单位 443 人,乡镇企业 2 人,在生产队 9 人,临时工 46 人,调出本旗 669 人,从事个体 9 人,其他 805 人。

到各乡镇生产队下乡的知识青年,通过升学、参军、招工、顶替、选调等途径,逐步得到安置。

1973—1978 年根河市知识青年安置情况表

乡 镇	知识青年下乡情况							知识青年安置情况及去向											
	1973	1974	1975	1976	1977	1978	小计	全民	集体	乡镇企业	在生产队	编内临时工	编外临时工	调出本市	个体	去向不详	无业	死亡	小计
根河镇	123	90	125	171	168	185	862	291	122	1		1	2	152	6	150	126	11	862
好里堡镇	40	44	52	100	123	28	387	106	67		7	3	7	123		25	41	8	387
得耳布尔镇	59	68	60	98	97	31	413	113	48		2	2	4	105		70	67	2	413
金河镇	33	64	37	81	96	80	391	121	43	1		7	2	108	1	57	50	1	391
牛耳河镇	37	36	31	53	59	10	226	76	37			1	2	39		48	19	4	226
阿龙山镇	40	43	41	73	88	36	321	109	72			1	2	69	1	53	10	4	321
满归镇	14	25	29	56	67	10	201	58	45			2	2	54		35		5	201
敖鲁古雅乡		13	6	22	24	17	82	26	9			4	4	19	1	4	8	7	82
合　计	346	383	381	654	722	397	2 883	900	443	2	9	21	25	669	9	442	321	42	2 883

（第十一编第二章《劳动就业》,第 260—261 页）

(1968 年)7 月,全旗第一批知识青年 168 人到乡镇"安家落户"。

（第三十七编《大事记》,第 784 页）

《阿荣旗志》

阿荣旗史志编纂委员会编,内蒙古人民出版社 1992 年

1968 年起,执行党中央关于知识青年到农村去接受贫下中农再教育的指示,本旗有 1 084 名城镇知识青年去农村插队落户,造成城镇劳动力不足,期间招收一部分农村劳动力,用以缓解城镇劳动力不足状态。

1978 年以后,大批下乡知识青年返城,职工人数猛增。1978 末,全民所有制职工增加到 9 159 人。随着国民经济迅速恢复和发展,企业的增加和扩建,加之安置知识青年,职工人数增加更快。

（第二十八编第一三〇章《工人》,第 695 页）

第三节　知青安置

1964 年,根据中共中央、国务院《关于动员和组织城市知识青年参加农村社会主义建设的决定》,阿荣旗人民政府设置了知识青年安置办公室,负责接待知识青年安置工作。

1964 年 9 月 2 日,于海岐、刘永杰、张邦治等 285 名海拉尔知识青年到三道沟、向阳峪

等地安家落户,1965 年第二批 107 名海拉尔知识青年到本旗安家落户。

1968 年,全国掀起了知识青年下乡的高潮,纪治国等 1 129 名北京知青到本旗各公社安家落户。

据统计,从开始到下乡结束,全旗建青年点 374 个,共安置下乡知青 5 731 人。其中,北京 1 140 人,占 19.89%;天津 212 人,占 3.7%;海拉尔地区 2 467 人,占 43.05%;本旗下乡 1 084 人,占 18.91;从外地转点转来 270 人,占 4.71%;其他 558 人,占 9.74%。

1978 年 11 月以后,下乡知识青年逐年返城,到 1990 年绝大多数知青已经返回城里,其中,困退返城 482 人,病退返城 490 人,私自返城 678 人,政策招工回城 564 人,参军 385 人,考学 1 179 人,集体返城与其他原因返城 1 735 人。

同时,有 218 名知识青年在本地参加工作,并为建设阿荣旗作出了一定贡献。

(第二十八编第一三三章《劳动就业》,第 719—720 页)

(1964 年)9 月 2 日,于海岐、刘永杰、张邦治等 285 名首批海拉尔市知识青年到阿荣旗插队落户。

(第三十九编《大事记》,第 1014 页)

(1968 年)7 月 29 日,本旗知识青年有 96 名下乡。

8 月 23 日,第二批上山下乡知青共 47 名被分配到各公社。

(第三十九编《大事记》,第 1015 页)

9 月 2 日,北京、天津、上海等地 1 340 名知识青年下乡到本地,在一些村屯建立青年点。

(第三十九编《大事记》,第 1016 页)

《扎赉特旗志》

《扎赉特旗志》编纂委员会编,内蒙古人民出版社 1993 年

(1968 年)6 月 29 日,音德尔中学学生,第一批到农村插队落户,接受贫下中农再教育。

9 月 8 日至 10 月 10 日,接收天津上山下乡知识青年 2 300 人。　　(《大事记》,第 27 页)

(1969 年)5 月 10 日,小神山地区发生火灾,阿尔本格勒公社乌兰拉布台大队第 6 小队在扑火中烧死 18 人(其中社员 12 人,知识青年 6 人),重伤 2 人。　　(《大事记》,第 27 页)

(1970 年)11 月 2 日,中共扎旗核心小组、革委会发出关于学习张勇英雄事迹的通知。

(《大事记》,第 27 页)

单位：万元

1949—1985 年财政支出统计表

预算年度 科目	基本建设拨款类	企业挖潜改造资金	简易建筑费类	科技三项费用	流动资金类	农林水气象费类	支援农村生产费类	工交商事业费类	城市维护费类	城镇青年就业费类	文教科学卫生费类	其他部门事业费类	抚恤和社救福利费	民兵事业费	人民防空经费类	行政管理费类	其他支出费类	合计
......																		
1964	—	—	—	0.3	—	42.5	5.4	—	—	7.6	95.1	—	7.9	—	—	82.3	23.5	264.6
1965	—	1.3	—	—	—	70.4	—	—	—	1.7	93.3	—	15.2	—	—	77.2	36.2	295.3
1966	—	—	—	—	—	65.6	—	7.7	—	2.1	98.0	—	32.2	—	—	76.8	44.7	327.1
1967	—	—	—	—	—	48.5	—	0.1	—	0.5	108.9	—	11.0	—	—	76.2	12.6	257.8
1968	—	—	—	—	—	24.5	—	0.1	—	40.3	110.8	—	—	—	—	77.9	17.1	270.7
1969	—	—	—	—	3.0	64.9	—	0.3	—	41.0	109.4	—	44.1	—	—	85.0	33.2	380.9
1970	—	—	—	0.9	35.2	61.2	—	0.2	—	13.9	131.7	—	31.1	—	—	101.2	43.5	418.9
1971	87.6	10.0	—	2.0	10.0	52.0	—	0.3	—	14.6	156.3	—	24.2	—	—	112.2	9.7	478.9
1972	—	—	—	2.0	6.5	87.0	—	—	1.0	6.6	202.3	—	15.0	—	—	150.3	23.6	494.3
1973	—	—	—	0.4	10.5	110.8	—	0.3	—	7.7	229.3	—	79.8	—	—	150.9	15.0	604.7
1974	—	—	—	—	3.7	110.4	—	0.3	—	20.2	246.2	—	39.0	—	—	150.2	17.4	587.4
1975	—	—	—	0.6	11.0	125.3	—	0.3	4.0	31.4	228.2	—	39.5	0.1	—	161.8	22.2	624.4
1976	—	—	—	5.7	25.0	187.4	—	0.3	9.0	27.5	268.1	—	62.3	—	0.5	168.4	18.2	772.4
1977	—	7.0	—	3.1	60.6	201.4	—	1.3	1.0	23.9	286.9	—	82.1	—	—	175.1	286.8	1 129.8
1978	—	16.9	15.2	3.0	32.0	285.5	—	1.3	8.0	13.2	359.1	—	101.2	—	—	226.2	26.5	1 088.1
1979	—	—	3.5	1.6	8.0	348.2	—	1.1	11.6	7.7	380.5	—	115.8	—	—	228.7	70.8	1 177.5
1980	—	2.5	3.5	1.0	—	257.3	—	2.0	7.3	8.1	413.5	—	55.5	—	0.2	249.4	95.0	1 095.3
1981	—	—	3.5	3.1	16.0	199.5	—	1.9	11.3	11.2	484.5	—	66.1	—	—	262.0	61.8	1 104.9
1982	—	6.0	7.5	1.7	—	227.7	100.1	2.9	15.0	4.7	561.6	—	64.2	20.5	3.9	322.5	119.1	1 373.3
1983	—	37.0	—	3.9	—	199.1	182.1	3.3	20.5	13.1	584.1	27.3	88.9	—	—	338.2	74.9	1 572.4
1984	—	87.0	38.0	1.1	—	145.1	263.8	5.0	25.0	14.0	738.9	37.0	129.2	1.5	—	397.4	113.9	1 996.9
1985	5.0	32.0	6.0	13.3	—	241.1	284.4	7.1	98.0	0.5	859.8	62.0	95.0	—	—	342.3	223.5	2 270.0
总计	92.6	277.5	77.2	44.4	221.5	3 615.5	835.8	117.6	212.0	311.5	7 460.9	345.5	241.5	22.1	4.6	4 744.3	1 422.4	20 046.9

（经济篇第十五章《财政》，第 317—318 页）

1980 年 11 月 13 日,知青办与劳动科合署办公,知青办工作由劳动科统一管理。

(政治篇第七章《人事劳动》,第 400 页)

下乡知识青年安置

扎旗 1964 年开始动员知识青年上山下乡,1965 年知识青年上山下乡形成高潮。

1968 年,扎旗接收天津知识青年 3 400 人,建立知识青年点 32 个,国家给扎旗知识青年安置经费 140 万元,安排其生产和生活。

1981 年,扎旗知识青年点增加到 78 个,投放知识青年生产资金 4.95 万元。

1985 年,全旗知识青年安置工作结束,知识青年均安置到集体、国营企业事业单位和国家机关工作。　　　　　　　　　(政治篇第八章《民政》,第 403 页)

《鄂温克族自治旗志》

鄂温克族自治旗志编纂委员会编,中国城市出版社 1997 年

1981 年,年内从工人(包括伊敏小煤矿)、牧民和知青中选拔干部 75 人。

(卷六第三章《组织建设》,第 181 页)

第三节　知识青年安置

1968—1978 年,自治旗各人民公社、牧场共接受各地上山下乡知识青年 4 540 人。1968—1969 年共接受 1 637 人,其中天津市知青 970 人、上海知青 48 人、呼和浩特知青 4 人、海拉尔市知青 460 人、扎兰屯 1 人、图里河知青 5 人、其余为本旗中小学应届毕业生。

因"文化大革命"中学校停课,小学生下乡等原因,1974 年前没有毕业生,1974—1978 年间,初中毕业生 4 428 人,升入高中 3 200 人,高中毕业生 1 675 人和初中毕业未能升高中的 1 228 人,除少数留城安置工作外,大部分都以下乡或还乡知青安置到各公社生产队参加劳动。

在自治旗各公社、场下乡的知识青年,历年来通过升学、参军、招工、选调、返城、顶替接班等途径大部分得到安置。上海知青全部回上海,天津知青在旗内安置工作的只有 4 名,其余全部返回天津。到 1990 年底有 56 名知青未能安置工作。

1968—1969 年知识青年分布情况

单位:人

地　　区	合计	上海	天津	呼和浩特	海拉尔	本旗	其他
合　　计	1 637	48	970	4	460	145	10
辉　公　社	194		114		70	10	
伊　敏　公　社	214		147	1	55	11	
巴彦嵯岗公社	186		111		59	11	5

地　　区	合计	上海	天津	呼和浩特	海拉尔	本旗	其他
孟根楚鲁公社	174	23	97	2	36	16	
锡尼河西公社	263	25	128		100	10	
锡尼河东公社	229		159	1	50	15	4
南　屯　公社	171		124		37	10	
巴彦塔拉公社	141		82		49	9	1
伊敏河牧场	20					20	
"五七"牧场	45		8		4	33	

（卷二十四第二章《劳动管理》，第 319 页）

《历年财政支出构成》。（见本书第 1211 页表）

（1968 年）5 月 10 日，知识青年上山下乡形成高潮。　　　　　（《大事记》，第 921 页）

10 月，全旗安置上山下乡知识青年 818 人，其中天津知识青年 295 人。次年安置 819
人，其中天津知识青年 695 人。　　　　　　　　　　　　　　（《大事记》，第 921 页）

《新巴尔虎左旗志》

新巴尔虎左旗史志编纂委员会编，内蒙古文化出版社 2002 年

第二节　知识青年安置

1968 年 10 月，旗内设立城镇青年安置办公室。1971 年 7 月 21 日，城镇青年安置办公室配备正副主任各 1 人。1973 年 6 月，改称中共新左旗委知识青年上山下乡安置办公室。1983 年 3 月 8 日，撤销知识青年上山下乡安置办公室，其业务并入劳动局。

1968 年，全旗动员城镇知识青年上山下乡，主要对象是 1966 年、1967 年、1968 年三届初、高中毕业生。动员工作采取系统包单位，单位包职工，职工包子女的方式进行，至 1979 年，全旗共有 1 231 名知识青年下乡到公社和牧场。其中，外地知识青年 706 人。

1970 年，按黑龙江省下达的计划，从下乡满二年以上的知识青年中招工、招生、征兵。1972 年起，增办"病调"、"困调"，让部分知识青年返城。

1978 年开始，由过去插队插包的安置方式改变为城镇安置就业，采取系统包干负责安置的形式，在原有 20 个知青点的基础上，又新建 2 个知青点和 1 个知青牧场，集中安置下乡知青 151 人。

（本表收于《鄂温克族自治旗志》，上接本书第 1210 页）

单位：万元

历年财政支出构成

年份	基本建设	企业挖潜改造资金	简易建筑费	科技三项费用	流动资金	支援农村生产支出	农林水利气象事业费	工交商事业费	城市维护费	城镇青年就业费	文教卫生事业费	其他部门事业费	抚恤和社会救济费	行政管理费支出	其他支出	总计
1964		8.6				3	19			1.5	56.3		2.1	52.1	23.1	165.7
1965							24.1			0.4	54.3		2.2	57	19.2	157.2
1966							18.4				52.4		2.8	52.6	6.5	132.7
1967							12.6				44.4		1.5	47.4	2.8	108.7
1968							9.4			16.8	50.4		2.2	45.6	10.7	135.1
1969					28		9.9	1.9		27.2	53.6		10.6	73.5	3.31	180
1970					36		6.1	4.5		9.2	63.1		6.1	66	22.1	209.1
1971	80		3	2	4	4	22.3			5.3	73.3		10	84.7	3.5	317.1
1972					101.3	10	18.1			3.9	88.7		8.7	81.8	25.2	243.4
1973					10		36.9			2.3	106.5		3.8	90.4	20	361.2
1974					27		38.5			16.5	95.7		17.7	99.5	32.9	310.8
1975					15.5		77.3			55.9	108.2		10.3	103.2	29.8	411.7
1976					15		78		5	42.9	124.4		11.9	141.2	23.5	442.4
1977							118		1	43.7	128.6		10.2	139.8	36.3	492.6
1978		25			16.5				14.1	35.5	152.1		18.5	140.2	233.3	635.2
1979					50				5.5	15.2	168.8		48.3	176.9	239.2	703.9
1980		11							3.7	19.5	206.1		23.2	222.4	242.9	728.8
1981									5.5	40	246.1		43.1	187.0	278.9	800.6
1982		20.8			18				5.6	27.2	306.9		58.6	277.5	390.3	1 054.9
1983		20							6.5	10	337.7		50.2	286.3	421.1	1 131.8
1984		52.5							20.1	10.5	472.3		94.5	352.5	635.4	1 637.8
1985		27.8							49.8	8.1	515.4		58.1	295.4	646.9	1 601.5
1986		52							107.2	2.5	735.3		76.9	404.4	574.9	1 953.2
1987		35.5							70.7	9	745.3		63.6	454.4	827.2	2 205.7
1988		14.6		0.5		160.6	126.7	4.2	82.3	9	897.9	89.5	68.6	500.2	825.1	2 779.2
1989		13	10	2		160.9	141.8	3.9	36.6	5	865.3	51.4	58.8	506.3	817.9	2 672.9
1990		16		5		87.2	143.7	7.7	49.2	6.6	993.9	51.9	65.3	560.8	1 128.8	3 116.1

1211

1984 年,对个别病残下乡知青,采取配偶、弟妹顶替就业或在经济上给予一次性补助的办法予以解决。

1968—1969 年新左旗上山下乡知识青年安置情况表

地　　　点	人　数	知 青 来 源			
		天　津	满洲里	海拉尔	新左旗
塔日根诺尔公社	34	14			20
新宝力格西公社	59	16	32		11
新宝力格东公社	102	62	25		15
新宝力格公社	12				12
嘎拉布尔公社	24		24		
吉布胡郎图公社	58	34			24
阿木古郎宝力格公社	85	41	44		
巴音塔拉公社	80	69			11
乌布尔宝力格公社	90	32	44		14
五　一　牧　场	111	88			23
红　旗　牧　场	31		31		
白音布日德牧场	75	65		10	
阿　木　古　郎　镇	43	43			
合　　　计	804	464	200	10	130

（卷十一第二章《劳动就业》,第 213—214 页）

《新巴尔虎右旗志》

新巴尔虎右旗史志编纂委员会编纂,内蒙古文化出版社 2004 年

1968 年,在知识青年上山下乡运动中,本旗共接收来自天津、上海、海拉尔、满洲里等地的知识青年 1 464 名。70 年代后期,来本旗的外地知识青年先后返城,只有一少部分仍留在本旗,工作在各条战线上。　　　　　　　　　　　　　（卷三第一章《人口发展》,第 73 页）

1975 年 5 月,成立旗劳动调配站,编制 3 个。1981 年,劳动调配站改称劳动服务公司。其主要工作职责为管理城镇待业青年登记统计,贯彻执行劳动就业及再就业工作方针政策、法律法规、职业介绍、就业训练、待业保险、劳服企业(集体企业)管理等工作。1986 年,旗劳动服务公司改称劳动服务事业管理局,增加国有企业待业保险金收缴工作。

截至 1990 年,累计收缴待业保险金 4.8 万元;安置离退休人员子女顶替、接班、知青、留城知青、城镇待业人员 1 883 人。　　　　　　　　（卷十一第三章《劳动管理》,第 220 页）

第四节　知识青年安置

1968 年 6 月,旗革命委员会成立知识青年安置办公室,负责本旗知识青年上山下乡和外地知识青年插队安置接待工作。至 1978 年,全旗共接收来自天津、上海、海拉尔、满洲里和本旗下乡、回乡知青 1 464 人。

到 1972 年,通过招工、选调、征兵、因病、家庭困难等原因返城安置的知青有 65 人。1973—1978 年,考入各类大中专院校、招工、参军、选调、优先安置、顶替接班的知青有 1 070 人。1985 年,在旗全民所有制机关安置留城知青 7 人。

(卷十一第三章《劳动管理》,第 220—221 页)

张　勇(1953—1970 年)女,生于 1953 年,天津市河西区人,初中文化,曾任河西区"红代会"(红卫兵代表大会)常委。1969 年,到本旗额尔敦乌拉公社白音宝力格生产队插队落户。1970 年 6 月 3 日,为抢救集体财产英勇献身。

1970 年 6 月 10 日,中共新右旗革委会核心小组根据张勇生前多次申请加入中国共产党的要求,追认张勇为中共党员;黑龙江省革委会批准她为革命烈士。黑龙江省革委会、呼盟革委会、天津市河西区革委会、新右旗革委会和人武部等都相继发出了向张勇烈士学习的有关文件。张勇生前所在公社还将张勇烈士安葬在额尔敦乌拉公社驻地西 3 公里处的青山上,在烈士墓的周围栽植青松以寄托对烈士的哀思。(卷三十三第一章《人物传》,第 564 页)

(1968 年)6 月,旗知识青年上山下乡安置办公室成立。至年底,全旗共接收和安排 1 474 名知识青年,其中包括天津、满洲里和当地的知识青年。经过几年的锻炼,有 663 人走上了新的工作岗位,89 人参军入伍,60 人被选入旗、社、队各级领导班子。

(卷三十四《大事记》,第 600 页)

(1970 年)6 月 3 日,额尔敦乌拉公社天津女知识青年张勇为抢救生产队落水的绵羊而牺牲。10 日,新右旗革委会核心小组追认张勇为中国共产党党员,黑龙江省革命委员会授予张勇革命烈士称号。10 月 9 日,中共呼盟革委会核心小组、盟革委会作出《关于学习张勇同志英雄事迹的决定》。

(卷三十四《大事记》,第 601 页)

《大兴安岭林业志》

大兴安岭林业志编纂委员会编纂,黄山书社 1994 年

1969 年接收沪、杭、浙等地上山下乡知识青年。

(第九编第五章《劳动工资管理》,第 436 页)

1967 年大兴安岭林业逐步进入商品材生产,为解决采运生产所需劳动力,先后接收一万名复转军人,1969 年又先后接收了五万名沪、浙、杭知识青年,之后又从其它老林区调剂来二万名职工。

(第九编第五章《劳动工资管理》,第 436—437 页)

1979 年,已转为固定职工的沪、浙、杭知识青年返城回籍。

(第九编第五章《劳动工资管理》,第 437 页)

第二次职工升级,是 1977 年调整部分职工的工资,升级面为 40％。这次调整工资的重点,是工作多年、工资偏低的职工。具体调整范围是:……⑤对上山下乡插队插场的知识青年,经招收当国家职工,其插队和插场期间,不计算为工作年限。《国家劳动总局〔77〕劳动薪字第 110 号》。……

(第九编第五章《劳动工资管理》,第 439 页)

大兴安岭林区劳动就业工作,开始于 1972 年,主要任务是解决劳动力来源问题。到 1972 年由于管理失控,造成劳动力增加过多、过快,出现大批待业知识青年,才正式开始组织实行安置就业工作,到 1990 年的十九年时间里,共安置知识青年就业 156 706 人,年均安置人数达到 8 248 人。

(第九编第五章《劳动工资管理》,第 448 页)

大兴安岭林区于 1969 年组建了知识青年上山下乡接收安置工作领导小组和办公室。当时的主要任务是接收安置由国家和省统一分配的上山下乡知识青年,接受"再教育"。到 1971 年在不到三年的时间里,共接收安置上海、浙江两省、市上山下乡知识青年 35 000 人。这批知识青年在 1972 年的临时工改革时,凡在机关、企业、学校的全部改为全民所有制固定工人,后来根据需要有的提为国家干部,到八十年代初期,还享有知青和工人双重身份。

(第九编第五章《劳动工资管理》,第 448 页)

1971 年以后,由于"文化大革命"开始后的两年多时间内,学校基本停课,大学不招生,内地工矿和老林区基本不招工,上山下乡也一度中断,加上两旗(鄂伦春和莫力达瓦)、一县(呼玛县)和六个林业局(大杨树、克一河、阿里河、甘河、吉文等)划归大兴安岭后,大量高中毕业生滞留在城镇林区无事可干,通过各种渠道而涌入新开发林区。特别是因误导而接收安置上海、浙江两地知识青年,使劳动力管理严重失控,到 1972 年的下半年,职工人数突破计划超万人以上。加上当时的"统包统配"劳动制度和单一的全民所有制就业渠道束缚,使本来极其宽松的就业环境,人为地造成了大量待业青年一时无业可就的困难局面。

基于以上情况,地委于 1972 年末向省委提出《发挥我区林业优势,就地、就近安置职工子女就业》的请示报告。省委于 1973 年批复大兴安岭林区《系统包干,单位负责,就地、就近建立青年安置点,独立核算,自负盈亏,安置职工子女就业,城镇户粮关系不变,纳入国家知识青年

1214

上山下乡范畴》,国家按安置人数人均500元拨付安置经费。按此精神,各企业及地林直有关部门,都在不太长的时间内,因地制宜地办起了以种养殖业和营林、林产工业为主的知识青年安置网点——知青场(队)。到1978年底全林区共建起这类场(队)488个,安置知识青年就业56 777人,除"三招"和调出外,年底在这些场(队)的知识青年人数为34 024人,当时登记的待业知识青年基本上都得到了安置。　　　　　　(第九编第五章《劳动工资管理》,第449页)

《松岭区志》

《松岭区志》编纂委员会编纂,方志出版社1995年

(1968年)11月,由哈尔滨市招来知识青年1 700人、伊春市400人,并先后分配到望峰、壮志、环宇、古源等林场和工程处单位。　　　　　　　　　(《大事记》,第8页)

(1972年)12月26日,松岭区知青965名,经审查符合条件的安置320名,照顾168名。
　　　　　　　　　　　　　　　　　　　　　　　　　　　　(《大事记》,第11页)

(1973年)6月25日,根据省委、地委关于安置知识青年上山下乡的文件精神,安置知识青年598名。　　　　　　　　　　　　　　　　　　　　　　(《大事记》,第12页)

(1975年)3月22日,区召开知识青年工作会议,对知识青年上山下乡工作进行总结。
　　　　　　　　　　　　　　　　　　　　　　　　　　　　(《大事记》,第13页)

7月10日,全区安置浙江、上海知识青年1 376人,区内(上年)安置知识青年654人。
10月24日,区召开上山下乡知识青年积极分子先进集体和先进个人代表大会,出席会议先进集体代表18名,先进个人108名,代队领导8名。　　　(《大事记》,第13页)

1973年9月,恢复劳动工资科。下设劳力调配、工资、定额、档案管理和青年就业、职工培训、劳保福利等业务部门。10月,知识青年上山下乡办公室成立,社会劳动力管理和青年就业工作,移交给知青办。　　　　　　　(第九编第一章《劳动》,第271页)

1981年6月,知青办撤销,劳动科接管知青就业及其工资管理业务。
1983年8月,劳动服务公司成立,知青就业及其工资管理业务从劳动科移交转给劳动服务公司。是年,成立劳动定额站,隶属劳动科领导。　　(第九编第一章《劳动》,第271页)

1973年12月,根据中共中央、国务院关于《动员和组织城市知识青年参加农村社会主

义建设》的指示精神,区革委成立了知识青年上山下乡办公室,负责全区城镇知识青年劳动力的就业安置及管理工作。办公室内设主任、劳动调配、工资、财务、文档等工作机构。编制16人,其中,设正、副主任各1人,劳力调配、工资管理、文档各1人,会计1人,出纳1人。是年,安置青年工人655人。

1974年,全区知识青年集体所有制职工人数272人,年工资总额81 000元。其中,工业34人,年工资额2 500元。

1977年末,全区有知识青年队18个,从业人员2 107人。其中,男1 153人,女954人。

1978年,全区集体所有制单位发展到36个。其中,知青队18个。全区集体所有制工人3 679人。其中,知青2 574人。在全部知青中,有男知青1 324人,女知青1 250人。集体所有制企业工资总额1 149 000元。

1972 年至 1990 年全区劳动就业情况　　　　　单位:个、人、千元

年　度	集体所有制单位数		人　　数			总　额
	合　计	其中:知青队	合　计	知青人数	个体劳动者从业人员数	
1972				21		
1973				223		
1974				232		
1975				171		
1976				27		
1977		18		566		
1978	36	18	3 679	635		1 149
1979	40	20	3 931	719		1 904
1980	38	21	2 294	413		
1981	34	21	4 553	724	132	1 818
1982	46	28	4 622	3 565	97	1 534
1983	54	24	5 364	3 714	193	2 449
1984	47	28	5 953	4 573	439	4 731
1985	49	32	5 838	5 186	487	6 047
1986	38	37	5 399	5 399		5 791
1987	36	36	5 255	5 215	668	7 046
1988	35		6 507			9 708
1989	29		6 597	6 507		8 979
1990	39		8 702			10 009.4

(第九编第一章《劳动》,第 272 页)

1981年,全区集体所有制企业发展到34个,从业人员4 553人,工资总额达1 818 000元。其中,青年队21个,安置知识青年724人就业。有193人从事个体劳动。

1982 年 8 月，知青办撤销，城镇劳动力就业工作由劳动科接管。

（第九编第一章《劳动》，第 273 页）

1983 年至 1990 年，劳动服务公司共安置知识青年就业 11 537 人。

（第九编第一章《劳动》，第 273 页）

1969 年至 1971 年，在知识青年"上山下乡"的高潮中，林业局从浙江、上海、哈尔滨等地先后招收上山下乡知识青年工人 6 589 人。　　（第九编第一章《劳动》，第 274 页）

1970 年至 1971 年，宣传队从上海、哈尔滨的一些支援边疆知识青年中吸收了一批文艺爱好者，同时，又在全区内调入一些文艺骨干，重新充实和扩大了区文艺演出队。

（第十九编第一章《文化》，第 539 页）

1972 年，区文艺队再次组建，其主体由上海、哈尔滨的知识青年组成，节目以歌舞曲艺为主，成功的演出了藏族舞蹈《洗衣歌》、苗族舞蹈《雪中送炭》等节目。

1972 年底，由于部分文艺队员考学、调离和知识青年返城，区文艺队再次解体。

（第十九编第一章《文化》，第 540 页）

《新林区志（1965—1988）》

新林区地方志办公室编纂，中国文史出版社 1990 年

（1968 年）12 月 24 日，区革委召开大会，热烈欢呼毛主席关于知识青年到农村去，接受贫下中农再教育的最新指示发表。　　　　　　　　　（《大事记》，第 14 页）

（1969 年）10 月至 11 月末，新林区接收上海知识青年 1 077 人。　（《大事记》，第 15 页）

（1970 年）成立新林区知青工作领导小组。　　　　　　　　　　（《大事记》，第 16 页）

（1971 年）2 月 12 日，成立新林区知识青年安置办公室。　　　　（《大事记》，第 16 页）

（10 月）接收来本区开发建设的上海知识青年 2 829 人。　　　　　（《大事记》，第 17 页）

（1974 年）1 月 19 日，成立新林区革委会知识青年上山下乡工作办公室。

（《大事记》，第 19 页）

(1977年)11月25日,根据上级要求,将原属区政府领导的"知识青年上山下乡工作办公室"改由区委领导。 (第十五篇第一章《中国共产党》,第397页)

(1980年)7月19日,根据黑龙江省办公厅(1980)42号文件,区委将"知识青年上山下乡工作办公室"划归政府领导。 (第十五篇第一章《中国共产党》,第397页)

1968年后,接收大批上海浙江等地的知识青年。……1978—1979年,知青返城,劳动力缺员,经上级批准,从企业职工子弟中择优录用符合就业条件的5 218人为固定职工。 (第十六篇第二章《劳动》,第442页)

1965—1968年,就业对象主要是中学毕业生,当时就业青年均按正式工人分配。1968—1971年从浙江、佳木斯、上海等地分配来6 264名上山下乡的知识青年,区政府成立知青工作领导小组,统管接收工作。全部按知青分配,大部分分配到生产一线。工资没有一定标准,按所从事工种予以核定。1972年,知青的安置工作由民政劳动科负责管理。同年,根据上级指示,上山下乡的知识青年全部转为固定职工。

1979年,成立知青办公室。统管本区待业青年的就业、调配、档案等项工作。是年,接收加格达奇铁路、大杨树、加格达奇区的待业青年1 925人,就业分配。1982年9月,知青办公室与劳资科合并,隶属劳资科。按照"三结合"的就业方针安置应届毕业生及社会待业青年。具体要求为户口在本区,年满16—25周岁的应届初中、高中(含职业高中)毕业生和社会青年。各乡镇设劳动服务站,负责本乡、镇劳动就业的申报工作。

1983年8月,成立劳动服务公司,知青办公室隶属劳动服务公司管理。 (第十六篇第二章《劳动》,第443—444页)

《呼中区志》

呼中区志编纂委员会编,黄山书社1993年

(1969年)12月3日,全区共接收上海、杭州"上山下乡"知识青年共930人。 (《大事记》,第14页)

(1970年)11月15日,成立呼中知识青年工作领导小组,下设办公室。 (《大事记》,第15页)

(1974年)12月末,全区知识青年总数为6 732人,其中上海、杭州知识青年2 970人占总数45.5%。 (《大事记》,第18页)

（1975年）5月23日，区召开首届上山下乡知识青年先进集体，先进个人代表大会。

（《大事记》，第18页）

（1983年）9月29日，降大雪，白鲁山林场知青工韩德林驾驶拖拉机去林场取粮返回工段途中，因柴油用尽，步行回工段取油而迷路失踪，至1984年6月发现，其冻死在出事地点附近的推土台子底下。

（《大事记》，第23页）

知识青年安置

1972年8月，成立呼中区安置知识青年办公室（后改为知识青年管理处），当年就安置了为职工子弟的知识青年3 804人。以后每年9月都办理劳动就业手续，大多数被安排到山上林场、营林森调、筑路、制材、建筑工程处等第一线上班。1979年，知识青年管理处撤消，业务工作纳入劳动工资科统属。

（第十九篇第一章《劳动管理》，第426页）

《鄂伦春自治旗志》

鄂伦春自治旗史志编纂委员会编，内蒙古人民出版社1991年

1975年，大兴安岭地区劳动局拨给本旗90名全民所有制企业固定工招收指标，解决了部分上山下乡知识青年返城就业以及军烈属子女、困难户子女就业问题。此后，每年都有招工指标。

（卷十一第二章《劳动管理》，第243页）

第三节　知识青年下放

1971—1978年，旗革委会设知识青年上山下乡办公室（简称"知青办"），负责安排中学毕业的知识青年上山下乡。8年间，全旗下放知识青年1 132名。

全旗知识青年上山下乡情况表

地　点	时　间	人　数
齐奇岭良种场	1973—1977	163
吉文东风生产队	1975—1977	121
克一河红卫大队	1971—1977	126
托扎敏公社	1975—1977	80
诺敏公社	1973—1976	74
斯木科知青大队	1973—1977	290
阿里河阿东生产队	1974—1977	131
嘎仙林场	1975—1978	157
合　计		1 132

（卷十一第二章《劳动管理》，第244—245页）

时期	年份	支出合计	经济建设支出类								行政管理费支出类	其他支出	价格补贴支出
			基本建设	企业投资	支援农业生产	农牧林水气乡企局事业费	工交商业事业费	城市维护费	青年就业支出	小计			
三年调整时期	1963	145.9	5.5			9.4				14.9	65.8	15.3	
	1964	183.8	1.9			10.6				12.5	75.6	31.9	
	1965	186.5				15.0			2.5	17.5	80.3	26.2	
	小计	516.2	7.4			35.0			2.5	44.9	221.7	73.4	
三五计划时期	1966	168.5				14.4		0.6	1.5	16.5	65.5	14.0	
	1967	142.9				12.4				12.4	62.2	7.8	
	1968	123.7				9.2			3.1	12.3	53.8	7.9	
	1969	153.6				8.5			4.3	12.8	61.3	24.5	
	1970	175.4	28.7		2.0	7.6		0.6	3.9	42.8	64.6	6.7	
	小计	764.1	28.7		2.0	52.1		1.2	12.8	96.8	307.4	60.9	
四五计划时期	1971	277.6	59.0	44.6		12.9		4.6		121.1	90.9	4.4	
	1972	223.4	12.5	16.6	1.5	11.0		3.1	19.0	63.7	71.9	9.5	
	1973	331.6		123.2	2.0	14.8		4.8		144.8	85.9	9.5	
	1974	407.2	29.0	132.2	4.0	14.1		7.5		186.8	97.3	9.8	
	1975	329.5	22.1	38.0	6.5	19.5		8.4		94.5	99.8	13.8	
	小计	1 569.3	122.6	354.6	14.0	72.3		28.4	19.0	610.9	445.8	47.0	
五五计划时期	1976	360.6	53.8	25.1	7.0	20.5		11.0		117.4	96.6	13.6	
	1977	449.0	30.1	11.8	9.4	33.1		10.8	26.1	121.3	132.8	26.1	
	1978	523.6	5.0	40.3	11.6	51.9		10.6	13.1	132.5	159.7	34.4	
	1979	666.2	6.0	62.0	31.2	61.2		17.4		177.8	177.6	66.9	
	1980	886.2	281.8	18.4	6.7	47.4	1.7	9.8	4.6	370.4	178.3	49.6	
	小计	2 885.6	376.7	157.6	65.9	214.1	1.7	59.6	43.8	919.4	745.0	190.6	
六五计划时期	1981	1 246.9	226.2	25.9	14.7	60.4	2.4	19.3	29.4	378.3	218.3	229.2	
	1982	1 353.5	223.1	59.0	54.4	112.4	1.9	9.7	34.6	495.1	304.3	75.1	
	1983	1 275.5		77.3	35.5	112.6	3.9	22.7	3.0	255.0	406.9	99.7	
	1984	1 559.0	30.0	75.9	54.0	99.9	2.8	53.4	13.0	329.0	474.7	86.8	
	1985	2 111.8	181.8	151.1	66.6	113.9	4.4	108.7	0.6	627.1	392.4	74.5	211.2
	小计	7 546.7	661.1	389.2	225.2	499.2	15.4	213.8	80.6	2 084.5	1 796.6	565.3	211.2
七五计划前三年	1986	2 183.4	196.5	149.2	76.7	91.1	4.9	196.5	2.1	717.0	518.5	43.9	8.0
	1987	3 008.7	140.0	304.1	145.6	99.9	10.8	374.5	9.8	1 084.7	523.6	122.5	314.6
	1988	5 010.1	139.1	868.1	260.7	111.8	19.7	569.2	25.0	1 993.6	746.1	103.7	316.1
	小计	10 202.2	475.6	1 321.4	483.0	302.6	35.4	1 140.2	36.9	3 795.3	1 788.2	270.1	638.7
合　计		24 385.2	1 852.0	2 223.0	798.2	1 266.6	53.7	1 444.3	195.6	7 833.4	5 694.1	1 246.1	849.9

（卷二十五第三章《财政支出》，第 526—529 页）

（1968年）本旗第一批知识青年下乡到古里、小二沟两地。（卷三十八《大事记》，第821页）

同年（1972年），旗知识青年上山下乡办公室成立。　　（卷三十八《大事记》，第822页）

（1975年）8月，35名知识青年通过考试被选为编制内代课教师。

（卷三十八《大事记》，第823页）

《呼玛县志》

中共呼玛县委员会、呼玛县人民政府《呼玛县志》编辑委员会编，（内部刊行）1980年

北疆公社是一九七一年建立的，位于呼玛县东南部嫩江左岸的冲积平原上……

北疆公社是由上海插队知识青年和当地一部分老社员开发和建设起来的。于一九七九年六月与农场局合并，实行政企合一，统一领导。公社辖北疆、铁帽山农场、加格达河农场、五七农场、种畜场、前卫林场、十二站、嘎鲁河等八个自然屯和北疆第一、第二、第三、第四生产大队及新建的嘎鲁河开荒点。公社管理委员会设在五七农场。

（第一编第三章《人民公社概况》，第34页）

在毛主席的"知识青年到农村去，接受贫下中农再教育"指示发表后，呼玛中学高中三年、二年两个班级一百余名学生到三卡、宽河、三合生产队和五七农场下乡。

（第六编第九章《文化、教育》，第622页）

第二章　上海干部和知识青年在边疆的业绩

一九六八年九月到一九七〇年末，先后有三百七十九名上海干部，五千五百一十六名上海知识青年，五百零三名齐齐哈尔市知识青年，响应党的号召来到我县插队。全县党政军民满腔热忱地欢迎上海干部和知识青年的到来。上海干部和知识青年一起被安置在我县十四个农村人民公社、八十一个生产大队、四个林场，从事着农林牧副渔业生产劳动。上海干部还肩负着协助各级党组织做青年的政治思想、管理教育等工作。

上海干部、知识青年在我县期间，同边疆各族人民，生活在一起，战斗在一起，结下了深厚的革命友谊，创建了永远不能磨灭的光辉业绩。

第一节　上海插队干部和边疆人民友谊之花永远盛开

随着上海青年到我县插队落户，上海市先后派来一批上海干部，到我县负责对知识青年的组织领导和教育工作。来到我县四百六十三名上海干部中有局、处、科级干部二百四十三

名。他们当中有的是在战火纷飞年代,久经考验的老干部,有的是有革命和建设经验的领导干部,有的是科技战线上的工程技术干部,还有工作多年有实际经验的理论研究人员。这些同志来到我县后,始终保持了党的优良传统和作风。

上海干部来到我县插队后,和边疆人民、广大知识青年同呼吸,共命运,并肩战斗,认真地带领广大青年建设边疆、保卫边疆,对青年进行耐心的培养教育,给青年留下一个好思想、好作风;广大青年迅速健康地成长起来,与上海干部亲手培育是分不开的。

上海干部对呼玛县工农业生产以及生产队的发展是极为关怀的,他们把生产的发展和呼玛县的开发建设视为自己应尽的职责。他们对呼玛县的电力建设、水利建设和造纸厂建设都给予了大力的支持,在技术上亲自进行设计和指导。他们把生产队视为自己的工作岗位,帮助搞规划、安排生活,提高生产队的经营管理水平。呼玛县近几年来工农业生产的大发展与上海干部的支援帮助是分不开的。

上海干部在开发边疆、建设边疆的战斗中,与我县广大干部和人民结下了深厚的革命友谊,这种友谊之花将永远盛开。

来到我县的上海干部,他们本身是遭受到王洪文、张春桥、姚文元及其在上海的"小兄弟"等一小撮反革命分子的诬陷迫害,被扣上种种罪名,被迫到边疆插队的。但是当时这些同志为了顾全大局,采取克制态度,安心在边疆积极努力工作,认真教育青年,帮助边疆搞好工农业生产,这种顾大局、识整体,以党的利益为重的精神是值得学习的。

粉碎"四人帮"以后,落实了党的干部政策,他们陆续回到上海,在四化建设中继续奋勇前进。

第二节　知识青年在边疆茁壮成长

上海、齐齐哈尔知识青年刚到我县时,年龄最大的只有二十二岁,最小的才十五岁,都是初中或高中毕业的学生。他们离开家乡、父母和亲友,不远万里来到我县农村插队,受到呼玛县各族人民的欢迎和关怀。为了加强对知青工作的领导,一九六九年春成立了县委知青领导小组,下设办公室负责日常工作。对知识青年的工作,做到了政治上有人抓,生产上有人教,生活上有人管。

在政治上关心青年的成长,组织他们学习政治、学习军事、学习文化,使青年茁壮的成长起来,先后有二百七十六人加入了中国共产党,二千零六十七人加入共青团,二百七十八人被选拔到各级领导班子和工厂、企事业当干部,其中有科级干部二十八人。还涌现出一批劳动模范,被评为县级劳动模范的有一百三十一人,公社级劳动模范的有二百一十三人,生产大队劳动模范的有六百二十七人。由于知识青年很快的成长起来,又为国家输送了人材,上大学和中等专业学校的有八百四十五人,参军保卫祖国的有四百七十一人。

在生产上组织他们学习农业生产科学知识,使青年很快地学会了农业技术、农业机械、农林、畜牧业等生产知识,他们会驾驶拖拉机,使用谷物联合收割机,会抚育森林、采伐木材,会饲养牲畜等等,广大下乡青年成为我县农业生产中一支重要的青年主力军,战斗在农业生产第一线上,为发展边疆农林牧副渔业生产做出了重要贡献。

在生活上得到了党和人民的关怀。几年来，国家拨知青安置费近三百四十余万元和一大批农机具、基建器材，为知识青年建立了集体食堂、集体宿舍，全县共建设知识青年宿舍三百一十四栋，四万七千五百六十平方米。队队都建立了青年食堂，使他们的生活有了保障。他们在日常生活中学会了做饭、烧菜、缝连、洗涮等工作。有了独立生活的本领。

第三节　知识青年的业绩在边疆大地永放光芒

知识青年来边疆插队落户，在保卫边疆、建设边疆的战斗中，同我县各族人民，生活在一起，战斗在一起。春季，冰化雪消，他们迎着明媚的阳光，和社员一起驾驶着拖拉机，驰骋在千里沃土上，播下了丰收的种子；夏季，鸟语花香，他们顶着炎炎烈日，和社员一起奋战在绿色的田野里，精心耕耘着苗壮成长的禾苗；秋季，麦浪滚滚，他们踏着金色的大地，和社员一起开动着谷物联合收割机，收获着用汗水浇灌的粮食；冬季，白雪皑皑，他们冒着刺骨严寒，和社员一起进入大兴安岭的深山林海，为祖国建设的需要采伐木材。辛勤的劳动必然结出丰收的硕果。十年来，呼玛县农业生产有很大发展，耕地面积增加百分之七十，粮食总产提高百分之一百五十，农副业总收入增长百分之一百一十二，农业机械化程度也大幅度提高。这些成绩的取得，是知识青年和广大社员并肩战斗，辛勤劳动的结果。但是，由于革命事业的发展，党和人民的需要，有的青年参军走了，成为保卫祖国的战士；有的青年上学去了，接受党的培养和教育，走上了新的战斗岗位，为四个现代化服务；有的因城市建设的需要，经批准返回上海市、齐齐哈尔市，为支援城市建设贡献了力量。到一九七九年末，在我县农村插队的仍有上海市青年一百九十七人，齐齐哈尔市青年七人。

到我县插队的广大知识青年虽然绝大多数离开了边疆，他们和边疆人民结下的深厚的革命感情是永远不能忘怀的，他们的光辉业绩将永远记在边疆人民的史册上。

（第七编第二章《上海干部和知识青年在边疆的业绩》，第674—677页）

《塔河县志》

塔河县地方志编纂委员会编著，中华书局2000年

(1968年)12月24日，塔河区召开会议，热烈庆祝毛主席关于知识青年到农村去接受贫下中农再教育，很有必要……的最新指示发表。　　　　　　　　　　　（《大事记》，第24页）

(1969年)8月30日，上海、浙江知识青年7 840人来塔河参加林区开发建设。

（《大事记》，第24页）

同日(1973年1月15日)，塔河区委决定将知识青年安置办公室隶属区革委政治部领导。　　　　　　　　　　　　　　　　　　　　　　　　（《大事记》，第26页）

（1979 年)8 月 28 日,上海、浙江部分知识青年调往大庆参加油田开发建设。

（《大事记》,第 28 页）

1983 年,设立县劳动服务公司,取消塔河区知识青年安置办公室,统筹管理全县职工子女劳动就业,安排待业青年从事劳务活动,就业培训,发展劳动服务企业生产和待业保险等工作。到 1992 年,塔河县劳动管理机构没有变化。

（第十八编第一章《管理机构》,第 688 页）

1969 年区知识青年安置办公室接收沪、浙等地上山下乡知识青年,职工队伍迅速扩大。

（第十八编第二章《劳动力管理》,第 688 页）

1968 年,塔河区开始接收和安置"文化大革命"期间"面向边疆、面向山区"的大、中专院校的毕业生 70 余名。1969—1971 年接收安置上海、浙江"上山下乡知识青年"9 840 名,为全名所有制林业工人,同时接收安置省内外复员退伍军人 2 900 名,为林业固定职工。

（第十八编第二章《劳动力管理》,第 691 页）

1972 年,成立塔河区知识青年上山下乡安置办公室(简称知青办),主要接收安置由国家和省统一分配的上海、浙江及其它各地的知识青年,全部充实到基层单位,为全民所有制固定工人。1973 年后,按照省委、地委关于"系统包干、单位负责,就地、就近建立青年安置点,独立核算、自负盈亏,安置职工子女就业,城镇户口、粮食关系不变,纳入国家知识青年上山下乡范畴"的指示,全区各林场因地制宜地办起了以种养殖业和营林、林产工业为主的知识青年安置点,到 1978 年,知青场(队)共安置知青就业 4 537 人。1981 年,由于办场经验不足,管理不善和多数青年的临时思想所致,已办起的场(队)大部分被迫停办和撤销,林产工业集体企业多数得到巩固和发展,成为待业青年就业基地。

塔河县建立后,1982 年"知青办"撤销,成立县劳动服务公司,实行待业青年劳动就业统一分配管理,坚持在"国家统筹规划和指导下,实行劳动部门介绍就业,自愿组织起来就业和自谋职业相结合的就业方针"(即"三结合"方针),开创了全民、集体和个体三条渠道就业的新局面。

（第十八编第二章《劳动力管理》,第 694—695 页）

《十八站林业局志》

十八站林业局志编纂委员会编纂,黄山书社 1992 年

是月(1973 年 12 月)19 日,呼玛县十八站林业生产指挥部确定党政机构设置。党委机

1224

构:党委办公室、组织部、宣传部、纪检部、工会、知青办、公安局、团委、武装部。行政机构:办公室、人事监察科、劳资科、计划科、财务科、生产科、调运科、营林科、基建科、农副科、机电科、卫生科、文教科、商业科、物资科、科技科。 （《大事记》,第 14 页）

是日(1974 年 3 月 12 日),局党委会议决定全局安排 295 名知识青年就业。

（《大事记》,第 14 页）

(1978 年)11 月 15 日,局党委决定分两批进行浙江青年返城工作。

（《大事记》,第 19 页）

是日(1979 年 2 月 3 日),局务会议分析沪杭青年返城趋势及给林业生产造成的影响。

（《大事记》,第 19 页）

6 月 25 日,局党委研究 295 名知青转正问题。　　　　　　（《大事记》,第 20 页）

是月(12 月)28 日,审批 20 名知青转正问题;成立综合调度室,副局长荆家良兼主任,副主任刘克冰;成立调运科;同意人事科、组织部分设。　　（《大事记》,第 20 页）

1970 年 2 月,十八站林业局成立知青办,负责知识青年上山下乡工作。

1982 年 3 月,知青办与劳资科合署办公。

1983 年 5 月,成立劳动服务公司。主要任务是扩大就业门路,发展多种经营生产,安置青年就业,调配知青等工作。　　　　　　（第十篇第一章《集体经济》,第 299 页）

第二章　知青管理

第一节　就业对象和条件

就业对象和条件。知青就业对象主要是本局职工子女和应届毕业生。就业条件是年满16—25 周岁的具有劳动能力,户口、粮食关系在本局的职工子女(含弟、妹),必须具有初、高中毕业证和接收单位证明信,有医院身体健康检查证,经劳动服务公司知青管理部门登记造册,经塔河县劳动服务公司审批后,上报地区劳动服务公司备案,方可成为从业青年。

第二节　知青管理

岗前培训　主要目的是实现安全生产,提高从业青年的素质。从 1987 年开始,对培训对象进行职业道德、《森林法》、木材生产技术(含采、集、装、运)、安全生产操作规程的培训,

1225

由全局5个林场、2个贮木场、12个集体单位联合举办培训班,采取集中和单独办班相结合的方法,到1989年共培训青年128人,已取得合格证的占98％。通过培训,使从业青年基本掌握和懂得了一定的安全生产知识和安全生产的操作技术。

知青的劳资管理　包括集体单位工资基金的审批,从业青年的定级、管理,调配和档案管理,社会劳动力的管理、管理费的收缴等项工作。劳动服务公司对所管辖的有知青的集体单位,审批工资时依据作业计划、工程验收单、开支明细表、工资总表,予以审批。

1986年7月,根据知青就业年限划分档次,并根据从事工作的繁简程度、技术水平高低、劳动态度好坏、贡献大小,本着一线高于二线,生产高于后勤的原则,对已在册的1 364名从业青年进行了定级。其中1级38人,2级副75人,2级正344人,3级副145人,3级正363人,4级副177人,5级副85人。

第三节　从业青年的调配

局内调转,由本人申请,双方单位领导同意,加盖公章,然后到劳动服务公司办理调转手续。

跨局调转必须符合下列条件:夫妻两地生活的,带结婚证;随家搬迁的,带户口迁移证;投靠父母的带户口和证明。由本人申请注明安置时间,接收单位同意,局劳动公司审查,局主管领导批准,然后报请地区劳动服务公司审批、备案。

知青历年参军统计表

年度	1972	1974	1975	1976	1977	1979	1980	1981
人数	3	7	7	25	11	12	1	6
合计	3	7	7	25	11	12	1	6
年度	1982	1983	1984	1985	1987	1988	1990	总计
人数	9	10	11	6	2	5	5	130
合计	9	10	11	6	2	5	5	130

注:1. 1973、1978、1989年没有参军的。
2. 性别均为男性。

各单位知青从业统计表

单位	林产公司	十八站林场	十八站贮木场	查班河林场	双河林场	永庆林场	永庆贮木场	小根河林场	三合贮木站	防火办	劳动服务公司	建筑公司	林荣建筑公司	机修厂	多种经营公司	能源科	依西肯林场	公安局	营林处	个体户	公司挂名	总计
男	76	68	180	137	44	61	73	30	1	154	37	82	7	3	57	1	1	19	192	16	158	1 397
女	272	14	94	114	32	19	97	56	16	30	49	102	29	10	94	10	14	1	368	69	808	2 298
合计	348	82	274	251	76	80	170	86	17	184	86	184	36	13	151	11	15	20	560	85	966	3 695

（第十篇第二章《知青管理》,第301—302页）

1969—1971 年,大批上海、浙江和北安等地青年来开发林区和参加边疆建设,给职工队伍增添了新鲜血液,但由于情况较为复杂,社会治安增加了一些不安定因素。为此对广大职工群众进行了经常性的安全防范教育。对一些复杂场所加强了治安管理,严密了社会面的控制工作。……这期间共发生不安定因素 254 起,治安案件 39 起。

(第十四篇第二章《十八站林业地区公安局》,第 415 页)

《莫力达瓦达斡尔族自治旗志》

莫力达瓦达斡尔族自治旗史志编纂委员会编纂,内蒙古人民出版社 1998 年

(1968 年 6 月)成立了旗"五七"办公室,1971 年改称知青办。　　(《大事记》,第 50 页)

8 月 19—21 日,两批北京知识青年共 2 588 人来莫旗上山下乡,插队落户。

8 月,月底,本旗尼中在校生全部毕业回乡或集体插队,其中,城镇知青集体插队 387 人。

(《大事记》,第 50 页)

(1969 年)5 月,浙江省上山下乡知识青年 1 261 人来莫旗插队落户。

(《大事记》,第 51 页)

7 月,尼尔基地区 73 名知识青年去布特哈旗大河湾农场插队。　　(《大事记》,第 51 页)

(1970 年)6 月 12 日,召开全旗上山下乡知识青年代表会议。　　(《大事记》,第 52 页)

本年,全国部分大学经推荐、选拔招收工农兵大学生入校"上、管、改"。本年,莫旗何敬仁、铁林嘎等 4 名工农学员入北京大学、清华大学、上海华东师大学习。

(《大事记》,第 52 页)

(1975 年)3 月 6 日,建旗属伯尔科知识青年农场。　　(《大事记》,第 55 页)

本年(1977 年),高校恢复考试招生,我旗一批老知青考入高等院校。

(《大事记》,第 57 页)

新中国成立后,自 60 年代中期,大批山东、河北等省自流人员涌入莫旗北部山区建村定居。1968 年北京、浙江几千名上山下乡知识青年来莫旗插队落户。此外,没有其他大规模

的集团性人口流动。 （卷三第一章《人口流徙》，第 166 页）

1968—1969 年，在"知识青年上山下乡"运动中莫旗接受安置了几千名北京市和浙江省的上山下乡的知识青年，也曾安置几百名林区知识青年，不久返回。在知识青年返城时期，北京、浙江知识青年先后返城。一少部分仍在莫旗，劳动、工作在自治旗建设的各条战线上。

（卷三第一章《人口流徙》，第 166 页）

"文化大革命"中，大批京、浙和本旗城镇知识青年上山下乡，到农村插队务农。为保障其生活，对他们也采取了由国家供应口粮的政策。 （卷十九第二章《粮油销售》，第 566 页）

1954—1985 年财政支出主要项目统计表　　　　单位：千元

年　度	合计	基本建设	企业挖潜改造	简易建筑费	科技三项费	流动资金	支援农村建设	工交商事业费	农村水利事业费	城市维护费	城镇青年就业	文教卫生事业费	优抚社会救济	行政管理费	财政价格补贴	其它
1954—1957	3 947							43	773			1 038	181	1 908		4
1958—1962	12 178	1 775						1 012	1 969	13		2 990	269	3 743		407
1963—1965	7 274							92	1 315			2 490	287	2 209		881
1966—1970	13 928	176				41		20	2 318		1 156	4 946	881	3 941		449
1971—1975	25 997	1 197	240		403	2 788	3 419	58			281	68	8 628	1 516	6 258		1 141
1976—1980	43 912	366	757	260	544	1 070	8 728	92			980	416	13 928	2 880	10 051		3 840
1981—1985	89 969	1 738	3 354	1 093	281	150	7 216	288	8 382	3 466	570	28 346	5 428	18 945	429	10 283

（卷二十第二章《财政支出》，第 582 页）

1969—1978 年，招工对象必须是上山下乡锻炼 2 年以上、思想品质好、身体健康的未婚青年。招工的具体办法是群众推荐民主评议，社队领导审查，报劳动部门批准。对按政策批准留城的青年实行"统包统配"的方法进行安置，多数安置在集体所有制单位。

（卷三十第一章《劳动》，第 863 页）

1968 年 6 月，成立"五·七"办公室，1972 年改为知青办，主管全旗知识青年上山下乡工作。1981 年 1 月，知青安置工作基本结束，知青办撤并于劳动部门。

1968—1979 年，全旗共接收上山下乡知识青年 5 827 人，其中 1968 年 8 月 19 日、21 日接收北京来莫旗插队知青 2 582 人。1968 年 8 月底，尼尔基镇应届初、高中毕业生 387 人奔赴农村插队落户，当年还接受呼盟林区来本旗插队知青 665 人，1969 年 5 月接收浙江知识青年 1 261 人。1970—1979 年，尼尔基地区插队知青 932 人。1969 年 7 月，尼尔基地区初、高中毕业生 73 人赴扎兰屯大河湾农场插队。

插队知青主要分布在全旗 18 个公社及霍日里河林场、大青背"五·七"牧场、伯尔科知青农场。共建知青点 372 个。

国家拨专款为各知青点建造房屋,购买生产、生活用品。给伯尔科农场购置"解放"牌汽车、"28"拖拉机、东方红"75"拖拉机各 1 台及拖车、油槽、播种机等农机具。1974—1978 年,北京市无偿支援知青的物资有北京"130"汽车 2 台、手扶拖拉机 45 台、三轮摩托车 2 台及收音机、药品、医疗器械、书籍、文化体育用品、乐器、电线、电机、水泵、缝纫机、理发工具等,这些物品及时下拨至北京各知青点及知青所在生产队。北京市市委、市人民政府曾 3 次派慰问团来本旗慰问插队知青。

1969 年后,对在本旗插队的外地和本地知青通过升学、参军、招工、病退、困退、顶替、选调等途径进行安置。至 1982 年底,全旗下乡插队知青通过各路途径全部得到安置。

(卷三十第一章《劳动》,第 865—866 页)

"文化大革命"后期,一批工农兵学员进入大、中专学校学习,毕业后大多数分配回本旗从事干部工作。在"文化大革命"中,上山下乡的知识青年后来通过各种途径返城被录用为工人、干部,或在本公社学校等单位参加工作,这些知识青年后来多数转为国家干部,成为本旗干部队伍的一大来源,他们成为自治旗干部中承前启后的中坚力量。

(卷三十第二章《人事》,第 871 页)

"文化大革命"后期,一大批本旗下乡、回乡知识青年和北京、浙江下乡知识青年充实到教育战线,多从教于农村中、小学,成为教师队伍中的一支新生力量。

(卷三十一第七章《教师》,第 912 页)

《漠河县志》

漠河县志编纂委员会编,中国大百科全书出版社 1993 年

(1971 年)6 月 11 日至 19 日,古莲公社多次发生军工闹事和殴打浙江知识青年事件。

(《大事记》,第 36 页)

(1974 年)1 月 9 日,为加强对知识青年上山下乡工作的领导,区委成立了古莲区知识青年工作领导小组,孙长发任组长。

(《大事记》,第 38 页)

(1983 年)7 月 18 日,县知青管理处撤销,成立县劳动服务公司,负责接收、安置、培训社会劳动就业工作。

(《大事记》,第 42 页)

1970—1971年,按照国家统一规定,从浙江省部分市县分配知识青年来支援边疆,按照国家计划又从牙克石林区招用1 500多名青年工人,试用一年后转为固定工。

(第二十编第二章《工人》,第692页)

1970年,有500多名浙江青年来漠河支援边疆,被安置在林区。

(第二十编第五章《劳动就业》,第705页)

第三节 青 年 支 边

从1970到1971年,为开发漠河林区,从浙江省宁波地区和内蒙古呼盟地区先后有大批知识青年来漠河支援边疆。

当时年龄最大的不超过20岁,最小的16岁。他们从南国来到北方,生活上遇到许多困难。他们远离家乡,离别父母和亲人,不远万里来到祖国北部边陲参加边疆建设,受到了当地党和政府以及林区人民的欢迎和关怀。

为了加强对知识青年工作的领导,区委、区革委成立了知识青年办公室,具体负责他们的日常工作。对知识青年的工作,做到了政治上有人抓,生产上有人教,生活上有人管。

在政治上关心他们成长,组织他们学习政治、学习军事、学习文化、学习生活,使知识青年很快地成长起来,先后有80名知识青年入团入党,21人被提拔当干部,其中10人被提升为科级领导干部,一人被选进区委领导班子。每年都有200多人被评选为各级劳动模范。

在生产上组织他们学习林业生产技术,学会了施工作业、机械操纵、采伐作业、集材作业以及木材检验等基本知识。在多年的生产实践中,他们经受了风雨,得到了锻炼,成为林业生产中的一支有生气的骨干力量。

在生活上,党和政府无微不至地关怀他们,每年都安排他们回乡探亲,并报销路费,每年发一套单衣,两年发一套棉衣,四年发一件皮大衣,一年一双单鞋,一双棉鞋。一月一副单手套、一年一副棉手套。使他们的生活有了保障。

知识青年在保卫边疆,建设边疆中,同林区各族人民一起工作、学习和生活,夏季他们在山里筑路,冬天在山里伐木。

随着时间的推移,他们有的参了军,成了保卫祖国的卫士;有的调往大庆成了石油工人;有的上了大学,成了国家有用之材;有的因城市需要,返城参加新的建设;剩下在漠河林区扎根边疆已经不多了。参加支边的知识青年虽然离开边疆,但他们为边疆所做出的贡献和与边疆人民结下的深情永远使边疆人民怀念,他们的光辉业绩,已载入了漠河的光辉史册。

(第二十编第五章《劳动就业》,第706页)

《阿木尔林业局志》

阿木尔林业局志编审委员会编纂,中国文史出版社1990年

(1971年)11月18日,由军队代培转入本区知青1 750人。是年当地就业青年1 000人。

(《大事记》,第10页)

1970年11月,由上海市、浙江省调来支边青年1 150名,支援边疆——阿木尔区(局)建设。

1971年11月18日,由军队代培调入本局的青年工人1 750人。

1971年,当地就业知识青年1 000人。

······

1980年11月,知青转为固定工人400人。

······

1983年10月,知青转为固定工人230人。

1984年7月,知青转为固定工人400人。

1985年8月,知青转为合同制工人699人。

1986年12月,知青转为合同制工人797人。

(第八篇第三章《劳动工资管理》,第209页)

《图强林业局志》

图强林业局史志编纂委员会编,黄山书社1993年

(1979年)3月24日,成立信访办公室、知青管理处、潮满林场。   (《大事记》,第8页)

1977年3月17日,图强成立知识青年上山下乡办公室,简称知青办,归党委序列。

1981年8月10日图强林业局成立了集体经济管理处,统一管理大集体单位和知青就业人员,担负起知青办的工作,归行政序列。   (第十一编第一章《经营机构》,第181页)

第二章   知识青年管理
第一节   知识青年队伍

图强林业局知识青年队伍人数约占全局人口的四分之一。

由于学校教育的普及和教学质量的提高,知识青年都具备了一定的科学文化知识,是林区建设的后备人才。由于林区经济不断发展,人口总量逐年增加,就业人数逐步呈现递增趋势。

1987年至1990年,历年就业人数中,高中文化程度占总数20%,初中文化程度占总数的75%,就业后的知识青年,大部分都充实到生产一线上去。

1987—1990年图强局就业人数统计表

年　　度	就业总人数	男	女
1987	364	190	174
1988	768	439	329
1989	565	292	273
1990	561	274	287

注:"五·七"火灾前历年就业人数已无从查找。

第二节　岗前培训

图强林业局对待业知识青年每年按期进行岗前培训,使将要就业的青年经过培训具备一定的职业道德、安全生产知识和业务水平,为更加适应社会建设的需要创造条件。

岗前培训包括有关的生产知识、业务知识以及国家法规等内容。其培训方式一般为集中面授、再由各单位自行组织人员进行学习,然后进行严格的考核,合格者方能从业,培训面达95.5%。

第三节　专业培训

专业培训一般是指就业青年对某种特殊技术和业务的学习与实习,为林区经济发展增强技术力量。

培训方式一是大部分在本地区请老技术人员亲自授课,指导实际操作,二是林业局将部分人员送往外地学习。

1977年以来,图强林业局各场、队、公司、先后培训出大批技术人才,其中主要有汽车司机等各种机械手,以及木工、瓦工、食品、冷饮加工等技术人员。专业培训为提高林区的经济发展水平增添了活力、奠定了基础。

图强局历年技术人员培训情况统计表　　　　　　　单位:人

年　　度	拖拉机手	油锯手	绞盘机手	汽车司机	机械管理干部	机械修理人员	合　　计
1977	10	10	9	150	2	21	202
1978	19	17	19	142	2	21	220
1979	23	21	18	135	4	32	233
1980	17	19	12	145	4	32	229
1981	21	18	52	230	9	28	358

年　度	拖拉机手	油锯手	绞盘机手	汽车司机	机械管理干部	机械修理人员	合　计
1982	48	31	31	242	25	20	397
1983	40	34	42	265	39	26	446
1984	150	57	82	163	21	48	521
1985	140	42	71	138	19	41	451
1986	165	40	76	192	24	43	540
1987	42	35	42	209	19	28	375
1988	39	30	36	205	70	49	439
1989	250	45	120	420	42	101	978
1990	305	47	199	375	33	125	1 084

第四节　管理方式

图强局知识青年管理,主要是依据国家有关规定,对就业青年进行登记、分配以及工资定额和工资审批等管理项目。

根据国家劳动用工制度规定,凡具备本地户口和粮食关系,以及有初中或高中毕业证,经本人申请,岗前培训考试合格者方能就业。

就业后的知识青年,一部分根据生产需要进行定向分配,另一部分自行安排。

就业后的知识青年一般不能随意调动,遇有特殊情况要求调动的,须经局长办公会议研究决定。

第五节　工资待遇

图强局知识青年的工资待遇,根据劳动性质的不同,一般分为两种:一是计件工资,二是计时工资。计件工资是依据产量验收单审定,计时工资则是依据出勤单审定。

1986 年,根据大企改 1 号文件规定,对知识青年工资进行定级(2 级、3 级、4 级副、4 级正、5 级副、5 级正、6 级副等工资级别)。

1990 年,根据大署(90)23 号文件,对知识青年工资,在 1986 年定级的基础上普调一级。截至 1990 年底,全局 4 692 名知识青年中,2 级工资的占 5％,3 级工资的占 5％,4 级副工资的占 50％,4 级正工资的占 10％。　　(第十一编第二章《知识青年管理》,第 182—184 页)

(1977 年)3 月 17 日,召开第一次常委会议,会议决定区委下设办公室、组织部、宣传部、纪律检查部、知识青年上山下乡工作办公室。

　　　　　　　　　　(第十六编第一章《中国共产党图强林业局委员会》,第 263 页)

1979 年 11 月 25 日,成立党干校,知识青年上山下乡工作办公室并入劳动科,纳入行政序列。

　　　　　　　　　　(第十六编第一章《中国共产党图强林业局委员会》,第 263 页)

整党中认真处理了在招工、招生、招兵、知青转正、农转非、复转军人安置方面的不正之风。对原人事科副科长李某在知青转正中,利用职权搞不正之风,给其党内警告处分,调离现任职务。原劳资科副科长孙某在知青中转正中弄虚作假,搞空中飞人,给其留党察看一年、行政撤销副科长职务处分。

(第十六编第一章《中国共产党图强林业局委员会》,第 284 页)

1981—1986 年,干部人数逐年减少,其原因是干部外流数量增多,外流人员中一大部分是知识青年返城。

(第十七编第二章《人事》,第 309 页)

《牙克石市志》

《牙克石市志》编纂委员会编,内蒙古人民出版社 1996 年

第五节　知识青年工作

一　管 理 机 构

1968 年,旗政府设知识青年上山下乡办公室。1969 年,改称"五七"办公室。1972 年 5 月,称知识青年上山下乡安置办公室。1973 年 9 月,成立喜桂图旗知识青年上山下乡领导小组。1981 年,撤消知青办,该项工作并入劳动局,同时撤消知识青年上山下乡领导小组。

二　知识青年上山下乡工作

1966 年,根据中共中央、国务院精神,动员知识青年上山下乡,参加农村社会主义建设。1966—1979 年,上山下乡 47 893 人。

上山下乡的知识青年大多集中于旗内农区 61 个生产点。同时,建牙克石镇"五七"新农村,博克图二十二公里生产点,免渡河哈拉沟生产点,鸡冠山生产点,牙克石南沟生产点,主要以农业、牧业为主。还有一部分知识青年去布特哈旗、扎赉特旗、阿荣旗。

1966—1979 年喜桂图旗知识青年上山下乡统计表　　　　单位:人

年　份	人　数	年　份	人　数
1966	1 015	1974	9 786
1967	2 178	1975	5 050
1968	5 962	1976	4 876
1969	3 815	1977	4 358
1970	—	1978	3 976
1971—1973	2 850	1979	3 572

三 经费使用

为解决上山下乡知识青年住房和生活方面困难，国家每年拨给城镇知识青年上山下乡专款补助。1973 年规定：城镇知青回农村落户，到农村插队或建立集体所有制场队，每人补助 500 元，含建房补助、生活补助、农具、家具和其他补助费，到生产建设兵团和国营农场者补助 400 元；到呼盟牧区者补助 700 元。

1976—1979 年，全旗共接收知识青年专项经费 551.9 万元，支出 547.9 万元，预拨和借出知青经费 4 万元。

四 知识青年安置

1968 年后，知识青年除通过招工、顶替、补员、社办企业安排及参军、升学等渠道外，还有少数知青未能得到安置。1979 年，旗政府成立城镇待业青年安置办公室，专门负责安置工作，并按计划、有步骤地解决知识青年安置问题。

1974—1979 年，从下乡知青中招工 1 954 人，参军 435 人，升学 154 人。到 1981 年，回城 6 340 人。 　　　　　　　　　　（卷二十六第一章《劳动》，第 703—704 页）

(1968 年)7 月 18 日，旗首批知识青年上山下乡，接受贫下中农再教育。

　　　　　　　　（卷三十六第二部分《中华人民共和国成立后》，第 1047 页）

(1971 年)8 月，从下乡知识青年中推荐 11 人上大学学习。

　　　　　　　　（卷三十六第二部分《中华人民共和国成立后》，第 1048 页）

(1983 年)6 月 16 日，牙克石红旗沟林业设计院知青农场，10 名凶犯一夜之间杀死 26 人，凶犯自相残杀 1 人，自杀 1 人。此案例被国家公安部列为"6.16"特大凶杀案。案发后不久，其余 8 人全部捕获。 　　（卷三十六第二部分《中华人民共和国成立后》，第 1052 页）

《扎兰屯市志》

扎兰屯市史志编纂委员会编，百花文艺出版社 1993 年

1968 年 8 月，毛主席发出"知识青年上山下乡，接受贫下中农的再教育"的号召，来自天津、上海、北京、哈尔滨、海拉尔、牙克石、图里河、伊图里河等地大批知识青年进入布旗插队落户。同年，布特哈旗共接收安置下乡知识青年 3 090 名。1969—1975 年，累计安置接收各地(包括本旗城镇的)知识青年 10 280 人。 　　　　（卷三第一章《人口变化》，第 107 页）

1968 年 10 月，大批天津、北京、海拉尔、牙克石林区以及本旗知识青年到本旗农村插队

落户,返销粮供应量加大,其中鄂伦春、达斡尔、萨马街等地知识青年几乎全部供应返销粮。1969年全旗返销粮1443万斤,超过当年粮食征购量的47%。

(卷十六第三章《粮油销售》,第518页)

知识青年上山下乡与安置

1. 知识青年上山下乡

1964—1965年,开始动员62—65届高小、初中及高中毕业生上山下乡,扎兰屯镇内旗属中学共210人分别下到务大哈气、库堤河、蘑菇气、哈拉苏、关门山、雅尔根楚6个人民公社的生产队参加农业生产劳动。

1968年春夏,全国各地掀起知识青年上山下乡热潮。秋季,本旗共接收外地知识青年3090人,其中天津知识青年1825人,海拉尔知识青年165人,牙克石、根河、金河、图里河等林区知识青年1099人,本旗66—68届初、高中毕业生被动员上山下乡1370人,分别安置在全旗19个人民公社的109个生产队和大河湾、红河(今绰尔河)、格尼、那吉屯等国营农场参加农业生产劳动。

1969年,继续动员知识青年上山下乡,布旗共接收外地及动员本地知识青年上山下乡1677人,其中动员本旗知识青年796人,接收天津知识青年829人,上海知识青年51人,海拉尔市知识青年1人。分别被安置到旗内19个人民公社的126个生产队和部分国营农场参加农业生产劳动。

1970—1973年间,本旗不再动员知识青年上山下乡,仅零星接收外地知识青年,并对本旗知识青年插队地点进行小规模调整。

1974年后,不再接收外地知识青年下乡,只动员本地城镇知识青年下乡。到1977年,共动员扎兰屯镇内初、高中毕业生3049人下乡,其中安置到农村生产队2078人,安置到扎兰屯铁路知青农场504人、纸浆厂知青农场162人、商业知青农场95人、黑龙江省冶金706在地质队知青农场41人、呼盟农研所知青农场24人、扎兰屯马场145人。1978年后,不再动员知识青年下乡。1964—1978年共动员、接收近万名知识青年上山下乡。

在动员知识青年上山下乡中,凡病残不能参加农业劳动者、独生子女、多子女身边只有一个子女者、中国籍的外国人子女均不动员上山下乡而留城,这部分人被视为社会闲散劳动力,招工时在同等条件下予以优先。

2. 知识青年返城安置

1971年,下乡青年通过企业招工选调、大中专院校招生、应征入伍、转干等途径,开始陆续返城。当年在下乡知识青年中招工选调247人为全民所有制职工。至1981年,全旗共有1611名下乡知识青年被选调招收到全民或集体所有制单位。其中,被选调招收到全民所有制单位的1466人,集体所有制单位的145人。因病不能参加生产劳动或因家庭发生重大变化、家庭出现重大困难而返城的842人。

1982年后,每年均在下乡知识青年中选调接收全民所有制或集体所有制职工,至1990年,外地和本地知识青年大部分返城就业,知识青年安置工作基本结束。

(卷二十五第一章《劳动》,第862—863页)

(1968年)布特哈旗接收来自天津、海拉尔以及牙克石、根河、金河、图里河与本旗城镇知识青年3504名,这些知识青年分别在全旗19个人民公社的109个生产队插队落户。

(卷三十七《大事记》,第1248页)

同年(1969年),全旗接收下乡知识青年1900名,分别在19个人民公社的126个生产队安家落户。 (卷三十七《大事记》,第1249页)

《黑龙江省志·国营农场志》

黑龙江省地方志编纂委员会编,黑龙江人民出版社1992年

1955年5月,毛泽东主席发表"农村是个广阔天地,在那里是可以大有作为"的指示,共青团中央为此向全国广大青年发出号召:"到农村去,到边疆去,到祖国最需要的地方去",北京市石景山区青年农民杨华(乡干部)率先响应,他联合庞淑英等4名青年作为发起人,向全市青年倡议:组成北京市青年志愿垦荒队,远征北大荒。仅10天时间,报名2千余人。团市委从中挑选60名青年,组成先遣队,由杨华任队长。8月30日,垦荒队在首都1500人参加的欢送大会上,接过胡耀邦代表团中央授予的垦荒大旗,辞别北京,乘车北上,来到萝北地区的荒原上开荒建点。从此,揭开了全国青年志愿垦荒的序幕。同年10月27日—30日,以梅树生为首的哈尔滨市青年垦荒队104名队员抵达萝北。11月5日,以范素兰、杜俊起为首的天津市青年垦荒队52人到达萝北。11月8日—12日,以宋山洪为首的河北省青年垦荒队100多人到达萝北。翌年,又有山东青年垦荒队和第二批哈、京、津等地青年到达。先后共14批2567人。为了加强对各省市青年垦荒队的领导,萝北县成立了青年垦区委员会,各垦荒队混编4个大队。1956年"五四"青年节,为各队命名,建立集体农庄委员会。北京青年垦荒队的新建点,命名为"北京青年集体农庄",简称"北京庄",依次为"天津庄"、"哈尔滨庄"、"河北一庄"、"河北二庄"、"山东一庄"、"山东二庄"、"山东三庄"共8个集体农庄。同年6月,团中央书记胡耀邦亲临萝北视察,探望在荒原建点的青年垦荒队员,赞许他们为祖国献身的崇高理想和艰苦创业的英勇精神,并赠言:"忍受,学习,团结,斗争"。

杨华率领的北京青年垦荒队于1955年9月3日在鸭蛋河岸开荒建点,队员们在渺无人烟的荒野上披荆斩棘,割草伐木,盖房修路,开荒造田。经3年苦战,开荒1.05万亩,盖房4120平方米。3年内,一无工资,二不分红,每月每人发11元伙食费。天津庄队员们艰苦创

业,1956年开荒万亩,收获大豆5.5万公斤,实现当年开荒,当年播种,当年打粮的目标。1957年6月,一场冰雹袭来,砸毁了0.4万亩大豆苗。在严重自然灾害面前,队员们挺直腰杆,在萝北县拖拉机站的支援下,奋战三天三夜,重新播下种子,年底收获粮豆25万公斤。建庄第三年,粮豆总产73.5万公斤,荣获周总理签发的"社会主义建设先进单位"的奖状。

1958年春,十万转业官兵奔赴北大荒。萝北地区青年垦荒队所建的各庄,作为新建农场的基础,改名为青年农场。后改名为向阳农场。1985年8月,为纪念青年垦荒队开发北大荒30周年,改名为共青农场。会上,共青团中央代表将胡耀邦亲自题写的场名授予共青农场。

在北京、天津、哈尔滨等地青年垦荒队开发萝北荒原的同时,牡丹江青年垦荒队于1956年3月挺进密山荒原,在黑台区建点开荒。该队由牡丹江市《少年之家》自学青年孙永山、李淑芬等6名青年发起组成的。在团市委青工部副部长尹风山带领下,共330名队员(汉、蒙、满、回、朝鲜族青年学生),于3月15日进点,建起了青年集体农庄。该队在附近村屯的支援下,修建全长8 000米,宽9米的引水灌渠,在穆棱河筑一座柳石拦水大坝和一个控制闸门,共8万土石方。春耕中,县价拨马92匹,牛12头,胶轮车9辆,四轮车4辆,双轮双铧犁15台,动员附近18名青年农民参加农庄,做为技术骨干。当年开荒0.5万亩,播种2 300亩水稻,总产24万公斤。同时盖上马号、食堂。后因该点受淹,另迁新址,迁至兴凯、老虎碴子开荒建点。1957年2月,在王震关怀下,改建为青年农场,隶属于铁道兵农垦局,并充实大批转业官兵、技术骨干和机械装备,使农场迅速扩大。后改名为八五一一农场,属牡丹江农垦局。

1955年11月,共青团佳木斯市委在北京市青年志愿垦荒队远征北大荒的精神影响下,组织市内社会青年和毕业生109人(其中女青年18人),组成了佳木斯第一支青年志愿垦荒队。由队长杨振和、刘清玉、副队长刘云清、谷凤林带队,分两批于1955年11月5日和1956年4月22日来到萝北境内佳木斯农场(该场是1955年8月为了安排市内企业多余人员、开辟新的就业门路而创建的)。垦荒青年平均年龄20岁,最小的17岁。他们在没有机械的情况下,用锹挖、镐刨,到1956年7月开荒200余亩,其中一部分种上大豆和蔬菜。随着农场青年成分的增加和受当时各地办农庄的影响,1956年5月,佳木斯农场更名为佳木斯青年集体农庄。第一任农庄主席肖廷忠,党支部书记张福。同年5月,宝泉岭农场为了扩大耕地面积,派出一支拥有机车15台、汽车3台、72人组成的远征开荒队,由六分场场长张殿甲带领,到佳木斯青年集体农庄莲花劳改农场一带开荒。1956年9月,为了统一规划荒地,便于管理,上述3个单位合并,成立宝泉岭农场莲花分场。1957年1月,该分场扩建为萝北农场(即现名山农场前身——萝北农场七分场)。与此同时,由于云超、蒋志学等人率领的山东青年垦荒队800多人,赴集贤开荒建点,后并为友谊农场九队;另一支山东垦荒队由高光省带领,开荒建点,现为友谊农场六队。 　　　　　(第一篇第三章《建场》,第84—86页)

1238

1968年6月18日，中国人民解放军沈阳军区黑龙江生产建设兵团成立，将原东北农垦总局所属农场和黑龙江省属部分农场，合编为五个师，辖58个团（农场）。其时，全国大批城市知识青年（主要是京、津、沪等大城市和省内各市），响应毛泽东主席关于"知识青年到农村去，接受贫下中农再教育，很有必要"的指示，纷纷来到垦区，到1972年底，共45万人，其中兵团系统30万人，省属农场系统15万人。城市知青进入农场，在广大干部职工、现役和转业军人的关怀和带领下，成为一支建设机械化农场的新生力量。

（第一篇第三章《建场》，第95页）

　　1968年冬，三师组建六十一团（创业农场），三师党委决定由七星、曙光、集贤3农场共同包建。……自1969—1972年，进点职工共3800余名，其中新接收城市知青3051人（男1654人，女1397人），占职工总数80%。他们大都是初、高中毕业生，有一定的文化，劳动热情高，在老职工的带领下，很快成为开荒建场的生力军，成为各行各业的骨干，有的还英勇地献出了年轻的生命。北京知青、共青团员、副连长张志生，1970年带领青年到新建二十二连开荒建点，他以身作则，废寝忘食，经常带病参加劳动，后因病情恶化，经多次劝说，护送回北京治疗。在生命弥留之际，他留下遗言："我建设边疆的任务没有完成。死后，请把我的骨灰撒在北大荒，我要在那里站岗"。父母按照他的遗愿，将他的骨灰一半留在北京，一半送到农场，安葬在"二抚"、"胜七"公路交岔口的西侧。当时，六十一团党委发出了《向模范共青团员张志生学习》的号召。

（第一篇第三章《建场》，第95页）

　　上海女知青顾雪妹，在养猪实践中，积极探索，用"凉水、干料、平面、分群养猪法"，一个人承担了311头秋产仔猪的育肥任务。整整一年，她没休过节假日，没歇过病事假，刻苦钻研养猪技术，仅1977年，顾雪妹所在的养猪班两次饲养育肥猪就达1264头，其中达到育肥标准的1010头。1978年向国家上交肥猪854头。3年时间，在简陋的条件下，一人育成肥猪2667头，盈利2700多元，成为养猪战线上的一面红旗。

（第二篇第六章《牧、渔、林业》，第184—185页）

　　70年代教育事业发展快，城市知识青年充实了教师队伍；80年代初，城市知识青年大批返城，即在职工子女中择优录用，并采取多种形式多种渠道进行培训，使其适应教学的急需。

（第五篇第一章《教育》，第451页）

　　知识青年安置费，1964年10月，国务院规定："每个知识青年的遣送的单位付出安置费500元，交接受单位使用，用于住房建设及开垦，小型水利建设，御寒物资补助，路费及途中补助，以及政治教育，文化生活，广播器材、家具购置等。"

历年知识青年安置费使用情况表　　　　　　　　　　　　单位:万元

项目＼年度	1963—1967	1968—1975	1976—1978	1979—1980	合　计
拨入数	698.9	14 728.7	2 564.4	62	18 054
实支数	535.7	12 708.9	4 143.3	583	17 970.9
累计结存	163.2	2 183	604.1	83.1	83.1

（第六篇第五章《专业管理》，第 521 页）

《黑龙江省绥滨农场志》

绥滨农场场史编写办公室编,(内部刊行)1989 年

(1966 年)8 月,第一批哈尔滨市青年 160 人来场。　　　　　（第二编《大事记》,第 33 页）

(1967 年)12 月,第一批北京青年来场。　　　　　　　　　　（第二编《大事记》,第 34 页）

(1968 年)9 月 12 日,第一批上海青年 400 人来场。　　　　（第二编《大事记》,第 34 页）

(1971 年)5 月 20 日,32 连与新建公社 10 队因开荒发生两次纠纷,打死 1 名哈尔滨青年。

（第二编《大事记》,第 36 页）

(1978 年)秋,大批城市知识青年"病退"返城。　　　　　　（第二编《大事记》,第 38 页）

　　1968 年至 1971 年,北京、上海、天津、杭州、温州、哈尔滨、鹤岗、佳木斯、萝北等大、中、小城市的知识青年,响应毛主席的"知识青年到农村去,接受贫下中农再教育,很有必要"号召,分期分批来垦区落户,九团共接收城市知识青年 6 443 人,其中北京 875 人,上海 978 人、天津 221 人、哈尔滨 1 542 人、佳木斯 263 人、鹤岗 112 人。多数是初、高中毕业生。

　　知识青年来团,定为农工一级,劳保待遇与农场职工相同,这样带来一个矛盾。原来一些农场职工子女和家属没有安排工作,有的是长期临时工,有的在家属队参加季节性生产劳动。这个矛盾不解决,不利调动老职工积极性。为此农垦部 1968 年作出决定:"国营农场的中、小学毕业生,已满劳动年龄,国家没有分配其它工作的,农场可以吸收他们为职工,参加农场的生产劳动"。在兵团筹建时就认为:"这种不允许子弟就业的不合理制度应该打破,将没有就业的人,按条件正式列为兵团战士或兵团职工,作为国家的正式职工。其工资待遇照接收城市知识青年的标准执行"。兵团成立后便立即决定,重审筹建组的意见,同时明确规

定:"包括 1966、1967 两年在初、高中毕业的农场职工子女,今年原则上都要安排就业"。由于兵团实行"包下来"的就业政策,除知识青年下乡之外,垦区内部劳动力的自然增长速度也很快。这样,在兵团政策的规定下,九团的劳动力急剧增长,兵团组建前,1967 年末职工总数是 4 457 人,兵团组建后,1971 年末职工总数达 9 441 人(已停止接收知识青年)。4 年间职工总数增加了一倍多。

由于集中、大量地接收和安置城市知识青年与职工子弟,增加了很多新职工成分,他们都有一定的文化程度,不少人很快成为很好的劳动力,他们通过生产实践,不仅锻炼了自己,也为垦区建设做出很大贡献。他们之中有 218 人入了党,1 379 人入了团。75 人担任了基层和机关的各级领导干部,有的被选送到大学去学习,还有的成为农业、机务、文教、卫生、交通、财贸等各条战线的骨干,成了垦区建设的一支新生力量。

但是另一方面,由于劳动力增长过快、过于集中,与农场的生产和经济发展速度不相适应,带来一系列的矛盾和困难:第一、影响了经济效益的提高,兵团时期,九团虽然新建了 13 个连队,耕地面积大幅度增加,但由于劳动力增加的幅度超过生产的发展速度,不仅工资总额比生产总值增加的速度快,而且劳动生产率和经济效益也在急剧下降;第二、增加了劳动管理的困难,由于劳动力的超量增长,劳动定额、定编等都无法适应,加上当时各种规章制度的废弛,工资形式月薪月付,干不干 32 元,好坏无奖无罚,部分知识青年有严重的无政府思潮,所以劳动纪律松弛、机械、人力以及其它安全事故明显增多,工伤、病假、事假、旷工都大大增多,特别是年终、年初,由于知识青年享受探亲假,不但报销路费,照常发放工资,增加工资额,而且长期不归,生产和工作缺岗,影响冬季农机具检修,影响麦播以及其它生产和工作,造成生产秩序混乱,出勤率低,劳动效率差、开支大,当时出现这样现象:领工资人多,超编超支,干活人少,缺岗缺位;第二、增加了职工生活的困难,由于城市知识青年集中来团,在生活安排上带来许多困难,虽然国务院规定知识青年由遣送单位发给 500 元安置费,但这远远解决不了实际问题,首先是住房问题,原来农场房子本来又少又破,职工都住在家里,吃在家里。知识青年大量增加,首先要有男女集体宿舍、食堂和其它用房。而且还需要抽出许多管理和服务人员去种菜、做饭、烧水、烧炕等。增加了后勤供应工作。医疗治病,文化娱乐,冬季烧柴,烧煤等负担都增加许多,过年过节还要照顾好他们的生活,做好他们的政治思想工作,这给当时的政治思想工作、生活管理等都带来了大量的困难,尤其是基层干部负担更重。

(第三编第四章《黑龙江生产建设兵团时期(1969—1976 年)》,第 82—84 页)

1969 年,农场组建为沈阳军区黑龙江生产建设兵团二师九团,九团党委为了安置大量城市知识青年和扩大生产规模,利用天旱地干的有利时机,集中人力、物力和机械力量。在团部西南大量开荒,用老连队包建新连队的办法,新建 13 个农业连队。耕地面积和播种面积迅速扩大。

(第四编第一章《农业》,第 122—123 页)

1969 年，新建 13 个生产队，城市知识青年大批来场后，不断充实到机务队伍中。到 1976 年，各机车都按定编配齐了人员，大型车 6 人，中型车 5 人，小型车 2 人，每台车有知识青年 2—3 人，许多知识青年成为包车组长和副驾驶员。

1977 年开始，城市知识青年陆续大量返城，尤其 1978 年、1979 年两年，返城形成高潮，造成机务战线大量减员，机务队伍出现青黄不接现象。据计财部门统计记载：1978 年全场机务人员 1 704 人，1979 年 1 398，一年减少 306 人。　　（第四编第二章《农机》，第 186 页）

1966—1971 年，城市知识青年"上山下乡"来场。其中，哈尔滨 1 810 人；天津 300 人；北京 1 230 人；上海 1 810 人；温州 260 人；佳木斯 200 人；鹤岗 300 人；萝北 300 人；计 5 000 余人。使农场的职工总数成倍增加。

从 1977 年开始，城市知识青年通过病退、困退、招工、参军等大批返回城市，1978—1979 年最为集中，1984 年底仅剩 395 人。　　（第四编第九章《劳资》，第 255 页）

1975 年至 1976 年，由于知识青年返城，两年减少驾驶员 35 人。造成驾驶员缺员。

（第四编第十四章《交通运输》，第 284 页）

在户口管理上，除每年的"四项"变动外，农场有一次较大的变更，即：1966 年至 1975 年，部分城市知识青年陆续来场。1979 年底，大批知青返城，为了加强户口管理工作，分局下设 5 个派出所。　　（第五编第六章《公安》，第 369 页）

《延军农场志》

黑龙江省延军农场志编审委员会编，（内部刊行）1991 年

1969 年 2 月 6 日，撤销延兴农场名称，组建十三团。代号"设字 206 信箱"，隶属兵团二师。

十三团组建后，按部队编制设司令部、政治处、后勤处，下设股。生产队改称连队。团机关各部门领导正职由现役军人担任，副职由原农场领导和知识青年中的积极分子担任。连队的主要领导由原农场的生产队长和支部书记担任。副连级干部由知识青年中的积极分子担任。连队的武装排由知识青年和原农场青年职工组成，排级干部从青年中选优录用。农场老职工和家庭历史有问题、本人表现不好的青年组成农工排，排班干部由老职工中和知青中选拔，由老职工任正职，知青任副职。

全团干部中只有现役军人 20 多名，他们只在团、处、股担任正职领导工作。十三团的主力仍是 1958 年转业官兵、山东支边青年和山东移民、"66、3"转业官兵。另外，从 1968 年开

始,北京、上海、天津、温州、哈尔滨等地青年相继来场,共2 093人;这是一股很有生气的战斗力量,成为建设延军的四大主力之一。十三团的领导,任用基层连队的干部,注意了新老搭配、以老带新,调动了四大主力的积极性,发扬了农场艰苦奋斗的传统。

(第二编第三章《兵团时期》,第43页)

1970年,根据中央(70)5、6号文件精神,十三团开展了轰轰烈烈的"一打三反"运动,(即反对贪污盗窃,反对投机倒把,反对铺张浪费,打击现行反革命)和"两个深挖"(深挖五、一六分子,深挖特务间谍)运动。……如:北京知识青年暴示范,他用毛主席检阅红卫兵的画页揩屁股,被打成现行反革命,戴帽管制。文革结束后,认为定性过重,按一般错误处理。

(第二编第三章《兵团时期》,第45页)

1973年,十六团团长黄砚田、参谋长李耀东因奸污女知识青年被判死刑。这是阶级斗争新动向。十三团也抓出了奸污亲生女儿的军务股长张延坤,被二师法庭判处八年徒刑。还揪出了奸污女知识青年的后勤处长李占贵,召开多次批判大会,后来,打证言的女青年推翻证词,十三团释放了李占贵。

(第二编第三章《兵团时期》,第46页)

第六节　知识青年

从1968年秋天开始,北京、天津、上海、哈尔滨、温州青年相继来场,共2 093人。比原农场职工增加了一倍。十三团开荒建点,扩大生产,八年间共建了9个生产连队扩大耕地面积一倍,达到了162 867亩,建生产用房面积13 833平方米,建职工住房面积111 801平方米,给青年们创造一个良好的生活环境和工作环境。青年们在劳动中增长知识,开阔眼界,改造了自然,锻炼了自己。

广大知识青年来场后,在党团组织的关怀教育下,在老职工的耐心帮助下,许多人很快成为兵团建设的主力军和骨干。有些人被调到团部商业、文教、卫生、电业等部门工作;有些人当了连队领导干部,有些人被评为团、师、兵团的先进分子。如卫生队的北京女青年程晓凤,刻苦钻研医疗技术,成为十三团、二师的先进人物。上海女青年陈元芊积极工作,入了党,被提升为十三团副政委、二师常委,后调到团中央任职。陈元芊离开兵团五年后,在谈到她在兵团的工作时说:"党团组织对我的培养教育,老职工对我的关心帮助,给我留下了深刻的印象,是难以忘怀的。"北京青年安良城在老连长胡作良的培养下,成为一名有所作为的青年副连长。上海青年袁杰泉冬天起早劳动,上山拉石头,被石头挤断手指,仍积极工作,被人赞为:"手断心红志更坚。"1973年调到一中任副指导员,群众推荐他上大学,他坚决拒绝。九连的上海青年孙财宝每年积肥一千多吨,是当时著名的积肥能手,群众推荐他上大学,他坚决不去。兵团八年时间,十三团的知识青年中出现了许多先进人物。

1977年,知识青年开始大批返城。仍有少部分青年坚持扎根边疆。如:上海青年孙振杰,坚决留在延军农场工作,先后任团委书记、宣传部长、城建办主任。哈尔滨青年尹长升坚持留在延军农场职工医院工作,任住院处主治医生,农场送他到哈医大进修。商店售货员北京青年李玉珍,家中已给她办妥了回北京城的手续,她没走,仍安心在边疆工作。还有一些城市知识青年坚持在生产队工作。

返城风刮得很硬,一些原来立志扎根边疆的青年开始动摇,最终返回了城市。如:有个青年曾写血书要求到北大荒来:"永远紧跟毛主席,扎根边疆志不移!",还有个青年为下乡改了名字:"下乡",但后来终于耐不住边疆的风雪,返回了城市。

一场轰轰烈烈的知识青年上山下乡运动终于以返城风宣告结束。

(第二编第三章《兵团时期》,第 50—51 页)

(1968 年)6 月,浙江温州市下乡青年×××淹死在黑龙江中。

(第三编《大事记》,第 70 页)

8 月,北京、上海、天津等市知识青年来场参加支边建设。 (第三编《大事记》,第 70 页)

(1969 年)5 月,第二批城市知识青年来场。 (第三编《大事记》,第 71 页)

(1970 年)4 月 8 日,工程连知识青年张加宝触电身亡。 (第三编《大事记》,第 71 页)

(1977 年)12 月,工程连哈市青年王公春在伐木时被砸死。(第三编《大事记》,第 74 页)

(1978 年)6 月 2 日,哈市青年关俊清寻衅闹事,被八连群众打伤,经抢救无效死亡。

(第三编《大事记》,第 74 页)

(1973 年规定)青年探亲路费:按应探亲人数的百分之五十计算,每人平均核给 63 元。

(第四编第十二章《计财》,第 192 页)

1958 年 10 月至 1963 年 2 月,萝北农场二分场时期,职工队伍的构成是:1958 年的转业官兵、知识分子、科技人员、技术工人、山东移民、山东支边青年,佳木斯市的支边工人等,共为 3 137 人,正式职工 932 人。

1963 年 3 月至 1969 年 2 月,延兴农场时期,在萝北二分场的基础上,职工队伍的构成是:1966 年 3 月转业官兵 250 人,1968 年 8 月北京知识青年 45 人,1968 年 9 月上海知识青年 80 人,历年来场的大中专知识分子、科技人员、技术工人,职工子女就业等,职工人数达到 3 735 人。

1969年2月至1976年12月,二师十三团时期,职工队伍的构成为:在农场的基础上新增加了北京、上海、天津、浙江、哈尔滨、佳木斯等各大城市的知识青年1 275人。全团共有职工3 471人。

1977年1月至1984年12月延军农场时期,职工队伍的构成为:大批知识青年返城,农场职工队伍变化很大,除了原有的知识分子,科技人员,技术工人外,安排了大量的投亲靠友人员,接收了萝北县尖山公社、庆峰大队、名山农场过度来的97名社员。到了1980年农场职工人数达到4 620人。

(第四编第十三章《劳动工资》,第202页)

1973年5月,对1971年以来参加工作的知识青年,职工子女,社会青年,实行发生活费的办法,即参加工作第一年24元,第二年28元,第三年32元。

(第四编第十三章《劳动工资》,第211页)

强奸案:1975年,延军农场发生了一起手持刑具的强奸案。罪犯是兵团十三连北京青年王忠。他利用看管犯人之机,将洋灰垛一名小学女教师用手铐铐住后强奸。王忠还恬不知耻地对别人说:"老婆已找到手了"。在发案的当晚,被害人向学校领导写了绝命书,准备自杀。绝命书由学生送到二中。学校领导立即向十三团保卫股报案,保护了女教师。当晚九时,逮捕了罪犯。经审讯后判处王忠五年徒刑。　　(第五编第三章《公安》,第258页)

兵团时期,知识青年能歌善舞,业余文化生活开展得生动活泼。十三团成立了毛泽东思想宣传队,还成立了业余文学创作组。各连队也成立了板报组、报导组。

(第七编第三章《福利文化生活》,第306页)

《黑龙江省共青农场志》

黑龙江省共青农场志编纂委员会办公室编,(内部刊行)1994年

第二节　青年志愿垦荒队开垦荒原

1.垦荒火炬

1955年5月,毛泽东主席发表"农村是个广阔的天地,在那里是可以大有作为的"指示,共青团中央为此向全国广大青年发出号召:"到农村去,到边疆去,到祖国最需要的地方去"。北京市石景山区西黄乡22岁的共产党员、乡长兼团支部书记杨华率先响应,他联合庞淑英等4名青年作为发起人,向全市青年倡议:组成北京市青年志愿垦荒队,远征北大荒。仅10天时间,报名人数达587人。团市委从中挑选60名青年,由杨华任队长,组成全国第一支青年志愿垦荒队。8月30日,垦荒队在首都1 500人参加的欢送大会上接过胡耀邦代表团中

央授予的垦荒大旗,辞别北京,乘车北上,9月3日抵达萝北垦荒点,9月10日在垦荒点举行了"开荒第一犁"剪彩仪式,从此,揭开了全国青年志愿垦荒的序幕。随后又有哈尔滨、天津、河北、山东各地共14批垦荒队员2602人汇集萝北荒原,在"萝北青年垦区工作委员会"的领导下,高举垦荒火炬开始了开发建设北大荒的新篇章。

2. 艰苦岁月

从1955年到1958年,垦荒队员以火热的激情坚强的意志闯过了北大荒的蚊虫关、冰雪关、农活关,终于站稳了脚跟,建起了家园。

1955年的冬天,对于垦荒队员是第一个严峻的考验,他们冒着零下30多度的严寒上山伐木。许多队员的手脚被冻坏,晚间睡在帐篷里,早晨起来被子和衣服上结满了冰霜,鞋子冻得铞铞硬。困难没有吓倒垦荒队员,他们以顽强的意志胜利地渡过了北大荒的第一个冬天。同冰雪关、蚊虫关的自然困难相比,最大的困难还是农活关。他们虚心向当地老农学习,用原来什么农活也不会做的双手,打出了井,盖起了房,开出了地,种出了粮。1956年5月4日在萝北荒原上建立了北京庄、天津庄、河北一庄、河北二庄、胶南庄、临朐庄、惠民庄、哈尔滨庄(5月9日成立)八个集体农庄。

在艰苦的岁月中,有些队员动摇了,部分动员离队了,经过及时开展政治思想工作,大多数队员坚定了战斗到底的决心。

3. 党的关怀,人民的支持

为鼓励垦荒队员的斗志,胡耀邦于1956年6月7日到10日代表团中央来到萝北青年垦区视察,并赠给垦荒队员:"忍受、学习、团结、斗争"八个大字。

垦荒队员从北京出发起,就受到了全国人民的大力支持和热情鼓励,全国各地的鼓励信件像雪片一样飞向萝北青年垦区,并且还有苏联、日本许多外国朋友的来信。全国各地人民自愿为垦荒队购买马匹、农机具、种子及捐款,总额达12万元。《中国青年报》、《人民日报》和垦荒队家乡各省市的报纸都及时报道过垦荒队的消息和事迹。杨华和庞淑英被选为建设社会主义积极分子参加了全国青年建设社会主义积极分子大会。

1955年9月到1956年3月,垦荒队员共开荒1200亩,耙地350亩,伐木6万棵,砍柴27万斤,打草20万斤,盖宿舍36栋,马棚30间。1955年到1958年总共开荒6.3万亩,生产粮豆3000吨。

(第二编第一章《建场前期》,第35—37页)

第四节　城市青年屯垦戍边

1968至1970年,十四团按照上级的统一部署先后妥善接收安置了北京、上海、天津、哈尔滨四大城市青年4291人。城市青年来团屯垦戍边受到了团、连各级组织和职工群众的热情接待。

城市青年有文化、有能力、有热情、有干劲。他们绝大部分好学上进,在党的培养教育和老职工的指导扶持下,成为继青年志愿垦荒队和转业官兵之后农场建设事业的第三批生力军。在机务队伍中城市青年占 60％,在教育战线上有 148 名城市青年担任中、小学教师。其它如财会、基建、科研、卫生、通讯、警备等项重要工作岗位也大多数由城市青年担当。在生产一线和抢险救灾、军事训练等项艰巨的任务面前,城市青年都首当其冲,成为先锋和闯将。他们还把城市的生活习惯带到了兵团,使这里的北大荒人在住宅室内设计、家具摆设、衣着打扮诸方面都受到影响,形成了既不像城市又不像农村的特点。

十四团每一片土地都留有城市青年的足迹,每一项事业都凝结着他们的汗水,他们为十四团的各项事业作出了贡献,同时也锻炼了自己。截止到 1978 年,有 108 人立功受奖,103 人在各条战线上被提拔到排、连、团各级领导岗位,193 人加入了中国共产党,1 190 人加入了中国共产主义青年团,42 人参加了中国人民解放军,335 人被送到大、中专院校学习。

城市青年在此战斗生活了十年,1979 年大批办理了病退、接班手续陆续返城计 4 146 人,留下 145 人。城市青年大批返城后,农场各项工作骨干力量剧减,使农业生产、文教、卫生等受到很大的影响。机务队伍缺员 30％,教师缺员近半,针对这些情况,农场党委决定招收一部分投亲靠友人员,解决了生产力的不足;通过招考选拔教师、办师资班等办法,经过多年的努力才解决了师资不足问题。

（第二编第四章《兵团时期》,第 53—54 页）

(1955 年)8 月 30 日,以杨华为首的全国第一支青年志愿垦荒队——北京市青年志愿垦荒队 60 人高举胡耀邦代表团中央授予的垦荒大旗,从北京出发奔赴黑龙江省,9 月 3 日抵达萝北县垦荒,揭开了全国青年志愿垦荒的序幕。

9 月 10 日,北京青年志愿垦荒队在青年屯隆重地举行了开荒第一犁剪彩仪式,中共萝北县委书记阮永胜亲自剪彩。

9 月,北京青年志愿垦荒队发起人杨华、庞淑英出席全国青年建设社会主义积极分子代表大会。

10 月 27 日,以梅树生为首的哈尔滨市青年志愿垦荒队先遣队 104 人从哈尔滨出发,10 月 30 日抵达萝北县冤枉山以东垦荒点。

11 月 5 日,以范素兰、杜俊起为首的天津市青年志愿垦荒队 52 人从天津出发,11 月 8 日抵达萝北县,与北京垦荒队在青年屯会合。

11 月 8 日,河北青年志愿垦荒队 100 人在带队干部宋三洪、贾连荣、庞伸志带领下从保定市出发,11 月 12 日抵达萝北县青年屯,与北京、天津垦荒队会合。

11 月 12 日,中国新民主主义青年团萝北县青年垦区工作委员会在青年屯成立,管辖北京、天津、河北垦荒队。翌年三四月间,又增加管辖哈尔滨、山东临朐、胶南、惠民等青年垦荒队。

12 月 28 日,第二批哈尔滨垦荒队员 400 余人来到哈尔滨市垦荒队先遣队营地。

（第三编《大事记》,第 85—86 页）

(1956年)1月,哈尔滨市派慰问团来萝北荒原慰问哈尔滨市垦荒队员。

1月,萝北青年垦区选派杨华等五名优秀垦荒队员组成汇报团,到北京、天津、河北等地向党和家乡人民汇报垦荒队在萝北荒原生产和生活情况。

2月,第三批哈尔滨垦荒队员20人到达青年垦区。

3月22日,第二批北京垦荒队员151人在介相义的带领下到达青年垦区。

3月,第二批天津垦荒队员216人在王春普带领下来到青年垦区。

4月9日,第二批河北垦荒队员300人在田冠英、常连生带领下抵达青年垦区。

4月,山东省胶南县青壮年志愿垦荒队员300人于农历三月十八日抵达青年垦区,在老龙岗以东建点开荒。

4月20日,山东省临朐县青壮年志愿垦荒队员303人由宋法孟带队抵达垦区,在老龙岗以西建点开荒。

4月21日,山东省惠民地区桓台、邹平县两支青壮年志愿垦荒队305人抵达青年垦区,在凤翔镇南端建点开荒。

5月4日,萝北县青年垦区委员会决定各青年志愿垦荒队按地区分别建立北京、天津、河北、临朐、胶南、惠民、哈尔滨等八个集体农庄。即现共青农场七、十六、三、十二、十八、十七、五、九生产队。

6月,团中央派黎雁等两名同志来垦区看望垦荒队员,了解队员的生产和生活情况。

6月7日,团中央书记胡耀邦亲临萝北青年垦区视察,慰问垦荒队员,勉励青年们:"不要向困难低头,要坚决向困难冲锋!""要忍受、学习、团结、斗争。"还说:"希望在不久的将来能够听到鸡叫、狗咬、孩子哭的声音。"

7月12日,撤销萝北青年垦区工作委员会,垦区所属各青年集体农庄划归萝北县垦荒移民科领导。

8月,萝北县在哈尔滨庄设凤鸣乡政府,乡长刘凤廷、书记王祥,管辖北京庄、哈尔滨庄、河北庄。在胶南庄设立朝阳乡政府,乡长郭海祥,管辖天津庄、惠民庄、胶南庄、临朐庄。

10月31日,第三批河北垦荒队员264人由蠡县一区团委书记梅利希带队从保定出发,11月初抵达河北庄。

11月,第三批北京垦荒队员27人月底抵达北京庄。　　(第三编《大事记》,第86—87页)

(1957年)2月,北京垦荒队员庞淑英应邀参加中国青年代表团出席苏联在莫斯科召开的第六届农业建设社会主义积极分子代表大会,会后进行了参观访问。

7月,北京青年垦荒队队长杨华出席共青团第三次全国代表大会。

9月,庞淑英出席第三次全国妇女代表大会。　　(第三编《大事记》,第87—88页)

（1958 年）8 月 30 日，北京庄纪念垦荒三周年，中共萝北县委、县人委致信祝贺。

（第三编《大事记》，第 89 页）

10 月 30 日—11 月 12 日，哈尔滨庄，天津庄，河北庄相继举行庆祝活动，纪念垦荒三周年。哈尔滨市委派慰问团参加了哈尔滨庄的纪念活动。中共萝北县委及转业官兵代表参加各庄的纪念活动。

（第三编《大事记》，第 89 页）

（1959 年）3 月，垦荒队建立的八个青年集体农庄和 13 个自然屯、队正式并入国营萝北农场三、四、五分场。

5 月 18 日，农垦部长王震偕新疆生产建设兵团司令员陶峙岳、副政委张仲翰等到萝北垦区视察工作。

6 月，山东省夏津、武城县支边青年约 100 人（80％是女性）在完成北京"十大"建筑任务之后，由叶志远带队到四分场的北京庄、天津庄、哈尔滨庄加入垦荒行列。

7 月 2 日，山东省沂水县、沂南县支边青年 300 多人来农场参加生产建设。

（第三编《大事记》，第 89 页）

8 月，东北局书记宋任穷由副省长李延录陪同来农场到北京庄看望北京垦荒队员，询问了生产和生活情况。

9 月，垦荒队员杨华、纪根建出席全国第二届青年建设社会主义积极分子代表大会。

12 月 21 日，团中央书记胡耀邦复信杨华、庞淑英等，勉励他们为党为人民做更多工作。

（第三编《大事记》，第 90 页）

（1960 年）10 月 4 日，胡耀邦再次给杨华写信，并转给北京队的同志们，勉励他们努力提高思想，并随信赠一本刚出版的《毛泽东选集》第四卷。

11 月，农垦部副部长萧克到萝北垦区视察工作。 （第三编《大事记》，第 90 页）

（1961 年）4 月，农垦部长王震到萝北垦区视察工作。 （第三编《大事记》，第 90 页）

（1962 年）5 月，哈尔滨市 30 名女支边青年到达北京庄。

5 月 30 日，农垦部长王震到萝北垦区视察工作。 （第三编《大事记》，第 91 页）

（1963 年）6 月，农垦部长王震到萝北垦区视察工作。 （第三编《大事记》，第 91 页）

（1966 年）1 月，北京市副市长王昆仑率北京京剧三团到萝北县慰问期间来农场北京庄

看望北京垦荒队员。 （第三编《大事记》，第 93 页）

（1968 年）6 月 24 日，第一批北京知识青年 297 人到场（男 139 人、女 158 人）。

（第三编《大事记》，第 95 页）

10 月 7 日，第一批天津知识青年 300 人到场（男 146 人、女 154 人）。

10 月 16 日，第一批哈尔滨知识青年 377 人到场。

11 月 18 日—20 日，第二批哈尔滨知识青年 620 人到场。先后两批共 997 人（男 493
人、女 504 人）。 （第三编《大事记》，第 95 页）

（1969 年）4 月，第二批天津知识青年 264 人到场（男 129 人，女 135 人）。

（第三编《大事记》，第 96 页）

5 月 25 日，第一批上海知识青年 630 人到场（男 290 人、女 340 人）。

（第三编《大事记》，第 96 页）

8 月 17 日，哈尔滨第三批知识青年 243 人到达十四团。

9 月，北京第二批知识青年 1 264 人陆续到达十四团（男 665 人、女 599 人）。

（第三编《大事记》，第 96 页）

（1970 年）4 月，全团发生多起跑荒失火事故。严重时一天两起，直接威胁国家山林和人
民生命财产的安全。在灭火战斗中，知识青年首当其冲，由于指挥不当，加之"知青"没有打
火经验，致使很多人被烧伤。

5 月，第二批上海知识青年 296 人到达十四团（男 166 人、女 130 人）

（第三编《大事记》，第 97 页）

（1978 年）10 月，大批城市知识青年开始返城。 （第三编《大事记》，第 101 页）

1968 年大批城市知识青年被安排到机务队伍工作，由于当时正处于"文革"高潮期间，
受"技术无用论"的影响，机务规章被"砸烂"，没有专门组织他们的业务学习，只在实际工作
中边学边干，培养出 200 名新机务工人，壮大了机务队伍。到 1976 年全场机务工人发展到
960 名。

1977 至 1980 年城市青年陆续返城，四年中机务队伍中的城市青年返城达 350 人，给农
场的机务队伍建设和农业生产带来很大困难。 （第四编第二章《农机》，第 150 页）

（1969年）当时全连有200多名职工，由于城市青年的大批调入，技术力量较为薄弱。连队采取由老职工传、帮、带的方法，边干边学。经过短期的实际培训，大部分青年很快掌握了砌筑技能，成为基建队伍中的骨干力量。　　　　　　　（第四编第七章《基本建设》，第220页）

农场的白铁加工是从1965年建面粉大楼和1968年建修配厂用白铁修房盖开始，此项工作由工程队铁匠张君范负责。后来为解决职工生活所需，工程队又配备上海青年夏伟（后返城）、复转军人张常林当学徒。　　　　　（第四编第十一章《商业外贸》，第287页）

1958年从鹤岗请来被服工人张明文成立了被服厂，以后由邹德君等四人经营被服加工业务。1973年派上海知识青年张丽娟回上海学习被服裁剪，业务水平有所提高，被服厂增加到10人。　　　　　　　　　　　（第四编第十一章《商业外贸》，第288页）

1979年十一队城市青年吕淑艳调入供销社，成立了钟表修理铺，吕淑艳返城后又由一名本地青年修理钟表。　　　　　　　　（第四编第十一章《商业外贸》，第288页）

1970年团举办了一期财会学习班，十多名城市知识青年经培训后充实到团、连两级会统岗位，财会人员严重不足的问题得到解决。

（第四编第十四章《计划、财务管理》，第320页）

职工来源及变化

……

（二）垦荒队员　1955至1959年北京、天津、哈尔滨和河北、山东等省市来场的垦荒队员、支边青年并入到农场。在青年农场建立初期有1 212人。……

（五）城市知识青年　1968至1970年先后从北京、天津、哈尔滨、上海等市来场安置的知识青年4 291人。大部分在1978至1979年返城，到1985年在农场安家落户的还有182人，其中上海24人，北京31人，天津37人，哈尔滨83人，其它城市7人。

……

（第四编第十五章《劳动工资》，第340—341页）

1968年以后，由于城市青年大批来场，职工人数由3 000多人猛增到7 000多人，"知青"的工资都比较低，加之1963年调整工资后再未调整，所以兵团初期职工年平均工资只有533.09元，人均年收入仅259元。　　　（第四编第十五章《劳动工资》，第349页）

1955年9月3日，北京第一支青年志愿垦荒队来到萝北，到1956年11月，先后由哈尔滨、天津、河北、山东等省市组织的青年志愿垦荒队分14批来到萝北垦荒，建立了八个集体农庄,并相继建立了党支部。为加强对各地青年垦荒队的领导,1955 年 11 月在萝北县成立"中共萝北县青年垦区委员会"。1956 年 7 月"中共萝北县青年垦区委员会"撤销,各垦荒队党支部划归凤鸣、朝阳乡党委领导,隶属中共萝北县委。

(第五编第一章《党的组织》,第 369 页)

1969 年农场改为十四团时,由部队调来一批现役军人担任团和机关各科室的领导。基层单位的干部大部分是从原农场机关中降职使用的或从知识青年中选派,另一部分是从"六六、三"复转军人中选拔。

(第五编第一章《党的组织》,第 384 页)

1963 年以前,户口分别由各分场管理,人口主要来源:

1955 和 1956 年北京、天津、哈尔滨、山东、河北的垦荒队员 2 602 人。

……

1968 年 6 月,第一批北京下乡知识青年来场,随后,天津、哈尔滨、上海下乡知识青年相继来场,到 1970 年共接收城市知识青年 4 291 人,其中男 2 148 人,女 2 143 人。

(第五编第三章《政权机构》,第 418 页)

1955 年 9 月,全国第一支青年垦荒队来到萝北垦荒,建立了北京青年垦荒队团支部,随着哈尔滨、天津、河北、山东等地青年垦荒队的到来,先后建起七个团支部,一个团总支(哈尔滨青年垦荒队团总支)。1955 年 11 月团的工作隶属萝北青年垦区工作委员会。

(第五编第四章《群众组织》,第 443 页)

1955 年垦荒队初到北大荒时生活和工作条件十分艰苦,在严峻的考验面前,各青年垦荒庄点的团组织对青年、团员进行扎根边疆、立志务农的思想教育。团中央书记处第一书记胡耀邦十分关心垦荒队员的生活和工作情况,1956 年 6 月 7 日,胡耀邦视察萝北县青年垦荒点时,到各青年垦荒庄点慰问垦荒队员,鼓励大家:"不要向困难低头,要向困难冲锋,要学会生活的本领,要热爱北大荒,在北大荒扎下根,安家立业。"团组织结合青年的特点,组织大家谈理想和志向的座谈讨论,进行永不退却、战斗到底宣誓等活动,并采取各种形式开展生产突击手竞赛,利用树干钉上木板安上球筐搞篮球比赛,几台马车摆放一起作舞台,进行文艺演出。当时青年庄点的文艺节目在萝北一带较有名气,多次获奖。

……

1969 年大批"知青"下乡后,团委组织青年访贫问苦,开展社会调查,到鹤岗煤矿"万人坑"参观。请老军垦战士、老贫下中农、老垦荒队员讲场史、革命斗争史,进行"两忆三查"、艰苦奋斗传统教育,并结合青年特点,开展文体活动,培养人才,陶冶情操,为建设北大荒,稳定青年思想,扎根边疆,起到了推动作用。

(第五编第四章《群众组织》,第 444 页)

1969年，十四团成立，由于"知青"下乡，为农场的体育事业增添了新的血液，农场又一次组织起业余篮球队，宣传股干事于英为领队，江化武任教练，男队队长王伟，女队队长郑秉仁。1970至1975年连续五年夺得二师男女篮球队比赛冠军。

（第六编第一章《文化》，第461页）

1969年从"知青"中选拔了一批青年，充实到教师队伍中。为提高青年教师的素质，教育科自1972年开始，分期分批地对教师进行了培训，使青年教师的文化和业务水平有了明显的提高。1978年以后大批"知青"教师陆续返城，使教育战线再度出现师资危机。

（第六编第二章《教育》，第474—475页）

垦荒队员落脚后，开始伐木、脱坯、拧拉哈辫，盖土草房，住集体宿舍。草房大部是突击盖成，城市青年和关内来的垦荒队员盖房没有经验，房屋质量差，冬不防寒，夏天漏雨，加之失修，墙要倒，用木棍支，房屋漏，多苦草。当时形容这种住房："罗锅腰，拄拐棍儿，披头散发掉眼泪儿。"

（第七编第一章《家庭生活》，第511页）

1968年农场建起了砖瓦厂，生产队也开始建筑"穿鞋戴帽"住房。知识青年来场后，场部和各生产队为解决知青的住房问题，盖了大量的砖瓦结构青年宿舍和三用大食堂（看电影、开会、就餐）。

（第七编第一章《家庭生活》，第512页）

进入70年代中期，城市知识青年开始在农场安家，他们将各城市的家具风格带入农场。双开门立柜、三开门立柜、五斗橱、写字台、简易沙发、床头柜、"靠边站"地桌、双人床等城市化家具逐渐在农场普及。

（第七编第二章《家庭生活》，第514页）

为解决转业官兵和垦荒队员安家问题，党组织从1959至1962年曾多次从哈尔滨、佳木斯等地调来一些女青年到农场，但人数仍然较少。有些已成家的老垦荒队员或转业官兵把家居内地的亲戚或同乡介绍给垦荒的战友，有的自己返回原籍找对象，到1965年垦荒队员和转业官兵除极个别的外，均在农场安家落户。

50至60年代，由于当时的社会风气和传统习惯的影响，除一些城市来的青年和思想比较开放的转业官兵外，大多数青年男女一般不采取公开谈情说爱的恋爱方式，而是通过领导或亲友介绍对象的方式，相互了解对方的家庭、工作、身体、人品等情况，也有的在共同的工作和劳动中相识，双方有意，再通过介绍人，征询对方和双方父母的意见，同意后订婚，经过一段时间的筹备，没什么大问题就办理结婚登记手续，方便时照张结婚像。双方父母不在本地的，男女双方购买点生活用具，买套新衣服。双方父母在本地的，女方家中陪送两套被褥，男方家买对箱子、饭桌、炊具及一些简单的生活用品。结婚仪式简朴，花几十元钱买些喜糖、香烟、瓜籽等举行结婚典礼。由领导、介绍人、亲戚、朋友主婚和证婚,宣读结婚证书,新郎、新娘介绍恋爱经过,向毛主席像敬礼,向父母、主婚人、证婚人、来宾敬礼,新郎新娘互相敬礼,代表讲话,亲朋好友送些简单的礼物,吃糖、吸烟、喝茶,来宾欢笑逗乐,祝贺一番,婚礼宣告结束,新的小家庭就此建立。婚假三天后上班工作。 （第七编第二章《风俗》,第 516—517 页）

70 年代,大批城市青年年龄逐年增大,国家又号召知识青年做扎根派,他们在共同的工作和劳动中相互了解,共同的理想和命运使他们产生爱情,结成夫妻。同一城市的居多,还有城市和本地青年结婚的。他们思想开放,公开谈情说爱,花前月下,山边道旁,互相倾述思想、志趣、爱好,探讨对人生的看法等。城市青年一般采取"旅行结婚"的方式,城市和本地青年结婚的先结婚典礼再去旅行。1978 年后,由于城市青年的大批返城,新成家的青年夫妇双方多数通过"病退"、"接班"等多种渠道返回城市,少数和本地青年结婚的有的做了"扎根派",有的办假离婚,开始了"牛郎织女"的两地生活。多数回城后复婚,个别青年夫妻长期分居感情破裂,造成了家庭悲剧和痛苦。 （第七编第二章《风俗》,第 518—519 页）

杨 华

杨华,北京市石景山区西黄村人,1932 年 7 月 6 日出生。北京解放后他参加了土地改革运动。1950 年 6 月加入中国新民主主义青年团,1951 年被选为北京市石景山区劳动模范,1952 年 1 月加入中国共产党,同年 4 月参加革命工作,任北京市石景山区西黄村乡乡长。1953 年出席北京市青年代表大会,1955 年 4 月出席北京市第三届团代会。

1955 年 8 月,杨华响应团中央的号召,与庞淑英等五名青年发起组织北京市青年志愿垦荒队到黑龙江省萝北县垦荒,任北京垦荒队队长、北京青年集体农庄主席。1955 年 9 月出席全国青年建设社会主义积极分子代表大会,1956 年出席黑龙江省青年垦荒积极分子大会,同年作为特邀代表出席了黑龙江省首届人民代表大会,1957 年 7 月出席中国共产主义青年团第三次代表大会。1959 年 3 月任国营萝北农场四分场副场长,同年出席了省第二届团代会,9 月出席全国第二届青年建设社会主义积极分子代表大会,1960 年 9 月出席了省第三届团代会,并被选为省团委委员。1963 年后,历任国营青年农场九队党支部书记、队革委会主任,黑龙江生产建设兵团十四团十七连、廿三连政治指导员,十四团副团长,向阳农场副场长,宝局农工商联合企业公司向阳分公司副经理（副场级）等职。

1974 年 8 月出席了省知识青年上山下乡积极分子代表大会,1979 年 7 月作为先进集体代表出席了省委、省革委组织的知识青年上山下乡英模表彰大会。

1985 年 5 月 1 日作为特邀代表参加了在北京举行的全国新长征突击手表彰大会,受到总书记胡耀邦等中央领导的接见。

徐世华

徐世华,女,汉族,北京市石景山人,1937 年 5 月出生,1956 年 2 月加入中国新民主主义青年团,1959年12月加入中国共产党,高小文化。1956年3月响应党中央的号召随第二批北京青年垦荒队来到萝北县垦荒,到萝北后历任北京垦荒队队员、拖拉机学员、穆桂英包车组政治组长、农工排长、保管员,1982年7月调农场物资库任保管员。

30年来,徐世华在开发建设北大荒的事业中,始终如一勤恳工作,多次被评为农场和管局及总局的劳动模范、"三八"红旗手、模范党员。先后被选为合江地区第二届党代会代表和党委委员、萝北县第八第九届人民代表大会代表和萝北县第六次团代会代表。1963年7月被选为黑龙江省第四届团代会代表。1964年6月作为代表出席全国第九届团代会。1973年3月被黑龙江省政府授予"劳动模范"称号,7月被选为出席省第四次妇代会代表。1979年1月被选为出席黑龙江省第四次党代会代表并选为省委委员,同年被省授予"三八"红旗手称号,7月当选为出席省第五次妇代会代表,9月被中华全国妇女联合会授予全国"三八"红旗手称号,同年被农垦部授予"先进生产者"。1980年2月被黑龙江省人民政府授予"农业劳动模范"称号。1983年7月作为列席代表出席了黑龙江省第五次党代会,同年被省妇联授予"三八"红旗手称号。

庞淑英

庞淑英,女,北京市门头沟区永定乡何各庄人,生于1933年3月,1951年2月加入中国新民主主义青年团,1953年5月加入中国共产党。1955年8月与杨华等人发起组织北京青年志愿垦荒队赴黑龙江省萝北县垦荒。历任萝北青年垦区四大队党支部副书记、北京青年集体农庄副主席兼团总支书记、萝北农场四分场三队副队长、三分场妇女干事、供销社副主任、萝北县凤翔镇街道办事处主任、三分场工业联合加工厂党支部副书记、名山农场基建队党支部副书记、托儿所所长、向阳农场七队(北京庄)副队长等职。1982年8月退休。

1955年4月出席北京市第三届团代会,1955年9月出席全国青年建设社会主义积极分子代表大会,1957年2月应邀参加中国青年代表团出席苏联第六届农业建设社会主义积极分子代表大会,会后进行了参观访问,同年3月出席黑龙江省妇女代表大会,9月出席了全国第三届妇代会。

(第八编第二章《人物简介》,第529—531页)

一、杨华等人发起组织北京市青年垦荒队的申请书

青年团北京市委员会:

我们是北京市郊区的5个青年人。我们早就想给你们递这份志愿到边疆开荒的申请书。最近我们5个人在一块儿琢磨了好几天,觉得该向我们的团组织提出来啦! 我们愿意用我们青年团员的荣誉向你们提出:请批准我们发起组织一个北京市青年志愿垦荒队到边疆去开荒,使我们能够为祖国多贡献一份力量。

当我们知道祖国有10几亿亩的荒地在边疆闲着睡大觉,党和国家又号召我们去进行开垦时,我们就恨不得马上跑到边疆去,叫那黑油油的土地全部翻个个儿,不许它长野草,要它

给我们生长出粮食！那么好的土地为什么不可以为社会主义服务呢？

我们几个人在一块算了一笔细帐，要是我们组织一个 60 人的垦荒队，我们就可以不要国家掏一个钱，为国家开垦 3 000 多亩荒地，增产 30 多万斤小麦。当然要开垦这样多的土地，是需要一定数量的投资，我们自己没有多少钱，如果团组织能够允许北京市的青年给我们一些支援，到了明年，我们将要双手捧着自己生产的粮食来表示我们没有辜负团组织和全市青年对我们的信任。

我们知道，到边疆垦荒会碰到各种各样的困难。可是，一千条困难，一万条艰苦，比起为了社会主义的伟大事业来，那不过是大海里的一丁点水。我们的祖先已给我们耕出了 16 亿多亩的土地，他们经历了多少艰苦？耗尽了多少心血？我们是毛泽东时代的青年战士，我们不是那种饭来张口、衣来伸手，老守着热炕头的人，我们有志气做一名志愿垦荒的先锋队员。亲爱的团组织，请允许我们行动起来吧！

我们不是说空话的人，不管边疆的路程多么遥远，也拦不住我们远征的决心！不管边疆的风雪多么寒冷，也吹不冷我们劳动的热情！边疆，那正是考验青年人最好的战场。苏联共青团员建立共青团城和开垦荒地的榜样在鼓舞着我们！胜利在向我们招手！让我们高举起志愿垦荒队的旗帜大踏步前进吧！

杨　华、李秉衡、庞淑英、李连杰、张　生

1955 年 8 月 9 日

（原载《中国青年报》1955 年 8 月 16 日）

二、团中央第一书记胡耀邦在北京青年欢送志愿垦荒队大会上的讲话

（1955 年 8 月 30 日）

向 困 难 进 军

垦荒队的同志们：

我代表青年团中央欢送你们，欢送你们到我们伟大祖国的边疆——黑龙江去开荒。

大家都说你们是光荣的第一队，是中国青年的一个有意义的创举，你们的行为，是英勇的行为，是爱国的行为。为什么这样说呢？因为你们肯到祖国最需要的地方去，敢到最困难的地方去。现在大家都说，要英勇的奋斗，要有高尚的爱国行动。到底什么是高尚的爱国的行为呢？这就是：到祖国最需要的地方去，到最困难的地方去！

同志们这次是到黑龙江开荒。为什么要开荒呢？就是因为我们的祖国需要增产粮食。有人说，我们国家的粮食还不充裕，还有点紧张。这是对的。但是为什么有些紧张呢？并不是因为我们国家生产的粮食少了，而是因为人民的生活在不断的改善和提高，粮食需要增多了。因此，我们就要用各种办法增产粮食，来满足人民日益增长的需要。增产粮食要采用什

么办法呢？党中央告诉我们主要有三条办法：一是加快农业生产合作社的发展，这是当前最主要的办法。二是进行各种农业技术改良，这是必须大力推行的办法。三是积极地有计划的开荒，这是极有前途的办法。几千年来，我们的祖先把 16 万万亩荒地变成了耕地，留下了 15 万万亩荒地在那里睡大觉。志愿垦荒队的同志们说得好：我们中国青年一定不能让那些荒地长期睡觉，长期长野草，一定要有计划地叫它们长粮食，要它们为祖国的社会主义服务。

你们是志愿报名去开荒的。自从杨华等 5 名同志发起开荒到昨天为止，14 天以来，报名的人数已有 803 人，其中北京市有 564 人，另外还接到其它 19 个省、16 个大中城市的 239 名青年报名请求参加。这就表明我国广大青年是热烈响应开荒号召的。这次只去你们 60 人，你们是从 803 人中选出来的"状元"，既然你们是被选出来的代表，你们就不能丢人。假使你们去了一两个月或半年一年，有人实在忍受不了那里的困难，就请这样的同志采取请假的办法回来，以便我们另选后补队员去接替，千万不能采取不辞而别"开小差"的办法逃回来。"开小差"，那就是丢了北京青年的丑，也丢了青年团组织的丑。

你们这次只去 60 人，是否太少了。同志们，先去少一点不要紧。中国青年报讲的好：你们是垦荒工作中的星星之火。大家知道，星星之火是可以燎原的。在 1927、1928 年时，毛主席在井冈山领导的革命武装部队只有几千人，但这个井冈山星星之火，经过 20 年左右的光景就燃遍全中国，把反动政权完全打倒了。现在你们这 60 人，也叫星星之火。团市委已决定明年三四月时至少再选拔 300 人到你们那里去，后年至少选拔 500 人到你们那里去，以后每年还要逐渐增加。这就是说，我们将用稳步前进但是一贯到底的顽强精神，把你们那里变成一个巨大的集体农庄。同志们，苏联青年可以在远东荒原上建筑起共青团城，北京市青年为什么不能够在黑龙江的荒原上建立起一个北京青年农庄！？我认为，我国的青年不只是要建设一个，而是要在 15 万万亩的广阔无垠的荒原上，建立起千千万万个这样的农庄来。

你们这次去开荒，没有花国家一个钱，这是得到了北京市青年的支援。这件事只有在共产党领导下的新中国才能办得到。历史上从来没有哪一个朝代能够办出这样漂亮的事情来。在你们发起开荒短短的半个月的时期内，我们没有让全市青年都来支援你们，但是许多青年自动支援你们 69 698.47 元，此外，还有外省的青年寄来了 67 元。是否把这 6 万多元的支援款都给你们呢？不是的，你们要不了这样多。团市委决定只给你们七大项：一是 35 匹牲口，二是 10 副新式农具，三是两辆大车，四是 3 000 亩耕地的种子，五是路费，六是一年的口粮。明年以后你们就要吃你们自己亲手种的粮食。此外，还有个第七，因为那里太冷，给你们每个人一件老羊皮。这七项合起来是 31 500 元。剩下的钱是要留给第二批、第三批志愿垦荒队。这就表明，我们只应该给你们必要的支援，你们应该用自己的双手独立去建立自己的美好生活。同志们，在党的领导之下，用自己的双手去创造我们自己的幸福生活，这就是社会主义原则，这就是我们搞社会主义不可战胜的无穷无尽的力量。

你们这次去，并不是开了荒就回来，而是要在那里安家。现在你们是北京人，到了那里之后，你们的籍贯就要改成黑龙江人了。你们自己说得好，要从光荣的北京人变成一个光荣的黑龙江人。当然，将来你们到北京这个老家来"走亲戚"我们是欢迎的。希望你们大家都好好劳动，用自己的路费在闲暇季节轮流地回老家来看看。

黑龙江的青年正热烈地欢迎你们去，他们帮助你们盖了几间简单的房子，还决定派 10 个青年和你们一起开荒，那里的国营农场也准备派一个指导员指导你们开荒。但是困难还是很多很多的。有同志说：困难只有三条。不！同志们，不只三条，要准备有 30 条、300 条。天气冷这一条，就会产生很多困难。许多困难绝不是像我们所想象的那样简单。搞社会主义困难更多，决不是如某些同志所想的，好比躺在软席卧车上，一下子就可以走到一个社会主义乐园里去。既然有困难，那么我们应该怎样对待困难？我看就是四条八个字：忍受、学习、团结、斗争。困难只能欺负懦弱的人，困难害怕坚强的战士。前面有困难，不应该退却，而要前进。搞社会主义不但要"向科学进军"，而且要"向困难进军"！有一千条困难，就要打破一千条，有一万条困难，就要打破一万条。对待困难，也要像对待那些暗藏的反革命分子一样，就是要坚决、彻底、全面、干净地把它消灭。

你们今天下午就出发了。到那里还能够开荒 20 天到 30 天。你们到的第二天就要立即动手开荒。你们在今冬明春干些什么呢？我想要干好下面五件事情。第一件事情是开荒。争取时间把荒地翻过来。究竟能开多少由你们自己去商量。根据我们的计算，35 匹牲口，10 部步犁，再加上你们 120 只手，大概可以开 2 000 亩。9 月 20 日要召开全国青年社会主义建设积极分子大会，团中央决定要你们派两个人来参加，请你们在会上报告开荒的成绩。第二件事情是盖房子。希望你们能用自己的双手把房子盖得漂亮一点。我们反对用国家的钱把房子盖得太漂亮，这叫做浪费。但你们用自己的双手把房子盖得漂亮一点，那就不叫浪费。也希望你们把房子盖得略微多一点，因为会有些人想去参观，我就是一个。我已经向团中央书记处报了名，明年四月或五月到你们那里去看看。看看你们劳动得好不好，看看你们自己房子修得怎样。第三件事情是搞副业。地冻了后不能开荒就伐木，就拉大车搞运输，同时还可以打猎。除了开荒以外，你们一定要想办法把副业搞好。第四件事情是割草。35 匹牲口所需要的饲料多得很，你们应该多割些草堆积起来，不能光是依赖用北京市青年支援的钱去买草料。第五件事情是业余时间要好好学习。要学文化，看报纸。今天有演员给你们演戏，但是到了那里，既看不上戏又看不上电影。没有这些怎么办呢？没有就读书。希望你们不单单劳动好，而且还要"学习好"。

同志们，因为你们这种志愿垦荒的行为是爱国行为，团中央决定授予你们一面"北京市青年志愿垦荒队"的旗帜。这面旗帜代表了全国 12 000 万青年对你们的希望，请你们不要沾污了这面旗帜。祝你们高举这面旗帜英勇地前进！

三、北京市青年志愿垦荒队举行开荒仪式誓词

我是一个青年志愿垦荒队的队员，我志愿来到了萝北县，面对着祖国的河山，脚踏着边

疆的荒地,背负着人民的希望,我们宣誓:

第一、坚持到底,不作逃兵,要把边疆变家乡。

第二、勇敢劳动,打败困难,要把荒地变乐园。

第三、服从领导,遵守纪律,决不沾污垦荒队的旗帜。

第四、完成计划,争取丰收,为后来的青年们开辟道路。

倘若我违背了自己的誓言,辜负了党的教导,我愿受集体的制裁,我一定要全心全心意完全实现我的誓言。

宣誓人:

1955 年 9 月 10 日

四、青年垦荒队队歌

按:在当年的垦荒队员中,有两首大家最爱唱的歌,一首是袁石作词、李德熙作曲的青年垦荒队队歌;一首是著名作曲家瞿希贤根据 1955 年 8 月胡耀邦在北京青年欢送志愿垦荒队大会上的讲话,谱写的《青年们,向荒地进军》,现记录歌词如下:

1. 青年垦荒队队歌

告别了母亲,背起行装,

踏上征途,远离故乡。

穿过那无边的原野,

越过那重重的山岗,

高举起垦荒的旗帜,

奔向遥远的边疆。

勇敢地向困难进军!

战胜那风雹冰霜!

在那荒凉的土地上,

将要起伏着金色麦浪,

让那丰收的粮食,

早日流进祖国的谷仓。

在那辽阔的土地上,

我们要建立起美好家乡,

用我们辛勤的双手,

建设祖国富饶的边疆。

2. 青年们，向荒地进军

我们青年不能让荒地长野草！

一定要让它生长出粮食来。

我们青年不能让荒地睡大觉！

一定要它为祖国服务。

青年们，到祖国伟大的边疆去！

垦荒队员们！ 向荒地进军！

有一千条困难就打破一千条，

有一万条困难就打破一万条，

在党的领导下，

用我们的双手创造出幸福的生活。

五、胡耀邦在 1959、1960 年给北京青年垦荒队杨华等人的两封信

1. 胡耀邦给杨华等五名垦荒队发起人的信

（1959 年 12 月 21 日）

杨华、李连成、李秉恒、庞淑英、张生诸同志：

接到你们的信，很高兴。

不清楚你们和北京垦荒队同志们以及其他垦荒队的同志们的消息，已经一年多了。但是，我想你们一定能够相信：我没有忘记你们，没有忘记积极响应党的召唤，为祖国需要，在严寒的北大荒而英勇奋斗的全体同志们。

我不知道你们被什么人诬告了你们是反党小集团的详细情形。现在党给你们弄清楚了，这用不着多说了。

我关心的是，你们一定要好好听从党的领导。应该懂得：你们勇敢地去北大荒，在北大荒艰苦奋斗了多少年，党决不会不关心和爱护你们。这是一方面。但是另一方面，你们政治上还不成熟，你们思想上都可能还有这样或者那样的缺点，而你们又担负着一个很重要的责任。应当怎样不辜负党对你们的期望呢？这就需要特别听党的话，有了事情多向上级党委请示。随时相信党，遇事就就业业，总会一天一天地能够多为党、多为人民作更多的工作。

衷心地希望你们下定决心，全心全意地领导大家在那里安家立业，为祖国增产粮食。

今年的生产情形怎么样？同志们的情形如何？有时间告诉我一些更具体的情况。

请转告大家，我再次向英勇奋斗的各个垦荒队的全体同志问候，再三、再三，还要再三地祝全体同志为我们可爱的祖国的伟大的社会主义建设而努力前进！

胡耀邦

1959 年 12 月 21 日

2. 胡耀邦给北京青年垦荒队队员的信

（1960年10月4日）

杨华同志并转北京队的同志们：

今天，我也去我们机关的劳动基地种了一会麦子。回来，在高秘书的桌上看到了你们9月19日的来信。

你们说，好久没有给我回信，我不会怪你们。但是，我希望你们定期给我通点气，要随便些，不要系统地汇报工作，写点你们中间的重要情况，也写点你们大家有些什么想法和要求。下次回信可以在12月底，最好是30日那天，因为那天大家总会有一点感想。

上次给你们的信，你们来信说讨论了几次。这可讨论得多了，应该节省时间，爱惜时间。把时间放在最重要的事情上去。这一次信如果你们觉得有点用，转给各小队看一看，读一读也就可以了。

5年，你们一共修了3 000平方米房子，开了18 000多亩荒地，生产了40 000万斤粮食。这实在是一个了不起的成绩。不知你们又算过没有？如果以每个人计算，即平均每人每年30多万斤。是不是信上把数弄错了？

5年，就是说，你们已完成了一个极其光荣、极有贡献的第一个五年计划。我希望你们再作个第二个五年计划，向更光荣、更有贡献的目标前进！

你们说，你们的生活提高了，这是应该的，是你们用自己的双手创造的。希望你们用双手、用智慧在增加生产的基础上把生活提得更高。

但是，在提高生活中绝对不能忘记提高思想。请告诉每个队员：绝不能把自己看成是一个混饭吃的人。如果一个人一生只是为了混饭吃，那有什么意思？岂不是同一般的动物，例如像猴子、麻雀之类的东西相差不远吗？

从这点出发，我更高兴你们18位同志入了党，22位同志入了团。我更祝贺王海民同志进步得很快，担任党的副支部书记了。我希望海民同志深刻理解党对你的期望，绝不能把这个职位当成官位，必须很好地同大家一起劳动，一起生活，一起商量办事，一起努力前进！

29位同志结婚了，添了31位小垦荒队员，也很值得庆贺。你们是先立业，后成家的。这是对的。我希望没有结婚而应该结婚的同志们都配起对来，不要把眼睛望着外面，老是想到城里去找，到另外部门去找。在一块生活了几年，同过患难，共过甘苦，这样结合的夫妇是政治高尚、感情高尚的比翼鸟。这件事，我也希望你们议论议论，别要害臊。

当然，你们成了家之后，希望大家和和气气。也要适当注意节育，别像结葡萄一样，结那么一大串。

你们还谈到电气化问题。我想，这是不成问题的问题。毛主席不是说过吗？五年小解决，七年中解决，十年大解决。这十年大解决是指全国范围的。我看你们那里决不会超过五年。我们的伟大祖国的农村和农业，一定有伟大的光明的前途，只有1 800度的近视眼才看不见啊！当然，我不是说你们中间有这样的近视眼，我只是说，你们这群先进分子，应该从那里得到力量,更加加油前进!

　　没有什么东西送你们。出版机关多给了我两本毛选第四卷。现在分一本给你们。一本,对 300 多人的队伍来说,实在太少。但是,这很有意义。意义就在它是毛主席对你们——当然也是对我们全国的人最好最有用的教言。我想,你们那里不一定能够买到,我建议你们轮流阅读,也下个决心,在今年年底把它读完。

　　写长了。暂且搁笔。祝
大家好!

胡耀邦

1960 年 10 月 4 日晚

(第九编第一章《文献》,第 547—558 页)

《宝泉岭农场志》

黑龙江省宝泉岭农场场志编审委员会编,(内部刊行)1990 年

历年人口变化表

年　份	总户数	总人口	出　生	死　亡	迁　入	迁　出	备　注
			······				
1969	4 104	26 764	225	31	2 230	511	大批知青来农场
			······				
1979	4 918	24 456	351	55	474	2 373	知青返城
			······				

(第一编第二章《人口与民族》,第 10 页)

　　(1968 年)12 月 20 日,场革命委员会召开全委(扩大)会议,参加人员:基层革委会正副主任委员 77 人,场革委会全体委员 16 人,场大联委、基层大联委 25 人,机关各组办 20 人,知识青年 23 人,场革委毛泽东思想学习班 77 人,场文艺宣传队 23 人,总计 261 人。

(第二编《大事记》,第 37 页)

　　1969—1970 年,共接收北京、上海、天津、浙江、哈尔滨知识青年 4 752 人。

(第二编《大事记》,第 38 页)

　　(1978 年)秋,大批知识青年返城。　　　　　　(第二编《大事记》,第 40 页)

1968—1970 年间,接收了北京青年 1 680 人,上海青年 857 人,天津青年 294 人,浙江青年 255 人,哈尔滨青年 1 666 人,仅这几个城市的知青就达 4 752 人,还有由其它城市来的青年。这些青年组织纪律性强,朝气蓬勃,肯于学习,有较好的文化素质,接受新事物敏感,编入连队班排以后,组成兵团连队战士委员会。委员会多以知青为骨干,开展文体活动,唱样板戏等,活跃了连队生活。知识青年把首都和大城市的先进文化传播到农场,从而对提高边疆人民的文化素质起到了积极的作用。知识青年在基层单位生活劳动锻炼一个时期后,有的成了生产上的里手行家,有的发挥了个人特长,补充为基层管理干部和做些文牍等工作。北京女青年张锋利被提拔担任十五团的副政委。据 1973 年统计,从知青中选调到团机关各部门担任干部职务工作的就有 36 人。兵团时期学校越办越往下办,提出在生产队内办中学,有条件的办"九年一贯制"的学校,知识青年担负起教学工作的重任。自从兵团接受大批知识青年编入十五团的各个单位之后,虽然扩大了生产规模,但是每个农业工人平均耕地已由 1965 年的 114.5 亩,下降到 1976 年的 72.4 亩。

1979 年知识青年大批返城,造成干部和技术人员严重短缺,给农场各项工作造成了严重的困难。

(第三编第三章《兵团时期》,第 94 页)

历年接收外地知识青年统计表

项目 年度	北京	上海	天津	浙江	哈尔滨	佳木斯	鹤岗	其它省市	合计
1963	137								137
1965	218								218
1966					112			1	113
1967								1	1
1968	238				1 635	1	4	12	1 890
1969	1 442	661	294	255	31		6	1	2 690
1970		196				1		14	211
1971							3		3
1975					80				80
1976					237				237
总计	2 035	857	294	255	2 095	2	13	29	5 580

(第四编第七章《劳资》,第 244 页)

1963—1976 年,城市知识青年响应"上山下乡"的号召,来到农场参加生产建设,活跃了文化生活,丰富了物质生活。打倒"四人帮"以后,他们多数人以病返、接班、上学等其它原因陆续离开了农场。(见附表3)

城市名称 时间	北京	上海	天津	哈尔滨	浙江	佳木斯	鹤岗	其它省市	合计
1977 年 7 月 5 日 实有数	1 035	619	206	1 395	137				3 392
1978 年 4 月 4 日 实有数	811	591	204	1 299	105				3 010
1979 年 3 月 31 日 实有数	325	467	155	929	52				1 928
1980 年 3 月 28 日 实有数	120	93	33	400	29				675
1982 年 1 月 5 日 实有数	109	63	27	284	15				498
1985 年 4 月 31 日 实有数	115	34	22	171	8	7	62	4	423
1985 年 12 月 31 日 实有数	130	37	18	114	5	3	30	2	339
接收总数	2 035	857	294	2 095	255	7	62	29	

（第四编第七章《劳资》,第 247 页）

《黑龙江省新华农场志》

新华农场志编写办公室编,(内部刊行)1989 年

（1963 年)10 月 15 日,首批 113 名北京知识青年来场。　　（第二编《大事记》,第 36 页）

（1966 年)4 月 14 日,160 名哈尔滨支边青年来场。　　（第二编《大事记》,第 37 页）

是年(1968 年),大批知识青年来场。其中有上海、北京、天津、哈尔滨、温州等大中城市的知识青年,计 6 000 余人。　　（第二编《大事记》,第 37 页）

（1969 年)5 月,上海、北京、温州、天津、哈尔滨等大中城市的知识青年,先后大批来团。

（第二编《大事记》,第 38 页）

(1970 年)10 月 7 日,北京市慰问知识青年代表团到团进行慰问。

(第二编《大事记》,第 38 页)

(1971 年)4 月 4 日,十连小型车东方红 - 28 拖拉机去鹤岗拉煤,在峻德北的公路与铁路交叉口处,与火车相撞。知识青年王学军、赵瑶、岳琦、家属工韩桂珍当场死亡。

(第二编《大事记》,第 38 页)

(1972 年)11 月 16 日—21 日,兵团在本团召开了"青年工作座谈会",各师宣传干事参加了会议。
(第二编《大事记》,第 39 页)

(1973 年)4 月上旬,省青年慰问团来本团慰问,并了解青年安置情况。

(第二编《大事记》,第 39 页)

(1973 年)5 月 8 日,由总政保卫部、公安部、沈阳军区组织部等,组成七人调查组,来本团了解迫害女知识青年情况。 (第二编《大事记》,第 40 页)

8 月 22 日,沈阳军区在本团召开公判大会,判处奸污女知识青年的原团长黄砚田、原参谋长李跃东死刑,立即执行。

参加大会的有沈阳军区张部长,兵团颜副司令,任政委等,各师、团、兵团直属单位首长及本团干部、战士约七千人。

9 月 14 日,中央安置办、省安置办、农林局来本团检查工作。

(第二编《大事记》,第 40 页)

(1974 年)2 月 11 日,北京市从本团抽调二十名知识青年(系 66 届高中毕业)返京,做教师工作。 (第二编《大事记》,第 40 页)

(1975 年)7 月 30 日,天津慰问团一行三人,来慰问天津市下乡知识青年。

(第二编《大事记》,第 40 页)

(1978 年)秋、冬,大批知识青年开始返城。 (第二编《大事记》,第 41 页)

第二节　首批北京知青来场

1963 年 10 月 15 日,首批自愿来边疆支援农场建设的 113 名北京知识青年来到农场。青年来场后,场办起了北京青年训练队,由包德智任书记,齐建国任副队长,郭力、

1265

朱明信、张明善任政治、场史、农业知识教员,对青年进行工作前的培训。青年们在训练队利用业余时间排练话剧《千万不要忘记》,在全场各单位进行十余场次的巡回演出,受到职工群众的一致好评。经过半年多的集中学习,绝大多数青年都对农场有了初步了解,掌握了从事农业生产的基本技能。1964 年 4 月 3 日集训队结束后,一部分青年充实到农业生产第一线,另一部分被选派到机关、文教、卫生等单位工作,成为农场建设中的又一批新生力量。1964 年春节前夕,以北京市委办公室主任为首的北京市慰问团一行三人来场看望首批来场安家落户的知识青年。

(第三编第四章《东北农垦总局时期(1963—1968 年)》,第 67—68 页)

第三节　城市知识青年

兵团组建以前,已有来自北京、哈尔滨等城市的部分知识青年来场参加建设。兵团成立后,属解放军序列,对城市的上山下乡的知识青年有一定的吸引力,从 1969 年至 1976 年,先后接收来自北京、上海、天津、温州、哈尔滨的知识青年 6 500 人。随后,又有杭州、宁波、佳木斯、牡丹江、鹤岗、双鸭山等城市的青年来到农场。大批城市青年的到来,为生产建设兵团增添了新鲜血液和有生力量,起到了移风易俗、改造社会的作用,丰富和活跃了农场的文化娱乐生活。他们接受事物能力强,有进取精神,1971 年工业四连(现白灰厂)养蜂小组的 3 名北京青年,探索养蜂规律,使每箱蜜蜂平均产蜂蜜 187 斤,创这个地区蜂蜜单产最高水平,经验在《人民日报》《解放军报》《黑龙江日报》发表;上海一名青年摸索喂猪经验,使仔猪断奶6 个月就增重 190 斤;在水利会战中,一名哈尔滨青年日创挖土 48 立方,被人们传为佳话。1976 年,团党委在《关于知识青年工作情况的综合调查报告》中写到:"几年中,全团有 700名知青加入了党的组织;3 674 人加入了共青团组织;有 300 余人出席过团、师、兵团和省积代会、劳模会;有 449 人被选送到大学深造;提拔 88 名知识青年进团、连两级班子,占全团干部总数的 33%。"青年们来团不久,就成了各条战线上的骨干力量,1975 年,全团各农牧连队机务上 60%都是知识青年,科研、卫生、教育战线上的知青占总数的 80%以上。广大知青在保卫边疆、建设边疆的事业中,建立了很大功绩,为农垦事业奉献了美好的青春年华,有的献出了宝贵生命。

1976 年以后,通过招工、接班、病退、困退等形式,城市知青开始返城。到 1976 年 6 月全团城市知识青年减少到 4 500 人。1978 年后,知识青年大批返城,知青数量急剧减少,留在农场的不足 1 000 人。农场各类技术人员曾出现了青黄不接的局面,各项工作受到很大影响。

(第三编第五章《生产建设兵团时期(1969—1979)》,第 77 页)

从 1963 年 10 月 30 日起,第一批 110 名北京知识青年来场后,又先后接纳了来自北京、上海、天津、温州、哈尔滨等各大城市的知识青年 6 500 人。大批知识青年进场,使职工队伍迅速扩大,1971 年职工人数达 9 766 人。此后,农场又增加了部分杭州、宁波、佳木斯、鹤岗、牡丹江、双鸭山等城市的知识青年,这部分人都是由外场调入或两场合并时入场的。他们有朝气、有能力、有知识、有干劲,来场不久就适应了农场的生活和工作环境,很快成为职工队伍的一支重要力量,在农场的精神文明建设和物质文明建设中发挥了重要作用。此间,农场选送知青上学的工农兵学员487人,其中,北京青年166人,上海青年108人,天津94人,哈尔滨103人,温州16人。

　　正当大批青年工作及业务水平基本成熟,情绪稳定,安心投入农场建设时,社会上刮起了返城风。1976年本场刚接纳80余名哈尔滨知青不久,北京、上海、天津的大批青年便开始以病退、困退、退休接班等形式返回城市,此后,各城市的下乡青年都纷纷离场回城,到1980年,各地城市知识青年在农场的仅有1 200余人。其中,有六百余人是1979年两场合并来的牡丹江、双鸭山、佳木斯、鹤岗等市的青年。大批青年返城后,农场职工队伍成员减少,各类专业人员奇缺,生产受到不同程度的影响。

(第四编第十四章《劳动工资》,第208—209页)

　　1969年2月,农场改建兵团,为适合当时的屯垦戍边,备战备荒的需要,各基层单位都配备了一定数量的干部。全场排以上干部共1 031名。其中现役干部27人,原农场干部412人,新提升的干部592人。现役和原农场干部中,经兵团、师、团任命的153人,新提升的干部中,下乡知青占372人。干部管理权限,团级以上干部由兵团任免,连以上干部由师任免,副连以下干部由团任免。

(第五编第一章《党的建设》,第225页)

　　1964年至1969年,大批知青从城市来到边疆,为农场增加了新鲜血液,同时也壮大了团组织队伍。针对青年思想,进行"扎根边疆、建设边疆"的教育,开展了"铁心务农,扎根边疆60年"的表决心活动。表彰了一批热爱边疆,建设农场的优秀知识青年。

　　1978年到1979年,大批知青返城,部分基层团支部一度处于瘫痪状态。场党委及时地采取相应措施,配齐了团干部、举办团干部学习班、恢复了团组织建设。

(第五编第三章《共青团》,第248页)

　　1958年以前,本场教师的数量很小,最初只有一名,最多才达四名。1958年后,从来场的转业官兵中选拔出部分文化程度比较高的同志充实进教师队伍。1963年,农场接收了一批北京下乡知识青年,1966年,又接收了一批哈尔滨下乡知识青年,从这些知青中又录用了一部分做教师。1968年,北京、天津、上海、哈尔滨、鹤岗、佳木斯等地大批知识青年下乡来场,各学校陆续录用了很多知青任教。1958至1978年这二十年中,农场的师资发展情况是上升的。尤其是1968年以后,农场的教师队伍几乎都是知识青年。知识青年来自全国各大城市,见多识广,知识面较宽,且又充满活力,曾一度给农场的教育事业带来勃勃生机,促进了农场的教育事业的发展。1978年以后,大批知青开始返城,各学校返城的知青教师占教师总数的 80％以上,给农场教育事业带来极大的困难。 （第六编第一章《教育》,第 268—269 页）

俞关兴烈士传

俞关兴,男,1951 年生于上海的一个工人家庭里,1968 年毕业于上海复旦中学。1969 年 5 月,响应党的号召下乡来到本场六队（原 16 团 16 连）。同年 11 月 29 日,加入中国共产主义青年团。1970 年 3 月 14 日,为抢救 28 名阶级兄弟身负重伤,医治无效,光荣牺牲。

1970 年 2 月,为变冬闲为冬忙,生产队计划在室内脱坯烧砖。俞关兴主动承担了野外爆破取土的任务。20 日下午,他和同班战友吕连启在一条通往公路的田间道旁放炮取土。炮眼打好后,装上炸药,点燃导火线,俩人隐蔽在几十米外的土坎下。导火线"嘶嘶"地冒着白烟,迅速燃烧。突然,本队一辆满载着 28 名职工的小型车越过前面公路的高坡,顺着田间道向这边急驶而来。

车不停地向前开着,眼看就要驶进爆炸区,再过几秒钟,一场难以想象的严重事故就要发生。"把车截住!"俞关兴忽地从隐蔽点窜出来高喊。旁边的战友急忙拦住,说:"危险!""危险也要上!"俞关兴不顾一切地跳上土坎,摘下皮帽一边挥着,一边喊:"站—住—! 站—住!"车见到信号,在距爆炸区一百米左右的地方停住了。轰地一声巨响,车上的 28 名战友得救了,俞关兴却被炸蹦起的土块击中头部,倒在了雪地上。

在被送往医院的途中,处于昏迷状态中的俞关兴还断断续续地呼唤:"站—住!""救—战—友—。"入院后,由于脑炎恶化,病情逐日加重,不幸于 3 月 14 日上午 10 时 40 分光荣牺牲。遗体被葬在本队旁的向阳山上。俞关兴不愧为党培养下的好青年,工人阶级的好后代,为抢救战友,献出了自己年轻的生命,用他那青春的热血,谱写了一曲时代的凯歌。

1970 年,兵团政治部决定授予俞关兴以"革命烈士"称号。为纪念俞关兴同志的英勇事迹,原 16 团党委决定,在他生前所在单位建俞关兴烈士纪念馆一处。

（第九编第一章《人物传略》,第 299—300 页）

青年女作家张抗抗

张抗抗,女,1950 年 7 月 31 日生于杭州市。1969 年 5 月下乡到鹤立河农场,当过农工、砖窑工、伐木工,后在场文艺宣传队搞创作,又在场宣传科任报导员。1977 年 9 月在黑龙江省艺术学校学习。1979 年 7 月调至中国作家协会黑龙江省分会任专业作家。现为省作家协会理事,中国作家协会会员。其作品有:《灯》、《翔儿的氢气球》、《分界线》、《夏》、《淡淡的晨雾》等 40 余篇中长篇小说,其中获奖作品有:《夏》获 1980 年全国短篇小说奖;《淡淡的晨雾》获 1980 年全国优秀中篇小说奖;《红罂粟》获 1984 年首届上海文学奖。

1983年,以中国青年作家访问团成员身份首去西德访问,受到国内外文学届的高度重视。

在短短十年创作中,她已完成了100余万字的文学创作,成为我国文坛上一位有才华的不可多得的青年女作家,是我国文学艺苑里的一支新秀。

张抗抗在农场期间,无论是当农工、砖窑工、伐木工,还是当创作员、科员,她总是干一行爱一行,和她一起工作过的同志,常说:"别看她身单力薄,可干起活来,真有股生龙活虎的劲头"。张抗抗在场文艺宣传队时,是一名优秀宣传员,在宣传科工作时,是一名优秀报导员,曾多次受到场领导的赞扬与好评。

艺术表演家,青年相声演员姜昆

姜昆,男,1950年生于北京市,现任中国广播艺术团团长。

1968年1月下乡到新华农场,历任兵团战士,文艺宣传队员等职。1976年10月调往中国广播艺术说唱团工作。

姜昆来北大荒参加农垦建设时间达八年,他性格豪放、乐观,在他脸上很难见到愁眉苦脸的表情,天天乐合合地和战友们在一起劳动、工作,有说,有笑,给人一种亲切感。在劳动中他不怕脏不怕累,哪里艰苦他就在哪里干,在零下三十多度严寒的水利工地上,他干得满头热气腾腾,眉毛上也挂上了白霜。为鼓动群众情绪,别人休息时他还要给大家来一段自编的相声。在农场文艺宣传队里,他既是演出队员,又是杰出的创作员,是宣传队里的中心人物。

1976年10月,中国著名相声演员马季来到农场演出时,发现姜昆是个有发展前途的人才,便将其调到中国广播说唱艺术团工作。从此,他便走上了专业艺术之路。

微雕家裘永强

裘永强,男,1950年7月生于上海市。自幼在上海读书,1968年8月毕业于上海市一个半工半读技工学校。1968年11月响应知识青年上山下乡的号召来到新华农场,分配在18队当农工、业务报导员。1978年初,被调到场宣传科任科员。此人虽不善交际,但非常好学。他在农场工作九年间,几乎天天坚持学习、练习书法和篆刻。1978年底返城回到上海,分配在市切纸机厂工作,从此,便走上了业余自学微雕创作之路。

1985年,他以"上海青年回访团"的身份,回农场访问时,随身带来几十件微雕作品进行展出,受到广大职工群众的高度赞扬。此间他赠送给曹万生三件微雕作品,其中有罕见的发丝雕《千里之行始于足下》。赠送给场工会副主席张河图一件微雕作品《仙山琼阁》。赠送给工会干事牛家常一件微雕作品《一唱雄鸡天下白》。

裘永强的微雕作品有《祖国在我心中》(在大米粒大小的象牙上刻有国旗,国歌,国徽)《五届全运会》等几十件。有的已被国家视为珍品收藏,有的已出口或赠送国际友人。裘永强已是全国著名微雕家之一。

(第九编第二章《人物纪略》,第307—308页)

《汤原农场志》

汤原农场史志办公室编,(内部刊行)1992 年

(1971 年)11 日,团发布通知,对当年接收的知识青年和职工子弟暂行《供给制借资办法》即:男青年月资 24.5 元,女青年 25 元。即日开始执行。　　(第三编《大事记》,第 56 页)

(1974 年 9 月)21—25 日,召开"上山下乡"知识青年积极分子代表大会。党委副书记刘裕国致开幕词。卫生队战勇、二营五连艾传庚、三营八连郭洪武作了经验介绍,并被授予"知识青年标兵"称号。书记吴铭仕作总结报告。　　(第三编《大事记》,第 59 页)

全场城市青年计有 2 400 人,大部分是哈尔滨、北京、天津、上海等大城市初、高中毕业生,约占职工总数的 66%。他们是执行毛泽东主席关于"知识青年到农村去,接受贫下中农再教育很有必要"的指示,怀着建设边疆,保卫边疆的雄心壮志,满腔热忱地来到祖国北疆——"北大荒"的,给"北大荒"增添了新鲜血液和有生力量。他们向老职工学习,刻苦锻炼,成为农场一支强大的生力军。不少人从事机务工作,有的在学校任教,有的担任统计、会计,也有的担任了团、营、科、连各级干部。在开发"北大荒",建设"北大荒"的宏伟事业中做出了宝贵的贡献。

经过十年来吃大苦耐大劳的磨炼,他们于 1978 年、1979 年先后返城了,到 1985 年仍有152 人留在农场,安家立业。　　(第四编第十三章《劳动工资》,第 135—136 页)

《红兴隆农垦志》

红兴隆国营农场管理局史志办公室编,(内部刊行)1989 年

1956 年牡丹江市 70 名知识青年到八五二农场。1963—1965 年,有北京市知识青年到八五二、八五三等农场。"文化大革命"中,在"上山下乡"、"接受贫下中农再教育"的号召下,北京、天津、上海、哈尔滨、双鸭山、佳木斯市和浙江省知识青年来到兵团三师各团。截至高峰的 1970 年,垦区共安置城市知识青年 68 478 人。1977 年红管局接收四川知识青年 3 600余人。1978 年根据省和农场总局安排,接收安置了同农场职工结婚的城镇下乡知识青年1 000 余人。　　(第二编第二十章《劳动工资管理》,第 311 页)

自七十年代初,知识青年因病、家庭困难、招工、接班等陆续返城,1979 年达到高潮。到1984 年,垦区尚有各省、市知识青年 5 451 人,多为本省知青。

(第二编第二十章《劳动工资管理》,第 312 页)

1971年11月30日,国务院在《关于调整部分工人和工作人员工资的通知》中,对生产建设兵团和国营农场工人的工资制度作了如下规定:"从1971年起招收的人员,或者实行工分制,或者按当地生活水平实行供给制,并给一定的零用钱"。兵团依上述精神在三师十八团七营进行了工分制试点,试行纯收益分等积累,按大寨工分进行分配。分配、积累的比例,按连队总人口(城市下乡知识青年每人按3口人计算),平均收益在100元以下的不提积累。

（第二编第二十章《劳动工资管理》,第314页）

1973年5月9日,黑龙江省革命委员会《关于一九七一年以来到生产建设兵团的知识青年的工资待遇问题》规定:在国家没有正式批准实行供给制前,对知识青年(包括兵团战士和农场职工子女就业的),暂按发生活费办法执行,第一年为24元,第二年为28元,第三年为32元。这一制度执行到1978年底。　（第二编第二十章《劳动工资管理》,第314页）

从1959年到1965年由山东、北京等地到垦区支援边疆建设的支边青年分配到垦区各场的有数千名,从1968年到1971年底来到垦区各场的城市知识青年有五万余名。从以上支边青年及城市知青中择优录用为干部的有1 289人,另外1972年到1975年底又录用为干部的有1 375人。其中相当一部分已返城。　（第三编第一章《党的组织》,第367页）

到1977年底,垦区有从知青中提拔为干部的共2 664名,其中有少数提拔为农场、分场领导干部,大部分担任生产队领导职务或在机关、学校、商业等部门工作,1978年,这些干部大批返城,到1979年底仅剩几百人。　（第三编第一章《党的组织》,第367页）

1968年至1978年,垦区先后接收各地城市知识青年近7万人,知识青年成为当时青年的主体。各级团组织把引导青年热爱边疆、立志为边疆建设贡献青春,作为团的政治思想工作的重要内容。广大知识青年继承和发扬了"老北大荒人"艰苦奋斗,奋发图强的革命传统,刻苦钻研技术,努力学习各项生产技能。在保卫边疆、建设边疆,促进边疆文化事业的发展方面发挥了重要作用,涌现出一大批知识青年标兵和积极分子,先后有4 000多人入了党,30 000多人入了团,1 000多人担任了连队的领导干部,100多人担任了农场及分场的领导工作。有50多人在保卫祖国边疆和建设边疆的战斗中荣立了二等功和三等功,还有2 000多人被评为各级劳动模范和先进工作者,有1人被树为黑龙江省青年标兵,6人被评为黑龙江省青年积极分子,15人被树为管理局青年标兵,103人被评为管理局青年积极分子。北京知青杨一平为首的担架连在1969年对苏自卫还击战中奋勇直前,荣立集体二等功。陈越玖热爱边疆,死后也要把骨灰撒在祖国北疆。方瑜出席了全国科学大会,受到中央领导同志的接见。杨一平参加了1969年的国庆观礼,边福琴当选为全国四届人大代表。

1979年,由于知识青年大批返城,各级团的专职干部减少了80%,兼职团干部减少了

60％,使大多数基层团组织处于瘫痪和半瘫痪状态。（第三编第三章《群团组织》,第417页）

六十年代后期,从城市知识青年中选用了大批教师。

1978至1979年,由于几大城市下乡知识青年大批返城,一度造成师荒现象。

（第四编第一章《教育》,第435页）

1964年以后,特别是"文化大革命"期间,即生产建设兵团时期,为响应毛泽东同志提出的:"知识青年到农村去,在那里是可以大有作为的"号召,又有北京、天津、上海、哈尔滨、杭州、温州、双鸭山、佳木斯等城市知识青年相继来到垦区各场。到1977年,垦区共接收城市知识青年89 584人,年底垦区人口已达367 310人。1975年开始,各地城市知识青年陆续返城。到1978年,因病退、家庭生活困难,招工顶替父母工作等原因返城的共计52 460人。到1979年,垦区人口下降到343 590人。　　　　（第五编第一章《人口、民族》,第475页）

(1963年)10月,首批北京知识青年到八五二、八五三农场。

（第七编《大事记》,第577页）

(1964年)5月,肇源、宁安、十一、二龙山、克山农场和桦川县苏家店等地机务工人技术干部400人调入万宝农场。佳市知识青年100多人到场。　　（第七编《大事记》,第577页）

(1966年)5月,北京市副市长王昆仑率京剧团到八五二农场慰问北京知识青年。

（第七编《大事记》,第579页）

9月10日,北京知识青年代表王学英赴京参加国庆观礼。

（第七编《大事记》,第579页）

(1967年)11月3日,八五二农场安置北京知识青年343人。

12月8日,集贤农场(双鸭山农场)安置第一批北京青年114名,二九一农场安置第一批北京青年334人。　　　　　　　　　　　　（第七编《大事记》,第579页）

(1968年)6月,八五二农场接收北京知识青年1 567人,其中来自日本、澳大利亚等9个国家归国华侨青年78人。9月接收天津青年1 323人,10月接收哈尔滨知青1 255人,全年从三市接收知青4 145人。　　　　　　　　（第七编《大事记》,第580页）

7月29日,锦江农场(后改为二九一农场一分场)安置佳木斯知识青年77人。

(第七编《大事记》,第580页)

10月,第一批哈市知识青年陆续到达部分农场。　　(第七编《大事记》,第580页)

(1969年)4月至8月,全师接收上海、北京、天津、浙江等地知识青年55 000人。

(第七编《大事记》,第581页)

7月16日,19团(五九七农场)砖瓦连失火,匡为民、李铁民、龚国幼、李孟强、张俊亭等五名知识青年为救火牺牲。

7月8日,苏联航标船、巡逻艇各一艘侵入我八岔岛。巡逻艇靠岸,7名苏边防军登上我八岔岛。被我27团兵团战士知识青年击毙两名、击伤1名、俘虏1名,巡逻艇被我击毁。

(第七编《大事记》,第581页)

(1972年)1月26日,中央农林部政工组副组长梁进路一行4人,对三师三个团知识青年事故死亡情况进行了调查并发出通报,指出:"20团是兵团行政事故最多的一个团,三年共死亡45人"。

3月,二十二团第一批青年被推荐入大、中专院校学习。　　(第七编《大事记》,第583页)

5月,58团推荐两批共54名知识青年上大学和中专。　　(第七编《大事记》,第583页)

(1974年)9月,20团(八五二农场)发生"9·30"剪贴反标案。兵团、三师、20团公安人员集中破案,历时6个月,牵连数十人,最后集中在修配所长张××身上。经三师和兵团批准于1975年3月将张××拘留审查,关押长达9个月之久,后因上海公安机关在侦破偷盗案时,涉及此案作案者原系20团工程营上海知识青年黄听发。致此,张××才无罪获释。

(第七编《大事记》,第584页)

(1975年)7月20日,共青团三师委员会决定授予21团(八五三农场)四营一连畜牧卫生员陈越玖"模范共青团员"称号。陈越玖是1969年5月下乡的宁波知识青年,1970年4月3日因患癌症病逝,后被追认为中国共产党党员。1976年5月4日,《人民日报》和中央人民广播电台同时以《我是北大荒人》为题,报导了陈越玖的先进事迹。5月11日,总局党委作出"关于开展向陈越玖同志学习活动的决定"。6月,共青团省委、省知青办在21团召开了学习陈越玖同志的现场会。　　(第七编《大事记》,第585页)

(1976 年)4 月 14 日,中共中央候补委员、全国劳动模范杨富珍来曙光农场视察青年工作。

(第七编《大事记》,第 585 页)

12 月,八五三农场北京知识青年方瑜赴京参加全国第二次农业学大寨会议。

(第七编《大事记》,第 586 页)

(1977 年)2 月 26 日,晨 5 时许,26 团发生了一起特大的反革命凶杀案。在押待判的反革命凶犯高胜滨盗走军械库两支冲锋枪、860 发子弹和三枚手榴弹,枪杀了五连指导员全家 7 人和青年 4 人,并纵火烧毁家属住房一栋。

在追捕凶犯时,26 团警通连副连长吴建国不幸中弹牺牲。吴 27 岁,中共党员,上海知识青年,1977 年 10 月 17 日被省革命委员会授予革命烈士称号。

(第七编《大事记》,第 586 页)

3 月,城市知识青年开始大批返城。　　　　　(第七编《大事记》,第 586 页)

《八五二农场志(1956—1984)》

《八五二农场志》编审委员会编,(内部刊行)1986 年

(1963 年)10 月 8 日,首批北京知识青年 163 人来到农场,经 5 个月集训后,分配到各基层单位。

(第一编《大事记》,第 12 页)

同月(1964 年 8 月),接受北京青年 251 名。　　(第一编《大事记》,第 12 页)

同年(1965 年),接收安置北京知识青年 321 人。　　(第一编《大事记》,第 14 页)

同月(1966 年 6 月),五分场知识青年梁占山等,写大字报批评分场党委,被宣布为"反党小黑帮",遭隔离反省。8 月,农场党委决定由党委副书记苗磊去五分场宣布平反。

(第一编《大事记》,第 14 页)

(1967 年)11 月 3 日,农场接收安置北京知识青年 343 人。(第一编《大事记》,第 16 页)

(1969 年)5 月,接收上海知青 1 167 人,6 月,接收杭州知青 290 人;9 月接收北京知青 659 人,天津知青 113 名,哈尔滨知青 564 人。全年共计 2 793 人。

(第一编《大事记》,第 18 页)

1970年,接收安置天津知识青年1 352人,哈尔滨市知识青年596人。

（第一编《大事记》,第18页）

(1975年)1月7日,四营北京知识青年温振铭荣获黑龙江省上山下乡知识青年积极分子标兵称号,团党委发出《关于向温振铭学习的决定》。 （第一编《大事记》,第21页）

从1956年起,四川、河北、405名知识青年、120名上海青年、5 000多名的山东支边青年、10 215名城市知识青年,500多名牡丹江"自动登记"人员等,先后来农场。农场的人口迅速发展,由初期的7 000多人,发展到1982年的近6万人。

（第二编第四章《人口民族》,第38页）

1967年12月和1968年7月接收的两批知识青年中,共有华侨青年78名,其中父母在国外的47名。他们来自柬埔寨,老挝、印尼、印度、新加坡、马来西亚、泰国、澳大利亚、日本、苏联等国。主要分配在农场二分场二连、三连;四分场三连,四连等四个连队。他们分别担任连队会计、班长、排长、农工、电工、木工、车工、拖拉机手、康拜因手、汽车司机、文艺宣传队员等职务。其中有1人加入中国共产党,27人加入共青团,13人受到团党委的通令嘉奖。

（第二编第四章《人口民族》,第40页）

来场的各地知识青年,最早的是1956年四川、河北的405名知识青年,接着是1957年7月牡丹江市动员接收的70名知识青年和1959年9月由王震部长从上海招收来垦区学习畜牧专业的120名上海青年。 （第二编第五章《职工队伍》,第41页）

1963年后,城市知识青年响应"上山下乡"的号召,先后有北京、上海、天津、浙江,哈尔滨、佳木斯等城市知识青年来到农场。到1977年止,共计10 215名。其中北京3 354人、上海1 203人、天津2 788人、浙江290人、哈尔滨2 580人。后因种种原因,大多数陆续返回城市。据1973年6月18日统计,当时尚有各地知识青年7 405人。到1983年,各地知识青年留场的尚有813人,占接收总数的7.9%。

1975年3月各地青年在农场数

分类 \ 单位	北 京	上 海	天 津	浙 江	哈尔滨	其 它
合　　计	1 773	996	1 881	212	1 386	12
其中:男	919	509	941	106	626	2
女	854	487	940	106	760	10

城市知识青年在农场增减情况

时 间	1969 年	1973 年	1976 年	1979 年	1980 年	1983 年
人 数	4 500	7 405	1966 年前知青 457，1966 年后知青 5 521	3 918	1 258	813

（第二编第五章《职工队伍》，第 42 页）

1963 年以后，选调了一批城市知识青年参加会统队伍。

（第四编第一章《计划财务》，第 88 页）

自 1963 年以来，先后接收北京、上海、天津、杭州、哈尔滨等城市知识青年 10 125 人，占 1970 年 26 724 名职工人数的 38.1%。

万名知识青年来场，为农场增添了生产建设的生力军，为农场在这个时期扩大和发展作出了贡献。（第四编第二章《劳动工资》，第 103 页）

1970 年，由于大量知识青年的来场，业务量猛增，新增设 5 个机构，业务人员 39 人。在全场，从事邮电工作达到 50 人，除新建连队外，全场都通了"邮"。群众每天都看到报刊，收到邮件。

……

1978 年，城市知识青年大批返城，邮电人员减少，全场减为 42 人。

（第四编第二十二章《驻场机构》，第 282 页）

从 1968 年后，城市知识青年响应"上山下乡"的号召，先后有北京、上海、天津、浙江、哈尔滨、佳木斯等城市知识青年 1 万余名来到农场。到 1973 年尚有各地知识青年 7 405 人，分布在全场各条战线。

1972 年 11 月至 1976 年 5 月北京、天津、哈尔滨、杭州、慰问团陆续来二十团慰问"知青"。二十团党委向慰问团成员汇报了知青在农场情况。

同年，团和各营陆续成立了共青团工作委员会，恢复了团的工作。

城市知青在农场（兵团）受到了锻炼，逐步成为各条战线上的生力军。当时有青年党员 575 名，其中知青 368 名；青年团员 4 697 名，其中知青 1 513 名。共有 225 名青年走上各级领导岗位，10 名青年荣立了二等功或三等功，许多青年还多次被评为分场，农场两级先进生产者和工作者。（第五编第六章《共青团》，第 337—338 页）

自 1963 年到 1978 年的 15 年中，农场先后接收北京、上海、天津、哈尔滨、浙江等地的知识青年共 10 215 人，其中女青年 5 152 人，占知青总数的 50.44%，占全场女工总数的

41.6％,这批女知识青年使我场女工队伍在年龄和文化素质上都发生了变化,成为全场妇女中的骨干力量。 （第五编第七章《妇女工作》,第 343 页）

1968 年兵团组建后,在团宣传股内设 1 名文化干事兼俱乐部主任,分管文化。主要是开展"四组一队一室"活动。这期间由于 10 000 多名城市知青来场,基层单位文化活动比较活跃。各连队普遍建立有板报组(或美术组)、创作组、演唱组、篮球队,经常进行文艺演出和各级体育比赛活动。全团每年举行 1 次文艺会演,篮球比赛、田径运动会,各营级单位均派出代表队参加。 （第六编第一章《文化工作》,第 349 页）

《黑龙江省八五三农场志》

八五三农场编审委员会编纂,(内部刊行)1986 年

(1963 年)10 月 28 日,首批北京知识青年来场。 （《大事记》,第 6 页）

(1964 年)10 月,第二批北京知识青年来场。 （《大事记》,第 7 页）

是年(1965 年),第三批北京知识青年来场。 （《大事记》,第 7 页）

(1966 年)9 月 10 日,北京知识青年代表王学英赴京参加国庆观礼。
（《大事记》,第 8 页）

(1968 年)3 月—10 月,北京、天津、佳木斯、双鸭山等城市 3 000 多知识青年来场。
（《大事记》,第 8 页）

(1969 年)5 月至 10 月,北京、上海、天津、哈尔滨、宁波等城市的下乡知识青年来场。
（《大事记》,第 9 页）

(1970 年)5 月,上海、天津近二千名下乡知识青年先后来场。 （《大事记》,第 9 页）

(1976 年)5 月 4 日,《人民日报》和中央人民广播电台同时以《我是北大荒人》为题,报导了本团宁波知识青年陈越玖的先进事迹。 （《大事记》,第 11 页）

城市知识青年上山下乡共来场 12 767 人。

按时间分计:1963 年至 1965 年,北京知识青年来 612 人。1968 年北京来 1964 人,双鸭山来 635 人,佳木斯来 342 人。1969 年北京来 617 人,上海来 1 080 人,天津来 563 人,宁波来 690 人,哈尔滨来 637 人。1970 年上海来 1 335 人,天津来 416 人。1975 年哈尔滨来 194 人,1977 年哈尔滨来 75 人,四川来 2 759 人。

(第二编第六章《企业管理》,第 78 页)

城市知识青年通过各种渠道返城 1 209 人。截至 1985 年底还在农场的北京知青 297 人;上海知青 151 人;天津知青 58 人;宁波知青 31 人;哈市知青 178 人;双鸭山知青 216 人;佳木斯知青 41 人;四川宜宾知青 242 人;其他知青 11 人。

(第二编第六章《企业管理》,第 79 页)

1963 年后,城市知识青年陆续来场,做好青年的思想教育工作,成为宣传工作的突出任务。当时党委没有把城市知识青年看作单纯的劳动力,而首先看作党的革命事业的接班人,因而重视他(她)们在"阶级斗争、生产斗争和科学实验"三大斗争实践中的思想、政治教育。每批青年进场都要先集中住在招待所学习一段时间后,再分配到基层去。在学习期间请老垦荒战士讲传统,传授"北大荒人"的马架子精神,组织他(她)们参观场史展览,使之了解农场创业的不易,看到建设现状和发展前景。城市青年在生产技术知识和思想觉悟方面都得到了较快的提高,北京青年王学英由于表现突出被评为东北农垦总局的先进典型,1966 年赴北京参加了国庆观礼;畜牧战线上的陈越玖被誉为知识青年的榜样,在《人民日报》和《宁波日报》上先后介绍了她的事迹;科技战线上的北京青年方瑜,1976 年被誉为青年工程师,出席了 1977 年 5 月在北京召开的全国科技大会;北京青年杨一平,在 1969 年珍宝岛还击战的战勤任务中荣立二等功。他(她)们的事迹在群众中广为传颂。

(第三编第十七章《党务工作》,第 219—220 页)

1963 年后,又从支边来场的北京知识青年中挑选了一批文化程度较高工作表现突出的充实到教师行列。1968 年后,从大批下乡的城市知识青年中选调了一大批思想、文化素质较好的六六届"老高三"、"老初三"担任中小学教师。

七十年代后期"知青返城"使我场流失了大批骨干教师。农场想方设法选拔力量进行补充,但因人材缺乏,教师队伍素质明显下降,1980 年以后,才陆续分配来少量的大中专毕业生。

(第四编第二十章《教育》,第 274 页)

1969 年—1976 年,大批城市知识青年来到北大荒,他们给垦区文化生活带来了新的生机和活力。这一时期,对篮球、乒乓球、田径、象棋以及国防体育射击、刺杀、投弹等项目比较重视,全团每年举行一次大型比赛。1972 年 5 月,团正式成立了乒乓球队,经过 5 个月技术、战术、体质训练,球艺有了明显提高。在出征巡回赛中,连续挫败了 8 个县团级队,曾在三师两届乒乓球锦标赛上,获得男子团体冠军两次,女子团体冠军1次,亚军1次,男子单打冠军2次,女子单打亚军1次。同年9月,我团一营二连女炮班、五营武装三连分别获得兵团75反坦克炮射击第一名和军事会操团体总分第二名。

(第四编第二十一章《文化　体育》,第295页)

张梅玲烈士

张梅玲,女,1949年10月15日生于河北省曲阳县涧磁村。1957年全家随父迁居北京。家庭出身贫农,汉族,初中文化,共青团员。

张梅玲同志,1968年7月毕业于北京市十九中学。同年7月15日响应党的"上山下乡"、"支援边疆建设"号召来到我场。初在二分场五队;同年9月任该队兵团筹建组副组长,后又调四分场六队任业余宣传队副队长。次年4月调至二分场政工组任妇女干事。

1969年秋收季节,张梅玲同志与其他几名同志作为秋收工作组在二分场二队蹲点。10月19日上午9时许,张梅玲正在猪棚和饲养员李晓军谈心,突然发现距猪棚西北方向约1 000米处的草甸子失火,当时正刮西北风,风助火威,火势即将蔓延到二队四号地2 400亩大豆地和猪棚以及整个二队居民区。在这危急时刻,为了保护国家财产和人民生命安全,张梅玲与李晓军、肖克等同志把个人安危置之度外,勇敢地扑向荒火。结果在与烈火搏斗中,张梅玲同志不幸献出了宝贵的生命,时年20岁。

根据张梅玲同志生前志愿和表现,党组织追认她为中国共产党党员,授予她革命烈士的光荣称号。

李晓军烈士

李晓军,女,1949年10月10日生于北京,家庭出身贫农,汉族,初中文化。

李晓军同志初中毕业后,于1968年6月由北京来农场,分配到二分场一队,当过农工、班长、副排长。1969年3月,在该连猪棚当饲养员。

李晓军同志好学上进,处处严格要求自己,工作认真负责,积极肯干,吃苦耐劳,群众关系好。在她担任副排长期间,她主动要求到猪棚当饲养员,挑选脏活累活干。以后积极制作"中曲饲料"受到大家的好评。1969年10月19日上午9时多,李晓军同志正在猪舍劳动时,突然发现距猪棚西北方向约1 000米处的草甸子起火,严重地威胁着二队4号地2 400亩大豆以及猪棚、连队的房舍。在这危急时刻,为了保护国家财产和人民生命安全,李晓军与其他几名同志奋不顾身地冲向火海。在与烈火搏斗中,李晓军同志身负重伤,被同志们抢救出来之后,还断断续续说:"不要管我,快去救火!"后经总场医院抢救无效,于1969年10月20日上午逝世,时年20岁。

根据李晓军同志生前志愿和表现,组织上追认她为中国共产主义青年团团员,授予她革命烈士光荣称号。

李晓军、张梅玲烈士墓,座落在二分场东山烈士墓墓地,每年清明时节,二分场中小学生青年团员都到烈士墓为烈士扫墓,以寄托对李晓军、张梅玲二烈士的哀思。

(第六编第二十四章《烈士、英名》,第 346—347 页)

陈越玖

陈越玖,女,汉族,1951 年生,浙江省宁波市人。1969 年初中毕业后,积极响应"上山下乡"号召,来到八五三农场四分场(即雁窝岛)一队,到队后被分配去猪舍养猪。1970 年,在该队加入了共产主义青年团。

初来场时,党组织常用开发雁窝岛的艰苦创业精神和罗海荣、张德信等烈士事迹,对青年进行传统教育。陈越玖很受启发,她在日记中写道:"英雄没有走完的道路我们走,英雄未完成的业绩我们创。"

1974 年,队里决定让陈越玖担任畜牧卫生员,她毫不推辞,接受任务后,勤学苦练,不怕烈马踢蹬。很快学会了给马打针,不怕人讥笑说"下贱活",拿起刀子两分钟就阉一只小猪。逐步掌握了 30 多种畜、禽疾病的防治方法,并学会使用针灸和中草药给畜禽治病,成为全场优秀的畜牧卫生员。

在水利工地上,陈越玖和一个棒小伙子抬大筐,一路小跑,满头大汗,小碗口粗的大棒子压断了,她再换一根接着干。这时陈越玖同志已是带病劳动! 这年 7 月,她郑重的向党支部递交了入党申请书,决心把自己的一切献给共产主义事业。

陈越玖在总场医院检查病后,明知自己病情严重别人问她检查结果时,她总是说:"没啥"。秋收开始,病魔折腾得她睡不好觉,但白天她仍然拿起镰刀和大家一齐下地干活。大豆地里,她总是割在全排的最前头。有时腹部疼痛,她就用镰刀把顶一顶,接着又割起大豆来。政治处主任李延明了解这个情况后,便强令她停止一切工作。于 1974 年 11 月 12 日回家乡(宁波)养病,临行前,陈越玖紧紧地握住同志们的手说:"我很快就会回来的,我一定要回来。"

1975 年初,陈越玖从宁波转到上海医院治疗。经多次检查确诊为:"乙状结肠癌后期,广泛扩散。"陈越玖知道后对病友们说:"癌症有什么可怕? 我还要回北大荒呢。"医生给陈越玖作了第一次手术,切除了三个拳头大的肿瘤。当医生知道她是来自北大荒刚刚离开劳动岗位时,都十分敬佩的说:"这可是个很坚强的姑娘。"

第一次手术后,残存的癌细胞又扩散了,并且出现了腹水,医生决定给陈越玖做第二次手术。征求她的意见时,她问道:"动了手术我还能回北大荒吗?"在场的人都为她这种热爱边疆的精神,感动得流下热泪。

陈越玖病情急剧恶化,在生命的最后一刻,她向日夜守护在她身旁的同志说:"转告……党组织,一定把我的骨灰送回雁窝岛……我是北大荒人!"

1975 年 4 月 2 日,党组织向陈越玖发去一封电报,告诉她党委已批准她加入中国共产党。3 日清晨,陈越玖没有来得及听到这个她努力追求的喜讯,就与世长辞了。年仅 24 岁!

1976 年 5 月 4 日，《人民日报》和中央人民广播电台同时以《我是北大荒人》为题，报道了陈越玖同志的事迹。

同年 6 月，雁窝岛烈士陵园落成，陈越玖同志的骨灰被安葬在陵园。

（第六编第二十四章《烈士、英名》，第 349—350 页）

高金焕，女，汉族，天津知识青年，1972 年被评为黑龙江省劳动模范。

朱　波，男，汉族，北京知识青年，1969 年参加珍宝岛对苏军自卫还击战战勤工作，荣立三等功一次。1972 年被评为黑龙江省劳动模范。

王树生，男，汉族，哈尔滨知识青年，1972 年被评为黑龙江省劳动模范。

（第六编第二十六章《劳动模范、先进工作（生产）者》，第 360 页）

王学英，女，汉族，1941 年生，原籍北京市，高中文化。1963 年支边来场，现任四分场银行营业所出纳员。

1966 年被评为黑龙江省学习毛主席著作积极分子，同年出席北京国庆观礼。

（第六编第二十六章《劳动模范、先进工作（生产）者》，第 362 页）

第四节　安置城市知青

一九六八年四月党中央、国务院、中央军委、中央文革对全国大、中、小学毕业生发出了"四个面向"，即：面向农村，面向边疆，面向工矿，面向基层的号召。同年十二月又发表了毛主席关于"知识青年到农村去，接受贫下中农再教育很有必要"的指示，广大城市知识青年热烈响应，怀着建设社会主义新农村，"屯垦戍边"的雄心壮志，满腔热情地来到了祖国边疆，给农场增添了新鲜血液。

一九六八年至一九七〇年分配到我场的北京、上海、天津、宁波、哈尔滨、佳木斯、双鸭山等七个城市的知识青年共计八千二百七十九人，城市知识青年来兵团后受到了各级组织和职工家属的热烈欢迎。各级层层召开了欢迎大会。在全团职工住房比较紧缺、艰苦的情况下，老职工自动为青年让房、搭铺、烧热炕；家属为青年洗补衣服；炊事员为生病青年送病号饭；领导干部亲临青年宿舍问寒问暖、夜间查铺盖被，对青年进行妥善安置。同时，组织老工人给青年进行"忆三史"（家史、垦荒史、革命斗争史）教育；生产工作中给传、帮、带，开展"一帮一，一对红"活动。这一切都使知识青年对农场感到亲切，从而使知识青年的思想迅速得到稳定。宁波青年陈越玖身患癌症到上海治疗，在生命垂危时刻还留下遗言，要求亲人把她的骨灰送到北大荒，说："因为我是北大荒人"。

广大知识青年好学上进，吃苦耐劳，短期内成了各条战线上的骨干力量。无论是种地、伐木、积肥或兴修水利，到处都飘扬着"青年突击队"的大旗，他们出色的完成了连队最艰苦的任务，赢得了领导和群众的好评。经过几年边疆生活的锻炼，他们有八百九十三人入党，五千六百八十六人入团,四百六十九人选送上大学,还有一批青年参军。城市知青中有三千二百多人成为机务工人。一百多人成为驾驶员或车长,五百多人成为商业服务人员,二百多人成为医疗卫生人员,五百多人担任中小学教员。他(她)们在各自的工作岗位上发挥才智,贡献了力量,北京青年修配所副所长方瑜同志发明创造出电子播种机监测仪、联合收割机轴连监测仪,均获总局科研奖,另革新了电子控制高压油泵试验台,可控硅恒流充电机、电缆测断仪等,被誉为青年工程师。

一九七五年后,由于多种原因,城市知青大部分陆续返城。

城市知青虽然大部分返城了,农场各类骨干力量都青黄不接,各项工作受到较大影响,经过两年左右时间才逐渐恢复;但广大知识青年在农场的山山水水留下的足迹,洒下的汗水,绘下的蓝图,仍然深深刻在人们的心目中。他(她)们建树的功绩,同样是不朽的。

(第七编第三十四章《农场改建兵团二十一团》,第 406—407 页)

《双鸭山农场志》

双鸭山农场委员会编,(内部刊行)1990 年

(1967 年)12 月 8 日,第一批北京"上山下乡"知识青年到场,随后佳木斯、上海、天津、哈尔滨等城市的第一批上山下乡知识青年先后于 1968 年 7 月 22 日、9 月 18 日、10 月 19 日和11 月 3 日进场。 (第二编第四章《政治运动及政治形势》,第 144 页)

1969 年 4 月 22 日,农场改为"黑龙江生产建设兵团第三师第二十九团",此后,从 5 月到 10 月,第二批上海、哈尔滨、北京、天津知识青年先后到场,连同第一批到场的知识青年人数将近 3 000 人。他们为工农业生产、文教卫生工作、科研工作等充实了力量,但也为"斗、批、改"、"清理阶级队伍"和"反击右倾翻案风"增添了动力。

(第二编第四章《政治运动及政治形势》,第 145 页)

第八节 知识青年"上山下乡"

为了响应毛泽东同志提出的"农村是个广阔的天地,在那里大有作为"、"知识青年要到农村去,接受贫下中农的再教育"的号召,大批城市知识青年到农场,参加边疆建设工作。自1967 年冬季到 1970 年春季,来自北京、天津、上海、哈尔滨、佳木斯、双鸭山等城市的知识青年共 12 批 3 000 余人陆续到场。在此期间还有大连、齐齐哈尔、鹤岗、鸡西等城市的一部分知识青年,通过各种渠道零星到场。1967 年 4 月,农场改为生产建设兵团第二十九团后,这些青年均成为兵团战士。

据统计,哈尔滨青年人数量多,共 1 140 人,具体情况见附表。

知识青年安排情况（1974 年 12 月）

城名	人数	性别	全团	一连	二连	三连	四连	五连	六连	七连	八连	九连	十连	十一连	十二连	十三连
北京	421	男	217	9	4	14	2	5	8	8	14	2	7	7	12	2
		女	204	6	6	17	5	5	8	18	12	10	6	8	16	5
天津	567	男	268	8	5	11	11	9	6	3	7	9	6	7	15	6
		女	299	9	15	16	19	11	8	9	12	1	6	7	12	3
上海	476	男	250	8	13	11	5	4	7	10	6	1	4	3	8	3
		女	226	16	7	15	6	6	14	23	8	6	7	5	9	5
哈市	682	男	360	22	5	24	13	8	15	31	17	7	9	10	14	12
		女	322	13	10	22	15	13	7	19	17	14	12	20	20	13
佳市	37	男	17	2		1				3						
		女	20	5	1		4								1	
双市	41	男	14	3						1					1	
		女	27	3		3			1	2	1					
当地	1 825	男	952	47	61	56	37	37	15	45	41	85	27	17	23	23
		女	873	51	60	63	50	37	21	39	30	78	25	18	29	22
副连以上行政干部	260	男	234	9	9	7	5	8	4	6	6	6	6	5	5	5
		女	26	1			1	1	1		1		1	1	1	
政排以上行政干部	177	男	138	6	5	5	4	7	4	6	6	6	3	3	7	3
		女	39	1	1	1	1	1	1	1	1		1	1	1	1
技术干部	91	男	72	3	3	2	2	2	1		2	3	2	2	3	2
		女	19	1	1	1										
文教	276	男	133	20	9	5	4	4	4	5	3	15	7	2	10	2
		女	143	13	13	6	4	9	7	9	6	9	4	3	12	4
卫生	102	男	43	1	2		1	1	1	1	2	1	2	2		2
		女	59		3		2	1	1		1	2	2	1	2	2

十四连	十五连	十六连	十七连	十八连	十九连	二十连	面粉连	机关	学校	卫生队	煤矿	运输队	修配连	商店	服务连	木材厂	水利队	种马连	林业一	林业二	电管所
10	3	3	1	3	15	10	6	8	2	1	18	20	3	4	1	4	9	5	3	4	2
6	5	5	1		8	3	7	7	1	4	4		3	9			5	6	6	3	
9	16	17	15	11	28	5	20	16	5	7	15	4	7	1	1	5	9	3	5	5	
7	14	15	13	9	30	6	9	9	13	11	2	1	4	9	2		8	3	5	1	
15	11	3	7	2	16	5	7	17	8	1	18	4	11	7	2	6	8	4	5	4	6
19	7	4	5		10	4	1	3	4	3	2	1	2	9	5	2	9	2	6		1
11	3	7	6	6	14	13	9	10	3	2	7	10	7	4	5	17	10	11	10	1	7
15	10	11	3		1	11	9	3	3	6	2	2	5	12	1	3	8	8	10	3	1
	1			1	3		2					1	3								
	1				5		1					1	1		1						
		1			1							1	1		3						
		2					1	1		3		5	1	1						1	
43	19	31	18	7	35	17	46	14	1	6	59	13	24	3	4	11	34	25	5	11	12
33	22	31	28	10	33	25	26	9	4	7	36	2	7	7	1	6	20	19	11	12	1
6	5	5	4	4	4	4	4	63	6	5	5	5	4	2	4	3	5	5	4	4	2
1	1	1	1	1	1	1	1	4		2				2				1			
2	2	4	3	5	6	6	6	4		1	9	3	5	3		4	3	2	1	3	1
1	1	1	1		1			3	2	2	2	2	1	2	2		1	1	1	1	1
2	1	2	6		1			11			9	2		3				2	2	1	1
					1			3	1		5			3				2	1		
3	1	1	2					3	27			3		1							2
5	3	2	5						23			4					2				
	1	1	1	1							20	2						1			1
1	1	1	1	2	2					1		26	1					1	1	1	1

城市知青到场情况

城市名称	批次	到场时间	人　数	小　计
北　京	1	1967.12.8	114	637
	2	1969.8.28	380	
	3	1969.10	143	
天　津	1	1968.10.19	422	565
	2	1969.10.7	80	
	3	1970.2	63	
上　海	1	1968.9.18	220	621
	2	1969.5.12	401	
哈尔滨	1	1968.10.12	108	1 140
	2	1968.11.3	520	
	3	1969.2.28	512	
佳木斯	1	1968.7.22	88	88
双鸭山	1	1969	70	70
大　连			3	3
齐齐哈尔			3	3
鹤　岗			3	3
鸡　西			1	1
合　计				3 131

备注:各城市青年人数是按到场时人数统计的,最多时为 3 131 人。兵团成立后陆续调走几批青年到其它单位,至 1970 年初,尚有 2 912 人,至 1974 年底,尚有 2 224 人。

到农场参加生产建设的各城市知识青年,主要来自下列学校:

北京市

北京师范大学附属第二中学　　　　第三中学

外国语言学校　　　　　　　　　　安德路中学

第十女子中校

天津市

铁路中学　　　　　　　　　　　　第三十中学

第二中学　　　　　　　　　　　　第三十三中学

第二十四中学　　　　　　　　　　第三十九中学

上海市

文建中学　　　　　　　　　　　　求实中学

女子中学	文汇中学
南市中学	松江县第二中学

哈尔滨

哈尔滨师范大学附属中学	女子中学
第三中学	第二十六中学
第七中学	第二十七中学
第十三中学	第三十一中学
第十九中学	第三十七中学
工读学校	第四十一中学

佳木斯市

第二中学	第十中学

双鸭山市

第一中学	第五中学
第四中学	

城市知识青年中。有一部分是高级干部或知名人士的后代,如朱德委员长的外孙、农业部郝副部长的女儿、解放军总后勤部刘副部长的儿子、工人日报社孙社长的女儿、电影导演赵明、颜一渊等人的女儿,还有驻外使馆参赞,解放军师级领导,大学讲师等的子女。但大部分是一般干部、职员和工人的子女,他们刚来时,对农场生活很不习惯,也缺乏农业生产知识,不会干农活。经过组织和广大职工的教育和帮助。他们逐渐在生活上适应了,掌握了一般生产知识和技能。后来,有些人成了生产骨干(班、排长),有的被安排在机关、学校、医院等单位工作。有 220 人入了党(其中北京青年 26 人、天津青年 61 人、上海青年 65 人、哈尔滨青年 56 人、佳木斯青年 10 人、鹤岗青年 2 人)、有 1 427 人入团,有 43 人被正式任命为副连长以上干部(其中北京青年 5 人、天津青年 17 人、上海青年 12 人、哈尔滨青年 9 人),有 20 余人进入大专院校学习。

1977 年秋天,城市青年开始办理返城手续,起初是办理"病退"(即因病不适宜于北大荒生活,请求返城)、"特困"(即家庭有特殊困难,请求返城)手续,后来办理"接班"手续(即青年的父母退休,由青年接替上班)。至 1978 年形成返城高潮,1979 年年底基本办理完毕。现尚有少部分青年留在农场,他们已成为农场建设的骨干力量。

(第二编第四章《政治运动及政治形势》,第 147—152 页)

1967 年至 1969 年,大批城市知识青年到场,其中以北京、天津、上海、哈尔滨等城市为多,还有一部分佳木斯、双鸭山、鹤岗、大连等城市青年。最多时共有 2 200 名,这些青年,有一部分先后调到外团(场),至 1978 年 6 月统计尚有 1 532 名(见附表)。1978 年后,绝大部分城市青年都返回城市。

双鸭山农场城市知识青年人数统计表　　　　　　（1978 年 6 月统计）

地　区	男女知青合计	男知青人数	女知青人数	备　　注
总　计	1 532	769	763	
北　京	122	64	58	
上　海	377	189	188	
天　津	382	193	189	
浙　江	2	1	1	
哈尔滨	11	6	5	
齐齐哈尔	259	271	258	
佳木斯	3	1	2	
双鸭山	32	17	15	
鸡　西	70	25	45	
鹤　岗	1		1	
其它城市	8	2	1	

（第三编第十四章《劳动工资管理》，第 316—317 页）

（1967 年）12 月 8 日，第一批北京青年 114 名到场。　　　（第七编《大事记》，第 456 页）

（1968 年）7 月 22 日，佳木斯青年 88 名到场。　　　（第七编《大事记》，第 457 页）

9 月 18 日，第一批上海青年 220 名到场。　　　（第七编《大事记》，第 457 页）

10 月 19 日，第一批天津青年 440 多名到场。　　　（第七编《大事记》，第 457 页）

11 月 3 日，第一批哈尔滨青年 500 多名到场。　　　（第七编《大事记》，第 457 页）

（1969 年）5 月 20 日，第二批上海青年 308 名到场。　　　（第七编《大事记》，第 457 页）

8 月 20 日，第二批哈尔滨青年 512 名到场。　　　（第七编《大事记》，第 457 页）

9 月 8 日，第二批北京青年 380 名到场。　　　（第七编《大事记》，第 457 页）

10 月 7 日，第二批天津青年 80 人到场。　　　（第七编《大事记》，第 457 页）

《红旗岭农场志(1958—2005)》

《红旗岭农场志(1958—2005)》编纂委员会编,黑龙江人民出版社 2009 年

(1964 年)10 月 20 日,根据中央《关于国营农林渔牧场安置大中城市精减职工和青年学生问题的通知》精神,八五三农场五分场接收首批北京支边青年 23 人。

(《大事记》,第 18 页)

(1978 年)10 月 29 日,城市知识青年纷纷开始返城,各队的青年干部、科技骨干和强壮劳力大批流失,严重影响了农业生产和科研、文教、卫生工作的开展,一些生产队的科研班、文艺宣传队等只好不宣而散。　　　　　　　　　　(《大事记》,第 31 页)

(1980 年)8 月 19 日,根据国务院《关于解决国营农业企事业职工户口粮食关系的几个问题》的批示,农场解决了知青返城、退休干部和工人安置在城镇的户口及粮油关系问题。

(《大事记》,第 33 页)

(第二作业站)建点初期由老一代垦荒战士建队。那时没路、没电,战士们住马架子,所有的开发靠的是人力、畜力。到了 20 世纪 70 年代,知识青年上山下乡,也充实了机械力量,加速了连队的开发进程。　　　　　(第二编第二章《农业单位》,第 100 页)

第五作业站又名暖泉子,……1968 年,北京等城市知青来到生产队。……1977 年四川知青来到生产队。　　　　　　　　　(第二编第二章《农业单位》,第 101 页)

第二十作业站位于农场东南部山地林区,……1973 年由工副业队和木材厂抽调部分老职工和城市下乡知青建点,为三师五十八团二十连。

(第二编第二章《农业单位》,第 107 页)

第十作业站又名泉水,……1970 年改为五十八团十连。时有总人口 483 人,职工 295 人,其中城市知青 154 人(北京 55 人、上海 8 人、天津 12 人、杭州 15 人、宁波 9 人、台州 14 人、哈尔滨 30 人、佳木斯 11 人)。　　(第二编第二章《农业单位》,第 108 页)

1968 年组建向阳团,有转业官兵、支边青年、知识青年、大中专毕业生等 2 100 人。

(第五编第四章《劳动管理》,第 405 页)

地方接收支边青年和知识青年人数统计表(1958—1977 年)

	来场时间	何地支边青年	人数
八五三农场五分场	1958 年 3 月	河北支边青年	14
	1958 年 12 月	四川支边青年	42
	1958 年 5 月	山东自动来场	40
	1959 年 8 月	山东乳山支边青年	42
	1959 年 7 月	山东莱阳支边青年	51
	1964 年 5 月	北京支边青年	23
五十八团	1968—1969 年	北京知识青年	268
	1969 年 5 月	天津知识青年	313
	1968—1969 年	哈尔滨知识青年	227
	1968—1969 年	上海知识青年	97
	1968—1969 年	杭州知识青年	187
	1968—1969 年	台州知识青年	163
	1968—1969 年	宁波知识青年	74
	1968—1969 年	佳木斯知识青年	46
	1968—1969 年	双鸭山知识青年	87
红旗岭农场	1977 年 9 月	四川宜宾专区知青	658

(第五编第四章《劳动管理》,第 406 页)

1975—1980 年,大批知青返城。根据政策,初为少量的病退、困退,继而以招工、接班、上学等名义而返城。1979 年返城达到高峰,前后约有 1 536 人返城和升学离场。

(第五编第四章《劳动管理》,第 408 页)

重大伤亡事故案例一览表(2005 年)①

年月日	事故原因	事故后果
1972.01.24	十八连北京知青张成友伐木运木中坐爬犁翻车。	被木头压死
1972.02.02	十九连哈尔滨知青栾达威参加连队打土井,他在井底打井时,井上系井板绳松开,板子坠落。	被砸死
1976.10.09	十三连临海知青魏耀明,干活坐车翻车。	被砸死
1980.12.11	五队四川女知青蒋崇亮,在晒场上脱玉米,倒在传动轴上。	被绞死

(第五编第四章《劳动管理》,第 427—428 页)

---

① 本表内容为节选。——编者注

1979 年大批知识青年返城前,各单位的单身青年居多,他们的饮食生活都以职工食堂为主。场工会与队领导,协同商业科、粮食科,合办了数期司务长、种菜组学习班,为办好食堂创造条件。同时,在全场开展起食堂升级评比竞赛,把 30 个食堂分为 4 个类别、6 个条件,用百分制进行评选。规定必须七有:有猪号、有禽圈、有豆腐房、有烤炉、有压面机、有桌凳、有碗筷。建立经委会,经济公开,食谱上墙,饮食卫生,餐具整洁,环境美观,夏无苍蝇,冬有暖气,主食有干有稀,副食多样化。田间、夜班职工能吃上热饭喝上开水。服务周到,待人礼貌,照顾病人送饭到床头。

(第六编第二章《工会》,第 464 页)

1968 年以后大批城市知识青年来到农场,他们中间一半是女知青,这些女知青有文化有朝气,使农场女职工队伍在素质上、年龄结构上都发生了较大的变化。成为分场建设的有生力量,不少女知青被充实到文教、卫生、商业等战线,各基层单位还建立了女工排、女工班,她们中间也涌现出一批先进人物。

(第六编第二章《工会》,第 469 页)

1970 年 1 月,六师五十八团转移到二十一团五营地区,建立了三师五十八团,两个单位汇集在一起,人员剧增,其中一大批是响应毛主席"上山下乡"号召,来团安家落户的城市知识青年和老职工子弟,他们是一股朝气蓬勃的生力军。为了加强青年工作,1971 年,五十八团共青团工作委员会(简称团工委)成立,迅速建立健全了共青团的各级组织,恢复了组织生活制度,领导各条战线上的团员和青年,充分发挥青年的先锋模范作用。

(第六编第三章《共青团》,第 475 页)

1974 年 12 月 21 日,共青团五十八团第一次代表大会召开。这次大会的中心议题是:正式民主选举产生中国共产主义青年团第五十八团第一届委员会;全团先后接收了来自京、津、沪、浙和本省的城市知识青年 4 041 名,占全团职工总数的 60% 以上,这支年轻、有文化、朝气蓬勃的生力军,已有 234 人入了党,1 651 人入了团,55 人担任了领导工作,830 人被评为先进工作者或先进生产者,占受奖人数的 49%;256 人被推选上了大学,1 200 人成为光荣的武装战士,59 人担任了卫生员,86 人担任了科研工作,占科研人数的 98%;410 人担任了拖拉机手或康拜因手,占机务人员 60%。大会还听取了兵团组织的先进青年事迹巡回报告团报告。大会通过了倡议书。

(第六编第三章《共青团》,第 475 页)

1964 年至 1969 年大批城市知青来场。他们中的优秀者被充实到教师队伍,另有一些本场职工子弟中的高中毕业生表现优秀的也被启用。此时的教师大多没有经过专业培训,科班出身的比较少。

(第七编第二章《教育》,第 532 页)

文艺宣传队

　　农场初建时期,人们的文化生活异常单调,一个月只能看上一场电影。平时只有各连队订的几份报刊可读。为活跃基层生活氛围,连队领导在开大会时教唱一些革命歌曲,节假日时组织连队的文艺骨干编排一些文艺节目,但条件有限,远远满足不了人们对精神文化生活的追求。1969年以后随着大批城市青年来场,搞好职工的精神文化生活就显得更加重要。1969年,五十八团组织了宣传队。1973年,团党委决定充实文艺宣传队,在团政治部的支持下,通过调查,先后从连队调上有文艺特长的天津知青刘炳元、徐国栋、温奇,北京知青张春生、张启良,上海知青赵仲云,杭州知青付光辉、应彩花,哈尔滨知青吕燕、郭桂英,台州知青曹英焕、牟雷欧等30多人。人员落实到位,宣传队正式充实组建,经团政治处批准,张久香任指导员,温奇任队长。宣传队充实重组后立即投入了迎接兵团在佳木斯举行的文艺会演。刚开始的宣传队条件非常艰难。首先是队员们没有住处,男队员住在团部的职工食堂舞台上,女队员有的分散在老职工家的后屋。为解决队员的住房,队里在团政治处的支持下,自己动手盖房,队员们边练功、边排练、边劳动,从7月31日开始打土坯砌墙,到入秋一栋有9间、宽8米的房屋建成了,队里有了男女宿舍、排练室、办公室,并按时排练出一台演出时间两个半小时的文艺节目,在师部的会演中多个节目获奖,受到上级领导的表扬,刘炳元、付光辉、张春生被评为先进工作者。会演结束后,宣传队又到各连队进行巡回演出。以后宣传队每年都要创作两台节目,逢年过节、团里的大型集会,宣传队均演出文艺节目,麦收、春节期间都下连演出。节目内容多是宣传党的方针政策,歌颂党和毛主席及生产生活中的好人好事,宣扬英雄人物的先进事迹,内容短小精悍、形式活泼多样,深受职工群众的喜爱。为了不影响生产下连演出多是晚上,连队派拖拉机接送。冬天,气温零下30多度,异常寒冷,但队员们都积极乐观,没有一个叫苦的,连队无论大小,他们的演出都一丝不苟。

　　宣传队不但在团内演出,而且还到周边的桦南、宝清、虎林、小佳河、西丰、八五三等地慰问演出,成为周边地区颇有影响和名气的宣传队。

　　为了满足演出的需要,1975年宣传队又自力更生学做乐器并派张春生到外地学习提琴制作,后来宣传队用的低声部乐器大贝斯一架,大提琴二架,中提琴一把,还有多把小提琴,都是自己做的,为团里节约了不少资金,多次受到团、师、兵团的表扬。

　　1977年,大批知青先后返城,1979年基本走完,留下的也都改行当了卫生员、会计或教师。1979年底宣传队撤销。　　　　　　　　　　（第七编第三章《文化　体育》,第539—540页）

　　1968年兵团成立,向阳团抽调的八五二、八五三的老铁兵和转业官兵及家属落户五十八团。此后北京、上海、天津、杭州、宁波、台州、哈尔滨、佳木斯等城市大批知青响应毛主席上山下乡的号召,分批来到农场参加农场的开发建设。1977年一批四川青年来场,此外还有一些投亲靠友、自愿来场人员。1978年,大批城市知青陆续返城,农场人员以复转军人及家属子女为主。　　　　　　　　　　　　　　　　（第八编第一章《人口　民族》,第567页）

1964 年北京知青 24 人来场,他们都是高中毕业生。1968 年和 1969 年大批城市知青来场,他们大部分是初中毕业生,有一部分高中毕业生,期间自动来场的职工家中部分人员是文盲和半文盲,但整体上农场人口文化素质在初中水平。

(第八编第一章《人口 民族》,第 568 页)

第三节 知识青年
一、北京知青 660 名

丁佩横	丁荣胜	丁爱萍	于坤	于萍	于三丁	于山大	于四丁	于学兰	于艳馨
于敬原	于福江	于福林	卫东	子林	马力	马士民	马小卫	马云龙	马玉英
马亚平	马兴建	马兴林	马良雄	马和山	马金驷	马昭华	马祖洪	马淑英	双淑玲
尤桂芳	尹小晴	尹兆丰	尹崇学	方志伟	毛永成	毛鹤峰	王力	王为	王宏
王建	王英	王莉	王谦	王文英	王一美	王小渊	王凤英	王天运	王少伟
王文秋	王长志	王世昌	王仁山	王永华	王永德	王玉兰	王玉华	王玉芝	王玉珍
王立田	王如意	王守林	王芝丽	王丽华	王志杰	王佐燕	王克诚	王宏斌	王迎春
王进江	王连娣	王和平	王国义	王宝珍	王宝雪	王建忠	王建春	王昌谷	王枝莉
王金芳	王寅生	王青青	王保国	王保胜	王咪咪	王柏松	王洪涛	王香玉	王恩来
王振华	王振海	王晋永	王晓召	王海丽	王贾安	王敏治	王焕生	王章俊	王维东
王喜平	王婷芳	王景坤	王新民	王福勇	王福桐	王翠平	王德志	王德良	王德忠
王燕萍	王燕琴	王燕蒙	杜小毫	邓广礼	邓家禹	付玉芳	付先江	付桂兰	代淑琴
冯玉光	冯立国	冯仲琴	冯国平	冯雪梅	卢辰亮	卢振业	史自力	宁馨儿	田欣
田学文	田秋月	田惠来	申玲	申小平	白家利	白桂兰	白莹莹	皮锡虎	石亚娴
边燕会	仲翠香	任乃光	任学斌	任忠和	关力	关大为	关慧玲	刘力	刘飞
刘东	刘英	刘桓	刘二林	刘广才	刘大北	刘子强	刘小梅	刘飞虎	刘天喜
刘少杰	刘世先	刘世威	刘占考	刘玉芳	刘龙江	刘亚铁	刘仲友	刘守立	刘劲山
刘怀斌	刘秀云	刘秀华	刘秀芝	刘秀英	刘爱萍	刘秀珍	刘京生	刘慧娟	刘佳培
刘国华	刘国勇	刘金山	刘俊琦	刘庭成	刘红五	刘荣华	刘晋企	刘桂菊	刘素范
刘继英	刘淑琴	刘淮滨	刘瑞松	刘毅军	刘蕴企	吉元生	吕朝阳	孙东	孙璐
孙大林	孙大复	孙大乾	孙玉华	孙志杰	孙季英	孙宝国	孙宝珊	孙宝璋	孙信良
师卫民	庄鹏	朱乃峰	朱凤英	朱冬生	朱秀英	朱国珍	朱金玲	朱晓华	朱新华
朱燕生	祁连成	米党培	米立文	许文跃	许志宝	许秀玉	许秀英	许春华	许小团
江道柱	邢晓明	闫军	闫峥	闫锋	闫兰英	闫永泽	阮宏喜	齐力华	齐长林
齐淑莲	齐惠杰	严明	何永利	何永忠	何军红	何连生	何建国	何雨新	何振济
何彬彬	余小虎	余志红	佟桂心	吴健	吴文元	吴玉为	吴学明	吴健芳	吴振丽
宋艳	宋宝树	宋桂芝	张英	张雄	张燕	张凡丽	张子林	张小东	张文华

张文杰	张文素	张令文	张兰琴	张汇芬	张立才	张兴武	张印海	张守生	张廷众
张成友	张红军	张启良	张启忠	张宏文	张沛志	张阿金	张阿玲	张京京	张国平
张宝荣	张承友	张治义	张泽明	张金章	张金鹏	张俊芝	张云安	张春生	张春华
张春厚	张树槐	张秋云	张美玲	张倩安	张晓东	张晓鸥	张爱平	张素满	张淑云
张富言	张惠民	张援朝	张雁征	张德红	张震一	张冀华	时鸿杰	石秀荣	李 方
李 龙	李 争	李 光	李 军(女)	李 军(男)	李 杰	李 青	李 莉	李 斌
李乃莉	李小凤	李小勇	李书洪	李天樧	李见珠	李长顺	李丙仁	李占英	李永华
李玉英	李红旗	李启端	李宏斌	李秀冬	李秀坤	李秀玲	李学良	李岷英	李建平
李物荣	李若全	李金桥	李保顺	李春长	李春生	李春荣	李树桐	李津生	李祖裕
李荣阳	李振才	李晓勇	李真玲	李培林	李淑钧	李维庆	李菊生	李景波	杜 伟
杜成富	杜明刚	杜晓豪	杜惠娟	杨 茂	杨 惠	杨 斌	杨 新	杨 静	杨小松
杨公允	杨少康	杨文民	杨志忠	杨赤贵	杨国祥	杨建华	杨建原	杨晓娟	杨晓莉
杨铁柱	杨淑敏	杨新华	杨墨林	杨暮华	汪 辉	汪士林	沈 建	沈国华	沈秋芝
肖铁塔	芦桂华	苏 英	苏发明	苏宇宇	苏荣芬	苏雪琴	苏继冶	苏淑清	苏淑媛
谷光程	邵玉民	邵玉芬	邱元凤	邱玉琪	陆 军	陆 璇	陆秀梅	陆宝庚	陈 军
陈 莉	陈 琦	陈 新	陈小青	陈玉启	陈玉珍	陈光启	陈光超	陈丽明	陈国亨
陈春宝	陈春亮	陈春荣	陈香兰	陈晓君	陈根发	陈艳东	陈维幸	陈新民	麦继昭
周 沈	周 礼	周 筠	周 勇	周 挺	周大琳	周天容	周玉琴	周怀伟	周连第
周树斋	周美满	周晓红	周桂芹	周桂英	周桂琴	周淑贤	周锦文	孟世明	孟寒生
季仰群	季秋兰	尚金生	林 琳	林松玲	果仲生	武润生	武秀舫	范志萍	范文奇
范永禄	范景文	郁培元	郎文元	郑永年	郑永战	郑玉荣	金永明	金宗福	金艳丽
金毓建	侯 健	侯进广	俞楚云	哈正义	姚玉英	姚铁寅	姚富春	姜 飙	姜小平
姜宏杰	姜道柱	姜慧颖	娄国恩	娄若男	宣吾俞	柯树声	段爱萍	洪永明	胡永祥
胡春惠	胡雪琴	胡新媛	胡锦杰	胡慧敏	贺万昌	赵 泽	赵 莲	赵卫平	赵大正
赵小营	赵有才	赵志平	赵沛生	赵国英	赵明精	赵金声	赵春林	赵顺喜	赵莲香
赵崇慧	赵景新	赵渤龄	赵德山	郝大钧	郝志强	郝铁城	钟 阳	项义洪	项义琪
骆 进	唐世平	席善芬	徐 荣	徐光敏	徐根基	徐继新	敖淑珍	栾忠山	栾晓光
栾爱竹	涂多元	涂海燕	秦桂香	耿 婉	耿广军	耿予欣	耿易欣	袁丽华	袁春江
贾 江	贾光智	贾建民	郭 秀	郭 峰	郭 鑫	郭乙林	郭大公	郭大文	郭大钧
郭丕林	郭玉娟	郭显群	郭德琨	钱忠芹	钱祖平	陶友茹	顾国良	高 兵	高 峰
高 唯	高士令	高凤英	高伯岩	高志伟	高佰年	高学琦	高建中	高德福	高博茹
崔 勇	崔凤荣	崔志明	崔秀玲	崔秀珍	曹小俊	曹丽杰	曹连仲	梁广哲	梁贵春
盛秀云	阎 锋	阎以斌	黄孝国	黄贵苏	黄 嫚	黄陵渝	黄福禄	傅海生	傅解君
彭 英	彭崇双	曾令秀	温国华	游桂芳	滑北学	焦秀娟	程可行	程生泰	程洪保

程鸿福　程燕生　童恩祥　葛玉英　葛继梅　葛莉莉　董大林　董德山　董德平　蒋源德
谢　光　谢赤军　韩　全　韩　猛　韩卫海　韩平伟　韩玉琴　韩光路　韩江源　韩继芸
蒙魁玉　褚龙江　鲍庆芝　廖维真　熊　蕾　臧杰文　蔡　红　蔡　德　蔡荣彬　蔡润国
蔡德洲　蔺惠芳　谭先竹　雒长富　德宝福　潘久金　潘兴云　潘远志　潘建国　潘贤祥
穆　莲　穆小芒　穆洪源　戴光昭　戴宝爱　戴海平　戴海萍　戴韶秀　魏作新　魏建凯
魏冀西

二、上海知青167名

马　云　马丽华　孔令银　方玉英　方明华　王丰江　王玉英　王红林　王佩弟　王国民
王建新　王洪林　王润珊　王培弟　王雅清　王新祥　王慧娟　王慧娣　邓　军　韦保健
叶国荣　叶国雄　叶根章　田炳泉　龙立新　伏金梅　刘云珠　刘坤海　刘金娣　刘福英
吕妙道　孙利民　孙连丰　孙国良　孙洪元　孙美红　朱冬娣　朱新华　江　静　江晓中
汤一民　羊龙娣　许秀娣　许银娣　许虎华　许文虎　许国发　许秋云　何云清　何锦云
余建云　余秋芳　冷海英　张三英　张石良　张伟民　张美丽　张胜弟　张家桂　张莲秀
张银海　张慈鑫　张福康　李文友　李月萍　李冬菊　李兴娣　李丽华　李金媛　李洪民
李洪军　李敏源　李梅珍　李雪琴　李鸿凌　杜兰英　杨龙海　杨学林　杨胜康　杨家荣
沈国梁　沈明远　沈海波　邱红宝　邱燕萍　陆兰娣　陆宝涟　陈月仙　陈永生　陈志明
陈宝兴　陈宝奎　陈明生　陈林生　陈金贝　陈金风　陈春弟　陈荣斌　陈根发　陈祥贵
陈惠民　陈新官　陈椿年　单柏根　周文福　周金英　周菊珍　周福龙　周嘉宝　欧汇英
环玲娣　竺洪昌　郑培英　郑耀军　金伟国　侯　霞　侯鲁侠　俞友信　俞雅乐　姜龙妹
施伟萍　柏杏娟　胡立正　胡龙元　胡志明　胡国民　胡能华　贺云清　赵玉兰　赵仲云
赵林海　赵剑英　赵慧珠　凌　森　夏晓妹　夏梦燕　徐亦君　徐健儿　徐爱芬　栾德富
殷士云　耿明湘　袁玉兰　袁海良　郭家斌　郭德祥　钱海屏　钱德荣　陶佐娣　顾小妹
顾伟宏　顾培华　高国祥　康伟国　戚艳芬　曹雪珍　章鸿福　黄桂芳　博明湘　蒋守刚
蒋聪明　鲁宗祥　鲍永林　缪宏亮　戴永良　薛银娣　瞿佑群

三、天津知青804名

丁　省　丁凤岐　丁怀学　卜照红　刁喜顺　于　浩　于　牲　于之通　于天辰　于文敏
于月娥　于长海　于志萍　于怀望　于宝庆　于洪海　于淑君　于爱莉　于景祥　于瑞娥
才树骥　门一珍　马　文　马凤岐　马文杰　马玉兰　马全友　马全喜　马汝萍　马希荣
马金彬　马继萍　马维和　马福起　丰金秀　井业忠　孔庆民　孔繁敏　巴新中　方荣起
毛伯志　毛忠霞　王　平　王　越　王　东　王　宝　王　洁　王　盈　王　艳　王　楹
王乃云　王士耀　王子明　王书礼　王凤奎　王凤琴　王文致　王长友　王世贤　王世燕
王令华　王兰英　王永生　王永华　王玉华　王玉成　王伟莹　王安民　王延平　王纪章
王丽萍　王作风　王孝祥　王志英　王志强　王秀兰　王秀英　王秀彦　王秀珍　王连子
王连坤　王连昆　王连胜　王和平　王和群　王国利　王国柱　王学玲　王宛华　王宝莹

1294

王宝瑞	王忠祥	王忠萍	王朋明	王秉礼	王秉祥	王若平	王金怀	王金才	王建奇
王春明	王春娟	王炳君	王胜利	王振琴	王晋瑛	王桂生	王桂来	王桂欣	王爱茹
王淑英	王跃全	王敬泰	王勤子	王慧芬	王蕴珍	尹世荣	邓宝奇	韦晶明	丛梦兰
丛景生	付云生	付文虎	付文玲	付秀荣	付连英	代东民	兰杰	兰秀蓉	兰振刚
兰新生	冯志忠	冯建萍	冯津华	冯桂琴	包金桂	卢建筑	史娟	史双印	史文生
史俊歧	叶秀兰	叶淑兰	左庆才	田巧英	田宝旺	田郁林	田俊蛾	田振存	田新月
田新年	白云	白兰芬	白兰英	白宏媛	白洁香	白家莲	白淑云	石宝华	石淑芬
石景华	边凤琴	龙夺云	龙德云	乔绍州	任秀丽	任宝明	任明利	任增利	全运昌
全清昌	关大中	刘婷	刘锁	刘士瑾	刘天旭	刘文起	刘长禄	刘世营	刘兰生
刘永兰	刘玉山	刘玉广	刘玉龙	刘玉英	刘立志	刘均华	刘均城	刘志军	刘秀华
刘秀珍	刘秀琴	刘邵平	刘国成	刘国起	刘学贵	刘宝华	刘建刚	刘松清	刘金贵
刘俊巧	刘星茹	刘树煜	刘炳元	刘家路	刘晓东	刘爱莲	刘继刚	刘铁龙	刘铁锁
刘颂快	刘淑云	刘淑凤	刘淑芹	刘淑坤	刘淑莉	刘淑萍	刘焕文	刘新华	刘德水
刘德胜	华小妹	吕明	吕文利	吕忠虎	回福林	孙金	孙文凯	孙长柱	孙永辉
孙立柱	孙光熊	孙守义	孙秀苗	孙秀琴	孙学刚	孙学敏	孙承勇	孙炳文	孙家琪
孙艳华	孙维津	孙惠敏	安洁	安梅	安孝玲	安连红	杨正明	扬学成	朱莹
朱玉秀	朱珍玲	毕玉华	毕彦萍	江学文	汤桂英	祁连玉	米桂荣	纪凤企	纪升启
纪惠敏	许广成	许文胜	许可良	许会云	闫玉宝	闫连荣	齐文娥	齐连荣	华永梅
严明	严宝珍	严津华	何万奎	何秀珍	何连华	何宪林	何露霞	佟桂云	冷雨香
冷洪兴	吴玉兰	吴玉珍	吴丽华	吴丽芳	吴志敏	吴秀明	吴连贵	吴砚明	吴铁林
吴淑贤	吴鸿江	宋永福	宋志云	宋志刚	宋金玲	宋桂芳	宋爱文	张平	张建
张昆	张杰	张玲	张掀	张晨	张强	张森	张磊	张一贤	张士新
张凤岩	张兆华	张文华	张文海	张加利	张永乐	张永利	张玉臣	张玉芬	张玉茹
张玉琴	张石宝	张仲普	张军伟	张守生	张丽云	张丽华	张丽红	张丽荣	张利群
张志深	张秀红	张秀敏	张连启	张国安	张学英	张学茹	张学强	张学鹏	张宝荣
张宝琴	张建国	张建英	张建新	张明绥	张育丽	张金生	张金彪	张金富	张俊华
张彦君	张春元	张春玲	张树义	张树兰	张树淮	张珍芝	张恩荣	张振英	张桐乐
张桐和	张素文	张素玲	张素琴	张莱荣	张培玲	张淑英	张淑萍	张淑惠	张维英
张跃民	张跃忠	张鸿举	张喜盈	张景全	张新玉	张福利	张福禄	张德焕	张冀苏
时丽云	李娟	李凯	李娜	李明	李林	李萍	李一民	李士伟	李士萍
李大鹏	李子荣	李子铭	李广来	李凤华	李凤茹	李凤翔	李双喜	李天祥	李尹鹏
李文华	李文敏	李锡光	李长远	李松林	李世芬	李玉玲	李生春	李田元	李立良
李华芬	李同乐	李庆吉	李庆海	李孝奇	李孝茹	李孝萱	李秀山	李秀峰	李秀清
李国材	李孟虹	李学明	李学琴	李宝元	李宝明	李昌荣	李茂元	李金文	李金水

李金城　李金香　李雨春　李俊明　李俊英　李春芳　李春忠　李胜利　李荣德　李贵生
李恩洲　李振杰　李振春　李桂玲　李海山　李海军　李淑兰　李淑平　李淑英　李淑敏
李淑琴　李鸿训　李富安　李新城　李福莲　李德华　李德胜　李镇安　杜文元　杜丽华
束云生　杨　芬　杨　建　杨　美　杨少庭　杨少滨　杨文亮　杨玉生　杨玉良　杨玉琴
杨玉霞　杨亚力　杨守强　杨志刚　杨秀启　杨秀敏　杨和平　杨学成　杨学弟　杨学英
杨宝成　杨建南　杨英杰　杨春杰　杨昭彬　杨贺文　杨恩霞　杨继发　杨起瑞　杨培荣
杨智广　杨朝利　杨辉凤　杨耀凤　杨耀祥　汪　洋　汪文娟　沈乃成　沈玉德　沈桂和
肖秀英　肖振亚　肖莉华　肖梦来　肖智生　良　秀　苏彗芬　苏景全　谷福斌　邵立荣
邵关梅　邹长顺　邹世英　邹金玲　陈　宏　陈　明　陈小敏　陈书第　陈元胜　陈世琴
陈邦辉　陈连群　陈金章　陈洪敏　陈晓梅　陈雪生　陈雅玲　单卫国　单永强　单学珍
单金禄　周　平　周　雨　周丽英　周序元　周建国　周济章　周淑玲　孟广尧　孟庆芬
孟志萍　孟昭明　季家耀　季景茹　岳嘉庆　庞竹云　庞晓华　明秀荣　林学泉　林常保
林鹤义　武文启　武文玲　武迎春　畅树青　罗玉兰　罗希勇　苗淑文　范文奎　范荣敏
范敏秀　范殿忠　范魁文　贯德福　郁　林　郑乃敏　郑长路　郑玉芬　郑光耀　郑宝力
郑金凤　郑根茂　郑新民　侯增水　姚秀荣　姚晓薇　姜长顺　姜兆红　姜兆维　柳振洲
段茹奎　洪　岩　洪　俊　洪　剑　洪学敏　秋长华　胡长林　胡秀兰　胡秀荣　胡春华
胡津生　胡增清　胡耀宗　荀明珠　荣连群　荣德惠　赵广香　赵文茂　赵长友　赵长印
赵世平　赵世华　赵平均　赵永会　赵永全　赵吉双　赵成烈　赵志强　赵国平　赵国敏
赵宝琴　赵金凤　赵金花　赵金禄　赵雨生　赵秋英　赵贺文　赵鸿生　赵景华　赵瑞芝
赵颖华　郝京文　郝泽先　郝桂琴　钟连群　闻　娟　钮再妍　倪　明　倪世明　唐文阁
姬荣香　展桂林　席桂英　徐　箴　徐国栋　徐国富　徐宝璋　徐秉瑞　徐振超　柴鹤林
海德琴　秦远来　秦贵宝　秦鹤立　耿仁义　莫维敏　袁秀兰　袁国华　袁宗媛　袁桂荣
贾宝琛　郭　刚　郭占义　郭玉文　郭玉玲　郭秀琴　郭宗仁　郭宝和　郭忠仁　郭泽新
郭桂芝　郭祥玲　郭铁锁　郭常华　钱春生　陶巧莲　陶丽娜　顾玉凤　高　杰　高士俭
高书蕊　高凤荣　高玉山　高玉江　高光华　高志刚　高淑敏　高富贵　高新莲　高鹤生
匙彦君　商文生　崔　明　崔子山　崔子春　崔连弟　崔连通　崔培芝　崔淑云　康明均
康鸣军　戚　宏　曹　云　曹　芳　曹　银　曹东昌　曹永泉　曹玉华　曹丽丽　曹莉莉
曹淑琴　曹象炎　梁玉珍　梁俊明　梁瑞芬　盛桂娥　章　杰　章大光　章丽华　章秀然
阎宝珍　阎德学　隋德贵　黄会来　黄庆敏　黄欢迎　黄桂华　黄德华　彭少华　彭富华
彭联凤　彭联邦　彭路荣　曾绍东　温　奇　温伟琪　温秀敏　温锡萍　焦玉星　焦桂华
焦跃波　程玉荣　程金义　程秋生　程贵田　程铁根　舒长明　董　明　董万臣　董书旺
董凤雨　董文敏　董会元　董宗义　董建华　董建红　董春立　董春利　董铁锁　董淑华
蒋志源　蒋铁锁　蒋淑芹　蒋淑琴　蒋嘉华　谢红珍　谢景生　韩　静　韩克强　韩志明
韩杏玲　韩秀芝　韩建平　韩建秋　韩承甫　韩淑芬　韩惠英　韩谦信　鲁士强　槐宝玲

窦学奎　滕连生　蒲志平　褚怀林　贾秋雯　靳宝茹　鲍世远　鲍振群　熊　英　熊建华
蔡国权　裴秀兰　翟文惠　谭　葵　谭国华　樊文魁　樊德胜　潘春友　潘春生　潘福梅
穆怀刚　穆怀婕　穆怀曾　穆富琴　薄爱丽　薛俊琪　薛瑞兰　戴连生　戴国强　戴惠敏
魏　建　魏云曾　魏宏伟　魏胜德

四、哈尔滨知青 391 名

万　莉　于占江　于寿鹏　于秀春　于秀荣　于佩君　于新新　马月霞　马玉荣　马玉霞
马丽华　马宝玉　俞作林　仇文波　孔庆芬　方　白　王　免　王　敏　王　颖　王广江
王广秀　王长春　王正奎　王正琴　王玉山　王玉兰　王玉书　王兴华　王军庆　王宗信
王金英　王哈成　王彦华　王春英　王贵吉　王家勇　王晓江　王晓燕　王爱国　王淑范
王淑霞　王维江　王晶芬　王新民　王桂兰　王锦秋　王静芬　王德全　王慧琦　王燕华
王嘉勇　邓　萍　邓邦莲　邓丽君　邓连忠　邓金华　邓瑞华　丛培艳　付云海　付东军
付伟平　付有光　兰　鸣　冯恩光　卢　新　叶莲清　左秀英　左桂文　田庆滨　田佩娟
白　桦　白世勋　白世峻　白丽珍　白堡伦　石娅茹　任桂琴　关玉玲　刘　龙　刘　杰
刘　扬　刘　莉　刘士华　刘凤彦　刘长顺　刘永林　刘玉斌　刘伟华　刘兆鹏　刘成林
刘志杰　刘秀军　刘秀萍　刘进环　刘明远　刘松英　刘俊华　刘继霓　刘恒云　刘春晓
刘华荣　刘淑芳　刘淑芬　刘淑霞　刘雪明　刘浮水　刘笃华　吕　艳　吕恒海　孙　玲
孙云霞　孙太山　孙玉珍　孙丽琴　孙秀兰　孙纯祥　孙国志　孙明义　孙桂芝　曲延伟
朱家驰　毕秀珍　毕葵华　许梅华　邢志民　那志宏　那蓉凤　闫长安　闫秀荣　阮和宝
何桂英　冷德兴　吴庆民　吴恩琴　吴振生　吴桂芳　吴景利　吴泽林　吴惠芬　吴德林
宋　宁　宋　岩　宋国泉　宋春义　宋淑兰　张　玉　张　伟　张　莉　张万松　张子庚
张凤芹　张凤学　张凤桐　张文彬　张文奎　张永年　张丽娟　张丽萍　张丽蓉　张宏文
张志春　张秀凤　张国平　张国成　张宗海　张宝祥　张俊武　张保国　张奎元　张星云
张春丽　张信东　张洪霞　张桂芹　张桂荣　张艳英　张艳秋　张淑琴　张雁鸣　张滨生
李　丽　李　英　李　萍　李　斌　李　颖　李大忠　李大奎　李小平　李凤林　李凤春
李月辉　李长江　李惠君　李可仁　李玉华　李玉安　李立林　李会军　李伟华　李志国
李志满　李和平　李建华　李承德　李英华　李春生　李春明　李顺祥　李家义　李晓光
李桂芳　李艳波　李艳秋　李景微　李锡林　李德彦　李德顺　李慧萍　杜春英　来　由
杨凤发　杨立春　杨红卫　杨志滨　杨秀芬　杨英绂　杨恩波　杨晓红　杨晓峰　杨富邦
杨瑞民　步光晔　汪秀芬　沈广武　肖立功　肖丽波　芦　伟　苏　丽　苏仲良　辛秀英
辛洪志　迟月晨　迟振民　邹中华　邹淑英　陆锡云　陈　杰　陈玉珍　陈会智　陈丽娟
陈怀兴　陈学兰　陈建国　陈艳秋　陈晓平　陈淑霞　陈富玲　陈殿华　陈燕玫　周学东
孟庆梅　孟宪堂　孟淑云　季海燕　岳春华　明兴业　罗九玲　郑　健　郑玉群　郑秀兰
郑建国　郑洪德　郑桂艳　金朝印　侯维民　姚松波　姜玉平　姜淑清　姜新民　姜滨江
娄家和　祝洪章　胡玉霞　胡全芳　胡百路　胡克顺　胡秀芬　胡秀荣　胡斋梅　胡殿文

荆秀杰	赵中华	赵长印	赵玉华	赵玉霞	赵启国	赵秀彩	赵连芳	赵国清	赵黎东
郝永婷	郝永琴	郝建波	钟伟	钟阳	骆冼星	倪家骥	唐来群	展发奎	徐文彦
徐东辉	徐光荣	徐丽华	徐绍坤	徐英杰	徐荣杰	徐彩霞	柴长滨	柴建平	柴建华
栾大卫	栾月华	栾占喜	栾秋英	秦英杰	秦铁华	耿生让	耿艳华	聂之秀	袁淑娟
贾云海	贾丽敏	郭成勇	郭百杰	郭建华	郭桂英	郭继兴	郭聘秋	钱三平	钱凤勤
顾占一	高广存	高克杰	高克俭	高克勤	高佩君	高佩林	高寰中	商瑞祥	崔忠义
崔振江	常彬	常兴臻	曹玉琴	曹伟楠	曹洪江	曹淑云	曹淑杰	曹跃民	梁伟
黄常仁	黄彩霞	傅明峰	富卫平	彭玲	彭广发	程绍芬	董学	董亚芬	董桂霞
蒋永才	蒋秀梅	谢丽华	谢远伯	韩刚	韩英民	韩晓光	綦承珍	蔡明飞	蔡明全
谭加利	谭桂芹	樊建华	潘仲德	穆亚辉	穆清泉	穆道宽	穆镜明	薛克财	藏洪涛
魏忠顺									

五、杭州知青 499 名

丁水根	丁永贵	丁鸿英	丁新民	于海防	卫旭华	马雷	马小妹	马凤英	马水法
马吉昌	孔明霞	方谷娟	方涌祥	方逢源	方康美	毛援远	王平	王文富	王月凤
王水凤	王永清	王玉林	王吉炎	王有增	王芝英	王志定	王来官	王国方	王国庆
王国宝	王国荣	王国银	王宝泰	王宝康	王宝琴	王明荣	王炎珠	王苗凤	王虎强
王金土	王金妹	王洪光	王美云	王家吉	王雪敏	王雄强	王锦明	王鹤鸣	邓邦莲
邓阿鸟	冯自立	冯福元	包一民	史慧英	叶云珍	叶乐君	叶龙虎	叶利英	叶晓龙
叶爱根	甘立荣	田定麟	田金润	石季春	石尉彦	边容珍	任佩君	任国寿	任玲芳
关长兴	关建国	刘文妹	刘志明	刘玲芳	刘福康	华岗	华凤仙	华仁	华顺礁
吕亚平	吕希平	吕聚连	孙亚琴	孙伟龙	孙丽文	孙杏捐	孙培玉	孙宝儿	孙明义
孙春英	孙贺德	孙嘉荣	朱卫中	朱月珍	朱世炎	朱永梧	朱玉芳	朱自强	朱宝瑛
朱林君	朱金星	朱勇平	朱祖荣	朱胜祥	朱惠民	池容萍	汤永林	许小富	许天德
许仲达	许光生	许欣哉	邢永德	邬力新	邬烈鸿	邬国培	阮和宝	阮维明	严丽娟
严培荣	何伟炎	何寅生	余支前	余迪生	余金根	吴永莹	吴立新	吴有根	吴汝华
吴孝明	吴学宁	吴莉仙	宋作萍	宋金胜	宋桃蓉	宋琼兰	寿文兰	应彩花	张勤
张子云	张为民	张凤兰	张心力	张乐园	张石良	张传忠	张红君	张志云	张国英
张奋道	张宝珠	张建国	张建娟	张荣生	张荣虎	张根富	张桂香	张彩凤	张舜薇
张锦芳	张翠华	张翠琴	张翠蓉	李立华	李志清	李其芳	李明秀	李荣兔	李家凤
李莲玉	李淑萍	李福铭	杜广武	杜桂英	杜鑫泉	来光耀	来金龙	芦炜	杨广德
杨水根	杨叶珍	杨伟民	杨华英	杨利民	杨松发	杨明芬	杨剑英	杨炳荣	杨根富
杨清安	汪衡	汪文娟	汪福兴	沈弘	沈音	沈卫东	沈月华	沈立坤	沈龙珠
沈兔珍	沈国民	沈炎源	沈济涛	沈美玲	沈荣喜	沈堡祥	沈鉴荣	沈锦奎	苏必力
谷慧娟	邱志贤	邵文琴	陆乐	陆水仙	陆百成	陆志民	陆宝根	陆玲玲	陆鸿振

陈坚	陈英	陈浩	陈强	陈力行	陈子虎	陈小休	陈小秀	陈巧凤	陈水纹
陈玉龙	陈丽玲	陈宏星	陈志贤	陈秀凤	陈国胜	陈英延	陈祖根	陈美丽	陈茜华
陈桌家	陈继根	陈培德	陈彩蛾	陈维英	陈善耀	陈惠民	陈新德	单世山	单秀珍
周凤仪	周吕根	周志英	周秀凤	周其虹	周松兔	周茂盛	周星玉	周树炎	周禹健
周常青	周淑英	周银龙	周燕云	孟仲华	孟美娟	孟素珍	季鹏年	岳嘉庆	庞长庆
庞新元	房子花	房文娟	房艮逊	林坚	林月和	林放英	罗水法	罗永铭	罗铁良
罗福林	范凤珍	范亚菊	范解龙	郑水昌	郑世玉	郑忠华	郑养敏	郑继三	郑耀君
金炎	金友根	金水虎	金利亚	金志伟	金志清	金定向	金益民	金紫萍	金慈红
金瑞英	俞世平	俞红莺	俞时煌	俞国强	俞金花	俞金昌	俞玲珠	俞振兴	俞焕林
俞福根	姚依群	姚桂潮	姚继红	姜志泉	娄水炎	娄瑞华	宣国雄	施水泉	施幼珍
施龙生	施守民	施志诚	施玲珑	洪仁兴	祝荣	祝国良	祝林友	祝青萍	胡瑛
胡月珍	胡水珍	胡水荣	胡兴杰	胡来根	胡杭平	胡家骏	胡淑珍	胡菊芬	胡德平
茹土根	赵传兴	赵红英	赵国光	赵菊蛾	赵辅正	赵雅琴	赵静芬	赵慧芬	钟富强
钟麟初	闻虎根	闻金根	骆志华	骆国强	骆秋珠	倪菊英	倪达利	倪明珠	倪彩珠
唐慧	唐阿牛	唐玲儿	夏勤荣	夏耀康	徐云燕	徐凤祥	徐国良	徐国强	徐泊钧
徐金玲	徐美玉	徐桂林	徐素珍	徐荷媚	徐银凤	徐惠民	徐德成	徐燕萍	徐鑫潮
晏招娣	柴荣生	翁百美	袁一强	袁路石	诸志炎	诸秀琴	诸泳潮	诸金法	郭妙顺
郭志贤	郭金仙	郭德泉	钱国富	钱婉珍	钱维琪	钱善泉	钱惠忠	钱锦润	陶佐娣
陶承生	陶晓明	顾文龙	顾水珍	顾幼云	顾连凤	顾宝祥	顾建江	高小燕	高仲华
高伟琴	高兴土	高志强	高连根	高林火	高根泉	高森炎	高勤业	高德琳	崔绍康
崔琴烨	曹永涛	曹春根	曹瑞民	梁其昌	盛永泉	章杰	章水仙	章永良	章伟灼
章连海	章国强	章胜利	符文琴	黄玉娟	黄伟亮	黄光耀	黄河清	傅光辉	傅延明
傅定宽	储尚佳	富国光	稽寒菲	彭德麟	程力行	童关诚	童关康	舒玲	葛德发
董成水	董志尉	董玲芝	董根才	蒋志松	蒋洪缨	蒋美芳	蒋荣根	蒋斯畅	谢孝琴
谢选华	谢哲英	谢骏彪	谢德征	谢黎明	韩宝坤	韩宝根	韩连华	韩根法	韩寅冠
韩淑清	韩德玲	鲁传根	鲁鑫龙	楼耿泰	虞小根	裘宝珠	鲍世元	廖丽娟	廖增琴
蔡兰英	蔡新莲	蔡解民	蔡德安	谭震武	樊传新	潘水贤	潘水梅	潘凯慧	潘聚源
穆虎麟	薛峰	薛桂英	戴牛儿	戴金根	戴金强	戴荣生	魏雪石	瞿莉莉	

六、台州知青 542 名

丁铮	丁必祥	丁龙兴	丁华祥	丁国平	丁国雄	丁建平	丁敏行	尤平洲	尤鸿芝
尹安根	尹官贵	方正中	方荷莲	方德岩	毛定康	毛桂芳	王勇	王振	王小东
王小领	王友钦	王友根	王天西	王天松	王天春	王文伟	王文达	王方正	王仙友
王以庚	王冬子	王亚妹	王全忠	王向东	王有增	王克韵	王君燕	王妙虎	王宏根
王和平	王建平	王林弟	王俊满	王勇年	王玲芳	王祖友	王祝富	王美琴	王振岳

王根富	王爱娟	王素卿	王继钧	王彩芬	王敏玲	王理行	王菊生	王敦友	王普华
王朝阳	王禄祥	王道生	王道富	王新国	王福云	王锦川	邓文义	付绍岩	兰海宁
冯云龙	冯青梅	冯雅素	包祖元	包祖林	卢甦	卢华森	卢启农	卢志岳	卢良宇
卢善金	卢德胜	史念慈	叶云梅	叶文正	叶世忠	叶世豪	叶仙东	叶加力	叶杏芬
叶阿富	叶建华	叶明辉	叶金女	叶复渠	叶春祥	叶祥森	叶荷明	叶康永	叶德正
甘立荣	石菊芳	任云琴	任晓藏	任惠德	刘先俊	刘丽丽	刘洪萍	刘莉莉	刘理培
吕金秀	吕金福	吕竞范	吕跃生	孙邦国	孙新建	庄云生	成如冰	朱 强	朱文荣
朱冬湘	朱芙月	朱昌华	朱金富	朱俊卿	朱俊清	朱荷莲	朱椒峰	朱福煦	毕文东
毕文虎	池云跃	池安庆	池妙凤	池春香	汤仁学	汤爱国	汤素芳	牟正宝	牟邦荣
牟灵光	牟建初	牟建国	牟松严	牟金宝	牟春芳	牟雷欧	许文达	许文琴	许世华
许则菲	许安月	许灵芝	许秀珠	许秀艳	许泽东	许桂英	许浙东	邬才富	阮孔顺
阮秀玉	阮忠岳	阮秋生	阮道中	阮锦云	阮翠斐	严加敏	何文秀	何优凤	何优男
何秀妹	何国平	何建军	何显达	余太弘	吴 震	吴力武	吴大荣	吴大熊	吴云芳
吴立华	吴立勇	吴汝宝	吴百孙	吴学宁	吴承庚	吴春生	吴祥彪	吴继富	吴莉仙
吴菊琴	吴跃明	吴普元	吴道秋	吴道积	吴赛英	吴赛萍	宋汝福	应东方	应有德
张 新	张中行	张中适	张为民	张云香	张文光	张月珍	张木金	张仙友	张冬音
张正达	张礼潮	张光亚	张作华	张佩君	张建伟	张建国	张忠兴	张明法	张法清
张贤哉	张金虎	张威祥	张美芬	张桂良	张桂花	张益民	张荷玲	张崇志	张敏泰
张敏敏	张雪芬	张新民	李为民	李云生	李云英	李云霞	李元政	李巧玲	李灵兴
李肖陵	李学信	李念华	李招凤	李明秀	李显云	李哲柿	李善华	李惠娟	李蔚斐
杜丛再	杜建阳	杨子京	杨子楠	杨云增	杨平华	杨其荷	杨国芳	杨念芬	杨林奎
杨金娣	杨金富	杨青法	杨舜虎	汪福林	沈 华	沈亚佩	沈守中	沈佳明	沈显康
沈崇华	沈德强	苏明山	邱忠友	邵世民	邵冬青	邵菊芬	邵慰群	陆宁波	陆雪芬
陈 刚	陈 竞	陈万富	陈习贞	陈士超	陈子敬	陈小昌	陈小琴	陈云贞	陈孔顺
陈少昌	陈文忠	陈文滔	陈月英	陈月斐	陈仙娥	陈仙德	陈冬春	陈先富	陈米良
陈克翠	陈宏星	陈志远	陈佳男	陈国花	陈招富	陈明富	陈英英	陈春芳	陈春宝
陈显芳	陈眉珠	陈荣华	陈荣斌	陈贵放	陈悟叔	陈爱劳	陈秦岳	陈莉华	陈铁牛
陈康民	陈敏辉	陈淑英	陈深海	陈理荣	陈雪年	陈普东	陈新生	陈鹏飞	周小福
周乐平	周正飞	周吕平	周佐强	周昌栋	周凌云	周素珍	周普连	周福云	孟宪民
季云瑞	於志红	於善华	於强富	旺福林	林 奇	林 敏	林兰芳	林幼琴	林华良
林秀徽	林国强	林星跃	林秋生	林桂香	林荷生	林菊芳	林赐安	林福兴	林蔚蕊
枣涤明	罗凤华	罗华东	罗丽华	罗时忠	范永久	范永杰	茅东海	郏声宏	郑 勇
郑友法	郑开正	郑方增	郑冬春	郑君海	郑志翔	郑秀芬	郑织章	郑秋霞	郑惠德
金 峰	金月仙	金华义	金米田	侯济华	侯济玲	俞金琴	俞美君	俞速平	俞誉产

娄锦铭	柯元莉	柯秀莲	柯显明	柯秋莲	柳菊芬	洪幸琪	洪荣喜	洪梅庭	胡远志
胡衡荣	赵太顺	赵冬梅	赵龙宁	赵吉雄	赵佑祥	赵抗美	赵尚行	赵明阳	赵继宏
赵颂平	赵燕春	赵曦亮	项云祥	项云霞	项国珍	项祖明	项桂英	倪春生	徐 敬
徐仓进	徐世玉	徐平祥	徐正敏	徐志雄	徐连君	徐国明	徐忠法	徐招娣	徐金生
徐显潮	徐笃义	徐娟娟	徐继新	徐荷芳	徐婉琴	徐勤勤	徐赛许	晁 晖	柴云周
殷志华	殷建华	翁吕娟	袁雪文	袁敦聪	郭丽君	郭建华	钱 敏	钱祖平	钱祖庚
钱雅云	陶小根	陶六妹	陶文林	陶东升	陶冬正	陶申妹	陶荣富	陶普法	陶燕华
顾士超	顾冬生	顾春媚	顾瑞春	高方俊	高良椒	高盈如	高影萍	屠柏京	曹丽华
曹英焕	梁从新	梁忠娥	章家驹	章婉华	章福江	符文琴	黄天松	黄元华	黄月娥
黄仙友	黄冬福	黄正国	黄正法	黄汉民	黄光友	黄建成	黄绍林	黄美鸿	黄梓明
黄禄祥	傅昌言	傅绍岩	嵇永杰	彭忠麟	曾立富	焦素君	褚鸿儒	童学顺	童雪华
童循权	葛肇浚	董仲秋	蒋文英	蒋佩飞	蒋国庆	谢云凯	韩万象	鲁 肃	裘守达
褚鸿儒	鲍青忠	鲍殷夫	鲍彩霞	管 琼	管康显	缪敏宾	蔡 敏	蔡兰英	蔡加淦
蔡永固	蔡丽萍	蔡贤君	蔡胜华	蔡荣智	滕林华	潘云青	潘云常	潘天顺	潘文虎
潘正明	潘立春	潘坚毅	潘佩芳	潘载福	潘德亮	潘慧萍	戴文达	戴冬友	戴仲选
戴娟娟	瞿林凤								

七、宁波知青80名

毛德美	王云敏	王民建	王列宁	王春芳	王勤勇	付红丽	冯岳军	叶杭明	司徒玉梅
司徒海	白 梅	伊明芳	孙陪会	朱小妹	朱月娥	朱秀娥	江安民	汤碧琴	吴 惠
吴正兔	吴亚珍	吴国才	吴勤真	宋丽敏	张文宝	张立强	张安兰	张琴芳	李桂花
李雅琴	李秋萍	汪义章	汪茂章	沃素英	沈庆和	陈 军	陈伟英	陈莺莺	陈如菊
陈伟康	陈良才	陈阿良	陈晓莲	陈晓莲	周时菊	周定芬	周定春	郑丽娟	郑要红
郑翠凤	金建灵	胡世逸	胡晓佩	贺松青	贺绎奋	赵永贤	赵建红	赵莹莹	夏为忠
夏在堂	徐炳辉	徐五一	钱光发	钱良钧	陶小敏	陶翠金	屠卓云	屠菊芳	崔菊芬
曹文钦	曹丽英	曹阿香	梁雅耿	章炳耀	章胜利	程慧钧	董国莹	蔡志敬	范淑菊

八、佳木斯知青67名

刁成华	万 敏	于学柱	马 克	马志平	马洪林	方秀容	牛玉霞	王金龙	王世昌
王守志	王晓江	王桂莲	王喜春	丛美华	冯福利	仲兴维	刘一华	刘会民	刘明扑
刘冬艳	孙世斌	孙志武	孙惠珠	孙德伟	何晓维	佟 旭	吴振生	张文志	张希光
张建伟	张爱萍	张铁英	张喜德	李广敏	李尔杰	李玉英	李乐平	李学志	李晓宁
李银发	杜炳俊	杨守明	邱润萍	邵佳丽	邹德俊	陈 平	陈艳云	尚丽艳	房桂清
林克钦	段 志	洪依舒	赵佳芹	赵喜斌	倪佩丽	奚淑琴	徐东辉	秦铁华	郭 杰
顾占一	康笑云	程宇洪	韩洪标	蔡振兴	霍桂容	魏敏杰			

九、双鸭山知青 120 名

万海东	于振华	于寿朋	于德友	王 平	王 军	王 秋	王昆岳	王秀灵	王喜春
王艳霞	王桂莲	王淑凤	王德祥	王向东	王明文	王淑春	王崇海	王国民	王化凌
王玉凤	冯雅琴	田永成	田德祥	田志学	白恩荣	白北成	江 岸	任淑琴	任凤琴
付少云	邢国权	关玉萍	关淑芬	关淑梅	刘 英	刘正金	刘志荣	刘万学	刘殿波
刘义常	刘德海	刘松山	刘淑云	安傅瑞	安金志	许 兴	许国清	张力天	张庆忠
张贵珍	张文孝	张学玲	张亚洲	张淑香	张艳华	张殿平	张兴荣	张桂芝	张希华
何长文	杨 友	杨喜艳	李 昌	李 翔	李庆芬	李凤云	李秀兰	李书杰	李纯奎
李亚夫	李洪叶	李景祥	李兴泽	林世华	陈桂芝	陈静波	孟艳芬	尚永波	尚继运
郑为民	郑沿东	金淑艳	赵学敏	赵宏企	赵桂珍	赵淑梅	徐 维	徐世军	徐玉洁
秦桂花	郭宝荣	商瑞祥	曹 江	曹锦学	曹亚军	逯新局	沈梦雄	梁德远	周星生
周春满	周生瑜	周平富	冯玉秀	宫向奎	侯玉范	侯亚琴	程云华	彭玉山	彭桂芝
宋学甫	宋少英	韩桂芝	韩燕云	魏玉花	季亚凡	唐作权	单佩秋	孙玉琴	孙玉莲

(第九编第四章《人物名录》,第 654—667 页)

《胜利农场志》

《胜利农场志》编辑办公室编纂,(内部刊行)1985 年

(1957 年)9 月初,接收第一批佳木斯支边青年来场。本月末,接收第二批佳木斯支边青年来场(300 余人)。 (第二编《大事记》,第 44 页)

(1965 年)5 月,佳木斯支边青年 30 人来场落户就业。 (第二编《大事记》,第 51 页)

(1966 年)3 月 9 日,佳木斯 160 名青年抵场。 (第二编《大事记》,第 52 页)

是年(1968 年),京、沪、哈、佳知识青年 1 174 人抵场。 (第二编《大事记》,第 56 页)

是年(1969 年),京、津、杭、哈知识青年 2 932 人抵场。 (第二编《大事记》,第 57 页)

是年(1970 年),津、齐市知识青年 875 人抵场。 (第二编《大事记》,第 58 页)

是年(1971 年),上海知识青年 390 人抵团。 (第二编《大事记》,第 59 页)

(1972 年)秋,三十四队牛英杰(北京知青)用斧子砍死班长徐景贤。后被黑龙江生产建设兵团军事法院依法判处无期徒刑。 （第二编《大事记》,第 60 页）

(1973 年)5 月 9 日,二十三连职工袁绍亮奸污女知识青年,被判刑三年;一连顾瑞林奸污女青年被判刑四年。 （第二编《大事记》,第 61 页）

8 月 19 日,张振山因强奸女知识青年畏罪自杀,被开除党籍,撤销副营长职务,开除干部队伍;六连曹国成强奸女青年,判处有期徒刑三年。

11 月 18 日,芦新弟因奸污女知识青年,被开除党籍。 （第二编《大事记》,第 61 页）

(1974 年)4 月 15 日,三十六连上海知识青年江承坚被怀疑偷饭票,遭威逼毒打后失踪。 （第二编《大事记》,第 62 页）

(1975 年)3 月 20 日,十六连职工田文悦(北京青年)因盗窃现金 1 600 元被拘留后,撞车死亡。 （第二编《大事记》,第 63 页）

(1976 年)10 月 1 日晚 6 时,工程二连职工张艳(哈尔滨青年),因有前科,被人暗示,精神压力过重,服毒自杀身亡。 （第二编《大事记》,第 64 页）

(1977 年)8 月 28 日,场直家属连耿爱春、杨光荣因沙场塌方埋压致死,十一连油料保管员王凌文(上海知识青年)在沙场塌方抢险中不幸牺牲。 （第二编《大事记》,第 64 页）

1969 年至 1976 年,大批城市知识青年下乡来场。这时期,以知识青年为主力军,新建农业生产连队 26 个(十五连至四十连),是胜利农场时期的 1.86 倍。开垦荒地 297 379 亩。是胜利农场时期的 3.96 倍。仅 1972 年,开荒面积就达 14 万亩,利用率 87%,多在别拉洪河以南和场部以西平原区域。1976 年,耕地面积已达 40 余万亩。

（第三编第一章《农业》,第 88 页）

1968 年至 1976 年,大批城市知识青年陆续来团,先后有 600 余人(兵团战士)充实到机务队伍,每台机车(链轨拖拉机、胶轮拖拉机、联合收割机)均有"知青"2—3 人,部分车组配有女"知青"1—2 人。1971 年,18 连再次组织"三·八"包车组。车长:王淑云,驾驶员:姬艳芹,学员:王芳等。这一时期机务队伍的主要成份是"知青"。

（第三编第二章《农机》,第 123—124 页）

1969年,城市知识青年大批来团(二十四团),人员激增,急需增加住房,当年投资731 260元。根据兵团司令部关于房屋建筑要向砖瓦化发展之要求,至1976年,全团共建筑砖瓦结构房屋168 648.75平方米。

(第三编第九章《建筑》,第274页)

1972年,沈阳军区黑龙江生产建设兵团印发了"团一级财务管理制度试行办法"后,财务管理工作方逐渐得到恢复,三级管理(团、营、连),二级核算(团、连)的制度初步形成。此间,对新参加工作的知识青年和就业子弟实行供给制,干与不干24块半(女25块半)。只算"政治帐",不算经济帐,导致花钱多,经济效益低,损失浪费大。

(第三编第二十章《计划、财务》,第411页)

1969年,大批城市知识青年下乡来场,从中选拔了具有初、高中文化水平,接受能力强的充实到财会队伍,由于他们熟悉业务比较快,很快成为财会队伍中的骨干力量。

(第三编第二十章《计划、财务》,第413页)

1965年至1967年,(专用基金)包括更新及技术改造基金、企业奖励基金、福利基金、超收留成基金、城市青年安置费、大牲畜饲养费。1968年包括更新基金、变价收入、企业奖金、超收留成基金、城市青年安置费、福利基金。

1969年至1977年,专用基金项目包括:更新基金、城市知识青年安置费、福利基金、其它基金(1973年至1977年,含青年安置费、超计划利润留成、税收留成、超交粮加价奖、超交生猪加价奖)。

1978年,包括:更新基金、劳保福利基金、城市知识青年安置费、工业大修理基金、超交粮加价奖、超交生猪奖金、文体费基金、科研经费拨款、税收留成。

(第三编第二十章《计划、财务》,第436页)

(1964—1971年)知识青年安置费,按接收知识青年人数由上级拨款,由团掌握使用。用于建筑青年住房、开垦荒地、小型农田建设、添置小农具和生活用具等。

(第三编第二十章《计划、财务》,第437页)

知识青年安置费:1979年取销。　　　　　(第三编第二十章《计划、财务》,第438页)

1978年,我场知识青年开始返城,连队开始并、撤,储蓄代办所由46所减为33所。

(第三编第廿一章《金融》,第458页)

1963年,由八五三农场转入北京青年10人。

1304

1965 年,接收佳木斯支边青年 30 人。

1966 年 3 月,接收转业军人 230 人,是年,接收佳木斯支边青年 160 人,计 390 人。

1968 年,接收城市知识青年 1 174 人(北京,370 人;上海,148 人;哈尔滨,100 人;佳木斯,556 人)。职工子(女)弟就业 41 人。

1969 年,接收城市知识青年 2 932 人(北京,1 406 人;天津,274 人;哈尔滨,1 073 人;杭州,179 人)。

1970 年,接收城市知识青年 875 人(天津,836 人;齐齐哈尔,39 人)。

1971 年,接收上海知识青年 390 人,职工子(女)弟就业 75 人。

(第三编第廿二章《劳动工资》,第 464 页)

1974 年至 1977 年,共接收城市知识青年 1 863 人(哈尔滨:1974 年,147 人;1975 年,96 人;1976 年,1 598 人;1977 年,11 人;佳木斯:1976 年,11 人)。共接收城市知识青年 7 434 人。

1979 年,城市知识青年大批返城,造成劳动力严重缺编。

(第三编第廿二章《劳动工资》,第 465 页)

1983 年末统计,城市知识青年返城 6 914 人,在场者仅 520 人(占来场青年总数的 7%)。

(第三编第廿二章《劳动工资》,第 465 页)

1965 年,对接收的第二批佳木斯知识青年的工资起点定为农工一级。

1966 年 3 月,对接收的第三批佳木斯知识青年的工资按"试用工"工资实行,第一年 25 元、第二年 28 元、第三年 32 元。　　(第三编第廿二章《劳动工资》,第 468 页)

1968 年至 1972 年,凡就业职工子弟和来团的城市知识青年,工资标准皆以农工一级(32 元)为起点。取消下延制,职工工资全部按标准级执行。

1973 年,根据国发(1971)90 号文件规定,凡在本场就业的职工子弟及来团城市知识青年,工资一律改为生活费与服装补贴制,以第一年 24 元;第二年 28 元;第三年定本岗位一级工资为增薪标准(此生活、服装补贴工资制,执行至 1979 年黑龙江省革命委员会下发 257 号文件止)。技术工种实行学徒制和熟练期工资制。(第三编第廿二章《劳动工资》,第 469 页)

1971 年秋,34 连牛英杰(北京青年)受其班长徐景贤(天津青年)批评而不满,以谈心为由,将徐骗至本连西山树林内,用斧砍死,牛犯被黑龙江生产建设兵团军事法院依法判处无期徒刑。

(第四编第四章《政权机构》,第 529 页)

4. 盗窃现金案

1975年3月20日,16连职工田文悦(北京青年),撬开本连财会室木制金柜,盗走工资款1600元。该犯在被拘留期间畏罪自杀。

5. 杀人案

1979年春,13队职工韩大放(哈尔滨青年),因求婚未成,对女方怀恨在心。为达其奸污、杀人之目的,用斧将同寝之马庆祝砍死,闯入女宿舍,又将一女青年砍至重伤(当场休克)后,将被求婚之女青年捆系于床,奸污未遂(因该犯杀人后精神紧张,生殖器失去功能),动杀机欲砍之,女百般求饶方止,韩投缳毙命。　　　(第四编第四章《政权机构》,第530页)

1973年2月25日,共青团二十四团首次代表大会召开。从此共青团工作再次步入正轨。5月4日,共青团黑龙江省第五次代表大会召开,我团上海知识青年陆士龙出席了会议。6月1日,团委反复宣传、贯彻中发(1973)21号文件精神,并对照检查在知青工作中存在的问题。从此,农场重视培养和选拔青年干部。　　　(第四编第六章《群团组织》,第557页)

1977年初,社会上知识青年返城风初吹到农场,部分青年思想开始波动。6月,农场党委根据龙总政(1977)30号文件《关于学习山河农场党委〈关于深入揭批"四人帮"巩固和发展知识青年上山下乡的成果〉的通知》精神,重申:要坚持知识青年上山下乡的正确方向,大力表彰扎根边疆、铁心务农的先进青年,稳定青年的思想;同时要严格执行党的政策,做好知识青年的病、困退工作。从此,知青病、困退返城开始。8月28日,11队上海知识青年、共青团员王凌文,在平顶山砂场塌方抢险中牺牲。9月26日,场团委作出《关于授予王凌文为模范共青团员和开展向王凌文学习的决定》。

1978年4月,对团组织进行整顿,建立健全团的各级领导班子。6月28日至7月1日,共青团第三次代表大会召开。7月,恢复和建立少先队组织。10月,知识青年大批返城,势如破竹,不可阻挡,至1979年底,大部分知青已返城,剩下少部分青年思想仍不稳定。此间,团组织处于瘫痪状态(因原团干部大多数是知识青年)。

　　　(第四编第六章《群团组织》,第558页)

1979年,城市知青大批返城,部分托儿所处于瘫痪状态,由1976年的33所减为27所。

　　　(第四编第六章《群团组织》,第574页)

1978年,排演独幕话剧《于无声处》。年末,"知青"全部返城,宣传队偃旗息鼓。

　　　(第五编第一章《文化》,第578页)

1968年后,大批城市知识青年相继来团,对本团之体育活动起到积极的推动作用。各单位皆组织起篮球队、乒乓球队。团直有些单位经常组织比赛。

1976年,本团接收哈尔滨市知青1598名,这批知青的到来,为活跃群众体育活动起到促进作用。此后,足球队、篮球队皆以这批青年为骨干。

同年,在机关门前修建占地约1050平方米、能容纳1500余人观看比赛的灯光球场。为强化团篮球代表队,开始把基层篮球骨干抽调到团直单位工作,以便利用业余时间加紧训练。

(第五编第二章《体育》,第587页)

(1976年)6月,团足球队成立,并于7月参加师举办的足球比赛,足球队中以哈尔滨、上海、天津知识青年为主,他们刻苦训练,虽然时间短,但取得了较好成绩。

(第五编第二章《体育》,第588页)

1977年,以天津青年为主,组织业余摔跤队。从本年到1978年,他们共为场直观众表演三场,其中以1978年6月29日晚为团代会表演最为精彩。当时,恰逢牡丹江运输队来场支援,他们组织一个队与该队进行比赛,观众上千人,整个灯光球场一片欢腾。

(第五编第二章《体育》,第588页)

1968年后,城市知识青年陆续来场(团)落户,从知识青年中抽调部分文化较高者从事教育工作。

(第五编第三章《教育》,第604页)

王凌文烈士传记

下乡知识青年,模范共青团员。系上海市浦东大道人氏,祖籍安徽省。生于1953年12月12日,牺牲于1977年8月28日,终年24岁。

王凌文出身于工人家庭,在家长教养下,自幼熟知家史:解放前,爷爷常年在江河以渔为生,受尽渔霸、日本强盗、国民党反动派极其残酷的剥削、欺压和凌辱。到父亲辈上,放弃营渔途径,以摆渡为生,生活仍饥寒交迫,历受日寇、国民党反动派皮鞭、枪棒的毒打。后来弃摆渡,进工厂学徒。悲惨的家史,深深地铭记在王凌文幼小的心灵中。因此,他自上小学起就发奋攻读,努力学习文化知识。平时很少言语,每日提前到校擦桌、扫地、排板凳;邻舍有困难时,他尽力相助,常受到老师和同学们的表扬和称赞,很快就加入了少年先锋队。

中学时,他努力学习马列主义、毛泽东思想,曾多次受到学校领导的表扬。1972年,光荣地出席上海市乳山初级中学第二届学习毛主席著作积极分子大会。

1971年,在上海市青浦县城东人民公社城东大队"学农"期间,表现突出受到群众的好评,生产队为他颁发了奖状。同年中学毕业时,他积极响应党和毛主席关于知识青年"上山下乡"的号召,在学校的动员大会上,第一个表了决心。会后,他怀着喜悦的心情把决心告诉了父母。因他年龄小,体质差,父母不同意他下乡。他利用"旧社会苦难家史"说服了父母。

10 月 14 日,告别了亲人奔向祖国的北疆——黑龙江生产建设兵团第廿四团十一连。这里条件艰苦、任务艰巨,对于刚出校门的王凌文是一个极大的考验。可他不怕苦,不怕累,积极工作,每天伴着他下班归来的总是一阵快乐的歌声。

王凌文个子瘦小,身患高血压、心律不齐等疾病。但他把自己的身体完全置之度外,为农场建设拼命地干。几年中,他当过农工(农业职工)、油料员、拖拉机驾驶员,干一行,爱一行,踏踏实实、勤勤恳恳,样样工作完成得都很出色。

当油料员时,他认真负责,不分昼夜,随叫随到,保证供应机车用油;机车更换零件,他总是要亲自到现场看看,确实需要才给换发。当拖拉机驾驶员时,他夜以继日地干,由于经常过度疲劳,使他的心脏病、高血压越来越重,常常心口绞痛,头晕眼花,但他总是瞒着领导和同志们不声不响地忍着疼痛坚持工作。后来领导为了照顾他的身体,让他下了机车到农工排工作。病虽加重了,但他的干劲未减,他总是把领导和同志们的关心,化作战胜疾病的力量,专拣重活干。

春播时,他是播种机手,按规定两人负责一台播种机,轮换着干,而王凌文在整个春播中几乎全是一个人站播种机,一干就是一天。

在一次破木料中,王凌文被飞起的木板打昏,只休息一天,又忍痛上班。

麦收时,他和另一职工担负场院卸麦子任务,每天只能睡四、五个小时的觉。四、五台收割机作业,本来卸车任务就很繁重,可他还利用空余时间和大家一起摊场、扛袋入库。他心口疼病常发作,总是咬牙坚持。有几天他发高烧、拉痢疾,身体支持不住,很需要休息,但他坚持不下火线,瞒着领导和同志们忍着病痛,托着沉重的身子坚持干。终因过度疲劳,病情加重,突然晕倒,从车上摔下地,同志们把他抬到床上休息,两小时后苏醒过来,又跑回场院干了起来。

平时,他总是以雷锋为榜样,为连队、为群众做好事。在宿舍,打水、扫地、劈柴抢着干,星期天常到伙房帮厨。他生活艰苦朴素,从不乱花一分钱,别人有困难,他尽力相助。

有一次,连队不慎失火,他不顾个人的生命安危,一次次冲进青年放箱子的仓库,把别人的东西抢出来,而自己的东西却全部被烧掉。

1974 年冬,他和九名职工担负拉沙子任务,每逢放炮时遇到哑炮,他总是不让别人靠近,自己抢着排除险情。

1977 年 8 月 28 日上午,王凌文等人去平顶山拉沙子,在装车时,附近沙崖突然塌方,将几名场直家属队的女工埋在沙堆里,情况十分危急,王凌文飞快地冲向出事地点,用双手拼命地扒沙子,一分钟后,一位遇难者的头部露出,即将得救时,参加抢险的另一名职工突然发现沙子山又要塌方,便大声喊到:"又要塌方了,快跑开"! 为了抢救同志,王凌文不顾个人安危,继续奋力的扒沙子。此刻,只听"呼"的一声,像一座小山似的沙块塌了下来,将王凌文压在沙堆里。大家急切地呼唤着、抢救着,王凌文被扒出来了,但心脏已经停止了跳动。

农场常委为王凌文召开了隆重的追悼大会。场团委追任王凌文为模范共青团员。

经黑龙江省民政局批准,授予王凌文为革命烈士称号。

(第七编第一章《人物传》,第 703—706 页)

1968 年(明山屯)开始接收大批城市知识青年,至 1976 年共接收城市知青 140 人(1978 年后,返城 128 人,现仅剩 12 人)。(第八编第二章《农场史话》,第 765 页)

城市知识青年来场

1968 年始,城市知识青年响应毛主席关于"知识青年到农村去,接受贫下中农再教育"和"知识分子要走与工农兵相结合的道路"的指示,纷纷来场落户。

6 月 28 日,第一批北京知识青年 370 人来到农场,受到干部、职工的热烈欢迎。此后,哈尔滨(100 人)、上海(148 人)、佳木斯(556 人)知识青年相继来场。是年,共计接收来场知识青年 1 174 人。1969 年,知识青年上山下乡进入高潮。本年接收知识青年 2 932 人(其中,北京知识青年 1 406 人、天津知识青年 274 人、哈尔滨知识青年 1 073 人、杭州知识青年 179 人)。1970 年,接收天津知识青年 836 人、齐齐哈尔知识青年 39 人,计 875 人。1971 年,接收上海知识青年 390 人。1974 年至 1977 年,接收城市知识青年 1 863 人(哈尔滨:1974 年 147 人;1975 年 96 人;1976 年 1 598 人;1977 年 11 人。佳木斯:1976 年 11 人)。至此,本场共接收各城市知识青年 7 434 人。

知识青年大批来场,为开发边疆、建设边疆,扩大兵团建设增添了新生力量。他们有文化、有理想、热情高,很快成为各条战线上的骨干力量。

1968 年至 1977 年间,有 293 名知识青年光荣地加入了中国共产党,2 945 人加入了共青团,2 人担任副团(场)级干部职务,3 人担任副营(分场)级干部职务,97 人担任连(队)、副连(队)级职务。为兵团(农场)的发展建设做出了贡献。

(第八编第四章《简史》,第 905—906 页)

《红卫农场志》

红卫农场史志编写办公室编纂,(内部刊行)1987 年

(1969 年)3 月,由包建红卫团的四师各团选配的干部、工人、知青约 410 人先后到达新点。组建了一连、三连、四连、五连、六连、七连、九连、十连、十一连、十二连等 10 个农业连队,1 个工程连,同时筹建汽车连、修理连、工副业连。红卫团机构框架基本形成。

(第二编《大事记》,第 24 页)

5 月 17 日,迎接上海知青 370 人。(第二编《大事记》,第 24 页)

8月10日,接收齐齐哈尔市青年411人。   （第二编《大事记》,第24页）

9月13日,接收北京知青216人。   （第二编《大事记》,第24页）

(1970年)5月,接收天津青年360人。   （第二编《大事记》,第25页）

(1971年)10月,接收上海青年824人。   （第二编《大事记》,第26页）

(1972年)11月,接收上海青年387人。   （第二编《大事记》,第26页）

是月(1973年3月),接收上海青年71人。   （第二编《大事记》,第26页）

(1975年)10月,接收齐齐哈尔市青年410人。
11月23日,判处奸污女知青犯于立江15年徒刑。
是月,年终总结,接收城市知青3530人,全团总人口发展到6900多人。

                                                                                 （第二编《大事记》,第27页）

是月(1976年6月),接收哈尔滨市青年164人。   （第二编《大事记》,第27页）

是月(1977年8月),接收哈市青年8人。   （第二编《大事记》,第28页）

从1975年至1976年,机务队伍扩大到620名(车长、驾驶员、助手)。其中150名从四师调来的,同时吸收了大批城市知识青年。为了不断提高机务人员技术水平,团里每年冬季都进行技术培训或派出学习。

1977年至1980年,城市知识青年大批返城。这些人大多是过去培养的农机骨干,占全场机务人员的70%,因而给农场机务队伍建设和农业生产造成很大损失。如三十四队,有拖拉机8台,收割机5台,播种面积16490亩,原有职工158人由于知识青年返城64人,再加战备紧张一部分人回原籍,最后只剩28人。为了尽快解决机务人员急缺问题,在场党委的领导下,农机部门全力以赴,狠抓了农机人员的培训工作。   （第三编第二章《农机》,第56页）

1969年—1973年处于建团初期,畜牧技术力量薄弱,只有畜牧技术员两人(大专毕业、中专毕业各1人),兽医3人。畜牧业为适应发展的需要,从下乡青年中先后选拔17人,于1970年—1973年开办了4批畜牧兽医学习班。这些学员经过短时间培训后,被分配到全团各个连队成为生产队的畜牧主要技术力量。   （第三编第四章《畜牧》,第74页）

1979 年以后,大批城市青年陆续返城,部分由他们经营的代销店,先后停止了代销工作。

(第三编第十四章《商业》,第 136 页)

1969 年到 1971 年 12 月共办了 6 期会计培训班,参加学习达 140 人次。在这期间大批知识青年从事财会工作,1972 年—1974 年又办了 3 期学习班,培训人员近 30 人。这时财务队伍的平均年龄在 25 岁以下。

……

1979 年知识青年返城后,财会人员奇缺,多数单位财会工作无人顶岗,有的单位暂时找人代理办些业务。

(第三编第二十章《计财》,第 176 页)

由北京、上海、天津、哈尔滨、齐齐哈尔等城市来的知识青年 3 444 人。其中:北京青年 440 人;上海青年 1 652 人;天津青年 360 人;哈尔滨青年 172 人;齐齐哈尔青年 820 人。1979 年知识青年大批返城及在这以前部分知青病退,现留场只有 120 人,仅占职工总数的 3%。

(第三编第二十二章《劳动工资》,第 187 页)

建团时,从老场调入一部分职工,还有部分是城市来的青年。这些人工资级别很低,多数是农工一级、二级。知识青年的工资级别都是在一级,他们不发取暖费,各项补贴又很少。全场职工的年平均工资是 411.10 元,人均收入为 273.52 元。

(第三编第二十二章《劳动工资》,第 191 页)

刘连阳奸污女知识青年案

1971 年四月至 1973 年 3 月,刘犯利用职权,采取腐蚀引诱,威胁等卑劣手段,先后奸污女知青 6 人,猥亵、调戏 3 人,兵团第六师军事法院判处刘犯有期徒刑十五年。

(第四编第四章《政权机构》,第 227 页)

《创业农场志》

《创业农场志》编写办公室编,(内部刊行)1985 年

(1968 年)12 月 23 日,兵团欢迎各地城市知识青年来边疆落户(六十一团,1969 年至 1972 年陆续调进各地青年 3 051 人,男 1 654 人,女 1 397 人,占全团职工总数的 80%)。

(第二编《大事记》,第 18 页)

(1969 年)春,接收天津青年 482 名,哈尔滨青年 346 名。　(第二编《大事记》,第 18 页)

(1970年)秋,六十一团接收天津青年664人。　　　　　（第二编《大事记》,第20页）

(1971年)9月26日,团接收上海青年402名。分别安排在三、十五、十九、二十二、二十三、二十四等六个连队,并对青年进行了兵团性质、任务等教育。　（第二编《大事记》,第22页）

(1973年)3月8日,十二连战士,哈市青年朱晓亮,北京青年任维杰,在执行打沙子任务中,为排除哑炮,不幸英勇牺牲。他们年仅二十岁。　　　　（第二编《大事记》,第24页）

创业农场由七星、曙光、集贤农场包建。除了这三个农场来的人员外,还有京、津、泸、佳、双、哈下乡知识青年及1971年接收的转业兵、外地流入人员、(其中山东、四川、河南最多)。本场职工就业的子女。　　　　（第三编第二章《人口与计划》,第73页）

建场初,从七星、曙光、集贤农场调来老会计七人。其余连队自己配会计员,都是知识青年,共22人。　　　　　　　　　（第四编第二十章《计划、财务》,第266页）

历年各城市下乡青年接收返城现有知青统计表

年份	合计	接收青年人数									返城人数	现有知青人数								
		北京	上海	天津	哈尔滨	佳木斯	双鸭山	鹤岗	外场调	其它		小计	北京	上海	天津	哈尔滨	佳木斯	双鸭山	鹤岗	其他
1	2	3	4	5	6	7	8	9	10	11	12	13	14	15	16	17	18	19	20	21
1969	1 731				482	346			903											
1970	644			664							8									
1971	432		402			19	1			10	3									
1972											23									
1973	71		71								40									
1974	50		50								68									
1975	301		301								120									
1976	357		357								146									
1977	2		1								197									
1978	5						5				614									
1979											2 379	304	38	46	69	117	17	11		5
1980											79	225	34	35	47	97	5	5		2
1981											61	164	28	30	20	77	6	2		2
1982											4	160	27	30	19	75	6	2		1
1983												165	27	30	19	75	6	2		11
1984												160	27	29	14	71	6	2		11

　　　　　　　　　　　　　　　（第四编第二十一章《劳动工资》,第291页）

1979 年，城市青年返城，团员由 1 254 人减少到 525 人。

（第五编第二十七章《群团组织》，第 342 页）

1973 年至 1978 年，针对青年的思想情况，进行了"扎根边疆，走又红又专道路"的教育。当时青年受教育较大的是热爱边疆，身患癌症，要求死后把骨灰埋葬在北大荒的三连副连长、北京青年张志生。

……

1969 年，十一连哈尔滨青年刘凯，原来是"淘气包、野孩子"。到兵团后，光荣地加入了中国共产党，并担任连队副连长。

1976 年，十二连女青年王敏华，由连队指导员提升到团副政委。四连北京青年张爱春、十五连马唯真、九连李瑛，均被提升连队指导员，成为青年的带头人。

1977 年，修理厂哈尔滨青年党员高秋林，共青团员张玉敏，大搞技术革新，试制成一台燃烧废油的反射加温炉。

（第五编第二十七章《群团组织》，第 342—343 页）

张远征，1947 年出生于北京的一个贫农家庭。1965 年初中毕业后下乡到七星农场七队。1969 年调 61 团十一连。

张远征为人忠厚纯朴，能吃苦耐劳，同志关系密切，给群众的印象很好。

在极"左"思潮肆虐的年月，老实诚恳的张远征虽背着其父张宝生被国民党抓去当过兵的包袱，工作反愈加积极。凡是脏活累活他都抢在前头。

1978 年，在十一队担任后勤饲养员。为了工作方便，他就住在马号。4 月 5 日晨 4 时左右，张远征起来喂马，发现马驹掉进马号大井里。他立即下井在水里把马驹绑好，而他却被初春的井水冻僵了。抢救无效而光荣殉职。为抢救国家财产他献出了年轻的生命。

31 岁的张远征牺牲后，农场举行了追悼大会并开展了向张远征学习的活动。

（第八编第一章《人物传》，第 417 页）

《勤得利农场志》

《勤得利农场志》编审办公室编纂，（内部刊行）1987 年

农场人口主要由转业官兵、科技人员、山东支边青年、复员退伍军人、城市来场知识青年、投亲来场人员、招收外地自流人员和本场职工子女等人员组成。

（第一编第五章《人口、民族》，第 40 页）

(1965 年)10 月 28 日，富锦 100 名支边知识青年来场。　（第二编《大事记》，第 58 页）

(1968 年)6 月 22 日,首批北京知识青年 340 人来场。　　　　（第二编《大事记》,第 60 页）

9 月 3 日,首批上海知识青年 597 人来场。　　　　　　　　（第二编《大事记》,第 61 页）

10 月,首批哈尔滨知识青年 498 人来场。　　　　　　　　　（第二编《大事记》,第 61 页）

(1969 年)4 月 26 日,第二批上海知识青年 911 人来场。　　（第二编《大事记》,第 62 页）

8 月 4 日,第二批哈尔滨青年 644 人来场。　　　　　　　　（第二编《大事记》,第 62 页）

是月(9 月),第二批北京知识青年 1 474 人来场。　　　　　（第二编《大事记》,第 62 页）

(1970 年)5 月 3 日,首批牡丹江青年 116 人来场。
20 日,首批天津知识青年 1 078 人来场。　　　　　　　　　（第二编《大事记》,第 63 页）

(1971 年)1 月 14 日,五连哈尔滨下乡青年李吉乐因求爱遭到拒绝,激起杀人报复之念。于凌晨 2 时 55 分,手持冲锋枪,闯入女宿舍,当场开枪打死女青年两人,伤两人。然后跑到麦秸堆,李拉响手榴弹,将自己炸死。　　　　　　（第二编《大事记》,第 63—64 页）

(1975 年)10 月 29 日中午,十连哈尔滨女青年李秀梅,擅自在塍外点火,引起荒火,烧毁草林 25 000 平方米。李受记过处分。
11 月 3 日,五十七团副政委路连山,调任我团副政委。知识青年匡伯成任我团副团长。原工会主席曲日忠批准退休。　　　　　　　　　　　（第二编《大事记》,第 66 页）

是月(12 月),第三批哈尔滨青年 285 人来场。　　（第二编《大事记》,第 66—67 页）

是年(1976 年),第四批哈尔滨青年 1 449 人来场。
是年,首批佳木斯青年 924 人来场。　　　　　　　　　　　（第二编《大事记》,第 67 页）

(1977 年)9 月 27 日,研究批准城市知识青年病退 17 名,困退 90 名。从此,大批知识青年返城开始。　　　　　　　　　　　　　　　　　　　（第二编《大事记》,第 69 页）

(1978 年)10 月 16 日,党委作出《给楼裕庭、赵日越同志错案平反决定》1976 年 3 月 26 日,八连发生一起民间盗窃案。场基本路线教育工作队同连党支部,未经批准,先后将哈尔滨青年赵日越、上海青年楼裕庭隔离审查,采取法西斯手段,严刑逼供。楼裕庭挺刑不过,自杀未遂。二人被关押 70 余天。同年 7 月 3 日,原二十七团党委,批准赵、楼合谋案。赵、楼不服多次上访,经上级有关部门干预,场党委复查,认定纯属错案。对非法办案人员进行严肃处理。

(第二编《大事记》,第 70 页)

(1982 年)5 月 10 日,青工刘永军斗殴。用刀将哈尔滨下乡青年林春波刺伤致死,刘永军后被判死缓。

(第二编《大事记》,第 76 页)

1970 年,大搞以灌为主的治水工程。农场成立了"水利工地指挥部",总指挥丁元善,副指挥齐立昌。当年动员了近千名知识青年和职工,水利队配合,在第七生产队鸭绿河上游修建了鸭绿河水库(曾用名"7051 水库,因 1970 年 5 月 1 日开工")及部分灌溉配套工程。11 月底结束,共完成土石 44 万立方米。

(第三编第八章《水利》,第 207 页)

1965 年 10 月,接收了富锦知识青年 100 人。 (第三编第二十二章《劳资》,第 338 页)

1968 年,城市知识青年响应毛主席"上山下乡"的号召,纷纷来到边疆。首批到农场的是北京青年。陆续从上海、天津、哈尔滨、佳木斯、牡丹江等市来到农场,至 1976 年共来农场知识青年人数为 8 375 人,他们都是 1966 年以来的初、高中毕业生。1973 年,还从一师四团调入知识青年 650 人。

这些知识青年自从 1978 年以后都陆续返城,到 1979 年大部分走光。由于严重缺员,出现了拖拉机没人开,学生没人教,会计没人当的局面,给农场生产造成极大损失。为了维持生产,通过上级允许,自 1977 年至 1979 年零星招收了复转军人 130 名;农场职工的亲属 3 300 人。招收的办法是:来场后先登记,安排季节性临时工,每天工资 1.25 元。然后,公安分局发函调查,经当地公安部门同意,方可给准迁证,办理户口和粮食关系。当地公安部门不同意的,动员返回原籍。

(第三编第二十二章《劳资》,第 338—339 页)

《历年职工人数与工资》。(见本书第 1316 页表)

这 14 年发生事故高峰有两个:一个是在 1971 年,死亡 6 人;第二个是在 1980、1981 两年,(1980 年死亡 5 人,1981 年死亡 6 人。)发生这两次事故高峰的一个重要原因是:新工人成份大量增加,缺乏安全生产经验。1968 年至 1970 年大量的城市知识青年来场,由于他们年龄小,没有生产经验,缺乏安全生产知识,因而造成 1971 年的事故大发生。

(第三编第二十二章《劳资》,第 351 页)

（本表上接本书第 1315 页）

历年职工人数与工资

年度	职工人数				一、工人										二、管理人员	三、商业、服务、物资人员	四、文教卫生		五、其他人员	工资总额（千元）	
	总人数	其中：固定工	女职工	城市知识青年	合计	1.农业		2.林业	3.牧业	4.副业	5.渔业	6.基建	7.交通运输	8.工业			人数	其中:文教		合计	其中:固定职工
						人数	其中:机务工人														
1968	4 359	4 085	858	1 554	3 728	2 773	394		150	75	125	400	90	150	363	137	127	93	4	2 413	2 389
1969	7 406	7 216	3 835	3 240	6 386	4 957	337	20	250	79	282	450	92	256	670	183	163	101	4	3 420	3 357
1970	8 600	8 250	3 335	4 405	6 629	4 365	433	48	570	117	229	619	76	605	1 182	424	180	107	185	3 600	3 580
1971	8 613	8 575	3 168	5 341	7 197	4 863	1 387	17	674	357	123	347	65	177	626	377	200	125	213	3 675	3 552
1972	8 617	8 543	3 213	5 343	6 519	4 439	1 244	24	580	25	125	486	202	533	773	599	350	181	376	3 924	3 759
1973	9 132	8 687	3 421	5 827	6 561	4 445	1 760	25	507	26	127	605	192	617	838	740	367	194	626	3 880	3 792
1974	8 847	8 606	3 224	5 327	6 633	4 630	1 818	28	545	34	114	431	142	523	839	769	425	240	231	4 475	4 368
1975	8 985	8 832	3 090	5 137	6 684	4 525	1 722	16	513	19	129	500	189	734	586	1 067	470	265	178	4 400	4 173
1976	11 247	11 088	4 329	8 215	8 650	5 631	1 900	19	641	113	186	576	207	1 021	949	925	528	325	195	4 935	4 646
1977	11 555	11 400	4 206	6 525	8 127	4 952	1 769	73	628	35	152	687	292	1 308	1 092	998	622	381	716	5 131	5 041
1978	14 464	10 791	4 352	5 103	11 130	7 049	2 328	109	784	190	216	950	478	1 301	1 135	1 043	703	444	453	7 560	5 965
1979	14 852	19 601	4 705	1 235	10 856	6 087	2 272	240	829	123	260	452	406	1 607	1 183	948	835	514	991	8 210	5 341
1980	12 646	8 989	4 262	599	9 312	5 075	2 286	235	557	68	227	919	465	1 710	1 291	879	925	589	166	8 376	6 322
1981	11 745	7 494	3 018	457	8 448	4 721	2 353	148	329	80	190	888	505	1 587	1 260	771	1 009	679	142	8 086	5 586
1982	11 979	8 750	3 399	411	8 388	4 859	2 459	113	203	52	148	764	450	1 440	1 380	1 047	921	635	243	8 330.9	5 896.3
1983	12 172	8 833	3 851	391	7 879	4 964	2 368	92	228	276	149	643	290	1 237	1 450	1 582	971	645	290	8 795.8	6 265.2

（第三编 第二十二章《劳资》，第 342—345 页）

"文化大革命"期间(1966—1976年)入党的914人,占党员总数的66％。这批党员中城市知识青年和本地中青年成份较多,尤其注意到从中青年妇女发展党员,女党员达到167人,占党员总数的18.1％;这使党员的文化水平、组织结构和年龄结构都有了明显的提高和改善。当城市知识青年返城后,党员队伍中的年龄结构和文化结构显著下降。

(第四编第一章《党的组织》,第363页)

重大事故

　　1. 持枪杀人事件:五连工人李吉乐(哈尔滨青年),于1971年1月14日凌晨,因求爱遭到拒绝,对女方怀恨在心,偷走连队冲锋枪一支,子弹65发,手榴弹一枚,闯入女青年宿舍疯狂扫射,进行报复,当场击毙二人,重伤二人。李犯作案后逃出到六百米处,点燃草垛,拉响手榴弹自杀。

　　2. 手榴弹爆炸事件:1971年10月,一连文书兼军械员汪伟民(上海青年),从果园观察哨撤点时,见一枚手榴弹无盖,汪为安全起见,将这枚手榴弹放进自己衣兜里,下车时不慎拉火环挂在车上爆炸,当即死亡。

(第四编第五章《武装》,第415—416页)

　　1968年至1979年的十二年中,上海、北京、天津、哈尔滨、牡丹江、佳木斯等城市知识青年大批来场,参加边疆建设。当时,二十七团的共青团工作在政治处组织股的直接领导下,在广大青年中,特别是在知识青年中开展了"铁心务农,建设边疆"的扎根教育,有118名铁心务农的城市青年向组织股递交了决心书。

(第四编第六章《群团组织》,第423页)

　　兵团时期,大批知识青年来场。为了适应形势发展,放映组分到分场,一、二、三、四、五分场及场直地区相继成立了放映组。场部留一套35毫米放映机。各放映组单独经营核算,由分场直接管理,农场电影队对各放映组实行业务管理。此期间放映员的主要成份是三大城市知识青年。

(第五编第一章《文化》,第437页)

　　自1968年开始,从北京、上海、天津、哈尔滨几大城市下乡知识青年,文化程度较高,思想表现上进,愿意从事教育工作的同志中,由教育部门提名,组织部门下令,调他们到学校工作。高中程度的到中学任教,初中程度的到小学任教。到1977年的时候,整个教育队伍中,有将进三分之一是知识青年,他们文化水平很高,文艺素质也很好。他们到边疆来,在将近十年之中,起到了传播文化种子和发展边疆教育事业的作用。但在1978年下乡知识青年又大批返城,有的学校知识青年教师几乎全走了,课程基本上无人上了,给教育事业带来很大的困难。

(第五编第三章《教育》,第459—460页)

　　教育质量的提高关键是教师。总场领导和主管教育部门的领导同志,对教育的质量和师资的质量是很重视的。

早在 1970 年秋,开始了第一期师训班,时间是 1971 年第一学期,学员 35 人。成员都是来自上海、北京等几大城市的下乡男女青年。开设的课程有政治、语文、数学、俄语、体育、音乐。培养的目标是小学教师,在结业以后,质量最好的分到中学任教。

1977、1978、1979 三年,又分别办了小学在职教师培训班。每期学员都在 40 人左右,时间均在 4 个月以上。办这些班都是在当时的文教办主管之下,为达到确定的目标进行培训的。各期的开办都是由我场业务熟练的老教师——张秀卿具体主持班级的工作来进行,并自任语文课,还刻写计划,编印讲义等。每期开设的内容有教育学(包括教学法)、语文(包括书法和汉语拼音)、数学(包括小学数学教材研究)、音体。学员都是当过几年小学教员,也有是刚刚走上教育岗位的新兵。他们为了适应工作,又重新坐在课堂上,所以他们的学习都非常刻苦。通过培训,他们不但在文化上得到了提高,而且在业务上都入了门;再回到学校时,知道怎样备课,怎样教学了。这样,为全场小学教师业务质量的提高,奠定了十分重要的基础。

(第五编第三章《教育》,第 460—461 页)

小学教师培训情况统计表

年度 \ 项目	班级情况	学员数	班主任
1970	师训(第一期)	35	刘玉三
1977	师训(第二期)	40	张秀卿
1978	师训(第三期)	42	张秀卿
1979	师训(第四期)	40	张秀卿
1980	师资(第一期)	52	姜风斌
1982	师资(第二期)	50	张敦成
合计	6 期	259	

(第五编第三章《教育》,第 462 页)

至 1968 年成立革委会后局势就稳定了下来。在这期间,场陆续接收了城市知识青年,分配到医院 20 余名,为适应卫生事业的发展,于 1969 年 8 月开办了第一期卫生人员学习班。参加学习人数约 30 人。招收对象为知识青年、职工子女并少数生产队卫生员。这些人毕业后大部分留医院工作。

……

1978 年以来,由于城市知识青年纷纷返城,院医务人员中有城市知识青年十余人(有的已成为技术骨干)在短时期内基本走光,使医院医疗工作受到一些影响。

(第五编第四章《卫生》,第 467 页)

1968年,知识青年奚××,因患阑尾炎来院手术治疗,由革委会主任袁××担任手术。因用麻药过量,使患者死在手术台上。处理情况:责任者被撤职,留党察看二年,行政降二级并下放劳动。

(第五编第四章《卫生》,第473页)

城市知识青年来场

知识青年来场始于1968年6月,从上海、北京、天津、哈尔滨、牡丹江和佳木斯等城市青年分八批进场,共9 025人。

知识青年分配到基层后,在老战士的带领下,绝大多数青年劳动热情高,虚心好学,不辞劳苦,不避艰险,很快地成为工农业生产、财贸、交通、文教、卫生等各条战线的骨干力量。他们为开荒建点,洒下过汗水,为农场建设,有的献出了生命。

他们在党的培养教育下,在艰苦生活的斗争中锻炼的茁壮成长。他们中有316人光荣加入了中国共产党;有2 672人光荣加入了共青团,有133人被任命为干部,分别担任团级、股级、连级干部。从1972年开始保送和考入各类大专学校的有820名。

这批知识青年,虽然于1979年陆续返城,但他们在农场建设中作出的重大贡献,将永远记在人们心中。

(第八编第六章《简史》,第575—576页)

《洪河农场志》

《洪河农场志》编审办公室编纂,(内部刊行)1986年

(1982年)8月28日,长篇小说《分界线》的作者、青年女作家张抗抗在《北大荒》文艺社编辑王凤麟陪同下来农场重点采访了上山下乡知识青年,写出了中篇小说《塔》,载上海《收获》杂志第6期。

(第二编《大事记》,第26页)

《黑龙江省八五一一农场志(1956—1992)》

《黑龙江省八五一一农场志》编审委员会编,改革出版社1996年

(1955年)5月,毛泽东主席发表"农村是个广阔天地,在那里是可以大有作为的"指示,共青团中央为此向全国广大青年发出号召:"到农村去,到边疆去,到祖国最需要的地方去。"

8月30日,《人民日报》报道了北京组织青年垦荒队远征北大荒——萝北县的消息。牡丹江青年团市委向全市青年发出"向北京青年学习,到祖国最需要的地方去"的号召,相应地成立了垦荒办公室。

9月,"少年之家"五五自学小组的青少年们,热烈地读着胡耀邦同志在欢送北京青年垦荒队大会上的讲话:

"……你们是光荣的第一队,是中国青年一个有意义的创举,你们的行动,是英雄的行为,因为你们肯到祖国最需要的地方去,敢到最困难的地方去。祖国需要增产粮食,我们中国青年一定不让那些荒地长期睡觉,一定要有计划地叫它们长粮食,要它们为社会主义服务……"。

孙永山自学小组,全市标兵自学小组林淑芳,及各阶层青年纷纷写信,要求志愿垦荒。团市委从申请的青年中邀请了学生代表孙永山、林淑芳、街道代表张文功,工人代表谭友山,农民代表赵帮友,干部代表李志全等六名同志作为发起人,印发了发起书,少年之家和各区设立了报名站,三天时间,报名达1 500多人。 （《大事记》,第366页）

(1965年)1月,垦荒办公室会同政府有关部门组织进行家访,从中挑选了330名志愿青年为垦荒队员,最大的23岁,最小的15岁。有女队员54人。由团市委青工部副部长尹凤山带队,集中学习。牡市各界掀起热烈的捐献支援:军马场赠送一匹种公马和20副开荒大犁;卫生部捐献医疗设备和药品;木材公司送三火车皮木料;公路局支援一台小拖拉机;学校赠送鼓、号;市人委送给每人一双棉胶鞋。各界捐献共计五万余元,有力地鼓舞了垦荒队员们的热情和勇气。

3月14日,牡市召开欢送大会,有千余人参加,团市委书记赵树青讲了话,要求大家:"要冲破一切困难,站住脚跟。"代表团市委授予"牡丹江市青年志愿垦荒队"的金丝绒大红旗。市委书记、家属代表都讲了话,垦荒队员高举右手宣了誓:"冲破困难,站住脚跟,棒打不回头,用自己的双手创造一切,誓把北大荒变成北大仓。"

3月15日,牡市人民像送亲人上战场一样,把垦荒队员送上火车,傍晚到达黑台站。密山县民政科长带领当地干部来欢迎,当晚住在政府旅店。 （《大事记》,第366—367页）

(1967年)3月17日在十二队扑灭山火中,双鸭山女青年李艳不幸牺牲。

（《大事记》,第370页）

(1970年)8月21日十二连知青于晓忠在护秋防野猪,试验土造地雷中不慎爆炸,因公牺牲。 （《大事记》,第371页）

《北安农垦志》

北安农垦志编审委员会编,（内部刊行）1989年

(1965年)7月25日,赵光农垦局召开第一届知识青年代表会。 （《大事记》,第6页）

（1968 年）6 月，兵团一师接收下乡知识青年 2 181 名。 　　　　（《大事记》，第 6 页）

（1969 年）4 月至 8 月，兵团一师接收上海、北京、天津、浙江下乡知识青年 35 500 名。
　　　　　　　　　　　　　　　　　　　　　　　　　　　（《大事记》，第 6 页）

（1970 年）6 月 9 日，逊克军马场三分场十二队哈尔滨下乡知识青年母维平，为抢救落水军马以身殉职，201 部队批准母维平为烈士，并追记二等功。 　　（《大事记》，第 7 页）

（1971 年）6 月，黑河地区农场局在山河农场召开下乡知识青年政治工作会议，总结交流了全局知识青年政治工作经验。 　　　　　　　　　　　　　　（《大事记》，第 7 页）

（1973 年）7 月 15 日，黑龙江生产建设兵团发出关于开展向冯继芳同志学习活动的通知。冯继芳是哈尔滨到赵光的下乡知识青年。1973 年 3 月被评为全省劳模标兵。
　　8 月，冯继芳出席中国共产党第十次全国代表大会。 　　（《大事记》，第 8 页）

（1976 年）3 月 13 日，格球山农场烧荒跑火烧至尾山农场六队。六队下乡知识青年奋力扑救。上海女青年檀文芳、朱慧丽、朱慧娟、李桂芬、汪贵珠，哈尔滨女青年杨淑云、施宝慧在扑火中光荣牺牲。尾山农场隆重举行追悼大会，全国各地广泛宣传了她们的英雄事迹。7 月，省委、省政府在省展览馆召开命名大会，授予 7 名女青年"英雄战士"称号。省政府批准杨淑云为烈士。 　　　　　　　　　　　　　　　　　　　（《大事记》，第 9 页）

（1977 年）8 月，引龙河农场天津下乡知识青年、十二分场拖拉机驾驶员杨连仲出席中国共产党第十一次全国代表大会。 　　　　　　　　　　　　　（《大事记》，第 9 页）

1963 年，赵光农垦局接收齐齐哈尔、牡丹江、哈尔滨和北安知识青年 1 164 名。1968 年后，大批城市青年到农场来。到 1975 年，北安垦区累计接收北京、上海、天津、哈尔滨等地知识青年 98 093 人。大批知识青年到国营农场，改变了国营农场职工的文化和年龄结构，给国营农场带来了生气。促进了农场的精神文明和物质文明建设。农场的机务人员、教师、医护人员等，都以知识青年为主体。许多知识青年还成为各级领导骨干。1977 年后，因上学、参军、病退等，知识青年陆续离场。1979 年后，知识青年大批返城。截至 1985 年末，垦区还有城市知识青年 4 472 人。

（第三编第十二章《企业管理》，第 199 页）

历年知识青年情况表

年份	计	男	女	北京	上海	天津	其它省市	黑龙江城市	农场青年
1968	32 657	17 050	15 607	2	2 022	2 697	27	26 121	1 788
1969	79 351	40 596	38 755	15 856	20 057	10 517	39	30 350	2 532
1970	86 115	43 826	42 329	19 764	22 959	9 819	86	28 623	4 924
1971	81 488	41 454	40 034	15 679	24 601	1 005	95	24 534	6 624
1972	77 091	39 428	37 663	14 362	23 713	9 223	77	21 911	7 805
1973	75 700	38 724	36 976	13 185	23 017	9 881	126	19 029	10 462
1974	73 071	37 409	35 662	13 301	20 158	7 869	133	19 190	12 420
1975	75 403	39 530	35 873	11 174	22 222	7 813	966	17 804	16 054
1976	87 478	45 919	41 550	10 076	21 639	7 190	216	26 818	21 537
1977	85 467	44 378	41 098	7 036	20 041	6 491	231	25 787	25 891
1978	74 358	37 611	36 747	2 098	16 211	4 469	134	22 368	29 028
1985	4 472			229	266	443		3 534	

(第三编第十二章《企业管理》,第 199 页)

"文化大革命"开始后,团组织停止了活动。"文化大革命"后期,陆续恢复建立团的组织。各级团组织组织青年学习毛主席著作,对下乡知识青年进行扎根农场干革命教育。知识青年中涌现出许多先进典型,如哈尔滨青年冯继芳、上海青年钟志耘、天津青年杨连仲等,在全省都有一定影响。　　　　　　　　　　　　　(第四编第四章《共青团》,第 221 页)

由于大批知识青年进场,从 1968 年起,人口又一次大幅度增加。到 1969 年,北安垦区人口已发展到 263 383 人,比 1967 年总人口增加 10 万多人。1976 年全局下乡知识青年及本场就业的青年共 87 478 人,几乎占全局总人口的 1/3。(第六编第一章《人口》,第 250 页)

《红色边疆农场志》

红色边疆农场志编审委员会编辑,(内部刊行)1997 年

(1968 年)5 月 7 日,第 1 批哈尔滨市下乡知识青年到场。当年共接收哈尔滨知青 4 批、上海知青 1 批,计 1 753 人(含一师独立三营接收数)。　　　　　　　(《大事记》,第 10 页)

(1969 年)年内,三团接收上海、北京、天津、牡丹江、鹤岗知青 5 054 人。

(《大事记》,第 11 页)

(1970 年)5 月 28 日,一师独立三营二连打渔排坐木船沿黑龙江回连队时,由于船小过

载,风浪大,木船翻沉,死亡 7 人(转业战士刘长发、知识青年许淑香、刘毓芳、李金凤、孙艳、章秀颖、贾延云)

(《大事记》,第 11 页)

    (1971 年)春,4 连(实验站)知青 80 多人调往大庆。

    2 月 15 日,23、24、56、57、26、29 等连队知青调往二团(红星农场),15、34、38 等连队知青调往 68 团(建设农场)。

(《大事记》,第 11 页)

    (1973 年)2 月 25 日至 3 月 7 日,全团 138 名知识青年被推荐到大专院校当工农兵大学生。

(《大事记》,第 12 页)

    (1974 年)春,全团由各连抽调知青,组成青年突击队,在 18 连建砖厂。当年秋建成试烧,1975 年正式投产。

(《大事记》,第 13 页)

    年内,抽调 14 连等连队的知识青年援助孙吴县修建二门山水电站。1975 年末撤回。

(《大事记》,第 13 页)

    (1979 年)年内,知识青年返城达到高峰。从 1970 年开始,下乡知识青年根据政策规定可以"病退"、"困退"返城。当时返城人数较少。本年初开始大批返城。

(《大事记》,第 15 页)

知识青年投入屯垦戍边洪流

    1968 年 5 月 7 日,广大知识青年响应党中央、毛泽东主席上山下乡的号召,首批哈尔滨下乡知识青年到了农场。当年到场的哈尔滨、上海下乡青年计 972 人。1969 年又有上海、北京、天津、牡丹江、鹤岗等下乡青年 5 054 人到三团,两年内,三团接收下乡青年 6 026 人。此外,后并入的三营、四营当时各接收下乡青年 791 人和 2 784 人。三年总计接收下乡知识青年 9 601 人。知识青年到三团后,受到了各级组织和职工、家属的热烈欢迎。广大青年在三团这片广阔的天地里茁壮成长,他们朝气蓬勃,吃苦耐劳,勇于上进。绝大部分青年给边疆、给农场建设留下了重要的一页。1979 年开始陆续返城。1984 年底只剩 142 人。

(第三编第三章《波动挫折时期》,第 48 页)

    生产建设兵团时期,1969 年战备时,从砖厂分出 20 余名知识青年,由老职工陈运起带领,在潮水西山的 18 连(伪满时期的"满托"处)建土窑烧砖,年产红砖 50 到 80 万块。这个土窑生产一直延续到 1975 年新砖厂投产。六十年代末七十年代初,生产建设兵团三团掀起了生产红砖热潮,好多生产连队都建小砖厂,生产红砖,当时劣质红砖随处可见。忙活了近二年,全下马了。

1974年春,三团始建新砖厂,地点定在潮水西山,1975年建成投产。1974年春,三团成立青年突击队。由徐东明任队长,那延吉任指导员。他们带领近200名青年,起早贪晚,日夜突击,经过一年多的奋战,建起了1座18门轮窑。轮窑占地750平方米,每门装坯9千块,4至5天烧一轮,出砖16万余块。连续生产,年产砖可达600万块。砖厂自投产到1984年,10年间累计生产红砖4500万块。总产值170万元。除满足农场自身需要外,还外销北安、孙吴、逊克、黑河等地。　　　　　　　　　　　　（第四编第六章《工副业》,第108页)

1968年5月,城市下乡青年来场后,以知青为主体,组建了基建队,王其友任队长。基建队负责全场重点房屋和桥梁建设。　　　　　　　　（第三编第七章《建筑》,第114页)

1969年至1971年,农场接受大批知识青年,三团人口猛增。于是,三团在陡沟子、红锈沟、大河口等地大量建新点。原生产队也增加大量知识青年。由此,全团开始大量建筑土木结构集体宿舍和食堂。由于建设任务急,多是突击建成,草房质量低劣,不堪使用。1969年至1970年,二年间全团建土木结构"兵团战士"宿舍26450平方米。1972年撤点并队后,三团在陡沟子、红锈沟建的房屋全部扔掉,以后,随着"知青"返城,其它各队建的这类房屋也逐渐破损拆掉。　　　　　　　　　　　　　　　（第四编第七章《建筑》,第115页)

接收城市知识青年1966年,星火农场(后来并入农场的四营)接收安置了两批哈尔滨知识青年,第一批一百多名,第二批98名。1968年后,大批城市青年到农场来。到1970年,红色边疆农场累计接收北京、上海、天津、哈尔滨、牡丹江、鹤岗、齐齐哈尔等地知识青年9601人。大批知识青年到农场,改变了农场职工的文化和年龄结构,给农场带来了生气。促进了农场的精神文明和物质文明建设。当时,农场的机务人员、教师、医务人员等,都以知识青年为主体。许多青年还成为各级领导骨干。从1972年开始,因上学、病退、困退等,知识青年陆续离场。1979年知识青年大批返城,绝大多数都走了。截止1984年,全场剩142人,仅占职工总数的3%。　　　　　　　　（第四编第十三章《企业管理》,第172页)

党组织领导人更迭

年份	书　记	副书记	说　明
	······		
1977	吴惠恩(1977.3.18—1980)	蒋春林　徐东明　吴魁刚	徐东明为上海下乡知识青年
	······		

（第五编第一章《党的组织》,第181页)

1969 年至 1973 年,是发展党员高峰时期,4 年间发展党员 387 名。这期间发展的党员大多数是城市下乡知识青年,没有预备期。 （第五编第一章《党的组织》,第 182 页）

1968 年末,三团成立后,原农场干部多数靠边站,三团自行任命干部,管理权属黑龙江生产建设兵团。从大量建点的 1969 年开始,三团从下乡知识青年和"六六三"转业战士中大量选用管理人员,致使管理人员 1970 年多达 960 名,而其中包括现役军人在内,国家正式干部仅 195 名,占管理人员的五分之一。 （第五编第一章《党的组织》,第 186 页）

团　长　段松奎（现役军人）

副团长　刘　文、张荣亮（现役军人）

　　　　吴魁刚、徐东明（下乡知识青年）　（第五编第二章《行政机构》,第 195 页）

场　长　刘文

副场长　张玉才、李万发、张贵子

　　　　牛贵彬、那延吉（下乡知识青年 1980.10—1983.4）

（第五编第二章《行政机构》,第 195 页）

1976 年初,全场教师队伍中有 109 名城市知识青年占教师总数的 82%。

（第六编第一章《教育》,第 219 页）

生产建设兵团时期的 1968 年后,大批知识青年进场,各连队兴建较大的食堂兼做俱乐部和会议室,新建点的俱乐部都是土房,老点建的俱乐部都是砖房。

（第六编第三章《文艺》,第 227 页）

1968 年后,大批知青到农场,使农场职工的业余文艺活动空前活跃。三团吸收知识青年中能编、能导、会唱、会跳、会演的文艺骨干组织了文艺宣传队,当时叫毛泽东思想文艺宣传队,到各营巡回演出。当时正普及样板戏,宣传队先后排演了样板戏《红灯记》、《智取威虎山》。

（第六编第三章《文艺》,第 228 页）

1968 年至 1976 年兵团时期,大批知识青年来到农场,农场的体育活动开展得更加活跃。全团每年都举行篮球比赛和田径运动会,并多次参加师里的篮球赛。

（第六编第六章《体育》,第 233 页）

红色边疆农场人口的来源,主要有以下几个方面。……四是来自北京、上海、哈尔滨、天津、牡丹江、鹤岗等地的下乡知识青年，1968年至1969年共接收城市下乡知识青年9 601人。……

（第七编第一章《人口》，第238页）

1966年至1980年11年间，农场的人口变化经历了一个大起大落的过程。人口急剧增长的原因有二个：一是1966年3月，沈阳军区的转业官兵215人及其家属来场；二是1968、1969两年大批城市知识青年上山下乡来到农场。1969年农场人口达到建场后的最高峰，24 629人，是"文化大革命"前1965年的5倍多，形成第二个人口高峰。

1970年后，农场人口数量呈下降趋势，原因有三：一是1971年三团整顿，一部分知识青年调往二团（原新华农场）、六师、大庆；二是1970年后，知识青年开始办理"病退"、"困退"，陆续返城。1979年知青返城达到高峰，至年底，留农场的只剩178人；……

（第七编第一章《人口》，第239页）

《二龙山农场志》

二龙山农场史志编写办公室编，（内部刊行）1989年

(1963年)5月9日，接收哈尔滨知识青年400余人。　　　（《大事记》，第4页）

(1968年)5月，大批知识青年陆续来场。　　　　　　　（《大事记》，第5页）

(1970年)12月，累计接收北京、上海、天津及本省知识青年9 098人。

（《大事记》，第5页）

(1978年)12月，从1977年至今，已有8 100名知识青年返城。　（《大事记》，第6页）

1969年1月20日，经上级批准将原二龙山农场组建为"中国人民解放军沈阳军区黑龙江生产建设兵团一师六团"。团长马永明，政委王振生。团机关工作人员110名，主要负责人全是现役军人。参谋、干事等一般干部多数是从知识青年中提拔的，原农场的干部（当时称黑棉袄）认为有问题基本靠边站。极少数人被组建进去，也是有职无权。下属4个营和40个连队的领导多数是由"六六三"（1966年3月复转的官兵）和知识青年担任。由团到连的领导班子几乎全部更换。　　（第一篇第三章《文化大革命十年（1966—1976）》，第26页）

第三节　知　识　青　年

1968年，毛主席发出"知识青年到农村去接受贫下中农的再教育，很有必要"的号召，广

大城市知识青年卷入了到"农村去"的潮流。1968—1970 年,六团共接收近万名知识青年。其中,北京 4 882 人,上海 1 197 人,天津 1 327 人,哈尔滨 496 人,双鸭山 910 人,鹤岗 286 人,齐齐哈尔 377 人。在他们当中,高中文化的占 20%,初中文化的占 70.5%。

大批知识青年的到来,给六团增添了新鲜血液,为六团移风易俗、提高科学文化知识起到了推动作用。到 1977 年,知识青年有 536 人加入中国共产党,2 799 人加入共产主义青年团,478 人选进各级领导班子,其中团级 3 人,营级 8 人,连排级 467 人。更多的知识青年担任了教师、卫生员、会计、驾驶员、修理工等职务,成为六团的骨干,对农场的建设做出很大贡献。　　　　　　　　　　　(第一篇第三章《文化大革命十年(1966—1976)》,第 29 页)

(1977 年)这一年,又是知识青年大批返城的一年。有一个当团领导的青年,为了往家弄木材,开车撞死一个老同学。有些青年借返城之机,不择手段弄木材,如用打包装的名义把乒乓球台都钉成了箱子。有个别人把生产队的运动器材也装了回去。返城青年中有很多是生产骨干。　　　　　　(第一篇第四章《三年徘徊时期(1976.10—1978.12)》,第 36 页)

1978 年末人口总数为 7 218 人,是建场初期的 3.5 倍。其中职工人数是 3 408 人,占总人数的 57.2%。职工数中城市知识青年 1 468 人,占职工总数的 22.8%。

(第一篇第六章《原北安农场志》,第 45—46 页)

1968—1974 年,北安农场分别接收齐齐哈尔、北安、牡丹江、哈尔滨、上海等地知识青年 3 904 人。接收知青以后,农场职工的成份有了根本的改变,农场的性质纯属于国营农场了。生产体制实行总场、分场两级管理,两级核算,有 7 个分场,1 个水利队,4 个工业厂。

(第一篇第六章《原北安农场史》,第 47 页)

1971 年 8 月 5 日,知识青年付宗仁等人,为纪念下乡两周年,在木工房用电炉子炒菜。付宗仁因喝酒过多,1 人睡在木工房。当他发觉失火,慌乱触电而死,并烧毁房屋 3 间。

(第一篇第六章《原北安农场史》,第 48 页)

1976 年前,农场成立了五·七大学,校址在红旗水库,由革委会主任江家华兼校长;开设 3 个班,3 个专业,即农机、农学、畜牧。学生 82 人,都是在各连选拔好的下乡知识青年。方针是:以学为主,兼学别样,农闲学习,农忙劳动。实际没有执行这个方针,大部分时间是劳动。1977 年秋撤销。　　　　　　　　　(第一篇第六章《原北安农场史》,第 56 页)

1963 年,安置哈尔滨市青年 400 余人。

1968 年至 1970 年,各城市掀起知识青年上山下乡运动,安置北京、上海、天津、哈尔滨、双鸭山和鹤岗市知识青年共计 9 098 人。1971 年 9 月，由于近几年农场人口猛增，人口达到 33 467 人，为建场以来的最高峰。　　　　　　　　（第一篇第五章《人口与民族》，第 81 页）

1977 年至 1978 年，大批知识青年返城，迁出 8 261 人，占来场知识青年总数的 91%。

（第二篇第五章《人口与民族》，第 82 页）

1970 年春，沈阳军区黑龙江生产建设兵团把二龙山农场水库工程列入国家重点建设项目，批准重建。4 月份，成立水库施工指挥部，水库施工队多达 1 000 余人，上海、天津等城市的上山下乡知识青年是施工队伍的主体。　　　　（第三篇第八章《农田水利》，第 175 页）

知青下乡。1963 年 5 月接收安置哈尔滨市知识青年和精简下放人员共 400 人；1968 年接收城市知青 2 733 人，其中天津 1 327 人，哈尔滨 496 人，双鸭山 910 人；1969 年接收北京青年 4 882 人，上海青年 1 197 人。到 1971 年，共有省内外城市知青 9 281 人。

（第三篇第十二章《劳动工资》，第 217 页）

《二龙山农场知识青年来源一览表》、《历年知识青年增减情况变化表》。（见本书第 1329—1330 页表）

大批知识青年返城。根据知青政策，自 1973 年开始，允许各大城市的知识青年病退返城。至 1978 年，共返城 4 205 人。1984 年末，全场仅有知识青年 989 人。

（第三篇第十二章《劳动工资》，第 220 页）

1968—1978 年，由于知识青年来场，使农场的新闻工作有了很大的发展。他们年轻，有文化，热情高，有胜任报道工作的才能。他们组成一个"军山红"报道组，成员 7—8 人。同时宣传科也加强了新闻报道工作，设两名新闻干事（摄影、文字），搞新闻报道。各分场生产队都建立了报道组，全场形成了新闻报道网。全场的报道人员能给场广播站和报社写稿的有四五百人，每年在各级党报、电台、杂志上发表新闻稿件、文艺作品 250 多篇。新闻稿件上报数最高年份为 1974 年，计 480 多篇。

（第四篇第四章《宣传》，第 252 页）

1972 年，大批知识青年来场。针对知青的思想状况，进行了热爱边疆、扎根边疆的教育。当时的时髦口号是："扎根边疆 60 年，死了埋在二龙山"。先后树立一批坚定走与工农相结合道路，自觉改造世界观，志在边疆干革命，乐在艰苦中炼红心的先进青年典型。

（第四篇第八章《共青团》，第 263 页）

（下面二表上接本书第 1328 页）

二龙山农场知识青年来源一览表

地区＼数目	1968	1969	1970	1971	1972	1973	1974	1975	1976	1977	1978	1979	1980	1981	1982	1984
合 计		8 812	9 098	9 281	8 512	5 096	5 312	4 832	4 809	3 969	2 312	2 303	715	682	674	989
北 京			4 882	4 844	4 497	2 567		2 363	2 112	1 499	263	196	178	177	177	128
上 海			1 197	1 276	1 244	759	799	754	761	702	519	752	80	76	76	56
天 津			1 327	1 354	1 264	863	872	805	714	651	558	70	46	45	43	42
黑龙江省 小 计	1 406	1 404	1 692	1 805	1 509	922	942	904	1 214	1 113	969	1 283	405	378	372	
哈尔滨		496	496	658	609	388	438	430	796	746	669	405	95	86	82	203
齐齐哈尔				1	1	3	3	4	6	7	6	377	5	4	2	10
牡丹江				1	1			2	2	1	1	13	4			1
佳木斯						1	2	1	1	1	1	1				
双鸭山		910	910	891	652	375	341	318	290	275	248	236	143	137	137	184
鸡 西									1	1	1	1	1	1	1	3
鹤 岗			286	247	237	134	154	145	114	78	39	37	22	22	22	23
其 它						1	4	4	4	4	4	223	135	128	128	289
其它省市				2	7	5	7	6	7	4	3	6	6	6	6	

历年知识青年增减情况变化表

年份	期初人数 合计	男	女	期内增加 小计	安置知识青年	调入 省内	调入 省外	调入 系统内	增加 其它	期内减少 小计	调出 省外	调出 省内	调出 系统内	升学 大学	升学 中专	参军	家变返城	病退返城	插队	判刑	死亡	减少 其它	合计
1968—1969	2 733			6 212	6 212																		8 945
1970	8 945			593	307			286															9 538
1971	9 538			487	200	2		295		106			23				35	25			7	11	9 919
1972	9 288			100	90	1	1			815	23	207	96	44	28	91	91	44	183	6	3	33	9 204
1973	6 059			1 055	307	5	4	656		4 284	126	162	2 757	197	95	60	196	160	610		20	2	6 059
1974	6 357			1 099	96	5	1	859		711	19	39	53	108	56	10	130	76	169		3	9	6 357
1975	6 522			827	720	2		67	34	662	45	48	70	69	6	16	91	86	151	2	6	22	6 522
1976	6 747			878	713	6	6	59	103	653	51	31	77	8	22	20	48	64	233	3	5	107	6 747
1977	6 195			445	382	2	4	45	7	997	77	63	99	11	27	25	225	97	325		2	53	6 195
1978	7 347			547	521	6		20		1 760	55	30	90	24		30	742	599	169				4 974
1979	5 054	2 621	2 433			5	1			1 239	156	97	7		21	18	43	920	5		1		6 108
1980	4 989			27	27			21		92	21	21					10	59					4 989
1981	9 922									20	5	8	7										4 969
1982				378	378					74	12	21	41										5 226
1983																							
1984																							

（第三篇第十二章《劳动工资》，第 218—219 页）

1969 年兵团又成立 30 多人的专职宣传队,隶属宣传股。人员以知识青年为主。宣传队的工作以排练演出为主,但也参加一定的生产劳动,劳动单位固定在粮油加工厂。宣传队的主要任务是面向连队,深入连队演出,演出节目的题材多是反映兵团战士的生活,形式多是短小的舞蹈、独唱、相声、快板书等传统节目。也演一些大型节目,如《血染的军帽》《特别代号》等。宣传队 1979 年解散。 (第五篇第一章《文化》,第 279 页)

50 年代农场的文学创作主要以戏曲为主。有话剧、歌舞剧、舞蹈、相声、快板等,大多数作品是供自己演出用,少数发表在各类刊物上,有部分作品发表在场办的《生产小报》上。

70 年代,组成了以知识青年为主体的"文学创作队伍"。当时在宣传股配专职创作员,负责全团(场)文学创作工作。负责这项工作的是上海知识青年陆康勤。他主编全团(场)发行的油印文学创作刊物《龙山风华》。同时,各营(分场)也都办起了自己的文学刊物。体裁有小说、诗歌、戏曲、报告文学等,题材多是反映兵团战士生活。文学刊物发到各连队,供兵团战士阅读。这期间颇有成绩的是陆康勤的创作,他在当时的《兵团战士报》、《黑河日报》和《北大荒文学》等报刊上,发表《边疆小站》、《路》、《达紫香盛开的时候》等十几篇短篇小说,短篇小说《爱与恨》被黑龙江广播电台文学节目选播。 (第五篇第一章《文化》,第 279 页)

1970 年,由六团宣传股成立新华书店(成立书店之前由商店经营图书),2 名店员,是上海知青曾抗美、北京知青孙云云。以后增加到 3 人。 (第五篇第一章《文化》,第 283 页)

1971 年,宣传股正式配教育干事。开始由一上海知青担任,后调走,由王秉祥任教育干事。 (第五篇第二章《教育》,第 284 页)

1970 年又掀起建高中热。1970—1973 年新建 6 所高中,第四生产队也建立了高中,平均每年建一所多高中,大有普及高中之势。这些新建学校的师资来源,一是由下乡知识青年中选拔,二是从初中和小学教师中硬拉。 (第五篇第二章《教育》,第 285 页)

1969 年—1976 年(兵团时期),卫生院改称卫生队。这时由于近万名知识青年来场,超过了原有的职工数,卫生事业突飞发展。新建卫生医疗用房 1 410 平方米,宿舍 960 平方米,病床超过百张,仅二营的卫生所就有 11 张病床。医疗器材大部分是在这个时期购进的。医疗科室门类齐全,门诊部有 9 个科室,另有 7 个医技科室,住院部有 3 个病区,1 个手术室。卫生人员一下子增加到 300 多人(不包括五分场),团部卫生队有 150 人,二营的卫生所21 人。在这 300 多人中,有技术职称的(包括护士)不超过 40 人。其余的都是知识青年脱下黄棉袄、穿上白大衣、拿起听诊器的"赤脚"大夫。他们中间有一部分人是经过师团办的3—5 个月(长的一年)短训班培训;有一部分人干脆是在干中学的,致使基层医疗素质下降,出现了一些失误和技术性事故。但大批知识青年充实卫生队伍,对农场卫生事业的发展毕竟起到了不可磨灭的贡献。为了解决液体供应不足的困难,卫生队成立药品制剂室,自制了注射葡萄糖液、生理盐水、满山红等针剂;制作了肾炎丸、止咳丸、板蓝根液等口服药物;还利用当地资源优势,大量采集中草药。1970—1974年,全团有卫生人员200多人次背篓拿镐带行李,在小兴安山里采集沙参、黄芩、大活、车前子、兴安贝母、满山红等20多种中草药,最高年份采集量超过2 000斤。通过采集,发现二龙山地区有中药材100多种,蕴藏丰富的有60多种。三营卫生所被评为采集利用中草药先进集体。

(第五篇第三章《卫生》,第296—297页)

《龙门农场志》

龙门农场志编审委员会编,(内部刊行)1991年

第四节　接收城市知识青年

龙门农场在1968年—1970年,1975—1976年间先后接收了二批知识青年,共4 000名左右。其中上海市知识青年1 624人,齐齐哈尔市知识青年1 514人,牡丹江市知识青年285人,哈尔滨市知识青年400多人。这些知识青年来场,给农场带来了新的生机,新的血液,壮大了农场力量,对各项事业的发展起到了积极作用。他们中有60人加入了中国共产党,545人加入了共青团,30人被选进各级领导班子。

一、缩小了城场差别

大批知识青年来场,使农场与城市的差别缩小。他们的到来,无论是从衣着与生活习俗,对农场人民都起到了潜移默化的作用。1978年后,大批知识青年虽然返城,但他们的生活习惯,交往方式等却被当地人所接受,一直沿用。

二、知识结构发生了变化

来场的知识青年大多数是高中毕业生,只有少数是初中毕业生,他们的到来使农场的文化知识水平提高了一大步。尤其有一部分知识青年到场后就在教育战线工作,他们辛勤地传授知识,为当地培养人才做出了贡献。

三、丰富了农场的文化生活

知识青年是农场文娱与体育活动的骨干。他们在城里,由于眼界开阔,接触面广,大多数都擅长文体活动,因此,带动了农场文体活动的开展。使农场的文体工作活跃起来。他们办起了文艺宣传队,在场内外搞文艺汇演、且以篮球为主的各种球类运动也随之在农场风行起来。

四、知识青年成为农场各项事业的主力军

由于知识青年知识水平较高,接受事物快,经过一段时间的艰苦锻炼,他们很快适应了

农场的工作,成为农场的骨干。他们中有30人被选拔进各级领导班子做领导工作;更多的知识青年则活跃在文教、卫生、财会、机务等各条战线上。

1970年,首次推荐上大学的有3人;1971年3人,1973年64人。1975年以来,被选送上学和考入大学的知识青年100多人。

1977年,大批知识青年返城,截至1985年止,据统计留场的知识青年仅有30多人。大都在领导岗位上和文教卫生战线上。

知识青年自1968年至1977年近十年当中,他们经过锻炼,勇于吃苦,大多数工作得很出色,对农场的贡献是不可低估的,为农场事业的繁荣增添了新的色彩。

(第三编第三章《"文化大革命"的十年(1966—1976)》,第27—28页)

1968年至1970年,共接收上海、齐市、哈尔滨市、牡丹江市知识青年2663人。

1975年至1976年,接收上海、齐市、哈尔滨市、牡丹江市、北京市知识青年1302人。

1977年,知识青年大批返城,全场返城迁出知识青年3900人,至1985年,全场只有30多名知识青年留场。 (第四编第十四章《劳动工资》,第184页)

1968年,在上山下乡运动的感召下,先后有三千多名热血青年,怀着开发边疆、建设边疆的信念,从上海、齐齐哈尔、牡丹江等市来到农场。针对当时青年的思想状况,进行了热爱边疆、扎根边疆教育。先后树立了一大批坚定走与工农相结合道路,自觉改造世界观,志在边疆干革命,乐在苦中炼红心的于杰、李桂芹、王永生、陆建志和武军等先进青年典型。用他们的先进事迹,在青年中作现身说教,取得了较好效果。还在青年中开展了向党的好儿女,知识青年好榜样陈越久和尾山七英雄的学习和讨论活动。

(第五编第三章《群团组织》,第218—219页)

1968年千余名城市知识青年参加边疆建设,个别青年受无政府主义的影响,治安恶化,打、砸、抢成风,各种案件大幅度上升,场除了成立保卫组外,各分场还配备了保卫干事。公安工作的任务是内部安全保卫,治安管理,安全防范,案件侦破。

(第五编第四章《公安、司法》,第222页)

1968年知识青年来场后,给僻静的北大荒带来了春色。为了加强群众业余文化活动,当年12月,军宣队丛立梅负责组织场文艺宣传队,于杰、魏信忠任文宣队队长,演出了京剧《沙家浜》,自编自演反映现实生活的小型剧目,如小话剧《新任队长》,无论是剧作水平或演出水平都是较高的,深受当地群众的欢迎。

1969年6月场文宣队代表下乡知识青年去牡丹江、齐市汇报演出,有些节目,如苏秀娟的独唱,大型舞蹈《长征组诗》都获得较高的评价。 (第六编第一章《文化艺术》,第229页)

1968 年知识青年开始进场,有上海、哈尔滨、齐齐哈尔、牡丹江的知识青年,先后总计 4 000 来人。这些青年把城里的风俗、文化带到了龙门。因为他们生活在城里,城乡有差异,智力开发早,从小就受到了文化知识的熏陶,知识面广泛。大多数知识青年是高中毕业生,也有初中毕业生,少数知识青年还学有专长,受过专门训练,擅长音乐、体育。有家庭条件好的,从小就学外语,具备了一定的外语水平,甚至有的知识青年有较高的翻译能力,当时,农场的教师状况是一缺二低,不适应教育发展的形势,因此,这些知识青年的到来,增补了场内教师的不足。农场把知识青年中的拔萃者,选做教师工作,提高了教师水平和教学质量。知识青年任教,对农场的文化教育事业起着推动作用。　　(第六编第二章《教育》,第 231 页)

1968 年始场内卫生事业进入了突破性上升阶段。当时正值大批知识青年下乡,农场进入了大量上海、齐市、牡丹江等地的知识青年,农场人口增加,医疗队伍扩大,数量可观,质量较高。如从北京分配来的护士毕业生 3 名,中专毕业生 11 名,还有从齐市调来的医生 5 名,长水河农场调来的医生 4 名。此时农场注意培训医务人员,在下乡知识青年中又选拔 30 名进行培训。实力大增,从 1968 年前的几名、十几名一下子增加到 75 人。

(第六编第三章《卫生》,第 245 页)

1970 年场部卫生所,正式命名为卫生院,第一任院长马佩珠。各生产队的卫生所仍然存在,但人员相对增加,由原来的一名增加到 2—5 名,把被培训的知识青年充实到各生产队卫生所,做初级医务工作。卫生所统由院长代管业务工作,院所的关系重点是药材的供给,业务培训。　　(第六编第三章《卫生》,第 245 页)

医院的前期,人力,物力以至技术力量都处于较佳状态。但是到了后期,随着各项政策的落实,从知识青年中培养的医务骨干陆续返城,原先从北京、齐市等地下放的大、中专大夫纷纷返籍。　　(第六编第三章《卫生》,第 245 页)

在卫生院时期,卫生防疫工作设有专人去抓,曾出现地方病,传染病暴发性的流行。如 1973 年全场发行流行性出血热 51 名,死亡 3 名。仅第五生产队在一个月的时间里就发生流行出血热重型患者 12 名,都是上海知识青年。1974 年又在第五生产队发现了暴发性的甲肝流行,在短短的 20 天里发生急性黄胆型肝炎 30 多名。这两次发病均使总局震惊,派员前来救治。据不完全统计,在 1970 年至 1978 年的卫生院阶段,共发生流行性出血热患者 97 名,死亡 6 名,在死亡者中,有下乡知识青年 4 名(上海 2 名,哈尔滨 1 名,齐齐哈尔 1 名)。

(第六编第三章《卫生》,第 246—247 页)

1968 年知识青年来场,使本场体育运动向前推进了一步,运动项目增多,只球类就有篮球、排球、足球、乒乓球,技术水平也有很大提高。当时场内闻名的体育健儿有杨佩元,温少明、徐建军、刘晓时等,他们曾经培养出大批体育爱好者。篮球运动员杨佩元被选拔到黑河地区篮球队,还有刘晓时被齐市冰球队选中,以至后来选入省冰球队队员。

1974年后,田径运动在场内开展起来,运动面广,从此,参加体育运动已形成一种风气,不论老、中、青、少年,常年坚持体育锻炼,已屡见不鲜。 (第六编第四章《体育》,第248页)

1968年至1970年,共接收上海、齐市、哈尔滨、牡丹江知识青年2663人。

1975年至1976年,共接收上海、齐市、哈尔市、牡丹江知识青年1300多人。

……

1977年以后,知识青年大批返城,共迁出知识青年3900人,至1985年,来场的近4000名知识青年,只有30多人留场,其余全部返城。 (第七编第一章《人口》,第256页)

《引龙河场志》

引龙河农场编,(内部刊行)1991年

(1964年)9月1日,接收孙振环、张子臣等29名哈市、北安下乡青年。

(《大事记》,第3页)

本年(1968年),为贯彻落实毛主席关于知识青年上山下乡,接受再教育的指示,农场先后派出接收知识青年代表团分赴上海、天津、哈尔滨等地,截至年末接收知识青年2000余人。

(《大事记》,第3页)

(1974年)5月—10月,经省局党委先后批准知识青年王进喜、许进、应培仪为党委常委、副主任、副书记等职。 (《大事记》,第4页)

由于机具的批量进场,这时老手少新手多(多以知青为主),以老代新,边干边学,培养500余名机务人员,后来多为骨干。 (第三篇第二章《农机》,第56页)

1968年知识青年进场,又在本场培训一批本场青年和知识青年,共计培训26名初级技术人员。1978年知青返城,又出现技术人员缺乏状态。 (第三篇第三章《畜牧》,第71页)

1968年三大城市知识青年进场,给农场住房形成了紧张局面,虽然犯人撤走,改建了监舍,部队营房,暂缓了燃眉之急。但因房屋陈旧,维修费用过高,1970年场领导从实际出发扩大了基建队伍,将一部分男知青充实到基建队伍中来,占原来刑满就业人员的 70% 以上,改变了成分,但技术水平有待解决提高。　　　　　　　　　　（第三篇第七章《建筑业》,第 104 页）

　　直到知识青年进场后,才又重建财会队伍,老财会人员逐步归队,从知青中选拔优秀青年,经短期培训,以老带新,充实力量,当时基层单位增至 5 个分场、18 个生产连队和场直良种、修配、加工、医院、畜牧、林业等共 25 个单位,实行了三级管理二级核算。1979 年,已担任财会工作的青年,又大部返城,核算工作又陷于极度被动。

（第三篇第十五章《财务管理》,第 147 页）

　　知青下乡。从 1968 年开始,农场接收上海、天津、哈尔滨三市下乡知识青年 8 126 人。1964 年 9 月哈尔滨、北安青年一行 29 人来场参加工作。

（第三篇第十六章《劳动管理》,第 162 页）

　　从 1971 年开始,陆续有部分知识青年被推荐上大专院校学习。从 1975 年开始,下乡知青根据政策规定病退、困退返城,但人数较少。1979 年知识青年返城达到高峰,至 1982 年末,返城知识青年 7 988 人。　　　　　（第三篇第十六章《劳动管理》,第 164 页）

　　1977 年 8 月,12 分场"二八"包车组长共产党员,天津下乡知识青年杨连仲光荣地选为党的"十大"代表,并出席了在北京召开的党的"十大"代表大会。

（第四篇第一章《中国共产党的地方组织》,第 173 页）

　　1971 年干部总数为 463 人,由于大批知青进场,干部队伍不适宜管理水平,从知青和退伍兵中,经场党委认定以工代干 261 名。

　　……

　　1979 年以工代干人员中,经报请黑河地委批转为国家干部 196 名,同年大批知青返城,返城知青干部占干部总数的 25% 左右,使全场干部队伍大为削弱。

（第四篇第一章《中国共产党的地方组织》,第 175 页）

　　1968 年三市知青下乡进场,全场共青团员猛增到 1 500 多人。1970 年 7 月,农场根据中共中央整建团的通知精神,在农场重新组建各级团组织。通过整建团工作,使共青团组织获得了生机,给广大青年带来了活力。整建团后,先后有 47 名共青团员入党,2 093 人加入共青团组织,49 名青年被选拔到连队级做领导干部。

　　1975 年 2 月,团委为了配合农场党委向下乡知识青年进行扎根边疆的思想教育,向全场下乡知识青年提出"学农、务农、爱农、扎根边疆,建设边疆"的号召。号召发出后,全场知青热烈响应,纷纷向党、团组织表决心。农场水利队下乡知青团员 304 人联合发出倡议书,表示一辈子屯垦边疆的决心。他们以实际行动组成"青年突击队",冲杀在最艰苦的劳动生产中,赢得了农场党委和群众的赞扬,为广大下乡知识青年树立了榜样。黑河地区团委发出全区青年向他们学习的号召。 (第四篇第三章《群团组织》,第 197—198 页)

仅 1968—1978 年间,就在下乡知识青年中发展女党员 117 人、团员 1 884 人。

(第四篇第三章《群团组织》,第 202 页)

70 年代初由于农场性质的变更(由劳改农场变国营农场),随着大批知青的进场和劳改犯的撤出,农场人口构成状况发生了巨大的变化,上海、天津、哈尔滨下乡知青成为农场的主人,随之而来的社会犯罪也逐步增加,1971 至 1985 年间共发生刑事案件 441 起,破案 310 起,其中凶杀案 6 起,强奸案 22 起,盗窃案 374 起。 (第四篇第四章《公安司法》,第 204 页)

1968 年知青陆续进场,又给群众文艺活动增添了新的活力。农场组建了常年专业文艺演出队。王云峰为队长,演出队员多达 50 人左右,演出队初具规模,演出形式多种多样。有京剧、评剧、歌剧、话剧,有歌舞、曲艺、魔术,还有乐器演奏等,是一支很有名气的演出队。

(第五篇第一章《文化艺术》,第 219 页)

1972—1978 年是全场教育事业发展的最兴旺阶段。1978 年,全场有小学 23 所,其中,完全小学 16 所,初级小学 7 所。生产队学校完全是砖瓦结构校舍,办学条件基本得到满足。小学生 1 458 人,小学教师 134 名,教师中有 70% 以上为下乡知识青年,他们文化水平较高,文体素质较强,是农场学校的骨干力量,教学质量迅速提高,居北安管局上游水平。

(第五篇第三章《教育》,第 223 页)

1968 年上海、天津、哈尔滨三市下乡来场知青一万余人,为了满足全场职工医疗的需要,农场自己培训卫生人员 20 多名,学习时间为 6 个月。这时,全场医务人员近百名,其中,大专生 3 人,中专生 12 人。1970 年,为提高部分医务人员的业务素质,由张树新、戈迎霞、姜士军为医务教员,又培训了医务人员 80 多人。 (第五篇第四章《卫生》,第 227 页)

1964 年,有哈尔滨市、北安县下乡青年首批来场落户 29 人。

(第六篇第一章《人口》,第 247 页)

1968 年至 1970 年先后有哈尔滨、天津、上海三市上山下乡知识青年 10 271 人分批来场落户。1969年末劳改罪犯撤出。下乡知青占全场人口总数的三分之二。

（第六篇第一章《人口》，第247页）

1978年至1979年，三市知识青年大批返城，回城青年占进场青年总数的99%。

（第六篇第一章《人口》，第248页）

70年代，由于受三市知青进行安家和农场职工子女结婚新组建家庭的影响，职工家庭中的家具用品开始向大衣柜、高低柜、写字台单人沙发方向迅速发展，旧式家具在一些职工家庭中匿迹。自行车、缝纫机、收音机、手表"四大件"风行一时，数量可观。

（第六篇第六章《人民生活》，第267页）

1969年大批知识青年下乡，农场人口接近1.6万人，是建场来人口的高峰。各种报刊、杂志、邮件需求量随之增大。　　　（第六篇第十章《驻场单位》，第271页）

记中国共产党的"十"大代表天津下乡青年

杨连仲是1969年8月末到农场的天津下乡青年。在党组织的亲切关怀和支持下，他认真学习，钻研技术，苦练过硬本领，成为一名熟练的拖拉机手。1972年加入共青团，1976年2月7日加入中国共产党。他带领的包车组，多年被评为地区和农场系统的先进车组，他本人也年年被评为劳动模范。

1970年3月，组织上分配他开拖拉机，他感到这是党组织和广大职工群众对自己信任和培养，他下了横心，决不辜负党和人民的期望，用最快的速度掌握驾驶技术。在车上，仔细琢磨师傅的每个动作，不懂就问，在车下，利用保养车辆的机会，向师傅请教每个部件的作用和性能。为了掌握上下坡换挡的技术，他用休息时间一遍又一遍的练习。凡是驾驶过程中经常遇到的问题，他都把这些当作自己苦练基本功的考题，反复研究，反复实践，直到掌握熟练为止。在执行各种运输任务时，常常由于倒车挂钩位置的不准确而耽误时间，于是他就找机会反复练习挂拖车，终于练出了挂车准而快的硬功夫，大大缩短了运输时间。杨连仲驾驶的这台"德特28型"胶轮拖拉机，已经超过报废年限，机车零件破旧，故障多，经常在半路上"抛锚"影响运输，他想，光掌握了熟练的驾驶技术不行，还必须下苦功钻研机车的修理技术。从此，小杨一方面抓紧时间从书本上学，弄通机械原理；一方面努力从实践中摸索，掌握修车本领，就这样，他很快摸透了机车的"五脏六腑"，能独立拆修全车大小几千个部件，已经能够做到；把变速箱和引擎的近千个零件混放在一起，可以熟练地把变速箱和引擎很快的组装起来，连一个螺丝都不差，他凭这股子钻劲和毅力，练就出驾驶和修车的过硬本领，只要一听机车有杂音，就知道哪个部位出了毛病，能及时判断和排除故障，在没有工具、量具的情况下，能准确调整气门间隙，进行磁电机对火，还练出了快速修补、安装机车轮胎的技术。在一次执行紧急任务时,起动机失灵了,为了发动机车,不得不找来 20 多人推车起动。这件事引起了小杨的深思:若是有个备用的起动机就好了,于是,他修理起动机时,注意记下每个零件的规格,然后到仓库找来一些废旧零件,自己装配了一台备用起动机,随时带在车上。从此,只要起动机出了毛病,能几分钟内换上备用起动机,缩短了修理时间,加快了运输进度,由于他操作熟练,精心使用,细致保养,他驾驶的这台 07-70333 机车,不仅效率高、耗油少,而且修理费大大降低,维修费就比规定的降低了 90%,6 年安全行车 45 万公里,出车率达 90% 以上,节油 6 万公斤,盈利 5 万余元。先后被省交通局、黑河地区、农场管理局,德都县授予先进车组、标兵等光荣称号。于 1977 年 8 月 6 日杨连仲代表广大职工群众以贫下中农代表的身份光荣地出席中国共产党的第十一次代表大会。杨连仲的事迹先后在 1976 年 8 月 5 日、1977 年 9 月 28 日、12 月 12 日、1978 年 4 月 7 日《黑河日报》发表的记者的文章,1977 年 10 月 6 日《黑龙江日报》记者又发表了题为:《做又红又专的新一代》文章,中央广播电台青年节目三次连续报道了杨连仲的先进事迹。 (第七篇《人物·简介》,第 275—276 页)

引龙河农场历年出席省以上代表会代表名单

......

姓　名	杨连仲	性别	男	出生年月	1951.11	民族	汉	籍贯	天津市
参加工作时间	1969.8	代表时间	1977.8	代表类型	中共十大代表	所在单位及职务	引龙河农场十二分场"28"驾驶员	备注	已返城

(第七篇《人物·表录》,第 283 页)

第十二节　接收下乡知识青年

1964 年 9 月,公安厅北安劳改分局分配来支队哈市、北安县通北镇 30 余名城镇待业青年,经过一个阶段学习劳动,充实到行政教育等各条战线,为农场建设增添了新鲜血液。有的后来被选拔为农场的中层领导干部成为基层骨干力量。

(第八篇《简史·贯彻"八字"方针》,第 302 页)

第十五节　接收三地城市知识青年

"知识青年到农村去,接受贫下中农的再教育,很有必要,要说服城里的干部和其它人把自己初中、高中、大学毕业的子女,送到乡下去,来一个动员。各地农村的同志应当欢迎他们去"。为落实毛主席这一伟大战略部署,农场于 1968 年 2 月 15 日开始派出接收知识青年代表团,先后分别到上海、天津、哈尔滨市等宣传落实毛主席关于知识青年上山下乡干革命的重要意义,同时介绍农场的性质、特点、自然环境、气候条件及"文化大革命"情况。

城市知识青年响应党中央毛主席的伟大号召,怀着建设社会主义新农村,保卫社会主义江山的雄心壮志,来到北国边疆。从 1968 年 9 月开始,几年来共接收上海、天津、哈尔滨等地 10 271 名知识青年,其中:男青年占 56％,女青年占 44％。这些知青中有 34％具有高中文化程度,有 66％具有初中文化,绝大多数 1966 年后毕业的。

知识青年分配到分场、连队后,在职工、干部热情的关心帮助下,表现为好学上进,不辞辛苦,不避艰险,很快成为各条战线的骨干力量,为农场建设增添了新的血液,为建设社会主义新农场,增加了改天换地的新生力量。他(她)们当中有的成为机务战线的车长,驾驶员、修理工;有的是连队农业技术员,畜牧兽医,有的是文教卫生战线的教师、护士、卫生员。当时农场的文艺宣传队,都是知识青年;不仅能演出京剧,评剧,舞剧,而且还创作了大量反映现实生活的剧目,受到广大职工、干部的热烈欢迎。场篮球队、乒乓球队在黑河地区很有名气。连队歌声嘹亮、墙报内容充实,形式新颖,给僻静的北大荒带来了春天的欢乐。

如十二分场知识青年工作,曾受到省、农场局等各级领导机关的表扬。

在党的阳光雨露哺育下,在艰苦的边疆生活中,知识青年锻炼得身壮心红。他(她)们中间有 248 人光荣地加入了中国共产党,有 2 948 名加入了共青团。天津知识青年共产党员"二八"胶轮包车组长杨连仲光荣地出席了在北京召开的中共第十次党的代表大会。有 3 人被提拔为场党委副书记、副场长;有 17 人被提拔为副科级以上中层干部;有 128 人被提拔为正副指导员、正副连长基层领导干部。1977 年恢复高考制度后有 500 多名(其中推荐选拔108 人)考入全国各类大专院校,哈尔滨青年游宏成为吉林师大研究生。为祖国"四化"建设,培养了各类专业人才。

这些城市知识青年,从 1978 年开始到 1981 年绝大部分先后返城了,现只有百余人在农场安家落户。但他(她)们在上山下乡干革命,在建设农场,改变北大荒面貌所做出的贡献这段历史,是不能磨灭的,将永远载入历史史册。 (第八篇《简史·"文化大革命"的十年》,第 315 页)

第二十五节 提拔青年干部

根据省农场局的指示精神,1974 年 3 月对农场的管理机构进行了变更,为便于加强集中管理,统一领导,由原来的生产队改为南、北、中片 5 个大分场,19 个生产连队及场直 13 个单位。场党委集体领导下的分片,分工负责的作法,有利于工作,一抓到底,使农场各项工作有了很大的变化。特别是在做好知识青年工作上取得了一定成绩。

同时,改变干部队伍年龄、知识结构,提高干部队伍素质,做好知识青年工作。在工人队伍中先后选拔了 261 名(女:66 名)干部;其中:知识青年 228 名(女青年 61 名)。他们原来都是各条战线的骨干,担任不同的职务。为充实和加强各级领导班子的建设,在已提为干部的知识青年中,有 153 名(其中:女 61 名)进入了各级领导班子;有 23 名工人(转业兵)走上了基层领导岗位。

在已提干的知识青年中有 3 名(其中:女 1 名)担任了场领导,有 17 名担任了正副科级中层领导,其中:女 8 名;有 131 名担任了正副队级基层领导,其中:女 58 名。调动了各方面积极因素。这些青年干部、干劲大、信心足，为农场的翻身大变做出了应有贡献。

（第八篇《简史·文化大革命的十年》，第 322 页）

1970 年—1979 年农场任务发生根本变化，从改造罪犯转为接收哈尔滨，天津，上海市等地知识青年，先后安置上山下乡青年 10 271 人。这些青年通过十年来的锻炼，逐渐成为农场各方面主力和骨干，有 3 人当上了场级领导，17 人当了科级中层干部，天津市知识青年共产党员杨连仲光荣地出席了党的第十次代表大会。然而这些青年又于 1978—1979 年两年大批返城。

（第八篇《简史·调整、改革时期》，第 343 页）

曾接收上山下乡青年 10 271 人，现在场知识青年只有 141 人。

（第八篇《简史·调整、改革时期》，第 346 页）

1969—1978 年为知识青年下乡进行劳动锻炼，10 年亏损：44 760 千元，占总亏损额 68.4%，平均每年亏损：4 476 千元。这期间国家投资 59 375 千元，投资回收 4 538 千元，回收率 7.6%，平均每年亏损 447.6 万元。

（第八篇《简史·调整、改革时期》，第 348 页）

《长水河农场志》

长水河农场志编委会编，（内部刊行）1997 年

知青下乡

1968 年 4 月，党中央、国务院、中央军委、中央文革对全国大、中、小学毕业生发出了"四个面向"的号召，即：面向农村、面向边疆、面向工矿、面向基层。同年 12 月，发表了毛主席关于"知识青年到农村去，接受贫下中农再教育很有必要"的指示，广大城市青年热烈响应，来到祖国边疆，给农场增添了新鲜血液。

长水河农场接收的首批城市知识青年是 1968 年 10 月 12 日由黑龙江省鹤岗市下乡的 294 名青年学生，其中男青年 189 人，女青年 105 人。对于第一批知青，农场及鹤岗市都给予了高度的重视。农场派出接收工作组到鹤岗市，向青年学生宣讲"上山下乡"的重要意义，介绍农场的基本情况及发展前景。鹤岗市在学生中挑选了一批家庭出身好、思想好、成绩好的学生，到农场接受再教育。

这批知青集中到长水河农场九分场，计划将这一批素质比较高的知青，经短期锻炼后，分配到农场修造厂、车队、医院、商店等单位工作，使之成为农场建设的中坚力量。

10 月 28 日，哈尔滨市 3 000 名知青来到农场。其中，太平第五十八中学 600 人、四十七中学 400 人分配到五分场，三十二中学 500 人、奋斗一中 300 人分配到七分场，师大附中

250人、四十四中950人分配到八分场。

1969年3月,上海市知青进场。10月份,天津市知青也到农场参加生产建设。至此,全场共接收安置城市下乡知识青年近万名。1974年,部分哈尔滨、北安等市县的青年学生,投奔先期到长水河的哥哥、姐姐下乡到长水河农场,被称为"小青年"。

城市知青在农场期间,成为农场生产与建设的骨干力量,教育、卫生等重要岗位大部分由知青担当。知识青年到农场,一方面是锻炼了知青吃苦耐劳、艰苦奋斗的精神,另一方面给农场带来了城市的生活方式与文化气氛。

1972年至1975年,一些表现比较好的知青被推荐上大学。其方式为个人报名,群众评议,单位批准。1977年恢复高等院校考试制度,许多青年考上大学。到70年代末,下乡到农场的知青通过病退、接班等各种途径返回城市。经过在农场的艰苦锻炼,返城青年中的很大一部分有了较大的发展,继续在农场工作的青年亦成为各岗位上的骨干,并有一些人被提拔到各重要岗位上。

（第二编第二章《建置后》,第37—38页）

青年大批返城后给农场的经济建设带来了一定的影响,一时间一些重要岗位没人干,人力严重缺乏,不得不外招亲属工来弥补人力的不足。当时没返城的知青仅有731名,为了发挥这些尚未返城青年的积极性,农场认真落实了知青政策,使他们留下来安心工作,为农场建设发挥着骨干作用。

（第二编第二章《建置后》,第42页）

1968年11月至1973年10月王文湖任队长（木材厂厂长）、李瑞峰任副厂长兼调度。犯人调出,就业农工50余名和知识青年20余名,基本工人（农场的正式职工,也是与就业农工相对而言）、干部10余名,木材厂的人员已达到80多名。这段时间木材厂隶属于基建工程大队,每年进原木3 000余立方米,设备上又多1台带锯。

1973年10月至1975年李瑞峰任队长（厂长）,哈尔滨知识青年李云轩任副队长。这段时间的木材厂隶属于物资库。

（第三编第六章《工业》,第140页）

到1977年,人员变动更加频繁,先后有几名下乡青年充实到各业务岗位,这些人头脑灵活,工作热情高,富有正义感,对农场的物资供应工作做出了不可磨灭的贡献。

（第三编第九章《经营管理》,第227页）

1968年10月—1969年9月,上海、天津、哈尔滨、鹤岗等城市的知识青年大批进场,即"上山下乡,接受贫下中农再教育"。知青中,绝大多数因受党的培养教育,有知识、有文化,积极肯干,思想要求进步。经过一段时间的实践和锻炼,从中选拔一批优秀者做了干部工作（开始以工代干,1979年9月转为国家正式干部）。1978年12月至1979年,虽然绝大多数返城,但仍有一部分留场工作,成为农场的骨干力量。

（第四编第一章《组织工作》,第248页）

（1968年）知青大批进场时,根据工作的需要,又成立了知青办,隶属于政工组,专门负责全场的青年教育、管理等。各组的负责人称组长。（第四编第一章《组织工作》,第253页）

1968年,农场军管组下设一个政工组,相当于"文革"前的政治处,内部设立了宣传科,于润华任宣传科副科长,胡兆佩、王亚峰任科员。此后,裴政观、芳桂云、林信芳、张国良、李学术、徐秀芝、项继群等知识青年先后调入宣传科。高等院校恢复招生以后,知识青年又相继返城或上学。1975年,于润华到"五·七"大学任党支部书记。宣传科的工作由王亚峰负责,上海知识青年洪波、赵淑君等任科员。　　　　（第四编第二章《宣传工作》,第258页）

长水河农场建场初期,人烟稀少,人口结构比较简单,平均人口犯罪率比较低,约在万分之三左右。主要犯罪人员有劳改就业人员、知青。劳改就业人员主要以盗窃、流氓罪为主,知青多以伤害罪、结伙斗殴为主。　　　　（第四编第五章《公安政法》,第277—278页）

1968年9月,知青下乡进场,总计有7 000余人,这时农场人口达到顶峰2.4万人。
　　　　　　　　　　　　　　　　　（第四编第五章《公安政法》,第278页）

1978年4月农场成立信访办,第一任信访办主任姜兆绪,成员有齐玉柱。这一时期是党的十一届三中全会召开的前夕,文革中造成的大量冤假错案,都需要平反昭雪,在文革中被错揪、错斗的大批干部、群众亟待落实政策,知识青年大批返城,有关知青的许多政策也需要落实。　　　　　　　　　　　　　　　（第四编第八章《办公室》,第303页）

1968年以后,大批城市青年来场,原来的文工团也都因年龄的增长及工作变化相继离去,1969年成立了以城市下乡青年为主体的毛泽东思想宣传队。剧种有独唱、合唱、舞蹈、快板、对口词、双簧等,规模大,并且是专业的,在黑河地区也很有名气。1975年,黑河地区各农场的宣传队还曾在农场汇演过。　　　　（第五编第一章《文化》,第316页）

1975年春季,农场创办了"五·七"大学。校址选在现科研站北侧,当年边建校边招生,师生员工亲自动手建设学校1 000余平方米,设立三个专业,即农机、农学、畜牧专业,学制为三年。招收学员100多名,实行单位选送思想觉悟好、具有初中以上文化程度、有培养价值的知青和职工子弟,采取单位推荐和学校批准的办法到"五·七"大学学习。党委任命于润华、赵荣义为正副校长,有教师7人。1977年停办。　　（第五编第二章《教育》,第319页）

1968年秋季知青进场,极大的丰富了农场的文化生活,给农场带来了生机。幼儿教育进一步发展壮大,场部托儿所由原来的2名保育员增到7名,幼儿数由原来的五六名,增加到 30 多名。党委任命 60 年代老知青刘桂荣同志为第一任所长。各生产队先后办起了季节性的托儿所,由当时的 6 处发展到 18 处,幼儿入托人数由原来 30 多名增加到 300 余名,保育员增加到 40 多名。

1975 年,一批知青成家立业,孩子亟待入托,党委决定新建一座设备齐全的托儿所,总面积 612 平方米,位于农场办公室的东侧,俱乐部东面,年末交付使用。党委任命哈尔滨市知青李秀荣为第二任所长,加强了对托儿所管理的领导,从此本场幼儿教育走向正轨。幼儿入托达 120 多名,保育员和其他人员 22 名,有 4 名幼儿教师,长短托相结合,按年龄分 6 个班,3 个活动室,3 个休息室,1 个餐厅,1 个所长办公室。 (第五编第二章《教育》,第 326 页)

1969 年,良种站又隶属于九分场,革命委员会主任刘承林。下设 5 个连队,知识青年 800 余人。原生产科农业技师汪福林复职,调入小区挂名负责,实际小区主管负责人是彭杰。
(第五编第四章《科技》,第 336 页)

(1968 年)10 月 12 日,首批城市下乡知识青年(鹤岗市 294 人)进场。
(《附录·大事记》,第 345 页)

(1979 年)11 月,大批城市知识青年返城。 (《附录·大事记》,第 348 页)

仍在农场的城市下乡知识青年名录

姓　名	性别	出生年月	下乡时间	来自何城市	工作单位	备　注
赵龙妹	女	1952.12.12	1967.7	上　海　市	一　　队	工　　人
罗胜弟	男	1951.12	1968.10	哈 尔 滨 市	一　　队	工　　人
杨润轩	男	1950.3	1968.9	哈 尔 滨 市	五　　队	工　　人
葛宏伟	男	1948.9	1968.10	哈 尔 滨 市	五　　队	工　　人
许力华	男	1951.7	1968.10	哈 尔 滨 市	五　　队	工　　人
王兴斌	男	1949.8	1968.1	哈 尔 滨 市	六　　队	党支部书记
顾丽敏	女	1950.12	1970.6	上　海　市	六　　队	工　　人
杜桂珍	女	1949.9.9	1968.12	鹤　岗　市	六　　队	工　　人
刘迎辉	男	1951.1	1968.6	哈 尔 滨 市	六　　队	工　　人
张绪武	男	1945.10	1964.8	鹤　岗　市	六　　队	工　　人
戴　江	男	1949.10	1968.10	鹤　岗　市	七　　队	工　　人
李桂英	女	1949.9	1968.1	鹤　岗　市	七　　队	工　　人
李育文	男	1952.4	1968.7	鹤　岗　市	九　　队	工　　人

姓　名	性别	出生年月	下乡时间	来自何城市	工作单位	备　注
孙曼丽	女	1951.2	1969.7	上 海 市	九　　队	退　休
夏相友	男	1948.5.13	1968.7	哈 尔 滨 市	十　　队	工　人
赵桐清	男	1951.4	1968.1	鹤 岗 市	十 一 队	工　人
刘玉祥	男	1951.3	1968.1	鹤 岗 市	十 一 队	工　人
苏本旺	男	1950.5	1968.1	鹤 岗 市	十 一 队	工　人
孙宝兰	女	1952.4	1969.4	天 津 市	十 三 队	工　人
何洪修	男	1949.3	1968.10	哈 尔 滨 市	十 三 队	工　人
于立新	女	1957.10	1976.11	哈 尔 滨 市	十 三 队	工　人
范志荣	女	1951.2	1969.4	天 津 市	十 五 队	退　休
王秀英	女	1948.12	1968.7	哈 尔 滨 市	十 五 队	退　休
李丛松	男	1948.8	1968.11	鹤 岗 市	十 七 队	工　人
胡守臣	男	1950.8	1968.8	鹤 岗 市	科 研 站	工　人
王林波	男	1951.3	1968.10	哈 尔 滨 市	教　　委	科　长
李文华	女	1949.6	1969.9	哈 尔 滨 市	教　　委	副 科 长
陈玉泉	男	1951.8	1969.9	哈 尔 滨 市	教　　委	工　人
张志兰	女	1948.4	1968.11	哈 尔 滨 市	教　　委	工　人
江嘉齐	女	1949.10	1969.7	上 海 市	教　　委	退　休
李德玉	男	1949.2	1968.10	哈 尔 滨 市	教　　委	退　休
苏建霞	女	1952.3	1969.7	上 海 市	教　　委	退　休
崔　平	男	1950.9	1968.10	天 津 市	教　　委	工　人
李秀荣	女	1950.5	1968.11	哈 尔 滨 市	医　　院	干　部
李玉英	女	1951.6	1970.5	上 海 市	医　　院	医　生
石　河	男	1951.3	1968.10	鹤 岗 市	加 工 厂	工　人
王明珍	女	1952.5	1968.10	天 津 市	加 工 厂	会 计 员
孙学仕	男	1950.9	1968.10	鹤 岗 市	房水管理站	工　人
倪月兰	女	1952.9	1969.7	上 海 市	商 业 公 司	工　人
王焕茹	女	1951.8	1968.11	哈 尔 滨 市	商 业 公 司	工　人
李秀芝	女	1948.12	1968.11	哈 尔 滨 市	商 业 公 司	工　人
李润国	男	1951.7	1968.10	鹤 岗 市	物资供应站	工　人
满怀祥	男	1952.12	1968.10	哈 尔 滨 市	乳 品 厂	工　人
许家礼	男	1950.12	1968.10	鹤 岗 市	修 造 厂	工　人
高桂荣	女	1950.3	1968.10	鹤 岗 市	修 造 厂	工　人
李　英	女	1951.10	1968.10	鹤 岗 市	计 财 科	副 科 长
焦其增	男	1943.12	1968.10	哈 尔 滨 市	机　　关	副 科 长

姓　名	性别	出生年月	下乡时间	来自何城市	工作单位	备　注
庞庆俊	女	1951.7	1968.10	鹤 岗 市	机　关	干　部
李文明	男	1951.3	1968.9	哈 尔 滨 市	法　庭	副 庭 长
张志超	男	1951.9	1968.9	哈 尔 滨 市	机　关	副 科 长
付志刚	男	1949.4	1968.10	鹤 岗 市	基 建 队	工　人
王维勇	男	1952.1	1968.9	哈 尔 滨 市	电 业 所	工　人
高淑珍	女	1951.6.9	1969.9	上 海 市	招 待 所	退　休
程　捷	男	1950.9	1968.10	哈 尔 滨 市	电 视 台	干　部
魏惠敏	女	1950.8.27	1968.10	鹤 岗 市	商 业 公 司	工　人
颜雪梅	女	1951.4	1969.3	上 海 市	十 七 队	退　休

（《附录·表录》，第 369—372 页）

《赵光农场志(1947—1984)》

赵光农场史志编纂委员会编,(内部刊行)2003 年

(1963 年)4 月 14 日,首批哈尔滨、牡丹江、佳木斯市知识青年 1 164 人下乡到赵光农垦局。

（《大事记》,第 21 页）

(1969 年)8 月,七团接收上海、北京等城市的知识青年 3 329 名。

10 月,七团五营哈尔滨下乡知识青年曲雅娟,作为兵团战士代表,去北京参加国庆 20 周年观礼。

（《大事记》,第 26 页）

是年(1972 年),二十九连副指导员知识青年冯继芳被评为黑龙江省劳动模范标兵,1973 年 3 月 14 日去哈尔滨参加省劳动模范代表大会。

（《大事记》,第 27 页）

(1973 年)8 月 24 日,冯继芳作为知识青年代表去北京参加党的第十次全国代表大会。

（《大事记》,第 27 页）

是年(1976 年),据统计,1972—1976 年共推荐保送 600 余名知识青年上大学。

（《大事记》,第 28 页）

(1978 年)2 月,北京、上海、天津、哈尔滨等城市的下乡知识青年开始大批返城。

（《大事记》,第 29 页）

接收城市知识青年

1963 年,接收齐齐哈尔、牡丹江和北安等城市知识青年 1 164 名。1968 年,掀起知识青年上山下乡的高潮,接收天津知识青年 760 名、哈尔滨知识青年 146 名、牡丹江知识青年 54 名。1969 年接收北京知识青年 2 320 名、上海知识青年 1 009 名。先后接收城市知识青年 5 609 名。这些青年,从 1978 年起,因病退及其他原因返城的 5 156 名。就是与本地青年成婚的或提干的也大部分返城离去,巩固下来的只有 453 名。

(第二编第十四章《劳动工资管理》,第 247 页)

1972 年 10 月 6 日,一营十二连男宿舍 3 名北京知识青年因天气骤冷猛烧炉灶,晚间睡熟后,被煤气熏死。　　　　　　　　(第三编第十四章《劳动工资管理》,第 257 页)

七团时期,批判劳动竞赛是"唯生产力论"、"物质刺激"之后,代之以"大学解放军"、"活学活用毛主席著作",开展"四好连队"、"五好战士"的评比活动。频繁举办学习班讲用会"传经送宝",对选出的积极分子授予队前嘉奖或通报表扬。张玉华、冯继芳、王学文等少数知识青年都是当时涌出来的学习毛主席著作积极分子代表,他们以自己的实际行动在生产和工作中起到一定影响作用。　　　　　　　　　(第三编第三章《工会组织》,第 306 页)

60 年代在学习毛主席著作运动中,涌现出像冯继芳、张玉华一代知识青年积极分子代表,冯继芳多次被评为农场总局和省劳动模范,曾出席党的第十次全国代表大会。

(第三编第三章《工会组织》,第 314 页)

1965 年 7 月,农垦局召开第一届知识青年代表会,表彰了 21 名青年五好职工、41 名生产能手、36 名学习毛主席著作积极分子、140 名团员、2 名党员、116 名要求入党的积极分子和社会主义思想宣传员、帮助老工人家属学文化的文化革命尖兵。张玉华、冯继芳被评为全省知识青年标兵,受到奖励。1969 年各级团组织学习曲雅娟的事迹,1971 年学习金训华、张勇、冯百兴的事迹,1973 年学习冯继芳、高崇辉的事迹。当时在社会上特别是在广大青少年中都留有深刻的印象。　　　　　　　　(第三编第四章《共青团组织》,第 320 页)

"文化大革命"开始后,文艺队解散了。1969 年元旦,以哈尔滨、天津知识青年为主体,重新组建文艺宣传队。这支队伍年轻有朝气,在"兵团"一师文艺会演中出了名。1973 年一师举办的庆祝毛主席"六一八"批示 3 周年纪念会,七团文艺队参加了演出。以后,受戏剧界"改革"的影响,风行京剧"现代戏",七团文艺队赶排的《红灯记》、《杜鹃山》和《沙家浜》等剧目,在"兵团"一师样板戏会演中,荣获第一名。　　　　(第四编第三章《文艺》,第 368 页)

1978年起,知识青年通过上学、病退、困退、家变等多种渠道相继返城,人口数明显下降。1979年统计,知识青年返城人数达4 000多人。　　　　（第五编第一章《人口》,第396页）

《九三农垦志》

黑龙江省九三国营农场管理局局志办公室编,(内部刊行)1986年

（1974年）8月12日,上海市慰问团到达兵团五师慰问上海市上山下乡知识青年,并赠送了纪念品。　　　　　　　　　（《九三国营农场管理局大事记》,第25页）

10月22日,北京市慰问团到达兵团五师,深入各团慰问北京市上山下乡知识青年,并赠送了慰问品。　　　　　　　（《九三国营农场管理局大事记》,第25页）

（1975年）6月22日,天津市委慰问团到达兵团五师,开始对上山下乡的天津知识青年进行慰问,并赠送了纪念品。　　（《九三国营农场管理局大事记》,第26页）

（1976年）8月27日,管理局党委在山河农场召开青年工作会议。各团、场党委书记、团委书记、分场、生产队总支、支部书记及先进知识青年代表四百人参加大会。

（《九三国营农场管理局大事记》,第26页）

1969年,成立了黑龙江省国营农场管理局,并设了几个分局。当时的嫩江、七星泡、格球山三场划规黑河农场分局所辖(当时设在北安县)。山河、嫩北、嫩江良种场仍下放给嫩江县管理。随着形势的发展变化,当年各场犯人一律内迁,充实了大批城市上山下乡知识青年,各场都改为国营农场。　　　　　（概述篇第二章《体制沿革》,第92页）

1960年至1965年,又接收哈市、齐市、鹤岗青年等四千二百三十三人。……1966年到1970年,先后接收北京、上海、天津、哈尔滨、齐齐哈尔、鹤岗、鸡西、双鸭山、牡丹江等大中城市和铁路沿线知识青年六万九千零六人,打倒“四人帮”之后,这些青年大多数以病返、困返、接班、上学、调出等原因陆续离开这里,到1981年3月18日统计,现有的知识青年只有七千九百二十六人,以后又相继调走一大批,留下来的只是少数人了。

（概述篇第三章《经营规模沿革》,第120页）

1967年生产建设兵团接收了大批城市知识青年,兵团司令部发出通知,规定“接收城市知识青年的工资,一律定为农工一级标准月薪日记。劳保福利等各种待遇与原农场职工

同"。但是,这个规定执行不久,就被认为是"多出工多给钱,少出工少给钱,硬往青年脑子里灌输一个'钱'字,实质上是修正主义那一套"。因此,兵团便于1968年12月做出决定,"宣布保留月薪,取消日记"。但是有的老职工在农场工作多年,有一定的生产技术,月工资还是26元或28.5元,而知识青年刚到兵团,月工资就是32元,引起了老职工的不满。

(概述篇第四章《工资形式沿革》,第149页)

1972年兵团时期专用基金包括:更新基金;福利基金;财务包干结余;知识青年安置费。……4.知识青年安置费,按实际接收青年人数,由兵团拨款、团掌握使用。用于建筑青年住房、开垦荒地、小型农田建设、添置小农工具和生活用具等。

(经济篇第二十五章《计划财务》,第425—426页)

兵团时期。针对大批城市知识青年来到边疆建设,在青年中开展光荣传统教育,阶级教育,新老职工团结教育,战备教育,并大力开展各种友谊活动,如文艺演唱组、创作组、体育小组、办"青年文化活动室"等,使这些青年成长较快,涌现一大批先进人物,并有1975人加入了中国共产党,13675人加入了共青团,1131人担任了排、连、营、团的领导工作。

(政治篇第三十三章《群团组织》,第527页)

1973年8月,四十五团八连战士,上海女知识青年苏彩女外出送同志,在返回连队途中被害。发案后被及时侦破,兵团五师军事法院将罪犯李自强判为死刑。

(政治篇第三十五章《司法工作》,第536页)

1968年,在知识青年中选派一批六六届高中毕业生充实到教育战线,很快就成为各农场学校的教学骨干力量。这一时期教育战线师资文化、业务达到了空前水平。

从1975年开始,下乡知识青年根据政策规定可以病退、困退、返城,至1977年返城达到了高峰,教育受到冲击也达到了极点。　　(科技教育篇第四十章《教育》,第591页)

冯百兴同志于1949年11月1日出生在辽宁省黑山县药王庙黄马窝棚的一个工人家庭里。1955年跟随父亲来到哈尔滨市。1957年冯百兴进入哈尔滨新民小学读书,不久加入了少先队。1963年,冯百兴同志小学毕业考入哈尔滨二十七中学读初中。1965年,又随同集体转学到哈尔滨市五十三中,同年7月9日,他光荣地加入了中国共产主义青年团。1966年,冯百兴同志从五十三中初中毕业。1968年10月13日,冯百兴同志响应毛主席关于知识青年上山下乡的号召,到生产建设兵团第五师五十三团十一连(现红五月农场十一队)。到十一连以后,冯百兴同志在劳动中积极肯干,在学习中努力钻研,曾先后担任作业排副排长,后勤排副排长,武装排副排长等职。

1970年4月19日下午14时许,在离连四里多路的一座小山发生了火灾。这小山的左面,有一条不到三米宽的横道,过了横道就是一望无际的林海。当时正刮着六、七级大风,火势猛烈。如果烈火窜过横道,林海就有被烧毁的危险。冯百兴同志见此情景,第一个冲入了火海,用树枝拼命打火,哪里火猛,他便往哪里冲。当时,冯百兴同志正患有严重的腰脊劳损病。

火乘风势,眼看就要越过横道了。此时用树枝打已经无济于事了,怎么办? 只见冯百兴猛地扑在地上,紧接着快速地向火头滚去。"压灭它,一定要压灭它!"满身是火,他根本不顾,依然向着火龙拼命地翻滚着,用自己的身体同烈火顽强地搏斗着。当同志们赶到发现冯百兴同志时,他已经昏了过去……。

汽车以最快速度把冯百兴同志送到了医院。经医生检查,冯百兴同志烧伤面积已达到百分之七十,深度烧伤已达到百分之十六,气管也被严重地烧伤了。入院后的九十多个小时里,他没有喊过一声疼,在昏迷之时,他还在说"快……打火!"

1970年4月23日下午15时10分,冯百兴同志经九十五个小时的顽强战斗,终因病情恶化,医生全力抢救无效,一颗年轻的心脏停止了跳动。当时他只有二十一岁。

冯百兴同志牺牲以后,经兵团党委批准,授予冯百兴同志革命烈士的光荣称号,并为他追记一等功。团政治处根据冯百兴同志的生前申请,追认他为中国共产党员。五师和兵团党委还分别作出决定:号召兵团全体干部、战士、职工、家属向冯百兴同志学习,哈尔滨市革命委员会也于一九七〇年六月七日作出决定,号召全市人民学习冯百兴烈士的英雄事迹。《哈尔滨日报》于六月十五日发表了向冯百兴烈士学习的社论。

(人物篇第五十四章《人物传记》,第 737—738 页)

张建发,男,汉族,齐齐哈尔市人,1956年生,1977年知识青年上山下乡时,来到荣军农场(当时为五十一团)十六队。后来担任了这个生产队小学校的教师。

十六队是个只有一百多名职工的边远生产队,离场部十多里路,孩子们上学找个老师很困难。知识青年到场后,才办起了六、七年级,张建发就是这个小学最高年级的任课教师。1979年,大批知识青年返城了,张建发也办了"病退",各种调转手续的证明已报给市里有关部门,只待审批离开这里。这时,队长把他叫住了,和他商量着说:"小张,你回齐市兴许一时不能分配工作,晚走几天吧! 都走了,高年级开不了课……"小张没有走。他成天没白没黑的为学生们上课,为新教师补课。晚上送走了最后几个补习者,常常是十点多了。躺在炕上,他怎么也睡不着,孩子们渴求知识的眼睛,新教师刻苦钻研的劲头,深深打动了他的心。一定要让他们得到满足! 可这起止是一两个月的事呢? 于是,没有向领导上表示豪言壮语,只是默默地从齐市索回了自己的"病退证照"。不久,他和本队出生的一个姑娘结了婚。

1982年,他左胳膊上起了两个小小的包,队长叫他上医院去看看,他因工作忙,推到放暑假。后来,他送奶奶去齐市,给他两天假,连检查一下病,可他为了赶回来上星期一的课,他进医院没等透视就回来了。暑假里办完教师学习班,他从场部回来,只有五天时间就开学了,他才急急忙忙的到医院做了手术,医生告诉七天来拆线,他五天就去了,医生不同意,他哀求道:"不能等了,再等就耽误学生的课了。"医生被感动,给他提前拆了线。以后,等病情恶化了,他才到天津去治疗,只两个多月就回来了。原因是学生没人管了,毕业班像散了群的羊一样,只有两名学生考上了中学。

他从天津回来,坚持工作,妻子晚上用热水敷痛处,用二百度大灯泡烤,可他没有跟领导说这些。他拖着病重的身体,白天连教六节课,晚上还要备课、判卷,六年级作业多,他逐本认真批改,疼了就趴在炕上批,一批到深夜。病情严重时,走路一瘸一拐的,校长问他,他说是骑自行车摔的。有时路都不能走了,宁肯叫他妻子推着自行车送来,也不肯耽误学生一节课。毕业考试前一个月,他每天早上加一节课。这时,他已经是晚期癌症病人了!

1982年6月30日,张建发的癌症发作了,他用拳头捶打自己,挺着疼痛、也不叫找卫生员,他说:"卫生员有小孩,夜里出来不方便",第二天送九三局医院检查,白血球不过正常人的一半,血小板也大大低于正常人。当晚仅靠两小时一支"杜冷丁"送往哈尔滨市省农场总局医院,确诊为血癌。

张建发倒下了,而他辛勤教育的毕业生,十九名学生,有十七名考上了场部中学初中班,列全场第二位名次。他这时确安慰地笑了,他告诉看望他的学生,上学注意交通,和来往的车辆,要多加小心。

1983年7月29日,张建发因患癌症治疗无效而逝世,终年只有二十七岁。

张建发把青春献给了党的教育事业,为人民作出舍己忘我的事迹,中共荣军农场党委作出向张建发同志学习的决定,并追认他为优秀教师,优秀共青团员。

(人物篇第五十四章《人物传记》,第748—750页)

高崇辉,男,汉族,1949年生于黑龙江省鹤岗市,1972年入党。1968年响应毛主席关于知识青年上山下乡的号召,来到黑龙江生产建设兵团五师第五十四团二营十二连(现克山农场二分场十二队),担任过战士、排长、副连长、副团长、副场长等职。

高崇辉同志来到兵团之后,认真向老职工学习生产技术和艰苦创业的光荣传统,工作中挑重担子,勇于吃苦。1970年脱玉米时,他白天干了一天,晚上又加班。白天喂入玉米棒两千袋(四十吨)晚上又喂入四千袋,一天一夜喂入一百二十吨。超过定额五倍。1973年麦收时,他在麦场灌袋。打撮子灌小麦,四撮子灌满一袋,一百八十斤的袋子上下不差一、二斤。有一次他一气打了两个多小时撮子,灌上五百六十多袋小麦,接着又装车扛上三十吨小麦,中午没吃午饭,又扛袋装车装了二十七吨,被人们称为新一代的铁人。冬天上山采伐,他的套子一天拉木头七米八分二,创最高纪录。他善于团结同志,坚持原则,虚心学习,进步很快。曾受过团、师、兵团和团省委的奖励,1974年五师和兵团党委都作出了"关于向高崇辉同志学习的决定"。团省委也作出了决定,号召全省青年学习高崇辉的事迹,并在《人民日报》发表了他的事迹。1975年参加了国务院召开的全国先进下乡知识青年代表座谈会,还当选为全国青年联合会执行委员。

(人物篇第五十五章《人物介绍》,第769—770页)

1970 年 8 月 4 日,五十四团(克山农场)一营五连东方红——75 牵引康拜因收小麦,将躺在麦秸里睡觉的上海女青年徐粉弟压死。　　(杂记篇第六十章《灾害与事故》,第 852 页)

《嫩江农垦志》

黑龙江省嫩江国营农场管理局史志编审委员会编,(内部刊行)1987 年

(1968 年)7 月,查哈阳农垦局接收安置上海、天津、北京、哈尔滨等地知识青年 10 100 余名。　　(第二编《大事记》,第 35 页)

(1969 年)6 月,五十五团接收齐齐哈尔市、鸡西市知识青年 400 名。

(第二编《大事记》,第 35 页)

是月(1974 年 8 月)16 日,五十四团举行向上山下乡知识青年标兵高崇辉学习的经验交流大会,到会代表 887 人,列席代表 160 人。高崇辉父亲从鹤岗专程到场作"教子务农"报。

(第二编《大事记》,第 36 页)

是月(1976 年 7 月)7 日,克山农场发生知识青年马继生死亡案。对此案,国务院、省均有批示。嫩江管局于 9 月 1 日派出工作组调查了解。翌年 1 月,嫩江地委会同有关部门成立了联合调查组,经调查认定,此案属于农场保卫股股长李长枝、干事苑凤海严重违法乱纪、搞刑讯逼供所致。为严肃党纪国法,维护人民的正当权益,挽回影响,对李长枝、苑凤海追究了刑事和党籍处分。　　(第二编《大事记》,第 37 页)

1976—1985 年知识青年统计表

原籍＼年份	1976 年	1977 年	1978 年	1979 年	1984 年	1985 年
合　　计	20 966	18 865	12 924	3 058	1 529	1 285
北　　京	1 562	825	125	120	60	60
天　　津	1 706	1 522	539	177	94	94
上　　海	6 626	5 875	2 052	433	173	173
哈 尔 滨	4 917	4 723	4 192	722	384	324
齐齐哈尔	4 602	4 514	4 775	807	358	258
鸡　　西	507	444	345	244	158	158
鹤　　岗	411	360	326	223	169	157
本省其他	606	579	550	315	131	59
外省其他	29	23	20	17	2	2

(第三编第二十二章《劳动工资管理》,第 169 页)

从 1968 年 7 月，各农场开始按"五·七"指示，接收上海、天津、北京、哈尔滨、齐齐哈尔等地的城市下乡知识青年。查哈阳农垦局第一批就接收了 10 100 人，到 1976 年全嫩江局共接收 20 966 人。他们的任务是"接受贫下中农再教育"、"屯垦戍边"。

（第四编第三十一章《政治运动》，第 250 页）

1966 年到 1976 年，是文化大革命运动的十年，这十年中垦区的师资培训工作是零。这个时期教师队伍变化很大，初期，一些骨干教师受到迫害，被清除教师队伍，教师队伍损失较大。中期以后，教师队伍中一大半是城市来垦区的知识青年，教师队伍的文化素质有明显提高。到 1976 年以后，由于知识青年大批返城，使垦区以知识青年为骨干的教师队伍受到极大削弱。

（第六编第三十七章《教育》，第 284 页）

1968 年大批城市知识青年陆续来到农场"接受贫下中农再教育"，各场、分场以至生产队纷纷成立以知识青年为主体的"毛泽东思想文艺宣传队"。很多农场宣传队名为业余性质，实则已成专业或半专业团体，长期脱产，以排演节目为专职。1972 年以后，嫩江管局亦先后四次从各农场抽调文艺骨干，组成管局文艺宣传队，参加省、总局和地区的文艺会演以及下场巡回演出。

1978 年随着知识青年大批返城，经济体制的改革，直至 1985 年末，全局不复有长期固定的文艺演出团体，每逢节日庆典或参加上级部门文艺调演，则由工会临时招集人马，搭成班子，集中排练，待演出结束也即解散。

（第六编第四十章《文化艺术》，第 307 页）

《依安农场志》

黑龙江省依安农场史志编审委员会编，(内部刊行)1993 年

(1964 年)9 月 5 日鹤岗青年 32 人来场安家落户，男 22 人、女 10 人。

（第一篇第一章《大事记》，第 2 页）

(1968 年)十月、十一月，依安县、齐齐哈尔市知识青年进场，共 1 200 多人。

（第一篇第一章《大事记》，第 3 页）

(1969 年)七月，上海知识青年进场，约 200 人。　　（第一篇第一章《大事记》，第 3 页）

(1974 年)十二月五日，哈尔滨市知识青年进场，共 243 人。

（第一篇第一章《大事记》，第 4 页）

（1976年）7月份齐市青年来场安家落户200余名。（第一篇第一章《大事记》，第5页）

一九六四年依安农场所有劳改犯人迁往格球山农场，同期，第一批知青——鹤岗知青入场，到一九六八年，农场共接收知青一千二百一十八人，其中多为鹤岗知青和依安县知青。

……

一九六九年，齐齐哈尔市知青入场，共一千二百四十名；一九七〇年，上海青年入场，共二百二十名；一九七三年，哈尔滨市青年入场，共四百人。

总计知识青年前后共入场三千一百人，从七六开始大量返城，到一九七八年返城基本结束。现仅有七十多人。（第三篇第十七章《劳动工资》，第103页）

第四节　知识青年上山下乡

一九六八年九月十四日，毛主席发出了"知识青年到农村去，接受贫下中农再教育"的指示后，依安县青年五十多人首批来场插队落户，接受再教育。十一月八日，齐市青年500多人相继而来；十一月十四日，依安县第二批青年来场。1968年上海青年进场200余人，1974年12月5日哈市青年248人陆续来场；1976年7月份齐市青年200名第二批来场。几年来，各地青年先后进场共2600多人。他们绝大多数积极参加农场劳动，在农场的建设事业中发挥了青年主力军的作用，表现的都很好。经过一段再教育后，他们进步都很快，有的被推荐到高等学校深造，有的当上了解放军，有的被提拔到党政各级领导岗位上来，有的当上了工人，有的当上了干部。现在少数青年已安家落户，绝大多数已返城。

（第四篇第三十三章《历次政治运动》，第171页）

（1969年）《关于处理所谓破坏知识青年上山下乡案件所犯的错误检查报告》。

（第七篇第四十八章《重要文献要目》，第238页）

《泰来农场志》

《泰来农场志》编纂委员会编，（内部刊行）2006年

（1966年）5月17日，种畜场接收齐齐哈尔市富区上山下乡知识青年15人到场工作。

（《大事记》，第21页）

（1970年）9月，种畜场接收上海市仪表厂上山下乡知识青年103人来场工作。

（《大事记》，第25页）

1968 年 8 月接收上海仪表厂上山下乡知青 153 人;1974 年先后接收哈市、齐市上山下乡知青 200 余人。 （第四编第三章《劳动工资》,第 262 页）

《绥化农垦志》

绥化国营农场管理局史志办编,哈尔滨工业大学出版社 1993 年

(1968 年)8 月,各农、牧场开始陆续接收京、津、泸、杭、哈、佳木斯、鸡西、海伦、绥化等省、市、县知识青年 16 155 人。直到 1974 年,每年都有大批城镇知识青年到农场插队落户。知识青年对促进绥化垦区经济建设和文化教育事业的发展起到了积极作用。1979 年以后,知识青年大批返城,仅少数仍留在农场。 （第一篇《大事记》,第 16 页）

从 1968 年知识青年来垦区开始,各农场陆续培养一部分知识青年加入机务行列。到 1978 年,各场机务队伍中的知识青年占 30％以上。

1978 年,知识青年返城,造成机务人员大量流失,有车无人开。

（第五篇第二章《农机队伍》,第 212 页）

1970 年,(红光农场五队)科研组增加了城市下乡知识青年。

（第六篇第一章《生产队科研班、组》,第 246 页）

(铁力农场)十队科研班成立于 1971 年末。科研班班长由下乡知识青年徐国珍担任。班内成员以下乡知识青年为主,共有 10 人。有小区试验田 15 亩。由本队农业生产技术员张宝喜做农业科研技术指导。 （第六篇第一章《生产队科研班、组》,第 246 页）

1972 年,嘉荫农场各生产队普遍建立了科研班。各队科研班由农业技术员主持,成员以下乡知识青年为主体,还有少数本地青年,他们都是选拔出来的初、高中毕业生。并吸收部分有丰富生产经验的老职工参加。 （第六篇第一章《生产队科研班、组》,第 247 页）

1974 年到 1977 年,接收城镇知识青年 19 099 人,参军、升学、病退、困退(家庭生活困难退场),直到 1978、1979 两年的大量返城调转等多种原因,减少 17 000 余人。

（第八篇第四章《专业管理》,第 437—438 页）

发生活费。1973 年 5 月 9 日,黑龙江省革命委员会《关于 1971 年以来到生产建设兵团的知识青年的工资待遇问题》规定:对知识青年(包括兵团战士和农场职工子女就业),暂按

发放生活费办法执行,第一年为 24 元,第二年 28 元,第三年 32 元,女青年另加卫生费 0.5 元,这一规定执行到 1978 年底。   （第八篇第四章《专业管理》,第 446 页）

70 年代,广大知识青年上山下乡,给农场妇女工作增添了活力。红光农场赵丽娟自 1969 年下乡以来,一直是场劳动模范,1974 年被评为全省下乡知识青年标兵,出席了省国营农场管理局第二届先进集体、劳动模范代表大会。   （第九篇第五章《群众组织》,第 509 页）

1968 年 7 月,知识青年上山下乡,"接受贫下中农再教育"。到 1976 年,绥化垦区共接收上海、北京、天津、杭州、哈尔滨、鸡西等地知识青年 14 835 人(含红色草原牧场)。
                                        （第九篇第七章《政治运动》,第 520 页）

1964 年至 1977 年,接收城市知识青年 19 099 人(1978 年以后大部分已经返城)。
                                             （第十二篇第一章《人口》,第 597 页）

《嘉荫农场志》

嘉荫农场志编审委员会编,哈尔滨工业大学出版社 1993 年

(1968 年)5 月 14 日,佳木斯知识青年 180 人来到本场。   （《大事记》,第 18 页）

6 月 20 日,第二批佳木斯知识青年 160 人来本场。   （《大事记》,第 18 页）

9 月 30 日,哈尔滨市知识青年 1 400 余人下乡来到本场。   （《大事记》,第 18 页）

(1969 年)4 月 30 日,杭州知识青年 1 357 人来本场。   （《大事记》,第 20 页）

6 月 3 日,第二批杭州知识青年 199 人来场。   （《大事记》,第 20 页）

7 月 15 日,天津知识青年 370 人来本场。   （《大事记》,第 20 页）

1968—1970 年大批知识青年下乡来农场。其中 1968 年接收哈尔滨市和佳木斯市下乡知青 2 169 人;1969 年接收杭州下乡知青 1 357 人,天津下乡知青 589 人。1970 年又陆续安置了知青 113 人。   （第五篇第一章《劳动管理》,第 198 页）

1970年6月10日,17连发生一起杭州与天津知识青年地方派性武斗。4人受伤,1人死亡。

(第六篇第六章《政权建设》,第301页)

70年代初,由于知识青年大批来场,女职工占有较大比例。1975年全场有妇女3 403人,其中党员117人、团员644人,有妇女干部101人,妇女在各个岗位比较活跃。

(第六篇第七章《群团组织》,第320页)

1968年,佳木斯知青312名来场,哈尔滨市知青1 988名来场。1969年杭州知青1 357人来场,天津知青来场589人来场,青年数量剧增(转业战士已不做青年统计)。全场共有青年4 263人,团员1 000余人。

(第六篇第七章《群团组织》,第324页)

1973—1975年,广大知识青年经过五、六年的锻炼后,不断成长起来,其总数占全场各条战线职工的70%左右。分布在农业、机务、商业、科研、文教、卫生等各个行业。成为农场建设的一支骨干力量。为农场的建设和发展做出了积极的贡献,这一时期,共青团工作由组织部门代管。

1976年建立团委,各级团干部以知识青年为主,1978和1979年两年,知青大批返城,给嘉荫农场共青团工作带来不利影响,团干部一时期出现青黄不接。

(第六篇第七章《群团组织》,第324—325页)

1970年又购进广播机、增音机和广播收录机各1台,使广播站基本配套,广播机和增音机达到3组,功率可覆盖双河岗、振兴岗和场部地区。同年播音员石晓宁被推荐上大学。哈尔滨知识青年张加珍接任,并兼值机,每日播音3次外,加1次新闻联播节目转播。

(第七篇第一章《文化艺术》,第337页)

1976年,场成立专业性质文艺演出队,队员25人,归属砖厂领导。在大岗排练,还为连队培养文艺骨干。1977年4月,带着一些小节目参加绥化管局在绥棱农场举办的首届文艺汇演。1978年知识青年大批返城,文艺队全部走光,农场舞台文艺骨干青黄不接。

(第七篇第一章《文化艺术》,第346页)

《绥棱农场志》

黑龙江省绥棱农场编,(内部刊行)1992年

1968年之后,大批知识青年陆续来场,人口逐年上升,到1971年人口出现了第二个高峰,

计有 1 174 户 8 347 人。1975 年本场接收哈市下乡知识青年 666 人,1976 年本场接收哈市下乡知识青年 619 人,使本场人口出现第三次高峰,计有 1 330 户 9 661 人。1978 年、1979 年、1980 年,由于大批知识青年返城,本场人口开始下降。　　　　（第一篇第二章《人口　民族》,第 8 页）

(1968 年)10 月 4 日,本场接收哈市下乡知识青年 692 名。（第二篇《大事记》,第 25 页）

(1969 年)11 月,本场接收哈尔滨市下乡知识青年 794 人。（第二篇《大事记》,第 26 页）

(1972 年)8 月,本场接收绥化下乡知识青年 57 人。　　　（第二篇《大事记》,第 26 页）

(1974 年)11 月,本场接收哈市下乡知识青年 432 名。　　　（第二篇《大事记》,第 27 页）

(1975 年)6 月 30 日,本场接收哈市下乡知识青年 666 人。（第二篇《大事记》,第 28 页）

本年(1976 年)的前三季度,本场共接收哈市下乡知识青年 619 人。

（第二篇《大事记》,第 29 页）

第六节　大批城市知识青年来农场

1968 年 10 月 4 日,首批哈市知识青年到场,全场广大干部、职工热烈欢迎他们的到来。安排有知识青年的单位积极腾房子,改建宿舍,准备食堂。青年进场后,干部的思想发生了变化。因为这些青年远离家乡,来到边疆,从气候上、生活上、环境上都有很大的变化,思想反复较大,他们当中少数人打架斗殴,寻衅闹事,不服从领导,干部反映青年工作难做,针对这些情况,组织青年学习毛主席著作。对青年进行革命传统教育,使他们认清无政府主义的危害,同时对青年进行军训,使他们自觉地遵守纪律,培养他们的集体主义精神和适应战备的需要。

1972 年春,场子在二分场建立了全场第一个青年点,经过一年的奋斗,夺得了农业丰收,当年向国家上缴利润 2 万元。

1975 年夏,11 队遭受雹灾,知识青年向党支部表示"早晨三点半,晚上看不见,抗灾抗到天低头,扶苗补苗夺高产"。他们奋战 5 天,把受灾的 130 亩小麦补齐扶正,夺得丰收。

沈新发等 20 几名哈市下乡知识青年,经受了升学、招工的考验,扎根农场铁心务农。原修配厂副指导员哈市下乡知识青年王占先,依靠老同志,带领青年工人大搞技术革新,试制成功了玉米点播机、打浆机等十几种农业机械与畜牧饲料加工机械。

自首批哈市知青进场起,至 1976 年 9 月,本场共接收哈尔滨市与绥化知识青年 3 262 名。知识青年来场,给农场带来了勃勃生机,改变了农场的风俗习惯,活跃了农场的文化生活,为农场的发展输入了新鲜血液。

从青年进场到1980年,先后有84名知识青年加入中国共产党,502人加入共青团,有110名参加了中国人民解放军,为大专院校与中等专业学校输送学员259名,有35人担任了场、科室和生产队领导职务,115人成为教师或赤脚医生,41人成为会计,340人成为机务战线上的骨干,114人当选为场劳动模范,有6人出席了黑龙江省国营农场局劳模大会,他们为本场的建设和发展作出了巨大贡献。

1968年—1975年,本场共发生迫害女知识青年案件12起。在作案罪犯中有2人曾任党委委员,4人曾任分场革委会的正、副主任。原二分场革委会共有主任副主任3人,结果其中的2人被法办,没有法办的1人对女青年也有猥亵行为。

（第三篇第二章《"文化大革命"时期》,第61—62页）

第二节　职工队伍的构成

农场在建场初期的职工队伍由复转军人、基本工人、刑满释放留场就业人员构成。从1968年初至1985年末,又陆续增加了哈尔滨下乡青年3 258人,绥棱、绥化下乡青年185人,绥棱农场、笔架山农场回乡青年2 413人,宝山干校调入下乡青年96人。以上共增加5 952人。

1979年,哈尔滨市下乡青年绝大部分返城。

到1985年末,全场已退休职工1 073人,在职职工总数为3 314人,其中:干部487人,基本工人250人,下乡青年83人,回乡青年1 852人,长期临时工10人,临时工28人,划内工人601人,四类分子3人。

在职工队伍中,由于新生力量不断地增长,使职工队伍的素质显著提高,在党的培养教育下,下乡青年和回乡青年中涌现出大批骨干力量。他们在经营管理与农业生产中,发挥了积极作用。据统计,这些人员中现在在基层单位做领导工作的有19人;在场部机关做领导工作的1人;在科室和基层单位做一般工作的有95人;在文教卫生部门工作的有138人;在公安部门工作的有9人,培养出的青年干部不但在各自的工作岗上表现很好,而且在调剂领导班子年轻化、知识化中起到了良好的作用。　（第四编第十四章《劳动工资》,第171—172页）

1975年12月12日,十二队哈尔滨下乡青年张井泉因一氧化碳中毒后引起火灾烧伤致死。　（第四编第十四章《劳动工资》,第174页）

1968年至1975年,新提升的干部中,有下乡知识青年22人。

（第五篇第一章《党的建设》,第191页）

1964年至1972年,大批知识青年从城市来到农场,为农场增加了新鲜血液,同时也壮大了团组织队伍。针对青年思想,进行"扎根农场、建设农场"的教育,开展了"铁心务农、扎根边疆60年"的表决心活动,表彰了一批热爱农场、建设农场的优秀知识青年。

1978 年到 1979 年,大批知识青年返城,部分基层团支部一度处于瘫痪状态。场党委及时地采取相应措施,配齐了团干部,恢复了团组织建设。

(第五篇第三章《共青团》,第 211—212 页)

1970 年 10 月 29 日至 31 日,第六次团代会在场部召开。出席会议代表 188 名,知识青年列席代表 33 名,特邀代表——共产党员、老工人 12 名。 (第五篇第三章《共青团》,第 215 页)

1964 年,一批城市知识青年下乡来场,职工的文艺生活更为活跃,除自编自演些小节目,他们还排演了话剧《箭杆河边》受到了群众的赞誉。

1968 年,大批哈市下乡知识青年来场。本场正式成立文艺宣传队,它培训的骨干遍布农场,成为基层单位文艺活动的带头人。当时,宣传队配合本场的中心工作,自己创造的节目占80%。1978 年,由于城市知识青年返城,宣传队解散。 (第六篇第二章《文化》,第 253 页)

《沙河农场志》

《沙河农场志》编审委员会编,(内部刊行)2001 年

(农场)接收方正县人委青年农场知识青年 22 人;接收方正县第一中学知识青年 4 批,共 355 人;哈尔滨市知识青年 240 人。 (《概述》第三章《人文地理》,第 18 页)

沙河农场人口的流动性较大。……哈尔滨市和方正县分配来场的知识青年几乎全部返城。 (《概述》第三章《人文地理》,第 18—19 页)

(1968 年)6 月,方正县第一中学首批"上山下乡"知识青年来场,分前场、后场两伙,插入生产队劳动。 (第三章《县管后期》,第 42 页)

第二节 大批知识青年来场

沙河农场在寻求自身发展的同时,也为社会做出了自己的贡献。在农场经济并不发达,人均占有土地并不多的情况下,接收了大批来自社会的编外劳动力。

1967 年 3 月,接收方正县人委农场知识青年 18 人。1968 年 6 月,接收方正县第一中学首批下乡知识青年 128 人。1972 年 4 月,接收方正一中第二批知青 86 人。1973 年 3 月,接收方正一中第三批知青 122 人。1973 年 7 月,接收方正一中第四批知青 12 人。1975 年 6 月,接收哈市知青 47 人。1976 年 7 月,接收哈市知青 193 人。1970 年 3 月,接收方正县插队落户干部 18 人。

在县管后期,累计接收和安置社会人口 624 人。超过本场原职工数。

沙河农场由于政策性的接收和安置社会人口,使人口和劳力剧增,对企业经济发展产生很大的负面影响。劳动力增加,扩大了开支,加大了生产成本,加上当时只重政治不重经济,农场经营管理不善,生产效率低下,造成农场连年亏损,举步维艰,十分被动。

人口劳力经营成果分析表

年 限	总人口	职工数	知青数	劳力人均土地(亩)	经营成果(万元)
1965	964	193	18	56.5	−6.1
1969	1 383	365	146	28.2	−13.6
1976	2 107	797	317	16.3	−43.5
1978	2 397	901	356	17.4	−50.6

自 1966—1976 年,平均年亏损 22.42 万元。在表中不难看出,劳力无序增长对生产经营带来的影响。

(第一篇第三章《县管后期》,第 43 页)

沙河农场的干部队伍,……从上山下乡知识青年中提拔的干部有喻新等。

(第二篇第一章《党的组织》,第 63 页)

1968 年,方正县第一中学知识青年来场,农场革委会组织了一支比较有质量的"毛泽东思想文艺宣传队"。为了配合形势,宣传队排演了许多少数民族歌舞,使职工大开眼界。为了配合阶级教育,宣传队排演了话剧《三世仇》等,由刘宝顺、范学夫、金丙甲等主演,在春节期间演出,取得了良好的艺术效果。又到七林场、六坑、沙河子大队演出,有的观众感动得失声痛哭,配合了"忆苦思甜"教育,受到场革委的表扬。

1971 年,方正一中知识青年陆续返城,这支宣传队解体。由方正一中第二批知识青年和场老宣传队员又组织起一支宣传队。1972 年后举办的文艺汇演,主要是农业学大寨,普及样板戏等方面的内容。

……

1974 年,农场职工俱乐部落成,面积 400 平方米,可容纳 1 500 人的大型影剧合一的俱乐部,并在里面设有图书阅览室,使农场职工文化活动有了较好的场所。农场在欢送新兵入伍时,举办了大型文艺晚会,首次启用了职工俱乐部。以方正一中下乡知识青年为主体的"毛泽东思想文艺宣传队",表演了新疆舞、朝鲜舞、红绸舞等优秀节目,深受广大职工喜欢。

农场腊月二十九日晚,在职工俱乐部举行春节晚会,俱乐部爆满,人们过了一个欢乐祥和的春节。

(第二篇第三章《工会》,第 74 页)

1975 年,场党委研究决定,安排一个女广播员知识青年隋玉红,增加了场内新闻自播时间,使广播站更加正规化。

(第二篇第三章《工会》,第 75 页)

1976 年,哈市知识青年大量进入沙河农场,在无政府主义思潮的影响下,一些青年无视法律,寻衅滋事,与达连河镇的青年常常殴斗。　　　　　　(第二篇第七章《公安》,第 86 页)

1969—1979 年,教师队伍,由于农场各项事业的发展,农场归属的变化,调入了大量专业教师;由于大量城市知识青年入场,又抽调一些各方面素质比较好的知识青年充实教师队伍(先后有 20 余人)。　　　　　　　　　　(第二篇第八章《教育》,第 90 页)

历年流动资金变动情况表

单位:万元

年份	自有流动资金	年末银行贷款	资金占用合计	其中:				专用资金年末结余	其中:				备注
				储备	生产	产品	货币		更新资金	劳保福利	知青安置	文体费	
1971	38.1	21.7		2.5	1.6	13.5	4.0	−1.8	−5.3	3.0	0.5		
1972	56.1	6.6		6.9	23.8	10.3	1.2	5.9	−1.0	4.2	2.7		
1973	61.1	7.2		12.2	20.5	9.4	9.3	10.6	2.4	6.1	2.1		
1974	63.1	4.0		10.0	19.6	11.9	14.0	13.8	3.6	7.2	1.5		
1975	67.3	22.0	54.6	10.3	16.8	27.5	12.2	13.0	5.0	4.2	1.2		
1976	57.3	51.5	62.8	12.3	18.3	32.1	1.4	2.4	−3.4	4.7	0.8	0.2	

……

(第三篇第十三章《财务》,第 168 页)

1969 年,农场开始接收大批的知识青年。这支队伍给农场作出了一定的贡献,也给农场带来了负面影响。诸如造成劳动生产率的急剧下降,影响了经济效益;知识青年抓革命有余,促生产不足,使各劳动单位增加了管理的难度;扩大了农场的工资开支额。

(第三篇第十四章《劳资》,第 174 页)

(1967 年)4 月,方正县人委青年场并入沙河农场。调入知识青年 18 名,马 17 匹,工人 5 名。后由孙殿生带入青年场 14 户,进行开发建设。　　(第五篇《大事记》,第 203 页)

(1968 年)6 月 22 日,接收方正县第一中学第一批"上山下乡知识青年"128 人。

(第五篇《大事记》,第 204 页)

9 月,农场补选了知青代表喻正友、王延方、毛玉华为革委会委员。

(第五篇《大事记》,第 204 页)

(1971年)7月,方正县第一批"上山下乡"知识青年陆续返城。

(第五篇《大事记》,第205页)

(1972年)4月15日,方正一中第二批知识青年到农场落户,共计86人。

(第五篇《大事记》,第205页)

(1973年)3月10日,方正县第三批知识青年入场,计122人。
7月8日,方正县第四批知识青年入场,计13人。 (第五篇《大事记》,第206页)

(1975年)6月,接受哈市知识青年47人。 (第五篇《大事记》,第206页)

(1976年)7月28日,接收哈尔滨市下乡知识青年193人。

(第五篇《大事记》,第207页)

(1977年)3月,学校实行九年一贯制。教育队伍充实了一批知识青年,在校生达到600人。 (第五篇《大事记》,第207页)

《岔林河农场志》

岔林河农场志编审委员会编,(内部刊行)2001年

城市知识青年

1976年7月25日最后一批哈尔滨市下乡青年195人来场,几年来农场共接受588名城市知识青年,其中1970年襄河农场调来70名上海等地知识青年,这是第一批来农场的城市青年,1974年11月28日哈尔滨市知识青年102人来场,1975年9月23日哈尔滨乡知识青年116人来场,又接收天津、辽宁等地知识青年37人,以及通河县等地的知识青年。

大批知识青年上山下乡插队落户,接受贫下中农再教育,给农场建设带来新生力量,他们被分配到农场的各个生产队和其他单位,大多数人从事生产第一线工作。每批知识青年下来后,农场领导都要投入很大精力做好安置工作,农场组建连队,抽调各科室科长担任指导员,精心管理,耐心教育,关心他们的成长进步,他们中间一些人成为农场农业生产、文教、宣传等行业的骨干力量,有些人成为先进生产者,有些知识青年在农场工作期间加入了中国共产主义青年团,一些同志还光荣地加入了中国共产党。在工农兵上大学、管大学、用毛泽东思想改造大学的浪潮中,农场选送了部分青年上大学。

1977年以后知识青年开始陆续返城,到1978年以后,知青由零星反城,发展到成批反

城,1979年知青返城已达高潮,仅2月份就有58人通过上学、招工、办理病退、接班等途径返城。1983年,农场只剩下上海知青方建兴、蒋荣根、严国定(上学分配),哈尔滨知青袁文柱、王凤彦、王凤芹。 (第二篇第六章《国营农场时期》,第51—52页)

城市知识青年下乡来场,从1970年开始大批城市知识青年下乡来场,全场先后共接收城市知识青年588人,在这些知识青年中大部分以哈尔滨和上海知青为主,其中哈尔滨知青483人,上海知青85人,北京知青8人,天津知青12人,因工作调转上学、招工、病退等原因大部分下乡知识青年都已返城,到1983年全场仅剩6名下乡知识青年仍然坚持在农场工作,继续为农场经济发展做贡献。 (第三篇第十四章《劳动工资》,第133页)

下乡到农场的知识青年集中返城给农场的职工队伍带来较大变动,截止1979年底,全场共有584名下乡知识青年离场,占下乡来场知识青年总数的99.2%,截止1983年全场还有城市下乡青年6人。 (第三篇第十四章《劳动工资》,第134页)

(1970年)11月,农场接收首批上海知识青年,共计70人。 (第八篇《大事记》,第225页)

(1974年)11月28日,哈尔滨市102名知识青年来到农场工作。

(第八篇《大事记》,第226页)

(1975年)11月29日,第一生产队召开知识青年下乡一周年纪念会。

(第八篇《大事记》,第227页)

(1976年)7月25日,又一批哈尔滨知识青年共计195人来农场工作。

(第八篇《大事记》,第227页)

第二章　知识青年名单

哈尔滨市知识青年名单

序号	姓　名	性别	下乡时间	序号	姓　名	性别	下乡时间
1	王　彦	女	1974.11.28	6	衡建中	男	1974.11.28
2	郭艳芳	女	1974.11.28	7	刘　肃	男	1974.11.28
3	靳国章	男	1974.11.28	8	陈景山	男	1974.11.28
4	袁文柱	男	1974.11.28	9	杨亚军	男	1974.11.28
5	张德山	男	1974.11.28	10	王　蔚	女	1974.11.28

序号	姓　名	性别	下乡时间	序号	姓　名	性别	下乡时间
11	王凤彦	女	1974.11.28	53	方秀华	女	1974.11.28
12	卢春香	女	1974.11.28	54	汪洁珊	女	1974.11.28
13	赵振华	女	1974.11.28	55	王秀娟	女	1974.11.28
14	王桂新	女	1974.11.28	56	魏军凤	女	1974.11.28
15	常月娇	女	1974.11.28	57	魏军学	女	1974.11.28
16	刘宝山	男	1974.11.28	58	张春梅	女	1974.11.28
17	李义竹	男	1974.11.28	59	张全秀	女	1974.11.28
18	荆　勇	男	1974.11.28	60	刘红军	女	1974.11.28
19	张志敏	男	1974.11.28	61	林立珠	女	1974.11.28
20	王宇辉	男	1974.11.28	62	林国秀	女	1974.11.28
21	姚福生	男	1974.11.28	63	葛秀玉	女	1974.11.28
22	刘国林	男	1974.11.28	64	朴玉林	女	1974.11.28
23	施滨船	男	1974.11.28	65	耿　滨	女	1974.11.28
24	刘金海	男	1974.11.28	66	李亚芹	女	1974.11.28
25	李建智	男	1974.11.28	67	鲍军华	女	1974.11.28
26	郑运才	男	1974.11.28	68	郝秀英	女	1974.11.28
27	丁世清	男	1974.11.28	69	李立华	女	1974.11.28
28	王长杰	男	1974.11.28	70	龚卫棣	男	1974.11.28
29	王德发	男	1974.11.28	71	肖淑华	女	1974.11.28
30	郝利滨	男	1974.11.28	72	王丽杰	女	1974.11.28
31	李伟光	男	1974.11.28	73	耿文华	女	1974.11.28
32	谷志成	男	1974.11.28	74	张桂花	女	1974.11.28
33	周立华	男	1974.11.28	75	麻桂军	女	1974.11.28
34	王成坤	男	1974.11.28	76	麻桂芹	女	1974.11.28
35	侯传江	男	1974.11.28	77	苏凤华	男	1974.11.28
36	霍兆亭	男	1974.11.28	78	肖秀珍	女	1974.11.28
37	赵玉良	男	1974.11.28	79	王艳玲	女	1974.11.28
38	翟继萍	男	1974.11.28	80	陈连芝	女	1974.11.28
39	李建平	男	1974.11.28	81	王荣华	女	1974.11.28
40	宋朝军	男	1974.11.28	82	陈明彦	男	1974.11.28
41	嵇利滨	男	1974.11.28	83	张　志	男	1974.11.28
42	张全宗	男	1974.11.28	84	韩继祥	男	1974.11.28
43	王奎林	男	1974.11.28	85	颜柏林	男	1974.11.28
44	周兴贤	男	1974.11.28	86	李　猛	男	1974.11.28
45	谢小春	男	1974.11.28	87	张克明	男	1974.11.28
46	邵书志	男	1974.11.28	88	崔亚丽	女	1974.11.28
47	张秀珍	女	1974.11.28	89	韩玉芳	女	1974.11.28
48	孟继颖	女	1974.11.28	90	刘　冰	女	1974.11.28
49	李　敏	女	1974.11.28	91	于春玲	女	1974.11.28
50	王秀荣	女	1974.11.28	92	张春荣	女	1974.11.28
51	周清珍	女	1974.11.28	93	韩雪峰	男	1974.11.28
52	韩凤清	女	1974.11.28	94	张德全	男	1974.11.28

序号	姓 名	性别	下乡时间	序号	姓 名	性别	下乡时间
95	白秀英	女	1974.11.28	137	李维敏	女	1975.9.23
96	李忠英	男	1974.11.28	138	赵玉梅	女	1975.9.23
97	任志德	男	1974.11.28	139	王丽杰	女	1975.9.23
98	李笑天	男	1974.11.28	140	李 凤	女	1975.9.23
99	尚立志	女	1974.11.28	141	高传华	女	1975.9.23
100	韩晓春	女	1974.11.28	142	刘立荣	女	1975.9.23
101	申宝华	男	1975.9.23	143	滕笑颜	女	1975.9.23
102	肖玉霞	女	1975.9.23	144	韩凤君	女	1975.9.23
103	吕柏华	女	1975.9.23	145	孙玉娟	女	1975.9.23
104	王文军	女	1975.9.23	146	艾 君	男	1975.9.23
105	金荣伟	女	1975.9.23	147	张传成	男	1975.9.23
106	赵翠温	女	1975.9.23	148	杨加富	男	1975.9.23
107	赵金玲	女	1975.9.23	149	王子文	男	1975.9.23
108	刘玉艳	女	1975.9.23	150	刘新生	男	1975.9.23
109	于秀娴	女	1975.9.23	151	李厚生	男	1975.9.23
110	张忠民	男	1975.9.23	152	张述男	男	1975.9.23
111	王利铭	男	1975.9.23	153	司国权	男	1975.9.23
112	赵起利	男	1975.9.23	154	徐魁滨	男	1975.9.23
113	张 锋	男	1975.9.23	155	秦家悦	男	1975.9.23
114	李忠杰	男	1975.9.23	156	尚立红	女	1975.9.23
115	李会林	男	1975.9.23	157	李荣华	女	1975.9.23
116	王志云	女	1975.9.23	158	董 凤	女	1975.9.23
117	栗秀珍	女	1975.9.23	159	朱利华	女	1975.9.23
118	李福振	男	1975.9.23	160	卢春芝	女	1975.9.23
119	李廷国	男	1975.9.23	161	李桂华	女	1975.9.23
120	徐万林	男	1975.9.23	162	赵金明	男	1975.9.23
121	袁怡滨	男	1975.9.23	163	卢树林	男	1975.9.23
122	常怀民	男	1975.9.23	164	曲强音	男	1975.9.23
123	张 伟	男	1975.9.23	165	王兆福	男	1975.9.23
124	常历森	男	1975.9.23	166	张福利	男	1975.9.23
125	王宝火	男	1975.9.23	167	何 明	男	1975.9.23
126	高永远	男	1975.9.23	168	姚祥仁	男	1975.9.23
127	朱安禾	男	1975.9.23	169	张金军	男	1975.9.23
128	马广进	男	1975.9.23	170	王 政	男	1975.9.23
129	韩兴云	男	1975.9.23	171	兰有义	男	1975.9.23
130	张志杰	男	1975.9.23	172	石 磊	男	1975.9.23
131	孙庆辉	男	1975.9.23	173	张玉华	男	1975.9.23
132	杨广志	男	1975.9.23	174	刘玉华	男	1975.9.23
133	孙广生	男	1975.9.23	175	赵香华	女	1975.9.23
134	刘凤芝	女	1975.9.23	176	姜 丽	女	1975.9.23
135	高淑华	女	1975.9.23	177	吕艳霞	女	1975.9.23
136	李桂英	女	1975.9.23	178	李文君	女	1975.9.23

序号	姓　名	性别	下乡时间	序号	姓　名	性别	下乡时间
179	彭桂芝	女	1975.9.23	221	夏秀亭	男	1976.7.25
180	闫　萍	女	1975.9.23	222	晋宝国	男	1976.7.25
181	于　洪	女	1975.9.23	223	董秋连	女	1976.7.25
182	赵惠荣	女	1975.9.23	224	毕淑珍	女	1976.7.25
183	王建平	女	1975.9.23	225	李　晶	女	1976.7.25
184	孙梅珍	女	1975.9.23	226	马更平	女	1976.7.25
185	王玉梅	女	1975.9.23	227	王晓玲	女	1976.7.25
186	王秋英	女	1975.9.23	228	孔凡英	女	1976.7.25
187	董菊梅	女	1975.9.23	229	杨　波	女	1976.7.25
188	周宝威	女	1975.9.23	230	王利华	女	1976.7.25
189	徐惠英	女	1975.9.23	231	张淑芳	女	1976.7.25
190	沈石开	女	1975.9.23	232	王常玲	女	1976.7.25
191	黄淑芬	女	1975.9.23	233	罗凤玲	女	1976.7.25
192	胡东平	男	1975.9.23	234	丁利华	女	1976.7.25
193	毕长志	男	1975.9.23	235	高兴芹	女	1976.7.25
194	万志强	男	1975.9.23	236	王　宏	女	1976.7.25
195	赵久喜	男	1975.9.23	237	刘　杰	女	1976.7.25
196	苏锐兴	男	1975.9.23	238	迟凤华	女	1976.7.25
197	曲　进	男	1975.9.23	239	李凤云	女	1976.7.25
198	邱梨明	男	1975.9.23	240	王月英	女	1976.7.25
199	王德峰	男	1975.9.23	241	李　全		1976.7.25
200	孟庆杰	男	1975.9.23	242	孙渝朝	男	1976.7.25
201	陈玉环	女	1975.9.23	243	吴少先	男	1976.7.25
202	李永萍	女	1975.9.23	244	李　强	男	1976.7.25
203	彭　娟	女	1975.9.23	245	杨武桐	男	1976.7.25
204	李春英	女	1975.9.23	246	杨武刚	男	1976.7.25
205	姜爱华	女	1975.9.23	247	唐恒星	男	1976.7.25
206	崔云香	女	1975.9.23	248	黄显忠	男	1976.7.25
207	谢秀云	女	1975.9.23	249	赵　波	男	1976.7.25
208	曹立华	女	1975.9.23	250	董德公	男	1976.7.25
209	孙　艳	女	1975.9.23	251	邱培全	男	1976.7.25
210	何淑华	女	1975.9.23	252	李立新	男	1976.7.25
211	刘新民	男	1976.7.25	253	杨继印	男	1976.7.25
212	张树学	男	1976.7.25	254	郭长德	男	1976.7.25
213	王兴彬	男	1976.7.25	255	张绍滨	男	1976.7.25
214	张国军	男	1976.7.25	256	迟国权	男	1976.7.25
215	王　政	男	1976.7.25	257	宁小峰	男	1976.7.25
216	才广彬	男	1976.7.25	258	王钦安	男	1976.7.25
217	李时国	男	1976.7.25	259	韩志达	男	1976.7.25
218	许　波	男	1976.7.25	260	赵国华	男	1976.7.25
219	赵树苑	男	1976.7.25	261	邹德广	男	1976.7.25
220	葛　清	男	1976.7.25	262	曹　山	男	1976.7.25

序号	姓　名	性别	下乡时间	序号	姓　名	性别	下乡时间
263	陈井春	男	1976.7.25	305	宋淑清	女	1976.7.25
264	汪世伟	男	1976.7.25	306	陈彦梅	女	1976.7.25
265	苏玉发	男	1976.7.25	307	李　微	女	1976.7.25
266	刘东方	男	1976.7.25	308	杨立新	女	1976.7.25
267	李美华	女	1976.7.25	309	芦秀玲	女	1976.7.25
268	刘玉芝	女	1976.7.25	310	仇　敏	女	1976.7.25
269	张秀芹	女	1976.7.25	311	张跃民	女	1976.7.25
270	杨　丽	女	1976.7.25	312	王佰莲	女	1976.7.25
271	刘瑞荣	女	1976.7.25	313	韩淑阜	女	1976.7.25
272	王　媛	女	1976.7.25	314	王　丽	女	1976.7.25
273	宋慧云	女	1976.7.25	315	李付君	女	1976.7.25
274	白文素	女	1976.7.25	316	林　晶	女	1976.7.25
275	韩亚芝	女	1976.7.25	317	马　杰	女	1976.7.25
276	赵　滨	女	1976.7.25	318	张晓玲	女	1976.7.25
277	许丽莉	女	1976.7.25	319	白慧梅	女	1976.7.25
278	魏　芩	女	1976.7.25	320	杨秀芝	女	1976.7.25
279	王晓敏	女	1976.7.25	321	蔡昌明	男	1976.7.25
280	王　波	女	1976.7.25	322	王树栋	男	1976.7.25
281	于秀云	女	1976.7.25	323	张松事	男	1976.7.25
282	栾立莹	女	1976.7.25	324	付明波	男	1976.7.25
283	邱文杰	女	1976.7.25	325	尚书起	男	1976.7.25
284	周　晶	女	1976.7.25	326	刘琪虹	男	1976.7.25
285	孙淑珍	女	1976.7.25	327	宋照伟	男	1976.7.25
286	郝　杰	女	1976.7.25	328	曹　刚	男	1976.7.25
287	刘桂芝	女	1976.7.25	329	于高成	男	1976.7.25
288	刘晓丽	女	1976.7.25	330	唐永峰	男	1976.7.25
289	邹兰芳	女	1976.7.25	331	郭振生	男	1976.7.25
290	徐梅英	女	1976.7.25	332	岳新建	男	1976.7.25
291	邹殿芳	女	1976.7.25	333	刑美庆	男	1976.7.25
292	李爱琴	女	1976.7.25	334	孙广新	男	1976.7.25
293	龙绍英	女	1976.7.25	335	李贵福	男	1976.7.25
294	秦弘振	男	1976.7.25	336	王明福	男	1976.7.25
295	李　滨	男	1976.7.25	337	赵伟红	男	1976.7.25
296	牛世滨	男	1976.7.25	338	李国彬	男	1976.7.25
297	李进和	男	1976.7.25	339	吕维志	男	1976.7.25
298	王　勃	男	1976.7.25	340	杨东柱	男	1976.7.25
299	朱洪光	男	1976.7.25	341	谷志明	男	1976.7.25
300	于宣滨	男	1976.7.25	342	帅国利	男	1976.7.25
301	刘庆伟	男	1976.7.25	343	王志兰	女	1976.7.25
302	梁国志	男	1976.7.25	344	王金凤	女	1976.7.25
303	王秘成	男	1976.7.25	345	孙翠民	女	1976.7.25
304	彭桂芳	女	1976.7.25	346	朱友敏	女	1976.7.25

序号	姓　名	性别	下乡时间	序号	姓　名	性别	下乡时间
347	孟伟民	男	1976.7.25	377	金估清	女	1976.7.25
348	常文武	男	1976.7.25	378	徐荣利	女	1976.7.25
349	马春芳	女	1976.7.25	379	何松丽	女	1976.7.25
350	韩彦凤	女	1976.7.25	380	胜翠敏	女	1976.7.25
351	孙宝山	男	1976.7.25	381	白秀侠	女	1976.7.25
352	周放平	男	1976.7.25	382	贾平	男	1976.7.25
353	赵颜	女	1976.7.25	383	张会君	女	1976.7.25
354	王兆侠	女	1976.7.25	384	常君	女	1976.7.25
355	韩艳平	女	1976.7.25	385	曹庆如	女	1976.7.25
356	邹强	男	1976.7.25	386	山永壮	男	1976.7.25
357	彭金堂	男	1976.7.25	387	杨静华	女	1976.7.25
358	牛秀凤	女	1976.7.25	388	耿文英	女	1976.7.25
359	佟伟禄	男	1976.7.25	389	张学忠	男	1976.7.25
360	李铁	男	1976.7.25	390	赵丽华	女	1976.7.25
361	孙月敏	女	1976.7.25	391	满跃伟	男	1976.7.25
362	王春城	男	1976.7.25	392	丁家滨	男	1976.7.25
363	徐国安	男	1976.7.25	393	宋丽娟	女	1976.7.25
364	张久春	男	1976.7.25	394	陈彦君	女	1976.7.25
365	刘继明	男	1976.7.25	395	毕国力	男	1976.7.25
366	李英良	男	1976.7.25	396	秦淑华	女	1976.7.25
367	张健新	男	1976.7.25	397	解恒真	男	1976.7.25
368	高永海	男	1976.7.25	398	孙滨	男	1976.7.25
369	刘家宁	男	1976.7.25	399	段松华	男	1976.7.25
370	丁云志	男	1976.7.25	400	王玉香	女	1976.7.25
371	刘凤荣	女	1976.7.25	401	赵天石	女	1976.7.25
372	杨维	女	1976.7.25	402	魏丽红	女	1976.7.25
373	刘娣	女	1976.7.25	403	王玉蓉	女	
374	崔艳荣	女	1976.7.25	404	刘佩文	女	
375	张春兰	女	1976.7.25	405	李方凤	女	
376	王城	女	1976.7.25	406	王凤芹	女	

注：空格处不详。

上海市知识青年名单

序号	姓　名	性别	下乡时间	序号	姓　名	性别	下乡时间
1	顾志华	男	1969.3	7	蒋建萍	男	1969.3
2	应时新	男	1969.3	8	吴全胜	男	1969.3
3	双洪海	男	1969.3	9	金启东	男	1969.3
4	张龙生	男	1969.3	10	刘秋龙	男	1969.3
5	徐国国	男	1969.3	11	张延华	男	1969.3
6	杨经伟	男	1969.3	12	金荣强	男	1969.3

序号	姓　名	性别	下乡时间	序号	姓　名	性别	下乡时间
13	朱志明	男	1969.3	43	陈美凤	女	1969.3
14	汤金龙	男	1969.3	44	蒋荣根	男	1969.3
15	周朝义	男	1969.3	45	洪伟胜	男	1969.3
16	李善安	男		46	方建兴	男	1969.3
17	聂惠乾	男	1969.3	47	温仲健	男	1969.3
18	魏志喜	男	1969.3	48	赵洪才	男	1969.3
19	汤锦新	男	1969.3	49	黄振晶	男	1969.3
20	黄玲妹	女	1969.3	50	陈金根	男	1969.3
21	徐　颜	女	1969.3	51	张百明	男	1969.3
22	李淑珍	女	1969.3	52	沈　林	男	1969.3
23	丁福根	男	1969.3	53	于网喜	女	1969.3
24	韩海宝	男	1969.3	54	徐梅芳	女	1969.3
25	柳月法	男	1969.3	55	朱红英	女	1969.3
26	李其忠	男	1969.3	56	辛梅娣	女	1969.3
27	吴　布	男	1969.3	57	吴药娴	女	1969.3
28	唐连成	男	1969.3	58	严　英	女	1969.3
29	杨志华	男	1969.3	59	林桂红	女	1969.3
30	陈法荣	男	1969.3	60	陈翠珍	女	1969.3
31	杜英华	女	1969.3	61	胡英琦	男	1969.3
32	高明芬	女	1969.3	62	孙国宝	男	1969.3
33	徐红妹	女	1969.3	63	刘　鑫	男	1969.3
34	顾茹华	女	1969.3	64	李承德	男	1969.3
35	沈　伟	女	1969.3	65	吴温娴	女	1969.3
36	黄美菊	女	1969.3	66	杨经伟	女	1969.3
37	成宝珍	女	1969.3	67	张玉信	男	1969.3
38	丁阿芳	女	1969.3	68	史玉荣	女	1969.3
39	陈贵珍	女	1969.3	69	徐车彪	男	1969.3
40	赵元芬	女	1969.3	70	陈爱萍	女	1969.3
41	牛忠英	女	1969.3	71	蒋根娣	女	1969.3
42	双巧林	女	1969.3	72	张延华	男	1969.3

注:空格处不详。

其他市地的知识青年名单

序号	姓　名	性别	下乡时间	原地址
1	刘　莹	女		辽宁
2	王　琦	女		辽宁
3	王云平	女		辽宁
4	高芷芬	女		辽宁
5	沈曙光	女		北京
6	谢朋云	男		黑龙江省肇州
7	赵德平	男		黑龙江省绥棱

序号	姓　名	性别	下乡时间	原地址
8	王喜军	男		吉林
9	徐国都	男		北京
10	张右思	男		河北
11	兰秀英	女	1970.1	天津
12	朱金铭	男	1970.1	天津
13	么国华	男	1970.1	天津
14	崔秀华	男	1970.1	天津
15	张连仲	男	1970.1	天津
16	刘六成	男	1970.1	天津
17	韩玉龙	男	1970.1	天津
18	杨　栋	男	1970.1	天津
19	杨淑芳	女	1970.1	天津
20	魏　文	女	1970.1	天津
21	杨玉玲	女	1970.1	天津
22	张淑艳	女	1970.1	天津
23	胡亚芬	女	1970.1	天津
24	崔香华	女	1970.1	天津
25	权淑华	女	1970.1	天津
26	匡小蓉	女		北京
27	焦跃生	男	1975.9.23	黑龙江省通河县
28	谭艳华	女	1975.9.23	黑龙江省通河县
29	谭艳霞	女	1975.9.23	黑龙江省通河县
30	杨立玲	女	1975.9.23	黑龙江省通河县
31	牟春荣	女	1975.9.23	黑龙江省通河县
32	孙立彬	男	1974.11.28	黑龙江省通河县
33	赵丽娟	女	1974.11.28	黑龙江省通河县
34	倪冬梅	女	1976.7.25	黑龙江省依兰县
35	宋　娟	女	1975.9.23	成都东风路

注:空格处不详。

（第九篇第二章《知识青年名单》,第 243—253 页）